上海市级专志

上海华谊（集团）公司志

上海市地方志编纂委员会 编

上海社会科学院出版社

公司改制 & 企业发展

1991年，位于上海市黄浦区汉口路110号的上海市化学工业局办公大楼

1995年12月28日,由上海市化学工业局改制的上海化工控股(集团)公司揭牌

公司改制与企业发展

1996年11月14日，上海华谊（集团）公司、上海市医药管理局和上海医药（集团）总公司揭牌

1992年6月，上海市有机氟材料研究所改制为上海三爱富新材料股份有限公司；9月9日，在浦东开发区挂牌成立。该公司是中国第一家由科研院所转制的股份有限公司

1992年7月14日，上海氯碱化工股份有限公司召开创立大会。该公司是当时国内最大的股份制企业，B股发行量全国第一

1992年9月25日，上海轮胎橡胶（集团）股份有限公司（双钱集团股份有限公司前身）创立大会在上海影城召开

公司改制与企业发展

1996年1月30日，由上海化工控股（集团）公司、上海天原化工厂和上海氯碱化工股份有限公司共同出资组建的上海天原（集团）有限公司成立揭牌

2003年2月28日，上海华谊（集团）公司从上海久事公司收购上海高桥石化丙烯酸厂90%股权，改制成立的上海华谊丙烯酸有限公司举行揭牌仪式

2003年8月19日，上海华谊集团企业发展有限公司和上海华谊集团化工实业有限公司成立揭牌

2011年10月9日，由上海华谊（集团）公司、石化盈科信息技术有限责任公司、上海宝信软件股份有限公司三方共同投资组建的上海华谊信息技术有限公司成立

公司改制与企业发展

2012年7月6日，上海华谊工程有限公司成立揭牌

重大工程 & 产业布局

1991年，上海吴泾化工总厂30万吨/年合成氨完善化工程获国家重大装备一等奖

1991年，上海重大工程之一的上海大中华橡胶厂30万条/年全钢丝子午线载重轮胎工程建成

1993年12月16日，上海焦化总厂"三联供"煤气化一期工程日增40万立方米煤气项目建成投产

1996年9月28日，上海化学工业区发展有限公司举办上海化学工业区围海造地工程开工典礼

1996年10月22日，上海吴泾化工总厂召开年产10万吨醋酸装置建成投产庆典大会

1999年6月30日，上海化学工业区第一个化工项目——上海天原化工厂迁建工程奠基

2003年,扩产改造后的上海吴泾化工有限公司年产20万吨醋酸装置

2004年3月2日,上海天原集团华胜化工有限公司举办烧碱及聚氯乙烯一期工程开工典礼

2005年11月19日,上海轮胎橡胶(集团)如皋有限公司年产50万条全钢载重子午线轮胎一期项目建成投产

2005年12月27日,上海华谊(集团)公司举行安徽化工基地奠基仪式

2006年1月5日,上海华谊集团精细化工基地华原公司项目开工典礼在金山第二工业区举办

2006年2月16日,上海华谊(集团)公司奉贤装备基地开工奠基典礼在上海化学工业区奉贤分区举办

2006年4月，上海华谊（集团）公司具有自主知识产权的丙烯酸生产装置投入运行

2006年6月，上海天原集团华胜化工有限公司建成国内最大的高50米、直径90米盐仓

2006年9月8日,上海华谊微电子材料有限公司开业

2007年6月28日,上海氯碱化工股份有限公司所属华胜公司烧碱扩建项目二期工程开工,上海天原化工厂糊状聚氯乙烯(P-PVC)扩建工程建成投产庆典仪式在上海化学工业区举行

2007年9月26日,总投资30亿元、年产400万条全钢子午线轮胎的双钱集团(重庆)轮胎有限公司开工建设;2009年9月,公司建成

2008年10月16日,安徽省巢湖市人民政府和上海华谊(集团)公司联合举办安徽华谊煤基多联产精细化工基地一期工程开工典礼

重大工程与产业布局

2008年11月28日,双钱集团股份有限公司首条直径2.7米、重1.45吨的巨型全钢工程子午线轮胎在闵行轮胎生产基地下线

2008年11月,上海华谊天原化工物流公司为德国化工企业Evonik(赢创)配套的化工液体储运第一船实施接卸

2012年7月16日，安徽华谊化工有限公司一期项目全线贯通

2012年7月22日，烟台天原胜德材料科技有限公司举行投产典礼。该项目是上海天原（集团）有限公司"十二五"首个"走出去"项目

2013年，上海华谊（集团）公司吴泾化工基地

2013年8月28日，更名后的双钱集团（江苏）轮胎有限公司

2013年11月，更名后的双钱集团（新疆）昆仑轮胎有限公司

2013年，上海三爱富新材料股份有限公司常熟基地

2013年，位于上海化学工业区的上海氯碱化工股份有限公司码头

2013年，上海焦化有限公司吴泾码头

管理创新 & 技术进步

1999年9月6日,中国信达资产管理公司与上海焦化有限公司股东——上海华谊(集团)公司、上海市城市建设投资开发总公司举行债权转股权签约仪式,上海焦化有限公司成为全国第一批、上海市和全国化工系统首家债转股试点单位

2000年1月31日,上海吴泾化工有限公司、上海化工厂有限公司、上海中远化工有限公司与中国华融资产管理公司、中国信达资产管理公司、中国东方资产管理公司举行债转股框架协议签字仪式

2001年4月,上海市化学工业学校更名为上海信息技术学校

2005年5月31日,上海华谊(集团)公司与复旦大学共同组建的工业催化和功能材料研究中心在复旦大学揭牌成立

2006年12月21日,上海华谊(集团)公司应急联动中心揭牌

2008年,上海华谊(集团)公司第四届科技大会表彰先进人物

2008年8月13—16日，在2008年上海国际汽车材料及装备技术展览会上，上海华谊（集团）公司展区的焦化甲醇燃料汽车

2009年3月24日，双钱集团股份有限公司自行研发生产的首条巨型全钢丝工程子午线轮胎37.00R57（外直径3.5米、重3.1吨）下线，产品拥有8项专利成果，并获出口欧美"通行证"

2009年12月17日,上海华谊(集团)公司举行危险化学品运输反恐怖综合演练

2010年11月18日,院士专家华谊行圆桌会议圆满召开

管理创新与技术进步

2011年5月11日,上海华谊院士专家工作站在上海科学会堂成立暨揭牌仪式

2012年7月18日,以全国劳模、高级技师李君名字命名的"李君技师工作室"在上海华谊丙烯酸有限公司揭牌

2013年4月19日,上海市科学技术委员会和上海华谊(集团)公司科技创新战略合作会议在上海展览中心友谊会堂召开,并就实施科技创新战略合作签约

2013年11月17日,坐落在上海华谊集团技术研究院内的上海计算化学与化工工程技术研究中心揭牌成立

对外投资 & 战略合作

1992年7月14日,上海焦化总厂与美国卡博特公司的合资企业——上海卡博特化工有限公司召开投产典礼新闻发布会

1993年11月,上海三爱富新材料股份有限公司与江苏华龙工贸公司组建常熟三爱富氟化工有限公司签字仪式

1994年7月10日,上海硫酸厂与日本三井物产株式会社合作成立上海申井化工有限公司签约仪式

1995年2月22日,上海吴泾化工总厂与日本伊藤忠商事株式会社合资成立上海京藤化工有限公司开工庆典

对外投资与战略合作

1998年11月14日，上海涂料有限公司与瑞士依多科亚洲公司合资成立上海依多科化工有限公司签字仪式

1999年12月28日，由上海华谊（集团）公司、上海久事公司、上海工业投资（集团）有限公司、中国石化上海石油化工股份有限公司和上海高桥石油化工有限公司投资的上海化学工业区发展有限公司举行揭牌仪式

2001年3月24日，由上海轮胎橡胶（集团）股份有限公司和法国米其林集团共同投资2亿美元组建的上海米其林回力轮胎股份有限公司举办成立庆典

2004年3月29日，由上海华谊（集团）公司与德国巴斯夫公司、美国亨斯迈公司、中国石化上海高桥石油化工有限公司、上海氯碱化工股份有限公司共同投资的全球最大的一体化异氰酸酯项目在上海化学工业区开工建设

2005年7月19日,由上海华谊(集团)公司、神华集团有限责任公司与亿利资源集团三方合作的聚氯乙烯(PVC)项目(扩股)及煤电一体化项目签约

2006年,上海氯碱化工股份有限公司参股兴建的宁夏西部聚氯乙烯有限公司建成投产

2008年10月21日，上海阿科玛双氧水有限公司二期工程投产剪彩

2009年5月5日，上海华谊（集团）公司与中国（海南）改革发展研究院签订战略合作框架协议

2009年12月30日,上海华谊(集团)公司与中国银行上海市分行签订战略合作协议

2011年3月15日,上海华谊(集团)公司与中国电信上海公司签订战略合作协议

2011年6月9日,上海华谊(集团)公司与中化国际(控股)股份有限公司签订战略合作协议

2011年7月11日,上海华谊(集团)公司与中国石油化工股份有限公司化工销售华东分公司签订战略合作框架协议

2011年12月21日,上海华谊(集团)公司与中国农业银行上海市分行签订战略合作协议

2012年3月2日,上海华谊(集团)公司与淮北矿业股份有限公司举行战略合作协议签约仪式

2012年5月15日，上海华谊（集团）公司与上海仪电控股（集团）公司举行战略合作协议签约仪式

2013年11月6日，双钱集团股份有限公司与新疆投资发展（集团）有限责任公司、新疆昆仑轮胎有限责任公司签约实施新疆昆仑轮胎公司股权合作

对外投资与战略合作

2013年11月15日,合资企业巴斯夫上海涂料有限公司全景

2013年11月28日,合资企业上海阿科玛双氧水有限公司部分装置

2013年12月5日，合资企业上海华林工业气体有限公司部分装置

2013年12月16日，合资企业上海联恒异氰酸酯有限公司部分装置

2013年12月25日，合资企业上海亨斯迈聚氨酯有限公司部分装置

环保行动 & 社会责任

1995年11月，上海天原（集团）有限公司天原化工厂举行搬迁项目开工典礼

2005年，上海华谊（集团）公司召开安全环保工作会议

2006年2月18日，上海华谊（集团）公司所属上海焦化有限公司举行一号焦炉退役仪式

2007年2月8日，上海华谊（集团）公司在上海吴泾化工有限公司召开吴泾化工基地环保三年行动计划推进会

2007年9月12日，上海吴泾化工有限公司年产12万吨合成氨装置退役，该装置的前身是中国第一套年产2.5万吨合成氨装置

2009年，上海吴泾化工有限公司对氯磺酸装置原址实施整治，建成外观新颖的仓储运一体化指挥中心

2010年1月28日,上海焦化有限公司老厂区服役50多年的3根焦炉烟囱、两座煤塔被爆破拆除

党群工作 & 企业文化

2002年4月25—26日，共青团上海华谊（集团）公司第一次代表大会召开

2004年，上海华谊（集团）公司首次组织"华谊职工看华谊"活动

2005年5月20日,上海华谊(集团)公司首届职工运动会在卢湾区体育中心举办

2005年8月29日,上海华谊(集团)公司与中国科学院上海有机所党组织举行"结对"活动协议签约仪式

2005年，上海华谊（集团）公司举办首届职工运动会女子排舞比赛

2005年，上海华谊（集团）公司老干部合唱团成立20周年

党群工作与企业文化

2006年9月28日,上海华谊(集团)公司举行开发建设上海化学工业区10周年纪念活动

2006年10月30日,上海华谊(集团)公司举行"品牌的故事"演讲比赛

2007年3月15日,上海华谊(集团)公司召开党风廉政建设干部大会

2007年9月28日,上海华谊(集团)公司、上海市化学工会召开第十次民主协商会议

2008年6月11—12日，中国共产党上海华谊（集团）公司第一次代表大会召开

2008年，上海华谊（集团）公司召开深入学习实践科学发展观动员大会

2008年11月15日，上海华谊（集团）公司在上海马戏城举办纪念上海华谊化工50周年职工歌咏大会

2008年11月28日，上海华谊（集团）公司召开上海华谊化工50周年暨吴泾化工基地开发建设50周年大型座谈会

党群工作与企业文化

2009年4月29日,上海华谊(集团)公司召开纪念"五一"国际劳动节暨劳模先进表彰大会

2009年11月5—6日,在首届中国石油和化学工业企业文化促进大会上,上海华谊(集团)公司获中国石油和化学工业企业文化建设示范单位称号

2010年9月1日,上海华谊(集团)公司召开抗日老战士和集团老干部纪念抗日战争伟大胜利座谈会

2011年5月28日,2011年全国化工职业健康安全知识电视大奖赛华谊集团选拔赛在上海信息技术学校举行

党群工作与企业文化

2011年7月6日,上海华谊(集团)公司纪念中国共产党成立90周年员工歌咏大会在东方艺术中心举行

2012年,上海华谊职工合唱团赴安徽华谊产业园区慰问演出

2012年11月6日,出席中共十八大上海市代表——上海华谊丙烯酸有限公司李君接受上海电视台采访

2013年4月,上海华谊(集团)公司获全国五一劳动奖状

党群工作与企业文化

2013年9月17日，上海华谊（集团）公司与华东理工大学签订《华谊集团奖助学基金协议》，并向华东理工大学捐赠200万元

2013年11月10日，上海华谊（集团）公司首次承办第六届全国石油和化工行业职业技能竞赛，该届主题为"技能——中国化工"

2013年，上海华谊（集团）公司开展向二坝镇困难群众"送温暖、献爱心"捐助活动

2013年，上海华谊（集团）公司安徽华谊化工园区企业举行精准帮扶、圆梦人生的"爱心助学资金"发放仪式

上海市地方志编纂委员会

主任委员	周慧琳
副主任委员	翁铁慧 李逸平 朱咏雷 宗 明
委　　员	（以姓氏笔画为序）

于　勇　于秀芬　王　平　王　宇　王　岚　王德忠　方世忠
朱勤皓　华　源　向义海　邬惊雷　刘　健　严爱云　李　谦
李　霞　李余涛　李国华　杨　莉　肖跃华　吴金城　吴海君
余旭峰　张　全　张小松　张国坤　张超美　陆　靖　陆方舟
陈　杰　陈　臻　陈宇剑　陈德荣　邵　珉　全鹏辉　周亚杰
周　强　周夕根　郑　杨　郑健麟　孟文海　赵永峰　胡广杰
姜冬冬　洪民荣　姚　海　秦昕强　袁　鹰　桂晓燕　徐　枫
徐　建　徐　炯　徐　彬　徐未晚　高融昆　郭　芳　黄永平
黄德华　曹吉珍　盖博华　巢克俭　蒋怀宇　谢　峰　缪　京
薛　侃

办公室主任	洪民荣
副 主 任	生键红　姜复生

上海市地方志编纂委员会

（2007年8月—2020年6月）

主 任 委 员	殷一璀（2007年8月—2014年11月）
	徐　麟（2014年11月—2015年9月）
	董云虎（2015年9月—2018年6月）
副主任委员	（2007年8月—2011年8月）
	王仲伟　杨定华　姜　樑　李逸平　林　克
副主任委员	（2011年8月—2014年11月）
	屠光绍　杨振武　洪　浩　姚海同　蒋卓庆　林　克
办公室主任	李　丽（2008年7月—2010年10月）
	刘　建（2010年10月—2014年2月）
副 主 任	沙似鹏（1997年12月—2007年9月）
	朱敏彦（2001年1月—2012年5月）
	沈锦生（2007年7月—2009年2月）
	莫建备（2009年9月—2013年11月）
	王依群（2016年9月—2020年3月）

上海华谊(集团)公司志鉴编纂委员会

(2018年8月23日)

主　　　任	刘训峰
副　主　任	王　霞　黄岱列　陈　耀　魏建华　张为民　常达光　顾春林 顾立立
秘　书　长	王锦淮
委　　　员	(以姓氏笔画为序) 丁　更　马建学　马晓宾　王文西　王　宁　王　伟　王振宇 王培龙　方广清　刘文杰　刘雪君　孙爱英　孙喆浩　李玉红 李　宁　李　甫　杨士明　杨大年　杨红妹　杨雄伟　杨蓓兰 吴君毅　何扣宝　汪耀华　沈大农　沈国平　张伟民　张松涛 陈大胜　陈　强　季金华　周卫钢　郑必军　胡国伟　俞少俊 顾卫忠　钱志刚　倪华芳　徐力珩　徐忠伟　郭　牧　唐华杰 黄有为　黄　捷　曹金荣　常　毅　章万友　蒋兆飞　蒋国平 储征宇　褚小东　薛秋菊

上海华谊(集团)公司志鉴编纂委员会办公室

(2018年8月23日)

主　　　任	杨雄伟
常务副主任	汪耀华
副　主　任	顾　群　张松涛　祁崇元
成　　　员	王有福　张俞生　朱海容　孙　健　张伟杰　陈春瑾　韩　洪 陈　炅

上海华谊(集团)公司志鉴编纂委员会

(2014 年 5 月 12 日)

主　　　任	刘训峰
常务副主任	秦　健
副　主　任	石　琦　黄德亨　魏建华　王　霞　李　军　常　清　陈　耀
	黄岱列　史习能
秘　书　长	杨雄伟
委　　　员	(以姓氏笔画为序)

王文西　王予峰　王　宁　王曾金　王锦淮　方广清　方　明
司徒国基　　　吕　强　刘雪君　李　宁　杨士明　汤大年
杨凤高　何扣宝　何　刚　汪耀华　沈大农　沈国平　张伟民
张松涛　张建平　陈大胜　陈　强　欧阳倚玲　　　季金华
金　健　周卫钢　郑源森　胡永康　胡国伟　俞少俊　顾立立
顾春林　倪华芳　高伟民　郭　牧　唐　蓓　黄志勇　壹万友
揭元萍　蒋国平　韩凤祥　储征宇　褚小东　黎　凡　薛秋菊

上海华谊(集团)公司志鉴编纂委员会办公室

(2014 年 5 月 12 日)

主　　　任	杨雄伟
副　主　任	张松涛　祁崇元

上海华谊（集团）公司志鉴编纂委员会

（2013 年 1 月 10 日）

主　　任	金明达
常务副主任	刘训峰
副　主　任	秦　健　黄德亨　魏建华　王　霞　李　军　常　清　陈　耀 黄岱列　史习能
秘　书　长	杨雄伟
委　　员	（以姓氏笔画为序）

马晓宾　王文西　王予峰　王　宁　王曾金　王锦淮　方广清
司徒国基　　　　吕　强　李　宁　杨士明　杨大年　杨凤高
肖文高　何扣宝　何　刚　沈大农　沈国平　张伟民　张松涛
张建平　陈大胜　陈伟杰　陈　强　季金华　岳春辰　金　健
周卫刚　郑源淼　胡永康　俞少俊　顾立立　顾春林　倪华芳
高伟民　郭　牧　唐　蓓　黄志勇　揭元萍　蒋国平　韩凤祥
储征宇　褚小东　黎　凡　薛秋菊

上海华谊（集团）公司志鉴编纂委员会办公室

（2013 年 1 月 10 日）

主　　任	杨雄伟
副　主　任	张松涛　祁崇元　沈惠英

《上海市级专志·上海华谊(集团)公司志》评议专家

组　　长　秦　健
成　　员　(以姓氏笔画为序)
　　　　　王　红　乔丽华　沈　洁　沈寒秋　张文良　林卫青　秦　骞
　　　　　徐大刚　徐夏临　陶丽娟

《上海市级专志·上海华谊(集团)公司志》审定专家

组　　长　王　强
成　　员　(以姓氏笔画为序)
　　　　　王后法　王惠文　杨峥嵘　汪时维　张志清　陈禹志　金　健
　　　　　钱伟丰

《上海市级专志·上海华谊(集团)公司志》验收单位和人员

验收单位　上海市地方志办公室
验收人员　洪民荣　王继杰　过文瀚　黄晓明　黄文雷

业务编辑　肖春燕　赵明明

序

上海是我国化学工业最早发展的地区,是我国近代化学工业的发祥地。上海华谊(集团)公司的前身是上海市化学工业局,传承了上海化学工业的血脉,是上海化学工业的继承者,对我国化学工业的发展起着举足轻重的作用。根据上海市第二轮新编地方志书编纂规划的要求,上海华谊(集团)公司编纂了《上海华谊(集团)公司志》。此部志书可以说是1995年编纂完成的《上海化学工业志》的续志。本志书坚持马克思主义历史唯物主义和辩证唯物主义的观点,尊重历史,比较全面、系统地记述了1991—2013年上海华谊(集团)公司发展的轨迹,从各个不同角度反映了上海华谊(集团)公司的特点和在国民经济中的重要作用,记载和讴歌了在改革开放中为华谊集团做出重大贡献的代表人物。特别是较全面地记述了改革开放以来,华谊集团在坚持深化改革、扩大开放、加快发展,坚持科学技术是第一生产力,积极调整经济结构,转变发展方式,在组建大型企业集团,建立现代企业制度等方面创造的新鲜经验。华谊集团的蓬勃发展,可以说是中国化学工业发展的一个缩影。翻阅这部具有历史性记载的志书,我们不仅可以领略到华谊集团的发展史实,而且还可以充分感受20多年来华谊人坚持独立自主、自力更生,为中华民族的振兴所付出的辛勤劳动。这不仅是一部资料丰富、内容翔实的志书,而且也是一部教育干部职工、教育年轻一代的历史教材。

如今,我国社会主义现代化建设事业进入了重要的历史发展时期,党的十九大描绘的宏伟蓝图,展示了中华民族伟大复兴的光辉前景。回顾过去,以史为鉴;展望未来,充满信心。回望华谊集团走过的发展历程,凝聚了几代华谊职工辛勤劳动的汗水,记载了华谊职工奋斗奉献的博大情怀。作为化工战线上的一名同志,我衷心地希望所有化工行业的干部、职工都要满腔热情地为祖国化学工业的腾飞贡献全部精力,历史将永远记载着创业者的功绩。

适逢盛世,众手修志。本着"服务当代、功及后世"的宗旨,华谊集团组织大量,编纂了《上海华谊(集团)公司志》,在各级领导的支持和专家的指导下,历时5年,数易其稿,遂成此书,值得庆贺!

值此机会,谨向为志书编纂出版付出辛勤劳动的同志们表示衷心感谢。

《上海华谊(集团)公司志》在成稿、编纂、审定和出版的过程中,得到上海市地方志办公室、上海市国有资产监督管理委员会和有关方面领导和专家的大力支持和帮助,以及业内各企业单位、各有关方面的大力支持,在此一并表示最诚挚的感谢!

上海华谊(集团)公司党委书记、董事长　刘训峰
2020 年 8 月

凡 例

一、本志以马克思列宁主义、毛泽东思想、邓小平理论、"三个代表"重要思想、科学发展观、习近平新时代中国特色社会主义思想为指导，坚持辩证唯物主义和历史唯物主义的世界观和方法论，实事求是地记述了上海华谊（集团）公司的历史和现状，力求全面系统、客观真实地反映华谊集团发展的轨迹。

二、本志采用公元纪年，记事上限为1991年，下限为2013年，为保证记事的完整性，个别篇章适当上溯和下延。

三、本志记述范围为上海华谊（集团）公司及其下属的企事业单位。

四、本志采用述、记、志、传、图、表、录等形式记述，主体部分横排事项门类，纵叙事物变化过程。另有总述、大事记、专记、附录等形式，图表随文设，图片取卷首照集中的形式。

五、本志正文设11篇，分别为集团架构、生产经营、产业布局、集团管理、改革调整、科学技术、工程项目、人力资源、党群组织、企业文化和人物。部分篇章内容交叉、各有侧重。

六、本志人物篇设人物传略、人物简介和人物表三部分。人物传略记述已故人物，按卒年排列；人物简介记述健在人物，按生年排列。

七、本志引用的经济指标统计数据以上海华谊（集团）公司（包括前身上海化学工业局和上海化工控股（集团）有限公司）、各独立公司、企事业单位的年终统计为准。

八、本志所用上海华谊（集团）公司名称除了在篇首使用全称外，其余一般简称为"华谊集团"。

九、本志行文规范依据《上海市志（1978—2010）编纂行文规范》。

十、本志资料来源于著作资料、文书档案资料、报刊资料、网络资料、口碑资料和图片资料等。

目 录

序 …………………………………………………… 1
凡例 ………………………………………………… 1
总述 ………………………………………………… 1
大事记 ……………………………………………… 15

第一篇　集团架构 …………………………… 67
概述 ………………………………………………… 68
第一章　建置沿革 ……………………………… 70
第一节　上海市化学工业司 ………………… 70
一、沿革 ……………………………………… 70
二、体制机制 ………………………………… 72
三、主营业务 ………………………………… 72
第二节　上海化工控股(集团)公司 ………… 73
一、沿革 ……………………………………… 73
二、主营业务 ………………………………… 75
第三节　上海华谊(集团)公司 ……………… 75
一、沿革 ……………………………………… 75
二、体制机制 ………………………………… 78
三、部门设置 ………………………………… 79
四、部门职能 ………………………………… 80
五、主营业务 ………………………………… 84
第二章　化工制造企业 ………………………… 88
第一节　上海焦化有限公司 ………………… 88
一、沿革 ……………………………………… 88
二、主营业务 ………………………………… 89
三、下属主要企业 …………………………… 89
第二节　上海吴泾化工有限公司 …………… 91
一、沿革 ……………………………………… 91
二、主营业务 ………………………………… 92
三、下属主要企业 …………………………… 93

第三节　双钱集团股份有限公司 …………… 94
一、沿革 ……………………………………… 94
二、主营业务 ………………………………… 95
三、下属主要企业 …………………………… 96
第四节　上海氯碱化工股份有限公司 ……………………………………… 100
一、沿革 ……………………………………… 100
二、主营业务 ………………………………… 101
三、下属主要企业 …………………………… 102
第五节　上海三爱富新材料股份有限公司 ……………………………………… 103
一、沿革 ……………………………………… 103
二、主营业务 ………………………………… 104
三、下属主要企业 …………………………… 105
第六节　上海华谊丙烯酸有限公司 ……………………………………… 106
一、沿革 ……………………………………… 106
二、主营业务 ………………………………… 107
三、下属主要企业 …………………………… 107
第七节　上海涂料有限公司 ………………… 107
一、沿革 ……………………………………… 107
二、主营业务 ………………………………… 108
三、下属主要企业 …………………………… 109
第八节　上海华谊聚合物有限公司 ……………………………………… 112

一、沿革 …………………………… 112
　　二、主营业务 ……………………… 113
第九节　上海华谊(集团)化工
　　　　联社 ……………………………… 113
　　一、沿革 …………………………… 113
　　二、主营业务 ……………………… 114
　　三、下属主要企业 ………………… 114

第三章　化工服务企业 …………………… 117
第一节　上海天原(集团)有限
　　　　公司 ……………………………… 117
　　一、沿革 …………………………… 117
　　二、主营业务 ……………………… 117
　　三、下属主要企业 ………………… 118
第二节　上海华谊集团投资有限
　　　　公司 ……………………………… 120
　　一、沿革 …………………………… 120
　　二、主营业务 ……………………… 121
　　三、下属主要企业 ………………… 121
第三节　上海华谊工程有限公司 …… 126
　　一、沿革 …………………………… 126
　　二、主营业务 ……………………… 126
　　三、下属主要企业 ………………… 130
第四节　上海华谊集团化工实业
　　　　有限公司 ………………………… 132
　　一、沿革 …………………………… 132
　　二、主营业务 ……………………… 133
第五节　上海华谊集团企业发展
　　　　有限公司 ………………………… 133
　　一、沿革 …………………………… 133
　　二、主营业务 ……………………… 134
　　三、下属主要企业 ………………… 135
第六节　上海华谊信息技术有限
　　　　公司 ……………………………… 137
　　一、沿革 …………………………… 137
　　二、主营业务 ……………………… 137
第七节　上海华谊集团财务有限
　　　　责任公司 ………………………… 138
　　一、沿革 …………………………… 138
　　二、主营业务 ……………………… 138

第八节　上海静安华谊小贷有限
　　　　公司 ……………………………… 139
　　一、沿革 …………………………… 139
　　二、主营业务 ……………………… 139
第九节　上海市化工环境保护监
　　　　测站 ……………………………… 140
　　一、沿革 …………………………… 140
　　二、主营业务 ……………………… 141

第四章　科研教育单位 …………………… 142
第一节　上海华谊集团技术研
　　　　究院 ……………………………… 142
　　一、沿革 …………………………… 142
　　二、主营业务 ……………………… 142
第二节　上海市化工科学技术情报
　　　　研究所 …………………………… 144
　　一、沿革 …………………………… 144
　　二、主营业务 ……………………… 144
第三节　中共上海华谊(集团)公司
　　　　委员会党校 ……………………… 146
　　一、沿革 …………………………… 146
　　二、教学管理 ……………………… 147
第四节　上海信息技术学校 ………… 147
　　一、沿革 …………………………… 147
　　二、教学管理 ……………………… 148

第二篇　生产经营 …………………………… 151
概述 …………………………………………… 152
第一章　主要产品 ………………………… 154
第一节　基础化学品 ………………… 154
　　一、煤化工产品 …………………… 154
　　二、烧碱、氯及氯制品 …………… 157
　　三、其他基础化学品 ……………… 159
第二节　轮胎及其他橡胶制品 …… 161
　　一、轮胎 …………………………… 161
　　二、橡胶制品 ……………………… 163
第三节　合成材料 …………………… 165
　　一、聚氯乙烯 ……………………… 165
　　二、氟聚合物 ……………………… 166

三、氟精细化学品 …………… 168
四、二氟一氯甲烷 …………… 169
五、本体 ABS 树脂 …………… 169
六、汽车硬塑件及工程塑料 …… 169
七、聚酰亚胺树脂及其制品 …… 171
八、塑料 ……………………… 172

第四节 精细化学品 ……………… 172
一、丙烯酸 …………………… 172
二、丙烯酸酯 ………………… 173
三、涂料及相关材料 ………… 173
四、无机颜料及相关着色材料 … 176
五、纺织染料 ………………… 176
六、食品添加剂 ……………… 179
七、试剂及新型药物中间体 …… 179
八、离子交换树脂 …………… 180
九、环氧树脂 ………………… 180
十、有机硅树脂 ……………… 181

第五节 日用化学品 ……………… 182
一、肥皂 ……………………… 182
二、电池 ……………………… 182
三、油墨 ……………………… 183

第六节 其他主要产品 …………… 183
一、醇酸树脂 ………………… 183
二、不饱和树脂 ……………… 184
三、苯代三聚氰胺 …………… 184
四、苯甲腈 …………………… 184
五、氧化锌 …………………… 184
六、立德粉 …………………… 185
七、胶黏剂 …………………… 185
八、硝化棉 …………………… 185
九、电石 ……………………… 185
十、过氧化氢 ………………… 186
十一、固体氰化钠 …………… 186
十二、脂肪醇 ………………… 186
十三、一甲胺(40%水溶液) … 186

第二章 辅助设施及特种设备 ……… 188
第一节 仓库 ……………………… 188
一、上海焦化有限公司 ……… 188
二、上海吴泾化工有限公司 … 188

三、双钱集团股份有限公司 … 188
四、上海三爱富新材料股份有限
　　公司 ……………………… 189
五、上海涂料有限公司 ……… 189
六、上海天原(集团)有限公司 …… 190
七、上海华谊工程有限公司 … 190
八、上海华谊集团企业发展有限
　　公司 ……………………… 190

第二节 储罐 ……………………… 191
一、上海焦化有限公司 ……… 191
二、上海吴泾化工有限公司 … 191
三、双钱集团股份有限公司 … 191
四、上海氯碱化工股份有限
　　公司 ……………………… 192
五、上海三爱富新材料股份有限
　　公司 ……………………… 192
六、上海华谊丙烯酸有限公司 … 192
七、上海涂料有限公司 ……… 192
八、上海天原(集团)有限公司 … 192

第三节 码头 ……………………… 193
一、上海焦化有限公司 ……… 193
二、上海吴泾化工有限公司 … 193
三、双钱集团股份有限公司 … 193
四、上海氯碱化工股份有限
　　公司 ……………………… 193
五、上海涂料有限公司 ……… 194
六、上海华谊集团化工实业有限
　　公司 ……………………… 194

第四节 铁路 ……………………… 194
第五节 管廊 ……………………… 194
第六节 特种设备 ………………… 195

第三章 原料采购 ……………………… 196
第一节 大宗原料 ………………… 196
一、煤化工大宗原料 ………… 196
二、轮胎橡塑大宗原料 ……… 197
三、氯碱及氟化工大宗原料 … 198
四、精细化工大宗原料 ……… 201
五、其他大宗原料 …………… 202

第二节 主要材料辅料及备品

备件 …………………………… 202
　　　一、上海焦化有限公司 …………… 202
　　　二、双钱集团股份有限公司 ……… 203
　　　三、上海华谊丙烯酸有限公司 …… 204
　　　四、上海涂料有限公司 …………… 204
　　　五、上海天原（集团）有限公司 … 205
　　第三节　其他主要物资 ……………… 205
　　　一、双钱集团股份有限公司 ……… 205
　　　二、上海涂料有限公司 …………… 206
　　　三、上海华谊聚合物有限公司 …… 206
　第四章　营销 …………………………… 207
　　第一节　产品销售 …………………… 207
　　　一、煤化工 ………………………… 207
　　　二、轮胎橡塑 ……………………… 207
　　　三、氯碱及氟化工 ………………… 210
　　　四、精细化工 ……………………… 212
　　　五、其他 …………………………… 213
　　第二节　技术服务 …………………… 215
　　　一、煤化工 ………………………… 215
　　　二、轮胎橡塑 ……………………… 215
　　　三、氯碱及氟化工 ………………… 216
　　　四、精细化工 ……………………… 216
　第五章　化工服务 ……………………… 218
　　第一节　化工物贸 …………………… 218
　　　一、化工物流 ……………………… 218
　　　二、化工贸易服务 ………………… 218
　　第二节　工程装备 …………………… 219
　　　一、化工机械 ……………………… 219
　　　二、装备服务 ……………………… 219
　　第三节　地产租赁 …………………… 221
　　　一、房产开发 ……………………… 221
　　　二、房屋租赁 ……………………… 222
　　　三、物业管理 ……………………… 222

第三篇　产业布局 ………………………… 225
　概述 ……………………………………… 226
　第一章　市内地区 ……………………… 227
　　第一节　吴泾地区 …………………… 227
　　　一、概况 …………………………… 227

　　　二、重点项目 ……………………… 227
　　　三、公用工程及配套设施 ………… 230
　　第二节　闵行地区 …………………… 231
　　　一、概况 …………………………… 231
　　　二、重点项目 ……………………… 232
　　　三、公用工程及配套设施 ………… 233
　　第三节　上海化工区 ………………… 234
　　　一、概况 …………………………… 234
　　　二、重点项目 ……………………… 234
　　　三、公用工程及配套设施 ………… 238
　　第四节　金山第二工业区 …………… 238
　　　一、概况 …………………………… 238
　　　二、重点项目 ……………………… 238
　　　三、公用工程及配套设施 ………… 240
　　第五节　吴淞地区 …………………… 240
　　　一、概况 …………………………… 240
　　　二、重点项目 ……………………… 241
　　　三、公用工程及配套设施 ………… 243
　　第六节　桃浦地区 …………………… 243
　　　一、概况 …………………………… 243
　　　二、重点项目 ……………………… 244
　　　三、公用工程及配套设施 ………… 245
　　第七节　其他市级工业区 …………… 245
　　　一、概况 …………………………… 245
　　　二、重点项目 ……………………… 246
　　　三、公用工程及配套设施 ………… 248
　第二章　市外基地 ……………………… 249
　　第一节　江苏如皋全钢子午线轮胎
　　　　　　生产基地 …………………… 249
　　　一、概况 …………………………… 249
　　　二、重点项目 ……………………… 249
　　　三、公用工程及配套设施 ………… 249
　　　四、主要产品 ……………………… 250
　　第二节　重庆双桥载重轮胎及橡胶制品
　　　　　　生产基地 …………………… 250
　　　一、概况 …………………………… 250
　　　二、重点项目 ……………………… 251
　　　三、公用工程及配套设施 ………… 251
　　　四、主要产品 ……………………… 251

第三节 江苏常熟氟化学品生产
　　　　基地 …………………… 252
　　一、概况 …………………… 252
　　二、重点项目 ……………… 252
　　三、公用工程及配套设施 … 254
　　四、主要产品 ……………… 254
第四节 安徽华谊化工园区 …… 254
　　一、概况 …………………… 254
　　二、重点项目 ……………… 255
　　三、公用工程及配套设施 … 255
　　四、主要产品 ……………… 256
第五节 内蒙古化工生产基地 … 257
　　一、概况 …………………… 257
　　二、重点项目 ……………… 258
　　三、公用工程及配套设施 … 259
　　四、主要产品 ……………… 259
第六节 其他(淮安、烟台、宜兴) … 260
　　一、概况 …………………… 260
　　二、重点项目 ……………… 260
　　三、公用工程及配套设施 … 261
　　四、主要产品 ……………… 261

第三章 境外投资 ………………… 265
　第一节 销售网点或办事机构 … 265
　　一、概况 …………………… 265
　　二、主要业务 ……………… 265
　第二节 投融资平台 …………… 266
　　一、概况 …………………… 266
　　二、主要业务 ……………… 266
　第三节 国(境)外生产经营 …… 266
　　一、概况 …………………… 266
　　二、境外企业 ……………… 267

第四篇 集团管理 ………………… 271
　概述 ………………………………… 272
　第一章 企业治理 ………………… 274
　　第一节 董事会 ………………… 274
　　　一、上海化工控股(集团)公司
　　　　董事会 ………………… 274
　　　二、上海华谊(集团)公司历届

　　　　董事会 ………………… 274
　　　三、华谊集团历届董事会重要
　　　　议案 …………………… 275
　　第二节 监事会 ………………… 279
　　　一、上海化工控股(集团)公司
　　　　监事会 ………………… 279
　　　二、上海华谊(集团)公司历届
　　　　监事会 ………………… 279
　　　三、华谊集团历届监事会重要
　　　　议案 …………………… 280
第二章 集团管控 ………………… 282
　第一节 经济运行 ……………… 282
　　一、主要管理制度 ………… 282
　　二、主要管理控制 ………… 282
　第二节 资产管理 ……………… 285
　　一、主要管理制度 ………… 285
　　二、主要管理控制 ………… 285
　第三节 财务管理 ……………… 287
　　一、主要管理制度 ………… 287
　　二、主要管理控制 ………… 288
　第四节 规划投资 ……………… 292
　　一、主要管理制度 ………… 292
　　二、主要管理控制 ………… 292
　第五节 对外合作 ……………… 294
　　一、主要管理制度 ………… 294
　　二、主要管理控制 ………… 295
　第六节 信息管理 ……………… 296
　　一、主要管理制度 ………… 296
　　二、主要管理控制 ………… 296
　第七节 武装保卫 ……………… 300
　　一、主要管理制度 ………… 300
　　二、主要管理控制 ………… 301
　第八节 监察审计 ……………… 302
　　一、主要管理制度 ………… 302
　　二、主要管理控制 ………… 302
第三章 化工制造企业管理 …… 305
　第一节 上海焦化有限公司 …… 305
　　一、主要产品 ……………… 305
　　二、生产管理 ……………… 305

三、合作投资 …………………… 306
四、财务管理 …………………… 307
五、技术开发 …………………… 308
六、物流运输 …………………… 308
第二节　上海吴泾化工有限公司 …… 309
一、主要产品 …………………… 309
二、生产管理 …………………… 310
三、合作投资 …………………… 311
四、财务管理 …………………… 311
五、技术开发 …………………… 312
六、物流运输 …………………… 312
第三节　双钱集团股份有限公司 …… 313
一、主要产品 …………………… 313
二、生产管理 …………………… 313
三、合作投资 …………………… 314
四、财务管理 …………………… 316
五、技术开发 …………………… 317
六、项目审价 …………………… 318
第四节　上海氯碱化工股份有限
　　　　公司 …………………………… 319
一、主要产品 …………………… 319
二、生产管理 …………………… 319
三、合作投资 …………………… 320
四、财务管理 …………………… 321
五、技术开发 …………………… 322
六、营销管理 …………………… 323
第五节　上海三爱富新材料股份有限
　　　　公司 …………………………… 323
一、主要产品 …………………… 324
二、生产管理 …………………… 324
三、财务管理 …………………… 325
四、技术开发 …………………… 325
五、营销管理 …………………… 326
六、集中采购 …………………… 326
七、质量管理 …………………… 327
八、物流管理 …………………… 328
九、投资规划 …………………… 328
十、监察审计 …………………… 329
第六节　上海华谊丙烯酸有限
　　　　公司 …………………………… 329
一、主要产品 …………………… 329
二、生产管理 …………………… 330
三、合作投资 …………………… 330
四、财务管理 …………………… 331
五、技术开发 …………………… 331
六、营销管理 …………………… 332
第七节　上海涂料有限公司 ………… 332
一、主要产品 …………………… 333
二、生产管理 …………………… 333
三、合作投资 …………………… 334
四、财务管理 …………………… 334
五、技术开发 …………………… 335
六、营销管理 …………………… 336
七、集中采购 …………………… 337
八、项目审价 …………………… 337
第八节　上海华谊(集团)化工
　　　　联社 …………………………… 337
一、职能部门 …………………… 338
二、委托管理 …………………… 338
三、关停转型 …………………… 338

第四章　安全环保 ……………………… 340
第一节　安全与消防 ………………… 340
一、安全生产保障 ……………… 340
二、隐患监查整改 ……………… 342
三、安全应急联动中心 ………… 344
四、安全应急预案 ……………… 345
第二节　环境管理 …………………… 346
一、环境管理机构 ……………… 346
二、环境监测 …………………… 346
三、"三废"企业搬迁 …………… 348
四、装置关停 …………………… 348
五、环境整治 …………………… 350
六、环境评价 …………………… 352
第三节　化工制造企业的安全
　　　　环保 …………………………… 352
一、上海焦化有限公司 ………… 352
二、双钱集团股份有限公司 …… 354
三、上海氯碱化工股份有限

公司 ……………………… 355
　　四、上海三爱富新材料股份有限
　　　　公司 ……………………… 357
　　五、上海华谊丙烯酸有限公司 … 358
　　六、上海涂料有限公司 ………… 359
　　七、上海华谊聚合物有限公司 … 360

第五篇　改革调整 …………………… 363
　概述 ……………………………… 364
　第一章　改革转型 ………………… 366
　　第一节　企业体制改革 ………… 366
　　第二节　科技型企业转型 ……… 367
　　一、上海市涂料研究所有限
　　　　公司 ……………………… 367
　　二、上海染料研究所有限
　　　　公司 ……………………… 367
　　三、上海化学试剂研究所有限
　　　　公司 ……………………… 367
　　四、上海工程化学设计院有限
　　　　公司 ……………………… 368
　　五、上海市塑料研究所有限
　　　　公司 ……………………… 368
　　六、上海橡胶制品研究所有限
　　　　公司 ……………………… 368
　　七、上海市合成树脂研究所有限
　　　　公司 ……………………… 368
　　八、上海轮胎研究所有限公司 … 368
　　九、上海装备研究所有限公司 … 369
　　第三节　企业重组 ……………… 369
　　第四节　上市公司 ……………… 372
　　一、上海氯碱化工股份有限
　　　　公司 ……………………… 372
　　二、双钱集团股份有限公司 …… 372
　　三、上海三爱富新材料股份有限
　　　　公司 ……………………… 373
　　四、上海胶带股份有限公司 …… 373
　　第五节　职工持股 ……………… 374
　　一、上海双树塑料厂 …………… 374
　　二、上海化工厂有限公司 ……… 374

　　三、上海试四赫维化工有限
　　　　公司 ……………………… 374
　　四、上海尔华杰机电装备制造
　　　　有限公司 ………………… 374
第二章　企业调整 ………………… 375
　第一节　区域结构调整 ………… 375
　　一、吴淞化工区 ………………… 375
　　二、桃浦化工区 ………………… 376
　　三、杨浦地区 …………………… 377
　　四、和田工业区 ………………… 378
　　五、内环线内区域 ……………… 378
　第二节　行业结构调整 ………… 379
　　一、化工原料行业 ……………… 379
　　二、塑料行业 …………………… 381
　　三、染料行业 …………………… 384
　　四、橡胶行业 …………………… 389
　　五、试剂行业 …………………… 393
　　六、化肥行业 …………………… 395
　　七、化工装备行业 ……………… 398
　　八、胶鞋行业 …………………… 400
　第三节　企业结构调整 ………… 402
　　一、关停并转 …………………… 402
　　二、国内联营合作 ……………… 410
　　三、中（境）外合作合资 ……… 415

第六篇　科学技术 …………………… 425
　概述 ……………………………… 426
　第一章　科研管理 ………………… 428
　　第一节　管理制度 ……………… 428
　　第二节　管理服务 ……………… 428
　　一、机构与管理 ………………… 428
　　二、知识产权管理 ……………… 428
　　三、高端科研人才平台 ………… 429
　　四、数字图书馆建设 …………… 429
　　五、科研战略合作 ……………… 429
　　六、科研投入与成果 …………… 430
　第二章　科研机构 ………………… 433
　　第一节　技术研究院 …………… 433
　　第二节　博士后工作站 ………… 433

第三节 国家和市级企业技术中心 …… 434
　一、国家级企业技术中心 …… 434
　二、上海市级企业技术中心 …… 435
第四节 国家授权的检测机构 …… 437
　一、上海化学工业检验检测有限公司 …… 437
　二、上海市涂料研究所检测中心 …… 438
　三、双钱集团股份有限公司轮胎研究所测试中心 …… 439
　四、上海化学试剂研究所有限公司检测中心 …… 439
　五、上海市染料研究所检测中心 …… 440
　六、上海市塑料研究所检测中心 …… 440
　七、上海橡胶制品研究所检测中心 …… 441
第五节 国家和省市级工程技术中心 …… 441
　一、江苏省氟化工材料工程技术研究中心 …… 441
　二、上海煤基多联产工程技术研究中心 …… 441
　三、上海计算化学与化工工程技术研究中心 …… 442
第六节 市级高新技术企业 …… 442
第七节 市级知识产权示范企业 …… 443
　一、上海染料研究所有限公司 …… 443
　二、上海华谊丙烯酸有限公司 …… 443
　三、上海三爱富新材料股份有限公司 …… 443

第三章 技术创新 …… 445
第一节 工艺创新 …… 445
　一、上海焦化有限公司 …… 445
　二、上海吴泾化工有限公司 …… 445
　三、双钱集团股份有限公司 …… 445
　四、上海三爱富新材料股份有限公司 …… 447
　五、上海华谊聚合物有限公司 …… 448
　六、上海天原(集团)有限公司 …… 449
第二节 产品开发 …… 449
　一、双钱集团股份有限公司 …… 449
　二、上海氯碱化工股份有限公司 …… 451
　三、上海三爱富新材料股份有限公司 …… 453
　四、上海涂料有限公司 …… 457
　五、上海天原(集团)有限公司 …… 458
第三节 引进项目消化吸收 …… 458
　一、上海吴泾化工有限公司 …… 458
　二、双钱集团股份有限公司 …… 459
　三、上海三爱富新材料股份有限公司 …… 459
　四、上海天原(集团)有限公司 …… 460
第四节 产学研合作 …… 460
　一、双钱集团股份有限公司 …… 460
　二、上海氯碱化工股份有限公司 …… 462
　三、上海三爱富新材料股份有限公司 …… 463
　四、上海华谊丙烯酸有限公司 …… 464
　五、上海涂料有限公司 …… 464
　六、上海华谊聚合物有限公司 …… 466
　七、上海天原(集团)有限公司 …… 466
　八、上海华谊集团投资有限公司 …… 467

第四章 科技成果和知识产权 …… 468
第一节 科技成果 …… 468
　一、上海吴泾化工有限公司 …… 468
　二、双钱集团股份有限公司 …… 468
　三、上海氯碱化工股份有限公司 …… 469
　四、上海三爱富新材料股份有限公司 …… 471
　五、上海华谊丙烯酸有限公司 …… 474
　六、上海涂料有限公司 …… 474

七、上海华谊集团投资有限
　　　　公司 …………………………… 479
第二节　知识产权 …………………… 490
　　一、上海吴泾化工有限公司 ……… 490
　　二、双钱集团股份有限公司 ……… 490
　　三、上海氯碱化工股份有限
　　　　公司 …………………………… 491
　　四、上海三爱富新材料股份有限
　　　　公司 …………………………… 491
　　五、上海华谊丙烯酸有限公司 …… 492
　　六、上海涂料有限公司 …………… 492
　　七、上海华谊聚合物有限公司 …… 493
　　八、上海天原(集团)有限公司 …… 493
　　九、上海华谊集团投资有限
　　　　公司 …………………………… 493
　　十、上海华谊集团技术研究院 …… 494

第七篇　工程项目 …………………… 497
概述 ……………………………………… 498
第一章　新建项目 …………………… 500
第一节　煤化工项目 ………………… 500
　　一、"三联供"一期工程 …………… 500
　　二、10万吨/年醋酸 ………………… 502
　　三、4万吨/年苯酐一期工程 ……… 502
　　四、4万吨/年苯酐二期工程 ……… 503
　　五、60万吨/年甲醇 ………………… 503
　　六、30万吨/年醋酸乙酯 …………… 504
　　七、50万吨/年醋酸 ………………… 504
　　八、产品结构调整多联产 ………… 505
第二节　轮胎橡胶项目 ……………… 505
　　一、扩建30万条/年钢丝子午线
　　　　载重轮胎 ……………………… 505
　　二、扩建140万条/年子午线轿车
　　　　轮胎 …………………………… 506
　　三、50万条/年子午线轮胎 ………… 507
　　四、250万条/年全钢丝子午线轮胎
　　　　工程 …………………………… 508
　　五、1500万条/年高性能半钢丝
　　　　子午线轮胎 …………………… 508

第三节　氯碱及氟化工项目 ………… 508
　　一、上海烧碱及聚氯乙烯(华胜
　　　　一期) ………………………… 508
　　二、1万吨/年水相法氯化聚氯乙烯
　　　　产业化 ………………………… 509
　　三、1000吨/年聚四氟乙烯 ……… 510
　　四、3000吨/年四氟丙烯
　　　　(一期) ………………………… 510
　　五、含氟聚合物 …………………… 511
　　六、1000吨/年聚偏氟乙烯和
　　　　100吨/年六氟丙酮 …………… 511
　　七、20万吨/年本体ABS工厂
　　　　一期(3.8万吨/年) …………… 512
第四节　精细化工项目 ……………… 513
　　一、3万吨/年丙烯酸及酯 ………… 513
　　二、2万吨/年脂肪醇 ……………… 514
　　三、5万吨/年顺酐工程 …………… 515
第五节　其他项目 …………………… 515
　　一、吴泾化工区至上海化工区长
　　　　输管道工程 …………………… 515
　　二、烧碱及聚氯乙烯配套专用码头
　　　　工程 …………………………… 516
　　三、绿色环保电池 ………………… 516
　　四、烟台汽车零部件(一期) ……… 517
　　五、拜耳硝酸储运 ………………… 517

第二章　扩产改造项目 ……………… 523
第一节　煤化工项目 ………………… 523
　　一、10万吨/年醋酸装置改造 ……… 523
　　二、一氧化碳联产甲醇工程 ……… 523
第二节　轮胎橡胶项目 ……………… 524
　　一、扩建全钢丝子午线载重轮胎
　　　　(二期) ………………………… 524
　　二、子午线轮胎技术改造
　　　　(双加) ………………………… 524
　　三、炼胶厂产品结构调整技术
　　　　改造 …………………………… 525
　　四、汽车工业全钢丝子午载重胎
　　　　配套技术改造 ………………… 525
　　五、增产60万条/年新型全钢丝

子午线轮胎技术改造 …… 526
　六、高性能全钢子午胎填平
　　补齐 …… 526
　七、新增25万条/年全钢丝子
　　午胎 …… 527
　八、巨型全钢丝工程子午线轮胎
　　技术改造 …… 527
　九、50万条/年高性能全钢丝载重
　　子午线轮胎（二期）…… 528
　十、新增10万条/年全钢丝工程子
　　午线轮胎（三期）…… 528
　十一、新增70万条/年全钢丝子午
　　线轮胎技术改造 …… 528
　十二、30万条/年高性能全钢丝载
　　重子午线轮胎技术改造 …… 529
　十三、50万条/年高性能全钢丝子
　　午线载重轮胎技术改造 …… 529
　十四、30万条/年高性能全钢丝子
　　午线载重轮胎技术改造 …… 530
　十五、双钱轮胎历年项目投入运行
　　情况 …… 530
第三节　氯碱及氟化工项目 …… 532
　一、3万吨/年聚氯乙烯粒料（含1万
　　吨/年混合料）…… 532
　二、10万吨/年离子膜烧碱技术
　　改造（吴泾）…… 532
　三、10万吨/年聚氯乙烯技术
　　改造 …… 533
　四、5万吨/年离子膜烧碱技术
　　改造 …… 533
　五、7万吨/年聚氯乙烯专用树脂
　　技术改造 …… 534
　六、4万吨/年糊状聚氯乙烯技术
　　改造 …… 534
　七、15万吨/年烧碱技术改造
　　（华胜二期）…… 535
　八、16万吨/年氯三次循环利用
　　技术改造（华胜三期）…… 535
　九、1 000吨/年氟橡胶 …… 536

　十、5 000吨/年聚四氟乙烯装置
　　技术改造和公用工程改造 …… 537
第四节　精细化工项目 …… 538
　一、6万吨/年丙烯酸改建 …… 538
　二、3万吨/年乙二醛 …… 539
　三、6万吨/年丙烯酸及下游配套
　　装置技术改造 …… 539
　四、华谊试剂精细化工孵化
　　基地 …… 540
第五节　其他项目 …… 540
　一、码头扩建工程（华胜码头
　　二期）…… 540
　二、上海天原化工厂"三废"迁建
　　治理工程 …… 541
第三章　上海化工区前期建设 …… 544
　第一节　规划筹备 …… 544
　第二节　围海造地 …… 547
　第三节　前期建设概要 …… 550

第八篇　人力资源 …… 551
概述 …… 552
第一章　队伍结构 …… 554
　第一节　专业技术人员 …… 554
　　一、文化结构 …… 554
　　二、年龄结构 …… 554
　　三、专业结构 …… 555
　第二节　技能操作人员 …… 555
　　一、文化结构 …… 555
　　二、年龄结构 …… 555
　　三、专业结构 …… 555
第二章　教育培训 …… 561
　第一节　学历教育 …… 561
　　一、技校教育 …… 561
　　二、中等职业教育 …… 562
　　三、高等教育 …… 563
　第二节　继续教育 …… 567
　　一、管理人员岗位培训 …… 567
　　二、专业人员技能培训 …… 567
　　三、大学生职前培训 …… 568

四、工人技术等级工培训 ………… 569
　第三节　党员及干部培训 ………… 570
　　一、各类培训 …………………… 570
　　二、党支部书记、党员及入党积极
　　　　分子培训 …………………… 575
第三章　用工与薪酬福利 ……………… 576
　第一节　劳动合同 ………………… 576
　　一、全员劳动合同制 …………… 576
　　二、协议解除劳动合同 ………… 576
　第二节　员工招聘 ………………… 576
　第三节　劳动报酬 ………………… 577
　　一、工资薪酬 …………………… 577
　　二、社会保险和住房公积金 …… 578
第四章　队伍建设 ……………………… 580
　第一节　领导班子队伍建设 ……… 580
　　一、领导班子 …………………… 580
　　二、后备领导干部 ……………… 583
　第二节　专业技术人员队伍建设 … 586
　　一、开展各类专业知识培训 …… 586
　　二、委托高校专业机构定向
　　　　培养 ………………………… 587
　　三、建立高层次专业技术人才
　　　　培养机制 …………………… 587
　第三节　技能等级人员队伍建设 … 591
　　一、开展各类技术岗位培训 …… 591
　　二、开展技能登高活动 ………… 591
　　三、提升高技能人才素质 ……… 591
第五章　人员分流与再就业 …………… 593
　第一节　减员分流 ………………… 593
　第二节　疏导维稳 ………………… 595
　第三节　帮困送暖 ………………… 596
　　一、资金帮 ……………………… 596
　　二、就业帮 ……………………… 596
　　三、培训帮 ……………………… 597
　　四、创业帮 ……………………… 597
　　五、助学帮 ……………………… 597
　　六、地区帮 ……………………… 598
　　七、医疗帮 ……………………… 598
　　八、节日帮 ……………………… 598
　第四节　拓宽再就业渠道 ………… 598

第九篇　党群组织 ……………………… 601
　概述 …………………………………… 602
　第一章　中国共产党 ………………… 604
　　第一节　局（集团）党委 ………… 604
　　　一、组织沿革 …………………… 604
　　　二、机构与岗位设置 …………… 604
　　第二节　华谊集团党代会 ………… 605
　　　一、党代会 ……………………… 605
　　　二、全国党代会和上海市党代会
　　　　　代表 ………………………… 607
　　第三节　组织工作 ………………… 607
　　　一、党建制度建设 ……………… 607
　　　二、党内主题活动建设 ………… 608
　　　三、基层组织建设 ……………… 610
　　　四、党员队伍建设 ……………… 613
　　第四节　思想政治工作 …………… 616
　　　一、宣传工作 …………………… 616
　　　二、精神文明 …………………… 620
　　　三、法制教育 …………………… 624
　　第五节　纪律检查 ………………… 625
　　　一、机构设置 …………………… 625
　　　二、纪检工作 …………………… 626
　　　三、纪检干部队伍 ……………… 632
　　第六节　保密工作 ………………… 632
　　　一、机构职能 …………………… 632
　　　二、制度建设 …………………… 633
　　　三、主要工作 …………………… 633
　　第七节　老干部工作 ……………… 635
　　　一、机构职能 …………………… 635
　　　二、主要工作 …………………… 636
　　第八节　统战工作 ………………… 639
　　　一、机构职能 …………………… 639
　　　二、主要工作 …………………… 640
　　第九节　信访工作 ………………… 642
　　　一、机构职能 …………………… 642
　　　二、主要工作 …………………… 643
　第二章　民主党派与工商联 ………… 645

第一节 组织 …………………… 645
　一、概况 …………………… 645
　二、民主党派组织 ………… 645
　三、工商联组织 …………… 646
第二节 重大活动 …………… 646
　一、概况 …………………… 646
　二、民主党派组织重大活动 … 647
　三、上海市工商联化工局工作
　　　委员会重大活动 ……… 648

第三章 工会 ……………………… 649
第一节 组织沿革 …………… 649
第二节 工会代表大会 ……… 649
　一、历届工代会 …………… 649
　二、全国工代会和上海市工代会
　　　代表 …………………… 650
　三、全国工会和上海市总工会
　　　委员会委员 …………… 651
第三节 工会工作 …………… 652
　一、群众生产 ……………… 652
　二、民主管理 ……………… 654
　三、宣传教育 ……………… 655
　四、职工保障 ……………… 657
　五、女职工工作 …………… 658
　六、自身建设 ……………… 659
第四节 职工技协和"三产" … 660
　一、沿革 …………………… 660
　二、主要工作 ……………… 660

第四章 共青团 …………………… 662
第一节 局(集团)团委 ……… 662
第二节 团代会 ……………… 662
　一、共青团上海市化学工业局
　　　第二次代表大会 ……… 662
　二、共青团上海化工控股(集团)
　　　公司团代表会议 ……… 662
　三、共青团上海华谊(集团)公司
　　　第一次代表大会 ……… 662
　四、共青团上海华谊(集团)公司
　　　第二次代表大会 ……… 663
　五、共青团上海华谊(集团)公司

第三次代表大会 ……… 663
第三节 基层团组织 ………… 663
　一、制度建设 ……………… 663
　二、队伍建设 ……………… 663
　三、组织建设 ……………… 664
第四节 共青团重大活动 …… 665
　一、文化教育 ……………… 665
　二、岗位建功 ……………… 666
　三、青年推优 ……………… 667
　四、技能比武 ……………… 667
　五、志愿者 ………………… 667

第十篇 企业文化 ………………… 669
　概述 ……………………………… 670
第一章 精神文明 ………………… 672
第一节 企业精神 …………… 672
　一、上海华谊(集团)公司 … 672
　二、上海华谊(集团)公司下属
　　　企业 …………………… 672
第二节 经营理念 …………… 673
　一、上海华谊(集团)公司 … 673
　二、上海华谊(集团)公司下属
　　　企业 …………………… 675
第三节 核心价值观 ………… 676
　一、上海华谊(集团)公司 … 676
　二、上海华谊(集团)公司下属
　　　企业 …………………… 677
第四节 文化格言 …………… 678
　一、城市让生活更美好,化工使
　　　城市更绿色 …………… 678
　二、一个华谊,全国业务 … 678
　三、让HSE管理文化成为华谊人
　　　的自觉行为 …………… 679
　四、"三基"要"三常,三对"持续
　　　改进 …………………… 679
　五、关爱员工,和谐华谊 … 679
第二章 企业形象识别 …………… 680
第一节 企业视觉识别 ……… 680
　一、上海华谊(集团)公司 … 680

二、化工制造企业 …… 682
　　三、化工服务企业 …… 684
　　四、科研教育单位 …… 687
第二节　商标品牌 …… 688
　　一、上海华谊(集团)公司 …… 688
　　二、化工制造企业 …… 689
　　三、化工服务企业 …… 699
第三章　报刊及其他媒体 …… 708
第一节　集团报纸(含企业) …… 708
　　一、《上海华谊》报 …… 708
　　二、《上海焦化》报 …… 709
　　三、《吴泾化工》报 …… 709
　　四、《双钱股份》报 …… 709
　　五、《蜂花报》 …… 710
　　六、《上海氯碱》报 …… 710
　　七、《三爱富信息》 …… 711
　　八、《上海涂料》报 …… 711
　　九、《华谊企发》报 …… 711
　　十、《中远化工报》 …… 712
　　十一、《联社简报》 …… 712
第二节　集团刊物(含企业) …… 712
　　一、《华谊论坛》 …… 712
　　二、《中化探索》 …… 713
　　三、《世界橡胶工业》 …… 713
　　四、《中国胶黏剂》 …… 713
　　五、《有机氟工业》 …… 714
　　六、《化工装备技术》 …… 714
　　七、《上海涂料》 …… 715
　　八、《油墨通讯》 …… 715
　　九、《上海化工》 …… 715
第三节　集团影视中心 …… 716
第四节　集团年鉴 …… 716

第十一篇　人物 …… 719
概述 …… 720
第一章　人物传略 …… 721
　　余　昕 …… 721
　　俞　谦 …… 721
　　梅　洛 …… 722

　　曹维屏 …… 723
　　谭竹洲 …… 723
　　郭佩华 …… 724
　　刘运樟 …… 724
　　余　琳 …… 725
　　陈　林 …… 726
　　胡　菲 …… 726
第二章　人物简介 …… 728
　　戴庆顺 …… 728
　　符卫国 …… 728
　　章　杰 …… 728
　　黎干生 …… 729
　　郑助实 …… 729
　　俞德雄 …… 730
　　高均芳 …… 730
　　张培璋 …… 730
　　陈惠莹 …… 731
　　魏光爱 …… 731
　　程志强 …… 732
　　金明达 …… 732
　　崔志仁 …… 733
　　张兴淮 …… 733
　　徐叔平 …… 733
　　黄岱列 …… 734
　　戴　军 …… 734
　　鲁惠英 …… 734
　　周　波 …… 735
　　储征宇 …… 735
　　王　霞 …… 735
　　刘训峰 …… 736
　　秦　健 …… 736
　　顾卫忠 …… 737
　　李　君 …… 737
　　贺小琴 …… 737
第三章　人物表 …… 739
第一节　先进人物 …… 739
第二节　正高级技术职称人员 …… 746
第三节　享受政府特殊津贴人员 …… 754

专记 …… 759
 一、上海焦化有限公司成为全国首批"债转股"试点企业 …… 761
 二、上海高桥石化丙烯酸厂推动反倾销维权 …… 763
 三、上海回力鞋业有限公司打造"回力"品牌 …… 767

附录 …… 769
 关于上海市化学工业局机构改革方案的批复 …… 771
 关于同意上海化工控股(集团)公司和上海市医药管理局联合重组的批复 …… 772
 上海华谊(集团)公司章程 …… 773
 上海华谊(集团)公司董事会会议制度及议事规则 …… 777
 上海华谊(集团)公司监事会章程 …… 780
 上海华谊(集团)公司技术创新体系建设纲要 …… 785
 上海华谊(集团)公司信息化工作管理办法(试行) …… 788
 上海华谊(集团)公司安全生产八大禁令(试行) …… 791
 上海华谊(集团)公司党风廉政建设责任制实施办法 …… 792
 上海华谊(集团)公司关于开展同领导干部谈话的实施办法 …… 795
 上海华谊(集团)公司重大财务事项报告工作规定 …… 798
 关于加快推进2008年企业清理工作的指导意见 …… 800
 上海华谊(集团)公司投资管理规定 …… 802
 上海华谊(集团)公司及二级单位、直管单位全称简称一览表 …… 804

索引 …… 805
 主题词索引 …… 805
 人名索引 …… 811
 图表索引 …… 813

编后记 …… 816

CONTENTS

Preface ··· 1
Notes ·· 1
General Overview ··· 1
Chronicle of Events ·· 15

Part One　Group Structure ··· 67
　Overview ··· 68
　Chapter One　History of Organizational System ·· 70
　　I　Shanghai Municipal Chemical Industry Bureau ···································· 70
　　II　Shanghai Chemical Holding (Group) Company ·································· 73
　　III　Shanghai Huayi (Group) Company ·· 75
　Chapter Two　Chemical Manufacturing Company ······································ 88
　　I　Shanghai Coking Co., Ltd. ·· 88
　　II　Shanghai Wujing Chemical Co., Ltd. ··· 91
　　III　Double Coin Holdings Ltd. ·· 94
　　IV　Shanghai Chlor-Alkali Chemical Co., Ltd. ······································ 100
　　V　Shanghai 3F New Materials Co., Ltd. ··· 103
　　VI　Shanghai Huayi Acrylic Acid Co., Ltd. ·· 106
　　VII　Shanghai Paint Co., Ltd. ··· 107
　　VIII　Shanghai Huayi Polymer Co., Ltd. ·· 112
　　IX　Shanghai Huayi (Group) Chemical United Association ····················· 113
　Chapter Three　Chemical Services Company ··· 117
　　I　Shanghai Tianyuan (Group) Co., Ltd. ··· 117
　　II　Shanghai Huayi Group Investment Co., Ltd. ··································· 120
　　III　Shanghai Huayi Engineering Co., Ltd. ··· 126
　　IV　Shanghai Huayi Group Chemical Industry Co., Ltd. ························· 132
　　V　Shanghai Huayi Group Enterprise Development Co., Ltd. ·················· 133
　　VI　Shanghai Huayi Information Technology Co., Ltd. ·························· 137
　　VII　Shanghai Huayi Group Finance Co., Ltd. ······································ 138

Ⅷ　Shanghai Jing'an Huayi Microloan Co., Ltd. ················· 139
　　Ⅸ　Shanghai Chemical Environmental Protection Monitoring Station ············· 140
　Chapter Four　Scientific Research and Education Unit ············· 142
　　Ⅰ　Technology Research Institute of Shanghai Huayi Group ············· 142
　　Ⅱ　Shanghai Chemical Science and Technology Information Institute ············· 144
　　Ⅲ　Party School of CPC Committee of Shanghai Huayi (Group) Company ······ 146
　　Ⅳ　Shanghai Information Technology College ············· 147

Part Two　Production and Operation ············· 151
　Overview ············· 152
　Chapter One　Main Product ············· 154
　　Ⅰ　Basic Chemical ············· 154
　　Ⅱ　Tyre and Other Rubber Products ············· 161
　　Ⅲ　Synthetic Material ············· 165
　　Ⅳ　Fine Chemical ············· 172
　　Ⅴ　Daily Chemical ············· 182
　　Ⅵ　Other Main Products ············· 183
　Chapter Two　Auxiliary Facility and Special Equipment ············· 188
　　Ⅰ　Warehouse ············· 188
　　Ⅱ　Storage Tank ············· 191
　　Ⅲ　Terminal ············· 193
　　Ⅳ　Railway ············· 194
　　Ⅴ　Pipe Gallery ············· 194
　　Ⅵ　Special Equipment ············· 195
　Chapter Three　Raw Material Procurement ············· 196
　　Ⅰ　Bulk Raw Material ············· 196
　　Ⅱ　Auxiliary Material of Main Material and Spare Part ············· 202
　　Ⅲ　Other Main Materials ············· 205
　Chapter Four　Marketing ············· 207
　　Ⅰ　Product Sale ············· 207
　　Ⅱ　Technical Service ············· 215
　Chapter Five　Chemical Service ············· 218
　　Ⅰ　Chemical Logistics and Trade ············· 218
　　Ⅱ　Engineering Equipment ············· 219
　　Ⅲ　Real Estate Leasing ············· 221

Part Three　Industrial Layout ············· 225
　Overview ············· 226

Chapter One   Area in Shanghai ········· 227
- I   *Wujing Area* ········· 227
- II   *Minhang Area* ········· 231
- III *Shanghai Chemical Industry Park* ········· 234
- IV   *Jinshan Second Industrial Zone* ········· 238
- V   *Wusong Area* ········· 240
- VI   *Taopu Area* ········· 243
- VII *Other Municipal Industrial Zones* ········· 245

Chapter Two   Site outside Shanghai ········· 249
- I   *All-steel Radial Tyre Manufacturing Site in Jiangsu Rugao* ········· 249
- II   *Lorry Tyre and Rubber Product Manufacturing Site in Chongqing Shuangqiao* ········· 250
- III *Fluorine Chemical Manufacturing Site in Jiangsu Changshu* ········· 252
- IV   *Anhui Huayi Chemical Industry Park* ········· 254
- V   *Chemical Manufacturing Site in Inner Mongolia* ········· 257
- VI   *Others (Huaian、Yantai、Yixing)* ········· 260

Chapter Three   Overseas Investment ········· 265
- I   *Sales Branch or Offices* ········· 265
- II   *Investment and Financing Platform* ········· 266
- III *Overseas Production and Operation* ········· 266

Part Four   Group Management ········· 271
Overview ········· 272
Chapter One   Corporate Governance ········· 274
- I   *Board of Directors* ········· 274
- II   *Supervisory Committee* ········· 279

Chapter Two   Group Control System ········· 282
- I   *Economic Operation* ········· 282
- II   *Asset Management* ········· 285
- III *Financial Management* ········· 287
- IV   *Planning and Investment* ········· 292
- V   *External Cooperation* ········· 294
- VI   *Information Management* ········· 296
- VII *Armed Safeguard* ········· 300
- VIII *Supervision and Audit* ········· 302

Chapter Three   Management of Chemical Manufacturing Company ········· 305

  Ⅰ *Shanghai Coking Co., Ltd.* 305
  Ⅱ *Shanghai Wujing Chemical Co., Ltd.* 309
  Ⅲ *Double Coin Holdings Ltd.* 313
  Ⅳ *Shanghai Chlor-Alkali Chemical Co., Ltd.* 319
  Ⅴ *Shanghai 3F New Materials Co., Ltd.* 323
  Ⅵ *Shanghai Huayi Acrylic Acid Co., Ltd.* 329
  Ⅶ *Shanghai Paint Co., Ltd.* 332
  Ⅷ *Shanghai Huayi (Group) Chemical United Association* 337
 Chapter Four HSE Management 340
  Ⅰ *Safety and Fire Protection* 340
  Ⅱ *Environmental Management* 346
  Ⅲ *HSE Management of Chemical Manufacturing Company* 352

Part Five Reform and Adjustment 363
 Overview 364
 Chapter One Reform and Transformation 366
  Ⅰ *Company System Reform* 366
  Ⅱ *Technology-Based Company Transformation* 367
  Ⅲ *Corporate Restructuring* 369
  Ⅳ *Listed Company* 372
  Ⅴ *Employee Stock Ownership* 374
 Chapter Two Corporate Adjustment 375
  Ⅰ *Regional Structure Adjustment* 375
  Ⅱ *Industrial Structure Adjustment* 379
  Ⅲ *Company Structure Adjustment* 402

Part Six Science and Technology 425
 Overview 426
 Chapter One Scientific Research Management 428
  Ⅰ *Management System* 428
  Ⅱ *Management Service* 428
 Chapter Two Research Institution 433
  Ⅰ *Technology Research Institute* 433
  Ⅱ *Postdoctoral Workstation* 433
  Ⅲ *State-Level and Municipal-Level Enterprise Technology Center* 434
  Ⅳ *State-Authorized Testing Institute* 437

  Ⅴ State-Level and Provincial- or Municipal-Level Engineering Technology Center ……… 441

  Ⅵ Municipal-Level High-Tech Enterprise ……… 442

  Ⅶ Municipal-Level Intellectual Property Demonstration Enterprise ……… 443

 Chapter Three Technological Innovation ……… 445

  Ⅰ Process Innovation ……… 445

  Ⅱ Product Development ……… 449

  Ⅲ Digestion and Absorption of Introduced Project ……… 458

  Ⅳ Industry-University-Research Cooperation ……… 460

 Chapter Four Sci-Tech Achievement and Intellectual Property Right ……… 468

  Ⅰ Scientific and Technological Achievement ……… 468

  Ⅱ Intellectual Property Right ……… 490

Part Seven Engineering Project ……… 497

 Overview ……… 498

 Chapter One Newly-Built Project ……… 500

  Ⅰ Coal Chemical Project ……… 500

  Ⅱ Tyre Rubber Project ……… 505

  Ⅲ Chlor-Alkali and Fluorine Chemical Project ……… 508

  Ⅳ Fine Chemicals Project ……… 513

  Ⅴ Other Projects ……… 515

 Chapter Two Expansion and Transformation Project ……… 523

  Ⅰ Coal Chemical Project ……… 523

  Ⅱ Tyre Rubber Project ……… 524

  Ⅲ Chlor-Alkali and Fluorine Chemical Project ……… 532

  Ⅳ Fine Chemicals Project ……… 538

  Ⅴ Other Projects ……… 540

 Chapter Three Pre-Construction of Shanghai Chemical Industry Park ……… 544

  Ⅰ Planning and Preparation ……… 544

  Ⅱ Land Reclamation ……… 547

  Ⅲ Summary of Pre-Construction ……… 550

Part Eight Human Resource ……… 551

 Overview ……… 552

 Chapter One Employee Composition ……… 554

  Ⅰ Specialized Technical Personnel ……… 554

  II *Skill Operating Personnel* ········· 555
 Chapter Two Education and Training ········· 561
  I *Certificate Education* ········· 561
  II *Continuing Education* ········· 567
  III *Training for Party Member and Cadre* ········· 570
 Chapter Three Employment, Wage and Benefit ········· 576
  I *Labor Contract* ········· 576
  II *Employee Recruitment* ········· 576
  III *Labor Renumeration* ········· 577
 Chapter Four Team Building ········· 580
  I *Building of Leadership Team* ········· 580
  II *Team Building of Specialized Technical Personnel* ········· 586
  III *Team Building of Skill Grade Personnel* ········· 591
 Chapter Five Reposition and Re-employment of Personnel ········· 593
  I *Reduction and Reposition of Personnel* ········· 593
  II *Persuasion and Stability Maintenance* ········· 595
  III *Hardship Aid and Warm Delivery* ········· 596
  IV *Expansion of Re-employment Channel* ········· 598

Part Nine Party and Mass Organization ········· 601
 Overview ········· 602
 Chapter One The Communist Party of China ········· 604
  I *The Party Committee of Bureau (Group)* ········· 604
  II *The Party Congress of Huayi Group* ········· 605
  III *Organizational Work* ········· 607
  IV *Ideological and Political Work* ········· 616
  V *Discipline Inspection* ········· 625
  VI *Secrecy Work* ········· 632
  VII *Veteran Cadre Work* ········· 635
  VIII *United Front Work* ········· 639
  IX *Work of Letters and Visits* ········· 642
 Chapter Two Non-Communist Party and Federation of Industry and Commerce ········· 645
  I *Organization* ········· 645
  II *Major Event* ········· 646
 Chapter Three Trade Union ········· 649
  I *Organizational History* ········· 649

II	*Trade Union Congress*	649
III	*Trade Union Work*	652
IV	*Workers' Technical Association and Tertiary Industry Company*	660

Chapter Four　The Communist Youth League ································ 662
　　I　*The Communist Youth League Committee of Bureau (Group)* ············ 662
　　II　*Congress of the Communist Youth League* ···························· 662
　　III　*Grassroots-Level Communist Youth League Organization* ············· 663
　　IV　*Major Event of Communist Youth League* ···························· 665

Part Ten　Corporate Culture ·· 669

Overview ·· 670
Chapter One　Spiritual Civilization ··· 672
　　I　*Corporate Spirit* ·· 672
　　II　*Business Philosophy* ·· 673
　　III　*Core Values* ·· 676
　　IV　*Cultural Motto* ··· 678
Chapter Two　Corporate Image Identity ·· 680
　　I　*Corporate Visual Identity* ·· 680
　　II　*Brand and Trademark* ··· 688
Chapter Three　Newspaper and Media ··· 708
　　I　*Group Newspaper (Including Company)* ·· 708
　　II　*Group Publications (Including Company)* ·· 712
　　III　*Group Film and Television Center* ·· 716
　　IV　*Group Yearbook* ·· 716

Part Eleven　Figure ··· 719

Overview ·· 720
Chapter One　Short Biography ·· 721
　　Yu Xin ·· 721
　　Yu Qian ·· 721
　　Mei Luo ·· 722
　　Cao Weiping ··· 723
　　Tan Zhuzhou ·· 723
　　Guo Peihua ·· 724
　　Liu Yunzhang ··· 724
　　Yu Lin ··· 725

Chen Lin ······ 726

Hu Fei ······ 726

Chapter Two　Brief Introduction ······ 728

  Dai Qingshun ······ 728

  Fu Weiguo ······ 728

  Zhang Jie ······ 728

  Li Gansheng ······ 729

  Zheng Zhushi ······ 729

  Yu Dexiong ······ 730

  Gao Junfang ······ 730

  Zhang Peizhang ······ 730

  Chen Huiying ······ 731

  Wei Guangai ······ 731

  Cheng Zhiqiang ······ 732

  Jin Mingda ······ 732

  Cui Zhiren ······ 733

  Zhang Xinghuai ······ 733

  Xu Shuping ······ 733

  Huang Dailie ······ 734

  Dai Jun ······ 734

  Lu Huiying ······ 734

  Zhou Bo ······ 735

  Chu Zhengyu ······ 735

  Wang Xia ······ 735

  Liu Xunfeng ······ 736

  Qin Jian ······ 736

  Gu Weizhong ······ 737

  Li Jun ······ 737

  He Xiaoqin ······ 737

Chapter Three　List of Figures ······ 739

  Ⅰ　*Advanced Figures* ······ 739

  Ⅱ　*Personnel with Professor-Level Senior Technical Titles* ······ 746

  Ⅲ　*Personnel Enjoying Special Government Allowances* ······ 754

Monographic Account ······ 759

  Ⅰ　Shanghai Coking Co., Ltd. Becomes the First Batch of Pilot Companies in

China for "Debt-to-Equity Swap" ········· 761
Ⅱ　Shanghai Gaoqiao Petrochemical Acrylic Acid Factory Promotes Right
　　Protection Against Anti-Dumping Measures ········· 763
Ⅲ　Shanghai Warrior Shoes Co., Ltd. Builds the "Warrior" Brand ········· 767

Appendix ········· 769
　Ⅰ　Reply on the Institutional Reform Plan of Shanghai Municipal Chemical Industry
　　Bureau ········· 771
　Ⅱ　Reply on the Approval of Joint Restructuring of Shanghai Chemical Holding
　　(Group) Company and Shanghai Municipal Medial Bureau ········· 772
　Ⅲ　Articles of Association of Shanghai Huayi (Group) Company ········· 773
　Ⅳ　Board Meeting System and its Rules of Procedure of Shanghai Huayi (Group)
　　Company ········· 777
　Ⅴ　Regulations on Supervisory Committee of Shanghai Huayi (Group) Company ········· 780
　Ⅵ　Outline of Technological Innovation System Construction of Shanghai Huayi
　　(Group) Company ········· 785
　Ⅶ　Measures for Informationalized Management (for Trial Implementation) of
　　Shanghai Huayi (Group) Company ········· 788
　Ⅷ　Eight Prohibitions about Safety Production (for Trial Implementation) of
　　Shanghai Huayi (Group) Company ········· 791
　Ⅸ　Implementation Measures of Responsibility System for Improving Party Conduct
　　and Building a Clean Company of Shanghai Huayi (Group) Company ········· 792
　Ⅹ　Implementation Measures of Conducting Talks with Leading Cadres of Shanghai
　　Huayi (Group) Company ········· 795
　Ⅺ　Work Regulations on Reporting Major Financial Events of Shanghai Huayi
　　(Group) Company ········· 798
　Ⅻ　Guiding Opinions on Accelerating Company Liquidation in 2008 ········· 800
　ⅩⅢ　Regulations on Investment Management of Shanghai Huayi (Group) Company ········· 802
　ⅩⅣ　Summary of Full Names and Abbreviated Names of Shanghai Huayi (Group)
　　Company and its Secondary Companies and Directly-Managed Companies ········· 804

Indexes ········· 805

Afterword ········· 816

总 述

上海华谊(集团)公司(简称"华谊集团")前身是上海市化学工业局(简称"化工局")。

化工局经上海市人民政府批准,于1957年4月由上海市政府撤销重二业局而成立。1958年起,化工局全面管理整个上海市的化学工业企业。1991年年末,化工局全民所有制企业137家、集体所有制企业19家、中外合资企业11家、联营企业279家,职工15.08万人;工业总产值108.9亿元、销售收入87.1亿元。1995年12月16日,化工局改制为上海化工控股(集团)公司(简称"化工控股公司")。1996年10月4日,化工控股公司重组改制为上海华谊(集团)公司,一家由上海市人民政府国有资产管理委员会授权,通过资产重组建立的大型企业集团。

(一)

1991—2013年,是华谊集团重组改革的重要时期,建立了比较完善的法人治理结构。纵观上海工业系统的改革历程,华谊集团的重组力度和改革深度是超前的,一定意义上起到了城市制造工业的样板作用。

1985年,国务院批转《上海经济发展战略汇报提纲》。1986年,国务院批准《上海城市总体规划方案》。1990年4月,党中央、国务院宣布开发开放浦东。1992年10月,党的十四大明确对上海提出建设"一个龙头,三个中心"战略要求,上海推进产业结构调整的步伐不断加快,化工局企业重组的力度不断加大。1992年,上海先后组建一批以骨干企业为龙头的经济实体性公司,在化工系统组建的企业有:上海轮胎橡胶(集团)公司、上海太平洋化工(集团)公司、亚太农用化工(集团)公司、上海胶鞋公司、上海橡胶制品公司、上海化工工程建设公司、上海化工原料联合公司、上海染料公司、上海塑料联合公司、上海涂料公司、上海化肥联合公司、上海化学试剂总厂等。改为股份制企业的有:上海轮胎(集团)股份有限公司(简称"上轮公司")、上海氯碱化工股份有限公司、上海胶带股份有限公司、上海三爱富新材料股份有限公司。

1995年12月16日,经中共上海市委、上海市人民政府批准,上海市国有资产管理委员会授权,化工局改制为上海化工控股(集团)公司。1996年10月4日,上海化工控股(集团)公司再次转制为上海华谊(集团)公司。华谊集团是由原上海化工系统的全部国有资产和原上海医药系统的全部国有资产联合重组而成的一个跨行业的大型企业集团,拥有总资产308.6亿元(其中化工217.6亿元,医药91亿元),净资产84.92亿元(其中化工69.43亿元,医药15.48亿元)。华谊集团在组建的同时,对行政性的原上海市医药管理局进行了改制,使1957年4月建立的化工局和1979年组建的上海市医药管理局,经过近40年的历程和17年的分离,又重新走到了一起,成为一个以资产经营和生产管理相结合为内在动力的大型企业集团,做到政企分开、政资分开,为华谊集团深化改革、加速发展,做强、做优国有企业,提供一个良好机遇。

2000年8月,1996年11月改制的上海医药管理局通过资产重组,成为由华谊集团与上海工业投资集团有限公司(简称"上海工投")各拥有50%股权的上海医药(集团)有限公司(简称"上药集团")。2002年8月,中国华源集团以11亿元的现金,收购华谊集团与上海工投各占上药集团总股本20%的股权,取得上药集团40%的股权;华谊集团与上海工投仍各拥有上药集团30%的股权。同时,新的股东会决定中国华源集团、华谊集团、上海工投按4∶3∶3的比例向上药集团增资扩股,使上药集团的注册资本由原来的29.92亿元增至31.58亿元。2008年7月,上海市国有资产监督管理委员会调整上药集团股权,将华谊集团、上海工投各持有的上药集团30%的股权调整给上海上实(集团)有限公司。至此,上药集团从华谊集团中再次分离。

2002年,华谊集团举债受让上海高桥石化丙烯酸厂90%的股权,利用债权收购上海化工监理公司、上海三爱富新材料股份有限公司、上海试四赫维化工有限公司优质股权,完成上海橡胶制品四厂计划外破产与上海胶鞋公司、上海回力鞋业总厂计划内破产工作,形成染料、试剂、装备、小化肥等行业的改革方案,完成21家三级次企业改制和重组。

2007年,华谊集团经过企业重组,完成四级次及以下企业销户110户,华谊集团企业总户数下降到590户。2008年3月,华谊集团成立企业清理指导工作组并在上海华谊集团企业发展有限公司专设办公室,制定《关于加快推进2008年企业清理工作指导意见》,进一步规范企业清理工作。

2009年8月,华谊集团《关于加快推进集团主辅分离、辅业改制工作指导意见》正式施行,采取分步实施办法,推进辅业单位独立核算、业务拓展和自负盈亏,加快辅业单位剥离改制、整合重组和开放转让,施行市场化、开放性重组。至2013年年底,共完成企业清理273户。

在改革重组过程中,华谊集团坚持"绿色发展、创新发展、高端发展、跨市发展、一体化发展"原则,围绕"新技术、新产业、新业态、新模式",加快"生产制造"向"制造+服务"转型,打造五大核心业务,即"能源化工、绿色轮胎、先进材料、精细化工、化工服务"。至2013年,围绕"五大核心业务",华谊集团二级全资公司和控股子公司主要有:上海焦化有限公司(简称"焦化公司")、上海吴泾化工有限公司(简称"吴泾公司")、双钱集团股份有限公司(简称"双钱集团")、上海氯碱化工股份有限公司(简称"氯碱公司")、上海三爱富新材料股份有限公司(简称"三爱富公司")、上海华谊丙烯酸有限公司(简称"丙烯酸公司")、上海涂料有限公司(简称"涂料公司")、上海华谊聚合物有限公司(简称"聚合物公司")、上海华谊(集团)化工联社9家化工制造企业;上海天原(集团)有限公司(简称"天原集团")、上海华谊集团投资有限公司、上海华谊工程有限公司、上海华谊化工实业有限公司、上海华谊集团企业发展有限公司、上海华谊信息技术有限公司、上海华谊集团财务有限公司、上海静安华谊小贷有限公司、上海市化工环境保护监测站9家化工服务企业;上海华谊集团技术研究院、上海市化工科学技术情报研究所、中国上海华谊(集团)公司委员会党校(上海化工教育培训中心)、上海信息技术学校4家科研院所。其中,双钱集团、氯碱公司、三爱富公司在1992年分别改制为上市公司,双钱集团、氯碱公司同时发行A、B股。华谊集团拥有11家设计、研究院。3家国家级企业技术中心和8家市级企业技术中心,并设有博士后科研工作站。

重组改制后的华谊集团,作为参与市场竞争的公司制企业主体,建立比较完备的法人治理结构。华谊集团设立董事会、党委会、行政总裁班子、监事会和党委会领导下的纪委会以及工会等群团组织。

华谊集团董事会由符合条件的党委书记担任董事长,监事会主席由上海市国有资产监督管理委员会派任,行政总裁经履行相关程序后由董事会聘任,实行党委会发挥政治核心作用、董事会决策、监事会依法监督、行政总裁层依法经营的治理结构,并形成党政复合、交叉任职的运营架构。

（二）

1991—2013年，是华谊集团从调整中发展到发展中调整、从推进支柱产业发展到建立创新高地的转型时期。这个时期，华谊集团在上海工业系统中也是展现了涉众性广、挑战性大、攻坚性强的特点，体现了上海化工发展的特色。

在改革发展的过程中，形成了华谊集团的发展战略。尽管从业人员数量在减少但发展内涵在扩展，尽管在上海地域的企业规模在缩小但经济体量在增大，主营煤基多联产、绿色轮胎、新材料、精细化学品和化工物流、工程总承包等，产品覆盖面广、品种规格多样、门类基本齐全，涉及基础化学品、清洁能源、橡胶制品、塑料、涂料、染料和颜料、氟化工、试剂、助剂、医药中间体、化工设备等十几大类近万种。

截至2013年年底，华谊集团在岗职工21 685人，较之1991年15.4万人，减员很多，年龄结构为：35岁以下6 508人，占在岗职工总数30.01％；36岁～50岁10 523人，占48.53％；51岁以上4 654人，占21.46％。文化结构为：大专及以上9 621人，占在岗职工总数44.31％，其中硕士及以上774人，占3.57％；高中、中专、技校8 184人，占37.74％；初中及以下3 880人，占17.89％。职称结构为：高级专业技术职称673人，占技术职称人员总数11.84％；中级技术职称2 665人，占46.88％；初级技术职称2 347人，占41.28％。技能结构为：各类技术工人7 803人，占在岗职工总数35.98％，其中高级技师174人，占技术工人总数2.23％；技师737人，占9.45％；高级工2 814人，占36.06％；中级工2 776人，占35.58％；初级工1 302人，占16.69％。

20世纪90年代以来，华谊集团适应城市发展要求，逐步形成符合自身的战略思路，尤其是2008年召开的华谊集团第一次党代会，明确提出"1358"发展战略，即一个目标、三级定位、五大战略、八大平台。

一个目标：到"十二五"规划末，集团主营业务收入实现600亿元，力争700亿元，基本建成具有较强国际竞争力的化工企业集团。

三级定位：集团层面是决策中心，二级子公司为利润中心，三级企业为成本中心，集团总部对"资源、资本、资产、资金"的运作，实现财务集中、资产集中、技术决策集中、投资决策集中；二级子公司管理好生产经营，加强市场运作和成本控制，实现利润最大化；三级企业则组织好生产管理、装置管理，加强成本控制，实现成本最小化。

五大战略：发展创新战略、改革调整战略、整合增值战略、多元投资战略、人力资源战略。发展创新战略——以科技创新作为推动企业发展的源动力，从基础化工逐步转向基础化工和精细化工并重，提升产业发展水平，提升集团核心竞争力；改革调整战略——以改革促发展促调整，加快改革集团管控模式，加快调整企业结构、产品结构、布局结构，进一步激发集团发展活力；整合增值战略——依托集团整体优势，充分发挥协同效应和集约效应，提高资源的利用率，使资源在运营中产生更大的效益；多元投资战略——加强与战略投资者合作，引进先进发展理念、管理方法、运营模式，提升技术水平，延伸产业链，扩大市场份额，加快集团发展。通过开放性、市场化重组，大力推进均势企业的调整，缩短资产链，使集团进一步集中精力发展主业；人力资源战略——完善人才培养、培训、引进以及内部人才合理流动的机制，加快建设与集团相适应的管理人员、专业技术人员和技术工人队伍。

八大平台：围绕集团发展"煤化工、轮胎、新材料、精细化学品和化工服务"五大业务，建立"八大平台"，即华谊集团煤化工、华谊集团轮胎、华谊集团新材料、华谊集团精细化工、华谊集团物流、华谊集团工程、华谊集团地产、华谊集团投资的平台。

1990年，化工局总产值55.5亿元，比1978年增长44.5%。1995年，化工局完成工业总产值135.3亿元；销售收入147.2亿元。"九五"计划期间，华谊集团受资金短缺和化工原材料涨价影响，特别是1998年亚洲金融危机的冲击和影响，1999—2000年每年的工业总产值徘徊在150亿～160亿元之间。"十五"计划期间，华谊集团坚持"一手抓调整，一手抓发展"，积极进取，克服困难，较好地完成各项经济指标。工业总产值从2001年的162.5亿元跃升到2005年的284亿元；主营收入从2001年的149亿元跃升到2005年的272亿元，工业总产值和主营收入分别比2001年增长75%和82%。2008年，华谊集团名列亚洲化工第21位，中国化学原料及化学品制造业第2位，中国制造业500强第72位，中国企业500强第145位，上海"集团百强"第16位。"十一五"规划期间，华谊集团经营业绩势头良好，2013年华谊集团工业总产值459亿元，实现销售收入602亿元，利润7.7亿元，位列上海制造业企业50强第10位，上海企业100强第22位，中国制造业500强第111位，中国企业500强第231位。

（三）

1991—2013年，是华谊集团坚定不移"走出去"，取得实质性开拓发展的重要时期。华谊集团在特大型城市走出一条化工"跨市发展"的新路子。

2004—2013年，华谊集团通过新建、合作和并购等多种途径，在上海市以外的有资源、有市场、有效益的地区形成了一定规模的生产基地。华谊集团在全国8个省市拥有20余家工厂。市外基地对集团利润和生产性销售收入贡献度达40%，"一个华谊，全国业务"的发展格局基本形成。

在内蒙古，2004年，华谊集团与神华集团神东电力公司和内蒙古亿元利资源集团公司在内蒙古呼和浩特市共同签署年产40万吨聚氯乙烯（PVC）、烧碱项目股权转让和煤电一体化项目合作协议，在内蒙古鄂尔多斯市达拉特旗建立氯碱生产基地，于2007年投产。在乌兰察布所属丰镇市华谊集团所属三爱富公司于2011年成功收购内蒙古万豪公司70%股权，建成国内最大的聚偏氟乙烯（PVDF）装置，市场占有率达51%；同时还收购了内蒙古奥特普化学公司股权。此外，华谊集团在落实煤资源、采矿权的同时，引入山东兖矿作为战略合作伙伴，转让部分股权，共同开发石拉乌素煤矿。

在江苏南通如皋地区，2004年3月，由华谊集团所属的上轮公司与如皋投资有限公司、香港恒升投资有限公司3家公司共同投资，成立上海轮胎橡胶（集团）如皋有限公司，注册资本为7 000万美元，新建50万条/年全钢子午胎项目。2005年3月18日，第一条轮胎下线。2013年，总产能达430万条/年，成为当年全球单厂产能最大的"世界级工厂"。

在江苏南通，成功收购天同精细化工公司75%股权，核心产品苯代三聚氰胺市场占有率跃居全球第三。

在安徽无为地区，建立了煤基多联产精细化工生产基地"安徽华谊产业园"，并引入普莱克斯、麦王等跨国公司为基地提供配套服务。安徽华谊化工有限公司是由华谊集团、焦化公司和淮北矿业集团公司共同投资建设的国有大型煤化工企业。2008年10月开始建设，一期工程总投资45亿元,建设60万吨/年甲醇、50万吨/年醋酸和30万吨/年醋酸乙酯以及配套的码头、铁路、仓储等公用工程项目。2012年4月建成投产。华谊集团与米其林合资建设年产500万套"回力"牌高性能半钢子午线轮胎项目,2013年销量突破140万套。

在江苏常熟,建立了氟化学品生产基地。1993年11月18日,由三爱富公司与江苏华龙工贸(集团)公司共同投资2 000万元,成立常熟三爱富公司。2013年12月,三爱富常熟新建的1万吨/年含氟聚合物项目完成中交,通过与杜邦、阿科玛等跨国公司合作,建立国内最大的含氟化学品生产基地。

在江苏淮安地区,1997年1月3日,由华谊集团所属的原上海太平洋化工(集团)有限公司下属焦化公司和江苏淮阴白玫糖业有限公司共同投资兴建上海太平洋化工(集团)淮安元明粉有限公司,建设了国内第一套以DCS系统控制生产元明粉生产企业。2013年,集团增资淮安元明粉厂,做大核心产品,巩固了国内市场的领先地位。

在江苏宜兴地区,2014年10月,由华谊集团所属的上海精细化工有限公司、无锡石春投资有限公司、江苏宜兴宇星工贸公司和上海一品染料有限公司四方组建的宜兴华谊着色科技有限公司,年产10万吨新型氧化铁着色材料。

在重庆双桥地区,2007年6月,由华谊集团所属的上轮公司与重庆渝富资产经营管理有限公司和上海双钱轮胎销售有限公司在重庆市双桥区合资成立双钱集团(重庆)轮胎有限公司,建设实施250万条/年全钢子午线轮胎工程项目,项目于2009年建成,达到120万条/年全钢丝子午线载重轮胎的生产能力。2013年,双钱重庆公司80万条/年全钢载重轮胎技改扩产项目建成达产,总产能200万条/年,成为西南地区规模最大的全钢载重轮胎生产基地。

在山东烟台地区,2012年,华谊集团与上海通用配套的轻量化、降噪音、高性能汽车注塑件项目投产。

在新疆乌鲁木齐,2013年11月,华谊集团与新疆国资委签订股权合作协议,增资5.7亿元,成功控股新疆昆仑轮胎公司,生产经营呈稳步提升之势,载重胎产量增长40%。华谊集团通过实施120万条/年TBR轮胎扩建项目,使企业销售收入达到50亿元,成为上海援疆的最大项目,为华谊集团布局西北及中亚五国市场创造了条件。

(四)

1991—2013年,是华谊集团依靠科技创新、推进企业转型的关键时期。坚持发展第一要务,坚持创新第一动力,坚持人才第一资源,华谊集团走上可持续的发展道路,形成较强的核心竞争力。作为技术密集型企业,华谊集团在科技创新的重视以及依靠新技术推动集团发展方面,在上海工业制造系统是做得扎实有效的,也成为全国化工企业的一个标杆。

从2000年9月"华谊集团第一届技术创新大会"的召开,到2012年"华谊集团第五届技术创新大会"的召开,华谊集团始终坚持推进科技进步来提升企业核心竞争力。先后出台《上海华谊(集团)公司专利管理条例》《上海华谊(集团)公司专利奖励实施细则》《华谊技术创新体系刚要》《华谊集团关于加强技术创新工作的若干决定》等制度和细则。1980—1990年,全系统共完成科研成果1 594项,开发新产品2 797个,获国家级进步奖10个、部级科技成果奖65个、市科技进步奖128个、市新产品奖287个,完成28项军工任务、7项市重点工业化项目。2006—2013年,全系统研发累计投入55.91亿元,构筑了"化工新材料""精细化工""生物技术""化工过程开发"平台,初步形成"竞争性情报""知识产权管理"的支撑体系。华谊集团鼓励企业以项目为载体,加强与跨国公司合作平台建设。2012年,华谊集团与美国杜邦公司合作研发,建成符合欧盟最新环保标准的全球首套新型制冷剂HFO-1234yf产业化装置,成为全球唯一供应商,定点出口欧盟(产品价格达15万元/吨,为一般制冷剂的5倍)。2013年,华谊集团与美国Akron大学联合研制成功具有国家级领先水平的新一代液晶显示材料——PT853含氟新材料(应用于新型柔性触屏手机及平板电脑显示屏),成为全球首家供应商。

华谊集团组建集团技术研究院,整合集团技术资源,加强应用研究,集团在产业化项目上取得重大突破,如全钢子午线工程机械轮胎获上海市科技进步一等奖。上海三爱富新材料股份有限公司悬浮法四氟乙烯粉末制备工艺及设备获2002年上海市科技进步一等奖。上海华谊丙烯酸有限公司的万吨级丙烯酸新技术获2003年上海科学技术进步一等奖,该获奖的万吨级丙烯酸新技术研发成果,不仅形成了自主知识产权,而且其关键技术还包含了8项国家专利。上海吴泾有限公司"国产化20万吨/年醋酸低压羰基合成工艺技术"项目获2004年上海市科技进步一等奖;"年产10万吨乙酸乙酯新型成套技术"项目,获2005年上海市科技进步一等奖;"丙烯酸及其酯新工艺生产关键技术"获国家科学技术二等奖。

2010—2013年,华谊集团的重点科研项目也取得新突破:丙烯酸公司"新型高速高收率丙烯氧化制丙烯酸催化剂的研制及工业化应用"项目获上海市科技发明一等奖。氯碱公司自主研发的万吨级氯化聚氯乙烯工业装置成功投产,填补了中国高端氯化聚氯乙烯树脂市场的空白;1万吨/年聚偏氟乙烯成套技术在国内率先实现产业化;双钱公司成功开发了覆盖45英寸~57英寸系列的巨型全钢子午线轮胎,获上海市科技进步一等奖、中国国际工业博览会银奖。焦化公司煤基合成气制羰基化专用一氧化碳新工艺技术、氯碱公司30万吨/年氯乙烯/聚氯乙烯生产工艺技术国产化开发技术获上海市科技进步二等奖。其间,华谊集团还成功实现醋酸和丙烯酸成套技术输出,技术转让收益5亿元。获国家级新产品奖7项,中国国际工业博览会铜奖1项。

华谊集团累计承担高端有机氟材料(国家科技部863项目)等9个国家重大攻关项目,高含氟电子信息材料等30个上海市攻关项目,以及航空发动机用聚酰亚胺零件、高压航空燃料软管研制等26个国防军工配套项目。其中,为军工配套的聚四氟乙烯导电软管组件获国家科技进步奖特等奖,聚酰亚胺和聚偏氟乙烯特种材料等分别获市科技进步二等奖。2013年,聚酰亚胺飞机发动机衬套零件项目解决了国家急需,获国防科工委的通报表彰和嘉奖。

(五)

1991—2013年,是华谊集团强化环境保护、自觉履行社会责任的重要时期。

面对上海建设现代化国际大都市的要求,华谊集团走出了一条在特大型城市发展化工产业的新路子。第十届全国人大常委会副委员长、原化工部部长顾秀莲这样评价,在全国大城市发展化工产业,华谊集团的安全难度最大,环保要求最高,但现在他们发展最好,这为全国城市化工发展做出榜样。

华谊集团勇于承担社会责任,以"绿色化工"为己任,以节能减排为突破口,加快转变经济发展方式,逐步实现污染物末端治理向循环经济和集约型生产方式转变。华谊集团按照上海城市功能定位要求和当今全球化工大型化、装置化、一体化的发展特点,主动调整一批高物耗、高能耗、低附加值的产品和装置。

在第一个环境保护三年(1999—2002年)行动中,华谊集团共投入资金4.93亿元,共完成各种治理项目45项,削减废水总量4 808万吨/年、化学需氧量3 790吨/年、废气12亿标立方米、二氧化硫2 692吨/年、烟尘362吨/年、粉尘352吨/年,有效减少了污染排放,塑造了集团新形象。

2003年,华谊集团启动新三年(第二个环保三年)环保行动,2003—2005年,投入6.5亿元用于环保,以确保集团化工在综合整治中实现发展。并通过环境综合整治重点解决大气环境与二氧化硫、烟尘排放问题,促进集团化工与社会、资源及环境的和谐发展。2004年2月,华谊集团召开吴泾化工基地新一轮环保三年行动计划推进会,提出通过治理工业污染带动传统产业升级,加快转变经济增长方式,建设清洁能源、新材料研发和循环经济产业化示范基地。

在上海市两轮三年环保整治行动中,华谊集团吴泾地区企业环境整治投入4.8亿元,对特殊污染因子进行治理,淘汰了20多种污染的产品和装置,完成35项污染末端治理项目,主要装置完成清洁生产审计,污染物削减情况分别为化学需氧量75%、废水70%、二氧化硫39%、烟尘45%、粉尘52%、废气25%、氯化氢172%。2005年,华谊集团环境综合整治工作取得较好的效果:工业用水重复利用率达90%;"三废"排放量大幅度减少,其中,废水减少70%、化学需氧量减少58%、废气减少25%、二氧化硫减少33%、烟尘减少25%、粉尘减少42%;实施24家企业布局调整,9家小化肥企业全面关停并转;内环线企业基本调整完毕,淘汰45个重污染的产品、装置与工艺;完成68项污染物末端治理项目,推出15个市级清洁生产示范项目。吴淞基地企业整治工作全面完成;桃浦地区企业实现从化工工业区向都市型工业园区的转变;吴泾基地环境整治力度进一步加大,所有污染物总量和特征因子均削减20%～70%。2006年,华谊集团环境建设和三年行动计划得到进一步推进。全年共投入资金5.6亿元,完成"关停焦化公司1号焦炉"等39个环境整治项目,削减各类污染物5%以上。

1995年3月,有着34年生产历史的上海焦化总厂精苯车间停产,拉开华谊集团保护环境、关停装置的序幕。2000年,按照环保要求,上海天原化工厂、上海树脂厂、上海染化十二厂、上海彭浦化工厂、上海塑料厂在市区的生产装置全面停产。至2001年年底,集团在内环线以内所有反应性化工装备全部关闭。至2003年6月,所有小化肥企业停产。2006年2月,上海焦化有限公司关闭1号焦炉。2007年9月,上海吴泾化工有限公司年产12万吨合成氨装置退役。2008年,上海助剂厂、上海彭浦化工厂、上海敦煌化工厂、上海钛白粉厂、上海大中华正泰橡胶厂、上海赛璐珞厂等企业完成整体搬迁。2009年2月26日,运行31年的氯碱公司电化厂金属阳极47型电解装置关停;6月,上海氯碱化工股份有限公司1990年3月投运的首套国外进口离子膜烧碱装置正式退出;7月,上海焦化有限公司具有50年历史的2号焦炉、3号焦炉和煤气净化系统、焦油加工系统退出生产序列。

华谊集团吴泾地区的相关生产装置关停后,重点对分布在宝山、长宁、普陀、奉贤、杨浦、闵行、闸北7个区的上海长风化工厂、上海远大过氧化物有限公司、上海中乐油脂化工有限公司、上海双乐油脂化工有限公司、上海中远化工灌装有限公司、上海化工供销有限公司仓储分公司、上海化学试剂研究所、上海化学试剂一厂、上海恒信化学试剂公司、上海三爱思试剂有限公司、上海申博化工有限公司、上海牡丹油墨有限公司、上海金鹿化工厂和上海深试仓储公司共14家危险化学品企业进行关停调整。

"十一五"期间,通过产品结构调整和技术创新,华谊集团节能减排成效显著,先后关停焦炉、合成氨、烧碱等46套高能耗装置(产品),万元产值能耗下降31.5%;工业废水排放量从2005年的2 765万吨下降到2010年的1 762万吨,下降36.3%;二氧化硫排放量从2005年的8 451吨削减到2010年的2 043吨,削减75.8%;烟尘排放量从2005年的1 741吨削减到2010年的1 009吨,削减42%,提前完成"十一五"期间上海和国家要求的减排目标。2012年5月,上海焦化有限公司最后两台(5号和6号)焦炉及其配套装置全面关停。

2001年,华谊集团建立了"上海华谊(集团)公司地理信息管理系统(GIS)"。2003年,集团GIS项目建成运行,对集团的重点单位、重要装置的环境管理实施监控。

2010年,华谊集团把迎办"2010上海世博会"作为一次关键的"大考",坚持以最认真的态度抓好责任落实,以最严格的纪律做到政令畅通,以最严厉的措施确保万无一失。2011年,华谊集团排放达标率为87.06%,重特大环境污染事故为零。

2011—2013年,华谊集团通过强化管理,三年企业排放合格率逐年提高为84.38%、87.56%、94.02%。

华谊集团属于高危行业,高温高压、易燃易爆、有毒有害,且国有老企业居多,地域分散。华谊集团从事生产、经营、使用、储存、运输危险化学品的生产经营法人单位30家,其中危险化学品生产企业12家、储存企业1家、使用企业6家、经营企业7家、运输企业4家。其中涉及剧毒化学品生产企业4家,重大危险源监控企业8家;涉及危险工艺的生产装置67套,集中在电解、氯化、裂解、加氢、重氮化、氧化、聚合等9个危险工艺类别。1991年开始,由化工局局长分别与各公司经理和大厂厂长签订安全生产责任认定书。化工局改制后,作为化工企业国营管理实体性的华谊集团更加重视企业的安全生产。2003年,华谊集团在安全生产方面开展了试行领导约见制度,强化专项检查力度,全面提高生产企业的本质安全度,基本实现了安全工作"三无"(操作无违章、现场无隐患、安全生产无事故)目标。

2006年12月21日,华谊集团建立应急联动中心,并设立吴泾公司、焦化公司、氯碱公司、三爱富公司、丙烯酸公司、上海硫酸厂有限公司6家分中心。应急联动中心和分中心的实时信息数据联网,充分发挥应急联动中心的统一监控作用,对集团19家重大危险源企业、142个重大危险目标加强实时、有效监控,并做到24小时监控主要企业关键装置生产运行和重大危险源安全情况。

2007年,华谊集团继续深化安全教育,开展了以专题宣讲、集中培训为主要形式的"万名员工安全大培训"。以案例分析、技能培训、应急处置为主要内容,进行各类安全教育培训活动246场次,教育培训员工2.65万人次,对2 300名劳务用工人员进行安全培训,使安全管理的基础工作得到加强。

2008年,华谊集团以"八大禁令""反三违"(违章指挥,违章操作,违反劳动纪律)、重大危险源管理和"迎世博"专项督查为重点,开展了33次专项督查,对重点监控企业覆盖率达到100%。

2009年,华谊集团统一标准,制定实施集团《安全管理制度》(50项),主要内容涵盖集团生产经营活动全过程。2010年6月,华谊集团在2009年颁布的《HSE检查导则》基础上,颁布《HSE检查细则》(2010版),将安全管理制度具体操作的内容用量化的指标、菜单式的条款,汇编成检查细则1 067条,发放到基层企业每个班组,企业员工结合岗位要求,形成作业场所安全检查标准。

2010年4月,《上海华谊(集团)公司突发事件紧急预案》(第二版)出台。包括《上海华谊(集团)公司生产安全事故综合应急预案》《火灾爆炸事故专项应急预案》《危险化学品泄漏事故专项应急预案》和《其他生产安全事故专项应急预案》,形成了"一个综合三个专项"的应急预案体系。

华谊集团作为一个"社会公民",积极组织开展"帮扶经济薄弱村"工作。2007—2009年,在上海市开展的第一轮帮扶活动中,华谊集团所属双钱集团、焦化公司、吴泾公司、天原化工物流公司共资助奉贤区柘林镇八桥村、崇明向化镇六效港渔业村、庙镇万安村、竖新镇仙桥村道路修建、防涝排灌等共97万余元,并开展党建联建、帮扶就业、销售农产品等活动。2010—2012年,在上海市开展的第二轮帮扶活动中,华谊集团所属双钱集团、丙烯酸公司、焦化公司、吴泾公司、天原化工物流公司、华胜化工厂、上海造漆厂7家单位分别与奉贤、崇明、闵行、浦东、金山等区县乡镇结对、签约,帮助"结对方"提升自身发展能力。2013年9月,按照中共上海市委、市政府提出的"地域相邻、产业相近、能力相当"原则,华谊集团对口帮扶金山区金山卫镇,华谊集团所属天原集团、三爱富公司、涂料公司、丙烯酸公司、投资公司分别与金山区金山卫镇的卫通村、横浦村、八一村、八字村、塔港村结对签约,帮扶资金超过3 000万元。此外,华胜化工厂与金山区漕泾镇的海渔村结对签约,双钱集团与崇明庙镇万安村结对,聚合牧公司与奉贤柘林镇营房村结对,确保"参与单位不减少、结对范围不缩小、帮扶力度不减弱",体现了华谊集团的社会责任。

(六)

1991—2013年,是华谊集团塑造形象、打造品牌、培育和完善企业文化的拓展时期。形成了具有民族精神、国企使命、工业品牌、团队卓越的历史,不断树立"受人尊敬、社会需要"的公司形象。

华谊集团始终以技术进步为支撑,着力提升产品质量,以创建品牌、树立企业良好形象扩大市场占有率。1979—1990年,优质产品获奖共有776项次,其中,国家金质奖11项,银质奖38项次,部优产品奖398项次,市优产品奖329项次。1990年,优质产品产值率46.8%;1996年,华谊集团成立后,结合企业经营活动,建立产品品牌组合体系,创建比企业产品更重要更持久的无形资产。2013年年底,华谊集团已拥有诸多著名品牌,如"上焦""吴泾""申峰""双钱""飞虎""回力""眼睛""光明""牡丹""一品""白象"等,其中,中国品牌6个,中国驰名商标2个,上海品牌22个,上海著名商标12个。

在企业文化建设上,作为一种软实力,华谊集团基本形成了管理机制和建设理念,建立了强有力的领导班子,明确了集团党委是集团企业文化建设的主要倡导者。集团经营者群体是企业文化建设的决策实施者,集团广大员工是集团企业文化建设的主体参与者,在此基础上,形成党委领导、行政主抓、各方协调配合和职工实践参与的企业文化建设的运行机制,在此基础上,制定推进企业文化建设的实施纲领,明确推进企业文化的指导思想、实现目标、遵循原则、基本内容、主要任务、实施步骤,编纂了《华谊文化推进手册》,对集团层面、子公司层面以及其他各种类型的企业提出了不同的企业文化建设要求。集团把企业文化建设的目标纳入对子公司党政主要领导的年度考核体系之中,有效促进各子公司的企业文化建设健康、持久地发展。

华谊集团从身处上海国际大都市的实际出发,根据化工大企业的特点,对企业文化建设提出明确目标。在发展愿景上,明确把集团建成为具有较强国际化工竞争力的企业集团,在战略思考上,提出要主动调整、自觉调整,走上良性、健康发展之路。经过"九五"及"十五"乃至"十一五"时期的调整,华谊集团结束了在上海市内分散无序的生产格局,基本形成了"五大业务(八大平台)"的发展格局,通过科研开发和产品结构调整,基本实现了集团从调整中发展到发展中调整的转变。在推进手段上,华谊集团强调企业文化要与上海的地域文化和"海纳百川、追求卓越"的上海城市精神相对接,使华谊集团文化成为"海派"文化的重要组成部分。华谊集团通过实施"走出去"战略,积极参与中西部地区开发,充分体现出"在海纳百川中服务全国,在艰苦奋斗中追求卓越"的上海城市精神特质,为以后逐步走出国门发展提供文化力的保障。

1991—2013年,华谊集团坚持"绿色化工,使城市更精彩,让生活更美好"的价值理念,注重抓优势转化,即把企业文化建设优势转变为企业改革发展的竞争优势,做到"发展速度不停步,安全环保不停步,改革调整不停步,和谐稳定不停步",进一步凝聚力量,激发活力,特别是以创建全国、上海市、集团级的文明单位为活动载体,"强基础,上台阶,出典型",推出"华谊集团文明单位考核细则",出台"文明单位创建电子台账规定",把文明单位创建工作作为培育和完善企业文化建设的有力推动,追求持久的企业影响力,追求发展的持久底蕴。2009年11月,在首届中国石油和化学工业企业文化促进大会上,华谊集团获中国石油和化学工业企业文化建设首批示范单位称号,中共上海华谊(集团)公司委员会书记、董事长金明达获企业文化建设示范单位领军人物。华谊集团旗下焦化公司、吴泾公司、氯碱公司、丙烯酸公司、涂料公司、三爱富公司6家企业被评为中国石油和化学工业企业文化建设先进单位。在2010年7月召开的上海市思想政治工作研究会第十一次会员大会上,华谊集团获"上海市思想政治工作先进集体"称号。2013年华谊集团获"全国五一劳动奖状"。

(七)

1991—2013年,是华谊集团党建工作发挥"谋大局、把方向、管大事"的核心作用,实现集团改革、调整、创新发展的重要时期。集团党建工作凸显出引领特点,以强班子、夯基础、育人才、作示范,着力把党的政治优势转化为推进企业发展的强劲动力。

中共十三届四中全会以来,华谊集团经历从上海市化学工业局到上海化工控股(集团)公司再到上海华谊(集团)公司的体制改革和管理变革,始终坚持发挥党组织的政治核心作用,企业主要实行党委书记兼任董事长(或总经理)的模式。截至2013年年底,华谊集团党委所属基层党组织429个,其中基层党委47个,基层党总支25个,基层党支部357个;党员总数6120名,占职工总数的26.58%。

在推进集团改革调整、创新发展中,集团党委坚持抓好战略管理,适时提出并确定集团奋斗目标。1996年提出建设先进化工企业集团公司的发展目标,2006年提出建设"中国著名、世界先进"化工集团公司的奋斗目标,2008年又进一步明确提出:到2010年形成吴泾基地高端升级、化工区集聚发展、吴淞基地战略转型、安徽无为煤基多联产精细化工基地一期基本完成,三大主业突出、规划布局合理、企业可持续赢利能力增强的发展格局,根本改变企业面貌;到2015年,实现营业收入600亿元、利润30亿元,成为具有较强国际竞争力的化工企业集团,跻身世界化工50强;在此基础上,继续朝着"世界先进、中国著名"化工企业集团的方向努力奋斗,为"百年华谊"发展奠定扎实的基础。在确定集团发展战略目标的基础上,集团党委及时根据变化了的形势,不断明确方向性的要求,提出"绿色化工,使城市更精彩、让生活更美好"的发展理念,提出与上海产业发展导向和整个行业发展趋势相符、与生态环境相容、与所在地区经济发展相联、与上海国际大都市形象相称的"四相"发展原则和"让政府放心、让社会满意"的目标追求;强调坚定不移地将吴泾基地建成清洁能源、新材料研发基地和循环经济示范基地,坚定不移"走出去",将资源富足地区作为集团化工生产基地的发展思路和本质安全、资源节约、环境友好的发展要求;进一步明确发展服务经济和适应国家能源发展战略要求的产业经济,做强做优煤基多联产产品及清洁能源产品制造、高分子材料及轮胎橡塑产品制造、精细化学品制造核心业务和化工品物流及化工工程服务、生物医药及生物化学品制造培育业务的发展内涵。

在推进集团改革调整、创新发展中,集团党建工作坚持抓好队伍建设。一是抓"领导班子"。历届党委着力建设职工群众信赖的企业好干部队伍,每2—3年分批分期对二、三级子公司领导班子成员开展学习培训和专题教育。1991—2013年,华谊集团党委根据党中央和中共上海市委的部署和要求,推进党的建设新的伟大工程,先后开展"讲政治、讲学习、讲正气"活动,保持共产党员先进性教育活动和"凝聚力工程"建设,在全党开展邓小平理论、"三个代表"重要思想和科学发展观的学习教育,先后接受中共上海市委巡视组、督导组的多轮检查考评,极大提升领导干部能力水平,形成抓党建、建队伍、谋发展、促改革的长效机制。2006年以来,集团分期举办了1 000多人次参加的以贯彻"三个代表"重要思想和提升"五项能力"为主要内容的领导干部轮训班,开展了"四好"领导班子评选活动,上海华谊丙烯酸公司等6家单位的领导班子受到中共上海市国有资产监督管理委员会委员会的表彰。党委强化对各子公司、直管单位领导班子述职、述学、述廉考核,考核面达100%,并及时对领导班子进行充实和调整,不断增强领导班子的战斗力。二是抓党员骨干。历届党委大力加强党员队伍的先进性、纯洁性建设,坚持促进改革发展、促进党建工作的原则,着力发挥党员先锋模范作用,主动开展主题实践结对子、心系群众办实事的活动,党员教育全覆盖,党员服务全过程,形成长效机制。先后制订完善《党建工作责任制》《发展党员工作公示制》《稳定工作预警排查制度》《企业资产重大损失的领导责任追究办法》等一系列制度,保证了集团党建工作的规范性、连续性和科学性。制定了《党建督察员工作暂行办法》,向子公司、直管单位委派了党建督察员,同时注重加强基层党建工作,基层党组织按期换届选举率逐年提高,2007年达89.64%。坚持"党员成为骨干,骨干成为党员",2007年,50%的党员分布在集团一线和关键岗位上。三是抓人才培育。历届党委坚持贯彻党管人才的要求,形成了管导向、管标准、管程序、管资质的思路,制订集团"八五""九五""十五""十一五"期间人才培育计划。对11位高层次技术领军人才进行了导师带教培养,有2万多人次技术人员参加了继续教育和创新创造能力培训,建立了120名较高层次的后备技术人员队伍,组织了92名年轻干部到集团的基层企业挂职锻炼,逐步形成了一批70年代出生、90年代参加工作的后备力量。坚持抓好高级技术工人队伍建设,大力推进职工素质工程,建设高技能、高水平、高素质的一流职工队伍。

集团党委加强对纪检监察工作的领导,在抓改革发展的同时,同步部署党风廉政建设;坚持标本兼治、综合治理、惩防并举、注重预防的方针,把党风廉政建设要求融入企业文化建设,融入企业经济运行机制建设。党委每年召开两次党风廉政建设大会,强化党的意识、执政意识、责任意识、群众意识和廉政自律意识教育;每年开展主题宣传活动,突出警示教育;每年与各级党组织签订《党风廉政建设责任书》,建立"谁主管、谁负责""一级抓一级、一级对一级负责"的责任链。修订党风廉政建设等一系列制度,把"三重一大"制度的实施贯穿到企业决策经营的各个事项中;突出抓好领导班子民主生活会制度的实施,增强党员干部党性修养、作风修养和道德修养的自觉性,要求做到自重、自省、自警、自励。针对集团管理中的重要事项和薄弱环节,拓展监控领域,不断提高集团的内控管理水平,为防止国资流失提供了有力保障。

历届党委从集团和企业实际出发,连续多年开展党内主题活动。从主动调整到纾岗创业,从企业重组到转制创新,要求"我是党员我带头""我是党员朝我看"。特别是2002年以来,从开展"降一达零"到"降一达零再加零",一直不断开展系列化的党内主题活动。在内容上,从降本增效、安全生产到技术创新,拓展延伸到确立安全、健康、环保(SHE)管理理念,并滚动推进,逐步深化;在范围上,从党内扩展到党外,从支部延伸到班组,从生产领域覆盖到管理层面;在方法上,从降低消耗扩展到组织群众性经济技术活动,从查漏补缺推进到规范内控制度,不断体现出活动的成效和对企业管理水平的提升作用,把党建工作与企业经济发展紧密联系起来,使党员在岗位上有所作为,充分发挥先锋模范作用;使基层党支部时刻关注经济工作和管理要求,充分发挥攻坚破难的作用,促进经济发展工作。

2008年6月,华谊集团召开第一次党代会并试行党员代表常任制。这是上海华谊(集团)公司改制重组12年来的第一次党代会。这也是中共上海市委在国资系统推行党代会代表常任制的一个试点。同时,中共上海市委组织部和国资党委还在华谊集团试行设立"党建督察员"。

华谊集团党委在建立现代企业制度过程中,坚持发挥党组织的政治核心作用,使党建工作适应现代企业制度要求,党委会成员依法进入董事会,并做到在企业发展和改革的重大问题上,党组织主动把握方向和驾驭全局;在法人治理结构行使职权时,党组织有力支持工作和协调关系;在对企业管理人员的任免、管理、考核、监督等环节上,党组织坚定提供政治保障和组织保障。

大事记

1991 年

2月6日　上海胶鞋公司成立。该公司是按产品专业化方向成立的全民所有制大型制鞋集团，拥有"双钱""回力""坚固"等名牌。

3月14日　上海焦化总厂"三联供"(同时生产煤气、化工产品和热电)煤气化工程指挥部成立，总指挥由上海市化学工业局(简称"化工局")局长符卫国担任，上海焦化总厂厂长张培璋任副总指挥。

5月23日　上海胶带总厂、台湾富大理化股份有限公司合资开办上海福井胶带股份有限公司，生产聚氯乙烯胶带和绝缘胶布。

6月3日　被上海市政府列入重大技术引进项目的2万吨/年糊状聚氯乙烯树脂装置在上海氯碱总厂建成，生产出合格产品。

6月20日　上海工程塑料应用开发中心成立。该中心得到联合国开发计划署(UNDP)和联合国工业发展组织(UNIDO)资助。

7月18日　上海中联化工厂3 000吨/年离子法双酚A装置试运行成功，生产出合格产品，纯度达99.5%以上。

7月24日　中共上海市委副书记、市长黄菊率市政府有关领导到上海天原化工厂慰问高温坚持生产的该厂职工。

7月25日　上海"八五"期间实现城市煤气化的重大项目——"三联供"一期工程在上海焦化总厂建设。

8月29日　黄菊到上海正泰橡胶厂现场办公。

10月　上海青浦化工厂煤气甲烷化示范工程通过国家级鉴定。该工程为国内第一座，日产煤气3.5万立方米，于1990年7月建成，10月投产。

11月11日　化工部副部长贺国强到上海焦化总厂视察，参观厂区和上海卡博特工程、5号焦炉工地。

是年　上海吴泾化工总厂30万吨/年合成氨完善化工程获国家重大装备一等奖。

是年　上海重大工程之一的上海大中华橡胶厂30万条/年全钢丝子午线载重轮胎工程建成，并进入调试性生产。

1992 年

3月2日　上海焦化总厂"三联供"煤气化一期工程举行奠基仪式，上海市政协主席谢希德、上海市计划委员会副主任吴祥明、上海市化学工业局局长符卫国等出席奠基仪式并剪彩。

3月17日　上海硫酸厂五车间"二甲基亚砜"工段因硫醚流量计渗漏发生爆炸事故，造成4人死亡(其中2名该厂职工，2名外来务工人员)，1人重伤、16人轻伤。氧化塔和防爆墙被全部炸毁。

4月1日　上海化工专科学校更名为上海化工高等专科学校。

5月5日　上海轮胎橡胶(集团)公司转制为中外合资性质的上海轮胎橡胶(集团)股份有限公司(简称"上轮公司")。7月,B股股票以ADR方式在美国上市,发行价格72.98元,发行数量1 700万股;9月25日,上轮公司在上海影城召开创立大会。12月4日,A股股票上市,发行价格68元,发行数量160万股。A股和B股均由上海申银证券有限公司担任主承销。

5月6日　上海氯碱总厂改制为上海氯碱化工股份有限公司(简称"氯碱公司")。6月27日,氯碱公司B种股票承销签约仪式举行。7月14日,氯碱公司挂牌成立,发行股票A股864.3万股、B股2 400万股。8月20日,B股股票上市,发行价格52.5元,发行数量2 400万股。11月13日,A股股票上市,发行价格54元,发行数量164.3万股。A股和B股均由上海申银证券有限公司担任主承销。是年,氯碱公司成为国内最大的股份制企业,B股发行量全国第一。

5月19日　上海胶带总厂转制为上海胶带股份有限公司(简称"胶带公司")。6月8日,胶带公司股票(AB股)承销协议举行签字仪式,并在国内首次A、B股同价发行,发行股票总额3 500万元。8月28日,胶带公司股票上市,发行价格35元,发行数量50万股,由上海申银证券有限公司担任主承销。

5月27日　上海市有机氟材料研究所改制为上海三爱富新材料股份有限公司(简称"三爱富公司")。9月9日,三爱富公司在浦东开发区挂牌成立,经中国人民银行上海市分行批准,发行股票总额150万股,发行价格34元,由上海申银证券有限公司担任主承销。1993年3月16日,三爱富公司股票上市,首日市价13.6元。

6月25日　上海焦化总厂兼并上海钛白粉厂和上海延安油脂化工厂。

7月14日　由上海化工设计院、上海化工设计所、上海化工安装公司、上海化工建筑公司、上海化工工程承包公司联合组建的上海化工工程总公司成立。

7月16日　上海太平洋化工(集团)公司组建。该公司是资产、经营一体化的一级法人经济实体,由上海焦化总厂、上海吴泾化工总厂、上海溶剂厂、上海市合成树脂研究所(简称"合成树脂所")、上海青浦化工厂和上海京华化工厂组建而成,为全国十大化工企业之一。

8月　由上海橡胶总厂(含上海工程橡胶厂)、上海橡胶制品一厂、上海橡胶制品四厂联合组建成立上海橡胶制品公司,公司注册资金1亿元,隶属化工局。

是月　上海试剂一厂、上海试剂二厂、上海试剂三厂、上海试剂四厂和上海安源玻璃厂组建上海化学试剂总厂。

9月　上海染料有限公司在上海浦东成立。该公司是全国最大的染料科研和生产基地,由上海浦东染料化工厂、上海染化九厂、上海染化十厂、上海染化十二厂、上海化工制桶厂、上海染化机械厂、上海染料经营部等单位组成。

10月21日　上海溶剂厂引进上海农药研究所新技术,研制成功新型、高效、低毒的广谱农畜两用抗生素——"7051"杀虫素。该新药能有效杀灭动物体内外各种寄生虫,其效果优于国内各类抗生素药。

11月19日　中共中央总书记江泽民在中共上海市委书记吴邦国、市长黄菊陪同下视察上海轮胎橡胶(集团)股份有限公司载重轮胎厂。

11月24日　应中华全国总工会邀请来华访问的阿尔巴尼亚工会联合会主席卡斯特里奥特·穆乔,访问上海吴泾化工总厂。

是月　上海塑料工业联合公司(简称"塑料公司")在浦东注册挂牌。该公司由上海树脂厂、上海赛璐珞厂、上海胜德塑料厂、上海塑料助剂厂、上海曙光化工厂、上海涤纶厂、新光化工厂、上海工程塑料应用开发中心和公司本部组成。

12月28日　上海太平洋化工(集团)公司在北京人民大会堂天津厅举行新闻发布会。全国人大常委会副委员长陈慕华、化工部部长顾秀莲出席发布会。

1993年

1月　上海吴淞化工厂与上海吴淞化肥厂联合组建上海吴淞化工总厂。

2月15—24日　在上海市第十届人大一次会议上,上海氯碱化工股份有限公司工会主席、董事魏光爱当选为第八届全国人民代表大会代表。

2月26日　上海吴泾化工总厂引进英国石油化学公司10万吨/年低压羰基合成醋酸专利技术项目在北京人民大会堂签约。国务院副总理邹家华、化工部部长顾秀莲等出席签字仪式。

3月　顾秀莲视察三爱富公司的子公司常熟三爱富氟化工有限公司,并题词:发展氟化工、振兴三爱富。

4月　上海市化工局情报研究所副所长朱平执笔的《上海重化工(化学工业部分)发展战略研究》结论:在上海的奉贤县和金山县交接处的漕泾地区,也就是杭州湾的北岸拟建立大型化工基地。

5月8日　上海胶鞋六厂"回力"牌出口系列鞋获第21届国际质量银杯奖。这是上海市首家获此项奖的企业,也是中国制鞋行业首次获国际大奖。

5月13日　国务院总理李鹏、化工部部长顾秀莲视察上海大中华橡胶厂。

8月12日　中共中央政治局委员、上海市委书记吴邦国视察市政府实事项目之一的"三联供"一期工程,并为上海焦化总厂题词——"造福人民"。

是月　储运液态二氧化碳的专业低温槽车,由上海化工机械一厂研制成功,通过市级技术鉴定,各项技术性能全部符合国家有关技术规范,有些性能达到国际先进水平,填补国内空白。

11月17日　上海染料有限公司与德国巴斯夫公司合资的"上海巴斯夫(BASF)染料化工有限公司"举行合同签字仪式。德国总理科尔、上海市市长黄菊等出席。合资公司选址上海浦东开发区。

11月18日　三爱富公司与江苏华龙工贸公司合资组建的常熟三爱富氟化工有限公司举行签字仪式。

11月24日　上海吴泾化工总厂醋酸工程启动。该工程采用的甲醇加一氧化碳羰基合成工艺,是世界上最先进的醋酸生产工艺,具有工程投资省、产品质量高、生产成本低、"三废"排放少的优点。

12月7日　化工局成立漕泾开发领导小组。

12月15日　上海太平洋化工设备工程总公司成立揭牌。

12月16日　上海市重大工程140万条/年子午线轿车轮胎项目投产。产品为"桑塔纳""奥迪""依维柯"等车辆配套,50%产量出口欧、美、澳。

是日　上海焦化总厂"三联供"项目中的5号焦炉建成投产。

12月28日　日产40万立方米煤气的"三联供"煤气化一期一阶段工程在上海焦化总厂建成投产。是年,超额实现日增40万立方米煤气目标。至此,上海焦化总厂每天送往市区的煤气量从130万立方米增至185万立方米。

12月29日　上海市市长黄菊在上海焦化总厂视察"三联供"煤气化工程一期一阶段项目,对建设者在20个月内建成40万立方米煤气项目表示祝贺。是日,黄菊还视察上海轮胎橡胶(集团)股份有限公司乘用轮胎厂。

1994 年

1月15日　由上海市合成树脂研究所为主体的上海太平洋化工(集团)公司技术中心成立。

3月21日　上海焦化总厂"三联供"日产煤气130万立方米工程和上海吴泾化工总厂醋酸工程被列为1994年上海市重大工程。

3月30日　化工部部长顾秀莲在上海吴泾化工总厂召开的化工局干部会议上,通报全国化工系统建设、改革和发展情况。

4月22日　上海焦化总厂首批两台煤气发生炉——U-GAS炉安装就位,该炉高23.5米,内径2.6米,重68吨,是三联供一期二阶段工程的重要装置。

4月26日　上海太平洋化工(集团)公司投资4 500万元,由上海吴泾化工总厂与台商合资的上海申星化工有限公司年产4万吨脲醛胶工程装置建成投料生产。

5月13日　由上海溶剂厂自行设计、施工、安装的大铝槽,在该厂五车间建造完成。该铝槽容量250立方米,总重量11吨。

是月,上海染料有限公司下属上海助剂厂2.67万吨纺织皮革助剂第三期项目签约,总投资3 100万美元,国务院总理李鹏、上海市副市长蒋以任等有关领导分别在德国和上海参加签字仪式。

7月18日　上海太平洋生物高科技有限公司在华亭宾馆成立,由上海吴泾化工总厂、华东理工大学和上海星火制药厂联合组建,总投资1 000万元。

是月　上海轮胎橡胶(集团)股份有限公司载重轮胎厂开发成功285/75R24.5新规格轮胎,这一规格产品具有断面低、负荷大、省油耗、耐磨损等特点,是中国轮胎行业第一个自行开发的75系列国际流行规格,填补国内轮胎行业空白。

9月19日　俞德雄任中共上海市化学工业局委员会书记。

10月9日　上海吴泾化工总厂2 000吨甲醇首次出口国外。

是月　合成树脂所为航空航天工业总公司研制的飞机配套产品通过化工部组织的技术鉴定。

12月7日　上海吴泾化工总厂与日本伊藤忠商事株式会社总投资900万美元,合资成立上海京藤化工有限公司。

12月15日　上海焦化总厂"三联供"煤气化一期工程煤气化装置并网成功,该厂日供煤气量达332万立方米。

12月26日　上海焦化总厂"三联供"煤气化技术,被国家经济贸易委员会、国家发展计划委员会和国家科学技术委员会评为优秀节能科技成果。

12月28日　由上海青浦化工厂与上海比欧西气体工业有限公司合资建造的上海比欧西青浦气体工业公司制氢装置试运行成功。

12月29日　上海焦化总厂举行隆重庆典,庆祝"三联供"煤气化一期工程煤气化装置基本建成和日增130万立方米煤气目标提前实现。顾秀莲出席并讲话,蒋以任代表中共上海市委、市政府表示祝贺。

1995 年

2月13日　俞德雄任上海市化学工业局局长。

2月20日　上海焦化总厂与美国燃气技术研究所（IGT公司）签订《合作意向书》，共建"三联供"联合发电项目。上海市副市长华建敏、美国能源部长里兹尔·奥利里参加签字仪式。

3月10日　上海焦化总厂环保科QC小组获"全国优秀质量管理"称号。

3月11日　上海化工厂被评为1994年度上海市质量标兵企业。

4月11日　在化工部召开的首批毒物登记总结表彰会上，上海焦化总厂被评为化工部毒物登记工作先进单位。

6月4日　上海天原化二厂发生氯气车间氯气大量泄漏事故，上海第十钢铁厂热带分厂部分职工及附近的天原一村、天原二村居民受到影响，有100多人到医院观察治疗。

9月21日　上海轮胎橡胶（集团）股份有限公司扩建140万条/年子午线轮胎项目竣工验收会在闵行乘用轮胎厂举行，化工部部长顾秀莲、上海市副市长蒋以任出席竣工庆典。

10月31日　上海吴泾化工总厂5 000吨级危险品码头改造项目通过竣工验收。

11月2日　上海天原化工厂和英国ICI公司举行二苯基甲烷二异氰酸酯（MDI）合资项目意向书签字仪式。该项目总投资4亿美元，双方投资比例为2∶8，生产聚氨酯产品。

11月24日　上海焦化总厂与农工商（集团）总公司共同组建上海新联煤气公司。

是月　合成树脂所研制生产的导电胶和片状银粉被评为1995年度国家级新产品。

12月2日　上海焦化总厂以4套空分装置作为资本投入与法国液体空气国际公司合资经营空气液体产品；以占45％比例出资与法国液体空气国际公司合作建设年产3.3万吨过氧化氢（双氧水）项目；以转让30％股权扩建上海卡博特化工有限公司二期工程。

是日　合成树脂所研制的100吨/年聚酰亚胺薄膜项目通过化工部验收，该项目是"八五"期间国家重点科技攻关项目。

12月4日　化工部副部长贺国强视察上海焦化总厂正在试生产的德士古和U-GAS炉装置，在上海吴泾化工总厂视察醋酸工程和30万吨/年合成氨装置。

12月16日　撤销上海市化学工业局，组建上海化工控股（集团）公司。是月28日，上海化工控股（集团）公司成立揭牌。

12月25日　俞德雄任中共上海化工控股（集团）公司委员会书记、上海化工控股（集团）公司董事长；高均芳任上海化工控股（集团）公司总裁。

12月27日　上海焦化总厂"三联供"工程20万吨/年甲醇装置建成投产，产出纯度为99.8％的优级品，质量达美国联邦AA级标准。

12月29日　上海京华化工厂迁建工程通过上海市经委竣工验收。该厂是诞生于1930年的化工原料专业生产老厂，为改善上海城市环境质量，迁往吴泾化工区。

是月　上海焦化总厂与上海长江货运公司合资成立上海长焦轮船有限公司。该公司一期项目投资130万元，固定资产投资116.6万元，拥有年运量40万吨的两艘2 000吨位矿驳船，主要经营港口的货物运输服务。

1996年

1月30日　上海天原（集团）有限公司（简称"天原集团"）成立。上海化工控股（集团）公司出资，由上海天原化工厂和氯碱公司的国有资产组建。该公司拥有烧碱生产能力46万吨/年，聚氯乙烯生产能力27万吨/年，总资产50亿元，净资产30亿元。

2月24日　三爱富公司100吨/年聚全氟乙烯装置和300吨/年聚四氟乙烯装置的产品质量达国际标准,合格率100％。500吨/年四氟乙烯主体工程同时竣工投产。

2月29日　上海胶鞋六厂和上海胶鞋七厂联合组建上海回力鞋业总厂。重组后,重塑"回力"名牌,开发休闲、牛仔系列产品。

4月11日　由上海化工控股(集团)公司为投资主体的上海染料有限公司按现代企业制度规范要求改制成有限责任公司,在上海化工系统尚属首家。

4月29日　上海化工控股(集团)公司漕泾化工区筹建组成立。

5月29日　化工部部长顾秀莲视察上海吴泾化工总厂。

5月30日　顾秀莲视察漕泾地区。

6月5日　上海市副市长华建敏在上海焦化总厂听取上海化工控股(集团)公司董事长俞德雄、总裁高均芳和上海化学工业区(简称"上海化工区")筹备组组长张培璋关于开发漕泾化学工业区的总体思路汇报。

6月6日　符卫国任上海化工控股(集团)公司监事会主席。

6月26日　上海太平洋化工(集团)公司改制为上海太平洋化工(集团)有限公司。

7月30日　上海化工控股(集团)公司与上海外滩房屋置换有限公司签订《安置协议》,上海化工控股(集团)公司本部从上海市黄浦区汉口路110号原址迁出。汉口路110号原系上海著名的中南银行所在地。1995年7月,上海外滩房屋置换有限公司同上海爱建投资信托公司签订该幢大楼转让合同。

8月9日　上海化工区工程建设总指挥部批准成立。

8月12日　上海市人民政府召开第54次常务会议,在听取中共上海化工控股(集团)公司委员会书记、董事长俞德雄汇报后,决定在奉贤县和金山县交界处杭州湾北岸建立上海化学工业区,并明确上海化工控股(集团)公司为投资主体,负责上海化工区开发建设。9月28日,开始围海造地。1998年4月,围海造地工程结束,进入建设阶段。

8月23日　化工部副部长贺国强视察上海吴泾化工总厂并题词:"采用世界先进技术,建设现代化企业集团。"

8月25日　上海市重大工程——10万吨/年醋酸装置在上海吴泾化工总厂一次投料成功,经英国BP公司专家考核和确认,各项指标和产品质量,均达国际先进水平。

8月30日　上海化学工业区发展有限公司成立。

是日　上海化工控股(集团)公司扩建全钢丝子午线载重轮胎(二期)项目通过验收。

9月17日　国内最大的船用系列救生筏和胶布生产合资企业——上海橡胶制品公司与日本东洋橡胶工业株式会社合资的上海东洋大成橡胶有限公司开业。第一期项目总投资850万美元,占地面积1.25万平方米,建筑面积9748平方米,总资产5663万元。主要产品有中方的HYF气胀式救生筏及各种防水胶布,日方的TRA系列救生筏70％出口日本等国。

是月　上海橡胶制品公司改制为上海橡胶制品有限公司,成为国内最大的橡胶制品生产经营实体。

10月4日　上海化工控股(集团)公司的国有资产和上海市医药管理局及所属企业的全部国有资产重组,成立上海华谊(集团)公司,由上海市国有资产管理委员会(简称"市国资委")授权经营。11月4日,上海华谊(集团)公司在上海友谊会堂召开成立大会。11月14日,举行上海华谊(集团)公司成立揭牌仪式;化工部部长顾秀莲、上海市市长徐匡迪参加揭牌仪式。

10月6日　俞德雄任中共上海华谊(集团)公司委员会书记。

10月9日　俞德雄任上海华谊(集团)公司董事长,高均芳任上海华谊(集团)公司总裁。

10月28日　上海化工原料公司彭浦化工厂向印度转让双乙烯酮项目建成。这是中国第一次成功向国外转让双乙烯酮技术。

11月11日　上轮公司与海南省海口市国有资产管理局签订协议,上轮公司收购、重组海口轮胎厂。

12月12日　上海化工工程总公司、上海化工建设总公司成立。

1997 年

2月5日　上海市市长徐匡迪、副市长蒋以任等到上海焦化总厂,慰问为保证上海市民春节用气而辛勤劳动的干部员工。

3月28日　华谊集团再就业服务中心成立。

是月　由华谊集团和化学工会联合主办的《上海华谊》报编委会成立。

4月3日　中共上海市委副书记陈至立、副市长左焕琛等到三爱富公司对科技进步和生产发展两个专题进行调研。

4月18日　总投资1.35亿元的中德合资巴斯夫上海涂料有限公司开业。主要生产、供应OEM系列汽车涂料产品,包括电泳漆、二道浆、金属底漆及罩光清漆,生产能力为4 100吨/年成品。

4月30日　投资400多万元的上海吴泾化工总厂生活污水治理项目竣工。该项目是1997年上海市重点环保项目之一,可有效改善黄浦江水质和市民饮水质量。

是月　上海太平洋化工(集团)有限公司生产的羰基合成醋酸专用甲醇,被列为1997年上海市新产品。

5月9日　上海市橡胶制品公司汽配技术开发中心成立,汽车橡胶配件生产基地建设的汽车胶管二期项目建成投产。

5月13日　中共上海市委副书记孟建柱,市委常委、组织部部长罗世谦等到华谊集团听取汇报,指导工作。

5月26日　上海太平洋化工(集团)有限公司青浦化工厂改制为上海青浦化工有限公司。

6月10日　中共上海市委书记黄菊、市长徐匡迪视察上海化工区。

是日　《上海华谊》报创刊。化工部部长顾秀莲题词:充分发挥《华谊报》知情、明理、导向、激励、育人的作用,为上海化学工业发展作贡献;常务副部长陈士能题词:坚持正确舆论导向,弘扬开拓创新精神,促进"华谊"加快发展。

6月18日　上海市首家大行业协会——上海市化工行业协会成立。

6月27日　上海太平洋(集团)有限公司与上海城市建设投资开发总公司共同建立上海焦化有限公司(简称"焦化公司")。

6月30日　上海天原集团天原化工厂迁建工程在上海化工区奠基。搬迁分两期进行。一期工程建设聚氯乙烯装置,二期工程新建1套烧碱装置,其进度与在上海化工区建设的MDI、TDI等合资项目同步进行。

是月　上海吴淞化工总厂与上海化肥联合公司联合改制组建上海中远化二有限公司(简称"中远公司")。

7月21日　华谊集团收购重庆中南橡胶厂签约仪式在上海产权交易所进行,华谊集团出资6 500万元收购重庆中南橡胶厂。

7月26日　华谊集团和上海东方国际(集团)有限公司共同出资组建上海化学试剂有限公司(简称"试剂公司")。

是月　由化学工业供销公司改制的上海化工供销有限公司(简称"供销公司")成立。

8月5日　华谊集团鞋类"回力"商标、药品"龙虎"商标被首批认定为上海市著名商标。

8月22日　上海吴泾化工总厂10万吨/年醋酸项目通过竣工验收。该装置是中国规模最大、技术最优的醋酸生产装置。

9月4日　上海市市长徐匡迪到华谊集团进行现代企业制度调研时提出,企业不但要有资金优势和产品优势,更要有技术优势,要大胆引进国家级人才,加紧开发新品种。调研期间,徐匡迪察看胶带公司马陆分厂的压延、成型和硫化生产线。

10月16日　华谊集团举行《上海化学工业志》首发式。

11月　国家体委在武汉举行中国第五届体育用品博览会,上海回力鞋业总厂参展的"回力"牌WV-101型排球鞋,以其新颖的外观和良好的功能获"武汉1997中国体育用品博览会金奖"。

是月　华谊集团有6个项目获1996年度上海科技进步奖。上海化工厂"电气绝缘用均衡双轴定向聚酯(PET)薄膜"、亚太农用化学公司东风农药厂"新工艺生产缘麦隆"获市科技进步二等奖,胶带公司"汽车(ZA、ZB)同步带"、上海天原化工厂"C30-Z型金属阳极电解槽"、氯碱公司"混合法聚氯乙烯树脂WP67SFL、WP62GP"、上海造漆厂"P-930单组分车底密封胶"项目获市科技进步三等奖。

12月26日　上海试四赫维化工有限公司(简称"试四赫维公司")成立。该公司是由上海化学试剂有限公司、上海赫维高科技实业公司和上海试剂四厂员工持股会三方共同出资组建的多元投资有限公司。

12月31日　上海长江化工厂改制为股份合作制企业,实现由全民所有制企业向集体经济形式股份合作制企业转变。

1998年

2月12—20日　在上海市第十一届人大一次会议上,上海氯碱化工股份有限公司工会主席、董事、上海天原(集团)有限公司工会主席、董事魏光爱当选为第九届全国人民代表大会代表。

2月20日　华谊集团首家发起式股份制企业——上海聚金实业股份有限公司成立。该公司是塑料公司所属包装装饰材料分公司等4家企业和1名自然人共同组建的跨地区、跨行业的发起式股份制企业。

3月17日　上海吴泾化工总厂从氯碱公司电化厂引入每小时3 000立方米富余氢气做原料气增产合成氨项目建成并输气。该项目从立项、设计到建成仅用3个月时间,管线与电化厂供气系统并网,每年可增产合成氨6 000多吨。

3月20日　投资近5亿元、年产3.3万吨过氧化氢(双氧水)的中法合资上海豪斯化工有限公司奠基开工。

是日　由上海吴泾化工总厂、新加坡华星工程投资有限公司、上海联合木材工业有限公司和上海闵行联合发展有限公司共同投资的中新合资上海泾星化工有限公司开业。

是月　上海化工设计院设计的上海京华化工厂迁厂工程和上海华联制药有限公司扩建工程分

别被上海市建设委员会评为1997年度上海市优秀设计一等奖和二等奖。

4月　全国人大常委会副委员长邹家华,在上海市副市长韩正、市政府副秘书长黄奇帆等陪同下,到焦化公司视察环保工作。

是月　上海振华造漆厂研制的"飞虎"牌CH810硅改性聚酯卷材涂料通过上海市新产品鉴定。

是月　华谊集团博士后科研工作站揭牌。

5月14日　华谊集团和胶带公司共同投资收购重庆中南橡胶厂,成立上海中联重庆中南橡胶有限公司。

5月21日　上海吴泾化工总厂生产出二醋酸纤维素专用醋酸,填补国内空白。

6月　三爱富公司与美国戈尔公司签约成立上海三爱富戈尔有限责任公司,注册资金300万美元,三爱富公司占股份40%。

是月　《上海华谊(集团)公司管理工作通则(第一辑)》颁布。《通则》(第一辑)共颁布《公司财务管理通则》《全面预算及内部控制提纲》《企业兼并收购管理通则》《国有资产管理通则》《授权经营国有房地产管理通则》《审计内部控制通则》6项章程。

7月　上海市化学工业职工中等专业学校迁入上海市化学工业学校(真南路1008号)。

8月4日　投资400万元的"华谊综合信息管理系统(MIS)"工程项目通过技术鉴定。形成综合统计、财务信息、资产信息、监督信息、办公自动化、系统管理等9个子系统和一个信息平台。

8月5日　上海华谊集团置业有限公司成立,受华谊集团委托,管理和运作系统内的房地产。

8月13日　氯碱公司以竞聘方式公开招聘总经理,周波被聘任为总经理。

8月28日　华谊集团本部迁址徐家汇路560号(华仑大厦)。

9月　上海化工房地产有限公司成立。该公司由华谊集团与华谊置业公司共同出资组建,主营房地产开发经营和住宅建设、技术咨询、房产租赁、建材、室内装潢等业务。

11月19日　崔志仁任上海华谊(集团)公司总裁。

12月15日　焦化公司"三联供"煤气化一期工程,通过国家竣工验收。

12月20日　中共中央政治局常委、国务院总理朱镕基视察由沪琼两地资产重组的海口海华轮胎有限公司。

12月22日　上海太平洋化工(集团)有限公司与焦化公司主要党政领导复合,调整管理机构,逐步实现"一体化"办公。上海吴泾化工总厂恢复独立法人地位,自主经营,资产由上海太平洋化工(集团)有限公司托管。

12月28日　由上海试剂三厂和浙江临安壮大化工有限公司共同出资组建的上海三爱思试剂有限公司成立。

1999年

1月13日　上海华谊生物技术有限公司注册成立,是一家专业从事生物医药研究和开发工作的生物高科技公司,主要产品为国家一类新药——重组人胰高血糖素类多肽-1(7-36)(商品名"谊生泰")。

1月15日　焦化公司和美国卡博特公司共同增资3000万美元的上海卡博特化工有限公司二期工程建成投产。

6月18日　上海吴泾化工有限公司(简称"吴泾公司")举行挂牌仪式。

6月23日　上海市市长徐匡迪视察吴泾公司,副市长蒋以任、市政府秘书长黄跃金、市经济委员会主任黄奇帆等陪同。

8月28日　上海天原化工厂搬迁工程聚氯乙烯(PVC)项目在上海化工区 B3 号地块打下第一桩。

9月6日　焦化公司被确定为全国第一批"债转股"试点企业。华谊集团、中国信达资产管理公司和上海市城市建设投资开发总公司共同签订上海焦化有限公司债权转股权意向书。2000年6月8日,华谊集团、中国信达资产管理公司、中国华融资产管理公司、上海城市建设投资开发公司4家投资股东,共同签订《上海焦化有限公司"债转股"协议》。

10月19日　由华谊集团出资1 300万元和经营者群体持股20万元组建的上海华原精细化工有限公司(简称"华原公司")成立。

10月26日　氯碱公司研制开发的医用级聚氯乙烯树脂通过国家级鉴定验收。该项目被列为国家技术创新计划项目,也是上海市企业技术中心专项计划项目。

是月　创建于1959年7月的上海市化学工业学校建校40周年,该校创建初期为化工部部属学校,"文化大革命"中停办,1978年8月复校,隶属化工局。

11月4日　国务院总理朱镕基、德国总理施罗德出席在北京人民大会堂举行的上海氯碱化工股份有限公司和德国拜耳公司合作意向书签字仪式。

11月11日　由华谊集团、塑料公司、上海赛璐珞厂3家国有企业、上海市化学工会一家社会团体和以上海赛璐珞厂总工程师戴军等6名科技人员作为自然人,出资1 000万元,共同发起的上海赛璐化工股份有限公司成立,成为沪上国有企业首家科技股份公司。在470万元股本金中,6名科技人员以科技成果作价200万元入股。同时享有其中180万元、15年的股权收益权和20万股的股份所有权。发明人直接拥有公司股份、成为公司大股东的做法在上海市尚属首例。

11月24日　华谊集团获国务院颁发的"全国民族团结进步模范单位"奖牌。

11月28日　由上海工业投资(集团)公司、上海市土地发展中心、上海市工业公司、天原集团、新长宁集团公司共同出资组建的上海新天地置业发展有限责任公司成立。

11月29日　中共上海市委常委、副市长韩正视察正在拆除中的上海大中华橡胶厂,向为拆厂建绿作出贡献的员工表示感谢和敬意。根据上海市城市规划布局,上海大中华橡胶厂从徐家汇地区迁出,原址建设徐汇绿地。

12月16日　上海罗门哈斯化工有限公司在上海青浦工业园区投产。该公司总投资1.5亿元,是国内最大的离子膜交换树脂生产企业,由美国罗门哈斯公司和天原集团树脂厂合资组建。

12月28日　由华谊集团、上海久事公司、上海工业投资(集团)公司、上海石油化工股份有限公司(简称"上海石化")和上海高桥石油化工有限公司(简称"高桥石化")投资的上海化学工业区发展有限公司举行揭牌签约仪式。

是年　华谊集团组建上海市第一家由全系统集体企业参加的联合经济组织——上海化工联社。

2000 年

1月11日　华谊集团、焦化公司、塑料公司、美籍华人须乾元四方合资开发本体聚合 ABS 技术项目举行合作意向书签约仪式。

5月18日　由华谊集团出资80%,企业经营者群体入股20%,共同投资重组的上海回力鞋业有限公司成立。

5月26日　天原集团1500吨/年四氟乙烯技改项目建成。该项目是在原有的空管裂解基础上,采用三爱富公司水蒸汽裂解新技术改造扩建。

6月2日　吴泾公司、中远公司、上海化工厂有限公司(简称"上化厂公司")与中国华融资产管理公司、中国信达资产管理公司、中国东方资产管理公司、中国长城资产管理公司签订"债转股"协议。实施"债转股"后,企业资产负债率降至50%以下。

6月15日　上海市市长徐匡迪视察上海化学工业区,要求加快建设步伐,加大先进技术引进和应用力度,使之成为高精尖的、有生命力的、面向21世纪的石化深加工产业园区,成为上海经济发展新的增长点。

7月13日　张培璋任中共上海华谊(集团)公司委员会副书记、上海华谊(集团)公司总裁。

8月15日　世界卫生组织上海健康促进和健康教育合作实验基地在吴泾公司举行授牌挂牌仪式。

是月　上海轻工业高等专科学校、上海冶金高等专科学校、上海化工高等专科学校合并建立上海应用技术学院,同时撤销原三所学校的建制。

9月11日　东海天然气管道穿越黄浦江工程开工。该工程是2000年上海市政府重大实事工程之一。东海天然气通过越江管道输送至焦化公司进行煤气掺混,配制成高质量的城市煤气,供浦西市民使用。东海天然气越江输送工程,总投资1228.6万元。长840米的"钢铁长龙"从浦东陈行镇塘口船厂起钻,到浦西焦化公司厂区破土登陆。

是月　上海医药(集团)总公司通过资产重组改制成由华谊集团与上海工业投资(集团)有限公司分别拥有50%股权的上海医药(集团)有限公司。

10月25日　上海华谊(集团)公司技术创新大会在吴泾公司召开。

是日　上海市政府启动吴淞工业区环境综合整治工程,并推出《上海吴淞地区华谊化工综合整治规划》。2006年2月7日,华谊集团在吴淞地区关停上海硫酸厂、上海吴淞化工厂、上海吴淞化肥厂、上海勤工化工厂4家企业及上海吴淞化工总厂TDI、上海勤工化工厂、上海浦汇化工厂、上海吴淞化肥厂碳铵、上海吴淞化肥厂硝酸、上海中远化工有限公司电石6条(套)生产装置,完成5万吨铬渣治理等12项污染治理项目。

11月6日　由焦化公司与德国林德气体公司合资的上海林德二氧化碳有限公司建成投产。该公司全套引进丹麦由宁公司的先进技术和设备,利用焦化公司甲醇生产过程中产生的二氧化碳生产食品级二氧化碳,年生产能力6万吨,已经建成的一期工程年生产能力3万吨,是上海地区规模最大的二氧化碳综合利用企业。

11月8日　由焦化公司与法国道达尔菲纳埃尔夫共同投资的阿托菲纳双氧水有限公司建成投产。

11月28日　华谊集团与三九企业集团签订《股权转让协议》,三九企业集团受让华谊集团所持有的胶带公司国有股3396万股,占胶带公司总股本的29.5%。股权转让后,三九企业集团成为胶带公司第一大股东。华谊集团持有胶带公司2272万股股份,占总股份的19.74%,为胶带公司第二大股东。

是月　上海染料研究所承担的国家重点科技攻关项目"环保型染料分散蓝SE-B和分散深蓝SE-4GB(200%)的研制",通过国家级技术鉴定。

2001 年

1月5日　黎干生任上海华谊(集团)公司监事会主席。

1月16日　上海天原化工厂迁建工程召开庆功大会。上海市总工会、市经济委员会、市重大工程建设办公室、金山区等有关部门领导出席会议。上海天原化工厂迁建工程仅用16个月在上海化工区建起2万吨/年特种聚氯乙烯装置和2万吨/年糊状聚氯乙烯装置,在氯碱公司电化厂建起5 000吨/年漂粉精装置,全面实现建设总目标。

1月18日、20日　华谊集团分别与中国工商银行上海市分行、中国建设银行上海市分行签订期限为5年的新一轮《银企合作协议》。工商银行、建设银行对华谊集团的优势企业与新建优势项目提供总额为30亿元的授信额度和全方位的金融服务,重点支持和参与华谊集团在上海化工区的开发建设及老化工基地改造。

2月2日　华谊集团工程建设领导小组成立,中共上海华谊(集团)公司委员会书记、董事长俞德雄任组长,总裁张培璋任常务副组长,副总裁肖贵玉、周波任副组长。华谊集团漕泾工程建设指挥部成立,张培璋任总指挥,肖贵玉、周波任副总指挥,黄德亨任办公室主任。3月19日,"上海华谊(集团)公司漕泾工程建设指挥部"揭牌。2004年3月20日,"上海华谊(集团)公司漕泾工程建设指挥部"更名为"上海华谊(集团)公司重大项目工程建设指挥部"。

是月　氯碱公司与澳大利亚威尼迪公司合资兴建的一条大口径聚氯乙烯加筋管流水线投产。该流水线可使聚氯乙烯加筋管产量由3 500吨/年扩大至7 000吨/年,产品销售从上海扩大到江苏、浙江和福建省,并出口至墨西哥,在国内塑料埋地排水管市场中占据主导地位。

3月24日　法国米其林集团和上轮公司共同投资2亿美元组建上海米其林回力轮胎股份有限公司。上轮公司将乘用轮胎厂和钢丝厂与米其林集团合资,米其林占投资额70%,上轮公司占30%,新企业生产销售轿车子午胎、钢丝及混合胶料。

3月28日　华谊集团召开"十五"发展规划介绍暨招商项目推介会,20多个国家与地区近100家外商企业代表以及10多个驻沪领事馆官员参加。

是日　中共上海市委认定焦化公司以羰基合成、洁净煤气化为核心技术,建立市级技术中心,并颁发"上海市企业技术中心"证书。

4月16日　上海华谊(集团)公司技术中心成立。

4月20日　装备公司举办首次产品推介会,展出6大类、40个系列数百种产品,与上海石化、斯曼克公司签订500万元的合同。

是月　上海市化学工业学校更名为上海信息技术学校(简称"信息学校")。

5月15日　中国氯碱行业最大的聚合中试工场在天原集团建成,天原集团科研开发中心项目全面投入运行。

6月5日　华谊集团与闵行区人民政府共同签订《吴泾化工区可持续发展合作意向书》,联手推进吴泾化工区内市属化工企业经济发展,带动地区经济繁荣,改善和提高该区域的环境质量。上海市经委和上海市环保局作为鉴证方也在《合作意向书》上签字。

6月16日　上海轮胎研究所迁至载重轮胎分公司。

6月17日　华谊集团组团赴京参加由国家经贸委、中宣部、财务部、国家统计局和北京市人民政府共同主办的"国企改革与发展暨技术创新成果展"。华谊集团通过图片展示焦化公司实施"债转股"后建立扭亏增盈长效机制方案;三爱富公司1 000吨/年氟橡胶工业化实验以及相关的氟橡胶制品;展示"回力""双钱""飞虎"和"白丽"4个品牌。

6月26日 华谊集团人才交流服务站挂牌。

7月18日 《上海华谊》报举行创刊百期大型座谈会,展示90幅记录华谊集团改革发展以及党的建设、工会工作、企业文化建设和华谊集团"十五"发展目标的图片以及华谊集团员工的优秀作品。

8月8日 德国拜耳公司与氯碱公司聚碳酸酯合资项目签约,双方共同投资3.4亿美元,其中德国拜耳公司出资90%,氯碱公司拥有10%的股份。该项目首期产量为5万吨/年。

8月9日 华谊集团召开专利工作大会,颁布《上海华谊(集团)公司专利管理条例》和《上海华谊(集团)公司专利奖励实施细则》。

8月28日 国务院副总理吴邦国听取华谊集团汇报"上海华谊(集团)公司发展规划"。

是日 上海天原化工厂迁建治理工程通过竣工验收。

9月8日 由焦化公司投资的江苏淮安元明粉有限公司首期工程竣工、二期工程开工仪式在江苏省淮安市举行。首期工程年产15万吨元明粉,生产装置采用分散控制系统(DCS)控制。该公司年利税达1 500万元,被列为淮安市重点发展的成长型企业。

9月14日 上海高桥石化丙烯酸厂自行开发的丙烯酸甲酯、丙烯酸丁酯、丙烯酸羟丙/乙酯新技术和新产品,通过由上海市经委组织的技术鉴定。

9月26日 上海高桥石化丙烯酸厂投资2 000万元的丁酯二期改扩建项目竣工投产,产出合格产品。丁酯产量由原来的4万吨/年提高到7万吨/年。

10月31日 国务院总理朱镕基、德国总理施罗德在上海出席由华谊集团、中国石油化工集团有限公司、德国巴斯夫公司、美国亨斯迈公司合作建设,总投资约10亿美元的一体化异氰酸酯项目签约仪式。该项目包括3家合资企业的4套装置,即16万吨/年粗二苯基甲烷二异氰酸酯(MDI)生产装置、年产13万吨甲苯二异氰酸酯(TDI)及其原料硝酸和二硝基甲苯生产装置、2套二苯基甲烷二异氰酸酯加工装置。2004年3月29日,由华谊集团与德国巴斯夫公司、美国亨斯迈公司、高桥石化、氯碱公司共同投资的全球最大的一体化异氰酸酯项目在上海化工区开工建设。该工程总投资11.2亿美元,项目主要有24万吨/年MDI装置和16万吨/年TDI装置。2006年8月18日,年产24万吨MDI和16万吨TDI的异氰酸酯项目投入商业运行。

11月2日 由中、德双方共同投资31亿美元的世界级综合化工基地在上海化工区破土兴建。朱镕基、施罗德出席奠基仪式。率先动工兴建的是投资3.4亿美元,首期年产量5万吨的聚碳酸酯项目。

11月8日,上海华谊(集团)公司旗下的上海轮胎橡胶(集团)股份有限公司与上海轻工控股(集团)公司签订收购上海制皂(集团)有限公司(简称"制皂公司")60%股权的《股权转让协议书》,制皂公司加入上海轮胎橡胶(集团)股份有限公司。2002年5月16日,制皂公司党组织关系划转华谊集团党委管理。

11月21日 吴泾公司1.5万吨/年醋酸乙酯项目建成投产。

12月30日 上海市副市长蒋以任到吴泾基地现场办公,听取"上海华谊(集团)公司'十五'发展规划(吴泾基地)"汇报,明确吴泾基地定位。

是月 在沿苏州河上海天原化工厂原址上建设的天原河滨公园开工。沿苏州河西起威宁路、东至古北路的6万平方米大型绿地被命名为"天原河滨公园"。

2002 年

1月22日　中共上海市委书记黄菊、副市长蒋以任、韩正等领导,到正在建设中的上海化工区视察调研。黄菊要求上海化工区建设按照"今年大建设,明年大发展,后年出形象,2005年见效益"的目标安排时间节点,加强协调,提高效率,形成合力。

1月30日　上海高桥石化丙烯酸厂6 000吨/年氧化装置投料试生产,并产出合格产品。

3月1日　国家一类新药谊生泰(rh-YST活性多肽)由华谊集团技术中心研制成功,《解放日报》第一版刊文"我国基因工程多肽生产技术获重大突破——Ⅱ型糖尿病有克星",报道中国基因工程多肽生产技术取得重大突破。

3月11日　上海市计划委员会转发国家发展计划委员会关于审批PVC/VCM/CS项目可行性研究报告,华谊集团组织整体项目实施。该项目在上海化工区的产品、原料一体化项目中起承上启下的作用,总投资36.98亿元;成立上海霍特赛化工有限公司负责项目投资,该公司由天原集团、氯碱公司、焦化公司、上海化学工业区发展有限公司、Success City共同出资组建。

4月15日　上海市环境保护局批复同意《吴泾工业区华谊化工企业环境影响报告书》,拉开吴泾基地调整区内能源结构和产品结构、建设沿江绿化带、加大环境综合整治力度帷幕。

是月　共青团上海华谊(集团)公司第一次代表大会在上海科学会堂召开。220名团员代表出席大会。华谊集团团委书记金健代表团委作题为《坚定信念　奋发有为　锐意进取　团结和带领广大青年在华谊集团"十五"发展中再立新功》的工作报告。大会选举产生由17人组成的共青团上海华谊(集团)公司第一届委员会。

是月　三爱富公司投资控股常熟中昊化工新材料有限公司(简称"常熟中昊公司"),使之成为三爱富公司CFC替代品、氟化工基础原料及氟化工的重要生产基地。

5月　在上榜的2001年上海市优秀新产品中,华谊集团有9家单位的11个项目登榜,其中上海高桥石化丙烯酸厂的丙烯酸丁酯产品获一等奖;上轮公司的7R19.5无内胎全钢丝子午线载重轮胎、上海染料化工厂的还原棕BR(SM)和还原灰BG(SM)染料、三爱富公司的高速挤出用聚全氟乙丙烯树脂——氟树脂468(型号:FR468)获二等奖;上海三爱思试剂有限公司的稳定型pH试纸、上轮公司的70系列(255/70R22.5、225/70R19.5)无内胎全钢丝子午线载重轮胎、上海市塑料研究所(简称"塑料研究所")的聚四氟乙烯螺旋管、合成树脂所的FWS-10配套聚酰亚胺材料获三等奖。同时,在上海市优秀节能技改项目榜单中,氯碱公司的改善汽提工艺流程减少低压蒸汽单耗、吴泾公司的10万吨/年合成氨装置脱碳系统节能改造工程获二等奖;氯碱公司的废气焚烧炉采用环保节能型装置获三等奖。

8月21日　焦化公司3 000立方米/时氮气液化装置建成投产,为该公司液化气体销售奠定供应大户地位。

是月　张培璋任中共上海华谊(集团)公司委员会书记、董事长;周波任中共上海华谊(集团)公司委员会副书记、董事、总裁。

是月　上海市城市规划管理局批复同意"吴泾工业区总体规划",确认华谊集团吴泾基地为上海市清洁能源和新材料化工基地。

是月　《新财富》杂志推出一年一度100家最有成长性上市公司排名榜,三爱富公司名列第14位,并在年度行业排名中处第1位。

是月　华谊集团与中国华源集团有限公司、上海工业投资(集团)有限公司三方,按一定比例增资1.67亿元,联合重组上海医药集团有限公司。重组后,转让20%股权的华谊集团仍拥有上海医药集团有限公司30%的股权。

9月6日　由吴泾公司、美籍华人杨青岚和英属维京群岛宝智投资有限公司共同出资900万美元组建的合资企业——上海泾奇高分子材料有限公司成立。

是月　华谊集团与中国科学院上海有机化学研究所签订《战略合作协议》,双方在氟材料、精细化工、手性技术等领域开展合作。

是月　中国自行研制的第一条全钢丝子午线工程胎(14.00R24无内胎)在上轮公司下线。

是月　三爱富公司1 000吨/年氟橡胶项目建成投产。

10月1日　华谊集团本部信息管理新系统启用。E-mail系统、公文流转系统、财务监控系统、电子公告系统、数据查询系统等投入运行,提高华谊集团本部办公自动化水平。

2003年

1月28日　装备公司、氯碱公司、焦化公司和吴泾公司4家骨干企业参与的"化工装备加工制作合作体"成立。

是月　三爱富公司悬浮法四氟乙烯粉末制备工艺及设备获2002年上海市科技进步一等奖。

2月23日　上海华谊本体聚合技术开发有限公司成功产出本体法ABS产品,填补国内空白,形成自主知识产权的工业生产技术。

2月28日　华谊集团从上海久事公司收购上海高桥石化丙烯酸厂90%的股权,改制成立上海华谊丙烯酸有限公司(简称"丙烯酸公司")揭牌。

是月　采用充氮硫化新工艺的中国第一台应用于全钢丝子午线载重轮胎生产的液压硫化机,在双钱载重轮胎分公司投入试生产。

3月25日　氯碱公司7万吨/年聚氯乙烯项目标志性装置——6号离心干燥装置投入运行。该装置采用气流干燥和旋风干燥相结合技术,处理量为15吨干PVC/小时。

3月26日　由华谊集团和复旦大学联合创办的新型功能材料研发中心在复旦大学成立。

4月12日　焦化公司投资1 400万元建设的烟尘治理重点环保项目——5号、6号焦炉拦焦除尘装置投入运行。该装置除尘率达97%,每年可降低大气粉尘量924吨,苯可溶物(ESD)30.96吨,苯比芘(Bap)13.82公斤。

4月17日　焦化公司4万吨/年苯酐工程开工,标志着焦化公司启动向化工中间体领域发展战略。

4月30日　上海化工区至华谊集团吴泾基地的漕(泾)吴(泾)长输管线开工仪式在工程现场举行。工程由上海工程化学设计院(简称"工化院")总承包,上海华谊集团建设有限公司(简称"华谊建设公司")施工总承包。

5月29日　由天原集团、氯碱公司、焦化公司共同出资成立的上海华胜化工有限公司(简称"华胜公司")落户上海化工区。华胜公司兴建的烧碱和聚氯乙烯项目是上海化工区第一个高投入的中资项目,总投资37亿元。

6月4日　上海市防范"非典型性肺炎"(简称"非典")重要物资协调办公室致函华谊集团,赞扬华谊集团急政府所急,想人民所想,以社会责任为重,发扬全局一盘棋精神,克服困难,及时调整产品结构,在最短的时间里,生产出防范"非典"急需的物资,为全市和支援兄弟省市抗击"非典"作出突出贡献。

7月28日　氯碱公司参股的宁夏西部聚氯乙烯有限公司破土动土。该公司是由宁夏英力特化工股份有限公司、氯碱公司以及宁夏英力特电力(集团)股份有限公司按4∶3∶3比例合资组建的大型氯碱化工企业，位于宁夏石嘴山河滨工业园区，东临黄河，西倚贺兰山。一期工程建设规模为10万吨/年烧碱、12万吨/年聚氯乙烯，总投资近9.5亿元，占地面积27.5公顷，2005年5月建成投产。

8月19日　上海华谊集团企业发展有限公司(简称"企发公司")和上海华谊集团化工实业有限公司(简称"实业公司")同时成立。企发公司承担调整企业实施"一体化"运作职责，使各种存量资源效益最大化、各项结构调整的效果最优化，满足华谊集团调整需求。实业公司以房地产开发为主业，以商业租赁和物业管理为两翼，有计划地拓展工业房地产、仓储、物流、贸易以及金融投资业务。

是日　由华谊集团牵头联合其他三方共同投资组建的上海华谊微电子化学品有限公司挂牌。

9月19日　焦化公司与美国卡博特公司、河南省济源市金马焦化公司合资建立河南博海化工有限公司。首期投资1.2亿元，建设年处理能力15万吨的焦油深加工项目。

10月6日　焦化公司碳一分公司15万吨/年新甲醇装置全线贯通，并产出合格的粗甲醇产品。

10月15日　"神舟"五号飞船发射成功后，中共上海市委、上海市人民政府致电三爱富公司表示祝贺。三爱富公司研制生产的耐低温氟橡胶使用于"神舟"五号载人飞船。

11月17日　信息学校被国家教育部职业教育与成人教育司列为"全国现代远程职业教育与成人教育资源开发与教学试点基地"，成为全国5个试点基地之一。

12月31日　第十届国家级企业管理现代化创新成果揭晓，丙烯酸公司"企业反倾销机制的建立与运行"获一等奖创新成果。年内，丙烯酸公司"运用WTO规则完善反倾销机制与管理"课题，获2003年上海市企业管理现代化创新成果奖一等奖。

2004年

1月13日　中共上海华谊(集团)公司委员会书记、董事长张培璋当选并参加"首届中国石油和化学工业风云人物"颁奖大会。

2月17日　上海化工高级技术工人培训中心在信息学校成立。

2月27日　上海市市长韩正、中共上海市委副书记殷一璀、副市长严隽琪等到信息学校调研，参观电子信息等实验实训一体化教学场所。

3月2日　华胜公司烧碱及聚氯乙烯一期工程在上海化工区开工建设。该项目建设36万吨/年烧碱装置及36万吨/年二氯乙烷氧氯化装置，总投资18.5亿元。华胜公司是在上海化工区内投资建设大型化工装置的唯一一家国有企业。2006年6月，华胜公司烧碱装置建成投产，产出的氯气纯度分别达98%、99%，运行24小时产出液氯100吨，具备向巴斯夫化工(中国)有限公司装置输送液氯的条件。

3月24日　丙烯酸公司6 000吨/年丙烯酸工业试验装置竣工验收。该装置是通过对引进技术的消化吸收、科技创新，自己设计、自己加工设备建造的具有自主知识产权的工业化试验装置，其中包含7项国家专利(已授权3项)，形成自主知识产权的整套丙烯酸工艺技术。

是月　焦化公司用于铁路运输的蒸汽火车停运。该机车是上海市尚在使用的最后一辆蒸汽机车。

4月　丙烯酸公司的万吨级丙烯酸新技术获2003年度上海科学技术进步一等奖。此次获奖的万吨级丙烯酸新技术研发成果，不仅形成自主知识产权，而且关键技术还包含8项国家专利。

6月28日　在"中国500最具价值品牌"排行榜中，"华谊"品牌排名第123位，品牌价值45亿元。华谊集团属下的上海白象天鹅电池有限公司"白象"品牌，入选"中国500最具价值品牌"，排名第459位，品牌价值6.18亿元。

7月7日　丙烯酸公司的3万吨/年丙烯酸改扩建项目投产。

7月18日　三爱富公司1000吨/年聚偏氟乙烯(PVDF)、100吨/年六氟丙酮(HFA)项目在上海化工区D4地块的华谊集团精细化工基地打桩建设。该项目2003年12月18日奠基，2005年下半年建成投产。

7月19日　华谊集团与神华集团神东电力公司和内蒙古亿利资源集团公司在内蒙古呼和浩特市共同签署年产40万吨聚氯乙烯、烧碱项目股权转让和煤电一体化项目合作协议。该项目股权转让后，内蒙古亿利资源集团公司股比为41%、华谊集团股比为34%、神华集团神东电力公司股比为25%。

7月29日　上轮公司第一条"回力"牌全钢丝子午线轮胎在双钱载重轮胎分公司下线，标志着全钢载重轮胎市场上又多一个载重全钢胎品牌。

7月31日　焦化公司4万吨/年苯酐装置在上海京华化工厂建成投产。

8月26日　在吴泾基地落成的国内第一家运用自主技术的2万吨/年聚甲基丙烯酸甲酯(PMMA)装置建成投产。

9月　由华谊集团自主研发的全球第一个糖尿病基因治疗类药物"谊生泰"，获国家食品药品监督管理局的临床批文，在解放军总医院进行一期临床试验。"谊生泰"是中国首个拥有自主知识产权的肠促胰岛素分泌肽类药物。11月4日，"谊生泰"药物在第六届上海国际工业博览会上获科技创新奖。

10月28日　华谊集团与上海市金山区政府签署《联合开发建设上海华谊(金山)精细化工园区框架协议》。

11月26日　吴泾公司高纯度乙酸乙酯生产新工艺项目，经上海市高新技术成果转化项目认定评委会审定，批准为上海市高新技术成果转化项目。

12月9日　由焦化公司与美国卡博特(中国)投资有限公司合资兴建的卡博特化工(天津)有限公司，在天津经济技术开发区成立。2006年5月24日，卡博特化工(天津)有限公司第一条6万吨/年橡胶炭黑生产线建成投产。6月24日，卡博特化工(天津)有限公司第二条4万吨/年软质炭黑生产线建成投产。8月13日，卡博特化工(天津)有限公司竣工投产，第一期工程投资近6000万美元，两条生产线年产10.5万吨优质炭黑。

12月18日　华谊集团精细化工基地在上海化工区奠基。

是月　氯碱公司新建的漕泾——吴泾乙烯管线成功穿越黄浦江，完成关键节点工程。管线东起浦江镇联谊路，西至氯碱公司电化厂，长度1000米。这条输送新管线，从根本上解决了漕吴联动后的原料输送问题。

2005年

1月　焦化公司投资1.8亿元，建设5号、6号焦炉干熄焦节能环保装置，这是全国第2套干熄焦装置。

2月　华谊集团15项高新技术成果被认定为2004年上海高新技术成果转化项目。

3月3日　上海华谊集团技术研究院（简称"技术研究院"）在合成树脂所揭牌。

5月10日　华谊集团有5个项目获2004年度上海市科学技术进步奖。其中吴泾公司"国产化20万吨/年醋酸低压羰基合成工艺技术"获一等奖；上海依多科化工有限公司"高级轿车用功能型防护材料技术研究与开发"获二等奖；上轮公司"10.00R20、11.00R20系列全钢丝集装箱卡车子午线轮胎"、上海达凯塑胶有限公司"耐高温智能卡基材及制造技术"、氯碱公司和华东理工大学合作的"尾气乙烯直接氯化制二氯乙烷工程开发研究"获三等奖。

5月20日　华谊集团首届职工运动会在卢湾区体育中心开幕。

5月26日　上海市化学工会在焦化公司召开"为华谊美好明天建功立业"主题立功竞赛"八小"活动现场会，推广焦化公司以群众性的"八小"活动推进经济技术创新的经验和做法。

5月31日　华谊集团与复旦大学共同组建的工业催化与功能材料研究中心在复旦大学挂牌成立，首批瞄准世界一流水平的5个项目启动。

6月3日　华谊集团与上海市金山区政府在金山区第二工业区内建设华谊集团精细化工基地项目用地签订协议。

6月16日　氯碱公司参股并主持日常管理的宁夏西部聚氯乙烯有限公司的烧碱装置运行。

7月2日　在中国权威的市场调查及信息发布机构——《人民日报》市场信息中心主办的"首届中国消费者（用户）喜爱品牌民意调查"新闻发布会上，"双钱"牌轮胎被全国30多个省、市、自治区消费者（用户）推选为"中国轮胎市场用户最满意购物首选第一品牌"。

7月4日　华谊集团和华东理工大学签署《产学研战略合作框架协议》。

7月26日　张兴淮任上海华谊（集团）公司监事会主席、党建督察员。

8月31日　上海市人大常委会主任龚学平率市人大代表，乘坐以二甲醚为燃料的清洁能源公交车到焦化公司视察，并参观技术中心的模试装置现场。

10月26日　全国精神文明建设工作表彰大会在北京人民大会堂举行，丙烯酸公司获全国文明单位称号。

是月　金明达任上海华谊（集团）公司总裁。

11月2日　由华谊集团参与投资、焦化公司参与建设的神华煤制油研究中心有限公司，开发6吨/天干煤直接液化PDU装置，经过近2年建设，产出优质油品，标志着这套具有国际先进水平的装置建成。

11月4—9日　在上海国际工业博览会上，丙烯酸公司的丙烯酸酯获金奖，吴泾公司的高纯度乙酸乙酯获银奖。

11月19日　（如皋）轮胎有限公司50万条/年全钢载重子午胎一期项目建成投产。上轮公司投资新建的（如皋）轮胎有限公司，坐落于江苏省如皋市经济开发区，设计产能为300万条/年全钢载重子午胎。2004年3月8日打桩开工，2005年3月18日第一条轮胎下线。

11月26日　上海开林造漆厂在青浦新厂址迎来90华诞。上海市外经贸委党组书记、主任周波，市人大常委会财经委副主任俞德雄，中国涂料工业协会理事长王擢等出席庆典仪式。

是月　上海振华造漆厂研发的"飞虎"牌水性系列捆带漆成功应用于宝山钢铁股份有限公司（简称"宝钢"）现代化捆带生产流水线。

是月　华谊集团有6项高新技术被认定为2005年上海市高新成果转化项目，分别为：合成树脂所的 ODPA-醚酐、上海一品颜料有限公司的医药用氧化铁颜料、氯碱公司的医用软制品专用聚氯乙烯树脂(M-1300)、试四赫维公司的工业防霉剂 10,10'-氧联吩噁吡、上海新上化高分子材料有限公司的生物可降解材料中间体-乙交酯和 110 千伏电力电缆用可交联聚乙烯超净绝缘塑料。

12月27日　华谊集团安徽化工园区在安徽省巢湖市无为县二坝经济技术开发区奠基。化工园区一期工程主要建设空分、德士古气化装置、煤气净化与一氧化碳分离装置、甲醇合成精馏装置、醋酸装置等，以及相应的码头、铁路、热电联供和公用工程设施。固定资产投资近 40 亿元。

12月30日　华谊集团"一体化"协调吴泾基地发展的综合管廊吴泾公司段竣工。吴泾基地内物料互供的综合公用管廊，总投资 1 500 万元，7月18日开工建设。

是月　技术设备能级达到国际涂料制造业先进水平的、国内产能最大的 1 万吨/年卷材涂料生产车间，在上海振华造漆厂投入试生产。

2006 年

1月3日　常熟中昊公司在中国财政部与世界银行签订《核准的减排购买协议》。协议内容包括世界银行购买常熟中昊公司在 2007—2013 年产生的减排量、减排量价格、减排总量等。该项目实施后，常熟中昊公司每年可减排 1 000 万吨二氧化碳当量温室气体，《协议》确认的价格每吨核证减排量(CER)为 6 欧元，是世界上最大的"碳减排"项目。

1月5日　总投资达 2.2 亿元的华原公司项目在金山第二工业区举行开工典礼。

是月　"全钢丝工程子午线轮胎高新技术工业化生产"项目，通过上海市经委"上海市技术创新体系建设项目"验收，填补国内空白。全钢丝工程子午线轮胎工业化产能为 2.8 万条/年，产品出口美国、澳大利亚等地区。

是月　漕吴乙烯管线投入商业运行。漕吴乙烯管线于 2005 年 11 月初建成通气并试运转以来，安全输送乙烯气体 5 000 多吨。

2月7日　华谊集团在吴淞地区关停 4 家企业及 6 条生产线，完成 5 万吨铬渣治理等 12 项污染治理项目，上海华谊集团上硫化工有限公司(简称"上硫公司")被评为市清洁生产示范企业。

2月16日　华谊集团装备基地，在上海化工区奉贤分区动工兴建。项目总投资 1.8 亿元，占地面积 6.67 万平方米，主要生产压力容器类、环保设备类、传热设备类产品。上海市市长韩正为该基地开工建设致贺信。

2月18日　焦化公司关闭 1 号焦炉。

3月23日　华谊集团有 4 个项目获 2005 年度上海市科学技术进步奖。吴泾公司 10 万吨/年乙酸乙酯新型成套技术获一等奖；上海振华造漆厂聚氨酯卷材配套涂料、三爱富公司高附加值热熔型氟树脂新品种——聚偏氟乙烯树脂 FR921、上海达凯塑胶有限公司第二代智能居民身份证专用 PETC 卡基材料获三等奖。

是月　由焦化公司向中外合资华林气体公司供应合成气的长 54 公里输气管道全线贯通，该管道将地处吴泾的焦化公司与地处漕泾的上海化工区紧密地联系在一起。

是月　上海市染料研究所有限公司试制的高溶解度日落黄色素，解决色淀产品的细度问题，填补国内空白，98%产品基本达到美国 FCC 标准，90%胭脂红产品达到欧共体标准，成为中国生产食用色素企业中唯一能稳定生产并达到美国 FCC 标准的企业。

是月　上海振华造漆厂和宝钢试制出"飞虎"牌特殊彩钢板 16 种颜色渐变组合设计，为首都国际机场三号航站楼涂装2 789吨彩板。

是月　国家安全生产监督管理总局、国家技术监督总局、国家环保总局对氯碱公司全国首创、运行半年多的电子标签管理"基于智能标签的液氯钢瓶管理系统"项目给予充分肯定,要求全国生产液氯气瓶的企业全面推广液氯智能电子标签管理。

4月11日　上海市化工职业病防治院划转上海市安全生产监督管理局管理。

4月18日　焦化公司5 000吨/年二甲醚装置建成投产。这是上海市首个用于规模生产的二甲醚装置。装置方便上海市二甲醚公交车燃料的生产、使用、运输和灌装,打通产业链上游环节,可满足数百辆柴油公交车一年的需求。

4月19日　丙烯酸公司6万吨/年丙烯酸改扩建项目打通全流程,产出合格的丙烯酸产品。该项目自2004年9月30日打下第一根桩到实现满负荷运行,仅用18个月。

是月　上海环球分子筛有限公司增资扩建第四期工程,分子筛生产能力从2005年的7 650吨提高到2010年的1.8万吨,成为亚洲规模最大的分子筛生产基地。

5月11日　中共上海市委副书记、市长韩正到华谊集团吴泾化工区实地考察。韩正要求华谊集团抓住发展机遇,增强自主创新能力,高标准、严要求做好环保工作,把吴泾化工区建成环境达标、清洁生产、循环经济的化工示范基地。

6月2日　中共中央政治局常委、国务院总理温家宝在内蒙古自治区鄂尔多斯市、包头市考察期间,对华谊集团在内蒙古开发建设煤化工给予充分肯定。

6月5日　焦化公司环保节能项目"5号、6号焦炉75吨/小时干熄焦装置"建成投产。

是月　丙烯酸公司生产的丁酯获上海市自主创新"十强"项目,该项目(产品)在引进消化的基础上,自主创新开发优于引进的新工艺、新技术,年生产能力扩大3.7倍。项目技术获一项发明专利授权,并获国家科技进步二等奖。

是月　《华谊集团关于加强技术创新工作的若干决定》在华谊集团第三届科技大会上推出试行。

7月11日、18日　第十届全国人大常委会副委员长成思危到华谊集团内蒙古聚氯乙烯项目建设工地视察。

7月28日　上午7时57分,中外合资上海远大过氧化物有限公司4万吨/年(27.5%)双氧水生产装置建设项目试生产期间发生爆炸并引起燃烧,事故造成1人死亡,4人受伤,直接经济损失755万元。

8月27日　第四届中国市场用户满意品牌高峰论坛年会在北京人民大会堂举行。上轮公司"双钱"牌轮胎获"中国轮胎市场自主创新用户满意第一品牌"。

9月8日　上海华谊微电子材料有限公司1.5万吨/年超高纯微电子化学品项目投产。

9月11日　华谊集团所属"双钱""申峰""白象""一品"4个品牌入选上海首批38个出口品牌。

9月28日　华谊集团在上海化工区举行"华谊十年发展成果展示厅"开馆仪式,并为新落成的"世纪之树"纪念雕塑揭幕。11月3日,华谊集团成立10周年纪念大会在吴泾公司职工俱乐部召开,上海市市长韩正为华谊集团开发建设上海化工区暨成立10周年致贺信。

是月　上海涂料有限公司(简称"涂料公司")与日本藤仓化成株式会社、日本极东贸易株式会社合资的藤仓化成涂料(佛山)有限公司在佛山市顺德科技园区开业。

是月　上海振华造漆厂研发的CHFT9000系列氟碳卷材涂料,应用于宝钢彩涂机组线。

是月　吴泾公司群众性QC活动7项QC成果获全国化工行业和上海市优秀质量管理小组成

果奖。取得"800立方米氨罐内液氨出空方法的研制和实施"创新成果的生产管理部QC小组被中国质量协会、中华全国总工会、共青团中央和中国科学技术协会授予"2006年度全国优秀质量管理小组"称号。

是月 由上海轮胎研究所自主研制的29.5R25 REM全钢工程子午线轮胎,在双钱集团(如皋)轮胎有限公司下线。

10月 上海南大化工厂"苯代三聚氰胺生产方法"获国家专利号。苯代三聚氰胺通过上海市科委验收。该产品经上海涂料颜料质量监督检验站检测符合日本产品标准。

11月1日 焦化公司的煤基多联产系列、上轮公司的全钢丝子午线工程轮胎在2006年中国国际工业博览会上获铜奖。

11月12日 丙烯酸公司在对丙烯酸生产装置停产检修时,4.7%液位(实际储存量19.6吨)的500立方米常压丙烯酸储罐(T4204B)发生爆炸,罐顶炸飞,罐壁内凹。事故未造成该公司人员伤亡。事故直接经济损失40万元,间接经济损失120万元。

12月21日 国家危化品上海应急救援基地——华谊集团应急联动中心成立。国家安全生产应急救援指挥中心致贺电,上海市政府、市经济委员会、市安全生产监督管理局、市应急联动中心、市民防办公室、市国资委、市消防局领导及华谊集团领导等出席揭牌仪式,并观摩危化品泄漏事故应急救援演习。华谊集团应急联动中心和吴泾公司、焦化公司、氯碱公司、三爱富公司、丙烯酸公司首批5家重点企业分中心共同构成应急处置网络体系,实行24小时运转,采用GPS、GIS、MSDS、视频会议、短信平台等先进技术工具。一旦监控范围内危化品有事故发生,可远程控制调遣,及时进行应急救援。救援中心还可为浙江、福建等地的危化品应急救援提供专业技术支持。

是月 国家质检总局公布2006年国家免检产品及企业名单,氯碱公司"申峰"牌烧碱系列产品登榜。

是月 在中国石油和化学工业协会科技奖励授奖大会上,上海助剂厂有限公司参与的"荧光增白剂VBL国家标准修订"获科技进步二等奖、上海工程化学设计院的"双效变压EDC精馏节能技术"获科技进步三等奖。

是月 为配合轨道交通7号线施工,中共上海华谊(集团)公司委员会党校(简称"集团党校")搬迁至漕溪路165号。

是月 上轮公司生产的"双钱"牌汽车轮胎,被国家商务部授予"中华老字号"牌匾和证书,并认定为首批"中华老字号"。

是月 上海涂料公司研发的STL7770飞机蒙皮涂料获中国民航总局颁发的适航证,成为中国第一家获此证书的涂料企业,填补国内空白。

2007年

1月 上海硫酸厂有限公司建成国内最大的乙二醛生产装置。

是月 上轮公司"双钱"牌全钢丝子午线载重轮胎成功进入美国配套轮胎市场。此前,中国还没有一家轮胎厂在美国进入原配胎(OE)市场,"双钱"牌全钢丝子午线载重轮胎进入美国配套轮胎市场,填补中国轮胎在发达国家进入OE领域的空白。

是月 由中国品牌研究院首次举办的全国各省市"城市经济名片"遴选评定揭晓。"双钱"牌作为标志性品牌,被认定为"上海经济名片"第3位。

是月　涂料公司研制的采用聚偏氟乙烯(PVDF)树脂和不含重金属配方的环保型"飞虎"牌新型氟碳卷材涂料,被列入上海市重点新产品计划。

是月　氯碱公司蒋日昶、沈元升;吴泾公司叶维贤、王云霄;焦化公司范永福、汪峻、何毅力、汪徐峰、胡海燕;涂料公司邹沪光;上轮公司陈伟彬、郑敏刚12人成为华谊集团首批首席人才。

是月　《大众证券报》和新浪财经网联合主办的第二届"大众证券杯"中国上海公司竞争力公信力TOP10调查揭晓。三爱富公司以其发展持续、成长可期和崭新的品牌形象成功入选十佳最具成长性上市公司。

是月　"谊生泰"Ⅱb期临床试验在京津沪宁数家著名医院内分泌科启动。

2月27日　上海市副市长胡延照在华谊集团调研时提出,华谊集团要在循环经济方面下功夫,将吴泾基地建成煤化工的研发基地。以吴泾基地为蓝本,积极实施"走出去"战略,在资源大省"复制"一个吴泾,作为对外省的支持,也成为对上海和全国的贡献。

是月　在中国品牌研究院公布的"中国最有价值商标500强"中,"双钱"商标价值评估为10.82亿元。

3月　上海开林造漆厂"光明"牌防火涂料研发取得重大突破。B60－32室内超薄型钢结构防火漆耐火极限达2小时,比国家标准高出一倍,通过国家防火建筑材料质量检验中心检验,并获公安部消防产品合格认可证书。

4月18日　在上海市科学技术奖励大会上,华谊集团有4项科研成果获2006年度上海市科技进步奖;上海新上化高分子材料有限公司的低回缩硅烷交联聚乙烯绝缘材料研究与开发、塑料研究所的高温高压导电型聚四氟乙烯软管材料研究及制造技术开发、橡胶研究所的长效避孕埋值缓释材料研究及应用技术开发获二等奖,氯碱公司光引发连续化制备高品质氯化石蜡工业放大及技术集成获三等奖。

4月20日　位于上海化工区D4地块的三爱富公司六氟丙酮装置成功打通生产流程,双酚AF产品进入生产阶段。该项目2004年12月18日奠基,年产规模100吨。

是月　三爱富公司的"高附加值可熔性氟树脂科技攻关及其产业化"项目,通过上海市经委组织的技术鉴定及项目验收。可熔性氟树脂项目的开发与建成,填补国内电池用聚偏氟乙烯树脂生产的空白。

5月25日　以沙特阿拉伯王国技术教育及职业培训总署副署长萨利赫·本·阿卜杜·拉赫曼·阿姆鲁为团长的沙特阿拉伯王国职业教育代表团访问信息学校。

5月30日　上海环保企业专业"孵化器"——三爱思基地揭牌。该基地依托复旦综合孵化器,聚焦60多家企业与高校,共同开发并转化新型环保高新技术成果,培育高科技企业技术研发与扶持。

是月　上轮公司和上海染料研究所有限公司成为上海市知识产权示范企业。

6月12日　中共上海市委书记习近平视察上海天原化工物流公司漕泾基地,对华谊集团及天原化工物流公司与德国拜耳公司、美国亨斯迈公司等世界500强化工企业合作拓展物流业务的做法给予充分肯定。

6月21日　淮安元明粉公司"日处理1 000立方米制硝废水环保工程"开工建设,这是国内制硝行业的首套工业化示范工程。

6月28日　氯碱公司华胜烧碱扩建项目二期工程开工;是日,上海天原化工厂P－PVC扩建工程建成投产。

是月　为吴泾公司醋酸扩产工程配套的焦化公司一氧化碳扩产项目试运行成功，一氧化碳生产能力提高50%。项目采用国内最前沿的膜分离技术生产高纯度的一氧化碳，具有能耗省、投资低、流程简单、施工周期短的优点。

7月13日　上海轮胎橡胶（集团）股份有限公司更名为"双钱集团股份有限公司"（简称"双钱集团"）。上市公司A股简称由"轮胎橡胶"变更为"双钱股份"；B股简称由"轮胎B股"变更为"双钱B股"，公司股票代码不变。

是月　经中国产品质量协会评估认定，涂料公司被授予质量信誉最高等级的"质量信誉AAA等级"奖牌和证书。

8月21日　中共上海市委副书记、市长韩正率领上海市政府代表团，在内蒙古鄂尔多斯视察华谊集团"走出去"战略项目。

是月　吴泾公司沿江改造一期工程竣工。沿江区域集中整治，吴泾公司拆除氯磺酸装置，搬迁江边储罐，建起仓储区"一体化"景观操作房，形成新的绿化景观带。

9月12日　吴泾公司12万吨/年合成氨装置关停，成为全市化工行业节能减排表率。该装置的前身是中国第一套2.5万吨/年合成氨装置。

9月17日　中共上海市委书记习近平和市委常委、市委秘书长丁薛祥、副市长胡延照、市经委主任王坚等前往吴泾基地，视察吴泾公司30万吨/年醋酸装置，了解企业新产品自主研发情况。习近平指出，要大力推进技术创新，着力提高自主创新能力，加快建立以企业为主体、市场为导向、产学研相结合的技术创新体系。在引进、消化、吸收的基础上实现再创新，努力形成一批拥有核心技术和自主品牌、市场竞争力强的优势产品。

9月21日，国家发展和改革委员会批复同意华谊集团发行8亿元"07华谊债"。债券期限为10年，该期债券票面年利率为基准利率加上基本利差2.35%。债券评级AAA。是月27日，该8亿元企业债券发行结束，募集资金全部到位。"07华谊债"，解决了华谊集团"十一五"项目的部分资金需求。

9月26日　总投资30亿元、年产400万条全钢子午线轮胎的双钱集团（重庆）轮胎有限公司在重庆双桥区动工兴建。重庆市市长王鸿举、常务副市长黄奇帆、上海市人大常委会副主任朱晓明等为工程奠基。

是月　金明达任中共上海华谊（集团）公司委员会书记、董事长，刘训峰任中共上海华谊（集团）公司委员会副书记、总裁。

是月　投资2 000多万元、占地面积1.03万平方米的吴泾基地最大的工业污水处理中心通过竣工验收。投入使用后，每年可处理各类污水近280万吨，减少氨氮和化学需氧量排放3 167吨。该污水处理中心设有预处理、生化处理、污水深度处理及污泥脱水4个功能区。

10月1日　中共中央总书记、国家主席、中央军委主席胡锦涛在中共中央政治局委员、国务院副总理回良玉，国务委员陈至立，中共上海市委书记习近平和市长韩正等的陪同下来到上海华谊吴泾基地看望节日加班生产的一线职工，视察吴泾公司醋酸生产装置。胡锦涛强调，要积极发展循环经济，加大环保投入，真正实现可持续发展。

10月20日　吴泾公司10万吨/年乙酸乙酯装置一次投料成功，并产出合格产品。该项目投资4 900万元，采用新工艺、新技术、新材料、新装备，是自行设计、制造、安装、运行的国内最大的乙酸乙酯装置。

是月　经上海质量体系审核中心的质量、环境和职业健康安全管理体系审核，上海工程化学设计院在全国省市级化工设计院中首家取得QHSE三体系认证证书。

11月6日　中共中央政治局委员、上海市委书记俞正声在中国国际工业博览会华谊集团展区，听取华谊集团领导金明达、刘训峰介绍集团发展情况。

11月18日　中共中央总书记、国家主席、中央军委主席胡锦涛到华谊集团"走出去"企业——内蒙古亿利化学工业有限公司视察。胡锦涛在中央办公厅、中央书记处、内蒙古自治区党政主要领导和中共上海华谊(集团)公司委员会书记、董事长金明达的陪同下，亲切看望操作岗位上的员工，接见参与投资建设的各股东方代表。胡锦涛对华谊集团积极支持西部大开发战略举措给予充分肯定和鼓励，强调一定要按照党的十七大提出的建设生态文明的要求，大力发展循环经济，牢固树立能源资源基地也要厉行节约的意识，加大节能减排力度，切实把资源利用率提上去，把能耗排放量降下来，努力实现经济社会可持续发展。

12月17日　上海吴泾实业公司为山东海力化工有限公司制造的高59米、直径3.4米、重量155吨的硝酸吸收塔下线。制作该容器技术难度大、工艺要求高，创造该公司设备制造史上高度、直径、重量3个之最。

2008年

1月2日　三爱富公司入选中国证券市场第一个社会责任指数——泰达环保指数，位居40个样板股东综合排名第19位。

1月4日　华谊集团《安全生产八大禁令(试行)》以新年1号文件下发，要求各企业在履行民主程序并经职工代表大会或全体职工大会审议通过之日起执行。

1月18日　双钱集团具有自主知识产权的全钢丝子午线工程机械轮胎项目获上海市科技进步一等奖，氯碱公司的30万吨/年氯乙烯/聚氯乙烯生产工艺关键技术开发、三爱富公司的1 000吨/年氟橡胶工业化关键技术开发及应用获上海市科技进步二等奖。

1月24—31日　在上海市第十三届人大一次会议上，焦化公司副总经理王霞当选为第十一届全国人民代表大会代表。

1月31日　上海白象天鹅电池公司向灾区紧急支援65箱大号铁壳电池，支持南方各省抗击雨雪冰冻灾害。

是月　2007年"中国标准创新贡献奖"发榜，上海市涂料研究所的"GB18581-2001室内装饰装修材料溶剂型木器涂料中有害物质限量"标准项目获一等奖；上海染料研究所有限公司的"GB19601-2004染料产品中23种有害芳香胺的限量及测定"标准项目获二等奖。

是月　华原公司金山第二工业区项目进入生产阶段，产出三氯化磷产品，部分出口韩国。合成樟脑、乙烯利等装置投料试生产。

2月25日　涂料公司HPW-苯甲腈产品被评为上海市高新技术成果转化项目。

2月27日　焦化公司与上海华普汽车有限公司举行M100甲醇燃料合作签约仪式，联合开发甲醇燃料。

是日　双钱集团委托河南神马橡胶轮胎公司生产的第一条定牌加工"双钱"牌斜交胎下线。

是月　由装备公司设计制作的大型列管式触媒氧化反应器，通过上海市重大技术装备研制专项基金专家评审，获上海市重大技术装备研制专项基金支持。

3月27日　中共上海市委常委、常务副市长杨雄，市人大常委会副主任杨定华，副市长沈骏等视察吴泾公司。

3月28日　华谊集团奉贤装备基地举行上海化工机械一厂建厂50周年暨上海华谊集团装备工程有限公司(简称"装备工程公司")成立1周年大会。

3月31日　中共中央政治局委员、上海市委书记俞正声在华谊集团吴泾基地调研时,对华谊集团加快发展、加大改革、加速调整予以肯定,要求华谊集团加快改革,精干主业,提高效益,全面做好安全环保、深化体制机制创新、坚定不移"走出去"、关注民生,实现又好又快发展。

是月　华谊集团成立企业清理指导工作组,并在企发公司专设办公室。制订《关于加快推进2008年企业清理工作的指导意见》,明确完成企业清理任务的认定标准。截至12月31日,华谊集团完成企业清理273家,其中破产19家、破产休眠6家、注销170家、转让21家、关闭歇业12家、报损核销9家、吸收合并2家、二商变更3家、变更1家、退股划拨5家、联营终止1家、退股3家、强制清算1家、清理17家、阶段性清理3家。

4月20日　由涂料公司、装备公司自主研发制造的国内首台2万吨级顺酐反应器竣工。该反应器被列入上海市重大装备突破工程的"大型列管式氧化反应器",是国内产量、规模最大的研制项目,完全采用国产化技术制造,其中多项专有技术达国内先进水平。

4月21日　丙烯酸公司羟基酯车间一期改扩建项目建成。该套装置运用自有技术,对工艺、设备等进行针对性改造,产能提高到4 500吨/年。

4月25日　丙烯酸公司获"上海市知识产权示范企业"称号。

4月29日　焦化公司4号焦炉关停。4号焦炉由中国自行设计建造,1972年4月投产。36年间,该焦炉生产焦炭930多万吨,高热值焦炉煤气20亿立方米,配置城市煤气40亿立方米,为上海的经济发展作出贡献。

是月　华谊集团具有自主知识产权的"本体聚合ABS工业化技术开发及产业化"项目,在上海市科委项目验收会上通过专家验收。

是月　中国第一家油墨制造企业上海油墨厂"牡丹Peony及图",被国家行政管理总局认定为中国驰名商标,填补国内油墨行业中国驰名商标的空白。"牡丹"注册商标具有50年历史。

是月　上海达凯塑胶有限公司的"用于低维卡接触式、非接触智能卡的压延基材及其制备方法"和"用于激光打印面层的压延基材及其制备方法"成功实现成果转化,并获国家知识产权局颁发的两项发明专利证书。

是月　焦化公司的"膜分离高纯度一氧化碳"项目,被认定为上海市高新技术成果转化项目。该项目可提高原料气处理能力,用于制取高纯度一氧化碳。

5月12日　华谊集团本部加快推进"无纸化"办公进度。行政收文、发文、合同审核、内部请示四个流程的OA系统试运行,同时取消纸质文件流转方式。

5月21日　关爱"5·12"四川汶川大地震受灾群众"爱心大行动"在华谊集团全面展开。华谊集团及所属企业向地震灾区捐款216万元;华谊集团25家单位的29 004名员工捐款250.11万元。双钱集团申报价值100多万元的捐赠物资,分别为"白象"牌大号照明电池10万节、上海药皂5 000箱、"回力"牌半高雨靴5 000双、"回力"牌胶鞋1万双;氯碱公司在5月17日将110吨用于杀菌、消毒和净化的漂粉精紧急送往地震灾区。5月,氯碱公司紧急配送漂粉精510吨,完成国家发展与改革委员会经济运行局和国药控股有限公司下达的赈灾防疫配送任务。

5月27日　在2007年上海市年度诚信企业评选颁奖大会上,上海首次颁发年度诚信企业称号,华谊集团获"企业诚信奖"和"优秀组织奖",三爱富公司等16家单位获"年度企业诚信建设奖"。

5月30日　常熟中昊公司受让内蒙古丰镇市丰润投资有限公司持有的内蒙古三爱富氟化工有限公司50%股份(2 000万股);受让完成后,常熟中昊公司全资持有内蒙古三爱富氟化工有限公司股份。

是月　华谊集团成立由党委书记、董事长金明达任组长的华谊安徽无为煤化工项目建设领导小组以及由总裁刘训峰任组长的工作小组。

6月11—12日　中国共产党上海华谊(集团)公司第一次代表大会召开。大会选举产生华谊集团第一届党委和纪委领导班子。

6月11日　双钱集团(如皋)轮胎有限公司增资。该公司注册资本由原来的5 500万美元增至7 000万美元。增资后,双钱集团出资3 616.9万美元,占注册资本的51.67%;上海众山投资股份有限公司出资1 633.1万美元,占注册资本的23.33%;香港恒升国际集团有限公司出资1 400万美元,占注册资本的20%;马来西亚高丽制钢出资350万美元,占注册资本的5%。所增资金全部用于70万条全钢丝子午线轮胎技术改造项目。

6月18日　上海华谊生物技术有限公司筹建的"生物医药中试及产业化基地"在上海国际医学园区C4-02-03地块开建。基地按照国家GMP标准设计,一期项目总投资1.95亿元,占地面积3.86万平方米。

7月6日　20:50左右,华原公司金山第二工业区生产基地灌区装卸场一辆槽车在输送三氯化磷物料时,因连接管突然断裂,部分三氯化磷泄漏,产生明火并有氯化氢气体逸出。金山区公安消防队接报后于21:40将明火扑灭。

7月8日　焦化公司醋酸配套一氧化碳联产甲醇(焦化公司1号工程)装置流程全线贯通,甲醇、一氧化碳产品质量达到技术指标。该工程2005年7月8日煤筒仓打桩,至主体装置全线贯通,历时3年零5天。

7月13—14日　金明达、刘训峰分别与鄂尔多斯市政府、内蒙古亿利资源集团公司签订合作协议,在内蒙古鄂尔多斯建设煤基多联产项目。

7月29日　华谊集团发布《上海华谊(集团)公司涉外突发事件应急预案》。

是日　涂料公司新型功能性工业涂料研制和产业化项目通过验收。该公司2006年起先后完成氟碳卷材涂料、导电型卷材涂料、高性能聚酯卷材涂料、自洁型卷材涂料的开发和产业化,应用于宝钢卷材流水线取得经济效益;完成波音飞机专用特种涂料研制,取得国家适航处认证证书,成为国内首家获此证书的企业。

是月　上海市国资委调整上海医药(集团)有限公司股权,将上海华谊(集团)公司、上海工业投资(集团)有限公司各持有的上海医药(集团)有限公司30%股权调整给上海上实(集团)有限公司。至此,医药业务从华谊集团中剥离。

是月　上海市涂料研究所检测中心实验室获国家级实验室认可证书。

是月　涂料公司教授级高级工程师虞兆年被中国化工出版社的"科技之光"栏目誉为杰出科技作家。虞兆年从事涂料科研开发、应用和著书立说60多年,精通英语,通晓日、德、法、俄等多国语言,编撰、校审、编审多部涂料专业书籍,87岁高龄仍担任《涂层新材料》《涂料工业》和《上海涂料》等杂志顾问。

8月6日　由上海市安全生产监督管理局主办、华谊集团协办的危化品事故应急救援与处置演练在氯碱公司举行。

8月16日　纪念华谊化工发展50周年系列活动启动。活动期间,举行员工歌咏大会、集团"双

50"大型主题纪念座谈会等,并拍摄一部反映华谊化工50年发展历程专题片。

8月28日 双钱集团(重庆)轮胎有限公司首条全钢丝子午线10.00R20载重汽车轮胎下线,生产流水线全面打通。中共重庆市委常委、常务副市长黄奇帆,中共上海华谊(集团)公司委员会副书记、总裁刘训峰等为轮胎下线启动按钮。

是月 《华谊集团安全环保重大风险抵押金管理暂行办法》实施。华谊集团领导与各生产企业负责人签订《2008年安全环保重大风险抵押金责任书》。

是月 焦化公司苯酐二期项目开工建设。

9月18日 由国务院国资委、人力资源和社会保障部联合主办,兵器工业集团公司承办的"中国兵器工业银光杯"2008年中央企业职工技能大赛化工总控工决赛在甘肃省白银市落幕。代表上海市国资委参赛的华谊集团7人参赛队,获得一金、一银、两铜奖的成绩。获金奖的丙烯酸公司员工江俊同时被授予"全国技术能手""全国青年岗位能手"称号,其他获奖选手被授予"中央企业技术能手""中央企业青年岗位能手"称号。

9月24日 丙烯酸公司"丙烯醛氧化制丙烯酸催化剂研究"项目通过华谊集团技术鉴定,研究成果具备工业化实验条件。

9月25日 中远公司合成氨厂为落实上海市政府提出的"小化肥"整体退出要求全线停产。与该厂有产品链关系的上海远大过氧化物有限公司、上海虹光化工厂有限公司也同步停产。合成氨厂前身是吴淞化肥厂,创建于1958年,主要生产碳酸氢铵化肥。

是月 根据上海市政府的安排,信息学校接受来自四川都江堰的17名中职学生继续以后两年的专业学习。上海市副市长沈晓明,市政府副秘书长翁铁慧,中共上海华谊(集团)公司委员会书记、董事长金明达等为同学们送上书包等学习用品,鼓励他们好好学习,掌握专业知识,将来为祖国建设作贡献。

10月12日 三爱富公司被批准为国家级技术中心,这是华谊集团第3家国家级技术中心。

10月15日 华胜公司与陶氏化学(中国)投资有限公司(简称"陶氏化学")在沪签订总值超过4亿美元的10年原料互供合同。根据合同,华胜公司为陶氏化学在上海化工区拟建的两座工厂提供烧碱和无水氯化氢,并接收来自陶氏副产的含盐废水,继续用于氯碱生产。

10月16日 华谊集团安徽无为煤基多联产精细化工基地一期工程开工建设。该基地为上海市和安徽省最大的合作项目,占地约5平方公里,总投资350亿元,主要项目包括年产240万吨甲醇以及醋酸、醋酸乙酯、醋酐、丁辛醇、乙二醇、MTP、1,4-丁二醇、二甲醚、丙烯酸/酯、双氧水、环氧丙烷、氯乙烯/聚氯乙烯、SAP树脂、聚甲醛等系列精细化工衍生产品。一期工程投资60亿元,建设年产60万吨甲醇、50万吨醋酸、30万吨醋酸乙酯以及码头、总变电站、水处理、热岛、铁路、物流等项目和公用配套工程。

10月18日 上海华谊集团投资有限公司(简称"投资公司")成立。该公司主要以资产为纽带、收益为目标、有效管理为手段,对华谊集团投资企业进行增值管理,逐步形成"自主经营,受控管理,收放适度,充满活力"的经营模式。

10月21日 由焦化公司和阿科玛(中国)投资公司共同投资成立的上海阿科玛双氧水有限公司二期3.85万吨/年双氧水装置建成投产。

是日 丙烯酸公司羟基酯车间二期改造工程试运行,反应系统达到预期目标,反应釜从一期的3立方米扩大到17立方米,产能达8 000吨/年。

是月 2008年度中国石油和化学工业协会科学技术奖获奖项目公布,上海工程化学设计院和常熟中昊公司4 000吨/年六氟丙烯规模化装置新技术入选科技进步三等奖,氯碱公司(复审)入选2008年度"中国化工行业技术创新示范企业",丙烯酸公司马建学、上海一品颜料有限公司王丹英、氯碱公司袁茂全和岳群当选"全国化工优秀科技工作者"。

是月　吴泾公司、氯碱公司获"上海市推行全面质量管理先进单位"称号。金明达获"上海市优秀质量管理领导者"称号;氯碱公司何正涛、三爱富公司杜敏之获"上海市优秀质量管理推进者"称号。

11月6日　合成树脂所聚酰亚胺塑料、特种导电胶、特制环氧黏合剂等多种化工高分子新材料被航天科技集团公司授予荣誉奖牌和证书。该所代表参加在北京人民大会堂召开的庆祝神舟七号载人航天飞行成功大会。

11月15日　华谊集团在上海马戏城举行纪念上海华谊化工50周年职工歌咏大会。30家单位、19个歌队、1 200多名员工参加。

11月18日　上海市数字技术应用公共实训中心在信息学校开工建设。该中心的功能是突出数字技术在产业发展、产品结构升级中的运用,突出技能培训与技能鉴定相结合,突出面向社会培训,突出为企业产品开发技术创新服务。

11月28日　华谊集团举行上海华谊化工50周年暨吴泾基地开发建设50周年大型座谈会。上海市市长韩正,中国企业联合会会长陈锦华分别致贺信。第十届全国人大常委会副委员长顾秀莲,上海市政协第十届委员会主席蒋以任,中国石油和化学工业协会名誉会长谭竹洲,中国石油和化学工业协会会长李勇武,重庆市常务副市长黄奇帆,上海市政府副秘书长周波等出席座谈会。记录上海华谊化工50年发展历程的专题片《中流击水》,以及《五十春秋　瞬间撷英》电子相册同时首发。

是日　双钱集团首条直径2.7米、重1.45吨的巨型全钢工程子午线轮胎,在闵行轮胎生产基地成功下线,顾秀莲启动下线按钮。

是月　因圆满完成中国载人航天工程相关协作配套任务,为神舟七号载人航天飞行作出贡献,华谊集团获中国载人航天工程办公室颁发的荣誉纪念牌。同时,中国航天时代电子公司230厂致函上海振华造漆厂,对该厂的优质"飞虎"牌X98-11产品成功用于"神舟七号"载人航天飞船表示感谢。

是月　天原化工物流公司为全球特种化工领域巨头——德国最大化工企业Evonik(赢创)配套的化工液体储运第一船实施接卸,标志着专为Evonik公司在上海化工区内"甲基丙烯酸酯一体化项目"专业配套建设的"化工液体储运项目"打通全流程。

是月　立足上海、面向全国的专用涂料颜料质量检测平台——石化工业专用涂料颜料质检中心在上海市涂料研究所揭牌,该检测中心拥有国家实验室资质。

是月　焦化公司的循环经济煤基多联产项目(4号工程),通过上海市经济和信息化委员会(简称"市经信委")审批,被列为市重大产业项目之一。4号工程主体装置包括1套产氧量4.8万立方米/小时的空分、3套投煤量各1 000吨/天的多喷嘴水煤浆加压气化炉、以及变换与热回收系统、一氧化碳分离压缩系统等。该工程可满足上海化工区的相关公司新增净化气和吴泾公司新增一氧化碳用气需求,且可使甲醇装置发挥最大产能。

12月12日　由华谊集团主办、集团党校和华谊集团政研会承办的"与改革开放同行——纪念华谊集团党校建校30周年"论坛在集团党校举行。1978—2008年,集团党校教育培训近10万人次,其中培训8.8万人次,学历教育1万余人次。

是月　华谊集团研发的具有自主知识产权的"谊生泰"Ⅱ型糖尿病治疗新药启动Ⅲ期临床试验,已申请10多项国际国内发明专利。

是月　在"醇醚燃料及醇醚清洁汽车专业委员会2008年年会"上,焦化公司因在醇醚燃料和醇醚汽车技术研发上取得优异成绩,被授予"示范企业"称号。

是月　华谊集团以上海工程化学设计院为设计发展平台,收购上海太平洋化工集团焦化设计院100%产权和上海吴泾化工设计院100%产权,联合重组为掌握华谊集团核心技术的全资子公司——上海工程化学设计院有限公司(简称"工化院公司"),全面提升华谊集团在上海化工行业专业设计的领先地位和竞争优势。

2009年

1月　华谊集团研发制造国内首创的2万吨级顺酐反应器,登上中国第十三批企业新纪录榜。

2月24日　华谊集团决定天原集团、氯碱公司资产关系分离。

2月26日　运行31年的氯碱公司电化厂金属阳极47型电解装置关停。

2月27日　在上海市科学技术奖励大会上,焦化公司"煤基合成气制羰基化专用一氧化碳新工艺技术"项目获市科学技术二等奖;上海一品颜料有限公司"痕量重金属氧化铁颜料关键技术的开发和应用"、开林造漆厂"大型市政工程长效防腐涂装材料关键技术的开发与应用"获市科学技术三等奖;焦化公司和市计量测试技术研究院、燃气集团共同研制的"上海市煤气流量贸易计量和管理系统"获市科学技术三等奖。

是月　吴泾公司自主研发的"WJMS"甲醇低压羰基化醋酸生产成套技术及其应用成果,通过由中国著名学者、中国工程院院士翁史烈等组成的专家小组评估,该技术成果获自主知识产权,填补国内空白。

3月17日　华谊集团深入学习实践科学发展观活动动员大会在吴泾公司举行,中共上海华谊(集团)公司委员会书记、董事长金明达作动员报告,中共上海市国有资产监督管理委员会委员会第一指导检查组组长肖义家出席会议并讲话。

是日　氯碱公司华胜化二厂二期项目15万吨/年烧碱装置建成投产。华胜二期项目总投资5.6亿元,二期项目生产液氯主要供应德国拜耳公司等下游企业,使氯在上海化工区循环利用。

3月24日　双钱集团自行研发生产的首条巨型全钢丝工程子午线轮胎37.00R57(外直径3.5米,重3.1吨)下线,产品拥有3项专利成果,并获出口欧美"通行证"。项目总投资8.3亿元,设计产能为2.86万条/年。

4月7日　华谊集团业内直供合同签约。10家企业签订12份销售合同或框架协议,14个产品签约直供量与2008年供应量相比提高80%。

4月16日　上海市市长韩正视察华谊集团安徽无为煤基多联产精细化工基地,实地考察一期工程码头等项目建设情况。韩正对华谊集团加强与中西部地区合作,积极打造中国煤基多联产精细化工示范基地做法表示肯定,要求控制好节奏,规避金融风险,高标准建设好项目。

4月21日　上海市市长韩正,市政府副秘书长周波、肖贵玉率市有关部委办到华谊集团调研。韩正等先后考察双钱集团、吴泾公司、焦化公司,要求华谊集团在"精细化工、高端发展、深度开发、综合利用"基础上,扎实推进跨市发展,加强技术创新,强化规划布局,提升吴泾基地产业能级和整体竞争力。

4月23日　华谊集团委托上海财经大学举办的审计管理专业研究生课程进修班开班。

4月27日　双钱集团首条520/85R42农用子午胎在双钱集团(如皋)轮胎公司下线。农用子午胎花纹采用锯齿型,新工艺硫化,在冷却、压力等方面有特定的工艺要求和生产程序。

是月　上海硫酸厂有限公司研制的高品质"乙二醛"获日本合成化学公司认可,签下订单70多吨。

是月　《华谊集团安全管理制度(2009)》发布,5月1日起执行。该制度有11篇,包括50项管理制度。

是月　焦化公司"煤化工过程综合自动化系统高技术产业化示范工程",通过上海市发展与改革委员会(简称"市发改委")组织的项目验收。该项目是国家发展与改革委员会"工业自动化高技术产业化重大专项"项目之一。

是月　天原化工物流公司获上海市物流协会与上海市物流学会联合颁发的"上海市改革开放30周年优秀企业"奖状。

是月　涂料公司"光明"牌市政工程长效防腐涂装材料获"上海市重点新产品"证书。

5月5日　华谊集团与中国(海南)改革发展研究院签订战略合作框架协议,金明达与中国(海南)改革发展研究院董事局执行主席、院长迟福林代表双方在协议上签字。

5月8日　信息学校与西门子(中国)有限公司工业自动化与驱动技术集团举行签约,合作建设自动化技术联合示范实训中心。

5月14日　上海市商务委员会批文同意拜耳(上海)聚合物有限公司的中方投资者——上海氯碱化工股份有限公司10%股权转让给德国拜耳材料科技股份有限公司。10%股权价确定为1.8亿元,以协议价格2.3亿元成交。股权转让后,双方原有的合作关系仍存续。

5月15日　金明达在上海制皂有限公司(简称"制皂公司")会见中共上海上实(集团)有限公司委员会书记王荣峰率领的上海市重大题材写作组成员。制皂公司介绍江泽民在制皂公司工作时的历程。

是月　涂料公司5万吨顺酐(一期)项目中的关键设备,国内同行之最的单套氧化反应器完成热态联动试运行。该项目(一期)投资2.34亿元,占地面积14.87万平方米,位于金山第二工业区。装置投运后,可形成2万吨/年顺酐的生产能力。

6月22日　上海华谊天原化工物流有限公司与陶氏化学(中国)投资有限公司签订《化工区一体化物流服务协议》,内容包括码头装卸、管道输送、存储、灌装、汽车装卸等"一体化"物流服务。

是月　焦化公司焦炉气转换制甲醇生产装置一次投料成功,醋酸配套一氧化碳联产甲醇工程所有生产装置全部启动。

7月1日　华谊集团在焦化公司召开第一批合格施工承包商发布会,中国石油化工集团有限公司(简称"中国石化")、上海建工集团股份有限公司(简称"上海建工")等28家企业入选合格施工承包商。

7月17日　中共安徽省委书记王金山陪同皖江城市带承接产业转移示范区国家部委调研组组长、国家发展与改革委员会副主任杜鹰,视察华谊集团安徽无为煤基多联产精细化工基地。

7月27日　焦化公司科研成果产业化项目——4万吨/年醋酐装置打通全流程,产出一级品醋酐。该项目为"碳一化工与羰基合成重大工程技术及关键产品",2004年被列为上海市"科教兴市"重大科技攻关项目。

7月30日　焦化公司具有50年历史的2号焦炉关停。

是月　华谊集团化工贸易、物流业务实现资产整合,供销公司全部股权划转天原集团。

8月3日　配合2010上海世博会建设"工业遗址主题公园",涂料公司长风化工厂地块移交普陀区土地资源管理局。7月31日,长风化工厂地块完成设备拆除。

8月5日　华谊集团与上海化工区发展有限公司签订《物流合作合资协议》,金明达与上海化工区总裁张耀伦签约。

8月11日　华谊集团调整安徽无为基地工程项目领导小组。金明达任领导小组组长,刘训峰任副组长。

8月17日　金明达就华谊集团HSE管理、三大核心业务、产品结构和布局调整等,在集团本部接受"责任关怀中国行"记者采访团采访。

8月28日　华谊集团在焦化公司召开深入学习实践科学发展观活动总结大会,金明达作华谊集团学习实践活动总结,肖义家出席并讲话。集团学习实践科学发展观活动经群众"满意度测评"总体满意率为99.16%。

9月2日　双钱集团轮胎研究所研究设计、上海橡胶机械一厂有限公司制造的半鼓一次法巨型全钢丝子午线工程机械轮胎成型机通过专家评审。该产品填补国内空白,为中国工程胎技术进步提供关键技术和装备。

9月23日　国务院安委会办公室副主任、国家安全生产监督管理总局副局长、国家煤矿安全监察局局长赵铁锤,率国务院安委会第12督查组到吴泾公司检查安全生产工作。

9月25日　《上海华谊》报改版试行,出版周期由半月报改为周报,6号字改为小5号,每周五出版。

9月30日—10月1日　信息学校校长邬宪伟,应国务院邀请赴京参加国庆60周年观礼。

10月3日　丙烯酸公司6万吨/年丙烯酸装置建成投产。该项目是丙烯酸公司自行设计、自行安装,具有自主知识产权的第2套重大项目,装置转化率达98.5%以上,收得率在88%以上。

10月14日　华谊集团与中国国际海运集装箱(集团)股份有限公司(简称"中集集团")在深圳签订《战略合作协议》。

10月15日　华谊集团举行"院士专家华谊行"圆桌会议。

10月18日　华谊星河·龙泰公寓开盘。该楼盘原为华谊集团下属上海化工机械二厂金工车间和板热车间原址,由实业公司开发建设小户型水岸住宅。楼盘总建筑面积2.12万平方米,绿化率35%,总户数154户。

10月20日　华谊集团与普陀区政府在集团本部签订《战略合作协议》,共同对桃浦生产性服务业功能区产业结构调整、功能转型、重大项目建设进行开发,以适应普陀区建成枢纽型、国际化贸易新高地要求。

10月21日　金明达做客"东方网",与网友就"平安华谊""绿色华谊"话题进行交流。

是日　在中国石油和化工行业科学技术表彰大会上,涂料公司"彩色涂层钢板用功能性卷材涂料关键技术的开发和应用项目"获2009年度中国石油和化学工业协会科技进步一等奖,双钱集团被认定为2009年度中国化工行业技术创新示范企业。

10月23日　刘训峰在中国石油和化学工业协会主办的"2009年煤化工发展战略高层论坛"上作题为《心静　思远　危机中求发展》主旨报告,阐述华谊集团对新型煤化工发展的思考,介绍集团在推进煤基化学品发展方面所做的工作和思考。

是日　上海氯碱化工股份有限公司与拜耳(上海)聚氨酯有限公司在兴国宾馆举行《氯和氯化

氢互供合同》签字仪式。

是日　氯碱公司华胜化工厂年产18万吨烧碱和36万吨EDC三期项目全面启动。

是月　上海振华造漆厂"飞虎"牌油漆的第一代包装罐,在上海市文化广播影视管理局、闸北区委、区政府主办的"知我中华、兴我中华——走进世界博览会的中国"世博收藏展上展出。"飞虎"牌油漆罐在1926年获"费城世界博览会"金质奖章。

是月　上海市科委决定将"上海市煤基多联产工程研究中心"设在华谊集团吴泾基地。

11月5—6日　"中国化工旭日文学丛书"华谊集团卷《足迹交响》,在首届中国石油和化学工业企业文化促进大会上首发。

是日　在首届中国石油和化学工业企业文化促进大会上,华谊集团获中国石油和化学工业企业文化建设示范单位称号,金明达获评企业文化建设示范单位领军人物,焦化公司、吴泾公司、氯碱公司、丙烯酸公司、涂料公司、三爱富公司6家企业被评为中国石油和化学工业企业文化建设先进单位。

11月7日　上海中国国际工业博览会评选揭晓:双钱集团巨型全钢子午线工程轮胎获银奖,三爱富公司聚偏氟乙烯树脂获铜奖。

11月22日　氯碱公司假座园林宾馆庆祝天原化工厂建厂80周年。

11月26日　华谊集团同上海安装工程有限公司等3家单位签订华谊安徽无为项目一期工程60万吨/年甲醇装置施工合同。

是月　吴泾公司醋酸第三代催化剂工业化试验获成功,醋酸装置产能明显提升。

12月3日　上海市化工环境保护监测站(简称"环保监测站")获国家实验室认可证书。该监测站的服务领域有地表水和废水、环境空气和废气、土壤、噪声和振动、工作场所职业危害因素五大类,具体检测项目102项。

是日　由涂料公司牵头,将涂料公司与华原公司、上硫公司、试四赫维公司整合成立上海华谊精细化工有限公司(简称"精化公司")揭牌。

12月5日　华谊建设公司参建的2010上海世博会加拿大馆项目(总建筑面积5178平方米),获加拿大政府颁发的优秀项目奖等奖项。在2010上海世博会加拿大馆揭牌仪式上,加拿大总理斯蒂芬·哈珀向华谊建设公司总经理石卫致以感谢。

12月11日　位于上海市静安区常德路809号的华谊综合大厦开工建设。

是日　供销公司与赢创德固赛(中国)投资有限公司上海分公司(简称"赢创德固赛公司")在赢创德固赛公司上海总部举行合作签约仪式,供销公司成为赢创德固赛公司工业特殊品部非硅柔软剂产品代理商。

是日　双钱集团在比利时安特卫普设立华谊集团双钱欧洲办事处,在欧洲建立完整的营销网络。

12月12日　信息学校庆祝建校50周年。韩正致贺信;全国人大常委会原副委员长顾秀莲等为校庆题词;教育部、中国职教学会、上海市教委等领导出席。

12月29日　上海华谊聚合物有限公司(简称"聚合物公司")20万吨/年本体ABS工厂一期工程在上海化工区开工建设。

12月30日　华谊集团与中国银行上海市分行签署《战略合作协议暨安徽华谊化工有限公司年产60万吨甲醇项目银团贷款协议》。以中国银行为牵头行,交通银行、上海浦东发展银行、中国农业银行组成的银团,为安徽华谊化工有限公司60万吨/年甲醇项目提供总额超过22亿元的低成本贷款。

是月　氯碱公司运行 17 年的 1 万吨/年四氯化碳装置拆除。

是月　吴泾公司为醋酸装置技术改造配套的核心设备——R0101 反应容器下线，填补该类特材压力容器国内制造空白。R0101 反应容器直径 4 米、高 10 米、总重达 64 吨，壳体全部采用锆复合特种材料，属三类压力容器。

是月　涂料公司获涂料工业 1959—2009 年"精彩 50 年"推动中国涂料科技进步十大杰出民族企业荣誉称号；公司原副总工程师虞兆年获"十大科技元勋"称号；总工程师俞剑峰获"十大杰出专家"称号。

2010 年

1 月 12 日　"上海米其林回力轮胎股份有限公司"变更为"上海米其林回力轮胎有限公司"。中方投资者双钱集团股份有限公司、上海闵行联合发展有限公司、上海轮胎橡胶（集团）有限公司将其在公司中持有的股份全部转让给外方原投资人，股份制公司变更为有限责任公司。公司的注册地、经营范围不变。

1 月 15 日　装备工程公司自主设计、研发、制造的 40.3 米风电叶片模具在上海尔华杰机电装备有限公司下线。

1 月 19 日　华谊集团《安全无语手册》在集团干部大会上首发。手册精选近 150 幅漫画，收录集团"安全生产八大禁令"、集团 HSE 核心价值观及统一的禁令标志、警告标志、指令标志和指示标志。

1 月 22 日　焦化公司醋酐装置达 4 万吨/年能级的满负荷生产要求，标志醋酐产业化实现满负荷生产。

1 月 28 日　焦化公司有 50 多年历史的三根焦炉烟囱、两座煤塔被爆破拆除，成为该公司老装置最后一爆。

是月　回力鞋业公司通过 2010 上海世博会特许产品生产商和零售商资格认证，启动世博项目，"回力"品牌运动鞋、休闲鞋进入世博会全国特许销售网络和其他特许渠道。

是月　环保监测站通过国家实验室资质认证。

2 月 9 日　上海染料研究所有限公司通过 AIB 食品安全标准管理体系审核，为"狮头"牌食品添加剂、着色剂走向国际高端市场创造条件。

2 月 24 日　《华谊集团年鉴》编委会暨年鉴编纂启动工作会议召开。

是月　华谊集团首期总经理培训班，在中国（海南）改革发展研究院结业。集团本部和二级单位的 34 名领导参加培训。

是月　在上海市安全生产委员会办公室组织的 2009 年度行业（系统）安全生产履职考核中，华谊集团获"一等"考核等级，被授予安全生产"成绩突出单位"。

是月　焦化公司发表《关于退出甲醇协会的郑重声明》，决定退出甲醇协会这一国际性行业组织。

是月　信息学校计算机网络专业 2009 届毕业生薛震洋，作为唯一的学生当选 2009 上海教育年度十大新闻人物。

3 月 16 日　由天原集团投资建造的"华谊货 3002"3 000 吨级散货船，在江苏扬州接水，标志天原集团内河运输由黄浦江进入长江,水运能力进一步提升。

3月23日　在2009年度上海市科学技术奖励大会上,丙烯酸公司获自主创新企业一等奖,合成树脂所"高性能聚酰亚胺材料研发及产业化应用"项目、三爱富公司"1 000吨/年聚偏氟乙烯树脂工业化技术开发及产业化"项目获科技进步二等奖,氯碱公司"20万吨/年二氯乙烷裂解新工艺开发及应用"项目获科技进步三等奖。

3月25日　上海回力鞋业有限公司承制的2010上海世博会安保、保洁人员用鞋交付。

3月26日　上海老年大学华谊教学部在集团党校成立。"中医保健班"和"计算机初级班"同时开班。

3月30日　技术研究院吴泾新址落成并投入使用,华谊集团博士后科研工作站、华东理工大学——华谊集团全日制工程硕士联合培养基地、上海煤基多联产工程技术研究中心同时揭牌。

是月　试四赫维公司金山第二工业区二期项目开始试生产,标志该公司由试剂产品及传统工业产品并重向精细化工转型的重大调整,并被世界500强企业定为化学品供应商。

4月13日　华谊集团被列为上海市第二批董事会建设试点单位。

4月16日　三爱富公司举行上海市有机氟材料研究所建所50周年纪念座谈会。

4月20日　华谊集团向中国红十字总会捐款100万元,支援青海玉树地震灾区。

是日　全国人大常委会副委员长陈至立率执法检查组来沪,检查《中华人民共和国科学技术进步法》贯彻实施情况。华谊集团副总裁魏建华向检查组作汇报,并提出政府、企业、高校、科研院所在人才培养、技术创新、新产品研发等方面高效互动,分工协作的"官产学研资一体化"的建议。

4月21日　华谊集团与交通银行上海市分行签订合作协议建立长期战略合作关系。交通银行向华谊集团提供200亿元授信额度,为集团提供全方位、个性化的金融服务,全力支持集团发展。

4月22日,丙烯酸公司与沙特阿拉伯石化公司签约"18万吨/年丙烯酸及酯项目"的技术许可合同。该项目是丙烯酸公司走出国门的首个技术转让项目。

4月23日　安徽省常务副省长孙志刚率省政府考察团到焦化公司、吴泾公司及双钱集团载重轮胎分公司参观考察。

4月27日　双钱集团一款商用载重汽车轮胎获美国环保总署(EPA)认证,成为继美国、法国、日本、德国、韩国之后,代表中国进入"绿色轮胎"领域的首款产品。

4月28日　华谊集团在丙烯酸公司召开推进"三基"工作现场会,下发《关于加强和改进"三基"工作的指导意见》《基层单位"三基"工作实施细则(试行)》和《2010年集团"三基"工作推进计划》。

4月30日　上海长风化工厂举行建厂50周年活动。半个世纪来,该厂把一个最初由提炼煤焦油产品的回收处理站,发展成为油漆涂料助剂生产领域的"龙头"企业,并打造出用户信赖的"畅飞""长风"著名品牌。

是月　华谊集团党委开展办好世博、做好表率"我是党员我奉献、立足岗位当先锋"主题实践活动,6 827名党员、673名入党积极分子在上海市"世博先锋行动"网上签名承诺。

是月　由华谊集团和集团工会联手开展的"我要安全——万名员工安全万里行"活动揭幕。活动期间开展"安康杯"竞赛、安全格言征集、安全演讲比赛、安全宣传画征集等系列活动。

是月　上海华谊集团财务有限责任公司(简称"财务公司")筹备领导小组成立。2011年10月13日,中国银监会批复同意华谊集团筹建上海华谊集团财务有限责任公司。2012年3月20日,财务公司召开第一次股东会;2013年3月25日,财务公司揭牌。

是月　双钱集团重庆轮胎分公司质量保证部终检小组生产组长贺小琴被评为全国劳动模范。

这是华谊集团走出去企业中的首个全国劳动模范。

5月10日 中国石油和化学工业联合会第三次会员大会选举产生第三届理事会、常务理事会和领导成员。金明达当选中国石油和化学工业联合会副会长。

5月15日 上海市副市长赵雯及市知识产权局领导到华谊集团调研指导技术知识产权保护工作。

5月20日 全国政协副主席董建华、重庆市市长黄奇帆参观第13届中国(重庆)国际投资暨全球采购会双钱集团(重庆)轮胎有限公司展区。

5月26日 聚合物公司在上海化工区举行升旗挂牌及20万吨/年本本ABS工厂一期工程土建及管网工程开工仪式。

是月 涂料公司出资收购民营企业天同精细化工(南通)有限公司(简称"天同精化公司")75%的股权。上海南大化工厂与天同精化公司强强联手,成为全球苯代三聚氰胺第一大供应商。上海南大化工厂苯代三聚氰胺生产方法获国家知识产权局授予的发明专利,约90%产品销往美国、日本和欧洲等国家与地区。

6月2日 丙烯酸公司2009年从瑞士引进的1万吨/年结晶法制精丙烯酸生产装置,通过消化吸收,掌握结晶器关键技术后,对关键部位进行优化改进,设计完成2万吨/年结晶法制精丙烯酸工艺包,并形成自有专利。

6月5日 氯碱公司华胜化工厂举办首个"公众开放日"活动,向社会公众展示企业"绿色化工,让生活更美好"理念。

6月10日 三爱富公司、华谊集团与内蒙古万豪氟化工有限公司(简称"万豪公司")自然人股东签署《股权转让合同》。万豪公司自然人股东分别以5 265万元和2 105万元向三爱富公司和华谊集团转让所持有万豪公司50%和20%的股权。

6月28日 氯碱公司化工区码头二期扩建工程启动。该工程预算为3亿多元,从原有2个泊位增至8个泊位,总装卸能力从165万吨扩至700万吨,可用于甲A类和甲B类液态化学品装卸。

是日 由国内12家氟化工生产企业、科研机构与高校联合发起的国家氟材料产业创新战略联盟理事长单位选举在北京举行,三爱富公司当选国家氟材料产业创新战略联盟理事长单位。

是日 华谊集团和上海化学工业区发展有限公司签约物流合作,双方以各占50%的对等股比,对天原化工物流公司实施增资扩股,一期增资后该公司净资产达5亿元。天原化工物流公司与百联集团、安徽华谊化工有限公司、赢创德固赛公司等,同时签署数项物流服务协议。

6月29日 双钱集团举行成立20周年庆祝大会,上海市市长韩正致函祝贺。

6月30日 氯碱公司被上海市政府列入节能减排项目的、1990年3月投运的首套国外进口离子膜烧碱装置关停。

是月 焦化公司被中共上海市委宣传部、市思想政治工作研究会、市企业文化促进会命名为首批"上海市企业文化建设示范基地"。

是月 三爱富公司与内蒙古丰镇市签约,合作建设氟化工基地。

7月6日 程志强任上海华谊(集团)公司监事会主席。

7月19日 华谊集团召开采购管理信息化项目启动会,携手埃森哲公司团队共同实施采购管理信息化项目建设。

7月27日 上海建工集团安装工程公司(简称"建工集团")受让上海华谊集团建设有限公司60%股权,重组开放式、市场化的华谊建设公司。

7月30日　在国家技术创新工程上海市试点工作推进大会上,双钱集团、丙烯酸公司、涂料公司、上海化学试剂研究所有限公司、试四赫维公司5家单位获2010年度"上海市创新型企业"称号。

8月3日　华谊集团人力资源信息化管理项目启动。集团本部及丙烯酸公司、三爱富公司、精细化工板块、化工情报所等单位为试点,2011年向全系统推行。

8月5日　环保监测站迎来建站30周年。30年来,环保监测站监测工作从单一的环境监测延伸至职业健康领域。

8月16日　华谊集团与浦发银行签订合作协议,浦发银行向华谊集团提供100亿元授信额度,提供全方位、个性化金融服务。

是月　沪皖合作的最大项目、皖江城市带承接长三角产业转移一号工程——华谊集团安徽无为煤化工基地,被列入生态建设与环境保护重点工程,成为国家循环经济试点工程。项目一期投资73亿元,主要建设年产60万吨甲醇、50万吨醋酸和30万吨醋酸乙酯工程。此外,该基地还斥资1.2亿元建设污水处理装置,废水处理达到一级环保排放标准。

9月15日　2010年中国国际化工展览会暨2010年中国国际石油化工大会开幕。全国人大常委会原副委员长顾秀莲、中国石油和化学工业联合会会长李勇武、中国石油和化学工业联合会名誉会长谭竹洲等到华谊集团展区参观,了解华谊集团高端发展、跨市发展、"一体化"发展战略。次日,金明达在大会上作题为《化学工业与城市和谐发展》的主旨演讲。

10月11日　信息学校获第二届黄炎培职业教育"优秀学校奖",成为上海职业院校中唯一获此殊荣的学校。

10月13日　中国民营企业家看世博暨民企低碳转型高峰论坛在上海国际会议中心举行,华谊集团获国内低碳领域突出贡献奖。

10月14日　华谊集团在安徽无为经济开发区举行向无为县人民政府捐赠100万元资金交接仪式,关心和支持无为地区社会事业。

10月15日　上海化工区氯碱公司化工码头扩建工程开工建设。

10月28日　上海华谊集团房地产有限公司投资开发的江苏省淮安市楚州区华谊星河一期项目主体结构封顶,售楼接待中心开馆。项目位于楚州中心城区东门大街386号。

11月5日　上海化工厂有限公司进入破产程序。12月30日,经上海市杨浦区人民法院裁定终结破产。

11月10日　聚合物公司ABS一期项目最主要设备——反应聚合釜吊装就位。

11月22日　由信息学校和上海石化工业学校负责组建的上海化工职业教育集团成立。

11月26日　华谊集团"世博先锋行动"和"服务世博、奉献世博"先进集体、优秀个人表彰大会在信息学校召开。

12月8日　在世博科技推广应用合作论坛上,华谊集团与上海科学院就合作建立锂电池中试研发科研基地签约。

12月13日　华谊大厦项目施工总承包合同签约。刘训峰、副总裁王霞以及上海建工董事长徐征等出席签约仪式。大厦由工化院公司负责设计,计划建设总面积2.1万平方米,分地下3层和地上10层。地下工程由上海隧道工程有限公司承建,主体结构由建工集团七建公司中标承建。

12月20日　中共中央、国务院、中央军委在北京人民大会堂召开庆祝探月工程嫦娥二号任务圆满成功大会。华谊集团所属的三爱富公司、塑料研究所、合成树脂所、胜德公司、上海树脂厂有限公司5家军工配套企业获邀参加。

12月21日　华谊集团在信息学校举办化工操作工高级技师培训班,13名劳模技师参加培训并通过考核获高级技师技能等级。

是日　华谊集团(香港)有限公司在中国香港揭牌。

12月25日　"吴泾"牌醋酸出口发达国家实现"零"的突破,首批1 300吨低碘醋酸销往日本。

12月26日　技术研究院与中科院上海高等研究院签署《战略合作框架协议》,共同建设酸碱催化联合实验室。

是月　国内最大的鼓式硫化机在双钱集团上海橡胶机械一厂有限公司投产。该硫化机的硫化鼓直径2.5米、鼓面宽度4.2米,整机长8.5米、宽8米、高5.87米,总重量326吨。

是月　上海染料研究所有限公司食品添加剂柠檬黄HP获国家重点新产品奖。

2011年

1月3日　由实业公司投资建设的嘉定南翔云翔社区经济适用房项目进入实质性开发阶段。这是上海市政府发展大型社区试点区域的重点项目。

1月4日　安徽华谊化工有限公司醋酸工程完成首次大型设备精制塔吊装。精制塔总高59.67米,直径3.2米,重约130吨。

1月8日　华谊集团的第一个城市综合体项目落户江苏省安徽淮安市。淮安华谊星河首批VIP卡售罄,上海华谊星河的房产品牌成功进军长三角。

1月12日　华谊集团在上海化工区召开首次金融工作会议。

1月18日　由中国化工报社组织的"十一五"化工风云人物及优秀企业表彰大会暨2010中国绿色化工特别行动年度庆典在北京国家会议中心隆重举行,丙烯酸公司获"十一五"最具创新力研发企业奖。

是日　吴泾公司通过REACH法规注册,取得出口欧洲"通行证",3 000吨"吴泾"牌醋酸首次出口德国和土耳其市场。

1月23日　在北京人民大会堂举行的第七届中国品牌影响力高峰论坛年会上,华谊集团总裁、双钱集团董事长刘训峰以其在品牌建设方面的突出成绩,被评为中国品牌建设十大杰出经理人。双钱集团获"低碳经济中国轮胎行业领军品牌""中国轮胎行业最具影响力第一品牌"。

1月25日　双钱集团(安徽)回力轮胎有限公司与安徽省无为县政府,在沪就1 500万条/年高性能半钢丝子午线轮胎项目签约。该项目一期固定资产总投资33亿元,建设期为一年。

是月　在上海交运(集团)公司召开的世博安保总结表彰大会上,天原化工物流公司获"上海交通港世博安保工作先进集体"称号。2010上海世博会期间,天原华胜码头靠泊船舶159艘次,运送货物110.7万吨,没有发生一起安全事故。

2月10日　在安徽省巢湖市经济与社会发展表彰暨2011年招商引资动员大会上,安徽华谊化工有限公司获巢湖市2010年度外来投资突出贡献奖。

是月　上海市涂料研究所"上涂"品牌获2010年"上海市装备制造业与高新技术产业自主创新品牌"称号。

是月　上海染料研究所有限公司被商务部认定为"中华老字号"企业。该公司以食品添加剂——"狮头"牌食用色素生产为主,是中国规模最大、世界第二的食品添加剂着色剂生产龙头企业。

3月15日　华谊集团与中国电信上海公司签订《战略合作框架协议》,就电信虚拟网、协同通信和IP虚拟专网等开展合作,推进集团信息化建设。

3月17日　重量达81吨,高度超10米,价值近亿元的安徽华谊化工有限公司50万吨/年醋酸装置关键设备氧化反应器一次吊装就位。

3月29日　华谊集团被列为上海市国资系统整体推进党务公开试点单位。

3月31日　刘训峰做客东方网,就集团"创新转型,实现跨越式发展"接受东方网访谈并与网友在线交流。

4月2日　天原化工物流公司获由中国交通运输协会组织评选的"2010年度全国先进物流企业"称号。

4月24日　上海化工区天原华胜码头扩建工程海上桩基工程完成,引桥全部贯通。

4月27日　双钱集团1500万条/年高性能半钢丝子午线轮胎项目在安徽华谊生态产业园开工建设。项目总投资超过30亿元,一期项目2012年年初投产,所产轮胎全部用于轿车领域。

是月　上海市科委批准设立61个专业技术服务平台,依托上海市涂料研究所检测中心的上海市新型涂料及颜料检测专业技术服务平台,成为首批上海市专业技术服务平台。

5月10日　按照上海市总体规划,上海染料化工厂万吨硝酸装置安全拆除。2010年6月,硝酸装置停产。

5月11日　上海华谊院士专家工作站成立。该工作站常设机构设在技术研究院,帮助华谊集团培育科技创新团队,突破关键技术制约,推动产学研紧密合作。

5月12日　国家安全生产监督管理总局公布首批"全国安全文化建设示范企业"85家单位名单,吴泾公司成为上海市工厂企业唯一入选单位。

5月18日　聚合物公司20万吨/年本体ABS一期项目举行中间交接签字仪式,项目由工程建设转入系统调试、联动试运行阶段。

5月26日　天原化工物流公司被中国特种物流年会组委会授予"2011年度中国危险品物流行业模范单位"称号,成为"中国危险品物流模范单位"10家企业之一。

5月31日　焦化公司煤制乙二醇中试装置开工建设,项目投资1.28亿元,乙二醇产能为5000吨/年。

是月　双钱集团上海轮胎橡胶(集团)有限公司年翻新处理20万条废旧轮胎项目在奉贤开工建设,项目总投资3000万元。

是月　焦化公司碳一分公司德士古中控室,被共青团中央、国家安全生产监督管理总局认定为2010年度全国青年安全生产示范岗。

是月　焦化公司获由中国石油和化学工业联合会、中国化工环保协会颁发的"'十一五'全国石油和化学工业环境保护先进单位"称号。

6月1日　在2011年上海市"安全生产月"活动启动仪式上,全市8家单位获"上海市安全文化建设示范单位"称号。华谊集团的吴泾公司、双钱集团、丙烯酸公司3家单位获此荣誉。

6月5日　华谊集团《环保宣传画册》编辑出版。画册收录62幅卡通画,宣传集团环保理念、制度等。

6月9日　华谊集团与中化国际(控股)股份有限公司(简称"中化国际")实施战略合作,双方将原合作范围扩大到橡胶及轮胎业、化工物流业等领域。刘训峰与中化国际总经理张增根签署战略合作协议书。上海市人大常委会主任刘云耕、中共上海华谊(集团)公司委员会书记、董事长金明达、中化国际董事长潘正义出席签约仪式。

6月10日　华谊集团与闸北区政府签订《战略合作框架协议》,共同探索"区企联手、服从规划、集聚发展、合作共赢"的创新战略联盟新模式,推进闸北旧区改造和保障性住房开发建设。

6月14日　华谊集团与思爱普(北京)软件公司(简称"思爱普公司")实施战略合作。依据协议,华谊集团3年内投入3000万元采购SAP软件。

6月16日　上海回力鞋业有限公司出席南宁颁奖大会,"回力"品牌获2011中国元素"十大时尚品牌"称号。

6月17—18日　刘训峰出席上海节能与新能源汽车发展战略研讨会,并作题为《健康推动醇醚燃料产业发展》的学术报告。

6月20日　集团党校管理的上海华谊成人中等学校整体并入信息学校。

6月21日　天原集团与烟台市福山区高新技术产业园区管委会签署《投资协议》,烟台天原胜德材料科技有限公司项目启动(简称"烟台胜德公司")。2012年4月21日,烟台胜德公司投入试生产,首件物流箱(D箱)下线;7月22日,烟台胜德公司投产;该项目是天原集团"十二五"首个"走出去"项目。

6月30日　华谊集团在上海举办华谊集团合作伙伴高峰会议暨中国化工展望2015CEO圆桌论坛。巴斯夫、杜邦、林德、普莱克斯、亨斯迈、迈图、塞拉尼斯、三菱瓦斯化学8家在华跨国公司的高管出席会议。刘训峰做主旨演讲,与会中外人士围绕人才、市场、安全环保、创新等关键词作交流,并对中国"十二五"化工行业发展趋势进行探讨。

是月　上海硫酸厂有限公司乙二醛(Ⅱ)项目被上海市高新技术成果转化服务中心授予"2010年度上海新技术成果转化项目百佳"称号,排名第48位。

7月2日　华谊集团庆祝中国共产党成立90周年大会在东方艺术中心召开。是日,集团"党建网"开通,"纪念建党90周年丛书"——《华谊党建实录》《我的入党故事》《说出我的感动》首发。

7月11日　刘训峰与中国石化华东分公司总经理殷济海签订《战略合作协议》,双方共同发挥集约效应,把资源优势转化为市场优势。

是月　华原公司在金山基地的合成樟脑生产装置被拆除。

8月24日　聚合物公司在上海化工区建设的20万吨/年本体ABS装置一期3.8万吨/年生产线投料成功,成为国内首家拥有自主知识产权本体ABS树脂产品的企业。

8月29日　金明达、刘训峰、中共上海华谊(集团)公司委员会副书记秦健、华谊集团副总裁王霞及相关部室和子公司负责人,与上海市杨浦区区委书记陈寅、区长金兴明、副区长庄少勤及相关委办负责人,就华谊集团在杨浦区的房地产开发进行会谈。双方一致同意建立华谊集团在杨浦区开发项目的工作小组联席会议制度,实现政企合作开发、互利双赢。

是月　美国《涂料世界》杂志公布"2011年全球顶级涂料企业排行榜",涂料公司首次跻身全球顶级涂料企业50强。

9月1日　企发公司托管的试剂公司进入企业破产法律程序;11月24日,破产终结。该公司2005年开始全面调整,安置分流员工1101名,清理注销对外投资企业56家,解决债务5020万元。

9月8日　胜德公司与通用汽车公司车型转移配套的一期项目在山东烟台福山区破土动工,项目投资约4800万元。

9月9日　在第二届证券之星"战上海"上市公司评选颁奖典礼暨上海市股份公司2010年年会上,三爱富公司获"最佳券商研报评级奖",氯碱公司获"最佳业绩增长幅度潜力奖"。

9月19日　中国首条世界级规模的集成性色母粒生产线,在焦化公司参股的卡博特高性能材料(天津)有限公司色母粒工厂建成投产。该装置总投资2000万美元,产能为4.5万吨/年。

9月24日　为配合市政发展规划和环保治理要求,上海硫酸厂有限公司对厂区危险化学品剩余物进行置换处理,确保达标排放。是月26日,所有生产装置安全关停。

9月29日　氯碱公司召开新产品发布会,研发的氯化聚氯乙烯(CPVC)技术实现万吨级工业化试生产,产品质量达到国际领先水平,填补国内高端新材料的空白。

10月9日　华谊集团、石化盈科信息技术有限责任公司(简称"石化盈科")、上海宝信软件股份有限公司(简称"宝信软件")三方共同投资组建的上海华谊信息技术有限公司成立。

10月10日　中共中央政治局委员、上海市委书记俞正声到华谊集团调研,对华谊集团狠抓安全环保、明确发展思路、优化产业布局、推进改革调整等工作给予充分肯定,要求在"十二五"发展中,重点关注核心业务同质化竞争加剧、世界经济形势波动以及安全环保风险较大等问题,总结经验,加强研判,积极应对。

10月14日　金明达、程志强、刘训峰、王霞等在安庆市拜会安庆市和中国石化安庆分公司领导,协商沟通华谊集团安庆新材料基地建设有关事宜。11月8日,华谊集团、安庆市政府、中国石化安庆分公司三方共同签署华谊集团安庆新材料基地战略合作首个项目《液化气深加工项目合作协议》。

10月27日　2011年全国石油和化工行业职业技能竞赛化工总控工竞赛,信息学校3名选手组成的代表队获团体一等奖,并获2个个人全能一等奖。

11月4日　双钱集团独立设计、开发的"回力"牌PCR(高性能半钢丝子午胎)雪地轮胎成功下线,首批1500条轮胎销售一空。

11月18日　经上海市清洁生产审核机构备案审查,环保监测站获清洁生产审核服务资质。

11月22日　华谊集团与南京银行上海市分行签订战略合作协议,南京银行向华谊集团提供全方位金融服务。

11月23日　双钱集团销售收入破100亿元,成为华谊集团首个销售收入超100亿元企业。

是月　通过"内保外贷"方式,华谊集团(香港)有限公司(简称"华谊香港公司")取得中国工商银行(亚洲)有限公司2000万美元信用额度以及中国农业银行香港分行4000万美元信用额度。2012年,华谊香港公司获取中国工商银行(亚洲)有限公司5000万美元及中国农业银行香港分行4000万美元,交通银行股份有限公司香港分行2000万美元,上海浦东发展银行香港分行及离岸中心4000万美元,共计1.5亿美元的信用额度。2013年,华谊集团将中国银行给予集团的授信额度在中国银行系统内采取额度切割的方式转用到华谊香港公司,为华谊香港公司取得6000万美元的境外授信额度。

12月7日　上海市市长韩正等到华谊集团调研。韩正指出,"十二五"期间上海化工行业要主动适应上海发展新形势,以"创新驱动,转型发展"为主线,加快发展步伐。韩正同时指出,煤基多联产是华谊集团核心业务,要继续加大吴泾基地产业升级力度,以改革促发展;加快产业全国布局,在"跨市发展"中通过兼并、收购等途径壮大主业;高度重视安全环保工作,履行好社会责任;高度重视人才队伍建设,加紧培育适应集团发展要求的各类人才;继续关心为华谊集团发展作出贡献的老领导,让他们共享改革发展成果。

12月12日　华谊集团持有的合成树脂所100%产权划转给投资公司。

12月15日　在国家发展与改革委员会召开的制造业和物流业联动大会上,天原化工物流公司获首批"全国制造业与物流业联动发展示范企业"称号。

12月20日　在全国精神文明建设工作表彰大会上,丙烯酸公司获评第三批全国文明单位。这是该公司继获首批全国文明单位后,又一次获此荣誉。

是日　华谊集团安徽无为化工园化运码头试运行,天原化工物流公司安徽分公司接卸第一船甲醇产品。

12月21日　华谊集团与中国农业银行上海市分行签订战略合作协议,推进银企战略合作,谋求共赢发展。

12月28日　华向公司由企发公司托管。这是继染料公司、上化厂公司、试剂公司、塑料公司、装备公司后进入企发公司平台的第6家行业性公司。

是月　华谊集团获批上海市首批"高技能人才培养基地"。

2012年

1月4日　华谊集团向涂料公司增资2亿元,注册资本从2.59亿元增加到4.59亿元,并同意涂料公司投资成立"上海华谊涂料有限公司",在金山第二工业区建设10万吨/年功能性车辆及预涂卷材系列涂装材料。

1月10日　投资870多万元的华原公司金山基地"三废"治理整改项目通过上海市和金山区环保局验收。经金山区环境监测站监测,基地废水、雨水分流达标排放,废水、废气治理效果明显,达到项目改造预期效果。

1月21日　华谊集团领导刘训峰、王霞、黄岱列等前往安徽无为煤化工基地,慰问安徽华谊化工有限公司及装备工程公司、天原化工物流公司、华谊建设公司、双钱集团回力项目工程现场的干部员工,祝贺安徽无为一期工程热态联动试运行一次成功。

是日　焦化公司酸性气体处理二期装置一次运行成功并产出合格硫酸。

1月30日　试四赫维公司300吨/年YQC64装置投料试运行。该装置产能从600吨/年扩大到800吨/年,规模为国际同类最大。

是月　由国家发展与改革委员会牵头、工业和信息化部主持、十部委参与的新校车标准征求意见中,双钱集团"双钱"牌轮胎以优越的产品安全性在竞争中一举胜出,获400辆校车轮胎订单,率先进入校车配套领域。

2月16日　上海市推进贸易便利化服务企业大会公布上海市首批贸易便利化重点联系企业,双钱集团、氯碱公司、丙烯酸公司、吴泾公司、三爱富公司、供销公司、上海华谊集团国际贸易有限公司、上海回力鞋业有限公司8家单位为货物贸易出口企业,焦化公司为货物贸易进口企业,在进出口贸易中享受市政府提供的便利化服务。

2月21日　华谊集团与上海市出入境检测中心合作承担的上海市技术性贸易措施应对专项《欧盟REACH法规对上海化二企业的影响及推动应对措施》,通过上海市质量技术监督局等部门的联合验收。

2月22日　上午7:30,氯碱公司16万吨/年氯三次循环利用技改项目(华胜三期项目)烧碱装置氯气处理及压缩单元氯气透平压缩机系统捉漏现场,发生一起管线上膨胀节爆裂导致物体打击的伤害事故,导致1人死亡、1人轻伤。

2月24日　由上海市经济团体联合会、市商业联合会、市企业联合会共同组织开展的"第二届上海市工商业领军人物"评选活动揭晓,华谊集团总裁刘训峰获"上海市工商业领军人物"称号。

3月2日　华谊集团与淮北矿业股份有限公司(简称"淮北矿业")实施战略合作。淮北矿业发挥煤炭资源掌控优势,为华谊集团推进"安徽华谊化工园"建设、优化产业布局、完善核心业务产业链提供支持。

3月8日　在重庆市人民政府外事办公室和大足区政府安排下,俄罗斯、韩国、越南等十二国驻华大使、公使、参赞及夫人等到双钱集团(重庆)轮胎公司参观,对中国西部崛起现代化轮胎制造基地表示赞叹。

3月14日　聚合物公司签订第一份高抗冲注塑产品销售合同,华谊集团自主创新本体ABS生产装置生产的高抗冲注塑产品走向市场。7月9日,通用板材级产品签订销售合同。

3月16日　在上海市标准化奖励大会上,华谊集团获"上海市标准化工作先进集体",集团副总裁魏建华等3人获"上海市标准化工作先进个人"称号。

3月20日　双钱集团(如皋)轮胎有限公司被江苏省人力资源和社会保障厅批准为"江苏省博士后创新实践基地"。

3月28日　双钱集团安徽项目举行"回力"牌轮胎下线仪式,PCR项目第一条"回力"牌轮胎——雪地胎下线。该项目从2011年奠基到第一条"回力"牌轮胎下线,工程建设仅用时11个月。

3月29日　塑料研究所申报的"TP204-28聚四氟乙烯软管组件"被认定为上海市高新技术成果转化项目。

4月16日　上海华谊新能源化工销售有限公司成立。

4月18日　装备工程公司的"用于大型设备中的密绕式贴壁盘管的制作工艺"技术获发明专利。这是装备工程公司获得的第一项发明专利授权,也是"氧化炉—废热锅炉"项目中贴壁盘管制作的核心工艺。该公司拥有国内95%以上的制作氧化炉、废热锅炉市场份额。

4月23日　氯碱公司华胜三期项目工程全流程运行一次成功,输出的氯气启动三次循环利用。

4月27日　华谊集团安徽无为煤化工基地一期工程建成。

是月　《华谊集团年鉴(2009)》首发。该《年鉴》90多万字,其中1997—2007年增补部分15万字、104幅图片。

是月　华谊集团香港贸易分公司成立。作为华谊集团外贸平台的香港贸易分公司,授权天原集团管理与运营,从事外贸进出口业务。

5月2—3日　中共上海华谊(集团)公司委员会书记、董事长金明达,总裁刘训峰分别接受《解放日报》专访,追溯中国民族工业品牌"双钱""回力"的起源和发展,表示要振兴民族品牌,致力于成为中国最专业的轮胎制造商和服务商。

5月5日　华谊职工合唱团到安徽华谊产业园,慰问安徽华谊产业园的全体创业者、建设者和劳动者,祝贺安徽华谊无为煤化工基地一期项目成功产出甲醇产品。

5月13日　环保监测站通过国家实验室认可(CNAS)、实验室资质认定(CMA)二合一复评审。评审涉及的领域涵盖水和废水,环境空气、废气和室内空气,土壤和固体废物,噪声和振动,工作场所职业危害因素五大类。

5月15日　由天原化工物流公司负责建设和管理的上海化工区码头扩建项目通过上海港建设工程安全质量监督站交工验收检查。该工程被国家交通部列为上海市仅有的两个"监督示范项目"之一。

是日　刘训峰与上海仪电控股集团总裁王强签署《上海华谊(集团)公司与上海仪电控股(集

团)公司战略合作协议书》。

5月15—23日　由市国资委、解放日报社共同推出的"寻找海派企业创新之魂"专栏,连续发表《"回力"重生》和《双钱80载梦想再跨越》报道,追述创建于1929年"双钱"品牌和创建于1935年"回力"品牌发展历史,揭示品牌继承和发展要与时俱进、适应发展趋势并融入国际潮流的规律。

5月18日　由涂料公司、日本藤仓化成株式会社、极成贸易株式会社共同出资690万元组建成立的上海藤仓化成涂料有限公司,在上海化工区奉贤分区举行开业典礼。

5月31日　焦化公司最后两台(5号、6号)焦炉及其配套装置全面关停。

是月　华谊集团"万名员工大培训"教材《HSE知识读本》出版。丛书包括法规篇、管理篇、化工篇和行为篇。

6月19日　"绿色梦想·2012年中国节能环保企业TOP100评选"结果揭晓,华谊集团居综合类第5位。

是日　中国涂料协会授予上海涂料有限公司虞兆年"中国涂料行业终身成就奖",表彰虞兆年为中国涂料事业作出的突出贡献。

6月26日　华谊集团与SAP公司在上海举行战略合作协议(二期)签约暨信息公司SAP授权认证、华谊集团——SAP培训学院挂牌仪式。8月28日,华谊集团——SAP培训学院在集团党校成立。

是日　安徽华谊化工有限公司举办首次"社会开放日"活动,邀请安徽无为煤化工基地周边居民参观生产厂区,了解煤化工基地"绿色化工、现代化工、科学发展、安全发展"的理念及其实践。

6月29日　中国石油和化学工业联合会煤化工专业委员会在北京成立。华谊集团当选为专业委员会副主任单位,刘训峰为副主任委员,王霞为《中国煤化工》编委,华谊集团工程管理部总经理陈大胜受聘为煤化工专业委员会专家。

是月　双钱集团开发的"高效节能安全无内胎卡客车轮胎"通过由中国石油和化学工业联合会主持的科技成果鉴定,该成果总体技术达国际先进水平。

7月3日　上海市常务副市长杨雄,副市长沈晓明在上海市发展与改革委员会、市经济和信息化委员会、市科学技术委员会、市国资委等部门负责人的陪同下,到丙烯酸公司实地考察,勉励丙烯酸公司加快高端发展步伐,继续保持在国内丙烯酸行业中的领先地位。

7月6日　上海华谊工程有限公司(简称"工程公司")成立。

7月10日　10万吨/年功能性车辆及预涂卷材系列涂装材料项目在金山第二工业园区打下第一桩。项目总投资6.27亿元,注册资金2亿元,一期项目占地面积7.8万平方米,建筑面积约3.78万平方米。2013年11月,涂料公司与工程公司签订《10万吨/年功能性车辆及预涂卷材系列涂装材料项目一期工程EPC总承包合同》。

7月16日　安徽华谊化工有限公司醋酸装置产出合格醋酸乙酯,安徽无为煤化工基地一期项目全线贯通。

7月18日　以全国劳模、高级技师李君名字命名的"李君技师工作室"在丙烯酸公司成立揭牌。

7月30日　天原化工物流公司在上海市房地产交易中心成功竞得化工区D2-5地块,并与上海化工区发展有限公司签署《上海市成片开发国有建设用地使用权转让合同》。

7月31日　塑料研究所、橡胶研究所、合成树脂所进行"一体化"整合。此前,投资公司与徐泾镇政府签订《合作框架协议》,将徐泾诸陆西路2883号5.67万平方米土地和2万余平方米厂房,作为三所整合的生产基地。

8月15日　由国家体育总局社会体育指导中心、中国健美协会主办,双钱集团冠名承办的"回力轮胎杯"2012年中国健身公开系列赛在重庆启动。

是日　上海华谊三爱富新材料销售有限公司成立。

8月16日　巴斯夫上海涂料有限公司增资,投资总额从1.35亿元增至7.19亿元,注册资本从6060万元增至2.55亿元,其中涂料公司占注册资本40%,巴斯夫涂料有限责任公司占注册资本50%,巴斯夫(中国)有限公司占注册资本10%。

8月18日　丙烯酸公司向中国海洋石油能源发展有限公司转让的丙烯酸酯成套技术——中海油石化五厂2万吨/年丙烯酸辛酯装置建成。

8月21日　金明达、刘训峰和魏建华等接受《人民日报》《解放日报》《新民晚报》《劳动报》、新华社、东方网6家主流媒体采访,介绍华谊集团坚持科技创新,推动转型发展情况。

是日　"2012年上海市创新型企业"建设推进大会在上海科学会堂举行,双钱集团、涂料公司、丙烯酸公司、三爱富公司、试四赫维公司5家企业被授予"上海市创新型企业"称号。

8月23日　涂料公司1.2万吨/年环保型涂料添加剂生产装置技术改造项目,在金山第二工业区精细化工生产基地投产。

8月27日　三爱富公司举行成立20周年座谈会。公司上市20年来,从一家研究所成长为拥有一个国家级技术中心、两家中外合资企业、三大发展基地的高新技术企业及中国最大的氟化工研究开发基地。总资产由1.19亿元增加到2011年的35.59亿元,增长30倍;主营业务由0.32亿元增加到43.05亿元,增长135倍;利润由0.05亿元增加到11.72亿元,增长230倍。

是日　中共中央政治局委员、国务院副总理、重庆市委书记张德江在中共重庆市委常委、常务副市长马正其等陪同下,到双钱集团(重庆)轮胎有限公司调研。张德江强调,品牌建设非常重要,要进一步把质量做好、品牌做强,把企业做强做大,在竞争激烈的国内外市场上站稳脚跟。

8月28日　双钱集团(安徽)回力轮胎有限公司"回力"牌乘用车轮胎上市,打破外资品牌一统国内市场的格局。首批上市的有R29、R30和R699三大系列26个规格的轮胎。

8月31日　在上海市企业技术创新大会上,双钱集团被列入首批"上海市产学研合作创新示范基地",涂料公司技术中心入选《创新与转型——市企业技术中心建设案例选编》,成为该书精选案例之一。

9月18日　华谊集团召开ERP试点项目上线动员会。

9月27日　丙烯酸公司自主研发并建设的2万吨SAP装置实现超过24小时连续试运行,生产出符合国家卫生行业标准的产品。

是月　《解放日报》《组织人事报》记者采访中共十八大代表、全国劳模、丙烯酸公司李君。

是月　双钱集团研发的"45系列高性能宽基无内胎全钢丝载重子午线轮胎"项目被国家科技部列入"2012年度国家重点新产品"目录。

10月18日　金明达作为上海市"营改增"重点试点企业代表,赴北京中南海参加由中共中央政治局常委、国务院副总理李克强主持召开的扩大营业税改征增值税试点工作座谈会,专题介绍华谊集团信息公司和物流公司"营改增"试点工作取得的成效。10月31日,金明达在华谊集团会议中心华园接受新华社记者专题采访。

10月25日　华谊集团与普陀区政府签约实施战略合作。集团在此区域内拥有17个地块约46.67万平方米土地,规划为教育、生产性服务业、商业、办公和住宅以及市政道路、设施和绿化用地。

10月31日　试四赫维公司利润总额首破1亿元。从2008年的1000万元利润增至1亿元利润,试四赫维公司仅用4年时间。

是月　上海化学试剂研究所有限公司高纯氯化钯新产品成功投产。贵金属氯化钯主要用于石化行业等,市场前景广阔。

11月8日　华谊集团职业技能鉴定所双钱考核点及上海市首创黄红雄技能大师工作室在双钱集团载重轮胎分公司揭牌成立。

11月18日　在江苏南京工业大学举办的第十三届"未来伙伴杯"中国智能机器人大赛、2012中国机器人大赛暨RoboCup公开赛中,信息学校参赛队获"国际赛制类人机器人全能赛"项目一等奖和"国际赛制机器人灭火"项目二等奖。

是月　经第六届中国·上海专利周组委会评选,丙烯酸公司"新型丙烯酸催化剂"获2012年上海市十大优秀专利产品。

12月10日　装备工程公司与赛鼎工程有限公司签订《制作600吨/日硝酸氧化炉合作协议》。硝酸氧化炉是生产硝酸的核心设备,赛鼎公司在原有的450吨/日硝酸氧化炉基础上,开发出国内领先科技的600吨/日硝酸氧化炉技术。

12月17日　上海华谊新材料化工销售有限公司成立。

12月18日　华谊集团聘任首批4名集团技术专家、7名首席技师。

是日　由装备工程公司承接的宁波江宁化工公司8万吨/年顺酐氧化反应器单元装置完成安装,这是该公司首次以"交钥匙工程"方式承接的化工反应单元装置项目。

12月21日　华谊集团将上海市工业用水技术中心全部产权划归工程公司所有,完善充实工程公司的环保、节能和工业水处理工程业务范围和内容。

是月　三爱富公司被认定为2012年上海市知识产权优势企业。

是年　华谊集团首次获得由国家人力资源和社会保障部评选的"国家培育技能人才突出贡献单位"称号。

2013年

1月1日　天原集团启用新标志。天原集团1996年成立,成为华谊集团"双核驱动"战略中重要的现代服务型企业。

1月10日　2012年度上海企业综合竞争力100强发布,华谊集团在百强排名中位列第13名,双钱集团和氯碱公司榜上有名。

1月11日　上海市税务部门在《解放日报》向社会公布上海纳税百强企业名单,华谊集团排名第13位。

1月15日　市经信委发贺电,高度肯定中远公司热力装置全网比市政府要求提前5天安全实现永久关停。中远公司承担的吴淞工业区集中供热的A网,运行8年后实现全网停气。

1月20日　《解放日报》头版头条刊登《没有焦化炉的焦化厂》,深度报道焦化公司在转型调整中,壮士断腕,果断关停老焦炉,实现企业转型升级。

1月24日　双钱集团与新疆投资发展(集团)有限责任公司(简称"新投集团")就新疆昆仑轮胎公司股权合作事宜签订框架协议。新疆维吾尔自治区副主席库热西·买合苏提、华谊集团总裁、双钱集团董事长刘训峰出席签约仪式。11月6日,双钱集团与新投集团、新疆昆仑轮胎公司签约实施新疆昆仑轮胎公司股权合作,双钱集团增资5.72亿元,持有新疆昆仑轮胎公司51%股权,成为控股股东;增资后的新疆昆仑轮胎公司更名为双钱集团(新疆)昆仑轮胎有限公司。

1月25日　华谊集团与空军驻上海地区军事代表局签署军民共建创新发展合作框架协议。上海市人大常委会主任刘云耕,中共上海华谊(集团)公司委员会书记、董事长金明达,中共上海华谊(集团)公司委员会副书记、总裁刘训峰等出席。

是日　在北京召开的全国环境保护工作会议上,焦化公司获"十一五"时期全国减排先进集体。

1月27日—2月2日　在上海市十四届人大一次会议上,华谊集团副总裁王霞当选为第十二届全国人民代表大会代表。

1月30日　涂料公司与德国巴斯夫公司合资新建汽车涂料工厂,在上海化工区举行奠基仪式。该套先进的生产装置计划于2014年年初投产,为国际市场提供优质汽车涂料。

是月　经上海市著名商标评审委员会评审会议通过,三爱富公司商标"3F"首次被认定为上海市著名商标。

2月5日　《解放日报》头版头条刊发题为《5%资产如何赢得20%利润》的"解放调查"文章,介绍华谊集团推动生产与服务"双核驱动"转型情况。

2月6日　华谊集团精细化工板块的重点项目——10万吨/年氧化铁新型着色剂材料项目在江苏宜兴经济开发区启动。

3月15日　上海市副市长周波携宝山区政府部门有关人员,到华谊汽车广场项目考察工业转型情况。周波实地考察奥迪汽车展示厅、客户服务区及汽车调试车间等区域,肯定华谊集团转型发展取得的成效,希望华谊集团继续在整体区域规划中抓好工业转型,打造服务经济基地。

3月19日　上海化学试剂研究所有限公司和上海市环境科学研究院共建的化学品生态毒理测试GLP外延实验室成立。

是月　焦化公司的合资企业——上海华林工业气体有限公司的漕泾五项目,通过德国拜耳公司和林德气体(香港)有限公司100%性能测试,并开始向德国拜耳公司供气。漕泾五项目总投资2.7亿元,项目资本金1 365万美元,焦化公司与林德气体(香港)有限公司各出资1 365万美元,占项目总投资的33.34%。

4月1日　经过一年建设的双钱集团(如皋)轮胎有限公司180万条/年高性能全钢丝子午线载重轮胎一次混炼法生产线出胶。

4月11日　12时50分,随着最后一艘满载2.2万吨工业盐的永星7号轮靠泊1号泊位,化工区华胜二期码头首次实现单日同时接卸3艘不同品种船舶,创造接卸的新纪录。

4月19日　在2013年上海科技奖励大会上,丙烯酸公司"新型高空速高收率丙烯氧化制丙烯酸催化剂的研制及工业化应用"项目获2012年度上海市技术发明一等奖,氯碱公司"4万吨/年糊状聚氯乙烯成套新工艺技术开发及产业化"项目获上海市科技进步三等奖。

是日　华谊集团和上海市科委在上海友谊会堂签约实施科技创新战略合作,上海市副市长沈晓明出席签约仪式并讲话,市政府副秘书长莫负春为上海化工产业技术创新战略联盟揭牌;市科学技术委员会主任寿子琪与刘训峰签署《战略合作框架协议》。

4月30日　8时58分,中远公司最后一套生产运行装置——5号空分停产,标志中远公司全面退出制造业,转型进入现代服务业。

是日　华谊集团"营改增"成为上海电视台《新闻报道》播出的首条新闻。

是月　华谊集团被中华全国总工会授予全国"五一"劳动奖状,这是集团历史上首次获此殊荣。

是月　氯碱公司入选国家工业和信息化部2013年工业品牌培育试点企业名单。

是月　实业公司开发建设的首个民生项目——周浦基地9号地块配套商品房，完成杨浦区235户的入户手续，开始闸北区112户的入户工作。

是月　在2013年上海知识产权宣传周活动启动仪式上，三爱富公司和氯碱公司获2012年上海市知识产权优势企业称号。上海市副市长赵雯颁发证书，全市25家企业获此证书。

是月　上海市闵行区和谐劳动关系企业评比结果揭晓，吴泾公司获"劳动关系和谐企业AAA级"称号。

5月9日　在全国石油和化工行业"全国技术能手"表彰大会上，华谊集团获"国家技能人才培养突出贡献奖"。

5月14日　上海市化学工会、华谊集团工会第七次工代会在中共上海市国资委委员会党校召开；150名代表、48名列席代表以及58名特邀代表参加会议。大会选举产生上海市化学工会、华谊集团工会第七届委员会、经费审查委员会。

5月17日　在上海市职工创新创效推进会暨第五届上海职工科技节开幕式上，三爱富公司副总工程师、技术中心主任吴君毅获第四届"上海市十大职工科技创新英才"称号，并被评价为"有机氟材料开发的'急先锋'"。

5月18日　国内首套氯化氢催化氧化制氯气（Deacon技术）千吨级中试装置，在氯碱公司按照预定方案开始氯化氢进料，至20日达到设计值。整个中试装置年内实现稳定运行。

5月20日　《解放日报》记者在华谊集团本部采访金明达和刘训峰，深入了解集团科学发展、创新转型情况。此为市国资委、解放日报社联合主办的"都市脊梁，创新先锋"——申城国企科学发展巡礼活动的一部分。

5月22日　华谊集团ERP项目启动，该项目由信息公司承建。6月9日，ERP试点项目通过验收。8月13日，华谊集团在焦化公司召开ERP二期推广项目启动会。华谊集团与石化盈科签订《"两化融合"战略合作框架协议》，并与埃森哲公司签订《管理和技术创新年度合作协议》。

5月28日　中共上海市委第五巡视组进驻华谊集团，开展为期两个月的巡视工作。

5月29日　华谊集团与SAP公司举行华谊集团-SAP战略合作推进会，并签订《第三期战略合作协议》。

5月30日　焦化公司自1959年起持续53年的城市煤气生产输送任务完成历史使命。累计输送城市煤气超过300亿立方米。

5月31日　丙烯酸公司2500吨/年MMA（甲基丙烯酸甲酯）工业试验装置建成投产，6月5日成功产出99.95%的合格产品。

是月　上海华谊工程服务有限公司成立揭牌，该公司由工程公司、联邦控股集团中天能源投资公司共同投资组建。

6月7日　中共重庆市委副书记张国清到双钱集团（重庆）轮胎有限公司调研。

6月13日　《解放日报》在头版头条刊发通讯，详细介绍华谊集团大刀阔斧创新管理促发展的情况。

6月14日　双钱集团与朝阳龙山资产管理公司、大连尊远投资公司共同签署《股权合作意向书》，以股权收购方式持有朝阳浪马轮胎公司51%的股权。

6月19—22日　双钱集团（重庆）轮胎有限公司连续4天日产量突破6000条大关，最高达6222条，标志着公司新增30万条/年载重轮胎项目达标，具备200万条/年轮胎的生产能力。

6月23日　上午11时,丙烯酸公司丙烯酸二车间在生产过程中,丙烯酸第二反应器R3102发生爆燃。经上海市、浦东新区消防等部门及时扑救,火势于13时50分扑灭,事故没有发生人员伤亡。初步判断,此次爆燃的直接原因为丙烯酸第二反应器在运行过程中列管破裂。经上海市环保局监测,该事故对下风向居民区局部地区造成短时影响;事故消防水统一收集处理,未对周边水环境造成影响。6月27日,华谊集团在丙烯酸公司召开"6·23"爆燃事故现场会,察看事故现场,分析事故原因,落实防范措施。

6月28日　上海华逸房地产开发经营有限公司领取营业执照,开发原上海恒信试剂有限公司地块。实业公司联手上海绿地集团,以市场化机制共同开发该地块项目。

是月　刘训峰任中共上海华谊(集团)公司委员会书记、董事长,不再担任华谊集团总裁职务;金明达不再担任中共上海华谊(集团)公司委员会书记、董事长职务;秦健任华谊集团总裁;程志强不再担任华谊集团监事会主席职务。

是月　中国石油和化学工业联合会发布2012年度石油和化工行业重点耗能产品能效领跑者名单,氯碱公司排名烧碱产品第一位,焦化公司排名甲醇产品(以非无烟煤为原料)第二位。

是月　双钱集团研发、填补国内空白的"25－33系列大型全钢丝子午线港口专用轮胎",被列入《2013年度中国石油和化学工业联合会科技指导计划》。

7月8日　上海华谊树脂有限公司在上海化工区揭牌成立。

7月15日　《解放日报》在"上海企业国内转型发展巡礼"专题中,介绍"转战皖江"的绿色样本——安徽华谊化工有限公司。

7月24日　上海电视台《新闻透视》播出《建设工程文明施工》节目,对华谊集团大厦施工过程中,严格控制"噪音污染、粉尘污染",建设文明工地作专题报道。

8月1日　安徽华谊化工有限公司50万吨/年醋酸项目,经中国施工企业管理协会专家李涛率领的专家组复查,一次性通过"国家优质工程奖"现场复查验收。

8月2日　天原化工物流公司与上海道普化学国际贸易有限公司《物流服务战略合作协议》签约仪式在漕泾举行。

8月3日　三爱富公司在《上海证券报》公告在氟化工领域的两项收购。下属子公司万豪公司拟收购内蒙古奥特普氟化学新材料开发有限公司100%股权,以及三爱富公司拟收购常熟振氟新材料有限公司65%股权。

8月15日　华谊集团党委在信息学校召开党的群众路线教育实践活动动员大会。

8月18日　由上海市涂料研究所承接、上海造漆厂生产、涂料公司技术中心技术支持的"上海"牌航空涂料,在舟山完成首次对公务飞机的整机喷涂,实现航空涂料商业化零的突破。

8月22日　2013上海百强企业发布,华谊集团位列第22位,同时位列上海制造业企业50强第10位。与上一年相比,集团排位分别上升3位和1位。

是日　上海华谊集团房地产有限公司与绿地集团合作的上海华逸房地产开发经营有限公司(简称"华逸项目公司")通过增资扩股方式,完成绿地集团增资1000万元注册资金,取得新营业执照,双方股份各占50%。由此,华逸项目公司开始运作。华逸项目拟开发面积约为2.1万平方米,定位于精装公馆类公寓。

8月28日　双钱集团成立营销委员会,委员由双钱集团全国经销商投票选举产生,并由双钱集团批准任命。

8月31日　解放日报社"海派品牌创新巡展"首站展览在上海月星环球港拉开帷幕。华谊集团旗下"回力""蜂花"两大品牌与其他海派知名品牌一起,展示品牌故事、企业文化和创新产品。

是月 双钱集团研发的系列宽基低断面无内胎轮胎,获2012年度国家重点新产品证书。

是月 企发公司成立10周年。10年来,该公司清理退出企业271家,分流安置员工万余名,处置原值为17多亿元的报废设备183项;帮助6 600多名下岗员工再就业,对196名离休干部、3 000多名离岗员工、3.9万多名退休员工实行集中管理服务;对80多家破产或退出企业的档案进行收集整理,完成6.5万多册文书档案、1.4万多册财务档案和4.5万多册人事档案的整理工作。

是月 据美国《轮胎商报》日前报道,双钱集团推出的卡客车轮胎(花纹为RR680)获美国环境保护署(EPA)的Smart Way认证。

9月1日 2013中国企业500强榜单发布,华谊集团以449.26亿元的年营业收入位居第231位,同时在中国制造业企业500强中名列第111位,在500强企业按照行业分类中列化学原料及化学制品制造业企业第5位。

9月8日 获上海市第三届教育功臣的信息学校校长邬宪伟与其他9位当选者受到上海市领导的接见。

9月17日 华谊集团与华东理工大学举行"华谊集团奖助学基金"签约仪式,华谊集团向华东理工大学捐赠200万元本金,用来设立助学金,奖励和资助优秀本科生、研究生和家庭经济困难学生。

9月25—26日 在西安举行的中国2013国际石油化工大会上,工程公司获石油和化工勘察设计行业首批技术创新示范企业称号。

是月 塑料研究所与上海飞机设计研究院签订《大型客机国产标准件研制及验证技术协议书》及《合同书》,塑料研究所"商飞"项目开启。

10月12日 华谊集团退休人员服务中心成立揭牌。

10月21日 《解放日报》在上海"四新"(新技术、新业态、新模式、新经济)产业巡礼专栏上,整版刊登华谊集团信息公司、工程公司两家企业技术创新转型发展的通讯特稿。

10月26—27日 由国家科技部、上海市人民政府共同主办的"2013浦江创新论坛"在东郊宾馆举行,华谊集团作为战略合作伙伴全程参与论坛的策划与组织,并承办子论坛"未来科技论坛——共同挑战:携手应对全球问题"。刘训峰作题为《化学化工的未来责任及可持续发展》的专题报告。同时,刘训峰还接受《中国日报》记者专访。

10月31日 广西钦州市市长李新元等到焦化公司洽谈煤基多联产项目合作事宜,并与焦化公司签订《合作框架协议》。

是月 装载800吨盐酸的"达丰3号"船成功试靠上海化工区华胜码头,化工区华胜码头开港以来首次靠泊千吨级小型船舶。

11月5日 中共上海市委书记韩正、上海市市长杨雄等参观华谊集团在第十五届中国国际工业博览会展区,勉励华谊集团进一步聚焦主业,加快兼并收购步伐,做优做强民族品牌。

11月6—9日 在宁波召开的中国洗涤用品行业年会暨中国洗涤用品工业协会成立30周年总结会议上,制皂公司获"中国肥(香)皂行业领军企业"大奖。

11月10日 华谊集团首次承办以"技能——中国化工"为主题的第六届全国石油和化工行业职业技能竞赛化学检验工赛事在信息学校落幕,来自全国石油和化工企业的27支代表队的80名选手参加为期两天的化学检验工比赛,华谊集团两支参赛队均获一等奖;氯碱公司员工张翠芳获"全国技术能手"称号,为华谊集团历史上首次获"全国技术能手"个人。

11月11日　"双11"期间,回力旗舰店网销突破万单,销售金额破60万元;销量直达10 781单,是平日的100倍。

11月12日　在2013能源与化工产业可持续发展高峰论坛上,刘训峰作《化学化工的未来责任与可持续发展》主题演讲。

11月16—18日　在中国企业文化研究会主办的改革开放35周年企业文化竞争力——中外企业文化2013上海峰会上,华谊集团获"改革开放35周年企业文化竞争力30强单位"称号。

11月17日　坐落于技术研究院内的上海计算化学与化工工程技术研究中心宣告落成。

11月19日　上海电视台新闻综合频道《这里是上海》摄制组,到上海回力鞋业有限公司拍摄人物系列回力篇——《制鞋师傅　黄克明》。此片讲述一位回力牌胶鞋制造师傅为特殊人群定制胶鞋的平凡又温暖人心的故事。

11月26日　焦化公司在上海市碳排放交易启动仪式上获市碳排放配额首单交易证书,分别售出2014年5 000吨和2015年500吨的碳排放配额。

是月　工程公司获化工石油工程施工总承包二级资质。

是月　在北京人民大会堂召开的中国石油和化学工业联合会2013年度全国石油和化工科技创新大会上,中海油常州涂料化工研究院、常熟中昊公司的"建筑用水性氟涂料(HG/T4104-2009)"获科技进步二等奖。

12月9日　2013年度中国石油和化工企业公民楷模榜发布,刘训峰获杰出贡献企业家奖牌。

12月26日　上海涂料有限公司更名为上海华谊精细化工有限公司。

12月29日　三爱富公司常熟四氟乙烯装置新建含氟聚合物项目实现中间交接。工程包括四氟乙烯单体(TFE)装置、聚四氟乙烯(PTFE)聚合装置、公用工程等11个单项工程。项目建成后的TFE单体产能为1.1万吨/年;PTFE树脂产能为1.08万吨/年,其中PTFE悬浮树脂5 800吨/年,PTFE分散树脂3 000吨/年,PTFE乳液2 000吨/年。新建含氟聚合物项目2013年12月7日批准开工,概算总投资29 097万元。

第一篇
集团架构

概　　述

　　上海华谊(集团)公司(简称"华谊集团")是由上海市国有资产管理委员会授权、通过资产重组建立的大型企业集团。前身为成立于1957年4月成立的上海市化学工业局,1995年12月16日,中共上海市委员会、上海市人民政府批复,同意撤销上海市化学工业局建制,同时撤销中共上海市化学工业局委员会,组建上海化工控股(集团)公司,建立中共上海化工控股(集团)公司委员会。1995年12月28日,上海化工控股(集团)公司在上海胶带股份有限公司召开成立大会。1996年10月4日,中共上海市委员会、上海市人民政府批复,同意将上海化工控股(集团)公司的国有资产和上海市医药管理局及所属企业的全部国有资产联合重组,成立上海华谊(集团)公司,由上海市国有资产管理委员会授权经营,同时建立中共上海华谊(集团)公司委员会。上海华谊(集团)公司党的工作归口中共上海市工业工作委员会,业务工作归口上海市经济委员会。上海化工控股(集团)公司和中共上海化工控股(集团)公司委员会予以撤销。1996年11月4日,上海华谊(集团)公司在上海友谊会堂召开成立大会;11月14日,新组建的上海华谊(集团)公司挂牌。

　　华谊集团实行董事会领导、监事会依法监督、经理层依法经营管理的企业法人治理结构,分别履行公司战略决策职能、依法监督职能和经营管理职能。

　　华谊集团按照"决策中心、利润中心、成本中心"三级定位,即以集团本部为决策中心,二级公司为利润中心,三级公司为成本中心的定位设计组织架构,落实责任,强化管控模式。2013年,华谊集团行政部门设置为集团办公室、经济运行部、财务部、资产部、人力资源部、安全环保部、保卫部、投资规划部、工程管理部、对外合作部、科技部、监察审计部、信息管理部、退管会14个部门;党群部门设置集团纪委、党委办公室、党委组织部、党委宣传部、党委老干部部、党委武装部、本部党委、化学工会、团委9个部门及组织。其中集团纪委与监察审计部、党委组织部与人力资源部、党委办公室与党委宣传部、安全环保部与武装保卫部实行合署办公。

　　截至2013年年底,华谊集团所属全资和控股企业二级单位以及直管单位22家。其中包括上海焦化有限公司、上海吴泾化工有限公司、双钱集团股份有限公司(简称"双钱集团")、上海氯碱化工股份有限公司(简称"氯碱公司")、上海三爱富新材料股份有限公司(简称"三爱富公司")、上海华谊丙烯酸有限公司、上海涂料有限公司、上海华谊聚合物有限公司、上海华谊(集团)化工联社9家化工制造企业。上海天原(集团)有限公司(简称"天原集团")、上海华谊集团投资有限公司、上海华谊工程有限公司、上海华谊集团化工实业有限公司、上海华谊集团企业发展有限公司、上海华谊信息技术有限公司、上海华谊集团财务有限责任公司、上海静安华谊小贷有限公司、上海市化工环境保护监测站9家化工服务企业。以及上海华谊集团技术研究院、上海市化工科学技术情报研究所、中共上海华谊(集团)公司委员会党校(上海化工教育培训中心)、上海信息技术学校4家科研教育单位。在化工制造企业中,双钱集团、氯碱公司、三爱富公司为上市公司,双钱集团、氯碱公司同时发行A、B股。华谊集团还拥有11家设计、研究院,3家国家级企业技术中心和8家市级企业技术中心,并设有博士后科研工作站。华谊集团也是上海化学工业区发展有限公司的主要股东之一。

　　华谊集团主营煤基多联产化工、绿色轮胎、新材料、精细化学品、化工物流和工程总承包等,从上海市化学工业局起到上海华谊(集团)公司,历经企业调整和产品结构的优化调整升级,化工产品覆盖面广、品种多样、门类基本齐全。2013年，华谊集团主营产品涉及基础化学品、清洁能源、橡胶制品、塑料、涂料、染料和颜料、氟化工、试剂、助剂、医药中间体、化工设备等十几大类约万种。

1978年，上海市化学工业局（简称"化工局"）的工业总产值为38.4亿元；1990年，全局工业总产值为55.5亿元，比1978年增长44.5%。1995年，全局完成工业总产值135.3亿元，比1990年增长143.78%。"九五"计划期间，受资金短缺和化工原料涨价的影响，特别是1998年亚洲金融危机的冲击和影响，给华谊集团的经济工作造成前所未有的困难。1999—2000年，华谊集团每年的工业总产值徘徊在150亿～160亿元之间。"十五"计划期间，华谊集团坚持"一手抓调整，一手抓发展"，积极进取，克服困难，较好地完成各项经济指标。工业总产值从2001年的162.5亿元上升到2005年的284亿元；主营收入从2001年的149亿元跃升到2005年的272亿元，工业总产值和主营收入分别比2001年增长75%和82%。"十一五"规划期间，华谊集团经营业绩势头良好，2013年，华谊集团实现销售收入602亿元，利润7.7亿元，名列中国企业500强年度排行榜第231位，中国制造业企业500强第111位，上海企业100强第22位，上海制造业企业50强第10位。

华谊集团坚持实施产品制造基地的建设和对外开放。1991—2013年，华谊集团下属上海焦化有限公司、三爱富公司、上海太平洋化工（集团）公司（简称"太平洋公司"）、上海中远化工有限公司、上海胶带股份有限公司、上海铬黄颜料厂、上海彭浦化工厂、上海染料研究所、上海制皂有限公司等单位与四川、云南、江苏、西安、新疆、贵州、浙江及上海市等地相关单位建立10多家合资合作企业，总投资为2.5亿元。主要生产和销售氯化聚氯乙烯、有机氟材料及制品、有机化工产品、电石、甲胺磷乳油、精胺、铬黄颜料、重铬酸钠、胶带制品、乙烯利、元明粉等化工产品。

第一章 建置沿革

第一节 上海市化学工业局

一、沿革

华谊集团的前身为上海市化学工业局。1957年4月,上海市政府撤销重工业二局,成立上海市化学工业局,归口管理上海市化学工业;将原属重工业二局管辖的化学原料、染料、造漆颜料、木材4家工业公司划归化工局领导;又将轻工业局所属轮胎胶鞋工业公司、橡胶杂品工业公司和华东农林部所属的病虫药械制造实验工厂划归化工局领导。化工局有企业994家、职工64 522人。1958年,上海市政府将木材公司划归轻工业局,将上海医药工业公司划归化工局,将上海炼油厂、上海天原化工厂、上海化工厂、上海试剂厂、上海溶剂厂、上海第一制药厂、上海玻璃厂、上海科发药厂、上海民用药厂等部属企业,下放给化工局。化工局成立后,对所属企业进行几次改组,按行业和产品门类,组织专业化生产的原则,将工厂归口合并,并关停一些生产任务不足的工厂,企业数至1958年调整为328家(含医药类企业53家),调整布局后,合理组织生产。

1990年,化工局机关行政管理机构设置为生产技术处、规划处、财务处、设备处、劳动工资处、基本建设处、科研开发处、企管处、教育处、审计处、保卫处、供销处、行政办公室(调研室)、外贸办公室、集体事业办公室、住宅办公室16个行政处室。党群部门设置党委办公室、党委组织处、党委干部处、党委宣传处、党委统战处、党委老干部处和纪委、工会、团委组织。化工局机关编制289人。化工局机关组织机构基本延续到1996年6月,基本职能为政府职能、资产经营管理职能和行业管理三大类。其中政府职能主要是:贯彻、执行国家法规、条例和指令性计划,下达重点任务,组织协调生产和流通;根据国家产业政策拟定上海市化学工业的实施办法;通过市场和必要的行政手段,对生产要素在企业、行业之间进行合理配置、协调产需关系;对化工行业的投资建设、技术改造项目,按市府规定的权限进行审核或申报;化工产品质量和监督,生产许可证发放和管理;履行化学武器工业的管理;对行业的国有资产投资主体的运行和管理实施监管;接受化学工业部的指导,完成化学工业部交办的各项任务。国有资产经营管理职能主要是:授权经营管理的国有资产承担保管增值责任;制订投资战略和发展规划;对所属企业、事业单位的经营者和负责人实施任免、考核和奖惩;贯彻、执行政府部门的方针、政策、法规条例,完成国家下达的指令性计划任务。行业管理职能主要是:接受政府部门委托,承担标准起草、质量认证、行业评优、信息情报收集汇总、市场预测、行业发展规划和扶持政策的拟定、限制性行业发展的初审等部分政府管理职能;开展调查研究,了解行业动态,组织行业交流,发布行业信息;为企业进行产品导向和市场导向,协调产品价格,帮助企业开拓市场;协调行业内外关系。

1994年,化工局下属独立核算工业企业118家,其中全民企业79家、集体所有制企业17家、股份制企业4家、中外合资企业18家。职工13.2万人。生产化工产品6 500多个品种、3.2万种规格。工业总产值123.3亿元,比1993年增长3.02%;销售收入143.2亿元,比1993年增长20.39%。

表1-1-1　1983年8月—1995年12月上海市化学工业局党委、纪委负责人情况表

职　　务	姓　　名	任　职　年　月
党委书记	刘运樟	1983年8月—1994年9月
	俞德雄	1994年9月—1995年12月
党委副书记	谭竹洲	1983年8月—1984年1月
	沈祖耀	1983年8月—1990年7月
	谢天寿	1983年8月—1985年1月
	沈培达	1991年3月—1995年12月
	符卫国	1992年11月—1994年10月
	崔志仁	1995年7月—1995年12月
纪委书记	俞德雄	1985年6月—1989年8月
	吴敖忠	1990年3月—1995年12月
顾问	俞谦	1983年8月—1983年12月

表1-1-2　1988年11月—1995年12月上海市化学工业局行政负责人情况表

职　　务	姓　　名	任　职　年　月
局　　长	符卫国	1988年11月—1995年2月
	俞德雄	1995年2月—1995年12月
副局长	奚翔云	1983年8月—1993年1月
	秦柄权	1983年8月—1989年3月
	俞德雄	1989年8月—1991年12月
	董庭辉	1989年2月—1991年3月
	姚锡福	1982年3月—1993年1月
	张培璋	1991年7月—1995年2月
	张洪文	1991年12月—1995年12月
	胡怡君	1993年1月—1995年7月
	许秋塘	1983年8月—1995年7月
	蒋应时	1995年7月—1995年12月
局长助理	沈丽萍	1993年4月—1995年12月
总工程师	秦炳权	1989年3月—1995年12月
副局级巡视员	许秋塘	1995年7月—1995年12月

表1-1-3　1983年8月—1995年12月上海市化学工会负责人情况表

职　　务	姓　　名	任　职　年　月
工会主席	汤根荣	1984年4月—1993年3月
	陈惠莹	1993年3月—1995年12月

二、体制机制

化工局对企业实行统一领导、行业归口、分级管理的原则,局机关按业务设置经济和行政工作的处室,又按行业分工设置专业性工业公司,负责管理、监督本行业所属企业的生产和经营活动。重点企业和大厂由化工局直接领导。随着生产的发展,专业分工要求越细,行业组织也因此经历多次变迁。

中共十一届三中全会以后,根据改革开放的方针,开始简政放权,在经济体制改革方面有计划地组建经济实体性的企业性公司,撤销行政性公司,减少管理层次。1992—1995年,化工局直接管理的行业性的工业公司有上海化工原料联合公司、上海染料公司、亚太农用化工(集团)公司、上海塑料联合公司、上海涂料公司、上海化肥联合公司、上海轮胎橡胶(集团)公司、上海胶鞋公司、上海橡胶制品公司、上海胶带公司、上海化工工程建设公司等。直接管理的企业有上海氯碱总厂、上海太平洋化工(集团)公司与其所属的上海吴泾化工总厂、上海焦化总厂、上海溶剂厂,以及上海试剂总厂、上海化工装备总厂、上海天原化工厂、上海吴淞化工厂、上海硫酸厂、上海化工厂等。对其他全民企业、集体企业、中外合资企业,从原来的直接管理,转变为间接管理。简政放权以后,化工局主要负责对企业的政策指导,参与制定对本行业有关的经济政策和价格、税率、信贷、补贴、汇率等各种经济调节措施,交流经济信息,沟通产、供、销渠道,预测行业发展趋势,按规定的范围管理干部,运用法律手段帮助和监督企业按照国家的有关规定进行合法的生产经营活动。加强行业规划,做好组织协调工作;审查、审批管理权限内的基本建设,重大技术改造,引进、利用外资和中外合资等项目,组织制定中、长期发展规划和年度计划,并监督实施。

三、主营业务

上海化学工业在中华人民共和国成立后,经过40多年建设,得到较快的发展,综合实力加强。1990年,上海化工产品门类基本齐全,除化学矿山外的18个门类的化工产品都有生产,并建立起原材料工业与加工工业并重的化工生产体系,年生产化工产品总量350万吨、6500多个品种、3万余个规格,一批产品获国家质量金、银奖和化工部、上海市的优质奖荣誉。主要产品产量占全国的比重除化肥、农药和磁性材料的比重较小外,其他产品比重分别为:硫酸占3.5%、发烟硫酸、氯磺酸占11%~13%,液体二氧化硫占22%,烧碱占8.7%,盐酸占8.8%,离子膜碱占42.5%,氢氧化钾占8.1%,漂粉精占44.6%,甲醇、丁醇各占16.9%,冰醋酸占6.4%,活性、阳离子染料各占55%和70%,印染助剂占30%,油漆占4.5%,有机颜料占28%,化学试剂占13.8%,聚氯乙烯和聚四氟乙烯树脂各占11.2%和37%,有机硅树脂占47%,轮胎外胎占9.9%,为全国、全市的经济发展发挥重要的配套作用。

1991年年末,化工局各项经济指标全面完成,工业总产值完成108.9亿元,比1990年增长8%,创历史最高水平;销售收入完成87.1亿元,比1990年增长7.7%;实现利润6.7亿元,比1990年增长6.9%。全局系统继续开展学习吉林化学公司先进管理经验的活动,被评为化工部"学吉化"先进单位12家,局级"学吉化"表彰单位6家。为抓好市重点工程建设配套项目,上海开林造漆厂为南浦大桥提供全部配套油漆,上海大中华橡胶厂为大桥专用公交车配套生产1100R20-18PR全钢丝子午线轮胎,上海工程橡胶厂为南浦大桥提供橡胶伸缩缝嵌件和承压件等。上海轮胎橡胶(集团)公司被批准为全市7家转换机制、放开经营的改革试点单位之一。上海吴泾化工总厂被国务院命名为国家一级企业。上海重大工程之一的大中华橡胶厂30万条/年全钢丝子午线载重轮胎工程建成,并开始调试性生产。上海工程橡胶厂研制和生产的GSPT和BPT两种系列实芯轮胎填补国内空白,全年向美匡市场出口近2 000余条,创汇数10万美元;同时,还有部分产品销往国内市场,以满足国内市场的需要,为国家节约了外汇。

1992年,化工局完成工业总产值114.8亿元,比1991年增长5.43%;销售收入完成100.3亿元,比1991年增长15.08%。下属企业获局级以上科技成果107项,成果登记74项,其中达到或接近国际水平22项,属国内首创36项。

1993年,全局组织100个"三有"(有质量、有市场、有效益)产品的增产,对84个长线产品实施旬监控,对87个重点产品下达试生产任务,同时积极抓好21个新的生长点,尽快发挥投资效益。全局产销率从1月末的80.3%提高至年底的97.85%,比1992年提高3.4个百分点。上海天原化工厂、上海试剂三厂、上海市塑料研究所、上海橡胶制品研究所4家单位被上海市科学技术委员会(简称"上海市科委")认定为高新技术企业。上海焦化总厂"三联供"煤气化一期工程日增40万立方米城市煤气项目建成投产,使送往市区的煤气量达190万立方米/日,为管道煤气用户提供充足的气源。中国规模最大的子午线轿车轮胎生产基地——上海轮胎橡胶(集团)股份有限公司140万条/年子午线轿车轮胎项目提前21天产出优质轮胎。

1994年,化工局新产品研制项目正常进行的占81.5%,投产备选项目正常进行的占91.8%。上海涂料公司把开发新产品作为企业方针来抓,年内完成9项新产品鉴定并落实投产措施,9个新产品销售额2 400万元。上海造漆厂以大众汽车公司桑塔纳轿车面漆改型为契机,开发出钻石银、沙漠黄、珍珠灰、皇宝蓝、黄晶绿等色谱获大众公司认可;其中涂装"桑塔纳轿车"钻石银金属闪光漆近千辆,并通过上海市科委技术鉴定。上海胶鞋公司加大新产品开发力度,新产品产值率由1993年的20%提高到1994年的54%。经审定,化工局有氯碱公司、上海轮胎橡胶(集团)股份有限公司、太平洋公司、上海化工厂、上海胶鞋三厂、上海华亨化工厂6家企业列入上海市建立现代企业制度综合试点单位,其中太平洋公司被列入化工部和上海市联合综合试点单位。全年新批准合资合作企业10家,协议吸收外资5 521万元;新投产合资合作企业7家;合资合作企业的产值占全局总产值的比重由1993年的3.6%提高到1994年的5%。上海硫酸厂与日本三井物产株式会社合作生产硫酸,调整硫酸生产工艺,改变生产原料,降低成本,减少"三废"排放,解决改造资金缺乏的矛盾,为企业走出困境奠定基础。

第二节　上海化工控股(集团)公司

一、沿革

1995年12月16日,经中共上海市委员会、上海市人民政府批准,撤销上海市化学工业局建制,改制为企业性经济实体——上海化工控股(集团)公司(简称"化工控股公司")。12月28日,化工控股公司在上海胶带股份有限公司召开成立大会。公司有职工13万人;下属有化二原料、塑料、染料、农药、涂料、橡胶制品、化肥、化工设备、化学试剂和煤化工产品10个行业,生产6 000多种化工产品和化工设备,资产总额115亿元,是国内重要的化工生产基地。改制后,根据授权主要经营公司范围内的国有资产,坚持改组、改制和改造相结合,加快石油精细化工的发展;并按照"国有资产实行国家统一所有,政府分级监督,企业自主经营"的原则,通过国资授权试点,发挥上海化工系统国有经济的骨干优势,增强国有企业的自我积累和经济扩张能力。公司按"产权清晰、权责明确、政企分开、管理科学"的要求,通过企业结构调整,形成3个大型企业集团,发展化工原料、精细化工、橡胶制品、合成树脂及塑料四大重点行业。

1995年,化工局改制为企业集团后,设立董事会、监事会和经理层。化工控股公司将原化工局劳动工资处的人事、工资职能及教育处的教育培训职能和干部处合并,成立人事部。原先的科研开发处被撤销,其职能归并到发展部。原外贸办公室的职能被归并到发展部。监督部履行监督审计职能。

1996年6月,化工控股公司对本部结构进行调整,按照企业化管理的要求,行政管理机构设立六部二室三中心:发展部、资产部、财务部、管理部、人事部、监督部,办公室、调研室,信息中心、再就业中心、化工教育培训中心。党群组织设立部门有:党委办公室、党委组织部、党委宣传部、党委统战部、党委老干部部和纪委、工会、团委组织。

表1-1-4 1995年12月—1996年10月上海化工控股(集团)公司党委、纪委负责人情况表

职　务	姓　名	任　职　年　月
党委书记	俞德雄	1995年12月—1996年10月
党委副书记	崔志仁	1995年12月—1996年10月
	高均芳	1995年12月—1996年10月
纪委书记	吴敖忠	1995年12月—1996年10月

表1-1-5 1995年12月—1996年10月上海化工控股(集团)公司行政负责人情况表

职　务	姓　名	任　职　年　月
董事长	俞德雄	1995年12月—1996年10月
副董事长	崔志仁	1995年12月—1996年10月
监事会主席	符卫国	1996年6月—1996年10月
监事会副主席	徐家树	1996年6月—1996年10月
	吴敖忠	1996年6月—1996年10月
总　裁	高均芳	1995年12月—1996年10月
副总裁	蒋应时	1995年12月—1996年10月
	张洪文	1995年12月—1996年10月
总裁助理	沈丽萍	1995年12月—1996年10月

表1-1-6 1995年12月—1996年10月上海市化学工会负责人情况表

职　务	姓　名	任　职　年　月
工会主席	陈惠莹	1995年12月—1996年10月

二、主营业务

1995年,由于原材料、能源价格上涨,工业费用增加,企业土地改性后的减产停产等影响,全系统减利因素高达12.9亿元。面对困难,全系统落实一系列有效措施,确保生产正常进行。抓住100个"三有"产品的增产,把指标分解到各公司和大厂,实行按月监控。抓住28家年产值在1亿元以上的优势企业来带动全局的发展。年初确定净增产值在1 000万元以上的新生长点12个,经过努力,全部竣工投产,净增产值4.1亿元。9月21日,上海轮胎橡胶(集团)股份有限公司扩建140万条/年子午线轿车轮胎项目通过国家验收。12月28日,被列为1995年上海市2号重点项目的上海焦化总厂20万吨甲醇装置建成投产,生产出纯度为98%的优级产品,质量达到美国联邦标准AA级。

1995年,化工控股公司完成工业总产值135.3亿元,比1994年增长9.71%,净增产值12亿元;销售收入147.2亿元,比1994年增长2.78%,为"八五"期间增长最高的一年。实现发展速度与经济效益同步增长。

第三节　上海华谊(集团)公司

一、沿革

1996年10月4日,中共上海市委员会、上海市人民政府批复,同意将上海化工控股(集团)公司的国有资产和上海市医药管理局及所属企业的全部国有资产联合重组,成立上海华谊(集团)公司,由上海市国有资产管理委员会授权经营;同时建立中共上海华谊(集团)公司委员会。上海华谊(集团)公司党的工作归口中共上海市工业工作委员会,业务工作归口上海市经济委员会。上海化工控股(集团)公司和中共上海化工控股(集团)公司委员会予以撤销。1996年11月4日,上海华谊(集团)公司在上海友谊会堂召开成立大会。1996年11月14日,新组建的上海华谊(集团)公司挂牌。

华谊集团是由原上海化工系统的全部国有资产和原上海医药系统的全部国有资产联合重组而成的一个跨行业的大型企业集团,拥有总资产308.6亿元(其中化工217.6亿元、医药91亿元);净资产84.92亿元(其中化工69.44亿元、医药15.48亿元),拥有职工20万人。新组建的华谊集团由上海市国有资产管理委员会(简称"市国资委")授权进行国有资产的管理和经营。华谊集团拥有4个大型企业集团公司和1个建设中的大型化工基地,分别是上海天原(集团)有限公司、上海轮胎橡胶(集团)股份有限公司、上海太平洋化工(集团)公司、上海医药(集团)总公司和正在漕泾地区围海造田、以新建一套60万吨/年乙烯装置为契机而建设的上海化学工业区(简称"上海化工区")。此外,还有10多个以生产化工基本原料或部分精细化工产品为主的中、小型企业。根据上海市总体发展战略和化工部、国家医药管理局的"九五"发展规划,华谊集团优化组合生产要素,实现集约化生产,重点发展精细化工、生物医药、新型材料、生物化工、环保工程等新技术和新产品。同时通过兼并、收购等方式,实现跨行业、跨地区、跨部门发展。华谊集团的组建明确作为"出资者",与其新组建的上海医药(集团)总公司(简称"上药集团")的关系只是资产关系。上海医药(集团)总公司党的工作归口中共上海市工业工作委员会,业务工作归口上海市经济委员会。

1999年12月28日,由上海华谊(集团)公司、上海石油化工股份有限公司(简称"上海石化")、上海高桥石油化工公司(简称"高桥石化")、上海久事公司(简称"久事公司")、上海工业投资(集团)

公司(简称"上海工投集团")5家法人单位出资组建的上海化学工业区发展有限公司成立,华谊集团和上海石化等共同出资24亿元,以集中上海化工整体力量、优化资源配置为宗旨,在杭州湾畔建成一体化的上海化工区。

2000年9月,上海医药公司通过资产重组改制成由华谊集团与上海工投集团分别拥有50%股权的上海医药(集团)有限公司。2002年8月,中国华源集团有限公司(简称"华源集团")以11亿元的现金,收购华谊集团与上海工投集团各占上药集团总股本20%的股权,取得上药集团40%的股权;华谊集团与上海工投集团仍各拥有上药集团30%的股权。同时,股东会决定华源集团、华谊集团、上海工投集团按4:3:3的比例向上药集团增资扩股,使上药集团的注册资本由原来的29.92亿元增至31.58亿元。2008年7月,市国资委调整上药集团股权,将华谊集团、上海工投集团各持有的上药集团30%股权调整给上海上实(集团)有限公司。至此,医药部分从华谊集团中分离出去。

2001年,华谊集团以"一体化"理念不断完善"十五"规划,基本形成"南、北、中"的规划布局。南——漕泾上海化工区,具有国际水平的现代化化工区;北——吴淞化工基地,以日用化学品、精细化工为主要发展方向的化工基地;中——以煤的全气化、清洁工艺为主导的清洁能源和新材料的开发和生产基地(吴泾化工基地)。编写吴泾化工基地区域环评和产品规划,以及吴淞化工基地区域环评和产品规划,并对吴泾化工基地区域规划进行论证。吴泾化工基地的能源、物料互供管道铺设初现雏形。此外,还修订染料、涂料、塑料、试剂、装备、橡胶制品、精细化工等行业规划。是年,经上海市工业经济委员会决定,上海高桥石化丙烯酸厂划归上海华谊(集团)公司。

2010年12月21日,华谊集团(香港)有限公司在中国香港揭牌。

表1-1-7 1996年10月—2013年9月上海华谊(集团)公司党委、纪委负责人情况表

职　　务	姓　名	任　职　年　月
党委书记	俞德雄	1996年10月—2002年8月
	张培璋	2002年8月—2007年9月
	金明达	2007年9月—2013年6月
	刘训峰	2013年6月—
党委副书记	崔志仁	1996年10月—2000年7月
	高均芳	1996年10月—1998年10月
	沈培达	1996年10月—1998年10月
	顾晓春	1998年10月—2002年8月
	张培璋	2000年7月—2002年8月
	周　波	2002年8月—2005年6月
	王　强	2002年8月—2007年9月
	金明达	2005年11月—2007年9月
	刘训峰	2007年9月—2013年6月
	秦　健	2008年5月—
	石　琦	2013年9月—

〔续表〕

职　务	姓　名	任　职　年　月
纪委书记	吴敖忠	1996年10月—2001年6月
	聂少犁	2001年6月—2010年11月
	陈　耀	2011年11月—
党建督察员	张兴淮	2005年7月—2008年5月

表1-1-8　1996年10月—2014年1月上海华谊(集团)公司行政负责人情况表

职　务	姓　名	任　职　年　月
董事长	俞德雄	1996年10月—2002年9月
	张培璋	2002年9月—2007年9月
	金明达	2007年9月—2013年6月
	刘训峰	2013年6月—
副董事长	崔志仁	1996年10月—1998年11月
	沈培达	1996年10月—1998年11月
	顾晓春	1998年11月—2002年9月
	王　强	2005年12月—2009年7月
监事会主席	黎干生	2001年1月—2004年7月
	张兴淮	2005年7月—2008年5月
	程志强	2010年6月—2013年6月
监事会副主席	陈　耀	2011年11月—
总　裁	高均芳	1996年10月—1998年11月
	崔志仁	1998年11月—2000年7月
	张培璋	2000年7月—2002年8月
	周　波	2002年8月—2005年6月
	金明达	2005年10月—2007年9月
	刘训峰	2007年9月—2013年6月
	秦　健	2013年6月—
副总裁	张洪文	1996年10月—2001年7月
	蒋应时	1996年10月—1997年1月
	沈丽萍	1997年8月—2007年4月
	张培璋	1999年7月—2000年7月
	肖贵玉	1999年11月—2002年2月
	周　波	2000年7月—2002年8月

(续表)

职　　务	姓　　名	任　职　年　月
副总裁	范　宪	2000年7月—2008年8月
	王晓元	2002年9月—2003年4月
	黄德亨	2004年11月—
	秦　健	2004年11月—2009年3月
	齐　峻	2008年1月—2009年3月
	魏建华	2009年4月—
	王　霞	2009年4月—
	李　军	2009年4月—
总裁助理	沈丽萍	1996年10月—1997年8月
	王　霞	2008年1月—2009年4月
	史习能	2011年1月—
财务总监	江秋霞	1999年9月—2009年4月
	常　清	2009年4月—
技术总监	伍登熙	2000年7月—2012年2月
顾　问	金明达	2013年6月—2014年1月

说明：(1) 范宪：2009年4月，被开除党籍；2010年2月11日，被判处无期徒刑。
(2) 李军：2015年8月11日，被开除党籍；2016年12月26日，被判处有期徒刑9年6个月。
(3) 齐峻：2017年8月，被开除党籍；2019年3月14日，被判处有期徒刑12年。

表1-1-9　1996年10月—2013年9月上海市化学工会、上海华谊(集团)公司工会负责人情况表

职　　务	姓　　名	任　职　年　月
工会主席	陈惠莹	1996年10月—2008年4月
	黄岱列	2008年4月—

二、体制机制

1995年12月26日，经中共上海市委、上海市政府批准，撤销上海市化学工业局建制，改制为企业性的经济实体——上海化工控股(集团)公司，由此开始"政企分开""政资分开"改革进程的第一步，成为与现代企业制度的改革相衔接的国有资产控股(集团)公司。1996年11月4日，上海华谊(集团)公司组建后，建立一整套对公司的经营管理和绩效进行监督、激励、控制和协调的制度，其内部治理结构由董事会、经理层和监事会组成，三者之间形成一定的相互关系框架，依据《上海华谊(集团)公司章程》赋予的权利、责任、利益相互分工，并相互制衡。

三、部门设置

1997年，华谊集团延续化工控股公司本部的行政和党群工作机构的设置和基本职能。1999年11月，华谊集团对部分行政管理部门的部分职能作调整，把科技、军工、化武及高新技术企业认定等职能归入发展部；市场职能归入管理部。

2001年4月，华谊集团本部机构调整和人员配置工作全面展开，成立本部机构改革领导小组和机构改革工作小组；行政部门调整为：总裁办公室、政策法规室、财务部、投资规划部（原发展部）、资产部、科技部、综合管理部、人力资源部（原人事部）、安全督查室、监察审计部。武装保卫工作由安全督察室兼管。党群组织设立部门有：党委办公室、党委组织部、党委宣传部、党委统战部、党委老干部部和纪委、工会、团委组织和本部党委。

2002年，华谊集团继续推进本部改革。5月20日，组成深化机构改革工作小组，全面开展改革工作，至6月底基本结束，总编制压缩10%～15%。其间，完成员工总结和考核、缩编和定编、修订岗位任职要求和岗位职责、逐级聘用等项工作。

2004年4月，综合管理部更名为经济运行部，安全督查室更名为安全环保部，政策法规室更名为法律法务部。增设武装保卫部（与安全环保部一套班子二块牌子）。

2007年7月20日，华谊集团公司加强资源、资产、资金集中统一规范管理迈出新的一步，对所属全资和控股的二级子公司实行财务负责人委派制，并向14家单位派出财务总监，向5家单位派出财务经理。

2008年2月，华谊集团组建对外合作部、工程管理部。

2008年6月，组建上海华谊（集团）公司武装部、上海华谊（集团）公司保卫部。撤销上海华谊（集团）公司武装保卫部。

2009年2月，撤销华谊集团党委统战部，党委统战部工作职能归入党委组织部，华谊集团董事会办公室、总裁办公室合并成立集团办公室，并将信息中心、法律法务部归入集团办公室。

2009年3月，华谊集团再次调整本部机构设置，行政管理部门设置有：集团办公室、人力资源部、监察审计部、投资规划部、工程管理部、对外合作部、经济运行部、科技部、财务部、资产部、安全环保部（含保卫部）、退休人员管理委员会。党群组织设立部门有：党委办公室（党委宣传部）、党委组织部、党委老干部部、党委武装部和纪委、工会、团委组织和本部党委。

2009年，华谊集团本部机构改革。强化本部"决策、管理、监督、服务"四大职能，明确本部各部门职责，完善各岗位的岗位说明书，建立"全体起立，双向选择，竞聘上岗"的聘用机制。同时，精简本部人员，推动人员的上下交流。机构改革后，华谊集团本部的管理人员为210人。

2010年7月，华谊集团本部以专业咨询机构对本部管理职能的调研结果为依据，从集团的发展需求出发，对集团本部部室职能调整。华谊集团行政部门设置为集团办公室（含信息中心、法律法务部）、经济运行部、财务部、资产部、人力资源部、安全环保部、保卫部、投资规划部、工程管理部、对外合作部、科技部、监察审计部、退管会13个部门；党群部门（组织）设置集团纪委、党委办公室、党委组织部、党委宣传部、党委老干部部、武装部、本部党委、化学工会、团委9个部门及组织。其中集团纪委与监察审计部，党委组织部与人力资源部，党委办公室与党委宣传部，安全环保部与武装部、保卫部实行合署办公。在此基础上，修订完善本部职能机构的职责。

2011年5月，设立信息管理部，以加快华谊集团信息化体系建设，推动信息化、专业化、"一体化"管理进程。

2013年10月,设立上海华谊(集团)公司退休人员服务中心,由上海华谊集团企业发展有限公司负责日常管理。

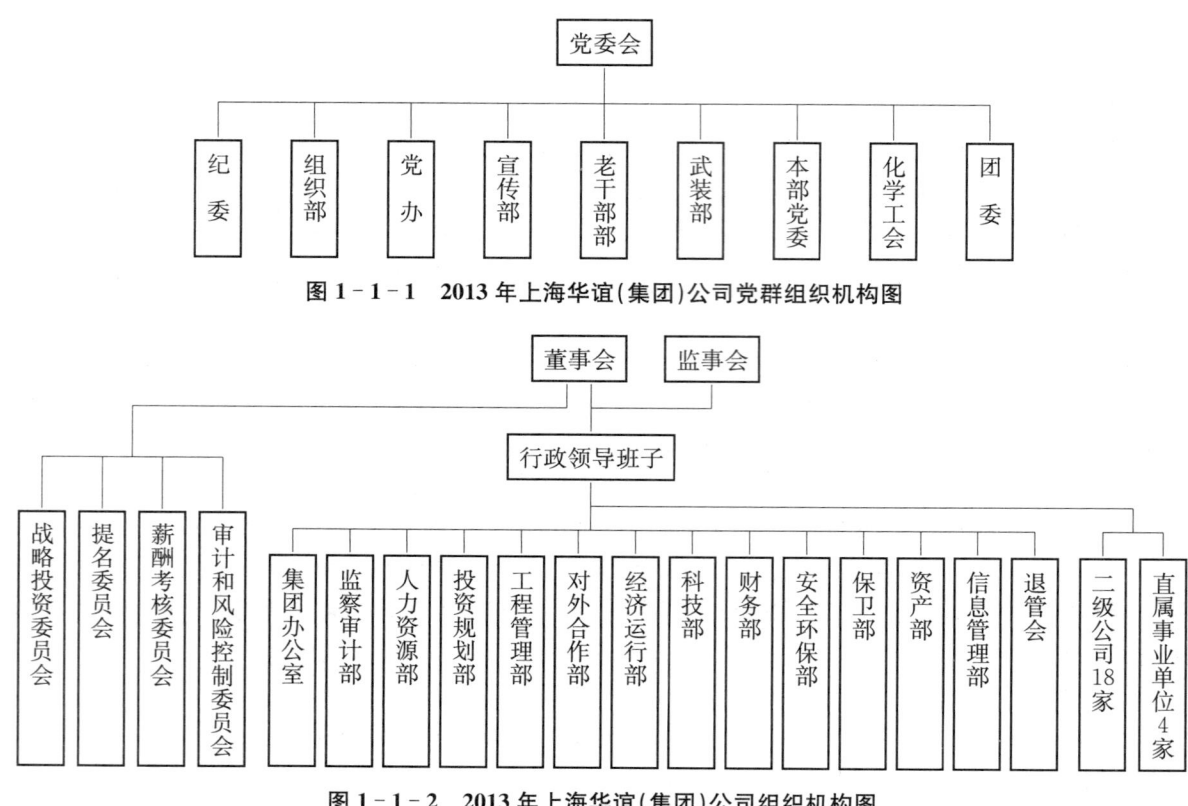

图1-1-1　2013年上海华谊(集团)公司党群组织机构图

图1-1-2　2013年上海华谊(集团)公司组织机构图

四、部门职能

集团办公室的主要职能是:协助华谊集团领导做好综合与协调工作,并负责处理集团董事会、监事会、行政工作的日常事务;组织落实华谊集团行政事务,开展调查研究,为集团领导决策提供依据;负责华谊集团董事会、监事会、党政联席会、行政办公会和其他大型会议的组织准备、会议内容记录整理等工作;协调华谊集团各部门工作,了解、掌握集团本部及下属单位工作开展情况,并负责集团决策部署的分解落实、督查督办;负责起草、审核、编发以华谊集团名义印发的文件、报告、工作计划、工作总结、会议纪要、简报等文字材料;负责收发文管理;负责华谊集团本部公关、接待、信访工作,并落实集团信息披露、集团与地方政府、大股东的联系、沟通和协调工作;负责华谊集团本部行政办公用品的采购、保管和分发以及全集团小型车辆配备标准制定、调配及处置工作;负责华谊集团的企业形象识别系统的管理;负责华谊集团各类文书档案管理和集团印章管理。

法律法务部的主要职能是:研究华谊集团生产经营管理相关的法律、法规、政策,对集团重要经营决策和重大经济活动提出法律意见,为集团日常经营管理提供法律保障,为集团新上项目和日常经济业务活动的合法性、合规性提供法律意见;负责审核并参与汇编整理华谊集团规章制度,审查其合法、合规性,审核、修订二级子公司的章程、合资协议,确保章程及协议合法有效;负责华谊集团知识产权保护的法律事务,建立整个集团的知识产权管理和保护体系;负责指导处理华谊集团及系统内各企业对外经济纠纷的诉讼和相关法律事务;审查华谊集团经济合同,并起草重大合同;参与招投标工作,审核招投标法律文书以及各项合同副本的归档工作;提供与华谊集团生产经营有关的法律咨询,负责或配合有关部门对职工进行法制宣传教育;办理集团商标注册、续展、许可使用等管理事务,以及集团商标对内、对外许可使用的法律审核;负责华谊集团在上海地区公司新设、变更等登记事务,协助落实外部项目公司新设、变更等法律事务。

经济运行部主要职能是:制订华谊集团工艺管理计划,并对执行情况进行监督、审核、纠偏及工艺改进工作;负责华谊集团质量管理体系管理工作;组织制定、修订华谊集团各项设备管理制度并监督执行;负责华谊集团生产装置、设备的技术管理,特种设备的安全技术管理,实物资产、固定资产的管理,进出口设备的管理;组织制定、修订华谊集团大中小修管理制度并监督执行;大中修合格承包商管理;编制华谊集团内外贸易计划,并监督实施;编制华谊集团年度、季度、月度生产经营、销售计划,并对执行情况进行协调、检查、控制、考核;负责华谊集团经济运行情况的相关综合统计工作;负责编制并组织实施华谊集团节能工作长远规划和年度工作计划,督促检查节能设施的正常运行;负责华谊集团采购管理制度建设;组织华谊集团和下属企业供应商管理;组织华谊集团通用物资和材料的集中采购;协助开展华谊集团有关经济运行相关业务知识的培训。

资产部的主要职能是:负责制定、修订华谊集团资产管理的相关政策和规定,并督促落实;负责华谊集团资产评估、损失资产核销、企业新设与增资、企业股权转让行为等产权管理的初审工作;负责审核并协调华谊集团下属企业的企业清理预算管理以及企业改制、企业破产等工作;负责华谊集团资产运作方案拟订、资本市场运作与上市公司股权管理工作;负责华谊集团产权统计分析,国有资产产权管理、年度检查与产权界定;负责华谊集团年度投资收益管理工作;负责华谊集团存量房地产运作工作,充分盘活房地产资源,创造经济效益;协助开展华谊集团有关资产管理业务知识培训。

财务部的主要职能是:负责建立华谊集团的财务管理体系和财务管理制度;负责华谊集团财务分析工作,为集团领导的重大决策提供依据;负责开展华谊集团全面预算管理工作;组织预算执行过程中的事中控制和事后分析;负责开展华谊集团资金筹措和管理工作,加强资金结算中心管理,负责对资金的统筹管理和调度,提高资金的使用效率;负责开展会计工作,编制华谊集团会计报表;负责公司税费核算、交纳和清算等工作;协助组织开展财务人员培训工作,负责华谊集团会计从业人员的继续教育和培训。

人力资源部的主要职能是:负责华谊集团组织系统架构、部门设置、岗位设置的设计工作,制定部门职责、岗位职责、人员编制等;对各子公司领导人员及华谊集团本部人员的岗位测评、排序;负责华谊集团范围内的人力资源需求和供给分析,做好集团中长期人力资源发展规划,制定集团有关企业人力资源管理的规章和制度,并监督执行;制定华谊集团有关招聘的制度和流程并贯彻实施,负责集团本部一般管理人员及下属企业主要管理人员的考察和配置工作;依据人力资源管理体系中薪酬管理制度的要求,制定和更新华谊集团的薪酬福利标准和实施方案,并组织实施;负责华谊集团本部员工及下属子公司主要管理人员的绩效考核工作;制定华谊集团本部员工及下属子公司三支队伍(经营管理者队伍、技术学科带头人队伍和高技能人才队伍)的培训方案并组织实施。

投资规划部的主要职能是:负责华谊集团发展规划的编制及规划的滚动调整;负责华谊集

团的重大投资项目的方案论证;负责华谊集团投资项目的项目建议书、可行性研究报告的编制和初步设计的组织;负责华谊集团年度固定资产投资预算管理、项目竣工验收及项目后评价管理;负责华谊集团总图管理以及工程建设项目选址方案的制订;负责华谊集团新增固定资产的汇总上报;负责华谊集团发展和结构调整项目的政策落实;协助开展华谊集团有关投资规划业务知识培训。

科技部主要职能是:负责华谊集团技术管理制度及规范的制定与实施、集团技术发展规划的制定与实施、集团年度研发计划制订与实施、集团重点研发项目立项审查与管理、集团技术成果产业化、集团军工配套科研和生产管理、集团禁止化学武器日常管理、集团对外技术交流与合作、集团科技综合统计管理等。

对外合作部的主要职能是:负责制订华谊集团对外合作战略规划;负责建立和完善华谊集团对外合作管理和合资企业管理体系;负责构建华谊集团对外合作交流的平台,实施对外经济合作的接待工作;负责华谊集团对外合作项目的管理;负责协调合资企业的运营管理,落实华谊集团对外大额投资的非控股企业的管理责任,以及上述企业董事会有关决策事项的审核、外派人员的管理和考核;负责华谊集团外事管理及公关联络;负责华谊集团对外合作项目前期谈判、集团及下属企业对外商务谈判的组织和管理;负责华谊集团对外的会展组织和管理;组织华谊集团品牌管理工作;负责华谊集团大客户的关系维护和相关商务活动的组织协调;负责华谊集团营销管理制度建设;协助开展对外合作、客户管理和销售业务有关的培训。

信息管理部的主要职能是:负责华谊集团信息化总体规划的编制和维护;负责华谊集团信息化年度计划和投资预算的编制;负责组织华谊集团信息化项目的立项审批;负责华谊集团重大信息化项目的方案评审;组织华谊集团信息化项目的实施;组织制定华谊集团信息化相关标准、制度和管理流程并负责落实;负责华谊集团信息化运维体系的建立,保障应用系统和IT基础设施的稳定运行;协助开展华谊集团信息化有关的培训工作,并为最终用户提供信息化技术支持和服务;负责制订华谊集团信息系统安全技术规范并落实,确保系统运行安全;负责组织华谊集团有关信息系统的维护与优化升级,以及集团本部网络安全及相关设备的日常管理工作。

安全环保部(含武装保卫)的职能是:负责制定华谊集团防恐反恐、保卫稳定、消防化(学)救(援)的工作目标和要求并组织实施与管理;负责根据华谊集团发展战略规划,组织实施具体项目的消防审核、报批、协调、"三同时"竣工验收及消防安全措施的确认检查;负责华谊集团治安防范工作;负责协助党委有关部门开展维护稳定工作;负责华谊集团治安保卫、日常消防措施检查、考核以及企业工企消防队业务指导;负责组织处理重大火灾、重大案情及相关突发事件;负责华谊集团预备役人员编制、集训演练、预案点验和装备器材配置的管理;协助开展武装保卫相关的业务知识培训。

监察审计部的职能是:负责华谊集团效能监察工作,针对经营管理中的薄弱环节提出完善和优化的方案并落实;负责华谊集团内部审计制度的拟定和完善;负责华谊集团及所属单位内部控制制度的健全和有效情况的评审;负责华谊集团及所属单位经济效益、财务收支有关的经营活动的监督检查;负责华谊集团及所属单位的各类财务审计;负责华谊集团及所属单位的工程造价咨询和项目审计;负责华谊集团及所属单位的专项管理审计,负责参股企业的不定期审计;负责外部审计工作的实施;负责华谊集团规章制度执行情况的监督与检查;协助开展华谊集团监察审计相关业务知识培训。

工程管理部的主要职能是:负责参与华谊集团工程项目前期相关准备工作;负责参加华谊

集团工程项目初步设计审查;负责工程项目开工报告、招投标、施工过程、中间交工、工程收尾等环节的审核、检查、批准;协助项目中间交工后的投料试运行保障工作;负责建立工程项目的设计、设备材料采购、施工、施工分包、监理等过程中的供应商(承建商)管理体系;负责对 A 类项目的工程建设进行过程监控,检查、督促各项管理制度的建立和执行,跟踪掌握投资、进度、质量、安全等信息;负责对 B 类项目的工程建设进行过程管理,根据业主的要求,组织配备必要的项目管理团队,配合业主实施项目建设全过程的管理;协助组织开展工程管理业务知识培训,提高各级工程项目建设专业人才的专业技能和管理技能;负责编制华谊集团工程项目建设年度、月度综合报告。

退休职工管理委员会的主要职能是:贯彻落实党和政府有关退管工作的方针政策、法规,结合华谊集团实际情况,制定具体实施办法和细则,并组织实施;关心退休人员的生活和健康情况,做好孤老、病残、高龄和特困老人的帮困工作;指导和督促各子公司退管会工作;负责退休员工管理工作,做好退休人员的信息资料统计、信访接待等工作。

纪委的主要职能是:协助华谊集团党委落实党风廉政建设责任制;负责制定华谊集团党风廉政建设有关制度并监督执行;负责开展华谊集团领导干部廉洁自律工作的执行及检查;负责华谊集团所属单位党风廉政建设工作的信息收集管理工作;负责华谊集团及所属单位信访举报办理及违纪违法案件的查办审理工作;负责华谊集团范围内执法监察工作。

党委办公室的主要职能是:负责落实华谊集团党委总体工作的计划、部署、检查和总结工作;负责分解并落实华谊集团宣传思想工作;负责华谊集团党委日常事务工作的管理,协助策划党内主题活动并督促落实;负责组织华谊集团干部思想教育工作;负责落实华谊集团机要通信工作,按要求做好机要文件的收发、分类登记和保管等管理工作;配合落实华谊集团范围的国家安全工作,如国家反恐、维稳管理工作;负责落实华谊集团保密工作;负责华谊集团信访工作。

党委组织部(含统战工作)的主要职能是:负责按照"四好"要求做好华谊集团所属单位领导班子建设;负责华谊集团党的组织建设和党员队伍建设工作;负责华谊集团党建工作的制度建设;负责组织落实华谊集团党内主题活动和创先争优活动;负责组织华谊集团党的代表大会和党代表任期制管理工作;负责华谊集团党建信息库的维护和建设;负责华谊集团党费的收缴、使用、管理工作;组织实施困难企业党组织和困难党员的帮困慰问工作;负责落实党组织党报、党刊征订工作;负责落实华谊集团统战工作;负责协调华谊集团范围各民主党派及无党派人士工作;负责办调华谊集团侨联、海联、涉台事务和民族工作;负责协调有关来信来访的受理工作。

党委宣传部的主要职能是:负责提出、制定和实施华谊集团宣传思想工作、精神文明建设、企业文化培育、法制宣传教育的工作部署和计划;组织开展形势任务教育等活动。组织《上海华谊》报等报刊的组稿、编辑、印制和发行及相关刊物管理工作;组织企业文化调研,制定企业文化战略规划,营造企业文化氛围,推进企业文化建设;组织策划利用公司内外媒介渠道及组织各种活动,宣传和塑造华谊集团的企业形象。

党委老干部部的主要职能是:负责贯彻落实中央、地方及各级有关老干部的方针政策;负责确保华谊集团范围内老干部政治、生活"两项待遇"的落实;负责实施华谊集团范围内老干部管理服务工作的"指导、协调、督促、检查";负责开展华谊集团范围内离休干部、党支部书记和老干部工作者队伍自身建设;负责落实华谊集团本部离、退休干部的管理服务工作;负责落实华谊集团老干部活动室人员的配备、管理和薪酬方案制定、调整工作;负责落实华谊集团老干部活动室的各类活动和学习场地的安排;负责华谊集团老干部信息的维护和统计上报工作。

工会的主要职能是：负责下属工会的建立、撤销、联合、转移以及换届等组织管理工作，组织开展工会干部培训；负责开展职工之家的创建和建设，积极参与和推进企业文化建设；负责群众性经济技术创新活动，协助组织职工技能比赛等相关工作；负责组织劳模、先进的评选与管理；负责协调基层职工劳动安全保护和职工疗休养工作；负责基层职工民主管理和工会法律事务工作；负责女职工管理及特殊利益保障；负责各级工会文体、宣传教育、理论研究以及信息传媒管理等相关工作；负责工会资产运作及经费收、管、用和工会经费审计、监督等相关工作；负责职工权益保障和帮扶工作。

团委的主要职能是：负责组织制定华谊集团团委工作目标和任务并实施；负责按照华谊集团党委要求做好青年思想政治工作；负责开展华谊集团青年事业发展的推进工作；协助开展华谊集团青年人才资源开发工作；负责华谊集团团组织自身建设工作。

本部党委的主要职能是：负责华谊集团本部员工队伍思想政治建设；负责下属党组织的建设；领导本部工会和团支部根据华谊集团要求依法按章开展工作。

五、主营业务

主营业务：化学工业品的生产制造和销售。主营产品涉及基础化学品、清洁能源、橡胶制品、塑料、涂料、染料和颜料、氟化工、试剂、助剂、医药中间体、生物化学品、化工设备等十几大类近万种品种。

主要品牌：华谊集团拥有诸多著名品牌，如"上焦""吴泾""申峰""双钱""飞虎""回力""眼睛""光明""牡丹""一品""白象""牡丹Peony及图"等，其中中国名牌6个，中国驰名商标2个，上海名牌22个，上海著名商标12个。

行业地位：华谊集团名列2013年中国企业500强年度排行榜第231位，2013年中国制造业企业500强第111位，2013年上海企业100强第22位，2013年上海制造业企业50强第10位。

从化工局转制为化工控股公司，再重组为华谊集团，一年不到的时间，实施两次改制。1996年，围绕企业改制和资产经营开展改制，以改制推动资产经营，以资产经营实现国有资产的保值增值。虽然化工生产面临资金持续性紧张，能源、原材料价格继续上涨，化肥、农药、硫酸、甲醇、液氯、盐酸等产品在销售旺季也出现滞销积压等困难，但为克服这些困难，全系统采取一系列有效措施，努力抓好生产经营，完成全年经济工作目标。完成工业总产值150.3亿元，比1995年增长11.06%；销售收入158.7亿元，比1995年增长7.83%；利润4.11亿元，比1995年增长30.3%。1998年，亚洲金融危机的冲击和影响给华谊集团的经济工作造成前所未有的困难，主要表现在四个方面：一是基本化工产品价格受到国外产品冲击，迫使国内同类产品竞相降价，化工产品出口严重受阻，增长态势减弱。华谊集团属下的天原集团、太平洋公司两大集团的4个主要产品价格大幅度下降，其中天原集团聚氯乙烯价格跌幅为20.94%，烧碱价格跌幅为24.48%；太平洋公司的醋酸价格跌幅为33%，甲醇价格跌幅为48%。同时，涂料、试剂产品的价格也大幅度下降。二是小化肥行业产品缺少竞争优势，年内化肥行业有5家企业亏损，亏损金额1600万元，其中3家停产。三是建设项目的投入产出较差，企业无力还本付息，造成严重亏损。四是相当一部分企业面临人多、债务多、资金缺乏、技术落后、企业历史包袱沉重等困难。

面对困局，华谊集团加大企业结构调整力度，采取一系列对策与措施：1998年完成工业总产值159.7亿元，比1997年增长1.74%；销售收入157.3亿元，比1997年下降6.93%；利润0.39亿元，比1997年下降94.15%。2005年,华谊集团克服能源、原材料价格上涨和供应紧张的困难,克服夏季高温限电带来的不利因素,基本完成全年经济工作各项目标任务,完成工业总产值284亿元,比2004年增长9.74%;销售收入272亿元,比2004年增长5.33%;出口创汇4.5亿美元,比2004年增长22%;科技投入4.04亿元,比2004年增长10%。年内,对产品进行调整,调整幅度18%,确定苯酐、辛酯FAMA等85个产品为有质量、有市场、有效益的"三有"产品,全年产值突破200亿元,比2004年增长15%以上,占总产值的70%以上,产品结构调整初见成效。2008年,华谊集团实现工业总产值458亿元,比2007年增长10%(其中掌控企业产值完成267.9亿元,比2007年增长7.6%;非掌控企业产值完成190.1亿元,比2007年增长12.2%);销售收入(合并)350亿元,实现产销率98.5%,完成全年98%的目标;利润0.3亿元。主要产品生产完成情况良好,一批产品产量实现两位数增长,主要是:醋酸完成38.3万吨、醋酸乙酯完成15.5万吨、悬浮法聚氯乙烯完成26.8万吨、甲醇完成40万吨、丙烯酸完成13.3万吨、烧碱完成70万吨。另外,聚四氟乙烯、氟橡胶、涂料等产品比2007年实现增长。2012年,华谊集团主要经济指标完成情况:产值460.4亿元,与2011年基本持平,为预算目标的98%;销售收入449.3亿元,比2011年增长7.2%,为预算目标的104.6%;产销率100%;利润7.2亿元,为预算目标的138.5%;服务贸易占集团销售收入比重持续提升,占集团销售收入的19%。主要产品完成情况:甲醇完成85.4万吨,比2011年增长37.5%;醋酸完成70.7万吨,比2011年增长20%;丙烯酸20.1万吨,比2011年下降0.7%;丙烯酸丁酯完成18.9万吨,比2011年增长0.3%;丙烯酸辛酯产量完成3.8万吨,比2011年增长19.7%;全钢胎完成662.3万条,比2011年增长5.2%;聚氯乙烯完成21.3万吨,比2011年下降29.4%;烧碱完成72.7万吨,比2011年增长16.4%;液氯完成57.9万吨,比2011年增长30.6%;含氟聚合物完成1.3万吨,比2011年下降3.7%;涂料完成16万吨,比2011年下降8%。2013年,华谊集团主要经济指标完成情况:产值459亿元,与2012年基本持平,为预算目标97.9%;主营业务收入602亿元,比2012年增长34.1%,为预算目标126.7%;产销率97%,比2012年下降2.9%;出口总额10.1亿美元,比2012年增长8.1%;利润7.7亿元,为预算目标120.7%;服务贸易收入253亿元,占集团销售收入比重的42%;集团主要市外生产基地销售收入83.7亿元,利润4.2亿元。

表1-1-10 1991—2013年华谊集团主要经济指标情况表　　　　　　　单位:亿元

年　份	工业总产值	销售收入	利　润
1991	108.90	87.10	6.70
1992	114.80	100.30	—
1993	119.70	119.00	—
1994	123.30	143.20	—
1995	135.30	147.20	—
1996	150.30	158.70	4.21
1997	157.00	169.00	6.67
1998	159.70	157.30	0.39
1999	157.00	136.50	0.56
2000	156.50	149.10	0.86

〔续表〕

年 份	工业总产值	销售收入	利 润
2001	162.50	149.00	2.00
2002	184.00	165.40	2.50
2003	204.00	208.10	6.50
2004	258.80	258.30	—
2005	284.00	272.00	—
2006	332.00	291.80	1.20
2007	420.00	343.20	—
2008	458.00	350.00	0.30
2009	386.00	310.00	2.50
2010	436.80	—	5.50
2011	467.50	—	16.00
2012	460.40	449.30	7.20
2013	459.00	602.00	7.70

表1-1-11　2002—2013年华谊集团及下属企业排名情况表

年份	全国500强企业	全国制造业500强	全国化工企业500强	上海制造业50强
2002	72位	—	—	—
2003	86位	—	焦化公司82位 氯碱公司84位 轮胎公司88位 吴泾公司260位	—
2004	82位	—	轮胎公司98位 氯碱公司100位 涂料公司269位 吴泾公司287位	—
2005	96位	43位		
2006	108位	48位	轮胎公司22位 氯碱公司23位 丙烯酸公司45位 吴泾公司105位 涂料公司235位 三爱富公司488位	
2007	96位	61位	焦化公司17位 双钱公司18位 氯碱公司49位 吴泾公司123位 涂料公司272位	—

〔续表〕

年份	全国500强企业	全国制造业500强	全国化工企业500强	上海制造业50强
2008	145位	72位	双钱公司24位 焦化公司36位 氯碱公司54位 三爱富公司136位 吴泾公司142位 丙烯酸公司158位 天原华胜公司266位 涂料公司326位	—
2009	176位	88位	焦化公司47位 双钱集团52位 氯碱公司68位 吴泾公司168位 三爱富公司184位 丙烯酸公司188位 天原华胜公司370位 涂料公司417位	—
2010	210位	103位	双钱集团67位 焦化公司98位 氯碱公司111位 三爱富公司187位 吴泾公司239位 丙烯酸公司242位 天原华胜公司328位	10位
2011	218位	109位	双钱公司59位 氯碱公司94位 焦化公司136位 丙烯酸公司150位 涂料公司174位 三爱富公司186位 吴泾公司241位	13位
2012	225位	114位	双钱公司58位 涂料公司82位 丙烯酸公司126位 焦化公司139位 三爱富公司155位 吴泾公司301位	11位
2013	231位	111位	双钱公司60位 涂料公司99位 丙烯酸公司149位 氯碱公司151位 焦化公司204位 三爱富公司259位 吴泾公司347位	10位

第二章　化工制造企业

第一节　上海焦化有限公司

一、沿革

上海焦化有限公司(简称"焦化公司")位于龙吴路4280号,地处上海西南黄浦江上游的吴泾化学工业区;焦化公司前身为吴泾炼焦制气厂,始建于1958年。1960年8月1日,经上海市人民委员会批准,更名为上海焦化厂。1990年6月,上海焦化总厂成立。1992年,更名为上海太平洋化工(集团)公司焦化总厂。1997年,改制为有限责任公司。焦化公司本部占地140万平方米,注册资本38.6亿元;截至2013年年底,有员工1722人。

20世纪90年代,上海焦化总厂先后兼并上海活性炭厂、上海钛白粉厂、上海延安油脂厂等多家严重亏损、濒临破产的企业。1992年,上海焦化总厂、上海吴泾化工总厂、上海溶剂厂、上海市合成树脂研究所共同组建上海太平洋化工(集团)公司,上海焦化总厂更名为上海太平洋化工(集团)公司焦化总厂。1997年6月,上海太平洋化工(集团)公司焦化总厂改制为上海焦化有限公司。1999年9月,焦化公司被确定为全国第一批"债转股"试点企业,次年成为由华谊集团、中国信达资产管理公司及中国华融资产管理公司多元投资的有限责任公司。截至2013年年底,焦化公司拥有上海焦化化工发展商社、吴江淀山湖红顶度假村有限公司、上海活性炭厂有限公司、上海焦化有限公司钛白粉厂、上海焦化有限公司桃浦分公司、上海延安油脂化工有限公司6家子公司。

截至2013年年底,焦化公司主要生产装置有8台德式古气化炉,2台四喷嘴气化炉,3套甲醇合成装置,2套甲醇精馏装置,2套苯酐装置,1套醋酐装置,1套乙二醇中式装置,以及3台130吨锅炉等。

2013年,焦化公司按照内部控制规范体系的规定,取消分公司建制,分公司工艺、设备、安全环保、统计核算、人事等专业管理职能收归公司生产管理部、质量环安部、资产财务部、人力资源部等对应职能部门。将项目部和总工程师室(除知识产权管理外)的职能合并为发展部,将总工程师室知识产权管理职能划归技术中心,将安全保卫部、生产制造部环保管理和质检部质量管理职能合并成立质量环安部,将生产制造部环保管理外其他职能和质检部在线仪表、计量管理职能合并成立生产管理部。监督审计室更名为监察审计部,仓储物流公司更名为物流管理部。其他部门的职能不变。调整后的焦化公司,行政部门设置为总经理办公室、人力资源部、资产财务部、生产管理部、质量环安部、发展部、监察审计部、技术中心、物流管理部、新能源采购中心、新能源销售公司11个。保留政工办公室、公司工会2个政工部室。

1991年年底,上海焦化总厂本部固定资产原值25 355万元,固定资产净值13 113万元,注册资本14 823万元。截至2013年年底,焦化公司本部固定资产原值615 088万元,固定资产净值249 532万元,注册资本385 975万元。

1991年年底,上海焦化总厂本部员工有7 581人。截至2013年年底,焦化公司本部员工1 722人,其中在岗员工1 589人。

二、主营业务

焦化公司是对煤炭资源进行综合利用的国有大型企业,是化工、医药等行业主要原料和清洁能源的供应基地,主要产品为甲醇、城市人工煤气、一氧化碳、合成气及空分分离产品。产品注册商标为:"上焦"牌(SJ牌),公司SJ牌甲醇获2007年、2009年、2011年、2013年年度上海市名牌产品,2013年度中国石油和化学工业联合会知名品牌产品。公司50号甲醇获上海市专利新产品、2003年上海国际工业博览会铜奖。SJ牌苯酐获2011年、2013年年度上海市名牌产品。

2000年,焦化公司产值14.64亿元,其中甲醇147 048吨、煤气95 589万立方米、一氧化碳5 244万立方米、焦炭1 785 191吨、液氩11 944立方米、液氧28 281立方米、液氮12 876立方米。2005年,产值25.46亿元,其中甲醇324 188吨、煤气107 474万立方米、一氧化碳8 899万立方米、焦炭1 741 322吨、液氩11 415立方米、液氧6 182立方米、液氮48 171立方米、苯酐42 827吨、硫酸229吨。2010年,公司产值40.79亿元,其中甲醇584 845吨、煤气35 969万立方米、一氧化碳24 464万立方米、焦炭511 549吨、液氩22 491立方米、液氧29 781立方米、液氮25 527立方米、苯酐76 474吨、硫酸6 166吨、华林合成气15 103万立方米、醋酐13 310吨。2013年,公司产值36.02亿元,其中甲醇758 894吨、煤气6 814万立方米、一氧化碳23 056万立方米、苯酐58 195吨、硫酸7 761吨、华林合成气16 494万立方米、醋酐12 761吨。

1991年,上海焦化总厂销售收入64 977万元,利润5 577万元。1995年,销售收入15.52亿元,利润2 046万元。2000年,焦化公司销售收入207 782万元,利润112万元。2005年,销售收入426 686万元,利润376万元。2010年,销售收入446 507万元,利润8 034万元;2013年,产值57.71亿元,销售收入103.43亿元,利润1.3亿元。

三、下属主要企业

【上海京华化工厂有限公司】

上海京华化工厂有限公司于1930年9月成立,其前身为新业化工厂。1951年5月,被上海市政府定为上海市国营企业,直属上海市财政经济委员会地方工业处领导,商标改为"白石"牌。1956年1月,与上海大中华橡胶原料一厂、二厂合并,厂址迁到东安路;6月1日,更名为地方国营京华化工厂。1993年3月1日,上海京华化工厂划归上海太平洋化工(集团)公司。1995年,落实上海市人民政府"三废"动迁实事项目,企业搬迁至双柏路31号。2001年12月20日,华谊集团将上海京华化工厂整体资产(1.11亿元)投入焦化公司,作为对焦化公司的追加投资。2003年12月10日,上海京华化工厂的厂址由双柏路31号变更为485号。2007年8月11日,上海京华化工厂改制为上海京华化工厂有限公司(简称"京华公司");注册资本5 000万元,由焦化公司全额投资。

京华公司以生产碳酸钙为主。1991年,京华公司的主要产品是立德粉、氧化锌、碳酸锌,合计产量1.93万吨,产值10 852万元,销售收入7 896万元,利润373.2万元。截至2013年年底,主要产品氧化锌的产量为7 662吨,产值7 417万元,销售收入14 359万元,利润−196.2万元。

【上海焦化化工发展商社】

成立于1995年12月11日的上海焦化化工发展商社是由焦化公司和该商社职工投资组建的

股份合作制企业,注册资本1000万元。

经营范围:化工产品及原料、金属材料、建筑材料、五金交电、百货、机电设备、仪器仪表、炭黑、劳动服务,包装材料、汽配件、机、电、仪设备加工修理、安装、制作,室内装潢,化工服务及物业管理。附设:上海焦化特种炭黑厂。

2000年,上海焦化化工发展商社销售收入4 256.28万元,利润总额411.79万元。2001年,销售收入4 989.88万元,利润550.2万元。2002年,销售收入4 804.67万元,利润651.16万元。2004年,从焦化公司剥离。

【吴江淀山湖红顶度假村有限公司】

1999年6月2日,吴江淀山湖红顶度假村有限公司成立。该公司由焦化公司、上海新翼实业发展有限公司、上海焦化机修工程公司三方合资,公司注册资本2 000万元。其中焦化公司出资1 800万元、上海新翼实业发展有限公司出资200万元。

2001年,公司利润—190.86万元。2003年,利润—144.26万元。2004年,利润—59.6万元。2007年,利润2.1万元。2008年,利润—342.35万元。2009年,利润—236.97万元。2012年,利润—178.15万元。

【上海活性炭厂有限公司】

上海活性炭厂有限公司是由焦化公司控股、经营者群体持股的有限责任公司,公司经营范围为活性炭系列产品制造、加工、开发,净水器及化工产品、货物运输等,公司注册资本250万元。公司前身为上海活性炭厂,于1985年由打浦桥地区迁入龙吴路4200号。1990年1月,上海活性炭厂并入上海焦化总厂。1993年5月5日,更名为上海太平洋化工集团焦化总厂活性炭厂。1997年8月20日,更名为上海焦化有限公司活性炭厂。1999年,改制为焦化公司控股的子公司,并更名为上海活性炭厂有限公司。2002年1月,该公司迁入闵行区江川路2199弄38号新厂址。2008年1月,该公司被拆除。2009年4月3日,焦化公司将持有的上海活性炭厂有限公司88.8%股份转让。

该公司生产的产品为"黑白牌"各类活性炭,其中767针用活性炭在全国医疗行业占有率50%以上。此外,椰壳炭、果壳炭在百事可乐行业、自来水行业、啤酒行业的市场占有率比同行业高20%～30%。公司还生产煤质粉状炭供应垃圾焚烧行业、污水处理行业,颗粒炭供应气体吸附行业、水处理专业公司,公司生产的CP炭、AR炭、糖用炭、781炭、769炭供应各类化工行业。从20世纪90年代起,该公司活性炭产品出口日本、美国、中国香港及欧美等市场。

2000年,公司销售收入4 725.3万元,利润51.08万元。2009年,销售收入4 174.28万元,利润23.99万元。

【上海焦化有限公司钛白粉厂】

上海焦化有限公司钛白粉厂始建于1951年。1990年,从新华路64号原址整体搬迁至闵行区龙吴路4299弄44号。1992年,上海钛白粉厂并入上海焦化厂。1993年,更名为上海太平洋化工集团焦化总厂钛白粉厂。1997年,更名为上海焦化有限公司钛白粉厂。注册的"玉兔"商标是全国钛白粉的著名商标。其产品广泛运用于颜料、涂料、油墨、电容器、显像管等行业。2007年2月,该厂停产。

【上海焦化有限公司桃浦分公司】

上海焦化有限公司桃浦分公司前身为上海桃浦精细化工厂。1996年,由上海焦化总厂组建,地址为普陀区古浪路1401号。1998年,更名为上海焦化有限公司桃浦精细化工厂。2000年,更名为上海焦化有限公司桃浦精细化工分公司。2003年,更名为上海焦化有限公司桃浦分公司。2012年,该公司停产。

公司经营范围:化工产品分散剂系列、减水剂、印染助剂;兼营染料、颜料、有色母粒、化工原料。

【上海延安油脂化工有限公司】

上海延安油脂化工有限公司原名中法油脂化学厂,始建于1939年,工厂占地面积1.6万平方米。1992年,上海延安油脂化工厂并入上海焦化总厂。1993年,上海焦化总厂延安油脂化工厂更名为上海太平洋化工集团焦化总厂延安油脂化工厂。1997年,更名为上海焦化有限公司延安油脂化工厂。1999年,焦化公司出资1845万元、上海活性炭厂有限公司出资125万元、上海焦化建筑工程合作公司出资80万元共同组建上海延安油脂化工有限公司。

上海延安油脂化工有限公司主要生产硬脂酸,硬脂酸盐利助剂系列产品50余种,应用于塑料、橡胶、轮胎和精细化工等行业。公司"蜜蜂"牌产品在市场上有一定信誉。

2003年,公司销售收入7664.53万元,利润37.85万元。2004年,销售收入7950.95万元,利润-292.7万元。2007年,销售收入9049.64万元,利润77.87万元。

第二节 上海吴泾化工有限公司

一、沿革

上海吴泾化工有限公司(简称"吴泾公司")前身是上海吴泾化工厂,是一家生产化肥和基础化工原料的国营全民所有制企业,建于1958年。1990年1月,与上海天山塑料厂合并,更名为上海吴泾化工总厂。1992年8月,上海太平洋化工(集团)公司成立,上海吴泾化工总厂与上海焦化总厂、上海溶剂厂、上海市合成树脂研究所归属旗下。1999年5月,改制为上海吴泾化工有限公司,注册地为闵行区龙吴路4600号,占地77万平方米,建筑面积197516平方米,有专用铁路线3.8公里,沿黄浦江有5000吨位的专用码头。注册资本122822.21万元。1999年,员工4000人,在岗员工2880人,其中工人1747人、工程技术人员436人、管理人员357人、服务人员340人、离岗人员1120人;2012年,员工933人,其中在岗员工806人、离岗人员127人。

1991年,上海吴泾化工总厂固定资产原值26689.67万元,固定资产净值12837.88万元。1999年,吴泾公司固定资产原值123123.62万元,固定资产净值88823.58万元。2005年,固定资产原值160669.78万元,固定资产净值51993.1万元。2010年,固定资产原值250750万元,固定资产净值72457.59万元。2013年,固定资产原值254196.11万元,固定资产净值33244.69万元。

1999年,吴泾公司生产单位有醋酸厂、合成氨厂、动力厂、精细厂、天山厂;辅助部门:实业公司、工程部、新集体、劳动力市场。2007年,吴泾公司生产单位推行装置化改革,取消分厂制,设立醋酸装置、乙酸乙酯装置、锅炉装置、水电装置和污水处理中心。

2000年6月2日,吴泾公司与中国华融资产管理公司等3家公司签订"债转股"协议,吴泾公司

6.2亿元的债务转为股权。2001年12月,"债转股"后的吴泾公司由4个股东组成,其中华谊集团投资60 037.47万元,占投资额的49.01%;中国华融资产管理公司投资51 962.99万元,占投资额的42.42%;中国东方资产管理公司投资6 299.6万元,占投资额的5.14%;中国建设银行股份有限公司投资4 210.13万元,占投资额的3.43%。

2001年,吴泾公司部室机构设置为:董事会办公室、总经理办公室、人力资源部、生产管理部、技术中心、财务部、市场信息部、监督部、武保部。2007年,吴泾公司推行模块化管理,设置6个模块,其中营销模块为销售部、物流部、采购部;生产运行模块为生产部、安环部、监测中心、维修中心、醋酸装置、乙酸乙酯装置、锅炉装置、水电装置、污水处理装置、天山厂;技术模块为技术部、技术中心、发展部;财务模块为财务部;统筹模块为法务部、武保部、总经办和董办、人力资源部;党群模块为党务办、监督部和纪委、工会、团委。

2013年,中国华融资产管理公司将所持有的51 962.99万元投资全部转让给华谊集团;华谊集团投资116 210.61万元,占投资额的94.86%;中国东方资产管理公司投资6 299.6万元,占投资额的5.14%。

二、主营业务

吴泾公司产品注册商标为"吴泾"牌。"吴泾"牌二醋酸纤维素冰乙酸(KT120醋酸)获1998年上海市级新产品。油甲醇被评为1994年度国家级新产品。"吴泾"牌工业冰乙酸、工业硫酸获2001年度、2003年度、2006年度上海市名优产品;"吴泾"牌工业冰乙酸、高纯度乙酸乙酯、工业硫酸多次被评为上海市名牌产品,并获2002年上海市名牌产品百强;"吴泾"牌工业硫酸二甲酯获2005年度上海市名优产品。2008年,"吴泾"牌商标被评为上海市著名商标;醋酸产品注册的"吴泾"牌商标,通过上海市著名商标认定。2010年12月,"吴泾"牌醋酸产品出口发达国家实现"零"的突破,首批1 300吨低碘醋酸销往日本。

1991年,上海吴泾化工总厂主要装置产能有:合成氨40万吨/年、尿素40万吨/年、硫酸13.5万吨/年、氯磺酸1.5万吨/年、硫酸二甲酯6 000吨/年、甲醇12万吨/年、甲醛1万吨/年、十八胺1 000吨/年、高变触媒2 000吨/年、中变触媒800吨/年、氨基模塑料(电玉粉)7 000吨/年等。

1993年3月—1998年3月,上海吴泾化工总厂相继成立上海申星化工有限公司、上海泾福气体有限公司、上海太平洋生物高科技有限公司、上海京藤化工有限公司、上海太平洋健力山梨醇有限公司、上海京帝化工有限公司、上海泾星化工有限公司7家合资企业,新添或改进化工产品有脲醛树脂胶、食用二氧化碳、药物中间体核苷、山梨醇、烷基苯磺酸、硫酸装置进行原料路线改造,采用液硫替代硫铁矿制酸的清洁工艺,可年产14万吨硫酸。

1994年8月16日,上海吴泾化工总厂10万吨/年醋酸项目启动。1996年8月24日,建成投产。1997年8月22日,项目通过竣工验收。2000年,产能突破设计值的12万吨/年。2002年,产能14万吨/年。2004年3月2日,产能20万吨/年。

2001年,从上海试剂总厂转让的1.5万吨/年醋酸乙酯项目投产。2003年,扩产后产能2.5万吨/年。2004年,新上单套乙酸乙酯装置,实现5万吨/年的生产规模,为国内首创,被批准为上海市高新技术成果转化项目。2007年10月18日,10万吨/年乙酸乙酯新装置建成投产,乙酸乙酯合计产能为17.5万吨/年。2007年,新建的30万吨/年醋酸装置建成投产,该装置按运行6 000小时/年、产能30万吨/年设计;加上之前的20万吨/年生产能力,总生产能力为50万吨/年。

1997年,由于原料油价进一步放开,上海吴泾化工总厂的新系统合成氨和尿素装置生产成本大幅上升而被迫长期停产退出。1999年12月,上海市经济委员会批准国产30万吨/年大型化肥装置报废。2006年起,根据上海市政府对吴泾化工区环保整治要求,对能耗高、环保污染严重的化工产品实行关停;年内,吴泾公司相继完成硫酸二甲酯、氯磺酸装置关停。2007年8月26日,12万吨/年合成氨装置关停;与合成氨相关的16万吨/年尿素、氨水;还有氨基模塑料、十八胺等产品也实施关停。

2013年,吴泾公司生产经营实现全面转型,主要大类产品生产装置为20万吨/年醋酸、40万吨/年醋酸和3套乙酸乙酯装置,产能分别为2.5万吨/年、5万吨/年、10万吨/年。硫酸装置产能为14万吨/年。

1991年,上海吴泾化工总厂生产合成氨186 320吨、工业硫酸132 699吨、精甲醇11 484吨、尿素193 482吨。1995年,生产合成氨209 222吨、工业硫酸58 766吨、精甲醇76 410吨、尿素240 784吨。2000年,吴泾公司生产合成氨72 695吨、工业硫酸144 610吨、精甲醇27 613吨、尿素36 908吨、醋酸112 331吨。2005年,生产合成氨83 997吨、工业硫酸158 975吨、精甲醇17 072吨、醋酸207 113吨、乙酸乙酯61 541吨。2010年,生产工业硫酸127 186吨、醋酸560 153吨、乙酸乙酯112 536吨。2013年,其中工业硫酸145 066吨、醋酸534 447吨。

1991年,上海吴泾化工总厂产值5.41亿元,销售收入33 824.56万元,利润3 508.17万元。2000年,吴泾公司产值9.88亿元,销售收入100 513万元,利润0.72万元。2010年,产值27.55亿元,销售收入208 258万元,利润-35 708.62万元。2013年,产值22.5亿元,销售收入15.5亿元,利润-20 397.44万元。

三、下属主要企业

【上海京藤化工有限公司】

1995年2月22日,上海京藤化工有限公司成立,总投资900万美元,注册资本684万美元,公司位于闵行区龙吴路4600号。该公司是由上海吴泾化工总厂(中方)出资478.8万美元、日本国伊藤忠商事株式会社(日方)出资205.2万美元组建的合资企业。组建后的京藤公司对硫酸装置进行原料路线改造,由硫铁矿制酸改为液硫制酸,硫酸产能14万吨/年。经营范围:以融溶硫磺为原料,生产和销售硫酸、硫酸铝及硫酸深加工产品的开发。经营年限为15年。2009年10月10日,该公司的经营期限由原来的15年延长为25年。

1996年,公司销售收入6 336.45万元,利润2 081.6万元。2003年,销售收入5 837.59万元,利润960.92万元。2013年,销售收入9 658.04万元,利润209.8万元。

【上海京帝化工有限公司】

1995年12月27日,上海京帝化工有限公司成立。该公司是由上海吴泾化工总厂、日本帝化株式会社、日本丸红株式会社和圣宝(香港)有限公司4家企业合资,其中上海吴泾化工总厂出资137.7万美元,占34.42%;日本帝化株式会社出资67.5万美元,占16.88%;日本丸红株式会社出资64.8万美元,占16.2%;圣宝(香港)有限公司130万美元,占32.5%。注册资本400万美元。经营范围为生产和销售烷基苯磺酸和亚硫酸铵。

1997年,公司销售收入506.52万元,利润-75.77万元。2007年,销售收入24 307.94万元,利润531.18万元。2013年,销售收入16 721.02万元,利润189.96万元。

【上海吴泾化工运输有限公司】

1998年11月11日,上海吴泾化工运输有限公司成立,注册资本200万元。经营范围为普通货运,道路危险货物运输、运输车辆维修、汽车配件销售、劳务服务等。2014年5月4日,公司关停。

截至2012年年底,公司利润—20.53万元。

【上海吴泾化工实业有限公司】

1994年10月14日,上海吴泾化工实业有限公司成立,注册资本1 380万元。经营范围为机械加工、设备制造安装、管道安装、电气仪表、劳务服务、"四技"服务、日用百货、五金交电、设备租赁等。2014年7月17日,公司关停。

截至2013年年底,公司利润5.79万元。

【上海京康印务有限公司】

1989年5月,上海吴泾化工印刷厂成立。1998年9月,改制为上海吴泾化工印刷合作公司。1999年9月,该公司划归上海华谊(集团)化工联社管理。2004年9月,改制为多元投资的民营企业,更名为上海京康印务有限公司(简称"京康公司"),注册资本87万元。2006年,上海吴泾化工实业有限公司合并京康公司,占股份77.01%,成为主要股东。2009年8月,京康公司与上海泾新工贸有限公司合并重组。2011年7月,京康公司更名为上海京康机械维修有限公司。2012年6月,吴泾公司受让上海吴泾化工实业有限公司所持有的上海京康机械有限公司77.01%股权。2013年8月,因吴泾公司实行主辅分离,由上海华谊(集团)化工联社管理托管上海京康机械维修有限公司,并持有77.01%股权;同时,更名为上海京康印务有限公司。

第三节　双钱集团股份有限公司

一、沿革

双钱集团股份有限公司前身是上海轮胎橡胶(集团)公司,1990年6月19日由国内最早生产轮胎的上海大中华橡胶厂和上海正泰橡胶厂组建而成。公司位于上海市黄浦四川中路63号。注册资本13 851万元。1991年1月,公司以一级法人形式运行,实行"人、财、物、党、政、群、产、供、销"九统一的管理模式,形成公司本部是投资、利润责任中心,抓规模经营和技术进步;工厂是成本责任中心,抓生产管理和队伍建设。10月29日,上海轮胎橡胶(集团)公司获自主经营的进出口贸易权,并成立进出口业务机构,产品开始直接进入国际市场。

1992年5月5日,上海轮胎橡胶(集团)公司转制为中外合资性质的上海轮胎橡胶(集团)股份有限公司(简称"上轮公司"),注册资本6.22亿元;5月,上轮公司向社会发行A股股票;7月,向境外发行B股股票,股票名称为"轮胎橡胶",成为中国轮胎行业首家国有资产控股的上市公司。2007年5月30日,上海轮胎橡胶(集团)股份有限公司更名为双钱集团股份有限公司,注册资本88 946.77万元;股权结构为总股本8.89亿股,华谊集团控股65.66%、双钱集团A股占7.01%、B股占27.33%。

2001年2月12日，上轮公司办公地点从原上海市四川中路63号和永安路3弄21号迁至上海市徐家汇路560号华仑大厦；2003年1月20日，办公地址又迁入四川中路63号。2013年9月22日，双钱集团迁至上海市吴淞路290号耀江国际广场办公，其占地面积320.44万平方米，建筑面积100.8万平方米（含全资、控股子公司占地面积、建筑面积）。

公司经营范围为轮胎、力车胎、胶鞋及其他橡胶制品和前述产品的配件，橡胶原辅材料、橡胶机械、模具、轮胎橡胶制品钢丝。

1991年，公司员工有10 046人，其中大专及以上990人（硕士及以上14人），高中、中专、技校688人，初中及以下222人；各类专业技术人员1 487人，占员工总数的14.8%，其中高级技术职称58人，中级技术职称303人，初级技术职称1 126人。截至2013年年底，公司员工有10 867人，在岗员工10 393人，其中大专及以上2 206人（硕士及以上90人），高中、中专、技校4 091人，初中及以下4 096人；各类专业技术人员847人，占员工总数的7.79%，其中高级技术职称69人，中级技术职称323人，初级技术职称455人；各类专业技术工人3 796人，占员工总数的34.93%，其中高级技师4人，技师253人，高级工1 520人，中级工2 019人。

1993年，在美国设立销售公司和技术开发研究机构，在泰国设立橡胶加工厂。还以资产和"回力""双钱"商标为联系纽带，在各地设立27家销售联营公司。

1995年，上轮公司拥有上海大中华橡胶厂、上海正泰橡胶厂、载重轮胎厂、乘用轮胎厂、炼胶厂、机械制造厂6个核心层工厂，19家全资子公司，12家控股子公司和18家参股关联企业；设立已被列为国家级企业集团技术开发中心的轮胎研究所，成立房地产经营公司后又发展成立多种经营的上海欣业发展公司。

截至2013年年底，双钱集团设立供应链管理部、投资发展部、生产管理部、财务资产部、人力资源部、安全环保部、法律事务部、监察审计部等职能部门。拥有双钱载重轮胎分公司、大中华正泰轮胎分公司、上海轮胎研究所有限公司（属国家级企业技术中心）、上海双钱轮胎销售有限公司、中国北美轮胎销售公司、双钱集团（江苏）轮胎有限公司、双钱集团（重庆）轮胎有限公司、双钱集团（安徽）回力轮胎有限公司、上海轮胎橡胶（集团）有限公司、上海制皂（集团）有限公司、双钱集团上海东海轮胎有限公司、双钱集团上海供销有限公司、泰国华泰橡胶有限公司、双钱集团（新疆）昆仑轮胎有限公司、上海双钱轮胎销售（约旦）有限公司、上海橡胶机械一厂等所属全资、控股、参股子公司20多家。

截至2013年年底，双钱集团固定资产原值850 834.96万元，固定资产净值502 048.08万元。主要生产装置有：275万条/年双钱载重轮胎分公司全钢子午线轮胎生产线、250万条/年双钱（江苏）轮胎有限公司全钢子午线轮胎生产线、170万条/年双钱（重庆）轮胎有限公司全钢子午线轮胎生产线、600万条/年双钱集团（安徽）回力轮胎有限公司全钢子午线轮胎生产线、100万条/年双钱集团上海东海轮胎有限公司斜交轮胎生产线。公司轮胎生产线主要设备类别分为密炼机、压延线、内衬层、压出线、裁断机、成型机、硫化机等，其中密炼机生产线35台、钢丝压延机生产线5台、内衬层生产线8台、小压延3台、压出生产线22台、裁断机34台、成型机150台、硫化机586台。

二、主营业务

双钱集团主营业务包括汽车轮胎的生产销售、原材料和成品贸易、制皂、电池、油墨等业务，属于化工行业；拥有轮胎"双钱""回力""万家达""万世达""超级舰队""飞跃"、制皂"白丽""扇牌""固本""蜂花""上海"、电池"白象""天鹅"、油墨"牡丹"等著名品牌。

双钱集团主要研发和生产全钢丝子午线载重汽车轮胎、全钢丝子午线轻型载重汽车轮胎、全钢丝子午线工程车辆轮胎、全钢丝子午线工业车辆轮胎、农业子午线轮胎、半钢丝子午线乘用轮胎、斜交载重汽车轮胎、斜交轻型载重汽车轮胎、斜交工程工业轮胎等。双钱集团享有自营进出口权,拥有遍布全球的销售网络,其中国内有8 000多家零售店分布在31个省、直辖市、自治区,国内市场中,还为中集集团、郑州宇通、厦门金龙、沃尔沃等30余家汽车制造厂配套。双钱集团在美国、欧洲、中东设立独立营销网络,将产品销往世界100多个国家和地区;同时还进入欧美原配胎市场,与SCHMITZ CARGOBULLAG、CATERPLLAR、AUTOCAR、UTILITYTRAILER NUFACTURERS等著名汽车厂商的卡车、校车、工程机械车辆配套,并且还进入J.B.HUNT等著名物流公司为代表的欧美主流市场。

双钱集团拥有双钱载重轮胎分公司、双钱集团(江苏)轮胎有限公司、双钱集团(重庆)轮胎有限公司、新疆昆仑轮胎有限公司(更名为双钱集团(新疆)昆仑轮胎有限公司)四大全钢丝载重子午线轮胎生产基地,总设计产能为835万条/年的全钢丝载重子午线轮胎,拥有双钱集团(安徽)回力轮胎有限公司1 500万条/年半钢丝子午线轮胎生产基地,拥有国家级技术中心的上海轮胎研究所有限公司,通过布局分工,优化产品结构。

双钱集团拥有的"双钱"和"回力"两大著名品牌,享誉中外80多年历史。"双钱""回力"品牌连年获"上海市用户满意产品""上海市名牌产品""上海市著名商标""上海名牌100强""中国轮胎行业十大民族品牌之首""中国名牌产品""中国驰名商标""十大最具价值的上海老商标""中华老字号""上海市出口名牌""上海经济名片"等荣誉称号。

2013年,双钱集团生产轮胎836.15万条,产值52.33亿元,销售收入143.32亿元,利润3.84亿元。

三、下属主要企业

【双钱集团股份有限公司双钱载重轮胎分公司】

双钱集团股份有限公司双钱载重轮胎分公司(简称"载重公司")前身是载重轮胎厂,原厂名为上海大中华橡胶厂闵行分厂,创建于1989年。1984年9月,上海大中华橡胶厂在闵行昆阳路以西、剑川路以南征地26.89万平方米,筹建上海市重点工程——扩建30万条/年全钢丝子午胎项目。1993年1月8日,上海大中华橡胶厂闵行分厂更名为载重轮胎厂,厂址位于闵行区剑川路613号。是年,扩建项目竣工验收,达到40万条/年全钢丝子午胎的生产能力。2007年11月16日,上海轮胎橡胶(集团)股份有限公司双钱载重轮胎公司更名为双钱集团股份有限公司双钱载重轮胎分公司。

公司主要生产"双钱"牌全钢丝载重子午胎,产品规格有275、295、315、385等19个规格143种品种。1993年下半年,试生产36.1万条,占全国全钢丝子午胎的54.6%;1996年,生产615万条,占全国全钢丝子午胎的52.1%;产品大部分出口到美国、欧洲、澳大利亚和东南亚等地区。1995年,轮胎产品通过中国轮胎产品认可委员会认可。

自1991年全钢丝子午胎项目竣工投产以来,年产量逐年增长。1992年,产值1.66亿元,产量16.9万条;1995年,产值7.01亿元,产量61.2万条;2000年,产值11.19亿元,产量93.85万条;2013年,产值34.38亿元,产量244.68万条。

载重公司获1997—1998年度上海市文明单位和全国化工文明单位称号;2003年8月,获中华人民共和国科学技术部颁发的"国家863计划CIMS应用示范企业"奖牌;2011年2月,获"全国五一巾帼标兵岗"称号。

【双钱集团股份有限公司大中华正泰轮胎分公司】

2001年5月14日,成立上海轮胎橡胶(集团)股份有限公司大中华正泰轮胎公司,并组建党政领导班子,集中上海大中华橡胶厂、上海正泰橡胶厂、上轮公司炼胶厂优势,加强斜交轮胎的技术改造和升级换代,增强产品的市场竞争力。2003年1月3日,撤销上海大中华橡胶厂、上海正泰橡胶厂、上轮公司炼胶厂建制。2007年9月1日,更名为双钱集团股份有限公司大中华正泰轮胎分公司(简称"大正公司")。大正公司地址位于闵行区沪闵路1441号,占地面积8.63万平方米,主要生产20吋斜交胎。2004年,大正公司工程胎生产能力转移到双钱集团上海东海轮胎有限公司,该公司的"双钱"牌16吋斜交胎生产能力转移到大正公司;2007年12月17日起,该公司全面停产。

【双钱集团(江苏)轮胎有限公司】

2004年1月18日,合资成立上海轮胎橡胶(集团)如皋有限公司,位于江苏省如皋经济技术开发区(国家级开发区),占地面积66.67万平方米。2013年8月28日,更名为双钱集团(江苏)轮胎有限公司。初始为合资公司,总投资为2998万美元,注册资本2418万美元。上轮公司以8000万元(相当于967万美元)投入,占注册资本的40%,上海轮胎橡胶(集团)如皋投资有限公司以7000万元(相当于846万美元)投入,占注册资本的35%,香港恒升投资有限公司以605万美元投入,占注册资本的25%。后经增加注册资本及股权转让,截至2013年12月,双钱集团(江苏)轮胎有限公司投资总额7580万美元,注册资本7000万美元,其中双钱集团出资3616.9万美元,占注册资本的51.67%;华谊集团(香港)有限公司出资1633.1万美元,占注册资本的23.33%;香港恒升投资有限公司出资1400万美元,占注册资本的20%;马来西亚高丽制钢(马联)有限公司出资350万美元,占注册资本的5%。

公司主要生产"双钱""回力"等4个品牌的全钢丝子午线载重轮胎和"双钱"牌全钢丝子午线工程轮胎和子午线农用轮胎。经营制造、加工、组装销售轮胎,胶鞋及其他橡胶制品和前述产品的配件,橡胶原辅材料,橡胶机械、模具,轮胎橡胶制品钢丝。

公司先后获批江苏省"高新技术企业""江苏省博士后创新实践基地""江苏省安全文化建设示范企业"。

2013年,公司在岗员工2038人,其中中级专业技术职称员工22人、初级专业技术职称员工65人、技师38人;高级工368人、中级工728人、初级工341人。

截至2013年年底,公司产能为250万条/年全钢丝载重子午线轮胎和10万条/年全钢丝子午线工程轮胎;轮胎产量2879093条,其中全钢子午线载重轮胎2331523条,全钢子午线工程轮胎547438条,农业胎132条。实现产值296319万元,其中全钢子午线载重轮胎产值262538.4万元,全钢子午线工程轮胎产值33724.6万元,农业胎产值56万元;销售收入231781.42万元,利润8926.09万元。

【双钱集团(重庆)轮胎有限公司】

2007年8月29日,上轮公司、重庆渝富资产经营管理集团有限公司(简称"渝富公司")和上海双钱轮胎销售有限公司(简称"双钱销售公司")在重庆市双桥区合资成立双钱集团(重庆)轮胎有限公司(简称"重庆公司"),生产全钢丝子午线轮胎。重庆公司位于重庆市双桥区工业园B区,注册资本4亿元,其中上轮公司现金出资2.6亿元,占注册资本的65%;渝富公司现金出资0.8亿元,占注册资本的20%;双钱销售公司现金出资0.6亿元,占注册资本的15%。2007年11月20日,上海众山投资发展有限公司分三次累计出资0.4亿元,占注册资本的10%;上轮公司注册资本占比减少为55%。

2010年10月20日,上海众山投资发展有限公司将其股权转让给上海华谊集团(香港)有限公司。2012年6月7日,重庆轻纺控股(集团)公司收购渝富公司所持有的重庆公司20%股权。同时,各股东按照原出资比例进行增资,其中双钱集团出资1.1亿元,重庆轻纺控股(集团)公司出资0.4亿元,双钱销售公司出资0.3亿元,华谊集团(香港)有限公司出资0.2亿元。增资后,重庆公司投资各方出资比例为:双钱集团出资3.3亿元,占注册资本的55%;重庆轻纺控股(集团)公司出资1.2亿元,占注册资本的20%;双钱销售公司出资0.9亿元,占注册资本的15%;华谊集团(香港)有限公司出资0.6亿元,占注册资本的10%。

公司经营范围:制造、加工、组装、销售轮胎、力车胎、胶鞋及其他橡胶制品、前述产品的配件、橡胶原辅材料、橡胶机械、模具、轮胎橡胶制品钢丝;货物及技术进出口业务。生产轻型载重汽车普通断面子午线轮胎(5°轮辋)、载重汽车普通断面子午线轮胎(5°轮辋)、载重汽车普通断面子午线轮胎(15°轮辋)、载重汽车公制子午线轮胎(80~90系列,15°轮辋)4大类产品,包括"双钱""回力""万世达""飞跃""超级舰队"五大品牌,涵盖矿山专用、中短途混合、中长途重载、长途高速、城市公交和城际公交六大系列370余个规格花纹。

自2008年起,产品产量、产值、销售收入、利润逐年增加;截至2013年年底,轮胎产量162.65万条,产值21.53亿元,销售收入18.4亿元,利润0.5亿元。

【双钱集团(安徽)回力轮胎有限公司】

2011年,由华谊集团、双钱集团、米其林财务公司和米其林(中国)投资有限公司共同投资组建的双钱集团(安徽)回力轮胎有限公司(简称"安徽回力公司")位于安徽省芜湖市鸠江经济开发区二坝经济园区,占地面积40.05万平方米,建筑面积16.89万平方米,总投资32亿元,注册资本166 666.67万元,中方股份占比60%,外方股份占比40%。

公司经营范围:开发、生产、加工、营销、销售中高端乘用车轻卡轮胎和相关橡胶产品,并提供与中高端乘用车轻卡轮胎相关的服务;自营商品的进出口。

主要产品为"双钱""回力"牌半钢丝子午线乘用轮胎等。

2013年,公司员工有964人,在岗员工951人,其中女职工221人;技术人员60人;大专及以上263人(其中硕士及以上8人、本科95人);高中、中专、技校213人,初中及以下475人;高级技师1人,技师2人,高级工3人,中级工86人,初级工254人。

2013年,主要产品"回力"牌半钢丝子午线乘用轮胎产量157.93万条,营业收入27 055.91万元,利润-12 515.41万元。

【双钱集团上海轮胎研究所有限公司】

1993年7月,双钱集团上海轮胎研究所有限公司(简称"轮研所公司")成立;11月,轮研所公司成为国家发展与改革委员会认定的首批国家级企业技术中心。轮研所公司是双钱集团下属全资科研机构——技术中心,初步建立起以企业为主体、市场为导向、产学研相结合的技术创新体系。注册资本3 000万元,公司位于上海市闵行区剑川路2613号。

截至2013年年底,轮研所公司有技术研发人员153人,其中高级及以上职称15人,中级职称27人,中级以上职称占比为27.5%;本科及以上学历135人,本科以上学历占比为88.2%。

2013年,轮研所公司销售收入29 337.42万元,利润571.43万元。

轮研所公司致力于开发"回力""双钱"牌新型乘用子午胎、载重子午胎、斜交胎,在轮胎结构、配方、工艺、基础研究等方面均取得一定进展,科研主攻方向是子午化、无内胎化、扁平化、低断面、低噪声。2012年,获上海市首批产学研合作创新示范基地授牌和第六届上海科技企业创新奖;2013年,获"全国石油和化工行业轮胎噪声研究工程实验室"授牌。

【上海轮胎橡胶(集团)有限公司】

上海轮胎橡胶(集团)有限公司(简称"轮胎橡胶公司")系双钱集团下属全资子公司,前身是上海欣业发展公司,成立于1992年10月27日。1999年12月,轮胎橡胶公司改制更名为上海欣业实业有限公司;2008年5月,更名为上海轮胎橡胶(集团)有限公司。轮胎橡胶公司注册资本13 102.2万元,地址在上海市黄浦区六安路3弄21号2楼,占地面积47 117平方米,建筑面积48 048平方米(含房产、物业、龙泰等子公司)。轮胎橡胶公司下属有上海双力物业管理有限公司、上海双钱宾馆有限公司、上海回力宾馆有限公司、上海龙泰精细橡胶公司及公司仓储加工中心、上海轮胎橡胶(集团)公司房地产开发经营公司及委托管理的上海橡胶机械一厂有限公司等。

公司经营范围:轮胎、橡胶原料及制品、金属材料、电器机械及器材、建筑材料、装潢材料、五金交电、仪器仪表、针纺织品、电子计算机及配件、普通机械、服装及服饰用品销售;废旧轮胎翻新处理;附设:大酒店。

2013年,轮胎橡胶公司有员工346人,其中在岗员工195人,其他从业人员104人;拥有大专以上学历82人,大专以下280人;中级职称25人,初级职称21人。

2013年,公司销售收入32 224.5万元,利润3 155.93万元。

【双钱集团上海东海轮胎有限公司】

双钱集团上海东海轮胎有限公司(简称"东海公司")组建于1989年,原是上海正泰橡胶厂与东海农场合资的联营厂。1990年4月20日,工商注册,首次注册名为上海正泰橡胶厂东海分厂。2007年8月,更名为双钱集团上海东海轮胎有限公司。2008年3月1日起,上海海博股份有限公司将持有的东海公司35%股份划转给光明食品集团上海东海总公司。东海公司位于南汇县东海农场三三公路4883号,占地面积90 704平方米,注册资本1 468万元,其中双钱集团投资954.2万元,占注册资本的65%;光明食品集团上海东海总公司投资513.8万元,占注册资本的35%。

公司经营范围:轮胎、化工原料及产品(除危险化学品、监控化学品、烟花爆竹、民用爆炸物品、易制毒化学品)、金属材料的销售,仓储(除危险品),自有设备的租赁。主要生产"双钱""回力""飞跃""皇桥"4个品牌的斜交轻卡轮胎、工程机械轮胎、农业机械轮胎、工业车辆轮胎及载重轮胎。

1991—2013年,公司轮胎产量1 368.56万条,其中轻卡轮胎1 211.76万条,载重轮胎46.84万条,工程轮胎7.17万条,工业轮胎74.57万条,农业轮胎28.31万条;产值416 442.3万元,销售收入419 174.4万元,利润1 766.4万元。

【双钱集团上海橡胶机械一厂有限公司】

双钱集团上海橡胶机械一厂有限公司被原上海轮胎橡胶(集团)股份有限公司收购成为其全资子公司,地址在浦东金工路215号,占地面积25 426平方米。主要生产各类橡胶机械产品。

1991年,公司产值750万元,销售收入870万元,利润45万元;2013年,产值3 500万元,销售收入3 550万元,利润0.85万元。

【上海制皂(集团)有限公司】

1998年,经上海市经济委员会批准,以上海制皂厂和上海油墨厂为核心组建上海制皂(集团)有限公司(简称"制皂公司"),坐落在上海市杨树浦路2310号,占地面积61 973平方米,建筑面积19 360平方米,注册资本16 069万元。2001年11月8日,上轮公司与上海轻工控股(集团)公司签订收购制皂公司60%股权的《股权转让协议书》,制皂公司加入上轮公司。2002年5月16日,制皂公司党组织关系划转华谊集团党委管理。是年,制皂公司海外收购默特克电源有限公司。2003年,制皂公司投资组建上海制皂(集团)如皋有限公司。

公司经营范围:洗衣皂、香皂、洗涤用品、甘油、油化产品、油墨、涂料、一次性电池、可充电池及成套电池加工设备等产品;主要品牌有"蜂花"檀香皂、"白丽"香皂、"扇牌"洗衣皂、"牡丹"油墨、"白象""天鹅"电池等,其产品畅销40多个国家和地区。

2013年,制皂公司在岗职工821人,其中女职工178人,占职工总数的21.68%,管理人员228人,各类专业技术人员65人。

第四节 上海氯碱化工股份有限公司

一、沿革

1992年5月6日,上海氯碱总厂改制为上海氯碱化工股份有限公司(简称"氯碱公司")。是一家发行A、B股的国有控股上市公司,B股发行量全国第一。氯碱公司位于上海市龙吴路4747号,总资产超过57亿元,为国家520户重点企业之一。2012年,氯碱公司入选上海企业综合竞争力100强,其主要生产基地分布在吴泾化工基地以及上海化工区,总占地面积约210万平方米。截至2013年年底,公司员工有2 570人。

氯碱公司拥有30多套大型现代化生产装置,主要制造和销售烧碱、氯及氯制品、聚氯乙烯树脂与制品,共计有26大类40多个品种。主要产品生产能力:烧碱87万吨/年、聚氯乙烯树脂35万吨/年、氯乙烯45万吨/年、二氯乙烷72万吨/年。并拥有进出口贸易自主权,建有散货、危险品专用的8条铁路线;4座万吨级涉外码头。在国内外市场"一体化"战略的推进下,氯碱公司产品远销亚太和欧美地区,年进出口总额1.79亿美元,在国内同行业中名列前茅。

氯碱公司按国际标准组织生产运行,通过ISO9001质量管理体系、ISO14001环境管理体系及OHSMS职业健康安全管理体系认证,主要产品"申峰"牌烧碱、悬浮法聚氯乙烯、糊树脂聚氯乙烯为"中国名牌产品"。

1991年,上海氯碱总厂固定资产原值167 383万元,固定资产净值90 933万元;注册资本

156 399万元。2013年,氯碱公司固定资产原值842 701万元,固定资产净值3 513 496万元,注册资本156 399万元。

自1994年起,公司烧碱系列产品、聚氯乙烯系列产品连续多年被评为上海名牌产品;2005年,获中国名牌称号;2010年,获中国石油和化学工业知名品牌。2006年12月,烧碱系列产品获"2006年国家免检产品"殊荣。氯碱公司还获"2013年石油化工行业两化融合标杆企业""2013年度中国石油和化学工业知名品牌企业"称号。

2010年1月,氯碱公司行政职能部门调整后设置为:办公室、商务部、市场营销部、资产财务部、人力资源部、技术发展部、生产管理部、质量环安部、监审保卫部、国际贸易部、采购部。

二、主营业务

氯碱公司拥有30套大型现代化生产装置,主营业务是制造和销售烧碱、氯及氯制品,以及聚氯乙烯塑料树脂与制品。截至2013年年底,主要产品的年生产能力:烧碱72万吨、聚氯乙烯树脂46万吨、氯乙烯43万吨、二氯乙烷128万吨、液氯65万吨。主要品牌有"申峰"牌、"电化"牌(2006年起,该品牌注销,公司采用单一品牌"申峰"牌)。

1991年10月15日,上海氯碱总厂建设的年产0.5万吨漂粉精装置建成,该装置是30万吨乙烯吴泾工程的最后一套装置,列入上海市人民政府1994年专项重大技术引进项目。12月,外销聚氯乙烯树脂4万吨、离子膜烧碱5万吨、创汇4 000万美元,成为全国化工行业的创汇大户。1995年,氯乙烯装置生产能力屡创新高,其中5—6月,聚氯乙烯产量40 128吨;12月中旬,连续4天投料18釜。1996年9月6日,氯碱公司第一艘4 000吨烧碱商船销往澳大利亚,质量指标达到当地氰化钠生产需求,由此中国烧碱首次进入由西方跨国公司垄断、瓜分的澳洲市场。是年,氯碱公司主营产值18.18亿元,比1995年增长3.7%;主要产品烧碱产量297 008吨,比1995年增长1.4%,其中离子膜烧碱150 564吨,连续第2年达标。2000年,氯碱公司烧碱产品总量完成63.8万吨,聚氯乙烯完成26.23万吨,均创历史纪录。2001年,氯碱公司主导产品聚氯乙烯、烧碱均创造历史最高纪录,产量分别为289 743.9吨和354 625.3吨。2004年,氯碱公司推进生产管理优化,产品产量又创新高,聚氯乙烯树脂完成37.85万吨,比2003年增长12.8%;烧碱完成42.5万吨,比2003年增长4%。

公司主要产品产量:1992年,烧碱23.5万吨、液氯8.26万吨、漂粉精0.02万吨、合成盐酸16.77万吨、次氯酸钠6.15万、聚氯乙烯树脂11.62万吨。1994年,烧碱26.95万吨、液氯6.12万吨、漂粉精0.02万吨、合成盐酸18.34万吨、次氯酸钠5.46万吨、聚氯乙烯树脂17.12万吨。2002年,烧碱37.98万吨、液氯12.56万吨、漂粉精0.61万吨、合成盐酸17.37万吨、次氯酸钠4.22万吨、聚氯乙烯树脂27.9万吨。2006年,烧碱39.53万吨、液氯14.65万吨、漂粉精0.76万吨、合成盐酸24.57万吨、次氯酸钠3.48万吨、聚氯乙烯树脂32.72万吨。2010年,烧碱72.63万吨、液氯54.58万吨、合成盐酸37.49万吨、次氯酸钠9.97万吨、聚氯乙烯树脂34.34万吨。2013年,烧碱71.19万吨、液氯59.7万吨、合成盐酸38.18万吨、聚氯乙烯树脂16.05万吨。

1992年,公司销售收入64 016.38万元,利润13 333.05万元。1995年,销售收入237 333.12万元,利润27 348.3万元。2000年,销售收入294 143.44万元,利润7 438.98万元。2005年,销售收入412 029.17万元,利润979.21万元。2010年,销售收入555 333.86万元,利润10 465.27万元。2013年,销售收入689 586.24万元,利润3 131.37万元。

三、下属主要企业

【上海氯碱化工股份有限公司天原厂】

上海氯碱化工股份有限公司天原厂的前身是上海天原化工厂,成立于1929年。1991年被定为国家一级企业。1995年1月,该企业与氯碱公司的国有资产共同组建上海天原(集团)有限公司。1999年6月,上海天原(集团)有限公司与上海工业投资(集团)有限公司联合组建上海天原(集团)天原化工厂有限公司(简称"天原厂"),作为上海市2000年实事项目和重大工程。2000年12月,天原厂完成从天山路搬迁到上海化工区的任务。2002年,天原集团将出资的天原厂份额转让氯碱公司。2004年8月,上海工业(投资)有限公司将天原厂的投资转让氯碱公司。2005年6月,上海天原(集团)天原化工厂有限公司注销,设立上海氯碱化工股份有限公司天原厂。

公司主要生产糊状聚氯乙烯树脂、特种聚氯乙烯树脂等系列产品。

【上海助剂厂有限公司】

上海助剂厂有限公司前身为上海助剂厂,创建于1942年。2000年4月,更名为上海助剂厂有限公司。2002年1月,通过受让上海染料有限公司85.13%的上海助剂厂有限公司的股权,氯碱公司对上海助剂厂有限公司实行控股。2004年10月,氯碱公司因经营战略调整,将其持有的上海助剂厂有限公司85.13%的股权,转让给天原集团。

公司主要经营增白剂、渗透剂、抗静电剂、黏合剂和柔合剂等16大类产品。

2005年,上海助剂厂有限公司停止生产经营。2008年,公司注销。

【上海申聚化工厂】

上海申聚化工厂前身是上海染料化工二厂,始建于1947年。1989年,因生产高分子材料更名为上海中联化工厂。1997年,企业重组归入天原集团,更名为天原集团上海申聚化工厂。2003年9月25日,转让给上海华生化工有限公司。

公司主要生产工程塑料聚碳酸酯(PC)等产品。

【上海氯碱实业公司】

1993年3月,组建上海氯碱实业公司。10月,与澳大利亚VINIDEX公司合资建办上海氯威塑料有限公司,投资总额995万美元,注册资本500万美元,中澳双方各以250万美元现汇出资,各占注册资本的50%。合资年限为30年

公司经营范围:生产和销售硬质聚氯乙烯管材和管件。

【上海氯碱化工贸易有限公司】

1996年5月,组建上海氯碱化工贸易有限公司,注册资本1亿元,注册地址在华南宾馆(漕溪四村55号)2楼。2006年12月,上海氯碱化工贸易有限公司歇业。

公司经营范围:化工轻工原料及产品、石油化工原料及产品、精细化工及各种中间体、橡塑制品、建材、纺织、金属材料、机电产品、五金交电、设备、仪表电气、汽车配件、服装、餐饮服务等。

【上海天原国际货运有限公司】

1997年3月,成立上海天原国际货运有限公司,投资总额300万美元,其中氯碱公司出资153万美元,占注册资本的51%,以人民币出资;美国AIR-SEA TRANSPORT INC.出资147万美元,占注册资本的49%,以现汇出资。经营期限为15年。

公司经营范围: 承办海、空运进出口货物的国际运输代理业务,包括揽货、订舱、仓储、中转、集装箱拼装拆箱、结算运杂费、报关、报验、报检、保险、相关的短途运输服务及咨询业务。

【上海氯碱机械有限公司】

2005年6月,组建上海氯碱机械有限公司,注册资本3 000万元,其中氯碱公司实物资产和现金出资2 500万元,占注册资本的83.33%;天原集团现金出资500万元,占注册资本的16.67%。

【上海达凯塑胶有限公司】

上海达凯塑胶有限公司成立于1992年。2001年11月,由天原集团和氯碱公司共同承债收购。2015年12月,该公司归入上海华谊集团企业发展有限公司旗下,主要生产卡基材料。

第五节　上海三爱富新材料股份有限公司

一、沿革

1992年5月27日,由上海市有机氟材料研究所、上海市有氟材料研究所蔡路实验厂、中国化工新材料公司三方组建成立的上海三爱富新材料股份有限公司(简称"三爱富公司")。8月28日,经中国人民银行上海市分行批准,发行股票总额5 000万元;上海市有机氟材料研究所以相关资产出资3 000万元成为最大股东。三爱富公司注册资本5 000万元;注册地址为即墨路97号;研究开发中心位于上海市徐汇区龙吴路4411号,占地面积10万平方米,建筑面积3.5万平方米。

1999年,上海市有机氟材料研究所将持有的三爱富公司股份中的32 497 920股(占总股本28%)转让给华谊集团,华谊集团成为三爱富公司第一大股东。2003年2月20日,上海邦联科技实业有限公司拍卖竞得上海市有机氟材料研究所持有的30 180 985股国有法人股,成为三爱富公司第二大股东。上海市有机氟材料研究所不再持有三爱富公司的股份。2005年6月9日,上海邦联科技实业有限公司向上海工业投资(集团)有限公司协议转让其所持有的三爱富公司39 235 280股社会法人股。2005年9月28日,上海工业投资(集团)有限公司将其所持有的三爱富公司39 235 280股国家股全部转让给华谊集团。截至2010年年底,三爱富公司注册资本34 722.73万元,累计发行股本总数34 722.78万股,注册地更改为上海市徐汇区龙吴路4411号。

2004年,三爱富公司与美国杜邦公司合资成立杜邦三爱富氟化物(常熟)有限公司。2005年,为谋求与资源丰富地区的合作,进军内蒙古丰镇市组建内蒙古三爱富万豪氟化工有限公司。2010年,华谊集团与三爱富公司共同收购内蒙古万豪氟化工有限公司70%股权。2012年开始,三爱富公司由上海吴泾、江苏常熟、内蒙古丰镇3大生产基地、2家中外合资企业、1个国家级技术中心和实业公司、销售公司组成。

截至2013年年底,三爱富公司本部拥有一套800吨/年的聚四氟乙烯装置、一套1 500吨/年的氟橡胶装置、一套1 200吨/年的聚全氟乙丙烯装置;吴泾氟厂一套5 000吨/年的聚四氟乙烯装置;常熟四氟分厂一套1 000吨/年的聚四氟乙烯装置;内蒙古三爱富万豪氟化工有限公司一套产能7 000吨/年的聚偏氟乙烯生产装置;以及常熟氟化工基地的万吨级含氟聚合物项目装置和制冷剂项目等装置。

公司经营范围:有机氟材料及其制品,化工产品,上述产品所需的原辅材料及设备,在国内外开展技术咨询、转让、服务、培训、维修,有机氟材料分析测试,委托试制,储运,经营本企业自产产品的出口业务和本企业所需的机械设备、零配件、原饰材料的进口业务,但国家限定公司经营和国家禁止进出口的商品及技术除外。经营进料加工和"三来一补"(来料加工、来料装配、来样加工和补偿贸易)业务,开展对销贸易和转口贸易。

1992年,三爱富公司设有四部一室:研究开发部、计财经营部、工程装备部、人事管理部、总经理办公室;六实体:吴泾工厂、吴泾机修厂、广角公司、浦东蔡路工厂、浦东顾路工厂、外高桥实业发展公司;有员工1 000余人,其中有高级职称员工36人、中级职称员工110人、初级职称员工200人、技术工580人。2003年,三爱富公司本部拥有4个生产车间、技术中心、氟分厂等,另有浦东蔡路工厂、常熟三爱富氟化工有限责任公司、常熟三爱富中昊化工新材料有限公司、励精公司、三爱富戈尔氟化工有限公司等实体和下属控(参)股子公司;有员工672人,其中在岗员工648人,有高级专业技术职称员工25人、中级专业技术职称员工72人、高级技师5人、技师66人、高级工129人、中级工120人。

1991年,上海市有机氟材料研究所固定资产原值2 727万元,固定资产净值1 561万元。2013年,三爱富公司固定资产原值250 892万元,固定资产净值117 343万元。

二、主营业务

三爱富公司主要产品大类:氟聚合物,包括氟塑料和氟橡胶;氟精细化学品;氟制冷剂。

1996年,三爱富公司注册"3F"商标,"3F"品牌的聚四氟乙烯树脂,连续获由上海名牌推荐委员会授予的"上海名牌"称号。2013年1月,"3F"商标被认定为上海市著名商标。是年,三爱富公司以50.3万元/人的人均利润列上海市化工行业协会会员单位第9名,获"2011年上海化工行业人均利润前十名企业"称号。

1991年,上海市有机氟材料研究所完成产值2 564万元;销售收入3 060万元,比历史最高的1990年增长330万元;利润420万元,比1990年增长10%。

1996年,三爱富公司完成产值20 834万元,销售收入23 717万元,利润637万元,分别比1995年增长38.2%、28.1%、14.4%。吴泾工厂生产偏氟乙烯、全氟丙烯、四氟乙烯三大单体和氟橡胶、F46、FR203A、FR301B四大产品。偏氟乙烯单体的产量88.2吨,比1995年增长86.9%;全氟丙烯单体的产量130.6吨,比1995年增长57.8%;四氟乙烯单体的产量767吨,比1995年增长29.6%;生产氟橡胶115吨,比1995年增长78.3%;生产分散聚四氟乙烯145.6吨,比1995年增长63.8%;生产F46粒料144吨,比1995年增长20.8%;生产F46乳液38吨,比1995年增长8%;生产小产品全氟丙烯56吨,比1995年增长387%;生产分散聚四氟乙烯分散液232.4吨,比1995年下降8.1%。是年,常熟三爱富氟化工有限责任公司生产各种致冷剂13 368吨,比1995年增长12.6%,其中F11、F12、F113分别比1995年增长29%、195%、6.3%,完成产值15 962万元,比1995年增长14.2%。

2013年,三爱富公司主要产品产量为含氟聚合物1.7万吨、氯氟烃产品2.92万吨、氯氟烃替代品5.63万吨;销售收入328 667.86万元,利润14 068.84万元。

三、下属主要企业

【常熟三爱富氟化工有限责任公司】

1993年11月18日,三爱富公司与江苏华龙工贸(集团)公司按80%:20%的比例,共同投资2 000万元,收购常熟市致冷剂总厂,成立常熟三爱富氟化工有限责任公司。该公司坐落在江苏省常熟市福山镇,占地面积15.8万平方米;专业从事氟致冷剂、清洗剂、氟利昂替代品、含氟高分子新材料及含氟精细化学品的研究开发、生产、销售;主要产品有F113a、F141b和三氟氯乙烯。

2004年12月17日,常熟三爱富氟化工有限责任公司(甲方)、常熟市振福投资有限公司(乙方)、鸿运商务有限公司(丙方),共同投资设立中外合资常熟欣福化工有限公司。合资公司的注册资本为500万美元。甲方认缴出资150万美元,占注册资本的30%;乙方认缴出资275万美元,占注册资本的55%;丙方认缴出资75万美元,占注册资本的15%;甲、乙方以现金出资,丙方以现汇出资。是年,被联合国环境规划署和国家环保总局认定为"保护臭氧层国际公约替代品生产企业"。

2012年,常熟三爱富氟化工有限责任公司销售收入46 819万元,利润4 066万元。

2013年1月21日,ARKEMA ASIE SAS认购常熟三爱富氟化工有限责任公司10%股权,同时公司性质变更为中外合资企业,公司名称不变。三爱富公司控股75%,自然人控股15%,阿科玛(常熟)化学有限公司控股10%。是年,常熟三爱富氟化工有限责任公司注册"冰峰牌"商标。

【常熟三爱富中昊化工新材料有限公司】

常熟三爱富中昊化工新材料有限公司(简称"中昊公司")成立于2001年10月,是三爱富公司控股的股份制企业。注册登记于江苏省常熟市海虞镇,注册资本1 186万元。中昊公司主要产品种类为ODS(消耗臭氧层物质)替代品、氟聚合物、氟精细化学品、氟碳涂料等,包括:HFC-152a、HFC-32、HFC-227ea、HCFC-22、HCFC-142b、涂料用氟树脂、HFO-1234yf等。中昊公司拥有自营出口权,产品60%左右销往美国、欧盟等全球50多个国家和地区,为国内氟碳化合物品种、产销量良好的综合性氟化工基地。2003年5月,注册"中昊"商标。2006年9月,"中昊"牌HCFC-22制冷剂被授予中国名牌产品,有效期3年。2009年,中昊公司与华东理工大学合作成立企业院士工作站。2013年,中昊公司列入江苏省博士后创新实践基地分站。

2002年,公司主要产品F_{22}产量14 375.96吨,销量11 062.77吨;F152a产量1 445.23吨,销量765.64吨;F142b产量640.39吨,销量508.94吨;F227ea产量84.89吨,销量122.14吨;氟涂料产量201.29吨,销量161.99吨。2013年,公司主要产品F_{22}产量42 538.4吨,销量24 929.88吨;F152a产量5 045.8吨,销量8 876.06吨;F142b产量9 540.93吨,销量9 506.32吨;F227ea产量2 423.53吨,销量2 431.63吨;氟涂料产量1 390.04吨,销量1 404.63吨。

【内蒙古三爱富万豪氟化工有限公司】

内蒙古三爱富万豪氟化工有限公司(简称"万豪公司")前身是内蒙古万豪氟化工有限公司,于2006年8月16日注册成立,注册资本5 600万元,其中丰镇市新华投资有限公司出资5 040万元,占注册资本的90%;刘毅出资560万元,占注册资本的10%。万豪公司属化工行业,经营范围为偏氟乙烯、聚偏氟乙烯、氟橡胶、全氟辛酸，以及相关产品的生产和销售。

2010年6月，根据《股权转让协议》，原股东窦建华等5人将其所持有的70%股权分别转让给华谊集团和三爱富公司。此次股权转让后，三爱富公司出资2800万元，占注册资本的50%；华谊集团出资1120万元，占注册资本的20%；窦建华出资1033.2万元，占注册资本的18.45%；李秋江出资168万元，占注册资本的3%；周义刚出资168万元，占注册资本的3%；苏祥华出资100.8万元，占注册资本的1.8%；张忠明出资42万元，占注册资本的0.75%；刘毅出资168万元，占注册资本的3%。同月，公司名称由内蒙古万豪氟化工有限公司变更为内蒙古三爱富万豪氟化工有限公司。

2012年12月27日，窦建华等6名自然人股东将持有的合计10%股权转让给三爱富公司，使三爱富公司股权比例增加为60%。

第六节　上海华谊丙烯酸有限公司

一、沿革

1991年8月13日，由上海久事公司与上海高桥石油化工公司合资建立上海高桥石化丙烯酸厂，地址在浦东北路2031号。厂区装置及厂前区用地17.3万平方米（不含厂围墙处绿化带），其中生产区用地14.7万平方米，厂前区用地2.5万平方米。2001年6月29日，上海久事公司将上海高桥石化丙烯酸厂90%股权转让给华谊集团。2003年2月11日，上海高桥石化丙烯酸厂更名为上海华谊丙烯酸有限公司（简称"丙烯酸公司"），注册资本1000万元，华谊集团占注册资本的90%，上海高桥石化公司占注册资本的10%。丙烯酸公司更名后，下设职能部门有：总经理办公室、生产管理部、设备动力部、外贸部、市场营销部、物资供应部、财务部、人力资源部、发展部、监察审计部、安全管理部、发展部、研究所、党委办公室、组织部、宣传部、纪委、团委、保卫部。下设车间有：丙烯酸车间、羟基酯车间、水汽车间、罐区车间、质量检验部、乳液部、包装容器部、机修车间、电气车间、仪表车间、消防队。2013年7月18日，丙烯酸公司对组织机构作调整，调整后的行政部门有：公司办公室、资产财务部、人力资源部、监察审计部、生产管理部、质量环安部、采购供应部、投资规划部、研究所、技术部，成立的销售公司为三级子公司。公司经营范围：丙烯酸、丙烯酸甲酯、丙烯酸乙酯、丙烯酸丁酯、丙烯酸辛酯、2-乙基己酯及丙烯酸酯系列产品及深加工产品、化工原料、辅料、化工催化剂、助剂的加工制造及其专业领域内的技术开发、技术咨询、技术转让、技术服务，化工机械常压设备制造、安装及配件产品的技术服务、开发、咨询、转让，劳务，冷冻服务，塑料制品的生产和销售。

2013年1月21日，投资成立上海华谊新材料有限公司，注册资本1.25亿元，其与华谊集团的股比是68%：32%。公司经营范围：丙烯酸、丙烯酸酯类、丙烯酸酯系列产品及深加工产品、化工原料、辅料、化工催化剂、高吸水性树脂（SAP）及其专业领域内的技术开发、技术咨询、技术转让、技术服务，化工机械常压设备制造、安装及配件产品的技术服务、开发、咨询、转让，劳务服务，经营本公司进料加工及"三来一补"（来料加工、来样加工、来件装配和补偿贸易）业务等。拥有生产3万吨/年丙烯酸、3万吨/年丙烯酸酯、2.05万吨/年酯化级丙烯酸、9500吨/年精丙烯酸、1.2万吨/年丙烯酸甲酯、3000吨/年丙烯酸乙酯、7500吨/年丙烯酸丁酯、7500吨/年丙烯酸辛酯的装置。

1995年，上海高桥石化丙烯酸厂固定资产原值71141.88万元，固定资产净值65891.13万元。2013年，丙烯酸公司固定资产原值203214.39万元，固定资产净值67176.22万元。

2013年,丙烯酸公司在岗职工718人,其中大专学历以上379人,硕士以上27人。

二、主营业务

企业主要产品的产量及产值:1995年,丙烯酸21 519吨、精丙烯酸109吨、甲酯11 801吨,合计工业产值22 291万元。2000年,丙烯酸30 554吨、甲酯18 376吨、丁酯31 643吨、羟丙酯795吨、羟乙酯1 429吨、乳液4 447吨,合计工业产值61 578万元。2005年,丙烯酸92 294吨、精丙烯酸3 116吨、甲酯21 343吨、乙酯1 177吨、丁酯128 432吨、辛酯3 536吨、羟丙酯402吨、羟乙酯2 690吨、乳液12 191吨,合计工业产值279 167万元。2010年,丙烯酸202 559吨、精丙烯酸21 604吨、乙酯27 441吨、丁酯143 816吨、辛酯23 153吨、羟乙酯5 302吨、乳液14 918吨、甲基丙烯酸436吨、丙烯醛2 521吨,合计工业产值398 878万元。2013年,丙烯酸187 695吨、精丙烯酸28 527吨、乙酯27 247吨、丁酯148 579吨、辛酯33 012吨、乳液15 167吨、甲基丙烯酸1 038吨,合计工业产值329 885万元。

1995年,上海高桥石化丙烯酸厂销售收入32 086万元,利润336万元。2000年,销售收入58 972万元,利润388万元。2005年,丙烯酸公司销售收入270 696万元,利润36 117万元。2010年,销售收入397 517万元,利润35 351万元。2013年,销售收入510 434万元,利润27 033万元。

三、下属主要企业

【上海铭安化学品运输有限公司】

2002年3月7日,上海高桥石化丙烯酸厂和上海浦东铭鑫工贸有限公司,按9∶1出资比例共同投资组建上海铭安化学品运输有限公司,注册资本753.51万元。

公司经营范围:普通货运,道路危险货物运输,货运代理。

2002年,公司销售收入200.47万元,利润5.15万元。2013年,销售收入512.36万元,利润-26.34万元。

2013年12月4日,由丙烯酸公司吸收合并。

【上海华谊新材料化工销售有限公司】

2012年12月17日,上海华谊新材料化工销售有限公司成立,注册资本5 000万元。华谊集团出资1 500万,占注册资本的30%;丙烯酸公司出资3 500万,占注册资本的70%。2013年5月,公司开始运营。

公司经营范围:化工产品,化工原料,化工机械设备及配件,危险化学品的经营及专业领域内的技术咨询、技术转让、技术服务。

第七节　上海涂料有限公司

一、沿革

上海涂料有限公司(简称"涂料公司")前身为上海涂料公司,1986年10月29日,由上海涂料工业公司改制为上海涂料公司,地址在上海市黄浦区福州路107号。1996年8月12日,转制为上海涂料有限公司,其间公司历经3次搬迁。2003年,搬迁至黄浦区陕西南路345号。

2009年12月,涂料公司与上海华谊集团华原化工有限公司、上海华谊集团上硫化工有限公司、上海试四赫维化工有限公司整合构建华谊集团精细化工平台。2012年1月,整合华谊集团内的上海化学试剂研究所有限公司和上海三爱思试剂有限公司。2013年12月26日,更名为上海华谊精细化工有限公司,注册资本72 556万元。涂料公司占地面积880 019平方米,其中二级公司占地面积351 904平方米,子公司(包括全资和控股)占地面积528 115平方米;参股公司占地面积为20 969平方米。

涂料公司经营范围:化工原料、涂料、油漆、树脂、颜料、助剂、涂料机械、测试仪器、包装容器、房地产开发、物业管理、建材、五金、百货、装潢、钢材、染料、附设分支机构。

涂料公司拥有20家生产经营企业(公司)、3家研究所、1家上海市级技术中心和5家中外合资企业;设有9个管理部室;公司本部位于上海市黄浦区陕西南路345号。2013年12月28日,上海华谊精细化工有限公司对公司本部行政管理职能部门作调整,设市场营销部、生产管理部、质量环安部、技术研发部、投资规划部、资产财务部、人力资源部、监察审计室和公司办公室。

1991年,涂料公司固定资产原值11 516万元,固定资产净值7 961万元;2013年,固定资产原值111 214万元,固定资产净值57 669万元。

截至2013年年底,涂料公司员工有2 394人,在岗员工2 232人,其中高级专业技术职称63人,中级专业技术职称240人;高级技师9人,技师79人;高级工287人,中级工462人。

二、主营业务

涂料公司主营业务有三大类:一是涂料类。以"飞虎""光明""长城""上海""眼睛""上涂"牌为商标的16个大类、60个小类、1 423个花色品种,已形成系列产品的有船舶、绝缘、美术、防腐蚀、建筑、汽车、卷材、轻工装饰以及航空航天、仪器仪表等涂料。二是树脂类。以"叶子""凌云"牌为商标的环氧、氨基、醇酸、酚醛等158个品种。三是颜料类。以"骆驼"牌为商标的铅铬黄、钼铬红、防锈颜料等22个品种,以"一品"牌为商标的氧化铁黄、红、黑、棕、铁钛绿、药用、磁性等32个品种,以"畅飞"牌为商标的各种催干剂、液体稳定剂和助剂等34个品种以及以"双爱"牌为商标的涂料机械、仪器和工业泵等44个品种。

涂料公司坚持实施品牌战略,"飞虎""光明""眼睛""一品""狮头""飞机"等涂料、染料品牌多次被评为上海市著名商标、上海市名牌产品,并获"中华老字号"称号。"飞虎"还被评为最具影响力品牌,"光明"多次被评为十佳防腐涂料品牌,"一品"被评为上海市出口名牌,"飞铃""铁锚""上试"等多种化工品牌也多次被评为上海市著名商标。

在多次整合发展中,涂料公司资产规模不断扩大,产品业务愈趋多元化。涂料公司在原有的涂料、着色剂(颜料染料)、化工品基础上还发展试剂及中间体等其他化学品,其中以卷材涂料、汽车涂料、重防腐涂料和船舶涂料为支撑的涂料核心产品涉足钢铁、造船、汽车、核电及航天科技等领域,应用于长江三峡、秦山核电站、南极长城站、南浦大桥和神州系列火箭、神舟系列飞船等国家及市政多项重点工程,与宝山钢铁股份有限公司、大众汽车集团等大型企业建立良好的长期合作伙伴关系。

1991年,涂料公司销售收入54 182万元,利润2 505万元。1995年,销售收入75 041万元,利润206万元。2000年,销售收入58 974万元,利润2 317万元。2004年,销售收入139 699万元,利润1 242万元。2007年,销售收入240 220万元,利润9 955万元。2013年,销售收入372 813万元,利润25 270万元。

三、下属主要企业

【上海三爱思试剂有限公司】

上海三爱思试剂有限公司前身是上海试剂三厂,创建于1938年。1993年,改制为上海三爱思试剂有限公司。公司位于上海市杨浦区军工路2588号,公司面积为17 738平方米。注册资本650万元。

公司主要经营化学试剂、精细化工、化学原料、包装材料生产,化学科技领域内的技术开发、技术转让、技术咨询、技术服务,危险化学品批发。

公司主要品牌为"试三"牌。主要大类产品有指示剂、生物染色素、生化试剂、乙二醇醚类、氟化合物、PH试纸、液晶、感光材料、激光锁模调Q燃料、造纸化学品、医药和农药中间体、固化剂等。

2013年,销售收入9 718.45万元,利润57.43万元。

【上海涂料有限公司上海造漆厂】

上海造漆厂始建于1932年,由苏联人鲍乐庭创建,是中国最早生产高档油漆的厂家之一。厂址位于上海市闵行区光华路521号,厂区面积为61 632平方米。主要品牌有"眼睛牌""上海牌""敖利马"。主要大类产品有丙烯酸类漆、聚氨酯类漆、聚酯类漆、氨基类漆、环氧类漆、硝基类漆、过氯乙烯类漆和辅料等,产品应用在汽车、航空航天、机电、军工、建筑、室内装饰装潢等领域。

1998年,上海造漆厂申请并获得"上海名牌"证书。2011年,申请并获得"中华老字号"荣誉称号。

2013年,主要产品产值15 700.88万元;销售收入15 305.67万元,其中硝基漆类1 140.14万元,过氯乙烯790.13万元,丙烯酸类5 142.93万元,聚氨酯类5 032.27万元,辅助材料2 639.46万元,其他560.75万元;利润297.48万元。

【上海涂料有限公司振华造漆厂】

上海振华造漆厂是全国涂料工业重点企业,厂址位于上海市普陀区桃浦古浪路200号(后变更为古浪路1167号),工厂占地面积69 714平方米,建筑面积47 638平方米。2010年7月更名为上海涂料有限公司振华造漆厂,注册资本1 254万元。

上海振华造漆厂主要品牌为"飞虎"商标。主要产品大类为卷材涂料系列(建筑及家电用的底、面、背面漆),民用漆系列(内外墙乳胶漆、室内装饰用木器漆),各类车用漆(客车,卡车涂料及其修补漆),氟碳涂料,特种涂料系列(光固化涂料、特种黏合剂、保温防水涂料),水性涂料系列(水性地板木器漆、水性马路划线漆、水性木板漆)。

1991年,主要产品产量18 458.6吨,产值17 015.4万元,销售收入54 182万元,利润2 505万元。2000年,主要产品产量7 223吨,产值16 076万元,销售收入58 974万元,利润2 317万元。2013年,主要产品产量13 211吨,产值20 912.5万元,销售收入20 313万元。

【上海涂料有限公司开林造漆厂】

上海开林造漆厂创建于1915年。1991年,上海开林造漆厂坐落在上海市虹口区西体育会路229号,工厂占地面积22 774平方米,建筑面积1.7万平方米,注册资本1 070.5万元,主要从事油漆生产和销售。2001年,上海开林造漆厂实施"三废"治理,迁建至青浦工业园区崧泽大道8388号,占地面积67 506平方米,建筑面积16 726.96平方米。上海开林造漆厂生产船舶漆、重防腐涂料等产品,使用"光明牌"商标;生产绝缘漆、美术漆等产品使用"长城牌"商标。

1991年,产品产量10 186吨,产值9 461万元,销售收入9 850万元,利润468万元;1999年,产品产量1.04万吨,产值11 329万元,销售收入11 124万元,利润2 618万元;2009年,产品产量14 025吨,产值20 801万元,销售收入20 106万元,利润1 510万元;2013年,产品产量14 577吨,产值22 611万元,销售收入21 695万元,利润594万元。

【上海涂料有限公司上海长风化工厂】

上海长风化工厂(简称"长风厂")建于1960年4月,初名上海市有机化学工业公司焦化产品回收处理站,生产酚、苯、萘、吡啶类产品及轻、重溶剂等。2003年10月15日,变更为上海涂料有限公司上海长风化工厂。2004年,长风厂和上海华亨化工厂实现资源整合。2008年12月19日,长风厂全面停产。2009年上半年,长风厂搬迁至上海市闵行区新闵路5号。2012年,再次搬迁至上海市金山区金山卫镇华通路200号上海华谊集团华原化工有限公司生产区内。2013年,长风厂由产供销一体化企业转向生产成本中心企业。长风厂注册资本311万元。主要品牌有"畅飞"牌和"长风"牌。主要大类产品有环烷酸,环钴,异钴,塑料稳定剂,盐类,稀土,水性助剂、油性助剂。

【上海涂料有限公司上海新华树脂厂】

上海新华树脂厂前身为英国太古洋行下属的永光油漆股份有限公司。1987年1月,上海新华树脂厂与上海南大化工厂合并,厂名沿用上海新华树脂厂。1988年9月1日起,上海南大化工厂恢复法人地位,两厂分别实行独立核算。2003年,更名为上海涂料有限公司上海新华树脂厂,注册资本477万元,主要品牌为"叶子"牌,主要大类产品有醇酸树脂、聚酯树脂、氨基树脂、聚氨酯树脂、丙烯酸树脂、不饱和树脂、酚醛树脂、环氧树脂、水性树脂。

1991年,产品产量9 012吨,销售收入7 238万元,利润332万元。2000年,产量7 127吨,销售收入7 282万元,利润131万元。2013年,产量15 953吨,销售收入18 759万元,利润—457万元。

【上海一品颜料有限公司】

上海一品颜料有限公司的前身为上海氧化铁颜料厂,专业生产氧化铁颜料。1996年,变更为上海涂料有限公司上海氧化铁颜料厂。2005年,上海涂料有限公司以上海涂料有限公司上海氧化铁颜料厂的经营业务和资产等与经营者等人共同投资组建上海一品颜料有限公司。公司主要大类产品有氧化铁黄、氧化铁红、氧化铁黑、氧化铁棕、药用氧化铁、铁酞绿、磁性氧化铁7大类。截至2013年年底,已发展专业生产经营铁系颜料、复合颜料、酞菁颜料、群青颜料、铬系颜料、防锈颜料、珠光颜料及相关衍生品,以及一品色料等其他相关系列产品30多个品种。

2008年,主要产品产量35 611吨,销售收入25 762.2万元,利润203.83万元。2013年,主要产品产量55 769吨,销售收入36 668.5万元,利润518.88万元。

【上海市涂料研究所】

上海市涂料研究所前身是上海有机公司染料应用室。1956年，并入上海化工研究院第五研究室成立涂料组。1963年9月，成立上海市染料涂料研究所。1980年1月，成立上海市涂料研究所。上海市涂料研究所注册资本333.9万元，主要品牌为"上涂"牌，主要大类产品有环氧树脂涂料、聚氨酯树脂涂料、氨基树脂涂料、丙烯酸树脂涂料和稀释剂。

2006年，主要产品产量1810.4吨，销售收入1302.52万元，利润24.21万元。2013年，主要产品产量984.78吨，销售收入1990.21万元，利润60.36万元。

【上海染料研究所有限公司】

上海染料研究所有限公司是由上海染料研究所改制更名的企业性公司，是上海市食品添加剂及配料行业协会副会长单位，注册资本6000万元，主要品牌为"狮头"和"栓绿"牌，主要大类产品有食品添加剂食用色素和食用色淀两大类。

2002年，主要产品产量1380吨，销售收入7614.22万元，利润737.05万元。2010年，主要产品产量1685吨，销售收入8414.72万元，利润444.42万元。2013年，主要产品产量1702吨，销售收入9805.1万元，利润717.99万元。

【上海染料化工销售有限公司】

1997年3月19日，由上海染料公司供销分公司和向大实业公司合并组建成上海染料化工销售有限公司。公司位于上海市黄浦区马当路357弄8号，注册资本200万元。主营业务为销售上海染料公司下属企业的有机颜料、染料及化工贸易，为上海染料公司下属企业采购原材料，同时托管上海染料公司部分下属企业产品和原材料。1997—2013年，该公司经历染料业务整合、人员调整分流、加工交流合作等变迁。2004年，上海染料化工销售有限公司由上海华谊集团企业发展有限公司托管。

1998年，销售收入48511.47万元，利润1002.69万元。2013年，销售收入13484.67万元，利润86.24万元。

【上海华元实业总公司】

1992年10月，在取消上海染料化工九厂、上海染料化工十厂、上海染料化工十二厂、上海化工制桶厂和上海染料化工机械厂5家单位的法人地位的同时，成立上海华元实业公司。1994年，变更为上海华元实业总公司。2003年，注册资本从800万元增加至1843万元。2003年，为实施企业整合、主副分离，上海染料有限公司、上海染料化工十厂归属上海华谊集团企业发展有限公司管理；上海华元实业总公司划归涂料公司管理。

公司主营业务为化工原料、染料、包装容器、材料整理，主要品牌为"飞机"牌，主要生产销售还原黄GCN、还原蓝RSN、还原深蓝BC、还原深蓝BO、还原直接黑DB、还原直接黑RB等产品。

【上海新光化工有限公司】

上海新光化工有限公司的前身是上海新光化工厂，生产车间位于上海市杨浦区长阳路底陆家宅18号，厂部及制品车间位于上海市虹口区四川中路569号，1960年迁至上海市虹口区藏东路39号。公司注册资本1000万元，主要品牌为"铁锚"牌，主要产品是胶黏剂。

2013年，营业收入9013.6万元，利润355.5万元。

【上海南大化工厂/天同精细化工（南通）有限公司】

上海南大化工厂（简称"南大厂"）创建于1958年，位于宝山区大场镇，西靠化工路，北邻走马塘，占地面积26 299平方米，建筑面积1.3万多平方米。南大厂是以苯甲腈、苯代三聚氰胺、氨基树脂、松香树脂及酚醛树脂等化工品为主业的精细化工制造企业，主要品牌有"凌云"牌和"天同"牌。

天同精细化工（南通）有限公司（简称"天同公司"）于2005年建立，位于江苏启东滨江精细化工园区内，占地面积4万平方米，建筑面积2万平方米；原为香港天同精细化工（集团）有限公司全额投资的外商独资企业。2009年，南大厂因上海市环境整治的需要面临停产，涂料公司斥资1 700万元，收购中港合资天同精细化工（南通）有限公司75%股权，实现南大厂优势产品转移。南大厂于2010年年底全面停止生产。2011年，原南大厂的二苯产品生产全部转移至天同公司。

2010年，产值13 155万元，销售收入13 231万元，利润1 388.5万元。

【上海试四赫维化工有限公司】

上海试四赫维化工有限公司（简称"试四赫维公司"）前身为创立于1958年的上海试剂四厂。1997年，改制为多元投资主体的有限责任公司，并尝试员工持股制。

2007年，在金山第二工业区成立上海试四化学品有限公司，占地面积20万平方米。2008年，注册资本从828.8万元扩展到5 000万元，公司经营范围为生产销售化工产品、本单位普通货物运输、从事货物及技术的进出口业务，主要品牌为"上试"牌，主要产品为偶氮类引发剂、防霉剂、药物中间体、定制化学品、水溶性引发剂。

2013年，产值83 024.3万元，销售收入83 021.5万元，利润11 968.4万元。

【上海华谊集团华原化工有限公司】

1993年，上海彭浦化工厂、上海桃浦化工厂、上海胶体化工厂、上海长江化工厂、上海虹光化工厂加入上海化工原料联合公司，后更名为上海化工原料公司。1999年9月，改制为上海华原精细化工有限公司。是年，上海向阳化工厂整体并入上海华原精细化工有限公司。2002年，上海彭浦化工厂整体兼并上海硅胶厂。2004年9月29日，上海华原精细化工有限公司股权转让后变更为国有独资有限公司，注册资本1 320万元；10月25日，变更为上海华谊集团华原化工有限公司（简称"华原公司"）。2005年，华原公司托管上海塑料工业有限公司。2008年，上海新光化工有限公司等4家企业划归华原公司。2010年，华原公司吸收合并上海金鹿化工有限公司。2011年，吸收合并上海精细化工研究所。

2013年，华原公司注册资本1.5亿元，主要品牌有"飞铃"牌、"海球"牌、"三鹿"牌、"鹿"牌、"桃浦"牌、"宝牛"牌、"上胶"牌，主要大类产品有三氯化磷、乙烯利等；产品主要用于农业、农药、染料、医药、香料、磷酸酯等领域。

2003年，产值29 549.2万元，销售收入27 451.89万元，利润238.5万元。2013年，产值23 023.5万元，销售收入61 862.43万元，利润−377.21万元。

第八节　上海华谊聚合物有限公司

一、沿革

上海华谊聚合物公司是华谊集团为自主技术开发本体ABS树脂生产技术而创立的。公司前身是成立于 2001 年 4 月的上海华谊本体聚合技术开发有限公司。公司注册资本 1 500 万元，其中华谊集团出资 210 万元，占注册资本的 14%；焦化公司出资 577.5 万元，占注册资本的 38.5%；上海塑料工业有限公司（简称"塑料公司"）出资 262.5 万元，占注册资本的 17.5%；美籍华裔须乾元博士出资 450 万元（专有技术作价），占注册资本的 30%。公司地址设在上海京华化工厂内，租赁上海京华化工厂场地和厂房。

2006 年 7 月，华谊集团分别收购原投资方焦化公司 38.5% 的股权、塑料公司 17.5% 的股权和外方投资者须乾元 30% 的股权，将上海华谊本体聚合技术开发有限公司改制为华谊集团全资子公司，注册资本由 1 500 万元增至 16 422 万元，更名为上海华谊聚合物有限公司（简称"聚合物公司"）；并追加投资 14 922 万元，在化工区 D4 地块建设 20 万吨本体法 ABS 树脂生产装置，一期工程生产规模为 3.8 万吨/年，二期工程生产规模为 16.2 万吨/年。聚合物公司坐落在上海市奉贤区北银河路 108 号，位于奉贤区上海市化学工业区 15 街坊 1 丘，占地面积 150 810 平方米，使用权面积 150 809.6 平方米，房屋建筑面积 14 520.53 平方米。

上海华谊聚合物有限公司（简称"聚合物公司"）设立 8 个职能部室，分别为市场营销部、商务部、生产部、质量环安部、发展部、资产财务部、人力资源部、办公室。

2010 年，公司固定资产原值 2 158.3 万元，固定资产净值 245.15 万元。2011 年，固定资产原值 489.2 万元，固定资产净值 67.07 万元。2012 年，固定资产原值 26 861.52 万元，固定资产净值 24 633.93 万元。2013 年，固定资产原值 34 456.95 万元，固定资产净值 29 853.08 万元。

二、主营业务

2010 年，公司产量 280 吨，销售收入 285.05 万元，利润 −645.8 万元。2011 年，产量 5 403.74 吨，销售收入 115.79 万元，利润 −4 115.98 万元。2012 年，产量 7 923.46 吨，销售收入 7 514.68 万元，利润 −10 702.4 万元。2013 年，产量 8 405.8 吨，销售收入 9 041.46 万元，利润 −6 679.39 万元。

第九节　上海华谊(集团)化工联社

一、沿革

上海华谊(集团)化工联社（简称"化工联社"）前身是上海联合化工橡胶公司。1992 年 10 月，由上海联合橡胶化工开发公司、上海云岭化工厂、上海新华化工厂、上海橡胶制品八厂共同组建上海联合化工橡胶公司（后由上海化工联社托管，于 2011 年 8 月工商注销）。1999 年 9 月，为理顺、巩固和发展华谊集团范围内化工系统的集体经济，撤销华谊集团集体事业办公室，组建上海化工联社。2000 年 1 月，更名为上海华谊(集团)化工联社，注册资本 596 万元，地址在上海市黄浦区永安路 3 弄 21 号。化工联社经营范围为华谊集团范围内集体企业资产管理和生产经营、实业投资等。化工联社下属单位有上海新华化工厂、上海敦煌化工厂、上海新艺塑料厂、上海橡胶制品八厂、上海涂料印铁制罐厂、上海荧光材料厂、上海云岭化工厂、上海新安塑料厂、上海焦化亚胺材料厂、上海吴泾化工印刷合作公司、上海泾新劳动服务有限公司等 11 家集体企业。

2000 年 2 月，化工联社设有财务部、资产部、综合管理部、基层工作部、办公室。

2001年12月,化工联社将下属9家非联社范围内的集体企业的劳动工资管理工作划归华谊集团所属公司托管:上海染料化工四厂划归焦化公司托管,上海三益经营部划归涂料公司托管,泰山化工工程公司划归上海染料有限公司托管,上海化学试剂五厂和长风综合服务社划归上海化学试剂有限公司托管;上海申化化工建筑工程公司划归上海华谊建设有限公司托管;上海吴淞化工机械修理厂、双丰综合厂和上海浦东化工厂综合服务部划归上海中远化工有限公司托管。

2008年,化工联社固定资产原值6795万元,固定资产净值5436万元。2010年,固定资产原值6038万元,固定资产净值4661万元。2013年,固定资产原值6145万元,固定资产净值4568万元。

1999年,化工联社有员工3004人,其中离岗人员1633人、工人729人、管理人员229人、工程技术人员46人、服务人员54人等。2013年,有员工277人,其中离岗人员128人。

二、主营业务

化工联社的主要生产经营性企业有上海敦煌化工厂、上海新华化工厂、上海申化化工建筑工程公司等12家,主要生产和经营氰化亚铜、氧化镁、橡胶助剂、抛光材料、化学试剂、胶黏剂、物业管理、房屋建筑工程等。

2013年,销售收入8530万元。

三、下属主要企业

【上海敦煌化工厂】

上海敦煌化工厂建于1979年10月,位于上海市普陀区古浪路2号(后改为古浪路830号),占地面积14667平方米,建筑面积6114平方米,注册资本327万元,主要产品有氰化亚铜、橡胶助剂、氧化镁等,其品牌为"飞天"牌。1999年9月,该企业划归化工联社管理。2006年2月,上海敦煌化工厂迁址上海市金山区金园路155号,占地面积6666.7平方米,生产规模为氰化亚铜(CuCN)年产500吨、橡胶促进剂(ZDC)年产500吨、促进剂(PZ)年产200吨、促进剂(BZ)年产100吨、其他助剂年产200吨;年销售收入4336万元,利润420万元,税金367万元。2013年4月,上海敦煌化工厂实施改制,整体资产进行评估,转让100%产权;是年,主要产品氰化亚铜年产558吨,销售收入6818万元,职工74人。

【上海新华化工厂】

上海新华化工厂建于1979年6月,位于上海市长宁区新华路699号,主要生产抛光材料、化学试剂、胶黏剂,主要品牌有"红马""明星""双钱"。1996年5月,该企业因"三废"治理搬迁至青浦县赵巷镇赵重路35号,投资2900万元建立上海新华化工厂青浦分厂,占地面积4513平方米,新厂生产规模年产抛磨材料系列产品1.5万吨。1999年9月,该厂划归化工联社管理。2004年3月,上海新华化工厂注册地址由上海市长宁区新华路699号变更至上海市青浦县赵巷镇赵重路35号。2006年8月,上海新华化工厂与香港必美宜国际有限公司合资成立上海必美宜新华抛磨材料有限公司,投资总额和注册资本均为1000万元;上海新华化工厂以全部工装设备、生产设施、技术等工业产权资产出资400万元,占公司注册资本的40%;香港必美宜国际有限公司以港币600万元出资,占公司注册资本的 60%;公司固定资产原值 496.98 万元,固定资产净值 367.55 万元;产值 1 699.22 万元,销售收入 1 722.89 万元。

【上海申化化工建筑工程公司】

上海申化化工建筑工程公司前身为上海化工土建工程队第二队,于 1979 年 8 月成立,1989 年 5 月更名。主要经营物业管理、房屋建筑工程等。

【上海力车内胎厂】

上海力车内胎厂建于 1980 年 10 月,原名为上海力车内胎分厂,1982 年 8 月更名。主要经营生产力车内胎加工,生产地址在上海市静安区延长路 400 号。2001 年 8 月,该厂由化工联社托管。2008 年,改制为上海力内物业经营管理有限公司。

【上海新安塑料厂】

上海新安塑料厂于 1982 年 6 月由上海磁带厂丙烯醇车间划出改建而成,主要产品为丙烯醇及盒式磁带塑料件,厂址位于上海市长宁区绥宁路 280 号。1999 年 9 月,该厂划归化工联社管理。2013 年 11 月,该厂所在地块长宁区绥宁路 280 号地块被上海长宁区新泾房屋动迁有限公司收购。是年,该厂迁往上海新华化工厂(新华路 699 号),有员工 64 人。

【上海云岭化工厂】

上海云岭化工厂于 1980 年建厂,原名上海云岭化工机械厂,位于上海市普陀区云岭东路 50 号,主要生产精细硼类产品。1999 年 9 月,划归化工联社管理。2004 年 5 月,由华谊集团一体化运作收购。2012 年 2 月,该厂工商执照注销,企业关闭。

【上海橡胶制品八厂】

上海橡胶制品八厂于 1983 年 6 月建厂,位于上海市长宁区延安西路 1573 弄 105 号,主要产品有电瓶壳、矿灯及橡胶杂件、橡胶制品和蓄电池。1999 年 9 月,划归化工联社管理。2004 年 5 月,由华谊集团一体化运作收购。2011 年 11 月,该厂工商执照注销,企业关闭。

【上海荧光材料厂】

上海荧光材料厂于 1979 年建厂,位于上海市黄浦区瞿溪路 764 号,主要生产荧光粉、消气剂、大苏打(含试剂级、药用级)洗净露。1999 年 9 月,划归化工联社管理。2001 年 3 月,该厂停产。2004 年 5 月,该厂工商执照吊销,企业关闭。

【上海涂料印铁制罐厂】

上海涂料印铁制罐厂于 1980 年 11 月建厂,位于上海市静安区新疆路 327 号,主要生产圆桶和方听,隶属涂料公司。1999 年 9 月,划归化工联社管理。2006 年 12 月,该厂在上海市静安区常德路 793 号~809 号的房地产因上海市重大工程"地铁 7 号线"动工,被华谊集团一体化运作收购。2012 年 6 月,该厂工商注销,企业关闭。

【上海新艺塑料厂】

上海新艺塑料厂于1980年1月建厂。1999年9月30日,由化工联社管理。2003年1月,该厂改制为多元投资、经营者群体持股51%的上海新艺塑料厂有限公司,属民营企业,脱离化工联社。

【上海焦化亚胺厂】

上海焦化亚胺厂于1999年9月划归化工联社管理。2003年7月,该厂改制为全民营有限责任公司,脱离化工联社。

【上海吴泾化工印刷厂】

上海吴泾化工印刷厂于1989年5月成立,隶属吴泾公司。1998年9月,改制为上海吴泾化工印刷合作公司。1999年9月,该厂划归化工联社管理。2004年9月,改制为多元投资的民营企业,更名为上海京康印务有限公司,脱离化工联社。2006年,上海吴泾化工实业有限公司吸收合并上海京康印务有限公司,占股份77.01%,成为主要股东。2009年8月,与上海泾新工贸有限公司合并重组。2011年7月,上海京康印务有限公司更名为上海京康机械维修有限公司。2012年6月,吴泾公司受让上海吴泾化工实业有限公司持有的上海京康机械有限公司77.01%的股权。2013年8月,因吴泾公司实行主辅分离,由化工联社托管上海京康机械维修有限公司。

【上海泾新工贸有限公司】

上海泾新工贸有限公司于1998年12月成立。2009年8月,并入上海京康印务有限公司。2018年7月,该公司注销。

第三章 化工服务企业

第一节 上海天原(集团)有限公司

一、沿革

上海天原(集团)有限公司(简称"天原集团")始创于1929年,重组于1996年,转型于2009年,坐落在上海市闵行区元江路88号,注册资本35 217.61万元,拥有全资及控股子公司10家、参股企业5家。截至2013年年底,天原集团在册员工1 080人,其中在岗员工921人,占员工总数的85.28%;在岗员工中35岁以下占25.3%,35岁~50岁员工占58.6%,51岁以上员工占16.3%;中高级职称占15.3%,初级职称占16.6%。企业劳动生产率为1 102.2万元/人。

2009年4月,华谊集团将持有的上海化工供销有限公司100%股权划转到天原集团,组建华谊集团现代物流和贸易平台,年销售额20亿元。

2009年11月,天原集团下属企业上海华谊天原化工物流有限公司(简称"天原化工物流公司")与安徽华谊化工有限公司签订《物流合作意向书》,在安徽无为建立新的物流基地。

2010年1月,作为上海市重点危险化学品调整项目,上海化工供销有限公司仓储分公司退出危险化学品业务。

2010年6月,华谊集团和上海化学工业区发展有限公司签约物流合作,双方以各占50%的对等股比,对天原化工物流公司实施增资扩股,一期增资后该公司净资产5亿元。天原化工物流公司与百联集团、安徽华谊化工有限公司、赢创德固赛公司等同时签订数项物流服务协议。

2013年,公司固定资产原值6.66亿元,固定资产净值3.98亿元。

二、主营业务

作为华谊集团旗下"五大核心业务"之一的生产型服务业,天原集团主营三大化工服务产业:化工贸易服务主营液体化工原材料、精细化工产品、橡胶塑料及其制品、金属材料等国内及国际贸易业务;化工物流服务以上海化工区为主战场,致力于为化工及其相关企业提供专业危险化工品、基础化工品仓储、装卸、运输及相关物流服务;材料应用服务专注于汽车配件、医疗健康、军工及民用特种材料行业,产品以汽车内外饰塑料制品、医用粒料,以及特种环氧、离子、有机硅树脂为主。

2010年,天原集团获企业信用评价AAA等级证书,名列全国规模以上危险品仓储企业第三名;全国规模以上危险品罐储企业第七名。2011年,获第十五届上海市文明单位、"2010年度全国先进物流企业""星级诚信企业""AAA级港口经营企业"等称号。

2009年,公司销售收入183 995万元,利润8 557万元;2010年,销售收入23.64亿元,利润6 472万元;2011年,销售收入270 694万元,利润11 948万元;2012年,销售收入505 445.28万元,利润13 819.38万元;2013年,销售收入119.45亿元,利润1.25亿元。

三、下属主要企业

【上海化工供销有限公司】

上海化工供销有限公司(简称"供销公司")前身为化工局计划处供销科,1956年2月从计划处划出单独设置供销处。1984年11月27日,经上级批准,在原化工局供销站(处)的基础上建立"上海市化学工业供销公司",成为独立核算、自负盈亏的经济实体,仍承担化工局委托的供销管理职能,又依托经营化工商品及三大材料业务。1999年4月,供销公司经原国家对外经济贸易部批准获自营进出口贸易经营权;7月,上海市化学工业供销公司改制为上海化工供销有限公司,为华谊集团全资子公司,注册资本1066万元,注册地点在上海市中山北路2000号(中期大厦)12楼。经营范围:各类化学品、橡胶及其制品、机电设备、金属材料、建筑材料、燃料;仓储运输、经济技术咨询和服务等。经营方式:国际、国内贸易,批发、委托代理、代办业务。

2009年3月,供销公司隶属关系划转天原集团,成为天原集团全资子公司。1999年,公司销售收入34 025.5万元,利润54.7万元。2013年,销售收入310 125万元,利润969万元。

【上海华谊天原化工物流有限公司】

上海华谊天原化工物流有限公司(简称"天原化工物流公司")成立于2003年9月28日,原名"上海新天原化工物流有限公司",由上海氯碱化工股份有限公司、上海吴泾经济发展总公司、上海氯碱化工贸易有限公司共同出资,注册资本990万元。2004年12月,经股东会同意对天原化工物流公司进行增资扩股,注册资本4 890万元,上海氯碱化工股份有限公司持股64.42%。2006年11月,更名为上海华谊天原化工物流有限公司,注册地由上海市闵行区元江路51号变更为上海市金山区漕泾镇合展路155号。2007年8月,上海氯碱化工贸易有限公司将其持有的天原化工物流公司的股权转让给其母公司上海氯碱化工股份有限公司;上海氯碱创业有限公司将其持有的天原化工物流公司的股权转让给其母公司天原集团,天原集团再增资5 110万元,注册资本增至1亿元,天原集团持股53.5%,氯碱公司持股43.9%,上海吴泾经济发展总公司持股2.6%。2010年6月,在华谊集团部署下,天原化工物流公司由天原集团、氯碱公司和上海化学工业区企业发展有限公司下属上海化学工业区置业有限公司、上海化学工业区投资实业有限公司等合资重组,明确由天原集团经营管理,注册资本2.63亿元,天原集团持股33.36%,氯碱公司持股16.64%,上海化学工业区企业发展有限公司持股49.41%,上海化学工业区投资实业有限公司持股0.59%。

天原化工物流公司主要经营业务范围:为国内外知名化工企业提供仓储、槽罐、码头装卸(含危险品、海关监管);各类固体和液体危险化学品(含剧毒品)的公路全国配送业务。在高端物流领域承揽第三方散货包装、掺混、气流输送等物流服务;各类物流机械装备安装、维护以及各类车辆维修、保养等业务。该公司自有物流资产约5.42亿元,管理经营资产约18亿元;拥有3个0.5万~5万吨级散货码头和危险品专用涉外码头,对应码头岸线约1 000米;有9.3万平方米各类仓库(含保税仓库、期货仓库、危化品仓库),有14.4万立方米液体储罐;持有危险化学品、剧毒品准运证的各类运输车辆(MDI温控集装罐车辆)20辆,承揽各类化工液体剧毒品、危险化学品和固体化学品等物流配送业务。

天原化工物流公司以上海化工区为主战场,积极拓展"第三方"专业化工物流的高端服务,包括科思创公司PC包装和仓储及硝酸储运服务、美国亨斯迈公司MDI运输服务、赢创德固赛公司化工液体储运服务等。此外，合作伙伴还包括德国巴斯夫公司、三菱化学(上海)有限公司、华谊集团、氯碱公司、中国石化上海石油化工股份有限公司、宝山钢铁股份有限公司、安徽华谊化工有限公司等。

【上海天原集团胜德塑料有限公司】

上海天原集团胜德塑料有限公司(简称"胜德公司")始创于1921年，是国内最早的塑料加工企业。1997年11月12日，天原集团对上海胜德塑料厂实施兼并收购。1998年2月，更名为上海天原集团胜德塑料有限公司。公司注册地址在上海市静安区西康路489号，注册资本300万元。经营范围：塑料制品产销。

2002年6月18日，华谊集团同意胜德公司迁建，新厂建在上海市徐汇区龙吴路4747号氯碱公司粒料厂及危险品仓库内，占地17 908平方米。2008年5月，公司注册地址由上海市静安区西康路489号变更为上海市闵行区虹梅南路4999号第一幢1067室。

2012年5月30日，胜德公司获2012年度中国航天科技集团公司第六研究院颁发的"型号物资合格供应商"称号。7月22日，胜德公司托管的烟台天原胜德材料科技有限公司在烟台举行投产庆典。

1998年，公司销售收入6 020.38万元，利润105.67万元。2013年，销售收入34 514.81万元，利润1 731.09万元。

【上海树脂厂有限公司】

上海树脂厂有限公司(简称"树脂公司")前身是1933年3月创办的协和行。1956年，协和行与五家小厂合并，成立公私合营上海树脂厂。1956年7月，迁移至上海市长宁区天山路201号厂区，占地面积5 753.36平方米。1960年被列入全国大中型重点工业企业。1966年10月20日，厂名变更为国营上海树脂厂。1997年12月29日，改制为上海树脂厂有限公司。2000年，上海树脂厂有机硅分厂生产装置由天山路201号搬迁至龙吴路4800号氯碱公司电化厂F12空置车间，占地面积2 091平方米；上海树脂厂离子、环氧装置由天山路201号迁至嘉定区朱桥镇原上海汇丰树脂厂内(嘉朱公路3288号)，占地面积21 396平方米。

2011年8月30日，树脂公司"二苯基硅橡胶连续生产项目"被认定为上海市高新技术成果转化项目；12月12日，树脂公司获上海市高新技术企业称号；12月20日，树脂公司作为军工配套任务的单位之一，派代表赴京参加"庆祝探月工程嫦娥二号任务圆满成功大会"。2012年12月8日，树脂公司"绿宝"商标被上海市工商行政管理局认定为"上海市著名商标"。

1997年，公司销售收入10 359.26万元，利润51.82万元。2011年，销售收入15 619.7万元，利润1 150.51万元。2013年，销售收入21 054.8万元，利润1 183.74万元。

【上海华谊贸易有限公司】

上海华谊贸易有限公司(简称"华贸公司")前身为上海天原国际贸易有限公司，成立于2000年12月，注册资本5 000万元。2012年4月1日更名，是天原集团全资子公司。华贸公司位于上海市黄浦区徐家汇路560号华仓大厦14楼，主要经营和代理各类商品及技术进出口贸易，进料加工和"三来一补"(来料加工、来料装配、来样加工和补偿贸易)，涉及化工、机电、贵金属和危险品等。

华贸公司以甲醇、煤炭醋酸为主要贸易；轮胎出口代理，自营、代理相结合，形成特有的销售模式。使用埃森哲管理流程作为管理部门的保障体系，给予员工良好的工作氛围、公正的绩效考评以及每年专业的技能培训。2013年,公司销售收入81亿元,利润1576万元。

【上海氯碱创业有限公司】

上海氯碱创业有限公司成立于2001年4月,前身是创建于1993年的上海氯碱实业总公司和1998年挂牌的上海天原(集团)生活服务公司;注册资本3350万元;股权结构为中天原集团占47.9%,氯碱公司占37.2%,上海欣吴实业有限公司占14.9%。

2006年,氯碱公司进行主辅分离和资产剥离,将持有的上海氯碱创业有限公司股份转让给天原集团。2007年8月,天原集团受让上海氯碱创业有限公司52.1%相关股权方案及增资。

【苏州天原物流有限公司】

苏州天原物流有限公司成立于2002年,由天原集团、华谊集团(香港)有限公司、氯碱公司共同出资组建的中外合资公司,注册资本120万美元,其中天原集团出资73.8万美元,占注册资本的61.5%;华谊集团(香港)有限公司出资30万美元,占注册资本的25%;氯碱公司出资16.2万美元,占注册资本的13.5%。

主要经营范围:普通货运、综合货运站以及从事运输业务相关的仓储设施建设、经营。

2013年,公司租赁收入302万元。

第二节　上海华谊集团投资有限公司

一、沿革

2008年10月18日,上海华谊集团投资有限公司(简称"投资公司")成立,是华谊集团的全资子公司,经营和办公地址位于上海市长宁区延安西路1358号,总面积870.4平方米,注册资本4800万元。2009年6月30日,注册资本增加到6690万元。2013年6月8日,注册资本增加到1亿元。主要经营企业投资管理、投资咨询、产权经纪、咨询服务、化工贸易等。

投资公司行政机构设有组织人事条线、财务条线和资产条线。截至2013年年底,投资公司有全资、控股、参股企业16家;投资公司本部及全资和控股企业员工1502人,其中高级专业技术职称65人,中级专业技术职称215人;高级技师9人,技师29人;高级工73人,中级工174人。

2008年12月31日,投资公司接受华谊集团持有的上海回力鞋业有限公司100%股权、上海橡胶制品研究所100%股权、上海化工工程监理有限公司100%股权、上海市塑料研究所100%股权、上海华谊集团化工安全咨询公司90%股权、上海化学工业压力容器检验有限公司51%股权的划转。2009年4月2日,接受华谊集团持有的上海华谊产权经纪公司100%股权的无偿划转;12月31日,接受华谊集团持有的上海三爱思试剂有限公司100%股权;同日接受上海天原集团胜德塑料有限公司持有的上海风华塑料制品有限公司3.51%股权的无偿划转。2011年5月31日,接受上海华谊集团化工实业有限公司持有的上海尔华杰机电装备制造有限公司37.5%股权的无偿划转;12月12日,接受华谊集团持有的上海市合成树脂研究所100%股权的无偿划转;12月31日,接受上海工业投资(集团)有限公司持有的上海华太投资发展有限公司30%股权的无偿划转。2013年7月8日,投资公司与华东理工大学华昌聚合物公司共同出资成立上海华谊树脂有限公司,其中投资公司占注册资本总额的51%;投资公司所属上海市合成树脂研究所和华昌聚合物公司相关产品及技术纳入新公司。此外,投资公司还拥有上海太平洋生物高科技有限公司71.22%股权、上海新上化高分子材料有限公司40%股权、上海华谊微电子材料有限公司31%股权、上海杜邦农化有限公司20%股权、上海巴斯夫聚氨酯有限公司16%股权、上海化工劳动安全技术实业有限公司15%股权、中国神华煤制油研究中心有限公司10%股权、上海寰球石油化工工程有限公司8.01%股权、上海联恒异氰酸酯有限公司8%股权。

2013年,投资公司固定资产原值3.5亿元,固定资产净值1.46亿元。

二、主营业务

投资公司以资产为纽带、收益为目标、有效管理为手段,对华谊集团投资企业进行增值管理,形成"自主经营,受控管理,收放适度,充满活力"的经营模式。投资公司对控股企业实施财务集中管理,对适宜取消法人地位的企业办理注销法人登记;对生产服务性企业,采取集中办公和管理;实行财务经理委派制;对参股的外资企业、相对控股的内资企业和清理退出的企业,及时掌握经营状况,加强监控,保证投入的原始资金保值增值。投资公司业务范围涉及工程塑料、橡胶制品、化学试剂等行业及部分生产服务性领域。

2009年2月,投资公司下属企业上海橡胶制品研究所、上海市合成树脂研究所、上海三爱思试剂有限公司、上海新上化高分子材料有限公司、上海市塑料研究所被认定为上海市高新技术企业。

2009年,公司利润2 564万元。2011年,利润7 244.9万元。2013年,销售收入53.1亿元,利润9 969万元。

三、下属主要企业

【上海市塑料研究所】

上海市塑料研究所(简称"塑料研究所")。英语名称:Shanghai Plastic Research Institute,英语缩写代号"SPRI"。

1960年,化工局根据国家化工部和上海市政府的意见,决定在上海化工厂中试室的基础上,筹建以专业研究氟塑料加工技术为主的上海塑料研究所。1963年7月1日,上海市塑料研究所(原名为上海塑料研究所)成立。

1993年4月2日,经上海市杨浦区工商行政管理局核准登记,取得上海市塑料研究所法人营业执照。上海市塑料研究所地址在杨树浦路1578号。

2000年12月,根据《上海市人民政府批转市科委、市经委关于上海地方应用型研究所深化体制改革实施意见的通知》和《上海市人民政府办公厅关于同意上海地方应用型研究所体制改革方案的通知》有关精神,塑料研究所转制为国有科技型企业。

塑料研究所的经营范围:塑料制品加工、应用研究、开发、试生产四技服务,塑料检验检测,从事货物与技术的进出口业务。主要产品有聚四氟乙烯软管组件产品,以及其他聚四氟乙烯改性材料和制品。

塑料研究所拥有资质:上海市高新技术企业证书;国家国防科工局《武器装备科研生产许可证》;中国人民解放军总装备部《装备承制单位注册证书》;空军装备部《军品配套二级承制单位》;国家《二级保密资格单位》;国标GB/T 19001—2008和国军标GJB 9001B—2009质量体系认证证书;

空军标 KJB 9001—2006 质量体系认证证书；国家级《实验室认可证书》；美国宇航标准 AS 9100C 航空制造商质量体系国际认证证书。

塑料研究所自建所至 2013 年年底，获部、市局级及以上奖项 50 余项，其中最高荣誉奖项是国务院颁发的"国家科技进步特等奖"和国防科工委颁发的"军品协作配套先进单位"。

【上海橡胶制品研究所】

上海橡胶制品研究所（简称"橡研所"）是一家集橡胶制品、胶黏剂、液体硅橡胶制品、医用橡胶制品、新型弹性体材料及制品、压敏胶黏带的研发、生产和销售为一体的高新技术企业。

橡研所地址位于上海市徐汇区番禺路 381 号。另有长宁区新泾镇北翟路 1423 号双泾科技示范基地，用于研究所部分的科研中试生产。2003 年，双泾基地市政动迁。2005 年 3 月，徐泾科技示范基地开工奠基，占地面积 14 940 平方米。

橡研所前身是私营中国橡胶厂。1957 年，根据国家发展需要，成立并定名为"轻工业部科学研究所上海橡胶应用研究分所"。1960 年 4 月 15 日，经中共上海市委批准成立上海橡胶制品研究所。

2000 年 12 月，根据《上海市人民政府批转市科委、市经委关于上海地方应用型研究所深化体制改革实施意见的通知》和《上海市人民政府办公厅关于同意上海地方应用型研究所体制改革方案的通知》有关精神，橡研所转制为国有科技型企业。

橡研所经营范围：各种橡胶制品、热塑性弹性体、胶黏剂、胶黏带的应用研究，医用橡胶制品、医用胶黏带、研究成果的生产、销售，经营自产产品及技术的出口业务，经营企业生产、研究所需原辅料、机械设备、仪器仪表、零配件及技术的进口业务（国家限定公司经营和国家禁止进出口的商品及技术除外），经营进料加工及"三来一补"业务，橡胶制品的四技服务（涉及许可经营的凭许可证经营），自有房屋租赁。主要产品有混炼胶及橡胶制品、橡胶型胶黏剂和胶黏带、医用橡胶制品，及其他弹性体。

橡研所先后完成国家"六五""七五""八五""九五""十五"计划攻关项目等几十项国家级科研任务。获奖的科研成果有百余项，其中 13 项获国家级奖项。2013 年，橡研所获 ISO9000 质量管理体系认证及汽车行业质量管理体系认证。

【上海市合成树脂研究所】

上海市合成树脂研究所（简称"合成树脂所"）是一家从事高分子合成材料研发、生产的专业研究所，拥有特种胶黏剂（导电胶）、聚酰亚胺、工程塑料合金、聚氨酯和工业用水处理五大核心技术及高性能环氧树脂等 50 多种牌号的产品，产品销往全国各地及美国、日本、欧洲等国家和地区。合成树脂所不仅致力于民用项目的开发，还承担为国防军工、尖端技术、高新技术产品配套新材料的任务，研究成果成功地应用于卫星、火箭及飞机，为中国的航天、航空事业作出贡献。

合成树脂所的筹建始于 1960 年 6 月，并于 1961 年 5 月 10 日，经中共上海市委批准成立。1995 年 6 月 26 日，经上海市徐汇区工商行政管理局核准登记，取得上海市合成树脂研究所法人营业执照，地址在漕宝路 36 号。

2000 年 12 月，根据《上海市人民政府批转市科委、市经委关于上海地方应用型研究所深化体制改革实施意见的通知》和《上海市人民政府办公厅关于同意上海地方应用型研究所体制改革方案的通知》有关精神，合成树脂所转制为国有科技型企业。

合成树脂所经营范围：工程塑料、黏合剂、热固性树脂、水处理、环境保护、专业领域的技术咨询、技术培训、技术转让、技术服务、技术中介、技术入股、技术承包及新产品的开发、研制,高分子测试、分析、塑料制品加工;承办《中国胶黏剂》杂志国内杂志广告,物业管理,机械设备销售。主要产品有特种胶黏剂(导电胶)、聚酰亚胺、工程塑料合金、聚氨酯、工业用水处理、高性能环氧树脂等。

2013年12月26日,因在聚酰亚胺衬套保供工作中表现突出,合成树脂所和华谊集团受到国家国防科技工业局通报表扬。

【上海回力鞋业有限公司】

2000年4月,经华谊集团批准,上海回力鞋业有限公司(简称"回力公司")组建。回力公司注册资本500万元,其中华谊集团出资400万元,占注册资本的80%;经营者群体出资100万元,占注册资本的20%。

回力公司专业从事"回力牌"运动鞋及各类鞋产品的研发、制造和销售,开发普及型、大众化运动休闲鞋系列产品,研发冷黏专业体育用鞋、户外健身运动鞋、彩绘时尚运动休闲鞋,以品牌运作、技术管理的方式拓展各种轻便注塑休闲鞋、雨鞋、凉鞋及室内外拖鞋等系列产品。

1993年5月8日,回力公司(前身为上海回力鞋业总厂)生产的"回力牌"出口系列鞋获世界贸易领导者俱乐部颁发的"第21届国际质量银质奖",这是中国制鞋行业首次获国际大奖。1997—2013年,"回力"商标连续被认定为"上海市著名商标";其中1999年,被国家工商总局商标局认定为"中国驰名商标","回力"牌运动鞋、休闲鞋连续被推荐为"上海名牌";其中2011年,被国家商务部认定为第二批"中华老字号"。2013年,销售收入6.1亿元,利润1600万元。

【上海化工工程监理有限公司】

上海化工工程监理有限公司(简称"化工监理公司")前身是1993年3月成立的上海化工工程技术咨询服务公司。1995年2月,更名为上海化工工程技术咨询监理公司。2000年6月,更名为上海化工工程监理有限公司。2008年6月,化工监理公司收购上海焦化工程建设监理有限公司。2009年2月,华谊集团把该公司全部股权转让给投资公司,成为投资公司全资子公司。

化工监理公司主营业务:房屋建筑工程监理,化工石油工程监理,市政公用工程监理,人民防空工程监理,开展相应类别建筑工程的项目管理、技术咨询等业务,石油化工工业工程设备、化工工业工程设备、医药工业工程设备、环保工业工程设备、通用机械设备方面监理,建筑工程、市政工程、化工工业工程、医药工业工程、热力及管道工程、煤炭工业工程、电力工业工程(除送变电工程)、水利工程、环保工程、钢结构工程,在化工、建筑、市政设备科技领域内从事技术开发、技术咨询、技术服务、技术转让,工程招标代理服务,建筑材料、五金材料、五金交电、电线电缆、金属材料销售。

2013年,销售收入2 501.3万元,利润185.7万元。

【上海化学工业压力容器检验有限公司】

上海化学工业检验检测有限公司(简称"化检公司")由最早的上海市化工局压力容器监测站发展而来。

1987年5月,化工局发文同意建立具有法人资格的上海市化工局压力容器监测站(简称"化工局监测站")。化工局监测站是为化工安全生产服务的公益性事业单位,独立核算,实行站长负责制,下设行政办公室、技术室、探伤室3个部门。

1991年,化工局监测站专业人员主要来自原化工局下属各行政性公司的压力容器专职管理人员及下属企业中化工机械专业的技术人员及无损检测人员,主要业务为压力容器检验检测。

1992年10月,化工局监测站与化工局设备供应站合并,组建上海化工装备技术经营公司,对外以化工局监测站名义开展日常工作。1993年10月1日,化工局监测站更名为上海市化工局压力容器检验站(简称"化工局检验站")。1996年,因化工局改制,化工局检验站更名为上海化学工业压力容器检验站(简称"化工压站")。

2003年3月,上海化工实业有限公司兼并上海化工装备技术经营公司,化工压站成为上海化工实业有限公司下属部门。

2004年11月,化工压站改制为上海化学工业压力容器检验有限公司(简称"化工容器检验公司"),成为上海化工实业有限公司的子公司,具有独立法人地位。

2005年8月,华谊集团收购上海化工实业公司41%的股份、上海申事化工工程设备监理有限公司10%的股份。在110万元的公司总股本中,华谊集团占股比51%,上海化工实业有限公司占股比49%,注册地址和办公地址不变。至此,化工容器检验公司成为华谊集团控股的特种设备自行检验机构。

2008年1月,原上海市避雷装置检测站化工分站的业务并入化工容器检验公司,公司主要业务增加防雷装置检测。

2009年2月20日,化工容器检验公司股东会临时决议,同意华谊集团将其持有的51%股权无偿划转给投资公司。

2013年12月25日,上海化学工业压力容器检验有限公司更名为上海化学工业检验检测有限公司。

【上海华谊集团国际贸易有限公司】

上海华谊集团国际贸易有限公司(简称"国贸公司")成立于2001年11月,注册资本3 500万元,股权结构为投资公司占股68%,上海悦阳投资有限公司占股32%。

国贸公司主要自营和代理各类商品(不另附进出口商品目录)及技术的进出口业务(国际限定公司经营和禁止经营的进出口商品除外),开展"三来一补"业务,经营转口贸易和对销贸易。国内外贸易伙伴包括美国、德国、法国、意大利、瑞典、新加坡、马来西亚、日本、韩国等国家和中国香港、中国台湾等地区。与德国巴斯夫公司、美国杜邦公司、氰特化工(上海)有限公司、陶氏化学(中国)投资有限公司等数十家国外公司建立长期稳定合作伙伴关系。

2002年,销售收入15 937.8万元,利润92.31万元。2013年,销售收入280 944.48万元,利润846.65万元。

【上海尔华杰机电装备制造有限公司】

上海尔华杰机电装备制造有限公司(简称"尔华杰公司")成立于2005年3月,注册资本2 800万元、实收资本2 800万元;上海兴煌实业有限公司出资868万元,占注册资本的31%;上海华谊集团化工实业有限公司出资812万元,占注册资本的29%;自然人侯德宝(经营者群体推荐的代表)出资1 120万元,占注册资本的40%。

经股权变更及注册资本增加,截至2013年年底,尔华杰公司注册资本4 480万元、实收资本4 480万元;哈尔滨空调股份有限公司出资1 680万元,占注册资本的37.5%;上海华谊集团投资有限公司出资1 680万元,占注册资本的37.5%;自然人侯德宝(经营者群体推荐的代表)出资1 120

万元,占注册资本的25%。

尔华杰公司经营范围:风机、减速机、换热器、搅拌机、玻璃钢复合材料制品、化工设备、机电设备的单机成套设备制造、销售及技术服务;防腐技术服务;汽车快修(A类)(限制分支经营);从事货物及技术的进出口业务。

【上海新上化高分子材料有限公司】

上海新上化高分子材料有限公司(简称"新上化公司")成立于1999年12月,注册资本2 000万元、实收资本2 000万元;自然人出资1 200万元,占注册资本的60%;上海化工厂有限公司出资800万元,占注册资本的40%。

经股权变更和注册资本增加,截至2013年年底,新上化公司注册资本2 000万元、实收资本2 000万元;自然人出资1 200万元,占注册资本的60%;投资公司出资800万元,占注册资本的40%。

新上化公司是一家综合性塑料制造工业公司,是以上海化工厂有限公司原二车间为主体,经转制改造而成立的股份制公司。其前身上海化工厂的历史可追溯至1924年,是中华人民共和国成立后国内最早、最大的综合性高分子材料加工企业,也是国内研究、开发和生产医用高分子材料历史最久、规模最大的企业之一。

新上化公司经营范围:生产、销售各种塑料制品、电线电缆、金属材料,销售建材及装潢材料、百货、五金交电、化工原料及产品(不含危险品),从事货物和技术的进出口业务;主要产品有"双花牌"输血(液)器具用聚氯乙烯粒料和压延薄膜。

【上海华太投资发展有限公司】

上海华太投资发展有限公司(简称"华太公司")成立于2003年12月31日,注册资本1.2亿元,其中中国华源集团有限公司以货币资金出资4 800万元,占注册资本的40%;华谊集团以货币资金出资3 600万元,占注册资本的30%;上海工业投资(集团)有限公司以货币资金出资3 600万元,占注册资本的30%。

2009年12月,华谊集团将持有的华太公司30%股权无偿划转至华谊集团全资子公司投资公司。

2012年3月20日,中国华源集团有限公司所持有的华太公司40%股权被公开拍卖,由买受人北京安普鼎盛投资有限公司竞得。

2013年12月,上海工业投资(集团)有限公司以货币资金出资3 600万元,经市国资委批准划转到投资公司。华太公司股东名称及出资情况变更为:投资公司出资7 200万元,占注册资本的60%;北京安普鼎盛投资有限公司出资4 800万元,占注册资本的40%。

华太公司经营范围:实业投资、企业资产管理、企业资产重组、国内贸易、自有机械设备的融物租赁及以上相关业务的咨询。

【上海华谊树脂有限公司】

上海华谊树脂有限公司成立于2013年7月8日,是由投资公司和华东理工大学华昌聚合物有限公司共同出资组建的有限责任公司,注册资本3 000万元,其中投资公司出资1 530万元,占注册资本的51%;华东理工大学华昌聚合物有限公司出资1 470万元,占注册资本的49%。

上海华谊树脂有限公司主营业务主要包括特种环氧树脂、复合配方系统和特种胶黏剂三大系列产品,主要产品由合成树脂所环氧树脂和胶黏剂产品注入、华东理工大学华昌聚合物有限公司环氧树脂和复合配方等产品注入,产品应用于航空航天、智能电网、高速交通、能源环保、电子工业、通用工业等领域。上海华谊树脂有限公司生产的高性能多官能团环氧树脂产品属于缩水甘油胺类环氧树脂,主要牌号有 AG80、AFG90、航空级 AG80、航空级 AFG90、AFG90M、AG70 等。

第三节 上海华谊工程有限公司

一、沿革

上海华谊工程有限公司前身为上海吴泾化工联合公司规划设计院,创建于 1985 年,是集化工、石化、医药工程、建筑行业、建筑工程的咨询、设计、技术开发和许可、项目管理和总承包等服务为一体的上海市高新技术企业,行业信用等级 AAA 级,并拥有承揽境外工程项目的资格。1992 年 7 月 6 日,上海吴泾化工联合公司规划设计院搬迁至上海市徐汇区漕东支路 1 弄 8 号;7 月 9 日,更名为上海工程化学设计院(简称"工化院")。1995 年 2 月 22 日,工化院和氯碱公司工程部合并成立有工程公司业务属性的设计院。1997 年 9 月,工化院搬迁至漕溪四村 55 号,建筑面积 3 827.15 平方米。1999 年 1 月 6 日,工化院改制更名为上海工程化学设计院有限公司(简称"工化院公司")。2000 年 4 月 20 日,工化院公司成为国际咨询工程师联合会(FIDIC)会员。2004 年 4 月,工化院公司地址由原来的漕溪四村 55 号改为田东路 88 号。2008 年 3 月 10 日,由上海工程化学设计院有限公司、上海太平洋化工(集团)公司焦化设计院、上海吴泾化工设计院(原上海吴泾化工总厂设计院)联合组建华谊集团设计院。2012 年 4 月,华谊集团实施工程板块整合,上海华谊集团装备工程有限公司(简称"装备工程公司")100% 股权无偿划转给工化院公司,成为其全资子公司。是年 8 月 15 日,工化院公司变更为上海华谊工程有限公司(简称"工程公司");同时,调整组织机构,下设 21 个部门,即:商务部、海外事业部(筹)、QHSE 部、技术开发管理部、项目管理部、项目控制部、前期咨询室、工艺系统室、管道室、设备室、电仪室、公用工程室、建筑设计分院、工程经济室、采购部、施工管理部、人力资源与行政部、信息技术部、资产财务部、监察审计部、党群工作部。拥有 2 个子公司:装备工程公司、上海华谊工程技术有限公司。2013 年 12 月 30 日,成立海外事业部,撤销工程经济室,相关人员并入项目控制部。截至 2013 年年底,工程公司员工有 642 人。

1998 年 12 月,工化院公司注册资本 2 000 万元,其中氯碱公司出资比例 51%,天原集团出资比例 49%。2002 年 12 月 13 日,天原集团以货币资金 100 万元增资,增资后工化院公司注册资本 2 100 万元,天原集团出资比例为 51.43%;氯碱公司出资比例为 48.57%。2005 年 12 月 30 日,天原集团将其所持有的 51.43% 的股权转让给华谊集团。2008 年 12 月 12 日,氯碱公司将其所持有的 48.57% 的股权转让给华谊集团。上述股权变更完成后,华谊集团持有 100% 的股权。2009 年 5 月,华谊集团增资 2 900 万元后,工程公司注册资本 5 000 万元。2012 年 9 月,华谊集团又以货币资金 5 000 万元增资,增资后工程公司注册资本 1 亿元。

2013 年,工程公司固定资产原值 6 463.08 万元,固定资产净值 2 973.95 万元。

二、主营业务

工程公司业务经营范围是化工行业工程设计、工程总承包,工程设备、材料销售,工程咨询,建筑行业工程设计,建筑装饰工程设计,科技咨询服务,承包境外化工行业工程和境内国际招标工程,承包上述境外工程的勘测、咨询、设计和监理项目,上述境外工程所需的设备、材料出口,对外派遣实施上述境外工程所需的劳务人员。

1994年,工程公司获中华人民共和国建设部颁发的《工程设计证书》,获中华人民共和国建设部颁发的《工程总承包甲级资格证书》。2001年,获国家质量技术监督局颁发的《压力管道设计资格批准书》。2002年,获国家环境保护总局颁发的乙级《环保专项工程工程设计证书》,获国家质量监督检验检疫总局锅炉压力容器安全监察局颁发的《压力容器设计单位批准书》。2003年,获中华人民共和国住房国家发展和改革委员会颁发的《工程咨询资质证书》。2006年,获国家质量监督检验检疫总局颁发的《特种设备设计许可证(压力管道)》。2007年,获国家质量监督检验检疫总局颁发的《特种设备设计许可证(压力容器)》。2008年,获上海市对外经济贸易委员会颁发的《对外承包工程经营资格证书》,获中国石油和化工勘察设计协会颁发的AA级《企业信用等级证书》。2010年,获中华人民共和国住房和城乡建设部颁发的《工程设计证书》。2011年,获中国石油和化工勘察设计协会颁发的AAA级《企业信用等级证书》。2013年,获上海市城乡建设和交通委员会颁发的《建筑业企业资质证书》。

1993—2013年,工程公司获国家和行业优质工程奖、优秀工程设计奖及优秀咨询奖等奖项50多个。

表1-3-1　1991—2013年工程公司获奖情况表

获奖时间	奖项名称	奖项内容
1993年12月30日	上海卡博特化工有限公司炭黑工厂工程项目	获上海市建设委员会"1993年度上海市优秀设计二等奖"
1998年3月18日	上海氯碱总厂综合设施给排水专业	获上海市建设委员会"1997年度上海市优秀专业设计三等奖"
1998年3月18日	上钢三厂3000立方米重油贮罐结构专业	获上海市建设委员会"1997年度上海市优秀专业设计三等奖"
1999年9月20日	上海氯碱化工股份有限公司10万吨/年离子膜烧碱工程项目	获国家石油和化工局"化学工业优质工程奖"
1999年11月20日	上海天原(集团)氯碱公司电化厂10万吨/年烧碱技术改造项目	获上海市建设委员会"1999年度上海市优秀工程二等奖"
1999年11月20日	上海市静安区青少年活动中心项目	获中国石油和化工勘察设计协会"1999年度化工行业优秀民用建筑设计二等奖"
2001年9月20日	上海氯碱化工股份有限公司聚氯乙烯装置技改增产10万吨/年工程项目	获中国石油和化工勘察设计协会"2001年度化工行业优秀工程设计一等奖"
2001年9月20日	上海松江九亭国亭花苑项目	获中国石油和化工勘察设计协会"2001年度化工行业优秀建筑设计三等奖"
2001年9月20日	上海氯碱化工股份有限公司(原上海氯碱总厂)5000吨/年漂粉精装置项目	获中国石油和化工勘察设计协会"2001年度化工行业优秀工程设计三等奖"
2001年9月20日	拜耳上海聚合物有限公司上海拜耳氯碱聚碳酸酯项目可行性研究报告	获中国石油和化工勘察设计协会、中国工程咨询协会化工专业委员会"2001年度全国化工行业优秀工程咨询成果二等奖"

（续表）

获奖时间	奖项名称	奖项内容
2001年9月20日	上海华谊(集团)公司吴泾化工区规划	获中国石油和化工勘察设计协会，中国工程咨询协会化工专业委员会"2001年度全国化工行业优秀工程咨询成果二等奖"
2001年12月31日	上海华谊(集团)公司吴泾化工区规划	获中国工程咨询协会"2001年度全国优秀工程咨询成果三等奖"
2001年12月31日	拜耳上海聚合物有限公司上海拜耳氯碱聚碳酸酯项目可行性研究报告	获中国工程咨询协会"2001年度全国优秀工程咨询成果二等奖"
2002年3月20日	长兴化学(昆山)有限公司项目	获上海市勘察设计协会"上海市优秀工程设计三等奖"
2002年11月20日	宁夏氯碱化工股份有限公司移地建设5万吨/年烧碱、5万吨/年聚氯乙烯及公用工程技术改造可行性研究报告	获中国石油化工勘察设计协会、中国工程咨询协会化工专业委员会"2002年度化工行业优秀工程咨询成果三等奖"
2002年11月20日	上海天原(集团)有限公司上海化学工业区烧碱/氯乙烯/聚氯乙烯项目可行性研究报告	获中国石油化工勘察设计协会，中国工程咨询协会化工专业委员会"2002年度化工行业优秀工程咨询成果一等奖"
2002年12月20日	上海氯碱化工股份有限公司聚氯乙烯装置技改增产10万吨/年工程项目	获中国建设部"全国第十届优秀工程设计银质奖"
2003年12月20日	宁夏氯碱化工股份有限公司移地建设5万吨/年烧碱、5万吨/年聚氯乙烯及公用工程技术改造项目	获上海市勘察设计行业协会"2003年度上海市优秀工程设计三等奖"
2004年3月20日	上海新华花苑项目	获中国石油和化工勘察设计协会"2003年度化工行业优秀建筑设计三等奖"
2004年3月20日	上海氯碱化工股份有限公司电化厂5万吨/年离子膜烧碱技术改造项目	获中国石油和化工勘察设计协会"2003年度化工行业优秀设计三等奖"
2004年10月20日	宁夏石嘴山氯碱厂10万吨/年烧碱、12万吨/年聚氯乙烯氯碱工程可行性研究报告	获中国石油和化工勘察设计协会"2004年度化工行业优秀工程咨询成果三等奖"
2005年4月27日	上海卡博特化工有限公司5万吨/年新技术炭黑工程项目(三期)	获中国石油和化工勘察设计协会、中国工程咨询协会"2004年度全国工程项目管理优秀奖"
2005年4月28日	氯乙烯/聚氯乙烯工艺包开发	获上海市科学技术委员会"上海市科学技术成果奖"
2005年10月12日	EDC裂解A/B单元节能改造	获中国石油和化学工业协会"科技进步二等奖"
2005年10月20日	上海市统计资料馆项目	获上海市勘察设计行业协会"2005年度上海市优秀工程勘察设计三等奖"
2005年11月20日	上海华谊微电子材料有限公司年产万吨级微电子化学品项目可行性研究报告	获中国石油和化工勘察设计协会，中国工程咨询协会化工专业委员会"2005年度化工行业优秀工程咨询成果二等奖"
2005年11月20日	上海氯碱化工股份有限公司EDC裂解A/B单元节能改造	获中国石油和化工勘察设计协会"2005年度化工行业优秀工程设计三等奖"
2005年11月20日	上海三爱富新材料股份有限公司聚四氟乙烯装置技术改造项目	获中国石油和化工勘察设计协会"2005年度化工行业优秀工程设计三等奖"

〔续表〕

获奖时间	奖项名称	奖项内容
2005年11月20日	上海市统计资料馆	获中国石油和化工勘察设计协会"2005年度化工行业优秀民用建筑设计一等奖"
2006年11月16日	双效变压EDC精馏节能技术	获中国石油和化学工业协会"科技进步三等奖"
2007年2月20日	上海天原(集团)有限公司7万吨/年聚氯乙烯专用树脂技改项目	获中国石油和化工勘察设计协会"2006年度化工行业优秀工程设计二等奖"
2007年5月20日	"减少电气控制原理图的差错率"课题	获上海市勘察设计行业协会"上海市勘察设计系统2007年度优秀QC小组成果二等奖"
2007年10月18日	年产千吨聚偏氟乙烯与由废液生产六氟丙酮技术及产业化	获中国石油和化学工业协会"科技进步二等奖"
2007年11月20日	广州新昊化工有限公司15万吨/年烧碱项目可行性研究报告	获中国石油和化工勘察设计协会、中国工程咨询协会化工专业委员会"2007年度化工行业优秀工程咨询成果三等奖"
2007年12月20日	上海烧碱及聚氯乙烯项目一期工程项目	获中国石油和化工勘察设计协会"2007年度化工行业优秀工程设计二等奖"
2008年10月15日	4 000吨/年六氟丙烯规模化装置新技术	获中国石油和化学工业协会"科技进步三等奖"
2009年1月23日	上海烧碱及聚氯乙烯项目一期工程	获中国石油和化工勘察设计协会"工程项目管理银奖"
2009年10月13日	3万吨/年40%低酸度乙二醛工业化生产技术	获中国石油和化学工业协会"科技进步二等奖"
2009年12月30日	上海焦化有限公司产品结构调整多联产项目可行性研究报告	获中国石油和化工勘察设计协会、中国工程咨询协会化工专业委员会"2009年度化工行业优秀工程咨询成果二等奖"
2009年12月30日	上海氯碱化工股份有限公司4万吨/年糊状聚氯乙烯技改项目	获中国石油和化工勘察设计协会"2009年度化工行业优秀工程设计三等奖"
2010年12月27日	河北忠信化工有限公司40万吨/年醋酸项目	获中国石油和化工勘察设计协会"2010年度化工行业优秀工程设计二等奖"
2010年12月27日	《钢制管法兰 垫片 紧固件》标准编制	获中国石油和化工勘察设计协会"2010年度化工行业优秀设计基础工作一等奖"
2011年9月13日	安徽华谊精化有限公司50万吨/年醋酸项目可行性研究报告	获中国工程咨询协会化工专业委员会"2010年度化工行业优秀工程咨询成果三等奖"
2011年8月21日	山东金典化工有限公司二硫化碳项目可行性研究报告	获中国石油和化工勘察设计协会"2011年度化工行业优秀工程咨询成果三等奖"
2011年11月20日	中国中学(南郊校区)改扩建项目	获中国石油和化工勘察设计协会"2011年度化工行业优秀建筑工程设计三等奖"
2012年7月30日	安徽无为焦炭联产甲醇工程一期60万吨/年甲醇项目	获全国化工工程建设质量奖审定委员会"2012年度化学工业优质工程奖"
2012年12月20日	安徽华谊化工有限公司50万吨/年醋酸项目	获中国石油和化工勘察设计协会"2012年度化工行业优秀工程设计二等奖"

(续表)

获奖时间	奖项名称	奖项内容
2012年12月20日	国电新疆准东煤电及煤基化纤原料工业园区规划	获中国石油和化工勘察设计协会"2012年度化工行业优秀工程咨询成果二等奖"
2012年12月21日	国电新疆准东煤电及煤基化纤原料工业园区规划	获中国工程咨询协会"2012年度全国优秀工程咨询成果二等奖"
2013年7月30日	上海焦化产品结构调整多联产项目配套空分装置	获全国化工工程建设质量奖审定委员会"2013年度化学工业优质工程奖"
2013年11月25日	安徽华谊化工有限公司50万吨/年醋酸项目	获中国施工企业管理协会"2012—2013年度国家优质工程奖"

1995年,工化院主营业务收入788.3万元,利润48.39万元。1999年,工化院公司主营业务收入1 349.99万元,利润7.8万元。2002年,主营业务收入3 206.79万元,利润153.23万元。2005年,主营业务收入9 109.95万元,利润1 170.56万元。2010年,主营业务收入29 711.22万元,利润2 893.61万元。2013年,工程公司主营业务收入44 906.58万元,利润2 194.28万元。

三、下属主要企业

【上海华谊集团工程造价咨询有限公司】

上海华谊集团工程造价咨询有限公司(简称"造价公司")于1998年筹建;1998年7月27日,获建设部批准取得甲级工程造价机构资质。造价公司由华谊集团、工化院公司(现工程公司)、上海化工设计院有限公司(现上海寰球工程有限公司)和上海市化学化工学会四方出资建办,初始出资额为30万元。造价公司于1999年2月8日工商注册,注册住所在南昌路203号。

2000年,造价公司注册资本增至50万元。2001年,上海市化学化工学会将股权转让给工化院公司,注册资本增加到100万元。股权结构为华谊集团占股本20%,工化院公司占股本52%,上海化工设计院有限公司占股本28%。造价公司在董事会的领导下,设项目管理部、经营管理部、综合办公室等部门。2006年,工程化学设计院工程经济室整建制划入造价公司。2013年,造价公司改制为民营企业,改制后更名为上海沪谊工程造价咨询有限公司。改制后造价公司继续发展,注册资本增加到500万元,在安徽等地开设分公司,增加招标代理业务,拓展业务范围。

1999—2013年,股东方投入造价公司资本金100万元,分红逾173万元,改制时以850万元的价格在产权交易所出让。

造价公司经营范围是编、审建设项目的投资估算、经济评价、概算、预算、结算、招标标底、投标报价及工程造价监控、咨询(资质等级甲级),化工、建设工程、设备及安装、仪表、工程造价监控专业技术领域内的科技经营业务。

1999—2012年,造价公司完成造价咨询项目700多项,仅审价项目就核减5亿多元,其中大多数是华谊集团下属单位的项目,为华谊集团节约大量的建设投资费用。2007年,公司主营业务收入442.84万元,利润31.94万元。2008年,主营业务收入522.54万元,利润49.79万元。2009年,主营业务收入534.13万元,利润42.19万元。2010年,主营业务收入541.76万元,利润23.98

万元。2011年，主营业务收入694.58万元，利润17.23万元。2012年，主营业务收入907.92万元，利润83.69万元。

截至2013年年底，造价公司有员工37人，均为大专以上文化程度，其中在职员工31人，聘用员工6人。造价公司员工中具有高级职称5人、中级职称18人、初级职称10人、注册造价工程师14人。

【上海市工业用水技术中心有限公司】

上海市工业用水技术中心有限公司（简称"水中心"）是经上海市人民政府批准，于1983年建立的全市第一家专业性水处理应用开发机构，曾用名上海市工业用水技术中心。2013年1月，改制并更名为上海市工业用水技术中心有限公司，注册资本409.9万元，由工程公司全额投资，注册地址在上海市徐汇区田东路88号8幢500室，是一家全面提供水处理解决方案和服务，集工程设计、装备制造、工程安装调试、技术培训、技术服务、新技术开发、技术咨询及水质分析于一体的专业水处理公司。水中心承建400多项工程，拥有2项水处理技术发明专利，并通过ISO9000质量体系认证。

水中心主营业务包含给水处理、工业污水处理、市政污水处理、循环水处理、回用水及零排放、水质分析，业务遍布全国各地，主要业务领域为化工、钢铁、医药、电子、食品饮料等行业。主要业绩包含丙烯酸公司二期3960吨/天、三期2640立方米/天脱盐水项目，氯碱公司4800吨/天脱盐水项目；焦化公司600吨/天锅炉用纯水装置；双钱集团（如皋）轮胎有限公司1680吨/天锅炉水处理装置，上海青浦工业园区1920吨/天热电厂锅炉用水处理装置等项目。

【上海华谊工程技术有限公司】

上海华谊工程技术有限公司于2013年6月28日在上海市徐汇区华泾镇华理科技园注册成立。公司由华谊集团和工程公司共同出资组建，注册资本3000万元，其中工程公司占资70%，华谊集团出资30%。上海华谊工程技术有限公司经营范围包括工程技术、化二科技领域内的技术开发、技术转让、技术咨询、技术服务（含专业化设计服务、技术推广服务、科技服务、科技推广和应用服务）。上海华谊工程技术有限公司致力于能源化工、新材料化工、精细化工和环保节能等领域的技术输出、新技术开发和技术成果产业化，包括技术咨询、工艺包编制、工程设计和运行服务等。

上海华谊工程技术有限公司设经营部、技术开发部、开车服务部、综合管理部4个部门。经营部主要负责技术营销、技术推广、技术市场开发；技术开发部主要负责项目工艺包编制、技术梳理、技术包装；开车服务部主要负责项目的原始开车指导、开车人员培训；综合管理部主要负责公司的日常行政及技术管理，为公司的运营提供保障。

2013年，主营业务收入47169.8元，利润24905.36元。

【上海华谊集团装备工程有限公司】

上海华谊集团装备工程有限公司前身为上海化工机械一厂，于2005年10月18日开始组建，注册资本6000万元，其中华谊集团占注册资本的90%，上海化工装备有限公司占注册资本的10%。2006年4月，装备工程公司注册地址变更为上海化工区奉贤分区苍工路1188号，建筑面积26697.93平方米。2012年4月，华谊集团实施工程板块整合，装备工程公司党委整建制划归工程公司党委管理；5月，以2011年12月31日为基准日，华谊集团将所持有的装备工程公司100%股权无偿划转给工程公司，装备工程公司成为工程公司全资子公司。2013年，装备工程公司注册资本增加至9 000万元。

装备工程公司持有A1、A2、C2、C3级特种设备设计和制造许可证，ISO9001证书，ASME证书U、U2资质。装备工程公司产品被广泛应用于石油化工、化肥、医药、橡胶、核电、环保、海洋工程等领域。

2013年，销售收入2.44亿元，利润188.14万元。

【上海华谊工程服务有限公司】

上海华谊工程服务有限公司成立于2013年3月5日，注册资本300万元，出资方为工程公司和上海中天能源投资有限公司，双方各占注册资本的51％和49％。主要经营化工装置的专业化运保、制造和检维修、安装、销售、代理和工程咨询等业务。

2013年，主营业务收入2 187.7万元，利润146万元。

第四节　上海华谊集团化工实业有限公司

一、沿革

1992年6月24日，在原住宅办的基础上建立上海化工房地产开发经营公司，地址位于上海浦东崂山东路571弄12号5楼。主营房地产开发、经营和住宅建设的主建、代建、住宅建设的技术咨询等。兼营房产租赁、代理经租、建筑材料。1998年3月20日，成为华谊集团的全资子公司。1999年4月6日，该公司改制为上海化工房地产有限公司。2004年2月6日，更名为上海华谊集团房地产有限公司（简称"房产公司"）。

1998年7月8日，组建上海华谊集团置业有限公司，地址位于上海市闸北区中山北路2000号8楼。主营房地产开发经营、物业管理、房地产中介咨询。2003年5月12日，上海化工房地产有限公司归属上海华谊集团置业有限公司管理。6月12日，更名为上海华谊集团化工实业有限公司（简称"实业公司"）。房产和实业两公司实行两块牌子一套班子，公司的机构设置改为四部一室，即：房产开发部、物业管理部、市场发展部、财务部及办公室。10月21日，撤销房产开发部。2008年3月，组建公司党群工作部、规划发展部、政策研究室（筹）。原工程项目部、市场发展部、财务部、办公室分别调整为工程管理部、市场经营部、资产财务部、总经理办公室。

2001年12月4日，华谊集团下属的上海化工招待所整体划归上海化工房地产有限公司管理。2004年2月9日，实业公司全权收购上海双翼实业公司。2005年3月23日，实业公司收购尔华杰公司60％股权；2007年6月29日，变更为37.5％股权。2010年12月31日，实业公司将尔华杰公司股权无偿划转给投资公司。从2006年11月22日起，实业公司对氯碱房产公司进行托管。2007年5月29日，实业公司全权收购氯碱房产公司股权。2008年10月13日，上海太平洋化工集团房地产开发经营有限公司划归实业公司管理；2012年9月14日，上海太平洋化工集团房地产开发经营有限公司注销。2011年5月25日，实业公司吸收合并上海星火化工厂有限公司；2012年10月23日，上海星火化工厂有限公司注销。

2013年，实业公司固定资产原值0.26亿元，固定资产净值0.13亿元。

截至2013年年底，实业公司注册资本1.5亿元，位于上海市卢湾区瑞金二路42号，员工有98人。

二、主营业务

实业(房产)公司,是以房地产开发为主体,以商办、住宅物业管理和房产租赁管理为两翼的三大核心业务。该公司具有上海市物业管理二级资质,物业辖区管理面积为 103 万平方米,其中有 7 处楼盘获"上海市文明小区"称号、1 处楼盘获"全国城市物业管理优秀示范大厦""上海市物业管理优秀大厦"称号。其子公司上海华谊房产租赁管理有限公司推行的《租赁管理流程》及《租赁管理信息系统软件》成为上海市租赁业规范化管理的首创,"十一五"期间,公司租赁管理面积为 40 万平方米,经营收入 1 亿元。

1992 年,实业(房产)公司取得城市综合开发三级公司资质。2009 年 9 月 8 日,通过中质协质量保证中心认证,获 ISO9001 质量管理体系认证。2007—2013 年,连续被评为财务会计 A 类信用单位。获 2010—2011 年度上海市纳税信用等级 A 类企业。该公司开发建造和销售的业绩有:甲级高层商务办公楼"中期大厦"、现代商品住宅小区"东丽苑""虹光公寓""华延公寓""呼玛小区""金棕榈公寓""华谊星城"等。同时,还走出上海,在江苏淮安地区的楚州开发建设商品住宅。

实业(房产)公司先后被国家建设部评为全国住房解困先进单位,上海市住宅建设立功竞赛先进集体,开发的项目多次获优秀住宅小区等奖项。1999—2013 年,连续获上海市文明单位称号。

实业公司:2003 年,主营业务收入 6 228.38 万元,利润 400.23 万元。2005 年,主营业务收入 1 298.62 万元,利润 1 412.39 万元。2013 年,主营业务收入 197.16 万元,利润 1 202.87 万元。

房产公司:1999 年,主营业务收入 102.35 万元,利润 39.68 万元。2005 年,主营业务收入 547.89 万元,利润 1 231.84 万元。2013 年,主营业务收入 16 398.47 万元,利润-271.47 万元。

第五节　上海华谊集团企业发展有限公司

一、沿革

上海华谊集团企业发展有限公司(简称"企发公司")成立于 2003 年 8 月 18 日,办公地址在上海市卢湾区徐家汇路 560 号 23 楼,注册资本 2 000 万元,其中华谊集团出资 1 800 万元,占注册资本的 90%;实业公司出资 200 万元,占注册资本的 10%。2005 年 11 月,改由华谊集团全额出资,企发公司成为华谊集团全资子公司。2004 年 2 月,办公地址迁至上海市虹口区武进路 440 号;2006 年 11 月 21 日,迁至上海市长宁区长宁路 405 弄 3 号。

企发公司成立以来,通过上级划拨和股权收购等形式,企业规模逐渐扩大。截至 2009 年 7 月,企发公司拥有上海华谊劳务服务有限公司、上海华谊企发经贸有限公司、上海华谊企发劳动服务有限公司(简称"企发劳服公司")、上海华谊企发资产管理有限公司(简称"企发资产公司")等全资子公司。2012 年 12 月,又增加上海华谊集团置业有限公司(简称"华谊置业公司")。截至 2013 年年底,企发公司职工总数 1 339 人,退休职工 36 775 人,离休干部 116 人。

随着华谊集团调整发展的深入,企发公司先后托管进入调整的华谊集团二级单位,有上海硫酸厂、上海染料有限公司、上海化学试剂有限公司、上海化工厂有限公司、上海塑料工业公司、上海化工装备有限公司、上海华向橡胶制品有限公司。同时,企发公司对上海胶鞋公司、上海硫酸厂、上海化工供销有限公司、上海染料化工八厂、上海染料有限公司、上海华向橡胶制品有限公司、上海大可染料有限公司、上海华亨化工厂、上海华谊集团华原化工有限公司、上海化工装备有限公司、上海华谊集团建设有限公司等单位的197位离休干部进行集中管理。

2006年年初,企发公司本部成立十部三室一中心:总经理办公室、人事部、财务部、资产部、调整部、保障部、劳务输出部、生产管理部、经营贸易部、监审法务部、政策研究室、公司十一五规划办公室、党群工作部、离休干部管理服务中心。

2013年年底,企发公司本部职能部门进行调整,设总经办、人事部、财务部、房产管理部、设备工程管理部、资产部、调整部、安全保卫部、监审法务部、党群工作部、离休干部管理服务中心。

2013年,实业公司固定资产原值0.26亿元,固定资产净值0.13亿元。

二、主营业务

企发公司主要从事投资经营、投资管理及咨询、化工产品生产销售与批发、房屋与商务楼租赁、仓储服务、物业管理费、劳务派遣服务。2007—2011年和2013年获由上海市虹口区财政局颁发的上海一类财务会计信用证书。2012年10月,获由上海市国家税务局、上海市地方税务局颁发的2010—2011年度上海市A级纳税信用A类证书。

企发公司成立时与华谊集团企业调整部合署办公。2008年2月15日,华谊集团撤销企业调整部,把指导和操作业内企业调整工作职能划归企发公司。同时,又根据发展调整需要赋予企发公司"五大平台"职能:公司调整部指导和参与列入华谊集团调整计划的企业的调整;公司资产部指导各相关企业操作企业清理;公司调整部指导企发劳服公司操作非在岗人员集中管理;公司资产部指导企发资产公司操作闲置和报废设备处理;公司房产管理部指导企发资产公司和华谊置业公司操作房产租赁管理。

自2006年4月起,企发公司按照华谊集团管理要求,协助严重资不抵债的相关单位做好破产、调整工作,先后依法办结上海胶鞋研究所、上海长江化工厂、上海硫酸厂、上海化工厂有限公司、上海化学试剂有限公司的破产事项。2003—2013年,企发公司指导和直接操作华谊集团业内95家企业的调整;企发公司上海化工职介所配合各企业的调整,并借助上海市总工会召开职介招聘会等途径做好职介工作,其间提供就业岗位48 216个,接受职介咨询18 268人次,职介对象参加面试15 620人次,录用人数8 476人。2006—2013年,企发公司完成企业清理280户;先后接收华谊集团调整退出和正常生产62家企业的离岗、退休和非统等人员45 180人,并实行集中管理服务。2007—2013年,企发公司作为华谊集团报废(闲置)资产处置集中平台,处置报废(闲置)资产343项,原值194 806万元,评估值10 657.3万元,成交值16 422.2万元。2013年,企发公司承接并基本完成华谊集团委托的19个房产地块,管理面积12.57万平方米;行业委托的17个房产地块,管理面积7.59万平方米。华谊置业公司整体划转企发公司管理后,新增管理面积70.94万平方米。截至2013年年底,企发公司的房产、地块管理总面积为91.1万平方米(46个房产地块)。

2006年,企发公司获市国资委系统"维护企业和社会稳定工作先进集体"称号。2009年12月15日,《解放日报》第十版以"调结构要快速也要平稳华谊人性化操作'做减法'"为题,专题报道企发公司在资产处置、企业退出和职工安置等方面的做法与成效。

2003年,公司销售收入352.41万元,利润82.93万元。2006年,销售收入33 243.16万元,利润4 438.65万元。2011年,销售收入26 830.72万元,利润-1 904.14万元。2013年,销售收入39 142.15万元,利润1 334.19万元。

三、下属主要企业

【上海华谊企发劳动服务有限公司】

上海华谊企发劳动服务有限公司经股权收购,由上海胶鞋公司的上海帮尔劳动服务有限公司更名,成立于2006年7月,是企发公司的全资子公司。公司注册资本200万元,位于宁国路241号。截至2013年年底,公司职工76人。

作为企发公司人员和档案的集中管理平台,企发劳服公司主要职能是接收管理华谊集团下属调整破产和正常经营企业的离岗、退休等人员及各类档案,提供职解、帮困、再就业、处理各种原企业历史遗留问题、按政策办理各种劳动人事方面有关手续、档案查阅并出具相关证明等服务。截至2013年年底,企发劳服公司托管接收62家单位离岗、退休等人员45 180人,接收、整理和管理人事、财务、文书等档案376 734份。

企发劳服公司根据服务管理工作的需要,在全市设立职工管理工作站并根据需要撤并增改。2013年年末,设长宁工作站、虹口工作站、宝山工作站、卢湾工作站、普陀工作站等14个工作站。

企发劳服公司多次获上海市嘉奖。2011年,李培芬被评为上海市优秀党务工作者。2013年,企发劳服公司退休管理委员会被评为上海市退管工作先进集体。2015年,普陀工作站获2010—2014年度上海市劳动模范集体荣誉称号。

【上海华谊企发资产管理有限公司】

2009年5月,上海染料有限公司无偿划转,成为企发公司的全资子公司;其下属企业上海染联劳动服务有限公司更名为上海华谊企发资产管理有限公司。企发资产公司主要从事房屋租赁、物业管理和报废设备处置等业务,注册资本100万元。截至2013年年底,公司职工人数26人。

2005年起,上海染联劳动服务有限公司接受企发公司委托,对染料和胶鞋、化妆行业的部分厂房进行集中管理。2009年,企发资产公司的物业管理和房地产经营业务已涉及上海的闸北、长宁、杨浦、虹口、卢湾、普陀、金山、崇明等区县以及海南省海口等地区,有14块房产资源,土地面积和建筑面积分别为75 924平方米和43 168平方米,年租金收入600万元左右。2012年,企发资产公司管理的房产地块增至19个,其中出租区域16个、办公区域3个,年租金收入在1 200万元左右。2013年,企发资产公司再次承接企发公司委托的相关租赁物业业务,管理33处租赁点,管理面积13.63万平方米,合同租金约4 616.56万元,其中新增租赁管理区域16处,新增管理面积6.51万平方米,新增合同租金约3 438.79万元。

企发资产公司先后获2010年度、2012年度上海市平安单位。2012年12月,获"建行杯"第四届上海市住房公积金区级百佳诚信缴交企业称号。

【上海华谊企发经贸有限公司】

上海华谊企发经贸有限公司成立于2007年1月15日;10月,无偿承接企发公司拥有的上海化工劳动服务有限公司全部股权并将其吸收合并,成为企发公司的全资子公司。公司位于上海市卢湾区马当路357弄8号101室,注册资本472万元,经营范围为化工产品及原料(国家专控除外)、金属材料、建筑装潢材料、仪器仪表、汽车配件、日用百货、劳防用品、服装鞋帽的销售、化工产品领域内的科技经营业务。截至2013年年底,公司职工人数为8人。

2007年2月2日,公司被上海市劳动和社会保障局认定为劳动就业服务企业。5月,被上海市税务局卢湾区分局列入免征企业所得税企业。2013年3月,获由上海市安全生产监督管理局颁发的危险化学品经营许可证。

公司通过与南京、武汉、青岛、宁波的化工公司等企业合作,从小单子、小毛利起步,到货物通过火车、轮船、货车、槽罐车运输,做大贸易。其间,为焦化公司产品走出上海牵线搭桥,供应青岛化工企业的甲醇近1万吨。

公司依托华谊集团平台的品牌优势,做强贸易,先后与美国FLT公司、美国TNY公司、德国巴斯夫公司、江苏暨阳医药化工集团公司等国内外企业签约合作,打响华谊品牌、赢得客户信任,供货的产品有焦化公司的苯酐产品、上海精细化工有限公司的杀菌剂产品、丙烯酸公司的丙烯酸产品。

截至2013年年底,公司销售收入29 571.47万元。

【上海华谊置业有限公司】

2013年1月,上海华谊集团置业有限公司被企发公司托管;9月6日,以股权无偿划拨的形式,由上海华谊集团房地产有限公司转入企发公司,成为其全资子公司。公司主要从事居民住宅区和商务办公楼的物业管理,注册资本500万元,位于上海市闸北区西藏北路1576号。截至2013年年底,公司员工235人,其中在职员工126人,劳务工109人。

2004年11月,公司获上海市房屋土地资源管理局颁发的物业管理企业二级资质证书。2012年2月,公司被评为2011年度上海市平安单位。2013年12月,公司被上海市物业管理行业协会评为上海市物业管理行业诚信承诺A企业。

2005年6月,公司承接华谊星城物业管理项目。2006年4月,承接东方康洛物业管理项目。2007年12月,托管原氯碱物业氯碱小区。2009年9月,承接龙泰公寓物业管理项目。2011年12月,承接桃园新村汇枫公寓物业管理项目。

公司所管理的大部分住宅小区均是华谊集团前身化工局开发建设的售后公房小区,物业收费由政府定价,标准过低,亏损每年在扩大。经过决策,公司对管理风险高、难度大、出现亏损的住宅小区,特别是房龄较长的售后公房小区,按照市场化原则实施退出机制。从2008年起,逐步退出低端住宅小区的物业管理。

公司物业管理的地块数和面积:2004年为12块和334 634平方米,2007年为16块和679 997平方米,2013年为6块和349 166平方米。

2004年,公司营业收入387.7万元,利润3.9万元。2007年,营业收入1 175.8万元,利润66万元。2013年,营业收入1 779.6万元,利润-126.83万元。

【上海华谊劳务服务有限公司】

上海华谊劳务服务有限公司(简称"华谊劳务公司")于2008年10月以收购和划拨的形式成为企发公司的全资子公司,注册资本200万元。公司2006年11月迁至上海市长宁区长宁路405弄3号办公。截至2013年年底,公司管理人员为5人。

1999年7月15日,华谊劳务公司完成工商登记,公司经营范围:为国内企业提供劳务派遣服务。

华谊劳务公司成立以来的工作分为两个阶段。第一阶段(1999—2001年):面临滞留在华谊集团再就业中心的近1万名企业职工,公司积极开辟岗位资源,将他们输送到各大超市等社会单位和业内企业,既解决下岗职工的生存问题,也保证社会和企业的稳定。第二阶段(2002—2013年):主要做好三项工作。一是进一步规范用工。对以往职介、劳务派遣的职工进行梳理，按照国家政策规定，与他们签订劳动合同，以公司派遣人员的身份到上海图书馆等20余家单位就业。二是继续服务华谊集团调整。焦化公司有近1000名职工下岗，氯碱公司2000多名内退内养人员需要管理，公司协助这些企业解决职工的再就业和滞留原企业的管理工作。三是不断扩大业务。公司在保证满足业内职工求职的同时，将劳务输出的重心放在承接社会需求上，2013年之前，劳务输出人员90%来自社会。2002—2013年，公司的劳务派遣人员有9000余人，其中2008年为2300余人（业内人员占30%），2013年为2700余人。

1999—2013年，华谊劳务公司实现利润1500余万元。

第六节 上海华谊信息技术有限公司

一、沿革

上海华谊信息技术有限公司（简称"信息公司"）于2011年6月28日成立，由华谊集团、石化盈科信息技术有限责任公司（简称"石化盈科公司"）和上海宝信软件股份有限公司（简称"宝信软件公司"）共同投资组建。注册资本2000万元，华谊集团占股55%，石化盈科公司占股30%，宝信软件公司占股15%。公司位于上海市卢湾区徐家汇路560号（华仑大厦7楼、8楼）。

信息公司成立之初，根据华谊集团提出的"六统一"要求，对集团内部信息化服务业务和队伍进行整合，搭建组织架构，由集团人力资源部、信息管理部、资产管理部对整合范围内的划转人员、业务范围及资产进行确认。在此基础上，整合华谊集团下属的所有信息中心业务，集聚华谊集团在化工信息化建设中的经验和资源，依托股东单位的业务、市场、技术、管理、资金及人力资源的优势，打造化工企业集约化信息平台，推进集团"管理制度化、制度表单化、表单信息化"。截至2013年年底，信息公司设立综合管理部、财务部、商务部、客服中心、事业一部、事业二部、事业三部7个部室，1个安徽分公司。在职员工124人，其中研究生以上学历15人，本科84人，中高级以上职称29人。

信息公司成立以后，首先在制造业分离生产性服务业的业务模式上先行一步。2011年，按照沪财税《关于试行鼓励制造业分离生产性服务业若干财政扶持政策的通知》，信息公司成为第二批政策扶持试点单位，并获25万元的财政补贴。其次，2012年，又充分利用"营改增"对信息技术、物流等现代服务业进行较大规模减税的政策，成为第一批"营改增"试点单位，享受"营改增"政策后，在降低企业税负的同时，降低经营成本。再次，依托股东单位的业务、市场、技术、管理、资金及人力资源的优势，初步建设形成三大信息化业务为主的集约化和信息化管理平台：以ERP为核心的管理信息系统的开发和实施、以MES和生产指挥系统为核心的生产管理信息化系统建设、企业IT基础设施建设及IT运维服务体系。并先后取得《建筑智能化三级资质》《SAP渠道分销商授权认证》《上海市经济和信息化委员会"软件企业"认定证书》等行业资质。

二、主营业务

信息公司经营范围包括软件开发与测试、信息系统集成、企业管理咨询、信息系统运营维护、电子商务、工业自动化系统建设与服务、智能建筑、电脑软硬件、网络设备销售、建筑智能化建设工程设计与施工、公共安全防范工程及信息系统安全工程的设计、施工和维修、仪器、仪表、电子产品、机电产品、通信设备的销售及售后服务等。

2011年9月30日,信息公司顺利完成人力资源整合工作,引进60多名优秀人才,并按照华谊集团一体化管理发展要求,与埃森哲(中国)有限公司共同启动华谊集团人力资源信息化系统第一阶段推广项目。是年,信息公司销售收入1509.14万元,利润14.14万元。

2012年2月9日,信息公司下属安徽分公司在安徽无为经济开发区注册成立,为华谊集团"走出去"企业提供全面、完善的信息化配套服务。6月26日,信息公司获SAP渠道分销商授权认证。10月,由信息公司参与实施的华谊集团旗下丙烯酸公司及三爱富公司SAP系统的试点项目成功上线;在项目实施过程中,通过组建内部人才团队,与咨询公司混合编队,全面参与2家试点单位的业务调研和蓝图设计,并独立承担系统运维和提升工作。

2012年,信息公司自主知识产权工作取得进展,先后获"华谊焦化地磅管理软件""华谊现场巡检管理软件"等8项软件著作权,获"华谊焦化地磅管理软件""华谊现场巡检管理软件""华谊橡胶半制品测试数据分析管理软件"3项产品登记证书。是年,信息公司销售收入10 075.11万元,利润204.1万元。

2013年10月,信息公司ERP项目如期上线,作为华谊集团服务板块首家试点企业,信息公司对现有业务流程进行全面梳理优化,并独立承担项目实施和上线工作,结合集团现有模板和服务行业特点,对项目管控、机会管理、财务管理等主要流程进行全面梳理,形成具有行业特色的新流程设计,丰富集团现有ERP模板。是年,信息公司获"上海市双软企业"认定,取得"计算机信息系统集成企业三级资质""建筑智能化工程专业承包三级资质""安全生产标准化二级企业资质"。截至2013年年底,信息公司销售收入14 059.66万元,利润385.07万元。

第七节　上海华谊集团财务有限责任公司

一、沿革

华谊集团于2011年10月13日取得中国银监会筹建财务公司批复;2012年4月5日,上海华谊集团财务有限责任公司(简称"财务公司")筹建通过银监现场验收;6月28日,财务公司获批开业;7月9日,取得金融许可证;8月3日,在《上海金融》发布公告;8月15日,完成工商注册,公司成立;9月6日,取得央行上海总部对于财务公司金融管理与服务项目申请的批复;9月中旬,投入运行。财务公司系华谊集团内唯一一家非银行金融机构,位于上海市浦东新区浦东南路1271号15楼。财务公司由华谊集团和其下属3家上市公司投资组建,其中华谊集团投资占比70%,双钱集团股份有限公司、上海氯碱化工股份有限公司以及上海三爱富新材料股份有限公司各投资占比10%,注册资本3亿元。2013年,财务公司根据上海银监局《关于同意上海华谊集团财务有限责任公司变更注册资本及修改公司章程的批复》,注册资本由3亿元增加至6亿元(含500万美元),股权结构保持不变。

截至2013年年底,财务公司在册员工21人,其中研究生以上学历9人,本科11人,专科1人;中高级以上职称9人。

二、主营业务

财务公司经批准经营以下本外币业务:对成员单位办理财务和融资顾问、信用鉴证及相关的咨询、代理业务；协助成员单位实现交易款项的收付；经批准的保险代理业务；对成员单位提供担保；办理成员单位之间的委托贷款；对成员单位办理票据承兑与贴现；办理成员单位之间的内部转账结算及相应的结算、清算方案设计；吸收成员单位的存款；对成员单位办理贷款及融资租赁；从事同业拆借。

2012年，财务公司构建起以存款、贷款、票据、担保等业务为核心的信息处理系统；建立起连通财务公司核心业务系统、华谊集团资金管理信息系统、客户服务系统、银行账户系统的统一结算平台，通过财银接口实现与三家核心合作银行间点到点贯通和无缝连接，同时和华谊集团资金管理信息系统及ERP接口进行数据交互。9月14日，财务公司吸收第一笔存款，年末归集资金总额29.1亿元，管理口径资金集中度为82%。年内基本完成华谊集团在沪控股企业账户的全面上线，全年结算金额102.28亿元。年内发放贷款7笔，投放金额6.8亿元。

2013年7月11日，第一家异地企业接入财务公司结算平台上线运行，财务公司开始归集异地企业资金，进一步扩大服务企业范围。9月4日，财务公司开出第一笔保函，中间业务取得突破。2013年期末，存款余额36.9亿元，资金集中度（全口径）历史性地超过60%，管理口径超过90%，成员企业上线户数从年初的74家增长至123家；全年的结算量7.79万笔，累计结算金额1061亿元，日均结算笔数216笔，日均结算金额2.95亿元；发放贷款29笔，余额14亿元，比2012年增加7.2亿元，其中银票贴现246张，委托贷款14笔；中间业务实现收入5.8万元。

2012年，公司营业收入7400万元，其中信贷主营业务收入4600万元，资金主营业务收入2800万元，利润2500万元。2013年，营业收入11318万元，其中信贷主营业务收入6871万元，资金主营业务收入4441万元，中间主营业务收入5.78万元，利润3375万元。

第八节　上海静安华谊小贷有限公司

一、沿革

上海静安华谊小贷有限公司（简称"小贷公司"）成立于2011年5月3日，注册资本1亿元，是上海首家由大型企业集团——华谊集团为主发起人，与上海万尊资产管理有限公司、上海圣夏文化传播有限公司、上海达利通投资管理有限公司、上海赋运信息技术有限公司、上海浩发电镀有限公司、上海东洲资产管理有限公司、上海饮料食品厂有限公司、上海森轶贸易发展有限公司8家企业共同组建。其中华谊集团出资3000万元，占股30%；其他股东出资7000万元，占股70%。小贷公司经营范围是发放贷款及相关的咨询活动。公司位于上海延安中路1000号上海展览中心商务楼一楼A座，下设行政部门、财务部门和业务部门。截至2013年年底，公司在册员工10人，其中博士研究生1人，硕士研究生1人，本科3人，大专5人；高级专业技术职称1人，中级专业技术职称3人，初级专业技术职称1人。

二、主营业务

2012年3月，小贷公司成为上海第二批获房产权籍查询权限的14家小贷公司之一，房产权籍查询系统开通，业务员可在小贷公司登录系统直接进行查询，无需再前往各区房产交易中心。8月，小贷公司通过审批得到2500万元融资资金；8月底，完成融资资金的贷款发放工作，中信银行虹口支行批准小贷公司融资 2 500 万元的申请;12 月 24 日,小贷公司完成 2012 年 5 000 万元的融资。

2012 年上半年,小贷公司进一步完善高管的奖惩制度、规范抵押物比例的制度,制定《利息及咨询费通知单》等内部流转文件,新增《最高额授信合同》。小贷公司业务操作信息管理系统开始运用,该系统对贷款受理、贷款结清、风险控制到客户服务全过程进行贷前与贷后管理、贷款审批、合同管理及流程管理等,逐步实行无纸化办公。

2013 年,通过中国人民银行上海分行授权第三方评级机构评定,小贷公司的信用等级为 BBB 级,在上海市的 116 家小贷公司中,名列第 19 位。是年,中国人民银行将小贷公司接入人行征信系统。是年,小贷公司被央行评为 2013 年统计工作的优秀小贷公司。

2012 年,公司销售收入 2 658.8 万元,比 2011 年增长 406.3%;贷款 2.2 亿元,比 2011 年增长 6%;2013 年,销售收入 2 707.11 万元,比 2012 年增长 1.82%;贷款 10 967.82 万元,比 2012 年降低 21.98%。

第九节　上海市化工环境保护监测站

一、沿革

化工局于 1980 年创建上海市化学工业局环境保护监测站(简称"化工环保站")。化工环保站系化工局直属全民所有制事业单位,经费来源由化工局全额拨款,业务受化工局生产技术处领导。化工环保站主要承担本系统内企业排放的主要有毒物质和治理装置的效果监测统计工作;检查系统内的企、事业单位贯彻环保法、执行国家和市"三废"排放标准情况及清洁文明工厂验收、复查等工作;并接受环保新分析方法,探索工厂的废水处理研究和技术咨询等任务。

从 1981 年年初开始,筹建化工环保站。化工局拨出宁波路 27 号(上海市化学工业局老干部活动室)和思南路 30 号(上海市化学工业局标准计量管理所三楼)两处 100 多平方米作为化工环保站的实验室和办公用房。化工环保站设一室三组,即站长办公室、行政组、监测组和科研组。

随着环保监测的发展,上海市编制委员会同意化工环保站在原来编制的基础上,增编 13 人,从而使编制扩大到 43 人。

1981 年 11 月 10 日,经上海市规划局同意,在位于上海市徐汇区天钥桥路 401 号的上海染化十厂新大楼的北面,建造一幢六层楼的化工环保站综合楼。该楼于 1983 年 9 月 23 日动工,1984 年 12 月 5 日竣工。

1985 年 2 月,化工环保站迁入位于徐汇区天钥桥路 401 号的化工环保站综合楼。

1993 年 5 月,化工环保站临时搬迁到位于大渡河路 188 号的上海化学试剂总厂。

1993 年 11 月 15 日,化工环保站与上海纺织发展总公司(简称"纺发公司")达成协议,纺发公司将江苏路东诸安浜路 159 弄 53 号原有厂房中位于西侧的一幢建筑面积为 1 415 平方米(占地面积 550 平方米)的三层楼厂房有偿转让给化工环保站使用。

1996 年 11 月 16 日,上海市化学工业局环境保护监测站更名为上海市化工环境保护监测站(简称"环保监测站")。1997 年 3 月 31 日,环保监测站符合《上海市事业单位登记办法》的规定,准予登记。

2009 年 1 月,环保监测站委托业务分两部分,即华谊集团内部企业和社会委托客户。

2010年,环保监测站再次调整所属部门机构,由原来的5个部门调整为7个。新设立科研室,其主要职责是提供环保监测站为华谊集团服务的技术支持,包括新项目的开发和其他增值服务。

2013年12月20日,环保监测站机构又作调整:撤销评价室、设立财务室,办公室和总务室合并成为综合办公室。调整后的组织架构为审核部、现场室、分析室、业务室、质保室、财务室、综合办公室。

二、主营业务

环保监测站主要业务范围包括承担环境、生产厂的废水、大气和噪声的监测;"三废"治理、科研及咨询服务。

环保监测站拥有完善的质量保证体系。1995年、2000年、2005年先后三次通过由上海市质量技术监督局组织的计量认证评审;上海市质量技术监督局于2005年8月,对环保监测站4大类22项的检测能力及其可靠性进行计量认证的复查评审,确认合格,颁发"计量认证合格证书"。2009年11月10日,化工环保监测站在原有的三大类、53项检测项目的基础上,新扩49项检测项目,增加两个大类,使环保监测站检测项目达到102项、五个大类,并获计量认证资格;将检测范围单一的环境检测拓展到职业卫生健康领域。2011年5月,环保监测站参加中国合格评定国家认可委员会(CNAS)认可的IERM组织的水中苯胺检测能力验证活动,验证结果为满意,顺利通过该项目的能力验证;11月,环保监测站取得上海市清洁生产审核机构的资质备案。

1991年,该站对50多家企、事业单位进行抽查的测试工作,测试项目21项,测试数据1 500个以上。1996年,监测厂家176次、出具监测数据5 000个,主营业务环境测试销售收入76.6万元,利润3.7万元。2002年,主营业务环境测试销售收入141.1万元,利润3.6万元。2006年,完成监测企业157家(次),出具监测数据2 647个,主营业务环境测试销售收入265.7万元,利润1.5万元。2008年,完成监测企业222厂次,出具监测数据8 884个,主营业务环境测试、咨询服务收入407.6万元,利润0.3万元。2012年,主营业务环境测试、清洁生产审核销售收入1 306.7万元,利润1.8万元。2013年,主营业务环境测试、清洁生产审核销售收入1 163.6万元,利润7.3万元。

1995年,化工环保站被评为上海市先进环境监测站。环保监测站在化学耗氧量废液中金属银回收仪研制项目获1996年上海市优秀发明选拔赛职务发明二等奖。2011年,环保监测站获"十一五"全国石油和化学工业环境保护先进集体称号。

第四章　科研教育单位

第一节　上海华谊集团技术研究院

一、沿革

2001年4月16日,华谊集团技术中心成立。2005年3月3日,华谊集团技术研究院成立揭牌。2006年8月,上海华谊集团技术研究院注册,注册名为上海华谊(集团)公司技术中心(简称"技术研究院"),位于上海市漕宝路36号。技术研究院是在原华谊技术中心化工新材料、精细化工、生物技术、化工模拟与优化4个研究开发部和膜技术应用实验室的基础上,又加入焦化、氯碱、吴泾、轮胎、涂料、三爱富、丙烯酸等公司的技术中心而建立的。注册资本1 000万元,接受所属华谊集团委托办理相关研发业务。2010年,技术研究院搬迁至龙吴路4600号吴泾公司生产区内。

技术研究院实行院务管理委员会领导下的院长负责制。设立化工新材料、精细化工、生物技术、化工模拟与优化4个研究开发部和膜技术应用实验室,化工新材料挂靠在上海市合成树脂研究所、精细化工挂靠在上海化学试剂研究所、化工模拟与优化挂靠在上海工程化学设计院。2008年4月,组建成立化工过程研究开发部。2009年3月,组建成立工业催化研究室。2010年1月,上海化学试剂研究所由投资公司划归技术研究院托管。2011年年底,上海化学试剂研究所从技术研究院划归涂料公司。2010年4月,成立分析测试中心。2012年1月,组建成果转化中心;3月,成立安全环保与运行保障部。

2010年,技术研究院员工有73人,其中博士17人、硕士26人、学士19人,教授级高工6人、高级工程师13人、工程师25人。截至2013年年底,有员工153人,其中教授级高工8人、高级工程师21人、中级职称37人。

二、主营业务

2004年,在精细化工、新材料、工艺包开发等方面开展15项课题研究,其中在精细产品和技术的开发方面,2,2-双(3-氨基-4-羟基苯基)六氟丙烷项目完成小试工艺的摸索及工艺路线的初步优化,完成2公斤样品的合成,小试样品符合客户要求;芳醚砜二胺项目进行一步法的合成,送样100克交付外商试用,反映良好;腺苷项目进行腺苷样品的条件实验,并获得令人满意的实验结果。在化工新材料的开发方面,开展活性可控自由基聚合、介孔材料、用NMP代替间甲酚合成可溶性PI、可溶性聚乳酸等研究开发,项目进展顺利。在化工模拟及优化方面,进行大量的工程项目的技术核算和流程模拟等工作,提供了技术支撑,如30万吨/年醋酸装置工艺流程的模拟计算、1万吨/年偏二氯乙烯装置的工艺技术开发、2万吨/年52%氯化石蜡的工艺技术开发与产业化、上海化工区烧碱及聚氯乙烯项目的技术核算及工艺开发。

2006年,各研究开发平台在精细化工、化工新材料等方面研究开发课题28项。其中集团技术攻关项目6项,均取得较好进展。人工合成辣椒素、N-苯基马来酰亚胺的合成、辣椒素-聚合物复合微粒、耐热型苯乙烯系树脂的研发、光固化涂料树脂的制备等取得较好进展。同时,加强技术资源共享,与华原公司合作进行磷酸三乙酯合成工艺研究、乙烯利、三氯氧磷等技术改造工作;与业内企业合作进行乙炔法氯乙烯新工艺路线的过程开发、乙二醛生产装置工艺包开发,完成悬浮法聚氯乙烯装置聚合单元和回收单元的消化吸收项目的工艺流程设计、工艺设备计算和必要的控制系统设计;协助上海化工厂、聚合物公司、上海华谊生物技术有限公司等业内企业进行大量的分析测试工作。

2008年,各平台围绕集团战略目标以及集团的产业链,进行研究开发项目18项,获专利申请号11件,获专利授权7件。"草酸二甲酯水解制草酸技术研究"成果移交焦化公司,"人二合成辣椒素"项目研究获得成功,并在海洋防污涂料、电线电缆、种子包衣、食品添加剂、军用催泪弹等多方面进行应用推广。N-苯基马来酰亚胺(NPMI)的合成获得放大结果;耐热型苯乙烯系树脂的合成获得较好小试结果。

2009年,技术研究院在多相催化和均相催化、有机合成和有机催化、材料合成和材料加工、化学工程和化工装备等方面加强研究开发,对具有应用前景的项目在中试示范基地上实施工业放大试验。进行研究开发项目18项,ABS耐热改性剂开发、全氟羧酸树脂单体合成、新型醋酸铑-铱催化剂开发等多个项目获得较好进展和突破。

2010年,技术研究院搬迁到吴泾基地后,致力于华谊集团能源化工、先进材料、精细化工等主营业务,形成"四所三部两中心"的组织架构,即工业催化研究所、高分子材料研究所、精细化工研究所、过程开发研究所、综合管理部、技术发展部、安全运保部、成果转化中心、分析测试中心。工业催化研究所致力于新型催化剂和新催化过程的研究开发,重点进行催化加氢、酸碱催化等领域的研究;高分子材料研究所致力于新型高分子材料的合成及加工等方面的研究;精细化工研究所致力于有机合成新技术,包括相转移催化、羰基合成、金属有机、有机合成等研究;过程开发研究所致力于化工过程的研究开发,包括反应和分离工程、化工过程模拟、工艺包开发等。成果转化中心主要进行中试装置建设、中试放大试验,并提取工业放大设计参数等工作;分析测试中心主要进行理化、结构、成分等领域的分析测试工作,为各研究院各业务单元及集团内部企业或社会机构提供测试服务。在与社会机构及高等院校的产学研合作上,坚持走向社会开门搞科研,与国内外知名企业、高校建立互信合作关系,设立有上海煤基多联产工程技术研究中心和上海计算化学与化工工程研究技术中心2个市级技术中心;华谊集团院士专家工作站和博士后科研工作站2个工作站;与社会科研院所展开合作,先后成立酸碱催化联合实验室、甲醇转化联合实验室、催化加氢联合实验室、煤基化学品联合实验室、高分子材料合成与改性联合实验室、分子筛合成与催化联合实验室6个联合实验室;与华东理工大学、上海师范大学、上海大学分别建立全日制工程硕士联合培养基地、全日制专业硕士联合培养基地、全日制专业硕士实践基地3个培养基地,历年来培养了一批工程硕士。技术研究院各平台围绕集团战略目标以及集团的产业链,进行研究开发项目12项,申请专利15件,获专利授权7件。其中"乙烯利技术进步"项目对华原公司工业装置进行改造,"苯乙烯/N-苯基马来酰亚胺(NPMI)悬浮共聚法合成ABS耐热改性剂(SMI)"项目进行中试运行,抗氧剂1076合成研究进行50升规模中试放大;羰基合成醋酸新催化体系研究进行配套工艺的开发,同时优化生产工艺,达到降低能耗、提高产品质量的目的。崁烯/醋酸酯化合成白乙酯新型催化剂及连续工艺开发、草酸二甲酯加氢合成高附加值的乙醇酸甲酯、共混加工制备耐热ABS等项目取得显著进展。

2011年,技术研究院本部各平台围绕集团战略目标以及集团的产业链,进行研究开发项目21项,获专利申请号13件,获专利授权13件,发表论文31篇。其中"乙烯利新工艺开发"项目在流场模拟的基础上完成酯化釜结构设计、改造,并采用新催化剂进行工业试验,取得较大进展;N-苯基马来酰亚胺（NPMI）项目完成500升（20吨/年）中试，产品质量达到聚合级要求；自主研发的苯乙烯氮苯基马来酰来胺共聚物（SMI）与ABS共混加工后的产品性能达到市场上主流耐热系列产品（奇美777）的水平，开发出耐热、高耐热、超高耐热等级ABS，并得到用户认可；抗氧化1076项目进行50升釜（10吨/年）中试实验，单程收率70%以上，主含量达98%以上；羰基合成醋酸催化剂项目，在吴泾公司现有20万吨装置上添加新开发的助剂后，进行催化剂配方及工艺优化，同等铑浓度下，水含量、能耗得到有效降低，产能得到提升，且催化体系的稳定性进一步提高；蒎烯异构化制莰烯及莰烯酯化制白乙酯新工艺项目，开发蒎烯异构化连续反应工艺和催化剂，α-蒎烯单程转化率95%，莰烯选择性74%，稳定运行1 000小时。

2012年，羰基合成醋酸新型催化体系项目通过小试验收，进一步优化催化剂配方，保持催化体系良好的稳定性，并在20万吨/年醋酸装置试用后获得良好结果，可使醋酸成本降低50元/吨以上。高纯度乙烯利催化剂及新工艺项目首创的酯化催化剂工业试验首战成功，并得到全面应用，环氧乙烷单耗显著降低，产能明显提高，劳动强度大幅下降，并实现装置稳定生产，产量创历史新高。铁基颜料（红、黄、黑）生产新工艺项目完成硫亚反应新工艺实验室开发和完成中试装置方案设计，在提出气升式外循环流氧化反应器和晶种反应器改造方案的基础上，建成50立方米规模的硫亚反应新装置，改造氧化及晶种反应器，运行结果显示出新工艺达到国际领先的第三代氧化铁生产工艺水平。申请专利13项，发表论文23篇。工业催化研究所获上海市"工人先锋号"荣誉称号。

2013年，初步形成以羰基合成醋酸新型催化体系研究为代表的十大重点攻关项目，以甲苯甲醇烷基化制对二甲苯为代表的十大重点研发项目，以乙醇酸甲酯氧化/水解制乙醛酸为代表的十大前期研究项目，以甲醇直接氧化合成二甲氧基甲烷为代表的十大重点关注及调研项目。申请发明专利11项，授权发明专利7项，发表论文13篇。

第二节　上海市化工科学技术情报研究所

一、沿革

上海市化工科学技术情报研究所（简称"化工情报所"）前身为上海市化工局科技情报中心站，成立于1980年7月，位于上海市卢湾区思南路30号。1992年6月，注册资本230万元。1996年11月，更名为上海市化工科学技术情报研究所；2006年7月，办公地址搬迁至上海市徐汇区斜土路2421号2号楼，建筑面积1 190平方米。截至2013年年底，有员工34人，其中高级专业技术职称8人、中级专业技术职称13人、初级专业技术职称10人。

化工情报所设有办公室（含人事监审）、业务办、财务科3个职能管理部门；情报调研室、电子信息应用室、杂志编辑部、技术市场、声像室5个业务部门。

二、主营业务

化工情报所是从事综合性化工信息采集、研究、咨询和服务的公益性科研机构，是国家工程技术图书馆化工分馆上海联络单位、中国化工情报信息协会副会长单位、上海市文献资源共建共享协作网成员单位、上海研发公共服务平台参建单位、上海化工（中国）理事会秘书处单位、上海化工产业技术创新战略联盟成员单位及秘书处常设机构，承担着华谊集团科技部、上海市多项重点化工项目,承接上海市科技成果项目(评估)管理中心、上海市高新技术成果转化服务中心等单位的科技查新、项目评估任务,建有华谊集团数字图书馆,拥有化工专利检索分析服务平台,开展化工竞争情报研究,是化工行业综合信息服务机构。

20世纪90年代,化工情报所为开拓咨询业、信息业和技术服务,实行部门经济承包制和人员逐级聘任制。承接上海市科委、市经济委员会、化工部和化工局下达的多项调研课题,其中《上海市化工计算机应用之研究》课题报告获1991年度上海市化工局科技进步三等奖;《上海科技发展信息跟踪调研及对策》获1992年度化工部化工系统优秀信息成果三等奖;《废旧塑料回收利用现状及展望》课题报告获1993年度上海市化工局科技进步三等奖;《应用开发类科研院所评价指标及考核运行体系的研究》课题报告获1995年度上海市化工局科技进步三等奖。

1988年3月,成立上海化工专利事务所,依托化工情报所的人才优势和文献资源,开展的各项专利代理、专利咨询研究等工作得到委托方的普遍好评。2001年12月,上海化工专利事务所改制成上海华工专利事务所。截至2001年年底,受理专利申请301项,其中发明专利150项,实用新型专利135项,外观设计专利15项。

1993年5月,上海市经济委员会将"上海重化工(化学工业部分)发展战略研究"咨询软课题下达给化工情报所。1994年10月,结合国内重化工发展经验提出上海重化工发展战略,形成一个总报告和七个分报告。其中分报告之二——《上海重化工新基地建设设想》首次提出在漕泾建立大型化工基地的建议,即在杭州湾北岸上海岸段的漕泾沿岸建设大型化工基地。1996年8月9日,上海化学工业区工程建设总指挥部批准成立;8月12日,在金山县、奉贤县交界处杭州湾北岸建立"上海化学工业区"的决定;8月30日,上海化学工业区发展有限公司批准成立;9月28日,上海化工区一期围海造地工程启动。1997年,编写《开发临海化学工业区,振兴上海化学工业》报告,为上海化工区的进一步发展提供参考。

1998年,成立《上海化工》杂志(中国)理事会。2001年,化工情报所和上海市化工行业协会成为《上海化工》杂志的联合主办单位。2003年,《上海化工》杂志由半月刊变更为月刊,页码由48页变更为56页,栏目变更为科研开发、节能环保、化工设备、化工管理、分析测试、工作研究、综述等。

1998年,化工情报所建成"化工热线"网站(www.chemol.com.cn),该网站是国内最早利用互联网开展化工信息服务的综合门户网站。2000年前后,"化工热线网"对全社会开通。2013年,化工热线网吸收主流网络媒体的发展潮流,在页面风格、网站结构、浏览导航、信息搜索上作改变,强调网站营销的功能和作用;突出情报服务能力。是年,利用具有中外文科技文献资源优势和情报信息服务领域的专业优势,与三爱富公司签订《战略合作框架协议》,在竞争情报体系构建、专题报告研究、知识产权分析、科技查新、信息定制和推送等竞争情报信息服务方面与三爱富开展深入合作。

进入21世纪,科技情报服务手段从传统的科技情报咨询、服务为主的经营模式,向以决策情报、规划情报、科技情报、市场情报、服务情报五大支撑体系为主的多种服务方式共同发展的格局转变。为支持华谊集团的转型发展,围绕核心业务,积极开展技术调研和市场研究,完成多项课题报告,如《吴泾化工示范基地规划方案(2006年)》《国内外化工现状及发展趋势研究(2009年)》《丙烯酸下游聚合物产品的调研与开发(2009年)》《国内外化工新材料的现状与发展趋势(2011年)》《华谊未来20年(2012年)》等。

2002年,参与组建上海华谊(集团)影视中心。2004年,实施上海公共科研服务平台——化学化工数据中心分课题工作。2008年,承担市科委下达的石油化工行业科技情报服务网子系统建设。2010年8月,《化工装备技术》双月刊的主办单位由上海市化工装备研究所变更为上海市化工科学技术情报研究所。化工情报所以公开出版的《上海化工》《化工装备技术》杂志和公开运行的"化工热线"网站为平台,开展化工专业信息知识资源的整合和传播,报道国内外化工行业最新技术和动态信息,推动化工科技创新与业内相关行业的技术创新和技术整合,走出一条公益科技情报服务与产业化科技创新协调并进的发展之路,实现化工科技情报的服务价值。2010年4月,化工情报所启动华谊集团数字图书馆开发建设。截至2011年年底,华谊集团数字图书馆已为所属29家单位的680人进行注册。

1991年,化工情报所主营业务收入129.42万元。1996年,主营业务收入309.09万元。2000年,主营业务收入139.62万元。2004年,主营业务收入566.01万元。2010年,主营业务收入435.14万元。2013年,主营业务收入864万元。

第三节　中共上海华谊(集团)公司委员会党校

一、沿革

中共上海华谊(集团)公司委员会党校(简称"集团党校")原名为中共上海市化学工业局委员会党校(简称"化工局党校"),成立于1978年11月,注册资本230万元。1997年1月,中共上海市化学工业局委员会党校更名为中共上海华谊(集团)公司委员会党校,位于上海市徐汇区漕溪路165号。1994年4月,化工局党校与化工局职工大学、化工局财经中专和电大辅导站这3所化工局直属的成人学校实施紧密型合作,统称为上海化工教育培训中心(简称"教培中心")。集团党校和教培中心两块牌子一套班子,对外继续保留化工局党校、化工局职工大学、化工局财经中专的业务和财政渠道。1995年,集团党校因改建,搬至常德路793号;机构调整为13个科室:招生办公室(职工技能办公室)、培训(外地)科、教务科、第一教研室、第二教研室、第三教研室、计算机教研室、办公室、组织人事科、财务科、总务科、校舍策划办公室、"三产"办公室。

1996年9月,重新组建教培中心,将华谊集团下属所有独立建制具有法人资格的学校,全部纳入教培中心的管理体系之中,称为"大中心",包括职前教育的上海市化学工业学校、涂料公司中专和技校、化原公司的职工中专、上海化工联合技校。教培中心下属的涂料公司中专于2000年取消财政拨款,有21名员工由集团党校吸收消化。1998年,国家教委撤销化工局职工大学建制。1999年,化工局职工大学24名职工分别由集团党校吸收16人、化工局财经中专吸收8人。

2000年,创立上海化工职业培训中心,被上海市社会团体管理局评为4A级社会组织;主要为化工、医药、轻工、化学工业园区等行业培养从事化工各种职业技能的专业人才;同时,还为社会再就业开展多媒体制作、市场营销等各类国家职业资格培训,并获全国通用和国家职业资格证书。2003年4月,撤销原"大中心"建制,上海信息技术学校(原上海市化学工业学校)的党政隶属关系,由上海化工教育培训中心变更为华谊集团直接管理。集团党校和教培中心仍实行"两块牌子,一套班子",实行党委领导下的主任负责制。2006年12月,集团党校托管天原集团教培中心。

2007年,集团党校机构重新设置:党委办公室、行政办公室、财务科、漕溪路办公室、科研信息部、党校教学部、党建科社教研部、经济管理教研室、职业培训部门、中专教学部、美院教学部、计算机教研室、吴泾校区和化学工程师研修基地办公室、市场部。2008年年初,中专教学部和美院教学部合并为中专美院教学部。

自2010年10月起,集团党校与上海信息技术学校从华谊成人中专编制整合着手,理顺华谊集团教育培训资源,开展华谊集团内部职前学历教育资源的整合,有序完成华谊中专整编制转移的资产清理、核实、归并、处置以及人员的安排等工作。

2011年6月20日,原由集团党校管理的华谊成人中专在编的20名教职工划归上海信息技术学校管理。在华谊集团进行全面调整的同时,集团党校也对整个行业的学校布局进行调整。华谊集团原来有8所事业编制的学校和2所企业内设的培训中心,经过调整,华谊集团的教育有两大块:一是主要从事职前教育的上海信息技术学校,二是主要从事职后培训的集团党校(教培中心)。

截至2013年年底,集团党校(上海化工职业培训中心、化工工程师基地等培训实体)有2个校区,漕溪路校区位于徐汇区漕溪路165号,静安校区位于万航渡路731号,校舍建筑面积9 525平方米。教职员工42人,专兼职教师18人;中高级职称23人。

二、教学管理

集团党校前期主要是培训化工系统的机关和企、事业单位处、科级党政干部及其后备人员。20世纪90年代,集团党校面向社会、面向市场,拓宽办学渠道,整合教学资源,开展党校函授学历、职工大学高职、成人中专、各级领导干部、基层党组织、青年后备干部、党务干部、工会干部、团委干部、党员、入党积极分子、管理岗位、技术人员、技术工人等各种类型的教学培训。1991—2013年,各类培训总人数141 219人,其中1995年,各类培训总人数2 154人,主营业务收入70万元。2000年,各类培训总人数5 075人,主营业务收入422万元。2005年,各类培训总人数5 545人,主营业务收入487万元。2010年,各类培训总人数8 236人,主营业务收入484.9万元。2013年,各类培训总人数17 915人,主营业务收入841万元。

集团党校开展一系列的管理、技术岗位培训。培训内容:政治理论、形势政策、党群知识、法律知识、经营管理、企业文化、消防安全、创造创新、岗位实务、现代科技、信息技术、技术技能、转岗内容。培训方式:采用课堂授课、情景模拟、讨论辩论、实战训练、参观考察、拓展训练等。培训对象:各类专业人员(宣传、纪检、法务、文秘、档案管理、信访人员、董事监事、企业管理、合资企业中方高级代表、市场营销、组织人事、财务人员、技术人员)、技术工人、转岗人员、新进员工(大学生)等。

上海化工职业培训中心主要业务是为华谊集团及社会职工进行技术等级培训,并根据应会培训部分必须要在现场操作的特点,坚持送教到企业现场。截至2013年年底,该培训中心举办432个班,培训22 060人。2007年11月,集团党校与静安区安监局合作建立"静安区安全生产教育培训考试中心"(原称考核站),截至2013年年底,有27 343人参加安全考试(其中包括华谊集团3 580名劳务工)。

化工工程师基地基本形成化工工程师"三个层次知识(专业知识、系统知识、社会知识)、三类职业能力(专业能力、工具使用能力、沟通表达能力)、五大课程模块(专业课程模块,知识拓展模块,先进技术模块,项目实践模块,案例分析模块)、结合专业岗位"的立体式职业继续教育模式。2013年11月,化工工程师基地获"上海市专业技术人员继续教育基地"称号。

第四节　上海信息技术学校

一、沿革

上海信息技术学校(简称"信息学校")前身是上海市化学工业学校,创建于1959年7月,位于上海市普陀区真南路1008号。2013年,信息学校内部机构设置为:校长办公室、人财处、教务管理部、教学研究室、图文信息中心、国际交流部、学生管理部、德育研究室、市场部、基础部、培训部、后勤保障部、计算机系、机电系、商务系、化工系、党委办公室、组织人事科、党委宣传科。注册资本3 638万元。教职工人数265人,其中高级讲师、讲师等中高级专业技术职务占教师总数的72%以上。在校学生5 903人。占地面积10万余平方米,建筑面积7万余平方米。拥有全国职业教育领先的上海市数字技术应用实训中心、上海市职业教育信息技术开放实训中心、现代化工开放实训中心,以及2 300多平方米可开展艺术、科技和心理各项活动的学生活动中心。数字媒体技术应用、计算机网络技术、软件与信息服务、数控技术应用、电气运行与控制、电子与信息技术、物流服务与管理、文秘(中澳合作)、化学工艺、工业分析与检验、珠宝玉石加工与营销等专业定位准确、目标明确,形成以信息技术为核心,覆盖现代资讯、现代维护、现代检测和现代化工四大领域的教学体系。

二、教学管理

从20世纪90年代起,信息学校进行多次专业教育改革。自1992年9月起,开设劳动教育课,成为学生在校学习期间的一门必修课。1993年9月,信息学校开始试行2+2教学模式;使初中毕业生入学后先不确定专业,前2年进行基础文化为主的教育,后2年进行专业教育;2+2教学模式既为学生较好地掌握高中文化基础提供保障,又为学校办学规模的扩大建立起一套办学质量保障的有效管理机制。1995年9月,信息学校成立德育工作委员会和艺术教育委员会,创建大德育工作体系,推进德育工作改革,制订《进一步加强和改进德育工作实施方案》,统一规划、协调和全面推进学校德育工作;学校相继开出音乐、美术、表演、书法篆刻、摄影等课程,达到《全国学校艺术教育检查指标体系》三级水平。2006年,信息学校以大德育体系建设及诚信教育为突破口,试行德育学分管理,规定德育学分占总学分的11%,并实现与教学学分统一管理。2012年,建成VERP特色数字校园,基本建成完全学分制背景下的学校资源管理系统,流程优化、数据共享、学情预警;建立第一个E-class中职易班,探索网上绿色家园,实现学生成长手册数字化管理,并有中外合作课程微电影、德育电子书、技能竞赛电子书、工业应用软件、虚拟实训中心、仿真工厂等多途径实现教育教学信息化;探索精细化管理、个性化发展的学生培养机制。

1996—1999年,相继借鉴加拿大CBE、德国的双元制等教学模式,并结合信息学校实际,在工业分析与检验专业、工业企业电气化专业和秘书专业的专业教学进行改革试点。工业分析CBE教学改革课题被上海市教育委员会列入"上海市10181工程";2002年,工业分析CBE教学改革课题获上海市第七届教育科研成果一等奖。2002年4月9日,工业分析与检验专业被上海市教育委员会认定为上海市中等职业学校重点专业;是年,被教育部认定为全国中等职业教育首批示范专业。2004年,信息学校的工业分析与检验、电气运行与控制、计算机及应用(多媒体技术与应用)3个专业被上海市教育委员会认定为上海市重点专业。

2001年,计算机专业多媒体制作室组建由教师为指导、学生为主体的"多媒体制作小组",与化工情报所合作,参与"化工热线"网站的网页制作和更新工作;承担教育部远程教育《工业分析与检验》《物理化学》等课件的制作,为信息学校被教育部确定为华东地区唯一"现代远程职成教育基地"奠定基础。2002年,建立网上学校,开展远程教育。2003年,与英国爱德思国家学历和职业资格考试委员会合作,引进BTEC课程教学模式,应用于"网络技术""数控技术应用"两个专业的教学。2011年4月,被教育部职业教育与成人教育司授予"数字媒体技能教学示范项目试点"学校。是年,根据教育部《关于实施国家中等职业教育改革发展示范学校建设计划的意见》要求，信息学校在专业结构上进行新一轮调整，建立以信息技术应用为核心，数字媒体技术应用、化学工艺、电气运行与控制、工业分析与检验为重点的专业领衔专业链。形成教学工厂、三明治、订单式、工学合一四种人才培养模式，创建引企入校、集团化跨市联合、名企牵头、共建共享资源四种校企合作形式，建成信息技术、现代化工、数字技术应用3个实训中心。在课程改革方面，探索实施项目化、校企交替、工作过程导向、CBE四种课程结构，总结出版10种职教特色的教学方法。

从20世纪90年代开始，信息学校逐步在上海各区县布局，扩大办学规模。1993年，与上海市五四实业总公司联合设立"上海市化工学校一分部"，共同培养4年制中专生，到1997年，校外合作办学点达到11个。学校分别在奉贤五四农场中学、上海县华漕中学、嘉定外冈中学、南汇县横沔中学、崇明马桥中学、金山漕泾中学、宝山区行知实验中学、奉贤县教师进修学院建立8个分部；在化工局财经中专、化工局涂料中专、浙江宁波中等专业学校和侨光职业技术学院建立校外教学点。1999年，与普陀区东新中学试行普职渗透联合办学模式，在计算机应用、市场营销两个专业中试办综合高中，学制4年。2002年起，与上海应用技术学院合作办学，建立普陀高职教学基地；截至2013年年底，有6届近1000名高职学生毕业。2002年以来，先后与广西机电工程学校、江西修水中学、内蒙喀喇沁旗职业技术教育中心、江西井冈山经贸学校、新疆阿克苏职业技术学院、云南思茅财贸学校、云南文山洲砚山县职业中学等学校合作，在当地设立分校，联合招生，合作办学，设立信息技术、现代物流、电子商务、计算机及应用等专业，总计学生数2000多人，学校为上海市职业教育支援西部战略、服务和辐射作用等作出贡献。2004年起，先后与吴泾公司、丙烯酸公司、上海中软公司、上海西门子工业自动化有限公司、北京普析通用仪器有限责任公司、南京汉恩游戏动画制作有限公司、亚龙科技集团有限公司、上海汽车集团股份有限公司乘用车公司、天地华宇集团公司签订协议，进行校企合作，共同培养高素质、高技能人才。

2002年1月，信息学校与澳大利亚昆士兰OLI学院合作开办现代办公管理专业，招收应届初中毕业生，学制4年，截至2013年年底，已连续招生13年。2005—2013年，信息学校与荷兰ROC学院定期进行学生、老师互访和学习的合作，建立VAPRO/沃培—上海信息技术学校安全实训中心。2013年5月17日，信息学校与奥地利教育联盟开展数控技术应用专业双元制教育合作办学，为奥地利在华企业培养高级技术技能人才。

截至2013年年底，信息学校已拥有数字媒体技术应用、计算机网络技术、软件与信息服务、数控技术应用、电气运行与控制、机电技术应用（机器人应用与维护）、物流服务与管理、商务助理（中外合作）、化学工艺、工业分析与检验、珠宝玉石加工与营销11个专业，形成以信息技术为核心，覆盖现代资讯、现代维护、现代检测和现代化工四大领域的专业群。

1991年，学校各类招生585人，毕业生293人。1995年，各类招生922人，毕业生455人。2001年，各类招生1119人，毕业生988人。2006年，各类招生1304人，毕业生1248人。2010年，各类招生1614人，毕业生1528人。2012年，各类招生2502人，毕业生1090人。1991年，学费、住宿费收入8.22万元。1995年，学费、住宿费收入133.71万元。2000年，学费、住宿费收入690.2万元。2010年，学费、住宿费收入1449.2万元。2013年，学费、住宿费收入728.11万元。

2004年，学校被教育部批准为国家级重点学校且列为上海市32所国家级重点学校之首。2005年11月，被评为全国职教先进单位。2009年，获全国教育系统先进集体称号。

第二篇
生产经营

概 述

20世纪90年代以来，上海华谊(集团)公司(简称"华谊集团")生产经营逐步从"生产制造"向"制造＋服务"转型，着力打造"能源化工、绿色轮胎、先进材料、精细化工"四大产业平台，加快化工物流、服务贸易、工程装备、地产租赁服务业发展。加强采购管理，按照"制度统一，规范流程，监管可控"的原则，实施华谊集团统一的"供应商管理细则"，加强业内直供，降低采购成本，扩大集中采购品类。深化营销体系变革，组建成立核心业务板块销售公司，"1＋1"营销运作模式的优势逐步显现。2013年，华谊集团贸易收入265亿元，占集团销售收入比重从2012年底的19％提升至2013年底的45％。

华谊集团产品门类齐全、分布广泛。主要产品有基础化学品系列、轮胎橡塑制品、合成材料制品、精细化学品等。具体有焦炭、甲醇、醋酸、醋酸乙酯、轮胎、橡胶制品、涂料、染料和颜料、氟化工、试剂、助剂、医药中间体、化工设备等十几大类近万种产品。从初期的高污染、高能耗、低附加值的产品向清洁能源、绿色轮胎、新型材料和精细化工方向发展，产品结构优化调整升级。

装置规模也随着行业发展和市场需求日益扩大，辅助设施伴随装置的建设扩产进行大规模建设完善。1990年，伴随上海氯碱总厂30万吨/年乙烯项目的建设，分别建成15万吨/年离子膜烧碱装置、20万吨/年氯乙烯单体装置和20万吨/年聚氯乙烯装置。1991年，建成2万吨/年糊状树脂装置。2006年，在上海化学工业区(简称"上海化工区")上海氯碱化工股份有限公司华胜化工厂(简称"华胜厂")区内建成36万吨/年离子膜烧碱装置，经过三期项目建设形成72万吨/年产能。1994年，上海高桥石化丙烯酸厂(2003年2月转制为上海华谊丙烯酸有限公司)3万吨/年丙烯酸及酯装置投产，经过技术改造和改扩建，截至2012年年底，形成23万吨/年丙烯酸和27万吨/年丙烯酸酯的生产规模。1990年，上海吴泾化工总厂的甲醇产能11万吨/年。1995年，随着"三联供"项目建设，在上海焦化总厂建成国内规模最大、技术最先进的20万吨/年甲醇装置；截至2013年年底，上海吴泾地区的甲醇产能100万吨/年，安徽华谊基地的甲醇产能60万吨/年。1996年，上海吴泾化工总厂引进英国石油公司专利技术，运用低压羰基法技术投产醋酸成功，该装置是当年国内生产规模最大、技术最先进、产品质量最优的10万吨/年醋酸生产装置。2003年，扩产至20万吨/年规模。截至2013年年底，形成吴泾地区60万吨/年产能，安徽地区50万吨/年产能的生产规模。1964年，上海大中华橡胶厂研制成功中国第一条全钢子午胎。1990年，移地闵行扩建30万条/年全钢子午胎项目；经过多次技术改造和建设检索江苏如皋、重庆和安徽生产基地；截至2013年年底，上海地区全钢子午线轮胎的产能275万条/年，双钱集团(如皋)轮胎有限公司(简称"如皋轮胎公司")全钢子午线轮胎的产能250万条/年，双钱集团(重庆)轮胎有限公司(简称"重庆轮胎公司")全钢子午线轮胎的产能200万条/年，安徽华谊化工有限公司(简称"安徽华谊公司")全钢子午线轮胎的产能600万条/年。

华谊集团加强采购管理，做好大宗原料、主要材料辅料及备品备件、其他主要物资的采购，针对不同环节的特点，提出不同的管理要求。二级单位逐步从采购部门自行采购转变到由集团成立的销售公司来实施，实现向策略性采购的转变。华谊集团提高业内企业互供产品的直供率，整合业内企业在市场、采购、供应等方面的优势，统一加强对外协调，降低采购成本，集团采购品类从24个增加到28个,采购成本整体下降5%~10%。

华谊集团完善销售管理,提升供应链管理水平。加强与宝山钢铁股份有限公司(简称"宝钢")、神华集团有限责任公司、中国石油化工股份有限公司、上海汽车集团股份有限公司、中化国际(控股)股份有限公司、中国国际海运集装箱(集团)股份有限公司的战略合作,加强产品销售策略的研究,改善促销方式,实施产品组合策略,丰富和延伸产品线,为客户创造价值,实现从"产品提供者"向"行业组织者"转型,推进营销体制变革。2013年,制定颁布《上海华谊(集团)公司销售管理规定》,实施《客户资信管理办法(试行)》。

华谊集团发展化工服务板块,形成化工物贸、工程装备、地产租赁等业务齐头并进格局。化工物贸板块,主体企业为天原集团和隶属于投资公司的上海华谊集团国际贸易有限公司等,按照"贸易+物流"的定位,天原集团发挥专业化物流平台优势,借鉴国际物流企业发展经验,加速行业内码头、仓储物流资源的整合。贸易企业参与华谊集团物贸一体化进程,努力将企业打造成从事国际国内贸易,集储、运、销一体,多元化经营的大型现代贸易、物流企业。2013年,物流贸易板块销售收入265亿元,占集团销售收入比重的45%,成为集团第二大业务板块。工程装备板块,主体企业是工程公司、投资公司下属装备工程公司和上海华谊工程服务有限公司,开展工程总承包、装备制造、装置检维修和为生产提供运保服务等业务。2013年,工程装备板块实现销售收入7亿多元,承接总承包项目9个,总承包管理项目2个,设计项目32个,咨询规划项目20个。地产租赁业务主要由上海华谊集团化工实业有限公司和上海华谊企发资产管理公司、上海华谊集团置业有限公司承担,是集团现代服务业板块的重要平台。实业公司致力于房产开发,企发资产和置业公司主营租赁业务,地产租赁积极做好集团存量土地资源的集中开发和管理,加强土地和出租厂房的集中规范管理,通过强强合作、区企合作,提升地产业务发展水平。

第一章 主要产品

第一节 基础化学品

一、煤化工产品

【焦炭】

上海焦化有限公司(简称"焦化公司")的产品主要是冶金焦,供钢铁厂炼钢用。冶金焦采用国际标准、企业标准或根据合同要求生产。焦炭根据大小通常分为:大块焦,用于钢厂高炉炼铁;特大块焦,用于铸造行业;中块焦,用于气化炉生产或化肥行业;小块焦,焦化公司用于发生炉生产低热值煤气;小于10毫米的称为焦屑,一般用作燃料。

1957年9月,筹建上海焦化总厂。一期工程主体设备是年产45万吨焦炭的65孔型废气循环式副产炼焦炉,后定名1号焦炉。1966年7月,二期工程主体的2号焦炉建成投产,全厂年产焦炭90万吨,日产城市煤气94万立方米。42孔58-Ⅱ型4号焦炉和3号焦炉分别于1972年和1975年建成投产,建立炼焦、煤气净化与回收、苯和煤焦油精炼3个生产系统。

1988年10月6日,上海焦化总厂新建58-Ⅱ型65孔5号焦炉,总投资2.43亿元,1993年12月竣工。项目设计年产焦炭45万吨,实际年产39.1万吨。设计年产焦油2.46万吨,实际年产2.08万吨。设计年产煤气1.16亿立方米,实际年产1.01亿立方米。

1997年12月,焦化公司6号焦炉项目开工,项目为上海第一钢铁厂新建的2500高炉供应年产83.52万吨焦炭的配套工程,1999年7月竣工。项目设计年产二级冶金焦19.5万吨,实际年产17万吨;设计城市煤气15.9标准立方米/天,实际12.7标准立方米/天;设计其他联产化工产品年产1.5万吨,实际年产1.4万吨。

主要工艺流程:配合煤经粉碎后,送到焦炉煤塔,装煤车在煤塔取煤后加入炭化室,隔绝空气高温干馏经一定的结焦时间后由推焦车推出,红焦在消火塔内经水喷淋后熄灭,放入晾焦台。

【甲醇】

甲醇主要用于生产甲醛,其次用作甲基化剂,甲醇羰基化可以生产醋酸、醋酐、甲酸甲酯、碳酸二甲酯等。甲醇也可以生产敌百虫、多菌灵等农药。甲醇经生物发酵生产甲醇蛋白,用于饲料添加剂。甲醇也是优良的能源与车船用燃料。

1969年4月,甲醇在上海吴泾化工厂投产,是由合成氨系统的部分设备改为生产甲醇。1975年11月,新建1套以轻油为原料的8万吨/年甲醇装置投产。经过20多年的发展,截至1990年年底,上海吴泾化工总厂有2套甲醇装置进行生产,产能11万吨/年,实际产量10.8万吨,销售10.1万吨。1994年1月,油甲醇被评为国家级新产品;10月9日,2 000吨甲醇首次出口国外;2007年,甲醇装置关闭。1991—2007年,累计生产精甲醇68.27万吨。

1993年2月,上海焦化总厂建设20万吨/年甲醇装置,1995年3月试运行,12月投产。装置以德士古水煤浆加压气化工艺所产的煤气为原料,中温耐硫加压变换,脱硫脱碳采用德国林德公司的低温甲醇洗工艺,低压法合成甲醇,最后用三塔精馏制得精甲醇。2002年5月,开始建设1套15万吨/年甲醇装置,2003年8月,建成投产。2005年7月,44.3万吨/年甲醇装置开工建设,2008年7月投料试运行。2013年产量58.48万吨。

2008年3月14日,华谊集团启动在安徽建设60万吨/年甲醇装置,2012年4月27日投产。装置以水煤浆德士古部分氧化所产的煤气为原料,中温耐硫加压变换,脱硫脱碳采用德国林德公司的低温甲醇洗工艺,低压法合成甲醇,最后用三塔精馏制得精甲醇。2013年,焦化公司本部产量75.89万吨,安徽华谊基地产量59.09万吨。

"SJ"牌甲醇多次被评为上海市名牌产品。获"2013年度中国石油和化学工业联合会知名品牌产品"称号。

【城市人工煤气】

城市人工煤气,主要成分为氢气、甲烷、一氧化碳以及烯烃、氮气和少量的二氧化碳和氧气,是无色无味的可燃性气体。主要用途为市用煤气,供工业用户和居民作燃料用。气体中含有一氧化碳,人体吸入后易引起中毒;其他为氮气和二氧化碳,属于窒息性气体。

20世纪90年代以前,上海焦化厂主要生产城市人工煤气的装置有UGI煤气发生炉和WG煤气发生炉各6台。1994年12月29日,上海焦化总厂"三联供"煤气化一期工程"日增40万立方米城市煤气项目"建成,完成日产170万立方米城市煤气的任务。1995年年底,国内规模最大、技术最先进的20万吨/年甲醇装置建成,生产出的甲醇产品达到美国ASTM标准A级。为贯彻落实上海市产业结构调整和城市燃气由天然气替代的相关政策,2012年5月31日,关停5、6号焦炉及其配套装置。2004年,产煤气110 526万立方米。2013年,产煤气6 814万立方米。

主要工艺流程:将脱硫后的发生炉煤气、净化后的焦炉煤气、净化后的富氧气化炉煤气(或水煤气)、碳一分公司的净化气、气体分公司的氮气、外管网天然气,在混合器内按一定的比例掺混成合格的市用煤气,送入5.4万立方米湿式螺旋储气柜作为市用。

【一氧化碳】

一氧化碳是碳一化工、羰基合成的重要原料。焦化公司7.2万吨/年一氧化碳装置的主要用途是为上海吴泾化工有限公司(简称"吴泾公司")和上海华林工业气体有限公司提供原料气。

1996年8月,全国首套7 200立方米/小时一氧化碳装置在上海太平洋化工(集团)有限公司焦化总厂建成投产,采用德国林德公司气体低温分离技术的一氧化碳分离装置,是醋酸工程的配套项目,由焦化总厂自行设计,设备制造坚持引进和国产相结合。装置以煤为原料,从德士古原料气中分离出纯度为98%以上,每小时产气为7 200立方米的一氧化碳,作为醋酸的原料气。

2005年7月,焦化公司"醋酸配套一氧化碳联产甲醇工程"项目开工建设,项目为新建一套产能44.3万吨/年的甲醇和18 332标准立方米/年的一氧化碳装置及配套公用工程。2008年7月,投料试运行,装置性能和负荷指标达设计要求。

主要工艺流程:装置通过每小时约3.5万立方米左右德士古气经废热回收及冷却、部分气体经过低温甲醇洗200号系统脱硫脱碳、深度冷冻分离一氧化碳,通过四级压缩一氧化碳至3.8兆帕送往使用单位。2013年,产量23 056万立方米。

【合成气及空气分离产品】

焦化公司德士古气化炉生产的合成气,作为制备一氧化碳气体和产品净化气体的原料气。工艺流程:由煤运系统送来的原料煤70.8吨/小时送至气化煤仓,经称重给煤机控制输送量送入磨煤机,同时加入一定量的水及添加剂在磨煤机中进行湿法磨煤。磨机为溢流出料型,出磨煤机的浓度约61.5%,并且符合设计颗粒粒度分布的煤浆经滚筒筛除去煤浆中大颗粒后,排入磨煤机出口槽,槽内配备有磨煤机出口槽搅拌器,可以防止煤浆沉降分层。煤浆经出口槽低压料浆泵加压后送至煤浆分配器分流后进入气化工段煤浆槽备用。煤浆槽内配有搅拌器和内部折流板。2013年,合成气产量16 494万立方米。

焦化公司空分装置采用深冷分离法内压缩流程分离空气,同时生产氧气、氮气与氩气。装置选用2套3万标准立方米/小时规模制氧设备,包括含分子筛纯化系统、中压膨胀空分制冷进下塔流程、规整填料和全精馏制氩等项。匹配上锅炉和综合利用的蒸汽平衡网络,装置压缩部分选用工业用驱动汽轮机以一拖二形式带动进口空气压缩机和空气增压机。选用进口膨胀机、高压板式换热器、液体泵,确保足够的制冷量、充分的换热和产品压送。

焦化公司有4套空气分离装置。1号—3号空分塔(冷箱部分)、氧气透平压缩机、氮气压缩机等装置由杭州制氧机厂提供,空压机由沈阳鼓风机厂提供,冷冻机及迷宫式氧压机由国外引进,总体由中国空分设备公司负责成套。1992年4月开始基建,1994年4月18日建成。每套装置设计产能为氧气1.1万立方米/小时,氮气2.2万立方米/小时。

4号空分装置总体由法国液化空气有限公司负责成套。装置从1995年下半年开始基建,1997年2月装置陆续投产运行。装置设计产能为氧气14 450立方米/小时,氮气3万立方米/小时。

2006年10月20日,5号和6号空分装置开工建设。2008年3月30日,5号空分装置投料试生产;4月23日,6号空分装置投料试生产。

2012年5月18日,焦化公司和上海宝冈工业气体有限公司签订"空分资产业务转让"相关协议,将空分资产和业务整建制转移,由宝冈工业气体有限公司实行契约化运作专业化管理。

空气分离后的氧气主要供德士古煤气化使用。液氧作为副产品供医疗、国防、环保、航天等领域使用。氮气用于德士古气化系统、灰水闪蒸、低温甲醇洗等,少量充瓶销售。液氮作为副产品供应社会,作为低温冷源使用。液氩作为副产品,气化后在航空、原子能和机械工业中用作焊接保护气,冶金工业冶炼不锈钢等,还可充填灯泡、日光灯、电子管、霓虹灯,还用于宇宙辐射和激光光源等。2012年液氧产量14 854.01立方米,液氮产量10 999.5立方米,液氩产量9 922.87立方米。

【醋酸及衍生物系列】

醋酸 醋酸又名乙酸,是重要的有机化工原料,可以通过有机合成得到许多有用的工业产品,主要是醋酸乙烯、醋酸纤维素、醋酸酯、醋酸盐等,以醋酸为原料经过乙烯酮、一氯醋酸等中间品,可进一步合成染料、医药、塑料。

1993年2月26日,上海吴泾化工总厂引进英国石油公司10万吨/年低压羰基合成醋酸专利技术项目。1994年,被列为上海市重大工程。1996年8月25日,装置建成投产,是年产量1.12万吨。2003年,装置进行技术改造,扩产至20万吨/年。2007年6月,吴泾公司30万吨/年醋酸装置投产。生产工艺采用甲醇低压羰基合成法的路线,以甲醇和一氧化碳为原料,铑的络合物为催化剂,甲基碘/碘化物为助催化剂,在有搅拌装置的反应器内进行连续反应生成醋酸。

2010年4月16日,在安徽无为经济开发区内,50万吨/年醋酸装置开工建设。2012年7月10

日,产出合格产品。

2013年,吴泾公司醋酸产量53.44万吨,安徽华谊基地醋酸产量43.59万吨。

衍生物系列

(1)醋酐。醋酐为醋酸酐的简称,学名乙酸酐。醋酐是一种重要的有机化工原料,主要用作醋酸纤维素,其次用于医药、染料、香料和有机合成中的乙酰催化剂。目前世界上醋酐的生产工艺主要有乙酰氧化联产法、醋酸热解法和羰基合成法。2006年8月,焦化公司开工建设1套2万吨/年醋酐工业试验装置,采用自主开发的羰基合成醋酐工艺路线。2007年12月建成。2008年3月,进行投料试运行。在对装置性能满负荷的考核中,装置性能和负荷指标达到设计要求。2013年,装置产量12 761吨。

(2)醋酸乙酯。醋酸乙酯又名乙酸乙酯,用于医药、油漆、有机合成溶剂、食物香料、人造丝、硝化纤维等。乙酸乙酯对人体有一些麻醉作用,刺激黏膜作用。

乙酸乙酯原为上海试剂总厂产品,在该厂有40多年的生产历史。工艺流程为间歇酯化法,产量低,单耗高。20世纪70年代初,通过技术改造,将酯化部分改为连续化生产流程,单耗得到降低。20世纪80年代,进行工艺和设备改造,产量和能量利用率大幅度提高。20世纪90年代中期,由于彩印、医药行业的需求量增大,又研制成功彩印级、低醇级等特殊规格乙酸乙酯产品,进一步满足市场需求。1994年,先后进行2次扩产,产量达1 300吨/月的生产规模。

2000年,乙酸乙酯装置从上海试剂总厂搬迁至吴泾公司。2001年,完成安装调试,装置产能1.5万吨/年。2001—2003年,吴泾公司在原有装置上不断改造完善。2003年4月,装置产能3万吨/年;2003年下半年,进行技术创新,建设1.9米酯化塔。2004年4月,1.9米酯化塔投料生产;5月,装置产能5万吨/年。2004年下半年,建设2.4米酯化塔。2005年3月投产;5月,装置产能8万吨/年;9月,装置产能10万吨/年;2008年,装置最高产量15.2万吨。工艺流程采用直接酯化法,乙酸和乙醇在催化剂浓硫酸存在下进行液相酯化反应,生成乙酸乙酯和水。

2012年7月16日,在安徽华谊基地,30万吨/年醋酸乙酯装置投产,是年,产量2.69万吨。2013年,产量8.7万吨。

二、烧碱、氯及氯制品

【烧碱】

烧碱又称氢氧化钠,是上海氯碱化工股份有限公司(简称"氯碱公司")的主要产品,广泛用于制皂、纺织、印染、漂白、造纸、精制石油、冶金及其他化学工业等各部门中。

1960年,上海电化厂开始生产烧碱,采用石墨阳极隔膜法工艺,产能1.5万吨/年。1978年,自行设计金属阳极电槽投产,经过数次改造,生产能力提升,到1989年烧碱产能20万吨/年。1987年,上海电化厂从日本旭硝子公司引进15万吨/年离子膜法制烧碱装置(F1装置)。1990年3月,F1装置建成投产。1996年,上海电化厂将原产能10万吨/年的23型隔膜碱改造为10万吨/年离子膜碱(F2装置),主要设备电解槽引进日本旭硝子的技术。1997年12月,F2装置建成投产。后在F2装置的基础上又进行5万吨/年离子膜烧碱技改。2002年5月,项目投产。经过两次技术改造,离子膜烧碱装置设计产能达30万吨/年。2004年3月,氯碱公司战略重心转至上海化工区,在上海化工区C1、C2地块上建设36万吨/年离子膜烧碱装置(一期),于2006年6月19日建成。2007年6月28日,氯碱公司开工建设18万吨/年离子膜烧碱装置(二期),2008年10月,装置建成。2012年4月,氯碱公司又完成18万吨/年离子膜烧碱装置的扩建(三期),在上海化工区形成72万吨/年离子膜烧碱生产能力。2009年,氯碱公司配合吴泾老工业基地整治及节能减排的要求,先后于2009年2月和2010年6月以及2012年2月,对47型隔膜法烧碱装置、F1离子膜烧碱装置、F2离子膜烧碱装置相继作停产处理。

离子膜烧碱装置使用的主要原材料是外购的工业食盐,生产过程通过离子交换膜法电解食盐水而制成烧碱、氯气和盐酸等产品。烧碱、盐酸等产品作为商品外卖,氯气主要送至聚氯乙烯厂氯乙烯装置合成氯乙烯单体,最终制成聚氯乙烯树脂。

烧碱的工艺流程:工业原盐经化盐、精制,将盐水送电解槽,经电解得32%浓度的烧碱,再经蒸发浓缩可制得50%烧碱。

1994—2013年,烧碱系列产品被授予上海市名牌产品称号。2010—2013年,被评为中国石油和化学工业知名品牌,获"2005年度中国名牌产品"称号。

【氯及氯制品】

液氯 氯气是重要的化工原料。氯气在造纸、印染、颜料、漂白粉、纺织、化学纤维、油脂、石油、橡胶、塑料制药、消毒、农药、冶金、电子等工业中均得到广泛应用。液氯随隔膜法、离子膜法电解生产而生。1960年,上海电化厂建成,该产品作为其主要产品。之后,生产能力因生产装置扩产及部分装置调整关停而变化,2013年,液氯产量60万吨。

液氯的工艺流程:工业原盐经化盐、精制,将盐水送电解槽,电解电槽阳极出口的氯气经洗涤、干燥,再经压缩机增压后送到氯气液化单元,冷却液化得到液氯产品。在上海化工区氯碱公司作为氯的唯一供应商,液氯通过公共管廊输送至下游企业。

盐酸 盐酸主要用于化工、医药、染料、农药、食品等工业原料及除锈、水处理等方面。还可用于湿法冶金,金属表面处理。在印染工业中用于织物漂白后的酸洗,丝光处理后的中和等。此外,也用于离子交换树脂的再生,制糖和制革工业。

20世纪60年代初,上海电化厂建成,盐酸作为主要产品已存在,盐酸装置经过不断改造扩能,产品质量进一步提升。2004年,氯碱公司在华胜厂投资建成36万吨/年烧碱生产装置,盐酸生产装置作为辅助装置一并投入生产,并在华胜厂二期、三期扩产时,盐酸装置扩能。2013年,盐酸产能为16万吨/年。

盐酸的工艺流程:氢气和氯气按一定比例在合成炉中燃烧,生成氯化氢气体经过石墨冷却后与吸收液在降膜石墨吸收器中生成浓度大于等于31%的盐酸。

次氯酸钠 次氯酸钠作为氧化剂可用来合成其他化工品,可进行城市污水处理和城市生活用水的消毒。还可作漂白剂使用,用于纸浆、某些织物和纤维的漂白。

次氯酸钠原在氯碱公司电化厂生产。2009年,为平衡生产需要,二期成品次氯酸钠装置在华胜厂建成投产,产能4万吨/年。2011年,三期成品次氯酸钠装置建成投产,产能4万吨/年。2013年,次氯酸钠产能8万吨/年。

生产工艺流程:32%烧碱加水配置成15%的烧碱溶液,吸收氯气制得有效氯8%左右的粗次氯酸钠溶液,然后在降膜吸收器中再次吸收氯气,控制出口溶液有效氯浓度10%以上即得成品。

漂粉精 漂粉精主要用于漂白和消毒,如用于棉麻化纤纸浆和淀粉的漂白和消毒,游泳池和饮用水的消毒,工业冷却水处理,家庭、学校、医院、餐馆等公共场所的消毒,禽畜饲养的卫生消毒,酒厂、罐头食品厂和饮料厂的包装消毒,房屋、车船的抑制霉菌。

1987年,从加拿大引进5 000吨/年的生产装置,1991年10月建成投产。2000年12月,为配合上海天原化工厂"三废"迁建,将该厂 5 000 吨/年的漂粉精装置搬迁到下属氯碱公司电化厂区域内,漂粉精产能 1 万吨/年。2011 年 3 月,为配合吴泾老工业基地整治及节能减排的要求,氯碱公司电化厂内的 2 套 5 000 吨/年漂粉精装置停产。

漂粉精工艺流程:烧碱和消石灰配制的浆料,进行通氯反应,生成次氯酸钙结晶体,经固液分离,除去母液,干燥、筛分后得成品。

2003 年,国内发生"非典型性肺炎"疫情后,作为消毒用品的漂粉精生产商,及时组织生产与销售,满足市场对漂粉精的需求,4 月份发出漂粉精 40 多吨。2008 年 5 月 12 日,四川省汶川大地震发生后,为支援灾区抗震救灾,积极组织漂粉精等消毒类产品生产,及时将 310 吨漂粉精产品紧急发往四川灾区用于消毒防疫。

三、其他基础化学品

【硫酸】

硫酸作为工业重要的基本原料,广泛用于化工、轻工、纺织、冶金、石油化工、医药等行业。化学工业上是制造化学肥料、无机盐、合成纤维、染料、医药和食品工业的原料,石油化工行业用于精制石油产品,国防工业上用于制造炸药、毒物、发烟剂等,冶金工业上用于冶炼烟气酸洗,在纺织行业用于印染和漂白等。

1958 年 4 月,年产 4 万吨硫酸在新业制酸厂(上海硫酸厂前身)开工,是年建成投产,生产流程采用接触法工艺。投产后对生产流程进行技术革新,采用"文丘里"式新型设备(简称"三文一器")。1991 年,"双硫牌"硫酸被评为上海市优质产品。1994 年,上海硫酸厂与日本三井物产株式会社合作生产硫酸,调整硫酸生产工艺,改变生产原料。1995 年 2 月,成立上海申井化工有限公司,生产流程采用硫磺焚烧制硫酸法。1992 年,硫酸产量 15.71 万吨,产值 39 670.5 万元。2010 年,硫酸产量 13.54 万吨,产值 42 340.4 万元。2011 年 9 月停产。

1958 年,上海吴泾化工厂等建 1 号、2 号系统,设计总能力为矿石制酸 8 万吨/年,1962 年 9 月建成投产。1995 年 2 月,与日本伊藤忠商事株式会社合资组建上海京藤化工有限公司,总投资 900 万美元,对硫酸装置进行原料路线改造,采用液体硫磺作原料,年产硫酸 14 万吨。生产工艺以硫磺为原料制造硫酸的二转二吸流程,生产控制改为 DCS 集散控制系统,成为行业首批应用单位。8 月 28 日,硫铁矿制酸工艺被淘汰,系统进入大修改造。

2004 年,焦化公司投资建设酸性气体处理装置。装置采用丹麦托普索公司的 WSA 湿法制硫酸工艺,回收甲醇装置产生的酸性气体并将其转化为硫酸。通过装置的处理,将原本通过焦炉烟囱排向大气的含硫污染物回收并制得硫酸,同时产出副产品——中压蒸汽。装置所产的硫酸主要用于焦化公司内部硫铵装置制备硫酸铵。

2005 年 8 月 2 日,装置已将副产蒸汽并入中压蒸汽管网,同时酸性气体的流量也达到设计流量值,每小时产出硫酸 0.52 吨,取得较好的物料平衡。

2012 年 1 月,酸性气体二期建成投产,酸性气体一期、二期生产硫酸 9 853 吨,减少硫化氢气体排放 3 281 吨。

【合成氨】

合成氨,化学名称,氨、氨气。主要用于生产氮肥、硝酸、尿素和其他化学肥料,还可用作医药和农药的原料。在国防工业中,用于制造火箭、导弹的推进剂。用作有机化工产品的氨化原料,在食品冷冻行业还可用作冷冻剂。

合成氨(大、中型)　1963年9月,一期工程2.5万吨/年合成氨装置在上海吴泾化工厂投产。1965—1979年,先后建设投产二期工程和年产30万吨合成氨。1991年,吴泾厂合成氨产能40万吨/年,新老系统合计产量18.63万吨。1997年,30万吨/年合成氨停产退出;1999年,办理报废。1998年,合成氨产量6.72万吨。2000年,投资5000万元,将产能10万吨/年的合成氨装置扩产至12万吨/年。2007年9月12日,产能12万吨/年的合成氨装置退役;是年,合成氨产量3.87万吨。

老系统合成氨主要原料是焦炭,采用间歇式固定层煤气发生炉制气,除尘鼓风,A.D.A溶液脱除原料气中硫化氢,常压中温变换,压缩机六段压缩至345公斤/平方厘米,送氨合成塔内进行反应,最后取得成品液氨。新系统合成氨采用轻油为原料、蒸汽转化法流程,轻油干法脱砷脱硫,加压二段蒸汽转化制气,高、低温变换,热钾碱法脱除二氧化碳,甲烷化,离心式压缩机压缩,在150公斤/平方厘米合成为氨。

合成氨(小型)　1959年11月起,在上海市青浦、南汇、嘉定、崇明、奉贤、金山、浦东、川沙、松江、宝山、上海等郊县相继筹建11座年产800吨合成氨的小型氮肥厂。1962年,吴淞化肥厂2套2000吨合成氨装置建成。至此,12家化肥厂合成氨总产量1.28万吨。经过近30年的发展,1990年,行业10家小氮肥厂产能近20万吨,实际产量20.86万吨;1992年,实际产量19.56万吨;1997年,实际产量18.59万吨;2000年,实际产量18.71万吨。2003年年底,按照上海市政府指示精神,上海小化肥企业全面停产,产品退出上海工业产品系列。

【硝酸】

1968年,在上海红旗化工厂以年产5000吨硝酸规模开始,1980年发展到年产1万吨,2005年扩产后,年产量1.8万吨。主要用于制造硝酸及其盐类、化学肥料和炸药,还可用于制造染料农药、照相材料、塑料、石油化工、合成纤维等。

主要工艺流程:氨和空气进行催化、氧化得到二氧化氮,二氧化氮用水吸收得到稀硝酸。稀硝酸通过脱水、萃取、蒸馏产出浓硝酸。2010年6月,硝酸装置停产。2010年,产量7216吨。

【苯酐】

苯酐是重要的有机(合成)化工原料,广泛应用于增塑剂、不饱和树脂、涂料、染料等行业,在中国最主要的用途是生产邻苯二甲酸二辛酯(DOP)、邻苯二甲酸二丁酯、混合酯等增塑剂。

焦化公司有2套4万吨/年苯酐装置。2003年4月,一期装置开工,2004年8月,装置建成。2008年11月17日,二期装置开工。2009年11月26日,竣工并交付使用。苯酐装置采用中国华陆工程公司自行开发的、采用德国DWE的反应器组和$V_2O_5-TiO_2$催化剂,以邻二甲苯为原料固定床工艺催化氧化反应生产苯酐的国产化回收苯酐生产技术。2010年,2套装置产量7.65万吨。2013年,苯酐产量5.82万吨。

2011年、2013年和2015年"SJ"牌苯酐被评为上海市名牌产品。

【化肥】

尿素　化学名称为碳酰二胺,是上海吴泾化工总厂主要产品。农业上是含氮量最高的中性氮肥,畜牧业上可作反刍动物的饲料,工业上是主要的工业原料之一,医药上作镇静剂、利尿剂和杀菌剂，石油工业中用来制造化学铬合物、脱蜡剂，纺织工业中作软水剂，炸药上用作稳定剂等。

尿素生产分新、老两个系统。1963年4月，开始设计老系统，设计产能4万吨/年。1965年3月，产出成品。新系统先后建设2套装置，设计总产能40万吨/年，分别为24万吨/年装置和16万吨/年装置，先后于1979年12月和1990年12月投产。1991年，产量19.35万吨。1997年，由于原料油价放开，新系统合成氨和尿素装置生产成本大幅上升而被迫长期停产退出。

1991年，产能30万吨/年合成氨、24万吨/年和16万吨/年尿素装置及其他完善化工程被批准列入国家重大技术设备表彰项目。

碳酸氢铵　除尿素外，碳酸氢铵是使用最广泛的一种氮肥产品。

1962年5月，吴淞化肥厂年产2 000吨合成氨联产8 000吨碳酸氢铵装置投产，生产部分固体碳酸氢铵。进入20世纪80年代，行业内除上海浦东化工厂外，各厂均生产碳酸氢铵及少量碳化氨水。

主要工艺流程：由二氧化碳通入氨水中，饱和后结晶而得。在碳酸氢铵肥料的生产中，用合成氨生产过程中的变换气通入浓氨水塔，吸收变换气中二氧化碳。成为碳酸氢铵结晶，经分离而得。

1990年，全行业9个厂生产农用碳酸氢铵（实物）71.5万吨，15%及17%农用碳化氨水（实物）4.34万吨。1992年，生产碳酸氢铵72.01万吨。1997年，生产碳酸氢铵58.57万吨。2000年，生产碳酸氢铵54.44万吨。2003年年底，按照上海市政府指示精神，上海小化肥企业全面停产，产品退出上海工业产品系列。

氯化铵　简称"氯铵"，又称卤砂，是一种速效氮素化学肥料。

1970年2月，农用氯化铵在上海浦东化工厂由1万吨/年联碱装置联产。1984年5月，启用"申江"牌商标；1990年，改为"普华牌"。

主要工艺流程：联碱法以食盐、氨及合成氨工业副产的二氧化碳为原料，同时生产纯碱及氯化铵，即联合产纯碱与氯化铵，简称"联合制碱"。1992年，产量2.3万吨；1997年，产量3.53万吨；2000年，产量3.74万吨。2001年11月，上海浦东化工厂停产，产品退出上海工业产品系列。

乙烯利　上海华谊集团华原化工有限公司主要产品，化学名称2-氯乙基膦酸，商品名称一试灵。在农业上用作打破种子休眠，促进果实成熟，刺激天然橡胶增产，雄花不育，扩破顶端优势，促进侧芽生育以及抑制生长和矮化等作用。

2000年，乙烯利进行搬迁，产能由660吨/年扩大到1 200吨/年。2004年，将酸解釜由1 000升扩大到2 000升，产能提高到1 800吨/年。2005年，经过生产试验，酸解釜由2 000升继续放大到3 000升，并增加亚酯保温釜进行亚酯的后处理，乙烯利产能扩大到2 500吨/年。2006年，金山基地装置按改进后的酯化工艺进行设计，增加自控调节措施，设计产能5 000吨/年。2009年，对酸解工序进行改进，可以生产固体乙烯利。

第二节　轮胎及其他橡胶制品

一、轮胎

1934年，中国第一条"双钱"牌汽车轮胎研制成功。1964年，上海大中华橡胶厂研发出中国第一条全钢子午线轮胎，填补国内空白。进入20世纪90年代，上海轮胎橡胶（集团）有限公司〔1992年5月改制为上海轮胎橡胶（集团）股份有限公司，2007年5月更名为双钱集团股份有限公司〕研发和生产了一系列产品,主要有:全钢子午线载重汽车轮胎、全钢子午线工程轮胎、全钢子午线工业轮胎、全钢子午线轻卡轮胎、斜交载重汽车轮胎、斜交轻型卡车轮胎、矿山轮胎、工程轮胎等。

1991年3月,生产出第一条全钢丝无内胎子午线轮胎。1993年,生产第一条全钢丝低断面无内胎子午线轮胎。1994年,生产第一条全钢丝超宽断面无内胎子午线轮胎。2003年,生产第一条全钢丝工程子午线轮胎(中小型)。2004年,生产第一条全钢丝工业子午线轮胎。2009年,生产第一条全钢丝农业子午线轮胎。2010年,低滚动阻力卡客车轮胎通过美国EPA SmartWay认证。2013年,生产大型(25—23系列)全钢丝子午线港口专用轮胎,填补国内空白。轮胎生产工艺主要分为六大部分:炼胶、压出压延、裁断、成型、硫化和检测工艺。2013年,双钱集团全年生产轮胎836.15万条,其中全钢子午线载重轮胎产量547.4万条,全钢子午线轻卡轮胎产量92.97万条,全钢子午线工程轮胎产量4.76万条,乘用胎157.93万条。

1990年,上海大中华橡胶厂移地闵行扩建30万条/年全钢子午胎项目。1995年年底,投产达标,是年生产轮胎62万条。1994年,进行技术改造,全钢子午胎从60万条/年增至100万条/年。1997年12月31日,该改造项目完成,是年生产轮胎110万条。2003年2月,进行汽车工业全钢子午载重胎配套技改,2004年2月完成,年新增30万条轮胎。2004年2月,建设新增60万条/年新型全钢子午胎技改项目,2005年1月完成。2004年,建设高性能全钢子午胎填平补齐项目,年新增高性能载重子午胎7万条。2005年7月,建设新增25万条/年全钢丝子午胎项目。2006年6月,项目建成。截至2013年年底,上海地区全钢子午线轮胎产能275万条/年。

2004年3月,上海轮胎橡胶(集团)如皋有限公司(简称"如皋公司")建设50万条/年子午线轮胎项目;2005年3月,项目建成。2005年7月,如皋公司建设50万条/年高性能全钢载重子午线轮胎二期项目;2006年9月,项目建成。2007年10月,全钢工程子午线轮胎三期项目增产50万条/年竣工。2007年10月,如皋公司建设新增70万条/年全钢丝子午线轮胎技术改造项目;2008年10月,项目建成。2010年4月26日,如皋公司建设30万条/年高性能全钢载重子午线轮胎技术改造项目;2013年8月29日,投入试生产。截至2013年年底,如皋公司全钢子午线轮胎产能250万条/年。

2007年7月,双钱集团(重庆)轮胎有公司(简称"重庆公司")250万条/年全钢丝子午线轮胎工程项目开工;2008年8月,产出第一条轮胎,一期项目产能120万条/年。2011年6月,建设50万条/年高性能全钢丝子午线载重轮胎技改项目;2012年6月,项目建成。2012年7月,建设30万条/年高性能全钢丝子午线载重轮胎技改项目;2013年7月,项目建成,全钢子午线轮胎产能200万条/年。

2011年11月,双钱集团(安徽)回力轮胎有限公司(简称"安徽轮胎公司")1500万条/年高性能半钢子午线轮胎项目引进法国米其林技术,其中第一阶段为产能600万条/年半钢子午线轮胎。2013年,半钢子午线轮胎产能600万条/年。

2001年,双钱集团将下属大中华橡胶厂和正泰橡胶厂迁至炼胶厂,合并成立大中华正泰轮胎公司,成为斜交胎研发和生产基地;是年生产轮胎斜交胎180万条。2002年7月,大孚橡胶有限公司因"三废"迁建,将优势产品转移至东海公司。2007年12月,大中华正泰轮胎公司停产,部分设备迁往东海公司。2013年,东海公司斜交轮胎产能100万条/年。

1995—2011年,"双钱"和"回力"牌轮胎屡次被评为上海名牌产品。2004年9月,"双钱"牌全钢子午胎被评为中国名牌产品。2006年,"双钱"全钢子午线工程胎获"中国国际工业博览会铜奖"。2011年,"无内胎低滚动阻力客车轮胎"获国家重点新产品证书。2012年5月,"45系列高性能宽基无内胎全钢丝子午线轮胎"获国家重点新产品证书。

二、橡胶制品

【乳胶血压计袋、球】

乳胶血压计袋、球，是血压计主要配件，以天然乳胶为材质加工生产，采用以胶体体系为基础的独自一套的浸渍工艺制造而成。20世纪90年代中期，新亚医用橡胶厂接受上海医疗设备厂提出的试制乳胶血压计袋球的要求，于1998年12月，开始着手试制。样品经三家医院临床使用，一致认为优于当时医院普遍使用的橡胶袋球，具有体积轻巧、外形美观、手感柔软、绑带舒服、使用省力等优点。2011年6月30日，上海华向橡胶制品有限公司将生产这个乳胶血压计袋、球的厂家转让出去，结束在本单位生产的历史。

【自动扶梯橡胶扶手带】

20世纪60年代起，上海橡胶制品一厂在国内首家生产橡胶扶手带。生产的橡胶扶手带，为自动扶梯总成配套的关键产品，以多层纤维与金械材质用橡胶胶合，在外表覆以优质橡胶混合胶，经过加温硫化而制成的不同尺寸包括断向宽度、高度、内径开档宽度的橡胶扶手带。产品有4个型号，即SWE仿奥地利型、朝鲜型、中日上海三菱J型和苏迅公司SOS型，年生产总量3.5万米，色泽上从当初单一黑色增加到红色、灰色、黑色三种。20世纪80年代后，上海橡胶制品一厂生产的自动扶梯橡胶扶手带为全国中外合资最大的四大自动扶梯公司配套和更新维修，使用在北京地铁、全国主要车站、大商厦、机场等。工艺装备逐步改进完善，实现成型、硫化流水线生产。在这基础上，开发国际流行的薄型彩色橡胶扶手带。产品结构得到进一步改进，产品的尺寸基本上与国际接轨。在国内与主机单位配合，实现与定牌定结构专业化相结合的生产。1994年，产品被评为上海市名牌产品。2000年，因"三废"问题搬迁到青浦徐泾后，由于市场供需原因，上海橡胶制品一厂的自动扶梯橡胶扶手带停产。

【钢结构橡胶伸缩缝】

1985年，上海工程橡胶厂率先在国内研制开发橡胶板伸缩缝，在上海地区主要用于浦东国际机场、南浦大桥改造工程、延安西路高架、外环线和上海东方明珠等设施各部件的接缝处。20世纪90年代初，设计研制开发伸缩量80毫米~1 040毫米的SGA、B、C系列钢结构橡胶伸缩缝。1998年开始，对伸缩缝在材料、结构上进行深化研究，多元化开发GTF高弹性无缝伸缩缝，为中小桥梁的建造维修提供一个合适的新产品；形成十余种结构形式钢结构橡胶伸缩缝系列品种，产能3万标准米/年，生产技术达到国际水平。1997年，通过上海市经济委员会技术鉴定，被评为年度国家级新产品，获"上海市优秀新产品二等奖"。1998年被列入上海火炬计划。上海橡胶制品有限公司破产、上海华向橡胶制品有限公司（简称"华向公司"）成立后，产品由华向公司参与联营的企业生产。2012年2月，华向公司以股权转让的形式退出该企业，不再参与伸缩缝的生产。

【轿车车门三角窗橡胶密封条】

上海橡胶制品一厂，被选定为"桑塔纳"轿车橡胶零部件配套单位之一。1984年起，对"桑塔纳"轿车第一代橡胶零部件进行研发。其中车门三角窗橡胶密封条，包括第一代前后、左右和2000型（第二代）前三角窗橡胶密封条共6个品种。1993年起，加速对车门三角窗橡胶密封条开发。1994年下半年进行模具开制，实现后三角窗（左、右）橡胶密封条产品尺寸达标，技术水平等级达到国际水平,攻下三角窗橡胶密封条模具设计关和制造关。1995年9月6日,与上海"桑塔纳"轿车进行供货配套。1996—1998年一季度,配套率达80%。产品首先使用三元乙丙橡胶,在自动注射硫化机上生产控温半自动成型硫化新工艺。1994年,向上海市专利局申请并获专利。1995年12月6日,产品通过市化工局技术鉴定,被命名为上海市新产品。1997年,获"上海市优秀产品三等奖"。

【喜喜牌皮鞋底】

1982年,上海轮胎厂将"喜喜牌"皮鞋底全部转给上海工程橡胶厂生产。"喜喜牌"皮鞋底为皮鞋配件,采取模压硫化的工艺制造。1992年,产量420万双;1993年,产量120万双。1990年度被评为上海市优质产品。2001年,"喜喜牌"皮鞋底停产,企业整体进入破产程序。

【胶鞋】

上海回力鞋业有限公司(简称"回力公司")专业从事"回力牌"运动鞋及各类鞋产品的研发、制造和销售。回力公司开发普及型、大众化运动休闲鞋系列产品,研发冷黏专业体育用鞋、户外健身运动鞋、彩绘时尚运动休闲鞋,以品牌运作、技术管理的方式拓展各种轻便注塑休闲鞋、雨鞋、凉鞋及室内外拖鞋等系列产品。

硫化鞋产品成型基本工艺:鞋帮刷好扳帮浆,干燥后进行扳帮扦褶,在鞋帮上刷围条浆,干燥后贴合相关胶质部件,再压合后刷围条浆,干燥后再贴胶质部件并压合,最后生鞋检验、硫化,完成硫化后脱楦,经成品检验合格后进行内外包装。

硫化鞋产品缝帮基本工艺:帮面、里布经胶水贴合后停放,之后冲切成各个小部件,缝鞋帮各部件,再进行拼跟合跟,打上鞋眼后进行接头,最后装鞋舌。

1993年,"回力牌"出口系列鞋获第21届国际质量银杯奖。2002年,获"市场信得过产品"称号。2003年,被评为上海化工名优产品。2005年,被评为上海橡胶名优产品。2009年12月,被授权为中国2010年上海世博会特许零售商。2011年9月,获中华老字号博览会最佳新品推介奖。2012年和2013年,被认定为中国橡胶百强企业,授予"回力"牌休闲鞋、运动鞋为"2012年度中国橡胶工业协会推荐品牌产品"称号。

2013年,销量排名前三的分别为WB-1型篮球鞋、WJ-3型甲板鞋、WK-1型网球鞋,累计销售984 678双。

【散热器胶管】

1988年,上海国产化办公室下达上海橡胶厂研制为桑塔纳轿车配套的散热器胶管任务。该胶管有7种不同规格的异型胶管,性能要求苛刻,产品制造工艺难度较大。上海橡胶厂及时组织力量投入研制,筛选胶种材料,设计合理的结构、配方、工艺,终于试制出满足TLVW680标准的针织结构样管。1988年,申请引进桑车配套软管技术装备生产线。次年,获批准。1991年,设备到厂安装调试成功并出产品,全部符合要求。1992年3月,通过鉴定。1993年1月,批量供货;6月,开始配套供货。1994年11月,再次通过专家鉴定,是年产量60.81万根。因产业调整需要,企业从2012年1月起实施调整;8月,散热器胶管全面停产。

【混炼胶及橡胶制品】

1960年,上海橡胶制品研究所(简称"橡胶制品研究所")对各个胶种、各种门类的混炼胶及制品进行研制,主要为中国的航空、航天、兵器、舰船等国防军事工业进行配套,用于铁路、汽车制造、石油开采等国民经济支柱行业。混炼胶主要中试生产流程:检验合格的生胶经塑炼、混炼后,加入硫化剂、促进剂、活性剂等,均匀混炼后出片,经过分析测试,确认合格后打包入库。橡胶制品主要中试生产流程:检验合格的生胶经塑炼、混炼后,加入硫化剂、促进剂、活性剂等,均匀混炼后出片,经过分析测试,确认合格后进行成型和硫化,修边后经检验,合格品打包入库。2013年,混炼胶年产能为30吨,各种模压橡胶制品90吨,密封条45吨。

【橡胶型胶黏剂和胶黏带】

自1960年橡胶制品研究所建设起,橡胶型胶黏剂(带)类产品就是其主打产品之一,主要为中国的航空、航天、舰船等国防工程项目进行配套,广泛应用于电子电器、汽车制造等国民经济支柱行业。2013年,已发展为有机硅胶黏剂/密封剂、BS系列丁基密封剂、JX系列通用胶黏剂、JN系列通用密封胶、S系列聚硫密封剂、其他特殊胶黏剂等胶黏剂/密封剂产品系列和JD系列胶黏带、离型纸、氟胶布等特种胶黏带制品。橡胶型胶黏剂中试生产流程:正确称量主体橡胶材料和各种配合剂,将橡胶塑炼、混炼,加入硫化剂、促进剂、活性剂等,均匀混炼后出片,经分析测试合格后,切碎、加溶剂、打浆,检验合格后包装入库。橡胶型胶黏带中试生产流程:正确称量主体橡胶材料和各种配合剂,将橡胶塑炼、混炼,加入硫化剂、促进剂、活性剂等,均匀混炼、出片,经分析测试合格后,切碎、加溶剂、打浆,对基材进行表面处理并将浆液涂布上去,硫化后成圈,经检验合格后包装入库。2013年,各类胶黏剂(带)年产能为40吨。2004年12月,JD-70绝缘耐热有机硅自粘带获"中国石油和化学工业协会科技进步奖二等奖"。

【医用橡胶制品】

1960年,橡胶制品研究所建设初期,与各医院及医疗器械研究机构合作研制医用橡胶制品,用于救死扶伤。主要产品有:人工脏器(硅橡胶涤纶丝网颅骨成型片、腹膜透析管、硅橡胶扎环带等)、药物控释系统(长效避孕埋植剂、甲地孕酮硅橡胶阴道避孕环)、医疗用器械(伤口引流装置)、硅橡胶导管等。主要产品长效避孕埋植剂(二根型)中试生产流程:正确称量主体橡胶材料和各种配合剂,混炼并加入各种配合剂,硫化成型后装配,经检验合格后包装入库。2013年,医用橡胶品年产能为15吨。1997年12月,长效避孕埋植剂(二根型)获国家科技进步奖三等奖。

【其他弹性体】

20世纪80年代初,橡胶制品研究所对热塑性、浇注型聚氨酯弹性体材料及制品,以及改性PVC粒料及制品、改性工程塑料及制品、航空发动机包装袋等新型弹性体材料开始研制。产品广泛应用于飞机制造、汽车、机械、纺织等国民经济支柱行业。2013年弹性体材料的年产能为30吨。

第三节　合　成　材　料

一、聚氯乙烯

聚氯乙烯(PVC)是氯碱公司主要产品。聚氯乙烯主要用于透明硬片、管材、板材、薄膜、电缆等制品。糊状树脂主要用于人造革、地板革、汽车内饰革、墙纸、玩具和瓶盖等制品。特种树脂主要用于汽车底部喷涂。氯化聚氯乙烯主要用于各类不同口径的管道以及与之配套的弯头、三通等管件、阀门阀体等。

1987年5月,从日本引进年产20万吨聚氯乙烯装置。1990年3月,在吴泾地区建成投产。1993年8月,5万吨/年糊状聚氯乙烯建成之后,于1996年、2001年在吴泾地区分别通过技改,扩产10万吨/年聚氯乙烯装置和7万吨/年聚氯乙烯装置。2002年,2万吨/年糊状聚氯乙烯和2万吨/年特种聚氯乙烯从天山路搬迁到上海化工区。2007年4月,氯碱公司在天原厂新增4万吨/年糊状聚氯乙烯。2010年10月,自主研发的1万吨/年氯化聚氯乙烯装置投产运行。2013年,年产聚氯乙烯46万吨,氯乙烯43万吨,二氯乙烷123万吨。

聚氯乙烯工艺流程:乙烯和氯气通过直接氯化反应合成二氯乙烷,精制后的二氯乙烷通过裂解生成氯乙烯和氯化氢。氯乙烯精制后作为合成聚氯乙烯树脂的单体使用,氯化氢处理后回送到氧氯化单元和乙烯、氧气通过氧氯化反应再合成二氯乙烷。

氯乙烯单体在分散剂、引发剂的作用下,通过聚合反应生成聚氯乙烯树脂。生产通用性疏松型聚氯乙烯树脂,主要采用悬浮法生产工艺。悬浮法生产工艺主要是按一定比例的氯乙烯单体、脱盐水、分散剂、引发剂等助剂按顺序加入大型化聚合釜内进行聚合反应,当聚合转化率达到85%时,终止反应,剩余15%的未反应单体进行回收,精制后仍作为单体原料使用;另外85%的单体已转化为聚氯乙烯(浆料)通过汽提进一步回收储藏在树脂内部的氯乙烯单体,汽提后的聚氯乙烯(浆料)通过离心、干燥处理掉水分,最后得到纯净的聚氯乙烯树脂(粉末)。聚氯乙烯树脂还包括糊状树脂、特种树脂及氯化聚氯乙烯树脂。

1994—2013年,聚氯乙烯系列产品被评为上海市名牌产品;被评为2005年度中国名牌产品;2010—2013年,获"中国石油和化学工业知名品牌"称号。

二、氟聚合物

【氟橡胶】

1960年,上海市有机氟材料研究所(1992年5月改制为上海三爱富新材料股份有限公司)开始研制氟橡胶,并小批量投入生产,主要作为军用配套产品。1994年,氟橡胶列入上海市经济计划委员会技术改造项目,把30吨/年氟橡胶生产装置扩大至200吨/年的装置能力。1996年完成,实际产能220吨/年。1998年,由于市场上产品紧缺,氟橡胶装置产能扩大为350吨/年,生产三大类代号为F_{26}、F_{246}、F_{27}的多品种氟橡胶。1999年8月,1 000吨/年氟橡胶工业性试验项目列为国家重点技术创新项目。2002年8月,项目建成投料试运行。2010年9月,完成1 000吨/年氟橡胶生产装置的改造;11月试生产成功。2013年,氟橡胶的产量及销量分别为1 398.24吨及1 043.3吨。

氟橡胶是主链或侧链的碳原子上含有氟原子的一类合成高分子弹性体,耐高温、耐油、耐化学腐蚀,广泛应用于航空、航天、汽车、石油开采、石油化工、造船、机械及环境污染控制等方面,用作燃料、润滑油、石油、酸腐蚀介质及高温密封的材料,在胶管、胶板、膜片、伐体、电缆涂料等及高温石棉板中用作弹性黏结剂。

代号为F_{26}、F_{246}和F_{27}的氟橡胶产品工艺路线大体相似,均以水作为介质,过氧化物为引发剂、通过气溶聚合而生成胶乳,之后通过凝聚、洗涤、脱水、干燥和压片等工艺得到片状产品后入库。

2001年,氟橡胶制品获上海市新产品一等奖;2006年和2009年,被评为上海化工名优产品。

【聚偏氟乙烯】

1980年,上海市有机氟材料研究所完成聚偏氟乙烯小试技术探索。20世纪90年代中期,装置开始40吨/年中试生产。1995年,产能100吨/年。2001年,装置由中试生产扩至200吨/年的规模。2003年12月,完成200吨/年聚偏氟乙烯装置扩建项目,装置最大产能300吨/年。2004年,产量为286吨。2006年10月,1 000吨/年聚偏氟乙烯装置在上海化工区建成,填补国内电池用聚偏氟乙烯树脂及涂料用聚偏氟乙烯树脂生产空白。2010年7月10日,1 000吨/年聚偏氟乙烯停产,部分设备和产品转移至内蒙古万豪氟化工有限公司(简称"万豪公司")生产。2011年10月,装置关停。2010年4月,万豪公司建设聚偏氟乙烯7 000吨/年二期项目;8月,开始试生产。2013年,聚偏氟乙烯产能7 000吨/年。

聚偏氟乙烯是用偏氟乙烯单体经聚合反应和一系列后处理工序得到的一种聚合物,是年产量仅次于聚四氟乙烯的第二大含氟树脂。聚偏氟乙烯树脂广泛用于化工、电子、医药、建筑、环保、电池、半导体、航空航天等产业。其中涂料、锂电池黏结剂、过滤膜、电绝缘材料、化工过程是用量最大的五个领域。

聚偏氟乙烯生产工艺流程:聚合釜内预先加入无离子水和引发剂、助剂,聚合级的偏氟乙烯经单体计量槽计量压入聚合釜中,在指定的温度、压力下偏氟乙烯发生聚合反应,反应结束后,未反应的偏氟乙烯单体回收,聚合物料放至乳液槽中,再经凝聚、洗涤、脱水、干燥后得到聚偏氟乙烯中间品,经粉碎后得到粉末产品,经造粒后则可得到粒料产品。

2009年8月,聚偏氟乙烯树脂被评为上海化工名优产品。

【聚全氟乙丙烯】

1965年,上海市有机氟材料研究所采用悬浮聚合方法进行试验,填补可熔性氟树脂的空白。1966年,化工部对聚全氟乙丙烯树脂悬浮聚合小试进行部级技术鉴定;之后,进一步研制,提高树脂的热稳定性,改进树脂色泽、耐热应力开裂,加工工艺性能得到提高,接近美国杜邦公司同类产品水平。1985年,通过技术审定并批量生产,满足市场需要。1991年,源于国家火炬计划,上海市有机氟材料研究所新建产能100吨/年聚全氟乙丙烯装置。1995年,新增产能100吨/年,总产能达200吨/年。2004年,通过技术改造,产能达500吨/年。2013年,产量及销量分别为888.04吨及741.99吨。

聚全氟乙丙烯树脂是四氟乙烯与六氟丙烯的共聚物,是热塑性树脂。它具有高度电绝缘性能、完全不燃性、表面不黏性、耐大气老化性和低摩擦系数,能在-85℃～200℃的温度范围内长期使用。主要用于热收缩、衬里、电线绝缘层、管材、薄膜以及各种制件等。

聚全氟乙丙烯树脂生产工艺流程:在装有双端面轴密封的推进式搅拌器的不锈钢高压釜内抽空吸入定量的无离子水,分散剂充氮气试压不漏,抽空,分析氧含量;然后自初始槽加入定量的初始单体,并加热升温。当达到所需的反应温度时,用计量泵加入引发剂开始反应,并补加单体用膜式泵加入高压釜,维持压力不变;当补加单体量到规定值后,停止反应,回收釜内单体,抽空,放出反应物。放出反应物入乳液混合槽,混合后的乳液放入凝聚桶凝聚,洗涤,经洗涤、破碎、烘干和造粒后包装入库。

2006年和2009年,聚全氟乙丙烯浓缩分散液FR463产品被评为上海化工名优产品。

【聚四氟乙烯】

1993—1999年,上海三爱富新材料股份有限公司(简称"三爱富公司")拥有300吨/年的聚四氟乙烯中试装置。2002年1月，购入上海天原（集团）公司下属的氟化学品分厂，成立三爱富公司氟化学品分厂，形成2 500吨/年四氟乙烯生产能力和5个品种的2 300吨/年聚四氟乙烯生产能力。2003年，在原有2 300吨/年聚四氟乙烯装置基础上，利用原生产厂房进行改扩建，形成5 000吨/年聚四氟乙烯产能。2005年7月，装置竣工；10月，在常熟市新材料产业园成立常熟四氟分厂。2010年，建成1 000吨/年的聚四氟乙烯生产装置。2013年，三爱富公司3套聚四氟乙烯装置分别为吴泾本部800吨/年装置、氟化学品分厂5 000吨/年装置以及常熟四氟分厂1 000吨/年装置；聚四氟乙烯产量和销量分别为7 196.25吨和7 360.55吨。

聚四氟乙烯是世界上产业化最早的氟树脂，其产量与消费量约占世界氟树脂的50%。三爱富公司生产悬浮聚四氟乙烯树脂、分散聚四氟乙烯树脂、聚四氟乙烯浓缩分散液三大类聚四氟乙烯产品。悬浮聚四氟乙烯树脂广泛用于化工、轻工、石油、电子、航空、机械等领域，主要用于制造机械工业用的密封圈、垫片以及化工设备用的泵、阀、管配件和设备衬里等，用于制造电绝缘零件、薄膜等。分散聚四氟乙烯主要用于制造耐腐蚀、耐高温、高介电电线电缆，化工方面主要用于制造丝扣密封生料带、管道衬里等。乳液聚四氟乙烯主要用作食品、纺织、印染、造纸等工业中的防粘涂层以及浸渍玻璃布、石棉等。

三大类聚四氟乙烯产品的生产工艺流程均为气相四氟乙烯单体进入计量槽，经计量后压入聚合釜中进行聚合，聚合釜内预先加入无离子水、引发剂、助剂等，在一定的温度、压力等条件下，四氟乙烯料进行聚合反应，反应结束后，未反应的单体回收到槽内，反应后的物料进入后处理工段。悬浮聚四氟乙烯树脂进入捣碎桶进行捣碎，并经洗涤、气流干燥制得中粒度聚四氟乙烯树脂，中粒度树脂送粉碎机进行气流粉碎制得细粒度聚四氟乙烯和E级料，细粒料经造粒机造粒制得聚四氟乙烯造粒料。分散聚合釜内物料放至浓缩槽进行浓缩，浓缩后经过过滤、冷却后产品为聚四氟乙烯浓缩液。

2001年，改性聚四氟乙烯浓缩分散液FR303A获上海市新产品三等奖。2006年和2009年，聚四氟乙烯树脂被评为上海化工名优产品。2007年和2011年，聚四氟乙烯树脂被评为上海名牌产品。

三、氟精细化学品

【六氟丙酮】

六氟丙酮是一个很有用的氟化工中间体。广泛应用于医药、农药和合成材料等领域，特别是作为合成特殊领域的高分子材料的原料。

三爱富公司自主开发的综合利用全氟异丁烯甲醇吸收液制备六氟丙酮的技术具有成本上的优势，获得明显的经济效益。由全氟异丁烯的甲醇吸收液来制备六氟丙酮，其主要原料为六氟丙烯生产中的副产物全氟异丁烯，价廉易得，节约可观的焚烧成本。

生产工艺流程为先将原料全氟异丁烯甲醇吸收液经过碱处理器处理后得到纯度较高的八氟异丁基甲基醚，在浓碱的作用下转化成七氟异丁烯基甲基醚，七氟异丁烯基甲基醚经过干燥、精馏提纯后在溶剂的存在下与氧化剂进行反应，过滤后经过稀酸洗涤，然后与浓硫酸反应，解析出六氟丙酮气体，六氟丙酮气体在吸收塔中用水吸收得到六氟丙酮溶液，精馏后得到高纯度的六氟丙酮三水化合物。

【双酚AF】

双酚AF是结晶粉末固体，主要用途是氟橡胶26低压缩变形配方硫化剂，纯度较高的产品可用于光学性能及耐水耐热性能优良的含氟双酚型环氧胶黏剂及含氟双酚型聚碳酸酯等新材料的制备。双酚AF在固化或交联氟烃弹性体方面有着重要的应用。使用双酚AF方便快捷,处理后的弹性体具有良好的压缩形变、耐化学性和热稳定性,在生产六氟丙酮的同时生产双酚AF。

采用苯酚和六氟丙酮在无水氟化氢的催化下反应生成双酚AF是其最常见的生产方法,三爱富公司拥有全套技术。

【全氟辛酸】

全氟辛酸是一种含氟有机脂肪酸,是强酸和碱作用生成盐,与醇作用生产脂各种衍生物。在高于沸点温度时,会发生部分分解而脱羧,它能腐蚀皮肤,吸入其气体会使咽喉充血。全氟辛酸是一种良好的表面活性剂,它的盐能作为分散剂,它的其他衍生物可作为憎水憎油剂及其他有机合成中间体。

电化氟化制备全氟辛酸工艺规程:辛酰氯与氢氟酸在特定的电解槽中配制成一定浓度的电解液后,通入一定值的直流电进行电化氟化,得到的全氟辛酰氯经中和、酸化、精馏后得到全氟辛酸。此外,中和过程还可以得到副产物——全氟环醚。

四、二氟一氯甲烷

二氟一氯甲烷,简称"F_{22}",可用于往复式制冷剂,也大量用作聚四氟乙烯树脂的原料和气体灭火剂1211的中间体,以及用于聚合物物理发泡剂,还可用作杀虫剂和喷漆的气雾喷射剂,是生产各种含氟高分子化合物的基本原料。

产品使用三氯甲烷氟化法合成,主要工艺流程由原料反应、分离吸收、水洗中和、精馏4个部分组成。

常熟三爱富中昊化工新材料有限公司有2套生产装置,单线产能为2万吨/年。2013年,总产量为38 442吨,其中外销24 930吨。

五、本体ABS树脂

ABS树脂,其中3个英文字母分别是丙烯腈(Acrylonitrile)、丁二烯(Butadiene)、苯乙烯(Styrene)的英文名称的首个字母。ABS树脂是丙烯腈-苯乙烯共聚物SAN和聚丁二烯-丙烯腈-苯乙烯接枝共聚物的混合物,SAN是连续相(或称树脂相),接枝共聚物是分散相(或称橡胶相)。

2002年9月,上海华谊聚合物有限公司的3.8万吨/年本体ABS生产装置,采用非充满连续搅拌釜式反应器法生产技术,具有自主知识产权,成功开发出多种性能的本体ABS树脂,包括通用注塑级、板材级、高流动级等,填补国内本体聚合生产空白。可应用在家电、箱包、汽车、办公用品等领域。工艺流程包括原料接收、贮存和输送单元,橡胶溶液配制和助剂准备单元,聚合单元,脱挥和切粒单元,包装单元及导热油系统单元等。2013年,产量8 405.8吨,销量7 707.08吨。

六、汽车硬塑件及工程塑料

【汽车硬塑件】

上海天原集团胜德塑料有限公司(简称"胜德公司")生产的汽车硬塑件,主要有护板系列、格栅系列、轮罩系列、门槛、饰柱系列、内饰系列、功能件等。产品广泛应用于汽车配件等领域。

2007年,胜德公司开始参与通用汽车全球采购项目的研发,研发产品有带毛毡汽车轮罩,主要特点为轻量化、抗噪音,为国内首创的系列产品,并通过通用汽车公司认可。在通用汽车全球采购平台上,实现出口销售。

注塑汽车件工艺流程:注塑成型工艺是指将熔融的原料通过加压、注入、冷却、脱离等操作制作一定形状的半成品件的工艺过程。塑件的注塑成型工艺过程主要包括合模、填充、保压、冷却、开模、脱模6个阶段。

1998年,"LX型硬塑件贮液罐、LX型硬塑件左右前轮罩""LX型桑塔纳轿车左、右内装饰总成"产品被评为上海市级新产品。1999年,"LX型桑塔纳轿车散热器格栅"产品被评为上海市级新产品。2009年8月,"一次成型带毛毡塑料轮罩"产品被评为上海市自主创新产品。

【工程塑料】

胜德公司生产的新型工程塑料,化学名称为聚氯乙烯(PVC)塑料。主要有挤出件、压制、注塑件和PVC粒料等。广泛应用于航天军工、市政、电子、机电医疗等领域。

1998年起,根据PVC市场及技术的发展趋势,加紧PVC建材料的研制和技术储备。1999年对产品结构进行调整,发展建筑用管件管材,形成两大体系(无毒级和有毒级)十几种规格的上水、下水管件(材)产品。先后打通与大连实德集团公司、安徽海螺公司等PVC异型材的供应渠道。与美国BAXTER公司在华独资企业建立战略合作关系,成为其在华PVC医用粒料的独家供应商。聚碳酸酯防暴、防劫板材,主要配套于军工项目和警用装备。工程塑料板材、棒材和管材,被定点为军工配套用材。

1990年和1992年,"GR短切玻纤ABS树脂"产品获上海市优秀新产品三等奖。1995年,"化油器型燃油管路总成"产品获上海市优秀新产品三等奖。1996年,"高强度聚碳酸酯饮水瓶(19升)"产品获上海市优秀新产品二等奖,"化油器型燃油管路总成"产品被评为上海市级新产品。1997年,"聚碳酸酯挤出板材"产品获上海市优秀新产品三等奖。1998年,"聚碳酸酯挤出板材"产品被评为上海市级新产品。2010年,"透明环保软质聚氯乙烯粒料、医用薄膜软质聚氯乙烯粒料"产品被评为上海市化工名优产品。2013年,"医用聚氯乙烯粒料、物流塑料周转箱"产品被评为上海市塑料行业名优品牌。

上海涤纶厂的主要产品对苯二甲酸丁二醇酯(PBT)等热塑性聚酯,用于电子、电气及汽车工业、家用电器等工业塑料部件等。2000年,注册"双蝶"牌商标。

1977年,开发成功聚对苯二甲酸丁二醇酯(简称"F-FR-PBT")。1984年,产量140吨;1985年,引进西德双螺杆挤出造粒生产线,生产阻燃型工程塑料。1994年9月10日,承租真北支路417号厂房及场地继续生产。2003年,搬迁至闵行区吴中路2375号。2004年3月,与工程塑料中心合并共同生产。2005年,迁址杨浦区长阳路2455号继续生产。2006年,暂停生产,改自有生产为委托加工生产,销售至2013年。用聚对苯二甲酸丁二醇酯树脂加入聚烯烃和复合润滑剂等组成,进入双螺杆挤出机,再配入玻璃纤维和阻燃剂连续混合,挤出铸条,冷却,切粒制得工程塑料。2013年,产量1 098吨,销量1 122吨。

1991年10月,产品流动型阻燃增强聚对苯二甲酸丁二醇酯,获上海市科技成果证书。1996年11月,产品增白型阻燃丙烯腈、丁二烯、苯乙烯共聚物(ZB-F-DS400),获上海市科技成果证书。阻燃增强PBT取得美国保险服务公司UL94V-0的认可。

七、聚酰亚胺树脂及其制品

上海市合成树脂研究所(简称"合成树脂所")主要产品有：聚酰亚胺单体、聚酰亚胺模塑料、聚酰亚胺层压板。

【聚酰亚胺单体】
聚酰亚胺单体是生产聚酰亚胺树脂及其制品的主要原材料。1960年，开发成功联苯醚四甲酸二酐(ODPA)。1984年，开发成功新的工艺路线。1990年，建成年产20吨均苯四甲酸二酐(PMDA)生产线。2000年，双酚A二酐(BPADA)开发成功。2007年，开发成功非对称联苯醚四甲酸二酐(a-ODPA)。主要生产工艺流程：将聚酰亚胺单体半成品称量后连同不锈钢毛盘一起放入烘箱，在一定温度下加热，干燥至物料熔融；再干燥一定时间后打开烘箱进行冷却，使产品结成块状；然后将块状单体连续加入粉碎机中粉碎，粉碎后的产品再进入混合器中混合，混合完毕进行包装。2013年，聚酰亚胺单体产能160吨/年。

【聚酰亚胺模塑料】
1969年，开发成功半热塑性的聚酰亚胺模塑粉YS20。1982年，开发成功耐超低温密封材料聚酰亚胺模塑粉YS20T。1985年，开发成功聚酰亚胺模塑粉YS10。1986年，历时10年开发成功冷法制备自润滑聚酰亚胺模塑粉YS12S。1994年，开发成功间歇法和连续法生产聚醚酰亚胺(PEI)的工艺。20世纪90年代后期，在全球率先开发成功可塑性自润滑材料聚酰亚胺模塑粉YS330。2000年，开发成功玻纤增强聚酰亚胺模塑粉PIGF系列产品。2005年，开发成功自润滑材料聚酰亚胺模塑粉YS10-021，并解决非塑性材料的成型问题。2007年，开发成功可溶可熔性聚酰亚胺YS20a，并成功用于日本宇航机构的太阳帆上，耐温性和成型性均优于YS20，耐辐照性能能接近国外同类产品，但可熔接。

主要工艺流程：模塑粉按工艺要求过筛，称取一定数量后置于模具中，使铺层自然平整；将装有模塑粉的模具放置在成型机的下工作台面上，上置压铁，开启成型机，开始加热；按工艺要求预热至一定温度后施加一定的成型压力进行压制，并保压保温若干分钟；随后吹风冷却、出模，获得模塑料坯件。再将模塑料坯件置于热处理炉中，按照一定的工艺进行加热处理；热处理完毕后，将模塑料坯件用数控机床等进行机加工，即得聚酰亚胺塑料零件。2013年树脂所聚酰亚胺YS-20系列年产能为10吨，聚酰亚胺YS-10系列年产能为30万件。

2001年12月，FWS-10和WS-9工程配套聚酰亚胺材料项目获国防科学技术奖二等奖，玻璃纤维增强聚酰亚胺模塑料项目获国防科学技术奖三等奖。2005年6月，YS-20可熔性聚酰亚胺模塑粉模压塑料项目获国家重点新产品奖。2013年12月26日，树脂所受到国防科技工业局通报表扬。

【聚酰亚胺层压板】
1981年，开发成功YB20聚酰亚胺层压板系列产品。2005年，开发成功YB380聚酰亚胺碳纤维层压板产品。

主要工艺流程：将聚酰亚胺浸胶漆布按需求裁剪成一定尺寸，然后将一定层数的漆布叠放好，整齐放置在平板模上，置于平板压机中，按照一定的工艺开始加热升温；升温至一定温度后打压，进行模塑压制；保温保压一定时间后冷却压机，出模；将层压板去除毛边，按需求裁剪至一定尺寸，进行包装。2013年，聚酰亚胺层压板年产能为3.5万块。

八、塑料

上海市塑料研究所（简称"塑料研究所"）主要产品有：聚四氟乙烯软管组件产品和其他聚四氟乙烯改性材料及制品。

【聚四氟乙烯软管组件产品】
该产品主要用于航空发动机。1966年，塑料研究所开始研制钢丝增强聚四氟乙烯液压软管组件，至2001年，国家启动某项配套工程时，塑料研究所的聚四氟乙烯软管组件产品得到重点扶植，国产战机基本选用该产品。2008年，从意大利OMA公司添置一台36锭钢丝编织机。为对聚四氟乙烯内管进行钢丝缠绕增强，使软管组件能承受更高的压力，从意大利OMA公司购入一台180线钢丝缠绕机。产品具有耐高低温、耐腐蚀、耐油、耐化学品、耐老化以及工作可靠性高、使用寿命长、安装方便等特点，柔性连接管件被广泛用于航空航天飞行器的液压、气动、伺服等系统以及航空发动机的燃油、滑油系统。塑料研究所的聚四氟乙烯软组件产品有12个规格。聚四氟乙烯软管组件的加工主要包括内管成型、不锈钢丝增强、金属连接件装配、包覆四大工艺步骤。2013年，聚四氟乙烯软管组件产能7.5万根/年。

2005年1月，航空氟塑料软管可靠性增长项目获中国人民解放军空军三等奖。9月，某新型聚四氟乙烯软管组件研制项目获中国人民解放军总装备部军队科技进步三等奖。2007年2月，某新型飞机工程项目获国家科学技术进步奖特等奖。

【其他聚四氟乙烯改性材料和制品】
各类特种性能的聚四氟乙烯改性材料被广泛应用于各类工程塑料制品。1965年，塑料研究所对聚四氟乙烯改性材料及制品开始研制，主要产品包括聚四氟乙烯模压制品、密封制品、热收缩管。产品是在充分利用聚四氟乙烯特性的基础上，通过填充无机或有机材料并经特殊工艺处理，对其中某一性能进行增强，以提高改性材料的韧性、刚性、强度、耐磨性或尺寸稳定性等物理性能，或进行二次加工成各种形状，以满足使用要求的。如经过特殊工艺处理后主要用于高性能低损耗微波电缆包覆膜及密封板材和密封带的膨体聚四氟乙烯材料制品、具有记忆功能的聚四氟乙烯热收缩管等。聚四氟乙烯制品的加工工艺步骤：先将悬浮聚四氟乙烯树脂与各类改性添加剂混合、预成型、烧结，再对制得的聚四氟乙烯板、棒、膜进行车削、机加工等二次加工。聚四氟乙烯密封材料（包括板材和带材）的加工工艺包括对分散聚四氟乙烯树脂预成型、推压、压延、干燥、拉伸、叠合、烧结等步骤。热收缩管的制作工艺主要包括2个步骤：对聚四氟乙烯管材先高温吹涨，再骤冷定型。2013年年底，塑料研究所特种性能聚四氟乙烯产品的年产能为：各类模压制品43吨、密封材料4吨、热收缩管0.8吨。

第四节 精细化学品

一、丙烯酸

丙烯酸主要用于生产超吸水剂、洗涤剂、分散剂、絮凝剂和增稠剂。丙烯酸聚合物被安全广泛使用,包括个人护理和卫生产品。世界发达国家生产的丙烯酸主要用于制取丙烯酸酯和高吸水树脂,在中国丙烯酸主要用于制取丙烯酸酯。

1993年,上海高桥石化丙烯酸厂建厂时,引进日本三菱化学3万吨/年丙烯酸装置,通过技术吸收消化,2012年达到23万吨/年丙烯酸生产规模。主要工艺流程:丙烯与空气氧化反应,通过吸收、汽提、提纯得到产品。

1995年,丙烯酸产量2.15万吨,精丙烯酸产量0.01万吨,商品丙烯酸和精丙烯酸销量为0.48万吨。2013年,丙烯酸产量18.77万吨,精丙烯酸产量2.85吨,商品丙烯酸和精丙烯酸销量3.9万吨。

二、丙烯酸酯

【丙烯酸乙酯】

丙烯酸乙酯主要用作合成树脂的共聚单体,形成的共聚物广泛用于涂料、纺织、皮革、黏合剂等工业。

1993年,上海高桥石化丙烯酸厂建厂时,引进日本三菱化学丙烯酸酯技术,通过20年技术吸收消化,2012年达到27万吨/年丙烯酸酯生产规模。主要工艺流程:丙烯酸与乙醇进行酯化反应,通过提纯、精制单元处理得到丙烯酸乙酯产品。2013年,产量2.72万吨。2007年和2010年,被评为上海化工名优产品。

【丙烯酸丁酯】

丙烯酸丁酯用作有机合成中间体、黏合剂、乳化剂、涂料。广泛用作涂料、胶黏剂、腈纶纤维改性、塑料改性、纤维及织物加工、纸张处理剂、皮革加工以及丙烯酸类橡胶等许多方面。

主要工艺流程:重酯岗位由反应、回收、精制三个工序组成,即将丙烯酸和丁醇在催化剂对甲苯磺酸的作用下,反应生成丙烯酸丁酯和水。1995年,产量1.06万吨。2013年,产量14.86万吨。2001年,获上海市优秀新产品一等奖。2007年和2010年,被评为上海化工名优产品。

【丙烯酸-2-乙基己酯】

丙烯酸-2-乙基己酯又名丙烯酸异辛酯。主要用于生产有机玻璃,也可制造其他树脂、塑料、涂料、黏合剂、润滑剂、木材和软木的浸润剂、电机线圈的浸透剂、纸张上光剂、印染助剂和绝缘灌注材料等。

主要工艺流程:重酯岗位由反应、回收、精制3个工序组成,即将丙烯酸和2-乙基己醇在催化剂的作用下,反应生成丙烯酸辛酯和水。2013年,产量3.3万吨。2010年,被评为上海化工名优产品。1995年,丙烯酸酯销量0.17万吨;2013年,丙烯酸酯的销量为25.14万吨。

三、涂料及相关材料

【卷材涂料】

1982年,上海振华造漆厂(简称"振华造漆厂")开始研发卷材涂料。1985年12月,振华厂向美国万信公司引进卷材涂料及表面处理技术的专利,以填补国内空白。1986年2月,振华厂生产的有机涂层钢板用液体涂料通过化工部鉴定。1989年,300吨/年卷材涂料中试车间投产。1991年,年产3 000吨的卷材涂料车间投入生产。1992年,年产1 100吨卷材聚酯树脂生产线投产。1994年,产量1 269吨。2000年,随着国内彩钢板需求的增加,"宝钢"率先要求提速,对振华造漆厂的卷材产品提出更高要求;通过努力,振华造漆厂分别在2001年和2002年两次通过"宝钢"提速。2003年,产量7 043吨,赢得"宝钢"信赖,多次被"宝钢"评为"A类供应商"。2005年2月,上海涂料有限公司(简称"涂料公司")实施1万吨/年卷材涂料项目;11月28日,投入生产。2013年,卷材涂料产量12 849.3吨,销量7 618.5吨。

卷材涂料涂装的彩色涂层钢(铝)板(简称"彩涂板")是国际上发展速度较快的产品之一,是目前积极开发的新型材料,它以冷轧钢板/镀锌钢板/铝板或其他金属作为基板,表面进行清洗,预处理,涂漆后烘干成膜,制成一种复合材料,兼有钢板和涂料二者的优点,性能优越,广泛应用于建筑业,做瓦楞板和房屋轻钢物件等,运输业做汽车顶板、车船隔离板和集装箱等,家电轻工产品做冰箱、冷柜、洗衣机和空调机等壳体及钣金加工物和家具等方面。

主要工艺流程:将颜料、树脂加入研磨罐中搅拌均匀,用砂磨机研磨至细度合格,出料,待用;将颜料和树脂加入调漆釜中预混合,高速分散下加入其他助剂、溶剂等,分散均匀检验合格后,过滤出料,包装。

彩色卷材涂料(环氧底漆)获1997年度上海市重点产品质量攻关成果奖。

【重防腐涂料】

1994年,上海开林造漆厂(简称"开林造漆厂")开始研制防腐涂料;是年,产量2 534吨。2013年,产量4 810.2吨。

重防腐涂料广泛应用于国家及上海重点工程项目,如黄河小浪底工程、秦山核电站等国家重点工程项目,还为卢浦大桥、磁悬浮列车车站、内环高架道路等披上特殊彩妆,并承担在建的浦东国际机场二期工程钢结构项目涂装。

主要工艺流程:将称重好的树脂、溶剂和颜料加入砂磨罐,高速分散均匀,再用砂磨机研磨至细度合格,倒入调漆釜中,加入其他助剂、溶剂等分散均匀,出料,包装。

【船舶涂料】

开林造漆厂从事船舶涂料多年。1997年,从原来的车间底漆发展到各色醇酸船壳漆、环氧防锈漆,产品种类从单一走向多元化,船舶涂料已有30多种。1997年,产量4 226吨;2013年,产量6 351.4吨。

船舶涂料应用于造船厂、重型机械厂、钢结构厂等,车间底漆作流水线预处理,适用于船舶水线、船壳、上层建筑、桥梁、集装箱、水工闸门等各种钢结构表面;还可用于船底、码头、海上平台、航标、水下钢闸门等海上设施,作为防止海洋附着生物污损的防污漆之用。

主要工艺流程:将称重好的树脂、溶剂和颜料加入砂磨罐,高速分散均匀,再用砂磨机研磨至细度合格,倒入调漆釜中,加入其他助剂、溶剂等分散均匀,出料,包装。

【工业涂料】

工业涂料主要有汽车涂料、航空航天涂料、建筑涂料。1932年起,汽车涂料在上海造漆厂生产。1956年,研制过氯乙烯漆。1957年,上海造漆厂最先开始生产丙烯酸类漆。经历80多年的发展,已发展为集生产、研发、外加工、销售一条龙的综合性涂料生产企业,拥有从1吨~6吨树脂反应釜、蒸馏釜、溶解釜、对稀釜等10多套相关生产设备,拥有有机热载体和蒸汽加热系统,设计产能6 000吨/年,满足生产各种丙烯酸树脂和聚氨酯类涂料的需要。主要品种有丙烯酸类、聚氨酯类、聚酯类、氨基类、环氧类、硝基类、过氯乙烯类、氟碳类漆和辅料等,品种达400余种。

产品广泛应用于汽车、航空航天、机电、军工、光伏、大型高压和超高压及特高压交直流输配电设备、建筑、室内装饰装潢等领域。2013年,产量8 562吨,销量9 530吨。

主要工艺流程:先制作色浆,将树脂、颜料、溶剂和助剂加入砂磨罐中,中速搅拌混合后再高速分散均匀,然后采用砂磨机研磨,待外观、细度检测合格后出料,待用。将矿磨好的色浆与助剂加入调漆釜中,搅拌下缓慢加入消光粉(剂),搅拌一定时间后加入剩余溶剂调节黏度至标准,检测合格后过滤出料,包装。

【涂料助剂】

上海长风化工厂产品。主要有环烷酸、环烷酸钴、异辛酸钴、异辛酸铅、环烷酸铅、异辛酸锌、环烷酸锌、环烷酸镍、水性颜料分散剂、9802苯丙乳液和不饱和促进剂等。

环烷酸钴用于不饱和树脂和各类气干性涂料。工艺采用的是沉淀法,即加120号溶剂稀释脱水,沉淀工艺除去了水洗步骤,以利减少贵金属钴和水的单耗。该路线生产稳定,操作容易,质量均一,含量恒定单耗低。

异辛酸钴用于各类气干性涂料。工艺采用的是沉淀法,即加120号溶剂稀释脱水,沉淀工艺除去水洗步骤,以利减少贵金属钴和水的单耗。

异辛酸铅用于各类气干型油漆中。工艺采用的是熔融法,即采用有机酸加氧化物升温加热,不断脱出水,使氧化反应不断进行到底。

环烷酸铅用于促进漆膜里层的干燥,对表面封闭不强,如单独使用就会造成表面长时间发黏的现象;但所得干膜坚韧耐久,硬度大,耐候性好,与钴、锰催干剂配合使用效果更好。工艺采用的是熔融法,即采用有机酸加氧化物升温加热,不断脱出水,使氧化反应不断地进行到底。

异辛酸锌具有优良的贮存稳定性,与传统环烷酸锌相比,具有色泽浅、气味小、含量高等特点。在浅色油漆中使用更具有良好的特性,能降低漆膜的色泽、提高光泽,是环烷酸锌的升级换代产品。可用于聚氨酯涂料及弹性体作催化剂,能促进脂肪族异氰酸酯交联,缩短固化时间,用于各类气干型油漆中。工艺采用的是熔融法,即采用有机酸加氧化物升温加热,不断脱出水,使氧化反应不断地进行到底。

环烷酸锌是采用氧化法生产的,质量均一,金属含量稳定,与油漆相溶好的催干剂,它们的催干性能都优于环烷酸的其他盐类。还可以作为不饱和树脂固化的促进剂。工艺采用的是熔融法,即采用有机酸加氧化物升温加热,不断脱出水,使氧化反应不断地进行到底。

环烷酸镍是有机酸的金属皂类催干剂。工艺采用的是水洗法,即采用加120号溶剂萃取分层后,加水洗去物料中的盐和杂质,再脱去120号拼入相应的溶剂,该路线生产稳当,操作容易质量均一,含量恒定单耗低。

水性颜料分散剂产品用途:为阴离子型聚丙烯酸钠盐水溶液,从而提高颜料的细度、遮盖率,防止颜料的沉降,赋予涂料良好的施工性和较长的储存期,添加量为颜料的1‰~1.5‰。工艺采用溶液聚合法,将丙烯酸和丙烯酸酯类单体滴加到溶剂中通过自由基聚合反应合成高分子聚合物,再利用丙烯酸中羧基的亲水性通过液碱中和将高分子聚合物溶解到水中,形成聚丙烯酸钠盐水溶液。

9802苯丙乳液用作内外墙乳胶漆中的基料,黏结颜填料形成连续完整的漆膜,赋予涂层良好的附着力、耐水、耐老化等各种基本性能。工艺采用单釜生产,预乳化半连续工艺。

1995年,涂料助剂产量为环烷酸652.71吨,环烷酸钴232.6吨,异辛酸钴47.7吨,稳定剂88.2吨,环烷酸盐226.96吨,异辛酸盐72.25吨,稀土40.8吨。2002年,涂料助剂产量为环烷酸600吨,环烷酸钴和异辛酸钴860吨,稳定剂170吨,盐类2 280吨,稀土410吨,助剂1 233吨。产销率100%。

1995年,精致高纯度环烷酸获国家级高新产品证书。2003年,"畅飞牌"异辛酸盐、水性分散剂被评为上海化工名优产品。2005年,"畅飞牌"被评为上海知名产品。2006年,"畅飞牌"异辛酸盐、水性分散剂被评为上海化工名优产品。2007年,"畅飞牌"涂料催干剂、塑料稳定剂被评为上海化工名优产品。

四、无机颜料及相关着色材料

上海一品颜料有限公司(简称"一品颜料公司")主要生产经营铁系颜料、铬系颜料、防锈颜料及颜料相关的产品。主要产品为氧化铁颜料、复合颜料、铬系颜料、防锈颜料、着色颜料、催化剂及其他颜料;其中主营业务为氧化铁颜料,占销售收入的85%。由于产品耐光、耐候、耐碱、耐酸性能良好,主要用于涂料、建材塑料、橡胶等行业作着色剂和防锈颜料。

主要工艺流程:将制备好的硫酸亚铁溶液与氢氧化钠溶液反应,生成的氢氧化亚铁沉淀,通入空气缓慢氧化,在酸性条件下反应5小时～30小时,即可生成铁黄晶种。氧化桶中加入铁皮和一定量的水,再加入铁黄晶种,根据需要补加硫酸亚铁,经过升温阶段,在一定温度下,通入空气充分氧化,经过一定时间反应,生成合适颜色的铁黄。2013年产能为3 000吨/年。

2002年起,"一品"牌商标连续9年被认定为上海市著名商标、上海市最具潜力商标。2003年起连续8年被评为上海市名牌产品。2011—2013年,连续3年被评为上海市出口名牌产品。

五、纺织染料

【还原染料系列】

1970年,还原蓝RSN由上海染料化工十厂(上海华元实业总公司的前身)自行设计投产。1992年年底,上海染料化工十厂土地批租后停产。1995年,由上海华元实业总公司下属的染料生产基地上海华盛染料厂恢复生产。2008年,上海华盛染料厂因所在地上地征收而停产。产品主要用于棉、毛、丝、麻、合成纤维及其混纺织物的染色。主要工艺流程:2-氨基蒽醌、二甲基亚砜、氢氧化钾通空气、缩合、稀释、过滤、精制、过滤、洗涤得到还原蓝RSN。该产品年产销量最高近500吨。2002年7月,还原蓝RSN获国家重点新产品证书。2007年4月,获上海市高新技术成果转化项目证书。

1972年,还原黄GCN由上海染料化工十厂国内首先开始生产。1992年,搬迁到地处川沙县(今浦东新区)施湾乡的上海染料化工十厂三分厂继续生产,至建造浦东机场征地而停产。1996年,由上海华元实业总公司下属的染料生产基地上海华盛染料厂恢复生产。2008年,上海华盛染料厂因土地征收而停产。产品主要用于棉、毛、丝、麻、合成纤维及其混纺织物的染色。主要工艺流程:2,6-二氨基蒽醌萘、三氯甲苯、硫、氯亚化铜,通过缩合、酸处理、氧化、过滤、干燥得到还原黄

GCN。产品年产销量最高近200吨。还原黄GCN获2000年度国家级新产品证书;2007年4月,获上海市高新技术成果转化项目证书。

1980年,还原黑DB由上海染料化工十厂投入生产;土地批租后于1994年搬迁至上海华亨化工厂内,租用上海华亨化工厂的车间继续生产。2007年,上海华亨化工厂拆厂而停产。产品主要用于棉、毛、丝、麻、合成纤维及其混纺织物的染色。主要工艺流程:还原深蓝BC、硝基苯、硝酸,通过硝化、过滤、洗涤得到还原黑DB。产品年产销量最高达60吨。2007年4月,获上海市高新技术成果转化项目证书。

1980年,还原深蓝BO由上海染料化工十厂投入生产;土地批租后,于1994年搬迁至上海华亨化工厂内,租用上海华亨化二厂的车间继续生产。2007年,上海华亨化工厂拆厂而停产。产品主要用于棉、毛、丝、麻、合成纤维及其混纺织物的染色。主要工艺流程:苯绕蒽酮、萘、氢氧化钾、乙酸钠在碱性溶液中缩合、过滤、洗涤、干燥得到还原深蓝BO。产品年产销量最高约70吨。

1986年,还原黑RB由上海染料化工十厂投入生产;土地批租后,搬迁至上海华亨化工厂内,租用上海华亨化工厂的车间继续生产。2007年,上海华亨化工厂拆厂而停产。产品用于棉、毛、丝、麻、合成纤维及其混纺织物的染色。主要工艺流程:TBB酸、硫酸、碘、氯气、铜粉、乙酸钠、溴素、氨基紫蒽酮、萘,通过闭环、氧化、脱氯缩合、双醌、闭环、氧化、金橙G、溴化、缩合得到还原黑RB。经过技术革新,产销量最高达350吨。产品2001年5月,获2001年度国家重点新产品证书;2007年4月,获上海市高新技术成果转化项目证书。

还原深蓝BC在1980年由上海染料化工十厂投入生产;土地批租后,于1994年搬迁至上海华盛染料厂继续生产。2008年,上海华盛染料厂因土地征收而停产。产品主要用于棉、毛、丝、麻、合成纤维及其混纺织物的染色。主要工艺流程:2-氨基蒽醌、氢氧化钠、氢氧化钾、硫酸、二氧化锰、氯气,通过碱熔、氯化、结晶、酸洗、还原、过滤、干燥得到还原深蓝BC。产品年产销量最高达30吨。

1961年,还原灰BG由上海染料化工五厂二车间投产,年产量300吨。1996年10月,搬迁至地处闵行的上海染料化工厂生产,年产量130吨。因产业结构调整,2009年停产。产品用于棉纤维织物的染色和印花。主要工艺流程:1,4-二氨基蒽醌进行酰化,制得1-氨基-4-苯甲酰氨基蒽醌;1,8-萘酐经过氨化、重排、水解、反重氮、芳化、溴化后,得到还原艳橙3RK;最后将1-氨基-4-苯甲酰氨基蒽醌和还原艳橙3RK进行固相缩合、砂磨和喷雾干燥后制得。

1964年,还原橄榄绿B由染化五厂二车间中试。1965年8月,投入生产,年产量300吨。因产业结构调整,2010年停产。产品用于棉纤维织物的染色。主要工艺流程:苯绕蒽酮经过溴化、固相缩合、碱熔闭环、砂磨和喷雾干燥后得到商品染料。搬迁至上海染料化工厂生产后,年产量40吨,最高年产量50吨,2008年停产前,年产量仅为4.3吨。还原橄榄绿B被评为化学工业部优质产品。

1965年,还原棕BR由公私合营闵行化工厂投产,采用液相缩合法生产。1971年,改为固相缩合工艺生产,年产量60吨。1992年,产量最高达285吨。因产业结构调整,2010年停产。产品用于棉、麻、丝和黏胶等染色和印花,适宜与其他还原染料拼色。主要工艺流程:1,4-二氨基蒽醌与一氯蒽醌缩合闭环,氧化酸煮,拼混干燥后得到商品染料。1998年,低铜离子还原棕BR染料,获上海市优秀新产品一等奖。1998年,环保型还原棕BR染料获上海市重点产品质量攻关成果奖二等奖。还原棕BR的衍生产品,还原棕GGN和GN产品,获上海市优秀新产品二等奖。

1970年,还原灰M由上海染料化工五厂二车间投产,年产量160吨。1996年10月,搬迁到上海染料化工厂生产,年产量50吨。因产业结构调整,2010年停产。产品主要用于棉纤维织物的染色。主要工艺流程:苯绕蒽醌进行溴化得到二溴苯绕蒽醌,1-氨基蒽醌进行重氮化、还原、闭环得到吡唑蒽酮。再将二溴苯绕蒽醌和吡唑蒽酮进行固相、氧化、砂磨和喷雾干燥后得到商品染料。

【活性染料系列】

活性染料又称反应性染料,活性艳兰KN-R是其中一种,活性艳兰KN-R主要成分为蒽醌染料及复配物。

1958年1月,中国活性染料由上海润华染料厂(上海染料化工八厂的前身)自主开发第一代活性染料,使中国首次步入世界先进行列,属国内最早由生产低级染料转向高级染料的工厂,所使用商标为"工农牌"。产品主要用于棉、麻、丝绸、羊毛和黏胶、锦纶等纤维的染色和印花。活性染料在分子中引入新型的活性基团,在印染过程中能与纤维素纤维反应,形成共价键,使织物色泽鲜艳,着色牢度优良。20世纪90年代末,被划为先进的环保型产品,全面替代禁用的棉用染料。产品是由染料体、活性基和联结这三部分的联结基结成,经过重氮、耦合、金属络合、缩合等反应合成染料。活性染料自1958年开发成功后,经过30多年的科研开发,1990年能生产11个大类100余种产品,年产量3 113吨,出口量839.4吨;1998年,总产量5 315吨,占全国总量的33%,出口量1 409吨。活性染料产品质量在国内领先,达到20世纪国际90年代中期水平。1992年5月,国家化工部颁发表彰在国家"七五"科技攻关中获重大成果的荣誉证书。1997—2004年,连续8年被推荐为上海市名牌产品。

【分散染料系列】

分散深蓝H-GL 150%是其中一种,商品名称为分散蓝79:1号。主要成分为偶氮苯和甲基萘磺化宿合物。

1959年,中国分散染料在上海染料化工五厂研制成功,后在上海市染料研究所的通力协作下,品种和生产有很大发展。所用商标"大可牌"。主要用于聚酯纤维、醋酸纤维、聚酰胺纤维及聚丙烯纤维的染色。工艺合成路线一般通过由苯胺或其衍生物,经过羟乙基化、酯化而形成的耦合组分,以及苯胺或其衍生物经过重氮化而形成的重氮组合,两者在一定温度、压力下反应合成原染料,再经过后处理商品化。经过30多年的开发生产,1990年,已有13个主要品种,产量1 430吨;1998年,产量4 890吨。

1975年,分散紫H-FGR开始研发。1980年,在上海染料化工厂投入生产,投产规模50吨/年。1998年,产量最高达96.8吨,受市场影响和环保限制,产量逐年下降。2006年,停产。产品用于涤纶纤维的染色和印花,主要工艺流程:1,4-二氨基蒽醌与苯酚进行缩合、分离精制、砂磨和喷雾干燥后得到商品染料。1981年,分散兰2BLN开始研发;1982年,在上海染料化工厂投入生产,投产规模200吨/年。1997年,产量最高达363吨;受市场影响,2001年停产。产品用于涤纶及其混纺织物,醋纤、三醋纤、腈纶和锦纶的染色。主要工艺流程:二硝基蒽醌经过苯氧基化产的二苯氧基蒽醌。二苯氧基蒽醌经过硝化、水解、还原、溴化、砂磨和喷雾干燥后得到商品染料。

1992年,上海染料公司生产染料11 071吨;1998年,出产染料14 020吨,占全国染料产量的5%,每年生产9大类约140个品种的染料和颜料。

六、食品添加剂

上海染料研究所有限公司主要生产食品添加剂着色剂。截至2013年年底,取得食品生产许可证的产品有:苋菜红、苋菜红铝色淀、亮蓝、亮蓝铝色淀、诱惑红、诱惑红铝色淀、胭脂红、胭脂红铝色淀、日落黄、日落黄铝色淀、柠檬黄、柠檬黄铝色淀。

1958年,食品合成着色剂于上海中联三厂试产成功,年产50吨。1958年投产以来,生产工艺进行多次改革。1990年,生产柠檬黄92.14吨,成本节约129万元。1990年,产能2 000吨,实际生产825吨。1996—2013年,"狮头"牌食品添加剂着色剂连续被评为上海名牌产品。2003年,特种食品添加剂——食用色淀(单色色淀、复合色淀、油状色淀)被评为上海市级新产品。2006年,食用色淀被授予上海市专利新产品。2009年,食品添加剂柠檬黄HP获上海市重点新产品证书。2010年,食品添加剂柠檬黄HP获国家重点新产品证书。

七、试剂及新型药物中间体

上海试四赫维化工有限公司(简称"试四赫维公司")主要产品有通用化学试剂的锡盐、锑盐、铜盐、铅盐、钠盐、钾盐、镁盐、钙盐等;精细化学品的偶氮聚合引发剂系列——偶氮二异丁腈、偶氮二异戊腈、偶氮二异庚腈、YE-179、YQC-64、LDB-80、TFMA、防毒剂OBPA等。主要应用于药物中间体、聚合反应的引发剂和发泡剂、防毒剂等领域。截至2013年年底,最大设计产能1 440吨/年。

YQC-64工艺流程:ISC与甲醇钠在溶剂内反应生成YQC56,YQC56与DMS在催化下反应生成YK970,YK970再NMF催化下氧化反应生成YQC63,最后YQC63与醇反应生成YQC64。

YE-179工艺流程:间氯苯甲醛与丙二酸在催化剂的作用下进行缩合反应合成间-氯肉桂酸,间-氯肉桂酸用冰乙酸作溶剂在压力釜中通入H_2进行加氢反应,经脱酸,结晶、离心,干燥得中间体。间-氯苯丙酸在HF作用下,环合生成YE-179粗品。粗品经精制得到YE-179成品。

LD3-80工艺流程:工艺路线采用烟酰胺为主要原料,经霍夫曼降解、氯化、重氮化、肼化反应,生成半成品LK190。以LK190、马来酸二乙酯、二氯乙烷、乙胺、苯磺酰氯、氢溴酸、氧化剂、乙腈等为主要原料,经环化、磺化、溴化、氧化和水解反应合成,生成成品LDB-80。

上海三爱思试剂有限公司主要产品有A-氯苯乙酮(催泪剂CN)、4-甲基菲尼酮、二乙酰一肟、邻氯苯亚甲基丙二腈及各类试纸。

A-氯苯乙酮(催泪剂CN)用于医药工业,作药物中间体,有机合成原料,军用毒气作催泪剂。产品由苯乙酮与氯气在室温下发生游离基取代反应而制得。反应在较低温度下进行时,必须把反应中产生的氯化氢抽出,减少副产物。1993年,A-氯苯乙酮获"上海市优秀新产品三等奖"。

4-甲基菲尼酮主要用于照相显影剂。产品由苯肼在金属钠的存在下与丙烯腈缩合生成3-氨基-1-苯基吡唑啉缩合物,将缩合物在酸性溶液中水解生成。4-甲基菲尼酮被评为2000年度上海市级新产品。

二乙酰一肟主要用于测定和测定镍的试剂,尿素氮显色剂。产品由亚硝酸钠和乙醇在硫酸作用下,产生亚硝酸乙酯气体,进入甲乙酮中生产。1998年,二乙酰一肟获上海市优秀新产品三等奖。

邻氯苯亚甲基丙二腈主要用于催泪剂。产品由邻氯苯甲醛与丙二腈在有机碱存在下缩合反应,提纯后制得。

2000年,各类试剂产量348.1吨。2004年,产量433.56吨。

八、离子交换树脂

上海树脂厂有限公司的离子交换树脂产品,主要有001×7(732)强酸性苯乙烯系阳离子交换树脂和苯乙烯系离子交换树脂共聚珠体。

001×7(732)强酸性苯乙烯系阳离子交换树脂主要用于水处理、食品工业、制药行业、合成化学和石油化学工业以及环境保护。1959年,732号强酸性苯乙烯系阳离子交换树脂投入生产;经工艺改革,采用硫酸磺化路线,工艺简化设备数量减少,生产成本降低一半左右,产品质量提高。至20世纪90年代,改为2 000升磺化釜4台、3 000升磺化釜6台,年产量为3 000吨。1998年,由于"三废"搬迁和土地置换,上海树脂厂有限公司原来的生产车间搬迁到嘉定区朱家桥镇的汇丰生产基地;2013年,有3 000升的磺化釜12台,年产量7 000吨。主要工艺流程:将001×7珠体加入反应釜,然后加入二氯乙烷和硫酸,在一定温度下进行磺化反应;磺化反应结束后,减压蒸馏回收二氯乙烷;从浓至淡依次向反应釜加入稀酸进行稀释,每次加入稀酸前放出一定量硫酸至相应储槽;稀释完毕后,用自来水进行洗涤;然后加入液碱进行转型,转型结束后再用自来水洗涤,过滤后即得产品。

苯乙烯系离子交换树脂共聚珠体主要用于生产阴阳离子,作为离子交换树脂的骨架。1958年,强碱性苯乙烯系阴离子交换树脂投产后,已经具备共聚珠体的生产条件,为使离子交换树脂品种配套,当时采用析光法测定二乙烯苯含量,交联度12%,故又称为强酸1×12。1964年6月,为生产阳离子交换树脂,二乙烯苯含量改用膨胀度法测定,交联度是7%,按照化工部统一命名法称为001×7。以后采用聚合釜2 000升,20世纪90年代,开始用2 800升,工艺上有所改进。2001年,上海树脂厂有限公司搬迁,在嘉定区朱家桥镇的汇丰生产基地,新建白球车间,使用2台5 000升聚合釜,并且引进技术,采用XE53B方法生产白球,质量得到进一步保证,产量有很大提升。2014年年底至2015年年初,开始生产交联度为8%和5%的白球,以满足市场需求。主要工艺流程:将苯乙烯、二乙烯苯和过氧化二苯甲酰在配料釜中混合均匀形成油相;将无离子水、明胶、硼酸和氢氧化钠在聚合釜中混合均匀形成水相;将油相加入聚合釜中,在一定条件下进行悬浮聚合得到共聚珠体初产物,将共聚珠体初产物洗涤干燥后过筛,即得产品。

九、环氧树脂

合成树脂所生产的高性能环氧树脂为多官能团缩水甘油胺类环氧树脂,主要有AG80环氧树脂和AFG90环氧树脂。

AG80为氨基四官能团环氧树脂,适用于高性能复合材料,具有优异的长期高温性能、良好的高温力学性能保持、低收缩率、优异的耐化学性、优良的电性能、优异的耐热性、高热变形温度等特点,主要应用于先进的碳硼纤维复合材料、高性能结构胶、层压材料及抗高能辐射组份。主要工艺流程:二胺类原料与环氧氯丙院在催化剂的作用下进行醚化反应,反应到规定时间后,醚化反应结束得到表氯醇中间体;表氯醇中间体在氢氧化钠作用下,进行环化反应,脱氯化氢形成四官能团环氧树脂;经甲苯萃取,分层,脱溶后得到产品。

AFG90为低黏度三官能团氨基环氧树脂,具有黏度低、快速固化、优异的耐化学性、良好的机械强度、优异的热性能、突出的耐腐蚀性。主要用于耐高温胶黏剂、浇注料及复合材料的主体树脂,也可与其他树脂混合调节黏度。主要工艺流程：胺基酚类原料与过量环氧氯丙烷在催化剂的作用下进行醚化反应；反应到规定时间后，得到表氯醇中间体；表氯醇中间体在氢氧化钠作用下，进行环化反应，脱氯化氢形成三官能团环氧树脂，经甲苯萃取、分层、脱溶后得到产品。

20世纪60年代，合成树脂所开始高性能多官能团高性能环氧树脂的研究，是国内最早从事耐高温高性能环氧树脂研究、生产的单位，具备独有的醚化催化体系及环化反应技术和几十年的生产经验，生产工艺成熟可靠，其产品被广泛应用于航空航天、智能电网、轨道交通、汽车、电子、船舶、通用工业等领域。

上海树脂厂有限公司生产的环氧树脂，主要有环氧活性稀释剂5750、环氧活性稀释剂5748和环氧树脂6002。

环氧活性稀释剂5750主要用作环氧树脂活性稀释剂，增加流动性，降低黏度并延长适用期，提高塑料韧性，从而使硬化后的环氧树脂获得满意的电性能、机械性能。用于风力发电装置的制造，同时可用作某些环氧树脂固化剂的改性剂，或做聚氯乙烯塑料的稳定剂和增韧剂。主要工艺流程：将1,4-丁二醇与三氟化硼乙醚溶液在反应釜内混合均匀后，从高位槽滴加环氧氯丙烷进行醚化反应。醚化阶段结束后，向醚化物加入苄基并混合均匀，然后加入氢氧化钠，进行环化反应。环化反应结束后，向反应釜加入甲苯，将产物萃取至甲苯中。分离出溶剂相，并水洗、中和，然后蒸馏回收溶剂，即得产品。

环氧活性稀释剂5748主要用作环氧树脂活性稀释剂，可降低树脂的黏度，改善加工工艺，增加环氧树脂的柔韧性；保湿性好，可改善颜料、填充料湿润性，改善应用特性。适用于灌封料、防腐涂料、无溶剂涂料及胶黏剂等。作为纤维素整理剂可增加纤维素的柔韧性、牢固、耐碱性、染色性，可用于棉、麻、毛、丝等织物整理，可使纤维的拉伸强度提高。主要工艺流程：将C12-14醇与三氟化硼乙醚溶液在反应釜内混合均匀后，从高位槽滴加环氧氯丙烷进行醚化反应。醚化阶段结束后，向醚化物加入苄基并混合均匀，然后加入氢氧化钠，进行环化反应。环化反应结束后，分离出油相，并水洗、中和，然后蒸馏脱水，即得产品。

环氧树脂6002配合固化剂，固化后的产品有较好的柔润性、黏结性和物理机械强度，用于防腐涂料、电子、胶黏剂和工艺饰品。主要工艺流程：先将环氧树脂E-51抽入反应釜，然后将苯甲醇缓慢加到反应釜中，在一定温度下持续反应一段时间，即得产品。

20世纪60年代初，上海新华树脂厂开始研发生产环氧树脂，产品包括各种分子量等级的双酚A型液体环氧树脂和固体环氧树脂，以及一些非双酚A型环氧树脂。1964年，根据涂料行业需要，开始规模化生产。80年代，进行工艺改革，以熔融法新工艺生产中等分子量环氧树脂，色泽浅透明度高。1990年，采用轧片机轧戊片状树脂，开发以国产代替进口的粉末涂料专用环氧树脂。2004年5月，由于产品的废水处理未达到国家所规定的排放标准，全面停产，生产车间整体拆除。

环氧树脂的最大用途是制造涂料，还用作层压板、印刷电路板、增强塑料、浇注包封材料、建筑和修补材料、黏合剂等。在机电、仪表、电子和电器、交通运输、航空和航天、冶金、建筑和化学等工业中广泛使用。生产多采用二步加减法，优点是避免环氧氯丙烷的水解，增加环氧氯丙烷的回收量。

十、有机硅树脂

上海树脂厂有限公司的有机硅树脂产品，主要有SAR-2甲基硅树脂和W30-12(1152)有机硅烘干绝缘漆。

SAR-2甲基硅树脂广泛用作各种材料的保护涂层，金属表面的装饰，也是显像管阳极帽防闪烯涂料。主要工艺流程：将一甲基三乙氧基硅烷、二甲基二乙氧基硅烷和732H型阳离子交换树脂加入反应釜，在一定温度下向反应釜滴加无离子水，进行水解反应。水解反应结束后过滤掉固体，将得到的料液加入反应釜，向反应釜内加入异丙醇，在一定条件下进行缩合反应。缩合反应结束后再次过滤，即得初产物。

W30-12(1152)有机硅烘干绝缘漆是H级绝缘材料，主要用于浸渍玻璃丝包线及玻璃布，也可用作半导体管保护层，电容器浸渍漆。主要工艺流程：将二甲苯和自来水加入反应釜混合均匀，将二甲基二氯硅烷、一苯基三氯硅烷、二苯基二氯硅烷和二甲苯在配料釜中混合均匀后加入高位槽，在一定温度下将高位槽中物料滴加到反应釜中进行水解反应。水解反应结束后分离除去下层酸水，得到水解硅醇。在一定条件下将水解硅醇进行浓缩，得到浓缩硅醇。再将浓缩硅醇进行缩聚反应，即得成品。

第五节　日用化学品

一、肥皂

香皂是清洁皮肤的重要洗涤用品。洗衣皂，主要成分为脂肪酸钠，它是由天然油脂经皂化反应生成。去污力强，生物降解性好，对人体无毒副作用，对环境无污染。洗衣液，一种液态的衣物用洗涤剂，用于洗涤内衣、外衣及被褥床单等重垢织物，具有高去污的特点。

1960年，"扇牌"洗衣皂和"蜂花檀香皂"先后并入上海制皂厂继续生产。1963年，"白丽香皂"转入上海制皂厂恢复生产。1979年，上海制皂厂注册"上海香皂"。1982年，上海制皂厂研制投产蜂花茉莉、玫瑰、人参和百花等系列香皂，宾馆旅游用小香皂等。1985年10月，"扇牌"洗衣液进入试生产。1989年5月，中国第一代多脂类香皂，即"白丽美容香皂"投产。1999年，推出"上海硫磺皂""芦荟皂""硼酸皂""保健皂"四款皂。2009年，推出"蜂花高级檀香皂""草本高级檀香露"系列产品。2009年，推出"扇牌"内衣裤专用皂，研发"上海高级透明药皂""健康洗手液"等系列产品。2010年，开发"半透明固本超效洗衣皂""洗洁精""油烟净"等产品。

肥皂主要工艺为加入皂粒、颜料、香精、辅料等原料，经搅拌、精制、研磨后进行压条抽去真空，然后打印成香皂，进行包装。2007年起，增加肥皂生产外发加工项目，是年外发加工量7 511吨。2013年，外发加工量创新高，为18 335吨，加上自产，合计产量31 567吨，销量30 556吨。

2007年，"蜂花"牌被评为中国名牌产品。2010年和2012年，被评为上海名优产品。2012年和2014年，"蜂花檀香皂"被评为上海名牌产品。

二、电池

上海白象天鹅电池有限公司，由原上海电池厂改制重组，是生产"白象"牌、"天鹅"牌锌锰系列、碱锰系列电池的专业企业。主要用于设备上的配套、电器设备上的配套、电子产品上的配套、航标指示器上的配套、电子衡器和医疗器材等。

1953年1月，上海电池厂开始仿制层迭电池。1985年，从日本引进近20条碱性电池生产线；各类电池的年产量在5亿节左右，90%以上的产品出口。同时还成功自主开发LR20、LR14、6LR61和LR6数码碱锰电池，填补碱锰电池系列中型号空白。

碱性电池主要工艺流程为搅拌正极粉、正极环入钢壳、涂封口剂、在线制作隔膜套并插入正极环中、加电解液、加入锌膏、负极底插入、最后卷边封口、整只电池制作完成,然后陈化、包装。碳性电池主要工艺流程为浆层纸入筒、碗底纸入筒、电芯入筒、上塑料碗、复压、插碳棒、上纸圈、沥青封口、上组合帽盖、整只电池制作完成,然后进行包装。2013年,产量为54 070万只,创历史新高。

1996年,"白象"被推荐为全国电池行业名牌产品。1995—2010年,"白象"电池连续被推荐为上海名牌产品。2000年,"白象"电池被列入《第一批免予本市质量监督抽查名牌产品》目录。2001年,"白象"牌LR6、LR03碱性电池获第一批"绿色、优质无汞碱性锌锰电池产品"证书。2002年,"白象"牌LR6、LR03无汞碱性锌锰电池被评为中国名牌。2004年,"白象"牌和"天鹅"牌锌锰系列电池、碱性锌锰系列电池被授予"国家免检"称号。

三、油墨

1960年,上海油墨厂开发树脂型油墨。此后,又开发国内首创的快干亮光胶版油墨、印铁耐蒸油墨、塑料油墨、热固快干铅油墨以及电子工业用的记号油墨、印刷线路版油墨、静电复印油墨等新品种。20世纪80年代,先后研制成居民身份证油墨、金属丝网油墨、吸声油墨、陶瓷滤波器耐腐蚀油墨、OPP塑料复合凹版印刷油墨等36项,填补国内油墨技术空白。1990年,上海油墨厂产量占全国油墨产量的1/4,有28个大类,95个系列,825个规格,产品远销美国、日本、中国香港等26个国家和地区。1992年,上海油墨厂与华东化工学院携手组建"华东克勒高科技研究所",有几十项成果投入试制,完成新产品产值近亿元。2000年,上海油墨厂与上海制皂(集团)有限公司共同组建上海牡丹油墨有限公司。

油墨产品是印刷的辅助材料,广泛应用于纸张、塑料制品、易拉罐等各类承印物,绚丽的色彩不仅用于传递图文信息,更能起到美化包装装饰的作用。

油墨的生产工艺主要分两种,一是干粉法,即加入颜料、树脂油、辅助剂等原料,并经三辊机或珠磨机轧制研磨,待细度合格后根据技术要求进行产品指标的调整,调整合格后直接装听,并包装入库;二是湿浆法,即加入湿浆、树脂油、辅助剂等原料并放入捏合机捏合挤水,再进行抽真空脱水,按指标要求加油调整出料,再进入三辊机轧制研磨,待细度合格后根据技术要求进行产品指标的调整,调整合格后直接装听,并包装入库。

"十五"期间,油墨年产量在1万吨左右。"十一五"期间,产量逐年上升。2010年,产量最高达13 844吨。2013年,产量12 383吨。

2001—2013年,"牡丹牌"连续被评为上海名牌产品和上海染料行业名优产品,被认定为上海市著名商标。"牡丹牌"四色印刷油墨通过苹果电脑公司与美国印刷技术基金会(GATF)的国际油墨标准检测,"牡丹牌"胶印油墨通过欧盟EN-71-3环保标准检测,颜色体系通过美国潘通(PANTONE)机构认证,可在世界印刷范围内通行。

第六节 其他主要产品

一、醇酸树脂

醇酸树脂,上海新华树脂厂主要产品。应用于硝基漆的增塑剂和氨基烤漆、底漆、锤纹漆、磁漆、机床漆、船舶漆及防腐漆等。

1994年，船舶漆用389系列醇酸树脂获上海市优秀新产品三等奖；牌号3241、3231快干醇酸树脂及牌号582氨基交联剂被评为上海市级新产品。

二、不饱和树脂

不饱和树脂，上海新华树脂厂主要产品，主要应用于玻璃纤维增强塑料、环氧树脂增塑剂和固化剂、电气绝缘浇铸等。

牌号337不饱和树脂获"1992年度上海市优秀新产品三等奖"。牌号3202乙烯酯树脂被评为2003年度上海市重点新产品。

三、苯代三聚氰胺

苯代三聚氰胺，南大化工厂主要产品。主要工艺流程：以高纯度的双氰胺和苯甲腈为原料和高活性的催化剂在溶剂中进行反应，生成物经水洗、甩水、干燥、筛粉后得白色结晶粉末。生产工艺简单，工艺路线合理，产品质量稳定，在生产方法中使用的溶剂毒性较小，有利于安全生产。

产品广泛应用于涂料、塑料、医药、兽药、农药以及织物处理剂、塑料表面处理剂、黏合剂等助剂各领域。

四、苯甲腈

苯甲腈，南大化工厂主要产品。在流化床反应器中，以甲苯和氨的混合气体与空气接触，在高活性的细颗粒催化剂催化下，通过甲苯氨氧化法进行反应，生产气态的苯甲腈和水，经捕集塔和吸收塔冷凝成液态苯甲腈和水，分去水层后，经减压蒸馏得到无色透明液体高纯产物苯甲腈。生产工艺简单，采用连续化生产，产品质量稳定。

五、氧化锌

氧化锌又名锌氧粉，上海京华化工厂主要产品。主要用作油漆的颜料和橡胶的填充料，医药上用于制软膏、锌糊、橡皮膏等。

1929年，氧化锌由大中华橡胶原料厂研制生产。1990年，炉窑规模扩大到4个窑，产能7 000吨/年，占全国第二位。1994年12月，1号、2号、3号窑新厂区开工。2000年，扩建5号窑。2003年，又增产扩建0号窑。2005年8月1日，6号窑扩建投产。6台氧化锌炉窑年产量1.68万吨。

间接法氧化锌生产的工艺过程：金属锌在大于熔点温度而小于气化温度下熔化，熔化后的锌液在大于气化温度的高温条件下，锌气化为锌蒸汽，进入氧化室，锌蒸汽在空气中被氧化，生成氧化锌。2013年，产量7 662吨，销量7 040吨。

压敏氧化锌获2005年度上海市重点产品质量振兴攻关成果奖三等奖。

六、立德粉

立德粉,化学品称锌钡白,上海京华化工厂主要产品。主要用于橡胶、油墨、涂料等工业。1946年,立德粉由原大中华橡胶原料厂研制生产。1956年,原料厂与京华厂合并,由京华继续生产。2004年3月31日,根据闵行区环境和节能减排要求,调整产品结构,立德粉停产,装置拆除。2001年,产量7 648吨。

七、胶黏剂

胶黏剂,上海新光化工有限公司产品。该厂是中华人民共和国成立后首家从事胶黏剂生产和研发的高新技术企业,前身是上海新光化工厂。截至2013年年底,拥有聚氨酯胶系列、改性酚醛类、厌氧胶类、丙烯酸酯结构胶类、α-氰基丙烯酸酯类、高分子液体密封胶、氯丁酚醛类强力胶、橡塑胶类、水性聚氨酯胶和352厌氧胶等国内首创领先的产品。

1991—2011年,主要研发品种有通用型聚氨酯胶、特种专用聚氨酯胶、无溶剂少溶剂型聚氨酯胶黏剂、水性聚氨酯树脂胶黏剂、厌氧型密封胶黏剂、丙烯酸结构胶、高分子液态密封胶、改性酚醛耐温胶、氯丁类强力胶和橡塑接枝胶等。

八、硝化棉

1951年,上海红旗化工厂自主研发硝化棉。1952年,投产,规模100吨/年~200吨/年。1978年,扩大生产,年产量3 000多吨。1992年,上海染料化工厂和台硝(香港)有限公司、台湾守品企业有限公司合资经营,年产量3 854吨,销量3 683吨。硝化棉主要用于制造硝基漆、漆布、赛璐珞、黏合剂等。主要工艺流程:精制棉进行混酸硝化、水洗煮洗、脱水驱酒。因上海市产业结构调整,2010年停产。

九、电石

电石,化学名称碳化钙,分子式CaC_2。遇水生成乙炔气,精制后充入存有丙酮的钢瓶成为溶解乙炔。用于金属切割、焊接和冶金除氧、脱硫、制石灰氮,用作化工及化肥原料。

1934年年初,溶解乙炔在中国工业炼气股份有限公司(吴淞化工厂的前身;1997年5月2日,改制为上海中远化工有限公司)用进口德国乙炔装置和电石生产,年产量8.04吨。经过50多年的发展,1990年,电石产能7.8万吨/年,商标"灵石牌"。溶解乙炔产能3 300吨/年,实际产能2 561吨/年。1990年,电石一级品率为98.28%,发气量为302升/千克,电耗3 287度/吨,居全国密闭炉前列。是年,电石和溶解乙炔被评为部优产品。1999年10月,成立上海中远化工灌装有限公司,专业生产溶解乙炔,商标"环九牌"。2000年电石停产。2009年5月,溶解乙炔停产。

焦炭和石灰在高温电炉中连续反应生成电石。初期使用石墨电极,间歇生产。电石与水反应生成乙炔气,经净化、灌装即成溶解乙炔。

十、过氧化氢

过氧化氢,分子式 H_2O_2。易分解,能与水、乙醇混和用于纺织、印染、造纸等行业作氧化、漂白、消毒及脱墨剂。

1957年,在天工酸碱厂(桃浦化工厂的前身)采用电解法工艺生产过氧化氢为国内首创。经过30多年的发展,1988年11月,在吴淞化肥厂(后并入吴淞化工厂和上海中远化工有限公司)兴建国内首套蒽醌法1万吨/年过氧化氢生产装置。1990年12月14日,建成投产并产出合格产品。1998年11月,上海中远化工有限公司与香港胜利太平洋有限公司合资建立上海远大过氧化物有限公司,专门从事过氧化物系列产品的生产经营和研制开发,拥有当时国内第一套规模最大的、应用蒽醌法技术生产过氧化氢1万吨/年(27.5%)的生产装置。2005年,又投资建成4万吨/年(27.5%)装置。2009年3月,过氧化氢停产。

十一、固体氰化钠

氰化钠,俗称山奈。白色结晶体,剧毒,遇酸反应,产生剧毒的气相氢氰酸。主要用于有机合成,如聚甲基丙烯酸甲酯、聚丙烯腈、丁腈橡胶等。还用于电镀、渗碳、颜料、矿山、杀虫、燃料中间体等方面。

1986年,上海勤工化工厂在生产液体氰化钠的基础上,采用蒸发、离心、干燥、成型的工艺方法生产固体氰化钠。一级品含量≥99.2%,二级品含量≥98%。最高产量达到1 000吨/年能力。产品经国家无机盐产品质量监督检验测试中心鉴定,产品质量优于化工部优质产品规定的各项指标。1999年,勤工化工厂停止生产液体和固体氰化钠后,该产品转移到山东、江苏等地生产。

十二、脂肪醇

合成脂肪醇是多种精细化学用品的基础化工原料,被广泛用于清洁、个人护理用品。

脂肪醇最早是由鲸蜡制取的,所得的混合脂肪醇经磺化中和后成为硫酸盐,是最早的一种阴离子洗涤剂。其后开发利用来源比较丰富的椰子油、棕榈油和牛油为原料。水解所得脂肪酸再还原为醇。统称为天然脂肪醇。生产脂肪醇的方法比较重要的有高压加氢法、齐格勒法和羰基合成法。

1994年,上海嘉定化肥厂开始脂肪醇生产。之后,专门成立双乐油脂化工有限公司。2005年3月,上海中远化工有限公司利用氢气和公用工程资源新建5万吨/年脂肪醇项目。2006年10月,成立专业制造脂肪醇的上海中乐油脂化工有限公司。由于涉及区域规划、安全环保、节能减排、经营亏损等诸多因素,2007年12月停产。

十三、一甲胺(40%水溶液)

1965年开始研发。1968年,在上海红旗化工厂投产,年产量1 000吨(混胺)。20世纪90年代以后,年产量2 700吨。主要用于医学、农药、有机溶剂、一甲基肼等生产原料。主要工艺流程:甲醇和液氨进行合成,经脱氨、脱水、分离后制得。因上海市产业结构调整和环境治理需要,2004年停产。2003年,产量1 061吨。"高洁牌"甲胺三次获"国家优质品银质奖"。1995年,在化工部组织的国家统检工作中,一、二、三甲胺被评为质量好的产品。

表2-1-1 2007—2013年华谊集团主要产品产量情况表

产品名称	单位	2007年	2008年	2009年	2010年	2011年	2012年	2013年	备注
醋酸	吨	254 200	382 511	465 816	560 155	589 088	707 109	970 285	
醋酸乙酯	吨	97 431	155 200	112 135	92 215	88 541	26 471	86 972	
硫酸(吴泾)	吨	158 254	114 874	128 393	127 196	155 051	139 909	145 066	
烧碱	吨	638 585	700 903	729 752	726 333	625 231	727 498	711 903	
聚氯乙烯	吨	320 704	373 669	390 652	343 411	303 282	213 158	160 526	
液氯	吨	390 634	506 802	530 872	546 718	443 308	579 013	596 984	
二氯乙烷	吨	190 307	277 231	197 790	—				
焦炭	吨	1 477 018	1 200 840	865 551	511 549	557 360	215 990	0	2012年关停
煤气	万立方米	98 236	81 920	73 081	35 969	26 499	21 810	6 813	
甲醇	吨	335 078	400 945	480 892	584 355	620 770	853 779	1 349 882	
苯酐	吨	40 391	41 167	49 348	76 474	62 921	54 563	58 168	
一氧化碳	万立方米	12 711	17 027	20 102	24 414	26 322	21 556	23 057	
全钢胎	万条	282	250	249.50	607.20	629.50	662.30	644.80	
斜交胎	万条	73	108	111.80	69.20	51.30	48.90	32.70	
丙烯酸	吨	120 025	138 140	150 581	203 254	235 777	230 876	187 693	
丙烯酸乙酯	吨	23 916	23 862	21 794	27 411	26 795	—		
丙烯酸丁酯	吨	110 159	107 582	123 412	143 816	185 761	186 398	148 578	
油漆	吨	145 771	148 671	159 238	198 525	199 896	159 793	168 288	
顺酐	吨	12 885	9 896	—					
硫酸(上硫)	吨	120 811	118 466	116 112	121 828	83 959	—	—	2011年关停
乙二醛	吨	27 611	23 245	26 443	29 235	18 511			
聚四氟乙烯	吨	6 904	7 393	5 866	7 243	7 374	6 053	7 197	
氟橡胶	吨	1 133	1 165	927	1 440	1 284	933	1 393	
聚偏氟乙烯	吨	362	477	573	265	关停	—		
三氯化磷	吨	—	5 373.7	9 767	8 166	6 333	6 551	6 907	
乙烯利	吨	—	2 890.9	2 745	2 476	3 706	3 140	3 143	
合成樟脑	吨		1 235.70	1 557	648	0	—		
QCC-64	吨		227.47	554	536	895	929	727	
DBC-80	吨		43.90	179	271	565	598	613	
氧化锌	吨	16 434	13 154	13 245	11 194	11 462	9 101	7 662	

第二章　辅助设施及特种设备

第一节　仓　　库

一、上海焦化有限公司

2005年10月,焦化公司自动化材料立体仓库建成。仓库为轻钢结构,设自动化立体仓库和辅助仓库。总建筑面积为4874平方米,长142米,宽41米,高度16米,屋顶标高16.5米,其他部分为屋顶标高10.5米的二层生产办公区和设备管理区。立体仓库可存放电器、仪表、玻璃仪器、管配件、轴承、密封件、阀门、杂项、橡塑和部分零固备件、机泵设备备件、化工备件、焦炉设备备件、各大车备件、冶矿备件、焦炉铁件、毛坯及其他备件大类的物资。自动化仓库采用全自控系统,实现输送机械化、管理微机化和控制自动化。辅助仓库两层,建筑面积为1 200平方米。一层存放电动机、电棍筒;二层存放紧固件、工具、办公用品、劳防消防材料。

2010年,安徽华谊化工综合仓库建成。综合仓库为钢筋混凝土框架结构,建筑耐火等级二级,火灾危险性类别丙类2项,屋面防水等级二级,使用年限50年,抗震设防裂度6度。综合仓库占地面积为1 473平方米,长77.5米,宽18米,高度14.2米,屋顶标高14.8米,其他部分为屋顶标高11米的二层生产办公区和设备管理区。综合仓库建筑面积为3 018平方米。综合仓库可存放电器、仪表、管配件、管阀件、轴承、密封件、阀门、杂项、橡塑和部分零固备件、机泵设备备件大类的物资。

上海焦化储运港区有限公司有11栋仓库,约2.75万平方米的一层库房,主要用于糖以及设备等货物储存业务。有室外堆场2万平方米,主要用于设备等货物堆放业务。

二、上海吴泾化工有限公司

吴泾公司拥有备品备件、阀门、工具仓库各一座,面积1 861平方米。大五金露天仓库一座,面积600平方米,于1962年7月5日开工,1962年9月28日竣工。危险品仓库一座,面积372平方米,于1980年1月24日开工,1980年5月22日竣工。

三、双钱集团股份有限公司

双钱集团仓库分内外销仓库。内贸仓库有:原材料仓库、成品仓库、备品备件仓库,既有自建(工厂内)又有租赁。截至2013年年底,载重公司仓库建筑面积3.8万平方米左右,大正公司仓库面积7万多平方米,江苏公司仓库面积47 121平方米,重庆公司仓库面积38 444平方米。

2001年,双钱集团在载重公司建造1.02万平方米仓库,租赁的全钢原材料和内销仓库全部清退。2002年,仓库面积从4.8万平方米压缩到2.4万平方米,比2000年压缩50%。2007年,大正公司停产后,对103工区底楼、炼胶工区1—4楼进行改造,作为仓储周转使用。2008年,载重公司A、B仓库搬迁到大正公司仓储周转中心。2010年,实施原材料直送重庆公司和江苏公司业务,利用两地仓租价差和运费的差异,降低上海仓库租用面积。2012年9月3日,东北物流配送中心在大连市启动,物流配送由"产地存"向"销地存"模式转化。2013年,大连配送中心的可存放轮胎从当初设计的4.5万条提升至5.5万条,东北地区的产品配送时间比原来缩短一半以上。

双钱集团下属上海制皂(集团)有限公司仓库用于储存肥皂、油墨产品的成品。肥皂、油墨成品仓库位于古浪路1340号生产基地内,总面积1.7万平方米,其中标准仓库5 000平方米,大楼内仓库1.2万平方米。

四、上海三爱富新材料股份有限公司

位于龙吴路4411号的三爱富公司厂区内有一个综合仓库,建于2004年12月,2005年7月完工,总占地面积7 122平方米,由两幢建筑物组成:一幢为成品仓库,楼高为6.3米、建筑面积为2 704.44平方米混合结构建筑物;另一幢为危险品仓库,楼高为6.8米、建筑面积为413.28平方米混合结构建筑物。合计建筑面积为3 117.72平方米。

五、上海涂料有限公司

涂料公司下属生产企业建有仓库,主要分布在开林造漆厂、上海造漆厂、振华造漆厂、新华树脂厂、上海三爱思试剂有限公司、上海一品颜料有限公司、天同精细化工(南通)有限公司等企业。

开林造漆厂有4幢仓库。1幢为标贴仓库,面积976平方米。另外3幢为危险品仓库,分为甲类、乙类和丙类仓库:甲类仓库面积912平方米,储存量70吨;乙类仓库面积2 500平方米,储存量650吨;丙类仓库面积1 965平方米,储存量300吨。

上海造漆厂危险品仓库有甲类和丙类。甲类仓库面积3 640平方米,储存量500吨,主要储存各类成品漆及稀释剂等。丙类仓库面积1 651平方米,主要储存桶装原料。

振华造漆厂仓库有甲类、乙类和丙类。甲类仓库面积450平方米,乙类仓库面积1 500平方米,丙类仓库面积2 000平方米。

新华树脂厂危险品仓库主要是甲类,面积1 450平方米,储存量530吨。

上海三爱思试剂有限公司危险品仓库有甲类、乙类和丙类。甲类仓库面积80平方米,储存量4.1吨,主要储存乙醇、乙酸乙酯、无水乙醚和异丙醇。乙类仓库面积20平方米,储存量1吨。丙类仓库面积60平方米,储存量5.3吨。

一品颜料公司有甲类和非危险品仓库。甲类仓库主要是铁质储藏箱,面积0.1平方米,储存量700克。非危险品仓库面积2 600平方米,储存量2 000吨。

天同公司有丙类仓库,面积782平方米,储存量350吨,主要储存苯代三聚氰胺和双氰铵。

上海华谊集团华原化工有限公司有乙类和丙类仓库。乙类仓库面积900平方米,储存量160吨,储存工程塑料、双戊烯等。丙类仓库面积500平方米,储存量100吨,储存乙烯利。

试四赫维公司仓库有甲类、乙类和丙类。甲类仓库面积400平方米,储存量38吨,储存过硫酸钾、亚硝酸钠、乙腈、液体甲醇钠和碳酸二甲酯。乙类仓库面积300平方米,储存量40吨,储存正丁醇、水合肼、甲酰苯胺。丙类仓库面积1 000平方米,储存量190吨,储存成品和吡喃酮、烟酰胺、碳酸钾等。

六、上海天原(集团)有限公司

天原集团下属新天原化工物流有限公司(后更名为上海华谊天原化工物流有限公司)于2005年4月29日与拜耳(上海)聚合物有限公司签订《服务合同》；另根据扩产4万吨P-PVC树脂项目、华胜公司项目以及其他上海化工区项目的进展情况，投资建设合展路仓储基地。

表2-2-1　2013年天原集团合展路仓储基地仓库情况表

名　称	名　称	建筑面积（平方米）	结构	防火等级	类　别	储存量（吨/年）
仓储一期	1号仓库	13 686.40	单层钢结构	二级	丙类化工品	301 693
	2号仓库	13 686.40	单层钢结构	二级		
	3号仓库	4 327.90	单层钢结构	二级		
	4号仓库	4 584.60	单层钢结构	二级		
仓库二期	5号仓库	11 670.84	单层钢结构	二级		
	6号仓库	11 670.84	单层钢结构	二级		

表2-2-2　2013年天原集团上海化工区仓储基地仓库情况表

名　称	建筑面积（平方米）	结　构	防火等级	类　别	储存量（吨/年）
丙类1号仓库	2 500	单层钢结构	二级	丙二楼	456 250
丙类2号仓库	1 250	单层钢结构	二级	丙一类	228 125
甲类仓库	6 000	砖砌墙体轻质钢结构	二级	甲类危化品	153 300

七、上海华谊工程有限公司

工程公司下属装备工程公司奉贤基地内有小五金仓库和焊材仓库。小五金仓库为室内钢结构，占地面积约214.8平方米，储存量约796.34吨。焊材仓库为室内钢结构，占地面积约73.92平方米，储存量约41.12吨。奉贤基地内有露天钢板堆场，占地面积约2 340平方米，储存钢板重量约370.4吨。

八、上海华谊集团企业发展有限公司

企发公司下属上海染料有限公司浦东分公司成立于2006年6月13日，位于浦东新区中高路159弄89号14幢，主要从事母公司委托的仓储业务。主要客户为德国的巴斯夫染料有限公司和美国的福林特公司。仓储面积22 057平方米，被评定为存放丙二类以下物品仓库。2013年，储存原料80 987吨。

第二节 储 罐

一、上海焦化有限公司

焦化公司有各种规格贮槽15个。甲醇贮槽4个,其中3个容积4 500立方米/个,1个容积3 000立方米;邻二甲苯贮槽4个,其中3个容积1 000立方米/个,1个容积4 500立方米;乙二醇贮槽1个,容积330立方米;碳酸二甲酯贮槽1个,容积200立方米;聚酯级乙二醇贮槽1个,容积50立方米;硫酸贮槽2个,每个容积500立方米;粗甲醇贮槽2个,每个容积3 000立方米。

安徽华谊公司罐区位于安徽省芜湖市无为经济开发区。东侧430米为长江大堤,西侧紧邻长安南街,南侧为东十三路,西南侧为二坝镇政府、唐圩村、双钱集团(安徽回力)轮胎有限公司及安徽华谊项目二期预留用地,西北侧为普莱克斯(安徽)工业气体有限公司。罐区以A10路为界,分为东区、西区两部分。东区包括1万立方米醋酸储罐2个、1万立方米甲醇储罐1个、2万立方米甲醇储罐2个。西区包括5 000立方米乙醇储罐2个、5 000立方米粗甲醇储罐1个、5 000立方米醋酸乙酯储罐3个、300立方米醋酸乙酯副产品储罐1个。罐区内储罐均设有温度远程显示、报警,液位现场及远程显示报警,罐顶压力可远程显示和报警。易泄漏的危险区域均设有可燃气体浓度检测报警仪。储罐、管道、机泵等接触易燃易爆介质的设备均进行静电接地。储罐进出口管道上设有紧急切断阀,该阀与对应罐的雷达液位计高液位信号联锁,当罐内液体达到设计设定的高液位时阀门自动关闭。储罐四周设有22米高防火堤,可承受其中最大储罐破裂时的泄漏液体,防止泄漏液体随意蔓延,同时可切换排污阀门直接向污水管网排放进入污水池。

二、上海吴泾化工有限公司

吴泾公司有各种规格贮槽34个。2号罐区甲醇贮槽4个,每个容积2 400立方米;3号罐区甲醇贮槽4个,每个容积2 400立方米;乙酯装车贮槽1个,容积200立方米;丁酯装车贮槽1个,容积200立方米;乙酸乙酯贮槽3个,其中2个容积2 700立方米/个,1个容积3 000立方米;醋酸成品贮槽4个,每个容积5 000立方米;4号保税区乙酸丁酯大槽2个,每个容积1 500立方米;4号保税区低碘醋酸大槽1个,容积2 000立方米;4号保税区醋酸大槽2个,每个容积1 200立方米;4号保税区乙酸乙酯大槽4个,其中2个容积800立方米/个,2个容积1 000立方米/个;4号罐区乙酸乙酯大槽2个,每个容积2 000立方米;4号罐区乙醇大槽3个,容积分别为2 100立方米、2 400立方米和3 100立方米;4号罐区正丁醇大槽3个,容积分别为2 100立方米、2 400立方米和3 100立方米。

三、双钱集团股份有限公司

双钱集团下属上海制皂(集团)有限公司有单个容积1 500吨的储油罐4个,储存量6 000吨,用于储存生产肥皂用的主要原料——各类动、植物油脂。由采购供应部门统一管理。

四、上海氯碱化工股份有限公司

2013年年底，氯碱公司在上海化工区的华胜厂和天原厂有储罐：聚氯乙烯树脂乳浆各类规格储罐32个，氯乙烯各类规格储罐7个，二氯乙烷各类规格储罐9个，乙烯罐1个，烧碱各类规格储槽7个，液氯各类规格储槽12个，盐酸各类规格储罐8个，次氯酸钠各类规格储罐16个，氯化氢球罐2个，氢气柜1个，脱盐水各类规格储槽8个，纯水储槽1个。

五、上海三爱富新材料股份有限公司

三爱富公司位于上海市闵行区龙吴路4800号厂区内有一个1000立方米储罐，用于存储原料二氟一氯甲烷。

六、上海华谊丙烯酸有限公司

2013年，丙烯酸公司有各类规格储罐34个。球形罐8个，主要储存原料为丙烯，容积分别为400立方米4个，1000立方米2个和2500立方米2个。普通储罐26个，具体为：储存丁醇8个，分别为容积1000立方米5个和容积500立方米3个；储存乙醇1个，容积500立方米；储存羟乙酯2个，每个容积为200立方米；储存丙烯酸3个，分别为容积1000立方米1个和容积2000立方米2个；储存精丙烯酸2个，分别为容积500立方米和容积1000立方米；储存商品酸2个，容积1000立方米/个；储存辛醇1个，容积1000立方米；储存丙烯酸乙酯2个，容积1000立方米/个；储存丁酯1个，容积2000立方米；储存丁醇3个，分别为容积2580立方米1个和容积2500立方米2个；储存辛酯1个，容积2000立方米。

七、上海涂料有限公司

涂料公司下属开林造漆厂在油漆生产中需要大量使用二甲苯、松香水、煤焦溶剂、重质苯和沥青等溶剂。2004年1月，地处上海市青浦工业园区崧泽大道8388号的新厂建成投产，厂区内建设危险品储罐区，存放生产中使用的危险溶剂等。有储罐19个，其中立式储罐10个，用于储存二甲苯、松香水和煤焦溶剂，容积260立方米，储存量260吨；卧式储罐6个，用于储存二甲苯、松香水和煤焦溶剂，容积90立方米，储存量90吨；地下储罐3个，用于储存沥青、重质苯，容积30立方米，储存量30吨。

天同精细化工(南通)有限公司储罐主要有：甲苯储罐2个，碳钢材质立式罐，每个容量110立方米，储存量147.9吨；正丁醇储罐1个，碳钢材质立式罐，容量35立方米，储存量20.7吨；液氨储罐1个，碳钢材质卧式罐，容量50立方米，储存量23.4吨。

八、上海天原(集团)有限公司

天原集团罐区建有1.2万立方米硝酸氮封拱顶储罐1个，储存介质是68%硝酸，有效存储量约

1.7万吨。硝酸储运项目是拜耳公司二苯基甲烷二异氰酸酯/甲苯二异氰酸酯联合装置扩产项目的储运配套设施，委托天原集团建设及生产管理，罐区的储运工艺由拜耳公司确认。

第三节　码　　头

一、上海焦化有限公司

在上海市西南黄浦江畔的吴泾化工区，焦化公司拥有两座5 000吨级煤焦码头（煤码头、海运码头），两个码头设3个卸煤泊位，主要用于配套输煤系统；另有一座年吞吐量为30万吨、总投资4 000万元的3 000吨级化学品码头，主要用于甲醇、焦油等各类化工产品及原料的水上进出。

安徽华谊化工公司散货码头坐落在芜湖长江大桥上游1.7公里处，主要由装卸作业平台、转运站、皮带输送系统、变电所、取水泵房和引桥组成。码头设卸船和装船两个泊位，岸线全长341米，宽22米，引桥全长357米，前沿水深－9米～10米。码头配有600吨/小时桥式抓斗卸船机2台，800吨/小时装船机1台，主要接卸物料为动力煤和化工煤，设计靠泊船型5 000载重吨（兼靠1万载重吨），年吞吐能力约160万吨。危化品码头位于长江下游芜湖长江大桥水道左岸，芜湖长江大桥上游约1.4公里，外档为5 000吨级泊位，内档500吨级化学品泊位。化工危险品码头吞吐量90.7万吨/年，其中出口甲醇、醋酸、醋酸乙酯等合计73万吨/年，进口乙醇、粗甲醇20.8万吨/年。

上海焦化储运港区有限公司码头结构为钢筋混凝土高低桩结构，前沿水深－7米，岸线长度177米，码头长度74米，核准靠泊能力2 500吨，泊位数量2个，港口机械3台，系船桩（柱）数量5个，吞吐量12.5万吨，主要用于食品盐、糖以及设备等货物装卸业务。

二、上海吴泾化工有限公司

在上海市西南黄浦江畔的吴泾化工区，吴泾公司拥有四座码头。其中一座5 000吨级危险品码头，主要用于醋酸、醋酸乙酯、甲醇、硫酸等危险化学品和原料液体硫磺等装卸业务；1993年12月24日，码头主体工程竣工验收，码头长152米、宽11米的新码头，停靠船舶为设计船型2 000吨硫铁矿船驳，复合船型5 000吨级海轮。一座1 000吨硫氨成品码头，建于1964年6月。一座1 000吨甲醇油码头。一座30米浮船码头，1991年1月开工改造，1991年3月20日竣工。

三、双钱集团股份有限公司

双钱集团下属上海制皂（集团）有限公司拥有一座码头，用于原材料采购进厂及产品出厂的驳运。岸线位置在黄浦江浦西翔殷路隧道至杨浦大桥，标准长度79米，码头前沿控制线水深在2米和5米之间，钢砼固定码头长29米。

四、上海氯碱化工股份有限公司

氯碱公司生产基地分处吴泾化工区和上海化工区。吴泾化工区的黄浦江岸边分别建有两座码头，老码头建于1978年，1993年、1994年先后进行扩建，成为万吨级、年货物吞吐量200万吨码头。

新码头建于1989年，2002年扩建，达到万吨级、年吞吐量100万吨码头。2005年，在杭州湾北岸上海化工区建设2万吨级、年吞吐量165万吨专用码头，2010年扩建3万吨级、2万吨级的码头各一个，年吞吐量550万吨。2013年，氯碱公司的码头总吞吐量达1 000万吨之多。

五、上海涂料有限公司

涂料公司下属上海华谊集团上硫化工有限公司拥有一座码头，位于上海市宝山区蕴藻南路1号。码头使用蕴藻浜航道岸线长493米，核准泊位能力300吨级泊位，主要在港区内提供货物装卸、仓储经营。2012年前作为硫磺、氨水原料和硫酸、亚硫酸氢铵成品仓储、装运使用。2012年至2014年6月，码头暂停使用。2014年7月，码头开始对外出租。

涂料公司下属上海染料化工厂拥有一座码头，位于新闵路5号。码头使用岸线长550米，岸段位置为黄浦江浦西闸港至港界，结构为高桩梁板，码头前沿控制线水深小于2米。主要从事港口设施租赁服务。2012年前作为上海染料化工厂的原煤装卸码头，为锅炉车间提供原煤和清运煤渣，全厂停产后码头停用。

六、上海华谊集团化工实业有限公司

实业公司下属上海中远化工有限公司拥有两座码头，分别是铁力路1号码头和TDI码头。铁力路1号码头位于宝山区铁力路1号，使用蕴藻浜航道岸线长705米，核准泊位能力1 000吨级泊位，主要从事在港区内提供货物装卸、仓储经营。TDI码头位于宝山区江杨南路2618号，使用蕴藻浜航道岸线长632米，核准泊位能力500吨级泊位，主要从事在港区内提供货物装卸、仓储经营。2002年前，TDI码头为电石厂、TDI厂原料码头；2008年前，为上海中远化工有限公司的生产码头；2008年后，码头对外出租。2008年前，铁力路1号码头为吴淞化肥厂的原料码头；2008年后，对外出租。2014年1月30日，将铁力路1号码头和场地租赁给上海淞铁港务局有限公司。

第四节　铁　　路

在吴泾化工区，焦化公司拥有两条铁路专用线，年吞吐能力达600万吨。吴泾公司拥有1条铁路专用线，用于运输各类化工产品。氯碱公司拥有1条铁路专用线，用于二氯乙烷、聚氯乙烯等原料及产品的运输。

第五节　管　　廊

1998年11月9日，焦化公司引进东海天然气配制城市煤气项目通过市政府组织的专家立项评审。焦化公司每天引入20万立方米天然气，与"三联供"煤气化装置生产的低热值洁净煤气掺混，配制城市煤气。2000年9月11日工程开工，该工程是2000年市政府重大实事工程之一。12月11日，越江管道从浦东陈行镇塘口船厂起钻，到浦西焦化公司厂区破土登陆完成穿越，两岸长度为890米，直径为500毫米。2003年12月31日，东海天然气进入焦化公司煤气生产系统。

2004年3月31日，焦化公司与德国林德公司创建合资气体公司，该公司与德国在漕泾的拜耳

公司签订 17 年的供应合成气协议。为此,焦化公司建设从吴泾至漕泾的化工长输管道,将焦化公司的合成气作为原料送往上海化工区拜耳公司生产聚碳酸酯各异氰酸酯等,实现上海化工区的整体性可持续发展。漕吴合成气长输管线从上海化工区天华路入口处开始,至吴泾化工区焦化公司,管道总长 54 公里,其中穿越黄浦江段为 1.07 公里,中间设有一个中间阀室,气体利用两端的压差自然输送。沿途经过金山、奉贤和闵行 3 个区、10 个镇、56 个村。2003 年 8 月,项目开工建设。2006 年 4 月 27 日,完成通气,开始试运行。试运行期间最初供应的物料为合成气组分二(一氧化碳纯度为 98%),后于 2008 年 6 月按合同约定切换为合成气组分一(一氧化碳为 55%,氢气为 43%)。2010 年 6 月,负荷达 2.65 万标准立方米/小时,超过设计值 1.2 万标准立方米/每小时,通过 72 小时以上的连续考核。上海华鸿管廊有限公司负责长输管线包括所有阀室的巡回检查和养护维修,负责中间阀室的职守。焦化公司以租用形式使用漕吴管线,向华鸿管廊公司缴纳租月、管理费,合成气管线的 3 个阀室操作(包括火炬放散)由焦化公司负责。

第六节 特 种 设 备

华谊集团下属企业锅炉主要提供动力蒸汽,为生产供热,高温导热油和废物处理等。压力容器是化工生产设备,主要为生产服务。压力管道为工业用管道,用于输送蒸汽等。起重机械和特种车辆均用于生产。

2009 年,华谊集团先后出台《上海华谊(集团)公司电梯起重机械厂(场)内机动车辆管理规定(试行)》《上海华谊(集团)公司锅炉设备及运行管理制度(试行)》《上海华谊(集团)公司特种设备检查细则》《上海华谊(集团)公司压力容器管理规定(试行)》等制度。

表 2-2-3 2013 年华谊集团下属主要企业在用特种设备情况表

单 位	锅炉(台)	压力容器(台)	压力管道(千米)	起重机械(台)	特种车辆(辆)
焦化公司	9	1 193	342.37	93	29
吴泾公司	6	126	20.02	16	32
双钱集团	12	473	54.04	261	212
氯碱公司	2	1 159	195.39	77	60
三爱富公司	—	287	—	38	20
丙烯酸公司	4	345	10.79	—	—
三爱思公司	1	48	0.64	—	2
装备工程公司				26	4

第三章 原料采购

第一节 大宗原料

一、煤化工大宗原料

【上海焦化有限公司】

焦化公司主要采购的煤化工大宗原料为：化工煤、动力煤、工业酒精及邻二甲苯。

化工煤是生产合成气的主要原料。具有低灰、低灰熔融性等特点，化工煤制成水煤浆后用于德士古炉。化工煤主要采购渠道来自神华集团有限责任公司。

动力煤指用于作为动力原料的煤炭。采购动力煤主要用于锅炉燃烧产生蒸汽，为生产系统提供动力。动力煤以招标方式采购。

工业乙醇，即工业上使用的酒精。采购乙醇用于与醋酸一起经酯化反应生成醋酸乙酯。乙醇采购以招标方式采购，基本以生物法乙醇为主。

邻二甲苯，是生产苯酐、染料、杀虫剂等的化工原料。采购邻二甲苯用于生产苯酐，采购主渠道是中国石化上海石油化工股份有限公司。

焦化公司营销中心负责化工生产原料采购和产品销售。营销中心驻点的成立，强化安徽公司存货管理基础工作，加强物品采购、库存以及发放环节的管理管控，保障安徽华谊化工公司采购销售渠道的畅通。

表2-3-1　2007—2013年焦化公司大宗原料采购量情况表　　　　　　　　　　　　　　单位：吨

数量\年份\种类	2007	2008	2009	2010	2011	2012	2013
化工煤	847 582	993 689	1 316 337	1 434 433	1 568 492	2 018 907	2 864 718
动力煤	0	379 504	333 740	411 733	530 787	674 522	702 285
工业乙醇	0	0	0	0	0	0	50 726
邻二甲苯	0	0	0	0	0	50 210	55 134

表2-3-2　2007—2013年焦化公司大宗原料采购单价情况表　　　　　　　　　　　　　单位：元/吨

单价\年份\种类	2007	2008	2009	2010	2011	2012	2013
化工煤	485	760	614	843	923	821	695
动力煤	0	873	639	786	832	693	604
工业乙醇	0	0	0	0	0	0	6 079
邻二甲苯	0	0	0	0	0	11 080	10 845

【上海吴泾化工有限公司】

吴泾公司采购的大宗原料为甲醇、一氧化碳、乙醇和醋酸。1991—2007年,采购的大宗原料还有无烟煤、焦炭、石脑油,用于生产合成氨。

甲醇是生产醋酸的主要原料,主要采购渠道来自焦化公司,通过管道输送。

一氧化碳是生产醋酸的主要原料,主要采购渠道来自焦化公司,通过管道输送的方式。

乙醇是生产醋酸乙酯的主要原料,主要采购渠道来自国内。

醋酸是生产醋酸乙酯的主要原料,采购渠道来自国内。

二、轮胎橡塑大宗原料

双钱集团生产轮胎的大宗原料主要为生胶、配合剂和骨架材料。

生胶是轮胎工业生产中最主要的原材料。生胶具有高弹性和机械强度,易于被硫化,生成具有三维空间的网状结构。生胶按其来源分为天然橡胶和合成橡胶。

配合剂是加入生胶中的材料,种类繁多。不同种类和数量的配合剂与各种不同的生胶配合,经混炼成胶料,硫化后就能生产各种橡胶制品。使用配合剂要考虑配合剂的种类和数量。配合剂按用途可分为硫化剂、促进剂、活性剂、补强填充剂、软化剂、防老剂、特殊配合剂等。

骨架材料的作用是承受轮胎内部和外部的作用力,提高轮胎的强度,并限制其变形。在很大程度上决定着轮胎的使用性能和使用寿命。骨架材料由纺织纤维、钢丝、玻璃纤维等,经加工处理后制成。

轮胎生产所需的大宗原料,除天然橡胶需要进口外,其他原材料均可在国内采购。双钱集团实行全球一体化采购管理,天然胶价格一般以上海期货交易所(SHFE)、新加坡商品交易所(SICOM)和东京工业品交易所(TOCOM)公布的价格为参考,与供应商进行协商,货比多家,最终确定供应商和采购价格。其余原材料采购,供应部根据各类原材料的需求情况,签订不同期限的采购合同,兼用定单采购,零星材料则以网上采购为主。

表 2-3-3　2007—2013年双钱集团大宗原料采购量情况表　　单位:吨

数量＼年份＼种类	2007	2008	2009	2010	2011	2012	2013
生　胶	153 956	120 669	161 183	160 943	175 228	178 809	170 902
配合剂	109 195	82 453	111 073	115 679	123 392	124 008	123 279
骨架材料	61 164	56 515	75 080	78 569	85 665	85 633	83 744
合　计	324 315	259 636	347 336	355 191	384 286	388 450	377 925

表 2-3-4　2007—2013年双钱集团大宗原料采购单价情况表　　单位:元/吨

单价＼年份＼种类	2007	2008	2009	2010	2011	2012	2013
生　胶	16 681	20 822	13 269	22 487	29 890	21 382	16 247
配合剂	8 758	13 102	8 127	9 360	9 596	9 178	8 872

〔续表〕

单价\种类 \ 年份	2007	2008	2009	2010	2011	2012	2013
骨架材料	12 877	14 615	12 571	12 260	11 699	11 117	10 383
合　计	13 296	16 066	11 474	15 949	19 318	15 223	12 542

1990年,上海轮胎橡胶(集团)有限公司建立后,制定各条线的管理制度。1997年,成立企管处,组织力量对采购等管理制度(标准)进行修订。2001年6月,又修订采购管理制度,具体有《双钱集团原材料寻购管理细则(试行)》《供应商管理制度》《材料采购管理》《原材料进货检验实施细则》《采购业务实施细则》。

三、氯碱及氟化工大宗原料

【上海氯碱化工股份有限公司】

氯碱公司是一家基础化工大型生产企业,采购的大宗原料主要有乙烯、盐、氯乙烯和二氯乙烷。

乙烯用于制作二氯乙烷。主要来源于中国石化上海石油化工股份有限公司和上海赛科石油化工有限责任公司。

盐用于电解制烧碱、氯气、氢气,主要来源于墨西哥、澳大利亚、印度和山东等地。

氯乙烯用于聚合成聚氯乙烯,主要来源于江苏新浦化学公司和宁波韩华公司。

二氯乙烷用于裂解制氯乙烯,主要来源于上海化工区华胜厂、江苏新浦化学公司和宁波韩华公司。

表2-3-5　2009—2013年氯碱公司大宗原料采购量情况表　　　单位:吨

数量\种类 \ 年份		2009	2010	2011	2012	2013
盐	国　内	1 190 580	1 097 086	1 018 719	1 147 552	1 025 073
	进　口	661 533	708 400	742 000	646 500	—
氯乙烯	国　内	55 862	20 857	—	—	—
	进　口	52 100	60 751	32 332	—	—
二氯乙烷	国　内	—	—	—	—	—
	进　口	15 000	—	34 000	20 000	—
乙烯	国　内	109 934	80 558	73 189	154 762	179 791
	进　口	—	—	22 487	12 798	—

氯碱公司历年来强化采购管理,形成一整套采购管理制度,全面融入采购全过程中,以保证所采购的产品和服务是包含"责任"的,避免供应链的责任风险,确保采购交易行为负责。

表 2-3-6　2009—2013年氯碱公司大宗原料采购单价情况表

单价 种类	年份	2009	2010	2011	2012	2013
盐	国内(元/吨)	268	214	128	143	115
	进口(美元/吨)	46	46	47	50	—
氯乙烯	国内(元/吨)	4 354	5 451	—	—	—
	进口(美元/吨)	590	832	913	—	—
二氯乙烷	国内(元/吨)	—	—	—	—	—
	进口(美元/吨)	172	—	420	268	—
乙烯	国内(元/吨)	6 552	8 829	9 307	9 160	9 564
	进口(美元/吨)			1 161	1 171	

完善供应链责任的管理制度。完善《设备供应商评价控制程序》等文件与制度,对供应商的资格审查、年度考核、退出机制等做出明确规定,将供应商分为战略供应商、主力供应商、重点供应商和一般供应商四类。2013年,重点对原料供应商和运输承包商进行复审,建立合格供应商信息数据库,收集、更新供应商资质和资料,并更新供应商绩效考评数据库。

推行绿色采购。氯碱公司与所有原料以及化学品供应商签订《供应商安全环境管理协议书》,与运输承包商签订《运输安全环保协议》,定期对原料运输进行安全环保检查,确保供应商提供的产品生产过程、运输过程的安全有效。向部分重点供应商发放《企业社会责任报告》,要求供应商同样承担相应的社会责任,提升整个供应链的竞争力。

公开透明,推行责任交易。依据诚实守信的基本原则,与供应商签约,建立"阳光采购"业务流程,设立网上采购平台,推行网上竞价机制。

【上海三爱富新材料股份有限公司】

三爱富公司主要采购的氟化工大宗原料有二氟一氯甲烷、二氟一氯乙烷和六氟丙烯。

二氟一氯甲烷是生产聚四氟乙烯的主要原料。采购渠道主要来自上海澳宏化学品有限公司、浙江鹏友化工有限公司、北京金星环宇化工产品有限公司和常熟市美加化工有限公司等。2013年,采购21 586吨。

二氟一氯乙烷是生产聚偏氟乙烯的主要原料。采购渠道来自常熟三爱富中昊化工新材料有限公司和内蒙古三爱富万豪氟化工有限公司。2013年,采购1 277吨。

表 2-3-7　2007—2013年三爱富公司大宗原料采购数量情况表　　　　　　　　　　单位:吨

数量 种类	年份 2007	2008	2009	2010	2011	2012	2013
二氟一氯甲烷	18 436	21 173	17 252	21 947	21 278	17 837	21 586
二氟一氯乙烷	2 042	2 445	2 254	2 031	1 359	1 027	1 277
六氟丙烯	290	574	603	839	732	589	769

六氟丙烯是生产氟橡胶、聚全氟乙丙烯、四氟丙烯的主要原料。采购渠道主要来自常熟三爱富中昊化工新材料有限公司。2013年,采购769吨。采购依照三爱富公司有关的物资采购管理办法进行管理。

表2-3-8 2007—2013年三爱富公司大宗原料采购均价情况表 单位:元/吨

均价 年份 种类	2007	2008	2009	2010	2011	2012	2013
二氟一氯甲烷	10 610	11 773	8 603	15 892	21 275	10 788	9 076
二氟一氯乙烷	13 542	13 973	12 378	14 486	19 895	15 937	14 368
六氟丙烯	58 357	55 101	46 943	81 181	153 435	65 888	45 880

【上海天原(集团)公司】

天原集团下属上海天原集团胜德塑料有限公司主要是以汽车塑料注塑和医用聚氯乙烯(PVC)造粒为主、工程塑料件挤出为辅的生产模式。汽车塑料件成型原料为改性塑料。医用塑料造粒最主要的原材料是聚氯乙烯粉。工程塑料件原料主要是尼龙(PA)、聚砜(PSF)、聚碳酸酯(PC)。

改性塑料属于石油化工产业链中的中间产品,主要由五大通用塑料和五大工程塑料为塑料基质加工而成。胜德公司采购的主要原料是改性聚丙烯(PP)。根据产品的结构、功能及所在车身的部位等来选择原材料。汽车塑料件按照已验证的工艺流程来注塑成型,保证汽车塑料件符合验收标准。

医用塑料造粒最主要的原材料是聚氯乙烯(PVC)。医用粒料造粒过程是一个高要求的工艺作业流程,按照固定的配方添加增塑剂(DOP)、稳定剂、润滑剂、填充剂、耐老化剂等其他助剂,经过造粒机的加热、混炼、挤压成型出产品。

工程塑料件原料主要有尼龙(PA)、聚砜(PSF)和聚碳酸酯(PC)。适于制作耐热件、绝缘件、减磨耐磨件、仪器仪表零件及医疗器械零件等精密尺寸制品。工程塑料在挤出机中通过加热、加压而使物料以流动状态连续通过口模成型。

胜德公司汽车塑料件及医用造粒使用原料均由客户的原料供应商清单中选择。所选原材料需经过客户验证认可后,方可确认为最终定点供应商。采购价格根据客户每年的降价要求,对原材料供应商实行降价要求。

表2-3-9 2007—2013年胜德公司大宗原料采购量情况表 单位:吨

数量 年份 种类	2007	2008	2009	2010	2011	2012	2013
PP	840	950	2 103	2 944	3 827	4 465	5 180
PA/PC/PSF	350	366	319	280	245	156	126
PVC	3 210	3 450	4 260	5 760	6 755	7 581	8 550
DOP	1 080	1 228	1 454	2 040	2 458	2 882	3 528
合计	5 480	5 994	8 136	11 024	13 285	15 084	17 384

表 2-3-10　2007—2013 年胜德公司大宗原料采购单价情况表　　单位：元/吨

种类＼年份	2007	2008	2009	2010	2011	2012	2013
PP	13 998	13 550	13 459	12 907	13 298	13 243	12 250
PA/PC/PSF	33 500	29 900	33 000	29 800	44 000	23 000	20 800
PVC	7 890	6 797	6 697	6 508	6 235	5 778	6 303
DOP	14 580	12 440	11 603	11 466	11 414	11 410	10 600
合计	69 968	62 686	64 759	60 680	74 947	53 430	49 952

胜德公司通过《采购控制程序》《供应商选择评审程序》等管理制度对原料采购过程进行管理，每年通过管理评审对两个文件中的管理更新内容进行修改。

四、精细化工大宗原料

【上海华谊丙烯酸有限公司】

丙烯酸公司主要原料是丙烯。采购工作由物资供应部负责管理，根据市场价格向日本丸红商事等公司进行采购。1999 年，丙烯累计入库 24 189.62 吨，平均单价为 3 168.99 元/吨。2000 年，丙烯累计入库 23 783.35 吨，平均单价 3 891.49 元/吨。2002 年，丙烯累计入库 30 036.06 吨，平均单价 4 054.13 元/吨。2003 年，丙烯累计入库 31 392.71 吨，平均单价 5 148.01 元/吨。到 2013 年，丙烯累计入库 145 774.61 吨，平均单价 8 808.06 元/吨。

【上海涂料有限公司】

涂料公司大宗原料主要有甲苯、二甲苯、苯乙烯、醋酸丁酯和苯酐 5 种，所有原料均为国内采购。

甲苯用于溶解硝化棉、溶解树脂、涂料的非成膜物质及制成和涂料配套的稀释剂，也用于掺和汽油组成及作为生产甲苯衍生物、炸药、染料中间体、药物等的主要原料，是上海造漆厂和天同公司生产所用的主要原料。

二甲苯是油漆生产的主要原料，主要用于溶解树脂和稀释油漆，是上海造漆厂和开林造漆厂生产所用的主要原料。

苯乙烯是用于合成树脂的重要单体，同时用作油漆的活性稀释剂，是上海造漆厂和上海新华树脂厂生产所用的主要原料。

醋酸丁酯是有机溶剂，用于溶解硝化棉、溶解树脂、涂料的非成膜物质及制成和涂料配套的稀释剂，是上海造漆厂生产所用的主要原料。

苯酐目前广泛应用于化工、医药、电子、农业、涂料、精细化工等工业部门，主要用来合成醇酸树脂、不饱和树脂，是上海新华树脂厂生产所用的主要原料。

涂料公司克服原料散、杂、多，通过集采减少原料品种，增强议价能力以及配方的成本最低化，通过优势供应商互补筛选，增加比价能力，通过 ERP 系统，增强工作效率，通过 SRM，增强比价透明度，通过内部制度的修订，增强规范性。

表 2-3-11　2007—2013 年涂料公司大宗原料采购数量及单价情况表

名称	单价与数量	2007 年	2008 年	2009 年	2010 年	2011 年	2012 年	2013 年
甲苯	数量（吨）	—	1 318	1 247	3 334	4 442	4 645	3 745
	单价（元/吨）	—	8 520	6 090	7 090	8 780	9 310	8 830
二甲苯	数量（吨）	1 758	3 317	2 867	2 766	2 830	2 455	2 279
	单价（元/吨）	8 343	8 487	6 279	7 285	9 232	9 259	9 055
苯乙烯	数量（吨）	1 274	1 130	1 314	1 560	1 301	1 404	1 691
	单价（元/吨）	10 179	10 778	7 679	8 998	10 263	10 783	12 354
醋酸丁酯	数量（吨）	—	624	565	595	655	616	742
	单价（元/吨）	—	12 660	7 880	10 610	10 730	9 070	8 610
苯酐	数量（吨）	1 132	989	1 349	1 500	1 235	1 170	1 309
	单价（元/吨）	9 128	7 590	4 523	7 535	8 666	9 525	9 261

【上海天原（集团）有限公司】

天原集团下属上海树脂厂有限公司主要原料是环氧氯丙烷。主要用于生产 5750 环氧稀释剂。2013 年，采购量 500 吨，采购单价 9 000 元/吨～1.3 万元/吨之间。采购工作严格按照《比价采购管理办法》《供应商管理细则》等制度开展，强调比价管理，同等价格比质量，同等质量比价格及付款条件，从优选择。

五、其他大宗原料

【上海涂料有限公司】

涂料公司下属上海华谊集团华原化工有限公司以液氯为基本化工原料，可用于冶金、纺织、造纸等工业，并且是合成盐酸、聚氯乙烯、塑料、农药的原料，主要用来生产三氯化磷。采购渠道主要为国内，2013 年采购量为 8 732 吨。

【上海华谊工程有限公司】

工程公司下属装备工程公司的主要生产原料为各种规格的容器板和普板，用于制造各种规格的设备。2011 年，从上海致远竞开实业有限公司购入 10 块不同规格型号的容器板和 7 块普板，金额 23.74 万元。

第二节　主要材料辅料及备品备件

一、上海焦化有限公司

焦化公司每年采购的主要材料及辅料约有 11 项。具体有：离心式压缩机等大机组配件，主要为外购形式，每年平均用量 941 件，金额 1 933.84 万元；往复泵等泵配件，主要用途为日常检维修，主要为外购形式,每年平均用量 4 379 件,金额为 1 208.85 万元;气化炉用耐火砖,主要用途为日常检维修,主要为外购形式,每年平均用量 16 195 块,金额为 1 138.47 万元;非标设备,主要用途为日常检维修,主要为外购形式,每年平均用量 32 件,金额为 793.86 万元。膜处理单元设备配件,用途为日常检维修,主要为外购形式,每年平均用量 276 件,金额为 671.5 万元;色谱仪/分析仪,用途为实验室分析用或现场携带,主要为外购形式,每年平均用量 29 台,金额为 588.06 万元;省煤器等蒸汽锅炉及辅机配件,用途为日常检维修,主要为外购形式,每年平均用量 4 869 件,金额为 568.29 万元;合成气直接制乙醇模试装置等其他实验仪器,用途为日常检维修,主要为外购形式,每年平均用量 12 台,金额为 409.15 万元;填料,用途为日常检维修,主要为外购形式,每年平均用量 7 套,金额为 233.13 万元;钢棒,用途为日常检维修,主要为外购形式,每年平均用量 340 吨,金额为 213.27 万元;其他日常检维修和技措技改项目,每年外购费用为 11 723 万元。

二、双钱集团股份有限公司

双钱集团轮胎生产辅料为胶片隔离剂、动力煤、润滑油、水处理、EVA 投料袋、聚乙烯塑料薄膜等。

胶片隔离剂是橡胶制品生产厂家在混炼胶最终制成成品前,如搬运和储运混炼胶前,挤出、压出和热炼胶之前,在相应的胶片上涂上一层隔离剂,以防止胶片相互粘连。

动力煤是以发电、机车推进、锅炉燃烧等为目的,产生动力而使用的煤炭,简称"动力煤"。

润滑油是用在各种类型汽车、机械设备上以减少摩擦,保护机械及加工件的液体或半固体润滑剂,主要起润滑、辅助冷却、防锈、清洁、密封和缓冲等作用。

水处理就是通过物理、化学、生物的手段,去除水中一些对生产、生活不需要的有害物质的过程,是为适用于特定的用途而对水进行的沉降、过滤、混凝、絮凝,以及缓蚀、阻垢等水质调理的过程。

EVA 投料袋具有熔点低,与橡胶共熔性,能作为橡胶制品的有效成分。能与原料一起投入炼胶设备和橡胶共熔而不影响橡胶制品的质量。用其盛装各种原料,消除粉尘飞扬的状况,减少有害物质对工人的潜在危害。

聚乙烯塑料薄膜是一种半透明、有光泽、质地较柔软的薄膜,具有优良的化学稳定性、热封性、耐水性和防潮性,耐冷冻,可水煮。常用于复合软包装材料的内层薄膜,是目前应用最广泛、用量最大的一种塑料包装薄膜。

表 2-3-12　2007—2013 年双钱集团主要材料及辅料用量情况表

数量＼年份＼种类	2007	2008	2009	2010	2011	2012	2013
隔离剂(吨)	1 355	1 617	1 958	2 117	2 160	1 716	1 521
煤(吨)	163 507	141 219	201 243	210 748	195 790	189 872	175 032
润滑油(吨)	1 204	1 197	1 130	1 107	1 024	1 150	928
水处理(吨)	4 417	13 908	5 707	5 601	6 118	3 349	6 350
EVA 投料袋(千个)	5 669	4 235	4 152	4 662	5 257	4 913	5 076
塑料薄膜(吨)	2 491	2 559	2 860	3 465	3 291	3 451	3 266

三、上海华谊丙烯酸有限公司

丙烯酸公司催化剂为固体状态,颜色为绿色,是用于加快或减缓反应进程。用于丙烯氧化制造丙烯酸,是丙烯酸及酯装置生产运行中的主要材料辅料,根据装置生产需求,适时向日本化药株式会社购买。

表 2-3-13　2005—2013年若干年份丙烯酸公司催化剂用量情况表

年份	2005	2007	2008	2009	2010	2011	2013
用量(升)	67 833	46 669	37 985	68 533	110 500	6 851	37 101

四、上海涂料有限公司

涂料公司主要材料辅料有重质苯、沥青、氯化橡胶、389-9醇酸树脂、1053有机硅树脂、2030大红粉。

重质苯是开林造漆厂油漆生产的主要原料,主要用途是溶解树脂和稀释油漆。

沥青是开林造漆厂船舶底漆生产的主要原料,主要用途是树脂粘合成膜作用。

氯化橡胶是开林造漆厂生产氯化橡胶类油漆产品的主要原料,主要用途是树脂黏合成膜作用。

389-9醇酸树脂是开林造漆厂生产醇酸类油漆产品的主要原料,主要用途是树脂黏合成膜作用。

1053有机硅树脂是上海市涂料研究所生产耐高温涂料的主要原料。

2030大红粉是上海市涂料研究所生产7470修井机面漆的主要原料。

以上材料辅料均为国内采购。

表 2-3-14　2007—2013年涂料公司其他原料采购情况表

名称	数量与单价	2007年	2008年	2009年	2010年	2011年	2012年	2013年
重质苯	数量(吨)	445	651	623	641	625	692	641
	单价(元/吨)	3 426	4 193	3 371	4 473	5 050	5 383	5 320
沥青	数量(吨)	964	1 130	1 173	1 050	1 162	1 326	2 017
	单价(元/吨)	2 523	3 316	3 352	3 575	3 740	3 376	3 294
氯化橡胶	数量(吨)	279	346	348	390	375	310	337
	单价(元/吨)	27 479	28 301	27 939	29 920	33 400	28 340	27 587
389-9醇酸树脂	数量(吨)	638	670	556	958	495	626	570
	单价(元/吨)	9 471	10 481	8 444	9 238	10 440	11 990	11 543

〔续表〕

名称	数量与单价	2007年	2008年	2009年	2010年	2011年	2012年	2013年
1053有机硅树脂	数量(吨)	0.4	0.36	0.67	2	1.02	—	0.01
	单价(元/吨)	41 030	41 020	41 020	41 020	41 020		66 920
2030大红粉	数量(吨)	—	—	—	—	—	—	0.5
	单价(元/吨)	—	—	—	—	—	—	23 932

试四赫维公司采购的主要材料为吡喃酮。吡喃酮为香料，主要用于食品，也用作香豆素的代用品，用作化妆品用香精，调制奶油、椰子、肉桂香型香精等。采购渠道主要为国内，2013年采购量为800吨。

五、上海天原(集团)有限公司

天原集团下属胜德公司的主要材料辅料有塑料卡扣、吸音棉、密封条和聚乙烯塑料薄膜。

塑料卡扣是用于一个零件与另一零件的嵌入连接或整体闭锁的机构，通常用于塑料件的联接，其材料有塑料和金属，通常由具有一定柔韧性的塑料材料构成。

吸音棉是一种人造无机纤维，汽车上使用的最大好处是隔音降噪，吸音率高，隔音性能好。可根据不同需要制成各种形状。

密封条具有填补车身组或部件间的各种间歇、缝隙的作用，具有减震、防水、防尘、隔音、装饰等功用。

聚乙烯塑料薄膜是一种半透明、有光泽、质地较柔软的薄膜，具有优良的化学稳定性、热封性、耐水性和防潮性，常用于复合软包装材料的内层薄膜。

天原集团下属上海树脂厂有限公司的主要材料辅料是双酚A型环氧树脂。生产环氧树脂6002的主要辅料，也是一种含氧物质的稳定剂和化学中间体。2013年，采购量200吨，单价在1.3万元/吨～2.1万元/吨之间。

第三节 其他主要物资

一、双钱集团股份有限公司

双钱集团肥皂生产的大宗原料主要为皂粒。皂粒是制皂工业生产中最主要的原材料，具有优良的润湿、分散和净洗能力，分为透明皂粒和香皂皂粒。除油脂需要进口外，其他原材料均可在国内采购。采购部门根据各类原材料的需求情况，签订不同期限的采购合同。

双钱集团电池生产大宗原料主要为电解锰、石墨粉、钢壳、铜钉、隔膜纸、锌粉。电解锰是电池工业生产中最主要的原材料，具有正极——电池放电时从外电路获得电子的电极，通常是电位高的电极，2013年采购量为150吨。石墨粉是导电作用的材料，2013年采购量为10.2吨。钢壳是起容器作用，2013年采购量为1 176万只。铜钉是起引电流作用的材料，2013年采购量1 137万根。隔膜纸是起隔离正负极材料的作用,2013年采购量为1 879.4公斤。锌粉是起电池放电时箱外电路输送电子的电极,通常是电位低的,2013年采购量52吨。电池生产所需的大宗原料,除隔膜纸需要进口外,其他原材料均可在国内采购。采购部门根据各类原材料的需求情况,签订不同期限的采购合同。

双钱集团油墨生产大宗原料主要为颜料、松香、矿油。颜料是油墨工业生产中最主要的原材料。具有着色的作用,是制造油墨选择的首要条件。2013年颜料采购量为2 234吨。松香是生产连接料的材料,对油墨的传递性、亮光性、抗水性和固着速度等性能有一定的作用。2013年松香采购量为406吨。矿油是油墨稀释的材料,对油墨粘性、流动性能有直接影响。2013年矿油采购量为2 100吨。油墨生产所需的大宗原料,都可在国内采购。采购部门根据各类原材料的需求情况,签订不同期限的采购合同。

二、上海涂料有限公司

涂料公司下属企业采购的其他主要物资有以下品种:

蒽醌,不溶于水,在一般有机溶剂中难溶解,受热后升华但不分解,这一特性为染料生产中提纯和化学合成所利用。蒽醌主要是由蒽氧化制备,可以用苯系、萘系化合物化合而成。上海华元实业总公司使用的主要物资有1-氨基蒽醌和2-氨基蒽醌。

二乙酰基丁二酸二甲酯是制作染料的中间体。1-萘胺-4-磺酸钠(1,4酸)用于制备酸性、直接染料和食用红色素。2-萘酚-6,8-二磺酸二钾盐(G盐)用作酸性染料中间体,可食用色素。2-萘酚-6-磺酸钠盐(薛酸)用于制备偶氮染料或作其他染料中间体的原料。对氨基苯磺酸(对酸)用于制造染料、印染助剂和防治麦类锈病及用作香料、食用色素、医药、增白剂、农药等中间体。这些是上海市染料涂料研究所使用的主要物资。

酒精和滤纸是生产pH试纸的主要原料,为上海三爱思试剂有限公司所用的主要物资。

三、上海华谊聚合物有限公司

聚合物公司的主要生产原料为苯乙烯、丙烯腈、橡胶。辅料为乙苯、丙烯酸丁酯和白油。乙苯是作为溶剂,丙烯酸丁酯作为改性单体,白油作为润滑剂。

第四章 营　　销

第一节　产　品　销　售

一、煤化工

1991年1月,成立上海氯化总厂经营部。1999年7月,成立上海焦化有限公司营销部。2012年6月,原焦化公司营销部与吴泾公司销售部合并,成立上海华谊新能源化工销售有限公司,成为华谊集团煤化工产品销售及贸易的唯一平台。

上海华谊新能源化工销售有限公司销售框架:总经理及销售总监负责制。以产品分类成立3个销售部门,即甲醇业务部、醋酸及醋酸乙酯业务部、化产业务部。销售模式实行上海、安徽两地工厂联动,自产与贸易相结合的方式。

主要产品甲醇和醋酸均为基础化工原料,销售模式以直销最终用户为主,分销商为辅的格局。严格监控客户的经营资质,控制风险。根据产品在各地区市场下游产品结构、下游客户规模、运输模式等特点,制定符合当地市场特点的销售模式。

上海华谊新能源化工销售有限公司完善各项营销制度,具体包括《顾客等级评审管理办法》《销售执行管理办法》《信用销售及应收账款管理办法》《销售订单发货操作流程》《价格管理规定》。同时,采用客户走访、年度客户会、客户信心管理等方式拓展客户、扩大销售量。2010年5月起,中国石化化工销售有限公司江苏分公司成为甲醇产品重要客户。2012年12月,恒力石化(大连)有限公司成为醋酸产品重要客户。

二、轮胎橡塑

【双钱集团股份有限公司】

销售框架　双钱集团销售由内销、外销两部分组成。内销主要通过公司下属的上海双钱轮胎销售有限公司来负责实施,外销由国际贸易部实施,通过国外的经销商销售给终端客户。

内销实行归口管理,利用销售代理网点的服务质量和专业化能力,使内销市场稳定发展壮大。内销由轮胎销售通过与经销商、配套厂签订年度购销合同。其中有为中集车辆(集团)有限公司、郑州宇通客车股份有限公司和厦门金龙汽车集团股份有限公司等重点汽车制造厂进行配套。

国内销售根据客户分布情况,将全国划分为东一区(含江苏、安徽、山东、河南)、东二区(含浙江、上海、福建、江西、湖北)、南区(含广东、海南、湖南、云南、贵州)、西区(含四川、陕西、新疆、甘肃、西藏、青海、宁夏)、北区(含黑龙江、吉林、辽宁、北京、天津、内蒙、山西、河北)5个销售区域。东区销售一直占国内销售额的30%左右。

双钱集团自成立起即有出口业务,拥有自营进出口权。外销由中国轮胎北美联合销售公司(简称"北美公司")和国际贸易部分别管理。外销主要采用按定单发货的销售方式。北美公司负责北美市场的轮胎销售,北美市场是最大的海外市场。2013年,对北美地区出口约占出口总额的40%

左右。国际贸易部通过国外经销商管理其他地区的出口业务,开拓欧洲、中东和非洲等市场,拥有30家左右的境外一级经销商。截至2013年年底,北美市场和亚洲市场的全钢子午胎销量184.58万条,占出口总量的78.91%。

营销管理 1990年,上海轮胎橡胶(集团)公司成立后,实现产供销集中管理,实施《供销管理实施意见》,使供销工作"业务统一、人员集中、双重领导、分头核算"。

销售策略随市场变化及时调整。1996年5月,出台《关于上海地区轮胎销售暂行办法》,做到有章可循,违章必究。2001年4月,对销售体系作重大调整,销售、理赔、服务及仓库全部划归工厂,工厂直接管理有利于工厂快速反应,增强市场竞争能力。

规范市场,整顿客户。2000年年底,内销客户数为343家;2001年年底,降到211家,淘汰及列入清欠的客户253家。

加强价格管理。1992年下半年,取消计划外轮胎销售价格,采用计内价和计外价按比例配供的办法。1997年后,取消轮胎销售的A、B价,统一执行合同价,配套价实行"一厂一议"的协议价。2011年,实施三轮调价,外销通过流程的重组,建立价格与成本协控体系,外销累计涨幅在25%以上。至2013年,替换市场60余家经销商,均统一采用规定的销售指导价;配套市场40余家客户,采用"一厂一议"的价格体制;部队业务有特定的合同价格。

2003年,推出"万家达""超级舰队"新品牌,实施多品牌战略,扩大产品的市场占有率。2013年,采用"1+X"的方式签订《购销协议书》,鼓励经销商在完成基本任务指标的基础上,实现更多增量。

设立联营公司、办事处、营销委员会等。双钱集团建立初期,成立"辽宁上海轮胎橡胶联营公司""上海(南通)回力、双钱轮胎联营公司"两家联营公司。1997年,开展"掀营销浪潮"活动,在全国建立起一批办事处、专卖店和技术服务站。1998年年底,专卖店总量已发展到518家,较1997年增加217家。2005年9月,双钱集团与全国33家经销商出资组建"上海双钱轮胎销售有限公司",主要经营轮胎及橡胶制品等,与经销商建立战略合作伙伴关系。2013年8月,成立营销委员会,13名委员由全国经销商投票选举产生,由双钱集团批准任命。

建立双钱星级销售网络。2004年11月,全国第一家"双钱屋"在浙江杭州隆重开业。2006年,设立251家"双钱之星"和2家"双钱博士工作室",博士工作室重点服务运输车队大客户。2008年,开办21家"回力之星"店。2013年,全国"双钱屋"数量达1764家,占替换市场经销商签约零售店总数的29%,星级店销售贡献度达40%以上。

拓展配套市场。2006—2008年,大力拓展轮胎配套市场,配套市场的年度销售额实现66%的大幅增长。2012年,抓住全国关注"校车"的机遇,与宇通、金龙、福田等企业进行技术交流,提高后期配套份额;是年,获得TBR厂商中在部队系统的最大份额。积极开拓"一级半"市场,2011年,全国有150多家大客户单位通过相关评审认定,确立合作关系。

抓好外销管理。1991年3月,获得自营进出口权后,出口产品价格比原来提高1%~3%,且出口创汇成本得到控制。1992年,进口贸易总额3862.89万美元,由于减少中间环节,节约代理费30多万美元,出口轮胎41万套,创汇2200万美元。2001年,通过推销新花纹轮胎达到提高部分产品售价的目的,扩大全钢载重子午胎在欧洲地区、大洋洲地区的销量,适当弥补北美地区销量滑坡造成的减量。2002年,打入日本、韩国和中国台湾地区等市场。截至2013年年底,产品已销往国外近100个国家和地区。

促销方式 完善经营网点。双钱集团成立不久,调整完善全国销售网络,派出巡回技术服务队,历时34天,在13个市和地区开展技术服务和广告宣传活动。

举办订货会。每年举办1次～2次的订货会,挂介政策,推出新品,普及轮胎知识,争取订单。

客户走访。凡新领导到任,就深入客户,了解市场行情,加强与经销商的沟通,增强经销商对"双钱""回力"品牌的信心及认可度。

新产品推介。2009年4—5月,在全国各地分别进行19个场次的现场推介会,有32家经销商的984家零售商参与现场推介会,现场获取订单4.5万余套。

广告宣传。大力推广"门头广告",加大户外广告投入,借助广播电视媒体。2004年5月,与上海人民广播电台联合完成"交通频率整点套播"节目,连续5个月,每天6次滚动播出,每天插播一个轮胎知识小栏目。在评为"中国名牌产品"的同时,在中央电视台参加中国名牌5秒电视广告。2013年,在北京、上海、广州三大城市的机场投放机场推车广告各1 000辆,在上海机场巴士、广州机场巴士进行车身广告投放。在上海、北京、深圳进行加油站媒体的宣传。

加强客户信息管理。2003年,自行设计和建立《分销客户档案》共享管理软件系统,完整记载各个分销商的历史和现行状况,成为全面评估分销商的一个重要手段。

打假活动。2013年,通过工商途径严厉打击假冒双钱轮胎,与当地工商联手打击造假活动10次。配合各地工商行政管理局进行打假,出具鉴定结论16份。全年受理市场违规行为投诉82次,查实违规27次,处罚金额63万元。

开展海外市场品牌推广。2013年,对海外市场的VI进行整合设计与规范,使"双钱""回力"品牌在海外市场有着统一的形象,提高其辨识度。是年,参加新加坡轮胎展、俄罗斯轮胎展、Brisbane Truck Show、第十一届中国国际轮胎博览会4次展会。

主要事例 冠名"双钱轮胎田径黄金大奖赛"。2007年4月,与上海国际田径黄金大奖赛有限公司签约,成为业内第一个冠名赞助国际田径赛事的民族品牌。9月28日晚,双钱轮胎黄金大奖赛在松江大学城举行。赛事过程中,包括20多家电视台在内的200多家媒体单位对"双钱轮胎田径黄金大奖赛"进行4 000多次报道。

冠名"回力轮胎杯2010年中国健身公开赛"。2010年10月17日,"回力轮胎杯2010年中国健身公开赛"总决赛在北京举行。该赛事连续举办3届。

依托五大平台实施C&W计划。2010年,依托五大平台(无内胎市场、中短途市场、大客户市场(C计划)、新回力市场(W计划)、新品牌市场],在稳固已有"双钱""回力"市场的同时,重点提高公交和大客户市场;是年,开发的城市公交大客户、华宜集团用户大客户均超过20家。

开展海外市场品牌推广调查活动,2013年收到有效问卷21份,覆盖主要海外市场经销商。

【双钱集团下属上海制皂(集团)有限公司】

上海制皂有限公司 上海制皂有限公司形成上下联动的销售战略。坚持差异化产品的竞争战略。蜂花檀香皂作为差异化产品参与香皂市场竞争,销量稳步增长,2013年有18%的实物量增量,新增毛利300万元左右。一批具有产品功能上的差异,包装形态上的差异及销售形式上的差异的产品,药皂、硫磺皂、扇牌洗衣皂、内衣洗衣皂等产品都有一定的增量。坚持品牌建设和实践。外贸部门坚持蜂花、扇牌等品牌的产品出口为主,成功在一些重要区域注册制皂商标。完善激励机制。根据经营质量,适时推出与员工共享一次性的效益奖,与重大指标突破和重点产品的销量提升的特别奖励和产品鼓励奖,用市场的手段方法激励业务人员的创造潜能。

上海白象天鹅电池有限公司 2013年,以碱性作为重点主抓品种,把有限的营销费用向碱性电池倾斜、向终端销售倾斜、向目标新市场倾斜；是年，碱性电池销售4 080万节，完成目标的111.7%，比2012年增长4.28%。走访用户，发展新客户，使机关、学校、宾馆、医院等直接使用单位的销售量有所上升，全年实现625万元的销售。重视终端市场的开发。卖场继续保持增长，便利店实现渗透力的加强。重视品牌建设，重视网络销售和会展会务的营销。2013年先后参加3个国际展览会和国内春秋两届广交会，为制定外贸市场对策与营销策略提供重要的依据和信息。为维护市场秩序和品牌声誉，高度重视品牌保护工作。在杭州市工商局支持下，及时打击淘宝网销售假冒白象电池，查获14家，已被淘宝网作删除处理。

上海牡丹油墨有限公司 上海牡丹油墨有限公司注重以差异性管理经营市场，以区域性产品突破市场，以细节性服务巩固市场，争得市场一席之地，培育双赢的经销商关系。考虑更多地放在积极引导经销商主动为产品开拓市场，PRS-66高光系列产品在南通地区的推广，销售、研发与经销商之间形成一个互动的结合体。在完善销售网络的基础上，应对不同的市场情况开展灵活而有针对性的销售策略，在稳定分销的同时，开展直销活动。

三、氯碱及氟化工

【上海氯碱化工股份有限公司】

销售框架 1991年以来，氯碱公司（原上海氯碱总厂）销售系统的组织机构随着机构调整相应变化，从供销处的销售科到1992年的销供部销售科。1998年起改为市场营销部销售科。2009年，将原区域负责制改为产品负责制，取消浙江区域、江苏区域、上海区域、其他区域的设置，新设置碱、氯、酸部、普通树脂部、特种树脂部、综合产品部。2010年市场营销部下设CPVC事业发展部，撤销市场营销部综合产品部。2011年，市场营销部下增设外贸管理部、外贸业务部、EDC部及项目部，原有机构设置不变。2012年，市场营销部机构进行调整，撤销普通树脂部、特种树脂部、碱氯酸部及EDC部。成立营销一部（碱氯酸业务）、营销二部（外贸业务）、营销三部（EDC业务）及营销四部（PVC业务）。2013年，撤销市场营销部外贸业务部及项目部。

营销管理 1992年6月29日，上海氯碱总厂与供销处签订销售承包合同，实现总厂销售史上的零突破。承包合同的主要内容是大宗产品价格不得低于总厂规定价限。承包任务基本上是把当月产品全部销售出去，并把应收销售款控制在规定的数字以内，销售人员的差旅费和业务费也一并纳入承包考核。

2000年年初，市场营销部按照既定的3年建立符合市场经济运作体系的要求迈出关键一步，成立销售一部、销售二部、销售三部及销售管理部，实现营销体制的扁平化管理，从而建立一个决策快速、运作规范、监管有力的营销框架。4月，销售一部、二部、三部经理与市场营销部签订年薪制合同，并实施风险抵押，销售队伍激励机制改革已迈出实质性的一步。同时，全年分两期出台实施《销售管理制度24项》。

2001年，根据公司"大市场"的销售策略，设立PVC预市场区域，为拓展新市场，扩大市场份额，也为PVC扩产做好市场准备。

2009年5月25日，聚氯乙烯（PVC）期货登陆大连商品交易所，此举作为氯碱公司参与现货市场和期货市场两个市场，开展聚氯乙烯期货套期保值业务，控制风险的有效工具与手段。

2009年，市场营销部推行销售信息化管理。梳理有关销售规章制度，健全销售管理内控制度和细则，完善ERP销售系统，提升系统的控制力。重新设计管理流程，明确控制目标，组织软件开发,实行流程再造,明确控制程序、控制目标和控制措施。根据新设计的管理流程,使计算机设定的程序,涵盖所有的控制点,克服人为变动的随意性。同时,采取七大控制措施,即强化信用控制、价格控制、发货控制、退货控制、开票控制、应收账款控制、岗位控制,进一步完善销售管理制度和内控细则,重点突出客户信用管理、定价与合同管理、销售与发货管理、开票与收款管理、应收账款管理和信息化管理的内控程序和内控要求。随着销售信息化管理工作的不断进行,促进氯碱公司监管体系建设,探索运用"制度加科技"来提升企业管控能力,通过运用ERP销售控制系统,将流程固定化,制度刚性化,解决管理粗放、监管不力、控制不严的"顽症"。其中IC卡发料控制系统获国家新型实用技术专利,IC卡烧碱液体发货控制系统获国家发明专利;另外明确销售控制职责,严格应收账款管理考核。2009年,实现销售收入46亿元,在赊销额度下降1亿元的同时,控制正常滚动应收账款在2 000万元内,2年以上应收账款下降为3 981万元,其中清欠2年以上应收账款500多万元,未发现一起重大销售违纪事件和诈骗事件。

2010年,氯碱公司在确保世博平安的184天里,按照市府的有关规定,组织实施对危化品的安全管控,实现2010上海世博会期间危险化学品销售零事故。从4月15日—11月15日,针对公路运输、海事码头等方面对危化品进行全方位管控,市场营销部主动调整危险化学品经营策略,制订详细的销售预案。如在2010上海世博会期间,适时调整液氯销售比例,加大上海本地市场供应量,减少外埠商品量,同时主动组织客户与交警部门及武装押运公司一起打通物流瓶颈,保证液氯的正常平稳出货。吴泾地区紧邻世博核心水域,是海事主要管控区,为此将海轮全部转为化工区码头装卸。加强对用户单位资质审查,利用ERP流程固化,从根源上杜绝安全漏洞,通过与用户签订《安全环保协议》,组织用户安全培训,加强对物流环节监控,提升用户安全意识,有效杜绝安全隐患。

促销方式 1994年,聚氯乙烯订货会按期分别在福州、宁波两地举行。参会有160多家单位,400余人。销供部制定"重点倾斜,照顾一般,控制流通,新增从严"的16字方针,缓解供需矛盾,努力增产。

在1998年上海氯碱化工氟产品订货会上,推出销售会员制和销售单一制政策,订货会期间对销售网点制和合同制用户进行重新审核,组织用户进行恳谈。签订合同总量64万吨,其中聚氯乙烯18万吨,糊状聚氯乙烯1.6万吨,烧碱20万吨,液氯8万吨,盐酸16万吨,二氟二氯甲烷3 000吨,二氟一氯甲烷4 000吨,聚四氟乙烯800吨。

2002年9月24—27日,有70家企业和120名客户参加订货会,该订货会由氯碱公司与天原集团联合召开。

2011年9月29日,氯碱公司与第一财经日报社在上海国际会议中心联合举办"高新材料·绿色生活——新材料产业高峰论坛"暨氯化聚氯乙烯新产品发布会。

2012年10月26日,差异化营销暨新产品推介客户恳谈会在西安举行,来自全国各地的公司客户代表40人参加会议。

主要事例 2002年,市场营销部在管理模式上推出"以客户为中心的营销理念",强化"一对一"营销模式。面对激烈的市场竞争,聚氯乙烯在"卖好价、跑好量、收好款"上做市场,碱氯酸在稳定销量"立足江浙沪,调整客户结构"上做市场,小产品在"勤促销、多跑量、占气产"上做市场。聚氯乙烯产品实施"差异化"竞争策略,碱氯酸产品实施"反渗透"竞争策略,小产品实施"小产品做大市场"的竞争策略。初步实现由销售的量变(数量)向销售的质变(价格、收款)的转变。

2009年5月25日,聚氯乙烯期货登陆大连商品交易所,氯碱公司率先出手,以6 575元卖出9月合约4手,拿下首日收单。

【上海三爱富新材料股份有限公司】

销售框架　2012年8月,成立上海华谊三爱富新材料销售有限公司,主要经营化工原料及产品、有机氟材料及其制品等贸易销售。通过制定考核办法,提高业务员的积极性,努力完成销售目标。

营销管理　三爱富公司开拓国际与国内市场,加大对大客户的技术支持,加快产品投诉处理进程,调整销售模式,采用区域销售模式下的产品营销策略。

2010年,制定《内贸销售管理规定》《外贸销售管理办法》,对商贸业务的销售订单处理、合同签订、信用管理、收款、发货、开具发票、销售退回等业务环节均做明确规定。

2012年5月,明确销售分内贸、外贸两种销售方式。根据客户实际情况提出客户资信登记意见和建议,价格、资信管理委员会给予信用评级,每年一次。

促销方式　1994年,三爱富在国内增设经营处,截至2013年年底,在沈阳、铁岭、慈溪、温州、广州、柳州等地设立营销点,产品经销点遍及中国的东北、华南、江浙等地区。2004年,在东北、西北、华北、浙江等地区新增4个销售网点。对产品系列进行以用户和用途细分重新设计牌号,以四大品种十几个品级的全新形象面世。

四、精细化工

【上海华谊丙烯酸有限公司】

2013年2月8日,上海华谊新材料化工销售有限公司成立。设置大客户组,合并原销售部和外贸部,根据销售区域进行分组,从业务构架区分大小客户,更加强调对于核心客户的管控。设置新产品组,根据母公司的后期发展战略,部署相应新产品销售业务,包括乳液、高吸水性树脂(SAP)、丙烯酸类树脂(MMA)等产品,在产品预销售方面打好前战。自主贸易业务权重增加。物流业务整合,采购与销售环节物流业务全部纳入商务支持部,进行统一招标管理。

【上海涂料有限公司】

销售框架　2011年7月,涂料公司成立市场部,主要负责大客户管理、新产品推广、广告宣传、电子商务、销售分析、大宗原料采购,以及营销绩效考核等工作。2013年7月25日,涂料公司注册成立上海华谊精细化工销售有限公司,拟定基本架构和运作模式,12月开业。

销售公司以涂料板块先行整合,按板块分为卷材/特种、船舶/重防腐、工业漆/树脂/助剂、贸易/加工五大板块,各板块根据客户不同再按区域或客户进行销售团队划分。

营销管理　2011年,涂料公司组织母体企业振华造漆厂、开林造漆厂、上海造漆厂、新华树脂厂开展电子商务试点工作,通过阿里巴巴、慧聪网等网站设立网上商铺15个,销售量227.7吨,销售额528.7万元。

2012年,进一步扩大试点电子商务。加强涂料公司网站与各企业电子商务平台的互动,对网站中的部分网页进行改造细化,完善产品介绍,补充新产品内容,开通与各企业的互动链接,使网站作用得到提升。5月,建设产品销售展示厅,并于8月建成。展示厅以"绿色精细化工,共创美丽家园"为设计理念,以产品所涉及的行业为线索,通过不同颜色将展示厅划分为"城市建设""绿色交通""低碳工业""多彩生活"4个区域。展示厅汇集精细化工板块的22个品牌,以视频、灯箱、海报、模拟场景、实物及仿真模型等丰富的形式展示精细化工产品的发展前景。

2013年,涂料公司参与电子商务的下属企业从6家发展至10家,实现销售实物量445.9吨,比2012年增长21.2%;销售收入922.8万元,比2012年增长28.1%。

促销方式　销售公司的销售部下设板块销售团队、大客户团队、销售支持团队;通过大客户团队,为重点客户、重点项目从售前方案、售中履约、售后服务提供更加及时专业的服务;通过销售支持团队,整合订单履约过程的管理职能,提供更加专业化的订单运营、物流仓储、客户信息管理、法务与商务合同管理等。

重要竞标　1999年1月,上海市涂料研究所中标上海浦东国际机场地坪涂料施工项目。项目主要包括机场配电房、机房、候机楼长廊及行李房等处近2万平方米的地坪,全部采用涂料所研制的H80-3地坪涂料,6月完成涂装。

2003年2月12日,开林造漆厂中标安徽安庆长江大桥油漆涂装项目。开林造漆厂制定出安庆长江大桥油漆专用配套方案。中标油漆供应量在500吨左右。

2005年5月20日,开林造漆厂成功中标国际机场二期工程建设钢结构唯一的一家油漆供应单位。

2007年,在宝钢召开的卷材涂料供需研讨会上,振华造漆厂与中外4家卷材供应商同台竞争,在评审中获总分第一,宝钢也打破以往一年一签合同的惯例,与振华造漆厂签下3年长期供货协议。

2008年12月20日,上海浦东机场扩建工程重中之重的第二航站楼工程通过竣工验收。上海开林造漆厂获工程中标,为浦东机场扩建工程提供700多吨的重防腐配套用漆。

2008年,"光明"牌油漆被指定为浦东国际机场扩建工程西航站楼钢结构全部涂装用漆唯一供应商。

主要事例　2009年,涂料公司上海开林造漆厂在上海世博会主题馆、24艘世博浦江游轮和虹桥交通枢纽中心等2010上海世博会重点工程项目建设中,提供"光明"牌重防腐涂料总量753吨。

2010年,开林造漆厂承接34条船舶维修配套油漆供应项目,并突破常规将船舶漆应用于21条新造的万吨级船舶。

2011年,依托华谊集团"一体化"战略,实现集团内涂料供应,销售额近300万元,共应总量80余吨。开林造漆厂研发的飞机蒙皮涂料在打破国际大公司垄断首获中国民航适航证5年之后,在波音客机上试涂成功。

2012年7月8日,研发的STL7770国产航空涂料在山东太古完成第三架飞机喷涂。

2013年8月18日,"上海"牌航空涂料在舟山完成为精功通用航空股份有限公司塞斯纳208B型公务飞机的整机喷涂。开林造漆厂承接多个重大项目,为上海港六期钢管桩项目和磁悬浮轨道、安徽凤台发电厂、莱晨环保热电厂、台州电厂等维修项目提供配套用漆,并承接15艘新建船舶和45艘维修船舶的涂装。是年,一品颜料公司化妆品着色剂符合欧盟E172法规打入欧洲市场,产品应用于丝芙兰彩妆系列,并获欧莱雅供应商认可。自2010年起,在具备符合中国药典、美国药典技术指标的生产技术工艺路线基础上,一品颜料公司研究出符合欧洲E172标准的生产工艺路线,使产品中的重金属含量达到欧盟标准要求。

五、其他

【上海华谊集团投资有限公司】

投资公司下属上海回力鞋业有限公司(简称"回力公司"),上海华谊(集团)公司旗下全资子公司。专业从事"回力牌"运动鞋及各类鞋产品的研发、制造和销售,产品畅销全国,并出口东南亚、中东、欧美等几十个国家和地区。

回力公司的外贸部负责外贸销售。利用广交会、体博会、东盟博览会、巴黎华交会、美国拉斯维加斯消费品展、坦桑尼亚中国商品展等渠道,与外商沟通,接收订单。外贸业务方式主要由马来西亚总代理,其他鞋类客户订单以客户要货下单方式进行销售,及部分出口代理业务。回力公司主要品种出口到马来西亚、尼日利亚、冈比亚、塞内加尔、伊朗、泰国、越南、新加坡、法国、美国、德国、立陶宛等国家和中国香港地区。

2010年1月,回力公司通过2010上海世博会特许生产商和零售商资格认证,"回力"品牌运动鞋、休闲鞋进入2010上海世博会全国特许销售网络和其他特许渠道。是年销量400万双。

2012年,回力公司电子商务经营注册成功,商场部在阿里巴巴平台开出回力公司官方旗舰店,开始线上销售;是年销量600万双。

2013年11月11日,"双11"一天销量10 781单,是平日的100倍,销售金额破60万元。12月5日,回力公司召开"2013年'回力专卖'功能性新产品推介会",推出"幻面鞋""亲肤鞋"以及变色、夜光休闲运动鞋。是年销量500万双。

【上海华谊集团企业发展有限公司】

企发公司下属上海华谊企发经贸有限公司(简称"经贸公司"),成立于2007年1月15日,主要经营化工产品及原料(国家专控除外)、金属材料、建筑装潢材料、仪器仪表、汽车配件、日用百货、劳防用品、服装鞋帽的销售。2013年3月,获危险化学品经营许可证。

经贸公司设置"五部一室"的内部管理机构,即总经理室、销售部、市场部、营业部、财务部和综合管理部。

经贸公司为用好用活资金,保证资金安全,制定《销售与收款管理制度》《采购和付款管理制度》《客户资信及授信管理制度》等制度。2009年5月,出台并实施销售人员奖惩浮动考核办法。2013年12月,出台管理制度汇编,合同签订、应收账款控制、预警和催讨,经营活动分析、客户资信等级管理的规定文本也作重新修订。

2010年,经贸公司从过去的以业内为主转向到以国际大公司为主。2013年,销售收入2.96亿元,比2010年增加129%,年平均增长率为32%;利润148万元,比2010年增加377%,年平均增长率为70%。

【上海天原(集团)公司下属上海天原集团胜德塑料有限公司】

销售框架 以产品分类成立两个销售部门,市场一部负责汽车塑料件、工程塑料件销售,市场二部负责医用原料销售,实行上海本部集中管理方式。胜德公司根据发展方向每年下达销售目标并按照指标进行考核,对外销售主要是以大客户为主,由核价组审核产品价格,进行合同评审。市场部按照合同价格执行。

营销管理 主要产品分三大板块(汽车塑料件、工程塑料件、医用原料),销售以直销最终用户为主,小部分分销商为辅的格局。严格监控客户经营资质,控制风险。根据产品在各地区市场下游产品结构、下游客户规模、运输模式等特点,制定符合市场特点的统一销售模式。

促销方式 采用主机厂、大客户走访、项目定点、项目管理等方式拓展客户、扩大销售量。

主要事例 1996年2月1日,公司通过上海施乐复印机有限公司国际供应商质量评审,胜德公司批量销售施乐复印机配件。1998年,生产的ST系列物流箱通过上海通用认可并销售,被上海通用指定为专用物流箱,并申请到专利。2009年,通用全球采购项目通过上海通用认可、供货实现销售,并获技术专利。

【上海天原(集团)有限公司下属上海树脂厂有限公司】

销售框架 以产品分类成立3个销售团队,即环氧树脂销售团队、有机硅销售团队、离子交换树脂销售团队。

销售管理 2008—2011年,三大类产品各设一名负责人实施产供销一条龙承包制考核管理。生产费用、各条线人员薪酬及销售费用,都由责任人考核管理,承包人完成既定目标的超额部分可进行奖励分配。

2011—2013年,三大类产品销售合并由市场营销部经理统一管理。以销售主管及销售人员分开考核为主。同时,不断梳理和完善各项营销制度以适应营销管理的要求,包括《销售执行管理办法》《信用销售及应收账款管理办法》《销售订单发货操作流程》和《定价管理规定》。

促销方式 采用客户走访、经销商及客户限时促销、外部渠道利益共享等方式拓展客户、扩大销售量。

第二节 技术服务

一、煤化工

焦化公司生产的甲醇和醋酸都是基础化工原料,产品质量指标能满足绝大多数客户需求。但在售前、售中与客户沟通中,了解到部分客户对产品的个别指标有特殊要求,例如个别客户对甲醇中胺含量有特殊要求,部分客户对醋酸中碘含量有特殊要求。在了解客户需求后,与生产部门积极沟通协调,通过调整工艺流程,生产能满足客户特殊要求的低甲胺甲醇和低碘醋酸,并按照客户需要数量调整生产。

焦化公司与中国石油化工股份有限公司等央企建立战略合作关系,提升企业竞争力,对此类重要客户公司组织各相关部门对其进行不定期走访交流,积极做好售后服务工作。

焦化公司注重做好售前客户的市场调研和市场开拓工作。如:能化安徽工厂建设期间,就对安徽、江苏市场进行充分的调研、走访,并利用能化销售公司的贸易优势,在目标市场进行预销售。安徽工厂投产后,产品进入目标市场。

焦化公司每年对服务工作进行评审,对售前、售中、售后服务进行总结,以利于进一步提高。

二、轮胎橡塑

双钱集团开展的售前服务主要有:1998年9月,开展为期半个月的"大江南北服务万里行"活动,沿途遍访723个城市,为60余家配套厂、经销商、专卖店进行现场服务,召开用户座谈会、信息发布会等,宣传服务宗旨和理赔承诺,广泛听取用户对产品质量、服务质量意见。沿途还对专卖店、特约技术服务站进行业务指导和考评。

双钱集团开展的售中服务主要有:2010年,将技术服务工作调整为"一分为二、合二为一",即走访市场由原 2 名理赔人员改为"1 名理赔人员＋1 名销售人员",发挥各自专长,理赔更具科学性。2012 年,组建产品市场技术支持部,主要承担售前售中的技术支持工作,即对 OE、大客户的技术支持,售前产品指导和售中产品调研,支持替换市场细分和产品适用性,负责技术和销售、外贸的相关轮胎质量信息传递和深入的产品质量市场调研分析、制定改进跟踪方案,新产品开发的需求信息收集、发布及反馈。

双钱集团提供的售后服务主要有：开通 400 和 800 免费服务热线,专人负责客户咨询、投诉等事宜。800 热线,2005 年自动接听各类来电 4 000 多次,人工接听 2 200 多次。2000 年,设立市场部技术服务科,将理赔权下放工厂,由工厂直接控制和管理,出台《轮胎理赔质量鉴定操作规程》《轮胎质量理赔标准》《轮胎理赔管理办法》《轮胎理赔标准修改补充规定》。理赔方法的改进,制止恶性理赔。2011 年,组建客户服务部,具体负责现技术服务部承担的售后(理赔)、新产品试验、市场信息收集与反馈、客户培训等职能,调整后的技术服务部职能重点是售前、售中服务工作。2013 年,对全国特约技术服务站《特约技术服务实施细则》16 条工作要求执行情况进行系统评审,进一步完善特技站的管理职能,提高特技站的服务质量和服务速度。销售公司成立商务理赔决策小组、工作小组,制定《配套市场轮胎商务理赔实施细则》。规定配套商务理赔的定义范围、信息提出和报警、处理程序和责权,完善工作程序。

三、氯碱及氟化工

氯碱公司通过技术服务支撑,指导客户正确使用氯碱产品,促进产品价值的保值、增值。为留住老客户,主动加强与客户的沟通及服务工作,最大限度减少质量投诉,采取对主要产品进行针对性的质量受控发货;如通用树脂根据各用户的具体情况受控发货,把售后服务的职能转变为售前的质量控制,解决部分用户的反复质量投诉。对新客户及使用氯碱产品有问题的用户进行现场技术指导,通过技术服务,指导客户正确使用氯碱产品。另外通过市场走访,了解用户的生产、使用情况及市场状况,及时把客户反映的问题反馈给生产厂,协调配合生产厂寻找原因,提高产品质量。

四、精细化工

1997 年,航天医学工程研究所委托上海市涂料研究所开展"饮用水箱内壁涂层研制及涂覆技术的研究"。涂料所立刻组织科研人员展开研制,设计 4 套方案,8 个试样涂覆件,进行一系列性能测试,历时一年完成产品研制和测试。

1999 年 9 月,上海体育馆进行改建,选用上海造漆厂生产的"眼睛"牌涂料。该厂技术人员以最快速度赶制一批又一批样品,供建筑师们选择,经过多次筛选确定涂料的品种。

2002 年 10 月 23 日,涂料公司接上海市政府任务,用"光明"牌油漆涂装保养人民广场上的国旗旗杆。11 月 3 日,由开林造漆厂精心制造的聚氨酯可覆涂面漆涂上旗杆。

卢浦大桥选用的油漆全部由开林造漆厂提供。在大桥钢结构分段制作和现场拼装合拢施工的 6 个制作点,开林造漆厂派出 8 人开展技术服务。

2004 年 5 月 12 日,振华造漆厂卷材质量总监接到急电,宝钢 CH310YB—301 象牙聚酯背面漆上线后,中途发现色差大的情况。由于该线已涂装其他颜色钢板,一直到凌晨 3 点才运行试验,色差指标在 0.9 以下,按规定属于标准范围,但经过每分 120 米的高速运作和 300℃ 的高温烘烤,彩板颜色确有一定偏差。振华造漆厂迅速调运一批漆进行生产,直至满足用户特殊要求,第一时间把象牙漆送至宝钢。

2004年年末,宝钢急需的1号线—3号线2/1M产品在振华造漆厂开工试运行。12月31日,进行小试复试,待产品达到技术指标后立即进行中试。中试历经10多个小时反应生产,到2005年1月1日凌晨4点聚酯树脂各项指标全部合格。振华造漆厂立即组织生产,1月2日投产,3日合格包装运往宝钢,4日上线即告成功。

2008年4月,技术中心研制开发的混凝土抗渗透保护剂成功应用于东海大桥防撞桥墩。产品包括配套的底漆和面漆,对防止海水渗透到混凝土结构内部具有良好的防腐蚀作用,同时涂装过抗渗透剂的桥墩不易被风化。科研人员历时数年研制开发,使质量和施工速度完全符合客户要求。

2008年5月起,南浦、杨浦和徐浦三座大桥相继开展新一轮桥梁维修。开林造漆厂为大桥维修提供全套高性能防腐涂料。

2009年入伏后,开林造漆厂职工在上海市1号重大工程——虹桥综合交通枢纽工程建设工地上,进行紧张施工,开展技术服务工作,直到构件全部涂装完成。

第五章 化工服务

第一节 化工物贸

一、化工物流

上海天原(集团)有限公司(简称"天原集团")下属上海华谊天原化工物流有限公司(简称"天原化工物流公司")主营业务是运输及仓储服务。

天原化工物流公司拥有三大物流基地：上海吴泾基地、上海漕泾基地和安徽基地。有8股道铁路固、液体运输专用线；3个1万～5万吨级散货、危险品专用涉外码头；2个5 000吨级散货、危险化学品码头及1个3 000吨级杂件内河专用码头；9.5万平方米的各类仓库(包括报税仓库、期货仓库、危险化学品仓库)、11.5万立方米液体储罐和持有危险品剧毒品准运证的近百辆各类运输车、集卡车辆。承揽各类化工液体危险品和固体物流业务，具备几十个液氯大包装集装罐、MDI温控集装罐，拥有严密的安全管理控制系统。

2005年9月，上海化工区金山分区(东部)中转仓储项目启动。新建仓储用房面积36 285.3平方米，其中1号、2号仓库建筑面积各为13 686.4平方米、3号仓库建筑面积为4 327.9平方米、4号仓库建筑面积为4 584.6平方米。主要为拜耳(上海)聚合物有限公司(简称"拜耳公司")提供仓储服务；2006年5月，投入运行。

2005年10月8日，拜耳公司10万吨/年聚碳酸酯气流输送及包装线工程项目开工建设。2006年10月7日，成品料包成功下线，实施聚碳酸酯从包装到仓储，到配送的一体化物流管理。是年，包装量1.72万吨。2013年，包装量15.19万吨。

2008年8月，上海漕泾基地仓库二期项目启动，建设2幢仓库，5号和6号仓库，为拜耳公司等企业持续提供优质仓储服务。2009年4月，仓储试运行，仓库面积23 341.68平方米。2013年，仓储一期和仓储二期仓储物流进出量合计为49.24万吨。

2013年2月20日，拜耳公司硝酸储运项目启动；6月，项目建成；7月，开始试生产，装置的储运能力和输送能力完全满足拜耳输送要求。

二、化工贸易服务

上海华谊集团国际贸易有限公司和上海华谊贸易有限公司主营业务是贸易服务。

上海华谊集团国际贸易有限公司(简称"国贸公司")经营转口贸易和对销贸易。国内外贸易伙伴包括美国、德国、法国、意大利、瑞典、新加坡、马来西亚、日本、韩国10多个国家与中国香港、中国台湾地区，与德国巴斯夫公司、美国杜邦公司、美国氰特工业公司、陶氏化学(中国)投资有限公司、三井化学公司、住友化学(上海)有限公司等数10家国外公司建立长期稳定合作伙伴关系。2013年，公司销售收入280 944.48万元，净利润846.65万元。

上海华谊贸易有限公司(简称"华谊贸易公司")，主要经营和代理各类商品及技术进出口贸易，涉及化工、机电、贵金属和危险品等。华谊贸易公司以甲醇、煤炭醋酸为主要贸易；轮胎出口代理，自营、代理相结合，形成特有的销售模式。2013年，销售收入81亿元，实现利润1 575万元。

第二节　工程装备

一、化工机械

上海华谊集团装备工程有限公司（简称"装备工程公司"）拥有重型车间、有色车间和机加工车间等生产场地，装备有52米×20米大型热处理炉、120毫米大型卷板机、7米×7米大型数控多头钻床等400余台先进加工设备，最大起吊能力350余吨。主要产品有六大类（压力容器、传热产品、化工后处理设备、橡塑机械、通用机械、环保设备）40个系列和600余个品种，有国家技术监督局颁发的三类压力容器设计、制造许可证，并取得美国机械工程师协会"ASME"授权证书和U、U2钢印以及"ASME"容器现场制作安装资格。

1993—1999年，装备工程公司先后开发出多种产品，主要有：储运液态二氧化碳的专业低温槽车、石墨换热器、新型预成型机、带输送泵的液化石油气（LPG）罐车、SJSF90双螺杆挤出机、S280-65-32塑料离心泵等。

1998年，装备工程公司与台湾聚鸿公司合作开发BEM无污泥污水处理系统。

装备工程公司制造的设备有：上海化工区华胜公司亚洲最大的氧氯化反应器、焦化公司重点项目低温甲醇洗等设备、卡博特公司最大的炭黑干燥器、与涂料公司自主研发制造国内首台2万吨级顺酐反应器。

2010年7月28日，装备工程公司通过市场公开招标形式，与西安陕鼓工程技术有限公司签订河南晋开化工投资控股集团有限责任公司承包的3×27万吨氧化炉/稀硝酸生产装置工程配套四合一机组核心设备氧化炉-废热锅炉6台套及1套备件合同，总金额2 538万元；装备工程公司在该产品的市场占比达95.2%。

2010年10月4日，装备工程公司和丙烯酸公司共同自主研发制造的国内首台6万吨级丙烯酸反应器建成，这是装备工程公司大型列管式氧化反应器研制项目的突破。

二、装备服务

【工程总承包】

上海华谊工程有限公司（简称"工程公司"）是华谊集团旗下集化工、石化、医药工程、建筑行业建筑工程的咨询、设计、技术开发和许可、项目管理和总承包等服务为一体的上海市高新技术企业，信用等级AAA级，并拥有承揽境外工程项目的资格。工程公司通过项目管理和工程总承包业务的发展，加强与国外工程公司及专利商的合作与交流，建立较为完善的公司组织架构和公司管理体系，具备化工、石化、医药工程、建筑行业建筑工程等领域大型项目的工程总承包服务能力。

2004年，工程公司承接新浦化学（泰兴）有限公司15万吨/年烧碱及20万吨/年乙烯法氯乙烯项目的工程设计、总包管理工作。

2012年2月，工程公司签约台湾长春集团在辽宁盘锦辽滨沿海经济区投资建设烧碱、环氧氯丙烷等化工产品项目工程总承包合同。2013年建成投产。这是工程公司承接的业外最大EPC项目。

2012年,工程公司成功完成转型过程中第一个投资近10亿元的大型EPC项目,即安徽华谊50万吨/年醋酸及30万吨/年醋酸乙酯项目。工程公司承担包括规划、咨询、技术许可、设计、设备和材料采购、施工和投料试生产服务等工程建设全过程一站式EPC服务。

2012年,工程公司全部采用EPCM服务模式,承接氯碱公司的上海化工区华胜公司三期项目。获"化工行业工程项目管理银奖"和"优秀工程设计奖"。

2013年11月30日,工程公司首次采用IPMT管理服务模式承接的业外最大的聚氯乙烯一体化项目——青海盐湖海纳化工有限公司聚氯乙烯一体化项目S-PVC装置投料生产;12月2日,首批40吨产品下线。

工程公司承担的工程总承包项目、工程管理项目获"国家和行业优质工程奖""优秀工程设计奖"及"优秀咨询奖"等计10项。1999年9月20日,氯碱公司10万吨/年离子膜烧碱工程项目获"化学工业优质工程奖"。2005年4月27日,上海卡博特化工有限公司5万吨/年新技术炭黑工程项目(三期)获"2004年度全国工程项目管理优秀奖"。2009年1月23日,上海烧碱及聚氯乙烯项目一期工程获"全国工程项目管理银奖"。2013年11月25日,安徽华谊化工有限公司50万吨/年醋酸项目获"2012—2013年度国家优质工程奖"。2014年11月28日,安徽华谊化工有限公司30万吨/年醋酸乙酯项目获"2014年度化工行业优秀工程设计奖二等奖"。

【生产运行保障服务】

上海太平洋化工设备工程有限公司 是工程公司下属企业,主要为焦化公司进行装置检维修服务。

1993年7月17日,上海太平洋化工设备工程总公司成立,隶属于上海太平洋化工(集团)公司。总公司下设上海焦化化工机修工程公司、上海焦化建筑工程公司、上海吴泾化工机械工程公司、上海吴泾建筑防腐工程公司、上海金谷设备工程服务公司。2004年12月8日更名为上海太平洋化工设备工程有限公司,本部设有施工安全管理科、工程施工管理科、技术质量管理科、综合管理办公室4个科室,下属有制安分公司、电修分公司、仪修分公司、运行保障中心4家分公司。

2002年12月—2013年10月,先后获"化工维修(技改)防腐蚀施工资格证书综合三级""特种设备安装改造维修许可证GB、GC类资质""设备维修A类资质""特种设备制造A2资质""化工设备(机、电、仪)维保、高压水力清洗及空调维修服务资质"。

1993—2013年,运行保障范围为吴泾公司南区生产区域:气化作业区、甲醇作业区、醋酸作业区的机械、电气、仪表运行保障;热能作业区的机械、电气、仪表运行保障;北区环保作业区的机械、电气、仪表运行保障。储运部、质量环安部、生产制造部及公共区域的机械、电气、仪表运行保障。

2011—2012年,为氯碱公司华林管线仪表全年运行保障。

上海华谊工程服务有限公司 是一家专业运行保障的工程服务企业。

2013年5月30日,上海华谊工程服务有限公司与青海盐湖海纳化工有限公司签订《青海盐湖海纳化工有限公司聚氯乙烯一体化项目化工项目(西区)各装置设备运保管理及技术服务协议》。

2013年6月,上海华谊工程服务有限公司与双钱集团(安徽)回力轮胎有限公司签订《共用工程运保服务合同》。

2013年6月,上海华谊工程服务有限公司与安徽华谊化工有限公司签订《安徽华谊运行保障合同》。

第三节 地产租赁

一、房产开发

【上海欣业发展公司及下属上海轮胎橡胶（集团）房地产开发经营公司】

1992年，上海欣业发展公司及下属上海轮胎橡胶（集团）房地产开发经营公司（简称"上轮房产公司"）成立，开发房地产等第三产业；是年，房地产经营盈利265万元。1993年，上海轮胎橡胶（集团）股份有限公司投资1 120万美元，与上海外高桥新发展有限公司签约合办上海新轮联合发展有限公司。2001年8月，上轮房产公司出资684万元，成为上海天福房地产发展有限公司股东，占股60%，承担转让方上海天元实业总公司在天福公司的全部权责。2009年7月，上海天福房地产发展有限公司提前解散。2011年9月1日，上轮房产公司撤销，建立房产部。

1992年，浦东四达花园划归上海欣业发展公司管理。1996年11月，上轮房产公司对浦东四达花园的投资全部转入上海欣业发展公司。浦东四达花园地块经资产评估后，从原来的1 726万元升值至3 260万元，转让51%的投权后，转让变现所得的1 657万元资金全部收回，盘活存量资产。上轮房产公司从成立到2012年，先后开发华仑大厦、双钱公寓、"路易凯旋宫"二号楼、飞雕商务大厦、新汇公寓等10多个基地，总建筑面积26.38多万平方米，有的楼盘成为上海新地标。

1994年，上轮房产公司主建参建联建的项目15个。在开发共康基地、天福大厦、百兴花园、康建十街坊、获泾花园、安国大厦、惠民公寓、霍兰大厦等项目基础上，又开发广灵新村、轮胎大厦、回力公寓3个主建工程。是年，开工总面积5.4万平方米，土建竣工面积3.8万平方米。1995年，房产市场进入大盘基地消化盘整阶段，房产公司变"坐"销为"行"销，既有直销、联销，还有代销、分销。是年，房地产经营收入2 347.9万元，利润400万元。1997年，全市有3 300多家房产市场的激烈竞争，房产市场从完善机制、提高人员素质入手，营业额4 000万元，完成利润1 400万元，在1996年度全市同行业中位列第84。

上轮房产公司8次获"上海市经济委员会立功竞赛先进集体"；1998年，获"全国房地产领先企业称号"。

【上海华谊集团化工实业有限公司】

上海华谊集团化工实业有限公司（简称"实业公司"），主营房地产开发、经营和住宅建设等业务。

1994—2010年，先后开发交通路68街坊3号地块商品房基地，东丽苑一期、二期，虹光公寓，龙泰公寓，金棕榈公寓，华谊星城，茗墅雅居一期，华谊星河大厦，汇枫公寓，海谊苑等楼盘。2004—2009年，先后改造斜土路2421号，新市路原大丰化工厂车间，双翼大厦，万航渡路731号，吴泾氯碱小区，思南路30号，瑞金二路42号，西藏北路1576号等地。2013年，房地产开发营业收入27 751万元，利润1 386万元。

2012年7月28日，开工建设华谊集团办公楼，地址位于上海市静安区常德路798号。2015年7月30日，通过竣工验收；12月15日，交付使用。

"东丽花园"项目获"上海市工业系统2000年度优秀住宅"称号。2006年."华谊星城"项目获"中国人居环境建设上海房地产精品楼盘"奖牌。

二、房屋租赁

上海华谊企发资产管理有限公司（简称"企发资产公司"），前身上海染联劳动服务有限公司。1999年6月15日，上海染料有限公司、上海染料化工八厂、上海染料化工销售有限公司、上海谊昌颜料化工合作公司4家单位决定共同投资组建上海染联劳动服务有限公司。1999年7月26日，上海染联劳动服务有限公司成立。2009年4月21日，更名为上海华谊企发资产管理有限公司；7月，成为上海华谊集团企业发展有限公司的全资子公司。2010年度和2012年度，被评为上海市平安单位。

2003年，收购上海市闸北区和田路295号1.4万平方米和上海市长宁路北翟路789号4 000多平方米两块地产，投入280万元扩建改造，增加700多平方米产证面积，大幅提升租赁收入。企发资产公司业务开始向房屋租赁转型。

2005年起，逐步将染料、胶鞋和化肥行业的部分厂房集中管理。2009年，业务涉及14块房产资源，土地面积和建筑面积分别达75 924平方米和43 168平方米。年租金收入600万元左右。2012年，管理房产有19块，其中16个出租区域、3个办公区域；另有2个空置区域（海口、崇明）；上海市内管理区域分布在9个区县。年租金收入在1 200万元左右。

2013年年底，管理38处租赁点，面积13.63万平方米，合同租金约4 616.56万元。其中新增租赁管理区域16处，新增管理面积65 060平方米，新增合同租金约3 438.79万元。2013年，主营业务收入1 945.07万元，利润118.86万元。

三、物业管理

【上海华谊集团置业有限公司】

2004年10月18日，上海华谊集团置业有限公司成立。2013年9月6日，该公司转入上海华谊集团企业发展有限公司。

2004年11月，获物业管理企业二级资质证书。被评为2011年度上海市平安单位。2013年12月，被评为上海市物业管理行业诚信承诺A企业。

2005—2011年，先后承接华谊星城、东方康洛、氯碱小区、龙泰公寓和桃园新村汇枫公寓等物业管理项目。2008—2013年，先后退出华延小区、泾惠小区、沪东新村、金棕榈公寓、华二小区、定西新村、市民新村、欣嘉苑1-4期、东方康洛、虹光公寓、东丽苑和龙泰公寓物业管理项目。

截至2013年年底，管辖各类物业项目（地块）49个，管理、经营、服务面积77.2万平方米，其中居住物业板块面积约为43.35万平方米，办公物业板块面积约为6.81万平方米，代管服务项目板块面积约为20.06万平方米，受托管理或经营管理的物业、租赁项目面积约为6.98万平方米。其中有7处获"上海市文明小区"称号。1处楼盘获"全国城市物业管理优秀示范大厦"和"上海市物业管理优秀大厦"称号。

2005年，主营业务收入387.7万元，净利润3.9万元。2013年，主营业务收入1 779.6万元，净利润－126.83万元。

【上海双力物业管理有限公司】

1994年2月，化工局同意开办上海轮胎橡胶房地产物业公司。1994年5月，上海双力物业管理有限公司注册成立,主营物业管理等业务。

2007年,上海双力物业管理有限公司建立物业管理的"首问责任制"。根据"谁出租,谁负责"的原则,明确岗位职责,提高工作效率,合理安排,分工负责,做好出租房屋的管理工作,按时足额收缴租金,收缴率达100%。

2011年,制定《上轮公司出租房安全管理办法》。

第三篇
产业布局

概　　述

上海华谊(集团)公司(简称"华谊集团")主营煤基多联产化工、绿色轮胎、新材料、精细化学品和化工物流、工程总承包等，产品涉及基础化学品、清洁能源、橡胶制品、塑料制品、涂料、染料和颜料、氟化工、试剂、助剂、医药中间体、化工设备等十几大类近万种。

20世纪90年代以前，华谊集团的前身——上海市化学工业局(简称"化工局")的产业布局主要在上海市区域范围内。其中吴泾地区以焦炭、煤气、化肥、烧碱、氯气等为主的基础化学品生产制造，吴淞地区以化肥、硫酸为主的农用化学品生产制造，桃浦地区以医药、农药、染料、颜料、涂料等为主的精细化学品的生产制造，以及散布在徐汇区、长宁区、杨浦区等市区的轮胎橡胶制品生产制造和嘉定县、青浦县等郊县的化肥生产制造。

20世纪90年代初，随着中国经济体制改革的不断深化，上海化工企业开始重组。1996年6月，上海大中华橡胶厂和上海正泰橡胶厂合并，组建上海轮胎橡胶(集团)公司，并将主要生产装置迁移至上海闵行经济开发区，上海化工产业布局持续30年进行大规模调整。

1996年，重组后的华谊集团，为适应上海城市功能定位和产业布局调整的战略规划要求，结合上海循环实施连续多轮的"三年环保行动计划"，华谊集团实施内环线以内所有反应性化工生产全部关闭停产，持续不断对外环线内化工企业实施产业布局、产品结构和组织机构大改组、大调整。

2001年，华谊集团确立"南、北、中""3+1"规划布局。南面横跨金山、奉贤地区建设上海化学工业区(简称"上海化工区")；北面吴淞地区建设以精细化工为主的吴淞化工基地；中部吴泾地区建设以煤化工为主的清洁能源吴泾化工基地和闵行地区建设轮胎加工基地。

2005年，华谊集团实行"发展漕泾、改善吴泾、调整高桥，延伸产业链，大力发展精细化工"发展战略，精细化工向金山第二工业区进一步集中发展。

2006—2010年，华谊集团在城市定位布局调整中，调整推出一批高物耗、高能耗、高污染、低附加值的产业、企业和产品。初步形成吴泾基地高端升级、上海化工区集聚发展、吴淞基地战略转型和"走出去"战略，将地处上海的华谊集团打造成决策中心、投资中心、研发中心、营销中心和管理中心的总部经济，在上海发展精细化工、高新材料产业和生产服务业，把煤基多联产产业和轮胎产业等生产基地向有资源、有市场、有效益的地区转移，"一个华谊、全国业务"的发展格局开始形成。

以上海为点，以长江流域江苏、安徽、重庆等地为线，以宁夏、内蒙古等西部资源地区为面，形成战略发展基地，先后建成江苏如皋轮胎加工基地，常熟氟化工基地，重庆轮胎加工基地，内蒙古煤化工、煤资源、氟化工基地和安徽华谊煤基多联产化工基地。

1986—2009年，华谊集团在境外布点，在泰国、马来西亚、印度尼西亚、越南、美国、约旦、比利时、加纳等国家和中国香港地区等组建生产企业、销售公司、办事处，拓展境外业务和市场。

第一章 市内地区

第一节 吴泾地区

一、概况

地处上海吴泾地区的吴泾基地始建于20世纪50年代后期,占地4.6平方公里,位于黄浦江上游,地处上海市闵行区龙吴路。华谊集团布局在该地区的主要企业有:上海氯碱化工股份有限公司(简称"氯碱公司")、上海焦化有限公司(简称"焦化公司")、上海吴泾化工有限公司(简称"吴泾公司")、上海三爱富新材料股份有限公司(简称"三爱富公司")、上海天原(集团)有限公司(简称"天原集团")、上海天原集团胜德塑料有限公司(简称"胜德公司")、上海华谊集团技术研究院(简称"技术研究院")。

1988—1999年,焦化公司先后与国际著名大公司共同组建的中外合资企业有上海卡博特化工有限公司、上海林德二氧化碳有限公司、上海阿科玛双氧水有限公司;吴泾公司与新加坡华星工程投资有限公司、伊藤忠商事株式会等共同组建的中外合资企业上海申星化工有限公司、上海京藤化工有限公司等,也地处吴泾基地。

从20世纪90年代起,根据清洁能源和化工新材料的发展定位,吴泾化工基地对产品结构进行大规模调整,通过加大环境治理和节能减排的力度,先后关停焦炉以及配套的焦油加工等装置,引进国外新技术和新装备。其间,引进当时煤化工最新技术工艺"德士古水煤浆加压气化技术"和"一氧化碳低压羰基合成"工艺技术,生产甲醇和醋酸,替代粗放型、高能耗和污染大的焦化和合成氨装置。配套上海30万吨/年乙烯工程,开发建设氯乙烯、悬浮聚氯乙烯和离子交换法烧碱装置。2002年8月,上海市城市规划管理局确认华谊集团吴泾基地为上海市清洁能源和新材料化工基地。

至2013年年底,吴泾基地已形成年产甲醇100万吨、醋酸50万吨、醋酸乙酯20万吨、离子膜烧碱15万吨、聚氯乙烯30万吨、含氟树脂1万吨的生产规模。成为国内以碳一化工为龙头的煤基多联产的循环经济产业化示范基地,氟化工的重要研发、生产基地和面向产业化的化工技术开发园区。

二、重点项目

【氟材料】

由上海三爱富新材料股份有限公司建设布局在吴泾基地三爱富公司界区内。1991年,建成"100吨/年聚全氟乙丙烯(FEP)项目"。1995年,改造新增100吨/年FEP产品。2003年6月,再次对后处理生产进行改扩建。2004年8月完工,FEP生产能力提高至500吨/年。

1991年12月,"20吨/年聚偏氟乙烯(PVDF)项目"装置建成试运行。1995年,经过不断地技术改造和挖潜,扩大关键设备的能力,PVDF装置产能达100吨/年。2004年8月,再扩建新增产能200吨/年,装置产能达300吨/年。

2000年10月,"1 000吨/年氟橡胶工业性试验项目"布局建设,项目以800吨/年偏氟乙烯生产装置和600吨/年六氟丙烯生产装置为主体工程。1 000吨/年规模氟橡胶生产装置成为国家技术创新项目。形成3条生产线,2条采用连续聚合工艺,年产量800吨。1条为间歇聚合工艺生产线,年产量200吨。2002年7月,项目建成。

2003年3月24日,"5 000吨/年聚四氟乙烯项目"改造扩建,这是在原氟厂生产装置内进行的技术改造与扩建。2003年12月18日,投入生产。

【煤气化及联产】

1992年3月2日,上海焦化总厂全国第一套"三联供"煤气化一期项目开工建设,1994年12月29日,项目建成投产。该项目引进美国德士古气化新技术,实行热能梯级利用,使热能利用率达到80%,为一般直接燃煤的3倍~4倍,日产城市煤气170万立方米,年产甲醇20万吨。该项目被列入"八五"期间上海市实现城市煤气化的重点实事项目,同时被列入1995年度上海市重点工业项目。

2005年7月,"醋酸配套一氧化碳联产甲醇工程项目"在焦化公司厂区内开工建设,新建一套44.3万吨/年甲醇和18 332万标准立方米/年一氧化碳装置及配套公用工程。2008年7月,建成投产。

2011年4月28日,焦化公司产品结构调整多联产项目开工建设,该项目建于焦化公司厂区内。新建两台直径3 880毫米煤气化炉及净化、变换、一氧化碳分离装置。主要产品为净化气1.25万标准立方米/小时。2013年11月27日,建成投产。

【醋酸及衍生物】

1994年8月16日,"10万吨/年醋酸工程项目"在上海吴泾化工总厂开工建设。1996年8月25日,项目建成投产。年产10万吨醋酸装置是中国第一套引进英国石油化工公司专利技术,采用世界上最先进的低压羰基合成法技术生产醋酸的现代化大型化工装置。

1996年8月,采用德国林德公司气体低温分离技术的"一氧化碳分离装置项目"建成投产。该项目是10万吨/年醋酸项目配套工程。

2003年,吴泾公司"10万吨/年醋酸扩产项目"启动,通过引进、消化、吸收和创新,开发自己的核心技术,对10万吨/年醋酸装置进行技术改造,使产能达到20万吨/年。

2005年7月,吴泾公司"30万吨/年醋酸项目"启动。2007年6月,建成投产。由此,吴泾公司的醋酸产能达50万吨/年。

2007年7月,"10万吨/年乙酸乙酯项目"在吴泾公司原有乙酸乙酯装置界区内开工建设。10月,建成投产。

2006年7月,吴泾公司厂区内5号罐区建设项目开工建设。2007年8月,建成并投入运行。该项目新增4个5 000立方米的醋酸储槽和2个2 500立方米的乙酸乙酯储槽,合计新增存储能力为2.5万立方米。工艺技术方案为醋酸通过DN200管道由30万吨/年醋酸装置输送至该罐区储存,可通过泵分别输送至4号罐区、危险品码头、铁路罐区及焦化公司醋酐装置。乙酸乙酯通过DN150管道由乙酸乙酯装置输送至该罐区储存,该项目是30万吨/年醋酸装置的配套项目。

【氯碱及氯乙烯聚合物】

1996年9月28日,"增产10万吨/年聚氯乙烯技术改造项目"在氯碱公司聚氯乙烯厂区内扩建。1998年3月11日,项目建成。氯碱公司聚氯乙烯产能达30万吨/年。

2001年5月,氯碱公司电化厂"5万吨/年离子膜烧碱技改项目"在原有的10万吨/年离子膜烧碱项目的基础上进行技术改造。2002年5月,投入生产。改造后该装置产能达到15万吨/年。

2010年9月,氯碱公司"1万吨/年水相法氯化聚氯乙烯产业化项目"项目开工建设,项目建于氯碱公司电化厂原23型隔膜电解车间厂房区域。2011年9月5日,建成投产。

2011年9月5日,氯碱公司"万吨级氯化聚氯乙烯工业装置项目"投入生产。

【硫酸及硫酸铝】

1995年2月,上海吴泾化工总厂与日本伊藤忠商事株式会社组建合资企业上海京藤化工有限公司。该公司对上海吴泾化工总厂的硫酸装置进行改造,并新建硫酸铝装置,改造后年产硫酸14万吨、硫酸铝1.8万吨。

【有机硅装置搬迁】

2000年,上海树脂厂有机硅分厂生产装置由长宁区天山路201号搬迁至闵行区龙吴路4800号氯碱公司电化厂F12空置车间。2004年,硅橡胶生产线建成并投入生产,二苯基橡胶产能10吨/年、甲基室温硫化硅橡胶产能16吨/年。

【食品级二氧化碳】

2000年11月6日,焦化公司与德国林德集团合资的上海林德二氧化碳有限公司(简称"上海林德公司")年产"6万吨食品级二氧化碳项目"建成投产。该项目利用焦化公司甲醇生产过程中产生的二氧化碳,全套引进丹麦止宁公司的先进技术和设备,精制成食品级二氧化碳。

2011年8月29日,上海林德公司在厂区内扩产"10万吨/年食品级二氧化碳项目"。

【高浓度双氧水】

2000年11月8日,焦化公司与法国道达尔菲纳埃尔夫公司合资成立的阿托菲纳双氧水有限公司坐落于闵行区双柏路55号。该公司双氧水一期生产能力3.85万吨/年。2008年10月21日,由焦化公司和阿科玛(中国)投资公司共同投资成立的阿科玛双氧水公司二期3.85万吨/年双氧水装置建成投产。

【胜德公司迁建及扩产】

2002年9月—2003年3月,胜德公司对地处静安区西康路地区的生产厂实施迁建。新厂区建于闵行区龙吴路4747号(北大道)氯碱公司粒料厂及原危险品仓库范围内。该项目年加工能力达3 948吨,新增生产能力1 948吨,其中汽塑件942吨,非汽塑件1 006吨。

2008年1月,胜德公司在厂区内(龙吴路4747号)的"通用全球采购配套塑料件项目"开工建设。项目主要内容为添置国内先进的海天注塑设备3台,机械手3套,形成1 800吨塑料合金加工能力。是年,项目建成。

2010年8月4日,胜德公司"高端医用/环保粒料改造项目"在上海市闵行区龙吴路4747号胜德公司厂区内建设,项目增加一套6 000吨/年的聚氯乙烯软质粒料生产线。2011年3月,建成投产。

【苯酐】

2008年8月,焦化公司4万吨/年苯酐(二期)项目打桩开工建设,位于闵行区双柏路485号焦化公司下属上海京华化工厂内,建设4万吨/年苯酐生产装置、苯酐精制装置。2009年11月26日,建成投产。

【重点调整政策扶持】

2010—2013年,按照上海市产业结构调整部署,根据国务院关于《促进产业结构调整暂行规定》和《上海市产业结构调整专项补助暂行办法》,华谊集团下列项目作为《上海市产业结构调整协调推进工作责任书》范围内实施完成的重点调整项目,全部如期完成调整。

表3-1-1 2010—2013年华谊集团重点调整政策扶持项目情况表

序号	单位	调整项目	申请关停时间	调整总资金（万元）	减少能耗（吨标准煤）（与上年度比较）
1	氯碱公司	F1型烧碱装置	2010年6月24日	29 000	156 164
2	三爱富公司	四氟乙烯装置	2010年7月26日	10 220	14 729
3	氯碱公司	燃油中压锅炉4台	2010年10月25日	1 555	20 290
4	氯碱公司	氢气锅炉装置2台	2010年11月15日	767	3 600
5	氯碱公司	48%烧碱装置和99%片碱装置	2011年1月4日	687	11 783(2009)
6	氯碱公司	新漂粉精装置	2011年8月29日	1 574	2 981
7	氯碱公司	氯化石蜡装置	2011年8月29日	1 738	660
8	氯碱公司	空分装置	2012年1月16日	3 760	1 105(2010)
9	三爱富公司	锅炉装置	2012年1月16日	360	6 430.8(2010)
10	焦化公司	焦炉煤气转换装置	2012年5月13日	11 041	39 000
11	焦化公司	危险化学品企业	2012年5月13日	5 536	40 299
12	焦化公司	5号及6号焦炉装置	2012年6月19日	25 051	2 800
13	氯碱公司	老漂粉精装置	2012年12月21日	1 512	2 634
14	氯碱公司	F2型烧碱装置	2013年4月17日	15 481	100 495

三、公用工程及配套设施

水:上水由市政水厂接入;下水,兼有大型污水处理设施,并有中水回用系统。

电:两路接入基地内,确保电力供应的稳定性,并利用化工多联产,建有小型发电设施。

交通:公路,基地中有主要公路穿行而过。

铁路:直达基地,建有专用固体和液体化学品装卸站。

码头:沿黄浦江西岸延绵约两公里岸线建有8个固体和液体化学品专用码头泊位,吨位1 000吨～1万吨,合计4.4万吨。

蒸汽：基地内建有大到75吨级的各种压力的蒸汽锅炉，蒸汽输送实现管网化。

管廊：基地内建有遍布各生产装置公共化学品管廊，其中包括甲醇、氧气、氮气、氢气管道，主要化学品实现管路化运输。

气体：基地建有大型空分装置，各种常用气体，包括氢气、氧气、氮气等实现基地内部互供。

从2003年开始，吴泾基地资源优化配置，公用工程和物流一体化后，化工生产经营总供应链管理成本降低10%以上，准时交货率提高15%，库存下降3%，资金周转天数减少40天～60天。

第二节 闵行地区

一、概况

华谊集团布局在闵行地区的主要企业有双钱集团股份有限公司（简称"双钱集团"）、上海造漆厂以及中外合资企业上海环球分子筛有限公司、上海巴斯夫涂料有限公司等，分别地处闵行区剑川路、文井路、光华路等地。

1990年6月19日，上海大中华橡胶厂和上海正泰橡胶厂合并，组建上海轮胎橡胶（集团）公司，布局在闵行经济开发区。随着中国汽车工业发展，汽车工业和公路运输业对轮胎工业的要求越来越高，载重子午胎市场需求迅猛扩大。1991年，上海轮胎橡胶（集团）公司投产市重点工程30万条/年钢丝子午线载重轮胎。1992年，上海轮胎橡胶（集团）股份有限公司开工实施上海市重大工程和上海工业系统14个重点项目之一的"扩建140万条/年子午线轿车轮胎项目"。2000年，双钱集团考虑到市场对斜交胎仍有相当大的需求，合理调整上海地区斜交胎生产规模和斜交胎的生产布局，形成180万条/年斜交轮胎生产规模。2003年10月，双钱集团"双钱"牌轮胎被广大消费者推荐为"中国轮胎市场产品质量用户满意最具竞争力第一品牌"，列为中国橡胶工业协会推荐的十大民族品牌之首。2004年9月，"双钱"牌全钢丝子午线轮胎被国家质检总局评为中国名牌产品。2005年被认定为中国驰名商标。双钱集团通过实施一系列重大项目，建成上海闵行轮胎生产基地，达到275万条/年全钢丝载重子午线轮胎和3万条/年一般载重工程子午线机械轮胎的生产能力。2009年，完成全钢载重子午胎产量255万条。2010年，完成全钢胎272.51万条。

2013年2月27日，上海华谊（集团）公司与上海市闵行区人民政府签订《战略合作框架协议》，以优化生产布局实施大市场、大物流、大基地战略，以产业基地转型升级增强可持续发展动力，推动闵行区优化立足都市功能定位。

上海造漆厂始建于1932年，是中国最早生产油漆的厂家之一。2018年，上海造漆厂生产装置全部关停，部分产品落户上海金山第二工业区。

上海环球分子筛有限公司由美国UOP太平洋有限公司与上海华谊集团投资有限公司（简称"投资公司"）于1989年1月共同出资建立合资企业。总投资1654万美元，注册资本1000万美元，美国UOP太平洋有限公司占股份70%，投资公司占股份30%，主要生产各种类型分子筛。公司多次被评为全国和上海市外商投资双优企业，获"上海市高新技术企业""全国化工十佳合资企业"等称号。

巴斯夫上海涂料有限公司是由德国巴斯夫公司与上海涂料有限公司（简称"涂料公司"）于1995年12月共同出资建立的合资企业，投资总额1623万美元，注册资本730万美元，德国巴斯夫公司出资60%，涂料公司出资40%。主要生产汽车漆。合资公司选址在闵行区光华路，随着闵行区优化立足都市功能定位,巴斯夫上海涂料有限公司的扩产项目2012年5月落户上海化工区。

二、重点项目

【钢丝子午线载重轮胎】

1991年,上海轮胎橡胶(集团)公司"30万条/年钢丝子午线载重轮胎"投产。项目建于上海闵行区剑川路。被列为上海市重点工程。

1992年10月,上海轮胎橡胶(集团)股份有限公司利用大中华橡胶厂闵行分厂已建厂房再扩建30万条/年全钢丝子午线载重胎,全部用于出口。该项目是大中华橡胶厂30万条项目续建工程。1995年年底,项目达产达标。

【子午线轿车轮胎】

1992年8月1日,上海轮胎橡胶(集团)股份有限公司"扩建140万条/年子午线轿车轮胎项目"动工,至1993年12月10日,建成并产出第一条合格轮胎。该项目被列为上海市重大工程。

【子午线轮胎技术改造】

1996年9月,上海轮胎橡胶(集团)股份有限公司子午线轮胎技术改造(双加)项目开工建设。1997年12月31日,项目建成。全钢丝载重子午线轮胎生产规模由60万条/年增至100万条/年;半钢丝乘用轻卡子午线轮胎生产规模由140万条/年增至300万条/年。改造项目采用已引进的先进技术,并在原有基础上进一步改造和创新,引进先进密炼机组、钢丝、纤维帘布压延机组等关键生产设备及X光检验机、耐久试验机、均匀性试验机等检测设备,改造成型车间和硫化车间,并配套改造成品库。

【OEM汽车涂料】

1997年4月18日,由中德双方合资组建的巴斯夫上海涂料有限公司4 000吨/年系列OEM汽车涂料项目开工建设,主要生产OEM汽车涂料产品的整个系列,包括电泳漆、二道浆、金属底漆及罩光清漆,产能为4 100吨/年。2004年5月,项目建成。

【斜交轮胎产品结构调整技改】

2000年6月25日,上海轮胎橡胶(集团)股份有限公司炼胶厂180万条/年斜交轮胎产品结构调整技改项目开工建设。2001年5月12日,产出第一条符合工艺标准的轮胎。2002年,形成180万条/年生产能力。

【高性能全钢丝子午线轮胎技改】

2004年2月,上海轮胎橡胶(集团)股份有限公司增产60万条/年高性能全钢丝子午线载重轮胎技改项目开工建设。2005年1月,项目建成。

2005年3月,上海轮胎橡胶(集团)股份有限公司全钢子午胎填平补齐项目开工建设。2006年6月,项目建成。该项目主要利用原有设施,通过技术改造达到增产10万条/年全钢丝工业子午胎、7万条/年高性能全钢丝子午胎和3万条/年全钢工程子午线轮胎的生产能力。

2005年7月,上海轮胎橡胶(集团)股份有限公司新增25万条/年全钢丝子午胎项目开工建设。

2006年6月,项目建成。

【巨型全钢丝工程子午线轮胎技术改造】
2009年4月,双钱集团巨型全钢丝工程子午线轮胎技术改造项目开工建设。2013年7月,建成并投入试生产。2014年5月28日,通过竣工验收。

【危险化学品企业调整】
2010年6月,位于上海市闵行区江川地区新闵路5号的上海染料化工厂危险化学品硝酸和亚硝酸钠等生产装置实施停产调整。
2012年2月,上海染料化工厂调整停产。

三、公用工程及配套设施

【双钱载重轮胎分公司】
供水:水源为上海市政自来水,由闵行区第二自来水公司统一供给,公司或厂区内设有完整的给水管网。
排水:污水通过污水处理站处理,达到上海市"污水综合排放标准"三级标准后,排入市政污水管网。雨水经排水管网排入市政雨水管道。
供电:有一个35/6千伏总变电站两台主变,容量均为2000万伏安。6千伏母线均为单母线分段运行,6千伏出线电缆采用放射式送入各车间变电所。
供热:锅炉房安装蒸发量为20吨/小时锅炉3台、蒸发量为35吨/小时的饱和蒸汽锅炉1台。锅炉房总蒸发量为95吨/小时。

【双钱集团乘用轮胎厂】
供水:由新建的闵行区第二水厂供给,建1200立方米蓄水池作生产、生活、消防用。
排水:污水通过污水管接至闵行污水处理厂。
供电:装机容量8394千瓦,计算容量5218千瓦,总降压站配800千伏安变压器两台。
供热:在双钱载重轮胎分公司(简称"载重公司")锅炉房安装fSHL-20-25A型20吨/小时锅炉,用气量由载重公司供气至乘用轮胎厂热力分配站(回水室)。

【双钱集团大中华正泰轮胎分公司】
供水:生活水水源由闵行区自来水厂提供,生产用水总量1370立方米/天,二路接管管径分别为DN150及DN200相互连通。
污水:生活污水设计水量为61.2立方米/天,由污水管网汇流至污水调节池(约160立方米),再用污水泵将生活污水输送至生活污水处理装置进行生化污水处理和沉淀,达到排放标准。全公司生产废水量为372.3吨,各单体生产废水经室外生产废水管网收集,进调节池(铁制约50立方米),由泵加压输送至LYSF-50油水分离器处理后排入北排污水管。
供电:电气外线设计包括35/6.3千伏,总降压站引至6.3/04千伏的各分变配所的10千伏高压电缆YJV-10的敷设。

供热：锅炉房燃料采用精煤与2号锅炉煤按1∶1配合，其低位发热量为24 093千焦/公斤，锅炉为原有的2台DZL10-25/400-AI型角管式燃煤蒸汽锅炉。

第三节　上海化工区

一、概况

1996年8月12日，上海市人民政府决定由上海化工控股(集团)公司(1996年10月改制为华谊集团)作为投资主体建设上海化学工业区(简称"上海化工区")。上海化工控股(集团)公司决策实施战略布局调整，要建设一个大规模、一体化、现代化、高水平的化工产业专业园区。上海化工区位于杭州湾北岸、上海市南端、横跨金山、奉贤两区，距市中心50公里，有A4高速公路连接市区和沪宁、沪杭高速公路网，规划面积为29.4平方公里。上海化工区以石油和天然气化工为重点，发展合成新材料、精细化工等石油深加工产品，构建乙烯、异氰酸酯、聚碳酸酯等系列产品，是国家级经济技术开发区，也是国家首批新型工业化示范基地、国家生态工业示范园区，第一期总投资1 500亿元。在建设上海化工区的同时，先后有世界著名的英国BP、德国巴斯夫、德国拜耳、美国普莱克斯、法国液化空气、荷兰孚宝等公司落户上海化工区内。2003—2004年，华谊集团与世界著名的跨国公司合作，在上海化工区建立上海联恒异氰酸酯有限公司、上海巴斯夫聚氨酯有限公司、上海亨斯曼聚氨酯有限公司、上海华林气体有限公司、上海拜耳聚碳酸酯有限公司等合资企业。2007年6月，上海申星化工有限公司15.6万吨/年甲醛项目落户上海化工区。2012年5月，巴斯夫上海涂料有限公司1.35万吨/年汽车色漆新建项目也落户上海化工区。上海天原集团华胜化工有限公司(简称"华胜公司")、上海华谊天原化工物流有限公司(简称"天原化工物流公司")、上海华谊聚合物有限公司、上海华谊集团装备工程有限公司等企业及三爱富公司1 000吨/年聚偏氟乙烯和100吨/年六氟丙酮项目也建在上海化工区。经历"九五"期间的艰苦创业，"十五"期间的全面建设，"十一五"期间的深化发展，华谊集团产业向上海化工区集中；在产业结构上布局精细化工业、高新技术产业、生产型服务业；并与国外的一些著名化工集团公司合作，共同开发上海化工区。华谊集团布局上海化工区一期项目主要有：65万吨/年乙烯工程相关项目，如烧碱、氯乙烯、聚氯乙烯、苯酚丙酮、腈纶等；聚氨酯类化工项目，主要是二苯基甲烷二异氰酸酯、甲苯二异氰酸酯以及上海化工区为生产装置配套的公用工程和辅助生产设施项目。

上海化工区是中国改革开放以来第一个以石油化工和精细化工为主的专业开发区，是亚洲最大、技术水平最高的世界一流石油化工基地之一。

二、重点项目

【糊状聚氯乙烯及特种聚氯乙烯】

上海天原(集团)有限公司天原化工厂(简称"天原化工厂")"三废"迁建工程位于上海化工区州工路358号，迁建2万吨/年糊状聚氯乙烯装置和2万吨/年特种聚氯乙烯装置。1999年8月28日，聚氯乙烯装置项目开工打桩。2000年12月，投入生产。该项目是上海化工区第一个工业项目。2000年，被列为上海市重大工程、实事项目。

2007年4月，完成4万吨/年糊状聚氯乙烯树脂技改项目，使糊状聚氯乙烯树脂的产能达6万吨/年。

【聚碳酸酯】

2001年8月8日,经国务院批准,德国拜耳公司与华谊集团所属氯碱公司聚碳酸酯合资项目签约,在上海化工区成立拜耳上海聚合物有限公司;双方共同投资3.4亿美元,其中德国拜耳公司占股份90%,氯碱公司占股份10%。2001年10月31日,开工建设聚合物生产基地,其中包括10万吨/年聚碳酸酯、10万吨/年双酚A、4万吨/年聚碳酸酯混合粒料等大项目及其他设施,首期聚碳酸酯项目年产量为5万吨。2003年,项目建成。

【异氰酸酯】

2001年11月2日,由中、德、美三方联手建设一体化异氰酸酯项目在上海化工区开工建设。2006年8月18日,项目建成并投入运行。

华谊集团作为上海化工区开发主体,与德国巴斯夫公司和美国亨斯曼公司共同投资一体化异氰酸酯项目。异氰酸酯项目,下设三个不同子项目,即二苯基甲烷二异氰酸酯(MDI)粗原料生产项目,由德国巴斯夫公司、美国亨斯曼公司和中方共同出资设立一个独立法人实体——上海联恒异氰酸酯有限公司,年产24万吨MDI、24万吨硝基苯、16万吨苯胺;由德国巴斯夫公司和中方出资另设一个法人实体——上海巴斯夫聚氨酯有限公司,年产16万吨甲苯二异氰酸酯(TDI)和10万吨纯MDI;由美国亨斯曼公司和中方出资设立一个法人实体——上海亨斯曼聚氨酯有限公司,年产10万吨纯MDI。

【聚氯乙烯】

2004年3月2日,国内最大的聚氯乙烯项目在上海化工区华胜公司内动工建设。华胜一期工程包括一套36万吨/年烧碱装置及一套36万吨/年二氯乙烷的氧氯化装置。2005年年底建成,2006年6月投产运行。烧碱与二氯乙烷项目是上海化工区90万吨/年乙烯工程的重要配套项目,既能满足下游德国巴斯夫公司MDI/TDI项目对氯气的需求,又可吸收利用MDI/TDI装置副产物氯化氢,实现项目间原料、产品的互换互供,降低生产成本,在"产品项目一体化"中起到纽带作用。

华胜公司聚氯乙烯项目经过数期扩建,生产规模达到烧碱产能72万吨/年,其中一期产能36万吨/年;二期产能18万吨/年;三期产能18万吨/年。二氯乙烷产能72万吨/年,其中一期产能36万吨/年;二期产能36万吨/年。2012年4月23日,氯碱公司华胜三期项目全流程运行成功,输出的氯气启动三次循环利用。

【聚碳酸酯气流输送及包装线】

拜耳(中国)有限公司和氯碱公司合资组建拜耳(上海)聚合物有限公司,在上海化工区拜耳(上海)聚合物有限公司F3地块B200区块内,投资建设"拜耳公司10万吨/年聚碳酸酯气流输送及包装线"项目。氯碱公司中标,交由天原化工物流公司具体实施,并按照要求,将其建设成聚碳酸酯粒料的终端加工中心。

2004年7月,天原化工物流公司成立PC项目部,针对拜耳公司的10万吨PC物流项目,实施从包装到仓储,再到配送的一体化物流管理,实现100万吨/年承运量;2005年10月8日,项目开工建设;2006年3月,项目建成。

【聚偏氟乙烯】

2004年12月18日,三爱富公司在上海化工区华谊精细化工基地D4-2地块进行聚偏氟乙烯项目动工建设。项目先建1 500吨/年偏氟乙烯装置、1 000吨/年聚偏氟乙烯装置。2006年9月22日,1 500吨/年偏氟乙烯装置建成投产;10月4日,1 000吨/年聚偏氟乙烯装置建成投产。2010年,1 000吨/年聚偏氟乙烯项目列入《上海市产业结构调整协调推进工作责任书》范围内的重点调整项目;是年7月10日,1 000吨/年聚偏氟乙烯装置停产,部分设备和产品转移至内蒙古万豪氟化工有限公司生产。2011年10月,聚偏氟乙烯等装置全部关停。

【合成气分离】

2005年5月8日,上海华林工业气体有限公司合成气分离项目。项目包括氢气/一氧化碳分离装置以及综合楼、分析室等辅助设施及基础设施。氢气生产能力为4 054.5万标方/年,一氧化碳生产能力为5 100万标方/年。项目建设在上海化工区F3地块。2006年4月,项目建成投产。

【吴泾化工区至上海化工区长输管道】

2006年1月,吴泾化工区至上海化工区长输管道投入运行。管道自华胜公司首站阀室至氯碱公司氯乙烯装置100/200单元处末端阀室,合成气管道自焦化公司首站阀室至上海华林工业气体有限公司末端阀室。

【糊状聚氯乙烯技改】

2006年1月10日,氯碱公司4万吨/年糊状聚氯乙烯(PPVC)技术改造项目开工建设。该项目利用天原化工厂现有场地、人员、技术、公用设施等资源,新建一套4万吨/年PPVC生产装置。生产P440、P450等6个牌号的PPVC产品4万吨/年。项目建在上海化工区州工路358号天原化工厂内。2007年4月26日,项目装置建成投产。

【华谊集团装备基地】

2006年2月16日,华谊集团装备基地在上海化工区奉贤分区动工兴建,主要生产压力容器类、环保设备类、传热设备类产品。2007年,该装备基地建成投用。

【顺酐装置】

2007年8月,涂料公司5万吨/年顺酐项目在上海化工区D4-2地块开工建设。2008年11月28日,中间交接。项目建成后,受产品和原料价格偏离可行性研究预期等因各种影响,项目未投产。

【甲醛扩产】

2007年9月20日,上海申星化工有限公司扩产15.6万吨/年甲醛项目开工。项目地处上海化工区洲工路135号D2-2地块,年产15.6万吨甲醛装置,采用以电解银为触媒的甲醇空气氧化生产方法。2008年5月20日,项目建成。

【副产氢能源利用】

2010年12月,华胜公司副产氢能源利用项目开工建设。项目建于上海化工区华胜公司建设用地的预留空地内。项目产品为2.45兆帕的饱和水蒸汽,生产规模为25.6万吨/年。2011年9月5日,项目投入生产。

【本体 ABS】

2009年12月28日,华谊集团20万吨/年本体 ABS 工厂开工建设,一期(3.8万吨/年)项目地处上海化工区D4-3地块。2011年8月23日,项目建成并成功打通工艺全流程。

【氯三次循环利用技术改造】

2007年6月,氯碱公司16万吨/年氯三次循环利用技改项目开工建设。项目建于上海化工区华胜公司预留用地内。扩建一套18万吨/年离子膜烧碱装置、一套36万吨/年二氯乙烷装置;主要产品为烧碱18万吨/年,液氯15万吨/年,二氯乙烷29万吨/年。2008年10月,项目建成。2009年3月18日,项目投入生产。

【上海化工区码头扩建】

2010年10月15日,氯碱公司(上海化工区)码头扩建工程开工建设。项目位于杭州湾北岸上海化工区内。扩建码头布置在已建码头西侧水域,即沿已建码头前沿线向西延伸498米。扩建长498米、宽39米码头;扩建长662米、宽9米引桥;配套建设管廊、装卸工艺设备、配电间、控制室及水手间等。扩建码头外侧设置3万吨级和2万吨级化工泊位各1个;内侧设置5 000吨级和1 000吨级化工泊位各2个。扩建码头作业货种为液体化工品,码头扩建部分新增年设计通过能力为550万吨。2012年12月30日,交付生产使用。

【汽车色漆】

2012年12月6日,巴斯夫上海涂料有限公司1.35万吨/年汽车色漆新建项目开工建设。项目建于上海化工区E2地块。新建9 400吨/年溶剂型汽车色漆生产线、4 100吨/年水性汽车色漆生产线及相关辅助设施。产品为1.35万吨/年汽车用溶剂型和水性色漆,其中水性底色漆4 100吨/年,溶剂底色漆9 400吨/年。2014年7月24日,建成投产。

【低温乙烯储运装置】

2012年5月,氯碱公司低温乙烯储运装置项目实施。项目建于上海化工区C2地块华胜公司预留用地内。新建低温乙烯储罐、乙烯卸/装船设施、乙烯蒸发气压缩及冷冻系统、乙烯汽化及输送系统、界区内公用工程及地面火炬等配套设施。建设1台容量3万立方米低温乙烯储罐,设计储运能力15万吨/年,低温乙烯最大汽化能力27吨/小时。2015年3月,项目竣工。

【硝酸储运】

2013年2月20日,天原化工物流公司硝酸储运项目启动;6月,项目建成;8月2日,投入运行。硝酸储运项目是拜耳公司为MDI/TDI联合装置扩产项目的储运配套设施而建立的。德国拜耳公司委托天原集团,根据装置对硝酸的储运和技术要求,投资建设及生产管理。项目建于上海化工区D2地块,新建一个1.2万立方米拱顶硝酸储罐及相关配套辅助设施。硝酸储存量1.7万吨,储运量8万吨/年。

【码头新增管道及卸船设施】

2013年6月,码头新增管道及卸船设施项目开工。2013年11月,项目竣工。天原化工物流公司为优月仓储(上海)有限公司提供码头物料卸船服务,在已建成的氯碱公司上海化工区码头基础上投资建设"新增苯、甲苯、丙烯管道及卸船设施"项目。主要包括卸船设施、自控系统、消防设施及自交接点至码头的管道等组成。该码头位于杭州湾北岸上海化工区内,新增的物料装卸设施和管道安排在码头内侧5 000吨级泊位,物料品种为甲苯、丙烯和苯,运量为15万吨/年。新增苯、甲苯、丙烯的卸船设施和4根管道,分别为苯(DN200)管道、甲苯(DN200)管道、丙烯(液向DN200和齐相DN50)管道。同时新增丙烯、苯、甲苯由船上卸货,卸船丙烯采用装卸臂,并配备紧急脱离装置及相应配套电液控制装置,苯、甲苯采用复合软管。

三、公用工程及配套设施

供水：工程所需工业、消防、生活用水等由上海化工区自来水厂供给;脱盐水、蒸汽的供应依托上海化工区热电联供装置。

工业气体：依托上海化工区工业气体装置供应。

供电及电信：由上海化工区统一供给。

交通运输：除厂区内必需的基础设施外,工程充分依托上海化工区的道路、铁路、海运码头、内河码头、中央储罐区等基础设施。

上海化工区在起步之时,引进世界先进一体化管理理念,提出产品项目、公用辅助、物流传输、环境保护和管理服务一体化建设理念,形成较为完整的上中下游产品链。根据上海化工区内化工主体项目对水、电、气等的需求总量,统一规划,集中建设,形成供水、供电、供热、供气、污水处理、工业废弃物焚烧炉为一体的公用工程,实行区内能源统一供给。物流传输是通过区内与各个化学反应装置连成一体化的专用输送,管网以及仓库、码头、铁路和道路等一体化的物流运输系统,将区内的原料,能源和中间体安全、快捷地送达目的地。

第四节　金山第二工业区

一、概况

2004年10月28日,华谊集团与金山区政府签署《联合开发上海华谊(金山)精细化工园区框架协议》,华谊集团在金山第二工业区内主要搬迁市区内的精细化工装置,以及各种新建的精细化工产品的生产装置,使金山第二工业区成为华谊集团精细化工制造基地。主要企业有上海华谊集团华原化工有限公司(简称"华原公司")、上海试四赫维化工有限公司(简称"试四赫维公司")。

2007年7月,试四赫维公司进入金山第二工业区精细化工基地,通过租赁华原公司生产场地形式,试四赫维公司注册成立全资子公司——上海试四化学品有限公司(简称"试四化学品公司"),注册资本2 000万元,地处金山区第二工业区华通路200号。

二、重点项目

【合成樟脑剂等产品】

2006年1月,华原公司6 500吨/年合成樟脑剂等产品项目开工建设;2008年1月,项目建成投产。是年下半年,为满足美国杜邦公司需求,借用华原公司的厂房,新建 QCC64 产品、KC190 产品和 DBC80 产品的中试规模生产装置。是年底,分别试产成功。2010 年,月产 36 吨 LK190 产品和年产 600 吨 LDB80 产品大生产装置建成投产。

【新建漕泾中转仓储】

2005 年 9 月 28 日,天原化工物流公司新建漕泾中转仓储项目开工建设,项目总建筑面积 5.8 万平方米,用地面积 10.67 万平方米,项目地址在漕泾东部工业区。2006 年 6 月 9 日,天原化工物流公司漕泾仓储中心投入运行。

2008 年 8 月 13 日,天原化工物流公司漕泾仓库二期工程开工建设,漕泾仓库二期工程建筑用地面积 40 482.2 平方米,新增建筑面积 22 057.3 平方米,建设内容:2 幢仓库(5 号、6 号仓库)、一幢门卫控制室、大门围墙及停车场等附属设施,仓库的年处理能力为 25.7 万吨/年。2009 年 4 月,仓库投入运行。

【华谊试剂精细化工孵化基地】

涂料公司"华谊试剂精细化工孵化基地项目"项目建于上海市金山第二工业区试四化学品公司 B4、B5 地块。

建设内容:300 吨/年 QCC-64 产品、300 吨/年 KC-190 产品、600 吨/年 DBC80 产品及冷冻机房、废水处理装置等部分公用工程设施。项目分三期建设:

一期建设三套实验装置:QCC64 产品、KC-190 产品、DBC-80 产品。2008 年 9 月,项目开工;2008 年 12 月,建成投产。

二期建设二套实验装置:300 吨/年 KC-190 产品、600 吨/年 DBC-80 产品。2009 年 6 月,项目开工;2010 年 2 月和 6 月,建成投产。

三期建设一套实验装置:300 吨/年 QCC-64 装置。2011 年 5 月,项目开工;2012 年 1 月,建成投产。

【环保型涂料添加剂生产装置技术改造】

2011 年 4 月 19 日,华原公司 1.2 万吨/年环保型涂料添加剂生产装置技术改造项目实施。2012 年 8 月 23 日,建成投产。项目建于上海市金山第二工业区华原公司厂区内,主装置车间利用现有合成樟脑装置车间,建设 1.2 万吨/年涂料添加剂生产装置、危险品仓库、粉料仓库、成品仓库、罐区等。项目产品:涂料添加剂 1.2 万吨/年,其中油性添加剂 0.9 万吨/年;水性添加剂 0.2 万吨/年;环烷酸 0.1 万吨/年。

【卷材系列涂装材料】

2012 年 1 月 17 日,涂料公司年产 10 万吨功能性车辆及预涂卷材系列涂装材料项目实施。项目建于上海市金山第二工业区 B2 地块。新建卷材涂料、工业涂料、水性涂料、重防腐船舶涂料及树脂生产装置,新建各类仓库、储罐及其他配套公用工程和辅助设施。设计生产能力为 10 万吨/年,其中一期建设卷材涂料、工业涂料及水性涂料 3.2 万吨/年,建设醇酸树脂、聚酯树脂、高固体氨基树脂、丙烯酸树脂、水性树脂及环氧固化剂 3 万吨/年;二期建设重防腐、船舶涂料 2 万吨/年,醇酸树脂、聚酯树脂、水性树脂及环氧固化剂 1.8 万吨/年。2015 年 6 月,项目竣工。

三、公用工程及配套设施

金山第二工业区是一个比较成熟的化工园区，建有各种基本化工生产的公用配套工程。
供水和蒸汽：由上海化工区集中统一供应。
污水：经一级处理后纳入园区污水处理厂二级处理。
电力和通讯：接入装置界区。
工业气体：园区统一提供。
管廊：园区建有蒸汽等管廊设施。

第五节 吴淞地区

一、概况

华谊集团定位吴淞地区为生产性服务业基地，占地2.55平方公里，先后对所在地区的中低端化工企业转型或关停，着力打造高端产业和服务业为主的产业发展格局。华谊集团布局在该地区的主要企业有上海中远化工有限公司（简称"中远公司"）、上海硫酸厂有限公司、上海试四赫维化工有限公司及合资企业上海比欧西气体工业有限公司、上海爱生比益化工有限公司、上海远大过氧化物有限公司、上海松柏气体有限公司、上海微电子化学品有限公司、上海申井化工有限公司、上海海福化工有限公司等。

上海吴淞化工总厂是1992年12月25日经化工局批准组建的全民所有制国有大型企业。总厂下设3个分厂，即吴淞化工厂、吴淞化肥厂和"TDI"厂。上海吴淞化工总厂主要产品有气体、电石、光气3个系列27个品种。其中吴淞化工厂在上海化工系统中率先建立首家中外合资企业——中英合资上海比欧西气体工业有限公司。

中远公司于1997年5月20日由上海化肥联合公司、上海吴淞化工总厂资产重组后组建。形成基本化工原料、农药化肥、气体系列、精细化工四大系列产品，成为跨地区、跨行业以精细化工和农化服务为主的科工贸联合的大型企业集团。2000年9月19日，中远公司经过"债转股"后，由原来华谊集团单一投资的国有独资有限责任公司变为由华谊集团、中国华融资产管理公司、中国信达资产管理公司3家共同投资的多元投资有限责任公司。2000年10月25日起，吴淞化工区环境综合整治，中远公司先后关停吴淞化工厂、浦江化工厂、爱生比益公司、电石生产装置、TDI生产装置、硝酸生产装置以及转让上海比欧西工业气体有限公司股权。2003年4月30日，根据上海市经济委员会关于加快小化肥行业整体调整退出的要求，中远公司下属10家化肥企业先后于2003年6月30日前全部实施安全关退。根据华谊集团吴淞地区化工战略调整规划布局，2005年12月7日，脂肪醇项目开工。2006年5月22日，中远公司综合服务楼开工。2007年10月至2012年12月，由中远公司建设的"名爵""宝马"等4S店开张。

随着上海城市规划的调整和功能转变，在华谊集团产品结构调整和2010上海世博会期间，企业在外环线以内危险化学品生产退出的情况下，地处外环线以内的中远公司加速调整，退出化工行业，实施战略转型。2008年，中远公司停止所有化学反应装置生产，仅保留服务于宝山钢铁股份有限公司（简称"宝钢"）的空分装置生产和服务于地区的蒸汽热网供应及生产，开始全面进入从制造业向服务业转型。2013年1月15日,蒸汽热网停汽;4月30日,中远公司最后一套5号空分生产运行装置停产。由此中远公司全面退出制造业,转型进入现代服务业。

上海华谊集团上硫化工有限公司(简称"上硫公司")是2004年4月由原上海硫酸厂整体改制而来。占地面积16.07万平方米,拥有铁路专用线和蕰藻浜河道专用码头。主要产品有40%乙二醛系列、硫酸系列、硫酸二甲酯、试剂硫酸等。2010年4月,完成涂料公司与上硫公司资产整合进入精细化工产业。2011年9月,配合市政发展规划和环保治理要求,上硫公司所有生产装置实现安全停产。

2012年年底,讯四赫维公司停止泰和路总部宝山基地所有危险化学品反应型生产装置生产。保留并改造总部管理及研发、检测、人事、培训、资金、营销、物流、信息等功能。

随着市场结构、环境变化、城市定位和吴淞基地布局要求,至2013年12月,吴淞基地化工生产企业全部退出。

二、重点项目

【甲苯二异氰酸酯】

吴淞化工厂的甲苯二异氰酸酯项目于1990年5月打桩建设,1993年4月,试生产成功。2001年2月,TDI生产装置因"三废"关停。项目地处宝山区江杨南路1000号,位于泗塘河与蕰藻浜交汇处。1984年,吴淞化工厂引进年产1万吨甲苯二异氰酸酯设备,由NOBEL公司转让美国DUPONT公司的甲苯二异氰酸酯生产技术。

【氨基磺酸停产】

上海海福化工有限公司是由上硫公司与中华方大香港有限公司、福和织造厂于1992年2月共同成立的合资企业。年产5000吨氨基磺酸,原料由上海申井化工有限公司提供部分硫酸。2011年9月,装置停产。

【硫酸停产】

上海申井化工有限公司是华谊集团与日本三井物产株式会社于1995年2月共同投资成立的合作企业。主要生产硫酸。2011年9月,装置停产。

【过氧化氢停产】

1998年11月,由中远公司与上海国际集团公司(大洋洲)共同组建合资企业上海远大过氧化物有限公司,地址在上海市宝山区泰和路陆家宅53号。生产过氧化氢。2009年3月,公司歇业。

【吴淞工业区集中供热一期A网工程】

2003年3月,上海市经济委员会同意吴淞工业区集中供热一期A网工程开工。2003年8月,试供蒸汽成功。2007年12月,由上海城市规划管理局验收合格。2012年11月,根据吴淞地区转型升级城市功能定位,A网实施关停。针对工业区内大量分散的小型燃煤工业锅炉是地区主要污染源这一特点,决定淘汰小型燃煤工业锅炉,改由大型锅炉集中供热方法(南区设A网和B网),由中远公司承担实施集中供热(A网)工程项目。项目建在宝山区江杨南路1000号吴淞化工总厂内,利用吴淞化工总厂(4台20吨/小时锅炉)和吴淞化肥厂(3台20吨/小时锅炉及1台余汽锅炉)为热源点,建设集中供热网(A网),总额定蒸发量能力为140吨/小时。热网控制采用以微处理器为基础的计算机集中控制系统。吴淞化工总厂和吴淞化肥厂两热源点对外供汽62.5吨/小时,供汽压力1.27兆帕,温度为270℃的过热蒸汽向22家用户供汽。热网采用枝状和放射状布置形式,全长10公里,采用集中供热,取消22家单位10吨/小时以下的小型老旧锅炉。吴淞工业区及周边地区的平均降尘量从整治前1999年的每平方公里22吨/月降至2005年的每平方公里13.5吨/月。

【超高纯微电子化学品】

2003年8月19日,由华谊集团、中远公司与中国台湾联仕公司三方共同投资组建的上海华谊微电子材料有限公司成立。2004年9月8日,采用中国台湾联仕公司技术建设年产1.5万吨超净高纯试剂生产线投产。2010年5月6日,华谊集团和中远公司50％股权转让给外方,公司由中外合资经营企业变更为外商独资企业。

【脂肪醇】

中远公司为利用合成氨厂氢气原料及600米岸线码头运输便利、公用工程等资源,2005年12月,2万吨/年脂肪醇项目在铁力路1号奠基建设。2006年10月,成立上海中乐油脂化工有限公司(中远公司持股95％,上海双乐油脂化工有限公司持股5％),建设2万吨/年脂肪醇项目装置一套。2007年8月,项目投入生产。主产品是天然脂肪醇2万吨/年,副产品是甘油3 000吨/年。2007年12月,由于涉及区域规划、安全环保、节能减排、经营亏损等诸多因素,脂肪醇装置停产。

【低酸度乙二醛】

2006年3月,上硫公司3万吨/年40％低酸度乙二醛项目开工建设,装置建在1995年硫磺制酸改造后停用的硫铁矿预处理工场内,建设40％低酸度乙二醛生产装置一套,工艺技术采用乙二醇气相催化氧化法制备乙二醛生产工艺,其中催化剂为上硫公司与复旦大学共同开发研制的高性能结晶银催化剂。2007年3月,项目建成投入生产。

【工业气体、特种气体、氦气】

1987年12月,由吴淞化工厂与英国BOC集团共同建立的合资企业上海比欧西气体工业有限公司,主要生产工业气体、特种气体、氦气。该公司是华谊集团第一家成立的合资企业。2006年9月,德国林德公司收购上海比欧西气体工业有限公司。

【上海华谊永达国际汽车广场】

2012年12月,以华谊集团为主体与上海永达集团公司合作,在长江西路1001号地块上规划建设的"上海华谊永达国际汽车广场"项目竣工开业。项目内容包括:新建52 840平方米汽车维修服务中心(包括两个品牌4S店、一个汽车维修厂房),新建13 090平方米综合商务楼,配套建设17 330平方米地下车库及1 190平方米地下人防设施。

【宝山基地危险化学品企业调整】

试四赫维公司总部宝山基地位于上海市宝山区泰和路1004号,占地面积38 821.75平方米,被列入《上海市产业结构调整办调推进工作责任书》签订范围内的重点危险化学品调整项目。2012年3月，企业停产调整。调整危险化学品种类为剧毒类、易燃易爆类、一般毒性及腐蚀类，数量为10 807吨。

三、公用工程及配套设施

供水：地区自来水厂提供。
污水：废水经废水处理站处理达到排放标准。
供电：上海市政供电，电源引到厂区变电所。
蒸汽：由中远公司承担集中供热。集中供热取消22家单位锅炉，有效控制和降低污染物排放，合理地利用和节约能源。2005年，吴淞工业区摘掉重污染帽子。

第六节　桃浦地区

一、概况

1991—2013年，华谊集团布局在该地区的主要企业有上海振华造漆厂、上海铬黄颜料厂、上海橡胶总厂、上海染料化工八厂、上海油墨厂、上海白象电池厂、上海制皂(集团)有限公司等。

上海振华造漆厂隶属于上海涂料公司，是全国涂料工业重点企业；2010年7月，更名为上海涂料有限公司振华造漆厂。该企业"飞虎"牌商标，是中国涂料行业创立的第一个商标，主要产品大类有卷材涂料系列、民用漆系列、各类车用漆及其修补漆、氟碳涂料、特种涂料系列、水性涂料系列等，也是宝钢最大的卷材涂料供应商。2017年7月，该厂完成在桃浦工业区的生产装置拆迁、厂区地块移交等工作，卷材涂料等产品布局至金山第二工业区。

上海制皂(集团)有限公司下属3个企业：上海牡丹油墨有限公司、上海白象天鹅电池有限公司、上海制皂有限公司。2002—2013年，随着桃浦地区转型升级，关停生产装置25套；2013年以后，在桃浦工业区的生产装置全部停产，迁建至安徽省马鞍山市含山工业开发区。

上海牡丹油墨有限公司于2000年成立，位于上海市普陀区古浪路1340号，占地面积61 973平方米，是由上海制皂(集团)有限公司于2000年7月出资回购原上海克勒锡克拜油墨化工有限公司(上海油墨厂与瑞士公司合资组建并由外方控股的合资企业)的外方股份而组建的全资国有企业。2003年，上海实施环境整治三年行动计划期间，有机颜料生产线于2005年全线拆除，淘汰苯溶性油墨，改为符合《产业调整目录》的节能环保植物油类油墨。

上海白象天鹅电池有限公司因2010上海世博会场馆建设总体布局需要，于2005年从局门路原址搬迁至桃浦地区古浪路1518号上海油墨厂厂区内。新厂区主要生产装置包括R20铁壳电池生产线2条、LR6碱锰电池生产线2条、LR03碱锰电池生产线1条。公司由原上海电池厂改制重组，是上海制皂(集团)有限公司的全资子公司，成立于1999年7月，是生产"白象"牌、"天鹅"牌锌锰系列、碱锰系列电池的专业化企业。

上海制皂有限公司因黄浦江杨浦滨江总体开发改造，于2007年年底从杨树浦路2310号原址搬迁至桃浦地区古浪路1340号上海油墨厂厂区内。新厂区主要生产装置包括香皂生产线3套、洗衣皂生产线2套。

2015年,上海铬黄颜料厂并入上海一品颜料有限公司,主要生产颜料和药用辅料等产品。

二、重点项目

【上海振华造漆厂"三废"迁建】

1996年6月17日,上海振华造漆厂一车间"三废"迁建项目实施。一车间炼油生产线按照年产1300吨漆料生产能力从中山北路迁往上海振华造漆厂桃浦总厂五车间炼油工段西面。年产各种漆料(半制品)1300吨。利用总厂六车间改建200吨/年水溶性环氧漆,由于是利用原来的车间设备组织生产和改建,项目采取一边生产一边改造的方式推进。是月,同步完成项目建设。

【上海染料化工五厂"三废"迁建】

1996年6月24日,上海染料化工五厂"三废"迁建治理变更建设地点。上海染料化工五厂调整迁往桃浦工业区桃浦染料公司内,进一步调整上海染料化工五厂产品结构,将原批的分散染料产能从2600吨/年调整为4700吨/年。

1998年12月24日,上海染料化工五厂分散染料"三废"迁建治理项目实施。新厂建于上海市普陀区真南路1670号,东临上海橡胶总厂,南为真南路,西为桃浦地区环境监测站,北为永登路。

【汽车胶管】

1997年6月28日,上海橡胶制品有限公司汽车胶管(三期)工程项目实施。组建树脂管、芯棒压制等8条作业系统(从美国、意大利等国引进关键设备);国内配套设备有添制冷却水槽、硫化缸、脱芯机等。生产输油系统胶管70万米/年;驱动系统胶管70万米/年;控制系统胶管50万米/年;冷暖系统胶管30万米/年。项目建设在上海市普陀区真南路1550号上海橡胶制品有限公司上海橡胶总厂原夹布胶管车间内。

【迁建铬黄颜料生产线及防锈颜料生产线】

1998年8月,上海铬黄颜料厂主要生产部门分别迁往上海桃浦工业区开发区景泰路709号、吴县湘城镇、嘉定戬浜。在桃浦改建2582平方米老厂房,新建644平方米厂房。迁建改造800吨/年铬黄颜料生产线;改造1500吨/年铬黄颜料生产线;改造1500吨/年防锈颜料生产线。2000年9月18日,生产线建成投产。

【上海飞虎建筑涂料有限公司生产车间搬迁】

自2003年5月28日起,上海飞虎涂料有限公司生产车间搬迁到上海振华造漆厂原四车间生产厂房内进行生产。

【焦化公司桃浦分公司危险化学品企业调整】

焦化公司桃浦分公司危险化学品企业列为《上海市产业结构调整协调推进工作责任书》范围内的重点危险化学品调整项目,2012年3月停产调整,焦化公司桃浦分公司坐落在上海市普陀区古浪路1401号,主要产品为减水剂、水煤浆添加剂、分散剂等。企业调整涉及危险化学品种类为硫酸、烧碱、工业萘和甲醛、数量分别为1813吨、2403吨、1608吨、1029吨。

三、公用工程及配套设施

上述区域的项目公用工程主要由项目单位自行建设解决。
供水：地区自来水厂提供。
污水：废水经废水处理站处理达到排放标准。
供电：上海市政供电，电源引到厂区变电所。
蒸汽：各相关企业自供。

第七节　其他市级工业区

一、概况

自1989年起，华谊集团在上海浦东新区、嘉定、青浦等地区布局精细化工和农药化工等产业。其中比较著名的企业有上海华谊丙烯酸有限公司（简称"丙烯酸公司"）、上海国际油漆有限公司、上海杜邦农化有限公司、上海华谊生物技术有限公司、上海一品颜料有限公司和上海涂料有限公司开林造漆厂。1991—2000年，受城市环境发展制约，华谊集团对市级企业进行大规模的"三废"迁建及技术改造。

【浦东新区】

丙烯酸公司位于上海市浦东北路2031号，占地17.2万平方米，注册资金1 000万元，是华谊集团与中国石化高桥石油化工公司按9：1出资比例共同组建的化工生产企业。该公司于1992年7月动工建设，1994年10月建成。项目总投资为12.21亿元。2001年6月，华谊集团从上海久事公司接受其在丙烯酸公司90%的股权，成为丙烯酸公司控股股东。丙烯酸公司拥有年产23万吨丙烯酸、27万吨丙烯酸酯的能力。

上海杜邦农化有限公司位于浦东新区浦东北路3055号，是由华谊集团与美国杜邦中国集团有限公司于1990年4月30日共同投资建立的合资企业。总投资2 580万美元，注册资本1 156万美元，生产超高效、高附加值、安全低毒的黄酰脲类除草剂"农得时"等系列产品。

上海国际油漆有限公司位于浦东新区新金桥路1515号，是由涂料公司、中国船舶工业物资总公司与荷兰阿克苏诺贝尔控股公司于1989年12月18日共同投资建立的合资企业。总投资1 566万美元，注册资本627万美元，涂料公司占股份39%，中国船舶工业物资总公司占股份10%，荷兰阿克苏诺贝尔控股公司占股份51%。主要生产船舶、海洋工程的油漆和涂料等。

上海华谊生物技术有限公司创建于1999年年初，地处南汇，是一家专业从事生物医药研究和开发的高科技公司。

【嘉定】

上海一品颜料有限公司地处嘉定区嘉松北路4839号。2005年，涂料公司以"上海涂料有限公司上海氧化铁颜料厂"的经营业务和资产等与经营者等人共同投资组建"上海一品颜料有限公司"，主要产品有氧化铁黄、氧化铁红、氧化铁黑、氧化铁棕、药用氧化铁、铁酞绿、磁性氧化铁七大类。至

2013年,已发展专业生产经营铁系颜料、复合颜料、酞菁颜料、群青颜料、铬系颜料、防锈颜料、珠光颜料及相关衍生品,以及一品色料等其他相关系列产品30多个品种,面向全球颜料市场,从事颜料制造、研发、配送和服务。

【青浦】

青浦是华谊集团在上海市内布局精细化工产业的第二个基地。2001年11月25日,上海开林造漆厂青浦新厂在青浦工业园区开工。上海开林造漆厂因"三废"原因从上海西体育会路229号迁建至青浦工业园区崧泽大道8388号。2003年12月26日,投料试生产。2004年1月1日,投入生产。青浦新厂区占地面积67 506平方米,主要生产船舶漆、重防腐涂料等产品,使用"光明牌"商标,绝缘漆、美术漆等产品使用"长城牌"商标。上海开林造漆厂是中国最早的涂料生产企业,创立于1915年。1992年12月8日,该厂800系列各色超厚膜型工业地坪涂料获"1992年度上海市科学技术进步三等奖"。

胜德公司位于上海青浦朱家角镇,占地2.8万平方米,北临漕港,东邻淀山湖酒厂,西靠青浦油厂,南面与共青公园互为交界。主要为配套桑塔纳轿车生产硬塑件。

二、重点项目

【桑塔纳轿车配套硬塑件】

1991年,上海胜德塑料厂为配套生产桑塔纳轿车硬塑料件引进技术和设备,规模为年产10.5万套。引进美国加高型塑料注射成型机(锁模力2 000吨),结构泡沫和非结构泡沫塑料两用注射成型机(锁模力1 000吨),塑料模具皮纹加工设备及技术全套,热板式熔接试验机,膨胀箱试验台,建设地点在青浦朱家角分厂内。1992年3月,项目开工。1994年8月,项目建成投产。

【上海胶带总厂为桑塔纳轿车配套二期】

1992年,上海胶带总厂为桑塔纳轿车配套二期项目实施。1988年,引进桑塔纳轿车配套橡胶型同步带生产的关键设备和技术,在原V带车间的基础上,改建成年产50万条橡胶型同步带的特种带车间,为大众汽车有限公司的桑塔纳轿车配套。

【上海化工厂可交联半导电内外屏蔽生产线】

1992年,上海化工厂可交联半导电内外屏蔽生产线项目实施。征用川沙县顾路乡建立2条可交联半导电内外屏蔽料生产线,一条成套引进,一条以国产主机配套引进连续计量系统。产品总规模为年产2 500吨,内外屏蔽料的年产量分别为1 000吨和1 500吨。

【桑塔纳轿车配套胶管、动密封件国产化技术改造】

1994年,上海橡胶制品公司引进20世纪90年代先进水平的装备和技术,生产桑塔纳轿车配套的胶管、动密封件。胶管15万辆/年配套,动密封件30万辆/年配套。引进特种胶管生产线3条及相应的配套装备和技术。引进动密封件生产线3条及相应的配套装备和技术。项目建于上海浦东化工厂原址内。1996年,项目建成投产。

【丁酯装置二期改扩建】

2001年9月26日,上海高桥石化丙烯酸厂(2003年2月更名为上海华谊丙烯酸有限公司)的丁酯装置二期改扩建项目竣工投产。二期工程投产后,该厂的丁酯产量由原来的4万吨/年提高到7万吨/年。

【丙烯酸装置改扩建】

2004年7月7日,上海华谊丙烯酸有限公司(简称"丙烯酸公司")自主知识产权建造的3万吨/年丙烯酸装置改扩建项目产出合格产品。

2006年4月19日,丙烯酸公司年产6万吨丙烯酸装置改扩建项目打通全流程,并产出合格丙烯酸产品。

【高吸水性树脂】

2009年,建成500吨/年高吸水性树脂生产装置,取得一系列运行数据,并对生产工艺及配方进行优化,使生产周期大幅缩短,产品质量提升。

表3-1-2　1995—2000年若干年份华谊集团迁建治理主要项目情况表　　　　　　　　单位:万元

时　间	单　位	迁建新地址	项　目	投资额
1995年7月19日	上海联合化工实业公司	奉贤县光明乡光益橡胶厂鞋底分厂	年生产鞋底300万双、实芯胎3万条、杂件50万件	2 200
1995年12月1日	上海大孚橡胶总厂胶鞋车间	浦东三林乡	500万双出口中高档胶鞋	2 950
1996年1月1日	彭浦化工厂三车间	南汇周浦和奉贤青村	双乙烯酮、磷氯产品	2 400
1996年3月4日	染料化工五厂	奉贤县平安镇南方染料化工厂	分散染料	4 000
1996年5月13日	橡胶制品一厂一期	青浦县徐泾乡	轿车配件、微波嵌条等	2 994
1996年5月13日	橡胶制品一厂二期	青浦县徐泾乡	微波嵌条、电梯扶手带	2 370
1996年5月13日	橡胶制品一厂三期	青浦县徐泾乡	产油封、皮碗	2 760
1996年5月13日	新华化工厂	青浦赵巷	抛光膏	1 560
1996年6月3日	橡胶助剂厂	南汇县瓦屑化工厂	2 000吨橡胶助剂	1 136
1996年6月24日	化工机械四厂	松江洞泾镇	智能化仪器和设备	2 660
1996年6月25日	上海氧化铁颜料厂	嘉定区嘉黄公路	年产6 000吨氧化铁颜料	2 000
1996年7月15日	化工机械二厂一期	宝山区刘行镇归王村	风机:500台/年,引进进口德国磨齿机一台	2 664
1996年7月15日	化工机械二厂二期	宝山区刘行镇归王村	采矿机具:1.2万套/年	2 281
1996年7月16日	上海精细化工研究所	松江县新桥镇工业小区内的新桥化工厂内	粉状泡化碱500吨/年	1 960
1996年7月30日	上海化工机械三厂铆焊车间	嘉定区封浜乡红光村	年产压力容器2 500吨	2 976

〔续表〕

时　　间	单　　位	迁建新地址	项　　目	投资额
1997年4月28日	上海回力鞋业总厂原上海胶鞋七厂	浦东新区南汇康桥工业区	结合产品更新换代,生产新设计胶鞋	700
1997年6月1日	上海橡胶制品二厂	嘉定区华亭镇工业区	600吨/年橡胶制品	2 389
1997年11月10日	上海橡胶制品一厂	青浦县徐泾乡	三角密封条、微波嵌条	2 900
1997年11月10日	上海橡胶制品一厂	青浦县徐泾乡	产油封、O型圈、皮碗等	2 500
1997年11月11日	上海橡胶制品一厂	青浦县徐泾乡	混炼胶加工中心	2 100
2000年7月12日	上海树脂厂有限公司	嘉定区朱桥镇	离子交换树脂、环氧树脂	3 800

三、公用工程及配套设施

胜德公司青浦厂区的公用工程及配套设施详见如下:

供电:装机容量为2 431.4千瓦,计算容量为1 260千瓦。主厂房底层设变电所,内置1 600千伏安变压器一台。

供水:自来水用量为16吨/小时,由朱家角镇自来水厂的水管接入DN100的水管入厂区。主厂房内设200立方米水池及20立方米高位水箱各一座,供生产、生活、消防用。循环冷却水用量为130吨/小时,配备冷却塔2台。

压缩空气:最大用量为2.5立方米/分钟,压力0.7兆帕,设置螺杆式空压机及移动式空压机各一台。

厂区配备消防系统,室内最大消防用水量为126吨/小时,消防水压约0.4兆帕。

设置原料性能测试及产品尺寸检测的质保实验室相关设施。

其他项目公用工程主要由项目单位自行建设解决。

供水:地区自来水厂提供。

污水:污水经污水处理站处理达到排放标准。

供电:上海市政供电,电源引到厂区变电所。

供热:各相关企业自供。

第二章　市外基地

第一节　江苏如皋全钢子午线轮胎生产基地

一、概况

由上轮公司、如皋投资有限公司、香港恒升投资有限公司3家公司共同投资,在江苏南通如皋市成立上海轮胎橡胶(集团)如皋有限公司,注册资本7 000万美元。新建50万条/年全钢子午胎项目,该项目于2004年3月8日开工建设。2005年3月18日,第一条轮胎下线;10月26日,由如皋市发展和改革委员会组织验收并交付使用。2006—2012年,为全面提升竞争能力,上轮公司连续通过实施二期项目、三期扩建,新增70万条/年轮胎等项目,累计投资133 606万元。2013年,上轮公司如皋基地形成250万条/年载重全钢丝子午线轮胎和10万条/年全钢工程胎的生产能力。由于产品成本较低,产品质量、品牌和品种方面又有相当的优势,使全钢载重子午线轮胎在国际、国内的市场竞争能力大大加强。2013年9月,公司更名为双钱集团(江苏)轮胎有限公司。

二、重点项目

【高性能全钢载重子午线轮胎】
2004年3月,50万条/年高性能全钢载重子午线轮胎(一期)项目开工建设。2005年3月,项目建成投产;7月,50万条/年高性能全钢载重子午线轮胎(二期)项目开工建设。2006年9月,项目建成投产。

2006年7月8日,全钢工程子午线轮胎和炼胶车间技术改造(三期)项目开工建设,利用原有的一期二期厂房及公用工程,同时新增炼胶车间,增添一些工艺设备,达到新增50万条/年全钢子午线载重轮胎及新增10万条/年全钢工程子午线轮胎的生产能力。2007年10月16日,通过竣工验收。

2007年10月,新增70万条/年全钢丝子午线轮胎技术改造项目开工建设。2008年10月,项目建成。该项目主要是利用原有的厂房建筑以及公用工程配套能力,在原有的厂房中增添相关的工艺设备,达到新增70万条/年全钢子午线载重轮胎的生产能力。

2010年4月26日,新增30万条/年高性能全钢载重子午线轮胎技术改造项目开工建设;2012年4月30日,土建工程竣工。2013年8月29日,项目建成投入生产。

三、公用工程及配套设施

供水:供水均为两路市政自来水供水,并与公司供水管网直接连络。公司内设有完整的给水管网。公司内排水分为雨水和污水分流制。达到当地"污水综合排放标准"三级标准后,排入市政污水管网。雨水经公司排水管网排入市政雨水管道。生产废水和生活污水通过污水处理站处理。

供电:配置2台2.5万千伏安总变压器,两路进线。

供热:3台20吨/小时锅炉,1台35吨/小时的蒸汽锅炉。

四、主要产品

公司主要产品规格有：全钢子午线轮胎 9.00R20、10.00R20、11.00R20、12.00R20、11R22.5、11R24.5、295/80R22.5，全钢工程子午线轮胎 13.00R24、14.00R24、17.5R25、20.5R25、23.5R25、26.5R25、29.5R25、18.00R33、16.00R25、14.00R25，农业胎 420/85R25、520/85R42。

表 3-2-1　2005—2013 年双钱集团如皋（轮胎）有限公司产量和效益情况表

年份	产品	产量（万条）	销量（万条）	利润总额（万元）	产品销售税金（万元）
2005	全钢子午线载重轮胎（TBR）	17.85	15.50	−1 181.70	266.37
2005	全钢子午线工程轮胎（OTR）	0.12	0.08		
2006	全钢子午线载重轮胎（TBR）	72.78	70.00	3 892.07	1 042.64
2006	全钢子午线工程轮胎（OTR）	3.52	2.95		
2007	全钢子午线载重轮胎（TBR）	126.45	121.31	12 809.42	5 731.93
2007	全钢子午线工程轮胎（OTR）	3.21	3.20		
2008	全钢子午线载重轮胎（TBR）	174.04	168.08	−4 086.47	5 771.47
2008	全钢子午线工程轮胎（OTR）	2.52	2.27		
2009	全钢子午线载重轮胎（TBR）	220.37	217.59	8 779.41	9 951.12
2009	全钢子午线工程轮胎（OTR）	1.88	1.68		
2010	全钢子午线载重轮胎（TBR）	239.22	244.15	−5 983.07	8 601.71
2010	全钢子午线工程轮胎（OTR）	2.48	2.80		
2011	全钢子午线载重轮胎（TBR）	244.63	240.07	−6 845.22	6 200.87
2011	全钢子午线工程轮胎（OTR）	4.76	4.98		
2011	农业胎	0.01			
2012	全钢子午线载重轮胎（TBR）	247.20	239.60	11 049.06	8 737.38
2012	全钢子午线工程轮胎（OTR）	5.44	5.24	—	—
2012	农业胎	0.03			
2013	全钢子午线载重轮胎（TBR）	233.15	234.38	8 926.09	9 793.87
2013	全钢子午线工程轮胎（OTR）	4.74	4.78		
2013	农业胎	0.01			

第二节　重庆双桥载重轮胎及橡胶制品生产基地

一、概况

华谊集团布局重庆双桥为载重轮胎及橡胶制品生产基地是考虑产品市场立足西南，辐射广东、安徽、陕西、福建、江西等多个省区市,及合作伙伴优势条件、劳动力成本、运输成本相对低廉、投资环境良好等众多因素需要。重庆市处于西南地区的商品市场集散地,而且是重要汽摩基地,轮胎市场潜力巨大。双钱集团(重庆)轮胎有限公司位于享有园林汽车城美誉的双桥工业园B区双钱路1号,占地近66.67万平方米。2007年6月7日,上轮公司、重庆渝富资产经营管理有限公司和上海双钱轮胎销售有限公司在重庆市双桥区合资成立双钱集团(重庆)轮胎有限公司,注册资本4亿元。是年,公司在重庆双桥区投资19 776.6万元,建设实施250万条/年全钢子午线轮胎工程项目,项目于2009年建成,达到120万条/年全钢丝子午线载重轮胎的生产能力,同时具备250万条/年全钢丝子午线载重轮胎生产厂房及相应的公用工程等配套设施。2010年,公司追加投资,完成扩产50万条/年项目,又于2012年再次追加投资,完成扩产30万条/年项目。截至2013年年底,具备200万条/年全钢丝子午线载重轮胎的生产能力,产品为宇通客车、江淮汽车、上依红重卡、厦门金龙等车企配套。

二、重点项目

【高性能全钢丝子午线轮胎】

2007年9月,250万条/年高性能全钢丝子午线轮胎项目开工建设;2009年9月,项目建成,具备120万条/年全钢丝子午线载重轮胎生产能力。

2011年6月,50万条/年高性能全钢丝子午线载重轮胎技改项目开工建设。2012年5月,主体工程完成;6月,项目建成并投入试生产;10月,产品质量及设备状况均达要求,实现递增50万条/年的产能目标。

2012年7月8日,30万条/年高性能全钢丝子午线载重轮胎技改项目实施,利用原有厂房及公用工程设施配置,在原有生产厂房中增添相关工艺设备。2013年6月,实现新增30万条/年的产能目标,总产能200万条/年。

三、公用工程及配套设施

供水:两路市政自来水供水,并与公司供水管网直接连络。公司内设有完整的给水管网。公司内排水分为雨水和污水分流制。达到当地"污水综合排放标准"三级标准后,排入市政污水管网。雨水经公司排水管网排入市政雨水管道。生产废水和生活污水通过污水处理站处理。

供电:公司内一座110千伏总降压站,110千伏电源引自附近区域变电站,装2台SZF11-20000/110、110±8×1.25%/10.5千伏的主变压器,采用两回110千伏专用线路架空引入。公司内所有10千伏用电均由该总降压站提供。

供热:重庆公司为热电联产方式,自备电站建设规模为2台1.2万千瓦抽凝式机组和3台75吨/小时循环流化床锅炉。

四、主要产品

2008年之后,重庆公司生产的品种已形成双钱、回力、万世达、万家达、飞跃、超级舰队六大品牌,包括矿山专用、中短途混合、中长途重载、长途高速、城市公交和城际公交六大系列370余个规格花纹轮胎。

表 3-2-2　2008—2013 年双钱集团(重庆)轮胎有限公司产量和效益情况表

年　份	产量(万条)	产值(亿元)	销售收入(亿元)	利润(亿元)	利税总额(亿元)
2008	—	—	—	−0.16	−0.16
2009	21.15	2.22	2.00	−0.66	−0.63
2010	97.9	11.65	12.16	−0.58	−0.50
2011	117.79	15.59	16.56	−0.56	−1.12
2012	144.32	20.27	18.57	0.51	1.27
2013	162.65	21.53	18.34	0.75	1.51

第三节　江苏常熟氟化学品生产基地

一、概况

江苏常熟氟化工生产基地主要由常熟三爱富氟化工有限责任公司(简称"常熟三爱富公司")和常熟三爱富中昊化工新材料有限公司(简称"常熟中昊公司")组成。

1993 年 11 月 18 日,由三爱富公司与江苏华龙工贸(集团)公司(简称"江苏华龙公司")共同投资 2 000 万元,成立常熟三爱富公司。三爱富公司占股份 80%,江苏华龙公司占股份 20%,并以此全额投资收购常熟市致冷剂总厂。常熟三爱富公司位于江苏常熟市福山镇,至 2010 年 10 月,占地面积 30.87 万平方米。2013 年 1 月 21 日,常熟经济技术开发区管理委员会同意法国 ARKEMA ASIE SAS 公司认购常熟三爱富公司 10% 股权,常熟三爱富公司性质变更为中外合资企业,注册资本增加至 2 830 万元,公司名称不变。常熟三爱富公司专业从事氟致冷剂、清洗剂、氟利昂替代品、含氟高分子新材料及含氟精细化学品的研究开发、生产、销售。

常熟中昊公司成立于 2001 年 10 月,由三爱富公司、杜邦公司、自然人组建的合资企业,三爱富公司控股,位于江苏常熟新材料产业园内。2010 年 10 月,公司占地面积 30.87 万平方米,注册资本 1 亿元,公司主要产品种类为消耗臭氧层物质(ODS)替代品、氟聚合物、氟精细化学品、氟碳涂料等。

二、重点项目

【一氟二氯乙烷】

1992 年,常熟三爱富公司开发研制成功用偏氯乙烯生产一氟二氯乙烷的工艺技术,年底 500 吨/年中试装置生产的产品销往中国台湾、东南亚。1993 年 9 月,由江苏省计经委、省石化厅主持通过中试装置科技成果鉴定。1994 年年初,将中试装置扩大到年产 1 500 吨规模。

【无水氟化氢装置】

常熟三爱富公司于 1995 年 1 月在常熟福山镇江边滩涂围垦土地 43.33 万平方米,建设 5 000 吨/年无水氟化氢装置。

【一氟二氯乙烷工业性试验】

1995年4月25日,常熟三爱富公司新建5 000吨/年一氟二氯乙烷(HCFC-141b)工业性试验装置。11月,国家计委批准5 000吨/年HCFC-141b为国家重点工业性试验项目;在HCFC-141b工业化生产后,又研制开发出替代品HFC-143a和HCFC-142b的新生产工艺技术。12月,项目建成。

【二氟一氯甲烷】

1999年12月31日和2000年10月11日,常熟中昊公司在常熟市经济委员会分别备案2万吨/年二氟一氯甲烷项目,并于2001年开始生产。

【无水氟化氢生产】

2004年6月16日,常熟三爱富公司在常熟氟化学工业园建设1.5万吨/年无水氟化氢生产项目。2008年,项目建成投产。

【1,1,1-三氟三氯乙烷生产】

2004年6月24日,常熟三爱富公司在常熟氟化学工业园建设6 000吨/年1,1,1-三氟三氯乙烷生产项目。2006年,项目建成投产。

【HFC23分解】

2006年8月8日,常熟中昊公司取得全球最大清洁发展机制项目——HFC23分解项目。项目注册每年减排1 043 725吨二氧化碳当量的温室气体。2006年12月,项目完成设备的安装、调试、试运行并投产。

公司拥有自营出口权,产品60%左右销往美国、欧盟等全球50多个地区,成为国内氟碳化合物品种、产销量良好的综合性氟化工基地。

【无水氟化氢】

2007年8月7日,常熟三爱富公司3万吨/年无水氟化氢技术改造项目准予备案。项目购置精馏塔、回转反应炉等设备204台套,其他公用设施作适应性调整。采用煤气发生炉供热的新工艺,形成年产无水氟化氢3万吨能力。2008年,项目建成投产。

【三氟氯乙烯】

2008年12月,常熟中昊公司新建3 000吨/年三氟氯乙烯项目建成投产。

【工业化HFO-1234yf生产装置】

2010年4月13日,全球首套工业化HFO-1234yf生产装置立项,建址常熟中昊公司内。2012年5月,项目开始生产。该项目与杜邦公司合作可将汽车制冷剂的GWP值降至4,与全球大部分汽车所使用的GWP高达1 320的制冷剂相比有很强的市场竞争能。是年,常熟中昊公司四氟丙烯项目完成产业化工作,产品质量达标,成为全球第一套3 000吨/年HFO-1234yf生产装置。

三、公用工程及配套设施

水、电、蒸汽均由工业园区提供。废水经废水处理站处理达到排放标准。

四、主要产品

常熟三爱富公司：氟致冷剂、清洗剂、氟利昂替代品、含氟高分子新材料及含氟精细化学品的研究开发、生产、销售，主要产品有F113a、F141b和CTFE。

常熟中昊公司：主要产品种类为消耗臭氧层物质替代品、氟聚合物、氟精细化学品、氟碳涂料等，包括：HFC－152a、HFC－32、HFC－227ea、HCFC－22、HCFC－142b、涂料用氟树脂、HFO－1234yf等。

第四节　安徽华谊化工园区

一、概况

煤基多联产精细化工项目布局在安徽省芜湖市无为经济开发区，不仅有交通便利等天然条件，更是当地政府有长远战略的良好投资环境。2009年，华谊集团确定"一个华谊，全国业务"的布局，由集团率领旗下企业统一"走出去"，面向全国。各企业之间、各个业务板块集聚在一起，最大限度地发挥协同效应。如双钱轮胎布局在无为产业园，因为在长江沿岸的华谊产业园已建设完备的基础设施，可以充分利用华谊集团煤化工产业或其他产业已建成的装置设备和物流设施等资源，为轮胎项目提供方便，降低成本，提高效益。无为临近合肥、芜湖和南京，铁路、公路、水路交通便利，其周边200公里范围内拥有多家汽车企业，如上汽南京基地、奇瑞汽车厂和江淮汽车厂，接近客户和市场。

【煤化工】

安徽华谊化工有限公司煤基多联产精细化工项目规划在2007年获安徽省发改委批准。规划按照循环经济及资源综合利用原则，以煤为主要原料向甲醇下游产品不断延伸，重点发展高附加值精细化工产品并形成完整的煤化工产业链。

安徽华谊化工有限公司是由华谊集团、焦化公司和淮北矿业集团公司共同投资建设的国有大型煤化工企业。公司坐落在安徽省芜湖市无为县二坝经济技术开发区，是安徽华谊化工园区的重点企业。公司注册资本15.4亿元，土地面积191.8万平方米。公司一期工程总投资45亿元，建设60万吨/年甲醇、50万吨/年醋酸和30万吨/年醋酸乙酯以及配套的码头、铁路、仓储等公用工程项目，一期工程于2008年10月16日开工建设，2011年投产，与一期工程配套的项目有美国普莱克斯的空分装置、美国麦王公司的工业水除盐水和污水处理项目及开发区负责建设的排涝工程和防洪工程等。安徽华谊化工有限公司被安徽省列为首批循环经济的示范企业。

2012年4月27日，甲醇项目气化装置（一期工程）一次投料成功；7月16日，醋酸乙酯A套装置通过72小时100%负荷考核，产出合格醋酸乙酯，标志着安徽无为煤化工基地一期项目全线贯通。

【双钱集团(安徽)乘用子午胎生产基地】

2011年11月,华谊集团、双钱集团、米其林财务公司和米其林(中国)投资有限公司,在安徽省芜湖市无为经济开发区,共同投资组建双钱集团(安徽)回力轮胎有限公司。该公司投资290 876万元,建设1 500万条/年高性能半钢子午线轮胎项目,其中第一阶段为600万条/年半钢子午线轮胎。2011年4月13日,公司开工建设;2012年3月28日,首批PCR轮胎下线。

【上海华谊天原化工物流有限公司安徽分公司】

2010年8月10日,上海华谊天原化工物流有限公司安徽分公司成立。该公司是为安徽华谊化工园区项目配套的专业物流平台。为项目实施提供物流保障,并承担整个A区物流设施的经营管理。华谊集团安徽华谊一期项目所有原材料产品生产辅料及其他物料的物流运输服务由上海华谊天原化工物流有限公司安徽分公司实施总包。该公司又是双钱集团安徽地区的物流供应商,主要业务有包装服务、仓储服务、装卸服务等。

二、重点项目

【甲醇】

2008年3月14日,60万吨/年甲醇项目由安徽华谊化工有限公司开始建设。项目位于安徽无为县无为经济开发区内,总体划分为A、B、C三个区。2012年4月27日,全流程打通并生产出合格甲醇。

【醋酸乙酯】

2010年4月6日,30万吨/年醋酸乙酯项目由安徽华谊化工有限公司开工建设。项目位于安徽无为县经济开发区内,项目主要包括醋酸乙酯生产主装置、醋酸乙酯罐区以及锅炉系统等。2012年7月16日,产出产品。

【醋酸】

2010年4月16日,50万吨/年醋酸项目由安徽华谊化工有限公司开工建设。项目位于安徽无为经济开发区内。2012年7月10日,产出合格的醋酸产品。

【高性能半钢丝子午线轮胎】

2011年4月13日,双钱集团(安徽)回力轮胎有限公司1 500万条/年高性能半钢丝子午线轮胎项目开工建设。2012年3月28日,第一条轮胎下线;8月16日,一期产能为600万条/年半钢子午线轮胎项目通过中间交接验收;9月14日,实现销售。

三、公用工程及配套设施

【煤化工基地】

水:采用长江水作为基地供水水源,项目中新建规模为6万立方米/吨净水厂一座。

电:总用电负荷约25 171千瓦,电源由基地周边的西梁山220千伏变电站和无城220千伏变电站两路供电,基地内建有12兆瓦发电机组一台,设110千伏总变电所一座,10千伏变配电所4座,10/0.4千伏变电所7座,所有10千伏变配电所及变电所均由两回路电源供电。

蒸汽:整个装置内设自备热电站一座,规模为一台12兆瓦抽汽冷凝式汽轮发电机组和4台75吨/小时循环流化床锅炉,可保证装置供汽需求。

码头:作为配套建设项目,包括5 000吨级液体化工品码头、散货件码头、杂件码头和取水泵房。

铁路:基地铁路作业站在二坝开发区火车轮渡站上接轨,平行布置在二坝开发区火车象山的内北侧,作业站由10条铁路组成。

【双钱集团(安徽)乘用子午胎生产基地】

水:供水均为两路市政自来水供水,并与生产基地供水管网直接连络。生产基地内设有完整的给水管网。生产基地内排水分为雨水和污水分流制。达到当地"污水综合排放标准"三级标准后,排入市政污水管网。雨水经公司排水管网排入市政雨水管道。生产废水和生活污水通过污水处理站处理。

电:有一座110千伏总降压站,容量为2台SZF11-25000/110、110±8×1.25%/10.5千伏的主变压器。

供热供气:无锅炉,蒸汽由安徽华谊化工园区焦化公司提供。

【天原化工物流公司】

天原化工物流公司负责为安徽华谊产业园区提供全面的配套物流服务,负责营运管理的设施包括码头、化工品码头、散货码头、大件码头、储运区罐区和堆场铁路等。

四、主要产品

甲醇、醋酸乙酯、醋酸、高性能半钢丝子午线轮胎。

表3-2-3　2012—2013年双钱集团(安徽)回力轮胎有限公司主要产品产量情况表

序号	主要产品	2013年产量(万条)	2012年产量(万条)	比上年增长(%)
1	155/65R13 73T R29	4.46	1.39	220.86
2	165/70R13 79T R699	35.32	6.13	476.18
3	165/70R14 81T R699	10.90	1.83	495.63
4	175/65R14 82T R699	4.06	0.99	306.00
5	175/70R14 84T R29	4.39	1.58	177.22
6	LT 185R14C 102/100Q CR18	3.69	0.01	36 800.00
7	185/60R14 82H R29	4.35	3.76	15.69
8	185/60R14 82H R699	14.91	5.52	170.11
9	185/65R15 88H R29	3.02	0.80	277.50

〔续表〕

序 号	主要产品	2013年产量(万条)	2012年产量(万条)	比上年增长(%)
10	195/60R14 86H R29	4.56	2.56	78.13
11	195/60R14 86H R699	10.73	0.14	7 564.29
12	195/60R15 88H R29	3.37	3.16	6.64
13	205/55R15 91V R39	8.28	0.91	809.89

第五节　内蒙古化工生产基地

一、概况

华谊集团在内蒙古鄂尔多斯乌兰察布建立大型资源型化工、氟化工生产基地。以煤资源为依托的氯碱化工基地，主要企业有内蒙古亿利化学工业有限公司（简称"亿利化学公司"）、内蒙古昊盛煤业有限公司（简称"昊盛煤业公司"）和鄂尔多斯市华谊资源有限公司。在乌兰察布所属丰镇市有三爱富公司投资的氟化工基地，华谊集团布局在该地区的主要企业有内蒙古三爱富氟化工有限公司，内蒙古三爱富万豪氟化工有限公司。

【资源型化工基地】

内蒙古亿利化学工业有限公司是华谊集团在鄂尔多斯市达拉特旗与当地民营企业和中央企业共同投资的大型氯碱企业。厂址位于北隔黄河离包头市35公里，南距鄂尔多斯市中心60公里。亿利化学公司注册资本为11.39亿元，华谊集团、亿利资源集团亿利能源股份有限公司（简称"亿利资源集团"）和神华集团神东电力公司分别持股34%、41%和25%。亿利化学公司投资40多亿元建设40万吨/年聚氯乙烯和40万吨/年烧碱及配套2台50兆瓦自备热电项目。2005年4月，项目开工。2007年10月，项目竣工；2008年9月，项目通过性能试验。

鄂尔多斯市华谊资源有限公司是华谊集团为争取煤炭资源而设立的企业。2005年1月5日成立，注册资本为300万元。2008年6月16日，华谊集团与亿利资源集团决定重组鄂尔多斯市华谊资源有限公司，投资建设煤基多联产项目以取得整个石拉乌素井田，公司注册资本为5 000万元，华谊集团和亿利资源集团各占50%。由于煤化工项目与煤炭项目未能同步实施，2009年11月，鄂尔多斯市华谊资源有限公司不再实施煤化工项目，煤炭项目转由新的合资公司承担。2012年7月18日，鄂尔多斯市华谊资源有限公司注销。

昊盛煤业公司是华谊集团与另外两家民营企业为建设石拉乌素煤田而共同投资的煤炭生产企业。2010年3月，注册鄂尔多斯市伊金霍洛旗。华谊集团、鄂尔多斯市金诚泰化工有限责任公司和鄂尔多斯市久泰满来煤业有限责任公司三方股东根据煤炭资源配置比例分别持股30.41%、45.25%、24.34%。为加快煤炭资源开发，昊盛煤业公司三方股东邀请兖州煤业股份有限公司参与共同开发。华谊集团持有的昊盛煤业公司15.51%股权转让挂牌，兖州煤业股份有限公司收购昊盛煤业公司51%股权。股权变更后兖州煤业股份有限公司占51%，金诚泰化工有限责任公司占22.17%，华谊集团占14.9%，山东久泰化工科技有限责任公司占7.93%，久泰满来煤业有限责任公司占4%。自2011年5月后,该公司又经过多次股权结构变更。公司的总投资428 222万元,注册资本为90 490万元,各方持股比例为:兖州煤业股份有限公司77.74%、华谊集团18.94%、久泰能源内蒙古有限公司2.44%、鄂尔多斯市金诚泰化工有限责任公司0.88%。

华谊集团投资昊盛煤业公司1.71亿元,政府配置给华谊集团的煤炭资源额度5亿吨,经股权转让含资源2.5亿吨取得收入20.15亿元,含待缴纳的税金及矿业权价款成本,截至2013年年底,兖州煤业股份有限公司支付给华谊集团12亿元,华谊集团拥有煤炭资源额度2.55亿吨,占资源储量23.11亿吨的11.03%。

【氟化工基地】

三爱富公司依托内蒙古当地资源优势,利用国内领先的生产技术,将资源依赖度高、能源占成本比重高、工艺技术成熟的产品落户内蒙古,形成含氟化学品、含氟聚合物以及电解氟化系列精细化学品的主要生产基地。

2005年6月7日,常熟中昊公司投资成立内蒙古三爱富氟化工有限公司,注册资本4 000万元。常熟中昊公司是国内最大的氯氟烃替代品之一F152a的产品制造商,主要产品有二氟乙烷,二氟一氯乙烷,三氟乙烷。

2006年8月16日,内蒙古三爱富万豪氟化工有限公司成立。2010年7月,华谊集团和三爱富公司收购该企业,注册资本5 600万元,股本结构为华谊集团持股20%,三爱富公司持股50%,6名自然人持股30%。公司地处内蒙古丰镇市工业园区,生产经营聚偏氟乙烯,拥有国内最大的生产规模,聚偏氟乙烯产能为1万吨/年,偏氟乙烯产能为1.4万吨/年,全氟辛酸产能为10万吨/年。

二、重点项目

【聚氯乙烯及离子膜烧碱】

2005年4月,亿利化学公司40万吨/年聚氯乙烯和40万吨/年烧碱及配套2台50兆瓦自备热电项目开工建设。2007年10月,项目竣工。2008年9月,项目通过性能试验,聚氯乙烯烧碱、乙炔、氯乙烯、液氯、盐酸、发电等产品达到产能要求,并通过消防、环保、安全、卫生等政府部门的专业验收。

【石拉乌素矿井及选煤厂】

2012年5月,石拉乌素矿井及选煤厂项目开工建设。2017年1月,项目建成。石拉乌素矿井位于鄂尔多斯市呼吉尔特矿区东北部,行政区隶属于乌审旗管辖,矿井南北长约7.51公里,东西宽约9.74公里,面积71 170平方米;矿井勘探区南北长约7.35公里,东西宽约9.4公里,面积69 050平方米;煤炭资源量2 144.44兆吨,可采储量1 172.69兆吨。石拉乌素矿井设计产能为10兆吨/年。

【二氟乙烷、无水氟化氢、二氟一氯乙烷、三氟乙烷】

2004年,内蒙古三爱富氟化工有限公司建设2万吨/年二氟乙烷、1.5万吨/年无水氟化氢、2万吨/年二氟一氯乙烷、5 000吨/年三氟乙烷。项目分两期建设。2007年,项目通过竣工验收。

【二氟乙烷】

2005年4月,常熟中昊公司在内蒙古2万吨/年二氟乙烷项目开工建设。2008年,项目建成投产。

【偏氟乙烯、聚偏氟乙烯、氟橡胶、全氟辛酸】

2007年,内蒙古万豪氟化工有限公司1.2万吨/年偏氟乙烯、7 000吨/年聚偏氟乙烯、3 500吨/年氟橡胶、60吨/年全氟辛酸项目开工建设。项目建于内蒙古丰镇市重化工业园区内。是年,项目建成。

【年全氯辛酸回收】

2009年,内蒙古万豪氟化工有限公司年回收全氯辛酸22.4吨技术改造项目实施。是年,项目建成。

【全氟辛酸铵回收】

2010年,内蒙古万豪氟化工有限公司用纳滤膜回收废水中全氟辛酸铵技术开发二期工程项目实施,年回收全氟辛酸铵20吨。是年,项目建成。

三、公用工程及配套设施

【40万吨/年聚氯乙烯及40万吨/年离子膜烧碱】

水:采用黄河水作为水源,在距公司以北18公里黄河边修建取水处,将澄清处理过的黄河水送到公司界区,公司再净化处理。污水处理合格后,排放污水系统。

电:公司电源由该地区220千伏变电站和厂区南侧自备热电站供电。

汽:自备热电站提供。

【石拉乌素矿井及选煤厂】

供电:在工业场地新建110千伏变电所,其两回110千伏电源均引自图克220千伏变电所。新建工作和备用变压器。2012年11月1日,石拉乌素煤矿110千伏变电站送电一次成功。

给排水:矿井供水水源为地下水。矿井生产用水优先采用经过处理的井下排水,生产用水不足部分由矿井供水水源补充。矿井建有井下排水及生活污水处理站。

采暖:工业场地采暖供热设计选择2台高温水链条锅炉及配套鼓、引风机。

辅助和附属设施:为减少占地,采用联合布置。有综采设备中转库及矿井维修车间、无轨胶轮车维修车间、材料库、变电所、行政、公共建筑及生活设施,矿井不设居住区。

四、主要产品

亿利化学公司:聚氯乙烯、离子膜烧碱。

昊盛煤业公司、石拉乌素矿井及选煤厂:大块精煤、块精煤、混煤。根据煤的粒度、灰分、水分、发热量等煤的不同结构,分别做化工用煤、民用;煤化工用煤、民用;供电厂或民用用煤。

内蒙古三爱富氟化工有限公司:二氟乙烷、二氟一氯乙烷、三氟乙烷、无水氟化氢及相关环保致冷剂;有水氢氟酸、氟硅酸、二氟多氯乙烷、盐酸、硫酸、电石渣生产。

内蒙古三爱富万豪氟化工有限公司:偏氟乙烯、聚偏氟乙烯、氟橡胶、全氟辛酸、二氟乙烷、二氟一氯乙烷、三氟乙烷、无水氟化氢及相关环保致冷剂;有水氢氟酸、氟硅酸、二氟多氯乙烷、盐酸、电石渣生产。

第六节 其他(淮安、烟台、宜兴)

一、概况

【淮安】

上海太平洋化工(集团)淮安元明粉有限公司于1997年1月3日,由原上海太平洋化工(集团)有限公司下属焦化公司和江苏淮阴白玫糖业有限公司分别按51%和49%的股份进行合作,共同投资兴建的有限责任制股份企业。1998年,上海白猫(集团)有限公司加入,股份变更为:焦化公司占股51%,江苏淮阴白玫糖业有限公司占股39%,上海白猫(集团)有限公司占股10%。该公司投资约4000万元建设的国内第一套以DCS系统控制生产元明粉生产装置,行业属芒硝矿开采制造业。公司占地4.67万平方米,地处江苏省淮安市赵集镇,距城区约40公里,水路直达洪泽湖、京杭大运河,交通便捷。元明粉是一种无机盐产品,应用于合成洗涤剂、纸浆、纺织等行业。

【烟台】

烟台天原胜德材料科技有限公司(简称"烟台胜德公司")主要为承接环渤海地区并辐射东北的汽车配套零部件项目而成立的。该公司成立于2011年7月8日,建于山东省烟台市高新技术产业园区福山园区,新征用地3.4万平方米,其中预留用地8000平方米;是天原集团全资子公司,委托胜德公司一体化管理,已成为上海通用东岳汽车有限公司,延锋伟世通等企业的配套企业;汽车零部件项目于2012年7月22日在烟台投产。

【宜兴】

宜兴华谊着色科技有限公司由上海精细化工有限公司、无锡石春投资有限公司、江苏宜兴宇星工贸公司和上海一品染料有限公司四方组建,位于江苏宜兴经济开发区行政管辖区内杏庄路文峰路交界地块,紧靠武宜运河,新征用地11.67万平方米。公司成立于2014年10月,注册资本1.2亿元,主要生产10万吨/年的新型氧化铁着色材料。

二、重点项目

【元明粉】

2000年9月,10万吨/年淮安元明粉一期工程建成投产;是年,生产元明粉2.6万吨。2001年4月,经过几个月调试,一期工程产量达到1.2万吨/月。

2001年9月,淮安元明粉二期工程启动。2002年4月,建成投产。工程投产后,企业生产能力翻一番。

2006年年初,岩盐开发暨制硝废水处理技术开发项目在上海太平洋化工(集团)淮安元明粉有限公司启动。2007年6月,日处理1000立方米制硝废水环保工程(简称"淮安元明粉三期工程")开工建设。2008年7月,工程建成。淮安元明粉三期工程投产后,形成48万吨/年元明粉和3万吨/年工业盐的生产能力,拥有二套产能为20万吨/年的元明粉生产装置。

【烟台汽车零部件】

烟台胜德公司汽车零部件（一期）项目建于山东省烟台市高新技术产业园区福山园区。该项目新建5 160平方米的厂房、5 197平方米仓库及其他配套公用工程和辅助设施。年加工原料2 103吨，汽车零部件73万套/年，其中汽车轮罩8.6万套/年，汽车内饰件52.9万套/年，导轨件11.5万套/年。2011年9月，新增主要设备注塑机等项目开工建设。2012年5月，项目建成；6月1日，投入生产，达到设计能力。

【新型着色材料】

宜兴华谊着色科技有限公司新建生产10万吨/年新型氧化铁着色材料生产线、硫酸亚铁精制车间，同时配套建设背压汽轮机组发电装置、码头和仓库等辅助设施。2014年12月，项目第一次中间交接。2015年9月，项目第二次中间交接；是月，项目建成投产。

三、公用工程及配套设施

【淮安】

水：地区水厂提供。

热电：新建一套热电系统，热电系统包括一台75吨/小时循环流化床锅炉和一台7 000千瓦背压式汽轮发电机组，为制硝系统供汽供电。

废水：新建一套日处理1 000立方米制硝废水环保装置及一套日处理30立方米生活废水生化处理装置。

锅炉建成后，是淮阴区范围内唯一一套达标排放锅炉装置，比原3套锅炉每天节约煤炭约80吨，年节约生产成本逾1 000万元。

【烟台】

自建配套公用工程和辅助设施。

水：园区提供。

电：自建10千伏变电所一座，电源由烟台开发区电站采用一路电力电缆直埋地引入。

气：新建压缩空气站，车间所需压缩空气由该站集中供应，用管道输送到用气点。

排水：项目基地实行雨水、污水分流制，生活污水排入厂区污水管，纳入经济开发区污水管网，项目基地污水实行纳管排放。

【宜兴】

项目位于江苏宜兴经济开发区内，项目给水、排水、供电、供气、供热由宜兴经济开发区统一提供，与总体交接点均在该项目界区外1米。

四、主要产品

淮安：元明粉。

烟台：汽车零部件。

宜兴：生产11.5万吨/年新型氧化铁着色材料。铁系黄产品：6万吨/年，其中超微细黄0.7万吨/年。铁系红产品：4万吨/年，其中超微细红0.8万吨/年。铁系黑产品：1.5万吨/年（副产品）。

表3-2-4 1994—2013年若干年份华谊集团跨市投资企业情况表

序号	企业名称	省 市	企业性质	注册日期	经 营 范 围	总投资	注册资本	投资方及股比
1	常熟三爱富氟化工有限责任公司	江苏省常熟市	中外合资	1994年3月18日	许可项目：按新建危险化学品生产、储存工程项目安全审查批准书及安全生产许可证生产。一般经营项目：硫酸钙销售（以上项目涉及行政许可的凭许可证生产经营）；涉及化工项目的技术开发、技术转让、从事货物及技术进出口业务，国家限定除外	808.57万美元	404.3万美元	上海三爱富新材料股份有限公司75%；阿科玛10%；自然人合计15%
2	淮安元明粉有限公司	安徽省淮安市	中中合资	1997年1月3日	芒硝,元明粉加工、销售,工业盐、化工产品及原料（危险化学品及已制毒品除外）销售,自营和代理各类商品及技术的进出口业务、搬运装卸服务	20712万元	8329万元	上海华谊能源化工有限公司51%；江苏白玫糖业有限公司39%；上海和黄白猫有限公司10%
3	常熟三爱富中昊化工新材料有限公司	江苏省常熟市	中外合资	2001年10月18日	许可经营项目：危险化学品生产包括氟化氢（无水）、氯二氟甲烷、五氟乙烷等，1,1-二氟乙烷；一般经营项目：从事一氟二氟甲烷、五氟乙烷、仪器仪表、机械设备等，一般化学品的批发和进出口业务	4285.71万美元	1428.57万美元	上海三爱富新材料股份有限公司74%；杜邦10%；自然人合计16%
4	内蒙古亿利化学工业有限公司	内蒙古	中中合资	2004年4月21日	氯碱、聚氯乙烯树脂化工生产及销售（不含危险品、易制毒品）；设备制造修理；国内外贸易；生产销售聚氯乙烯、烧碱、盐酸、液氯、食品添加剂氢氧化钠（固体）、电力生产（国家法律、法规规定应经审批的未获审批前不得生产经营）	401795万元	113900万元	亿利洁能股份有限公司41%；上海华谊（集团）公司34%；神华神东电力有限责任公司25%
5	藤仓化成涂料（天津）有限公司	天津市	中外合资	2004年7月28日	汽车内饰作涂料	150万美元	107.5万美元	上海华谊精细化工有限公司30%；藤仓化成40%；极东贸易株式会社30%

（续表）

序号	企业名称	省 市	企业性质	注册日期	经 营 范 围	总投资	注册资本	投资方及股比
6	卡博特（天津）化工有限公司	天津市	中外合资	2004年11月8日	研究、开发、生产、储藏、运输及销售自行生产的各种品种的炭黑和主要应用于橡胶产品的炭黑产品，有关副产品（包括蒸汽）；购买、储藏及运输生产过程中所需的各种品种原料和物资，包括炭黑原料、炭黑、杂酚油的进出口及批发	11 690万美元	4 576万美元	上海华谊能源化工有限公司30%；卡博特（中国）投资有限公司70%
7	天同精细化工（南通）有限公司	江苏南通	中外合资	2004年11月22日	生产销售化工产品：苯甲腈，生产销售化工产品；苯代三聚氰胺系列（除苯代三聚氰胺甲醛树脂）等	98.57万美元	42.86万美元	上海华谊精细化工有限公司75%；天同精细化工（香港）有限公司25%
8	临涣焦化股份有限公司	安徽淮北	中中合资	2005年5月24日	发电类、焦炭、化工产品生产、销售和相关产品的开发（包括煤炭、金属材料及制品、铁矿石、化肥、机械电子设备及配件。（以上涉及行政许可的除外）	35亿元	6亿美元	南京钢铁股份有限公司14%；淮北杨柳煤业有限公司51%；上海华谊能源化工有限公司15%；杭州钢铁股份有限公司10%；五矿发展股份有限公司10%
9	藤仓化成（佛山）涂料有限公司	广东省佛山	中外合资	2005年5月25日	汽车内饰件涂料	250万美元	175万美元	上海华谊精细化工有限公司30%；藤仓化成40%；极东贸易株式会社30%
10	卡博特高性能材料（天津）有限公司	天津市	中外合资	2005年6月17日	开发、生产、储藏、运输及销售各种级别的丰橡胶用途的炭黑、色母粒、相关产品（包括生产的尾气）；采购、储存和运输其生产所需的各种等级的原材料和物资（涉及危险化学品项目按许可证经营）	4 980万美元	1 660万美元	上海华谊能源化工有限公司10%；卡博特（中国）投资有限公司90%
11	内蒙古三爱富万豪氟化工有限公司	内蒙古自治区丰镇市	中中合资	2006年8月16日	偏氟乙烯、聚偏氟乙烯、氟橡胶、全氟辛酸、二氟乙烷、二氟一氯乙烷、三氟乙烷、无水氟化氢及相关环保致冷剂；有水氢氟酸、氟硅酸、二氟多氯乙烷、盐酸、电石渣生产、销售；技术开发、咨询等	42 375万元	5 600万元	上海三爱富新材料股份有限公司50%；华谊集团20%；自然人合计30%

〔续表〕

序号	企业名称	省市	企业性质	注册日期	经营范围	总投资	注册资本	投资方及股比
12	安徽华谊化工有限公司	安徽省芜湖市	中中合资	2007年12月5日	甲醇、醋酸、醋酸乙酯生产,工业用水、蒸汽产品的生产、存储,化工技术咨询服务、培训业务、销售	5 146 590万元	153 193万元	上海华谊能源化工有限公司94%;淮北矿业(集团)有限责任公司6%
13	内蒙古昊盛煤业有限公司	内蒙古	中中合资	2010年3月26日	煤炭洗选、销售	428 222万元	90 490万元	兖州煤业股份有限公司77.74%;华谊集团有限公司18.94%;久泰能源内蒙古有限公司2.44%;鄂尔多斯市金诚泰化工有限责任公司0.88%
14	上海华谊天原化工物流有限公司安徽分公司	安徽省芜湖市	独资	2010年8月10日	包装服务、仓储服务、装卸服务、展览展示服务、会务服务、机械设备维修、集装箱清洗维修、保洁清扫	—	—	—
15	烟台天原胜德材料科技有限公司	山东省烟台市	独资	2011年7月8日	工程材料研发应用,生产与销售塑料制品,从事货物及技术进出口业务(依法须经批准的项目,经相关部门批准后方可开展经营活动)	4 780万元	3 000万元	天原集团100%
16	双钱集团(安徽)回力轮胎有限公司	安徽	中外合资	2011年11月	轮胎及橡胶制品	45 714.29万美元	23 809.52万美元	华谊集团20%;双钱40%;米其林40%
17	双钱集团(重庆)轮胎有限公司	重庆	中外合资	2012年3月	轮胎及橡胶制品	26 818.94万美元	8 571.43万美元	双钱55%;重庆轻纺20%;双钱销售15%;华谊(香港)10%
18	林德二氧化碳有限公司	芜湖市	中外合资	2012年10月11日	研发二氧化碳的应用技术(上述经营范围涉及国家限制类、禁止类项目除外,涉及专项许可的凭许可证经营)	1 250万美元	500万美元	上海华谊能源化工有限公司39.9%;林德气体(香港)有限公司60.1%
19	双钱集团(江苏)轮胎有限公司	江苏	中外合资	2013年12月	轮胎及橡胶制品	7 580万美元	7 000万美元	双钱51.67%;华谊(香港)23.33%;香港恒生20%;高丽制钢5%

第三章 境外投资

第一节 销售网点或办事机构

一、概况

双钱集团因开拓市场需要而布点美国、约旦、比利时。华谊集团境外销售公司有2家。1997年12月,双钱集团在美国成立中国轮胎北美联合销售公司。2006年9月,在约旦成立上海双钱轮胎销售(约旦)有限公司,办事机构有2家。2008年3月,上海华谊集团建设有限公司在越南胡志明市设立驻越南办事处。2009年12月,双钱集团在比利时安特卫普设立华谊集团双钱欧洲办事处。

二、主要业务

【中国轮胎北美联合销售公司】

1997年12月,在美国洛杉矶成立"中国轮胎北美联合销售公司",英文名称为 CHINA MANUFACTIJRERS ALLIANCE LIMITED LIABILITYCORP(简称"CMA公司")。CMA公司由上轮公司等几个国内轮胎生产企业(贵州轮胎公司、江苏徐州轮胎厂、大孚橡胶厂)和当地商贸公司的轮胎销售人员共同出资成立。1999年,取得国家对外贸易经济合作部《批准证书》批准,经营范围为经营各种轮胎的销售业务。

2005年8月,CMA公司进行重组,贵州轮胎公司、江苏徐州轮胎厂以及原外方个人股东退出,由新股东世兴投资有限公司(即 International New Market Investment Ltd.)受让上述出资;同时,为增强激励机制,CMA公司决定实施经营者参股。重组后,世兴投资有限公司受让出资金额105万美元,出资比例50%,成为北美公司第一大股东;上轮公司所持出资金额63万美元,占资比列30%。2007年8月,第一大股东世兴投资有限公司(后更名为"美国平亚公司")由于调整经营策略,将其持有的代表21%的出资转让给美名投资有限公司(即 Perfect Name Investments Ltd.)。股权转让完成后,双钱集团(上海轮胎橡胶(集团)股份有限公司已更名为"双钱集团股份有限公司")出资比例不变,成为CMA公司的第一大股东;世兴投资有限公司、美名投资有限公司的出资比例分别为29%和21%。CMA公司所有股东签署《关于中国北美轮胎销售公司的管理协议》,一致同意由双钱集团委派董事长、委派或指定人员担任总经理和首席财务官,并负责北美公司的经营管理。双钱集团成为CMA公司实际控制人。CMA公司是双钱集团在北美市场的总代理,主要负责双钱集团轮胎产品在北美市场的销售工作。

2010—2013年,中国轮胎北美联合销售公司注册资本210万美元。双钱集团出资比例52.4%,美国平亚公司出资比例34%,余下则自然人持股。

该公司的销售额和利润由1998年的1583万美元和6.22万美元分别提高到2013年的22693万美元和263万美元。

【上海双钱轮胎销售(约旦)有限公司】

双钱集团在注重开拓北美、欧洲、大洋洲等地区市场的同时,中东地区销售的双钱轮胎销量有所回落,随着全钢胎产能的不断扩展,该地区也成为双钱集团出口所必须关注的市场。2006年,经商务部批准、上海市对外经济贸易委员会同意,双钱集团与外方JamilOdeh & Sons约旦公司合资组建上海双钱轮胎销售(约旦)有限公司,注册资本100万美元,双方各投资50万美元,分别占注册资本的50%。该公司主要业务定位为客户服务、品牌宣传和客户培养,充分利用约旦是中东各国交通枢纽的有利条件,逐步、稳健地建立一个以约旦为中心,向整个中东国家发散的轮胎销售网络。

【越南办事处】

2008年3月,经上海市对外经济贸易委员会批准,上海华谊集团建设有限公司在越南胡志明市设立驻越南办事处。办事处主要职能(业务)为信息收集、项目跟踪、联络客户等非经营性活动。2012年5月,上海华谊集团建设有限公司随业务归并上海建工集团,驻越南办事处由上海建工集团所属上海市安装工程有限公司接管。

【华谊集团双钱欧洲办事处】

2009年12月,双钱集团在欧洲比利时安特卫普成立华谊集团双钱欧洲办事处(简称"欧洲办事处"),成立办事机构的目的是因公司发展需要,配合公司产品销往欧洲,为当地客户提供及时的售后服务,接受用户的信息反馈,同时收集欧洲市场的最新技术、产品信息,提出新品发展计划。但经过5年的发展运营,欧洲办事处未达到创办时的预期效果。2015年7月,双钱集团关闭欧洲办事处。

第二节 投融资平台

一、概况

华谊集团(香港)有限公司前身是永成漆油合资有限公司。2010年7月,涂料公司将持有的永成漆油合资有限公司的100%股权无偿划转给华谊集团。2010年9月,经商务部批准,永成漆油合资有限公司名称、经营范围变更,总投资和注册资本不变,均为2000万港币(按初始投资汇率折285万美元)。

二、主要业务

鉴于永成漆油合资有限公司投资方已经发生变更和实际经营需要,永成漆油合资有限公司改名为华谊集团(香港)有限公司,原经营范围生产经营各类油漆、化工原料,变更改为实业投资,化工医药产品及设备制造和销售,从事物流、仓储、货物及技术进出口等业务。华谊集团(香港)有限公司成立后,收购涂料公司持有的上海依多科化工有限公司40%股权,收购完成后,华谊集团又将其40%股权转让依多科中国有限公司,以现金出资入股依多科中国有限公司25%股权,充分发挥融资平台的作用。

第三节 国(境)外生产经营

一、概况

1986年9—12月,成立境外生产型企业2家。1990—2008年,成立企业7家。1991—2010年,清算或注销3家,停产2家,正常经营的企业4家。境外业务主要涉及贸易和化学品生产制造。境外所在国或地区分别设立在美国、加纳、泰国、印尼、马来西亚等国家以及中国香港地区。

二、境外企业

【沪泰染料有限公司】

沪泰染料有限公司是上海染料有限公司、中国化工进出口公司与泰国伟年密公司在泰国开办的合资企业,1985年5月成立,1987年营业,总投资100万美元,注册资本100万美元,中方占比49%,其中上海染料有限公司占比24.5%,中国化工进出口公司占比24.5%,主要经营染料等化工产品。1987—1995年,公司盈利。1996—2001年,受东南亚金融危机影响,公司处于亏损局面。

【永成漆油合资有限公司】

1986年,涂料公司与李冲培等人在中国香港成立永成漆油合资有限公司,总投资256万美元(2 000万港币),注册资本256万美元(2 000万港币)。2005年3月,涂料公司收购港方60%的股权(香港隆新有限公司40%的股权,香港侨民有限公司20%的股权),被批准为国有独资企业,投资方是涂料公司。2010年5月,涂料公司所持有的永成漆油合资有限公司100%股权无偿划转至华谊集团。永成漆油合资有限公司除名称、经营范围变更外,总投资、注册资本不变。该公司主要业务是利用在中国香港地区购买某些原料的便利条件,在中国香港地区生产和经销因缺乏原料不能出口的油漆品种,并通过合资办厂引进生产油漆的先进技术和设备,促进内地生产和管理现代化。

【回力橡胶制品有限公司】

1990年,上海回力鞋业总厂与马来西亚光兴集团在马来西亚吉隆坡建立回力橡胶制品有限公司。1991年,公司投产,注册资本132万美元,中方出资14万美元,占注册资本的10.61%,外方出资118万美元,占注册资本的89.39%,主要生产经营"回力"牌胶鞋。

【申美染料化工有限公司】

1991年11月,上海染料农药公司与美国上海太平洋合股公司和美国技术咨询公司在美国加利福尼亚州合资成立申美染料化工有限公司,投资总额10万美元,注册资本10万美元,其中上海染料农药公司占比55%(合5.5万美元),美国上海太平洋合股公司占比20%(合2万美元),美国技术咨询公司占比25%(合2.5万美元),公司主要经营染料等化工品。公司成立后业务较难开展,外方退出合资公司。1993年12月,由合资转变成独资公司,注册资本5.5万美元,其中上海染料化工有限公司投资4万美元,上海化工对外经济技术合作公司投资1.5万美元。1995年6月,公司歇业。1995年11月,公司审核清账。2010年4月,公司注销。

【加纳基础化工原料有限公司】

1993年,上海联合化工橡胶公司、中国电气公司上海分公司与加纳华侨在加纳建立加纳基础化工原料有限公司。1994年2月,公司开工建设,总投资24万美元,注册资本24万美元,外方占比50%,上海联合化工橡胶公司占比25%,中国电气公司上海分公司占比25%。该公司利用当地的贝壳资源,生产经营石粉,产品主要销往加纳及周边非洲国家。2010年,上海联合化工橡胶公司将

25％的股权转让给上海华谊(集团)化工联社,并同时增资;公司注册资本从 24 万美元增加到 100 万美元,其中上海华谊(集团)化工联社新增 64 万美元,累计出资 70 万美元,占注册资本的 70％,中国电气公司上海分公司新增 9 万美元,累计出资 15 万美元,占注册资本的 15％,加纳华侨 LIONEL. H. L LENG 新增 3 万美元,累计出资 15 万美元,占注册资本 15％。

【上海轮胎橡胶北美轮胎研究技术中心】

1992 年 12 月 20 日,上海轮胎橡胶(集团)有限公司与上海国际集团公司(美洲)签订合资协议,成立上海轮胎橡胶北美轮胎研究技术中心,在美国俄亥俄州(OHIO)阿克隆市(AKRON)登记注册,注册资本 20 万美元,其中上轮公司出资 70％,上海国际集团公司(美洲)出资 30％。业务范围包括:科技开发、技术引进、信息业务、顾问咨询、合资、合作、接受代理、进出口贸易等。由于该技术中心人员流动性较大,至 2006 年年底,停止经营。双钱集团对该技术中心的股权投资作全额减值,并办理注销手续。

【华泰橡胶有限公司】

1994 年 4 月,华泰橡胶有限公司(简称"华泰公司")在泰国建立,投资中方是上海轮胎橡胶(集团)股份有限公司,外方是泰国泰华橡胶有限公司(简称"泰华公司"),合资经营期限为 12 年,总投资 200 万美元,注册资金 200 万美元,中方投资 80 万美元(占 40％)、泰方投资 120 万美元(占 60％),主要生产和经营 TR20 标准胶和混炼胶。经过增资,华泰公司总投资 360 万美元,注册资本 360 万美元,双钱集团出资 298.8 万美元(占 83％)、泰华公司出资 61.2 万美元(占 17％)。华泰公司担负着为双钱集团和国内其他企业提供橡胶原料的重任,华泰公司从最初年产 1 万吨标准胶,发展到每年生产 2.4 万吨标准胶,其中约 80％销往中国,双钱集团约占 60％以上。2007 年,华泰公司的经营期延长至 2016 年 4 月。2013 年,华泰公司在厂区附近购置两幅地块实施 6 万吨标准胶产能扩建,整个项目建设总投资预算 908.2 万美元(折合人民币约 5 565 万元),项目建设资金采用股东双方同比例增资的方式出资,其中双钱集团增加出资 753.8 万美元,占新增注册资本的 83％,泰华公司出资 154.4 万美元,占新增注册资本的 17％。增资后,华泰公司的投资总额由原来 360 万美元增至 1 268.2 万美元,注册资本由原来的 360 万美元增至 1 268.2 万美元;其中双钱集团出资由原来 298.8 万美元增至 1 052.6 万美元,占注册资本的 83％,泰华公司出资由原来的 61.2 万美元增至 215.6 万美元,占注册资本的 17％。

【上海金锋油化工业有限公司】

1993 年,由上海制皂(集团)有限公司、上海轻工业对外技术经济合作公司和印度尼西亚金锋集团共同出资的上海金锋油化工业有限公司在印度尼西亚成立。该公司主要生产各类香皂及洗涤类产品,注册资本 106.8 万美元,其中上海制皂厂出资 42.72 万美元(占 40％)、上海轻工业对外技术经济合作公司出资 10.68 万美元(占 10％)、印度尼西亚金锋集团出资 53.4 万美元(占 50％)。

【默特克控股公司】

2002 年,上海制皂(集团)有限公司与中国香港威亚国际实业有限公司共同收购美国 Moltech Power Systems(MPS)公司及美国 Polystor 公司的两条可充电电池生产线,成立默特克控股公司。默特克控股公司注册地在维尔京群岛,总投资 1 160 万美元,注册资本 1 160 万美元,其中上海制皂

表 3-3-1　1986—2013 年若干年份华谊集团境外投资企业情况表

单位：万美元

序号	企业名称	国家或地区	合资或独资	注册日期	经营范围或职能	总投资	注册资本	中方股比	外方股比	中方名称	外方名称	备注
1	沪泰染料有限公司	泰国	合资	1986年9月	染料中间体等	100	100	50%	50%	上海染料有限公司，中国化工进出口公司	泰国伟年密公司	注销
2	华谊集团(香港)有限公司	中国香港	独资	1986年12月	实业投资、化工医药产品及设备制造和销售等	256	256	100%	—	上海华谊(集团)公司	—	
3	回力橡胶制品有限公司	马来西亚	合资	1991年2月	回力牌胶鞋	132	132	10.61%	89.39%	上海回力鞋业总厂	光兴集团	停产
4	申美染料化工有限公司	美国	独资	1991年11月	染料等化工品	5.50	5.50	100%	—	上海染料有限公司，上海化工外径公司	—	注销
5	加纳基础化工原料有限公司	加纳	合资	1993年5月	石粉	100	100	70%，15%	15%	化工联社，中国电气	LIONEL H. L LENG	
6	上海轮胎橡胶北美轮胎研究技术中心	印尼	合资	1993年7月	技术开发	20	20	70%	30%	上海轮胎橡胶(集团)股份有限公司	上海国际集团	注销
7	华泰橡胶有限公司	泰国	合资	1994年4月	天然橡胶	1 268.20	1 268.20	83%	17%	双钱集团股份有限公司	泰华树胶有限公司	
8	上海金锋油化工业有限公司	印尼	合资	1995年7月	蜂花檀香皂等油化产品	106.80	106.80	50%	50%	上海制皂40%，轻工外径公司10%	金锋油集团	
9	中国轮胎北美销售公司	美国	合资	1999年7月	各种轮胎的销售业务	210	210	52.40%	34%，13.60%	双钱集团股份有限公司	美国平亚公司等	停产
10	默特克控股有限公司	维尔京群岛	合资	2002年4月	电池	1 160	1 160	70%	30%	上海制皂厂、上海轻工外径公司	香港威亚国际实业有限公司	
11	上海双钱轮胎销售(约旦)有限公司	约旦	合资	2006年9月	双钱和其他品牌的轮胎销售等	100	100	50%	50%	上海轮胎橡胶(集团)股份有限公司	Jamil Odeh & Sons 公司	
12	越南办事处	越南	办事处	2008年3月	信息收集、项目跟踪、联络客户等非经营性活动	—	—	—	—	上海华谊集团建设有限公司	—	安装公司接管
13	华谊集团双钱欧洲办事处	比利时	办事处	2009年12月	收集信息、新产品的开发计划等	—	—	—	—	双钱集团股份有限公司	—	关闭

(集团)有限公司出资812万美元,占出资比例的70%,中国香港威亚国际实业有限公司出资348万美元,占出资比例的30%。默特克控股公司主要收购美国Moltech Power Systems(MPS)公司的机械设备办公用品,包括可充电电池生产线、装配线、清洗线、配套试验、检测仪器、高效粉尘过滤设备;收购美国Polystor公司的两条具有世界领先水平的锂离子和锂聚合物生产线。默特克控股公司生产经营镍镉电池、镍氢电池、锂离子电池、锂硫电池等,主要业务分布在3个国家:中国、美国和英国。中国业务分布在上海和江苏如皋。美国主要是生产飞机电池(2007年第二季度该设备项目已出售),美国仅销售上海生产的电池;英国主要生产高端医用电池组;中国主要是电芯及电池组组装等。美国和英国聘请当地人员生产。2007年,销售收入1 142万美元,亏损910万美元,累计亏损2 297万美元,公司处于停业状态。

第四篇
集团管理

概　　述

1995年12月16日，上海市化学工业局（简称"化工局"）的建制被撤销，改制为企业性的经济实体——上海化工控股（集团）公司。

1996年10月4日，成立上海华谊（集团）公司（简称"华谊集团"）。华谊集团是由原上海化工系统的全部国有资产和原上海医药系统的全部国有资产联合重组而形成的一个跨行业的大型企业集团。

华谊集团组建后，按照《公司法》规定和上海市国有资产管理委员会（简称"市国资委"）要求，实行由董事会决策领导、监事会依法监督、经营层依法经营管理的企业法人治理结构，逐步形成各负其责、协调运转、有效制衡、促进发展的公司治理机制，并建立一整套对公司的经营管理和绩效进行监督、激励、控制和协调的制度，董事会、监事会和经理层三者之间形成一定的相互关系框架，依据《上海华谊（集团）公司章程》赋予的权利、责任、利益开展工作。

华谊集团在加强管控中，根据经济发展和改革开放的深入，本着明确岗责、控制总量、调整结构的要求，不断深化本部机构的改革。在以专业咨询机构对本部管理职能调研结果为依据的基础上，从华谊集团的发展需求出发，对集团本部部室职能进行调整，推进建章立制，修订完善本部职能机构职责，加强集团本部各职能部门专业管理的指导和协调功能，切实把华谊集团的经济运行、资产经营、财务管理、战略发展规划、对外合作、信息化体系建设、武装保卫、监察审计等项工作纳入程序化、规范化的管理轨道。

华谊集团按照"决策中心、利润中心、成本中心"的三级定位，即以集团本部为决策中心，实现财务集中、资产集中、技术决策集中、投资决策集中；二级公司为利润中心，组织生产经营，加强市场运作和成本控制，实现利润最大化；三级公司为成本中心，组织生产管理、装置化管理，加强成本管理控制，实现成本最小化。

在努力加强环境保护方面，华谊集团勇于承担社会责任，以"绿色化工"为目标，以节能减排为突破口，加快转变经济发展方式，逐步实现污染物末端治理向循环经济和集约型生产方式转变。

1996年下半年，华谊集团推行全面预算管理，采取制定预算方案，建立预算管理制度，编制预算报表等举措加强对各子公司的资产经营管理，确保国有资产保值增值。经过一年实践，全面预算管理取得预期效果，华谊集团实际销售总成本下降4.5%。三项费用（销售费用、管理费用、财务费用）下降9.3%。投资收益率从1995年的6.3%上升到7.9%。实现利税13.8亿元，其中利润完成4.11亿元，比上年增长35%。所有者权益增长22%，资产负债率66%，其中国有全资企业负债率比年初下降5%。经济效益综合指数比上年提高3%，高于全国化工行业平均水平19个百分点。

1998年6月，根据华谊集团的总体功能定位《上海华谊（集团）公司管理工作通则（第一辑）》颁布。《通则（第一辑）》共颁布《上海华谊（集团）公司财务管理通则》《全面预算及内部控制提纲》《企业兼并　收购管理通则》《国有资产管理通则》《授权经营国有房地产管理通则》《审计内部控制通则》6项章程。《通则（第一辑）》的颁布，对华谊集团及所属企业生产经营管理和资产经营管理中的管理原则、管理范围、管理制度、管理程序、管理流程、管理权限、管理机构、控制系统、监督系统等作出明确规定。

1998年8月,投资400万元的"华谊综合信息管理系统(MIS)"工程项目通过技术鉴定。华谊集团MIS系统应用信息导航技术进行应用系统开发和网络系统建设。在应用系统方面,形成综合统计、财务信息、资产信息、监督信息、办公自动化、系统管理等9个子系统和1个信息平台。

1998年,华谊集团完善集团内控体系。制定《关于对外担保的规定(试行)》《关于"关停并转"企业清算的规定(试行)》《关于企业资产减值、财产损失处理的规定(试行)》《关于国有资产投资收益分配的规定(试行)》《上海华谊(集团)公司应收账款管理若干规定(试行)》和《上海华谊(集团)公司经营者持股管理规定》等制度。

2010年,根据中共上海市委、市政府《关于进一步推进上海国资国企改革发展的若干意见》的精神,华谊集团作为上海市第二批董事会建设试点单位,组建以外部董事占多数的新一届董事会。董事会设立战略与投资委员会、提名委员会、薪酬考核委员会以及审计与风险控制委员会。

2010年7月,对华谊集团本部机构和职能进行调整,增加采购、大客户管理等管控职能。在此基础上,修订完善本部职能机构的职责。

"十一五"期间,华谊集团主要经济指标完成情况良好。产值从2005年年底的284亿元增长到2010年的436.8亿元,增长53.8%;主营业务收入从2005年的272亿元增长到2010年的360亿元,增长32.4%;万元产值能耗从2005年的1.27吨标准煤下降到2010年的0.87吨标准煤,下降31.5%。

"十一五"期间,华谊集团贯彻"高端发展、跨市发展、创新发展、一体化发展"的指导思想,产业布局趋于合理,基地定位基本明确。初步形成吴泾基地高端升级、化工区集聚发展、吴淞基地战略转型和坚定不移"走出去"、在"有资源、有市场、有效益"省市建立生产基地的发展格局,"一个华谊,全国业务"的发展格局初具雏形。

第一章 企业治理

第一节 董事会

一、上海化工控股(集团)公司董事会

1995年12月,上海市化学工业局改制为上海化工控股(集团)公司,董事会由俞德雄、崔志仁、高均芳、蒋应时、张洪文、陈惠莹、许秋塘、徐荣一、沈丽萍、裴静之、吴亦新11人组成。俞德雄任董事长,崔志仁任副董事长。

二、上海华谊(集团)公司历届董事会

【第一届】

1996年11月,由原上海化工系统的全部国有资产和原上海医药系统的全部国有资产联合重组形成的上海华谊(集团)公司成立。华谊集团第一届董事会由俞德雄、沈培达、高均芳、崔志仁、顾晓春、陈惠莹、许秋塘、徐荣一、张培璋、裴静之、吴亦新11人组成。俞德雄任董事长,沈培达、崔志仁任副董事长。

1998年11月24日,顾晓春任华谊集团副董事长;沈培达不再担任华谊集团副董事长;崔志仁不再担任华谊集团副董事长。

1999年11月1日,张培璋不再担任华谊集团董事。

2000年7月21日,张培璋任华谊集团董事;崔志仁不再担任华谊集团董事。

2001年4月10日,王国雄、刘向东、夏大慰3人任华谊集团董事;吴亦新、沈培达、高均芳、徐荣一4人不再担任华谊集团董事。

【第二届】

2002年9月,张培璋任华谊集团第二届董事会董事长。

2002年9月3日,周波任华谊集团董事;顾晓春不再担任华谊集团副董事长。

2003年2月14日,孙环葆、黄纪宪任华谊集团董事(兼);王国雄、刘向东不再担任华谊集团董事。

2004年6月7日,俞德雄不再担任华谊集团董事。

2004年7月9日,许秋塘不再担任华谊集团董事。

2004年7月28日,王强任华谊集团董事。

2005年6月1日,周波不再担任华谊集团董事。

2005年11月2日,金明达任华谊集团董事。

2005年12月21日,王强任华谊集团副董事长。

【第三届】

2007年9月,华谊集团董事长张培璋退休;金明达任华谊集团第三届董事会董事长。

2008年1月11日,刘训峰任华谊集团董事。

2008年1月11日,陈慧莹不再担任华谊集团董事。

2008年4月2日,上海市化学工会召开五届十四次全委扩大会,选举黄岱列为华谊集团职工董事。

【第四届】

2010年3月,中共上海市国有资产监督管理委员会委员会、上海市国有资产监督管理委员会对华谊集团新一届董事会组成人员(职工董事及其他股东董事人选除外)作出调整:内部董事人选:金明达、刘训峰、秦健;外部董事人选(以姓氏笔画为序):刘根元、张维炯、段祺华、管一民。

2011年3月,华谊集团被市国资委列为第二批董事会建设试点企业,华谊集团董事会进行换届,组成以外部董事占多数的第四届董事会。华谊集团第四届董事会由金明达、刘训峰、秦健、黄岱列、杨小弟、刘根元、张维炯、段祺华、管一民9人组成。

2011年6月28日,陈俊民为华谊集团董事,杨小弟不再担任华谊集团董事。

【第五届】

2013年7月,华谊集团董事长金明达退休,不再担任华谊集团董事长,刘训峰任华谊集团第五届董事会董事长。董事会由刘训峰、秦健、黄岱列、刘根元、张维炯、段祺华、管一民、陈俊民8人组成。

2013年11月13日,石琦任上海华谊(集团)有限公司董事。

三、华谊集团历届董事会重要议案

【第一届董事会】

在华谊集团第一届董事会任期内,董事会共召开15次会议。

1997年2月14日,华谊集团第一届董事会第一次会议,审议通过《上海华谊(集团)公司章程》;审议确定上海华谊(集团)公司司标图案。

1997年7月,在华谊集团董事会一届二次会议上,华谊集团董事会审议了上半年财务预算执行情况,要求在下半年的工作中,通过制定预算方案,建立预算管理制度,编制预算报表等举措加强对各子公司的资产经营管理,确保国有资产保值增值。

1998年6月—2000年7月,华谊集团董事会召开8次董事会,通过并颁布《上海华谊(集团)公司管理工作通则(第一辑)》。该管理工作通则共包含《公司财务管理通则》《全面预算及内部控制提纲》《企业兼并收购管理通则》《国有资产管理通则》《授权经营国有房地产管理通则》《审计内部控制通则》6项章程,对华谊集团及所属企业生产经营管理和资产经营管理的管理原则、管理范围、管理制度、管理程序、管理流程、管理权限、管理机构、控制系统、监督系统等作出明确规定。

通报和通过有关人事议案。1998年11月24日,崔志仁任华谊集团总裁;顾晓春任华谊集团副董事长;高均芳不再担任华谊集团总裁;沈培达不再担任华谊集团副董事长;崔志仁不再担任华谊集团副董事长。

2000年7月13日,华谊集团董事会召开一届九次会议,通报和通过有关人事议案。张培璋任华谊集团总裁,崔志仁不再担任华谊集团总裁;张培璋任中共上海华谊(集团)公司委员会副书记;崔志仁不再担任中共上海华谊(集团)公司委员会副书记。

2000年8月,华谊集团董事会召开一届十次会议,审议通过《华谊集团董事会关于规范法人治理结构 加强资产监控等问题的若干规定》,会议要求各子公司要按照国家的法律、法规和华谊集团公司董事会该次会议通过的若干规定,进一步加强对国有资产的监控,积极探索国有资产管理监控的有效形式,逐步建立国有资产管理、监督、营运体系和机制,建立并完善严格的责任制度。各级董事会、监事会、行政班子都要支持这一规定的贯彻实施,并在实践中加以完善提高。

2001年2月,华谊集团董事会召开一届十一次会议,听取对华谊集团"十五"规划推进情况的汇报。

2001年4月28日,华谊集团董事会一届十二次会议,聘任冯莳荫为董事会秘书。

2002年8月8日,华谊集团董事会一届十四次会议,董事长俞德雄通报《关于受让上海高桥石化丙烯酸厂股权以及转让上海医药(集团)有限公司部分股权情况的报告》。并就为解除上海久事公司对上海高桥石化丙烯酸厂外债的担保责任,已筹措6.6亿元人民币在中国建设银行上海分行监督下委托理财的情况作说明。

2002年9月,华谊集团董事会召开一届十五次会议,通报和通过有关人事议案。俞德雄因工作需要,不再担任华谊集团董事长;顾晓春因工作需要,不再担任华谊集团副董事长;张培璋任第二届董事会董事长的职务。

【第二届董事会】

2002年9月—2007年9月,华谊集团第二届董事会共召开15次会议。

2002年9月,华谊集团第二届董事会召开第一次会议,通报和通过有关人事议案。张培璋任中共上海华谊(集团)公司委员会书记、华谊集团董事长,不再担任华谊集团总裁;周波任中共上海华谊(集团)公司委员会副书记、华谊集团董事、华谊集团总裁;王强任中共上海华谊(集团)公司委员会副书记;王晓元任华谊集团副总裁;俞德雄不再担任中共上海华谊(集团)公司委员会书记、华谊集团董事长;顾晓春不再担任中共上海华谊(集团)公司委员会副书记、华谊集团副董事长、董事。

2003年2月,华谊集团第二届董事会召开第二次会议,审议投资规划部提交《关于编制上海华谊(集团)公司'十一五'发展规划的思路提纲》。会议要求华谊集团行政抓紧制定规划,充分考虑在上海申博成功和构建世界级城市的情况下,加强战略思考,适时完善调整自己的发展战略,切实制定好华谊集团的"十一五"发展规划。《上海华谊(集团)公司"十一五"发展规划纲要》于2006年2月经华谊集团董事会二届十一次会议审议通过。2003年7月,华谊集团董事会召开二届三次会议。会议审议了《关于强化华谊集团董事会决策功能,提高董事会决策效率的议案》和《关于在华谊集团试行〈内部控制标准〉的议案》,原则同意在华谊集团内部建立内控体系,结合华谊集团实际制定好内控标准。

2004年2月,华谊集团第二届董事会召开第四次会议,聘任沈清为董事会秘书;冯莳荫不再担任华谊集团董事会秘书。

2004年7月1日,华谊集团第二届董事会召开第五次会议,会议听取并原则同意华谊集团与亿利资源集团开展战略合作的情况汇报、审议《关于拟投资建设内蒙古40万吨/年聚氯乙烯项目的议案》,授权华谊集团行政班子尽快介入项目,与相关单位共同论证最佳投资生产方案。由此,华谊集团与神华集团、亿利资源集团,在内蒙古呼和浩特市共同签署《40万吨/年聚氯乙烯烧碱项目股权转让和煤电一体化项目合作协议》。该项目股权转让后,亿利资源集团占股41%、华谊集团占股34%、神华集团神东电力公司占股25%。神华集团与亿利资源集团合作建设的煤电一体化项目,包括煤矸石电厂项目和煤矿开发项目。项目建成后,将为三方合资建设的40万吨/年聚氯乙烯项目配套供电,进一步突显聚氯乙烯项目的成本优势和核心竞争优势。

2005年11月25日,华谊集团第二届董事会召开第十次会议,通过金明达任华谊集团总裁。

2006年8月,华谊集团第二届董事会召开第十二次会议,会议审议并原则同意《关于规范华谊集团下属企业资产处置审批程序和权限的议案》。会议授权董事长对集团内有关股东权益或被处置资产净值在1亿~3亿元(含3亿元)的资产处置行为进行审批;授权总裁办公会对集团内有关股东权益或被处置资产净值在500万~1亿元(含500万元)的资产处置行为进行审批;授权总裁对集团内有关股东权益或被处置资产净值在500万元以下(含500万元)的资产处置行为进行审批。会议要求华谊集团制定资产处置实施细则,细化操作办法,强调备案制和预算制。会议还审议并批准《〈关于进一步加强华谊集团投资决策管理的规定〉的议案》。授权华谊集团总裁办公会议对于华谊集团及其下属企业列入预算计划内的限额以上、5000万元以下的对外投资行为进行审批。

【第三届董事会】

2007年9月—2010年3月,华谊集团第三届董事会共召开9次会议。

2007年10月16日,华谊集团第三届董事会召开第一次会议,通报和通过有关人事议案。金明达任中共上海华谊(集团)公司委员会书记,华谊集团董事长,免去总裁职务;刘训峰任华谊集团总裁、中共上海华谊(集团)公司委员会副书记;张培璋不再担任中共上海华谊(集团)公司委员会书记和华谊集团董事长。

2008年2月,华谊集团第三届董事会召开第二次会议,听取"关于2007年华谊集团重大资产运作事项的汇报",董事们对2007年华谊集团在资产运作、改制调整方面做的大量工作表示肯定,同时要求进一步加快调整速度,在具体运作过程中注意合法合规操作。

2008年4月,华谊集团第三届董事会召开第三次会议,审议并通过安徽华谊化工有限公司50万吨/年醋酸及30万吨/年醋酸乙酯联产项目的议案。该项目成为沪皖合作的最大项目,皖江城市带承接长三角产业转移一号工程——华谊集团安徽无为煤化工基地,被列入生态建设与环境保护重点工程,成为国家循环经济试点工程。项目一期投资73亿元,主要建设年产30万吨甲醇、50万吨醋酸和30万吨醋酸乙酯工程。此外,该基地还斥资1.2亿元建设污水处理装置,"三废"处理达到一级环保排放标准。

2009年3月20日,华谊集团第三届董事会召开第七次会议,聘任顾春林为董事会秘书;沈清不再担任华谊集团董事会秘书。

2009年8月,华谊集团第三届董事会召开第八次会议,会议审议并原则批准《华谊集团主业发展和非主业调整三年行动计划》的议案,要求切实按照上海国资国企改革"做强优势企业,重组均势企业,淘汰劣势企业"的精神,继续推进产业整合。要以提高产业赢利能力与核心竞争力为目标,加快主辅分离和两个集中,抓住关键问题,攻克难点问题,突破瓶颈问题,努力做优做强主业,提升集团发展水平。会议还审议并批准《关于上海华谊(集团)公司资产损失责任追究实施办法(暂行)》《关于上海华谊(集团)公司资产损失财务核销管理规定(暂行)》《关于高风险投资业务管理的规定(暂行)》《关于企业总经理和财务总监联签制度的规定(暂行)》4项议案。

2010年3月,华谊集团第三届董事会召开第九次会议,审议关于合资设立内蒙古昊盛煤业有限公司(简称"昊盛公司")有关情况的议案。同意由华谊集团、金诚泰化工有限公司、久泰能源内蒙古有限公司三方合资设立内蒙古昊盛煤业有限公司,董事会要求加快推进速度,完成合资合同和章程文本的签署并做好工商注册登记工作。该公司注册资本1.5亿元,华谊集团持有30.41%股份,首期出资额1520.5万元,获得煤资源配置5亿吨。10月,根据华谊集团第四届董事会第二次会议的决议,通过上海市联合产权交易所挂牌交易,华谊集团将持有的昊盛公司15.51%股权及相应的煤资源额度(2.55亿吨)转让给兖州煤业股份有限公司。

【第四届董事会】

2010年4月—2013年7月,华谊集团第四届董事会共召开13次会议。

2010年5月,华谊集团第四届董事会召开第一次会议。会议审议通过《关于董事会专门委员会的设置、人选建议及工作细则的议案》《关于收购众山投资持有的双钱如皋、双钱重庆部分股权的议案》《关于集团与三爱富公司共同收购内蒙古万豪氟化工有限公司70%股权的议案》《关于对天原集团增资6540万元的议案》《关于天原集团对华谊天原物流公司增资的议案》5个议案。董事会设立"战略与投资委员会""提名委员会""薪酬考核委员会"以及"审计与风险控制委员会"等4个委员会。

2010年8月3日,华谊集团第四届董事会召开第二次会议,审议并批准《关于转让内蒙古昊盛煤业有限公司部分股权的议案》。

2010年9月,华谊集团第四届董事会召开第三次会议,审议《上海华谊(集团)公司'十二五'总体发展规划的议案》,董事会原则同意并批准集团"十二五"总体发展规划。

2011年7月,华谊集团第四届董事会召开第六次会议,会议审议《关于实施〈上海华谊(集团)公司高级管理人员薪酬管理及经营业绩考核办法〉的议案》。董事会原则同意并批准这一方案。会议要求董事会薪酬委员会在制定考核办法实施细则时,进一步细化和完善该办法,并在实施过程中不断总结和探索。

2011年12月2日,华谊集团第四届董事会召开第八次会议,会议审议并通过《上海华谊(集团)公司董事会会议制度及议事规则》《上海华谊(集团)公司投资管理规定》和华谊集团精细化工年产10万吨功能性车辆及预涂卷材系列涂装材料项目、三爱富公司常熟四氟分厂新建含氟聚合物项目等5项议案。会议认为,《上海华谊(集团)公司董事会会议制度及议事规则》的修订和完善,有利于董事会的规范运作,有利于提高董事会会议的决策质量和效率。会议认为,《上海华谊(集团)公司投资管理规定》的修订和完善,对规范集团投资管理决策程序,提高集团决策效率具有积极意义。

2012年12月,华谊集团第四届董事会召开第十一次会议,会议审议并批准《关于上海华谊(集团)公司"三年行动规划"(2012—2014年)的议案》。

【第五届董事会】

2013年7月18日,华谊集团第五届董事会召开第一次会议,通报和通过有关人事议案。刘训峰任中共上海华谊(集团)公司委员会书记、华谊集团董事长、免去总裁职务;秦健任华谊集团总裁、中共上海华谊(集团)公司委员会副书记;金明达不再担任中共上海华谊(集团)公司委员会书记、华谊集团董事长。

2013年8月21日,华谊集团第五届董事会召开第二次会议,审议并通过《华谊集团2013年上半年经营情况报告》《2013年上半年预算执行情况报告》《上半年担保执行情况》《发行中期票据》《投资新建项目》《股权协议收购》《制定国有资产评估管理规定》7个文件。

2013年10月22日,华谊集团第五届董事会召开第三次会议,审议集团《重点企业三年行动计划的情况报告》;审议并批准上海亨斯迈聚氨酯有限公司和上海联恒异氰酸酯有限公司二苯基甲烷二异氰酸酯扩建项目等7个议案。

第二节　监　事　会

一、上海化工控股(集团)公司监事会

1995年12月,上海市化学工业局改制为上海化工控股(集团)公司。1996年6月5日,符卫国任上海化工控股(集团)公司监事会主席,徐家树、吴敖忠任监事会副主席。8月30日,秦柄权、何静芝、王玉春、胡公明、赵如泉5人任上海化工控股(集团)公司监事会监事。

二、上海华谊(集团)公司历届监事会

【第一届】

2001年1月5日,黎干生任华谊集团监事会主席。2月16日,陈禹志、施涛、达孺牛、司徒国基等4人任华谊集团监事会监事。4月6日,聂少犁任华谊集团监事会监事。

【第二届】

2002年9月,华谊集团第二届监事会由黎干生、聂少犁、陈禹志、施涛、达孺牛、司徒国基6人组成。

2004年6月7日,施涛、陈禹志2人不再担任华谊集团监事。7月7日,黎干生不再担任华谊集团监事会主席。

2005年7月26日,张兴准任华谊集团监事会主席。

【第三届】

2007年9月—2010年3月,华谊集团第三届监事会由张兴准、聂少犁、达孺牛、司徒国基4人组成。其间,达孺牛和司徒国基不再担任华谊集团监事,调整补充陆寿海、孙昌明、沈德蒂3人任华谊集团监事。

2008年5月16日,张兴准不再担任华谊集团监事会主席。

【第四届】

2010年3月,华谊集团第四届监事会由聂少犁、陆寿海、孙昌明、沈德蒂4人组成。

2010年6月13日,程志强任华谊集团监事会主席。

2010年11月3日,聂少犁因病去世。

2011年10月19日,陈耀任华谊集团监事会副主席。

2013年4月,孙昌明、沈德蒂不再担任华谊集团职工监事;通过选举,由张建平、汪耀华担任职工监事。

三、华谊集团历届监事会重要议案

【第一届监事会】

华谊集团第一届监事会共召开8次会议。

2001年4月18日,华谊集团第一届监事会召开第一次会议,审议通过《华谊集团监事会章程》《华谊集团监事会议事规则》,以期建立法人治理结构,规范日常运作,确保国有资产保值增值。会议还审议通过对外投资和土地置换两个调研报告;聘任刘志平为华谊集团监事会秘书。

2002年3月12日,华谊集团第一届监事会召开第三次会议,通过《2001年度监督评价报告》。

2003年1月16日,华谊集团第一届监事会召开第五次会议,通过《关于子公司法人治理结构运作情况的专项检查报告》《关于子公司应收账款管理情况的专项检查报告》。

2004年2月14日,华谊集团第一届监事会召开第八次会议,通过《关于企业改制的专项检查报告》《关于重大工程项目的专项检查的报告》。

华谊集团第一届监事会任期内,完成了《关于上海华谊(集团)公司所属企业对外投资的调研报告》《关于子公司法人治理结构运作情况的专项检查报告》《关于子公司应收账款管理情况的专项检查报告》《上海华谊(集团)公司监事会对董事会年度工作的监督评价报告》等多项工作。

【第二届监事会】

2005年9月—2007年9月,华谊集团第二届监事会共召开5次会议。

2006年3月7日,华谊集团第二届监事会召开第一次会议,审议通过《监事会2005年度工作报告》,听取华谊集团"十一五"发展规划纲要、技术发展规划等议案。

2006年12月25日,华谊集团第二届监事会召开第二次会议,审议通过《关于企业科教兴企工作的专项检查报告》。

2007年3月26日,华谊集团第二届监事会召开第三次会议,审议通过《对2006董事会年度的专项监督评价报告》《关于进一步加强监督管理的建议》。会议还就贯彻《2007年市国资委出资监管企业监事会工作要点》进行专题学习。

2007年12月,华谊集团第二届监事会召开第四次会议,审议通过《中外合资企业经营情况专项检查报告》。

2008年3月26日,华谊集团第二届监事会召开第五次会议,审议通过《对董事会2007年度工作的监督评价报告》《关于大额度资金运作的专项检查报告》。

在此期间,监事会工作根据市国资委的部署和《华谊集团监事会章程》的规定,深入实际开展调研,并由监事会主席向市国资委报送情况专报8份、对董事会年度工作的监督评价报告2份以及其他方面的各项工作。

【第三届监事会】

2010年9月,华谊集团第三届监事会召开第一次会议,审议通过《上海华谊(集团)公司监事会章程(审议稿)》(简称"章程《审议稿》")。这个《章程(审议稿)》是在2010年4月18日华谊集团第一届监事会第一次会议审议通过的《华谊集团监事会章程》的基础上,依据国有资产管理体制改革和国有企业改革深化的实际,对《章程(审议稿)》的组织结构、基本职责、岗位职责、议事规则、工作方式、报告制度及监事会自身建设作了较大幅度的修改,使《章程(审议稿)》的各项表述更趋完善和更具操作性。会议还审议通过《上海华谊(集团)公司监事会成员履职行为准则》。

同时,在华谊集团第三届监事会第一次会议上,根据华谊集团党委提名推荐,聘任陈友新为监事会秘书。

【第四届监事会】
2010年10月—2013年7月,华谊集团第四届监事会共召开11次会议。

华谊集团第四届监事会会议,按规定审议上报《对董事会监督评价报告》3篇、《监事会年度工作报告》3篇;先后到集团所属的12家二级子公司(合计21家企业)及集团在江苏、安徽、山东、重庆、内蒙古的7家市外企业开展调研,并形成专题调研报告经监事会审阅通过;监事会还会同董事会审计与风险控制委员会连续3年对集团聘请的审计事务所年审工作开展检查与评估,并按照市国资委设置的财务预警指标的动态变化,加强对集团资金、资产、资本等方面的风险管控;围绕集团3年经济工作的开展,监事会根据自身的考察调研、跟进了解、分析梳理,从转型发展、资产管控等方面共提出11条建议,其中"努力解决部分核心业务亏损"的建议得到市国资委领导的关注。

2010年10月14日,华谊集团第四届监事会召开第二次会议,审议集团监审部关于小金库专项治理情况的报告;集团节能减排专题调研方案与集团财务、投资情况的汇报等。

2011年3月11日,华谊集团第四届监事会第三次会议,听取集团监审部有关2011年监督审计执行情况和2012年监督审计工作安排;听取5家会计师事务所工作汇报和新一年工作预案。

2011年8月24日,华谊集团第四届监事会第四次会议,听取集团投资规划部、工程部关于2011年上半年市外投资情况汇报。

2011年12月15日,华谊集团第四届监事会第五次会议,听取集团监审部有关2011年监督审计计划执行情况汇报等。

2012年2月22日,华谊集团第四届监事会第六次会议,审议并批准集团监事会对董事会2011年度工作的监督评价报告;听取上海市国资委监事会主席会议精神。

2012年3月15日,华谊集团第四届监事会第七次会议,听取3家会计师事务所对集团2011年度年报审计情况的汇报;审议集团监审部关于集团2012年监察审计工作计划的汇报。

2012年8月9日,华谊集团第四届监事会第八次会议,对2012年度上半年监事会工作总结和下半年工作计划作出安排。

2013年3月19日,华谊集团第四届监事会第九次会议,听取4家会计师事务所对集团2012年度财务年报审计情况的汇报等。

2013年5月15日,华谊集团第四届监事会第十次会议,审阅并批准集团监事会对董事会2012年度工作的监督评价报告等。

2013年6月13日,华谊集团第四届监事会第十一次会议,审议集团监事会对董事会任期评价报告等。

第二章 集团管控

第一节 经济运行

一、主要管理制度

化工局从1984年重新建立生产技术处起,到20世纪90年代,其生产计划、生产调度、经济运行数据统计,以及编制化工局主要经济统计资料等管理职能归属生产技术处。1996年6月,化工控股公司撤销生产技术处,设立管理部以承担经济运行管理职能。2001年4月,华谊集团把管理部变更为综合管理部。主要承担华谊集团的经济运行管理职能。

为保证华谊集团经济运行的正常管理,华谊集团制定一系列经济运行管理的规章制度,1997年,制定《上海华谊(集团)公司质量振兴实施计划》和《生产管理制度文件汇编》,主要包括生产综合管理、工艺管理、设备管理、生产运行、质量管理、节能管理等方面的45项制度,并先后形成一系列的重要管理手册,主要有《工艺技术管理手册》《设备技术管理手册》《重大设备管理手册》《试生产管理手册》《电气设备管理手册》《仪器仪表自动控制设备管理手册》《降本增效管理手册》《技措技改项目管理手册》《大客户及会展管理手册》等13则,相继出台《物资采购管理规定》《销售及贸易管理规定》《设备供应商管理规定》和《供应商管理办法》《集中采购管理办法(试行)》等文件制度。2012年,制定《销售管理办法》。2013年,出台《集团客户资信管理办法(试行)》等制度。

二、主要管理控制

【应急联动】

华谊集团综合管理部具体负责制订生产和销售计划的安排和考核,负责经济运行的数据统计,建立生产调度系统管理控制各主要生产企业的日常生产运行。2006年12月,华谊集团应急联运中心成立。华谊集团应急联动中心和上海吴泾化工有限公司(简称"吴泾公司")、上海焦化有限公司(简称"焦化公司")、上海氯碱化工股份有限公司(简称"氯碱公司")、上海三爱富新材料股份有限公司(简称"三爱富公司")、上海华谊丙烯酸有限公司(简称"丙烯酸公司")首批5家重点企业分中心共同构成应急处置网络体系,实行24小时运转,采用GPS、GIS、MSDS、视频会议、短信平台等先进技术工具。

【节能降耗】

1992年,化工局万元产值能耗2.58吨标准煤,比1991年下降6.7%,节约标准煤20万吨;考核的14项高能耗产品,能耗下降率达70%;考核企业100项产品,143项能源、原材料指标,稳定下降的117项,稳定下降率达82%。11家企业被评为1992年度上海市节能先进企业,6家企业被评为上海市节约原材料先进企业。

2003年,华谊集团狠抓"降一达零"(成本下降1个百分点和重大安全事故为零),全面提升经济运行质量,万元产值能耗下降到1.75吨标准煤。

2006年9月,在"中国石油和化工行业节能工作"会议上,氯碱公司获"中国石油和化学工业节能先进单位"称号,氯碱公司生产部王立贵、电化厂瞿亚红获"中国石油和化工行业节能先进个人"称号。该公司大力开展群众性节能创建、技术创新和形式多样的"岗位节能""降耗增效"活动,促进企业步入能源综合利用、工厂清洁化生产良性循环轨道。

2007年,节能降耗取得进展。对5000吨标准煤/年以上重点企业进行能源审计;关停吴泾公司合成氨等高能耗、高污染装置;通过布局调整归并均势企业、淘汰劣势企业;推进绿色照明灯具、节能电机等节能设备应用,万元产值能耗0.84吨标准煤,比2006年下降17.14%。

2009年,华谊集团加快结构调整,推进节能减排。通过健全对标体系,开展工艺查定,严格控制主要产品单耗、优化工艺操作,提高运营水平;全年围绕确定的22个重点项目开展工艺查定,对24个主要产品的原材料消耗、能耗设定控制目标;全年投入9253万元实施48个节能降耗项目,完成40个,继续实施8个;是年,节约标准煤近2万吨,万元产值能耗达0.82吨标准煤。

2010年,华谊集团综合能耗378.7万吨标准煤,万元产值能耗0.87吨标准煤。

2011年,华谊集团综合能耗334万吨标准煤,比2010年下降1%;万元产值能耗0.71吨标准煤,比2010年下降11%。

2012年,华谊集团按照《上海市产业结构调整协调推进工作责任书》要求,实施氯碱公司聚氯乙烯厂空压机余热回收、吴泾公司乙酸乙酯装置循环风机电机改变频、三爱富常熟公司精馏塔改造等33个节能技改项目,年减少能耗4.7万吨标准煤。此外,按照年初下达的24个主要产品原材料和能源消耗计划指标,实施对标管理,加强重点监控和月度分析。全年华谊集团综合能耗334万吨标准煤,比2011年下降1%;万元产值能耗0.71吨标准煤,比2011年下降11%。

【品牌建设】

2006年3月,华谊集团召开品牌建设专题会。是年,华谊集团实际使用的商标82件,占拥有商标总数的42.3%;其中年销售收入在5000万元以上的商标31件。华谊集团旗下名牌产品的销售收入在110亿元左右,占集团实际掌控企业销售收入的47%,名牌产品集中在双钱集团股份有限公司(简称"双钱集团")、上海氯碱化工股份有限公司、上海吴泾化工有限公司、上海涂料有限公司(简称"涂料公司")、上海回力鞋业有限公司(简称"回力鞋业公司")5家企业,著名商标也都集中在这些公司。

2006年8月,第四届中国市场用户满意品牌高峰论坛年会在北京人民大会堂举行。根据"公众投票、电话访问、评委审定"的评分结果,轮胎公司"双钱"牌轮胎获"中国轮胎市场自主创新用户满意第一品牌"称号。这是"双钱"品牌连续4次在"中国市场品牌用户满意度调查"中获此殊荣。9月,"双钱""申峰""白象""一品"4个品牌入选上海首批38个出口品牌。

2007年1月,由中国品牌研究院首次举办的全国各省市"城市经济名片"遴选评定揭晓,"双钱"牌作为标志性品牌,被认定为上海经济名片。被认定为上海经济名片的仅有10个标志性品牌,"双钱"牌在"上海经济名片"中排位第三。2月,在中国品牌研究院公布的"中国最有价值商标500强"中"双钱"商标价值评估为12.82亿元。是年,涂料公司研制的采用聚偏氟乙烯树脂和不含重金属配方的环保型"飞虎"牌新型氟碳卷材涂料,产品技术指标达到国外同类产品先进水平,打破国外氟碳涂料在彩涂板(铝塑板)业的垄断,填补国内卷材涂料的空白。该产品被列入上海市重点新产品计划。

2008年4月,我国第一家油墨制造企业上海油墨厂"牡丹Peony及图",被国家行政管理总局认定为中国驰名商标,填补国内油墨行业中国驰名商标的空白;"牡丹"注册商标具有50年历史。是年,在上海市质量技术监督局和上海市名牌产品推荐委员会组织对上海市560余家生产企业和80家服务企业的品牌评选中,双钱集团的"扇"牌肥皂、"蜂花"牌香皂和"双钱"牌全钢子午线轮胎;氯碱公司的"申峰"牌悬浮聚氯乙烯、糊状聚氯乙烯被评为2007年度中国名牌产品,吴泾公司的"吴泾"牌工业冰乙酸等18个品牌被评为2007年度上海名牌产品。

上海回力鞋业有限公司的"回力"商标1999年被认定为中国驰名商标,1997年起持续被评为上海市著名商标。2002年,"回力"牌足球鞋被中国质量协会等授予市场信得过产品。"回力"牌篮球运动鞋被中国橡胶协会胶鞋分会授予"全国胶鞋行业协会推荐产品"。2010年1月,回力鞋业公司通过"2010上海世博会"特许产品生产商和零售商资格认证;"回力"品牌运动鞋和休闲鞋进入"2010上海世博会"全国特许销售网络和其他特许渠道。

2011年1月,在北京人民大会堂举行的第七届中国品牌影响力高峰论坛年会上,华谊集团总裁、双钱集团董事长刘训峰以其在品牌建设方面的突出成绩,被评为中国品牌建设十大杰出经理人。双钱集团产品获"低碳经济中国轮胎行业领军品牌""中国轮胎行业最具影响力第一品牌"称号。2月,上海染料研究所有限公司被商务部认定为"中华老字号"企业;该公司生产的"狮头"牌食品添加剂是中国规模最大、世界第二的着色剂生产龙头企业。6月16日,回力鞋业公司出席南宁颁奖大会,"回力"品牌获2011年中国元素"十大时尚品牌"称号。10月,上海京华化工厂有限公司注册商标"白石",被中华人民共和国商务部认定为"中华老字号"。

2013年4月,氯碱公司入选中华人民共和国工业和信息化部2013年工业品牌培育试点企业名单。上海市14家入选企业中,11家为消费品品牌企业,氯碱公司等3家为装备、化工类品牌企业。

【工艺查定】

华谊集团综合管理部通过制订年度的工艺管理工作计划,明确具体内容,规范以工艺规程、岗位操作法为重点的工艺文件管理,强化生产操作指令的管理。在此基础上,逐步建立集团主要装置的生产周报、旬报制度加强生产运行预算偏离度的分析和装置非计划停车的控制。通过健全对标体系,开展工艺查定,严格控制主要产品单耗、优化工艺操作,提高运行水平。

2007年2月,吴泾公司按照"系统思考、流程再造、专业管理"的总体要求,推行以各生产装置为主体的装置化管理,并以乙酸乙酯装置为试点,出台《实施"装置化"管理的若干规定(试行)》。

2009年,综合管理部围绕确定的22个重点项目开展工艺查定,对24个主要产品的原材料消耗、能耗设定控制目标。

2012—2013年,华谊集团综合管理部组织基层企业与上海市化工科学技术情报研究所(简称"化工情报所")、上海华谊集团技术研究院(简称"技术研究院")结合,组织开展联合攻关,各企业技术中心也结合工艺查定工作,和生产部门核准,实施一批生产项目技术进步工作。其中涂料公司技术中心树脂国产化替代研究,提高了产品的毛利率和竞争力。丙烯酸公司汽提塔填料改进,仅填料购买费用一项节省几十万元。焦化公司技术中心与天坛助剂厂合作开展新型水煤浆添加剂的适用性、降低安徽淮东煤钠含量、降低燃烧中的锅炉积灰、沾污、黏结等研究,确保锅炉运行的稳定性。双钱集团技术中心以降低成本为目标的农用胎配方优化研究和高硬度矿山胎面胶性能提升研究,通过混炼工艺优化,标准化操作,工作效率提高5%~7%;终炼胶合格率稳定提高99.5%以上;胶料能耗由460度/吨降低到425度/吨,节能7%,内衬层热贴生产线生产效率提高15%。氯碱公司技术中心对新型聚氯乙烯树脂的加工助剂进行中试试验和评价,为工业化六釜使用提供数据,改进后的氯醋糊树脂各项指标基本达到要求。三爱富公司技术中心开展F46废水和F4废水中全氟辛酸的回收,降低了产品消耗,减少了污染排放,回收的全氟辛酸完成生产应用试验。是年,综合管理部以焦化、氯碱、吴泾和丙烯酸公司4个企业为试点,对52台关键设备建档立册,并落实人防、技防措施,推行关键设备的定点、定员管理。制定《华谊集团关键设备特护管理办法》和《华谊集团设备检修管理办法》,明确设备管理、检修的具体要求、内容,为规范装置、设备检修,加强检修费用的控制奠定基础。发挥华谊集团优势推进"一体化",实现氯碱公司向焦化公司供氢气,优化整合区域的氢气资源;完善吴泾公司向氯碱公司供应中压蒸汽的工作;协调焦化公司、吴泾公司关联装置的检修计划,规避经营风险;推进丙烯酸、醋酸等业内互供产品的直供,提高业内企业的产业关联度,增强整体抗风险能力。

第二节 资 产 管 理

一、主要管理制度

化工控股公司成立后,设立资产部作为资产运作管理的职能部门。在其后的2001年和2009年华谊集团本部机构改革中,资产部的管理职能随着企业改革的不断深化而得到增强。

1996年10月,制定《上海化工控股(集团)公司土地及建筑物租赁的若干规定》。1998年4月,制定《上海华谊(集团)公司国有资产产权登记证使用和管理的若干规定》。1998年6月,《上海华谊(集团)公司管理工作通则(第一辑)》颁布。其中包括《企业兼并收购管理通则》《国有资产管理通则》《授权经营国有房地产管理通则》等制度。对集团及所属企业资产经营管理的管理原则、管理范围、管理制度、管理程序、管理流程、管理权限、管理机构、控制系统、监督系统等作出明确规定。2006年12月,出台《关于规范企业改制工作的若干规定(试行)》《关于规范企业改制资产评估工作的若干规定(试行)》。其后又相继出台《资产评估管理办法》《存量资产管理办法》《关于加快推进2008年企业清理工作的指导意见》《企业清理工作指导意见》《企业清理认定标准》等资产管理的制度。2009年8月,出台《关于加快推进集团主辅分离 辅业改制工作的指导意见》。

二、主要管理控制

【企业清理、重组、整合】

1992年,化工局深化企业改革。一是劳动人事制度改革,实行企业全员劳动合同制和上岗合同制以及相应的企业内部机构改革。二是在29家企业中开展利税分流、税后还贷改革试点。集体性质的上海新华化工厂进行股金合作制试点。三是开展各种单项改革试点,28家企业开展财务制度与国际惯例接轨试点,3家企业开展养老保险制度改革试点,部分科研院所与学校实行内部承包责任制改革。

化工局改制后,企业清理、重组、整合的步伐不断加快。

1998年8月,华谊集团明确员工数500人以下、年销售收入1 000万元以下的国有小企业,必须采取改、租、并、破、歇、卖等措施,实行改革改制,提高经济效益和投入产出率。

1999年,华谊集团组建全市第一家全新的由全系统集体企业参加的联合经济组织——上海化工联社。联社建立完善的法人治理机构,确保集体资产保值增值,办成"专、精、特、新、活"经济实体。

2000年2月,华谊集团以拥有的存量总资产和上海工业投资(集团)有限公司以5亿元现金投入,重组上海医药集团有限责任公司。9月,上海医药(集团)总公司通过资产重组改制成由上海华谊(集团)公司与上海工业投资(集团)有限公司分别拥有50%股权的"上海医药(集团)有限公司"。5月,由华谊集团出资80%,企业经营者群体入股20%,共同投资重组的上海回力鞋业有限公司成立;新公司与行业整体调整相联动,加大"回力"品牌发展力度。

2003年8月,上海华谊集团企业发展有限公司(简称"企发公司")和上海华谊集团化工实业有限公司(简称"实业公司")成立。企发公司承担调整企业实施"一体化"运作职责,使各种存量资源效益最大化、各项结构调整的效果最优化,满足华谊集团调整需求。实业公司是华谊集团投资5000万元的全资子公司,以房地产开发为主业,以商业租赁和物业管理为两翼,有计划地拓展工业房地产、仓储和物流、贸易以及金融投资业务。是年,华谊集团稳妥推进企业破产和小化肥整体退出,小化肥行业调整退出取得阶段性成果。2005年12月,上海9家小化肥企业全部歇业。

2007年,华谊集团经过企业重组,完成四级次及以下企业注销110家,继续清理139家,其中停业54家,华谊集团企业总数下降到590家。华谊集团资产部继续通过"关、停、并、转"等途径加快工作进程。在开展企业清理、重组、整合工作中,华谊集团资产部遵循"先分、后活、再重组"的原则推进主辅分离。先分,指辅业在企业内部模拟市场机制独立核算,改暗补为明贴,逐步与市场接轨。后活,指通过体制机制创新,在保证原企业业务的基础上,鼓励其积极拓展业外市场,通过业外市场获取的利润按一定比例奖励带头人和职工。再重组,指根据辅业发展情况,通过引进社会资本及民营资本实施转让、重组,逐步做到辅业社会化。3月,华谊集团成立企业清理指导工作组,在企发公司专设办公室,并召开2008年资产管理工作会议,研究部署加快资源整合和非核心业务调整工作。华谊集团制定《关于加快推进2008年企业清理工作的指导意见》,明确完成企业清理任务的认定标准。截至12月底,共完成企业清理273家,其中完成注销170家。

2009年,华谊集团采取分步实施的方法,推进辅业单位独立核算、业务拓展和自负盈亏;加快辅业单位剥离改制、整合重组和开放转让,实行市场化、开放性重组。12月,华谊集团搭建精细化工平台,由涂料公司牵头,将涂料公司与上海华原化工有限公司(简称"华原公司")、上海试四赫维化工有限公司(简称"试四赫维公司")等企业整合为一体。2012年1月,涂料公司在华谊集团部署下整合了上海化学试剂研究所和上海三爱思试剂有限公司。

2010年12月,上海华向橡胶制品有限公司由企发公司托管。这是继上海染料有限公司、上海化工厂有限公司、上海化学试剂有限公司、上海塑料有限公司、上海化工装备有限公司后进入企发公司平台的第6家行业性公司。

"十一五"期间,华谊集团通过业务整合,实施"关、停、并、转",推进小企业清理,截至2010年年底,基本消灭五级次以下企业,企业总数从2005年的786家下降到2010年的299家。

2013年8月,企发公司成立10周年。作为华谊集团的企业调整平台,企发公司对华谊集团7家原二级公司及下属的80多家企业进行调整;处置原值为17多亿元的报废设备。

【债权转股权】

1999年9月6日,上海焦化有限公司被确定为全国第一批"债转股"试点企业,中国信达资产管理公司、上海华谊(集团)公司和上海市城市建设投资开发总公司共同签订《上海焦化有限公司债权转股权意向书》。2000年6月，中国信达资产管理公司、中国华融资产管理公司、上海华谊(集团)公司、上海市城市建设投资开发总公司4家投资股东，共同签订《上海焦化有限公司"债转股"协议》。

2000年6月，华谊集团下属的吴泾公司、上海中远化工有限公司(简称"中远公司")和上海化工厂有限公司(简称"上化公司")与中国华融资产管理公司、中国信达资产管理公司、东方资产管理公司、长城资产管理公司签订《债转股协议》。实施债转股后，3家企业的资产负债率均降至50%以下。

【股权调整】

进入21世纪，资产部按照华谊集团的总体部署，围绕五大核心业务的发展，深化产业整合，提高各板块的赢利能力与核心竞争力。

煤化工板块 完成安徽华谊化工公司和安徽华谊精化公司的整合，并由华谊集团持股30%，为安徽基地"一体化"建设创造条件；成立华谊集团煤化工产业整合工作小组，并专门聘请咨询公司参与制定整合方案，以加快煤基多联产产业发展步伐。

轮胎板块 形成由华谊集团(香港)有限公司收购双钱集团(如皋)轮胎有限公司23.33%股权和双钱集团(重庆)轮胎有限公司10%股权的方案，提升主业控制力。

精细化工板块 实现华原公司、上海硫酸厂有限公司(简称"上硫公司")、试四赫维公司和涂料公司的整合；完成涂料公司收购天同精细化工(南通)公司75%的股权。

新材料板块 三爱富公司完成对内蒙古三爱富万豪氟化工有限公司70%股权的收购。

服务业板块 将实业公司持有的上海华谊集团房地产有限公司80%股权划转到华谊集团。发挥上海华谊集团投资有限公司(简称"投资公司")功能，将华谊集团持有的上海三爱思试剂有限公司100%股权、上海华太投资发展有限公司30%股权以及上海天原(集团)有限公司(简称"天原集团")下属上海胜德塑料有限公司持有的上海风华塑料制品有限公司3.51%股权划转投资公司，实现集中管理。同时，为打造华谊集团海外投融资平台，集团通过吸收调整，组建华谊集团(香港)有限公司。

第三节 财 务 管 理

一、主要管理制度

化工局下设财务处。化工局改制为企业集团后，华谊集团财务部主要负责建立集团的财务管理体系和财务管理制度，负责集团财务分析工作和预算管理，加强资金结算中心管理，负责对资金的统筹管理和调度等。

1997年7月，制定《关于企业担保的若干规定》《关于现金管理暂行制度》《关于款项支付的暂行规定》《关于费用报销的暂行规定》等财务管理制度。1998年6月，《上海华谊(集团)公司管理工作通则(第一辑)》颁布。其中包括《公司财务管理通则》《全面预算及内部控制提纲》等制度；修订出台《上海华谊(集团)公司财务会计制度汇编》。2002年，出台《关于企业资产减值 财产损失处理的规定(试行)》《关于国有资产投资收益分配的规定(试行)》《上海华谊(集团)公司应收账款管理若干规定(试行)》等制度。2004年6月，制定《上海华谊(集团)公司内部控制规范》。2006年3月，出台《上海华谊(集团)公司重大财务事项报告工作规定》。2009年，制定《上海华谊(集团)公司资产损失财务核销管理规定(暂行)》等制度。其后又相继出台《财务会计管理办法》《财务总监管理办法》《财务共享服务管理办法》等财务管理制度。

二、主要管理控制

【预算管理】

自1996年起,华谊集团推行全面预算管理,通过制定预算方案,建立预算管理制度,编制预算报表等举措,加强对各子公司的资产经营管理,确保国有资产保值增值。

1997年,财务部牵头建立月度预算分析制度,分析的内容主要包括:经济效益完成情况及趋势,资金运行情况分析。

2004年,华谊集团被列入市国资委国有资产经营预算的试编单位。国资经营预算以集团公司全面预算为基础,增加母公司的投资收益、现金流量预算和非持续企业的预算等内容。

2007年,财务部牵头,通过与华谊集团各部门以及各子公司财务总监的多次讨论,进一步完善《全面预算管理》制度,规范预算管理的流程。

2010年,财务部推进预算管理信息化。通过招标,选定SAP系统作为华谊集团预算信息化软件,并聘请埃森哲(中国)有限公司作为系统开发商。至12月底,实现华谊集团年度预算在线编制。

【资金管理】

华谊集团成立以来,财务部不断拓宽融资渠道。

1999年,焦化公司被确定为全国第一批"债转股"试点企业。实施"债转股"后,焦化公司经营情况明显转好。5月,产值与1999年同期相比增长15.4%,创历史最高水平;销售收入比1998年增长29%;产销率达103.1%,产品库存量下降;流动负债低于流动资产。

2001年1月18日、20日,上海华谊(集团)公司分别与中国工商银行上海市分行(简称"工商银行")、中国建设银行上海市分行(简称"建设银行")签订期限5年的新一轮银企合作协议。工商银行、建设银行对华谊集团的优势企业与新建优势项目提供总额为30亿元的授信额度和全方位的金融服务,重点支持和参与华谊集团在上海化学工业区的开发建设、吴泾等老化工基地的改造。

2004年4月26日,华谊集团与工商银行外滩支行签署《集团账户开户协议》。5月11日,开立集团一级账户。10月,又与工商银行外滩支行签署《现金管理服务协议》。这标志着华谊集团财务结算中心已经成立,实现本部与实业公司、企发公司等单位10个账户的联通,并开始实施实业公司和企发公司的资金在结算中心实际的划转操作。

2007年2月25日,中国人民银行发出备案通知书,批复华谊集团发行最高余额为25亿元的短期融资券(可在限额内分期发行),期限至2008年2月底。3月27日,首批15亿元短期融资券融资款项足额划至华谊集团工行账户。是年,国家发展和改革委员会批复同意华谊集团发行8亿元"07华谊债";债券期限为10年,债券票面年利率为基准利率加上基本利差2.35%,债券评级AAA。2007年9月27日,债券发行结束,募集资金全部到位;"07华谊债"成功发行,解决了华谊集团"十一五"项目的部分资金需求。

2009年4月起,华谊集团本部开始执行月度大额资金收支预算。集团本部各部门在当月25日之前上报次月10万元以上的大额资金收支计划,并填报《部门资金收支预算表》;对于偏离预算50万元以上的支出事项,必须报请集团分管领导审批同意方可支付。7月,华谊集团发布"财务集中"

和"资金集中"两个指导意见。"财务集中"要求子公司在财务人员集中管理,财务标准化作业体系,加强财务工作考评三方面集中管理;"资金集中"意在发挥集团筹融资中心,资金调度中心,票据管理中心和理财中心等作用,降低华谊集团整体资金成本和存贷款总规模。

2009年7月8日,华谊集团注册发行"上海华谊(集团)公司2009年度第一期短期融资券",募集金额为40亿元,期限为1年,发行利率为2.31%。该次的主承销商由交通银行股份有限公司和中国工商银行股份有限公司联席担任。12月30日,上海华谊(集团)公司与中国银行上海市分行(简称"中国银行")举行"战略合作协议暨安徽华谊化工有限公司年产60万吨甲醇项目银团贷款"签约仪式。该项目贷款人为中国银行牵头的银团,贷款金额不超过21亿元,贷款期限为8年(含宽限期2年),利率为中国人民银行公布的贷款基准利率下浮10%。

2010年,根据"资金集中"的管理要求,财务部着手搭建华谊集团资金集中信息化管理平台。通过招标选择工商银行、中国农业银行上海市分行(简称"农业银行")、中国银行、建设银行、交通银行上海分行(简称"交通银行")和上海浦东发展银行(简称"浦发银行")分别签署《现金管理服务协议》和《银企互联协议》等。下半年,通过公开招标确定石化盈科信息技术有限责任公司(简称"石化盈科")作为资金集中管理平台的系统开发商,并确定天原集团、投资公司以及丙烯酸公司作为试点公司。

2010年,华谊集团先后与交通银行和浦发银行签署《全面战略合作协议》。交通银行和浦发银行分别向集团提供200亿元的意向性授信额度和100亿元的综合授信额度。10月19日,华谊集团成功申请发行"上海华谊(集团)公司2010年度第一期中期票据",募集资金为20亿元,期限5年(第3年末附发行人赎回权),票面利率为:前3个计息年为3.94%;若不行使发行人赎回权,则第四、第五季度为5.32%。本期中期票据由交通银行股份有限公司和中国银行股份有限公司联席担任主、副承销商。

2011年11月,通过"内保外贷"方式,华谊集团(香港)有限公司取得中国工商银行(亚洲)有限公司2 000万美元信用额度以及中国农业银行香港分行4 000万美元信用额度。是年,华谊集团先后与宁波银行上海长宁支行、南京银行上海分行以及中国农业银行上海市分行签署银企战略合作协议。根据协议,3家银行分别向华谊集团提供相应额度的意向性综合授信。

2012年,华谊集团与中国民生银行股份有限公司上海分行签署《银企合作协议》,授信金额为10亿元。根据《协议》,民生银行向集团提供的授信为免担保且利率按央行同期基准利率下浮10%优惠。是年,华谊集团(香港)有限公司通过"内保外贷"方式获取中国工商银行(亚洲)有限公司5 000万美元及中国农业银行香港分行4 000万美元,交通银行股份有限公司香港分行2 000万美元,上海浦东发展银行香港分行及离岸中心4 000万美元,共计1.5亿美元的信用额度。

2012年10月25日之前,华谊集团资金管理信息系统(TMS系统)打通了工商银行、交通银行和浦发银行3家银行的上海华谊集团财务有限责任公司(简称"财务公司")账户的TMS结算流程。财务公司账户平台的上线运营,标志着华谊集团资金集中管理水平踏上新台阶。截至2012年年底,有80家企业的财务公司账户实现上挂TMS系统,财务公司归集资金规模达到29.1亿元。

2013年,华谊集团进一步深化华谊香港公司融资平台作用,在原"内保外贷"合作框架基础上集团通过和中国银行的深入合作,将中国银行给予集团的授信额度在中国银行系统内采取额度切割的方式转用到华谊香港公司,为华谊香港公司取得6 000万美元的境外授信额度;在和工商银行持续良好的合作基础上,华谊香港公司又成功取得工银亚洲授予的2 000万美元免担保信用额度。

2013年,根据华谊集团关于"两个集中"的管理要求,为进一步优化华谊集团资源配置,提高资金使用效率,华谊集团下属外地企业陆续在财务公司开立账户,从而使华谊集团对外地企业的资金监控的力度进一步加大。各企业的收支结算均通过集团资金系统(TMS)进行审批。

【成本管理】

1992年,化工局财务处对所属企业的成本管理提出和组织针对性的"三降二减"活动。"三降"是指,降低原材料采购成本,降低原材料消耗水平,降低委托外加工费用;"二减"是指,减少劳务费用,减少利息支出。此举控制了成本上升趋势。

1996年,华谊集团提出"学邯钢,找差距,明目标,创一流"活动。财务部组织落实推广邯郸钢铁集团有限责任公司(简称"邯钢")的"目标成本管理办法"。10月中旬,财务部与会计学会共同召开"上海化工财务学邯钢"会议,总结并推广全系统财务学邯钢的经验与成果。

1997年,为规范华谊集团本部的财务活动,提高财务管理水平,财务部印发《关于现金管理暂行制度》《关于款项支付的暂行规定》和《关于费用报销的暂行规定》。

1998年,财务部决定在公司内部建立财务月度分析报告制度。报告范围涵盖子公司与所属全资工业企业,以及投资控股、参股企业。此外,还建立了月度财务分析例会制度。

【金融工作】

2011年1月13日,华谊集团召开金融工作会议,邀请海通证券、德邦证券、仁和资本等券商单位以及工商银行、中国银行、交通银行和浦发银行等集团合作银行,对是年的金融市场和金融形势进行分析判断,提出融资多样化的建议与方案。2012年与2013年,分别召开第二、三次金融工作会议,会议邀请海通证券、中信证券、瑞银证券,以及交通银行、工商银行、美国银行、浦发银行等金融单位专业人士作主题演讲。

【内控管理】

1997年,财务部制定《关于企业担保的若干规定(试行)》。

2002年,华谊集团完善集团内控体系。制定《关于"关停并转"企业清算的规定(试行)》《关于企业资产减值 财产损失处理的规定(试行)》《关于国有资产投资收益分配的规定(试行)》《上海华谊(集团)公司应收账款管理若干规定(试行)》和《上海华谊(集团)公司经营者持股管理规定》等制度。

2005年,财务部修订和制定一批符合"新企业会计制度"精神的会计内控制度。

2006年,财务部进一步加强内控制度建设,分别制定《上海华谊(集团)公司资产减值准备管理规定》《上海华谊(集团)公司重大财务事项报告工作规定》《上海华谊(集团)公司关于规范企业改制财务审计工作的若干规定》《上海华谊(集团)公司企业逾期应收账款经济考核暂行办法》《上海华谊(集团)公司关于加强投资决策管理的规定》等制度,完善内控体系的制度建设。

【会计电算化】

1991年,财务处对75%的企业进行账务报表处理系统的验收,制定会计电算化工作规划。

1997年,财务部做好电子计算机替代手工记账的工作,会计电算化从核算型向管理型发展。

2000年,财务部完成对10个单位的会计电算化验收。此外,还完成华谊集团对涂料公司金蝶财务软件的数据进行远程查询系统安装。

2001年,华谊集团母体会计电算化方案通过上海市财政局会计处的验收。2001年1月1日,启用金蝶财务软件替代手工账。是年,委托蓝赛特软件公司开发的"华谊财务管理信息系统"投入试运行。

2011年,财务部向卢湾区财政局申请进行会计电算化备案工作。财务部在会计科目设置、管理制度、人员配置方面进行完善;10月,取得会计电算化备案证书。

2012年,财务部制定BPR流程,规范财务核算规程,设置财务会计科目,统一全集团的会计科目、会计核算、会计凭证、会计报表和会计客户编码。试点企业三爱富公司和丙烯酸公司在实施顾问单位埃森哲(中国)有限公司及石化盈科信息技术有限责任公司配合下,ERP系统在9月底基础数据顺利初始,10月上线运行。

2013年,ERP项目启动二期推广工作,试点单位包括氯碱公司、焦化公司、天原集团、双钱集团和上海华谊信息技术有限公司(简称"信息公司")等。通过二期实施,进一步加强了华谊集团财务管控点、财务报表、分析报表、成本中心、利润中心及会计科目的完善和统一,建立起ERP与HR、BPC、TMS、TR、FM、OA等系统集成的互联互通、规则统一。

【税务管理】

2005年,上海市财政局全面推行"税收属地征管,地方税收分享"的财税体制改革。华谊集团财税隶属关系转为上海市财政局卢湾分局;下属各单位、企业根据注册地,划转至不同的市财政分局。

2012年,财务部完成黄浦、卢湾两区合并后的税务调整工作,并通知华谊集团各部门及转告各客户工作,使全年的税务工作顺利进行。做好月度日常报税工作,并及时与税务机关联系,华谊集团本部取得上海市A类纳税人资格。是年,上海市在交通运输业和部分现代服务业实施"营业税改征增值税"的试点工作。华谊集团加强对所涉子公司营改增前后税负变化情况的调查和分析。

【清产工作】

1993年,财务处搞好清产核资前期工作,进行清产试点,摸清20家事业单位的财产情况,积极处理账面遗留问题。1997年,财务部委托长江会计师事务所帮助进行审查。截至1996年年底,华谊集团不实资产金额为18.88亿元(化工部分10.12亿,医药部分8.76亿元),还存在历史遗留问题14.42亿元(其中专项汇兑损失10.32亿元,借款利息2.25亿元)。

1999年,华谊集团在全行业开展以清欠应收账款为重点的专项效能监察,应收账款上升势头得到有效遏制。截至1999年年底,应收账款额比年初下降10%,国有及股份制企业2年以上应收账款额比年初下降21.47%。各子公司根据企业实际,建立健全应收账款管理制度102项,从源头上加强对应收账款控制。

2005年,华谊集团被列入2005年首批国有企业清产核资企业名单。

2007年,财务部对华谊集团所属行政事业单位进行资产清查。华谊集团下属7家行政事业单位资产清查数合计18 079.7万元,负债清查数合计2 695.9万元,净资产清查数合计15 383.8万元。该次资产清查中查出的资产损失为87.59万元,向财政报核销处理预案。

【企业会计工作】

1997年,华谊集团委托长江会计师事务所按季对所属单位的财会工作开展注册会计师审计监督。首批单位包括上海天原(集团)有限公司、上海轮胎橡胶(集团)股份有限公司、上海太平洋化工(集团)公司等已转制的单位。

2005年,华谊集团全面执行《企业会计制度》。至2005年年底,试点规模拓宽到93家下属企业,包括华谊集团本部、天原集团、吴泾公司、上化公司、华原公司等。

2008年,华谊集团开始财务集中,对上海化学工业压力容器检验有限公司、上海化工对外经济技术合作公司等集团直属企业,采取集团财务部人员兼职财务经理的方式;对技术研究院等集团分支机构,采取建立分支机构账套,独立核算,月末并账的方式。

2010年1月1日,华谊集团统一会计政策,会计估计、会计科目的工作开始实施,集团财务部于5月开始对涂料公司、丙烯酸公司、三爱富公司、焦化公司、氯碱公司、双钱集团、吴泾公司、天原集团等企业进行抽查。

2012年4月,华谊集团作为上海市的6家试点企业集团之一,参加企业会计准则通用分类标准实施工作,聘请立信会计师事务所作为顾问单位,采用富士通软件编制完成XBRL格式的2011年度华谊集团合并会计报表。

第四节 规划投资

一、主要管理制度

1984年4月,化工局生产计划处分为规划处与生产技术处。规划处承担制定中长期规划工作程序、项目工作流程图、中长期生产发展规划、工业区规划工作规范等职能。上海化工控股(集团)公司成立后,将原规划处的职能由新设立的发展部承担。2001年4月,华谊集团发展部调整为投资规划部。

2001年11月,制定《工程建设项目后评价的管理规定》。2006年8月,制定《固定资产投资项目竣工验收管理规定》。2008年4月,制定《固定资产投资项目的审批管理规定》。2011年12月,出台《上海华谊(集团)公司投资管理规定》。其后相继出台《战略规划管理办法》《并购管理办法》等制度。

2011年,在2010年推进《规划管理制度(试行)》及《集团可研报告编制规定(试行)》的基础上,编制完成华谊集团《规划和总图管理暂行办法》,修订完成《规划管理暂行办法》《项目内部论证资料编制规定(试行)》和《投资项目后评价管理规定》;强化对建设工程项目资金、工程建设进度及健康、安全和环境(简称"HSE")等方面的管控,修订完善《关于工程项目建设开工前若干工作的暂行规定》《建设工程综合检查细则》和《重大建设项目奖励办法和实施细则》等制度。

二、主要管理控制

【编制战略发展规划】

1992年7月,化工局规划处在总结上海化工"七五"规划、"八五"规划前两年工作基础上,编写《上海市化工局"九五"规划思路》。

1993年1月,化工局规划处根据《关于组织"上海化学工业2005年发展战略"大讨论的通知》,制定2005年发展战略(规划)及各公司、行业、个企业及研究所必须遵循的10条原则。4月,开展上海重化工考察和研究,由上海市化工局情报研究所副所长朱平执笔的《上海重化二(化学工业部分)发展战略研究》给出结论:在上海奉贤县和金山县交接处的漕泾地区,即杭州湾的北岸建立大型化工基地。

2000年,华谊集团制定"十五"规划,全面推进化工"新高地"和化工基地建设。一是建立和建设精细化工、新材料、氟化工,以及传统化工升级换代和发展生物化工的"3+1+1"化工"新高地";二是建设和优化支撑"新高地"建设的上海化学工业区、吴泾综合化工基地、吴淞精细化工基地加上闵行轮胎加工基地4个技术创新平台的"3+1"化工基地。

2001年11月,《华谊集团"十五"发展规划》和《吴泾化工区总体规划》出台,吴泾化工基地通过四个"一体化",优化资源配置,改善地区环境,提高竞争能力。四个"一体化"分别为:

(1)上、中、下游产品"一体化"。以信息技术为平台,构筑吴泾化工基地间及区内的产品链,形成碳一化工、氯产品等系列产品链。

(2)公用工程、物流管理"一体化"。区内统一规划码头、仓储设施,辟建一座长约2公里、占地30公顷的东西向专用码头储运区及一条南北通道;焦化公司和氯碱公司两大空分站联网,实现供热供气网络化;构架区内6公里长的物流公司管廊和吴泾至漕泾化工区36.9公里的物流管廊,物流输送管道化。

(3)环保、生态协调发展"一体化"。统一使用氯碱公司、焦化公司等企业的污水处理等"三废"处理装置;联手建设区内绿化,新建公用绿地、隔离防护绿地100多公顷,平均绿化率达25%;大力开发与使用清洁工艺,降低"三废"排放,化工基地环保指标达到市二级工业区标准。

(4)协同发展、管理体制一体化。统一开展区内规划,强化集团控股投资,加大核心技术开发和业务拓展;建立区域管理信息系统,共享信息系统。

2009年3月,华谊集团制定《上海华谊(集团)公司2009年企业战略规划实施计划》。具体措施有:(1)滚动调整,进一步完善规划。(2)清理投资项目,加强项目管理。(3)加快技术创新步伐,推进产品结构调整。(4)进一步加大开放力度,加强对外合作,提高产业发展水平。(5)推行"装置化管理",实现管理扁平化。(6)大力推进企业清理工作,压缩企业层级。(7)积极鼓励辅业改制,充分调动职工积极性。8月,华谊集团制定《华谊集团主业发展和非主业调整三年行动计划》。

2010年6月,《上海华谊(集团)公司"十二五"总体发展规划》编制完成,并在华谊集团四届三次董事会上获批准。

是年,投资规划部组织启动华谊集团吴泾基地、精细化工和轮胎橡塑产业"十一五"滚动调整规划编制;组织审查批复12个项目可行性研究报告,组织审查及转批7个项目初步设计;制定华谊集团固定资产投资预算目标50亿元,全年完成固定资产投资48.82亿元;申报节能项目技改等各类专项资金,获批3100万元。

2011年,华谊集团围绕"十二五"发展规划加快重点项目建设。是年,完成固定资产投资51亿元,其中市内14.3亿元,市外36.7亿元,完成董事会确定的预算目标。重点项目的顺利推进,为集团"十二五"期间经济增长提供了支撑。

【重点项目管理】

20世纪90年代,从上海焦化总厂"三联供"日产煤气130万立方米工程和上海吴泾化工总厂醋酸工程被列为1994年上海市重大工程开始,至1998年上海化学工业区进入建设阶段;从1999年上海市政府颁发1号文,同意将上海化学工业区列为市级工业区开始,至2001年一期工程总投资

1500亿元的上海化学工业区举行开工仪式;从2002年上海市城市规划管理局批复同意《吴泾工业区总体规划》,确认华谊集团吴泾基地为上海市清洁能源和新材料化工基地开始,至2004年华谊集团精细化工基地在上海化学工业区奠基;从2005年双钱集团(如皋)轮胎有限公司年产50万条全钢载重子午胎一期项目建成投产、华谊集团安徽化工园区在安徽省巢湖市无为县二坝经济技术开发区奠基,至2007年吴泾公司年产10万吨乙酸乙酯装置一次投料成功,并产出合格产品;从2011年双钱集团年产1500万条高性能半钢丝子午线轮胎项目在安徽华谊生态产业园开工建设开始,至2013年华谊集团精细化工板块的"重量级"项目——年产10万吨氧化铁新型着色剂材料项目,在江苏宜兴经济开发区启动。

2008年3月,为加强对华谊集团及控股企业获批准的开工项目实施管理,华谊集团设立工程管理部。其职责是审批项目开工报告,招投标过程的监督与指导,施工过程的安全管理、质量控制、进度控制、投资控制等管理与协调工作,组织项目中间交工及工程收尾,督促、检查及协调项目工程结算工作,组织合格供应商承建商平台的搭建工作。

同时,以项目建设的必要性、可行性及项目在同行业中的竞争力为重点,加大项目前期的审查和论证力度。完成氯碱公司1万吨/年水相法氯化聚氯乙烯产业化等6个项目的项目建议书审查;完成试四赫维公司华谊试剂精细化工孵化基地项目等7个项目的可行性报告审查;完成丙烯酸公司6万吨/年丙烯酸及下游配套装置技改项目等6个项目的初步设计审查。共有15个项目列入中央投资重点产业振兴和技术改造专项支持项目备选库,其中"产品结构调整多联产""6万吨/年丙烯酸及下游配套装置技改""20万吨/年本体ABS工厂Ⅰ期(3.8万吨/年)""巨型全钢丝工程子午线轮胎"4个项目获总额超过1亿元的国家专项资金支持,上海市也按1:1的比例落实配套支持资金。有20个项目进入上海市节能专项支持项目库,获2500万元资金支持。有8个项目申报循环经济和资源综合利用专项补贴,其中2个项目通过评审,获1000万元左右资金支持。有5个项目申报上海市总集成总承包专项引导资金支持,获1050万元专项资金支持。

在加快推进重点项目建设的过程中,华谊集团建立合格施工承包商和合格供应商资质管理体系,制定《合格施工承包商管理制度》,确定28家单位为合格施工承包商,35家单位为合格供应商。完善项目现场管理考核、项目月报、项目资金管理等制度,强化工程的"安全、质量、进度、资金"控制。强化合格施工承包商、合格建设工程监理承包商、合格招标代理机构的年度评审;落实竣工验收业主责任制,完成焦化公司5号、6号焦炉干熄焦节能环保项目、氯碱公司15万吨/年烧碱技改项目、氯碱公司化工液体储运项目等7个项目的竣工验收。并将竣工验收工作纳入二级企业责任考核体系。

第五节　对外合作

一、主要管理制度

1979年3月,化工局成立外贸办公室。外贸办公室统一归口集中管理全局外事工作和涉外经济贸易工作,包括外事接待、进出口贸易、对外经济援助、对外经济技术合作、利用外资、留成外汇管理,会同有关处室管理引进、因公出国团组派遣等工作。1995年11月,上海化工控股(集团)公司成立,外贸办公室的职能被归并到发展部及其后的投资规划部。2008年2月,华谊集团设立对外合作部,承担对外合作交流职能。

华谊集团制定《合资企业管理办法》,建立集团涉外突发事件应急预案及配套通讯网络。

2012年11月,华谊集团下发《关于整合集团进出口业务的通知》。

二、主要管理控制

【对外合资合作项目选址用地管理】

化工局下属企业在合资合作中,涉及项目中的选址用地必须报主管局和上海市外资委批准。

1991年7月17日,化工局规划处告知上海塑料联合公司,上海赛璐璐厂与马来西亚精益工程有限公司三方合资生产聚苯乙烯项目,已由上海市外资委批复同意。该项目总投资416万美元,注册资本310万美元,生产规模为年产6 000吨通用聚苯乙烯,产品95%外销。

1992年,化工局规划处同意《关于吴泾化工总厂为中外合资上海申星化工有限公司选址征地的申请报告》,该合资企业的注册资本2 310万元,项目总投资3 850万元。该项目的生产装置用地1.75公顷,其中建筑面积约4 000平方米。

1994年11月24日,化工局规划处同意,成立上海染料化工厂与中国台湾合资的上海台硝精细化工有限公司,分别批准新建1 406平方米仓库和1 900平方米经营办公楼,因涉及土地产权,不再由合资企业建设。

【对外合资合作的规模和效益】

化工局改制后,对外合资合作项目的管理,改由化工控股公司和华谊集团的发展部承担。华谊集团的合资合作项目数量和质量都有提升。合资企业中,销售收入达10亿元的企业有7家,超过亿元销售收入的合资合作企业有18家。其中上海巴斯夫聚氨酯有限公司销售收入达51亿元。

【对外合资合作企业管理】

为强化和规范对合资企业的管理,华谊集团对外合作部制定《合资企业管理办法》,建立集团涉外突发事件应急预案及配套通讯网络。为保障合资合作企业的发展,先后为合资企业办理大量的增资、股权转让、经营范围变更、延期等合同章程修改申请审批工作。负责华谊集团境外投资企业的调研报告、境外企业年检工作、对外承包工程资格证书年审。

【外贸体制改革】

2012年11月,华谊集团对下属各单位的外贸体制做如下调整:

(1) 华谊(集团)香港有限公司成立"华谊香港贸易分公司"平台,并授权天原集团天贸公司,以"华谊香港贸易分公司"为平台,进行进出口代理,其中进口代理统一由"华谊香港贸易分公司"为平台进行运作。

(2) 华谊集团外贸统一。除华谊集团下属3家上市公司的外贸业务及上海华谊集团国际贸易有限公司现有外贸业务外,其余单位的外贸进出口业务原则上逐步整合到"华谊香港贸易分公司"运作。

(3) 焦化公司、吴泾公司及天原集团下属上海化工供销有限公司作为第一批试点单位,下属外贸人员及机构在2013年3月底前完成整合进入天原国贸(华谊香港贸易分公司)。

第六节 信息管理

一、主要管理制度

化工局信息中心的建制挂靠在规划处下。化工控股公司成立后,信息中心的编制挂靠在发展部。2009年,华谊集团本部机构改革,信息中心的编制归入集团办公室。2011年5月,华谊集团成立信息管理部,承担信息管理职能。

2008年,制定《电子签章管理办法(试行)》《网上办公系统运行管理办法》《上海华谊集团信息化发展规划白皮书》。

2012年,制定《上海华谊集团信息化管理办法(试行)》。

其后,华谊集团相继出台《信息化项目管理手册》《信息系统运行维护管理办法》《信息技术标准管理办法》《信息系统主数据管理办法》等制度。

二、主要管理控制

【信息化建设】

1999年12月,华谊集团根据上海信息办公室《关于开展国民紧急和社会信息化"十五"规划编制工作得通知》和《市经委关于开展工业系统信息化"十五"规划编制工作的通知》的要求,向下属企业和单位发出通知,要求按照信息化"十五"规划的主要内容,落实部门和人员,完善信息化管理体制,抓好企业信息化建设项目,加强企业信息化人才队伍建设。从企业信息需求出发,服务于企业经济发展。建立与现代化企业相适应的信息网络,促进办公自动化、网络化和决策民主化,科学化。逐步实现生产过程信息化、设计过程信息化、科研过程信息化、市场营销信息化、企业管理信息化。

2001年12月,华谊集团在本部建立"华谊集团信息化工作推进小组",负责对集团本部和各子公司信息化工作的领导。通过决策、控制、督促、检查、协调的方法,及时了解和掌握总的进度和质量。

2008年11月18日,上海市数字技术应用公共实训中心在上海信息技术学校开工建设。该中心的功能突出数字技术在产业发展、产品结构提升中的运用,突出技能培训与技能鉴定相结合,突出面向社会培训,突出为企业产品开发技术创新服务。

2008年12月,华谊集团制定《上海华谊集团信息化发展规划白皮书》,该书从总体规划概述、主要建设内容、实施步骤、保障体系建设4个方面来保障和实现华谊集团整体信息化建设目标。

2010年7月,华谊集团召开信息化工作会议,提出在"十二五"期间建立以ERP为核心的一体化经营管理信息平台,实现企业经营管理、制造执行、操作控制三个层面的信息系统集成,建立组织管理、标准化、信息安全3个体系,建立ERP及相关应用、数据仓库及辅助决策支持、采购电子商务、客户关系管理、应急联动及生产运营监控、HSE、综合办公等十大系统目标。8月,华谊集团人力资源信息化管理项目启动。华谊集团本部及丙烯酸公司、三爱富公司、精细化工板块、化工情报所等单位为试点。

2011年7月2日,华谊集团"党建网"开通。

2013年3月,信息公司独立承担华谊集团HR系统所有上线单位的"人力资源系统融合"项目,完成丙烯酸公司、三爱富公司两家单位的系统迁移及测试工作。

2013年5月22日,华谊集团信息技术ERP项目启动。

2013年5月29日,华谊集团与SAP公司举行"华谊集团—SAP战略合作推进会",并签订《第三期战略合作协议》。

2013年6月9日,华谊集团ERP试点项目通过验收。

2013年8月13日,华谊集团在焦化公司召开"ERP二期推广项目启动会",集团与石化盈科签订《"两化融合"战略合作框架协议》,并与埃森哲公司签订《管理和技术创新年度合作协议》。

2013年10月,信息公司承担的ERP-HR模块全覆盖项目,所涉及的72家公司全部上线,项目进入后期运维阶段。

【信息管理系统】

1998年8月,投资400万元的"华谊综合信息管理系统"(MIS)工程项目通过技术鉴定。华谊集团MIS系统应用信息导航技术进行应用系统开发和网络系统建设。在应用系统方面,形成综合统计、财务信息、资产信息、监督信息、办公自动化、系统管理等9个子系统和1个信息平台。

2001年5月,华谊集团决定建立以环保、安全及消防为主体的"上海华谊(集团)公司地理信息管理系统(GIS)"。该系统以华谊集团南(漕泾化工区)、北(吴淞化工区)、中(吴泾化工区)闵行轮胎加工基地的发展规划和上海市安全监控重点单位为基础,涉及的企业有:上海吴泾化工有限公司、上海氯碱化工股份有限公司、上海天原(集团)天原化工有限公司、上海焦化有限公司、上海三爱富新材料股份有限公司、上海中远化工有限公司、上海硫酸厂、漕泾化工区及上海轮胎橡胶(集团)股份有限公司(简称"上轮公司")在闵行的有关企业。其他有关单位还有:上海彭浦化工厂、南大路化学品仓库、上海赛璐珞厂、上海新光化工厂、上海新华树脂厂、上海造漆厂、上海振华造漆厂、上海开林造漆厂、上海助剂厂、上海染料化工厂、上海染化八厂、上海华亨化工厂、上海天原(集团)有限公司申聚厂和树脂厂。由信息中心牵头,具体信息采集分别由综合管理部、投资规划部和安全督查室组织上述各企业有关职能部门上报。

2001年,华谊集团完成信息化项目31个,主要是集团财务监控系统、地理信息系统(GIS)前期技术准备;氯碱公司网络与OA扩展,财务进、销、存系统,采购中心物资管理系统,投资证券研究开发网络;上轮公司企业管理信息系统(简称"ERP")升级,网上在线采购系统,外贸出口管理系统软件升级;焦化公司生产数据集成实时调度系统。

2002年10月1日,华谊集团总部信息管理新系统启用。新系统是一个集办公自动化系统、财务监控系统和地理信息管理系统(在建)为一体的综合信息管理系统。新系统具有维护工作量少、兼容性强、远程登录方便等优点,在流程化管理方面提供了面向对象、流程的组态工具和可视化、向导式的开发工具。是日,E-Mail系统、公文流转系统、财务监控系统、电子公告系统、数据查询系统等投入运行,提高了华谊集团总部的办公自动化水平。这次系统升级,还改造了内外网的连接,INTERNET出口采用10兆专线,提高了网络速度,大大改观了以前老系统网上阻塞的现象。是年,华谊集团实施信息化管理项目30个,6家单位被上海市经济委员会列为信息化试点企业;上轮公司基本实施ERP系统,并试行网上采购,主要原材料实行"零库存"管理;三爱富公司基本完成ERP系统部署,通过网络直接与异地子公司进行数据交换,加强对子公司管理和控制;焦化公司完成25个办公流程自动化流转、27本基础台账电子化工作和物资代码编制工作;氯碱公司加速办公自动化系统推广和应用;集团总部基本完成办公自动化系统改造的框架构建工作,账务担保、付款等流程开始网络运行。是年,GIS系统完成系统框架设计,完成大多数重点监控单位的数据收集工作。

2012年,华谊集团财务部顶层设计财务信息化建设的ERP系统,制定BPR流程,规范财务核算规程、财务会计科目设置,统一全集团的会计科目、会计核算、会计凭证、会计报表、会计客户编码。试点企业三爱富公司和丙烯酸公司在顾问单位埃森哲(中国)有限公司(简称"埃森哲公司")及石化盈科信息技术有限责任公司(简称"石化盈科")的配合下,ERP系统于9月底基础数据顺利初始,10月上线运行。

2012年10月25日,华谊集团资金管理信息系统(TMS系统)打通工商银行、交通银行和浦东发展银行3家银行与上海华谊集团财务有限责任公司(简称"财务公司")账户的TMS结算流程。截至年底,有80家企业的财务账户实现上挂TMS系统,财务公司归集资金规模达29.1亿元;提高了资金的整体使用效率,降低了集团资金的整体占用成本。

2012年10月,华谊集团下属丙烯酸公司及三爱富公司的SAP系统试点项目成功上线。在项目实施过程中,信息公司通过组建内部人才团队和与咨询公司混合编队,全面参与两家试点单位的业务调研和蓝图设计,还独立承担了系统运维和提升工作。

2013年,华谊集团ERP项目启动二期推广工作,试点单位包括氯碱公司、焦化公司、天原集团、双钱集团、信息公司等。通过二期实施,进一步加强集团财务管控点、财务报表、分析报表、成本中心、利润中心和会计科目的完善和统一,建立起ERP与HR、BPC、TMS、TR、FM、OA等系统集成的互联互通和规则统一。

【化工信息】

1996年,华谊集团建立以化工物价信息为主要内容的电脑通讯服务台900号站,具有电子通讯和电子广告等多项功能,每天向各网络成员单位收集及发送化工产品价格信息50多条,发送各类化工要闻及动态13类、与化工相关行业信息17类,提供连接国际Internet电子邮件及电脑飞机票优惠预订等服务。

1999年,华谊集团国际互联网开放,域名为SHHUAYI.COM,向各有关单位提供国内外发布产品介绍、技术合作、招商引资等信息服务。

2000年,华谊集团对稳步推进电子商务制定措施,要求抓住化工电子商务网站(如中昊化工网、化工易贸网)提供免费服务的有利时机,大胆进行电子商务实践探索,为建立集团的电子商务打下基础。

2008年,上海市化工科学技术情报研究所主办的"化工热线网(www.chemol.com.cn)"被上海市通信管理局列入需重点监控的门户网站之一。化工情报所组织专员进行30多项内容的报备工作,完成50余家虚拟主机托管企业的网络安全自查和网上备案登记工作,参与完成由上海市电信公司组织的2次实时演练任务,制订《互联网络接入商操作指南》,将信息安全工作落实到专人,确保2010上海世博会前后"化工热线网"安全稳定运行。

2009年5月,华谊集团搭建核心产品信息平台。项目涉及原材料和产品市场预测分析、行业数据收集分析、政策研究、竞争对手情况跟踪分析等。

【OA系统】

1992年,与中国科技资料进出口公司国际信息网络部共同推广电子邮箱的使用工作;是年,化工局内联通电子邮箱120多个。

1999年3月1日,华谊集团国际互联网电子邮箱系统开通使用,公布华谊集团本部第一批电子邮箱名单,华谊集团下属各基层单位按业务归口使用。

2007年12月,华谊集团主要领导与子公司主要领导建立信息交流和沟通的E-Mail信箱。

2008年2月,华谊集团"以信息技术为支撑的安全生产一体化监控平台的建立与应用"等12个项目获"2007年上海市企业管理现代化创新成果奖"。

2008年5月12日起,华谊集团总部OA系统运行,实施行政收文、发文、合同审批、内部请示四个业务流程的运转。至年底,OA系统陆续增加付款审批、会议纪要审批、信息发布等业务流程,使集团OA系统得以进一步完善,工作效率得以提高。是年,华谊集团本部OA系统与二级子公司的端口对接,子公司可以通过集团OA系统上报公文并查询公文办理进度,集团各部门也可通过此端口向子公司下发公文;集团OA系统集成电子签章系统,进一步提高办公效率。是年,华谊集团本部加快推进"无纸化"办公,行政收文、发文、合同审核、内部请示四个流程的OA系统试运行,同时取消纸质文件流转方式。

2008年8月,华谊集团党代会代表专用邮箱(dangdaibiao@shhuayi.com)开通启用,并向党代表编发《华谊集团党建信息》,通过电子邮箱及时向党代表通报集团要闻、党建信息、学习辅导、工作交流、代表活动、人事任免和公示信息等。面向二级子公司的华谊集团信息服务平台开通,各二级子公司可以从集团对其开放系统中方便地查看其上报公文在集团总部的处理进度、集团下发的各类文件、集团网上发布的新闻、各类简报以及集团总部各部门发布的各项规章制度等。

【数字图书】

2008年,化工情报所图书室将图书、期刊、资料进行整理、编号,理清藏量,处理部分过时图书、期刊和资料;同时利用图创图书馆自动化信息软件,对图书、期刊、资料等信息进行录入,并按图书、期刊资料要求进行分类和编目操作,共输入图书、期刊信息6000多册。

2011年,华谊集团统一的科技情报和市场信息支撑体系——集团数字图书馆一期建设,实现科技期刊在线阅览、科技文献检索和科技情报在线服务,并提供多种科技文献检索和24小时原文请求功能。是年底,开通用户561个。

【数据监控】

2003年,为利用信息化手段加强对生产系统的分析、预测和监控,华谊集团总部建立压力容器计算机管理平台,对压力容器实行动态管理。GIS项目基本完成,并对重点单位、重要装置的安全、环保实施监控。

2008年2月,华谊集团"以信息技术为支撑的安全生产一体化监控平台的建立与应用"等12个项目获"2007年上海市企业管理现代化创新成果奖",其中二等奖8个、三等奖4个。华谊集团主要领导参与、信息与安全环保部门为主的"以信息技术为支撑的安全生产一体化监控平台的建立与应用"项目获"第四届安全生产科技成果奖"三等奖。

2011年11月,华谊集团科技部与信息公司合作开发的集团产品标准数据库投入运行,实现企业产品标准管理的信息化。同时完成焦化公司、吴泾公司、氯碱公司、双钱集团、三爱富公司、丙烯酸公司、涂料公司产品标准数据的入库。集团产品标准数据库覆盖范围延伸至精细化工板块、各研究所,集团二、三级企业和研究所等22家生产型企业。

2012年,信息公司获"华谊焦化地磅管理软件""华谊现场巡检管理软件"等共计8项软件著作权;获"华谊焦化地磅管理软件""华谊现场巡检管理软件""华谊橡胶半制品测试数据分析管理软件"共计3项产品登记证书。

【信息技术合作】

2010年6月,华谊集团与思爱普(北京)软件公司实施战略合作。10月,上海华谊信息技术有限公司揭牌成立。公司由华谊集团、石化盈科、上海宝信软件股份有限公司(简称"宝信软件")三方共同投资组建。

2012年6月,华谊集团与SAP公司在上海举行战略合作协议"二期"签约暨信息公司SAP授权认证、华谊集团SAP培训学院挂牌仪式。

2013年5月,信息公司ERP项目启动,并与SAP公司举行华谊集团——SAP战略合作推进会,签订《第三期战略合作协议》。8月,华谊集团召开ERP二期推广项目启动会;会上,集团与石化盈科签订《"两化融合"战略合作框架协议》,并与埃森哲(中国)有限公司签订《管理和技术创新年度合作协议》。10月,信息公司承担的ERP人力资源模块全覆盖项目,所涉及的72家公司全部上线,项目进入后期运维阶段。

【两化融合】

2013年,华谊集团在双钱闵行工厂、如皋工厂试点推行智能化生产项目,依托智能化信息传输系统、能源管理系统、物料流转系统等数字化管理平台,对生产运营过程实现一线数据可视化和全流程闭环管理。集团重点监管的18种危险化工工艺装置全部安装了自动控制系统(DCS系统)和紧急停车系统(ESD系统),以信息化促进生产管理水平提升。在智能管理上,启动HSE信息管理平台和现场巡检系统,对涉及企业安全环保与职业健康的业务流程实施规范化、标准化管理,对操作员、外来施工人员和访客实施生产现场跟踪管理。集团"应急联动与生产运行监控系统"、焦化公司"基于节能降耗优化技术的煤化工MES系统"、氯碱公司"企业生产过程能源综合优化与节能潜力分析系统"被上海市经济与信息化委员会列入"上海市推进信息化与工业化融合示范项目";集团还被中国石油和化学工业联合会授予"两化融合创新奖",被列为上海市国资系统信息化示范单位。

是年,华谊集团完成吴泾化工区、上海化工区及各二级单位与集团总部的网络连接,集团内网络互联宽带达到2兆以上,基本满足二级单位与集团的网络通讯带宽要求;同时通过加强网络边界防护,提高网络安全性能。是年,建成连接集团各二级单位统一的视频会议系统,9月13日,集团主题为"基层干部谈群众工作"的第一次视频专题会议召开。是年,完成电化系统升级方案的编制,形成集团"统一通讯簿"方案,并启用华谊集团总部、财务公司的电话交换系统升级切换。

第七节　武　装　保　卫

一、主要管理制度

化工局的武装保卫工作隶属于保卫处分管。化工控股公司成立后武装保卫工作的职能划归到监督部。2001年4月,华谊集团成立安全督察室,武装保卫工作由安全督察室兼管。2008年6月,华谊集团组建上海华谊(集团)公司武装部、上海华谊(集团)公司保卫部。

2008年7月,华谊集团下发《上海华谊(集团)公司加强安全保卫工作指导性意见》《关于加强剧毒物品安全管理的通知》。

2010年,华谊集团下发《2010年集团公司世博安保十项行动计划》。

二、主要管理控制

【群体性事件应急处理】
2003年11月中旬,上海化工供销公司下属上海化工储运经营公司(地处北宝兴路180号)在企业动拆迁土地置换过程中,外来人员10多人强行占领该公司长达6个月,并扬言补偿要求如不予满足,将不惜采取爆炸、自焚等极端手段制造重大事件。华谊安全督查室会同资产部、信访办、上海化工供销公司等10多次参与上海市政府督解办公室、上海市国资委、闸北区政府办公室、闸北区公安分局、共和新路街道办事处、共和新路公安派出所等协调,经过6个月的努力,妥善化解这一激化的群体性矛盾。

2004年,华谊安全调查室还多次会同党委办、信访室、资产部等对上海化学试剂有限公司的动迁安置集体上访事件,上海世界橡胶厂搬迁设备与接盘单位的矛盾纠葛,上海化学试剂三厂的危险品仓库的转让经济补偿,共同深入细致做好缓解工作,没有发生影响社会秩序的重大集体上访事件、重大治安案件、重大火灾爆炸事故。

【武装工作】
在武装工作方面,根据上海市国防动员委员会《关于做好重要经济目标防护工作的通知》精神,华谊集团武装保卫部召集下属被上海市列入重要经济目标防护单位的3家公司(焦化公司、氯碱公司、吴泾公司)制定重要经济目标防护预案工作,按时将3家重要经济目标防护单位的防护预案送至上海市人民防空办公室。

2006年4—6月,根据上海市警备区和预备役高炮师的要求,华谊集团武装部按要求按时完成民兵集训和预备役战士点验活动和集训任务,多名民兵和预备役战士被评为优秀学员。

2007年,华谊集团武装工作完成预备役士官的整编工作,完成预备役高炮师战时征用企业指挥车和运输车的工作,华谊集团被征一辆指挥车,氯碱公司被征4辆运输车。按时参加预备役高炮师防化营组织的预备役战士点验活动。

2008年2月,华谊集团有人民防空专业队伍14支,人数达367人,排以上干部43人。是年,完成华谊集团预备役士官的整组工作,华谊集团有预备役士官105人,其中高炮师防化营44人,高炮三团一营61人。华谊集团根据上海市警备区和市人民防空办公室要求对人民防空队伍进行整组,华谊集团人民防空队伍总人数302人,各种抢险救灾装备27辆(其中消防车21辆、化学救护抢险车6辆),救护车6辆,空气面具101套,各种堵漏工具12套。

2011年4月,华谊集团防化队伍被编入上海市预备役高炮师防化营。

2013年年初,华谊集团有预备役士官75名(其中防化连40名、防化专业队伍31名,预备役军官4名),吴泾、焦化、氯碱3家公司有民兵184人,应急小分队114人。

【治安防范管理】
华谊集团对下属子公司及三级企业10家单位进行治安防范安全检查,特别是对剧毒物品"五双制"（双人验收、双人保管、双人发货、双把锁、双本账）管理情况、重点目标"四防"（人防、物防、技防、制防）措施落实情况进行检查，掌握华谊集团下属企业剧毒物品共涉及49种。为此，华谊集团武装保卫部向所属二级子公司和直属单位印发《关于加强剧毒物品安全管理的通知》。

2007年1月，华谊集团武装保卫部召开2007年华谊保卫消防工作会议。华谊集团与所属二级子公司和直属单位签订2006年企事业单位内部治安责任承包目标协议书，签约率100%。

9月，华谊集团武装保卫部举办二期保卫干部岗位培训，共有111名专、兼职保卫干部参加培训，并经考核取得保卫干部上岗证书。华谊集团下属企业专、兼职保卫干部持证率达90%以上。

2008年，为确保北京奥运会的顺利进行和上海赛区安全，华谊集团认真贯彻中央和中共上海市委、市政府有关反恐怖工作精神，成立华谊集团反恐怖领导小组和工作小组；华谊集团、二级公司、直管单位都有反恐A、B角联络员，企业领导和A、B角联络员手机24小时保持畅通。

2010年，华谊集团下发《2010年集团公司世博安保十项行动计划》，为配合安保检查，华谊集团还先后出台《安保检查导则126条》和《安保检查细则1067条》。

是年，华谊集团武装保卫部对华谊集团下属的吴泾公司、天原集团、焦化公司、丙烯酸公司、涂料公司5家危化品专业运输单位开展危化品运输安全专项检查，查出各类问题55条，被查单位都能认真整改。武装保卫部还与资产部一起对集团下属的企发公司、双钱集团、信息学校等8家企业12个租赁场所进行专项安全检查，发现存在（反恐、治安、防火）各类隐患110余处，都以简报形式发给被查单位，并要求立即整改，先后关闭5个无证旅馆。

是年5月，华谊集团在中共上海华谊（集团）公司委员会党校为各单位安保经理、科长、专职保卫干部共108人进行安保培训。

第八节　监　察　审　计

一、主要管理制度

1986年以前，化工局未设置独立的内部审计机构，审计部分职能由财政监督和财务检查等代替。1986年年初，化工局建立审计处，同时组建局系统企事业单位内部审计，初步体现独立的内部审计机构职能。1995年，化工控股公司成立后，监督部履行监督审计职能。1996年11月，华谊集团成立时，部室职能基本不变。2001年4月，华谊集团设立监察审计部，履行监察审计职能。

2009年，制定《企业资产损失财务核销专项审计规定（暂行）》《资产损失责任追究实施办法》。

2010年，制定《企业领导人员任期经济责任制审计实施办法》。

2011年，制定《效能监察实施办法》。

其后，相继出台《内部审计管理办法》《内部控制工作管理办法》《资产损失责任追究办法》《审计问题责任追究办法》等制度。

二、主要管理控制

【财务决算年报审计】

华谊集团监督部及以后的监察审计部按规范做好委外审计工作。2001—2005年，先后委托上海上审会计师事务所有限公司、上海求是会计师事务所有限公司等31家会计师事务所，对上海华谊(集团)公司,以及下属上海染料有限公司等245家单位进行财务决算年报审计。

【经营业绩审计】

华谊集团开展经营业绩审计,主要围绕"承包经营审计、财务收支审计、经济责任和任期审计"3个方面展开。"承包经营审计"主要是对承包经营合同双方及企业经营者进行审计监督,按照承包经营单位的财政、财务隶属关系及审计分工,分层次进行审计。"财务收支审计"主要对国有企业财务收支进行审计;对国有资产占控股地位或者主导地位的企业财务收支进行审计。"经济责任和任期审计"是1999—2013年,华谊集团委托会计师事务所分别对下属二、三级公司和单位的经营(管理)者进行任职期间经济责任审计和离任审计。

【工程项目审计】

1991—2013年,上海市审计局先后对化工局所属天原化工厂1万吨/年糊状树脂、5 000吨/年漂粉精,上海吴泾化工总产LCJ高度触媒、16万吨/年尿素,上海中联化工厂3 000吨/年双酚A,上海橡胶制品四厂的引进胶布针型硫化机等工程项目进行审计。受上海市审计局委托,化工局审计处对上海大中华橡胶厂引进BB270密炼机组项目进行投资收益审计调查。中华人民共和国审计署驻上海特派员办事处对上海30万吨/年乙烯工程、上海市审计局对上海轮胎橡胶(集团)股份有限公司年产140万条子午胎项目、载重轮胎厂扩建全钢子午线载重轮胎二期项目、对上海焦化有限公司(原上海焦化总厂)负责建设的三联供工程、对巴斯夫上海涂料有限公司负责筹建的OEM汽车涂料项目进行竣工决算审计。

2003年9月,华谊集团监察审计部先后对天原集团7万吨/年聚氯乙烯项目、焦化公司4万吨/年苯酐项目、吴泾公司2万吨/年聚甲基丙烯酸甲酯(PMMA)项目进行工程项目阶段性专项内审,重点是项目管理体制及相关制度执行、项目招标、设备及材料采购、监理、资金支付等管理及执行情况。2004年8月,华谊集团监察审计部对三爱富公司项目建设管理进行专项监审。12月,华谊集团监察审计部对上海天原集团华胜化工有限公司(简称"华胜公司")烧碱及聚氯乙烯项目一期工程建设管理,进行阶段性专项内审。

2009年,华谊集团监察审计部会同工程部对华谊安徽化工基地项目建设管理进行专项监审。审计重点主要是项目管理中的招投标管理、采购管理和签证管理。经监审,归类出3个方面15项问题,提出3项监审建议,并组织召开华谊集团2号工程项目监审专题讲评会。

【联营企业审计】

1991年7月,化工局审计处在全系统进行横向经济联营企业审计调查。通过对89家联营企业的投入产出、经营状况、基础管理等10个方面审计调查,摸清了财务收支、经营盈亏和企业管理状况。1993年,化工局审计处组织开展委托加工业务审计调查,审计调查的重点是233个委托加工点的管理现状、加工协议执行情况、加工材料账面数和实际数核对等。针对存在问题提出建议。

【专项审计】

2008年,集团监审部先后对上海华谊微电子材料有限公司成立以来的经营情况、上海申峰工程建设监理有限公司小金库、上海太平洋生物高科技有限公司、上海化学试剂有限公司对外投资损失申报核销、上海赛璐化工股份有限公司清算、中远公司TDI项目房产清理等9个项目进行专项审计。

2010年，监察审计部对上海染料化工厂、上海一品颜料有限公司、双钱集团、上海工程化学设计院有限公司、三爱富公司5家单位进行销售与收款专项监审。重点检查销售与收款交易的不相容岗位、交易授权批准制度的执行情况，信用、收款管理、坏账核销、票据管理、销售退回管理等控制点。通过审计共发现42个问题，提出34项审计建议。是年，监察审计部对丙烯酸公司、吴泾公司、焦化公司、氯碱公司4家单位进行检修费用使用情况专项监审，审计共发现31个问题，提出27项审计建议。

2011—2013年，监审部实施工程项目专项审计13项、销售与收款专项审计15项、检修费使用专项审计15项；指导二级单位进行成本费用专项审计以及三级单位开展销售、检修费用专项审计；会同集团有关部门对招投标、对外贸易业务、资产损失核销、废旧物资处置等，进行10次专项调查，并对集团的1家境外公司进行专项审计。

第三章　化工制造企业管理

第一节　上海焦化有限公司

焦化公司占地 108 公顷，注册资金 385 975 万元人民币。主要装置规模为城市煤气 50 万立方米/天，甲醇 100 万吨/年，一氧化碳 3.69 万立方米/小时，氢气 7 900 立方米/小时，醋酐 2 万吨/年，苯酐 10 万吨/年。

焦化公司下设炼焦、煤气、有机化工和活性炭 4 个分厂，有 13 个生产车间和 3 个辅助车间，共有生产班组 270 个，还附带一个集体所有制性质的上海焦化修配厂。

焦化公司通过 ISO9000 质量管理体系、ISO14000 环境管理体系、GB/T28000 职业健康安全管理体系的认证，公司注册商标"上焦牌"（SJ 牌）甲醇和苯酐是上海化工名优产品。

一、主要产品

2013 年，公司主要产品产量为：甲醇产量 75.89 万吨、人工煤气 6 814 万立方米、一氧化碳产量 23 056 万立方米、合成气产量 16 494 立方米、硫酸产量 7 761 吨、苯酐产量 5.82 万吨。

二、生产管理

【职能部门】
2010 年 3 月 8 日，焦化公司成立生产制造部，撤销生产部、机动部，其建制划归生产制造部。2013 年，生产制造部更名为生产管理部。生产管理部下设工艺技术管理块、设备计划管理块、电气专业管理块、仪表专业管理块、设备运行管理块、调度管理块和设备专业管理块。主要负责并实施生产工作规划、制度与生产工作计划，加强生产执行和技术指导工作，统筹管理公司生产系统，贯彻落实国家标准、行业标准等。

【主要管理】
生产调度　按月度生产计划组织实施生产并协调各生产装置之间物料平衡。根据生产计划，负责控制生产装置的低成本经济运行。负责平衡公司内水、电、气、汽的供应。根据生产用煤和煤的库存情况，负责来煤吊运计划的安排。负责生产事故的调查、分析、考核。负责公司 PI 系统数据运行的管理，及时反映 PI 系统数据的问题。负责公司生产应急信息平台的管理和维护，并及时将生产异常信息进行发布。

工艺技术　组织编制公司年度生产预算。组织编写工艺技术管理制度，审查工艺技术变更，组织编写、修改、审查工艺规程、岗位操作法及产品工艺卡片。负责公司的生产、工艺、物耗、能耗等指标的制订，并对各项指标的执行情况进行检查。组织公司各装置的工艺查定，确定高质、低耗、安全稳定生产的最佳工艺。负责重大生产项目开停工和检修方案的编制和审批，并组织实施。负责产品质量事故的调查、分析和考核工作。根据煤炭资源及焦炭质量要求,负责编制和审核炼焦煤配比,并跟踪配比执行情况,确保焦炭质量达标的前提下,降低配合煤成本。负责组织公司短平快项目的编制、审批、实施、检查和鉴定工作。负责国内同行业技术月报交流,推广新技术。参与发展项目的工艺方案选择和评审工作。

生产计划和生产统计 负责年度、季度和月度生产计划、原辅料需求计划的编制和下达。负责生产统计和综合统计工作,按照国家、华谊集团要求,完成各项生产统计和分析工作。

能源 负责宣传和贯彻执行国家和上海市有关节能方针、政策、法规和标准,制定公司的能源管理有关规章制度。组织推广节能新技术、新工艺、新设备、新材料的应用。负责公司节能现场管理和合理用能的监控和检查。组织进行耗能设备的热平衡和效率测试。完善能源科学管理,建立健全能源消耗统计台账,按规定向上级主管部门报送有关能源统计报表。负责公司动力系统(水、电、汽)的使用监督,参与制定动力消耗定额及计划管理。编制和落实节能设备的更新计划,并组织实施。参与公司能源效率测试工作。负责签订已投产装置的外供管网能源产品的技术协议及相关管理工作。

设备 负责组织编制公司设备管理方面的规章制度及有关规定。负责组织开展公司设备的定期检查评比,及时消除设备缺陷和隐患,提高设备完好水平,确保生产装置长周期、安全稳定运行。负责公司设备年度检修费用和固定资产投资预算编制和统一平衡安排工作。负责审核项目内容和检修项目费用预算的审查;组织编制、平衡、落实设备年、季、月检修计划,组织上述检修计划的实施。负责编制主要设备检修技术方案、检修技术质量要求并组织落实。负责组织编制、审定备品配件消耗定额和储备定额。负责各类大中小修理工程项目费用估算、项目施工队伍的落实、项目费用预算报审、合同签订。负责对大中小修承包商的资质、检修装备、技术力量、实际施工管理、施工安全管理、施工检修质量等进行定期评审。负责公司固定资产的实物形态和相关程序的管理。负责公司100万元以下技措项目的立项与实施;参与公司大型基建、技措、安措项目的技术支持相关工作。负责编制和审核电气预防性试验和供电运行方式的重大变更方案。负责公司各生产装置自动化控制装置相关技术管理工作。负责开展设备现场管理工作。负责锅炉、压力容器、压力管道、电梯、起重机械、厂内专用机动车辆等特种设备的专业技术管理。负责开展各项季节性的专业安全管理工作(三防一降、防冻保暖、防雷接地等)。在规定的期限内做好大中小修项目竣工后费用结算工作。

三、合作投资

【职能部门】

1999年9月17日,焦化公司分别设立发展部、总工程师办公室。分设后的发展部在原有管理职能的基础上,增设基建管理,技措技改项目的组织实施等职能;分设后的总工程师办公室主要负责解决公司的重大技术问题。2006年1月11日,发展部更名为项目部。2013年,项目部、总工程师办公室整合,成立发展部。总工程师办公室与项目部主要管理职能,整体划归发展部。新成立的发展部设立发展与规划、业务发展、工程技术、项目管理、计划控制、施工管理6个板块。

【主要管理】

发展战略 负责制定公司总体发展战略和技术发展规划。负责编制公司中长期发展规划和分解制定年度发展目标。负责公司发展项目的前期调研、技术经济方案确定等工作,收集、分析公司相关产品及技术的发展趋势,跟踪和分析公司发展水平,提出公司可持续发展的对策和建议。参与合资项目的洽谈、项目建议书的编制。对合资项目,进行技术方案确定、审查等相关工作,合资公司成立后配合公司资产部进行技术支撑工作。负责发展项目中与项目密切相关的原料、产品技术协议签订过程中的技术支持。负责对外技术合作、相关外事活动的组织、翻译及出国组团办理工作。负责上级或外单位的科协协会的联络统计工作,组织各类技术交流活动,并通过信息情报平台与生产系统共享。

投资项目　负责技改技措、固定资产投资项目的主要技术方案的审定,做好项目方案的讨论审议。在编制项目建议书、可行性研究阶段,负责委托有资质设计院进行编制,并对方案进行审定;对编制完成的项目建议书、可行性研究报告、初步设计等进行内部审查。负责组织编制、申报、评审发展项目的项目建议书、可行性研究报告。负责公司为所有100万以上的技措、技改项目立项、设计委托工作。负责协调项目实施过程中与政府职能部门及上级主管部门相关的报批工作。负责工程勘察、设计招标、合同谈判、勘察设计管理。负责编制公司基建、技改项目的年度投资预算和年度投资计划。负责公司固定资产投资统计工作。负责基建、技改项目实施的全过程管理。负责实施工程的施工招标及发包、施工监理招标及发包以及承包商的管理。签订工程建筑、安装、施工监理合同及有关咨询、代理合同。负责编制项目实施计划、管理纲要。负责编制项目竣工验收计划,组织项目的竣工验收,组织进行项目的后评估工作。负责做好项目实施过程中的现场管理工作。

区域规划管理　负责公司的区域规划与对口政府规划和国土资源部门的联络工作。

与其他部门的工作关系及接口　协助资产财务部做好项目前期的财务评价、项目资金筹措、资金计划等工作。协助生产管理部对生产系统提出引进技术消化吸收的方向、方案和措施。

四、财务管理

【职能部门】

1999年6月10日,成立焦化公司资产部。2011年2月28日,成立资产财务部,撤销资产管理部、财务部,其职能划归资产财务部。

【主要管理】

公司内部　负责子公司资产的基础管理,对外投资统计工作,健全对外投资档案管理,建立子公司财务报告、重大事项和董事会文件等信息报送体系。负责组建新公司的合资合同、章程的拟订。组织公司监督审计室对子公司的审计,包括离任审计、专项审计。负责办理与全资、控股、参股子公司间上传下达的文件、材料、报表等。

对外投资资产运行　负责督办和监管子公司发展战略、方针政策、人事安排、预算和评价考核等重大经济事项。审核子公司的年度预算,并监控子公司每月预算执行情况。

物流结算　负责原料采购单价及产品销售单价的监督工作,对产品信用销售工作和票据信用销售工作进行监督。负责公司产品销售数据的汇总及分析工作。

会计核算　遵守财政纪律和财务会计制度,处理日常发生的经济业务,编制、审核会计凭证,及时正确完成会计核算。负责技措技改、基建项目的财务全过程控制。参与新建项目后评估的跟踪管理。

全面预算与财务成本　负责组织编制年度、月度全面预算,协调各部门预算工作,划清当期成本和下期成本、制造费用和期间费用界限,严格控制成本费用。参与公司发展规划的制定,对项目建议书、可行性研究报告中的经济效益等进行论证。

资金 遵守银行结算纪律,及时办理账款结算。

综合 负责制定、修订和完善公司有关财务内控制度、会计核算制度、会计工作程序、财务管理标准、核算标准等各种实施办法,并组织实施及培训。按公司内控制度规定做好子公司不实资产处置的审核及申报工作。做好对委派人员的监控管理。对子公司会计核算及财务管理进行业务指导。按公司担保制度规定,做好经济担保与被担保的管理工作。

房产 负责公司房产土地管理、资料查询。

五、技术开发

【职能部门】

1993年,成立焦化设计研究院,下设院长办公室、设计科研管理科、情报室、分析室、工艺室、设备室、土建室、仪电室、炼焦研究室、沥青研究室、精细化工研究一室和二室、一炭化学研究室、活性炭研究室、钛白粉研究室和塑料助剂研究室。2001年1月17日,成立上海焦化有限公司技术中心,下设项目管理办公室、情报信息办公室、综合管理办公室和中试室。2013年8月29日,上海焦化有限公司技术中心调整内设机构,设科研管理办公室、催化剂研究室、过程技术研发室、分析测试研究室、试验运行室5个机构。

【主要管理】

负责编制公司科研项目及新产品开发的年度资金预算。负责公司科研项目的宏观管理,审查科研项目的立项报告,负责科研项目费用和进度管理。负责公司生产技术工艺改进的技术攻关、方案比较和经济性评价。负责科研开发的开题准备、实验室研究(小试)、模试及阶段成果鉴定管理工作。负责公司科研项目的物资采购计划及服务合同签订审批。负责新产品技术标准的制定工作。组织国内外科技交流和合作,包括与科研院所、高等院校等广泛合作。负责公司专利申请、专利成果评审与保护、对外著作权和技术秘密申请与评审工作。负责科研成果转化、推广、许可、转让等工作,包括技术交底,制定工艺操作规程,安全工作要点,培训操作人员,产品的质量检测分析与监督,工艺包编制与评审。

六、物流运输

【职能部门】

1999年12月3日,成立储运部,内部设置仓储管理、机运管理、材料库管理、综合管理。2010年3月8日,成立仓储物流公司,撤销储运部,其建制划归仓储物流公司。2013年7月17日,仓储物流公司更名为物流管理部,原仓储物流公司的管理职能不变,同时焦化分公司的煤运系统整建制划归物流管理部。

【主要管理】

储运 根据公司生产营销计划和采购、生产动态、营销情况,下达原料、产品收、发、存的储运操作指令。负责与采购中心、销售公司、装置中心、中转港、承运商的工作联系,做好产供销平衡协调工作,并及时汇总反映运行情况。负责公司危化品专用码头液体原料、产品的吊运、装卸管理工作。负责公司液体产品的收、发、存业务。

备煤 负责起吊、输送、存储、发送装置中心需要的化工煤、锅炉煤。负责配合质检部取样人员过江取样工作。负责检查靠泊码头煤船的遮雨情况检查。

仓库 负责制定仓储管理的各项管理制度和工作标准,确保库存物资安全完好。负责原辅材料、设备备件、产品进出库的质量计量验收验发工作。完善"一车一单、一船一单"的计量、质量保证和财务结算制度。及时向生产计划、采购、财务等部门反馈库存信息。负责库存物资的定期盘点工作。负责技措项目及大、中、小修项目设备、材料的验收和发放工作。负责公司废钢、废旧物资的收、发、存业务。

综合 负责与其他管理部门及物流管理部内部的协调管理工作。负责本部门安全管理和设备管理工作。负责与中转港、海事、码头管理中心、港政管理中心、运输、危化品仓车等单位的联系协调及合同的签订。负责公司固体废弃物的处置工作。负责本部门各项费用的管理、预算、控制、审核,执行一费一卡制度。

第二节 上海吴泾化工有限公司

吴泾公司始建于1958年,位于上海市徐汇区龙吴路4600号,占地77公顷,注册资金122 510万元。2007年,生产单位推行装置化改革,取消分厂制,设立醋酸装置等6个装置区;公司推行模块化管理,具体为营销模块、生产运行模块、技术模块、财务模块、统筹模块、党群模块。2013年,吴泾公司主要大类产品生产装置为20万吨/年醋酸、40万吨/年醋酸和3套乙酸乙酯装置,产能分别为2.5万吨/年、5万吨/年、10万吨/年;硫酸装置产能为14万吨/年。

公司通过ISO9000:2000质量管理体系、ISO14000:2004环境管理体系。

吴泾公司产品注册商标为"吴泾"牌。"吴泾"牌工业冰乙酸、工业硫酸获上海市名优产品;"吴泾"牌商标被评为上海市著名商标。

一、主要产品

合成氨:1991年,吴泾公司合成氨产能为40万吨/年;1997年,30万吨/年合成氨停产;2000年,合成氨装置扩产13万吨/年,该装置于2007年退役。1991—2007年,共生产合成氨193.88万吨。

尿素:吴泾公司共有3套尿素装置。1992年,年产量250 921吨。1997年,装置停产。

甲醇:1991—2007年,吴泾公司累计生产精甲醇68.27万吨。2007年,装置关闭。

硫酸:1995年2月,吴泾公司与日本伊藤忠商事株式会社合资组建上海京藤化工有限公司,对硫酸装置进行原料路线的改造,采用液硫制酸清洁工艺,年产硫酸14万吨。2013年,硫酸产量14.5万吨。

醋酸:2013年,醋酸产量53.44万吨。

醋酸乙酯:2005年9月,装置生产能力10万吨/年。

二、生产管理

【职能部门】

吴泾公司的生产管理由生产部负责。2001年8月,吴泾公司决定重新调整公司行政部室结构设置,生产管理部下设生产计划、调度、安全、环保、质量、计量、物流保障科等8个科室。

【主要管理】

计划(能源) 编制产品生产计划并督促执行,统计产品产量、单耗等有关数据,编制生产情况日报表;编制主要产品成本毛利表和产品成本周报、月报;分析整理主要产品的经济运作情况,编制《技术经济月报》和《统计手册》;编制企业能源工作预算和计划,完成能源利用状况报告;能源管理工作,组织节能增效活动,能源消耗定额的管理和考核;协调物流交接和平衡;企业产品单耗汇总、统计;原料和产成品的盘库工作,组织召开生产系统月底结账平衡会;编制上报国家统计局的企业用电量及产品耗电量表;执行上级部门统计工作指令,编制和报送有关统计报表;收集同行业生产技术经济相关资料;汇编公司合资企业生产统计月报。

工艺 实施各生产装置现场管理(含工艺纪律、劳动纪律等);各主要产品单耗成本统计分析,控制产品各项工艺指标的落实;关注生产工艺现场情况,发现并参与解决生产过程中的各项技术问题;协同相关部门完成工艺改造及技措技改项目;参与生产装置的工艺查定,指导生产装置的生产运行管理;协助人力资源部开展公司内定岗、定编、定员及岗位等级的评定工作,计划和落实好生产岗位人员的培训;生产许可证办审和管理。

生产调度 参与生产系统各种技术方案(如装置运行方案、技改方案等)的审核工作;化工生产的组织、协调、指挥,化工连续性生产装置的生产合理调度;发布生产装置的运行命令,协调装置运行的总体平衡和进度;掌握公司生产动态和水、电、汽等公用系统的平衡运作工作,分析和处理生产过程中各种突发事故和不正常情况;当班调度对生产中各类重大突发事故(包括设备事故和人身伤亡事故)的组织处理。并按规定及时向上级和有关部门通报情况;编制各类生产报表,对外联系和报表报送;生产过程中所需抢修车、化学救护车、救护车、消防车的调度;对生产装置的夜间抢修负有组织和指挥的责任;负责与华谊集团、焦化、氯碱、电厂等相关公司的业务衔接协调;负责企业应急指挥中心的日常工作。

设备 贯彻执行国务院《设备管理条例》和上级主管部门有关设备动力管理的制度;按设备管理要求,建立设备管理制度和管理标准体系;建立设备的基础资料、技术档案、原始记录、台账、检修定额及备品配件定额等;审核或编制生产装置大修计划、重点项目的施工方案、进度及质量验收标准,监督大修经费的使用;加强设备状态监测,掌握设备运行动态,对重大设备和司管设备进行全过程管理;编制设备年度更新计划,对设备改造和更新计划的实施参与或组织技术经济论证;负责对公司相关项目(技术资料)对应设备动力内容的审定、确认和会签;归口管理锅炉、压力容器、厂内车辆、起重机械等特种设备,按国家有关规定严格实行安全定检制度;生产设备事故管理。对生产中发生的设备事故,采取有效措施,防止事故的扩大和重复发生。组织对公司重大设备事故的调查分析;组织设备管理网络,督促开展和指导设备日常管理;组织设备动力新技术、新工艺、新材料的学习交流与推广;组织推广设备防腐新技术、新工艺、新材料,节约防腐费用,延长设备使用寿命;组织特殊工种的培训和考试(如通用工种、压力焊工、司炉工等);组织设备评级和无泄漏的检查评比,不断提高设备的完好率;定期分析设备管理统计资料,发现问题及时纠正,逐步推行设备故障的事前管理;固定资产及折旧资金的管理,按国家及公司的固定资产管理标准或要求,规范固定资产管理,保证国有资产的保值增值;协调折旧(更新)费用的使用,逐年提高生产设备的新度系数;对口上级主管部门、兄弟企业的技术业务情报交流和专业检查;参与企业报废设备处置。

三、合作投资

【职能部门】

1995年10月,成立发展部。发展部设发展总体规划、市场信息、投资开发、资产运作、化学工程5个业务板块。1996年11月,撤销发展部,设立总师室,内部管理条线有技措技改、技术开发和总体规划。2007年3月,再次设立发展部,原技术中心项目管理业务职能划归发展部,原总师室及与项目和企业发展有关的职能划归发展部。

【主要管理】

投资规划 编制公司中长期发展规划;根据年度固定资产投资预算,开展项目调研和启动项目前期工作;以装置化、区域化和功能化为目标,继续进行统筹规划,合理整合,强化区域设置,优化资源配置;参与编制公司年度固定资产投资计划,并汇总上报;负责发展部立项的100万元以上固定资产投资项目的季度、月度财务用款计划编制汇总;公司总图更新和管理。

项目 负责公司内100万元以上新建、改建、扩建项目的立项审批工作;组织公司各相关部门对编制完成的项目建议书、可行性研究报告进行内部审查;负责100万元以上固定资产投资项目的项目建议书、可行性研究报告、初步设计、施工图的报批;协调发展项目报批过程中的环保、消防、劳动安全、工业卫生、城市规划等相关工作,并控制项目总体进度;按集约、归口、专业化的原则,负责公司100万元以下固定资产投资项目的全过程管理;牵头负责发展项目的竣工验收;负责固定资产投资项目的后评估;负责对外来施工队伍的管理;负责试验项目的管理。

四、财务管理

【职能部门】

1995年10月,成立财务部,内设财务管理科和会计管理科。2001年8月,财务部下设综合、资金、会计3个科。

【主要管理】

预决算 根据公司年度经营目标,负责编制年度全面财务预算;全面财务预算的控制及日常事务办理;根据国家财税法规,制定《企业财务内控管理制度》,并督促执行;根据国家有关会计法律、法规及财政经济政策,严格把好财务收支关;固定资产的核算和管理;产品成本管理。包括成本预测,成本核算,成本分析,成本控制;参与建设项目管理,负责项目的核算管理,监控项目设计、施工、制作的付款,编制项目竣工决算表;在建工程项目的核算和账务处理;公司所属全资子公司的资金运作及财务内控管理;负责公司公积金及统筹经费的核算和有关管理;按规定计提有关工资性统筹经费。

资金 根据产、供、销计划,编制阶段性财务收支计划;资金调度平衡,编制现金流量表,确保企业资金运用的良性循环;策划资金筹措方案,提供领导决策;按照有关现金管理制度,主办公司范围内现金收支业务,负责现金借款及报销业务;按银行结算有关规定,主办公司范围内的银行收付业务,负责与银行对账单的核对工作;企业产品销售发票开具和审核,编制货款回笼资金日报和销售汇总报表;办理委托银行收款业务,管理运费及其他单据收缴归类;应收账款的明细核算与对账,参与应收销售款的催收,及时回收货款;应收票据管理,定期对票据客户进行分析;负责保管现金、支票、有价证券和贵重物品以及指定的经营印章;负责商业汇票签发和收取业务;办理租借钢瓶、销售包装容器、槽车租用等其他费用的收取、解缴。

会计核算 按照有关现金管理制度,主办公司范围内现金收支业务;内部往来账务的核算和清理工作;收入支出及各类明细账的管理;费用预算及费用控制;原材料成本核算及台账管理;辅助材料核算及管理;库存材料及材料成本核算;会计科目账务处理和报表工作;管理费、销售费、财务费的核算及管理;税务核算和按时解缴;公司外贸业务的核算及管理;应收应付账户的核算和清理;计算机财务数据文件的管理;福利费的核算与分析;负责公司各项经营审计;转账凭证的审核、管理、分析,编制报表;公司所属控股子公司的会计核算指导和报表合并工作;财务档案资料的收集、整理、保管。

五、技术开发

【职能部门】

2001年8月,设立技术中心,下设科研开发室、项目管理室和办公室。

【主要管理】

科研开发 科研项目前期调研,并撰写《科研项目开题报告》;与高等院校、科研院所联合开展科研开发,探索产学研结合;联合或自主开展小试、中试和工业放大试验;总结分析科研工作,并作为科研项目的鉴定依据;接受公司下属部门科研项目委托;组织科研项目立项审查。

技术信息和经费 技术图书资料的订购、统计、管理;技术资料的归档;编辑和出版《吴泾科技》;制定企业科研经费预算,严格控制使用;与公司相关部门及内部条块间的技术信息沟通。

六、物流运输

【职能部门】

吴泾公司的物流管理由物流分公司负责。1999年9月,吴泾公司成立运输有限公司,为上海吴泾化工有限公司的子公司。

【主要管理】

制定年度物流市场开发计划及部门年度计划;拟定部门工作流程及管理制度;开展市场信息调研,掌握外部市场行情;实施客户资信调研,建立客户信息档案;研究物流市场策略,探索市场开发;实施物流贸易销售计划,完成部门销售目标;实施仓库、储罐区物料存储、收发管理;拟定公司储运设施的维修保养、更新改造计划;实施企业内水运码头设施的调运作业及日常管理;实施企业内铁路运输设施的调运作业及日常管理;实施企业内汽车公路运输设施的调运作业及日常管理;参与地磅、轨道衡等重大贸易计量器具的管理;提供贸易售后服务,协调客户投诉,解决贸易纠纷;负责贸易应收货款的催讨和日常管理;参与拟定公司贸易发展计划。

第三节　双钱集团股份有限公司

双钱集团坐落在上海市四川中路63号。拥有双钱载重轮胎分公司、大中华正泰轮胎分公司、上海轮胎橡胶(集团)股份有限公司轮胎研究所和上海双钱轮胎销售有限公司、中国北美轮胎销售公司、双钱集团(江苏)轮胎有限公司、双钱集团(重庆)轮胎有限公司、双钱集团(安徽)回力轮胎有限公司、上海轮胎橡胶(集团)有限公司、上海制皂(集团)有限公司、双钱集团上海东海轮胎有限公司、双钱集团上海供销有限公司、泰国华泰橡胶有限公司、双钱集团(新疆)昆仑轮胎有限公司、上海双钱轮胎销售(约旦)有限公司、上海橡胶机械一厂等全资、控股、参股子公司20多家。上轮公司轮胎研究所为国家级的企业技术中心。

一、主要产品

轮胎、力车胎、胶鞋及其他橡胶制品和前述产品的配件,橡胶原辅材料、橡胶机械、模具,轮胎橡胶制品钢丝。

二、生产管理

【职能部门】
1990年6月,新成立的上海轮胎橡胶(集团)有限公司的组织架构中设有"生产计划处",主要负责公司的生产组织和计划协调。1992年,公司生产计划处改为"生产管理处",明确生产管理处分管公司的计划、综合统计、设备、项目、修理费用、计量器具、联营厂管理等综合管理职能。1998年,公司撤销"生产管理处",成立"生产与质量保证部",该部负责公司的生产组织、计划协调、设备修理费用等。2002年5月,公司组织架构调整,组建管理部,将生产计划管理的职能归入管理部(企管)。2003年,又将生产计划管理职能划归公司市场部。2008年12月,公司机构再作调整,成立"生产运作部",负责公司的生产运作;公司的部门和职能一直延续至2013年。

【主要管理】
生产管理模式　2000年之后,生产管理模式基本形成。公司根据产品工艺特点、产品结构以及工厂的生产规模、内外销比重、国内不同市场的不同需求等情况,采取"以销定产""生产地销售""集约化生产"等多种灵活的生产运作模式。公司生产管理和物资供应部门根据年度公司预算目标,针对不同市场的需求,配置公司生产资源,设定各厂生产计划,并结合季度销售需求预测滚动计划,经每月产销平衡会议制订月度生产作业计划。公司在工艺、设备、工装标准化、作业标准化等管理方法上不断完善,形成批量化、多品种同时生产的柔性化生产体系,同时借助公司ERP系统对生产过程中的设备运行、工艺执行、生产进度进行监控,保证生产能力和与生产效率,控制生产成本。根据生产与销售周期,合理确定库存结构,协调和解决产销矛盾。

生产组织管理原则及特点

（1）以市场需求为导向，积极调整产品结构。一是抓适销规格品种的挖潜增产。从生产要素的配置和生产能力的平衡上确保适销规格轮胎用足设备能力和给予资金、人力的保障。二是抓新产品开发和规模生产。三是抓国内市场巩固。公司的国内营销网络又增加了子系统，在北京、湖北和浙江富阳新设3个联营销售公司，扩大销售的辐射面。先后与重型汽车集团、陕西汽车厂、郑州日产、武汉神龙、一汽奥迪、南汽依维柯、西安奥拓等汽车公司（工厂）建立产品配套关系，扩大原配胎市场的占有量。四是抓海外市场的拓展。

（2）把握生产动态，力求产销平衡。围绕提高"客户定单满意率"，加强轮胎市场内、外销运行动态的跟踪分析，强化公司产销平衡协调，确保供配货满足内外销需求。同时抓好投入产出，控制计划发料。达到生产制造系统在物料消耗上精细化管理的目的。并针对市场需求，适时添置模具。做到压缩加工周期，降低加工成本，满足市场需求。

（3）推行精细化管理，深化公司生产管理。快速反应、精心安排、合理调度，力求做到内外销供货平衡。

（4）强力推进工厂设备管理。炼胶设备、成型设备和硫化设备的加护检修和日常维护，监控年度设备设施维修费用预算及其落实使用情况。

（5）强化生产运营分析，提高生产组织应变能力。在抓公司生产运行的过程中，建立完善月度生产综合分析、月度排产销售情况表、月度计划变更通知书、月度轮胎出入库成本分析表、月度投入产出汇总表、月度原材料计划与实际领用统计表、月度能耗情况表、月度主要生产设备运转情况表、月度密炼机运转情况表、生产日报表等，使每一时期的生产情况时刻处于受控状态，对决策分析起到关键作用。加强与行业协会的联络，密切关注行业的变化和动态、内外销总量、轮胎分类的产销趋势，做好相应的分析统计。

（6）推进工厂一体化管理。自2012年起，公司生产规模逐渐扩大，形成上海、如皋、重庆、安徽四大轮胎生产基地。为使各工厂品牌产品统一化、稳定产品质量、规范管理流程、提升管理效益，公司着手轮胎生产工厂一体化管理，从产品统一管理、工厂生产、装备和运行四大板块入手，针对各个板块的具体内容进行自下而上的梳理，之后从上而下完成统一管理方案的制定。

三、合作投资

【职能部门】

1990年6月，公司设立联营处。1998年，公司资产与发展部是公司资产经营和投资的管理部门，负责对外投资和参股企业的管理。

【主要控股与合作投资管理】

1992年7月，上海轮胎橡胶（集团）轮胎公司明确综合处的工作管理范围分三个层次：一是紧密层单位。包括两种类型，一类是以资产划分的，由公司控股的原上海正泰橡胶厂东海分厂、原上海大中华橡胶厂泗泾分厂、金泰帘子布厂等；另一类型是由化工局划转公司代管的7个单位，分别是上海大孚橡胶总厂、上海中南橡胶厂、上海橡胶助剂厂、上海气门嘴厂、上海钢丝厂、上海橡胶机械一厂和上海橡胶模具厂。二是半紧密层单位。即由公司出资参股的单位，有新疆乌鲁木齐轮胎厂、海口轮胎厂、昆阳钢丝厂等。三是松散层单位。包括原回力与双钱两大集团（注：两集团通过工作合并为一集团)。

2001年3月24日,跨国公司法国米其林集团和公司共同投资2亿美元组建的上海米其林回力轮胎股份有限公司在浦东香格里拉大酒店举行成立仪式。

2002年1月11日,在实行资产重组、优化资源配置的过程中,上海制皂(集团)公司进入上轮公司,使上轮公司资本结构和资产质量得到改善。

2004年3月8日,总投资4.8亿元、年产全钢子午胎50万条的上海轮胎橡胶(集团)如皋有限公司一期建设项目开工典礼在江苏如皋经济开发区隆重举行。

2007年6月7日,上轮公司与重庆渝富资产管理公司在重庆洲际大酒店签订《战略合作协议》,这是继如皋项目之后,上轮公司又一新的投资项目落户重庆。该项目前期规模为生产250万条/年全钢丝子午线轮胎。

2013年1月24日,双钱集团与新疆投资发展(集团)有限责任公司签署《新疆昆仑轮胎有限公司股权合作框架协议》,双钱集团以股权合作项目的增资或收购方式持有新疆昆仑轮胎有限公司51%的股权,获控股权。

【直接投资合作企业股权与资产管理】

至2007年3月,根据海通证券公司对双钱集团非公开发行股票的尽职调查报告揭示:双钱集团拥有2家分公司、57家控股子公司(其中直接投资合作的有25家)以及30家参股公司。

至2013年年底,双钱集团参股的联营公司有4家。

上海双钱轮胎销售(约旦)有限公司 2006年9月8日,上海市对外经济贸易委员会出具《关于同意上海轮胎橡胶(集团)股份有限公司在约旦合资设立"上海双钱轮胎销售(约旦)有限公司"的批复》,同意上海轮胎橡胶(集团)股份有限公司与约旦 lamii Odeh & Sons 公司合资设立上海双钱轮胎销售(约旦)有限公司,国家商务部于2006年9月13日颁发境外投资批准证书,注册资本100万美元,法定地址为约旦,经营范围为从事轮胎及其辅料、橡胶制品、化工原料、机械配件等进出口业务。双钱股份直接持有上海双钱轮胎销售(约旦)有限公司50%的股份。

上海神马帘子布有限责任公司 上海神马帘子布有限责任公司成立于1986年11月3日。注册资本3 380.3万元,经营范围为浸胶生产各种帘子布、帆布、帘子线化纤加工;经营该企业自产产品的出口业务和该企业所需的机械设备、零配件原辅材料的进口业务(但国家限定公司经营或禁止进出口的商品及技术除外);丁苯、VP胶乳项目筹建(不得从事生产经营),自有设备租赁(不得从事金融租赁),自有房屋租赁(企业经营涉及行政许可的许可证件经营)。双钱股份直接持有上海神马帘子布有限责任公司21.7%的股份。截至2013年12月底,总资产11 458.79万元,净资产－3 904.38万元。2013年,实现营业收入16 169.35万元,净利润－25.87万元。

上海制皂集团(如皋)有限公司 上海制皂集团(如皋)有限公司成立于2003年5月9日。注册资本1.28亿元,经营范围为化工产品(皂粒、甘油、硬脂酸、肥皂、无汞碱性电池、液体洗涤剂、美容修饰类、洗涤精、家居护理剂、消毒剂类卫生用品)的生产及销售;经营该企业自产产品及技术的出口业务和该企业所需的机械设备、零配件、原辅材料及技术的进口业务。双钱股份持有上海制皂集团(如皋)有限公司50%的股份。截至2013年12月底,总资产49 052.56万元,净资产－1 363.02万元。2013年,实现营业收入108 892.01万元,净利润3 841.42万元。

上海金峰油化工业有限公司 1993年4月24日,上海市对外经济贸易委员会出具《关于同意在印度尼西亚合资设立"上海金峰油化工业有限公司"的批复》,同意上海市轻工业局所属上海制皂厂、上海轻工业对外经济技术合作公司与印度尼西亚金峰集团在印度尼西亚合资设立"上海金峰油化工业有限公司",实际投资总额为133.5万美元;法定地址在印度尼西亚,生产和经营以"蜂花檀香皂"为主的油化产品。双钱股份通过上海制皂厂间接持有上海金峰油化工业有限公司32%的股份。截至2013年12月底,总资产868.97万元,净资产511.87万元。2013年,实现营业收入933.71万元,净利润-1.33万元。

四、财务管理

【职能部门】

1990年,上海正泰橡胶厂、上海大中华橡胶厂强强联合成立上海轮胎橡胶(集团)有限公司,原上海正泰橡胶厂、上海大中华橡胶厂的财务科部分人员组成公司财务部。

1990年,在闵行区兴建载重轮胎厂和乘用胎厂(该厂于2001年与米其林公司合资),为非独立核算的二级法人,财务总监或财务负责人由上轮公司委派。

2006年起,上轮公司资产部职能并入财务部更名为财务资产部。财务资产部设部总监,负责财务资产部的日常运行管理工作。财务资产部下设资金科、成本科、综合科、稽核科、资产科。

2004年、2008年和2012年,双钱集团分别兴建(如皋)轮胎有限公司、(重庆)轮胎有限公司和(安徽)回力轮胎有限公司。2013年,双钱集团收购(新疆)昆仑轮胎有限公司51%的股权。财务总监或财务负责人由公司委派。

上述控股子公司财务总监或财务负责人对双钱集团财务总监负责,业务和管理对口双钱集团财务部。

【主要管理】

财务核算 按照华谊集团的总体要求结合双钱集团股份有限公司实际经营状况开展全面预算编制工作。协助公司监审部完成公司各个单位和部门年度的内部审计考核工作。在财务核算方面,进行成本核算分析和预测,为产品生产、产品销售以及为公司参加对客户的投标等准备基础资料,为其相关的决定提供策略支撑。定期与同行业进行对标分析。通过对同行业的相关公司对外公告数据的收集和整理,将其中主要的经营指标进行对比,分析双钱集团与同行业公司在各主要财务指标之间的优势和劣势,为公司领导层的决策提供一定的信息依据。

上市公司年报审计 在审计年报期间,财务资产部贯彻落实企业会计准则,核算和监督财务成果,应用各项会计估计和会计政策,注重对敏感事物的处理方法,并对子公司进行业务指导,同时做好会计师事务所与各子公司间的审计工作安排和疑难问题的协调及处理方案的设定等工作。在符合中国证监会、上海证券交易所颁布的相关法律法规的前提下,完成各年度年报的编制、审计和披露工作。

筹融资 公司与中国进出口银行有长期的合作关系,长年享受出口卖方低于银行同期利率政策性贷款。另外,根据汇率走势分析未来汇率趋势,及时调整人民币与外币借款结构,最大限度地减低利息支出。

资产置换 根据华谊集团总体规划和双钱集团的实际需要,以不实资产置换华谊集团名下土地等优质资产,华谊集团将不实资产通过国资委核销,使资产质量有一定的提高。

税收策划 经过对税收法规的跟踪研究和财务资产团队的共同努力,每年按税务要求进行项目研究开发费用加计扣除50％减免所得税的申报。

子公司　财务资产部贯彻和落实《子公司财务资产管理制度》中的相关规定和要求,对子公司经营活动进行指导、管理、监督、服务和控制。开展相关的检查,对业务进行指导,审核相关经济行为的报告,完成双钱集团本部每年下达的各项经济考核指标,同时兼顾做好境外投资企业管理工作,充分发挥双钱集团本部的融资中心、资金结算中心、资本运营监控中心、财务会计管理中心的作用。

子公司董事会备案制度　双钱集团股份有限公司第七届董事会第十次会议通过《子公司财务资产管理制度》。财务资产部下发《关于加强子公司董事会议案审核和备案工作及落实年度利润分配的通知》,要求子公司须在召开股东会、董事会、监事会15日前,将拟提交股东会、董事会、监事会审议的议案内容、会议日期、日程安排等上报双钱集团财务资产部门,财务资产部门联合有关职能部门按规定的程序和权限进行审核,审核同意后子公司方可召开会议;子公司股东会、董事会、监事会形成的会议纪要和相关决议,应当在会议结束后5个工作日内上报双钱集团财务资产部门进行备案和存档。

五、技术开发

【职能部门】

1992年11月,上轮公司建立轮胎研究所。1993年12月,新建上轮公司轮胎研究所(简称"公司轮研所")。研究所地址在柳营路881号。

2001年,由于原轮胎研究所作为上轮公司的部分资产与米其林公司合资,为保证上轮公司的技术开发,建立新的公司轮胎研究所,其本部地址设在剑川路2613号(即壬入双钱载重轮胎公司内)。公司轮研所下设钢丝子午线轮胎研究部和斜交轮胎研究部,设立结构设计室、配方室、装备室、力学室、标准信息室和测试中心。

2006年,公司研发机构设置以技术中心——轮胎研究所为主体,下设子午胎研究所、斜交胎研究所、力学结构研究、材料配方研究、战略情报研究、测试中心、综合管理部7个内设机构。

【主要技术开发】

建所初期业绩　1992—1995年,公司轮研所结构设计方面开发出60系列、65系列、轻卡系列级及R21、22、23新花纹,材料方面如以聚酯代替人造丝、2+2+0.25钢丝应用收到良好效益。1994年,"B型丁基内胎"通过化工局鉴定;"橡胶复合材料力学特性及子午胎三维非线性有限元分析技术研究"通过化工部鉴定;2100dteX/2(1890D/2)尼龙帘线应用于9.00-20-14PR载重汽车轮胎,获上海市优秀产品二等奖、上海市科技进步三等奖;"三元乙丙胶并用丁基胶内胎及内胎轻量化研究的产品"获上海市优秀新产品三等奖。1995年,"提高尼龙胎帘线利用率,并改善其性能"通过上海市科学技术委员会鉴定。"1200R24等有内胎全钢丝子午线载重汽车轮胎系列产品""11R22.5等无内胎全钢丝子午线载重汽车轮胎系列产品"通过化工局鉴定,并获上海市优秀新产品奖。

专利申请　20世纪90年代初,从美国引进全钢子午线轮胎的生产技术与装备,通过引进、消化、吸收与再创新,逐步掌握全钢丝子午线轮胎的研制核心技术。共申请80多件专利。2005年,申请专利数13件,其中发明专利2件。2006年,申请专利数14件,其中发明专利5件。2007—2013

年,申请专利数8件,其中发明专利3件。

后期新品开发 2006年,公司新产品研究开发66项,其中载重子午线轮胎设计开发8项,工业化试生产17项;轻卡子午线轮胎设计开发2项,工业化试生产2项;工程子午线轮胎设计开发5项,工业化试生产4项;工业子午线轮胎设计开发2项,工业化试生产6项;雪地子午线轮胎设计开发7项,工业化试生产1项;斜交轮胎设计开发5项,工业化试生产7项。2007年上半年,公司在研新产品开发33项,其中子午线轮胎设计开发18项。

科研平台搭建 公司在发挥自有技术力量进行科技创新的同时,积极推进产学研合作。公司技术中心与哈尔滨工业大学合作共建"上海轮胎—哈工大轮胎有限元分析技术中心";与同济大学合作共建"上海轮胎—同济大学轮胎噪声与振动技术中心"等技术平台。公司在应用纳米技术方面,与上海大学纳米技术中心进行技术合作,开展高性能轮胎纳米技术的应用研究。

表4-3-1　1997—2013年若干年份双钱集团主要科研开发成果情况表

序号	获奖项目名称	年份	获奖等级	获奖类别
1	275/80R22.5低断面无内胎全钢丝子午线载重轮胎	1997		国家重点新产品
2	轮胎整体结构优化设计理论(TECO)及其推广应用	1999	一等奖	上海市科技进步奖
3	8R19.5载重子午胎	2001	银奖	第三届上海国际工业博览会
4	70系列(255/70R22.5、225/70R19.5)全钢丝子午线载重轮胎	2001	三等奖	上海市优秀新产品
5	8.25R20、215/75R17.5全钢丝载重子午线轮胎	2002	三等奖	上海市优秀新产品
6	10.00R20、11.00R20系列全钢丝集装箱卡车子午线轮胎	2004	三等奖	上海市优秀新产品
7	"双钱"牌全钢丝子午线工程轮胎	2006	铜奖	中国国际工业博览会
8	全钢丝子午线工程机械轮胎	2006		上海市专利新产品
9	无内胎低滚动阻力卡客车轮胎(11R22.5、11R24.5、295/75R22.5、285/75R24.5等)	2011		国家重点新产品
10	45系列高性能宽基无内胎全钢丝载重子午线轮胎(445/45R19.5)	2012		国家重点新产品
11	高效节能安全无内胎卡客车轮胎	2012	三等奖	上海市科技进步奖
12	无内胎低滚动阻力卡客车轮胎(11R22.5、11R24.5、295/75R22.5、285/75R24.5等)	2012	一等奖	石油化工联合会科技进步奖
13	硅烷偶联剂Si69的硫分布(S2~S10)评价方法及应用	2013	三等奖	石油化工联合会科技进步奖

六、项目审价

【职能部门】

2007年11月,双钱集团成立监察审计部。2008年10月1日,《双钱集团股份有限公司工程项目审计管理办法(试行)》实施,该管理办法对工程项目审计管理的范围以及项目审价和项目财务竣工审计必须满足的要求作出明确规定。

【主要管理】

(1) 2010年,监审部配合审计师事务所完成双钱载重轮胎分公司、(如皋)轮胎有限公司、公司轮研所、大中华正泰轮胎分公司、上海东海轮胎有限公司、上海橡胶机械一厂和双钱集团本部等工程项目、维修项目的审计共134项,总送审金额3631.9万元,审定价金额3278.12万元,核减额367.17万元,核减率为10.11%。在合同的审核方面,共计审核271个项目合同。

(2) 2012年,双钱集团监审部协调、配合外部审计事务所开展专项审计2次。在工程审计方面,组织开展工程项目审计158项,形成工程项目审价报告158份,工程项目送审金额5518.93万元,审定价金额5067.38万元,核减总额451.55万元,核减率为8.18%。合同审核方面,审核并会签各类合同252个。

(3) 2013年,在工程审计方面,组织开展工程项目审计146项,形成工程项目审价报告146份,工程项目送审金额53248万元,审定价金额45305万元,核减总额7943万元,核减率为14.92%。合同审核方面,审核并会签各类合同184个。

第四节　上海氯碱化工股份有限公司

氯碱公司主要生产基地分布在上海中部的华谊集团吴泾基地以及南部的上海化学工业区,总占地面积约210公顷,总建筑面积约24.76万平方米。注册资本为328108万元。主要装置生产规模:72万吨/年离子膜烧碱、46万吨/年聚氯乙烯、123万吨/年二氯乙烷、60万吨/年液氯、16万吨/年盐酸、8万吨/年次氯酸钠。公司下设聚氯乙烯厂、粒料厂、华胜厂、天原厂、技术中心5家二级单位,还有上海瑞胜企业有限公司、上海氯碱机械有限公司、上海金源自来水有限公司、上海氯威塑料有限公司、上海达凯塑胶有限公司、上海天坛助剂有限公司6家控股子公司。主要产品"申峰牌"烧碱系列、聚氯乙烯系列均为上海市名牌产品,并获"中国石油和化学工业知名品牌产品"的称号,公司还被评为上海市出口名牌企业。

一、主要产品

2013年,公司主要产品为:

烧碱:公司有4套烧碱装置,生产能力72万吨/年。

聚氯乙烯系列:公司有6套聚氯乙烯装置,产能46万吨/年;3套氯乙烯装置,产能43万吨/年;2套二氯乙烷装置,产能123万吨/年。

液氯:公司有4套液氯装置,产能60万吨/年。

盐酸:公司有8套盐酸装置,产能16万吨/年。

次氯酸钠:公司有2套次氯酸钠装置,产能8万吨/年。

公司按国际标准组织生产运行,贯彻并通过ISO9001质量管理体系、ISO14001环境管理体系以及OHSMS职业健康安全管理体系。

二、生产管理

【职能部门】

1990年,上海氯碱总厂设立生产调度处,下设调度科、生产科、调度计划科;职能主要是负责日常生产调度、生产作业计划执行及生产协调。1992年,上海氯碱总厂转制为股份公司,成立生产部,其职能是围绕效益目标将相应的生产目标进行分解下达,并与计划管理、调度管理、设备管理、计控管理、技术能源管理、标准化管理、定额管理以及围绕这些专业管理而展开的基础管理紧密联系,对核心层二级单位和相关部室行使计划、组织、检查、监督和服务,在公司生产指挥系统中处于总体平衡的地位。1998年,改称生产管理部,内设生产调度科、技术能源科、设备动力科和计划统计科。2009年,公司根据扁平化管理的需要,整合生产调度系统,成立调度中心,负责公司日常生产运行管理、计划调度及考核下属企业生产运行情况;生产管理部其他职能不变。2010年,生产管理部下设总工办、生产管理部现场管理口及生产管理部综合管理口,撤销生产管理部机动口和生产管理部设备口。主要职责为负责公司的设备管理、计控管理、技术能源管理。

【主要管理】

生产运行　生产计划、生产运行、生产统计以及其他与生产运行管理相关的专项管理工作;根据年度预算目标,编制年度(分季)及月度作业计划,确保年度预算的全面完成;生产装置投用、生产装置运行和生产调度以及生产装置退役管理。切实贯彻生产装置的全生命周期管理理念,提高装置使用效率,保证生产稳定进行;按照国家及公司要求,建立完善的生产统计规范,完成生产统计相关工作,进而提高数据分析能力,为生产决策提供有力数据支持。

生产工艺　中间工艺技术控制指标管理、生产装置巡回检查管理、装置生产操作变动与监控管理、报警与联锁管理、班组交接班管理、工艺原始记录管理、计量管理、生产事故分析管理和工艺计划管理与总结等;生产装置的工艺查定、新改扩建装置生产性能考核、工艺技术改进管理等。

能源管理　实施节能降耗管理及节能新技术的推广应用;实施合同能源管理项目;公司物耗、能耗月末盘点结算等工作;公司能源年度、月度消耗定额、耗能分析、统计台账等基础管理及公司能源利用工作情况报告;公司能源年度、月度内部支出计划、对外结算付款等相关工作;公司内外部用能单位能源费用计量及协调工作。

设备　固定资产实物管理、设备使用和维护管理、设备检修管理、设备技术状态管理和特种及专业设备管理等;工程项目新增及零星采购新增固定资产的前期管理,固定资产清查、固定资产日常管理,报废更新设备项目管理,报废及闲置设备管理等;密封管理、润滑管理、防腐管理、保温保冷管理以及土建管理等;设备检修管理主要包含检修类型的划分、检修计划管理、备品备件管理、检修费管理、检修质量管理以及合格检维修施工承包商管理等;设备缺陷、故障和设备事故的定义及分级管理要求,调查分析和上报流程等;锅炉、压力容器、压力管道以及电梯、起重机械、厂(场)内机动车辆的使用与管理;仪器仪表、自动控制设备和电气设备的管理等。

管线　公司生产管线(包括长输管线)的安全运行和日常保护,定期对管线进行巡查和维护保养工作,及时发现管线异常情况进行处理解决等。

三、合作投资

【职能部门】

1992年,氯碱公司成立规划开发部,后又称规划建设部。1998年,改称技术发展部。2013年,改称投资规划部。

【主要管理】

战略规划 负责组织落实战略规划的前期调研以及战略规划方案（草案）的提出。制定并实施长期战略规划、五年总体规划和五年滚动规划。组织进行公司各项战略规划中涉及的重大问题的研究；组织制定公司各项战略规划（草案），并对战略规划进行调整；负责公司各项战略规划的实施与评估。全面总结和归纳上一期各项总体规划期间公司取得的成绩和存在的问题；分析发展环境，总结企业面临的挑战和机遇。通过对标分析，明确公司核心竞争力，总结公司的竞争优势和劣势；描述公司发展战略定位和规划原则；规划实施重点及措施，描述业务发展和布局优化、技术创新、资本运作、机制体制创新、信息化建设等规划措施。

项目 负责公司工程项目预算的归口管理；公司技改项目申报，公司技改项目和100万以上技措项目可行性论证与审核；项目的审批管理、项目的安装及土建工程招标管理、施工管理（包括进度、成本、质量等）、安全管理、合同管理、工程款项的支付管理、项目结（决）算、竣工验收以及项目实施过程中归档资料的收集、检查与指导，资料的归档及后评价等管理工作。负责科研开发项目中涉及工程建设的组织落实和管理。

区域规划 负责公司的区域规划与对口政府规划和国土资源部门的联络工作。

部门间协作 协助资产财务部做好项目前期的财务评价、项目资金筹措、资金计划等工作。协助生产管理部对生产系统技改项目引进技术消化吸收的方向、方案和措施等工作。与质量环安部一起做好技措项目的施工现场安全管理等。

四、财务管理

【职能部门】

1992年，氯碱公司将财务处改称财务部。1998年，财务部改为资产财务部，下设管理会计、资产管理、成本核算和资金管理4个科室。2001年，资产财务部改设财务运行管理、成本管理、资金管理、资产管理和外派财务管理五大口。2007年，资产财务部调整为财务运行管理、预算管理、核算管理、资金管理和外派财务管理五大口。2010年起，资产财务部下设财务运行管理、预算管理、核算管理、资金管理、风险管理和外派财务管理六大口。

【主要管理】

会计核算 遵守财政纪律和财务会计制度，执行会计核算制度；负责编制公司的财务报告，分为年度、半年度、季度和月度财务会计报告；负责对各电算化系统内的会计数据进行复核，审核无误后实施记账工作，并完成对账簿、报表的审核确认。

财务基础 负责公司所有现金的收付、保管及核算工作；负责发票的购买、申领、开具、统计等归口管理工作；负责公司银行账户的开立、变更、撤销和日常管理工作；负责确认货款过账及相关资金管理；负责应收账款对账、预警和核销等工作；参与项目立项审批、物资材料采购审批、费用支付等。

税务 研究国家现行的税收政策，以公司利益最大化为原则，积极进行税收策划，向公司高层提供纳税建议；负责协调处理公司的涉税事项，保持与发展同当地税务机关的融洽关系；公司的税务优惠政策研究与申请，负责以公司名义向主管地税务机关办理申请税收优惠手续，提供相关资料；负责公司现行的各项税收政策贯彻执行，依法缴纳各项税款；负责为公司的投资、融资、重组、并购、对外签订合同等经济活动提供税务方面的信息和税收政策支持,进行有效税收策划,确保税务成本优化合理;负责提供公司纳税情况及其他涉税资料。

预算　组织制定预算管理的有关制度等,落实全面预算管理制度的具体实施;组织拟定年度预算的具体编制方案,下达年度预算编制总体要求;组织公司预算的编制工作,进行各专业预算的汇总、审核、综合平衡、调整,拟定公司年度预算方案,提交公司预算管理委员会审批;对已批准的年度预算分解下达;与各部门共同监督、检查各项预算的执行情况,定期汇总预算执行情况的信息资料,提出预算的考核意见;收集、整理预算编制的各种资料,建立健全预算管理的各项基础工作。

资产　负责对外投资的资产,策划实施资产重组,指导子公司的规范运作,确保公司的投资效益。负责固定资产价值管理及固定资产的全面核算工作,负责公司固定资产清查工作;负责产成品出入库的账务处理及组织公司层面对产成品的盘点工作。负责采购物资出入库的账务处理,组织公司层面对采购物资的盘点工作。

五、技术开发

【职能部门】

氯碱公司技术中心是1994年11月经国家经济贸易委员会、国家海关总署和国家税务总局认定批准,于1995年4月28日揭牌成立的全国第二批百家国家级技术中心之一,全国氯碱行业首家国家级技术中心。技术中心设立化工研究室、聚合工程研究室、新材料研究室、工业化研究室、分析测试室。2013年,公司设立技术研发部(技术中心),实行两块牌子一套队伍的运行模式。

【主要管理】

科研项目　规划产品与工艺研发方向,编制年度研发预算计划,负责科研项目管理、新产品开发的实施、现有产品工艺的改善、生产装置的改进工作。从事科研项目管理、中长期技术创新规划和计划的制订并组织实施,对公司及下属公司提供技术支持。以氯化工产业链优化、新材料开发为主线,负责公司新产品、新工艺、新技术的研究与开发,并推动科研成果产业化;负责公司科研技术人员培训与储备。以产学研形式,合作攻关,在科研开发和过程放大过程中发挥各自的优势,推进公司技术创新步伐。负责聚氯乙烯聚合试验平台、水相法氯化聚合物开发平台、塑料加工与应用实验平台、催化反应及过程开发平台及分析测试平台建设。

知识产权　对外提供产品必须具有商标,即向出口国或者欲出口国的国家和地区申请和获得注册商标后方能出口。对外提供产品或技术,凡能形成专利的,必须在取得中国专利后向外国或有关地区申请,而后签署合同;凡涉及商业秘密的(包括在申请专利权前都属于技术秘密),必须在合同中明确商业秘密的详细内容和有约束对方以及不向第三方泄露商业秘密的法律责任。对外提供产品和技术,要对出口国家的知识产权进行检索以避免发生侵犯他人的知识产权。对委托设计和施工、来料加工、来样加工、定牌生产的,要明确委托方是知识产权的合法拥有者(包括知识产权合法权利人的委托证明),并在委托合同中有知识产权的法律责任条款。向外国企业转让专利申请权或专利权的,必须按照《专利法》的规定办理。

科技进步奖　技术中心收到申报表后,先进行初审,并提请公司相关部门对项目产生效益进行评估和审定。组织公司有关部门的技术、经济方面的专家,成立项目技术经济评审小组,对上报项目进行技术经济评审,并按上述奖励标准确定项目奖励额度。

六、营销管理

【职能部门】

1990年,上海氯碱总厂设立供销处,下设办公室、计划科、供应科、销售科、运输科、仓储科。1991年,根据业务需要,经上级批准,总厂成立国际贸易部,下设办公室、业务部、计划财务部三个部门。1992年,供销处下设机构调整为供应科、销售科、基建设备材料科、运输科、铁路储运科、生产技术科、办公室。是年,氯碱总厂转制为股份公司,成立销供部,下设机构办公室、销售科、供应科、运输科、铁储科、综合计划科。1998年,改称市场营销部,下设综合管理办公室、销售科、供应科、信息科、策划科、贸易科、铁储科、仓储科、设备安全科。2001年年底,公司根据"扁平化"管理的要求,为加强采购管理,成立市场营销部采购中心;为加强经营管理,市场营销部将销售部门调整为普通树脂部、特种树脂部、碱氯酸部及EDC部。2012年,成立营销一部(碱氯酸业务)、营销二部(外贸业务)、营销三部(EDC业务)及营销四部(PVC业务)。

【主要管理】

销售 负责销售产品的业务洽谈、合同签订,产品销售、退/换货,出口单证的制作、审核及留档,出口产成品的清关手续;负责应收款项催收并协助财务做好应收账款对账;市场拓展和信息收集及整理,负责客户相关资质收集,并及时更新客户信息数据库中的相关信息。负责售后服务,建立客户产品质量信息管理反馈机制,本着公平、公正原则,以合作双赢的理念协助处理客户的投诉与意见反馈。

国际贸易 负责进出口单证的制作、收集、审核与存档,办理进出口清关手续。

采购供应 结合华谊集团采购管控的要求,根据各需求部门的物资需求计划,参考库存或储备定额,编制并下达采购计划;完善物资采购策略和操作,负责询比价管理、招投标等工作;建立、维护并完善供应商管理、评价工作;推荐潜在供应商名单;向各用户部门提供新产品、供应市场行情、供应商、采购价格等信息反馈与服务;负责工具、事务、办公用品及一般标准件储备定额的管理。负责公司采购物资的仓储管理(进库、存储、出库),对保管物资的完好性负责,建立库存物资的信息档案;负责对采购库存物资资金的变化情况进行统计,在信息系统中实时更新发布;负责每年梳理、提报采购的呆滞积压物资。

储运 负责对外包储运单位在储存、运输工作的监管和考核;负责外包合格储运单位的资质评审和日常HSE监管;负责储运单位进入公司区域的出入管理;按照公司《危险化学品管理程序》和《危险化学品车辆装卸运输安全管理办法》,对运输单位的资质进行审核。定期对外包的仓库、运输车辆、码头等进行现场抽查。

商务 负责公司营销战略和策略的制定,满足公司销售利润和市场份额目标的实现。对公司实施项目及采购物资的稽核管理。商务谈判、合同管理、市场策划。对子公司相关活动进行工作指导、监督、评估和反馈。

第五节 上海三爱富新材料股份有限公司

三爱富公司位于上海市闵行区龙吴路4411号,注册资金3.48亿元,三爱富公司有上海吴泾、江苏常熟、内蒙古等三大生产基地。

三爱富公司前身是1960年4月16日成立的上海市合成橡胶研究所,1980年5月更名为上海市有机氟材料研究所,1992年8月由上海市有机氟材料研究所相关资产改制成立股份制上市公司,上海华谊(集团)公司是三爱富公司的第一大股东,控股31.53%。

三爱富公司母体有3套主要生产装置,分别是吴泾氟聚合物装置、聚四氟乙烯装置、常熟四氟乙烯装置;控股子公司有常熟三爱富中昊化工新材料有限公司、常熟三爱富氟化工有限责任公司及内蒙古三爱富万豪氟化工有限公司。

公司通过ISO9001质量管理体系、ISO14001环境管理体系以及OHSMS18001职业健康安全管理体系的认证,按国际标准组织生产运行。

一、主要产品

2013年,三爱富公司主要产品产量为:含氟聚合物1.7万吨、氯氟烃产品2.92万吨、氯氟烃替代品5.63万吨。公司通过ISO9001质量管理体系、ISO14001环境管理体系以及OHSMS18001职业健康安全管理体系的认证,按国际标准组织生产运行。

二、生产管理

三爱富公司生产部在实际生产过程中建立了一套比较完整的生产流程,包括生产计划的编制和审批,安全生产的开展和产成品的质量检验等,以确保公司生产在保证产能的基础上提高生产效率。

2009年,合理安排生产,增产毛利高的产品,强化工艺管理、设备管理,减少非计划停车,及时调整生产计划满足市场需求。如FE2701实现10吨/月产能,刷新历史最高纪录。面对市场新需求,公司快速实施装置扩产,在三爱富本部新增50吨/月的乳液产能,及时完成了定单。产品质量方面,通过对设备和工艺优化,使聚偏氟乙烯涂料级产品的重要指标分散细度达到客户需要;聚四氟乙烯则明显提高了悬浮以及分散产品外观清洁度。是年,公司推行工艺优化,完成了各主要装置基础资料的整理,提高、细化了辛酸、石蜡等重要辅料的质量要求。对F46装置进行排摸,找出薄弱点,在降低单耗上显现成效;建立月度对标制度,重点对每月安排的产量、单耗、能耗、客户特殊需求的质量进行对标。跟踪每月生产情况,找出需要改进的要素,督促装置改进,明显提升了FE2604、FR203-1的符合率;积极与周边企业(氯碱公司)及华谊集团协调沟通,确保蒸汽供应,尽全力保证聚四氟乙烯装置生产正常进行。

2011年,三爱富公司进一步提高生产装置安、稳、长、满、优运行。公司严格按照年初制定的各装置降低非计划停车和单耗的具体措施表,对装置的生产进行动态检查和跟踪,发现问题组织内部分析和对外交流,制订解决方案。同时还注重举一反三,将改进的措施在其他装置上进行推广应用,取得良好的效果。

2011年,三爱富公司非计划停车次数比2010年下降3%。公司对标年初设定的工作计划,制定减少非计划停车措施的跟踪表,提高装置的长周期运行能力,降低单耗方面也取得多个产品创造历史最优的成绩。是年,三爱富公司加强工艺控制和设备管理,关键特殊工序控制指标数量增加了16%,公司通过扩大控制范围,增强各级管理及操作人员对装置的控制力度。另外,公司为规范

DCS 安全报警和联锁、ESD 项目立项实施,提高了装置运行的安全水平;在加强现场检查、不断改善现场管理的同时,通过"检修作业表"的实施以及对压力容器、压力管道等管理制度的修订完善夯实设备管理基础。

2013 年,三爱富公司以基层建设、基础工作和基本功训练(简称"三基")工作要求为重点,每季度对生产装置、部门、子公司进行"三基"巡查。是年,公司应对突发情况,结合安全整改、技措项目,高效完成年度大修,保持各装置平稳运行。

三、财务管理

【职能部门】

三爱富公司财务管理由资产财务部负责。资产财务部从 1992 年股份改制后的计财经营部演变而来的,在 2001 年撤并了吴泾工厂后,计财经营部分离出资产财务部专门负责公司的财务管理。

【主要管理】

三爱富公司资产财务部主要根据华谊集团资产部、财务部对于资产管理和财务管控的各项要求,制定公司的资产财务管理规划,做好公司的财务分析,为公司的经营管理提供财务决策。

2000 年,财务部强化资产管理,同时加紧销售货款的回笼,严格控制赊销。是年,三爱富公司全面推行综合计划和滚动的财务预算工作,强化费用使用过程的控制,并取得效果。

2013 年,公司财务 ERP 系统上线运行。

四、技术开发

【职能部门】

三爱富公司的技术开发相关工作由公司的技术中心负责。技术中心从 1992 年股份改制后的研究开发部演变而来。公司技术中心是国家级技术中心,为便于技术中心对外开展工作,公司对外称技术中心,对内称技术研发部。

【主要管理】

三爱富公司技术中心的职能主要是根据企业的业务发展及科研需要,遵循科学、有效的科研管理制度和体系,组织、监督实施具体科研管理工作的开展,完成科研管理工作,执行专利和门径系统管理工作,使科研能够助力于提高企业竞争力,实现企业创新战略目标。在 2012 年的部门改制中将规划发展部知识产权的职能划归技术中心(技术研发部)。

2001 年,公司建立以技术中心为构架的企业研发中心,明确研究所与公司的关系问题。技术中心在落实课题、引进人才、规划发展、争取项目等工作方面更为协调一致。技术中心的硬件建设不断进步,计算机资料检索系统开通,课题与市场需求更紧密地结合。聚偏氟乙烯、氟橡胶粉、PSVE 等产品开始转入产业化生产。

2004 年,公司技术中心采用全新的、自主的内部激励分配形式,建立"研发专员—研发助理—实验员—专业技术工人"的研发序列,明确了以大类产品划分的研发方向,形成了以博士、硕士领衔,本科生、工程师、专业技术工人为辅的研发队伍。是年,申请4项专利技术,2项专利获授权,在工程研究、分析检测方面取得明显成果。子公司富诺林精细化工有限公司获1项专利授权,并获上海市高新技术企业称号。

2010年,公司获政府各类科研资助1500多万元。下半年,公司在常熟生产基地建立以聚偏氟乙烯树脂产品为主要开发方向的技术中心常熟分中心,尝试更为灵活和更具激励机制的科研管理模式。

2011年,公司围绕科研队伍的整合、科研机制的创新、重点项目的技术攻关、产业化产品的技术开发和军工项目展开。同时,利用"国家级技术中心"以及具有军工研发资质的优势积极开拓外部项目。是年,公司完成10项发明专利、4项技术秘密申请,获9项专利授权;常熟三爱富氟化工有限责任公司的F141b和F245产品获国家发明专利。是年,公司加大与高校、研究院的资源整合力度,加强合作交流,积极开展在线产品的工艺改进和升级换代工作。是年,公司经国家氟化工产业技术创新战略联盟创立单位选举,当选为联盟的理事长单位。

2013年,公司着力推进产业化项目的研发进度,保障技术攻关的雷点突破。公司着力推进最新产品产业化,在PT853产品开发、悬浮聚偏氟乙烯工艺优化、不含全氟辛酸铵的聚四氟乙烯乳液产品以及PEP树脂开发方面均取得重点突破。全氟己酮等含氟精细品的开发取得一定成效。此外,后加工平台的进一步完善使公司技术中心的加工应用能力得到提高。

五、营销管理

【职能部门】

三爱富公司的市场相关工作由公司的销售公司负责。销售公司是原市场营销部的一个分支,市场营销部是在2001年撤并吴泾工厂后设立出来的一个部门,在2012年的部门改制中,市场营销部分离成销售公司、采购供应部和物流管理部。

【主要管理】

公司销售公司的职能主要是组织实施市场研究及推广、产品销售管理、技术支持管理工作。

1992年,公司销售额完成4326万元,比1991年增长28.29%,产值完成2822.8万元,比1991年增长11.8%,全年实现利润837.8万元,比1991年增长43.95%。增长的主要原因中有一点即是重视市场信息,及时协调生产、计划、供销3个环节,为市场提供适销对路的产品。

2004年,公司与国内7家企业联合聘请上海市金茂律师事务所,以第三方身份参与三氯甲烷反倾销案的应诉,经过多方努力,最终促使出口商与国家商务部签订《价格承诺协议》,以最小代价获得成功,使经营正常进行。

六、集中采购

【职能部门】

三爱富公司的采购工作由公司的采购供应部负责。采购供应部原是市场营销部的一个分支。市场营销部是在2001年撤并吴泾工厂后设立出来的一个部门,在2012年的部门改制中,市场营销部分离成销售公司、采购供应部和物流管理部。

【主要管理】

公司采购供应部的职能主要是组织公司所有物资的采购及供应商管理工作,并完成物资采购计划,确保及时满足公司生产经营的物资需求,控制采购成本。组织采购合同管理工作。

为加强专业管理,公司和所属各实体结合实际,修订和健全了《销售及收款制度》《采购及付款制度》等管理制度。

严格控制赊账,由审计牵头,督促配合供销、财务部门做好催讨应收款工作。

七、质量管理

【职能部门】

截至2013年年底,三爱富公司的质量及安全环保工作由公司的质量环安部负责。2001年,撤并了吴泾工厂后,三爱富公司成立质量保证部和安全督察部。2012年,将安全环保部、质量保证部、保卫部合并为质量环安部。

【主要管理】

公司质量环安部的职能主要是组织实施公司的安全、环境保护、职业健康、安全保卫管理工作;组织实施公司体系建设、标准化管理的建立与运行,保障公司产品质量符合客户要求,保障向客户提供质量检测服务。

公司每月6日举行质量例会,定期对有关产品的质量进行专题分析、研讨。

1995年,公司举办质量月活动;组织3批共125人参加ISO9000系列标准的上海市统考,举行质量知识竞赛;完成FR462采用国际先进标准;重点解决F152a的质量问题,制定内标,满足出口要求;解决了提高TFE单体的质量和HFP单体的执行标准问题;搞好F203a等产品的售后服务和质量改进工作。

1996年,质量管理部门先后制定产品质量考核细则,FR203A优质优奖办法,出口产品质量管理办法,订立三大单体监控规定,使质量管理既有原则性,又有激励性。是年,质量监测部门完成原料测试1520批,比1995年增加50%,完成产品测试4614批,比1995年增加33%。公司对质量事故做到发生事故不放过,分析原因不放过,事故处理不放过。发生原料差错事故后,公司及时组织有关部门和单位一起查寻原因,找出对策,举一反三,亡羊补牢。针对F46出口产品质量问题和低门尼黏度氟橡胶包装质量问题,公司组织质量、生产、技术、经营有关部门调查分析,吸取教训,从工艺技术、设备、现场管理、采购供应和经营销售等方面制订相应整改措施,避免事故再次发生。是年,在标准化管理工作方面,公司完成化工部下达的"聚四氟乙烯材料命名"等5项国标转行标任务。为适应产品销售,制定HFP企标。按照重点产品必须对原料和产品有内控的要求,制定聚合用HFP内标。为开发F46国际市场作准备,制定电线电缆用F46(外观)内标。制定FEM2602-170、FEM2603-270、FEM2802-350混炼胶企业标准,FC-16食具用氟涂料企标。参加HF国标修订。还组织对国标标准化组织的推荐性标准草案《ISO/DIS 12810 氟化烃制冷剂标准及试验方法》的研究讨论。

1998年,公司提出"以质量第一竞争市场,以优质产品拓展市场"的口号,并集中精力开展贯标工作。贯标工作是公司产品获得走向国际市场的通行证的先决条件。是年,完成22件贯标二级文件和15件贯标三级文件的编写、审定和发布,并完成二级技术性文件的起草和审定。是年,质量年度报表的数据表明：生产氟橡胶与F46的主要单体六氟丙烯A级品率从年初的10％上升到90％，F462优级品率提高了41.6％，而FR203A的A级率、全氟辛酸的一级品率和OBS的一级品率均有不同程度的增加；同时，FR301B，FR463，FE2600和FE2800的合格率均保持在100％。

1999年，公司以贯标认证为主线，强化基础管理。其工作重点是质量管理和成本管理。以贯标认证为主线，强化基础管理。通过挖潜、改造，采取一切行之有效的措施，降低单耗；用计量手段控制物耗和能耗，从而达到降本增效目的。

2006年，公司成立制度管理工作组，以规范运作、提高管理效能为目标。制度管理工作组先后修订和完善各层面管理制度97项（完成率80％），有力推进了企业内部管理的制度化、规范化和程序化，确保了企业有效运转。是年，公司通过ISO9001：2000质量管理体系监督审核、ISO14001：2004环境管理体系复评审核以及GB/T28001：2001职业健康安全管理体系认证审核。

2010年2月，为满足客户不断增长的需求，提升三爱富公司产品的整体质量，开展"质量管理年"活动，成立质量QC小组17个。

八、物流管理

【职能部门】

三爱富公司的物流方面工作由公司的物流管理部负责。物流管理部原是市场营销部的一个分支。市场营销部是在2001年撤并吴泾工厂后设立出来的一个部门，在2012年的部门改制中，市场营销部分离成销售公司、采购供应部和物流管理部。

【主要管理】

公司物流管理部的职能主要是物流管理部预算编制及控制、成品等级分类统计、协助仓库现场产品等级划分、协助规范化管理、安全管理等工作，协调有关部门的联系。

九、投资规划

【职能部门】

三爱富公司的投资规划方面工作由公司的投资规划部负责。1992年，公司改制后成立工程建设部。2001年，撤并吴泾工厂后，工程建设部改名为技术发展部。2011年，撤销技术发展部，组建工程技术部和规划发展部。

【主要管理】

公司投资规划部的职能主要是负责公司的产品和技术的战略发展规划的制定和市场及行业信息情报的分析和管理，负责管理公司各项兼并收购工作，负责管理和监督各工程项目及项目前期工作。

1991年，上海市有机氟材料研究所有意将自己的研究成果产业化，转化成生产力，在所内建一套四氟乙烯单体生产装置，以扩大生产规模，取代已运行20多年的老的单体生产装置。

1997年，利用三爱富公司的某些技术优势、产品市场优势及资产，为达到优势互补，先后同美国戈尔、日本大金等国外公司进行合资合作谈判。1998年3月3日，签订成立上海三爱富戈尔有限公司，注册资金300万美元，三爱富以房屋、设备等出资占有40％股份。

2003年，三爱富公司和美国杜邦公司达成形成战略联盟的共识。在氟化学品和氟聚合物方面达成一系列合作意向；9月，美国杜邦公司在全球媒体发布了与三爱富公司合作投资建立常熟氟化工生产基地的消息；12月中旬，双方签署成立合资企业的合同和聚合物技术转让合司以及一系列产品采购、基础服务合同。

2010年，三爱富公司收购内蒙古万豪氟化工有限公司50%的股权，成立内蒙古三爱富万豪氟化工有限公司，保证和扩大了公司在聚偏氟乙烯产品市场上的份额；同时，漕泾装置的关停，扭转了漕泾地区聚偏氟乙烯产品长期亏损的局面。

十、监察审计

【职能部门】

三爱富公司的监察审计工作由监察审计部负责。1992年，公司改制后设立保卫监审部。2009年，撤销保卫监审部，设立保卫部、监察审计部。

【主要管理】

公司监察审计部的职能主要是组织实施纪检监察、内部审计等工作，为企业健康运转提供保障。

2012年，公司为规范募集资金的管理和运用，提高募集资金使用效率，切实保护投资者利益，根据《公司法》《证券法》《上市公司证券发行管理办法》《上海证券交易所股票上市规则》《上海证券交易所上市公司内部控制指引》等法律、法规和规范性文件的规定，制定《募集资金管理制度》，该制度对募集资金的保存、使用、管理和监督等作出规定。在投资融资管理方面，公司根据《公司章程》及外部法规要求建立《投资管理办法》和《筹（融）资管理》，明确筹资、投资、营运等各环节的职责权限和岗位分离要求，规范公司投融资行为，确保投融资工作有序进行，定期或不定期检查和评价资金活动情况，落实责任追究制度，确保资金安全和有效运行。

至2013年，公司定期实施成本费用分析，由财务会计部门提出分析报告、由监审部实施审计监督，依据实际成本费用支出并结合考核要求对相关责任人员实施考核。

第六节　上海华谊丙烯酸有限公司

上海高桥石化丙烯酸厂是上海久事公司与上海高桥石化公司合资建设的地方全民所有制企业；位于上海市浦东新区浦东北路2031号，厂区装置及厂前区用地17.3公顷。2003年2月，上海高桥石化丙烯酸厂更名为上海华谊丙烯酸有限公司，公司股东为华谊集团和中国石化上海高桥石油化工公司（简称"高化公司"）；公司注册资金1000万元人民币，华谊集团占90%，高化公司占10%。

丙烯酸公司通过ISO9001质量管理体系、ISO14001环境管理体系、OHSAS18001职业健康安全管理体系的认证。

一、主要产品

2013年，丙烯酸187 693吨、精丙烯酸28 527吨、乙酯27 247吨、丁酯148 579吨、辛酯33 012

吨、乳液 15 167 吨、甲基丙烯酸 1 038 吨,合计工业产值 329 885 万元。

二、生产管理

【职能部门】

1993年8月16日,成立生产调度科、设备科。2003年2月11日,更名为生产管理部、设备动力部。2013年7月18日,生产管理部和设备动力部合并为生产管理部。制订并下达生产计划,解决生产运行过程中的问题,考核企业生产装置生产完成情况与设备管理情况。

【主要管理】

生产计划管理 负责制订并实施企业年度、季度与阅读生产计划;负责制订、调整中长期生产计划及年度大检修计划;下达下属生产单元的生产计划,及时调整各机构间的年月度生产计划,提升上下游的协同效应。

生产执行 负责监督企业生产装置的生产执行情况;定期主持召开生产调度会,协调解决企业生产装置间生产运行中的问题,检查生产作业计划执行情况;根据华谊集团节能减排工作要求,负责能耗、单耗、产值、产量、品种及主要化工原材料消耗的定额管理。

生产计划控制 负责考核企业生产装置的生产任务完成情况;负责统计生产经营数据,制定生产统计报表。

装置与设备运行 负责技术措施项目编号的下达,配合做好项目方案、设计、施工等环节衔接和协调工作;负责对设备管理进行考核。

流程与制度建设 根据华谊集团和公司生产管理要求,制定公司生产管理方法;负责制定岗位专责制、巡回检查制、交接班制、原始记录等规章制度,并对执行情况进行督促检查和考核。

三、合作投资

【职能部门】

1999年9月3日,成立发展部。2013年7月18日,发展部和工程部合并为投资规划部。主要根据华谊集团和公司业务发展需要,研究产业发展趋势,分析业务发展的竞争能力,制定并实施业务发展规划;制定年度投资预算并负责项目执行;负责公司工程项目管理工作;配合组织和实施兼并收购业务。

【主要管理】

行业研究 负责研究行业发现状(包括产业政策、市场环境、行业发展、竞争对手等)、预测未来发展趋势,并组织相关调研分析,形成研究报告。

业务发展规划与投资预算 负责根据华谊集团发展规划,制定公司发展规划,分解并监督执行;负责根据公司业务发展规划,编制公司投资预算。

新业务开发 负责新业务的拓展;制订并执行业务拓展计划,与其他部门沟通传递新业务机会。

战略执行监控 监督下属企业执行华谊集团及业务板块战略目标的情况。

项目投资 负责组织工程项目的前期论证、项建书、可行性研究、初步设计的编制和审查;负责组织工程项目的竣工验收和后评价工作;负责组织项目在华谊集团和政府进行审批的申报工作。

工程管理 负责公司及下属企业涉及的工程项目管理工作。

知识产权管理 负责公司技术转让的评估与实施;负责公司技术专利的申报与成果转化;代表公司负责知识产权申请等对外工作;负责签订或审核涉及公司知识产权内容的各类合同、协议,建立知识产权合同档案。

档案管理 负责制定公司档案管理办法并组织实施,负责公司有关文件的管理和归档工作。

四、财务管理

【职能部门】

1993年8月16日,成立财务科。2003年2月11日,财务科更名为财务部。2013年7月18日,财务部更名为资产财务部。负责公司的财务管理和会计核算工作。

【主要管理】

公司内部 贯彻执行国家和上级主管单位关于财务管理工作的各项方针、政策和法规,进行财务计划、控制,管好、用好各项资金,加强财务监督,节约开支,降低成本,增加积累,提高资金使用效果,运用会计核算手段反映经营成果,提高经济效益。负责制定财务管理制度、办法和标准,并组织实施和监督检查,进行考核。

会计核算 按国家会计制度、规定设置账册,及时准确编报各类会计报表,统一管理会计凭证、账册、报表等财务档案资料,做好每年的归档工作。

全面经济核算 根据生产计划,负责编制年、季、月度利税计划、成本计划、资金信贷计划、收支计划、用款计划等,并组织实施;参与编制生产经营计划、各项经济计划和经济奋斗目标,检查、监督财务计划和预算的执行情况并进行考核,确保经济计划和利税指标的实现。参加每月一次的经济活动分析会议和每周的经营工作会议,对财务计划执行情况进行分析、总结,寻求开源节流、挖潜节支的途径。

对外财务结算 及时足额上缴利税和其他款项。执行银行信贷和结算规定,合理使用贷款,及时清理债权债务,做好外汇资金的管理,及时掌握外汇汇率变化,最大限度地减少汇率风险。

流动资金 实行"统一管理、专业负责"的原则。分清资金渠道,合理安排和用好、用活资金,加速资金周转,提高资金使用效果。

投资合作项目经济预测 参与审查项目可行性研究,为领导决策提供方案。

五、技术开发

【职能部门】

1996年4月21日,成立研究所。主要负责规划新产品研发方向,制订年度研发预算计划,负责新产品开发的实施。

【主要管理】

负责科技情报收集、科研开发、新产品试制工作。负责情报收集、应用和管理工作,建立技术交流资料的联络、沟通渠道,做好资料、情报的保密、保存工作。参加科研技术交流活动、专题技术科研会,加强对情报资料的分析、调研,确立科研开发的研究选题。根据批准下达的科研规划和研究课题,负责编制年度、季度和月度科研实施计划和新产品试制。确定正确的科研路线,负责组织小试、中试、编写技术总结文件,配合生产车间做好试生产工作,并负责科研经费的申请使用和管理,按期完成科研任务。负责技术引进和科研成果的转让,参加引进项目、对外合作合资项目的洽谈,参与项目的确定。协助各车间、部门科研成果的技术鉴定,协助科研成果报告的编写工作和上报审批。负责做好生产部门需要解决的工艺技术试研究工作,协助产品售后服务。

六、营销管理

【职能部门】

1993年8月16日,成立供销科。1995年8月6日,成立物资供应部、市场销售部,同时撤销供销科。1997年5月16日,成立外贸部。2003年2月11日,市场销售部更名为市场营销部。2007年3月26日,成立销售部、市场部,原市场营销部同时撤销。2013年7月18日,销售部、外贸部合并后成立上海华谊新材料化工销售有限公司。2013年12月31日,物资供应部并入上海华谊新材料化工销售有限公司,归属上海华谊新材料化工销售有限公司直接领导与管理。

【主要管理】

市场研究 进行相关的市场调研和研究,为公司新产品开发提供决策参考。

营销策略 组织开展各类市场推广活动(如展览会、研讨会、宣传资料制作等)。

销售计划 制订与执行销售计划;制定营销管理与激励制度;负责销售档案管理。

品牌 帮助公司规划产品品牌战略及品牌年度发展计划;制定自身的产品品牌管理制度;协助跟踪、分析公司品牌和产品的市场表现等信息数据。

公共关系 执行公司所开展的市场推广、媒体关系及政府关系;帮助执行公司所开展各种市场推广活动。

客户管理关系 负责客户服务管理;公司客户的分类管理和信用评审;维护国内外客户信息资料档案;配合开展客户满意度调查等各类客户调查;帮助公司建立大客户沟通平台。

物流 制订与执行公司物流管理计划,提高物流运营的经济效益,及时满足公司需求。

采购计划 上报集采物资的采购需求;制订分采物资采购计划。

采购执行 做好市场调查及预测,收集原材料供应信息,了解国内外市场行情,及时将行情反馈给有关领导,以降低原材料成本;对于自采部分,负责落实招投标工作;签订各种进货合同,组织办理采购、催交、提货工作,保证按质、按量、按期供应。

供应商 建立并定期更新和维护分采供应商信息;负责分采供应商评估管理与供应商考核。

流程与体系建设 贯彻执行国家及集团、公司关于物资供应管理工作的各项方针、政策和法规,负责公司采购流程体系建设工作。

第七节 上海涂料有限公司

上海涂料有限公司坐落在上海市黄浦区陕西南路345号。1986年10月,上海涂料工业公司改制为上海涂料公司。1996年8月12日,上海涂料公司改制为上海涂料有限公司。2013年12月,上海涂料有限公司改制为上海华谊精细化工有限公司。2013年,完成销售收入372 813万元,利润总额25 270万元。

一、主要产品

化工原料、涂料、油漆、树脂、颜料、助剂、涂料机械、测试仪器、包装容器、房地产开发、物业管理、建材、五金、百货、装潢、钢材、染料等。

二、生产管理

【职能部门】
安环生产部负责公司生产、工艺、单能耗、设备等生产管理工作。

【主要管理】
组织和落实华谊集团的生产管理制度;指导和考核下属企业中长期生产计划的制订;跟踪和统计下属企业年度、季度与月度生产计划的执行;定期召开生产调度例会,协调解决下属企业间生产运行中的问题,检查生产作业计划执行情况;根据华谊集团节能减排工作要求,指导下属企业单耗及主要化工原材料消耗的定额管理;制定并监督实施涂料公司大中小企业管理制度,对下属企业设备管理进行监督和考核。

1991年,公司强化生产调度会,合理组织生产。上半年抓生产进度为主,以产促销;下半年转为以销售收入为龙头,以销定产。一季度抓促销、二季度抓过半、三季度抓适销、四季度抓压库,抓"四率"(衔接执行率、生产均衡率、品种完成率和调度会决定的执行率)。

1991年7月,对上海振华造漆厂、上海开林造漆厂、上海造漆厂3个主体厂实行供应、销售、财务统一集中,形成主体厂为核心、配套厂为紧密层的经济实体和风险共负,效益同享的经营体制。是年,公司制定既保证商业主渠道,又通过多渠道、多层次、全方位促销的策略,在全国各地建立100多个经销网点,重视售前和售后服务。

1992年,公司坚持以市场为导向,认真落实原料、筹措资金,搞好品种调度。公司供应科解决生产原材料的衔接及保证供应。计划部门坚持每周召开生产调度会,强化3个油漆厂品种调度的衔接,使各厂产销率与品种的执行率有明显的提高。公司围绕销售收入组织生产,确保适销对路产品的稳定发展。努力开拓市场,加强产品自销。公司及时调整销售策略,加强自销措施,油漆自销率达到80%,同时实行《销售承包奖励办法》。1993年,油漆订货量1.4万吨,比1992年有较大幅度增长。

1994年3月,公司全面推行"两划小"改革工作。对上海振华造漆厂、上海开林造漆厂、上海造漆厂推行划小经营、划小核算改革工作,有计划、有部署地逐步推进。在"两划小"的基础上,公司对3家主体厂实施经济责任制考核,促进了生产厂的积极性。

1997年,公司下属7个企业建立市场部,人员有50多人,市场部的工作逐步走上正轨。

1999年,公司积极探索市场营销机制的建立,加强营销队伍建设,在舟山、广东、福建、温州、重庆、常熟、枣庄、威海、江苏、浙江等地设置销售网点,扩大产品的市场覆盖率,促进生产发展。上海氧化铁颜料厂在抓好国内市场的同时开拓国际市场，成立销售中心和技术应用服务部。

三、合作投资

【职能部门】
1986年10月，设置生产计划科。1993年9月，设置发展部。2013年12月，设置投资规划部。

【主要管理】
行业研究　负责研究行业发展现状（包括产业政策、市场环境、行业发展、竞争对手等），预测未来发展趋势，并组织相关调研分析，形成研究报告；业务发展规划与投资预算：负责根据华谊集团发展规划，编制该公司发展规划，分解至各业务板块，并监督执行；负责根据公司业务发展规划，编制该公司新建固定资产投资预算。

新业务开发　负责新业务的拓展；制订并执行业务拓展计划，与其他部门沟通传递新业务机会。

战略执行监控　监督下属企业执行集团及业务板块战略目标的情况。

1989年，合资组建上海国际油漆有限公司。1996年，合资组建巴斯夫上海涂料有限公司。2004—2005年，先后合资组建藤仓化成（天津）涂料有限公司和藤仓化成（佛山）涂料有限公司。

四、财务管理

【职能部门】
1986年10月，设置财务科。1993年9月，设置财务部。2013年12月，设置资产财务部。

【主要管理】
全面负责涂料公司资产、财务工作，依据公司内控制度、发展规划，指导、规范下属企业的财务管理资产运作，负责资产财务内控制度的建立及修订，保障国有资产保值、增值；根据华谊集团财务管理制度，建立和完善涂料公司会计核算、预算管理、税务管理、资金管理、资产管理等规范，不断提升公司财务管理水平；负责该部门内部各项管理制度和规范，优化管理流程，落实并执行，以保证部门的高效运作。

1991年9月起，上海振华造漆厂、上海开林造漆厂和上海造漆厂实行财务统一核算，制定实施细则，建立岗位责任制，拟定三个厂之间翻账要求和具体核算规程，完善专项基金使用暂行办法。同时在转账过程中，做到不乱不断，保证了三个主体厂的正常生产及业内配套厂资金的衔接，对有限的资金进行合理使用，调整流向、重点倾斜。财务部门按国家有关财政税务政策，积极为公司下属单位争取减免产品税。

1997年，公司积极开展资产运作，探索公有制多种实现形式。调整行业结构，上海新华树脂厂与上海南大化工厂实行资产重组。

2009年，公司逐步推进财务集中管理，设立公司闵行基地财务工作室，将上海染料化工厂、上海长风化工厂、天一化工分公司3家单位财务工作职能纳入工作室集中管理，并按定岗定编进行人员配置。在试点的基础上，全面推进财务集中管理。

2000年,经济预算以任务书的形式下达各单位,区别情况,分类实施。同时将全年目标分解到季度,季度落实到月度,按月进度执行。

2001年,公司在预算执行方面,着重从抓开局、抓进度、按时间节点上来完成预算目标。公司实现两个"第一次",即:国有企业板块工业总产值7.05亿元,比2000年增长13.7%,第一次超过合资企业的增幅;公司主营利润超过2300万元,第一次超过合资企业的投资回报。

2002年,公司对6家"三产"单位进行清理,理顺资产关系。是年,公司分别被评为会计信用等级B类单位和资信A级单位。

2005年,公司制定《关于进一步加强应收账款管理的意见》,规定有关责任人员承担逾期应收账款利息的标准和产生应收账款坏账有关责任人承担赔款责任的标准。

2006年,公司制定《关于加强对账龄6个月以上应收账款管理的通知》,进一步加强应收账款管理。公司下属单位年初应收账款29 073万元,其中6个月以内应收账款23 304万元,6个月至1年应收账款611万元,1年以上应收账款5 158万元。至2006年年底,公司基本完成华谊集团下达的管理指标。(应收账款原值25 870万元,1年以上应收账款4 869万元)

2007年1月,公司成立预算委员会,主要负责对公司各部门、公司下属各企业的预算审核,加强对预算执行情况的监督、检查。预算委员会至少每月召开一次会议,定期分析各预算单位的财务情况。

2007年,公司制定《企业财务总监管理细则》《企业财务总监重大事项报告制度》《企业厂长和企业财务总监联签规定》。年销售额超一亿元的单位实行由3名财务总监负责对涂料、着色剂、化工品三大业务板块进行财务监督、开展定期财务分析制度。是年起,公司加强对账龄3个月以上应收账款的管理,每月进行跟踪分析,发现与预算偏离度过大的单位,公司发出《应收账款预警通知单》,请该单位分析原因以及提出准备采取的措施。是年,在销售增长的情况下,公司应收账款比2006年下降11.2%;1年以上应收账款比2006年下降40.4%。

2008年,在涂料公司本部实行信息化管理并逐步推广到基层,特别是财务金蝶K3系统的启用,提高了公司管理效率和信息化程度。

五、技术开发

【职能部门】

1986年10月,设置技术科。1993年9月,设置总工办。2009年8月,设置发展部(市场、科研、技术管理等职能)。2013年12月,设置技术研发部。

【主要管理】

负责公司的技术发展规划和新产品开发计划,组织实施;负责公司年度科研财务预算计划;负责公司母体高新技术企业申报材料和技术中心评价;组织进行各类政府部门项目和奖项申报、过程管理和验收。

1998年1月,成立上海市涂料有限公司技术中心,技术中心是以上海市涂料研究所为主体,由公司所属企业科技人员参加的,具有高层次、高水平的技术开发和技术研究规模的机构。

1998年,公司重点开发具有超耐候性、高装饰性、多功能性、环保性的涂料产品。上海振华造漆厂开发了氟碳涂料、罐听涂料、客车涂料、家电用卷材涂料、水性防火涂料;上海造漆厂完成了客车系列彩条漆和新型无毒玩具漆等新产品开发；上海开林造漆厂开发的核电涂料，脂肪族聚氨酯系列产品被广泛运用等。

公司加强与厂、所、院校合作。1991—2013年，上海涂料研究所与上海振华造漆厂合作研制工业建筑涂料（包括CT防霉乳胶漆和水性环氧地坪涂料），与上海造漆厂合作研制汽车系列涂料获"国家'七五'科技攻关成果奖"。

1998年，上海涂料研究所与上海长风化工厂协作开发水性涂料色浆，与上海开林造漆厂协作开发重防腐涂料和浅色导静电油罐涂料等。上海新华树脂厂与上海市化学研究院协作，开展细颗粒催化剂自由型流化床甲苯氨氧化剂苯甲睛技术研究，公司与复旦大学洽谈开展水性醇酸、水性丙烯酸树脂的研究。

2000年3月，公司制定《技术开发中心暂行条例》，全面启动技术开发中心，公司各厂开发科研项目及新产品项目统一由公司管理，并部署行业技术进步和科技创新的具体要求。

2004年，公司加大科研开发费的投入，每年按销售收入的3‰～5‰提取科研开发费并由公司集中统筹管理使用，有力推进了企业科技进步和自主创新能力的提高，使产品市场竞争力得到进一步加强。

2008年，公司以项目为中心组织开展技术创新，加强技术中心与生产部门及市场部门的关系管理。运用开放式的运行模式，建立了鼓励科技人员参与竞争的科技开发激励机制，科技人员可以合理流动，人员按课题需要动态组合，合理配置，一旦签订项目合同，则必须保证合同的严肃性，承担法律和经济责任，不得随意离去，配合与实绩挂钩。是年，公司为了营造良好的技术创新环境，使技术中心成为人才的聚集地和能力的发挥地，对技术中心的项目技术人员实行岗位津贴。

2009年8月，公司集中各企业技术人员，加快上海涂料有限公司技术中心队伍建设。公司技术中心重点负责对新产品的技术开发和技术管理，对重点项目、关键技术进行重点突破；而下属企业则主要负责生产、工艺管理、技术应用服务等。

六、营销管理

【职能部门】

公司市场营销部承担公司营销管理的职能。

【主要管理】

公司注重市场拓展，加强市场调查，制订出12个产品的营销计划。

2003年，公司的销售收入创历史新高，比2002年增加1.5亿元，拓展了产品市场。

2011年，公司从各企业实际情况出发，分别制定符合企业特点的激励措施，对每个企业量身定制具有相当挑战性的经营目标，该目标成为企业年终考核的"附加题"。

2012年，公司将"一厂一策"作为鼓励企业做大做强的重点经营举措，并根据2011年各企业经营指标完成情况做进一步调整和改善，各企业按预定目标奋力拼搏，保持良好的发展势头。第三季度，面对严峻的市场形势，为确保落实全年预算指标并且提高各企业经营者的积极性，公司对下属企业激励考核措施逐一进行分析，根据各企业情况修订有针对性的考核政策，对签约的"一厂一策"激励考核指标增设阶梯式奖励。9月，根据华谊集团要求，启动上海华谊精细化工销售公司的筹建工作。2013年，销售公司成立。

七、集中采购

【职能部门】
1986年10月,设置供销科。1993年9月,设置市场部。2013年12月,设置市场营销部。

【主要管理】
为保障公司生产、经营活动中对所需原材料的及时供应,合理控制采购成本,规范采购业务操作程序,制定办法;严格按照年度预算价格管理,对超出预算价格的原材料要说明原因,经公司分管领导审核批准后方可实施采购;主要原材料一般应签订书面合同,并按《经济合同管理办法》执行;辅助原料按需采购,亦可签订书面合同,并按《经济合同管理办法》执行;及时掌握所需要的采购信息,保持良好的内部沟通;调查和掌握生产所用物料的供货渠道,寻找物料供应来源;参考原料市场行情,要求供应商报价;对供应商的供应价格、材料质量、交货期等作出评估,了解公司主要物料的市场价格走势,制作采购文件,采购所需物料。

八、项目审价

【职能部门】
1986年10月,设置纪检监察。1993年9月,设置监审部。2013年12月,设置监察审计室。

【主要管理】
负责制定项目造价审价管理细则,并检查管理细则的执行情况;根据审价公司的服务质量,向公司推荐备选合格审价中介机构,并根据审价中介机构在公司的实际业绩及时更新;负责监管项目承包方按承包合同约定的时间及要求编制并提交的项目结算资料;负责项目承包方配合审价中介机构进行审价工作。

2011年起,公司逐步统一所有工程项目的审价,逐步完善对公司下属企业工程项目的审价工作。

2012年起,公司逐步推进工程项目审价的现场抽检次数,提高施工的过程监控,确保核减依据的充分性,对核减的料、工、费取得施工现场依据。

公司工程项目在5万元以上必须报公司监察审计进行审核。

项目投资5000万元以上的工程项目,由华谊集团监审部门委托集团当年确认范围内的社会中介机构进行竣工决算审计。

5000万元以下的工程项目,由公司内审部门委托华谊集团当年确认范围内的社会中介机构进行竣工决算审计。

第八节 上海华谊(集团)化工联社

上海华谊(集团)化工联社坐落在上海市黄浦区永安路3弄21号。主营橡胶制品、化工产品等;对华谊集团范围内集体企业资产管理和生产经营进行指导、管理、维护、协调、监督,组织对联社范围的集体企业进行清产核资、产权界定、企业改革、明晰产权关系等。2000年1月,上海化工联社更名为上海华谊(集团)化工联社。

一、职能部门

2000年2月,上海华谊(集团)化工联社(简称"化工联社")组织机构设置为财务部、资产部、综合管理部、基层工作部、办公室。2015年12月,化工联社调整设置为财务部、资产经营部、综合管理部、人力资源部、监察审计部,党委部门设置调整为党群工作部及组织人事部。

二、委托管理

2001年12月,经上海华谊(集团)公司同意,化工联社将下属上海染料化工四厂(上海焦化有限公司)、上海三益经营部(上海涂料有限公司)、泰山化工工程公司(上海染料有限公司)、上海化学试剂五厂(上海化学试剂有限公司)、长风综合服务社(上海化学试剂有限公司)、上海申化化工建筑工程公司(上海华谊集团建设公司)、上海吴淞化工机械修理厂(上海中远有限公司)、双丰综合厂(上海中远有限公司)、浦东化工厂综合服务部(上海中远有限公司)9家非联社范围内的集体企业的劳动工资管理工作划归到华谊集团相关所属公司托管。

三、关停转型

化工联社下属企业由于各种因素,有组织的实施主动关停转型。

上海敦煌化工厂于1979年10月建厂。主营产品有500吨/年氰化亚铜(CuCN)、500吨/年橡胶促进剂(ZDC)、200吨/年促进剂(PZ)、100吨/年促进剂(BZ)以及其他200吨/年助剂。2009年10月,上海市普陀区桃浦生产性服务业功能管委会收购上海敦煌化工厂古浪路830号1万平方米土地,剩余产品氧化镁和经营活动迁往金山金园路155号。2012年12月,上海敦煌化工厂实施改制退出。

上海新华化工厂于1979年6月建厂。主要生产抛光材料、化学试剂、黏胶剂,主要品牌有红马牌、明星牌、双钱牌,隶属上海化工原料联合公司。1992年6月,由上海市体改办试行股金合作制。1992年10月,加入上海联合化工橡胶公司。1996年5月,该企业"三废"治理搬迁至青浦县赵巷镇赵重路35号。1999年9月,该企业划归化工联社管理。2006年8月,上海新华化工厂与香港必美宜国际有限公司合资,另组建中外合资企业"上海必美宜新华抛磨材料有限公司"。2013年,根据《中外合资合同》规定,该企业终止生产。

上海力车内胎厂于1980年10月建厂,主要产品为力车内胎加工。2007年12月,化工联社与上海力车内胎厂进行集体资产联合重组。2008年3月,进行公司制改造。2008年8月,更名为上海力内物业经营管理有限公司。2014年1月,更名为上海上谊置业管理有限公司,公司业务转型。

上海新安塑料厂于1982年6月由上海磁带厂丙烯醇车间划出改建而成,主要产品为丙烯醇及盒式磁带塑料件。2013年11月,该企业所在地上海市长宁区绥宁路280号地块被上海长宁区新泾房屋动迁有限公司收购。

上海云岭化工厂于1980年建厂,主要生产精细硼类产品。2004年5月,该企业房地产由华谊集团一体化运作收购。2012年2月,企业关闭。

上海橡胶制品八厂于1983年6月建厂,主要产品为电瓶壳、矿灯及橡胶杂件、橡胶制品、蓄电池。2004年5月,该企业在上海云岭化工厂内的房地产由华谊集团一体化运作收购。2011年11月,企业关闭。

上海荧光材料厂于1979年建厂,主要生产荧光粉、消气剂、大苏打(含试剂级、药用级)洗净露。2001年3月,企业停产。

上海涂料印铁制罐厂于1980年11月建厂,主要生产圆桶、方听。2006年12月,该企业常德路793—809号房地产因上海市重大工程地铁7号线动工,被华谊集团一体化运作收购。2012年6月,企业关闭。

上海新艺塑料厂于1980年1月建厂。2003年1月,该企业改制为多元投资,经营者群体持股51%,上海新艺塑料厂有限公司属民营企业,脱离化工联社。

上海焦化亚胺材料化工厂于1999年9月划归化工联社管理。2003年7月,该企业改制为全民营有限责任公司,脱离化工联社。

上海吴泾化工印刷厂于1989年5月成立。2004年9月,改制为多元投资的民营企业,更名为上海京康印务有限公司。2006年,上海吴泾化工实业有限公司吸收合并上海京康印务有限公司,占股份77.01%,成为主要股东。2013年8月,因上海吴泾化工有限公司实行主辅分离,上海京康机械维修有限公司由化工联社托管。

上海泾新工贸有限公司于1998年12月成立。2009年8月,该公司并入上海京康印务有限公司。2018年7月,企业注销。

# 第四章 安全环保

第一节 安全与消防

一、安全生产保障

华谊集团属于高危行业，国有老企业居多，地域分散。华谊集团拥有从事生产、经营、使用、储存、运输危险化学品的生产经营单位30家，其中危险化学品生产企业12家、储存企业1家、使用企业6家、经营企业7家、运输企业4家。其中涉及剧毒化学品生产企业4家，重大危险源监控企业8家。涉及危险工艺的生产装置67套，集中在电解、氯化、裂解、加氢、重氮化、氧化、聚合等9个危险工艺类别。

1980年，化工局建立安全生产委员会（简称"安委会"），下属163家单位（占全局单位90%）也相应建立企业安全生产委员会，负责安全生产工作。1986年，化工局推行安全生产首长负责制，建立化工局安全生产领导小组，由正、副局长担任正副组长，每2个月召开一次安全生产工作会议，履行安委会职责。1984年10月，化工局成立上海化工劳动安全监察组织，设劳动安全监察员50人，从行业内挑选产生，任期3年。

1986年，在劳动工资处内成立工业卫生科，配备专业技术人员2人，从事工业卫生和职业病防治工作的管理。1986年10月，化工局安全工作由劳动工资处接管，安全干部从6人增加到14人，分管全局的安全生产、劳动保护、工业卫生工作。

1987年8月，化工局制定《上海市化学工业局各处室安全生产责任制》。1991年开始，由化工局局长分别与各公司经理和大厂厂长签订安全生产责任认定书。

1992年1月，为认真贯彻安全生产责任制，化工局在1987年8月制定的《上海市化学工业局机关安全生产责任制（暂行条例）》的基础上，重新修订关于贯彻《上海市化学工业局各有关处室安全生产责任制（试行）》的意见。

1993年7月，化工局下发《化工系统专职消防队工作规范》通知。

2001年4月，华谊集团本部机构调整，成立安全督察室。

2004年，华谊集团继续加强安全、设备、质量等方面的基础管理。在安全工作方面，通过加大抽查和专项检查力度，强化整改工作，全面提高生产企业的本质安全度。

2005年，华谊集团成立安全环保部和武装保卫部。安环部主要职能为：负责制定华谊集团防恐反恐、保卫稳定、消防化（学）救（援）的工作目标和要求并组织实施与管理；负责根据集团发展战略规划，组织实施具体项目的消防审核、报批、协调、"三同时"竣工验收及消防安全措施的确认检查；负责集团公司治安防范工作；负责协助党委有关部门开展维护稳定工作；负责集团治安保卫、日常消防措施检查、考核以及企业工企消防队业务指导；负责组织处理重大火灾、重大案情及相关突发事件；负责集团预备役人员编制、集训演练、预案点验和装备器材配置的管理；协助开展武装保卫相关的业务知识培训。

2006年12月21日，华谊集团建立应急联动中心，并设立吴泾公司、焦化公司、氯碱公司、三爱富公司、丙烯酸公司、上硫公司6家分中心。应急联动中心和分中心的实时信息数据联网,24小时监控主要企业关键装置生产运行和重大危险源安全情况。

2007年,华谊集团继续深化安全教育,以专题宣讲、集中培训为主要形式,以案例分析、技能培训、应急处置为主要内容,进行各类安全教育培训活动246场次,教育培训员工2.65万人次,对2300名农民工进行安全培训,使安全管理得到加强。一是在全系统推广焦化公司"网格化"管理的做法和经验。二是开展大规模安全检查。是年,由集团领导带队进行了2次大规模的安全检查,由职能部门领导带队进行了6次专业安全检查,共查出问题140个,全部予以整改。三是加强隐患排查,共查出隐患417个,其中已经整改299个,其余制订整改计划,并落实应急处置预案。四是完善安全例会制度,将原先每季度一次的安全工作例会改为每月一次。五是发挥应急联动中心的作用,对集团19家重大危险源监控企业、142个重大危险目标加强了实时监控。国家安监总局督查组对氯碱公司、焦化公司、吴泾公司、涂料公司振华造漆厂等单位进行了抽查,给予了较好的评价。是年,集团无重大火灾、爆炸和多人中毒事故发生,万元产值能耗达到0.84吨标准煤,比2006年下降17%,特殊污染因子削减10%以上。

2008年1月,华谊集团《关于在华谊集团试行安全工作〈禁令〉的通知》发布,以各企业履行民主程序并获职代会或全体职工大会审议通过之日起执行。是月,《安全生产八大禁令》以集团1号文发布;2月,以各种形式全面大力宣传;3月,各企业职代会通过;4月起,全面实施;5月,检查执行情况。下半年起,《上海华谊(集团)公司重大安全环保风险抵押金管理暂行办法》实施,考核期限为2008年7月24日—12月31日,2009年年初公布考核情况。该管理暂行办法按19家子公司企业生产规模、危险性大小分为一类(6家)、二类(7家)、三类企业(6家)考核企业主要负责人。一类、二类、三类企业考核系数分别为2.0、1.5、1.0,抵押金分别为2、1.5、1万元。

2008年,华谊集团制定涉及12个方面的《安全生产检查导则(试行版)》。其内容为:安全生产责任制,安全教育培训制度,事故管理制度,隐患治理整改制度,应急预案管理制度,作业许可证管理制度,工艺安全检查标准,设备安全检查标准,储运系统安全检查标准,消防安全检查标准,检维修现场安全检查标准,环保和工业卫生检查标准。

2009年,华谊集团制定《安全管理制度》(50项),主要内容涵盖集团生产经营活动的全过程。制度包括:(1)安全综合管理;(2)安全专项管理;(3)直接作业环节安全管理;(4)危险化学品管理;(5)职业卫生、劳动保护管理;(6)环境保护管理;(7)消防、气防管理;(8)企业交通运输安全管理;(9)安全生产基金管理;(10)办公区域安全、健康;安全生产禁令和规定。制度还统一了8个直接作业环节作业票的格式和要求。华谊集团《安全管理制度》从2008年11月起开始编制,2009年1月完成初稿,2月5日起组织主要单位HSE部门负责人分6批共12天,集中对50项制度进行修订,3月定稿,4月经集团总裁批准后印制下发,5月试行,7月起全面执行。

2010年6月,华谊集团在2009年颁布《HSE检查导则》基础上,颁布《HSE检查细则(2010版)》,将安全管理制度具体操作的内容用量化的指标、菜单式的条款,汇编成检查细则1067条,发放到基层企业每个班组,企业员工结合岗位要求,形成作业场所安全检查标准。

华谊集团在加强制度建设,统一制定实施集团《安全管理制度》,强化完善制度监管方面,重点抓住两个环节:一是在2008年试行《上海华谊(集团)公司安全生产八大禁令》的基础上,2009年,集团编制实施了由专项安全管理、危险化学品安全管理、环境保护管理等11个方面50项制度组成的《安全管理制度》。2010年,颁布《HSE检查细则》,以"表单化"形式汇编成1067条检查细则。2011年,又全面推行"作业安全观察卡""安全巡检卡"的现场安全检查制度,提高安全检查标准化水平。二是2010年根据《生产经营单位安全生产事故应急预案编制导则》的要求，集团及各二级单位完成了应急预案（包括综合预案、专项预案和现场处置方案）的编写、修订工作；集团本部完成了一个总体预案，十个分项预案。

2011年，华谊集团与19家二级子公司、直属单位签订《2011年集团安全风险抵押责任书》，并将安全风险抵押考核范围从集团、二级单位、直属单位的党政主要领导扩展至"安全管理人员和一线班组长"，与集团近3万名从业人员100％签署《HSE责任承诺书》。继续推行各级领导干部定点联系班组制度，集团领导参加定点联系班组活动63次，二级单位领导参加定点联系班组活动107次；推行重大隐患治理和重大事故查处督办制度，对安全问题突出、季度安全考核排名最后两位的二级单位党政领导推行约见谈话警示制度。是年，进行约见谈话12次，累计20人次，夯实集团各级安全责任体系。

2013年，华谊集团安全环保部用3个月时间修订完成2013版集团《HSE管理制度文件汇编》。该汇编将安全检查与隐患排查治理制度规定合并，规范和指导企业安全生产。

二、隐患监查整改

1994年，化工局在全系统实行专职消防队动态月报。系统内专职消防队所在单位共召开厂级防火安全会议440余次，投入隐患整治资金1045万元，参与审查项目209项，扑灭火灾48起（包括社会），消防车出动车辆2500余车次，其中驻防330余次，训练363次，火警出动176次，实地操作800余次，预案演练22次，上级抽查65次，服务生产242次，开出动火单18770余次，现场监护187次，纠正违章220次，处罚165次，消防教育12880人次，其中外来人口1380人次，消防检查3949次。

1995年，化工局立项隐患项目257项，竣工218项，占整改项目的84.8％。这些项目的完成既解决事故隐患问题，又促进企业生产。全国安全检查团（由劳动部、监察部和全国总工会组成）在对上海天原化工厂和上海树脂厂检查时，对两个厂的安全整改，认真解决隐患表示满意、给予肯定。

化工控股公司以及华谊集团成立后，始终坚守安全环保是"生命线、保障线、高压线"的理念，实践"铁的纪律、铁的制度、铁的手腕"，切实加强企业安全管理、安全检查、安全整改。开展节前安全生产、重大危险源、夜间值班、隐患排查治理和反恐防恐演练，以及安全生产许可证复证、建设工程项目试运行条件和外来施工（承包商）等安全情况的检查，生产安全总体处于受控状态，达到上海市安全生产委员会、市国有资产管理委员会、市交通安全领导小组、市安监局、市环保局、市消防局的考核要求。

1999年，华谊集团加强关键设备、大型机组的管理，运用监测设备和分析方法，监测设备运行状况，通过技术分析提早发现设备的故障隐患，做好预防性检修，来提高关键设备和大型机组运行的安全可靠性。

2002年7月，华谊集团加强对吴泾公司、氯碱公司聚氯乙烯厂和电化厂、上海硫酸厂、上海吴淞化肥厂、试四赫维公司7家单位的压力容器安全检查，加强危险设备的监管。华谊集团组织跟踪有关企业安全隐患整改情况，上海振华造漆厂落实安全技术改造措施；吴泾公司抓好安全问题整改，使压力容器和特种设备持证率分别达到97.4％和98.6％。

2003年，华谊集团加强危险化学品安全隐患整治，在继续开展对二、三类化学品企业核查的基础上，扩大对四类化学品企业核查力度。开展危险化学品生产、储存企业安全生产状况自我评估；是年，完成率为70％。加强隐患问题整改，在危险化学品生产、储存企业现场建立《悬挂"四牌一图"

制度》,设立24小时就急救援服务电话,建立危险化学品产品安全技术说明书及安全标签。

2004年6月,华谊集团组成5个检查小组,分别对丙烯酸公司3万吨/年丙烯酸改扩建项目的环境保护、安全生产和消防设施、工程与设备质量、生产准备与工艺情况进行安全检查,督导该公司先后解决因液位波动造成散热不稳定等多方面的隐患问题,确保安全生产。

2006年,华谊集团投入2.7亿元,完成安全隐患整改项目23项;关停吴泾公司氯磺生产线、上海京华化工厂碳酸新装置;对试四赫维公司三氟甲氧基苯装置进行技术改造。

2007年,华谊集团组织2次综合安全检查,6次专项安全检查,查出417项安全隐患,其中整改299项,其余制订整改计划并落实应急预案。

2008年4月,《华谊集团执行"八大禁令"开展"反三违"及事故隐患排查治理工作实施方案的通知》,提出年度工作目标、13个主要工作内容和3个阶段任务。

第一阶段(4—7月):围绕"八大禁令""反三违"、迎奥运,对2007年排查出、未整改到位的隐患限时进行整改销号。7月底前未能整改的安全措施必须落实;措施不落实、又没有发展前景的要关停。

第二阶段(7—9月):围绕汛期和奥运会安全开展宣传教育、隐患排查治理安全防范工作。

第三阶段(10—12月):针对第四季度赶任务、抢工期现象增多和冬季雨雾冰雪天气多发的特点,深入推进隐患现场督查治理工作。

2008年,华谊集团以"八大禁令""反三违"、重大危险源管理、"迎世博"专项督查为重点,开展33次专项督查,涉及企业58家,对重点监控企业覆盖率达100%。同时,按照"集团安全环保检查导则"的要求,从安全、环保、工艺、设备、反恐、保卫6个方面对各二级单位开展为期两个月的专业化大检查,查出隐患1 760个,完成整改1 713个,整改率达97.3%。加大隐患治理和整改,确定项目126个,其中完成98项,正在实施的28项。

2009年,组织开展华谊集团综合性安全大检查。专门下发《华谊集团关于深入开展安全生产大检查的通知》和《华谊集团迎世博保安全反恐怖工作实施方案》两个文件,编制5个专业检查表,由华谊集团12名领导轮流带队(包括集团安全环保部、经济运行部和下属企业的注册安全工程师及环保、消防、安保、工艺、设备、电气等专业技术人员组成的检查组)组织开展集团综合性安全大检查。是年,开展安全督查65次,检查93家/次企业,查出隐患1 680条,整改1 632条,整改率97.1%。

2010年,华谊集团为迎接"2010上海世博会"召开,确保华谊集团一方平安,通过综合安全检查和专项检查相结合,组织三轮安全生产大检查及危化品运输、危化品码头及罐区、出租场所、雨排口、长输管线、防台防汛、建设项目、检修现场、气瓶、剧毒品、放射源、反恐保卫、防火专项的检查,共检查二级、三级公司167家次,编发华谊集团《安全生产督查简报》111期,华谊集团《HSE月报》12期,查处各类隐患1 451项,整改1 439项,整改率99.2%,检查力度前所未有。同时,"2010上海世博会"召开之前,华谊集团出台《加强世博会期间动火管理规定》,对世博期间的所有动火实行升级管理,确保动火危险作业始终处于受控状态。

2008—2010年,华谊集团HSE投入不断加大。2008年投入38 756万元,其中安全环保资本性投入6 999万元,其他安全环保性投入31 757万元;完成各类大小安全技术措施项目、隐患整改项目82个。2009年投入44 040万元,其中安全环保资本性投入12 867万元,其他安全环保费用性投入31 173万元;完成全年隐患治理、安全技术措施项目95个。2010年投入48 558.74万元,其中安全环保资本性投入11 565.72万元,其他安全环保费用性投入36 993.02万元;完成隐患整改、安全技术措施项目98个。

2011年,华谊集团结合"三基"检查,组织开展三轮HSE大检查及消防设施专项检查、出租厂房安全专项检查及建设工程项目、检修现场专项检查,共检查二级、三级公司165家(次),发现各类隐患1064项(类),整改1061项(类),整改率达99.7%。8月15日,上海市召开加强危化品安全管理大会,华谊集团在会上作"落实安全主体责任、强化危险化学品监督管理"的汇报。汇报从强化企业安全责任主体,落实各级安全生产责任制;统一制定实施集团《安全管理制度》,强化完善制度管理;华谊集团重点危险化学品企业全面达到二级安全标准化;推行HSE管理体系试点工作,集团领导和企业主要领导定点联系深入关键装置、生产班组;上半年结合"三基"检查集团组织开展二轮HSE大检查、一轮消防设施检查、一轮出租厂房安全检查及建设项目、检修现场专项检查;加快推进集团产品结构调整和布局调整等6个方面,系统总结了华谊集团在强化危险化学品监督管理上所做的工作。

2012年,华谊集团安全督查主要重点是:危化企业运输安全、建设工程项目、检维修施工现场及消防设施专项、出租场所与节假日等重大活动期间的安全检查及"三基"综合检查,重点整治50种"低标准、老毛病、坏习惯"现象,并加强飞行检查,落实隐患整改。全年共检查企业212家次,查获各类隐患和问题2061项,这些隐患和问题通过《安全生产隐患整改报告》上报集团,由集团抽查复核并列入季度考核。

2013年,华谊集团实行重大隐患治理督办制度,通过开展多种形式隐患排查,使安全生产风险有效受控。在实行重大隐患治理督办制度时,深化"安全巡检卡""作业安全观察卡"制度执行,查找生产现场设备设施和员工行为上的"低标准、老毛病、坏习惯"。是年,在氯碱公司、焦化公司、丙烯酸公司试点基础上全面推广,结合"施工作业前安全5分钟提示",提高现场安全监管水平。7月起,全员参与"低头捡黄金,有奖查隐患"活动,一线员工查找身边隐患,共发现隐患和问题262个;强化直接作业环节安全监管;开展重大危险源(关键装置)安全示范创建活动,加强企业安全风险控制能力;对氯碱公司、天原集团、焦化公司、丙烯酸公司、涂料公司、双钱集团等危化品生产使用企业和重点企业共48个重大危险源(关键装置)开展安全示范创建活动。是年,华谊集团对照国家标准,硬件达到本质安全要求;制度执行上各企业制订规范管理规定和操作细则,并具体落实;管理上做到严格监控,明确各级人员监督检查职责并考核,做到有效控制重大危险源(关键装置)可能带来的重大安全风险。

三、安全应急联动中心

2006年12月21日,国家危化品上海应急救援基地——华谊集团应急联动中心成立。该中心实行24小时运转,采用GPS、GIS、MSDS、视频会议、短信平台等先进技术工具,并与下属分中心共同构成应急处置网络体系。一旦其监控范围内有危化品事故发生,可远程控制调兵遣将,及时进行应急救援。

2007年,华谊集团应急联动中心继续推进区域分中心建设,在同步建成吴泾公司、焦化公司、氯碱公司、三爱富公司、丙烯酸公司5家分中心后,又增设上硫公司分中心,做到集团在全国各地的生产基地全覆盖。华谊集团应急联动中心和分中心的实时信息数据联网,24小时监控主要企业关键装置生产运行和重大危险源安全情况;应急联动中心有处置各类事故(事件)专家的通讯网络,有各种事故的应急处置预案。华谊集团业内还有5支化学救援专业队伍,12支企业专职消防队伍;还为上海市消防局储备了 100 吨各类泡沫剂,便于抢险救灾。

是年,华谊集团安全生产投入资金 1.3 亿元。落实国家危险化学品上海应急救援基地建设任务,集团应急联动中心投入运行。72 家重点企业也相应成立应急联动分中心,并与集团实现网络互联,完善环境污染事故应急处置机制。

四、安全应急预案

2004 年 11 月,华谊集团组织编制《上海华谊(集团)公司化学事故处置预案》(第一版)。

2008 年 6 月 19 日,华谊集团与上海海事局、上海港码头管理中心在吴泾公司危险品码头联合举行反恐演练,模拟危险品码头受到恐怖袭击,输送管道被恐怖分子破坏,大量易燃有毒液体泄漏的场景,吴泾公司、氯碱公司、焦化公司、水上派出所、港口部门、海事局等相关职能部门协同"作战",经过半个多小时的抢险,将泄漏管道堵住,避免了事故的扩大,反恐救灾演练获得成功。华谊集团、上海港口管理局、上海海事局等领导以及集团各子公司代表和专家 80 余人观摩了演练。

2009 年 12 月,为进一步提高各项应急预案的合法性、实用性和针对性,使个项应急预案能够符合华谊集团生产安全需要,集团组织有关管理技术人员对原突发事件总体应急预案和相关专项应急预案进行修订。比次修订对原因形成和要素进行修改和完善,重点修改了风险分析、应急机构与职责、应急响应、应急保障措施等内容。

2010 年 4 月,《上海华谊(集团)公司突发事件紧急预案》(第二版)出台。《紧急预案》(第二版)强调集团各部门应急职能,规定集团应急组织体系和应急预案体系等。

《紧急预案》(第二版)共有 10 个方面的内容:总则、危险性分析、组织机构与职责、预防与预警、应急报告与应急指令、应急处置、应急终止与后期处置、新闻发布、应急保障、立急管理。

《紧急预案》(第二版)包含了 11 个专项应急预案:突发事件紧急预案、火灾爆炸应急预案、危险化学品泄漏应急预案、环境事件应急预案、其他重大事件应急预案、突发公共卫生事件应急预案、防汛防台应急预案、破坏性地震应急预案、气象灾害应急预案、群体性事件应急预案、恐怖袭击事件应急预案。

2012 年,华谊集团一方面按照《上海市生产安全事故应急预案管理办法实施细则》中关于生产经营单位应当组织编制本单位的综合应急预案、专项应急预案和现场处置方案的有关规定;另一方面为进一步提高各项应急预案的实用性、针对性、操作性,满足企业生产安全需要,华谊集团专门组织有关管理技术人员对原有的应急预案进行修订,形成包括《上海华谊(集团)公司生产安全事故综合应急预案》《火灾爆炸事故专项应急预案》《危险化学品泄漏事故专项应急预案》和《其他生产安全事故专项应急预案》的应急预案体系。此外,华谊集团还要求各部门和所属企业必须根据上述预案结合自身实际,修订和完善总体应急预案和专项应急预案,与华谊集团总体应急预案和专项应急预案相衔接。

各基层企业根据华谊集团的要求,对各单位内部的重点部位、重点目标进行梳理,并根据反恐要求对应急预案进行修订。同时,华谊集团和各基层企业根据修订的预案,开展针对性的反恐演练;如氯碱公司液氯工段遭受破坏的反恐怖演练;吴泾地区危险品码头遭受破坏的反恐怖演练;上海信息技术学校学生遭到劫持的反恐怖演练;上海染料化工厂化工装置遭受破坏的反恐怖演练;其他基层企业也开展各种反恐怖演练 10 余次。

2010 年,华谊集团所属企业先后进行各种安全演练 62 次,参加人员 1 939 名。在完成集团应急预案修订工作的同时,有针对性进行"迎世博、保安全"化学事故应急处置综合演练。同时举办华谊集团专职消防、化学救护技能竞赛。是年,华谊集团和各企业组织演练项目60项;参加人数1 829人;演练级别有集团级、公司级、分厂级、车间级;演练方式有综合、专项、桌面;有准备和抽查两种;还开展应急演练的后评估和总结工作。

2011年,华谊集团安环部多次到基层企业开展安保消防演习的工作指导,基层单位共开展各种演练达40次。

2012年6月,华谊集团和化工区消防支队在上海华谊聚合物有限公司联合开展危险化学品泄漏及火灾事故扑救的演练,演练在该公司员工、氯碱消防中心和化工区消防支队的共同配合下,演练成功。7月,华谊集团和港口管理局在天原化工物流码头联合开展上海化学工业区危险化学品码头区域应急联动处置综合演练,演练设置2个科目:一个是安保反恐演练,另一个是危险化学品泄漏引发的火灾事故扑救演练,演练在各参演单位的努力下获得圆满成功。

2013年,华谊集团坚持开展应急预案演练。8月30日晚21时,集团总裁带队抽查焦化公司甲醇装置应急预案演练执行情况。场景模拟甲醇装置储罐管道发生泄漏,并启动现场处置方案,通过抽查来检查员工的应急能力和应急响应的速度和程序。演练总体情况达到预期。9月,华谊集团总裁带队抽查上海华谊集团华原化工有限公司应急预案演练执行情况;场景模拟液氯仓库中的液氯钢瓶发生泄漏,启动现场处置方案;通过抽查来检查员工的应急能力和应急响应的速度和程序;演练的应急处置程序比较混乱,演练情况较差。是年,华谊集团各基层单位根据各类应急预案,先后开展各类反恐、安保、化学事故处置演练280次,集团安环部多次到基层单位进行应急预案演练的指导,提高员工的安全意识和自救互救能力。

第二节 环境管理

一、环境管理机构

2000年,为配合上海桃浦地区的环境综合整治,华谊集团成立以张培璋为组长的桃浦地区环境综合整治领导小组。2002年年初,又成立以黎干生为组长的综合整治督查组,加强对华谊集团有关企业综合整治工作的检查和督查。同时,华谊集团决定将综合整治工作、基础管理的状况纳入经营者业绩考核的内容中。华谊集团的环境管理机构为安全环保部。

二、环境监测

华谊集团下属单位上海市化学工业局环境保护监测站(简称"化工环保站")是专业的环境保护监测机构。化工环保站主要业务范围包括承担环境、生产厂的废水、大气和噪声的监测;"三废"治理、科研及咨询服务。化工环保站还主要承担华谊集团所属企业排放的主要有毒物质和治理装置的效果监测统计工作;检查系统内的企、事业单位贯彻环保法、执行国家和市"三废"排放标准情况及清洁文明工厂验收、复查等工作;并接受环保新分析方法,探索工厂的废水处理研究和技术咨询等任务。

2001年,华谊集团建立"上海华谊(集团)公司地理信息管理系统(GIS)"。2003年,集团GIS项目建成运行,对集团的重点单位、重要装置的环境管理实施监控。

2010年,为确保"2010上海世博会"平安。华谊集团利用安全环保大检查和各专项检查之机,重点对环保装置运行和维护、生产现场的跑、冒、滴、漏展开检查,并对检查当日企业排口的达标情况进行监测。

2011年,华谊集团排放口达标率达87.06%,重特大环境污染事故为零。是年,集团加强环境监测,加大考核力度,狠抓隐患整改,共监测企业318家/次,环境监测数据共3 912个,共发出书面通知单12份,对环保问题严重的企业,由集团分管副总裁、人力资源部总经理、安环部总经理进行约见谈话。

"十一五"期间,华谊集团未发生重特大环境污染事故,各项指标均得到有效控制。

表4-4-1　2006—2009年华谊集团工业废水排放情况表

年　份	工业废水排放量(万吨)	工业废水化学需氧量排放量(吨)	工业废水氨氮排放量(吨)
2006	2 243.82	1 591.58	151.68
2007	2 133.50	1 302.96	100.50
2008	2 005.09	1 534.74	98.58
2009	1 797.66	1 455.74	112.54

表4-4-2　2006—2009年华谊集团工业废气排放情况表

年　份	工业废气排放总量(万标立米)	二氧化硫排放量(吨)	烟尘排放量(吨)	工业粉尘排放量(吨)
2006	1 806 926.8	6 768.55	1 527.95	410.11
2007	2 014 450.0	6 595.13	1 496.79	142.68
2008	2 094 641.0	5 962.87	1 472.58	147.55
2009	1 875 310.0	3 918.47	1 434.10	138.61

表4-4-3　2006—2009年华谊集团工业固体废弃物排放情况表

年　份	工业固体废物产生量(吨)	工业固体废物综合利用量(吨)	工业固体废物利用率(%)
2006	264 195.2	256 667.1	97.2
2007	325 658.5	315 441.3	96.9
2008	398 140.5	359 066.9	90.2
2009	405 106.5	386 649.3	95.4

2012年,华谊集团在环保管理、环境整治方面,加强环保的飞行检测,检查环保设备的运行情况;各子公司加强对各排口的连续监测,主要采取的措施包括:一是切实将环保工作放在重要位置。明确目标任务,完善措施,确保预算,组织实施环保项目,逐步解决新、老环保问题;对环保设施加强管理和维护检修。二是推行清洁生产,推动节水减排工作。进一步削减源头污染物产生量,实现稳定达标排放和增产减污;开展废水回用的可行性研究,减少新鲜水用量,分解落实环保局减排

目标;加大VOCs控制治理,加大生产现场的管控,降低无组织排放。三是严格环境管理,排查环境隐患,防范环境风险和妥善处置突发环境事件。沿江、沿河企业雨排口实施集中管理,确保雨排口在事故状态及时有效关闭;制定切实可行的环境应急预案,配备必要的应急救援物资和装备,定期组织培训和演练。四是企业环保废水排放合格率逐年提高。2012年1—10月,共监测518个排口,合格排口487个,超标排口31个,其中超标雨水口为18个,超标总排口为13个,排口合格率为94.02%;2010—2012年,排口合格率为80%、85%、88%,华谊集团通过强化管理企业,排口合格率逐年提高为84.38%、87.56%、94.02%。五是整体情况。无环境污染事故,无连续三次超标企业;针对超标现象,华谊集团安环部共发出12张环境监测超标整改通知单,大部分企业较重视,积极采取整改措施;环保工作总体平稳受控。

三、"三废"企业搬迁

20世纪80年代,上海化工有68个厂布点在内环线内。其中17个反应型、51个加工型,占地面积62万平方米,建筑面积80万平方米。截至1998年年底,调整生产厂布点38个,调整厂布点占地面积26万平方米,建筑面积26万平方米,分别占应调整厂点总面积的43%和33%。其中,反应型厂布点调整14个,还剩3个;加工型24个,还剩27个。对"三废"企业搬迁调整,华谊集团制定五条原则:一是把企业技术要素的提升纳入搬迁的内容;二是积极、稳妥地安置好人员,不发生大的稳定问题;三是在搬迁前千方百计确保企业的安全运行;四是切实搞好市场衔接工作,做到大的市场不失,大的客户不丢;五是认真、详细做好测算方案,吁请市有关方面在资金、政策上予以支持。

国务院提出,至2000年所有工业污染源的排放物要达到国家或地方规定的排放标准,为完成该"一双达标"的任务,华谊集团向下属13家单位提出要求:一是13家单位的经理厂长是"一双达标"任务的第一责任人,华谊集团与各单位签订《环保责任书》;二是各单位必须做到责任到位,措施到位,自筹资金到位;三是各单位必须对治理项目进行时间倒排,集团将按计划节点进行督促协调。在集团上下的共同努力下,至2000年9月底,华谊集团被列入2000年上海市"一双达标111工程"的13家企业如期完成治理达标任务。

2000年,华谊集团"三废"企业搬迁有三项大的动作,一是上海大中华橡胶厂迁厂种植绿花;二是上海天原化工厂搬迁;三是上海开林造漆厂搬迁。2月28日,上海天原化工厂全面停产迁建;该迁建工程被列为2000年上海市重大工程和实事项目,并且确定了总量控制、结构调整、技术先进、保护环境、注重效益的迁建原则,从市中心迁到上海化学工业区。1999年年底,位于徐家汇地区占地3.5万平方米的上海大中华橡胶厂搬迁建绿工程启动。2000年9月1日,该厂进入全面停产搬迁;10月15日,人员全部撤离现场;11月1日,进行第一次爆破,爆破面积1万平方米,建筑面积近3万平方米;11月30日,对剩余的2.6万平方米建筑面积进行第二次爆破,除留下一座烟囱作为永久性纪念标志外,最后一批厂房全被夷为平地。该厂共拆迁设备1907台,拆平厂房5万多平方米,提前四个半月完成拆除任务,保证了该地块2001年3月如期种植绿花。

四、装置关停

1995年3月,有着34年生产历史的上海焦化总厂精苯车间停产。

1999年,华谊集团废水排放总量下降41.1%,COD排放总量下降32.9%,固体废物产生量减少43.4%。

2000年,上海天原化工厂、上海树脂厂、上海染化十二厂、上海彭浦化工厂、上海塑料厂在上海市区的生产装置全面停产。至2001年年底,华谊集团在内环线以内所有反应性化工装备全部关闭。至2003年6月25日,所有小化肥企业停产。

2006年2月,焦化公司关闭1号焦炉。建于1958年的1号焦炉是上海第一座大型焦炉,主要为满足上海城市煤气和钢厂生产需要。48年来,1号焦炉共为上海的钢铁企业生产了1 900多万吨焦炭,提供了城市管道煤气41亿立方米及大量化工原料和产品。但由于建造时间较早,环保装置相对落后,对周边的环境影响比较大。关停1号焦炉,焦化公司为之减少7亿多元销售收入,但污染空气的二氧化硫一项每年就可减少排放700多吨。

2007年9月,吴泾公司年产12万吨合成氨装置退役。该装置的前身是中国第一套年产2.5万吨合成氨装置。40多年来,该装置生产合成氨367万吨,实现产值33.38亿元。该装置退出同时关闭5个系列产品,吴泾公司损失产值3亿元,但每年可减排工业废水160万吨,工业废气3亿立方米,固体废弃物3.8万吨,二氧化碳22万吨,减少能源消耗约24.6万吨标准煤。

2007—2008年,地处吴淞地区的中远公司的合成氨生产装置退出,氢气停产、脂肪醇停产、双氧水停产、碳酸氢钠停产、溶解乙炔停产、脂肪醇停产,调整后中远公司化学需氧量年排放量削减69%,氨氮削减98%,二氧化硫削减83%,烟尘削减47%,粉尘削减100%,使该地区彻底消除了由化工生产带来的环境污染。

2008年4月,焦化公司4号焦炉关停。4号焦炉由中国自行设计建造,1972年4月投产。36年间,该焦炉共生产焦炭930多万吨,高热值焦炉煤气20亿立方米,配置城市煤气40亿立方米。4号焦炉关停后,减少二氧化硫排放350吨/年、减少烟尘排放180吨/年、废水23万立方米/年和废气2 500万立方米/年。是年,上海助剂厂、上海彭浦化工厂、上海敦煌化工厂、上海钛白粉厂、上海大中华正泰橡胶厂、上海赛璐珞厂等企业完成整体搬迁,稳妥处理了职工安置。

2009年2月26日,运行31年的氯碱公司电化厂金属阳极47型电解装置关停。7月,焦化公司具有50年历史的2号焦炉、3号焦炉和煤气净化系统、焦油加工系统关停。关停后,减少用煤量85.17万吨/年,减少二氧化硫排放769吨/年,减少烟尘排放665.9吨/年,减少工业废气排放148 026.4万标立方米/年,减少废水排放90万吨/年。6月,氯碱公司被上海市政府列入"节能减排项目",于1990年3月投运的首套国外进口离子膜烧碱装置关停。

吴泾地区的相关生产装置关停后,华谊集团重点对分布在宝山、长宁、普陀、奉贤、杨浦、闵行、闸北7个区的上海长风化工厂、上海远大过氧化物有限公司、上海中乐油脂化工有限公司、上海双乐油脂化工有限公司、上海中远化工灌装有限公司和上海化工供销有限公司仓储分公司、上海化学试剂研究所、上海化学试剂一厂、上海恒信化学试剂公司、上海三爱思试剂有限公司、上海申博化工有限公司、上海牡丹油墨有限公司、上海金鹿化工厂、上海深试仓储公司共14家危险化学品企业进行关停调整。

"十一五"期间,华谊集团先后关停焦炉、合成氨、烧碱等近46套高能耗装置(产品),万元产值能耗下降31.5%;工业废水排放量从2005年的2 765万吨下降到2010年的1 762万吨,下降36.3%;二氧化硫排放量从2005年的8 451吨削减到2010年的2 043吨,削减75.8%;烟尘排放量从2005年的1 741吨削减到2010年的1 009吨,削减42%。

2010年3月,按照华谊集团一体化要求,氯碱公司与吴泾公司实行资源循环利用,氯碱公司生产所需的中压蒸汽全部由吴泾公司的循环流化床锅炉供给,氯碱公司服役了20余年的重油蒸汽锅炉实施关停。6月2日,上海市人民政府召开2010年度吴泾环境整治联席会议;针对2009年底至2010年初对吴泾环境整治审计过程中发现的部分企业危险废物处置不规范问题,华谊集团专发《关于开展"副产品"综合利用和危险废物处置相关情况专项检查的通知》,要求各子公司、直管单位针对审计中存在的问题,举一反三,在6月10日之前完成自查。6月中旬,华谊集团安全环保部组织复查,确保危险废物处置程序规范、过程受控。6月30日,氯碱公司关停F1型离子膜烧碱装置。7月,因生产基地转移,关停三爱富公司漕泾装置。9月底,上海南大化工厂关停小企业。是年,华谊集团对部分生产工艺落后、环境污染严重的生产装置实行关停,其中包括上海铬黄颜料厂景泰路生产车间以及上海染料化工厂硝酸产品和台硝硝化棉产品。

2011年7月,华谊集团下属的华原公司金山基地的合成樟脑装置拆除。

2012年5月,焦化公司最后两台(5、6号)焦炉及其配套装置关停。是年,华谊集团还关停4家危险化学品生产企业或装置,分别是:上海染料化工厂(涂料用树脂、助剂生产线装置)、试四赫维公司(宝山基地)、上海华谊焦化煤气有限公司和焦化公司桃浦分公司。

2013年4月,中远公司最后一套生产运行装置——5号空分停产。5月,焦化公司持续了53年的城市煤气生产输送任务完成历史使命。从1959年起,焦化公司承担了上海城市近一半的管道煤气生产输送重任,累计输送城市煤气超过300亿立方米。

五、环境整治

【环保三年行动】

在第一个环保三年(1999—2002年)行动中,华谊集团共投入资金4.93亿元,共完成各种治理项目45项,削减废水总量4 808万吨/年、化学需氧量3 790吨/年、废气12亿标立方米、二氧化硫2 692吨/年、烟尘362吨/年、粉尘352吨/年,有效减少了污染排放。

2003年,华谊集团启动新三年(第二个环保三年)环保行动,2003—2005年,投入6.5亿元用于环保。按照时间进度的要求,分步实施"五个一批",即淘汰一批重污染产品、装置与工艺;完成一批污染物末端治理项目;关停并转一批中心城区企业;调整一批小化肥生产企业;综合整治一批环境敏感企业,加速产品结构调整,加大区域环境综合整治力度,全面推行清洁生产。

2004年2月,华谊集团召开吴泾化工基地新一轮环保三年行动计划推进会,提出通过治理工业污染带动传统产业升级,加快转变经济增长方式,建设清洁能源、新材料研发和循环经济产业化示范基地。自2000年以来,上海市两轮三年环保整治行动中,华谊集团吴泾地区企业环境整治共投入4.8亿元;对特殊污染因子进行治理,淘汰20多种污染的产品和装置,完成35项污染末端治理项目,主要装置完成清洁生产审计,3家企业通过ISO14000环境体系认证,污染物削减情况分别为化学需氧量75%、废水70%、二氧化硫39%、烟尘45%、粉尘52%、废气25%、氯化氢172%。

2006年,在新一轮环保行动中,华谊集团吴泾地区企业削减各类特殊污染因子10%~15%,突出控制二氧化硫、烟粉尘、氯化氢、苯可溶物、氯乙烯等;完成环境综合整治项目39项;全部企业完成ISO14OOO环境体系认证工作。通过环境整治,提高水资源利用率17%,在生产规模扩大的同时保持固体废物综合利用率99%的水平。是年,华谊集团通过产业结构升级和技术改造,开展"醋酸配套一氧化碳联产甲醇"、苯酐、氟化学品、醋酸、华胜公司码头等37个大型结构调整项目,并自主开发一批新产品、新工艺;全面开展环保事故风险预案的编制和应急系统建设,环境影响评估申报应急预案和清洁生产方案;进行沿江环境排口治理、码头堆场综合整治、防汛墙生态建设;强调工艺提升,推行清洁生产,组织实施清洁生产,上海市清洁生产试点示范共 50 个项目,其中华谊集团有 16 个,占 30%;全面开展 ISO14000 认证;加强企业环境面貌治理和绿化建设,全面实现污染排放在线监测,企业平均绿化率 30%以上。

2009 年 10 月 15 日,上海氯碱化工股份有限公司、上海三爱富新材料股份有限公司、上海华谊集团上硫有限公司、上海试四赫维化工有限公司、上海一品国际颜料有限公司、上海染料研究所有限公司 6 家企业被评为上海市清洁生产示范企业(第一批)。

【环境治理】

2001 年,华谊集团推进吴泾基地环境综合整治工作,对吴泾地区环境的影响正逐步减弱,华谊集团吴泾基地企业二氧化硫和烟尘排放量只占区内排放总量的 20%。

在吴淞工业区企业 2002 年度污染整治工作会议上,华谊集团企业环境整治取得的成效在会上受到肯定,其中上海硫酸厂整治环境、拆旧种植绿花成为吴淞地区企业的榜样。吴淞工业区环境整治 3 年成效显著,2001 年与 1999 年相比,粉尘下降 28%、二氧化硫下降 24%、化学需氧量下降 48%、石油类下降 22%、氟化物下降 47%、氰化物下降 22%。华谊集团企业在 3 年环境整治中调整产品结构、推行清洁生产、治理污染排放、绿化企业环境,对改变吴淞地区环境尽到企业应有的责任。

2004 年,华谊集团按照环保三年行动计划,稳步推进环境综合整治工作,完成氯碱公司氯乙烯回收、吴泾公司合成氨造气系统含氯污水处理、上海南大化工厂废水循环利用、三爱富公司中和池改造等 12 个循环利用项目;完成氯碱公司氯化氢气体治理,焦化公司拦焦除尘、加煤除尘、黑烟整治等一批重大环境整治项目。清洁生产工艺推进,氯碱公司聚氯乙烯、吴泾公司醋酸、三爱富公司聚四氯乙烯等 8 家企业部分装置被列入上海市第一批 25 家清洁生产试点示范。

2005 年,华谊集团完成行动计划所要求的各项任务,环境综合整治工作取得较好效果:工业用水重复利用率达 90%;"三废"排放量大幅度减少,其中废水减少 70%、化学需氧量减少 58%、废气减少 25%、二氧化硫减少 33%、烟尘减少 25%、粉尘减少 42%;实施 24 家企业布局调整、9 家小化肥企业全面关停并转;内环线企业基本调整完毕,淘汰 45 个重污染的产品、装置与工艺;完成 68 项污染物末端治理项目,推出 15 个市级清洁生产示范项目。吴淞基地企业整治工作全面完成;吴泾基地环境整治力度进一步加大,所有污染物总量和特征因子均削减 20%~70%。

2006 年,华谊集团环境建设和三年行动计划推进。全年投入资金 5.6 亿元,完成"关停焦化公司 1 号焦炉"等 39 个环境整治项目,削减各类污染物 5%以上。华谊集团内 72 家重点企业全面完成环保事故风险预案的编制和应急系统建设,完善了环境污染事故应急处置机制,所有沿江企业重新安排污水管路走向,实现对黄浦江的污水零排放,并确保在事故状态下不对江河海水体产生污染。

2007 年,华谊集团万元产值能耗达 0.84 吨标准煤,比 2006 年下降 17.14%,特殊污染因子削减 10%以上。华谊集团对 5 000 吨标准煤/年以上的重点用能企业进行能源审计,并以审计结果为基础,实施 21 个节能项目。关停吴泾公司合成氨等高能耗、高污染装置。通过布局调整归并一批均势企业、淘汰一批劣势企业,推进绿色照明灯具、节能电机等节能设备的应用。是年,吴泾公司投资 2 000 余万元对厂区内原有的污水管网系统进行全面的技术改造,并新建一座集收集、处理、回用于一体的污水处理中心;新建成的污水处理中心,占地面积 1.03 万平方米,设有预处理、生化处理、污水深度处理及污泥脱水 4 个功能区,与老系统相比,新的污水处理中心扩大污水处理范围,由原单一处理生产废水扩大为既处理生产废水，又处理生活污水和雨水；污水处理运行采用 DCS 控制系统，并扩展监测仪表的使用范围，在各主要处理单元均增设 pH、ORP、COD 等关键指标的在线分析仪表，实现污水处理自动控制和监测；在污水处理工艺方面，主体采用二级强化生化处理工艺，增加污水深度处理工艺，主要针对醋酸、醋酸乙酯和醋酸丁酯的生产废水，处理后的水质达到国家污水综合排放二级标准；新的污水处理中心投入使用后，每年处理各类污水近 280 万吨，减少氨氮和化学需氧量排放 3 167 吨；同时，该中心的回用水处理系统启用后，将处理后的污水用于企业的绿化、道路浇洒等方面，就此一项每年可节约水费 20 余万元。

六、环境评价

2010 年，在建设项目的环境影响评估预审核方面，《上海三爱富新材料股份有限公司国家认定企业技术中心创新能力建设项目环境影响报告书》《上海氯碱化工股份有限公司 16 万吨/年氯三次循环利用技改项目环境影响报告书》《上海焦化有限公司煤基多联产乙二醇中试项目环境影响报告书》《上海试四化学品有限公司 600 吨/年 DBC80 药物中间体项目环境影响报告书》4 份项目报告取得环境影响评估批文。是年，在建设项目环保验收方面，5 月 18 日，6 万吨/年丙烯酸项目；5 月 20 日，氯碱公司华胜化工厂一期和二期项目；11 月 3 日，氯碱公司华胜化工厂副产氢能源利用、事故状态氯化氢应急处理装置、SRS 浓盐酸脱除芒硝共 6 个项目完成环保验收。

2013 年，华谊集团结合"三基"检查，对氯碱、涂料、焦化等所有直属单位和部分三级企业开展环保专项检查。查出上海试四化学品有限公司部分装置没有办理环保"三同时"（建设项目中防治污染的措施必须与主体工程同时设计、同时施工、同时投产使用）手续、吴泾地区废水倒灌、焦化公司排水证允许排水量小于实际排水量、丙烯酸催化剂实验装置没有环保"三同时"手续等 50 多项环保本质隐患；尤其对上海试四化学品有限公司，督导涂料公司进行数次研究讨论。开展企业基础台账建立与完善。根据"三基"检查结果，对企业开展基础台账标准化建立；尤其对总量减排、危险废物、建设项目环保"三同时"、监测体系、应急预案等强化基础管理，建立企业"一企一档"制度。是年，华谊集团落实上海市环保局《建议华谊集团在环保管理上改进的几个问题》整改要求，其中华原公司和上海试四化学品有限公司超标排放引起集团安环部重视；召开三次专题会议并召集专家研究会诊，制订监测和整改方案，布置企业按时间节点整改任务。是年，华谊集团强化对各生产基地包括外地企业环保工作的日常监管，强化各生产基地新建项目和在役装置的环境管理，对企业的环保和生产现场管理进行飞行督查；确保废气治理设施、废气在线监测仪正常使用，确保各类污染物排放始终处于受控状态，确保不发生环境污染事故。

第三节　化工制造企业的安全环保

一、上海焦化有限公司

【职能部门】

2001 年 7 月 31 日，组建焦化公司安全督查室。2002 年 12 月 20 日，调整部分职能部室管理职能，将监督部的消防安全、车辆安全管理职能划归安全督查室进行管理。2010 年 3 月 8 日，成立安全保卫部，撤销安全督查室、武装经济保卫部，其建制划归安全保卫部。

【管理特色】

2007年,安全督查室完成《危险源辩识风险评价和控制程序》初稿,《环境因素识别和评价控制程序》获管理者代表的审批。

2008年,化工局监测站、上海市环境监测站、闵行区监测站对公司的废水、废气、噪声、固体废弃物排放情况进行监测,并出具监测报告。监测结果表明:污水排放、废水排放、废气排放、噪音、危险废物处置、能耗等指标均达标。

职业健康安全目标(指标)的完成情况:2007年,公司轻伤负伤率为0.02%(低于指标0.02%),重伤以上包括重伤及人身伤亡事故为零,重大火灾、爆炸事故为零,职业病发生率为零,负主要责任的重大交通事故为零,尘毒测试合格率≥90%(指标≥90%)。

2008年,公司共识别环境因素2 755项,其中重要环境因素788项,辩识危险源4 467项,其中A级风险(特别重大风险)0项,B级风险(重大风险)27项,C级风险(中度风险)343项,D级风险(一般风险)2 231项,E级风险(稍有风险)2 114项。

【主要管理】

负责公司内部的安全管理、安全技术管理、消防、交通安全、人民武装、国防教育、民防管理、治安管理、门岗警卫、巡逻守卫、剧毒品管理、特殊人员管理(精神病患者等)等管理职能;负责公司质量管理、标准化管理、质量检验、业务上接受上级有关部门的指导和监督,负责贯彻落实国家有关的质量、标准化等方面的法令和法规,结合公司生产经营等方面的实际情况实施统一管理。对公司所属子公司的安全管理、质检管理工作进行指导、服务、检查、协调和监督。

焦化公司从20世纪70年代初治理废水污染,至21世纪转入治理废气、粉尘,环境治理从"入地"向"上天"进军。2000—2013年,公司共投入3.8亿元资金,先后建成焦炉干熄焦等8套环保装置,同时坚决关停6座老焦炉以及煤气净化系统、焦油加工系统等重污染装置,为把吴泾建成清洁能源基地、实现可持续发展起到推进作用。

投资1 495万元建设的5号、6号炉拦焦除尘装置2003年4月投入运行,2003年10月通过竣工验收。装置投入运行后,每年降低大气粉尘量924吨,苯可溶物30.96吨,苯北芘13.82公斤,其烟尘和有害物质治理率达98%,有效控制了出焦时烟尘无组织排放现象。

投资600万元建设的5号、6号焦炉加煤除尘项目,2003年年底开工,2004年6月底完工。该项目每年可回收焦尘700多吨,极大改善大气环境。

德士古酸性气体回收项目,利用丹麦政府贷款,引进托普索WSA脱硫工艺回收气体中的硫化氢。一期和二期项目分别于2005年和2012年建成投产,项目共处理新碳一和碳一硫化氢气体1 300万立方米,产生98%硫酸9 853吨,减少硫化氢气体排放3 281吨。

5号、6号焦炉干熄焦项目总投资1.2亿元,2005年年底建成,装置具有工艺技术先进、环境和节能效益显著的特点,既可提高焦炭质量,又能从红焦炭中回收热能,产生蒸汽并发电,以获得直接的经济效益。该装置的除尘效率达97%,每年可减少粉尘排放量53.76吨,减少二氧化碳8.17万吨,副产蒸汽33.71万吨。

2005年,焦化公司投资800万元对环保装置新系统进行彻底改造。2006年,又投资约50万元对老系统进行改造,同时投资100万元对原北一万气柜进行改造。

2006年,焦化公司制定专门规章制度,加强对固体废物的管理。先后完成有机分公司3个焦油大槽的焦油渣处理(约1 250吨)、煤气3号氨水大槽的焦油渣(约100吨)。其他部分固体废物进行内部处理,如机械化澄清池产生的焦油渣、生化处理产生的污泥均进焦炉焚烧处置。2006年1月—10月,共处置危险废物576吨,累计处理固体废物3603吨。针对无法利用的废物,如废旧化学试剂、化工废渣等,均由储运部委托有资质单位进行焚烧处理。

通过技术攻关,2007年4月,焦化公司5号、6号焦炉加煤除尘装置投运,5号和6号焦炉加煤除尘运行率为88.9%,成为国内同类装置中的佼佼者。

2007年4月3日,通过对设备的改造,2号、3号和4号焦炉采用脱硫后煤气进行加热,经公司环境监测站监测,二氧化硫排放量下降50%以上。

2011年,公司为保障操作人员的身体健康,对公司气化作业区及锅炉作业区的现场操作室增加双门双窗,在门上重新安装隔音密封条,降低员工操作室的噪音分贝数。对新碳一办公楼北面房间安装双窗,减少4号工程项目噪音影响。

2012年9月,公司实施排水系统环保措施改造(二期)项目,新建强制排水泵房,将老厂区雨水和清下水集中排放。该项目于2013年6月完成。

二、双钱集团股份有限公司

【职能部门】

1990年6月,新成立的上海轮胎橡胶(集团)公司组织架构中设有"劳动工资处",并明确劳动工资处负责公司的安全工作和环保工作。劳动工资处作为公司职能部门负责公司的安全生产和环境保护的职能一直持续至1997年。1998—2002年,成立"生产与质量保证处",安全环保的职能转移至生产与质量保证处。2003年1月,设立安全生产督查室,履行有关公司安全环保的管理职责。2005年4月,成立安全督查部。2008年9月,撤销集团安全督查部,成立集团安全环保部。2011年,再次对管理部室机构进行调整,设立安全环保部(保卫部)负责协调管理公司的安全环保工作。

【管理特色】

1993年起,获全国、上海市以及石化系统安全生产各项荣誉证书和奖牌,其中连续8年4次获"上海市安全生产标兵企业"称号。

在1999年度全国"安康杯"竞赛活动中获"优胜企业"称号,2011年和2013年连续两年获"上海市安康杯优胜"单位称号。双钱集团(江苏)轮胎有限公司获2012—2013年度全国"安康杯"竞赛活动优胜单位、2011年度江苏省安康杯竞赛优胜企业。

2013年,获"上海市治安合格单位""上海市安全文化示范单位"称号,并被推荐为"全国安全文化示范企业候选单位"。双钱集团(江苏)轮胎有限公司2011年通过三级安全标准化评审。

安全环保体系和标准化建设。双钱集团下属各实体工厂进入2000年之后,开展企业安全环保体系和标准化建设。双钱载重轮胎分公司2003年通过环境管理体系认证,2013年通过安全生产标准化二级企业达标评审;双钱集团(江苏)轮胎有限公司2009年通过环境管理体系认证,2011年通过安全、环境与健康管理体系认证,2011年通过三级安全标准化评审;双钱集团(重庆)轮胎有限公司2012年获重庆市安全生产标准化二级企业(机械)资质,2012年度重庆市工贸行业安全生产先进单位。

【主要管理】

1991年1月,公司制定《安全责任制度》《安全风险抵押金制度》等,安全责任制层层签约。同时公司以及所属各单位均成立安全生产委员会,每季度至少召开一次安全生产会议。公司建立《安全三级教育制度》,要求新进员工、调岗员工、特种作业人员均要接受三级教育,并经考核合格后发放安全作业证方能上岗。

1995年,全面落实各级安全生产责任制,加强安全宣传教育,开展全方位的安全检查,强化安全管理工作。是年,没有发生重大伤亡事故,公司被评为全市安全生产十大标杆企业之一。

2007年,由企业管理部牵头,起草《公司节能减排三年行动计划》,有关工厂也制订相应的节能减排实施项目计划。双钱载重轮胎分公司、双钱集团(如皋)轮胎有限公司分别对有关锅炉进行在线监测项目的建设,并自觉地实施了减排措施。

2011年,双钱集团结合企业实际,推出具有管理职能的现场一线员工为"绿衣人"。所谓"绿衣人"是生产一线班组内的兼职安全员。同时,公司还明确在生产一线建立"关键四种人",分别是班组长、工段长、机长及绿衣人。各单位落实"关键四种人"关注的比例为至少达到1个人关注到10个人以内。是年,双钱集团生产一线设立的"关键四种人"共有1 232名。

2012年以来,在HSE方面投入2 000余万元,针对存在重大风险的作业明确了作业方案、作业安全责任人、现场负责人。对密炼机、卷取部位、交叉作业等风险作业点,加强本质安全投入,明确了连锁装置的安装与改进,确保作业过程的安全可靠性。在轮胎装卸登高作业方面,投入了生命线的安装,并加强现场执行情况的检查与监督。双钱集团班车运行过程中,全部安装了保险带,配置了应急救援的器材等。

双钱集团重视员工职业健康保护。加强员工职前、职中、职后的体检,做到涉及职业禁忌岗位的人员一人一档,并对员工和现场作出明确的告知和告示。

【环境保护】

"三废"企业搬迁。2002年7月,地处上海市内环线以内长宁区中山西路207号的上海大孚橡胶有限公司实施"三废"迁建,将公司优势产品迁往上海东海橡胶厂(南汇区东海农场境内)。

关停企业。双钱集团股份有限公司大中华正泰轮胎公司因产品结构调整需要,于2007年12月17日起终止在上海市闵行区沪闵路1441号厂址内的斜交胎生产,开始人员分流安置和主产装备的停用保养及各类危险化学品处置。2007年,该公司全年的污染物排放量为:氮氧化物排放量33 230千克、烟尘排放量30 603千克、二氧化硫排放量81 660千克、工业废水排放量780 645吨、工业固体废物73.22吨、危险废物260吨、炉渣6 942吨。

环境监管和整治。公司轮胎生产所产生的污染物主要有大气污染物二氧化硫等;废水污染物有油污等;固体废物有煤渣、油回丝等;噪声源有吹干机、三站房等机械设备。针对上述不同的污染物,公司主要通过配备以下设备设施或管理措施进行处理:一是大气污染物通过增设脱硫装置的方式处理;二是废水污染物采用污水处理达到相关标准后进行纳管排放方式处理;三是固体废物通过集中回收并交有资质的机构进行处理;四是噪音污染采取设备环保改进和监控管理以及向员工配发相关的劳动防护用品等措施。

三、上海氯碱化工股份有限公司

【职能部门】

1991年6月,上海氯碱化工总厂设立环保安全处,将劳动人事处负责的安全、劳动防护等职能和生产管理处负责的环境保护职能一并划归新设立的环保安全处。环保安全处内设环保科、安全技术科、工业卫生劳动保护科。

1992年5月，上海氯碱化工总厂改制为上海氯碱化工股份有限公司，设立环保安全部。1998年，撤销质量保证部，将质量管理与环保、安全职能合并，成立质量环保安全部，行使公司的环境保护、生产安全及质量等方面的专项管理职能。

【管理特色】

1996年4月8日，氯碱公司汇总以前编制的安全、环保、消防、工业卫生等条线的管理制度，形成比较系统的《安全　环保　消防　工业卫生管理制度汇编》。该汇编包括：总则、分则、罚则、附则共二十二章，涵盖了安全、消防、工业卫生各个管理方面的内容。该汇编在环保方面制定了环境保护管理制度等8个专项制度，有效地规范了公司各个生产厂及部门安全环保方面的工作。

2003年6月，修订《安全管理规章制度》，该制度对1996年氯碱公司颁布实施的《安全消防工业卫生管理制度》进行全面修订和补充，以全面符合《中华人民共和国安全生产法》《中华人民共和国职业病防治法》《危险化学品安全管理条例》《使用有毒物品作业场所劳动保护条例》等一系列法律、法规和适应改革装置化、扁平化的需要。新版《安全管理规章制度》共10大篇，含安全制度、规定等57项，基本涵盖公司生产经营活动过程中安全工作所需要的内容。

2004年8月12日，氯碱公司颁布《安全生产引咎辞职制度实施细则》。

2011年，氯碱公司生产事故死亡率为零、生产事故重伤率为零、员工人身伤害频率（FR）小于2、伤害严重率（SR）小于40、重特大火灾爆炸事故为零、重特大环境污染事故为零、重特大道路交通事故为零、职业病发病率为零。

氯碱公司确保环保投入，2010年投入4 907.5万元；2011年投入4 910.4万元；2012年投入6 118.9万元。这些环保投入既保证环保装置的稳定运行，又确保了"三废"排放总量和排放浓度双下降。

【主要管理】

氯碱公司自成立起，主管部门对安全环保管理就有明确的工作职责，主要承担的职能：负责公司的安全技术管理，安全制度管理（健全制度、台账、报表），安全技术教育及培训，安全专业检查，安全生产委员会日常工作；组织安全监测与分析，安全技术措施计划，工程项目的安全"三同时"工作，安全信息、安全责任制上岗检查；组织推动公司安全无事故竞赛，事故管理，安全专业线条经济责任制考核；负责特殊工种管理；领导气防站工作；组织协调公司化学救护，外包工程、临时用工安全协议书，锅炉压力容器、特殊危险作业安全监察；负责对二级网络人员的专业领导、指导工作。负责公司环保管理、制订"三废"治理计划、对各生产装置环保状况检查与考核、监督检查环保设施的运行、公司环保专业报表统计登记上报、协调与地方环保方面有关事项、领导环保监测站工作等，负责公司质量管理、标准化管理、质量监测等管理。对公司下属单位的安全管理、质检管理工作进行指导、服务、检查、协调和监督。

【环境保护】

氯碱公司注重环保治理，加大投入，先后出资新建和完善各类环保治理装置。截至2013年年底，公司"三废"治理装置41套，其中废气处理装置20套，废水处理装置13套，固废物处理装置8个。

吴泾地区电化厂和聚氯乙烯厂产生的有机废水、生活污水经生化处理装置采用活性污泥法处理,无机废水经无机中和装置处理,处理达到吴闵北排排放标准后纳管排放;上海化学工业区华胜化工厂有机废水、无机废水经预处理后委托中法水务发展有限公司处理达标后排放,氯碱公司天原厂废水经活性污泥法进行生化处理后委托中法水务发展有限公司处理达标后排放。氯碱公司通过增加环境在线监控系统项目,实行对厂内废水、雨排实时监控,对厂区清污分流改造,减少废水排放量的同时,彻底解决雨排超标问题。截至2012年年底,废水中主要污染物排放情况较2005年显著减少,其中工业废水排放量消减29.5%,化学需氧量排放量消减45.5%。

氯碱公司生产过程产生含氯废气主要通过气体焚烧炉进行焚烧处理达标后排放,并通过项目改扩建过程,不断对原有废气处理系统进行优化改造,充分回收废气中有利用价值资源,减少污染物排放量。2010年,关停中压锅炉装置,"二氧化硫、烟尘、氮氧化物"零排放。2011年,废气排放量削减33%,废气中各项污染物排放消减65%以上。

氯碱公司提高固废综合利用率。2012年,固废综合利用率达96%,对于无法循环利用固废,公司委托具有资质单位进行妥善处理,并加强监管,确保固废无害化处置。

【装置关停】

氯碱公司四氯化碳装置、溶剂法过氯乙烯、氯化橡胶装置分别为四氯化碳产品的生产装置和消费装置,公司于2005年即与国家环保总局签订四氯化碳生产淘汰协议和消费淘汰协议。2010年,生产装置拆除。

氯碱公司自2009年起,先后对公司吴泾生产基地的9套生产装置实施关停,节约能量412 298吨标准煤/年。同时,减少废气、废水、固废物的排放,厂区内生态环境得到明显改善。

表4-4-4　2009—2013年若干年份氯碱公司关停装置情况表

序号	装　置　名　称	节能量(吨标准煤/年)	调整地点	停产日期
1	47型金属阳极法烧碱装置	105 274	吴泾工业区	2009年2月
2	氢气锅炉装置	3 600	吴泾工业区	2010年3月
3	燃油中压锅炉装置	20 290	吴泾工业区	2010年3月
4	F1型离子膜法烧碱装置	156 164	吴泾工业区	2010年6月
5	片碱装置	11 783	吴泾工业区	2010年7月
6	氯化石蜡装置	660	吴泾工业区	2011年2月
7	漂粉精装置	2 981	吴泾工业区	2011年3月
8	空分装置	11 051	吴泾工业区	2011年7月
9	F2型离子膜法烧碱装置	100 495	吴泾工业区	2013年3月
总　计		412 298		

四、上海三爱富新材料股份有限公司

【职能部门】

2011年6月27日,公司将安全督查室更名为安全环保部。2012年,将安全环保部、质量保证部、保卫部合并为质量环安部。

【主要管理】

2006年,公司组织各部门和车间进行岗位危险性评价,主要针对生产装置、作业场所等找出存在的安全隐患,落实相应的整改措施。同时通过岗位危险性评价的开展与职业安全健康体系运行相结合,制定岗位安全检查表,实行班组滚动检查,实现安全管理责任的前移,确定每日检查制度,并运用公司网络及时公布。另外,邀请美国杜邦公司的安全专家到公司对相关人员进行安全培训,公司还多次举办安全专题讲座及有关危险危害因素的评价和风险源控制方面的安全培训。公司结合美国杜邦公司和卡博特公司先进的安全生产环保管理理念,对中修和大修每个项目进行事前安全分析,在落实相关措施后进行检修。是年,公司成立制度管理工作组,先后修订和完善了各层面管理制度97项(完成率80%);公司通过ISO9001:2000质量管理体系监督审核、ISO14001:2004环境管理体系复评审核以及GB/T28001:2001职业健康安全管理体系认证审核。

2007年4月,公司启动HES管理体系,制订HES推进计划,建立HES组织及结构,落实相关责任人,在公司全面推行HES管理;6月,公司开展HES签名活动以及岗位员工自查安全隐患,增加员工对HES的认知程度和参与责任感。

2009年,组织公司全体员工安全培训,共参训人员854人,其中在岗人员787人,相关方人员67人。是年,公司以"所有的事故都是可以避免的"理念为核心,共计开展或接受HES检查84次,查处隐患949项,得到整改的有855项,整改率为90.1%。同时通过STOPTM巡检发现3 138条不安全行为,并全数得到及时纠正,未留下重大安全隐患。此外,公司邀请美国杜邦公司专家和常熟三爱富中昊化工新材料有限公司对口部门组成的检查团,分别对聚四氟乙烯装置、聚偏氟乙烯装置进行检查,用第三方的眼光鉴别公司存在的安全薄弱点。

2009年,公司通过上海市清洁化生产第一批审核。是年,公司通过国际禁化武组织(OPCW)的现场核查。

2012年10月22—26日,由国际知名埃森哲公司团队从第三方视角,用全球先进软件系统对公司进行为期一周的HES管理绩效初始评价;该项目范围涵盖了企业管理的各个方面,通过人员访谈、资料审核、现场实际情况巡视等方式进行;经初评,共有50项突出表现、80项建议改善和8项现场发现的问题。

五、上海华谊丙烯酸有限公司

【职能部门】

2003年2月,丙烯酸公司安全科更名为安全管理部。

【主要管理】

(1) 1998年9—11月,公司实施第二次岗位责任制大检查。
(2) 1999年11月18日,公司制定《丙烯酸厂火警处理若干规定》等管理制度。
(3) 2005年4月1日,公司成立"上海华谊丙烯酸有限公司安全生产委员会"。
(4) 2006年11月27日,公司修订《突发事件总体应急预案》。
(5) 2009年7月15日,公司制定《上海华谊丙烯酸有限公司2010年"迎世博 保安全 反恐怖"工作实施方案》。

【环境保护】

2000年7月3日,成立清洁生产委员会,该委员会是浦东新区"创模"的21家工业企业推荐单位之一。

六、上海涂料有限公司

【职能部门】

1986年10月,公司设置生产计划科。1993年9月,公司设置管理部。2013年12月,公司设置安环生产部。

【主要管理】

主管公司职业健康卫生、安全生产、环境保护和消防保卫,负有监管、检查、指导、管理的责任;研究政府相关政策、法规,根据集团安全环保、职业卫生、消防保卫管理规范和标准框架,制定符合涂料公司的标准细则,并培训监督下属企业实施;制定涂料公司安全环保、职业卫生、消防保卫检查考核和奖惩机制,并监督实施;负责监督、指导下属企业安全环保规范细则的建立和实施;根据华谊集团外部专业机构战略合作工作要求,落实涂料公司安全环保相关信息和技术,并推广应用;研究行业内优秀的安全环保技术,为下属板块提供HSE全过程的系统服务和支持;负责组织开展HSE培训,资质认证的管理工作;负责涂料公司HSE全员文化建设工作;根据集团生产管理要求,组织落实涂料公司生产管理、设备管理、工艺管理规范,并对执行情况进行督促检查和考核;负责内部各项管理制度和规范,优化管理流程,落实并执行,以保证部门的高效运作;主持日常安全会议,召开安环生产分析会,组织建立工艺、HSE检查制度,监督制度落实,确保生产工艺技术合规,HSE要求得到执行;提出人员配置与变更需求,组织制定并落实部门绩效考核与人员培养计划,确保技术队伍专业、稳定、高效。

2007年10月,公司成立贯标办公室,开始建立公司质量、环境和职业健康安全管理体系,并组织实施。

2008年,公司实施一体化管理体系认证工作,公司质量、环境和职工健康安全三个管理体系通过上海市质量体系审核中心评审认证,推动了公司的标准化和规范化管理。

2008年,探索HSE管理新模式,危险品运输实施"一体化"管理。在上海化工区域内,建立以上海染料化工厂为主、上海长风化工厂、上海新华树脂厂、上海铬黄颜料厂生产车间共同参与的安全环保联席会议制度,共同检查机制。在上海振华造漆厂区域内,建立了以上海新华树脂厂为主,车辆运输业务挂靠在上海新华树脂厂储运部的上海振华造漆厂、上海造漆厂、上海长风化工厂等单位共同参与的交通安全联席会议制度,实现交通安全资源的共享。

2011年起,公司将HSE作为下属单位的主要考核内容。在二级考核基础上扩展到生产车间的安全员、工段长、兼职安全员,形成三级考核体系。

【企业搬迁】

1994年12月17日,上海涂料有限公司振华造漆厂一车间搬迁至上海振华造漆厂桃浦总厂。

由于桃浦总厂处于桃浦工业区,搬迁后的"三废"排放通过总厂的处理设备进行处置,污染源集中,大大减少了"三废"对环境的污染。

1995年9月30日,上海铬黄颜料厂搬迁至桃浦景泰路709号。

1995年9月30日,上海氧化铁颜料厂搬迁至桃浦工业区;该厂搬迁后,根据制订的环保方案开展环境保护工作,污染物排放达到标准。

2000年1月3日,上海开林造漆厂搬迁至青浦工业区;搬迁后,企业环保达到国家标准。

【装置关停】

1995年9月30日,上海铬黄颜料厂实施全面停工停产。

2008年,上海长风化工厂4 000吨/年顺酐装置停产。

2008年,上海华谊集团华原化工有限公司金山生产基地合成樟脑产品停产。

2010年12月27日,上海染料化工厂DOC第四类监控化学品永久性停产。

2011年1月1日,上海涂料有限公司天一化工分公司顺酐项目永久性停产并撤销建制。

2011年5月16日,上海南大化工厂停产。

2011年9月30日,上海华谊集团上硫化工有限公司停产。

2011年12月31日,上海铬黄颜料厂停产。

2012年6月11日,上海染料化工厂停止危险化学品生产。

七、上海华谊聚合物有限公司

【职能部门】

公司成立安全生产委员会,公司的安全管理部门为质量环安部。

【主要管理】

预防事故设施包括:防雷接地系统;防爆电器设备;压力表244只;可燃/有毒气体检测装置,其中可燃气体探头21只,有毒气体探头56只;转动部位设置了防护装置;现场设置各种安全警示标志;化学品卸车区设置小围堰。

控制事故的设施包括:安全阀44只;爆破片,装置内2台聚合釜安装了爆破片;氮气保护系统;DCS控制系统和ESD紧急停车系统;200立方米的有机废水池一座。

减少与消除事故影响的设施包括:防火堤;消防设施;建筑表面涂敷防火涂层;9台冲淋洗眼器;楼顶安装风向标3只;在储存设施、生产装置区域配置视频监控系统;为员工配发劳防用品;为生产储存场所配置应急救援器材和设备。

消防设施管理。生产装置消防设施包括火灾自动报警系统,包括1台火灾报警联动控制器、216只感烟探测器、3只感温探测器、手动报警按钮等;室内外消火栓给水系统,包括3台消防泵、2台稳压泵、1只气压罐、47套室内消火栓、26套室外消火栓、2套水泵接合器、1套泄压阀;自动喷火灭火系统,包括与消火栓系统共用泵,设有喷头、1套湿式报警阀等消防设施。中试研发平台消防设施包括火灾自动报警系统,包括1台火灾报警联动控制器、30只感烟探测器、16只手动报警按钮等;室内外消火栓给水系统,包括2套室内消火栓、3套室外消火栓、4门消防炮等。

安全禁令。包括安全生产八大禁令、人身安全十条规定、防火防爆十条规定、车辆安全十条规定、防止储罐跑料十条规定、防止中毒窒息十条规定、防止静电危害十条规定、化工(危险化学品)企业保障生产安全十条规定。

危险化学品管理。涉及的危险化学品有：剧毒品丙烯腈，第三类易燃液体乙苯、苯乙烯、丙烯酸丁酯，第五类有机过氧化剂过氧化特戊酸叔丁酯。

安全生产责任制落实。每年全员签订《安全生产承诺书》，每月进行安全考核、年终考评。

安全标准化建设。2011年，获"上海市安全生产协会安全生产标准化三级达标企业"称号。2012年和2013年，被评为上海化学工业区企业安全管理达标单位。

【安全应急预案】

应急管理制度 根据华谊集团《生产安全事故应急预案管理方法》，共编制上海华谊聚合物有限公司14份应急预案：综合应急预案、35千伏总降站失电处置方案、DCS失电应急处置方案、储罐区事故应急处置方案、导热油装置事故应急处置方案、公用工程事故应急处置方案、生产装置泄漏应急处置方案、公共卫生专项应急预案、环境事件专项应急预案、火灾爆炸专项应急预案、恐怖袭击事件专项应急预案、其他重大事件专项应急预案、危险化学品泄漏专项应急预案和自然灾害专项应急预案。

应急组织体系和应急设备与防护 应急救援专业队伍有5个，包括装置应急抢险组、应急堵漏组、消防化救组、治安后勤组、人员救护组。应急设备包括个人防护、应急器具、应急照明、应急车辆。

表4-4-5 1991—2013年华谊集团重大安全事故(含人身伤亡)情况表

年 份	死亡(人)	重伤(人)	案 例
1991	2	9	
1992	7	10	上海硫酸厂五车间二甲基亚砜工段氧化器在运行过程中发生爆炸，事故造成4人死亡，1人重伤，16人轻伤
1993	2	8	
1994	11	7	
1995	7	9	
1996	3	7	
1997	4	12	年内，华谊系统共发生大小火灾爆炸事故16起，直接经济损失58.86万元，因火灾爆炸死亡4人，重伤6人，轻伤8人
1998	4	5	
1999	6	21	吴泾公司合成氨厂氨加工车间甲醇精馏仓库50立方米东计量槽在补焊动火作业时发生爆炸，该设备部分损坏，同时造成2人死亡，2人受伤
2000	5	9	试剂公司仓储部铲车驾驶员在吊运中，铲车龙门架碰到了门架上的水泥横梁，横梁掉下来砸在身上，经抢救无效死亡
2001	3	8	焦化炼焦分公司1号焦炉炉门修理过程中，起落架附属的导向轮突然坠落，砸在修理工的头部，导致死亡。焦化压庆间更换水压机模具，模具突然落下(约1吨重)砸在操作工的右小腿上，导致死亡

〔续表〕

年 份	死亡(人)	重伤(人)	案 例
2002	3	3	三爱富公司冷冻工段机修工站在风机叶片上,风机突然启动,操作工被风机叶片击中头部,坠落冷却塔内死亡
2003	1	6	中远公司吴淞化肥厂锅炉车间,操作工在进行锅炉电除尘拉灰工作时,因防爆开关外壳带电,触电倒地,抢救无效死亡
2004	1	4	焦化炼焦分公司2号粉焦抓斗机操作工在装载粉焦时,抓斗机大车突然发生故障将操作工右手臂轧住,并将其挤压拖至立柱西侧,导致死亡
2005	1	3	
2006	2	5	(1)焦化煤气分公司操作工准备出3号炉的灰渣,轧在矿车与北侧钢柱之间,抢救无效死亡。(2)上海远大过氧化物有限公司4万吨/年(27.5%)双氧水生产装置建设项目试生产期间发生爆炸并引起燃烧,事故造成1人死亡,4人受伤
2007	1	4	焦化公司1号工程甲醇项目工地,外来施工人员高处坠落死亡1人
2008	1		双钱载重轮胎分公司1名员工在操作过程中突然发生意外人身伤害事故死亡
2009	—	—	
2010	—	—	
2011	—	—	
2012	3	3	(1)氯碱公司压力管道元件爆裂事故。(2)三爱富万豪公司偏氟乙烯生产车间爆炸事故;焦化公司备煤作业区发生机械伤害事故,各造成1人死亡
2013	—		

第五篇
改革调整

概　　述

　　上海华谊(集团)公司(简称"华谊集团")是以化工生产制造业为主的企业集团,始终以生态文明和环境保护为己任,始终坚持企业发展与周边环境和城市要求相协调相一致的原则。上海化工自"二五"计划(1958—1962年)以来,陆续开辟和形成吴泾、吴淞、高桥、桃浦工业区及闵行轮胎基地。但是随着上海城市功能定位的发展变化,吴泾、吴淞、桃浦、中心城区等地受制约的因素越来越多,尤其是上海城市功能的转变使部分在市区的化工企业厂群矛盾突出,部分装备老化、生产技术落后、生产效率和企业发展空间受限。

　　华谊集团的企业调整既顺应城市功能变化、保护环境、市民宜居的要求,又革除自身诸多弊端;既提升品质等级,又拓展发展空间,企业调整从最初的被动消极到逐渐的从容应对,乃至最后的积极主动,使企业改革调整走上良性发展的道路。

　　华谊集团从上海市化学工业局(简称"化工局")改制成企业集团后,企业清理、重组、整合的企业调整步伐不断加快。在企业调整中始终坚持"绿色发展、创新发展、高端发展、跨市发展、一体化发展"的理念,化被动为主动,按照上海城市功能定位的要求和企业自身发展的要求,开展企业清理、重组、整合工作,从企业集中区的区域板块调整到集团内行业结构的产业调整,化工原料、塑料、染料、橡胶、试剂、化肥、化工装备、胶鞋等产业大幅调整,通过"关、停、并、转"和股权运作等途径加快企业调整进程。华谊集团在推进企业调整中,按照上海国资国企改革"做强优势企业,重组均势企业,淘汰劣势企业"的要求,以"纵向减少企业管理层级,横向加强产业整合"为原则,加快产业结构重塑。按照部署颁发《关于加快推进集团主辅分离、辅业改制工作的指导意见》,明确采取分步实施的方法,推进辅业单位独立核算、业务拓展和自负盈亏;加快辅业单位剥离改制、整合重组和开放转让,实行市场化、开放性重组;成立企业清理指导工作组,成立上海华谊集团企业发展有限公司(简称"企发公司"),在企发公司专设企业调整办公室,部署加快资源整合和非核心业务调整工作,制定《关于加快推进2008年企业清理工作的指导意见》;加大二级公司改革力度;稳妥推进企业破产和小化肥整体退出。把主要生产基地转移到有资源、有市场的地方去,坚决不搞污染转移,提升企业能级,实现企业的可持续发展。

　　在推进企业调整中,华谊集团走过一段艰难历程、进行一系列调整改革。大胆进行股份制试点,并推动若干企业成功上市;积极引进多元投资,激发企业的内生活力;适度吸收境外资本,增加产品的技术含量;果断关闭与城市难以契合的企业,减少多余产能;开展科技单位的改制,形成产销研一体化。

　　1999年9月6日,上海焦化有限公司(简称"焦化公司")被确定为全国第一批"债转股"试点企业。2000年6月,华谊集团下属的上海吴泾化工有限公司(简称"吴泾公司")、上海中远化工有限公司(简称"中远公司")和上海化工厂有限公司(简称"上化公司")实施债转股。债权转股权取得的成果,也为华谊集团以后企业的清理重组、产业整合等一系列资产运作起到较好的示范效应。

　　2007年,华谊集团经过企业重组,完成四级次及其以下企业注销110家,集团企业总数下降到590家。完成上海泡化碱厂破产、长江化工厂破产司法终结工作。

　　2008年,华谊集团加快推进产业整合,做优做强主业。完成企业清理273家,其中破产19家、破产休眠6家、注销170家、转让21家、关闭歇业12家、报损核销9家、吸收合并2家、工商变更3家、变更1家、退股划拨5家、联营终止1家、退股3家、强制清算1家、清理17家、阶段性清理3家。基本注销五级次以下企业。

2009年,华谊集团资产部制定标准,强化指导,加大企业清理、调整力度。制定集团《企业清理工作指导意见》《企业清理认定标准》,成立集团企业清理指导小组,推进企业清理工作。

"十一五"期间,华谊集团通过业务整合,大力实施"关、停、并、转",推进小企业清理,至2010年年底,基本注销四级次以下企业,企业总数从2005年的786家下降到2010年的299家。

华谊集团实施大规模的企业调整重组,同时加快加大对外开放发展和合资合作等一系列战略举措。1988—2013年,华谊集团旗下的上海焦化有限公司、上海三爱富新材料股份有限公司、上海太平洋化工(集团)公司、上海中远化工有限公司、上海胶带股份有限公司、上海铬黄颜料厂、上海彭浦化工厂、上海染料研究所、上海制皂(集团)有限公司等单位与外省市相关单位建立20多家合资合作企业。在充分利用内部资源的同时,积极开拓利用各种外部资源,加快经济建设发展速度,通过对外合资合作,利用国(境)外资本、先进技术、新的产品和管理理念等企业发展的外部要素,不断调整合资合作战略实施的方式、重点和方向,使合资合作战略与华谊集团其他战略进行更好契合。1987年,化工局与英国比欧西集团在国内成立第一家中外合资企业;至2013年2月底,华谊集团有中(境)外合资合作企业33家,总投资25.75亿美元,注册资本10.84亿美元,合同利用外资5.98亿美元,其中在上海地区的中(境)外合作合资企业24家,总投资17.52亿美元,注册资本6.71亿美元,合同利用外资4.23亿美元。分布在外省市的中(境)外合资合作企业9家,总投资8.23亿美元,注册资本4.13亿美元,合同利用外资1.75亿美元。华谊集团的中(境)外合资合作企业以与著名跨国公司合资为主,以外资控股居多。

2012年,华谊集团中(境)外合资合作企业的产值238.33亿元,比2011年增长2.51%;销售收入258.17亿元,比2011年增长6.6%;实现利润23.48亿元,比2011年增长39.41%;出口2.88亿美元,比2011年增长16.13%。

第一章　改革转型

第一节　企业体制改革

1991年，上海轮胎橡胶（集团）公司被上海市经济委员会（简称"市经委"）批准为全市7家转换机制、放开经营的改革试点单位之一。

1992年，化工局辖下有上海轮胎橡胶（集团）公司、上海氯碱总厂、上海胶带总厂、上海市有机氟材料研究所4家企业改制为股份制上市公司。是年7月16日，上海太平洋化工（集团）公司组建；该公司是资产、经营一体化的一级法人经济实体，由上海焦化总厂、上海吴泾化工总厂、上海溶剂厂、上海市合成树脂研究所、上海青浦化工厂和上海京华化工厂组建而成，为全国十大化工企业之一。公司注册资金4.37亿元，占地200万平方米，职工1.8万人；注册地址位于上海浦东南码头路200号，办公地址位于上海市徐汇区漕宝路36号。1996年6月26日，上海太平洋化工（集团）公司改制为上海太平洋化工（集团）有限公司（简称"太平洋集团公司"）。

1995年7月，上海化工厂作为上海市首批95家现代企业制度试点单位之一，实施现代企业制度试点方案；12月29日，市经委同意上海化工厂建立职工代表持股会。1996年2月，改制为上海双花塑料有限公司；8月，更名为上海化工厂有限公司。

1996年3月11日，由上海化工控股（集团）公司出资，以上海染料公司所属国有企业（事业）单位的全部国有资产为总资本，上海染料公司改制为上海染料有限公司（简称"染料公司"）。8月12日，由上海化工控股（集团）公司出资，以上海涂料公司所属国有企业的全部国有资产为总资本，上海涂料公司改制为上海涂料有限公司（简称"涂料公司"）。是月，由上海化工控股（集团）公司出资，以上海化工装备总厂所属国有企业的全部国有资产为总资本，上海化工装备总厂改制为上海化工装备有限公司。9月，上海橡胶制品公司改制为上海橡胶制品有限公司。12月6日，上海塑料工业联合公司改制为上海塑料工业有限公司（简称"塑料公司"）。

1997年5月26日，上海太平洋化工（集团）有限公司青浦化工厂改制为上海青浦化工有限公司。6月，上海中远化工有限公司成立。7月，上海化学工业供销公司改制为上海化工供销有限公司。12月，上海试四赫维化工有限公司（简称"试四赫维公司"）成立；该公司是由上海化学试剂有限公司（简称"试剂公司"）、上海赫维高科技实业公司和上海试剂四厂员工持股会三方共同出资组建的多元投资有限公司。是月31日，上海长江化工厂改制为股份合作制企业，该企业是由业内全民所有制企业改制集体经济形式股份合作制企业的首家单位，为华谊集团国有小企业改革树立示范。是年，华谊集团组建、改制有限责任公司15家，净资产89.93亿元，占集团净资产总额的95%。

1998年2月20日，华谊集团首家发起式股份制企业上海聚金实业股份有限公司成立。是月25日，上海胜德塑料厂碳酸钙分厂改制为上海新江化工股份合作公司。6月6日，上海新亚医用橡胶厂有限公司成立；公司由上海橡胶制品有限公司、青浦练塘工业公司、企业经营者等多元投资。是月20日，上海化学试剂有限公司试剂三厂改制为上海三爱思试剂有限公司（简称"三爱思公司"）。是月25日，上海化学试剂有限公司试剂二厂改制为上海恒信化学试剂有限公司。7月13日，上海轮胎橡胶（集团）股份有限公司上海四达花园出租汽车公司改制为上海泰华出租汽车有限公司。是月20日,上海化工房地产开发经营公司改制为上海化工房地产有限公司。是月22日,上海焦化建筑工程公司改制为上海焦化建筑工程合作公司。是月24日,上海树脂厂改制为上海树脂厂有限公司。9月7日,上海吴泾化工印刷厂改制为上海吴泾化工印刷合作公司。是月25日,上海化工实业总公司改制为上海化工实业有限公司。10月20日,上海嘉定化肥厂机械分厂改制为上海嘉定化肥机械制造有限公司。12月30日,上海太平洋化工(集团)有限公司吴泾化工总厂恢复法人并改制为上海吴泾化工有限公司。

1999年9月,上海焦化有限公司被确定为全国第一批"债转股"试点企业,中国信达资产管理公司、上海华谊(集团)公司和上海市城市建设投资开发总公司共同签订《上海焦化有限公司债权转股权意向书》。11月11日,由华谊集团、上海塑料工业有限公司、上海赛璐珞厂、上海市化学工会和以上海赛璐珞厂总工程师戴军6名科技人员作为自然人,共同出资1000万元成立上海赛璐化工股份有限公司,成为沪上国有企业首家科技股份公司。

2003年2月28日,华谊集团从上海久事公司收购上海高桥石化丙烯酸厂90%的股权,改制成立的上海华谊丙烯酸有限公司揭牌。

2008年6月,上海申峰工程建设监理有限公司实行企业改制,国有资本退出。

2010年1月12日,上海米其林回力轮胎股份有限公司变更为上海米其林回力轮胎有限公司,中方持有的股份全部转让给外方原投资人。12月22日,上海新华树脂厂储运部更名为上海新精华物流有限公司,同时企业改制为有限责任公司。

第二节　科技型企业转型

一、上海市涂料研究所有限公司

上海市涂料研究所有限公司前身为上海市涂料研究所,成立于1963年9月,2000年12月1日进行改制并更名。主营涂料、颜料产品的检测、分析、涂料油漆、涂料及配套辅料方面的技术开发、技术咨询、技术服务、技术转让、机械设备维修及制造。利用自有媒介(《上海涂料》杂志)发布广告,设计、制作各类广告。

二、上海染料研究所有限公司

上海染料研究所有限公司前身为上海市染料研究所,成立于1980年,2001年由事业单位转制为科技型企业,单位名称不变。2002年5月20日改制为有限责任公司,更名"上海染料研究所有限公司",主营食品添加剂着色剂,集科研、生产、应用、测试、贸易为一体的现代化、科技型企业,是中国规模最大、世界第二的食品添加剂食用色素的生产企业。2007年被认定为上海市知识产权示范企业。有四个产品通过美国FDA检测,符合美国FCC标准,并在2010年通过国际食品行业权威的美国AIB认证,获准进入美国市场。2013年,获上海市"专精特新"中小企业称号。

三、上海化学试剂研究所有限公司

上海化学试剂研究所有限公司前身为上海化学试剂研究所,成立于1993年1月18日,2012年

9月5日进行改制并更名。公司经营范围包括化工原料及产品专业的技术开发、技术转让、技术咨询等。

四、上海工程化学设计院有限公司

上海工程化学设计院有限公司前身为上海工程化学设计院（2008年3月25日由原上海工程化学设计院、上海太平洋化工集团焦化设计院、上海吴泾化工设计院三家设计院联合重组而成），2008年12月进行改制并更名，2012年6月28日又更名为上海华谊工程有限公司。主营为项目管理和工程总承包业务。

五、上海市塑料研究所有限公司

上海市塑料研究所有限公司前身为上海市塑料研究所，成立于1963年7月1日。2000年12月1日进行改制并更名。该所是以研制军工急需含氟材料为主，结合透明材料、多种热固性塑料和PVC泡沫材料研究开发的专业研究机构。产品和研究成果广泛应用于航天、航空、生物医学、医疗器械、电子电器、机械、化工、纺织、信息化、建筑等领域。

六、上海橡胶制品研究所有限公司

上海橡胶制品研究所有限公司前身为上海橡胶制品研究所，成立于1960年4月15日，2000年12月1日进行改制并更名。经营范围为：各种橡胶制品，热塑性弹性体，胶黏剂，胶黏带的应用研究，医用橡胶制品，医用胶黏带，研究成果的生产、销售，经营自产产品及技术的出口业务，经营本企业生产、研究所需原辅料、机械设备、仪器仪表、零配件及技术的进口业务（国家限定公司经营和国家禁止进出口的商品及技术除外），经营进料加工及"三来一补"业务，橡胶制品的四技服务（涉及许可经营的凭许可证经营）。

七、上海市合成树脂研究所有限公司

上海市合成树脂研究所有限公司前身为上海市合成树脂研究所，成立于1961年5月10日，2000年12月1日进行改制并更名。主营为工程塑料、黏合剂、热固性树脂、水处理、环境保护、专业领域的技术咨询、技术培训、技术转让、技术服务、技术中介、技术入股、技术承包及新产品的开发、研制；兼营高分子测试、分析、塑料制品加工。

八、上海轮胎研究所有限公司

上海轮胎研究所有限公司前身为上海轮胎研究所，成立于1993年7月，2015年9月24日进行改制并更名。公司经营范围为主营轮胎新产品，兼营橡胶制品、橡胶机械、橡胶助剂及相关技术。

九、上海装备研究所有限公司

上海装备研究所有限公司前身为上海装备研究所,成立于1979年,2009年进行改制并更名。主要从事新型、高效、节能化工单元设备的开发,对传热、分离、粉碎、混合、干燥、流体输送机械等各种化工装备的研制,如湿法粉碎乳化机、粉碎输送机、特种泵及水力旋流器等系列产品,还有化学清洗服务业务。

第三节 企业重组

在深化体制机制改革中,上海华谊(集团)公司通过股权划拨、跨境收购、拆并整合等途径,对大企业进行改组,集聚有效资源,发掘内生潜力,为改革发展注入活力。

1991年2月6日,上海胶鞋公司(简称"胶鞋公司")成立。公司核心层单位为上海大中华橡胶五厂、上海胶鞋六厂、上海胶鞋七厂,紧密层单位为上海胶鞋研究所,半紧密层单位为上海大中华橡胶二厂、上海大中华橡胶三厂、上海大中华橡胶四厂和上海义生橡胶厂;拥有"双钱""回力""坚固"等名牌。公司是按产品专业化方向成立的全民所有制大型制鞋集团,由"7厂1所"组成,属全民所有制性质,经济上实行自主经营,自负盈亏。

1992年7月14日,上海化工工程总公司成立。总公司由上海化工设计院、上海化工设计所、上海化工安装公司、上海化工建筑公司、上海化工工程承包公司联合组建。总公司集设计、施工、安装为一体,为基本建设项目提供可行性研究、设计、施工、安装及成套设备等"一条龙"服务。

1992年7月16日,上海太平洋化工(集团)公司组建。

1992年8月,上海化学试剂总厂(简称"试剂总厂")成立。试剂总厂是由上海试剂一厂、上海试剂二厂、上海试剂三厂、上海试剂四厂和上海安源玻璃厂组建的全民所有制经济实体,进行自主经营、独立核算、自负盈亏、承担民事责任的企业法人。主营为化学试剂、有机化学品、无机化学品、催化剂、助剂、添加剂、黏合剂、日用化学品、微电子化学品、精细化学品等,兼营包装容器、商标印刷、清灰剂。

1992年7月29日,上海塑料工业联合公司成立。公司实体企业为上海树脂厂、上海赛璐珞厂、上海胜德塑料厂、上海涤纶厂、上海曙光化工厂、上海新光化工厂、上海塑料助剂厂、上海工程塑料应用开发中心及公司本部;成员单位为上海珊瑚化工厂、上海塑料厂、上海新艺塑料厂、上海新安塑料厂、上海中联化工厂、上海磁带厂,隶属于公司领导和管理,具有独立法人地位。

1992年7月,上海橡胶制品公司成立。公司由上海橡胶总厂(含上海工程橡胶厂)、上海橡胶制品一厂、上海橡胶制品四厂等单位组成。公司经营范围为主营百货、五金交电、纯碱,兼营化工原料及产品(除危险品)等。

1992年9月,上海染料公司成立。公司由上海浦东染料化工厂、上海染化九厂、上海染化十厂、上海染化十二厂、上海化工制桶厂、上海染化机械厂、上海助剂厂、上海染料经营部等单位组成,是全国最大的染料科研和生产企业。

1993年12月15日,上海太平洋化工设备工程总公司成立。总公司下辖上海焦化机修工程公司、上海焦化建筑工程公司、上海吴泾化工机械分厂、上海吴泾建筑防腐工程公司和上海金谷设备工程服务公司。公司是独立核算、自负盈亏的经济实体。

1994年7月18日,上海太平洋生物高科技有限公司成立,公司由上海吴泾化工总厂、上海华东理工大学和上海星火制药厂联合组建。该公司是中国首家核酸药物大型生产基地,也是国内最早从事核苷及多肽类药物研发和产业化的企业,为上海市高新技术企业,主要生产4种核苷(腺苷、尿苷、胞苷、鸟苷)产品。

1996年1月30日,上海天原(集团)有限公司(简称"天原集团")成立。公司是上海化工控股(集团)公司出资,由上海天原化工厂和上海氯碱化工股份有限公司(简称"氯碱公司")的国有资产组建。公司主要生产烧碱、聚氯乙烯等。

1996年2月29日,上海回力鞋业总厂(简称"回力总厂")成立。公司由上海胶鞋六厂和上海胶鞋七厂组成,依托"回力"名牌商标,研制休闲、牛仔系列产品。

1996年11月2日,上海双钱鞋业总厂成立。总厂包括原上海大中华橡胶四厂全部净资产,上海大中华橡胶二厂、上海大中华橡胶三厂和上海大中华橡胶五厂部分资产,以及被公司兼并后的原上海义生橡胶厂的部分资产。

1997年6月,上海中远化工有限公司成立。

1997年6月27日,上海焦化有限公司成立。公司是由上海太平洋(集团)有限公司与上海城市建设投资开发总公司共同投资,具有独立法人资格。

1997年7月26日,上海化学试剂有限公司成立。公司由上海华谊(集团)公司和上海东方国际(集团)有限公司出资组建,是中国第一家专业生产化学试剂企业,也是国内最大的化学试剂生产基地。

1998年3月,上海化工房产开发经营公司变更为上海华谊(集团)公司全资子公司。

1998年3月,上海化学工业供销公司变更为上海华谊(集团)公司全资子公司。

1998年8月5日,上海华谊集团置业有限公司成立。公司受上海华谊(集团)公司委托,管理和运作系统内的房地产。经营主营为房地产开发经营、物业管理、房地产中介咨询,兼营建筑材料、五金交电、室内装潢。

1998年12月,上海双钱橡胶有限公司成立。经营范围为胶鞋、运动鞋及各类鞋类、橡胶机械设备、橡塑制品、化工原料、日用百货、文体用品、针纺织品、服装、建筑装潢材料、照相制版、五金交电、家用电器、建筑材料。

1999年1月13日,上海华谊生物技术有限公司成立。公司是一家专业从事生物医药研究和开发工作的生物高科技公司,致力于以基因工程技术进行多肽/蛋白药物的研究和开发工作,以糖尿病治疗药物为主要研发方向,研究和开发多个拥有自主知识产权的基因工程蛋白和多肽药物/候选药物,建立具有国际先进水平的制备中等长度活性多肽的技术平台和缓控释及长效药物输送系统平台。公司主要产品重组人胰高血糖素类多肽-1(7-36)(商品名"谊生泰")为国家一类新药。

1999年,上海化工联社成立。联社隶属上海华谊(集团)公司,是全市第一家全新的由全系统集体企业参加的经济实体,通过建立完善的法人治理机构,确保集体资产保值增值。

1999年10月19日,上海华原精细化工有限公司成立。公司为多元投资,分别由上海华谊(集团)公司出资1 300万元和经营者群体出资20万元。

2008年7月,上海市国有资产监督管理委员会调整上海医药(集团)有限公司股权,将上海华谊(集团)公司、上海工业投资(集团)有限公司各持有的上海医药(集团)有限公司30%股权调整给上海上实(集团)有限公司。至此,华谊集团在上药集团的股权全部退出。

2000年5月18日,上海回力鞋业有限公司(简称"回力公司")成立。公司由上海华谊(集团)公司和企业经营者群体共同投资,分别出资80%和20%。公司与行业整体调整相联动,加大"回力"品牌发展力度。

2000年6月2日,上海吴泾化工有限公司、上海中远化工有限公司、上海化工厂有限公司与中国华融资产管理公司、信达资产管理公司、东方资产管理公司、长城资产管理公司签订债转股协议。实施债转股后,吴泾公司、中远公司资产负债率降至50%以下。

2000年6月8日,中国信达资产管理公司、中国华融资产管理公司、华谊集团、上海城市建设投资开发公司4家投资股东,共同签订《上海焦化有限公司"债转股"协议》。实施"债转股"后,焦化公司改善资本结构,负债率显著降低。

2001年,上海高桥石化丙烯酸厂划归华谊集团。2003年2月,更名为上海华谊丙烯酸有限公司。

2003年5月29日,上海华胜化工有限公司落户上海化工区。公司由天原集团、氯碱公司、焦化公司共同出资。

2003年8月19日,上海华谊集团企业发展有限公司成立。企发公司承担调整企业实施"一体化"运作职责,努力使各种存量资源效益最大化、各项结构调整的效果最优化,满足华谊集团调整需求。

2003年8月19日,上海华谊集团化工实业有限公司(简称"实业公司")成立。实业公司是华谊集团投资5000万元的全资子公司,以房地产开发为主业,以商业租赁和物业管理为两翼,有计划地拓展住宅和工业房地产、仓储、物流、贸易以及金融投资业务。

2008年10月18日,上海华谊集团投资有限公司成立。

2009年4月,华谊集团以天原集团为主体,将持有的上海化工供销有限公司100%的股权划转到天原集团,组建华谊集团现代物流和贸易平台。

2009年12月3日,上海华谊集团精细化工平台成立。由华谊集团原二级公司的上海涂料有限公司、上海华谊集团华原化工有限公司(简称"华原公司")、上海华谊集团上硫化工有限公司(简称"上硫公司")、上海试四赫维化工有限公司组成,整合成为华谊集团精细化工平台。

2010年3月,内蒙古昊盛煤业有限公司成立。公司是华谊集团与鄂尔多斯市金诚泰化工有限责任公司、鄂尔多斯市久泰满来煤业有限责任公司组建而成,共同开发石拉乌素煤田资源。公司注册资本为1.5亿元,华谊集团持有30.41%的股份。

2010年6月10日,三爱富公司、华谊集团分别以5265万元和2105万元受让自然人股东持有内蒙古万豪公司50%和20%的股权。

2010年9月20日,香港永成漆油合资有限责任公司变更为华谊集团(香港)有限公司。公司经营范围由原来的生产经营各类油漆、化工原料变更为实业投资、化工医药产品及设备制造和销售,物流仓储、货物及技术进出口等业务。

2010年7月27日,上海建工集团安装工程公司受让上海华谊集团建设公司60%的股权。

2011年,华谊集团收回实业公司持有的上海华谊房地产有限公司80%的股权,上海华谊房地产公司提升为二级公司,与实业公司合署办公。

2012年3月20日,上海华谊集团财务公司成立。

2012年7月6日,上海华谊工程有限公司成立。

2012年7月3日,上海市塑料研究所有限公司、上海橡胶制品研究所有限公司、上海合成树脂研究所有限公司进行"一体化"整合。此前,投资公司与徐泾镇政府签订《合作框架协议》,将徐泾诸陆西路2883号5.67万平方米土地和2万多平方米厂房,作为三所整合的生产基地。

2013年7月8日,上海华谊集团树脂有限公司在上海化工区揭牌成立。树脂公司由投资公司与华东理工大学华昌聚合物公司出资组建,其中投资公司占注册资本总额的51%。投资公司所属上海合成树脂研究所有限公司和华昌聚合物公司相关产品及技术纳入新公司,共同打造特种反应性高分子材料科研产业化新高地。

2013年12月26日,上海涂料有限公司更名为上海华谊精细化工有限公司揭牌。

第四节 上市公司

一、上海氯碱化工股份有限公司

上海氯碱化工股份有限公司是一家发行A、B股的国有控股上市公司。

1992年5月,经中国人民银行上海市分行批准,发行股票总额83 181万元,其中以原上海氯碱总厂国有资产折股50 538万元,占60.76%;向社会法人公开发行股票7 000万元,占8.42%;向社会个人公开发行股票1 643万元,占1.2%。每股面值10元,发行价格54元;由上海申银证券公司担任主承销。

1992年6月,氯碱公司改制为中外合资股份有限公司,同时增发股票8 643万元和特种股票(B股)2.4亿元。

经营范围:主营烧碱、氯、氟和聚氯乙烯系列化工原料及其加工产品;兼营化工机械设备,生产用化学品、原辅材料、包装材料、货物运输。

二、双钱集团股份有限公司

1990年6月19日,建厂于20世纪20年代、国内最早生产轮胎的上海大中华橡胶厂和上海正泰橡胶厂强强联合,组建上海轮胎橡胶(集团)公司。

1992年5月5日,市经委批准上海轮胎橡胶(集团)公司进行股份制试点,转制为上海轮胎橡胶(集团)股份有限公司。发行股票总额6.22亿元,其中国家股4.32亿元,占69.5%;法人股0.04亿元,占0.6%;个人股0.16亿元,占2.6%;外资股(B股)1.7亿元,占27.3%;由上海申银证券公司担任主承销。7月,B股以ADR形式在美国证券市场交易;12月4日,A股在上海证券交易所上市,并成为中国轮胎行业首家国有资产控股的上市公司。

1993年6月26日,上轮公司召开股东大会通过1992年度利润和红利分配方案,决定以1∶0.3比例向全体股东送股。送股后公司注册资本金增加至130%,达8.09亿元,其中国家股5.62亿元,占69.5%;法人股0.05亿元,占0.6%;个人股0.21亿元,占2.6%;外资股(B股)2.21亿元,占27.3%。

2007年7月13日,经上海市工商行政管理局核准同意,上海轮胎橡胶(集团)股份有限公司更名为双钱集团股份有限公司(简称"双钱集团")。上市公司A股简称由"轮胎橡胶"变更为"双钱股份";B股简称由"轮胎B股"变更为"双钱B股",公司股票代码不变。

经营范围:轮胎、力车胎、胶鞋及其他橡胶制品和前述产品的配件,橡胶原辅材料、橡胶机械、模具,轮胎橡胶制品钢丝。

截至2013年12月底,双钱集团总股本为8.89亿股,华谊集团控股65.66%。

三、上海三爱富新材料股份有限公司

1992年5月27日,上海市有机氟材料研究所改制为上海三爱富新材料股份有限公司。8月28日,经中国人民银行上海市分行批准,发行股票总额5000万元,其中国家股3000万元,占60%;法人股500万元,占10%;个人股1500万元,占30%;由上海申银证券公司担任主承销。

1999年,上海市有机氟材料研究所将原持有三爱富公司股份中的35 497 920股(占总股本的28%)转让给华谊集团,股权性质界定为国家股。该次转让后,华谊集团成为三爱富公司第一大股东。2003年2月20日,经现场拍卖,上海邦联科技实业有限公司竞得上海市有机氟材料研究所持有的国有法人股30 180 985股,成为公司第二大股东;经上海市国有资产管理办公室批复,该部分股权性质界定为社会法人股;有机氟材料研究所不再持有三爱富公司的股份。2005年6月9日,上海邦联科技实业有限公司向上海工业投资(集团)有限公司协议转让其所持有的三爱富公司39 235 280股社会法人股,在中国证券登记结算有限责任公司上海分公司完成股权过户手续,经上海市国有资产监督管理委员会批复,该部分股权性质界定为国家股。2005年9月23日,上海工业投资(集团)有限公司将其所持有的三爱富公司39 235 280股国家股全部转让给华谊集团。11月9日,经国务院国有资产监督管理委员会《关于上海三爱富新材料股份有限公司国有股转让有关问题的批复》同意该项股权转让于2006年5月9日在中国证券登记结算有限责任公司上海分公司完成股权过户手续。

2006年5月13日,三爱富公司完成股权分置改革。截至2010年12月31日,三爱富公司股本均为无限售条件流通股;注册资本34 722.78万元;累计发行股本总数34 722.78万股。

经营范围:有机氟材料及其制品、化工产品、上述产品所需的原辅材料及设备,兼在国内外开展技术咨询、转让、服务、培训、维修、有机材料的分析测试、委托试制、储运。

四、上海胶带股份有限公司

1992年5月,上海胶带总厂改制为上海胶带股份有限公司。1992年6月8日,胶带公司在国内首次实行A、B股同价发行,发行股票总额3500万元,其中A种股票,总额为1000万元,包括社会法人股500万元和社会个人股500万元,各占股票总额的7.25%;向境外公开发行特种股票(B股),总金额为2500万元,占股票总额的36.26%;由上海申银证券公司担任主承销。化工局拥有胶带公司49.24%的股份,成为第一大股东。

2000年11月28日,华谊集团与三九企业集团签订《股权转让协议》。三九企业集团受让华谊集团所持有的3396万股股份(占总股本的29.5%),成为胶带公司第一大股东。华谊集团持有胶带公司2272万股股份(占总股本的19.74%),成为胶带公司第二大股东,转让价以胶带公司2000年6月30日的每股净资产1.41元计算,总计47 889 729.27元。此协议经国家财政部批准,于2001年7月10日实施。

随后,华谊集团将剩下持有的胶带公司2272万股股份(占总股份的19.74%)报批转让,所得款除上交国家的部分外,一部分用于回购胶带公司的不实资产,其余作为华谊集团现金收入,约3000万元。

经营范围：专业生产各种普通帆布、尼龙、聚酯、钢丝绳芯结构的输送带等产品。

第五节 职 工 持 股

一、上海双树塑料厂

1993年9月，上海双树塑料厂成立，为股份合作企业，总股本600万元，塑料公司股份为133万元，占22.17%；浦东新区曹路投资公司股份为107万元，占17.83%，职工个人股360万元，占60%。主要产品为树脂胶木粉，企业经营状况一般。2013年10月30日，塑料公司将持有的上海双树塑料厂24.63%的股权在上海联合产权交易所公开挂牌交易转让。

二、上海化工厂有限公司

1996年2月，上海化工厂改制后更名为上海双花塑料有限公司。8月，又更名为上海化工厂有限公司。股东为上海市化学工业局，股本结构总额7 274万元，其中国有股6 546.6万元，占总股本的90%。该公司成立职工持股会，持股727.4万元，占总股本的10%。

三、上海试四赫维化工有限公司

1997年12月，上海试四赫维化工有限公司成立。该公司是由上海化学试剂有限公司、上海赫维高科技实业公司和上海试剂四厂员工持股会三方共同出资组建的多元投资有限公司，注册资本828.8万元，其中上海化学试剂有限公司占股65.13%；上海赫维高科技实业公司占股4.95%；员工持股29.92%。

四、上海尔华杰机电装备制造有限公司

2005年3月23日，由上海化工机械二厂优质资产改制的上海尔华杰机电装备制造有限公司（简称"尔华杰公司"）成立。主要经营风机、减速机、换热器、搅拌机、玻璃钢复合材料制品、化工设备的制造、销售及技术服务。注册资本2 800万元，其中上海化工机械二厂优质资产折合人民币1 050万元，占37.5%；哈尔滨空调股份有限公司出资1 050万元，占37.5%；以经营者侯德宝为代表的企业骨干出资700万元，占25%。2008年9月，尔华杰公司划归实业公司管理，注册资本增至4 480万元。2009年12月，尔华杰公司划归投资公司托管。

第二章 企业调整

第一节 区域结构调整

一、吴淞化工区

【地理位置】

吴淞工业区(吴淞化工区)位于上海市北门户,宝山区与上海中心的交接部位,黄浦江与蕰藻浜在此交汇,航运资源丰富,外环线与逸仙高架路十字贯穿整个吴淞工业区,对外交通便利。

【沿革】

1956年,吴淞地区被列为扩散市区工业和疏解市区人口的十个近郊工业区之一,进入新一轮开发的启动阶段。特别是1957年和1958年,全市一批冶金、化工的重大建设项目在吴淞地区落户,扩建上钢一厂,新建生产特殊钢的上钢五厂、上海钢管厂、上海铁合金厂、上海硫酸厂、吴淞化工厂等骨干大厂,使吴淞地区沿长江路、逸仙路、同济路、泰和路一线,成为一个工业带,形成以冶金、化工为主的吴淞工业区的雏形。同时还在黄浦江沿岸新建上海港第九装卸作业区,承担上海对外贸易货运。随着工业的发展,为解决工人的就地生产、就近生活,新辟泗塘、海滨两个工人住宅区和相应的市政配套设施。1960—1964年,吴淞地区还把上钢五厂、上海炼油厂等大型企业归入管辖范围,成为上海市钢铁工业、化学工业的主要分布区。

【化工企业】

在吴淞工业区的主要化工企业有上海硫酸厂、上海吴淞化工总厂。

1957年10月,上海市计划委员会选点吴淞蕰藻浜畔新建当时国内规模最大的年产4万吨的硫酸厂,新建装置生产流程采用接触法工艺,对生产流程进行技术革新。1959年,更名为地方国营上海硫酸厂。

1992年12月25日,由吴淞化工厂、吴淞化肥厂合并组建上海吴淞化二总厂。厂址位于上海市宝山区长江西路501号。下设3个分厂:上海吴淞化工总厂吴淞化工厂、上海吴淞化工总厂吴淞化肥厂、上海吴淞化工总厂TDI厂。

1997年5月20日,华谊集团出资以上海化肥联合公司(含所属企业)、上海吴淞化工总厂(含上海吴淞化肥厂、上海勤工化二厂、上海虹光化工厂)的国有资产联合改制为上海中远化工有限公司。中远公司由上海吴淞化肥厂、上海嘉定化肥厂、上海吴淞化工总厂氧气厂、上海吴淞化工总厂电石厂组成。上海浦东化工厂、上海南汇化工厂、上海奉贤化肥厂、上海松江化工厂、上海崇明化肥厂、上海川沙化工厂、上海金山化肥厂、上海吴淞化工总厂、上海勤工化工厂、上海虹光化工厂以及对外投资权归公司的上海比欧西气体工业有限公司等子公司企业。

2002年,成立上海华谊集团上硫化工有限公司,包括上海海福化工有限公司、上海申井化工有限公司。

【关停企业】

2000年10月25日,上海市政府启动吴淞工业区环境综合整治工程,并推出《上海吴淞地区华谊化工综合整治规划》。

吴淞工业区环境整治三年行动计划成效显著,2001年与1999年相比,粉尘下降28%、二氧化硫下降24%、化学需氧量下降48%、石油类下降22%、氟化物下降47%、氰化物下降22%。在三年环境整治中,华谊集团所属企业调整产品结构、推行清洁生产、治理污染排放、绿化企业环境,对改变吴淞地区环境起到重要作用。

2006年2月7日,经过6年环境综合整治,吴淞工业区摘掉"污"帽。华谊集团在吴淞地区关停上海硫酸厂、上海吴淞化工厂、上海吴淞化肥厂、上海勤工化工厂4家企业及上海吴淞化工总厂TDI、上海勤工化工厂、上海浦江化工厂、上海吴淞化肥厂碳铵、上海吴淞化肥厂硝酸、上海中远化工有限公司电石6条(套)生产装置,完成5万吨铬渣治理等12项污染治理项目。

2011年8月23日,根据上海市有关加强危险化学品生产企业管理的要求和华谊集团加快产品结构调整的需要,上海华谊集团上硫化工有限公司整体退出生产(包括上海海福化工有限公司、上海申井化工有限公司),2011年9月26日,关停所有生产装置(包括上海海福化工有限公司和上海申井化工有限公司装置)。2011年12月31日前,完成所有生产装置的置换清理。

二、桃浦化工区

【地理位置】

桃浦工业区,又称桃浦化工区,东起南何之线,西至外环线,北达沪嘉高速,南至沪宁铁路。

【沿革】

1954年后,桃浦工业区逐渐成为上海第一批化工工业区。上海橡胶厂、上海振华造漆厂、上海铬黄颜料厂、上海染料化工八厂、上海桃浦化工厂、英雄金笔厂、上海中药制药一厂、上海油墨厂、上海香料总厂等工业企业在此诞生。至20世纪90年代,成为"原上海十大重污染地区"之一。

【化工企业】

华谊集团在桃浦工业区主要涉及染料、涂料、橡胶、民用产品等行业。主要企业有上海华向橡胶制品有限公司(简称"华向公司")、上海大可染料有限公司、上海染料化工八厂、上海染料研究所桃浦实验分厂、上海桃浦化工厂、上海振华造漆厂、上海铬黄颜料厂、上海敦煌化工厂、上海橡胶厂、上海制皂有限公司所属3家企业、上海焦化有限公司桃浦分厂等。

【关停企业】

1987年,桃浦地区"三废"污染治理被列为上海市政府实事项目;通过10年综合治理,调整关停化工企业,桃浦工业区在1997年实现污染"摘帽"。随后,工业区开始转型,重点培育印刷、建材、家居、食品、服装等都市型工业,向都市型工业园区转变。2012年10月25日,华谊集团与普陀区政府签约实施战略合作,华谊集团在此区域内拥有17个地块46.67万平方米土地,规划为教育、生产性服务业、商业、办公和住宅以及市政道路、设施和绿化用地。2013年起,桃浦地区每年都被列为全市重点转型发展的地区之一。

三、杨浦地区

【地理位置】

杨浦地区位于上海中心城区东北部,地处黄浦江下游西北岸,与浦东新区隔江相望,西临虹口区,北与宝山接壤。杨树浦港纵贯区境南北,杨浦即以此演变得名,南部沿江地带是曾经的上海公共租界东区。

【沿革】

杨浦地区拥有中心城区里最长的15.5公里的白金滨江岸线,上海市区内唯一的规划生态岛屿复兴岛亦坐落于该区。杨浦地区作为上海市人口集聚的中心城区,高校和科研院所比较集中,"知识杨浦"成为杨浦的主导城市功能;大工业结构调整步伐加快,科技教育现代服务业和都市型产业成为杨浦地区经济社会发展的重要支撑。杨浦地区依托高校和国有大中型企业,以调整经济结构和优化城区功能为主线,以科技教育现代服务业和都市型产业为基础,以居住服务为主导,推进生产功能向综合功能的战略性调整。

【化工企业】

华谊集团在杨浦地区的化工企业众多,主要涉及轮胎、胶鞋、塑料、颜料、涂料、橡胶制品、民用产品等行业。其中上海正泰橡胶厂、上海化工厂有限公司、上海制皂集团公司、上海胶鞋公司、上海橡胶制品有限公司等均为华谊集团旗下的大型企业。

【关停企业】

1998年,地处杨树浦路2310号的上海制皂有限公司通过下水道清浊分流改造项目,投资370万元;4月16日开工,4月25日竣工。治理前排水量2万立方米/天,化学需氧量总量5 000公斤/天;治理后排水量2 575立方米/天,化学需氧量总量3 261公斤/天,治理后的排水量削减量17 387立方米/天,化学需氧量总量削减量1 739公斤/天,治理效果明显。

2011年8月,华谊集团与杨浦区政府签订《战略合作框架协议》。逐步调整关停集团在杨浦地区的化工企业。

上海化工厂有限公司坐落在上海杨树浦路1578号,占地67 459.28平方米。主要生产聚酯薄膜、聚氯乙烯电缆料、薄膜、硬板、硬管等产品。2005年,上海化工厂有限公司聚酯薄膜生产线停产。2008年8月15日,华谊集团将上海化工厂有限公司房产及相关建筑物委托上海华谊集团化工实业有限公司管理。2010年12月30日,上海化工厂有限公司经上海市杨浦区人民法院裁定终结破产。

上海正泰橡胶厂建于1927年,坐落在上海市长阳路447号,是国内第一家引进德国密子勒技术生产轿车子午胎的工厂。2001年,为配合市政建设,上海轮胎橡胶(集团)股份有限公司将上海大中华橡胶厂、上海正泰橡胶厂迁至上海炼胶厂,三厂合一成立"大中华正泰轮胎公司",使之成为斜交胎研发和生产基地。上海正泰橡胶厂也因此从长阳路447号迁出,上海正泰橡胶厂原址成为德国西门子公司上海总部。

位于平凉路2200号的上海新华树脂厂(简称"新华树脂厂"),厂区与四周相邻的医院、居民区的间距不符合国家危险化学品生产企业的环境保护要求。2006年1月6日,上海市和杨浦区安全生产监督局对新华树脂厂不再发放安全生产许可证,并明确要求从2006年7月1日起停止一切危险化学品生产。2006年7月,新华树脂厂完成低温树脂产品生产车间搬迁至地处闵行的上海染料化工厂内,高温树脂产品生产车间搬迁至地处普陀区桃浦的上海振华造漆厂内。2007年10月8日,新华树脂厂所有生产车间与行政科室彻底搬离杨浦区。2014年4月,华谊集团与杨浦区就新华树脂厂土地收储签约。新华树脂厂的原厂房规划建设为上海市杨浦区中心医院的新大楼。

四、和田工业区

【地理位置】

和田工业区位于原闸北区区境中部。东起西宝兴路,西邻共和新路,南靠中山北路,北至柳营路。

【沿革】

20世纪50年代,和田地区属城乡接合部。1960年前后,工厂增至40多家,和田工业区基本形成。和田工业区环境污染日趋严重,成为全市闻名的污染重灾区。

【化工企业】

华谊集团在和田工业区的化工企业主要涉及染料、塑料、化工原料等行业。在第一和第二个五年计划期间,化工局经过对原市区小厂裁并组合,规模扩大,相继在和田工业区选点建厂。主要企业有上海染料化工一厂(简称"染化一厂")、上海染料化工二厂(上海中联化工厂)、上海染料化工三厂(简称"染化三厂")、上海星火化工厂、上海敦煌化工厂等。

【关停企业】

上海染料化工一厂、上海染料化工三厂迁建项目属上海市市级实事工程之一。

1987年,以发展精细化工为主的桃浦工业区破土动工。和田工业区的改造被列为1987年市政府15件实事之一。化工局涉及的上海染料化工一厂、上海染料化工三厂搬到高桥地区,上海敦煌化工厂搬入桃浦地区。

1991年11月4日,化工局批准上海染料化工一厂、上海染料化工三厂迁建治理工程,包括6个工程项目,迁建至浦东川沙中兴镇西南,新征13.21万平方米土地,投资15 974万元,总建筑面积91 686平方米。

1997年7月17日,上海中联化工厂破产终结,原西和田路140号土地用于房地产开发。2011年5月25日,上海华谊集团房地产有限公司吸收合并上海星火化工有限公司。2012年10月23日,上海星火化工有限公司注销工商登记。

五、内环线内区域

【地理位置】

上海内环线,是上海市最早建设的城市快速高架道路,全长47.7公里,它的浦西部分主要沿"中山南路→中山南一路→中山南二路→中山西路→中山北路→中山北一路→中山北二路→黄兴路"修建高架道路,分为双向四车道;浦东部分为"罗山路→龙阳路"地面快速道路。内环线内区域指由上海内环线围成的区域,方圆60万平方公里。

【沿革】

上海内环线1990年立项,1991年前期工程开工,1992年一期高架主体结构开工,1993年高架工程全面展开施工,1993年11月浦东段地面道路通车,1994年沪太路至金沙江路的一期工程建成通车。浦东部分罗山路至龙阳路的高架道路建设作为内环最后的施工阶段,于2009年12月25日晚上10时通车。

【化工企业】

华谊集团所属企业大多地处上海市区,内环线内化工企业数量较多,有上海大中华橡胶厂、上海塑料助剂厂、上海大孚橡胶有限公司、上海开林造漆厂及一些染料企业。部分产品生产环境污染严重。

【关停企业】

上海大中华橡胶厂坐落在上海市徐汇区衡山路839号,始建于1928年,研制成功中国第一条汽车轮胎。随着国家对环境治理的重视,1999年11月30日,上海市经济委员会、市建设委员会、市财政局,徐汇区政府与华谊集团共同签约,上海大中华橡胶厂迁址到沪闵路1441号。原厂区土地植绿,现为"徐家汇公园"。

上海大孚橡胶有限公司坐落在上海市徐汇区中山西路207号。2002年6月,上海市政府实施城市环保规划,上海大孚橡胶有限公司被纳入"三废"迁建范围,同时因产品结构调整,企业在面对市场竞争过程中难以适应,从而导致企业产销量急剧下降,出现大额亏损,直至严重资不抵债,无力偿还到期债务,遂申请破产。

上海开林造漆厂坐落在上海市虹口区西体育会路229号,主要从事油漆生产和销售。2001年10月13日,上海开林造漆厂开始拆除生产设备;12月,企业将沙泾河以东厂区交付上海外国语大学,保留沙泾河以西1702平方米厂区。11月25日,上海开林造漆厂青浦新厂建设开工典礼在青浦工业园区举行,位于上海青浦工业园区新区路488号(后变更为青浦区松泽大道8388号)。2004年1月1日,上海开林造漆厂青浦新厂区全面投入生产,位于西体育会路的上海开林造漆厂随之关停。

上海塑料助剂厂坐落在上海市虹口区岳州路435号,是由东方化工厂与中华化工厂在1992年合并组建的专业生产塑料助剂的企业。企业产品结构老化,"三废"污染严重,企业所在地被规划动迁(厂址列入虹口区第十八号地块危棚简屋改造范围)。2000年10月,企业破产。

上海染料行业企业多数地处市区,为治理环境污染、造福于民,以及为配合城市规划需要,完成上海市重要实事工程,至2013年年底,先后有9家染料化工企业搬迁、腾地。

华谊集团是被列入2003年上海市"双达标111工程"的13家化工企业之一,如期完成治理达标任务;截至2001年年底,华谊集团在内环线以内所有反应性化工装置全部停产。

第二节 行业结构调整

一、化工原料行业

【沿革】

1993年,上海彭浦化工厂、上海桃浦化工厂、上海胶体化工厂、上海长江化工厂、上海虹光化工厂加入上海化工原料联合公司，扩大实体后更名为上海化工原料公司。

1999年9月，上海化工原料公司改制为上海华原精细化工有限公司。

1999年，上海向阳化工厂整体并入上海华原精细化工有限公司。2002年，上海彭浦化工厂整体兼并上海硅胶厂。2004年9月29日，上海华原精细化工有限公司股权转让后变更为国有独资有限公司，注册资本1320万元；10月25日，企业名称变更为上海华谊集团华原化工有限公司。

2005年，华原公司托管上海塑料工业有限公司。2008年，上海新光化工有限公司等四家企业划归华原公司。2010年，华原公司吸收合并上海金鹿化工有限公司。2011年，吸收合并上海精细化工研究所。2013年，华原公司注册资本1.5亿元。

【概况】

主要品牌：飞铃牌、海球牌、三鹿牌、鹿牌、桃浦牌、宝牛牌、上胶牌。

主要生产经营的大类产品：三氯化磷、乙烯利等。产品主要用于农业、农药、染料、医药、香料、磷酸酯等领域。

2006年1月5日，总投资2.2亿元的华原公司项目在金山第二工业区举行开工典礼。该公司项目占地20万平方米。华原公司生产的磷氯产品、特种树脂、合成樟脑等产品的品种、质量、技术居国内领先水平，一些产品成为国内著名品牌，部分产品还销往海外。

2008年1月，华原公司金山项目进入生产阶段，产出三氯化磷产品，部分出口韩国。合成樟脑、乙烯利等装置投料试生产。

【销售收入与经济效益】

2000年，华原公司的销售收入4251.9万元，利润363.86万元。2013年，销售收入61862.43万元，利润-377.21万元。

表5-2-1　2000—2013年华原公司经济指标情况表　　　　　　　　　　　单位：万元

年　份	销售收入	利　润	税　金	利税额
2000	4 251.90	363.86	258.95	622.82
2001	6 354.64	382.47	354.00	736.47
2002	5 897.86	51.16	146.13	197.29
2003	27 451.89	238.50	235.17	473.67
2004	6 562.73	102.79	238.05	340.83
2005	10 890.42	241.20	113.36	354.56
2006	21 604.77	158.05	121.63	279.68
2007	22 270.26	573.48	241.73	815.21
2008	28 797.11	10.51	317.11	327.62
2009	27 726.22	-1 349.95	357.04	-992.91
2010	32 074.94	-2 610.64	532.38	-2 078.25

〔续表〕

年 份	销售收入	利 润	税 金	利 税 额
2011	29 127.74	－4 069.62	499.85	－3 569.77
2012	28 970.97	149.92	442.72	592.64
2013	61 862.43	－377.21	813.38	436.17

【规划布局调整】

2006年,华谊集团将上海塑料工业有限公司持有的上海新光化工有限公司100%股权、上海上磁包装材料有限公司100%股权、上海涤纶厂100%产权、上海锦磁贸易有限公司50%股权,划拨给华原公司。同时撤销华原公司对塑料公司的托管,将塑料公司移交企发公司托管。通过优化整合,推进华原公司的发展。

2009年12月,华谊集团搭建上海华谊(集团)公司精细化工平台,由上海涂料有限公司牵头,将涂料公司与华原公司、上海试四赫维化工有限公司等企业整合为一体。

2011年7月,华原公司金山基地的合成樟脑装置拆除。

2012年1月10日,投资870多万元的华原公司金山基地"三废"治理整改项目通过上海市和金山区环保局验收。经金山区环境监测站监测,基地废水、雨水分流达标排放,废水、废气治理效果明显,达到项目改造预期效果。

二、塑料行业

【沿革】

塑料公司前身是成立于1957年的上海市塑料工业公司。1986年12月,上海市塑料工业公司被撤销,成立塑料行业管理处,并将上海化工厂、上海溶剂厂、上海市合成树脂研究所和上海市塑料研究所划归化工局直接管理。

1989年10月5日,组建上海塑料工业联合公司,撤销塑料行业管理处、塑料行业基层工作处。公司注册地址位于上海市卢湾区瑞金二路42号。1992年7月11日,公司注册地址变更到上海市川沙县城乡镇新川路492号。公司下属独立核算塑料企业15家,其中大型1家,中型4家,小型8家,集体2家。1989年12月,上海中联化工厂(原上海染料化工二厂)隶属关系从上海染料农药公司转到上海塑料工业联合公司。

1992年7月29日,上海塑料工业联合公司转换成生产经营一体化的实体公司,公司旗下有上海树脂厂、上海赛璐珞厂、上海胜德塑料厂、上海涤纶厂、曙光化工厂、新光化工厂、上海塑料助剂厂、上海工程塑料应用开发中心和公司本部。公司成员单位为上海珊瑚化工厂、上海塑料厂、上海新艺塑料厂、上海新安塑料厂、上海中联化工厂、上海磁带厂等,均具有独立法人资格。

1996年12月6日,由上海化工控股(集团)公司出资以上海塑料工业联合公司所属国有企业的全部国有资产重组为上海塑料工业有限公司。公司旗下有上海工程塑料合金分公司、上海胜德塑料包装材料分公司、上海树脂厂有限公司、上海胜德塑料汽车塑件有限公司、上海胜德塑料厂有限公司、上海塑料工业联合公司、上海赛璐珞厂、上海新光化工厂等为公司的所属单位。1997年6月,上海工程塑料合金中心并入塑料公司,设立上海塑料工业有限公司工程塑料应用开发中心。上海磁带厂内四条饮水瓶生产线剥离出来组建上海塑料工业有限公司包装装饰材料分公司。上海胜德塑料厂于1997年10月被上海天原(集团)有限公司兼并,成立天原集团汽车塑料件厂。1997年12月,上海树脂厂资产重组进入天原集团。

塑料公司成立时注册资本2 137万元。1997年12月,注册资本变更为7 731万元。2000年6月,注册资本变更为7 512万元。2008年5月,上海新光化工有限公司等4家企业划归华原公司,减少注册资本4 620.46万元,变更后的注册资本为2 891.76万元。

2005年1月,塑料公司由华原公司托管。2008年9月,转由企发公司对塑料公司进行整体托管。

【概况】

塑料公司是中国最早专业从事塑料生产的行业性公司,其经营范围为化工产品(除危险品)、塑料制品、化工及塑料原辅材料、包装材料、磁性记录材料、化工生产工程技术咨询、检测、自营和代理各类商品和技术的进出口。

截至1996年12月底,上海塑料行业已形成一个以生产多种工程塑料、塑料合金和塑料制品,热固性塑料,特种高分子树脂,塑料助剂,胶黏剂等精细化工产品为主,包括从塑料生产、科技开发、配套助剂到模具制造、成型加工等比较齐全的产业体系。

上海塑料行业生产经营的产品有离子交换树脂、羧甲基纤维素钠(CMC)、聚氨酯胶、丙烯酸酯类共聚物ACR、高强度聚碳酸酯(简称"PC")饮水瓶、PVC波纹板、汽车用硬型塑料件、尼龙类1010、酚醛树脂、冬青油和盒式录音带、录像带等产品。塑料公司是上海市高新技术企业。

1998年,公司被推选为中国工程塑料工业协会副理事长单位。

【销售收入与经济效益】

1991年,塑料行业销售收入46 062万元,利润总额679万元。塑料公司成立后的第一年(1997年),销售收入48 711万元,利润总额323万元。1998年后,每年利润总额基本维持在300万元左右。2003年首次出现亏损521万元。2004年亏损扩大到2 193万元。2005年和2006年连续转亏为盈。但2007年起再度亏损直至2013年。

1994年8月,塑料行业下属上海胜德塑料厂年产10.5万套桑塔纳轿车硬塑件的桑塔纳轿车分厂建立投产。

上海塑料行业发展民用产品。1996年10月23日,被列入上海市人民政府饮水工程重点配套的19升PC饮水瓶扩产项目在上海塑料行业所属上海磁带厂建成投产,PC饮水瓶年产量120万只,适应城市饮用水发展需要。

塑料行业所属企业大多地处上海市区,部分产品环境污染严重,通过动迁、生产设备搬迁、企业破产,原有土地得到有效利用。如原上海赛璐珞厂原址成为市政工程项目虹桥枢纽——北翟路(辅助快速路——外环线)道路。上海中联化工厂原西和田路140号土地9 525平方米批准改性,用于房地产开发。上海塑料助剂厂岳州路435号厂址列入虹口区第十八号地块危棚简屋改造范围。

【规划布局调整】

上海塑料行业以资产为纽带,产品为龙头,进行行业重组和产品结构调整。

规划布局调整措施之一。加快现代企业制度的建立,以资产为纽带,形成母公司(核心层)、子公司(控制层)、参股企业三个层次的多法人有限责任公司。

规划布局调整措施之二。实施企业间的资产重组，兼并破产，改善负债结构，提高资产质量。1997—2001年，塑料行业进行第一轮调整，上海新光化工厂兼并上海磁带厂。上海中联化工厂等4家企业实施破产。上海胜德塑料厂被天原集团兼并、上海树脂厂资产重组进入天原集团。

规划布局调整措施之三。上海塑料行业利用土地级差、市政规划等改变企业原址使用性质，进行产品结构调整。例如：上海磁带厂土地批租给香港万都发展公司，在闵行区七宝镇另购厂房。上海中联化工厂土地与山西长城铝业公司合作建商住大楼，主要产品乙萘酚与松江中亚钛白粉厂合作建立新厂。上海涤纶厂南山路厂址与上海天合发展置业公司共同发展房地产，原有聚对苯二甲酸丁二醇酯（PBT）和工程塑料另选址安排生产。曙光化工厂改变厂房使用性质，原有产品转移至金山亭林镇。

规划布局调整措施之四。公司托管和企业清理。2005年11月7日起，塑料公司由华原公司托管，开始新一轮的调整。上海新光化工有限公司等4家企业划归华原公司。2008年9月3日，塑料公司转由企发公司托管，行业调整步伐进一步加快。2009—2013年，塑料公司合计清理企业37家（见下表），通过资产和债权债务清理，人员分流安置转移，企业关停并转等一系列调整措施，塑料公司具备整体退出的条件。

表5-2-2 2009—2013年塑料公司企业清理情况表

序号	企 业 名 称	清理类别	清理时间
1	上海赛璐珞厂	实施破产4家	2011年6月
2	上海曙光化工厂		2011年11月
3	上海联合塑料实业有限公司		2012年8月
4	上海工联塑料公司		2013年11月
5	上海塑联劳务技术服务中心	工商注销18家	2009年12月
6	上海曙鹏化工实业公司		2009年12月
7	上海赛璐珞厂中山经营部		2009年12月
8	上海联建住宅服务公司		2009年12月
9	上海传奇娱乐总会有限公司		2009年12月
10	上海赛璐珞厂华士分厂		2009年12月
11	上海化联经贸有限公司		2009年12月
12	上海曙光化工厂罗店分厂		2010年12月
13	上海曙鹏特种工程塑料有限公司		2010年12月
14	上海彤德包装制品有限公司		2011年12月
15	上海彤德包装制品有限公司分公司		2011年12月
16	上海华工经贸总会		2011年5月
17	上海曙光化工厂宝山联营厂		2011年1月
18	上海塑料工业联合公司涤纶联营厂		2011年12月
19	上海塑料工业联合公司中山公司		2011年7月

(续表)

序号	企业名称	清理类别	清理时间
20	上海塑料工业有限公司包装装饰材料分公司	工商注销18家	2012年11月
21	上海塑料工业有限公司供销分公司		2012年11月
22	上海塑料工业有限公司职工技术协会		2012年11月
23	上海钟渊化学应用技术有限公司	股权转让3家	2010年6月
24	上海双树塑料厂		2013年10月
25	上海佩斯天可国际贸易有限公司		2013年11月
26	上海珊瑚橡塑经营部	清理核销12家	2009年6月
27	化工部香港万国化工有限公司		2010年12月
28	北京市东光化工贸易公司		2010年12月
29	上海塑料实业公司		2010年12月
30	上海新友水性聚氨酯有限公司		2013年12月
31	汕头市沪港精细化工有限公司		2010年12月
32	浦东合庆亚凉特种涂料厂		2010年12月
33	汕头长华工艺品联合公司		2010年12月
34	萧山市沪萧工艺制品联营厂		2010年12月
35	上海赛璐珞厂锡山市黄土塘分厂		2009年12月
36	南通南赛纤维素厂		2010年9月
37	上海化学建材公司		2009年12月

三、染料行业

【沿革】

1990年4月20日，化工局组建上海染料农药公司。由上海农药厂、上海染料化工九厂、上海联合化工厂、东风农药厂、上海化工制桶厂、上海染料工业供销公司6家单位组成。

1992年7月18日，上海染料农药公司更名为上海染料公司，注册地为上海市浦东新区莲南路300号，注册资本12 515万元；浦东染料化工厂（系上海染料化工一厂和上海染料化工三厂迁建浦东组成）、上海染料化工十厂、上海染料化工十二厂、上海染料化工机械厂进入公司实体。上海染料化工厂、上海染料化工四厂、上海染料化工五厂、上海染料化工七厂、上海染料化工八厂、上海市染料研究所、上海化工制桶厂和上海助剂厂为上海染料公司的成员单位。上海染料农药行业分解为农药和染料两个行业。

1996年3月11日，上海化工控股(集团)公司组建上海染料有限公司。染料公司母体包括原上海染料公司本部、上海染料化工八厂、上海染料化工十二厂；以"公司"法人财产出资改建的上海染料化工厂、上海染料化工一厂、上海染料化工三厂、上海染料化工五厂、上海华亨化工厂、上海染料化工九厂、上海染料十厂、上海助剂厂、上海化工制桶厂、上海染料化工机械厂；上海染料研究所等全资（事业）企业是染料公司的下属单位。公司注册地址在上海市浦东新区莲南路300号，注册资本19 603万元。公司营业执照于1996年3月25日颁发。2005年6月28日，染料公司由企发公司托管。2013年，染料公司的注册资本减少至9 709万元；下属仅3家子公司，销售收入20 931万元，账面利润—194万元。

【概况】

1992年9月，上海染料公司在浦东举办成立挂牌仪式。该公司在浦东建立15.53万平方米生产、科研基地，投资2.3亿元，引进国外先进技术和装备，形成年产5 000吨无粉尘阳离子染料、新型分散染料等产品和1 800吨染料中间体原料的生产能力。主要生产经营染料、有机颜料、印染助剂及化工原料、染料中间体。染料产品有活性、分散、还原、阳离子、冰染、直接、酸性、媒染、硫化、缩聚、特种染料及食品添加剂12大类约550个品种；有机颜料有偶氮、酞菁、色淀、缩合偶氮型和色原5个结构类型，另外有聚丙烯色母粒、聚乙烯色母粒、DOP浆状着色剂、维纶水性色浆、橡胶着色剂、黏胶着色剂7种制备物和浓缩物；印染助剂有纺织用前处理剂、后整理剂、印染助剂以及用于非纺织行业的各种表面活性剂等20大类；染料中间体有蒽醌系、萘系、甲苯系、苯系、杂环系和脂肪化合物6大类。染料、有机颜料及染料中间体等产品销往全国，并出口美国、德国、日本、泰国等国家和中国香港、澳门等地区。是年末，上海染料公司占地84.71万平方米，固定资产原值34 885万元，净值19 808万元；生产染料11 071吨，有机颜料2 265吨，助剂15 537吨，食用色素2 250吨；出口量2 100吨，创汇2 200万美元。

20世纪90年代，染料公司经过产品结构和布局结构调整，将产品向技术含量高、高档有市场方向调整。一些低档产品、污染严重、市场前景差的产品、毒性大的产品，逐步退出市场。染料公司根据上海染料工业的产品特点和技术优势，重点发展活性染料、分散染料、食用色素、还原染料四大类。

1998年年末，染料公司工业总产值12.67亿元，销售收入8.84亿元，利润总额519万元；生产染料14 020吨、有机颜料822.3吨、食品添加剂3 300吨、助剂13 550吨；出口染料1 654吨，创汇1 600.9万美元。

染料公司所属上海染料化工八厂生产活性染料。经过30多年的科研和开发，至1990年，能生产11个大类100余种产品，年产量3 113吨，出口量839.4吨。至1998年，产量5 315吨，占全国总量的33%，出口量1 409吨。

染料公司所属上海染料化工五厂专业生产分散染料。1956年，分散染料在上海染料化工五厂进行研制，1959年试制成功6个品种，所用商标"大可牌"。1990年年末，13个主要品种产量1 430吨。至1998年，一批新品开发问世，产量4 890吨。

染料公司下属有3家工厂生产还原染料，分别是上海染料化工五厂、上海染料化工十厂、上海染料化工厂。1990年，还原染料有单色品种15个，年产量1 401吨。1998年，还原染料产量1 400吨。

染料公司下属企业上海染料研究所，除从事活性、分散、还原、有机等染料的科研外，主要生产食品添加剂。该类产品原由上海中联三厂试产成功，国家卫生部、化工部1981年1月4日颁证，上海染料研究所成为全国仅有的2家定点生产食品着色剂的单位之一，所用商标"狮头牌"。至1998年，产量增至3 299.5吨，占是年全国合成色素消耗量的66%。

1992年，上海染料化工八厂获化工部"出口创汇及对外开放企业"先进称号。

1996—2000年,染料公司连续5年被上海市列为高新技术企业。

1997—2004年,染料公司下属企业工农牌活性染料连续8年被推荐为上海市品牌产品。

1997年,染料公司下属企业在国家"八五"科技攻关中获重大成果,受到国家化工部的表彰,包括活性蓝M-BRE、还原红6B、E型阳离子染料等8项成果。

1998年,染料公司列上海市销售收入500强工业企业的第118位。

1999年年末,染料公司注册资本为22 578万元,下属13家企业及公司,在册职工人数8 007名,销售收入84 140万元,利润862万元,自营出口创汇1 107.9万美元。

染料公司的生产企业60%在市区,40%在郊区,"八五"(1991—1995年)及"九五"(1996—2000年)期间,染料公司进行布局调整。1992年10月5日,地处徐家汇天钥桥路的上海染料化工十厂率先搬迁、土地批租;随后上海染料化工一厂、上海染料化工三厂、上海染料化工五厂、上海染料化工九厂、上海染料化工机械厂、上海染料化工十二厂等企业相继搬迁、调整。

2003年下半年,染料公司进行整体调整,实施优质资产、资金、产品、商誉、股权等向华谊集团旗下企业转移,完成优化整合。

2004年6月30日,染料公司注册资本从22 578万元减至9 709万元。2012年10月31日起,公司注册地变更至上海市宝山区长江西路1180号,公司类型为一人有限责任公司。

2005年6月28日,染料公司由企发公司托管。

截至2013年年底,染料公司下属有3家子公司,其中2家全资子公司为上海染料化工八厂和上海染料化工销售有限公司,还有1家为上海大可染料有限公司(持股82.35%)。下属子公司通过产品外加工、产品外采购等形式进行染料和化工产品销售,实现销售收入20 931万元,利润-194万元。

【销售收入与经济效益】

1991年,染料公司销售收入127 910万元,利润总额7 858万元。2013年,销售收入20 931万元,利润总额-194万元。

表5-2-3 1991—2013年染料公司经济指标情况表　　　　　　　　　　　　　单位:万元

年　份	销售收入	利润总额
1991	127 910	7 858
1992	107 330	4 637
1993	104 957	2 479
1994	83 346	291
1995	79 744	-1 649
1996	84 528	255
1997	94 796	720
1998	88 368	519
1999	84 140	862
2000	81 177	441
2001	72 637	913

〔续表〕

年　份	销　售　收　入	利　润　总　额
2002	73 000	4
2003	59 200	−5 054
2004	32 784	−10 033
2005	26 175	−5 702
2006	26 604	−2 323
2007	32 342	−1 612
2008	31 059	−2 615
2009	25 631	572
2010	24 451	−1 470
2011	24 111	714
2012	21 667	44
2013	20 931	−194

上海染料行业企业多数地处市区。截至2013年年底，染料公司先后有9家企业搬迁、腾地，涉及占地面积280 155平方米。

表5-2-4　1992—2013年染料公司9家搬迁企业情况表

单位名称	1992年底人数	2013年底人数	占地面积平方米	工　厂　地　址
上海染料化工一厂	952	0	12 933	闸北区中山北路347号
上海染料化工三厂	1 025	0	20 252	闸北区西和田路295号
上海染料化工五厂	1 269	0	29 800	虹口区董家宅路130号
上海染料化工七厂	1 279	0	80 004	普陀区云岭东路102号
上海染料化工九厂	1 171	0	49 247	长宁区北翟路981号
上海染料化工十厂	1 050	0	48 460	徐汇区天钥桥路401号
上海染料化工十二厂	537	0	11 182	杨浦区昆明路526号 杨浦区辽阳路505号
上海染料化工机械厂	309	0	13 332	长宁区北翟路937号
上海化工制桶厂	450	0	14 945	杨浦区杨树浦路1362号
合　计	7 090	0	280 155	

【规划布局调整】

为配合上海市城市建设的总体规划落实，上海染料行业从1991年起陆续实施工厂搬迁和工厂的重新布局。

1991年11月4日,化工局批准上海染料化工一厂、上海染料化工三厂迁建治理工程,包括6个工程项目,迁建于浦东川沙中兴镇西南,新征13.21万平方米土地,投资15 974万元,总建筑面积91 686平方米。

1992年5月30日,为落实和加快染化一厂和染化三厂迁建浦东的工作,化工局同意对染化一厂和染化三厂进行合并,组建上海染料农药公司浦东染料化工厂,注册资本3 500万元,厂址位于浦东中高公路5号,生产经营染料等化工产品,人员编制2 000人。

1993年9月16日,染料公司与德国巴斯夫公司合资生产经营有机颜料和染料,组建上海巴斯夫染料化工有限公司。注册资本1 800万美元,中方出资49%,外方出资51%;选址上海市浦东新区中高公路5号。染化一厂和染化三厂的迁建项目改为合资项目。第一期工程于1994年12月27日基本建成,总投资3.1亿元。

1991年,上海染料农药公司上海助剂厂实施"万吨非离子表面活性剂项目",项目设在金山县金卫乡。1992年5月22日,成立上海化工助剂厂,注册资本1 000万元,隶属于上海染料农药公司。1994年12月,项目建成并试生产。1995年,投入大规模生产。

1994年5月,上海染料公司下属上海助剂厂2.67万吨纺织皮革助剂第三期项目签约,总投资3 100万美元,国务院总理李鹏、上海市副市长蒋以任等有关领导分别在德国和上海参加签字仪式。

1994年7月4日,上海染料化工七厂被列为上海市46家解困企业之一,并实行企业分立,建立上海华亨化工厂(新厂)。

1996年6月9日,上海染料化工九厂与染化三厂合并,成立上海三泰染料化工厂。

1996年6月24日,地处上海市虹口区的上海染料化工五厂,产品生产搬迁至桃浦工业区原桃浦染料厂内。由于原桃浦染料厂的生产与上海染料化工五厂生产性质类同,上海染料化工五厂迁入后,调整产品结构,实行技术改造,削减污染排放总量。同时,浙江联化集团公司(民营企业)与上海染料化工五厂(后调整为上海染料有限公司)共同投资4 650万元组建上海大可染料有限公司;国资方投资占股权70%。上海大可染料有限公司年产分散染料4 700吨,还原染料330吨,销售收入12 090万元,利润768万元。上海染料化工五厂市区土地实行批租,职工予以安置。

1998年1月21日,染料公司与农工商集团五四总公司共同投资在上海市奉贤组建上海华隆化工有限公司,注册资本600万元,染料公司占75%,后增资至1 200万元。

1999年6月14日,组建上海染联劳动服务有限公司,旨在适应染料行业企业调整、安置、分流职工的需要,注册资本50万元,经营范围为劳务合作、输出、咨询服务等。

1999年8月27日,上海染料有限公司化工机械厂改制为股份合作制企业——上海众鑫染料化工机械厂,注册资本50万元,其中企业职工以现金出资35万元,占股70%,在上海染料有限公司化工机械厂原址从事生产、制造、销售化工设备。

2000年7月28日,染料公司所属染料化工十厂投资设立的"上海华元实业总公司"其投资主体变更为染料公司,并同时变更注册资本,从原来的800万元增加到1 843万元。

2000年10月19日,组建上海开腾染料化工有限公司,注册资本300万元,延续原上海染化九厂的商誉、技术、市场、吸收技术骨干、安置职工,进行产品销售贸易及代加工。

2000年10月25日,上海钢桶技术装备研究所转制为上海华工包装容器有限公司,注册资本58万元。该公司由国资控股51.7%,另外由原企业职工出资48.3%。从事包装容器的生产、销售、技术咨询服务。

2001年4月11日,染料公司所属进出口分公司实施改制,在原分公司基础上组建专业从事进出口贸易及业务的外贸公司——上海润虹染料进出口有限公司;公司注册资本600万元;染料公司控股90%,其余由专业人员参股10%。

2001年11月29日,上海染料研究所改制为上海染料研究所有限公司;2002年7月31日,获营业执照,注册资本6 000万元,染料公司控股80%,华谊集团参股5%,上海江南重工股份有限公司参股15%。

四、橡胶行业

【沿革】

1992年7月16日,上海橡胶制品公司在上海市普陀区工商行政管理局注册登记成立。上海橡胶制品公司是由上海橡胶总厂、上海橡胶制品一厂、上海橡胶制品四厂3家全民所有制企业组成的实体性公司,自主经营、自负盈亏、独立核算,实行一个法人的体制,注册资金为3家企业的固定资产和国拨流动资金总和9 397万元,经营范围为主营百货、五金交电、纯碱,兼营化工原料及产品(除危险品),注册地为上海市普陀区真南路151号。

1996年8月12日,上海橡胶制品公司改制为上海橡胶制品有限公司,并完成上海市工商行政管理局注册登记。1998年5月20日,上海橡胶制品有限公司变更和扩大经营范围,包括企业产品及相关技术的出口,企业生产、科研所需的原辅材料、机械设备、仪器仪表、零配件及相关技术的进出口业务、进料加工,"三来一补"(来料加工、来料装配、来样加工和补偿贸易)业务。

2000年11月15日,上海华向橡胶制品有限公司成立,公司注册地在上海市诸陆西路2883号,注册资本500万元,其中华谊集团出资450万元,占公司股比90%;自然人宋庆风等人出资50万元,占公司股比10%。12月5日,在上海市工商行政管理局注册,经营范围为生产加工和销售橡胶制品、胶带、工程橡胶、医用橡胶、塑胶制品、化工原材料(除危险品)及相关技术咨询。2001年3月2日,增加注册资本1 500万元,华谊集团占股比96.67%,自然人经营者群体占股比3.33%。2001年10月,华向公司有经营进出口权,经营范围变更为生产、加工和销售橡胶制品、胶带、工程橡胶、医用橡胶、塑胶制品、化工原材料(除危险品)及相关技术咨询、经营本企业自产和技术的出口业务;经营本企业生产、科研所需的原辅材料、仪器仪表、零配件及技术的进口业务;经营进料加工和"三来一补"业务;自有房屋出租、实业投资。2004年12月,经营者群体退出持股,企发公司以409.6万元收购经营者群体3.33%的股权和华谊集团6.67%股权,华向公司股权结构调整为华谊集团占比90%、企发公司占比10%。2008年2月2日,企发公司退出对华向公司投资,华向公司减少10%注册资金,调整后,华向公司为华谊集团投资的全资企业。

2001年1月5日,华谊集团决定,由华向公司托管上海橡胶制品有限公司及所属上海工程橡胶厂、上海世界橡胶厂、上海新亚医用橡胶厂有限公司、上海大成橡胶有限公司。2003年1月13日,上海市普陀区人民法院宣告上海橡胶制品有限公司破产。

2007年11月,华谊集团委托双钱集团股份有限公司托管华向公司。2009年7月,华谊集团解除双钱集团托管华向公司,由华谊集团直接管理。2011年12月28日,华谊集团委托企发公司托管华向公司。

【概况】

上海橡胶制品公司(后转制为上海橡胶制品有限公司)成立之初,下属实体性企业有上海橡胶总厂、上海橡胶制品一厂、上海橡胶制品四厂。

上海橡胶总厂坐落在普陀区真南路1550号，占地面积61 798平方米，建筑面积45 705.3平方米，主要生产再生胶、胶管等，产品销往各省市，部分出口至美国、法国、日本等10个国家和中国香港地区。

上海橡胶制品一厂坐落在徐汇区宜山路320号，占地面积20 459平方米，建筑面积25 638平方米，主要生产油封、皮碗、皮膜、胶板、胶布制品、石油机械配件等；主要供国内汽车制造、石油开采等行业配套使用。

上海橡胶制品四厂坐落在杨浦区杨树浦路647号，占地38 763平方米，建筑面积35 452.82平方米，主要生产胶布、救生筏、橡胶模压件、橡胶衬里等，行销各省市，部分出口。

1992年8月25日起，上海世界橡胶厂、上海新亚医用橡胶厂、上海橡胶制品研究所划归上海橡胶制品公司领导和管理。1999年12月26日，上海橡胶制品有限公司组建上海大成橡胶公司。

上海橡胶制品有限公司主要产品有"浦江牌"各类橡胶软管、"金鹿牌"再生胶、"喜喜牌"工程橡胶和橡胶鞋底、"大象牌"橡胶劳防用品、"自力牌"橡胶骨架油封、O型密封圈、汽车橡胶配件、橡胶平板、"海燕牌"胶布系列产品、救生筏、"亚字牌"医用橡胶制品、"上世牌"复印机胶辊、冶金橡胶胶辊等1 000多种规格品种。公司开发的汽车动力转向系统胶管、地铁用橡胶轨枕垫、小红旗橡胶后视镜护套、新型钢边止水带等新产品均有一定的市场。胶管、工程橡胶、橡胶密封制品、胶布系列产品、救生筏、橡胶鞋底、胶塞、胶辊等获国家银质奖以及化工部、上海市优质产品等称号。

上海橡胶制品有限公司是中国汽车胶管生产起步较早的企业之一，先后研制开发批量供应汽车胶管中冷却、输油、输气、驱动、控制、冷暖、刹车7个系列中前6个系列的部分产品，被上海大众、一汽大众、南京依维柯、神龙富康、上海德尔福、上海联谊工贸、上海汽车配件厂等厂家定为胶管国产化配套单位，产品有一定的市场占有率。20世纪90年代末，产品配套在上海大众占60%；一汽大众冷却水管占50%以上、油管占100%；其他汽车制造企业也占50%以上的。

华向公司先后从上海橡胶制品有限公司受让价值2 520万元的固定资产（设备）、价值为740.94万元的房产、价值为5.5万元的商标。

华向公司成立之后，以公司的橡胶履带项目和上海橡胶制品一厂的产品为主体，建立华向公司智亿工程橡胶分公司，并相继组建多家多元投资公司。华向公司拥有控股子公司10个：上海尚翔汽车胶管有限公司、上海华瑞橡胶制品有限公司、上海华向劳动服务有限公司、上海普田橡胶制品有限公司、上海华向橡胶履带有限公司、上海华向工程橡胶有限公司、上海华向世家橡胶有限公司、上海华向实芯轮胎有限公司、上海华向大成橡塑有限公司、上海普惠橡胶制品有限公司。为加强下岗和退休等人员的管理，华向公司于2004年4月23日成立上海保尔劳动服务有限公司。

截至2008年年底，经过股权的变更，华向公司所属全资子公司有上海尚翔汽车胶管有限公司、上海华瑞橡胶制品有限公司、上海新亚医用橡胶厂有限公司、上海精化医用橡胶厂有限公司、上海华向劳动服务有限公司、上海华向实业有限公司。

华向公司主要产品有各类橡胶软管、胶板（卷材、运输带），橡胶密封制品，汽车橡胶配件，石油开采橡胶配件，铁道、机车橡胶配件，工程橡胶制品，医用橡胶制，胶黏剂、胶黏带、硅、氟等特种橡胶制品等1 000余种产品。其中汽车橡胶类的产品有以汽车发动机冷却胶管、燃油胶管、动力转向胶管为主的汽车胶管以及用于汽车及轨道交通的橡胶密封制品。

华向公司的9、16、25、32汽车多通道冷却水橡胶软管产品，被列入2002年度国家级重点新产品试产计划。

2008—2011年，华向公司主要产品产量情况见下表：

表5-2-5 2008—2011年华向公司主要产品产量情况表

产量\年份 产品	2008	2009	2010	2011	合 计
汽车管带（万根）	606	835	1 140	1 155	3 736
胶管总成（万套）	9.30	10.52	4.33	12.31	36.46
汽车地毯（万片）	33	44	34	12	123
工业零件制品（万只）	576	563	116	8.35	1 263.35

华向公司拥有的商标："华向牌"，注册于2005年4月，主要用于非金属软管、橡胶减震缓冲器、密封环、垫片等，是全国橡胶板、管、带、制品行业著名商标。"浦江牌"最早使用于1954年2月，2001年8月受让，用于所有橡胶制品，产品多次在中国和上海市的奖项评比中获奖。"双工牌"最早使用于1960年，注册于1988年1月，用于橡胶平板等产品；其中"双工牌"汽车液压制动橡胶皮碗为化工部优质产品。"自力牌"最早使用于1960年5月，注册于1988年1月，受让于2001年8月，用于橡胶密封件等产品，产品多次在中国和上海市的奖项评比中获奖。"海燕牌"用于救生筏、医疗布、水泥集装袋、氧气袋等产品，注册于1981年，受让于2004年7月，产品多次在中国和上海市的奖项评比中获奖。"喜喜牌"中的"喜喜1"注册于1998年4月，受让于2003年11月；"喜喜2"注册于1991年6月，受让于2003年1月，皆用于皮鞋底等橡胶制品，产品多次在上海市的奖项评比中获奖。"上世牌"使用于1974年，注册于1992年，受让于2002年5月，主要用于工业胶辊、橡胶护舷等，产品多次在中国和上海市的奖项评比中获奖。"三八牌"使用于1981年，注册于1997年6月，受让于2001年8月，主要用于鞋、鞋底、鞋跟等。"大象牌"使用于1970年，注册于1987年3月，受让于2003年11月，主要用于工业橡胶制品、工程橡胶制品、各种橡胶配件、特种橡胶制品。

华向公司是上海大众汽车公司、一汽大众汽车公司、上海通用汽车公司指定供应商，是铁道部（轨道、车辆）、石油部（石油机械）、国防科工委（非金属研制）配套的定点单位，相关产品被认定为全国橡胶板、管、带制业著名品牌，"浦江牌"商标、产品被评为上海市名牌。

【销售收入与经济效益】

1991年，上海橡胶制品有限公司销售收入22 246.87万元，利润总额1 335.98万元。2001年，销售收入3 286.85万元，利润总额-1 036.01万元。

表5-2-6 1991—2001年上海橡胶制品有限公司经济指标情况表　　　单位：万元

年　　份	销　售　收　入	利　润　总　额
1991	22 246.87	1 335.98
1992	22 852.89	665.85
1993	29 399.00	2 173.00
1994	25 721.57	4 598.47

〔续表〕

年　份	销　售　收　入	利　润　总　额
1995	26 884.66	2 912.52
1996	19 864.78	4 700.10
1997	22 452.11	309.68
1998	18 218.36	4 420.92
1999	18 782.16	4 142.92
2000	19 800.00	－1 794.00
2001	3 286.85	－1 036.01

华向公司成立以来,注重新品研制,申请和授权多项专利,其中包括发明专利和实用新型专利,如涡扇发动机风叶片用橡胶阻尼块和医用或药用橡胶塞的清洗处理装置等。

2000年,华向公司开发项目2VQS冷却水管塞25项,其中为上海大众第三代车辆"帕萨特"配套供货的6个规格品种达到B5轿车的配套技术要求。

华向公司和有关单位联合对明珠线轨道进行改进设计,采用支承块承轨台式无碴轨道结构、PD3型钢轨、WJ-2型扣件、全线铺无缝线路,以降低轨道交通的震动和噪音。在轨道结构改进设计项目中,华向公司主要承担轨下橡胶垫板、轨下复合垫板、铁垫板下橡胶垫板橡胶部分的设计与制作,最终研制开发出列入上海市经委103项新型的减震降噪橡胶垫板。2003年4月,经中华人民共和国知识产权局鉴定,给予"该产品达到国内领先水平"的评语。

2007—2008年,华向公司为上海磁浮交通发展有限公司提供高速磁悬浮列车的复合橡胶密封条、橡胶基密封件、阻尼件等高速列车非金属配套产品。

表5-2-7　2001—2011年华向公司经济指标情况表　　　　　　　　　　　　　单位:万元

年　份	销　售　收　入	利　润　总　额
2001	9 075.00	104.00
2002	17 886.00	1 099.00
2003	16 775.00	1 392.00
2004	1 153.78	13.36
2005	18 926.00	751.48
2006	20 836.00	1 109.00
2007	28 500.00	631.33
2008	21 353.00	37.58
2009	12 003.88	－1 166.74
2010	13 254.00	35.00
2011	12 270.00	194.62

【规划布局调整】

1998年5月19日,上海新亚医用橡胶厂改制为上海新亚医用橡胶厂有限公司,注册资本576.82万元。出资比例及出资方式:上海橡胶制品有限公司占注册资本的79.5%(净资产额出资),上海市青浦县练塘镇工业公司占注册资本的10.4%(现金出资),自然人占注册资本的10.1%(现金出资)。

1999年12月6日,上海橡胶制品四厂改制为上海橡胶制品四厂有限公司,上海橡胶制品有限公司出资1 055.66万元,占股比94.96%;上海橡胶制品研究所出资56万元,占股比5.04%。

2001年,华向公司投资组建上海尚翔汽车胶管有限公司、上海华瑞橡胶制品有限公司、上海华向劳动服务有限公司等多元投资公司,自然人(经营者)出资持股,建立符合《公司法》要求的有限责任公司,相继组建多元投资的上海华向世家橡胶有限公司、上海华向实芯轮胎有限公司、上海华向大成橡塑有限公司等企业。

2003年8月1日起,华向公司布局桃浦基地以汽车胶管为重点产品,带动特种胶管生产,成为中国汽车胶管生产的核心基地之一;徐泾基地以模压橡胶制品、汽车橡胶配件为主,带动橡胶皮膜、轨道交通减震垫、石油配件生产,成为中国橡胶密封件制品的重要基地之一;练塘基地以医用、药用胶塞为主,带动医疗护理用品、保健产品,成为中国医用橡胶制品的重要基地之一。

五、试剂行业

【沿革】

上海试剂总厂成立于1965年10月,系化工局的直属企业。1971年7月,上海试剂总厂撤销,改为上海试剂一厂。下属各分厂分别改名为上海试剂二厂、上海试剂三厂、上海试剂四厂、上海试剂五厂和上海安源玻璃厂,隶属上海市化学原料工业公司。上海试剂一厂坐落在上海普陀区光复西路2549号,占地面积11.9万平方米,建筑面积66 197平方米。

1980年11月6日,上海化学试剂总厂成立。试剂总厂由上海试剂一厂、上海试剂二厂、上海试剂三厂、上海试剂四厂、上海试剂五厂、上海安源玻璃厂和上海化学试剂研究所7家单位组成。试剂总厂设三室五科,实行供、产、销统一经营,独立经济核算,自负盈亏。厂部设在上海市黄浦区福州路107号,隶属化工局。

1983年12月,试剂总厂迁至上海试剂一厂,采取两块牌子、一套班子办公及管理形式。试剂总厂对下属单位进行供、产、销综合平衡,负责全行业新产品开发、新产品技术鉴定、技术改造项目的审查以及产品质量的审查。

1992年8月,试剂总厂组建为经济实体性的企业,下设六个分支机构:上海试剂一厂、上海试剂二厂、上海试剂三厂、上海试剂四厂、上海安源玻璃厂、上海化学试剂研究所(简称"五厂一所")。试剂总厂是全民所有制经济实体,隶属于化工局;是自主经营、独立核算、自负盈亏,责、权、利统一的、承担民事责任的企业法人;地址位于上海浦东峨山路180弄15号。

1992年12月4日,为保留上海化学试剂研究所的事业单位性质,化工局同意上海化学试剂研究所不进入实体性总厂,其领导关系及事业单位性质,仍保持不变。

1997年7月26日,华谊集团和上海东方国际(集团)有限公司出资组建上海化学试剂有限公司。其中华谊集团投资5 678.55万元,占投资比例的90%;上海东方国际(集团)有限公司投资

630.95万元,占投资比例的10％。试剂公司为华谊集团二级控股企业。注册地址:上海市普陀区大渡河路188号。

【概况】

上海化学试剂总厂(1997年7月改制为上海化学试剂有限公司)是生产和经营化学试剂、有机化工原料和精细化学品型综合性化工企业,注册商标——"上试牌"。企业生产化学试剂4 800余种,化学试剂有基准试剂、高纯试剂、无机分析试剂、有机分析试剂、色谱试剂、仪分试剂、光学纯试剂、电子工业专用试剂、调酒香料品添加剂、金银化学品、临床诊断生化试剂、指示剂等系列产品。化工产品有醋酐、冰醋酸、醋酸乙酯、季戊四醇、苯二甲酸二辛酯、偶氮丁腈、磷酸三丁酯、三醋酸甘油酯等,为农业、化工、轻工、医药、电子工业、军工、航天技术等领域的科研和生产提供基础材料和功能材料。

"上试牌"产品在全国处于领先地位,服务于工业、农业、国防、科研等领域。其中工业级醋酐和21种"上试牌"集成电路专用试剂获国家银质奖,86种化学试剂得到化工部或上海市优质产品称号,醋酸乙酯获化工部、上海市、上海市化工局三级出口优质产品称号。

2010年之前,试剂公司有50多家企业,其中正常经营公司有27家。对外投资企业有56家。

1993年12月—1998年12月,试剂总厂先后撤销总厂所属的精细化工厂、动力和生产调度科,组建试剂总厂有机化工厂,对上海试剂二厂、上海试剂三厂、上海试剂四厂进行改制,分别组建多元投资的有限责任公司。同时保留上海试剂一厂,上海安源玻璃厂及各经营贸易公司。

1993年12月10日,由试剂总厂精细化工厂改制的试剂总厂有机化工厂(试剂总厂所属二级法人单位)组建成立。有机化工厂主营化学试剂、有机化学品、无机化学品、催化剂、添加剂和黏合剂、日用化学品、微电子化学品、精细化学品;采取独立核算,自负盈亏的核算方式;厂址位于上海市普陀区光复西路2549号。

1997年2月17日,试剂总厂被认定为化工行业133家大型企业中的一家企业。12月26日,由上海试剂四厂改制的上海试四赫维化工有限公司成立大会在上海宝隆宾馆召开;试四赫维公司是由上海化学试剂有限公司、上海赫维高科技实业公司和上海试剂四厂员工持股会三方共同出资组建的多元投资有限责任公司,注册资本828.8万元;试四赫维公司本部位于上海市宝山区泰和路1004号。

1998年12月28日,为加快IDA、DCAC等医药、农药中间体新产品开发与生产,由上海试剂三厂改制的上海三爱思试剂有限公司成立;该公司是由上海试剂三厂和浙江临安壮大化工有限公司出资组建。

1998年12月28日,由上海试剂二厂改制的上海恒信化学试剂有限公司成立。该公司由试剂公司、上海荣恒国际贸易有限公司、上海试剂二厂经营者群体三方出资组建。上海恒信化学试剂有限公司主要生产化学试剂、精细化工、医药中间体。钴、铋、镍、锂等无机盐类是该公司的特色产品;糖类系列有机产品则是该公司的传统产品。

【销售收入与经济效益】

1991年,试剂公司销售收入27 342.2万元,利润总额2 340.9万元。2000年,销售收入27 347.4万元,利润总额14.7万元。

表5-2-8　1991—2000年试剂公司主要经济指标情况表　　　　　　　　　单位：万元

年　份	单　位	工业总产值	销售收入	利润总额
1991	试剂一厂	31 850.70	27 342.20	2 340.90
1992	试剂一厂	32 852.50	27 132.00	1 317.10
1993	试剂总厂	37 790.40	23 818.90	106.20
1994	试剂总厂	37 407.50	32 944.50	28.80
1995	试剂总厂	40 303.30	44 269.80	2.10
1996	试剂公司	46 789.00	35 589.80	10.10
1997	试剂公司	52 939.90	35 613.50	61.00
1998	试剂公司	39 698.70	33 333.80	8.10
1999	试剂公司	13 495.50	28 495.20	−2 017.00
2000	试剂公司	12 957.00	27 347.40	14.70

为贯彻上海城市建设布局规划及苏州河整治，配合产业结构大调整，加快落实"三废"治理、优化城市环境，试剂公司历时11个月，开展人员分流安置、危险化学品转移及厂房和职工集体宿舍搬迁等，完成企业11.33万平方米的搬迁。2012年9月，上海市普陀区政府和上海电视台在试剂总厂原址对该企业完成企业搬迁的经历及过程进行视频采访报道。

试剂公司的调整及破产，解决历史负债5 131.2万元，其中核销金融机构滞呆、坏账109.51万元，解决欠税913.1万元。

【规划布局调整】

2001年5月，试剂公司年产1.5万吨的醋酸乙酯生产装置通过上海产权交易所，以有偿转让的方式整体转让给上海吴泾化工有限公司。

为消除城市安全隐患，优化资源配置和产业布局，加快推进危险化学品企业结构调整，确保2010上海世博会期间城市安全，试剂公司所属上海恒信化学试剂有限公司、上海试剂一厂和上海深试仓储有限公司均属《上海市产业结构调整协调推进工作责任书》签订范围内的重点危险化学品调整单位(项目)。企发公司分别于2008年11月、2009年7月和2009年11月对上海恒信化学试剂有限公司(民晏路53号)、上海试剂一厂(军工路2588号)和上海深试仓储有限公司(华江公路1260弄50号)实施停业、关闭调整，调整涉及职工数232人。

六、化肥行业

【沿革】

1989年5月5日，上海青浦化工厂、上海南汇化工厂、上海嘉定化肥厂、上海崇明化肥厂、上海奉贤化肥厂、上海金山化肥厂、上海浦东化工厂、上海川沙化工厂、上海松江化工厂、上海吴淞化肥厂、上海化肥联合服务部11家化肥企业组建上海化肥联合公司。

1992年5月15日，上海化肥联合公司下属五个厂被划分为大中型企业，其中上海吴淞化肥厂为大二型企业，上海青浦化工厂为中一型企业，上海嘉定化肥厂为中二型企业，上海南汇化工厂为中二型企业，上海浦东化工厂为中二型企业。

1992年7月30日，上海川沙化工厂与上海胶带股份有限公司联合。

1992年12月25日，吴淞化工厂、吴淞化肥厂合并组建上海吴淞化工总厂。

1993年1月15日，上海吴淞化肥厂变更为上海吴淞化工总厂吴淞化肥厂。

1993年3月20日，上海青浦化工厂进入上海太平洋化工(集团)公司，更名为上海太平洋化工(集团)公司青浦化工有限公司。

1994年3月15日，上海川沙化工厂退出上海胶带股份有限公司，进入上海化肥联合公司。

上海11家小化肥企业分别隶属于上海化肥联合公司、上海吴淞化工总厂、上海太平洋(集团)公司、上海胶带股份有限公司4家公司。

1997年5月20日，上海化肥联合公司、上海吴淞化工总厂联合改制为上海中远化工有限公司。

1997年11月，上海金山化肥厂、上海松江化工厂停产后划归中远公司属下的吴淞化工总厂，进入破产序列。

1999年2月，上海青浦化工有限公司划归中远公司。

1999年3月22日，上海化肥联合公司浦东公司改制为上海中远化肥销售有限公司。

1999年11月，上海嘉定化肥厂停产。2001年9月，上海川沙化工厂停产。2002年10月，上海崇明化肥厂停产。至此，处于全面停产状态的上海小化肥企业有6家。

2001年9月，上海川沙化工厂关停。2002年6月3日，上海川沙化工厂由上海中钾钾盐工程技术发展有限公司整体兼并。

2003年6月，上海青浦化工有限公司、上海南汇化工厂、上海奉贤化肥厂3家企业停产。

2005年12月，上海9家小化肥企业全部歇业。

2008年9月，上海中远化工有限公司吴淞合成氨厂(原上海吴淞化肥厂)生产装置全部关闭，上海小化肥企业60年生产历史退出上海工业行业。

上海吴泾化工有限公司前身是一家生产化肥和基础化工原料的国营全民所有制企业，建于1958年，初名上海氮肥厂。1958年8月，更名为上海吴泾化工厂。1990年1月，上海吴泾化工厂与上海天山塑料厂合并，改名为上海吴泾化工总厂。1992年8月18日，上海太平洋化工(集团)公司挂牌成立，该公司下属上海吴泾化工总厂、上海焦化总厂、上海溶剂厂、上海合成树脂研究所(简称"三厂一所")取消法人资格(属独立核算)。1999年5月，改制为上海吴泾化工有限公司，"三厂一所"恢复法人资格。2000年6月2日，吴泾公司与中国华融资产管理公司等3家资产管理公司签订《债转股协议》，吴泾公司6.2亿元的债务转为股权。2001年12月，债转股后由4个股东组成，其中华谊集团投资60 037.47万元，占49.01%；中国华融资产管理公司投资51 962.99万元，占42.42%，东方资产管理公司投资6 299.6万元，占5.14%；中国建设银行股份有限公司投资4 210.13万元，占3.44%。

至2013年年底，中国华融资产管理公司将所持有的51 962.99万元投资全部转让给华谊集团，公司股东及持股情况为：华谊集团投资116 210.61万元，占94.86%；中国东方资产管理公司投资6 299.6万元占5.14%。

【概况】

1991年1月—1996年5月，上海小化肥行业以上海化肥联合公司为主体，有上海吴淞化肥厂、上海青浦化工厂、上海嘉定化肥厂、上海浦东化工厂、上海奉贤化肥厂、上海崇明化肥厂、上海川沙化工厂、上海松江化工厂、上海金山化肥厂10家专业生产化肥企业，以及经营性企业上海化肥联合经营部。

1997年6月—2005年12月，上海小化肥行业以中远公司为主体，有上海中远化工有限公司吴淞化肥厂（后更名为上海中远化工有限公司吴淞合成氨厂）、上海嘉定化肥厂、上海青浦化工有限公司、上海浦东化工厂、上海奉贤化肥厂、上海南汇化工厂、上海崇明化肥厂、上海川沙化工厂、上海松江化工厂（后更名为上海吴淞化工总厂松江化工厂）、上海金山化肥厂（后更名为上海吴淞化工总厂金山化肥厂）10家专业生产化肥企业，以及经营性企业上海中远化肥销售有限公司（1999年1月挂牌成立）。

1991年1月—1997年5月，上海小化肥行业办公地址位于上海市黄浦区福州路107号。1997年6月—2005年12月迁至上海市长江西路1001号。上海小化肥行业的主要产品包括：碳铵、普钙、氯化铵、磷酸一铵，此外还生产纯碱、双氧水、工业氯化铵、硝酸、甲醇、碳酸丙烯酯、脂肪醇、城镇煤气等。上海小化肥企业占地面积738 183.89平方米、建筑面积277 999平方米、固定资产原值（2002年除吴淞化肥厂外）29 152.9万元、固定资产净值（2002年除吴淞化肥厂外）15 312.43万元。

吴泾公司注册地址为上海市闵行区龙吴路4600号。1991年，吴泾公司主要产品为化学肥料和基本化工原料两类，其中化学肥料类产品合成氨产能40万吨/年、尿素为40万吨/年。

【销售收入与经济效益】

1992年，上海化肥联合公司完成工业总产值37 830.1万元，合成氨产量195 582吨、纯碱36 704吨、硝酸1 959吨、碳铵720 056吨、氮肥（折100%）121 867吨、磷肥14 825吨；完成利润831.31万元，销售收入34 924.77万元。2000年，中远公司完成工业总产值44 163.3万元，合成氨产量216 239吨、纯碱41 780吨、硝酸22 227吨、碳铵683 570吨、甲醇4 525吨、脂肪醇1万吨、氯化铵35 261吨；销售收入38 445万元，利润－639万元。

表5-2-9　2001年和2005年华谊集团小化肥企业整体退出及指标改善情况表

内　　容	调整前（2001年）	调整后（2005年）	倍　　数
每年减煤耗量（万吨）	54.90	3.80	14.50
每年节优惠电（亿度）	3.00	0.75	4
吨煤产出率（元/吨）	58.20	2 658.00	45.67
单位产品消耗（标准煤/吨氨）	2.26	1.82	1.24
单位土地产出率提高（万元/平方米）	0.04	0.34	8.5

【规划布局调整】

2003年4月起，华谊集团所属中远公司下属金山、松江、嘉定、浦东、崇明、吴淞化肥厂相继关闭。2003年6月底前，小化肥企业全面停止生产。2004年6月底，完成整个行业调整工作。2005年5月，吴淞化工总厂计划内破产。小化肥行业整体调整退出。

1997年，吴泾公司新系统合成氨和尿素装置生产成本大幅上升而被迫长期停产退出。1999年

12月，吴泾公司国产30万吨/年大型化肥装置报废。2007年8月26日，吴泾公司12万吨/年合成氨装置关停，与合成氨相关的16万吨/年尿素、氨水等产品也实施关停。

七、化工装备行业

【沿革】

1958年，化工装备行业建立上海化工机修厂、工程安装队和土建队。

1975年11月，成立上海市化工修建安装公司（1982年6月更名为上海市化工装备工业公司），公司坐落在黄浦区汉口路110号。1981年年初，公司迁至上海市黄浦区新闸路126号，下属单位有8家企业、3家施工单位、1家研究所。

1986年12月，上海市化工装备工业公司撤销，原公司所属各单位按其专业分别归口化工局设备处、基建处管理。是年，成立化工局化工装备行业基层工作处。1990年3月，撤销化工局化工装备行业基层工作处，建立中共化工装备行业工作委员会。

1992年7月，由上海化工机械一厂（简称"化机一厂"）、上海化工机械二厂、上海化工机械三厂、上海化工机械四厂、上海江湾化工机械厂、上海化工机泵厂、上海华光金属丝网厂、上海化工工程设备厂和上海市化工装备研究所组建成上海化工装备总厂，总厂地址设在普陀区大渡河路20号化机一厂内。注册资金为原化机一厂注册资金。总厂实行分级管理；化机一厂属非法人单位，作为总厂实体，其余单位保留法人地位。总厂隶属于化工局。

1994年4月，组建上海化工装备实业总公司，地址为新闸路126号，隶属上海化工装备总厂。

1996年8月，由上海化工控股（集团）公司出资，以上海化工装备总厂所属国有企业的全部国有资产改制为上海化工装备有限公司（简称"装备公司"）。公司母体由上海化工装备实业总公司、上海化工机械三厂、上海化工机械四厂组成，同时化机一厂恢复法人地位，并与上海化工机械二厂、上海江湾化工机械厂成为公司的下属单位，上海市化工装备研究所是装备公司托管单位。

2010年3月，装备公司由企发公司托管，作为壳体的装备公司主要任务就是继续进行调整。

1996年8月，装备公司成立时注册资本为5 032.4万元。2002年4月，华谊集团将大渡河路620号部分地块置换收入扣除应弥补化机一厂土地置换成本后的部分结余作为装备公司的投资，投资金额500万元，装备公司注册资本由原来的5 032.4万元变更为5 532.4万元。是月，装备公司增加钢结构和特种变压器经营范围。2010年11月，装备公司注册资本，由原先5 532.4万元变更为5 557.4万元。

【概况】

装备公司具有50多年的发展历史，主要经营各类化工机械产品及成套装置的设计、制造、安装、仪器仪表、特种工程车辆（凭许可证），经销化工机械产品用原材料、备品备件、钢结构和变压器。主要产品有六大类（压力容器、传热产品、化工后处理设备、橡塑机械、通用机械、环保设备）40个系列和600余个品种，为国内化工、化肥、炼油、石化、冶金、纺织、医药、轻工、核电、工程及生物工程提供各类三类压力容器和机电产品，有国家技术监督局颁发的三类压力容器设计、制造许可证，并取得美国机械工程师协会"ASME"授权证书和U、U2钢印以及"ASME"容器现场制作安装资格。一些产品曾经进入国际市场，如L80凉水塔风机、1吨液氯钢瓶、双金属扎片式翅片管空冷器、气流粉碎机等。

1993—1999年,装备公司先后开发出多种产品,主要有:储运液态二氧化碳的专业低温槽车、石墨换热器、新型预成型扎、钛白粉工程、BEM无污泥污水处理系统、带输送泵的液化石油气(LPG)罐车、高压气体无缝钢瓶式容器罐车、20吨真空粉末绝热液态CO_2半挂罐车、焊接式板式换热器、BB8-B板式换热器、JBL750棒式粉碎机、JCF1000锤式粉碎机、SJSF90双螺杆挤出机、SJSF80双螺杆挤出机、单金属轧片式翅片管、穿片式换热器、SXJ-380、SXJ-200A水力旋流器、管夹阀系列产品、S280-65-32塑料离心泵等。

1996年,装备公司SHJ低温罐车、纤维缠绕玻璃钢管、罐及制品、SJSF58、SJSH70反应、混炼型双螺杆挤出机列入上海市经济委员会新产品试产计划。1998年,装备公司与台湾聚鸿公司合作开发BEM无污泥污水处理系统,该系统适用食品、酿造、畜牧业、水产加工业以及社区、家庭、医院等生活污水的处理。2001年4月,装备公司举办首次产品推介会,展出六大类40个系列数百种产品,并与上海石化股份有限公司、斯曼克公司签订500万元的合同。

装备公司服务华谊集团产业发展,制造上海华胜化工有限公司亚洲最大的氢氯化反应器、焦化公司重点项目低温甲醇洗等设备;为卡博特(中国)投资有限公司制造大型炭黑干燥器、大型列管式触媒氧化反应器,并与涂料公司自主研发制造国内首台2万吨级顺酐反应器。

1993—1999年,强化列干冷凝器获1993年上海市科技进步三等奖;SHJ5160GYQ二氧化碳低温汽车罐车获1995年上海市优秀新产品三等奖;翅片轧机生产线获1995年上海市科技进步三等奖;年产20万吨纯碱装置低温甲醇洗设备被评为1998年度上海市级新产品,并获上海市优秀新产品二等奖;SHJ9420GGQ高压气体无缝瓶式汽车罐车被国家经济委员会认定为2000年度国家级新产品;装备公司获2000年"上海市民营科技百强企业"称号。

【销售收入与经济效益】

1997年,装备公司,销售收入为24 675万元,利润总额为15.6万元。之后几年销售收入基本维持在1.5亿~2.5亿元,利润总额维持在100万~200万元。2001年后的几年里,装备公司经济效益滑坡,出现亏损,其中2001年,利润总额为-877.1万元;2002年,利润总额为-909.3万元;2003年,利润总额为-823.3万元;2004年,利润总额为-849.3万元。2008年之后,装备公司开始新一轮调整,工作重点转入资产清理、人员安置等方面。

上海华元化工技术工程公司是化工部装备总公司管理的单位,1994年8月,装备总厂按照上级要求,代管华元公司党组织工作。

1998年12月,装备公司接收上海市司法局下属上海胜达实业公司、上海胜达实业公司胜达商行、上海胜达超细粉末厂和上海胜达集装箱运输有限公司4家企业。

【规划布局调整】

装备公司所属企业大多地处上海市区,部分产品在加工时对周边产生噪音和环境污染。1993年起,装备公司利用土地级差、市政规划等改变下属企业原址土地使用性质,通过置换,进行产品结构调整,盘活资产存量,原有土地得到有效利用。

1994年2月,上海化工工程设备厂优化原址使用功能,与上海龙升房地产开发经营公司在该厂小木桥路251号地块联合建造商住大楼;上海化工工程设备厂全部搬迁到漕宝路6号桥生产基地,改变企业在简陋危险房屋生产局面。

1994年4月,上海化工机械二厂根据北宝兴路地区的城市规划,改变二地使用性质,部分用于虹口区同心地区的道路开发建设，部分用于建造商品住宅楼，企业全部搬迁到宝山区刘行镇归王村。

1995年，上海化工机械四厂将新闸路126号底层及二楼裙房置换给上海牯岭路信用社；2006年，上海化工机械四厂搬迁到松江县洞泾镇，原有产品转移至新厂区，并大力发展智能化仪器和设备，解决产品在加工生产过程中所产生的噪音给周围居民带来的影响。

1997年2月，上海化工机械三厂与上海化工装备房地产经营公司联合在虹桥路303号（现为广元西路309号）上海化工机械三厂原址建造乾辰商办楼及商品住宅楼，原金工车间迁往闵行区梅陇乡行南村，解决企业在生产过程中产生的噪音污染和部分危房问题。

2000年5月，化机一厂大渡河路620号部分土地（4万平方米）置换给上海南方房地产开发经营有限公司。随着普陀区新一轮开发建设，化机一厂地块被普陀区列入开发范围。2005年5月，华谊集团与普陀区签订化机一厂土地（5.53万平方米）出让协议。2007年7月，化机一厂全部搬迁到上海市化学工业区奉贤分区苍工路18号进行生产。

2001年5月，位于昆明路721号的上海化工机泵厂房地产全部转让。

2001年12月，上海江湾化工机械厂土地转让给上海建昌房地产开发经营公司，上海江湾化工机械厂全部迁建到位于闵行区梅陇乡行南村上海化工机械三厂厂区进行生产。

2005年10月，组建上海华谊集团装备工程有限公司（简称"装备工程公司"），装备工程公司以原化机一厂为主体，借化机一厂土地置换、企业搬迁之机，进行战略重组，充分发挥化机一厂在队伍、设备、产品制作和无形资产等方面的优势。在组织结构上，实行两块牌子（装备公司、装备工程公司），一套班子。2006年2月，装备工程公司在上海化学工业区奉贤分区举行基地项目奠基典礼。

2009年2月，上海化工装备有限公司办公地点从新闸路126号化工装备大楼迁至广元西路309号原上海化工机械三厂商务楼。化工装备大楼移交上海华谊集团化工实业有限公司运作，实施整体改造出租。

2009年，装备公司与装备工程公司分开运作。装备公司作为壳体，继续进行资产及债权债务处置和人员分流安置。

八、胶鞋行业

【沿革】

上海橡胶工业在1986年行政性公司撤销后，1991年1月，以上海大中华橡胶五厂、上海胶鞋六厂、上海胶鞋七厂、上海胶鞋研究所为核心，联合组成上海胶鞋公司；公司属全民所有制性质，实行自主经营、自负盈亏，隶属化工局。是月，上海大中华橡胶二厂、上海大中华橡胶三厂、上海大中华橡胶四厂、上海义生橡胶厂划归胶鞋公司领导和管理，但仍保留独立法人地位。至此，胶鞋公司由"7厂1所"组成大型制鞋集团公司。1991年2月，胶鞋公司获上海市工商行政管理局颁发的企业法人营业执照，公司注册资金2 795万元，地址在上海市虹口区武进路440号，经营方式、范围为生产销售胶鞋。2月26日，胶鞋公司在上海宾馆举行揭牌仪式。

1992年5月，胶鞋公司注册地从上海市虹口区武进路440号迁至上海浦东峨山路180弄15号。1994年12月，上海大中华橡胶五厂划出公司核心层，恢复法人地位，仍属胶鞋公司领导。1996年2月，将具有66年和50年历史、长期共用"回力"牌商标的上海胶鞋六厂和上海胶鞋七厂联合组建为上海回力鞋业总厂。11月，胶鞋公司兼并上海义生橡胶厂；同时以上海大中华橡胶四厂全部净资产,以及上海大中华橡胶二厂、上海大中华橡胶三厂、上海大中华橡胶五厂和上海义生橡胶厂的生产资产,组建上海双钱鞋业总厂。1999年9月,上海大中华橡胶二厂、上海大中华橡胶三厂、上海大中华橡胶四厂、上海大中华橡胶五厂和上海义生橡胶厂取消企业法人资格。

2001年,胶鞋公司开始调整清理、股权转让、工商注销、然后进入破产程序;注册地变更为上海市普陀区安远路250号;胶鞋公司破产项目列入2001年全国企业兼并破产计划内。2002年5月,胶鞋公司破产。

【概况】
1991年,胶鞋公司引进外资组建上海虹远鞋业部件模具有限公司。1992年,又引进外资和技术,联办上海朝日橡胶厂。

胶鞋公司主要产品在国际国内拥有"回力""双钱""坚固""三冠"等名牌产品,产品远销欧洲、美洲、非洲、中东、东南亚等几十个国家和中国港澳地区,内销产品遍及全国各地。各厂主要产品分为三大类:适宜雨天或水中作业穿着的全胶鞋(采用热硫化粘贴成型工艺);适宜运动、军用、劳动、生活穿着的布面鞋(采用热硫化粘贴成型工艺、模压底粘贴成型二次硫化工艺);适宜旅游和日常生活穿着的橡塑鞋(采用橡塑材料和冷粘成型工艺)、保暖鞋(采用冷粘缝线工艺)。另外还开发使用无浆沿条先进工艺及鞋面丝网印刷贴花转印、高频烫塑等新技术,并将计算机应用于硫化工序及帮面设计,使产品向中高档发展。

胶鞋公司年产各种胶鞋3 000万双,其中2000年,胶鞋产量1 190万双。该公司所属企业占地面积85 421平方米,建筑面积140 557平方米。1991年年末,全公司在职职工数8 638人。1992年4月,该公司取消核心层上海大中华橡胶五厂、上海胶鞋六厂、上海胶鞋七厂的法人地位,对核心层各厂资产经营实行一体化。胶鞋公司作为一级法人,统一承担实体内企业对国家的经济责任;同时还相继建立双钱房地产经营公司和华泰商贸公司等三产企业。8月,胶鞋公司获自营进出口权;其间,"回力"牌出口系列产品获第21届国际质量银杯奖。"回力"牌系列运动鞋先后获"上海市名牌产品"称号、上海市优秀新产品奖、上海市科技成果奖;"回力"牌马拉松运动鞋在1995年中国体育用品博览会上获优秀体育用品"金凤凰"奖。1997年,"回力"商标再次被认定为上海市著名商标。1999年,"回力"商标被认定为驰名商标。1998年12月,胶鞋公司与回力总厂出资组建上海双钱橡胶有限公司。

【销售收入与经济效益】
胶鞋公司在1991年,实现工业总产值35 212万元,销售收入35 820万元,利润总额2 068万元。1999年,实现工业总产值11 640万元,销售收入22 472万元,利润总额-749万元。2001年,销售收入1 475万元,利润总额-4 997万元。胶鞋公司所属各厂,由于生产车间房屋简陋、拥挤,周围居民住宅密集,并且鞋楦声等噪声扰民;为适应城市建设规划发展的需要,通过优化土地使用功能,利用级差地租效益,调整产品结构,重新安排生产布局。至1994年,胶鞋公司下属"7厂1所"全部生产用地改变使用性质为非工业生产用地,厂房全部或部分建造起商住用房。

【规划布局调整】
2000年4月,组建上海回力鞋业有限公司。该公司注册资本500万元,其中华谊集团出资400万元,占注册资本的80%;经营者群体代表桂成钢等人出资100万元,占公司注册资本的20%。7

月,公司组建上海帮尔劳动服务有限公司,注册资本50万元,其中回力公司出资40万元,占注册资本的80%;上海化工劳动服务有限公司出资10万元,占注册资本的20%;同时,上海胶鞋研究所长宁路1488弄99号房产有偿转让给上海市化学工业技术监督所。

2001年,胶鞋公司组建上海三冠橡胶科技有限公司(简称"三冠公司"),三冠公司注册资本50万元,其中上海胶鞋研究所出资24万元,占注册资本的48%;自然人华根宝等人出资26万元,占注册资本的52%;并且"三冠"商标及上海胶鞋研究所名由该公司有偿使用。是年,该公司获准将上海大中华橡胶二厂长宁路405弄3号的房产有偿转让给上海帮尔劳动服务有限公司,将上海大中华橡胶五厂昆明路1100号的房产有偿转让给回力公司,将上海双钱橡胶有限公司的股权有偿转让给回力公司及佘其虎等3个自然人。2005年,上海胶鞋研究所将经过评估后的"三冠"牌商标,转让给上海帮尔劳动服务有限公司。

第三节　企业结构调整

一、关停并转

【上海塑料工业有限公司所属企业调整】

企业结构调整原因:(1)经济运行质量不佳。塑料公司15家企业有一半亏损,1/3企业略有盈利,余下的企业只是保本。(2)存在大量不实不良资产。截至2003年12月31日,塑料公司不实不良资产审计认定数12 767.21万元。

1997—2013年,塑料公司有8家企业通过破产程序退出塑料行业。1997年,上海中联化工厂成为塑料行业第一家破产企业。2000—2001年,上海塑料助剂厂等3家企业实施破产。2010—2013年,上海赛璐珞厂等4家企业实施破产。

上海中联化工厂破产　上海中联化工厂成立于1941年,主要生产染料及染料中间体、工程塑料聚碳酸酯及光气等化工产品。由于"三废"问题,原在市区西和田路生产的直接染料及中间体于1987年停产,另一主要产品苯酚也于1993年7月停产,全厂生产规模锐减。耗资6 000余万元的开发性技术改造项目双酚A因规模小,原料不配套,生产成本高,被迫下马停建。1994年和1996年,该企业被列入上海市46家国有工业企业解困试点工作单位之一,企业欠职工集资款近300万元无法偿还。截至1997年4月18日,其资产总值4 360万元,负债11 746万元,净资产−7 386万元。1997年1月,企业向法院提出破产申请;7月,上海中联化工厂及其所属三产破产程序终结。

上海塑料助剂厂破产　上海塑料助剂厂由东方化工厂与中华化工厂在1992年合并组建的专业生产塑料助剂的企业。由于产品结构老化,"三废"污染严重,历史包袱沉重,尤其是企业所在地被规划动迁,生产不能正常进行,销售量一减再减,终无力摆脱亏损困难。截至1999年年底,企业资产总额553万元,负债总额2 298万元,所有者权益−1 764万元。2000年1月,企业向法院提出破产申请。2000年10月,上海塑料助剂厂破产程序终结。

上海珊瑚化工厂破产　上海珊瑚化工厂始建于1953年,是具有生产甲基丙烯酸酯类系列产品40多年历史的专业生产企业。企业引进项目巨额贷款,无能力归还贷款;"三废"动迁,造成生产严重萎缩,市场占有率下降,企业经济状况滑坡,企业资不抵债。截至2001年1月23日,企业资产总额2 591万元,负债总额3 443万元,所有者权益−851万元,资产负债率132.87%。2001年2月,企业向法院提出破产申请。2001年8月,上海珊瑚化工厂破产程序终结。

上海赛璐珞厂破产 上海赛璐珞厂是一家国营老厂,主营业务为制造、销售赛璐珞、羧甲基纤维素纳、尼龙系列产品、氯乙酸表面活性剂、聚酰胺浆液、聚酰亚胺、塑料添加剂、工业添加剂、精细化工产品。随着市场经济发展,企业产品结构老化,产品竞争力下降,市场萎缩。生产设备和人员老化,加之缺乏资金、技术和人才的支撑,企业亏损加重。2008年,由于环保原因,企业停止生产经营活动。企业资产总额5万元,负债总额3 097万元,所有者权益-3 092万元,企业严重资不抵债。2010年10月,企业向法院提出破产申请。2011年6月,上海赛璐珞厂破产清算程序终结。

上海曙光化工厂破产 上海曙光化工厂主要经营化学工业原料。由于受市场经济的影响和"三废"环保的制约,生产经营难以为继。1995年年初,基本停产;2002年起,未参加工商年检;2004年10月,被吊销营业执照。截至2010年8月31日,企业资产总额3 253万元,负债总额3 551万元,净资产-298万元,资产负债率109%。2010年10月,企业向法院提出破产申请。2011年11月,上海曙光化工厂破产清算程序终结。

上海联合塑料实业有限公司破产 1988年11月,由上海塑料工业联合公司与香港峻诚有限公司投资设立,其中上海塑料工业联合公司出资60万美元,香港峻诚有限公司出资20万美元,合作期限15年(至2003年11月到期)。公司经营主要由香港峻诚有限公司负责,企业成立后经营业绩差,累计亏损严重。2000年起,香港峻诚有限公司失去联系,企业名存实亡。2012年2月,塑料公司以债权人的身份向法院提出破产申请,法院在审理中发现,企业经营地已无此企业,社保账户中无在册人员和退休人员,企业于2006年4月已被处罚吊销工商营业执照。2012年8月,法院宣告上海联合塑料实业有限公司破产并终结破产程序。

上海工联塑料公司破产 上海工联塑料公司成立于1997年3月,由原上海塑料工业联合公司变更而来,主要经营化工产品和塑料制品和辅助材料和包装材料。由于受市场经济的影响,公司经营难以为继。2000年6月起,基本停止经营;2004年起,未参加工商年检;2006年2月,被工商局吊销营业执照。截至2012年6月30日,企业资产总额1万元,负债总额2 117万元,净资产-2 116万元,严重资不抵债。2012年12月,企业向法院提出破产申请;2013年11月,上海工联塑料公司破产程序终结。

企业划转 2008年5月,塑料公司下属上海新光化工有限公司100%股权、上海上磁塑料容器有限公司100%股权、上海涤纶厂全部产权、上海铝磁贸易有限公司50%股权以2007年12月31日经审计后的报表账面价值作为依据划转给华原公司。

【上海染料有限公司所属企业调整】

上海染料化工厂转让 1982年7月,由上海染料化工十一厂和红旗化工厂合并而建立。1991年7月,为国家大型二档企业,注册资金3 467.1万元。经济性质为国有企业,经营方式为自产自销,经营范围包括染料、化二原料、染料中间体、药用苯酚、液化气钢瓶充装等。上海染料化工厂于2003年12月划归上海涂料有限公司。上海染料化工厂厂址位于上海市闵行区新闵路5号,占地面积19.3万平方米,建筑面积8.06万平方米。1991年,在册职工2 693人,经多次结构调整和人员安置,至2013年年底,在册职工13人。主要开发和生产还原染料、分散染料的鲜艳型品种及涤纶着色、酸性媒介、烟雾等新型染料;年产染料824吨、中间体1 028吨、化工原料23 664吨,产品行销全国,远销日本、朝鲜、韩国和西欧、南美等地。1992年7月,双链牌磺化法苯酚停产。2010年6月,华谊集团产业结构调整,硝酸和染料等产品相继停产。2012年,销售收入3 386万元,利润-275万元。

2004年4月,上海染料化工厂以总价205万元的价格将甲胺装置转让给上海苏鹏实业有限公司。2004年9月7日,上海染料化工厂将拥有双翼实业有限公司89.12%股权中的90%和10%,分别转让给上海华谊集团房地产有限公司和上海华统房产咨询有限公司。

其他下属企业关停并转情况

(1) 破产。1994年7月19日,上海染料化工七厂因资不抵债,向上海市人民法院申请企业破产。11月9日,普陀区人民法院裁定上海染料化工七厂破产。1999年4月7日,上海染料化工五厂以债务人的名义向法院申请企业破产;11月25日,虹口区人民法院裁定上海染料化工五厂终结破产程序。1999年8月20日,上海化工助剂厂因亏损严重,无力清偿到期债务,金山区人民法院裁定上海化工助剂厂破产还债。2010年8月23日,奉贤区人民法院裁定上海华隆化工有限公司破产清算程序终结。2011年3月31日,普陀区人民法院裁定上海华亨化工厂破产程序终结。

(2) 注销。2006年12月至2010年12月,分别注销上海染料有限公司下属参股公司:上海众鑫染料化工机械厂、上海华工包装容器有限公司、上海开腾染料化工有限公司。

(3) 停产。2008年,沪泰有限公司(泰国)和申美染料有限公司(美国)2家中外合资企业清算关闭。1998年1月,上海染料化工机械厂因连续亏损,停止生产。2000年9月,上海三泰染料化工厂停止生产。2001年1月1日,上海化工制桶厂停产。

(4) 兼并。1994年12月16日,上海染料化工四厂被上海焦化总厂兼并。1996年6月9日,上海染料化工三厂与上海染料化工九厂合并,改名为上海三泰染料化工厂。1996年7月10日,上海染料化工八厂兼并上海染料化工一厂。1996年10月30日,上海染料化工厂兼并上海染料化工五厂;后因优惠政策难以落实,该项兼并工作于1998年6月15日撤销。

(5) 转让。1998年4月6日,染料公司原投资在上海化中房地产发展有限公司的权益收归华谊集团。2001年3月16日,染料公司将持有的上海助剂厂有限公司股份的80.13%折合3 692万元全部转让给上海氯碱化工股份有限公司。2003年12月15日,上海三泰染料化工厂划归华谊集团全资子公司上海硫酸厂。2003年12月31日,染料公司所属上海染料化工厂、上海华元实业总公司、上海华亨化工厂划归涂料公司。2004年,染料公司以4 183.8万元价格向涂料公司转让所持有的上海染料研究所有限公司股份。2005年6月6日起,企发公司托管染料公司。2005年10月21日,上海华亨化工厂从涂料公司划归至染料公司。2007年1月29日,染料公司以380.7万元价格向涂料公司转让所持有的上海润虹进出口公司的全部股份。2012年6月26日,染料公司对持有的上海谊昌颜料化工合作公司25.25%的股权实施转让。2013年7月22日,染料公司控股子公司上海大可染料有限公司进入调整,退出生产。染料公司通过一系列的企业关停并转,实现资产、资金、产品的优化整合,卸下企业历史包袱,合法合规处理企业的债权债务,妥善安置企业职工,维护企业和社会稳定。

【上海华向橡胶制品有限公司所属企业调整】

2001年12月30日,上海市普陀区人民法院受理上海橡胶制品四厂有限公司以债务人名义申请企业破产。2002年1月15日,该公司宣告破产。

2002年12月30日,上海市普陀区人民法院受理上海橡胶制品有限公司以债务人名义申请企业破产。2003年1月13日,该公司宣告破产。

华向公司从2012年1月起实施调整,8月全面停产,至2013年12月底,完成调整退出。在这之前,华向公司根据实际情况进行一系列调整。

2010年10月26日、2011年7月29日,上海华向实业有限公司和上海智亿工程橡胶分公司分别工商注销。2012年10月,上海华瑞橡胶制品有限公司、上海华向劳动服务有限公司由华向公司吸收合并;12月底,完成工商注销。

华向公司进入全面调整后,退出军工生产,考虑到军工生产对国防建设的重要性,实行民营化改制;2012年内,完成产品生产有序转移、生产场地平稳移交、人员全部协议解除劳动关系的目标。

2012年12月底,上海华向世界橡胶有限公司全面停止生产,上海尚翔汽车胶管有限公司和上海新亚医用橡胶厂有限公司也随着华向公司的调整停止生产,这3家企业2013年年底都处于停业清理阶段。

2007年12月—2012年4月,华向公司通过上海联合产权交易所分别将其拥有的上海华向大成橡塑有限公司、上海华向实芯轮胎有限公司和上海精化医用橡胶厂有限公司、上海华向橡胶履带有限公司、上海普惥橡胶制品有限公司等企业的全部股权挂牌转让。2004年3月至2008年7月,华向公司分别退出在上海菅田橡胶制品有限公司、上海保尔劳动服务有限公司和十堰申飞公司的投资。

【上海化学试剂有限公司】

由于观念机制落后以及诸多的因素,企业生产的产品跟不上社会的发展变化,产品价格在市场竞争缺乏优势,经济效益连年滑坡,现金流量枯竭,试剂公司2004年起全面停止生产经营活动,进入全面调整阶段。

2005年9月,试剂公司历经11个月,完成企业11.33万平方米地块的让地搬迁。

2007年11月21日,企发公司托管试剂公司。

破产及注销登记 2011年,试剂公司股东会决议,向企业上级主管单位企发公司和华谊集团提出申请,实施破产。

2011年6月底,试剂公司向上海市杨浦区人民法院提出破产申请;8月15日,上海市杨浦区人民法院裁定试剂公司进入破产清算程序,由试剂公司破产清算组开展对债务人的破产清算工作;11月24日,试剂公司破产终结;2012年7月18日,上海市工商管理局普陀分局准予试剂公司注销。

【上海中远化工有限公司所属企业调整】

关停转让 2000年10月25日,中远公司电石分厂停产,关闭上海吴淞化工总厂(含上海勤工化工厂、上海市嘉定化肥厂、上海松江化肥厂、上海金山化肥厂)。

2000年12月31日,上海勤工化工厂生产装置关闭、停产,土地出售给上海第一钢铁厂;企发公司受让金山土地,上海勤工化工厂及其三产售给企业经营者群体。

2001年2月13日,上海吴淞化工总厂TDI分厂生产线和上海吴淞化工总厂浦江化工厂关闭停产。

2001年8月10日,中远公司电石分厂电石车间生产线关停。电石生产装置由中远公司自行处理。

2001年12月26日,中远公司第二届董事会临时会议决议,同意将中远公司所拥有的TDI光气生产装置资产有偿转让给上海爱生比益化工有限公司。2002年4月20日,上海吴淞化工总厂将部分TDI生产装置转让给山东巨力异氰酸酯有限公司。

2002年12月31日,中远公司吴淞化肥厂碳铵生产装置关闭,停产;吴淞化肥厂碳铵生产装置由中远公司自行处理。

小化肥行业整体调整关停退出 2003年6月底前,华谊集团小化肥企业全面停止生产;2004年上半年,完成小化肥行业调整工作。2005年年底,完成小化肥行业整体退出所涉及员工的分流安置、资产处置、企业销号等工作。

1997年11月,上海金山化肥厂关停;计划内破产,金山土地委托上海国际拍卖公司公开拍卖,华谊集团受让上海吴淞化工总厂7.8万平方米土地。

1997年11月,上海松江化工厂关停。计划内破产,土地出售给上海华谊集团化工实业有限公司。

1998年11月,上海市嘉定化肥厂关停;计划外破产,土地出售给上海华谊集团化工实业有限公司。

2001年9月,上海川沙化工厂关停。2002年6月3日,上海川沙化工厂由上海中钾钾盐工程技术发展有限公司整体兼并。2005年,上海川沙化工厂(含土地)出售给上海海申集团有限公司(改名为上海瑞衢企业发展有限公司)。

2001年11月,上海浦东化工厂关停。2003年9月23日,上海浦东化工厂提出计划外破产,上海杨浦区法院受理,清偿率为零,土地由浦东新区政府收购。

2002年10月,上海崇明化肥厂关停。2005年4月27日,上海崇明化肥厂计划外破产,崇明县法院受理,清偿率为零,土地出售给上海海申集团有限公司。

2003年6月,上海奉贤化肥厂关停。2005年,上海奉贤化肥厂出售给上海奉贤瑞新化肥有限公司。

2003年6月,上海青浦化工厂关停。2005年,上海青浦化工厂(含土地)出售给上海翔山实业有限公司。

2003年6月,上海南汇化工厂关停。2005年,上海南汇化工厂歇业关闭,土地未列入企业资产,由中远公司直接出售给上海市住宅中心。

2003年11月17日,中远公司对上海小化肥行业下的9家企业(上海青浦化工厂、上海南汇化工厂、上海市嘉定化肥厂、上海崇明化肥厂、上海奉贤化肥厂、上海金山化肥厂、上海浦东化工厂、上海川沙化工厂、上海松江化工厂)进行关停确认。

吴淞地区化工企业关停或转让 2005年3月6日,为实施吴淞基地战略转型,中远公司将所持有的上海比欧西气体工业有限公司50%股权转让给英国比欧西集团有限公司。

2005年6月21日,上海市杨浦区人民法院宣告上海吴淞化工总厂(含上海勤工化工厂、TDI分厂、浦江化工厂)破产,土地由中远公司收回。

2005年9月30日前,关停中远公司吴淞化肥厂硝酸生产线,吴淞化肥厂硝酸生产装置由中远公司自行处理。

2005年10月31日,上海爱生比益化工有限公司生产装置停产;职工安置后,由中远公司收购外方股权,自行处理土地和债权债务。

2008年9月25日,中远公司合成氨厂(50年小化肥生产历史)生产装置停产、关闭。

2008年9月25日,上海虹光化工厂有限公司生产装置停产、关闭。2009年11月18日,中远公司将持有的上海虹光化工厂有限公司100%股权对外公开挂牌转让,被个人收购。

2008年9月25日,上海远大过氧化物有限公司生产装置停产、关闭。2009年5月11日,中远公司收购香港胜利太平洋有限公司持有的上海远大过氧化物有限公司25%股权;9月22日,中远公司出售上海远大过氧化物有限公司1号、2号双氧水生产装置,员工分流安置后,由于土地原因,企业壳体保留。

上海中乐油脂化工有限公司是1998年上海市嘉定化肥厂停产后,以其脂肪醇车间厂房设备为主体,由中远公司出资51%,全体职工出资49%组建的生产自救性企业。2008年12月12日,中远公司合成氨厂区域内装置停产,导致上海中乐油脂化工有限公司生产装置停产。2009年7月6日,中远公司收购上海双乐油脂化工有限公司49.33%股权(实际出资额74万元)。

2010年,中远公司完成收购职工股份,进行人员安置,资产清理出售。

2013年3月24日,上海松柏气体有限公司生产装置停产、关闭;4月30日,上海松柏气体有限责任公司退出生产运行;11月14日,中远公司以1800万元的价格收购上海松柏科技有限公司持有的上海松柏气体工业有限公司50%股权,员工安置后,设备资产出售清理。

2013年12月30日,中远公司氧气厂生产装置全面停产、关闭。

【上海化工装备有限公司所属企业调整】

1992年,化工装备行业所属企业有"8厂1所"9家单位,由于历史包袱及负债重,设备老化,装备运行能力低,产品竞争激烈,经济运行质量不佳;一些企业亏损,有的资不抵债,有的经济效益逐年下滑,仅部分企业略有盈利或保本;1995年起,逐步进行企业调整和整合。

企业兼并

(1)上海化工机泵厂被兼并。上海化工机泵厂位于上海市杨浦区昆明路721号,系全民所有制小型企业,主要生产工业泵和空气压缩机以及化工设备、备品备件等。由于市场萎缩,销售疲软,导致亏损严重,资不抵债,债台高筑,无力偿还到期债务。1996年8月,被上海化工机械四厂兼并。

(2)上海华光金属丝网厂被兼并。上海华光金属丝网厂位于上海市徐汇区龙吴路1583号,系全民所有制小型企业,主要生产各种不同材质的金属丝网,各种规格的金属丝网填料及红外线取暖器等。由于产品老化,负债及负担过重等原因,导致企业连年亏损。1996年4月,被上海化工机械三厂兼并。

(3)上海化工工程设备厂被兼并。上海化工工程设备厂企业效益逐年滑坡,加之企业联营纠纷不断,导致企业负债沉重,资不抵债。1995年7月,被上海化工装备总厂所属上海化工装备实业总公司兼并。

(4)上海化工机械二厂被兼并。上海化工机械二厂是装备公司全资子公司,其优质资产已改制为上海尔华杰机电装备制造有限公司,属壳体企业,被列入华谊集团企业清理范围。2013年11月,被装备公司吸收合并。

关停退出

(1)上海化工机械三厂关停退出。2003年,上海化工机械三厂实行分厂制,按产品建立粉碎、特种变压器、金属丝网分厂。2007—2008年,由于产品老化和环保等因素,金属丝网、特种变压器分厂相继整体调整退出;粉碎分厂改制为上海细创粉体装备有限公司。2011年2月,上海细创粉体装备有限公司整体改制退出。

(2)上海化工机械四厂关停退出。上海化工机械四厂产品结构老化,面对竞争激烈的市场,企业处于亏损状态。2004年年底,企业全面停产。2005年,装备公司对该企业实施调整退出。

(3)上海江湾化工机械厂关停退出。上海江湾化工机械厂在1998年之后,空冷器市场价格竞争激烈,竞争对手增加,加之产品单一,新品甚少,该厂销售收入逐年下降,企业亏损。2001年,该厂土地置换。2009年1月,实施整体改制退出。

改制划转

(1)划转。2008年9月,上海尔华杰机电装备制造有限公司划归实业公司管理。

(2)改制。上海市化工装备研究所属于华谊集团非核心产业,被列入退出范围。2009年,实施整体改制。

破产

上海力达化工起重安装工程公司经济效益连年滑坡,企业长期处于亏损状态。2006年,公司停止生产经营。截至2013年10月30日,上海力达化工起重安装工程公司资产总额151万元,负债总额692万元,所有者权益-541万元,资产负债率458%;装备公司以债权人身份向法院提出该公司破产申请。2014年6月,徐汇区人民法院裁定,终结上海力达化工起重安装工程公司破产程序。

【上海胶鞋公司与上海回力鞋业总厂所属企业调整】

面对市场竞争激烈,假冒伪劣商品冲击市场,胶鞋公司经营困难加剧。胶鞋公司是劳动密集型老企业,劳动成本高,历史负担重,产品开发后劲不足,技术含量附加值低,企业缺乏新的竞争能力,导致该公司所属上海橡胶五厂等企业部分停产或全面停产。2002年,胶鞋公司严重资不抵债,向法院提出破产申请;5月,上海市普陀区人民法院宣告上海胶鞋公司(含上海大中华橡胶二厂、上海大中华橡胶三厂、上海大中华橡胶四厂、上海大中华橡胶五厂、上海义生橡胶厂等分支企业)破产。回力总厂同时也宣告破产。上海胶鞋研究所的职工暂由上海帮尔劳动服务有限公司管理。2004年,上海帮尔劳动服务有限公司被企发公司收购。2006年,上海胶鞋研究所宣告破产。2006年8月,上海帮尔劳动服务有限公司更名为上海华谊企发劳动服务有限公司。

【上海化工厂有限公司调整】

上海化工厂有限公司原名上海化工厂,坐落在上海黄浦江畔的杨浦大桥下、内环线以内,企业注册地和生产地均为上海杨树浦路1578号,占地面积67 459.28平方米。

上海化工厂创建于1924年12月。中华人民共和国成立前,为日商明治产业株式会社创办明华糖厂,1946年,国民党政府接收改组为中央化工厂上海工厂。1950年,上海市人民政府接管改名为上海化工厂,是上海化工系统中最早的国营工厂。1996年2月,改制为上海双花塑料有限公司。1996年8月,公司更名为上海化工厂有限公司简称"上化公司"。

上化公司主要生产:聚酯薄膜,聚氯乙烯电缆料,聚氯乙烯薄膜、硬板、硬管、聚四氟乙烯制品,覆铜箔板,聚乙烯异相离子交换膜,聚氯乙烯输血粒料,交联聚乙烯电缆料,注塑制品和涂布产品十大类产品。1993年10月,上海化工厂《输血液器材用无毒软聚氯乙烯粒料》《35千伏及以下电力电缆用可交联低密度PE绝缘塑料》获第二届上海科学技术博览会金奖。1995年5月,上海化工厂电气绝缘用均衡双轴定向聚酯(PET)薄膜被评为1995年度国家级新产品奖。1998年1月,上化公司"双花"牌35千伏及以下绝缘塑料、PET薄膜、输血器具用聚氯乙烯塑料被推荐为1997年度上海名牌产品。1999年8月,上化公司低烟无卤非交联阻燃聚烯烃护层塑料,经专家评审被认定为1999年度国家级新产品。2001年9月,上化公司1千伏及以下电线电缆用硅烷交联聚乙烯绝缘塑料获2000年度上海市重点产品质量振兴攻关成果一等奖。

1992年7月,上海化工厂获全国首批"国家一级企业"称号。1992—2003年,上化公司连续11

年被认定为上海市高新技术企业。1993年,上海化工厂获全国塑料行业十强企业之一。1986—2003年,上化公司连续十届被评为上海市文明单位。

1995年7月,上海化工厂作为上海市首批95家现代企业制度改革试点单位之一,实施现代企业制度试点方案。12月29日,上海市经济委员会同意上海化工厂建立职工持股会。1996年2月,改制为上海双花塑料有限公司。1996年8月,公司更名为上海化工厂有限公司,注册资本7154万元。20世纪90年代后期,上海化工厂有限公司经济效益连年滑坡。2000年5月13日,职工持股会解散。2004年12月18日,上海市国有资产监督管理委员会同意将上海化工厂有限公司实收资本从7154万元减少到6439万元,并相应变更注册资本6439万元,同意减资后的企业性质变更为国有独资有限公司。

1996年7月,上化公司原模具车间改制为上海东方模具公司,国有资产完全退出;原一车间改制为上海上化水处理材料有限公司,国有资产占比89.9%;原三车间改制为上海上化注塑制品有限公司,国有资产占比39%;原六车间改制为上海上化氟材料有限公司,国有资产占比90%;原高研所改制为上海高分子功能材料研究所,国有资产占比7.69%。

1999年12月15日,上化公司二车间改制为上海新上化高分子材料有限公司。公司注册地位于上海杨树浦路1578号;注册资金2000万元。公司注册资金由两部分构成:上海化工厂有限公司出资800万元(以设备、房屋、流动资产经评估确认的部分价值用实物方式投入),占注册资金的40%;自然人等出资1200万元,占注册资金的60%。2008年12月24日,在南汇新场镇新建厂房奠基。2015年12月,企业经营场所变更到上海浦东新区新场镇新瀚路53号。

2002年7月,上化公司对下属4家转制公司进行资产评估,理清资产产权关系。2003年8月,上化公司按照确认的资产评估价格将上海上化水处理材料有限公司、上海上化注塑制品有限公司、上海上化氟材料有限公司、上海高分子功能材料研究所4家公司股权转让,转让后4家公司均为100%民营企业。股权变更完毕后,党群关系转移到所在地区杨浦区大桥街道新经济组织管理。

按照上海市浦江沿岸地块的开发,上化公司与上海上化水处理材料有限公司、上海东方模具公司、上海高分子功能材料研究所、上海上化注塑制品有限公司、上海上化氟材料有限公司5家公司签订的《房屋租赁合约》有关条款约定,就双方提前终止租赁协议,自行搬迁及相关损失给予一次性补偿达成协议。2007年7月,在企发公司的牵头指导下,全面完成5家民营企业整体搬迁工作。

2005年,因现金流量枯竭、企业信用下降和亏损严重,聚酯薄膜生产线停产。2007年12月3日,华谊集团决定,由企发公司托管上化公司。2008年8月15日,华谊集团将上化公司房产及相关构筑物委托实业公司管理。2010年12月30日,上化公司经上海市杨浦区人民法院裁定公司破产。

【上海华谊集团上硫化工有限公司调整】

上海华谊集团上硫化工有限公司的前身是1958年成立的上海硫酸厂,是全民所有制大型企业,隶属于化工局。公司地址位于上海市宝山区蕴藻南路502号。2003年,公司地址调整为宝山区蕴藻南路1号。上海硫酸厂注册地址在上海市普陀区大渡河路188号。

上海硫酸厂生产的化工产品有20多种,产品用于印染、制药、钢铁等行业,其中硫酸生产量占上海市场份额的2/3。1991年9月2日,与巴西方大有限公司和香港福和织造厂有限公司合资经营上海海福化工有限公司,生产与销售氨基磺酸5000吨/年,产品外销比例70%。1994年7月10日,与三井物产株式会社合作经营上海申井化工有限公司,生产与销售各种规格硫酸15万吨/年,吊白块4000吨/年。1994年,位于交通路的一车间停产搬迁(职工和设备搬迁到上海硫酸厂厂部),土地被规划为商品房用地,用于安置部分住房有困难的职工。1998年7月,与复旦大学共同研制产能1 200吨/年40%低色度乙二醛生产项目;至2001年2月,产能由1 200吨/年扩大到5 000吨/年,并形成规模生产。2006年,上硫公司"双硫牌"硫酸二甲酯、乙二醛获"上海化工名优产品称号";2007年10月,被化学工业部评为"科技发明一等奖"。2007年12月,"复合结晶银催化剂研制及其在乙二醇催化氧化合成40%乙二醛生产中的应用"获"上海市科学技术奖"。"双硫牌"乙二醛被评为2007年度上海名牌产品。2008年2月,"双硫牌"乙二醛被认定为上海市高新技术成果转化项目。

2004年4月,华谊集团按90%、上海铭安化学运输有限公司按10%的比例出资3 000万元在上海硫酸厂原址注册成立上海华谊集团上硫化工有限公司。公司地址在宝山区蕴藻南路1号,经营范围为化学品原料等。2006年4月27日,上硫公司增资1 000万元,注册资本为4 000万元。2009年11月,上硫公司并入上海涂料有限公司。2011年9月30日,根据上海市有关加强危险化学品生产企业管理的要求和华谊集团加快产品结构调整的需要,上硫公司有计划地关停所有生产装置,2013年年底全部完成。

2004年4月28日,上硫公司收购上海硫酸厂在上海申井化工有限公司69.49%的股权;11月,收购上海硫酸厂在上海海福化工有限公司33.33%的股权。

2004年4月,上海硫酸厂被华谊集团列为破产企业;12月,由企发公司托管;2006年9月8日,经杨浦区人民法院民事裁定企业破产。

二、国内联营合作

改革开放以来,华谊集团实施对外开放和合资合作等一系列战略举措,集团旗下焦化公司、三爱富公司、太平洋集团公司、中远公司、胶带公司、亚太公司、上海铬黄颜料厂、上海彭浦化工厂、上海染料研究所、上海制皂(集团)有限公司等单位与上海市及四川、云南、江苏、西安、新疆、贵州、浙江等地相关单位建立20多家合资合作企业。

【上海普田橡胶有限公司】

公司于1988年4月9日成立,注册地为上海市南汇区彭镇北首,注册资本900万元,合作方为上海双田橡胶(集团)公司,占股比(2002年)33%,上海橡胶制品公司占股比(2002年)67%,经营范围为橡胶履带。2002年7月10日,上海橡胶制品公司将其在上海普田橡胶有限公司的全部股份转让给华向公司。2004年3月31日,华向公司将其在上海普田橡胶有限公司的全部股份有偿转让给南汇区泥城镇厂村村民委员会等。

【上海世强塑料制品有限公司】

1989年2月,上海化工厂、上海市松江县洞泾乡工业公司、上海实事公司和香港亿丰企业公司出资组建上海世强塑料制品有限公司,注册资本总额100万美元,从事塑料制品加工、生产和销售。2003年,世强公司的工商登记处于"吊销未注销"状态。

【上海浦东特种橡塑制品厂】

1992年6月30日,上海市有机氟材料研究所与川沙县顾路乡顾路工贸公司在顾路乡东海工业区联合建办"上海浦东特种橡塑制品厂",联营厂注册地址位于上海川沙县顾路乡东海工业小区。

联营厂的性质是工农双方投资经营的国集联营厂,联营厂由双方共同管理,实行经济独立核算、自负盈亏。联营厂总投资350万元,其中乙方(上海有机氟材料研究所)出资262.5万元,占投资总额的75%;甲方(顾路工贸公司)出资87.5万元,占投资总额的25%。利润按双方投资比例分享。该联营厂联营期限为30年。征地建造厂房5980平方米(其中生产车间3600平方米,检修车间300平方米,橡胶硫化车间600平方米,仓库500平方米,生活设施1280平方米,配电间50平方米,锅炉房250平方米),从业人员100名。主营有机氟材料及制品、有机化工产品。经营方式为加工、制造、销售、服务。12月25日,静电喷涂和橡胶混炼装置建成,并组织小批量的试生产。

【上海市染料研究所桃浦实验工厂】

1993年,上海市染料研究所与上海桃浦乡工业总公司联合建办上海市染料研究所桃浦实验工厂,为国有联营经济,实行独立核算、自负盈亏,具有法人地位,隶属于上海市染料研究所领导和管理。联营产品为食用色素(亮蓝、色淀),年产100吨左右,以及染料有机颜料、助剂、清细化工产品,总投资670万元,其中染料研究所技术、商标、设备投入570万元,桃浦乡工业总公司以土地优价100万元投入,效益分配按联营合同执行,联营期限50年,企业编制人数88人。2006年,资产总额2277.1万元,销售收入2754.39万元。2007年,资产总额2589.83万元,销售收入3864.18万元。2013年,资产总额2833.2万元,销售收入5054.48万元。

【上海双树塑料厂】

上海双树塑料厂于1993年9月成立,其经济性质为股份合作企业,总股本600万元,塑料公司股份为133万元,占22.17%,浦东新区曹路投资公司股份为107万元,占17.83%,职工个人股360万元,占60%。主要产品为树脂胶木粉。2013年10月30日塑料公司将持有的上海双树塑料厂24.63%股权在上海联合产权交易所公开挂牌交易转让。

【宜兴莱顿聚酯厂】

1993年9月,上海化工厂与江苏宜兴市特种除锈剂厂联营,联营企业名称为宜兴莱顿聚酯厂。企业位于江苏宜兴周铁沙塘。总投资1438万元,其中土地、厂房、辅助设施、生活设施等638万元、聚酯薄膜小拉幅机生产线及配套设备工艺技术软件等800万元。双方于2003年6月签订终止联营协议。

【上海双花塑料厂】

1993年12月2日,上海化工厂与上海沪明电缆附件厂联营,共同组建上海双花塑料厂。注册地址位于上海市浦东新区顾路乡曹路工业小区内。主要以设备购置、设备安装等费用为投资内容约100万元;以厂房、土地、原办公用具等费用为投资内容约50万元;技术投资(工艺技术、设备技术、管理技术等产品软件)15万元。上海化工厂实际投资115万元;上海沪明电缆附件厂实际投资50万元。主要经营生产内、外屏蔽料,架空线料,PE护层套料。2008年6月23日上海双花塑料厂注销工商登记。

【真真纯水器公司】

1995年9月25日,上海化工厂与上海海湾工贸公司联合创办"真真纯水器公司",上化公司投资 52 万元，投资比例 52%；上海海湾实业公司投资 48 万元，投资比例 48%。真真纯水器公司由于打开市场难，产品成本高，于 2002 年 4 月 24 日注销税务登记。2008 年 7 月 28 日，注销工商登记。

【上海太平洋化工（集团）淮阴元明粉有限公司】

1997 年，上海太平洋化工（集团）有限公司下属上海焦化有限公司和淮阴制糖厂分别按 51% 和 49% 的股份进行合作，在制糖厂厂区内建设一套年产 2 万吨元明粉生产装置，并先后在赵集镇庆丰村钻芒硝矿井两口，用船只将采集的卤水从赵集镇运至制糖厂作为原料加工生产元明粉。1999 年 1 月，上海焦化有限公司、淮阴制糖厂和上海白猫有限公司在上海签署组建上海太平洋化工（集团）淮阴元明粉有限公司的合资合同。合同约定一期项目总投资 6 995 万元，上海焦化有限公司、淮阴制糖厂和上海白猫有限公司的出资比例分别为 51%、39% 和 10%，公司位于江苏省淮安市淮阴区赵集镇，南临洪泽湖，东接连淮高速，水陆交通便利。2000 年 9 月，年产 10 万吨元明粉的一期项目建成投产，是年生产元明粉 2.6 万吨。2001 年 9 月，二期工程启动，并于 2002 年 4 月建成投产，工程投产后，企业产能翻一番，经济效益位列是年淮安市企业十强。二期工程投产后，公司总建筑面积 2.2 万平方米，拥有主要设备有 25 吨/小时硫化床锅炉 2 台、1 500 千瓦/小时汽轮发电机 2 台、DCS 系统控制的制硝系统 2 套以及建厂后不断钻探的矿井近 20 口，公司的固定资产 1.3 亿元。2006 年年初，公司在华东理工大学的指导下，独立完成盐析法提硝工艺的多项小试和侧流中试后，于 2006 年年底开始盐析法提硝工艺技术工业化应用项目——"日处理 1 000 立方制硝废水环保工程"（三期工程）的前期论证工作，2007 年 6 月投资进行项目建设。2008 年 7 月项目建成试运行，盐析法提硝工艺技术也获国家专利。三期工程投入后，企业形成年产 48 万吨元明粉和 3 万吨工业盐的生产能力，拥有固定资产 1.8 亿元。2012 年，公司通过新增 43 333 平方米土地以"上大压小"的方式新建一套热电系统，热电系统包括一台 75 吨/小时循环流化床锅炉和一台 7 000 千瓦背压式汽轮发电机组，为原一、二、三期制硝系统供汽供电，项目投入资金 6 204 万元，投产后节能效果显著，环保排放达标，是淮阴区范围内唯一一套达标排放锅炉装置，受到省、市级环保的一致认可，同时在节能方面也达到原定设计标准，比原 3 套锅炉每天节约煤炭约 80 吨，年节约生产成本逾 1 000 万元。2000 年，主营业务收入 848.75 万元，净利润 132.9 万元。2004 年，主营业务收入 13 474 万元，净利润 3 036.95 万元。2008 年，主营业务收入 19 374.36 万元，净利润 4 732.61 万元。2013 年，主营业务收入 24 458 万元，净利润 2 059 万元。

【上海普惠橡胶有限公司】

公司于 1997 年 6 月 13 日成立，注册地为上海市崇明县中兴镇中兴村，注册资本为 150 万元（后夯实为 50 万元），合作方为崇明县汲浜乡工业公司，占股比 34%，上海橡胶制品公司占股比 66%，经营范围为密封圈等橡胶制品。2002 年 5 月 25 日，上海橡胶制品公司将该公司的全部股权转让给华向公司。2012 年 7 月 3 日，华向公司将其在上海普惠橡胶有限公司 60% 的股权转让给上海申兴铸造有限公司。

【上海聚金实业股份有限公司】

1998 年 2 月 20 日，华谊集团首家发起式股份制企业——上海聚金实业股份有限公司成立。该公司是由 4 家企业和 1 位自然人共同组建的跨地区、跨行业的发起式股份制企业。公司注册资本 1 400 万元，塑料公司出资 770 万元，占注册资本的 55%，上海海湾石化有限公司出资 350 万元，占注册资本的25%,自然人唐文凯出资140万元,占注册资本的10%,上海锦磁贸易有限公司出资70万元,占注册资本的5%,上海佳宝实业有限公司出资70万元,占注册资本的5%。公司以PC瓶产品为龙头,联合发挥原料供应商、饮用水生产厂、液体饮料罐装设备企业和外高桥保税区贸易公司的管理、技术、品牌、市场等优势,本着优势互补和利益共享、风险共担原则创立,加快建立现代企业制度,推动共同发展。2004年1月30日,公司召开临时股东会,5家投资方一致同意上海聚金实业股份有限公司依法解散。

【上海新亚医用橡胶厂有限公司】

公司于1998年6月6日成立,注册地为上海市长宁区华山路1510号,注册资本576.08万元,合作方为上海市青浦练塘工业公司及江红贵等自然人,占股比30.06%(2002年),上海橡胶制品公司占股比69.94%(2002年),经营范围为医用瓶塞、胶管、医用橡胶制品。2002年10月10日,上海橡胶制品公司将拥有该公司的全部股权转让给华向公司。2007年9月,华向公司收购上海新亚医用橡胶厂有限公司其他股东拥有的30.06%股权;收购后,华向公司占100%股权。2013年年底,该公司处于停业清理阶段。

【上海赛璐化工股份有限公司】

1999年11月11日,由华谊集团、塑料公司、上海赛璐珞厂3家国有企业、上海市化学工会一家社会团体和以上海赛璐珞厂总工程师戴军等6名科技人员作为自然人,出资1000万元,共同发起成立上海赛璐化工股份有限公司,成为上海国有企业首家科技股份公司。发明人直接拥有公司股份,成为公司主要股东的做法在上海市尚属首例。该公司注册资金1000万元,其中华谊集团投资200万元,上海市化学工会投资80万元,塑料公司投资230万元,上海赛璐珞厂投资470万元(其中6名科技人员以科技成果作价200万元入股),6名科技人员另投资20万元。公司主要经营、生产、研究开发高性能特种尼龙、阳离子纤维素醚、阳离子瓜尔胶等精细化工产品。其中高性能长碳工程尼龙新材料被上海市科委评为1998年重点项目。1999年,该项目被上海市高新技术成果转化中心认定为A级转化项目。2000年,该项目被认定为国家重点新产品。2001年,该项目获上海市科技进步一等奖。公司于2007年5月因环保原因停产。2008年7月26日,公司完成歇业清算。

【上海锦磁贸易有限公司】

上海锦磁贸易有限公司于2000年7月成立。注册资本560万元,塑料公司占50%股份,自然人程方清占45%股份,唐文凯占5%股份。公司主营国际贸易、保税区内企业间贸易及代理。公司开业以后经营状况良好。2008年5月,塑料公司所持有的上海锦磁贸易有限公司50%股权,以2007年12月31日经审计后的报表作为依据,划转给华原公司。

【上海尚翔汽车胶管有限公司】

公司于2001年3月成立,注册地为上海市普陀区真南路1550号,注册资本500万元;合作方为徐金龙等自然人,占股比(2003年)60%,华向公司占股比(2003年)40%;经营范围为汽车胶管、橡塑制品兼营技术咨询与服务。2006年10月,公司收购自然人所持有的60%股权后,华向公司持有100%股权。该公司2013年年底处于停业清理阶段。

【上海华瑞橡胶制品有限公司】

公司于2001年3月23日成立,注册地为上海市普陀区真南路1550号,注册资本100万元。合作方为俞金福等自然人,占股比49%,后股比减少至12.25%。华向公司占股比51%,后股比增加至87.75%。主营橡胶软管、橡胶制品的产销。2007年9月,公司收购上海华瑞橡胶制品有限公司其他股东持有的12.25%股权后,华向公司持有100%股权。2012年10月,该公司被华向公司吸收合并。

【上海华向大成橡塑有限公司】

公司于2001年7月19日成立,注册地为上海市青浦区徐泾镇连庵村,注册资本200万元,合作方为上海大成橡胶制品有限公司及邹维忠等自然人,占股比60%,华向公司占股比40%,经营范围为橡塑制品、充气橡塑救生品、橡塑布、雨衣的制造及维修等。2007年12月28日,华向公司将其在大成橡胶公司的全部股权有偿转让给戴雅琴。

【上海华向劳动服务有限公司】

公司于2001年9月27日成立,注册地为上海市普陀区真南路1550号,注册资本50万元,合作方为上海橡胶研究所占股比20%,华向公司占股比80%,经营范围为劳务输出、劳务咨询等。2007年9月,上海华向劳动服务有限公司减少注册资金(上海橡胶研究所投资的10万元全部退出),华向公司占股比100%。2012年10月,该公司被华向公司吸收合并。

【上海华向履带橡胶有限公司】

公司于2001年9月26日成立,注册地为上海市青浦区徐泾镇诸陆路2883号(2002年变更为上海市奉贤区奉柘公路2735号),注册资本为225万元,合作方为上海新悦工贸实业有限公司及李正芳等自然人,占股比(2003年)65.29%,华向公司占股比(2003年)34.71%,经营范围为橡胶履带。2008年2月28日,华向公司占股比改为21.53%。2012年,华向公司拥有华向履带公司20.9%股权和0.63%权益,在上海联合产权交易所3次挂牌,到10月完成产权交割。

【上海制皂集团(如皋)有限公司】

2002年,上海制皂(集团)有限公司与江苏谛诺集团公司各投资50%资金,在江苏如皋市丁堰镇丁新东路1号,共同组建的国内合资企业——上海制皂集团(如皋)有限公司。主要生产和销售各类肥皂、油墨、电池、甘油、油化产品等,年工业总产值5亿元。

【上海华向世界橡胶有限公司】

公司于2002年7月18日成立,注册地为上海市虹口区霍山路1048号(2002年变更为上海市奉贤区奉柘公路2735号),注册资本200万元,合作方为上海宝英贸易有限公司,占股比(2003年)60%,华向公司占股比(2003年)40%,经营范围为橡胶胶辊、橡胶护舷等。2008年7月24日,华向公司出资改为比例24.19%。2013年年底处于停业清理阶段。

【上海华向实芯轮胎有限公司】

2002年9月25日成立,注册地为上海市青浦区大盈路328路,注册资本240万元,合作方为蒋正贵,占股比75%,华向公司占股比25%,经营范围为实芯轮胎。2008年3月26日,华向公司将所持有的华向实芯轮胎公司25%的股权,在上交所挂牌交易转让,4月30日完成产权交割。

【上海携程工程橡胶有限公司】

2002年12月10日成立,注册地为上海市奉贤区钱桥镇工业开发园区,注册资本为500万元,合作方为郑如方等自然人,占股比74%,华向公司占股比26%,经营范围为工程类橡胶钢结构产品等。2012年2月4日,华向公司将其在上海携程工程橡胶有限公司26%的股权通过上海联合产权交易所有偿转让给上海携程工程橡胶有限公司。

【上海佩斯天可国际贸易有限公司】

上海佩斯天可国际贸易有限公司于2003年4月成立,注册资本为100万元,其中塑料公司出资30万元,占注册资本的30%,常再青等5名自然人出资70万元,占注册资本的70%,其中自然人常再青出资35万元,占注册资本的35%,为公司法人代表,执行董事。主要经营范围为自营和代理各类商品和技术的进出口。

2013年11月18日,塑料公司持有的上海佩斯天可国际贸易有限公司30%股权在上海联合产权交易所公开挂牌交易转让。

【十堰申飞汽车管件有限公司】

公司于2003年12月成立,注册地为上海市奉贤区钱桥镇工业开发园区,注册资本500万元,合作方为十堰市飞鹏实业有限公司等,占股比70%,华向公司占股比30%(2005年改为29%),经营范围为汽车配套等。2005年4月30日,华向公司从十堰申飞公司退出29%股份。

【上海保尔劳动服务有限公司】

2004年9月13日成立,注册地为上海市杨浦区,注册资本50万元,合作方为上海化工劳动服务有限公司,占股比20%,华向公司占股比80%,经营范围为人员托管等。2005年12月28日,企发公司收购华向公司持有上海保尔劳动服务有限公司80%的国有股权。

三、中(境)外合作合资

截至2013年2月底,华谊集团有中(境)外合资合作企业33家,总投资25.75亿美元,注册资本10.84亿美元,合同利用外资5.98亿美元。其中上海的中(境)外合作合资企业24家,总投资17.52亿美元,注册资本6.71亿美元,合同利用外资4.23亿美元。分布在外省市的中(境)外合资合作企业9家,总投资8.23亿美元,注册资本4.13亿美元,合同利用外资1.75亿美元。华谊集团的中(境)外合资合作企业与著名跨国公司合资为主,外资控股居多。

2012年,华谊集团中(境)外合资合作企业的产值238.33亿元,比2011年增长2.51%;销售收入258.17亿元,比2011年增长6.6%;实现利润23.48亿元,比2011年上涨39.41%;出口2.88亿美元,比2011年上涨16.13%。

【天海化学工业有限公司】

上海助剂厂于1985年3月与香港天厨味精化学工业有限公司在中国香港注册合资企业——

天海化学工业有限公司,公司总投资50万港元,双方各占50%,上海助剂厂投资25万港元。截至1996年,上海助剂厂已收到投资收益42万港元。1997年后经营状况不佳,于1998年5月清盘。

【沪泰染料有限公司】

1985年5月,中泰合资的沪泰染料有限公司成立,总投资100万美元,中方(染料公司)投资24.5万美元,中方(化工进出口公司)投资24.5万美元;外方(泰国伟年密公司)投资51万美元。2007年11月,因经营状况不佳,进入法定清算程序,2007年11月,清算关闭。

【上海比欧西气体工业有限公司】

1987年12月2日,上海吴淞化工厂和英国BOC集团有限公司共同投资1 443.2万美元合资开办"上海比欧西气体工业有限公司",注册资本1 132万美元。生产供应各种纯度标准的工业气体、稀有气体。地址位于上海市宝山区长江西路463号。该公司是化工局在沪的第一家合资企业。经市经贸委确认为先进技术企业。

2005年3月,中远公司(上海吴淞化工厂已并入中远公司)将所持有的50%股权转让给英国BOC集团有限公司。2006年9月,林德公司收购上海比欧西公司。

【上海卡博特化工有限公司】

1988年5月9日,华谊集团和美国卡博特公司,共同出资在上海吴泾地区建立上海卡博特化工有限公司。总投资2 960万美元,注册资本1 184万美元,华谊集团出资30%,美国卡博特公司出资70%。合资企业年设计产能4.5万吨新工艺炭黑,采用美国卡博特先进独特的制造新工艺。

1990年,合资企业建成投产。20世纪90年代末,合资企业的产能远远不能满足市场需求。双方决定扩大合作,在连续2次增资后,合资企业总投资超过1亿美元,注册资本5 378亿美元,产能18万吨/年。

2000年后,双方又决定走出上海,共同在中国轮胎制造集聚区天津设立新的合资工厂,先后建立两个合资企业。卡博特(天津)化工有限公司,总投资11 690万美元,注册资本4 576万美元,产能为30万吨/年炭黑。卡博特高性能材料(天津)有限公司,总投资4 980万美元,注册资本1 660万美元,产能为5万吨/年高性能特种炭黑。经过几轮大规模扩张,华谊集团和美国卡博特公司的联盟实体已经成为中国最大的炭黑制造商和供应商,总投资规模2.5亿美元,总投入股本金1.16亿美元,能够提供满足不同需求的全系列炭黑产品。2012年,销售45万吨各种炭黑产品,销售收入54亿元,利润4.77亿元。

【申美染料加工厂】

1991年1月22日,上海染料农药公司与美国技术咨询公司和美国太平洋合股公司在美国建立"申美染料加工厂"。项目总投资10万美元,中方出资5.5万美元,占55%,生产经营染料等,生产规模100吨。1993年,中方收购外方股份,申美染料加工厂成为在美的全资企业。2009年11月,清算关闭。

【上海恒业—泛太色材有限公司】

1991年1月22日,上海染料化工四厂与美国泛太塑料制品有限公司合资经营"上海恒业——

泛太色材有限公司"。投资47万美元，上海染料化二四厂出资70%，主要生产塑料添加剂——发泡母粒2 400吨/年。1994年12月，上海染料化工四厂被上海焦化总厂兼并。

【上海台硝化工股份有限公司】

上海台硝化工股份有限公司，1991年6月成立，1993年1月营运，经营场所在上海染料化工厂厂区内原硝化棉生产车间界区，总投资220万美元，注册资本200万美元。其中上海染料化工厂以现有设备、厂房等作为投资总值相当于100万美元，台硝化工股份有限公司以100万美元现金作为投资，双方各占50%股份，年产硝化纤维5 000吨，产品50%外销。2010年6月30日，上海台硝化工股份有限公司停产，开展停产清算工作，同时启动人员分流安置工作，对公司141名员工进行妥善安置。

【上海钟渊化学应用技术有限公司】

上海钟渊化学应用技术有限公司是塑料公司与日本钟渊化学工业公司于1992年12月共同投资设立的中外合资企业，注册资本101.5万美元，其中塑料公司出资7 105美元（折合人民币4.1万元），占0.7%；日本钟渊化学工业公司出资100.79万美元（折合人民币582.06万元），占99.3%。其经营范围为提供及开发有关塑料助剂配方、塑料成型加工的技术和服务。2010年6月，双方协商一致同意提前终止合作。

【上海爱迪尔五金电器有限公司】

1992年12月，上海华光金属丝网厂与美国船舶软垫有限公司、台湾好朋友彩色印刷有限公司合资建办上海爱迪尔五金电器有限公司。总投资70万美元，注册资本45万美元，上海华光金属丝网厂出资13.5万美元，占30%。主要生产和销售船用五金制品、建筑装潢五金制品、汽车配件。2008年1月26日，爱迪尔公司工商吊销未注销。

【上海基伊埃冷却塔有限公司】

1993年10月，上海化工机械二厂与德国GEA公司、香港捷成洋行三方合资成立上海基伊埃冷却塔有限公司。总投资35.5万德国马克，注册资本27万德国马克，上海化工机械二厂投资10.8万德国马克，占40%。合资公司经营范围：设计和总承包木结构、钢结构和水泥结构湿式和干湿式冷却塔。1997年，基伊埃公司实现销售收入1 900万元，实现利润300万元。2009年3月，基伊埃公司经营到期，进入清算期。2011年10月9日，基伊埃公司工商注销。

【上海申井化工有限公司】

1994年7月10日，上海硫酸厂与三井物产株式会社合资组建上海申井化工有限公司，注册资本590万美元，总投资690万美元。上海硫酸厂以机械设备及设施、厂房等建筑物、土地开发补偿费等折合410.84万美元作投资，占总投资的69.49%。三井物产株式会社投资130万美元，占总投资的30.51%，此外另提供120万美元资金委托上海硫酸厂购置液体硫磺储存设备等供公司使用。上海申井化工有限公司生产硫酸，调整硫酸生产工艺，改变生产原料，降低成本，减少"三废"排放。其中经营范围及规模：生产与销售各种规格硫酸15万吨/年，吊白块4 000吨/年。2001年2月16日，乙二醛产能扩大到5 000吨/年规模，合计投入费用496万元。2004年4月28日，上海硫酸厂将其在上海申井化工有限公司69.49%的股权(410万美元)连同相应的权利和义务转让给上海华谊集团上硫化工有限公司。2012年10月16日,上海华谊集团上硫化工有限公司终止与三井物产株式会社的合作。

【上海蒙迪斯矿用设备有限公司】

1994年9月,上海化工机械二厂与南非MDS矿用设备进出口公司合资建立上海蒙迪斯矿用设备有限公司。总投资114万美元,注册资本80万美元,上海化工机械二厂出资56万美元,占70%。公司经营范围:生产销售矿用钻头、钻杆、矿用设备。由于外方违反外销协议,且部分投资未到位,导致公司经营状况恶化,无法继续经营。2000年7月30日,公司实行清算。2000年12月21日,上海蒙迪斯公司工商吊销未注销。

【上海摩尔化工机泵有限公司】

1995年5月,上海化工机泵厂与法国摩尔泵股份有限公司合资经营上海摩尔化工机泵有限公司。总投资2609.7万法国法郎,注册资本1878.6万法国法郎,上海化工机泵厂以751.44万法国法郎的实物出资,占40%。公司经营范围:生产销售各种泵、压缩机及有关设备、零件。1999年5月6日,上海摩尔化工机泵有限公司工商吊销未注销。

【上海海福化工有限公司】

1991年9月2日,上海硫酸厂与巴西方大有限公司、香港福和织造厂有限公司合资组建上海海福化工有限公司,上海硫酸厂以相当于50万美元的土地使用权及部分厂房及设备、现金作投资,占总投资的1/3,巴西方大有限公司投资50万美元,占总投资的1/3,香港福和织造厂有限公司投资50万美元,占总投资的1/3。上海海福化工有限公司占地面积17 556平方米,建筑面积52 660平方米,合资年限为30年,生产与销售氨基磺酸5 000吨/年,产品外销比例70%,外销企业外汇平衡有余。2004年11月,上海硫酸厂将其所持的上海海福化工有限公司股权33.33%的股份(78.7万美元),连同相应的权利和义务转让给上海华谊集团上硫化工有限公司。

【上海华中房地产发展有限公司】

1993年6月18日,上海染料公司与香港中安企业有限公司和徐汇区房产经营公司组建"沪港合资上海华中房地产发展有限公司",共同开发原上海染料公司染料化工十厂地(厂)区土地,总投资1.8亿美元,注册资本6 000万美元,上海染料公司出资1 200万美元,占20%;香港中安公司出资4 620万美元,占77%;徐汇房产公司出资180万美元,占3%。合资公司项目为徐汇区重点发展的"嘉汇广场",总建筑面积214 660平方米。项目前景看好。1998年4月6日,染料公司在华中房地产发展有限公司的权益由华谊集团收回。

【上海巴斯夫染料化工有限公司】

1993年9月16日,上海染料公司同德国巴斯夫公司合资经营有机颜料、阳离子染料项目。1994年8月20日,成立上海巴斯夫染料化工有限公司,第一期投资总额2 950万美元,注册资本为1 800万美元,其中中方出资49%,外方出资51%。第一期项目年产6 000吨有机颜料,3 000吨粗制酞菁铜中间体;第二期项目年产2 860吨阳离子染料;第三期项目年产纺织皮革助剂27 340吨,产品20%~50%外销。合资企业经营到1998年4月,投资总额16.4亿元,注册资本13.68亿元,中方占出资比例减少至9%,折合12 312万元。1999年,中方全部退出合资企业,投资损失2 712万元。

【华泰橡胶有限公司】

1994年4月,双钱集团公司(原上海轮胎橡胶(集团)股份有限公司)与泰国泰华橡胶有限公司合资合作建立华泰橡胶有限公司(简称"华泰公司"),总投资200万美元,注册资金120万美元,双方投资比例为:双钱集团公司占40%,即80万美元。泰国泰华橡胶有限公司占60%,即120万美元。主要生产和经营TR20标准胶和混炼胶。

合资公司经营状况:2011年,销售收入288 710.2万泰铢,净利润971.75万泰铢。2012年,销售收入323 706.9万泰铢,净利润1 207.27万泰铢。2013年,销售收入243 107.87万泰铢,净利润394.05万泰铢。

【上海京藤化工有限公司】

1995年2月22日,上海京藤化工有限公司成立,总投资900万美元,注册资本684万美元。是由上海吴泾化工总厂(中方)出资478.8万美元、日本国伊藤忠商事株式会社(日方)出资205.2万美元组建的合资企业。组建后的京藤公司对硫酸装置进行原料路线的改造,由硫铁矿制酸改为液硫制酸,硫酸产能14万吨。公司位于闵行区龙吴路4600号;经营年限15年。2009年10月10日,上海京藤化工有限公司的经营期限由原来的15年延长为25年。

【上海京帝化工有限公司】

1995年12月27日,上海京帝化工有限公司成立。是由上海吴泾化工总厂出资137.7万美元,占34.43%;帝化株式会社出资67.5万美元,占16.88%;丸红株式会社出资64.8万美元,占16.2%;圣宝(香港)有限公司出资130万美元,占32.5%,组建的中外合资企业。注册资本400万美元。经营范围:生产和销售烷基苯磺酸和亚硫酸铵。1997年,销售收入506.52万元,净利润-75.77万元。2007年,销售收入24 307.94万元,净利润531.18万元。2013年,销售收入16 721.02万元,净利润189.96万元,利税总额480.44万元。

【上海龙德塑料有限公司】

上海龙德塑料有限公司(简称"龙德公司")是1996年3月塑料公司与日本伊藤忠商事株式会社、日本他喜龙商事株式会社和上海沪中日用化学品厂共同投资组建的中日合资企业,注册资本300万美元,其中日本伊藤忠商事株式会社占55%股权,日本他喜龙商事株式会社占10%股权,上海沪中日用化学品厂占13%股权,塑料公司占22%股权。是年,塑料公司收购上海沪中日用化学品厂13%股权,使塑料公司占龙德公司的股权上升为35%。1997年4月,龙德公司开业生产;至2001年12月底,累计亏损203万美元;2002年9月,三方就股权转让签订协议,塑料公司退出龙德公司。

【上海东洋大成橡胶有限公司】

1996年9月17日,上海橡胶制品有限公司与日本东洋橡胶工业株式会社合资组建上海东洋大成橡胶有限公司。该公司注册资金670万美元,上海橡胶制品有限公司出资48％,日本东洋橡胶株式会社出资52％。作为船用系列救生筏和胶布生产的合资企业,该公司第一期项目总投资850万美元,占地面积1.25万平方米,建筑面积9 748平方米,总资产5 663万元,主要产品有中方的HYF气胀式救生筏及各种防水胶布和日方的TRA系列救生筏,70％出口日本等国。该公司第二年形成4 300只救生筏和150万米胶布生产能力。1999年6月21日,日方撤资,董事会同意签署股权转让协议及还款协议书;9月8日,日方将其52％股权转让给上海橡胶制品有限公司。2003年7月16日,因资不抵债,被上海市普陀区人民法院宣告破产。

【上海润森塑料有限公司】

1997年8月20日,上海化工厂有限公司与美国森泰公司合资建办上海润森塑料有限公司。投资总额135万美元。注册资本95万美元。其中上海化工厂有限公司出资75％,美国森泰公司出资25％,经营范围:生产和销售塑料制品及配套的模具。2006年3月31日,注销工商登记。

【上海三爱富戈尔有限公司】

1998年3月3日,三爱富公司与美国GORE公司合资成立上海三爱富戈尔有限公司,注册资金300万美元,三爱富公司以房屋、设备等出资占有40％股份。9月份开始运作,合资企业为Gore公司提供其加工需要的特殊聚合物,前5年中,每年向三爱富公司反馈200万元利润。

2001年7月31日,双方决定增加130万美元,将注册资本增加至430万美元。2002和2003年又2次增资,注册资本为465万美元,其中三爱富公司累计投资186万美元。生产和经营范围变更为研究、开发、检测、生产、销售超高分子量聚四氟乙烯,超微分散聚四氟乙烯和四氟乙烯共聚物微乳液以及其他相关氟产品,并提供自产产品的售后服务。

公司成立5年内,戈尔公司承诺每年按三爱富公司初次投资额的20％返利,合资企业赢利不足部分由美国戈尔公司补足。2000—2004年,三爱富公司累计获利120万美元。2005—2008年,每年分红利,三爱富公司累计获利68万美元,三爱富公司在前10年总计获利188万美元,同投资额基本持平。2009年,由于金融海啸合资企业赢利大幅下降,年净利润仅11.6万美元。年末股东权益为703万美元。

2010年1月16日,三爱富公司将在合资企业持有的40％股权全部出售给美国戈尔公司。

【上海爱生比益化工有限公司】

1998年3月,中远公司与法国TOLOCHIMIE公司在光气衍生产品的范围内进行合作。合资企业名称:上海爱生比益化工有限公司。公司位于上海市宝山区呼兰路201弄198号(近江杨南路)。该项目总投资450万美元,生产光气衍生产品5 000吨,销售额6 100万元,利润1 000万元左右。

2005年10月31日,公司停产。2007年3月,由上海市工商行政管理局准予注销登记。

【上海远大过氧化物有限公司】

1998年11月20日,中远公司与香港胜利太平洋有限公司合资建立上海远大过氧化物有限公司,专门从事过氧化物系列产品的生产经营和研制开发。公司注册资本为488万元。该公司拥有当时国内第一套规模最大的、应用蒽醌法技术生产过氧化氢1万吨/年(27.5％)的生产装置,获上海市技术改造优秀项目奖。2005年4月,又投资建成4万吨/年(27.5%)项目。

2009年3月,中远公司研究决定对上海远大过氧化物有限公司实施歇业清算(2009年5月完成对香港胜利太平洋有限公司持有的25%股权收购)。

【上海康柏特工程塑料有限公司】

上海康柏特工程塑料有限公司是由塑料公司与外方须乾元博士出资组建的中外合资企业。1999年7月,公司成立,注册资本400万元,塑料公司出资300万元,占注册资本的75%,须乾元博士以相当于20万元的美元现金和80万元专有技术出资,占注册资本的25%。公司生产的耐热ABS和阻燃ABS产品主要用于汽车、家电、电器等行业。公司从试生产至2003年5月,由于市场等原因连年亏损。2003年5月,塑料公司将公司所持有的75%股份转让给上海华谊本体聚合技术开发有限公司。

【上海新友水性聚氨酯有限公司】

上海新友水性聚氨酯有限公司,于2002年6月4日成立,为中外合资有限责任公司,合同期限为20年,注册资本和实收资本均为500万元。塑料公司以设备和现金出资325万元,占注册资金的65%,美籍华人段友芦及夫人邹荷仙以专利技术出资175万元,占注册资本的35%。公司成立以后,年产量没有达到合资合同约定的生产规模,且经营业绩差。2011年10月12日,公司停止生产经营。截至2013年12月底,公司仍在清理中。

【上海松柏气体有限公司】

2003年4月,中远公司与香港松柏科技有限公司、四川空分设备有限公司三方投资3900万元合资组建上海松柏气体有限公司。

由于中远公司根据华谊集团对吴淞基地战略转型总体要求于2013年4月退出运行后,作为下游液态气体生产的松柏气体有限公司已无法运行。在中远公司收购外方50%股权后,2013年7月,上海松柏气体有限公司退出运行。

【上海亨斯迈聚氨酯有限公司】

2003年2月,亨斯迈中国投资有限公司(简称"亨斯迈中国公司")、上海氯碱化工股份有限公司共同投资成立中外合资经营企业"上海亨斯迈聚氨酯有限公司"(简称"亨斯迈上海公司"),投资总额17811万美元。注册资本5937万美元,其中亨斯迈中国公司出资额为4155.9万美元,占注册资本的70%,以美元或欧元现汇缴付;氯碱公司出资额1781.1万美元,占注册资本的30%,以现金缴付。经营范围:生产、营销和销售各种等级的聚合二苯基甲烷二异氰酸酯(MDI)和纯MDI、MDI衍生物、甲苯二异氰酸酯(TDI)/MDI混合物,销售由上海联恒异氰酸酯有限公司卖给亨斯迈上海公司富余的苯胺和硝基苯,及提供相关服务。

2006年后,随着挺进化工区等重大战略的逐步实施,通过与国际化工巨头的战略合作,氯碱公司产品的市场竞争力得到增强,主营产品盈利能力得到提高,盈利模式日益成熟。与拜耳、巴斯夫、亨斯迈等国际跨国公司合作,形成产品互供链,打造循环经济产业链的运营模式。2010年,在全球经济复苏的大背景下,在PVC、烧碱市场供过于求的格局没有改变的情形下,氯碱公司与国际化工巨头合作的新型盈利模式开始显示其功效。2013年,氯碱公司在亨斯迈上海公司投资收益近6000

万元。同时,另一家参股企业上海联恒异氰酸酯有限公司10月份也主动向氯碱公司分红1 050万元。

【上海双钱轮胎销售(约旦)有限公司】

2006年,双钱公司与JamilOdeh & Sons约旦公司合资组建上海双钱轮胎销售(约旦)有限公司。注册资本100万美元,双钱公司与外方各投资50万美元,分别占注册资本的50%。双钱公司直接持有上海双钱轮胎销售(约旦)有限公司50%的股份。

截至2013年年底,公司总资产4 088.48万元,净资产2 646.55万元;销售收入8 574.44万元;净利润692.15万元。

【上海西氏医用橡胶制品有限公司】

2007年10月成立,经营场地为上海市青浦区练塘镇青枫公路太浦河桥北侧,注册资本150万元,合作方为新加坡西氏医药服务新加坡私人有限公司,占股比100%,华向公司占股比0%(享受5%权益),经营范围为研发、生产医药包产品及相关产品、销售公司自产产品(涉及行政许可的,凭许可证经营)。2011年6月,华向公司收回在该公司5%的权益。

表5-2-10 2013年华谊集团合资合作企业情况表   单位:万美元

序号	公司名称	总投资	注册资本	外资比例%	中方比例%	备注
1	上海巴斯夫聚氨酯有限公司	60 485	20 565	70	16(华谊集团)14(高化公司)	巴斯夫异氰酸酯中国投资有限公司,巴斯夫(中国)有限公司
2	上海巴斯夫涂料有限公司	1 623	730	60	40(涂料公司)	巴斯夫涂料股份有限公司50%,巴斯夫中国10%
3	上海国际油漆有限公司	1 566	627	51	49(涂料公司)	荷兰阿克苏诺贝尔控股公司
4	上海卡博特化工有限公司	8 987	4 378	70	30(焦化公司)	卡博特(中国)投资有限公司
5	上海华林工业气体有限公司	15 250	5 427	50	50(焦化公司)	林德气体(香港)有限公司
6	上海联恒异氰酸酯有限公司	94 127	31 376	70	7(氯碱公司)、8(华谊集团)、15(高化公司)	巴斯夫亨斯迈上海异氰酸酯有限公司各35%
7	上海杜邦农化有限公司	2 580	1 156	80	20(投资公司)	杜邦中国集团有限公司
8	上海阿科玛双氧水有限公司	10 019	5 252	67	33(焦化公司)	阿科玛(中国)投资有限公司
9	上海环球分子筛有限公司	1 654	1 000	70	30(投资公司)	美国UOP
10	上海申星化工有限公司	1 800	970	63	37(吴泾公司)	华星工程投资有限公司

〔续表〕

序号	公司名称	总投资	注册资本	外资比例%	中方比例%	备注
11	上海林德二氧化碳有限公司	1 205	774	60	40（焦化公司及吴泾公司）	德国林德股份有限公司（46%）林德气体（香港）有限公司（14%）
12	上海亨斯迈聚氨酯有限公司	41 532	13 844	70	30（氯碱公司）	亨斯迈中国投资有限公司
13	上海泾星化工有限公司	1 160	660	63	37（吴泾公司）	华星工程投资有限公司
14	上海三爱富戈尔氟材料有限公司	400	300	60	40（三爱富公司）	戈尔公司
15	上海京帝化工有限公司	540	400	66	34（吴泾公司）	帝亿、丸红、英属维尔群岛宝智投资有限公司
16	上海必美宜新华抛磨材料有限公司	125	125	60	40（化工联社）	香港必美谊有限公司
17	上海京藤化工有限公司	900	684	30	70（吴泾公司）	伊藤忠商事株式会社
18	上海特洛伊化学品有限公司	20	17	50	50（试四赫维公司）	美国Troy化工有限公司
19	上海泾奇高分子材料有限公司	1 806	900	55	45（吴泾公司）	扬青岚、宝智投资有限公司
20	上海藤仓化成涂料有限公司	1 096	1 096	30（极东贸易公司）40（藤仓公司）	30（涂料公司）	
21	上海新友水性聚氨酯有限公司	60	60	35	65（新光厂）	段友卢夫妇
22	上海龙天化学品有限公司	289	289	25	13（华谊国贸）、18（吴泾公司）、9（东盐）、35（自然人）	英匡化学专家有限公司
23	卡博特（天津）化工有限公司	11 690	4 576	70	30（焦化公司）	卡博特（中国）投资有限公司
24	卡博特高性能材料（天津）有限公司	4 980	1 660	90	10（焦化公司）	卡博特（中国）投资有限公司
25	藤仓化成涂料（天津）有限公司	150	108	70	30（涂料公司）	藤仓化成、极东贸易株式会社
26	藤仓化成（佛山）涂料有限公司	250	175	70	30（涂料公司）	藤仓化成、极东贸易株式会社
27	苏州天原物流有限公司	172	120	25	75（天原集团和氯碱公司）	香港 AIR SEA TRANSPORT (HK) LIMITED
28	安徽米其林（回力）轮胎有限公司	46 171	26 444	40	40（双钱集团）20（华谊集团）	

〔续表〕

序号	公司名称	总投资	注册资本	外资比例%	中方比例%	备注
29	河南博海化工有限公司	1 450	770	26	74（焦化公司）	卡博特（中国）投资有限公司
30	上海轮胎橡胶（集团）如皋有限公司	12 460	10 032	25	52（双钱集团）23（华谊香港）	香港恒升投资20%，马来西亚高丽制钢（马联）有限公司5%
31	内蒙古三爱富万豪氟化工有限公司	1 778	888	20	60（三爱富公司）、20（自然人）	吴栩中国
32	常熟三爱富中昊化工新材料有限公司	4 762	1 587	10	70（三爱富公司）、4（中国电子财务）、16（自然人）	杜邦中国
33	常熟三爱富氟化工有限责任公司	898	449	10	75（三爱富公司）15（自然人）	ARKEMA ASIE SAS
	合计	331 984	137 439			

第六篇
科学技术

概　　述

　　上海市化学工业局(简称"化工局")改制为企业集团后,上海华谊(集团)公司(简称"华谊集团")为应对市场化带来的挑战,加快整合科技资源,加快推进企业技术进步,营造科技创新的氛围和环境,着力寻求产业链关键技术的重点突破。"八五"至"十二五"期间,华谊集团的科技工作者们走引进消化吸收创新和自主研发相结合的科研发展之路,使集团科技实力不断提升,科技成果斐然。

　　华谊集团在科技研发中探索课题组横向协作项目和开放实验室等多种形式,以中长期项目为主,结合短平快产品开发,形成一批科研产业化项目,培育一批有创新能力的学科带头人。拥有上海华谊集团技术研究院等11家科研设计和研究院、3家国家级企业技术中心和8家上海市级企业技术中心、7家国家授权的检测机构,并设有上海华谊博士后科研工作站、院士专家工作站。华谊集团下属23家企业获"上海市高新技术企业"称号。

　　华谊集团注重以科技进步提升核心竞争力。华谊集团先后出台《上海华谊(集团)公司专利管理条例》《上海华谊(集团)公司专利奖励实施细则》《华谊技术创新体系建设纲要》《华谊集团关于加强技术创新工作的若干决定》,编制华谊集团技术创新三年行动计划;制定《上海华谊(集团)公司关于加强技术创新工作的若干决定(暂行)》(21条),设立技术创新奖励专项资金等,推动科技创新和技术进步。

　　1991—2013年,华谊集团加大科技创新力度。注重科技创新投入,打造企业技术中心,走产学研相结合的道路,从引进、消化、吸收到自主创新,不断提升企业科技创新的能力。进入21世纪后,华谊集团进一步实施科教兴化战略,解放思想,创新求变,建立集团可持续发展机制,召开五届技术创新大会,鼓励科技创新。为加快产业升级,打造先进研发平台,推进产业链关键技术的重点突破,奠定坚实的技术基础。成立华谊集团技术中心,推行总工程师对企业科技创新工作全面负责制度,提高企业核心竞争能力,企业科技创新产业化取得成果。上海吴泾化工有限公司消化吸收醋酸引进装置先进技术,使产能10万吨/年的醋酸装置产出率达125%。上海华谊丙烯酸有限公司(简称"丙烯酸公司")对丙烯酸丁酯装置进行技术改造,产量从2.5万吨/年提高到7万吨/年;还成功地进行6 000吨/年丙烯酸的工业性试验项目。上海焦化有限公司技术中心羰基合成模试装置投入运行,并在醋酸扩产技术的开发上发挥关键作用;上海涂料有限公司技术中心卷钢涂料技术开发试验楼改造建设完成,卷钢涂料成为该公司利润的主要来源之一。华谊集团与复旦大学、华东理工大学分别成立"工业催化和功能材料研究中心"和"先进化学与化工技术研究中心"。集团下属企业先后与中科院上海分院、中科院上海有机化学研究所、复旦大学、同济大学、北京化工大学、广州化学所等开展合作,并与中科院上海有机化学研究所签订《战略合作协议》,产学研合作取得成果。2006—2013年,华谊集团累计研发投入55.91亿元,构筑"化工新材料""精细化工""生物技术""化工过程开发"平台,初步形成"竞争性情报""知识产权管理"的支撑体系。

　　华谊集团整合集团的技术资源,在产业化项目上取得重大突破,如全钢丝子午线工程机械轮胎获上海市科技进步一等奖;万吨级丙烯酸新技术获2003年上海科技进步一等奖,该新技术研发成果,不仅形成自主知识产权,而且其关键技术还包含8项国家专利。1999—2013年,重点科研项目也取得新突破,获国家科技进步特等奖1项、一等奖1项、二等奖3项,获国家级新产品奖7项、中国国际工业博览会铜奖1项、全国石油化工联合会科技进步一等奖1项,获上海市科技进步一等奖10项、专利授权340项。其中丙烯酸公司"新型高空速高收率丙烯氧化制丙烯酸催化剂的研制及工业化应用"项目获上海市科技发明一等奖、上海吴泾化工有限公司年产10万吨乙酸乙酯新型成套技术项目获2005年上海市科技进步一等奖;上海氯碱化工股份有限公司自主研发的万吨级氯化聚氯乙烯工业装置建成投产,填补中国高端氯化聚氯乙烯树脂市场的空白;1万吨/年聚偏氟乙烯成套技术在国内率先实现产业化;双钱集团股份有限公司成功开发覆盖45英寸～57英寸系列的巨型全钢子午线轮胎,获上海市科技进步一等奖、中国国际工业博览会银奖;上海焦化有限公司煤基合成气制羰基化专用一氧化碳新工艺技术和上海氯碱化工股份有限公司30万吨/年氯乙烯—聚氯乙烯生产工艺技术国产化开发技术获上海市科技进步二等奖,成功实现醋酸和丙烯酸的成套技术输出。

华谊集团累计承担高端有机氟材料(国家科技部863项目)等9个国家重大攻关项目、高性能含氟电子信息材料等30个上海市攻关项目、航空发动机用聚酰亚胺零件及高压航空燃料软管研制等26个国防军工配套项目,其中为军工配套的聚四氟乙烯导电软管组件获国家科技进步特等奖、聚酰亚胺和聚偏氟乙烯特种材料等分别获上海市科技进步二等奖;集团有5家为"神舟"五号载人飞船配套军工科研项目的企业受到国家表彰。2013年,聚酰亚胺飞机发动机衬套零件项目解决国家急需,获中华人民共和国国防科学技术工业委员会的通报表彰和嘉奖。

第一章 科研管理

第一节 管理制度

1993年,上海市化工局制定《关于推进科技进步激励机制的试行意见》。

2001年,出台《上海华谊(集团)公司专利管理条例》和《上海华谊(集团)公司专利奖励实施细则》。

2004年6月,华谊集团修订完善《华谊技术创新体系建设纲要》。

2005年,出台《华谊集团关于加强技术创新工作的若干决定》。该《决定》有6个方面22条,包括进一步建立和完善技术创新责任考核体系,加大对企业技术创新工作激励,加大企业技术创新团队建设工作力度,设立华谊集团技术创新奖励专项资金,加大对重大研究开发项目奖励力度等。

2006年,出台《华谊集团关于加强技术创新工作的若干决定》。

2007年,出台《上海华谊(集团)公司技术秘密管理办法》《上海华谊(集团)公司重大技术开发签约项目管理办法》《上海华谊(集团)公司禁化武履约工作管理办法》。

2008年,出台《上海华谊(集团)公司研发项目管理办法》。

第二节 管理服务

一、机构与管理

1981年12月,上海市化工局科研处和技术处合并为科技处,1984年4月改组成科研开发处,2001年,华谊集团机构改革,成立科技部,承担集团科技管理职能。

2001年,华谊集团推行总工程师对企业科技创新工作全面负责制。进一步加快技术资源整合,以研发系统人力资源、重要研发设备和大型分析测试仪器等为重点,建立和完善技术资源信息库。通过直接调配和协调,协同集团研究院、情报所、项目单位和丙烯酸公司等企业技术平台,组建联合攻关组、联合实验室,加快推进重点项目攻关;加强技术诊断、交流和咨询,推进企业技术创新工作。

二、知识产权管理

在加强知识产权管理方面,华谊集团组织5次专利申请知识培训,对重点企业开展专利申请调研,普及专利申请和技术秘密保护工作的相关知识。加强制度建设,完善集团技术秘密管理办法,增加重大技术成果列为国家秘密的认定管理办法、项目建设过程中的技术秘密管理等内容;制定集团内部技术项目移交的程序,规定相关资料的内容要求等;编制集团《研发项目管理办法》和《工艺软件包编制规范》,明确研发项目的工作流程以及工艺软件包编制的主要内容和具体要求,进一步强化知识产权的管理。

三、高端科研人才平台

2009年，华谊集团组织"院士专家华谊行"活动，制订12项专题活动的具体工作计划，包括技术交流与讲座专题7项、技术诊断与咨询专题5项，并组织10次主题活动。通过"请过来、走出去"开展技术交流30余次，先后与20多家高校、研究所及跨国企业开展交流和合作活动，并初步建立以集团技术研究院为主的产学研合作平台，初步建立企业产学研项目组织协调机制。

2010年3月，华谊集团博士后科研工作站、华东理工大学——华谊集团全日制工程硕士联合培养基地、上海煤基多联产工程技术研究中心揭牌。

2011年5月，上海华谊院士专家工作站成立。该工作站常设机构设在集团技术研究院，以常态化、制度化的长效运营体系，发挥院士专家的技术引领作用，帮助集团培育科技创新团队，突破关键技术制约，推动产学研紧密合作。

四、数字图书馆建设

2011年，完成华谊集团统一的科技情报和市场信息支撑体系——华谊集团数字图书馆的一期建设，实现科技期刊在线阅览、科技文献检索和科技情报在线服务，提供多种科技文献检索和24小时原文请求功能。至年底，开通561个用户。11月，科技部与信息中心合作开发的集团产品标准数据库投入运行，实现企业产品标准管理的信息化。

2011年，科技部组织开展扩大集团数字图书馆的服务覆盖范围工作，服务面从华谊集团市内企业向市外企业、合资企业拓展，制订服务方案实施计划，并开通安徽无为和双钱集团如皋基地的数字图书馆服务；为充分发挥资源效率，组织开展并探索新运行服务模式，将服务推广到合资企业和社会企业，完成德国巴斯夫合资企业收费服务的企业试点工作，并与集团旗下上海三爱富新材料股份有限公司（简称"三爱富公司"）和丙烯酸公司等企业建立"一对一"的情报信息服务。

五、科研战略合作

1996年，华谊集团与华东理工大学一起建立国家级的生物工程技术研究中心上海分中心；与复旦大学合作组建"上硫复旦有机催化工程研究中心"，开发新产品乙二醛。

进入21世纪后，华谊集团先后与中科院上海分院、中科院上海有机化学研究所、复旦大学、同济大学、北京化工大学、广州化学所等开展合作，并与中科院上海有机化学研究所签订《战略合作协议》。2005年，华谊集团与复旦大学、华东理工大学分别成立"工业催化和功能材料研究中心"和"先进化学与化工技术研究中心"。

2013年4月，华谊集团和上海市科学技术委员会（简称"上海市科委"）在友谊会堂签约《实施科技创新战略合作》，市科委主任寿子琪与华谊集团总裁刘训峰签署《战略合作框架协议》。按照《协议》，双方将共同制定华谊集团科研专项指南，围绕先进材料制造工程化开发、信息化提升传统制造业、工业催化研究等技术领域，合作建设先进材料制造工程化开发、计算化学与化工工程技术研究中心、工业催化研究等一批工程化技术研究平台，建成面向华谊集团和上海产业链企业协同发展、资源共享的工程化研发基地，突破从基础研究到产业化工程放大的瓶颈。

六、科研投入与成果

1991—2013年,华谊集团加大科技创新力度,提高企业的核心竞争力。华谊集团整合集团的技术资源,在产业化项目上取得重大突破。如全钢丝子午线工程机械轮胎获上海市科技进步一等奖;万吨级丙烯酸新技术获2003年上海科技进步一等奖,该新技术研发成果,不仅形成自主知识产权,而且其关键技术还包含8项国家专利。重点科研项目也取得新突破,其中丙烯酸公司"新型高空速高收率丙烯氧化制丙烯酸催化剂的研制及工业化应用"项目获上海市科技发明一等奖、上海吴泾化工有限公司年产10万吨乙酸乙酯新型成套技术项目获2005年上海市科技进步一等奖;上海氯碱化工股份有限公司自主研发的万吨级氯化聚氯乙烯工业装置建成投产,填补中国高端氯化聚氯乙烯树脂市场的空白;1万吨/年聚偏氟乙烯成套技术在国内率先实现产业化;双钱集团股份有限公司成功开发覆盖45英寸~57英寸系列的巨型全钢子午线轮胎,获上海市科技进步一等奖、中国国际工业博览会银奖;上海焦化有限公司煤基合成气制羰基化专用一氧化碳新工艺技术和上海氯碱化工股份有限公司30万吨/年氯乙烯—聚氯乙烯生产工艺技术国产化开发技术获上海市科技进步二等奖;成功实现醋酸和丙烯酸的成套技术输出;获国家科技进步特等奖1项、一等奖1项、二等奖3项,获国家级新产品奖7项、中国国际工业博览会铜奖1项,获上海市科技进步一等奖10项、全国石油化工联合会科技进步一等奖1项,专利授权340项。

1991年,化工局获上海市科技博览会金奖3项,银奖4项,优秀奖9项。

1992年,化工局系统科技攻关获国家发明奖2项、国家科技进步奖2项、化工科技进步奖18项、上海市科技进步奖26项、上海市优秀新产品奖59项;承担国家科技攻关项目36项。

1993年,化工局制定《关于推进科技进步激励机制的试行意见》。

1996年,华谊集团与华东理工大学一起建立国家级的生物工程技术研究中心上海分中心;与复旦大学合作组建"上硫复旦有机催化工程研究中心",开发新产品乙二醛。

1997年6月,建成年产1 200吨乙二醛中试装置;9月,生产出第一批质量合格产品,产品质量达到国际同类产品的水准。

1998年,建立华谊生物技术开发中心和轮胎、氯碱两个国家级技术中心。

2000年,华谊集团召开技术创新大会,制定集团"十五"技术创新工作计划和加强技术进步工作的若干规定,设立技术创新专项资金。

2001年,华谊集团技术中心成立,下设生物技术、精细合成、新材料、信息技术4个技术平台;年内,集团制定一系列有关技术创新的制度,并推行总工程师对企业科技创新工作全面负责制度;申报专利25项;此外,有2项技术成果获上海市科技进步一等奖,3项技术成果获上海市科技进步二等奖,3项产品获上海市新产品二等奖,5项产品获上海市新产品三等奖。上海吴泾化工有限公司消化吸收醋酸引进装置先进技术,使产能10万吨/年的醋酸装置产出率达125%。丙烯酸公司对丙烯酸丁酯装置进行技术改造,产量从2.5万吨/年提高到7万吨/年;还成功地进行6 000吨/年丙烯酸的工业性试验项目。

2002年,上海焦化有限公司技术中心羰基合成模试装置投入运行,并在醋酸扩产技术的开发上发挥关键作用;上海涂料有限公司技术中心卷钢涂料技术开发试验楼改造建设完成,卷钢涂料成为该公司利润的主要来源之一;上海三爱富新材料股份有限公司技术中心大楼和高压实验装置的建设工程基本建成。先后与中科院上海分院、中科院上海有机化学研究所、复旦大学、同济大学、北京化工大学、广州化学所等开展合作,并与中科院上海有机化学研究所签订《战略合作协议》,确定全氟离子交换膜研制和产业化开发等4个具有前瞻性的合作项目申请专利数49项,其中发明专利44项(包括国外发明专利3项),实用新型专利4项,外观设计专利1项。争取国家"863"项目和上海市政府对华谊集团技术创新工作的支持,33个攻关项目获政府支持1 450万元。

2003年,华谊集团全年投入开发经费3.03亿元,完成专利申请82项,其中发明专利数占专利申请数的70%。华谊集团与5家为"神舟"五号载人飞船配套军工科研项目的企业受到国家表彰。是年,华谊集团获上海市科技进步一等奖1项、二等奖2项、三等奖1项。

2004年,华谊集团获上海市科技进步一等奖1项、二等奖1项、三等奖2项,获专利授权29项。

2005年,华谊集团与复旦大学、华东理工大学分别成立"工业催化和功能材料研究中心"和"先进化学与化工技术研究中心"。

2006年,华谊集团获专利授权49项;获上海市科技进步二等奖3项、三等奖2项;同时还获国家级新产品4项。设立技术创新奖励专项资金。

2007年,华谊集团获专利授权91项;"全钢丝子午线工程机械轮胎"获上海市科技进步一等奖;"1 000吨/年氟橡胶工业化关键技术开发及应用"和"30万吨/年氯乙烯/聚氯乙烯生产工艺技术国产化开发"获上海市科技进步二等奖。

2008年,华谊集团科技投入7亿元,比2007年增长25%;申报专利155项,其中发明专利107项,申报技术秘密32项;获专利授权88项,其中发明专利60项。获节能技改项目等政策资金3 100万元。

2009年,华谊集团科技投入5.8亿元,申请专利150项,其中发明专利105项,占70%;获专利授权81项,其中发明专利53项,占78%;新产品产值率达29%。年内,华谊集团在抓项目开发的同时,争取政府对集团技术创新的支持,通过与国家科技部、国家科工办、上海市发展与改革委员会、上海市科委、上海市经委、上海市科工办等政府部门积极沟通,华谊集团组织申报各类攻关项目38项,其中国家级5项、市级33项。获政府支持项目24项,其中有上海市科委启明星2项、上海市科委IGCC重点攻关项目1项、上海市科委软课题1项、上海市科委重点新产品5项、上海市科委攻关项目4项、上海市经委攻关项目7项、国家军工技改项目2项。三爱富公司获"国家级企业技术中心"称号。

2010年,华谊集团完成技术创新投入5.75亿元,完成申报专利数152项(其中发明专利105项),完成新产品产值(统计口径)98.5亿元。

2011年,华谊集团科技投入6.7亿元,专利申请数103项,其中发明专利达70%;认定的技术秘密52项,全年完成新产品产值超过100亿元。是年,围绕集团节能减排、新产品开发、生产过程优化等方面的技术创新工作,组织申报政府对攻关项目的支持,完成集团和企业申请政府攻关项目16项、国家军工配套攻关项目5项;组织国家"02专项技术"开发工作。是年,获政府经费支持3 750万元。

2012年,华谊集团科技投入8.9亿元,完成计划106%;申请专利82项,完成计划103%;认定的技术秘密50项,完成计划100%;新产品产值150亿元(统计口径),完成计划110%。年内,组织集团所属企业申报上海市国有资产管理监督委员会"上海市国有企业创新项目领军人物"31名。争取市高新工程专项资金的支持,经过调研和筛选,组织三爱富公司等5家军工配套单位申请市"高新工程"配套专项资金,获政府经费支持450万元。华谊集团牵头联合华东理工大学、复旦大学、上海化工研究院组建上海化工产业技术创新战略联盟,获上海市科委100万元支持。华谊集团与杜邦公司合作研发,建成符合欧盟最新环保标准的全球首套新型制冷剂HFO-1234yf产业化装置,成为全球唯一供应商,定点出口欧盟。

2013年,华谊集团技术投入9.51亿元。完成专利申请83项,技术秘密认定50项,完成新产品产值125亿元。年内,在科技部的统一组织和指导下,华谊集团下属企业在新能源、新材料、精细化工、节能减排、军工科研等领域,得到国家科技部、上海市科委、上海市经信委、上海市质监局等一批项目的支持,获国家支持项目经费3 500万元。与美国Akron大学联合研制成功具有国际领先水平的新一代液晶显示材料——PT853含氟新材料(应用于手机显示屏表面光学补偿膜),成为全球首家供应商。

2006—2013年,华谊集团累计研发投入55.91亿元,构筑起"化工新材料""精细化工""生物技术"和"化工过程开发"平台,初步形成"竞争性情报"和"知识产权管理"的支撑体系。

华谊集团累计承担高端有机氟材料(国家科技部863项目)等9个国家重大攻关项目、高性能含氟电子信息材料等30个上海市攻关项目、航空发动机用聚酰亚胺零件及高压航空燃料软管研制等26个国防军工配套项目,其中为军工配套的聚四氟乙烯导电软管组件获国家科技进步特等奖、聚酰亚胺和聚偏氟乙烯特种材料等分别获上海市科技进步二等奖;2013年,聚酰亚胺飞机发动机衬套零件项目解决国家急需,获中华人民共和国国防科学技术工业委员会的通报表彰和嘉奖。

第二章 科研机构

第一节 技术研究院

2001年4月16日,华谊集团技术中心(简称"技术研究院")成立。位于上海市漕宝路36号。技术研究院是在化工新材料、精细化工、生物技术、化工模拟与优化4个研究开发部和膜技术应用实验室的基础上,加入焦化、氯碱、吴泾、轮胎、涂料、三爱富、丙烯酸等公司的技术中心而建立的。注册资本1 000万元,接受所属华谊集团委托办理相关研发业务。2010年,技术研究院搬迁至上海市徐汇区龙吴路4600号吴泾公司界区内。

2004年起,技术研究院在精细化工、新材料、工艺包开发等方面开展了一系列课题研究,围绕集团战略目标以及集团的产业链,在多相催化和均相催化、有机合成和有机催化、材料合成和材料加工、化学工程和化工装备等方面加强研究开发,对具有应用前景的项目在中试示范基地上实施工业放大试验。全氟羧酸树脂单体合成、新型醋酸铑-铱催化剂开发等多个项目获较好进展和突破。2010年,技术研究院致力于华谊集团能源化工、先进材料、精细化工等主营业务,形成"四所三部两中心"的组织架构,即工业催化研究所、高分子材料研究所、精细化工研究所、过程开发研究所、综合管理部、技术发展部、安全运保部、成果转化中心、分析测试中心。在与社会机构及高等院校的产学研合作上,开门搞科研,与国内外知名企业、高校建立互信合作关系,设立有上海煤基多联产工程技术研究中心和上海计算化学与化工工程研究技术中心2个市级技术中心,华谊集团院士专家工作站和博士后科研工作站2个工作站;与社会科研院所展开合作,先后成立酸碱催化联合实验室、甲醇转化联合实验室、催化加氢联合实验室、煤基化学品联合实验室、高分子材料合成与改性联合实验室、分子筛合成与催化联合实验室6个联合实验室;与华东理工大学、上海师范大学、上海大学分别建立全日制工程硕士联合培养基地、全日制专业硕士联合培养基地、全日制专业硕士实践基地3个培养基地。2013年,初步形成以羰基合成醋酸新型催化体系研究为代表的十大重点攻关项目;以甲苯甲醇烷基化制对二甲苯为代表的十大重点研发项目;以乙醇酸甲酯氧化/水解制乙醛酸为代表的十大前期研究项目;以甲醇直接氧化合成二甲氧基甲烷为代表的十大重点关注及调研项目。

(详见第一篇第四章第一节)

第二节 博士后工作站

1998年3月,华谊集团、汽车工业总公司等6家企业联合举行"企业博士后科研工作站"揭牌仪式。"华谊博士后科研工作站"首批提供10余个研究课题,其中包括轮胎动态力学性能三维有限元分析、轮胎噪声研究分析、金核霉素母体化合物的结构改造、新型含氟海洋涂料合成及应用研究等。

2009年12月23日,三爱富公司控股的股份制企业常熟三爱富中昊化工新材料有限公司与华东理工大学合作成立的"江苏省企业院士工作站"揭牌成立。

2012年11月,常熟三爱富中昊化工新材料有限公司为进一步吸引创新型高层次人才进入企业,提升企业创新能力,促进产学研结合,联合江苏省华益科技有限公司、常熟耐素生物材料科技有限公司申请创建的"2012年江苏省首批新设区域性博士后创新实践工作基地"获批;该基地于2013年10月22日在常熟三爱富中昊化工新材料有限公司揭牌。

第三节　国家和市级企业技术中心

一、国家级企业技术中心

【上海轮胎橡胶(集团)股份有限公司技术中心(研究所)】

1993年6月,上海轮胎橡胶(集团)股份有限公司(2007年5月更名为双钱集团股份有限公司)轮胎研究所成立。上海轮胎橡胶(集团)股份有限公司(简称"上轮公司")以国有3000万元作为投资,注册地位于上海市闸北区柳营路881号(上海炭黑厂厂址)。轮胎研究所以上海炭黑厂3.66万平方米的厂房作为科研经营场地,以研究开发汽车新技术和生产销售汽车轮胎作为经营方式,主营汽车轮胎并兼营汽车轮胎原辅料、相关技术咨询服务及相关市场信息咨询服务。

1993年,轮胎研究所被国家经济贸易委员会、国家税务总局、海关总署首批认定为"大型企业(集团)技术中心"。1994年,通过国家级高新技术企业评审,获"高新技术企业"称号。

2001年4月9日,轮胎研究所作为上轮公司的部分资产与米其林合资,建立新的轮胎研究所,其本部地址设在上海市闵行区剑川路2613号(双钱载重轮胎公司地址),下设钢丝子午线轮胎、斜交轮胎2个研究部。2001年6月16日,新建立的轮胎研究所举行揭牌仪式;具有"国家级技术开发中心"资质的轮胎研究所从上海市闸北区柳营路881号迁至双钱载重轮胎公司,实行一套班子、两块牌子的管理体制。年内,轮胎研究所开发完成37个新品规格。

2001年12月,上轮公司"双钱""回力"牌轮胎获"上海名牌产品"称号。上轮公司获2001年上海市对外经济贸易贡献奖(铜奖)。在2001年上海市企业进出口额前100名排名中,上轮公司排第67位。

2005年,轮胎研究所进行组织机构调整,下设7个部门:力学结构研究部、材料配方研究部、测试中心、战略情报研究部、综合办公室、子午胎研究部、斜交胎研究部,招收8名大学生(博士1人、硕士4人、本科3人),调入双钱载重轮胎公司12名检测人员,公司内部招聘5名管理人员。

2008年10月14日,轮胎研究所经营场所由上海市闸北区柳营路881号迁移至上海市闵行区剑川路2613号。

2013年,全国轮胎轮辋标准化技术委员会和中国计量协会在北京组织2013—2014年度汽车轮胎滚动阻力测试比对实验室认定暨授牌会议,双钱集团轮胎研究所成为国内首批7家滚动阻力比对实验室之一。

【上海氯碱化工股份有限公司技术中心】

上海氯碱化工股份有限公司技术中心(简称"氯碱技术中心")是1994年11月经国家经济贸易委员会、国家海关总署和国家税务总局认定批准,于1995年4月28日成立揭牌,是全国第二批百家"国家级技术中心"之一,全国氯碱行业首家"国家级技术中心"。

氯碱技术中心有研发人员78人,其中硕士研究生以上占15%,高级职称占13%,35周岁以下青年研发人员占65%。

氯碱技术中心占地面积8900平方米,中试基地占地面积约6000平方米,仪器设备和试验装置原值约5412万元。在消化吸收和自主创新的实践中，形成10升—300升—7立方米—30立方米—127立方米聚氯乙烯聚合开发放大体系，其中7立方米聚合中试装置是国内同行业中规模最大，控制最先进的中试装置。

按照上海氯碱化工股份有限公司（简称"氯碱公司"）精心打造聚氯乙烯聚合试验平台、水相法氯化聚合物开发平台、塑料加工与应用实验平台、催化反应及过程开发平台及分析测试平台的发展规划，氯碱技术中心设立化工研究室、聚合工程研究室、新材料研究室、工业化研究室、分析测试室，以氯化工产业链优化、新材料开发为主线，负责公司新产品、新工艺、新技术的研究与开发。氯碱技术中心多次承担国家技术创新项目、国家科技支撑计划项目和上海市科技创新项目。截至2013年年底，氯碱技术中心拥有有效发明专利43项，8项科技成果获上海市科技进步奖。

氯碱技术中心坚持走"产学研"一体化之路，加强与高等院校及科研院所的合作，2001年，与浙江大学建立聚合工程联合实验室；2002年，与上海交通大学建立高分子材料加工联合实验室，与华东理工大学建立化学工程联合实验室，还与科研院所合作攻关，在科研开发和过程放大过程中发挥各自的优势。

1995年1月，氯碱公司获"国家级技术中心"铭牌、中国实验室国家认可委员会认可证书。

【上海三爱富新材料股份有限公司技术中心】

上海三爱富新材料股份有限公司是一家科技型的上市公司，公司技术中心的研发能力与创新水平在国内同行业中处于领先地位，拥有一批自主研发的创新成果，在国家重大攻关和国防军工配套科研开发方面有重要贡献。2001年，三爱富公司技术中心被认定为上海市级企业技术中心。2008年10月，在第10届中国国际高新技术成果交易会上，三爱富公司技术中心被国家发展和改革委员会、科技部、财政部、国家海关总署和国家税务总局联合授予"国家认定企业技术中心"铭牌。

常熟三爱富中昊化工新材料有限公司（简称"中昊公司"）是三爱富公司控股的股份制企业。中昊公司技术中心在创新能力建设、研发环境建设、信息化平台建设、人才培养建设方面都取得成果。2010年9月，中昊公司技术中心通过江苏省级"企业技术中心"评定。

二、上海市级企业技术中心

【上海化工厂技术中心】

上海化工厂始建于1924年，是国有大型企业，专注于塑料改性加工。该厂高分子功能材料研究所研究并搭建聚合物接枝平台，引领电线电缆绝缘材料从化学交联向硅烷交联发展。1997年，在该厂高分子功能材料研究所基础上成立的上海化工厂技术中心被认定为上海市级企业技术中心。

【上海涂料有限公司技术中心】

1998年1月，上海涂料有限公司技术中心（简称"涂料技术中心"）成立，该中心是以上海市涂料研究所为主体，由上海涂料有限公司（简称"涂料公司"）所属企业科技人员组成的技术开发和技术研究机构。

2001年3月，涂料技术中心被认定为上海市级企业技术中心。

2013年，涂料技术中心以新型船舶涂料、水性涂料树脂、涂料及水性助剂的开发产品为主攻方向,同步发展水性和功能性卷材涂料等;所设立的相关多个科研项目中,新型船舶压载舱涂料取证实现产品产业化后,大船配套的货油舱涂料通过全套性能测试,环氧多用途底漆取得CCS工厂认可证书并实现销售;水性净味分散剂销售660吨;改进的可发泡卷材涂料销售1400多吨;水性环氧树脂、水性丙烯酸改性醇酸树脂、新一代水性环氧乳液和配套固化剂等多种体系的水性树脂产品性能与同类国外产品接近,其中水性醇酸树脂实现销售42吨、水性环氧改性丙烯酸树脂实现销售27吨、水性耐指纹涂料实现销售12吨、太阳能背板涂料实现销售88吨等。新研制成功的水性机床漆、水性酒标涂料等投入市场;飞机蒙皮涂料实现商业化,并填补国内空白。

2013年5月,涂料技术中心研发的新型水性环氧乳液及其固化剂获"荣格技术创新奖"。

【上海中远化工有限公司技术中心】

2000年10月,上海中远化工有限公司技术中心(简称"中远技术中心")成立,下设产品研究开发室、信息中心室、设计室。中远技术中心重点研究开发空分、光化、炔化、氢化等产品,并进行双氧水品级提高、炔化类催化剂产业化、MBT产品及氨基保护系列产业化、丁烯二醇及下游产品科研开发等。中远技术中心成功开发出脂肪醇下游产品、酚类医药中间体及碳酸二甲酯等产品。

2000年,中远技术中心被认定为上海市级企业技术中心。

【上海三爱富新材料股份有限公司技术中心】

上海三爱富新材料股份有限公司是一家科技型的上市公司,三爱富公司技术中心在氟化工新技术与新产品研发中有核心技术。2001年,三爱富公司技术中心被认定为上海市级企业技术中心。

【上海焦化有限公司技术中心】

2001年3月28日,上海市经济委员会认定上海焦化有限公司(简称"焦化公司")羰基合成、洁净煤气化为核心技术,上海焦化有限公司研究院被认定为上海市级企业技术中心。是年,焦化公司技术中心通过羰基合成醋酐模试项目,获上海市政府60万元的投资支持。

【上海制皂(集团)有限公司技术中心】

2001年3月28日,上海制皂(集团)有限公司肥皂和油墨两个企业技术中心分别被认定为上海市级企业技术中心。

【上海华谊丙烯酸有限公司技术中心】

上海华谊丙烯酸有限公司是集科研、生产、经营于一体的丙烯酸及酯系列产品的生产厂家之一,并且是国内唯一掌握丙烯酸及酯类全套生产技术的公司。公司技术中心拥有自主知识产权的核心技术。2004年,丙烯酸公司技术中心被认定为"上海市级企业技术中心"。

丙烯酸公司技术中心在新技术与新产品开发、知识产权管理与运用等方面取得多项成果,其中"丙烯酸及酯新工艺生产关键技术"获2004年国家科技进步二等奖,"高性能丙烯酸催化剂研制及工业化应用"获2012年上海市技术发明一等奖,"丙烯酸丁酯生产新工艺技术的开发应用""丙烯酸自主创新技术研发及推广项目"和"万吨级丙烯酸新技术的研究开发"均获上海市科技进步一等奖。

【上海吴泾化工有限公司技术中心】

上海吴泾化工有限公司（简称"吴泾公司"）是建于1958年的国有大型化工企业，公司技术中心在甲醇低压羰基合成醋酸成套技术（包括催化剂、工艺、特材装备制造等）、乙酸乙酯成套技术、醋酸裂解下游产品技术等具有自主知识产权的核心技术。

2005年，吴泾公司技术中心被认定为"上海市级企业技术中心"。

第四节　国家授权的检测机构

一、上海化学工业检验检测有限公司

上海化学工业检验检测有限公司（简称"化检公司"）的前身是上海市化工局压力容器监测站（简称"化工局监测站"）。

1991年，化工局监测站人员15人，其中高级工程师1人、工程师5人、助工3人、二级无损检测人员4人，其他2人。2013年，化检公司有职工45人，其中技术人员14人，其他31人。

1992年10月，化工局监测站与化工局设备供应站合并，组建上海化工装备技术经营公司，并成为上海化工装备技术经营公司下属部门（非法人），对外以化工局监测站名义开展日常工作。1993年10月1日，化工局监测站更名为上海市化工局压力容器检验站（简称"化工局检验站"）。1996年，化工局检验站更名为上海化学工业压力容器检验站（简称"化工压站"）。2003年3月，上海化工实业有限公司兼并上海化工装备技术经营公司，化工压站成为上海化工实业有限公司下属部门。2004年11月，化工压站改制为上海化学工业压力容器检验有限公司（简称"化工容器检验公司"），成为上海化工实业有限公司的子公司，具有独立法人资格；公司注册资本110万元，其中上海化工实业有限公司占股份90%，上海申事化工工程设备监理有限公司占股份10%；注册地址在上海新闵经济开发区新北街422号，办公地址在上海市陕西南路331号乙二楼（占地面积300平方米）。2005年8月，华谊集团收购上海化工实业有限公司持有的化工容器检验公司41%股份和上海申事化工工程设备监理有限公司持有的化工容器检验公司10%股份。在110万元的公司总股本中，华谊集团占股份51%，上海化工实业有限公司占股份49%。至此，化工容器检验公司成为华谊集团控股的特种设备自行检验机构。2006年1月，化工容器检验公司办公地迁至上海市黄浦区新闸路126号10楼（占地面积450平方米）。2009年2月20日，化工容器检验公司股东会临时决议，同意控股股东华谊集团将其持有的51%股权无偿划转给上海华谊集团投资有限公司（简称"投资公司"）。2013年12月25日，化工容器检验公司股东会决议，将公司注册资本增至800万元，股权比例不变；公司更名为上海化学工业检验检测有限公司。

1994年8月，化工局检验站取得检验机构资质证书，检验工作范围为化工局系统内第一、二、三类在用压力容器（不含球罐）的定期检验。1999年，经上海市劳动和社会保障局锅炉压力容器安全监察处审查备案，授权化工压站开展压力管道B级监督检验业务。2000年5月，化工压站通过检验单位资格复查，检验工作范围为行业系统内第一、二、三类在用压力容器的定期检验（球罐检验需专项审批）。2000年8月，化工压站获国家质量技术监督局锅炉压力容器安全监察局核发的压力容器压力管道检验许可证书。2006年2月，国家质量监督检验检疫总局核准化工容器检验公司的特种设备检验项目为：压力容器、球罐定期检验（RD2、RD3、RD4）、在用工业管道定期检验（DD3）、安全阀定期校验（FD1）。2008年1月，上海市避雷装置检测站化工分站的业务转移到化工容器检验

公司;10月,上海市气象局批准化工容器检验公司增加防雷装置的检测项目。2010年8月,化工容器检验公司通过上海市质量技术监督局资质认定,获"计量认证证书";12月,国家质量监督检验检疫总局换证核准化工容器检验公司的特种设备检验项目为:在用压力容器、球罐定期检验(RD2、RD3、RD4)、在用工业管道定期检验(DD3)、安全阀定期校验(FD1、FD2);核准定级为"综合检验机构甲类",中华人民共和国特种设备检验检测机构核准证。2012年5月,化工容器检验公司获上海市质量技术监督局颁发的"上海市计量校准实验室"证书。

二、上海市涂料研究所检测中心

1958年,上海市涂料研究所的前身是上海油漆颜料工业公司油漆颜料应用室组建的油漆颜料测试组。1959年,油漆颜料应用室并入化工部上海化工研究院(简称"化工院"),原油漆颜料测试组变为化工院涂料研究室的涂料颜料测试应用组。1963年10月25日,化工院涂料研究室和染料研究室划出,单独组建上海市染料涂料研究所,化工院涂料研究室的涂料颜料测试应用组改为上海市染料涂料研究所涂料测试应用实验室。1980年1月,上海市染料涂料研究所分为上海市染料研究所和上海市涂料研究所,上海市染料涂料研究所的涂料测试应用实验室与有机公司应用技术室的涂料颜料测试部分合并扩建成上海市涂料研究所涂料颜料测试研究室,位于上海市长宁区长宁路1445号。1981年9月,建立上海市涂料颜料质量监督检验站。1982年1月,开始承担涂料颜料行业内质量监督抽检任务。1991年1月,上海市技术监督局通过上海市涂料颜料质量监督检验站(简称"检测站")的资格审查。1991年11月,检测站搬迁至上海市普陀区云岭东路971号(长风化工厂内)。1993年6月,上海市技术监督局向检测站颁发机构认可证书。1995年12月,通过上海市技术监督局对检测站的机构认可和计量认证。1997年5月,认定检测站为上海市级科技成果检测鉴定机构。1997年11月,认定检测站为上海市新产品检测鉴定机构。1999年12月,通过上海市质量技术监督局专家组对上海市化工产品质量监督检测中心(包括检测站)的计量认证和机构认可。2000年4月,上海市质量技术监督局颁发对上海市化工产品质量监督检测中心涂料颜料站的授权证书。2000年12月,检测站搬迁至上海市普陀区云岭东路345号(上海化工研究院内)。2001年6月8日,组建上海市涂料研究所检测中心(简称"涂料检测中心")。2002年3月,涂料检测中心获国家实验室认可。2003年9月30日,上海市化工产品质量监督检测中心涂料颜料站通过上海市建设行业协会认可。2008年7月23日,涂料检测中心获中国合格评定国家认可委员会实验室认可证书。2008年11月,立足上海面向全国的专用涂料颜料质量检测平台——石油和化学工业专用涂料颜料检测中心在上海市涂料研究所揭牌,该检测中心拥有国家实验室资质。2008年12月1日,获资质认定计量认证证书。2009年1月20日,获石油和化学工业产品质量监督检验中心认证证书。2009年4月7日,获上海市建设工程检测机构评估认可证书。2011年4月,上海市科学技术委员会批准设立61个专业技术服务平台,其中上海市涂料研究所检测中心的上海市新型涂料及颜料检测专业技术服务平台,成为首批上海市专业技术服务平台。

涂料检测中心主要从事企业或个人的委托检验工作,可进行与涂料颜料相关的国标、ISO标准、ASTM标准、JIS标准、DIN标准、EN等标准的检测工作。涂料检测中心作为全国涂料和颜料标准化技术委员会总会成员,参与涂料颜料产品的国家、行业标准的制修订工作;2000年,参与国家室内装饰装修材料中有关涂料的强制性标准的制订;2007年,参与GBT1710同类着色颜料耐光性比较和GB/T13893色漆和清漆-耐湿性的测定连续冷凝法两个新标准的制订工作。涂料检测中心还参与众多大型项目和工程的检验工作,其中有秦山核电站工程、大型桥梁工程、船检认可、飞机蒙皮涂料的适航性认证、2005年国家游泳中心钢结构防腐油漆工程项目等。此外,涂料检测中心作为第三方和第二方的检测实验室每年为上海市及全国各地的上千家涂料颜料生产企业和应用单位开展各项委托检验工作,主要有上海通用汽车有限公司、上海大众汽车有限公司、上海贝尔阿尔卡特有限公司、英格索兰(中国)投资有限公司、通用电器有限公司等,这些企业均以涂料检测中心的检验结果作为产品验收和质量评价的依据;从2001年起,涂料检测中心开展汽车涂料的相关检测,成为上海通用汽车有限公司指定的实验室,也为许多全国知名的汽车厂商进行相关的检测工作。为应对RoHs指令,涂料检测中心及时扩大检测能力,为涂料颜料生产企业提供有关RoHs指令的检测服务,走在同行业的前列。

涂料检测中心设涂料检测室、颜料化分室、特性检测室和仪器分析室;实验室占地面积800平方米(其中恒温恒湿室40平方米);拥有仪器设备160余台(套),其中大型仪器设备30多台;固定资产总值1 200万元。截至2013年年底,涂料检测中心有专职人员23人,其中高级工程师4人,工程师13人。

2007年10月18日,涂料检测中心因"溶剂型木器涂料中有害物质限量强制性国家标注制度"在促进化学工业科技进步中作出贡献,获中国石油和化学工业协会科技进步一等奖;2007年12月19日,因"GBF8581—2001室内装饰装修材料容积型木器涂料中有害物质限量"作出创新贡献,获中国标准创新贡献一等奖;2009年10月13日,因"室内装饰装修材料内墙涂料中有害物质限量GB18582—2008"在促进化学工业科技进步中作出贡献,获中国石油和化学工业协会科技进步二等奖;2010年12月3日,获"GB18582—2008室内装饰装修材料内墙涂料中有害物质限量"的中国标准创新贡献三等奖;2012年12月,获"工业产品质量控制和技术评价实验室"称号。

三、双钱集团股份有限公司轮胎研究所测试中心

1997年7月建成的双钱集团轮胎研究所测试中心,具有对轮胎生产用原材料、轮胎产品性能和研发新品的检测分析能力,轮胎研究所测试中心是体现轮胎研究所实力的重要标志。

2004年,双钱集团股份有限公司(简称"双钱集团")启动建立国家级轮胎检测中心工作,该检测中心占地面积3 766平方米,其中试验场地1 994平方米;10月,通过国家级实验室认可;11月30日,获中国实验室认可委员会颁发的证书,并获中国实验室认可的"CNAS"标志章。至此,双钱集团获国家级轮胎检测中心的授权。

2008年,双钱集团轮胎研究所测试中心通过国家实验室认可委员会的扩项监督评审,授权领域由轮胎产品扩展为轮胎配件、橡胶及其助剂,由原来的8个标准6个参数增加到37个标准47个参数。

四、上海化学试剂研究所有限公司检测中心

上海化学试剂研究所有限公司检测中心(简称"试剂检测中心"),是专业从事化学试剂及其他精细化学品的检测和容量分析用标准滴定溶液研制的检测中心,具有国家质量监督检测检疫总局颁发的标准滴定溶液标准物质中华人民共和国制造计量器具许可证;可以对外供应化学检测中容量分析用的标准滴定溶液标准物质及其他各种标准溶液、化学分析用制剂和制品。试剂检测中心

下设业务办公室、化学分析检测室、仪器分析检测室和标准溶液室。截至2013年年底,试剂检测中心有工作人员10名,其中工程师5名,助理工程师2名;技师1名和高级分析工2名;有各种用房建筑面积约600平方米,专用仪器设备30多台,包括原子吸收分光光度计、气相色谱仪、紫外可见光分光光度计、高效液相色谱仪、傅立叶色—红外分光光谱仪等分析仪器设备;在检测环境条件、检测仪器设备、检测人员配备等方面均能满足化学试剂及其他精细化学品的检测要求。

试剂检测中心的前身是华东地区化学试剂质量监督检测站。1992年5月,经上海市质量技术监督局批准成为上海市化学试剂质量监督检测站。1993年1月,经上海市质量技术监督局专家评审组评审,通过机构审查认可和计量认证。1998年1月,又通过5年1次的机构认可和计量认证的复审。

2006年4月25日,试剂检测中心获中国合格评定国家认可委员会实验室认可;2011年3月,通过中国合格评定国家认可委员会实验室认可复审。

2007年6月20日,试剂检测中心通过上海市质量技术监督局实验室资质认定;2010年5月24日,通过上海市质量技术监督局实验室资质认定复审;2013年6月6日,再次通过上海市质量技术监督局实验室资质认定复审。

2013年3月19日,上海化学试剂研究所有限公司(简称"试剂所公司")和上海市环境科学研究院共建的化学品生态管理测试GLP外延实验室成立,该联合实验室的成立拓展了试剂所公司分析测试部门的业务范围。

五、上海市染料研究所检测中心

上海染料研究所有限公司是上海涂料有限公司下属企业(华谊集团托管),是上海市食品添加剂及配料行业协会副会长单位。

上海染料研究所有限公司前身是始建于1947年的上海宏兴染料厂。20世纪60年代中后期,更名为"上海染料化工六厂"。1980年,上海染料涂料研究所中的"染料部分"和上海染料化工六厂、上海纺织应用技术研究室合并组建上海市染料研究所。1992年,成立上海市染料研究所桃浦实验工厂,并于1993年核准上海市染料研究所桃浦实验工厂的工商登记。2001年7月30日,上海市染料研究所由事业单位转制为科技型企业,单位名称不变。2002年5月20日,上海市染料研究所改制为有限责任公司,更名为"上海染料研究所有限公司"。2001年2月1日,上海市染料研究所检测中心取得上海市化工产品质量监督检测中心认定的计量认证合格证书;2001年3月13日,取得化学工业表面活性剂助剂质量监督检验中心认定的计量认证合格证书。2007年,"GB19601-2004染料产品中23种有害芳香胺的限量及测定"获中国标准创新贡献二等奖;2011年8月16日,获资质认定计量认证证书;2011年8月23日,获国家认可委员会实验室认可证书。

六、上海市塑料研究所检测中心

上海市塑料研究所检测中心为第三方检测服务机构。业务范围包括塑料及塑料制品的性能检测,承担塑料及塑料制品的委托抽查、仲裁检验、产品认证型式检验、科技成果和新产品的检测、委托检验等检测业务;参加国家、行业等标准的制定、修订和有关标准的试验、验证以及其他科研工作。

1983年9月,在上海市塑料研究所第四研究室的基础上,建立上海市塑料质量监督检验站,开始承担上海市技术监督局和上海市化工技术监督所有关产品的质量监督抽查任务。1991年1月，上海市塑料质量监督检验站通过上海市技术监督局计量认证审查；1993年6月，通过上海市技术监督局机构认可。1999年，由上海市经济委员会和上海市技术监督局联合批准成立上海市化工产品质量监督检测中心，上海市塑料质量监督检验站更名为上海市化工产品质量监督检测中心塑料站。2000年4月，上海市质量技术监督局向其颁发授权证书。2001年2月，上海市质量技术监督局向其颁发计量认证合格证书。2001年6月，上海市塑料研究所在上海市化工产品质量监督检测中心塑料站已开展的各项工作的基础上，建立上海市塑料研究所检测中心，并开始试运转。2002年5月29日，上海市塑料研究所检测中心取得中国实验室国家认可委员会（CNACL）的认可证书，有效期5年。2003年8月，上海市化工产品质量监督检测中心塑料站更名为上海市化工产品质量监督检测中心第六检测室。2003年12月，上海市塑料研究所检测中心通过监督评审后，中国实验室国家认可委员会（CNAL）于2004年3月5日重新颁发认可证书，有效期至2007年5月28日。2006年3月，上海市化工产品质量监督检测中心撤销原建制，第六检测室退出，从原先两块牌子一套人马回到一块牌子一套人马，即上海市塑料研究所检测中心。2012年6月，上海市塑料研究所检测中心获中国合格评定国家认可委员会颁发的实验室认可证书，有效期3年。

七、上海橡胶制品研究所检测中心

上海橡胶制品研究所检测中心（原上海市橡胶制品质量监督检验站）、化学工业胶黏剂质量监督检验中心是经计量认证及实验室认可、在全国橡胶行业和胶黏剂行业颇具影响的检测中心，承担委托检验、监督检验、仲裁检验、认证检验、科技成果的检测鉴定，并提供按GB、ISO、ASTM、DIN、BS、JIS等标准进行橡胶、塑料和胶黏剂（带）、密封腻子等产品检测鉴定服务，同时也提供相关的技术咨询服务。为多项重点工程建设（如地铁、河流污水整治、机场、大众汽车、通用汽车等）进行检测。

上海橡胶制品研究所检测中心、化学工业胶黏剂质量监督检验中心主要承担的检测项目有力学性能、黏结性能、耐介质性能、耐疲劳性能、高低温性能、耐臭氧性能、流动性能、电性能、未知样品分析、原材料分析、有害物质限量分析和食品卫生性能等。

2013年7月，上海橡胶制品研究所检测中心获中国合格评定国家认可委员会颁发的实验室认可证书，有效期3年；化学工业胶黏剂质量监督检验中心获中国国家认证认可监督管理委员会颁发的计量认证证书，有效期3年。

第五节 国家和省市级工程技术中心

一、江苏省氟化工材料工程技术研究中心

常熟三爱富中昊化工新材料有限公司是三爱富公司控股的股份制企业。为推动企业科技创新，实现企业全面升级转型，该公司于2003年建成江苏省氟化工材料工程技术研究中心。

二、上海煤基多联产工程技术研究中心

2011年12月15日，由上海市科学技术委员会主持，验收华谊集团承担的"上海煤基多联产工

程技术研究中心"项目。该中心建成工业催化、精细化工、过程开发、分析测试等实验室及工程中心大楼,总投资2 880万元,总建筑面积8 000平方米。该中心完成醋酸新催化剂体系的开发及应用,形成具有自主知识产权的铑催化剂配方,并在吴泾公司的1号装置进行应用,取得良好的效果。此外,该中心承担多项市级科研项目,申报国家发明专利12项,实用新型专利2项,培养博士2名、硕士12名;并与国内多家知名煤化工企业和高等院校建立密切的合作关系,分别与复旦大学、同济大学、中国科学院上海高等研究院、上海师范大学成立联合实验室。

三、上海计算化学与化工工程技术研究中心

2013年11月17日,上海计算化学与化工工程技术研究中心宣告落成。这是继上海煤基多联产工程技术研究中心之后,第二家落户华谊集团的市级研发机构。该中心旨在通过流程模拟软件的数学模拟,使华谊集团在研究项目可以不用通过建设中试装置提取参数,直接进行工业装置建设;通过流程模拟等计算软件的应用,提高集团现有装置的自动化控制水平和产品收率;通过过程模拟等计算机应用,对现有工艺流程进行优化,达到节能降耗目的。

第六节 市级高新技术企业

1992—2011年,华谊集团有23家基层企业先后获"上海市高新技术企业"称号,并连续通过复审。

表6-2-1 1992—2011年若干年份华谊集团市级高新技术企业情况表

序 号	企 业 名 称	初次被认定时间(年)
1	上海三爱富新材料股份有限公司	1992
2	上海天原集团胜德塑料有限公司	1992
3	上海化工厂有限公司	1992
4	上海氯碱化工股份有限公司	1994
5	上海染料研究所有限公司	1994
6	上海试四赫维化工有限公司	1998
7	上海涂料有限公司	1999
8	上海市合成树脂研究所	1999
9	上海橡胶制品研究所	2001
10	上海华谊工程有限公司	2001
11	上海牡丹油墨有限公司	2001
12	上海华向橡胶制品公司	2002
13	双钱集团股份有限公司	2005
14	上海市塑料研究所	2005

〔续表〕

序　号	企 业 名 称	初次被认定时间(年)
15	上海吴泾化工有限公司	2005
16	上海化学试剂研究所	2007
17	上海焦化有限公司	2008
18	上海华谊丙烯酸有限公司	2008
19	上海市涂料研究所	2008
20	上海三爱思试剂有限公司	2009
21	上海一品颜料有限公司	2009
22	上海树脂厂有限公司	2010
23	上海试四化学品有限公司	2011

第七节　市级知识产权示范企业

一、上海染料研究所有限公司

上海染料研究所有限公司是由上海染料研究所改制更名的企业性公司，是一家集科研、生产、经营、服务、检测为一体的，专业从事食品添加剂着色剂的科技型企业，也是食用色素和食用色淀各品种国家标准的起草单位。其生产的"狮头牌"食用色素获"上海市名牌产品"称号。2001年7月30日，上海市染料研究所由事业单位转制为科技型企业。2002年5月20日，更名为"上海染料研究所有限公司"。2007年4月，上海染料研究所有限公司被上海市经济委员会、上海市国有资产监督管理委员会、上海市财政局、上海市工商行政管理局、上海市知识产权局和上海市版权局评为上海市知识产权示范企业。

二、上海华谊丙烯酸有限公司

上海华谊丙烯酸有限公司是国内产能最大、技术领先的集科研、生产、经营于一体的丙烯酸及酯系列产品的生产厂家之一，是国内唯一掌握丙烯酸及酯类全套生产技术的企业。2004年，"丙烯酸及酯新工艺生产关键技术"获国家科技进步奖二等奖。丙烯酸公司拥有众多知识产权，获中国发明授权84项、实用新型专利授权3项、国外发明专利授权6项。其自主研发的"新型丙烯酸催化剂"获2012年上海十大优秀专利产品奖。2007年4月，丙烯酸公司被上海市经济委员会、上海市国有资产监督管理委员会、上海市财政局、上海市工商行政管理局、上海市知识产权局和上海市版权局评为上海市知识产权示范企业。

三、上海三爱富新材料股份有限公司

上海三爱富新材料股份有限公司地处上海市西南郊的吴泾化工区，是国内规模较大、品种较全、历史悠久的集科研、生产、经营一体化的有机氟化工企业,也是中国氟化工最大的研究开发基地。三爱富公司产品应用于工业、农业、国防、航空、医药、民用等各个领域。公司在常熟基地建成的氟氯烷烃（CFCs）替代品生产装置是国内最大的替代品生产基地。2012年12月,三爱富公司被上海市经济和信息化委员会、上海市国有资产监督管理委员会、上海市财政局等联合组成的上海市知识产权优势企业创建工程推进委员会评为"上海市知识产权优势企业"。

第三章 技术创新

第一节 工艺创新

一、上海焦化有限公司

【羰基合成醋酐工艺】

中国醋酐生产方法绝大部分采用乙烯酮法,其缺点是能耗高、成本高、"三废"多。羰基合成醋酐工艺在中国尚无工业化装置。为此,由上海焦化有限公司(简称"焦化公司")投资,中科院北京有机化学所和上海化工设计院联合开发的羰基合成醋酐联产醋酸工艺,通过先模式、中试,再建羰基合成醋酐联产醋酸工业装置,不仅为焦化公司下一步的发展打下基础,同时还填补中国羰基合成醋酐工艺的空白。2006年8月,焦化公司新建一套2万吨/年羰基合成醋酐工业试验装置,总投资2.8亿元;2007年12月,建成投产;2014年1月,竣工验收。

二、上海吴泾化工有限公司

【10万吨/年乙酸乙酯新型成套技术项目】

从2002年起,吴泾公司在原有多套年产千吨级乙酸乙酯生产的基础上,通过科技攻关和技术创新,在新材料应用、酯化技术、精馏工艺、工程装备和反应控制等方面取得重大突破,开发出新型成套技术和国产化生产装置。采用自主开发科研成果和工艺软件包,仅投入3000万元就将装置产能提高到10万吨/年,成为国内单套规模最大的酯化法装置,产品质量达到美国ASTM D 4614-95(2000年确认)标准,成本明显下降。

吴泾公司10万吨/年乙酸乙酯新型成套技术开发和应用,是消化吸收乙酸乙酯生产技术的一次创新,技术水平达到国际先进,打破国外同类技术垄断,对国内酯化技术行业整体水平的提升和强酸腐蚀性多组分反应分离系统大规模工业化难题的解决具有促进作用。

吴泾公司"10万吨/年乙酸乙酯新型成套技术项目"获2005年上海市科技进步一等奖。

三、双钱集团股份有限公司

1994年,双钱集团轮胎研究所(简称"轮研所")在全面分析质量现状的基础上,确定每个工厂质量上台阶项目。

在抓节约代用技术措施项目中,为实现全部停用人造丝,轮研所自主开发和推广应用国产聚酯帘线,达到预期效果。在其他技术创新项目中,新配方"C"字料应用和降低硫化温度、缩短硫化时间的试验取得成功。特别是丁基胶掺用三元乙丙胶、丁基再生胶用于内胎生产两项成果,每年可获1000万元的经济效益。俄罗斯异戊胶的应用也获近200万元的经济效益。卡博特炭黑替代进口炭黑,使上海正泰橡胶厂生产的子午胎原材料国产化率从72.90%提高到75.30%。生产全钢丝载重子午胎原材料实现国产化的有28个品种,国产化率达66.7%。

1995年,轮研所配方室完成聚酯帘线轿车子午胎及斜交胎载重、轻卡、轿车胎提高质量降低配方成本的全套新配方的研究和投产工作,节约成本5 125万元。

1996年,轮研所在降低配方成本、原材料节约代用等方面采取有效措施,统一汇编原材料技术标准,设计编制统一规范的生产配方表和施工表,完成丁基内胎统一配方D110的试产和投产。

1997年,轮研所推出厂所联合攻关新举措。解决上海正泰橡胶厂斜交胎、载重轮胎厂载重胎、乘用轮胎厂缺胶、鼓泡问题及上海大孚橡胶厂、泗泾橡胶厂等一些技术问题。如:根据上海正泰橡胶厂在开展的"减少斜交胎退赔率"的攻关中,根据轮胎使用要求和使用条件变化的研究,对配方进行调整,以适应超负荷、高速、长距离行驶的市场需求,研制新的配方;在载重轮胎厂进行的攻关中,配方主要围绕提高轮胎胎面耐磨性和提高钢丝与橡胶黏合性能而展开,通过调整胶种、炭黑品种,取得一定效果;在结构方面,主要对9.00R20RLB1进行多种方案的攻关试制,提高机床寿命,对385/65R22.5进行技术创新,先后进行7次试制,其中3次进行内轮廓重新设计,且不断使断面达到设计要求,4次进行带束层结构调整以增强钢性,使机床寿命从原来的49小时提高到72小时,接近国际先进水平(米其林轮胎385/65R22.5机床寿命为78小时)。

1998年,在新材料开发与研究上取得的成果有:开展国产溶聚丁苯胶的推广应用研究工作,并将胶料应用在斜交胎胎面配方中;降低滚动阻力和生热,提高速度和使用寿命,节约成本38万元;开发国产促进剂CBS-80,部分取代进口,性能达到原材料使用要求,节约成本430万元及大量外汇;开发莱菌公司黏合剂R-80,取代Conill I1,提高胶料质量;在内胎生产中,应用部分价格便宜的俄罗斯丁基胶,每年节约成本40万元;国产WJ-3油取代进口14油、CWR-75树脂取代进口WR-75树脂;开发低顺式聚丁二烯橡胶的低生热胎肩胶配方。是年,在大众配套胎两年多的攻关中,P215/70SR15轮胎获SGM公司配套权。

2002年,通过对国际国内市场的了解,斜交胎是有市场、有效益的产品,特别是"新(产品新)、特(品种特)、全(规格全)、低(价格低)"的产品。轮研所推进全钢载重子午胎技改项目——新增30万条全钢载重子午胎生产能力。同时应用先进技术与工艺改造老产品,全年完成24个老产品改进,提高产品的科技含量。大中华正泰轮胎公司全年开发新品31个规格、48个品种。上海正泰橡胶厂东海分厂全年开发新品18个规格,进入市场14个规格,直接创造效益178.9万元。

自1996年起,轮研所在有限元力学分析上进行技术创新,如:把原先独立的应力场程序和温度场程序合并成一个,可根据使用条件同时给出轮胎的应力场和温度场;完成轻卡胎L235/85和钢丝载重胎TR900的数据准备;编写计算"分担系数"的程序;完善前处理程序,开发应力、三维应变场、温度显示后处理程序。为配合有限元软件的分析计算,开发高性能、有市场竞争力的轮胎,轮研所除合理设计以外,还注重合理选用材料,利用材料的性能,降低单耗、降低成本。特别是针对帘线橡胶复合材料,在没有现成理论可供采用的前提下,轮研所在实验的基础上,结合不尽完善的复合材料理论,建立材料的本构方程,供力学分析使用。此外,在轮胎噪声仿真实验研究程序优化方面,轮研所借助轮胎印迹实测的结果,对仿真程序中轮胎花纹预处理部分进行改进,完成模拟声音波形文件由8位上升为16位的工作。为配合结构室新产品开发,对十几种轿车子午胎花纹进行噪声仿真,对4个规格的轿车子午胎和2个进口胎进行噪声测试;在完善仿真模型的基础上提出新的测试研究方案。

1997年,轮研所运用"产品寿命周期分析法"不断改进老产品,提高其质量和附加值。完成斜交胎、内胎、垫带配方的统一,归并压缩系列模数。

2003年,全年研究与开发投入7 800万元,比2002年增长17%。完成新产品开发85个,其中载重子午胎27个,斜交胎58个,完成率101%。工程子午胎初步形成系列化生产;斜交胎开发出特制载重胎、抗静电配方胎、耐刺胎、低成本农用胎等多种特性轮胎。加快科技成果的产业化,双钱集团新产品产值率达33%。是年,双钱集团上报的10.00R20、11.00R20系列全钢丝集装箱卡车子午胎获上海市优秀新产品一等奖;8.25R20、215/75R17.5全钢丝载重子午胎获上海市优秀新产品三等奖。

2012年,轮研所完成科研开发的项目有:(1)芳纶短纤维的应用开发研究项目。芳纶短纤维在轮胎中的应用试验基本上达到设计要求,试验胎的各项性能均达到正常生产轮胎的性能水平。(2)抗湿滑低滚动阻力胎面胶配方研究。该项目主要研究在降低轮胎滚动阻力的同时,通过调整胶料配比以及硫化体系,进一步平衡胶料的各项性能,从而提高轮胎的抗湿滑性能。

四、上海三爱富新材料股份有限公司

1991年年初,上海市有机氟材料研究所(1992年5月改制为上海三爱富新材料股份有限公司)确定"八五"期间的重点发展方向,落实国家"八五"攻关项目4项,上海市重点科研项目2项。项目包括:100吨/年HCFC-141b中试技术开发(国家计划委员会)、液体氟硅橡胶的研制(国家科学技术委员会)、液体含氯苯撑氟橡胶(国家科学技术委员会)、100吨/年聚偏氟乙烯中试技术开发(国家科学技术委员会)、CFCs系列代用品开发研究和应用探索(上海市科学技术委员会)、40吨/年聚偏氟乙烯装置及产品研究开发(上海市科学技术委员会)。其间,"七五"期间的重点项目"氟塑料静电喷涂粉体涂料制备"通过化工部鉴定和验收,获上海市1991年度新产品三等奖;氟硅苯撑通过"七五"科技攻关验收。

1991年年初,上海市有机氟材料研究所提供几公斤HFC-134a样品给有关应用单位试验,证明其致冷效果与进口样品基本一致,用于"上菱"牌冰箱后,使其质量达到国家A级标准。

1991年年中,上海市有机氟材料研究所将千吨级四氟乙烯工业技术应用于济南化工厂,其阜新氟化学总厂千吨级装置建成,获1991年上海市首届科技节博览会金质奖、1992年化工部科技进步一等奖。

1991年年底—1992年上半年,完成二氟乙烷制备、乙炔气相法合成HFC-152a、利多卡因气雾剂密封圈、预烧结聚四氟乙烯(FR103)、高强度悬浮聚四氟乙烯(FR101x)5个项目的鉴定。

1993年,4吨/年氟硅橡胶中试装置开发新工艺,解决老工艺存在的问题,选择效率高、毒性小且安全经济的新型催化体系和引发体系,产品性能达到道康宁公司同类产品的水平。是年,以四氟乙烯单体为水相介质,采用单聚或加少量共聚单体(全氟丙烯或全氟烷基乙烯基醚)等,应用悬浮或加入一定量全氟分散剂的分散聚合方法,制得聚四氟乙烯(PTFE)及其共聚物;该项目的研制成功,填补中国氟树脂空白,为国防军工解决难题,成为现代国防、航空不可缺少的材料,并获国家级科技进步二等奖。

1993年12月7日,化工局在上海科学会堂对FC-12-A工业防黏氟涂料项目进行技术鉴定,并予以通过。FC-12-A工业防粘氟涂料具有使用方便,防粘效果明显,一次涂层厚等优点,特别是涂层光亮度、附着力和耐磨性能等均优于国内同类氟涂料;在郑州纺织机械厂"干法腈纶设备"的零部件使用中,表面防黏处理涂层性能达到美国杜邦公司同类产品质量水平、完成以"国产代替进口"的预定目标。

1995年,国家重点攻关项目进展基本达到计划要求,羟基封端氟硅苯撑橡胶完成由化工部组织的鉴定;"八五"攻关项目液体氟硅胶和氟硅苯撑胶完成验收工作。是年,5吨/年全氟环氧丙烷装置基本安装完毕,通过数次试运行后对原工艺流程作出改进,取得较好效果,单耗为1.5~1.6,环氧含量从90%提高到97%左右。是年,完成三氟乙醇的试制工作(小试),开展与中西药厂合作生产含氟药物中间体的制备,提供出样品。是年,对F_{46}产品热稳定性进行优化,新品级产品作为新型粉末涂料的应用可行性取得突破。

1999年,室温固化涂料研究开发项目(重点攻关项目)的单体合成方面,在小试基础上,对中试放大进行讨论论证;聚合方面,进行树脂的四元共聚工艺研究;进行引入改性单体的聚合研究,其中重点进行含氟羧酸丙烯树脂的改性共聚、全氟正丙基乙烯基醚的改性共聚研究。该项目技术水平接近国际先进水平,属国内首创。是年,室温硫化氟硅、氟硅苯撑材料研究项目(国家重点攻关项目)在小试反应的基础上,确定乙烯基封头剂单体二甲基乙烯基氟硅烷的合成路线及反应参数条件,完成封头剂反应条件等试验工作;进行乙烯基封端氟硅橡胶调聚反应,初步确定反应参数,进行生胶共聚组成比与化学性能关系的研究。该项目为国家重点科技攻关计划,技术水平属国内首创。

2005年2月3日,聚偏氟乙烯树脂(FR921-1、FR921-2)项目被认定为上海市高新技术成果转化项目。

2007年,聚偏氟乙烯(简称"PVDF")、氟化乙烯丙烯共聚物和聚四氟乙烯(简称"PTFE")课题组紧紧围绕各自重点牌号的产品能级提升进行相关的小试研发和工业化放大。FEP方面,完成2个线缆挤出专用聚合配方的小试试验,并完成相关的放大试验,得到的树脂相关性能基本达到美国杜邦公司同类产品的水平,尤其是拉伸强度有大幅度的提升。PTFE方面,在低全氟辛酸铵含量的PTFE乳液产业化项目上取得较大进展,课题组完成生产性中试放大的稳定性试验;PTFE小组还完成悬浮改性PTFE树脂和中高压缩比PTFE的中试试验。PVDF方面,课题组解决塑化和聚合稳定等方面的问题,产品经客户批量使用后反映良好。是年,三爱富公司申请14项专利(含上海市塑料研究所),获6项专利授权(含上海市塑料研究所)。

2008—2010年,三爱富公司与华谊集团研究院、华东理工大学、上海化工研究院、中国科学院上海有机化学研究所等进行多项课题委托与合作开发,如:新型含氟表面活性剂的开发、含氟新型水工材料的开发、四氟乙烯精馏改造等项目均取得阶段性成果。三爱富公司实施自主知识产权研发项目17项,其中悬浮聚四氟乙烯树脂FR105项目列入2010年上海市和国家重点新产品计划、1000吨/年聚偏氟乙烯树脂工业化技术开发及产业化项目获2009年度上海市科技进步二等奖;4项上海市高新技术成果转化项目分别于2009年、2010年被确认为"具有自主知识产权高转化项目",为国家科技攻关和国防军工配套等方面作出贡献。2010年,三爱富公司获"上海市专利培育企业"称号。3年来,三爱富公司申请发明专利23项,获17项发明专利授权。截至2010年年底,三爱富公司高新技术总收入5.9亿元。

五、上海华谊聚合物有限公司

上海华谊聚合物有限公司(简称"聚合物公司")3.8万吨/年本体ABS装置投运后,产品质量始终未达到要求,同时装置存在难以长周期生产低熔指ABS产品的瓶颈问题。为此,聚合物公司成立联合攻关组,组织产学研合作对生产装置的全面系统技术进行评估,制订系统的技术改造方案,先后开展和实施设计新的进料方式,设计新的反应釜搅拌,调整反应的散热方式,将5釜流程改为4

釜流程、缩短工艺流程,重新设计和制造新的翅片板式脱挥器代替原来列管式脱挥器等一系列技改措施项目。2014年9月,新的技改项目完成后,装置投入运作,产品质量、性能提高,产品基本达到进口装置生产水平,获主流客户认可。

六、上海天原(集团)有限公司

【有机硅空间级高苯基硅橡胶连续生产技术项目】

上海树脂厂有限公司有机硅空间级高苯基硅橡胶连续生产技术项目获2013年上海市科技进步三等奖。该系列产品主要应用在太阳能电池的黏结、减振器、航天器表面热控涂层及航天器舱体的密封等方面。

该项目研究的基本思路是采用边界间隙效应的技术原理,首先进行苯基硅橡胶的基础研究及合成机制研究,然后进行苯基硅橡胶的连续生产方法及工艺改进研究,最后进行关键原料——苯基环体的质量控制和制备工艺研究。苯基硅橡胶合成机制的研究,揭示其结构与性能的诸多特征以及合成方式可能性的辨析,为改变生产模式打下基础,填补该方面研究空白。苯基硅橡胶的强剪切动态操作一步法生产工艺,使120苯基硅橡胶的生产能力及效率提高,产品质量上升,能耗下降。生产中间产物八苯基环体硅羟基含量测定的方法创新,使苯基环体制备中三羟基硅醇的含量得到控制,产品质量稳定性明显提高。采用多重结晶技术进行二苯基硅二醇的提纯,确保苯基硅橡胶的高苯基含量,该技术获中国发明专利授权。

第二节 产品开发

一、双钱集团股份有限公司

1993年,成立仅一年的轮研所开发13个新产品、新规格,并投入试制与生产,推进了公司的产品技术进步,如:12R22.5RR8无内胎载重子午轮胎、185/65TE14轿车子午胎等规格轮胎技术成熟。

1994年,轮研所组织各工厂的科研、技术人员完成225/50VR15等18项新品设计项目和195/60HR14等32项新品试制项目。为桑塔纳2000型轿车配套195/60HR14轮胎,并在乘用轮胎厂投入生产。

1995年9月22日,轮研所组织有关专家对载重轮胎厂的4项新产品进行鉴定,它们是275/80R22.5、285/75R24.5等80、75系列低断面无内胎全钢丝载重胎系列产品;385/65R22.5超宽断面无内胎全钢丝子午线载重胎产品;12.00R24等有内胎全钢丝子午线载重胎系列产品;11R2.5等无内胎全钢丝子午线载重胎系列产品等。

1996年,轮研所新品开发完成33项,其中轿车子午胎9项,轻卡子午胎2项,全钢丝轻卡子午胎6项,全钢丝载重子午胎10项,根据市场需求开发6项。是年,为美国通用公司合资生产别克皇朝轿车配套的轮胎完成开发设计,为南京依维柯17座汽车配套轮胎完成全套图纸设计。

1997年,轮研所针对国际上结构设计开发朝扁平化、低断面方向发展趋势,在配方研究、理论研究、技术信息、装备和工艺等技术工作方面也取得一定成绩。如期完成全年50个新品开发任务,新产品投产28个规格,创利税约1亿元。在承接美洲定牌加工胎"WYNSTAR"中,其中1个规格是 50 系列，为国内第一条 50 系列轮胎。

1998 年，上轮公司如期完成新产品开发 55 个规格，其中轿车子午胎 40 个规格，全钢载重胎 15 个规格；有 29 个规格投入生产。

1999 年，上轮公司全年新品开发 87 项，其中轮研所 46 项，其余 41 项分别由上海大中华橡胶厂、上海正泰橡胶厂、上海大孚橡胶厂、载重轮胎厂、乘用轮胎厂等开发。

2000 年，上轮公司新品开发 34 个，轮研所和乘用轮胎厂分别承担 28 个和 6 个。在新品开发中，代表轮胎行业前沿技术的 40、45 系列超低断面高速度级别轮胎，完成设计 9 个；上海大众"家用轿车"配套开发项目，完成设计 5 个。是年，"斜交胎赶超正新轮胎"是重点质量攻关项目之一，轮研所成立攻关小组，通过配方调整和落实措施，部分性能超过和达到正新轮胎水平。轮研所还配合炼胶厂和乘用轮胎厂进行"提高混炼胶炭黑分散度等级""提高配套合格率"等项目的质量攻关。

2001 年，轮研所迁入双钱载重轮胎公司（简称"载重公司"）后，轮研所的技术人员得以直接进入生产现场，协助工厂技术人员调研试制新产品，开发轻型载重子午胎和全钢工程子午胎；全年开发完成 37 个新品规格，其中载重公司 30 种新品规格，大中华正泰轮胎公司 7 个新品种。

2002 年，载重公司、轮研所注重与米其林（中国）投资有限公司等一些跨国公司技术专家的技术交流与合作，全年开发适销对路的轮胎新产品 35 个规格，比 2001 年增加 6 个，新产品开发提高率为 21%，成功研制出中国第一条全钢丝子午线工程胎（14.00R24 无内胎）。

2003 年，上轮公司完成新产品开发 85 个，其中载重子午胎 27 个，斜交胎 58 个，完成率 101%。工程子午胎初步形成系列化生产，斜交胎开发出特制载重胎、抗静电配方胎、耐刺胎、低成本农用胎等多种特性轮胎。双钱集团新产品产值率达 33%。

2004 年，上轮公司完成新产品开发 65 项（计划 51 项），其中载重子午胎 51 项（设计开发 14 项，试制投产 37 项），斜交胎 13 项（设计开发 6 项，试制投产 7 项），新产品开发计划完成率为 127%。完成科研开发项目 24 项。

2005 年，上轮公司全年新产品开发完成 40 项，其中载重子午胎 31 项（设计 11 项、试制 20 项）、斜交胎 9 项（设计开发 5 项、试制 4 项）。新产品开发计划完成率 100%。新产品成果产业化完成 42 项，其中载重子午胎投产 33 项、斜交胎投产 9 项；新产品开发成果产业化完成率 105%。新产品产值完成 107 494.4 万元，其中载重子午胎 89 896.4 万元、斜交胎 17 598 万元；新产品产值率 30.57%。

2007 年，轮研所提升"双钱"品牌影响力。推出新回力全钢子午胎，推进全钢子午胎向多品牌、分档次，迅速占领低端市场，满足不同客户需求。是年，新产品开发计划 20 项，完成 23 项，完成率 115%；工业化生产新产品完成 22 项，完成率 110%；完成新产品产值 249 688 万元，新产品产值率为 442%。

2008 年，轮研所启动巨型全钢子午线工程轮胎的系统核心技术攻关项目，"双钱"牌 27.00R49 和 37.00R57 两款巨型全钢子午线工程轮胎下线，取得 8 项专利成果。

2009 年，应对市场需求，双钱集团主动契合市场需求，加快新品开发和技术改进步伐，巨型工程胎开发设计出 27.00R47 和 37.00R57 规格。2011 年，巨型工程胎开发调试出 40.00R57 规格产品。2012 年，巨型工程胎工业化，达到批量化生产。

绿色轮胎（FE 轮胎）也称之为节能轮胎，作为新产品，绿色节能载重子午线轮胎符合"推行环保节能，促进全球经济持续发展"的历史潮流。2009 年起，由轮研所、载重公司、上海轮胎橡胶（集团）如皋有限公司共同研制，开发 3 种花纹（FT105；FD405；FR605），7 个规格的 FE 轮胎。2010 年，FE 轮胎全部通过 SMARTWAY 测试认证；295/75R22.5FT105 和 295/75R22.5FD405 完成 50 条方案胎,送美国路试。2011年,FE轮胎实现工业化生产,双钱集团成为国内唯一一家向客户规模供应绿色轮胎的企业;国内截面最宽的宽体低断面载重轮胎FT125也通过SMARTWAY认证。2012年,FE轮胎技术的推广和应用,出口至欧盟的127个规格全部达到欧盟"标签法"D级标准。2013年,系列绿色轮胎工艺技术的开发及产业化,使RR680花纹成为第7个通过美国SMARTWAY认证的FE轮胎产品。

农业子午胎工艺技术在中国几乎是空白,其骨架材料均为聚酯,在生产工艺、生产条件、生产设备等方面不同于全钢子午胎。2009年年初,技术团队在配方、结构等方面进行研究和摸索,对配方、新聚酯帘布以及压延、钢丝圈的缠绕进行技术攻关,开发出520/85R42、420/85R28两个规格的子午胎农用胎;2010年,在澳洲和美洲路试;2011年,发往美洲、澳洲、中东等地区进行试验,填补市场空白。

针对雪地子午胎产品国内市场的需求,双钱集团全力拓展国内全钢雪地轮胎市场。由于雪地子午胎使用条件特殊,技术难度大,轮研所通过完成新一代雪地花纹的开发、采用新式双层胎面压出工艺、优化雪地子午线轮胎的结构,选择新型骨架材料、通过有限元计算方法模拟雪地子午线轮胎在冰雪路面上的运行受力变形状况,研制适合雪地子午线轮胎各个部位不同性能要求的胶料配方,推出以315/80R22.5RSD2为代表的系列雪地轮胎。2011年,RSD1系列全钢雪地胎实现正常销售,并进军北欧市场。同时,轮研所还研发出经济适用胎11.00R20-16PRMD100/MR100、12R22.5MR100、315/80R22.5MR100/MD100等规格投放市场。

2012年,重点开展包括中短途产品性能改善、绿色轮胎产业化、"飞跃"品牌轮胎开发等在内的多项技术课题及攻关,取得实质性的突破。在高端产品开发力度上,重载型轮胎优化设计完成11.00和12.00两个规格的调试,对轮胎的结构设计和配方进行优化,开发PCR产品(即乘用子午线轮胎)3个花纹系列,26个产品规格投入正常生产。低滚动阻力轮胎进行批量化试生产。

二、上海氯碱化工股份有限公司

【医用软制品专用M系列聚氯乙烯】

聚氯乙烯是一种产量大,综合性能较好的通用树脂,在医学领域得到广泛应用。但是,由于聚氯乙烯树脂中残留有微量氯乙烯和其他有毒基团,使人们在使用聚氯乙烯制造医用制品时产生顾忌,加之国内聚氯乙烯医用塑料制品质量标准不规范,缺少开发聚氯乙烯医用塑料制品原料的企业,阻碍聚氯乙烯树脂在医用领域应用的进一步拓展。为占领医用制品市场,经市场调研和广泛讨论,氯碱公司开发医用级树脂以满足市场需求,具有氯乙烯残留低,不含对人体有害的基团,热稳定性、化学稳定性好等特点,使其可应用于医用软制品塑料市场。

通过改进聚合分散体系、改进汽提工艺,研究使用无毒引发体系替代有毒引发体系,缩短聚合时间等。

经小试对聚合分散体系筛选比较,最终在127立方米釜进行生产性试验,稳定生产出质量优异的医用软制品专用聚氯乙烯树脂,形成成熟的生产工艺。

【绿色建材(管材)专用聚氯乙烯树脂】

研究筛选三元复合分散体系,最终筛选出PVA1/HPMC/PVA2新型三元复合分散体系,使R-1000聚氯乙烯树脂的表观密度比通用树脂提高10%,颗粒规整度高,粒径分布窄,保持适中孔隙率。采用 R-1000 聚氯乙烯树脂后,加工速度提高 10%~15%,单机生产量也明显提高,制品表面光洁度高。

用国际先进的氯乙烯聚合动力学计算实时检测系统,研究无毒有机过氧化物替代有毒的偶氮类引发剂,合成中采用无毒配方,符合绿色理念。

绿色建材专用聚氯乙烯树脂 R-1000 经历从 10 升小试研制,300 升釜扩试及 7 立方米釜中试放大验证,使树脂表观密度高,孔隙率适宜,颗粒规整,干流性好及加工性能良好,R-1000 聚氯乙烯树脂最终在 127 立方米釜中实现工业化生产。

该项目是 2000 年上海市高新技术成果转化项目,该产品于 2002 年 11 月获上海市工业博览会创新奖。

【消光聚氯乙烯专用树脂】
2001 年,消光聚氯乙烯专用树脂研发项目列入上海市引进技术吸收与创新项目,氯碱公司技术中心对 GR-1300 消光聚氯乙烯专用树脂进行全面剖析基础上,进行 10 升釜小试基础研究、表征消光聚氯乙烯树脂特性的凝胶含量、溶胶聚合度(可溶份聚合度)等测试研究,7 立方米釜中试工艺配方优化及 G-1300 消光聚氯乙烯树脂加工应用开发等工作。

该项目通过消光制品专用聚氯乙烯树脂合成技术的理论分析,确定 G-1000、G-1300 的配方。

通过中试,优化复合分散体系、引发体系和交联剂加料工艺,开发的 G-1300 消光制品专用聚氯乙烯树脂具有凝胶结构大小均匀、加工性能良好、制品消光性能较好的特点。

该成果获国家发明专利。

【医用软制品专用聚氯乙烯树脂 M-1300 产品】
聚氯乙烯塑料作为一种十分重要的材料,在医学领域得到广泛应用,由于医用制品所包装或输送的药物、输液或血浆等都直接深入人体,因此医用制品对聚氯乙烯树脂中所含有毒有害物质要求控制非常严格。比利时索尔维化学公司(SOLYAY)制造的血浆袋医用级聚氯乙烯树脂产品规格要求,残留氯乙烯含量小于 0.4 微克/克。

氯碱公司推出的医用级树脂 M-1000 广泛应用于医用塑料制品的制造,受到用户的好评和欢迎,但 M-1000 树脂由于聚合度范围所限,在制造血浆袋、输液袋等溶剂袋时,制品高温拉伸强度欠佳,影响制品的质量;而使用聚合度为 1300 的聚氯乙烯树脂可使制品拉伸性能提高,国外同行已将聚合度 1300 的医用聚氯乙烯树脂用于制造血浆袋、输血袋等。为进一步占领医用软制品市场,氯碱技术中心和聚氯乙烯厂联合,在成功开发 M-1000 树脂的基础上,继续开发医用软制品专用树脂 M-1300 满足市场需求,使医用级树脂系列化。

氯碱公司开发的 M-1300 树脂彻底消除残留甲苯、腈基团含量;通过改进分散体系,改善聚氯乙烯树脂颗粒形态结构,提高树脂氯乙烯脱吸性能和加工性能,并研究改进汽提塔结构,提高脱除氯乙烯效率,降低树脂残留氯乙烯含量达到医用级要求;此外,还研究防粘釜技术、体系酸碱度控制等技术,提高树脂的热稳定性、减少树脂中"鱼眼"数。经过小试和中试,在 127 立方米聚合釜生产装置上试制成功医用软制品专用聚氯乙烯树脂 M-1300,产品标准等采用比利时索尔维化学公司医用级聚氯乙烯树脂产品规格 SOLVC 271GA(1998);经测试表明,产品质量达到国外同类医用级聚氯乙烯树脂国际先进水平。

2005 年 9 月,该产品获上海市高新技术成果转化奖。

【光引发高品质52%氯化石蜡】

采用串联全混连续紫外光照低温反应,反应器采用氯气与烷烃射流喷射混合进入技术,同时采用釜外强制循环冷却,提高生产能力。副产品氯化氢采用冷冻冷却与除雾捕沫技术。氯碱公司自主研发光引发连续化生产工艺,建立动力学数学模型和成套工艺技术软件包,并建设2万吨/年工业化装置。

该项目是2006年上海市重点新产品计划项目。

【氯化聚氯乙烯】

氯化聚氯乙烯又名过氯乙烯,是将聚氯乙烯进一步氯化的产物。

水相法氯化聚氯乙烯具有优异的性能,特别是随着建筑业的发展,国内市场需求量越来越大。

采用水相悬浮法生产氯化聚氯乙烯,是技术含量较高的绿色生产工艺,环境污染少,无"三废"问题,符合"绿色化工"理念。

为开发水相法氯化聚氯乙烯工艺,氯碱公司自2004年起,与浙江大学、华东理工大学和北京化工大学等单位组成联合攻关组进行立项攻关。科研人员对氯化聚氯乙烯专用聚氯乙烯树脂、水相法氯化工艺以及水相法氯化聚氯乙烯树脂的应用进行详细的资料调研,同时还走访国内水相法氯化聚氯乙烯的生产厂家,了解国内外水相法生产工艺的现状以及国内生产企业存在的差距,搜集大量的国内外氯化聚氯乙烯样品进行分析对比,建立分子量和分子量分布与力学性能和流变性能之间的关系、分子链的序列结构与热性能之间的关系以及氯化聚氯乙烯的颗粒形貌及内部亚颗粒子形态与熔融塑化等之间关系。在聚氯乙烯专用树脂开发的基础上开展水相法氯化技术的研究,同时进行氯化聚氯乙烯树脂加工应用的研究。

经过2年多的攻关,在疏松型低分子量的聚氯乙烯树脂开发方面取得重要突破,得到高疏松低分子量聚氯乙烯专用树脂。

在该项目的实施过程中,根据工程放大需求,建设一套3立方米釜的水相法氯化中试试验装置;开发并优化水相法氯化反应工艺及后处理工艺,为5 000吨/年生产装置工艺包的开发奠定基础。

水相法氯化聚氯乙烯产业化关键技术开发项目列为氯碱公司战略性重大开发项目。

【偏二氯乙烯单体】

偏二氯乙烯单体是一种重要的聚合单体,其聚合物主要用于纤维、改性树脂、食品和化学品包装材料、涂料、黏合剂及防火材料等产品的制造。

氯碱公司技术中心、华东理工大学联合反应工程所、上海工程化学设计院有限公司三方共同参与,进行产学研合作,利用氯碱公司现有的产品作为生产偏二氯乙烯的化工原料,通过小试、小试模拟放大、中试、中试模拟放大、工程化等研发途径取得具有完全知识产权、符合氯碱公司自身特点的氯乙烯法制偏二氯乙烯工艺生产技术,并编制完成2万吨/年偏二氯乙烯生产装置的工艺软件包。

三、上海三爱富新材料股份有限公司

【氟塑料树脂产品】

三爱富公司开发生产的高压分散法聚四氟乙烯树脂和细粒度悬浮聚四氟乙烯树脂品级质量分别达到国外同类树脂的水平,并向一些大中型工厂转让成果。离子膜用树脂经10年研制,1991年通过国家科学技术委员会和化工部的验收,建成中试生产装置。

【氟里昂代用品】

1986年,三爱富公司着手研发氟里昂代用品;1990年,研制氟致冷剂代用品HFC-134a、HCFC-142b等;1991年,建成规模100吨/年的F-152a生产装置;1995年,完成100吨/年HCFC-141b的中试技术开发;2000年,HCFC-142b一步法裂解制偏氟乙烯扩大试验研究项目进展良好,试验稳定,进入总结验收阶段。

【四氟乙烯】

四氟乙烯单体是公司生产的龙头,1970年为300吨/年的规模。1994年,三爱富公司将募集的社会资金和配股得来的资金3400万元用于吴泾地区建设500吨/年的四氟乙烯生产装置,采用自主开发的水蒸气稀释裂解技术。后经技术改造和挖潜,2000年产能1000吨/年。此装置采取DCS系统,控制精度高、工艺合理,是国内最好的氟化工生产装置之一。

四氟乙烯关键技术:采用二氟一氯甲烷过热水蒸汽稀释裂解工艺,采用加压精馏提纯四氟乙烯单体、回收六氟丙烯和其他有用氟烃的工艺。四氟乙烯的生产方法和五氟二氯丙烷作为吸收剂的用途于2006年获发明专利授权。

【聚四氟乙烯】

聚四氟乙烯树脂具有粒子小、松软、加工性能优良等特点,适于制造高级电器用的高介电、高绝缘性的聚四氟乙烯薄膜、薄板、大型模压制品及高耐磨性的填充四氟制品。

1993年,三爱富公司研究确定20吨/年FM-A聚四氟乙烯密封带合适的工艺条件,并自行设计制造该产品的生产装置;聚四氟乙烯树脂的中试研究通过改进四氟乙烯单体聚合工艺,采用特殊型式的粉碎方法,使产品比重、强度、视密度等内在质量、外观平整性和手感等均达到国外同类产品水平,具有与日本M-12树脂相同的技术性能,完全可以取代进口M-12树脂。该项目的研制成功,在聚四氟乙烯树脂的品种上填补空白。

1995年,在1000升釜中生产"FR203"取得成功。1996年6月14日,"FR203A树脂"获1996年度上海市优秀新产品二等奖。

1998年,开发适应市场需要的聚四氟乙烯生料带专用料新产品,"FR203"热出料工艺在生产中应用。

改性聚四氟乙烯浓缩分散液(FR303A)是聚四氟乙烯浓缩分散液的新品种,由微量改性物质与四氟乙烯共聚制得,具有优良的稳定性、成膜性、润滑性和对多孔材料的渗透性。"FR303A"主要性能和国外样品实测性能接近,产品被国外用户认可,取代国外同类产品用于制造专用塑料。经权威机构检索证明:技术水平接近国际先进水平,属国内领先。其关键技术及创新情况:一是在原有通用型产品"FR301R"基础上加入少量改性单体,以改善分散性能,与FEP等其他乳液的共混性好;二是成功从130升聚合釜小试放大到1000升高压釜批量生产,且产品质量稳定;三是后处理工艺的创新,即控制合适的浓缩工艺条件达到浓缩过程平稳,产品性能稳定,产率高,操作易于控制。"FR303A"主要用作不粘、防腐涂层,其用途涉及化工机械、电器仪表、无线电通讯等尖端工业领域,并在食品、印刷、家用电器等工业部门有着广泛的应用。1999年6月22日,"FR303A"获1999年度上海市级新产品证书。

悬浮聚四氟乙烯树脂"FR101"关键技术主要是聚合反应釜偏心斜搅拌技术;捣碎、洗涤工艺及专用捣碎桶;聚合、捣碎、洗涤、干燥连续化、密闭化技术。该产品获"2009年上海化工名优产品""2010年上海名牌产品"称号。2010年9月,"制备悬浮聚四氟乙烯树脂的破碎器、破碎装置、破碎方法"获发明专利授权。

悬浮聚四氟乙烯树脂"FR102""FR103""FR104"产品获2006年和2009年上海化工名优产品称号,获2010年上海名牌产品称号。"聚四氟乙烯预烧结粉末的制备方法"和"四氟乙烯生产技术"2项发明专利于2006年获授权。

悬浮聚四氟乙烯树脂"FR105"关键技术主要是开发具有国际先进水平的聚合工艺和反应釜结构,反应釜长径比大,高效搅拌器结构特殊,传热系数大,具有良好传热、传质效果。开发应用国际先进等温、等压聚合反应工艺和先进的工艺配方;在整个聚合反应过程中自动、均衡地控制反应压力和温度,并保持一定恒值,确保产品稳定性。开发聚合物液相冲击破碎和内循环净化技术,破碎、洗涤效果好,粒径分布均匀,颗粒形貌上不会纤维化;聚合、捣碎、洗涤用无离子水超纯化处理,接触物料的空气、氮气等超净化处理,达到电子级要求。该产品获"2009年上海化工名优产品""2010年上海市重点新产品"称号"2010年上海名牌产品"称号;该研发项目被评为2010年上海市高新技术成果转化项目。

改性分散聚四氟乙烯树脂FR205A关键技术在于使用少量全氟表面活性剂、非离子表面活性剂及阴离子表面活性剂加入第二共聚单体(PPVE)制备改性分散聚四氟乙烯树脂;用该方法制得的改性分散聚四氟乙烯树脂具有良好的应用特性。改性分散聚四氟乙烯树脂获"2009年上海化工名优产品"称号"2010年上海名牌产品"称号。

环保型的低全氟辛酸铵聚四氟乙烯浓缩分散液FR301HL关键技术主要是稳定的低全氟辛酸铵(APFO)含量聚四氟乙烯乳液配方技术及浓缩釜放大设计技术。低全氟辛酸铵聚四氟乙烯浓缩分散液获"2009年上海化工名优产品"称号。

【氟橡胶】

氟橡胶FE26连续聚合技术中,单体原料连续自动混合配制技术,使组成百分比误差小于0.5%摩尔;反应物料平衡技术控制的物料总量波动误差小于0.4%;门尼黏度中控检测和调控技术使氟橡胶门尼黏度全部达到所需数值;质量均衡技术使批号内橡胶门尼黏度误差小于±2个门尼黏度单位;自动洗涤、脱水技术保证2小时内洗涤水电导率小于10微西门子/厘米;氟橡胶双螺杆干燥技术能耗为烘箱干燥的1/10。氟橡胶FE26于2006年获上海市专利新产品证书,获"2006年上海化工名优产品"称号;氟橡胶组合物和用其制备粉末氟橡胶的方法于2006年获发明专利授权;2007年获上海市科技进步二等奖;氟弹性体及其制备方法于2008年获发明专利授权。

氟橡胶FE246属于三单体共聚,其连续聚合制造技术中,单体原料连续自动混合配制的组成百分比误差小于0.3%摩尔;物料平衡技术控制的反应物料总量波动误差小于0.4%;门尼黏度中控检测和调控技术使氟橡胶门尼黏度全部达到所需数值;质量均衡技术使批号内橡胶门尼黏度误差小于±2个门尼黏度单位;自动洗涤、脱水技术保证2小时内洗涤水电导率小于10微西门子/厘米;氟橡胶双螺杆干燥技术能耗为烘箱干燥的1/10。氟橡胶FE246 2006年获上海市专利新产品证书,获"2006年上海化工名优产品"称号;2007年获上海市科技进步二等奖;氟弹性体及其制备方法于2008年获发明专利授权。

2005年,三爱富公司研发的氟硅橡胶(FE2800),其生胶产业化放大工程中的工艺技术受中国科学院上海科技查新咨询中心查新检索,认为整体水平处于国内领先,达到国际同类研究先进水平;12月,通过国家科技攻关计划引导项目验收。该项目中的"氟硅混炼胶及其制备方法""催化剂组合物及含氟硅聚合物的制备方法"2项发明专利分别于2007年和2008年获授权。

粉末氟橡胶是为改进聚乙烯、聚丙烯、聚氯乙烯等普通塑料加工性能而特别研制的产品。粉末氟橡胶的研制,具有低门尼黏度氟橡胶乳液连续聚合技术、微粉制造技术、粒径控制和不凝粘技术。2006年8月9日,"氟橡胶组合物和用其制备粉末氟橡胶的方法"获发明专利授权;粉末氟橡胶获"上海化工名优产品"称号。2007年,粉末氟橡胶研发项目获上海市科技进步二等奖。2008年,"氟弹性体及其制备方法"获发明专利授权。

四丙氟橡胶(FE2701)是通过使用高效的氧化—还原引发体系,降低聚合温度,在接近室温的条件下实现乳液聚合反应而获得的高分子量、窄分子量分布、低支化度的四丙氟橡胶。该成果获2006年上海市专利新产品证书、2007年上海市科技进步二等奖;该产品获2006年和2009年上海化工名优产品称号。2010年,"四氟乙烯—丙烯含氟弹性体及其制备方法"获发明专利授权。

【聚全氟乙丙烯】

聚全氟乙丙烯树脂主要采用无机过氧化物为引发剂进行分散聚合,通过引发剂用量调节分子量,利用湿热处理技术进行高温烧结处理不稳定端基;采用新的粉碎技术减少原有切碎、干燥工序,从而简化流程,降低成本,提高劳动效率;改变以往用螺杆挤出机造粒工序中的冷切料方式,采用新颖的热切料方式,产品成片状,从而明显改善加工性能。聚全氟乙丙烯树脂具有优良的热稳定性,突出的化学惰性,优良的电气绝缘性和低摩擦系数,是可采用热塑成型方式进行加工的含氟树脂。

2006年,聚全氟乙丙烯树脂获"上海化工名优产品"称号。

聚全氟乙丙烯浓缩分散液FR463关键技术在于采用热引发体系,以合格的四氟乙烯、六氟丙烯单体为原料,在一定的工艺条件下以水溶液气相溶解分散聚合方式共聚合而成,得到浓度为20％以上的分散乳液,经集中浓缩后,加入稳定剂成为FR463浓缩液。

聚全氟乙丙烯浓缩分散液获"2009年上海化工名优产品"称号;2010年5月,"稳定的水性含氟聚合物分散乳液及其制备方法"获发明专利授权。

【聚偏氟乙烯】

1995年,完成100吨/年聚偏氟乙烯中试技术开发。

聚偏氟乙烯树脂FR921主要用于涂料行业,用于制造超耐候建筑外墙氟碳涂料,可以滚涂(卷材)或喷涂(型材)在铝、镀铝钢、镀锌钢表面,最终制成幕墙、金属屋顶、门窗、连接件、装饰材料等。2005年1月,聚偏氟乙烯树脂FR921研发项目被认定为上海市高新技术成果转化项目;2006年,聚偏氟乙烯树脂FR921获"上海化工名优产品"称号;2006年5月31日,"聚偏氟乙烯聚合物及其制备方法"获发明专利授权;2007年3月,聚偏氟乙烯树脂FR921通过上海市新产品新技术鉴定;2007年4月4日,"聚偏氟乙烯的合成方法及其制得的聚偏氟乙烯"获发明专利授权;2009年,聚偏氟乙烯树脂FR921再次获"上海化工名优产品"称号。

2009年,聚偏氟乙烯树脂FR905和聚偏氟乙烯树脂FR901的研发项目"偏氟乙烯聚合物及其制备方法"及"一种降低含氟聚合物中杂质含量的方法"获发明专利授权,聚偏氟乙烯树脂FR905和聚偏氟乙烯树脂FR901产品均获上海化工名优产品称号。

2010年3月24日,三爱富公司"1 000吨/年聚偏氟乙烯树脂工业化技术开发及产业化"项目获2009年上海市科技进步二等奖。

【六氟丙酮】

六氟丙酮三水化合物申请5项发明专利,其中4项获授权:一是处理全氟异丁烯甲醇吸收液的设备;二是六氟丙酮水合物脱水方法发明专利授权;三是含氟醚的降解方法和含氟醚废水的处理方法;四是全氟异丁烯甲醇吸收液的处理方法。

2005年12月,六氟丙酮研发项目被认定为上海市高新技术成果转化项目。

【四氟丙醇】

四氟丙醇是以四氟乙烯为原料的专用精细化学产品,由于其在可录式光盘(CDR)生产中用作表面涂层处理的唯一专用溶剂,随着光盘产量急剧增长,四氟丙醇需求量明显上升,公司适应市场需求,在国内率先研究开发四氟丙醇的生产技术。2000年,2,2,3,3-四氟丙醇(TFP)工业化试验产量22.8吨。

四、上海涂料有限公司

【水性聚羟基丙烯酸树脂】

1999年12月15日,上海涂料有限公司新华树脂厂和上海石油化工研究院联合开发的高纯度有机化工产品——苯甲腈火炬项目开工。2011年,涂料公司研发的水性聚羟基丙烯酸树脂"蓝光技术"实现重大突破,打破外企垄断,产品性能接近同类国外产品。

2002年5月,上海华元实业总公司开发的6个SM型还原染料新产品通过上海市经济委员会组织的专家验收。

2009年10月21日,在中国石油和化工行业科学技术表彰大会上,涂料公司"彩色涂层钢板用功能性卷材涂料关键技术的开发和应用"获2009年度中国石油和化学工业协会科技进步一等奖。

2011年,涂料公司研发的飞机蒙皮涂料在波音客机上试涂成功。

【苯代三聚氰胺】

2009年8月,上海南大化工厂"凌云"牌苯代三聚氰胺获上海市自主创新产品证书。

2009年9月,由上海三爱思试剂有限公司研制生产的菲尼酮β新产品(用于感光材料的一种优秀显影剂)通过上海市科委1999年市级新产品的鉴定,鉴定委员会认为该产品属国内首创,达到国际同类产品的先进水平。

【环保型染料分散蓝SE-B和分散蓝SE-4GB(200%)的研制】

2000年11月,上海染料研究所承担的国家重点科技攻关项目——"环保型染料分散蓝SE-B和分散蓝SE-4GB(200%)的研制"通过国家级专家鉴定,实现分散染料蓝色品种的更新;2006年3月,上海染料研究所有限公司试制的"高溶解度日落黄色素"解决色淀产品的细度问题,98%的产品达到美国FCC标准,90%的胭脂红产品达到欧共体标准,成为中国生产使用色素企业中唯一能稳定生产并达到美国FCC标准的企业。

【氧化铁黄新型着色材料】

1994年,上海造漆厂以大众汽车公司桑塔纳轿车面漆改型为契机,开发出钻石银、沙漠黄、珍珠灰、皇宝蓝、重晶绿等色漆,获大众公司认可,并通过上海市科学技术委员会技术鉴定。是年,用钻石银闪光漆涂装桑塔纳轿车近千辆。

【硅改性聚酯卷材涂料】

1998年4月,上海振华造漆厂研发的飞虎牌CH810硅改性聚酯卷材涂料通过上海市新产品鉴定,该涂料是在聚酯型卷材涂料基础上改进提高的新品种,除具有聚酯型卷材涂料优良的性能外,在户外耐候性保光保色性方面有很大提高,人工老化实验从1 000小时提高到2 000小时;该涂料在国内首创,达到国际先进水平。2005年11月,上海振华造漆厂研发的飞虎牌水性系列捆带漆成功应用于宝山钢铁股份有限公司(简称"宝钢")现代化捆带生产流水线。

2008年1月,上海振华造漆厂"飞虎"牌卷材涂料系列获上海市工业经济联合会表彰;11月,中国航天时代电子公司230厂致函上海振华造漆厂,对该厂的优质"飞虎"牌X98-11产品成功用于"神舟七号"载人航天飞船表示感谢。2009年8月,"飞虎"牌涂料获上海市自主创新产品证书。

五、上海天原(集团)有限公司

【环氧活性稀释剂5750和5748产品】

环氧活性稀释剂5750和5748两个产品是根据市场需求,在上海天原(集团)有限公司(简称"天原集团")原有产品环氧活性稀释剂501的基础上开发出来的两款新的环氧活性稀释剂。

环氧活性稀释剂5750是为风力发电叶片制造开发的一款双官能团稀释剂。在实验室进行大量的试验对主原料醇进行筛选,最终选定1,4-丁二醇作为主原料。小试阶段进行多次合成试验后确定初步工艺路线,然后通过多批次中试生产,最终确定产品工艺参数和质量标准,并形成相关工艺文件。

环氧活性稀释剂5748是为寻求无味的环氧活性稀释剂开发的一款长碳链单官能团稀释剂。在筛选很多种一元醇后最终选定碳12-14醇,通过小试确定初步工艺路线,通过多批次中试生产,最终确定产品工艺参数和质量标准,并形成相关工艺文件。

两个产品用作环氧树脂活性稀释剂,均能增加环氧树脂的流动性,降低体系黏度并延长适用期;用作纤维素整理剂,可增加纤维素的柔韧性、牢固性、耐碱性、染色性,可用于棉、麻、毛、丝等织物整理,可使纤维的拉伸强度提高。环氧活性稀释剂5750能提高塑料韧性,从而使硬化后的环氧树脂获得满意的电性能和机械性能;特用于风力发电装置的制造,同时可用作某些环氧树脂固化剂的改性剂,或做聚氯乙烯塑料的稳定剂和增韧剂。环氧活性稀释剂5748能增加环氧树脂的柔韧性,保湿性好,可改善颜料、填充料湿润性,改善应用特性;适用于灌封料、防腐涂料、无溶剂涂料及胶黏剂等。

第三节 引进项目消化吸收

一、上海吴泾化工有限公司

【国产化20万吨/年醋酸低压羰基合成工艺技术】

吴泾公司醋酸低压羰基合成工艺技术,于1996年由英国引进。为摆脱国外公司对醋酸生产技术的垄断,形成具有自主知识产权并达到国际先进生产水平的醋酸生产技术;1997年,吴泾公司项目组对醋酸生产装置进行超负荷的实践探索;通过对引进技术的消化吸收和技术创新的扩产技术改造,加强同高等院校科研院所的技术交流与合作,逐步攻克装置扩产过程中遇到的各种技术难题,形成具有自主专利技术(包括催化剂体系、反应热平衡问题、产品精馏等)的醋酸生产工艺技术,为最终将醋酸生产装置扩产至20万吨/年提供坚实的技术平台。

吴泾公司"国产化20万吨/年醋酸低压羰基合成工艺技术"项目获2002年上海市高新技术成果转化一等奖、2004年上海市科技进步一等奖。

二、双钱集团股份有限公司

1995年,上轮公司在美国AKRON市的海外技术窗口——上海轮胎橡胶技术研究公司实行"两条腿"走路的方针,一是引进国外高水平的人才来公司工作;二是有计划有步骤地派员出国培训。是年,通过招聘外籍专家与轮研所技术人员共同开发,为上轮公司设计13个轮胎,其中聚酯轿车轮胎V级2个、H级6个、聚酯轻卡轮胎3个、全钢丝轻卡轮胎2个,为双钱集团增加新品储备;开发出绘制胎面花纹三维图程序,添置用于有限元研究的计算机工作站和ANSYS软件;向上海移交技术文件10批。此外,为上轮公司向美国《橡胶塑料新闻》杂志递报1994年轮胎销售额,上轮公司在全世界同业中排行第14位。

1996年,在美国AKRON市的上海轮胎橡胶技术研究公司主要课题是开展FEA研究。在ANSYS5.3版的支持下,完成轮胎的充气尺寸预测以及负荷下轮胎断面的应力分布,并用不同色区来表示。委托当地的实验室(ARDL)进行10种胶料的测试,在应用非有限元方程的基础上,研究出用胶料的一种试验结果可以预测它的其他二种试验结果,从而大大节约经费和时间。其间,向上海移交技术文件4批,其中有专题报告25篇,还为上轮公司向美国《橡胶塑料新闻》杂志递报1995年轮胎销售额,上轮公司在全世界同业中排行第15位。

1997年,开发产品有:轻卡2个(6.5R16、LT175/75R14),H-级轿车4个(P195/75R14、P215/70R15、P185/70R14、P205/65R15),V-级轿车4个(P215/65R15、P235/50R16、P255/60R7、P255/55R17),乙-级轿车2个(P245/45R16、P255/40R18),花纹设计7个、配方设计3个方案。

1998年,轮研所与乘用轮胎厂等单位密切配合,全力以赴抓与B5配套轮胎等的开发试制工作。通过送样测试,轮胎性能各项指标有显著提高,安全性能指标也达到相关标准的安全技术要求。

2002年11月,"年产新增加7.5万条全钢丝载重子午线轮胎"项目实施,其中10R22.5、11R22.5、12R22.5分别各新增年产2.5万条。

三、上海三爱富新材料股份有限公司

【氟里昂代用品产业化项目】

1994年3月,三爱富公司在发展氟里昂代用品等产品过程中,引进美国杜邦公司部分的F_{152a}生产技术,筹建中国最大的氟里昂代用品工厂。通过引进吸收国外先进技术,使工艺技术、产品档次在短时间内赶上世界先进水平,生产能力及发展规模突破原来的框框,产品从国内市场向国际市场扩展。同时,通过引进技术,解决科技成果从实验室小批量研制到形成大规模生产中的工程技术放大脱节问题,探索出一条企业利用自身优势,引进国外关键的生产技术,快速实现成果产业化的新路。

【高附加值可熔性氟树脂科技攻关及其产业化项目】

2005年1月,高附加值可熔性氟树脂科技攻关及其产业化项目作为专项项目,被列入上海市引进技术的吸收与创新年度计划。项目的主要工作内容是聚偏氟乙烯树脂新品种的科技攻关及其产业化,研制和开发新产品——聚偏氟乙烯树脂FR905;对聚偏氟乙烯树脂FR921进行质量改进;建成1000吨/年聚偏氟乙烯装置。

聚偏氟乙烯是一种新型的氟碳热塑性塑料,具有优良的耐热性和耐化学性、高机械强度和韧性、高耐磨性、卓越的耐气候性、高介电强度以及对紫外线和核辐射稳定性,广泛地用于化工、电子、医药、建筑、环保、电池、半导体、航空航天等产业。其中涂料、锂电池粘结剂、过滤膜、电绝缘材料、化工过程是聚偏氟乙烯用量最大的5个领域。

2006年,完成高附加值可熔性氟树脂科技攻关及其产业化项目。特别是聚偏氟乙烯树脂系列产品FR905、FR921的研制成功,因其产品性能优良、质量稳定,为广大用户所欢迎和认可,广泛地应用于移动设备的无水电池,如手机、笔记本电脑、CD随身听或掌上电脑和涂料等领域。是年,生产、销售聚偏氟乙烯树脂192.37吨。

四、上海天原(集团)有限公司

【一次成型带毛毡塑料轮罩】

一次成型带毛毡塑料轮罩使多组分工作面零件一次注塑成型得以实现,简化生产制作程序,节约原材料。该产品重量比传统轮罩重量下降22.2%,实际验证驾驶性噪音降噪效果提高21%,减少行车的能耗及废气排放,实现新材料在高端汽车配件中的应用,填补国内技术空白。

第四节 产学研合作

一、双钱集团股份有限公司

1994年,与哈尔滨工业大学合作研究《橡胶复合材料力学特性及子午胎三维外线性》,通过化工部技术鉴定,与武汉大学共同研究《轮胎噪音的产生和克服》,取得突破性进展。

1997年,在理论研究方面,引进MARC计算机软件包后,使有限元分析有了更先进的手段。从哈尔滨工业大学引进的程序已开始应用于轮胎动态分析问题研究,并在SMG配套胎的侧向稳定性中发挥一定作用。开展的理论研究有:对芳纶橡胶复合材料的性能研究,轮胎噪声仿真实验研究(在SGM攻关中应用),开发轮胎结构设计的专家辅助设计系统等。

2003—2013年,轮研所和哈尔滨工业大学合作共建的有限元分析技术平台,取得大量的研发成果,在国内有限元领域开创多项第一,为产品开发提供了良好的仿真手段,已普遍应用于载重子午胎、斜交胎的产品设计。前处理开发软件TYABAS经过专家鉴定,达到世界先进水平。

轮研所与同济大学共建的轮胎噪声与振动技术创新平台,是中国第一个噪音检测实验室。该创新平台完成低噪声轮胎的开发设计,开展轮胎噪声机理的基础理论应用研究,完成噪声测试轮胎

19条,还进行大量的TBR和PCR噪声测试。2010年,轮胎低噪声花纹的开发项目,在同济大学平台进行噪声试验和刻花,噪声试验合作平台项目通过中期验收。2013年,该创新平台成为噪声转鼓试验标准的主起草单位。轮研所与同济大学的合作形式为委托开发,研发课题主要是轮胎噪声机理的研究和噪声测试技术等,在研发过程中,产生数项发明和实用新型专利、外观专利10余件,并有多篇论文在国内外核心期刊发表。

2003年1月,轮研所与北京汇海宏纳米有限公司签订《"纳米材料在轮胎中的应用"委托开发合同》,共建技术创新平台。通过多次实验室配方试验,优选纳米氧化锌在轮胎配方中的最低用量,试制50条轮胎送往用户进行轮胎里程试验。

2005年,轮研所与哈尔滨工业大学共建的有限元分析技术创新平台的项目有:有限元分析主程序优化项目进入调试阶段、轮胎老化性能研究项目完成试验、材料疲劳性能研究项目完成试验、轮胎三维接地特性分析、胶料粘弹特性研究项目的验收。在与哈尔滨工业大学签订产学研合作的同时,还应用有限元分析技术对8个规格的轮胎进行优化分析,对TEC理论进行升级完成程序编制进入实用阶段。2010年,ABAQUS轮胎参数优化计算、有限元分析数据管理软件编制完成。

2005年,轮研所科研项目有三项,一是低噪声轮胎产品开发,完成城市客车用轮胎275/70R22.5RT600的低噪声优化,噪声降低4分贝;二是轮胎花纹三维设计方法的研究与应用,完成对客车载重轮胎275/70R22.5RT600的三维模型设计;三是通过对轮胎花纹与接地压力关系,研究不同花纹对轮胎印迹的影响,对轮胎刻花设备进行升级改造,为轮胎刻花机添加画线装置。轮研所与广州华南理工大学的产学研合作项目完成2项:一是开发轮胎硫化过程的仿真软件项目。该项目主要是完成胶料的热性能参数的测定仪器的选型,建立测试方法以及轮胎胶料热性能参数的测定;完成十几种胶料的导热系数,比热和热扩散系数的测定;项目通过阶段性验收。二是轮胎结构计算机辅助设计通用软件平台开发研究项目。该项目具备方便迅速进行轮胎结构设计的基本功能,能够自动生成轮胎初始模型,对各个轮廓线进行编辑修改,自动完成施工设计;项目通过阶段性验收。

轮研所与北京汇海宏纳米科技有限公司合作开发纳米材料的应用项目有2项:一是应用纳米材料提高轮胎的耐磨性能。分批对250条轮胎(11R22.5R202等规格)进行里程耐磨耗大样试验,并在试制过程中对胶料的混炼工艺进行调整优化,使胶料获得较好的加工性能。二是开展纳米材料在彩色胎侧胶配方中的应用试验。试制20条9R22.5RB800轮胎,进行轮胎室外里程试验,以检验彩色胎侧胶的耐撕裂性能,耐屈挠性能和抗老化性能。

2010年,轮研所与华南理工大学合作粉末填充橡胶的研究开发应用等合作项目。是年,完成试验车间的建设,试验设备的安装调试,工艺路线的调整,进行多次粉末胶的制备试验。

2011年,双钱集团与哈尔滨工业大学在有限元合作平台研发3个项目:瞬态温度场分析课题、自动分析报告生成软件开发课题及新型骨架材料在轮胎中的应用课题。

双钱集团与同济大学在噪声与振动合作平台完成研发4个项目:轮胎花纹沟截面的优化分析、轮胎结构对刚度影响的定量分析、轮胎噪声和刚度测试、花块形状对噪声的影响。

双钱集团与华南理工大学在合作平台完成研发2个项目:凝聚共沉法填充型粉末天然胶橡胶的制备和应用技术开发项目、轮胎滚动状态下温度场研究项目。

2012年,双钱集团和华南理工大学合作研发"提高轮胎外部胶料导热性能方法的研究"项目,并通过验收。双钱集团与同济大学在合作平台上应对欧盟法规,完成4个规格100多条轮胎的试验;进行轮胎的噪声测试以及不圆度试验,并按照新的数据处理方法对试验数据合并分析并出具试验报告;对89条标签法轮胎噪声试验数据进行数据导出和数据转换工作。双钱集团与哈尔滨工业大学合作完成"全钢丝子午线轮胎稳态滚动摩擦功分布仿真研究""花纹纵沟沟底形状仿真与优化研究"和"变温变压硫化对橡胶材料力学性能影响规律研究"等3个项目,并通过验收。

2012年,轮研所与哈尔滨工业大学、华南理工大学、卡博特碳黑等单位合作,成立产学研联盟暨博士后工作站,结合新品开发和产品质量提升,建立实效性研究课题进行技术攻关,全年确定攻关课题19项。轮研所被评为首批"上海市产学研合作创新示范基地"。

2013年,哈尔滨工业大学运用在轮胎有限元和结构设计方面的科研力量,为双钱集团提供有限元分析的技术支持,还在轮胎磨耗、湿滑性能和滚动阻力等主要指标方面提供仿真分析的技术支持。双钱集团与哈尔滨工业大学合作完成FEA分析平台。

同济大学噪声合作平台完成对双钱集团所属各厂提供的TBR和PCR轮胎的噪声测试;负责起草轮胎噪声实验室转鼓试验国家标准,完成国家级工程实验室申报以及噪声试验原始数据文件格式转换软件升级。

华南理工大学合作平台完成有限元材料参数研究分析项目的合同签订、相关文献收集以及测试方法原理论证;完成红外测量装置10风道及检测器的整体组装、软件编写及调试工作;购置美国INSTRON5967电子拉力机用于泊松比的测试。

二、上海氯碱化工股份有限公司

2001年,氯碱公司与浙江大学建立聚合工程联合实验室。2002年,与上海交通大学建立高分子材料加工联合实验室、与华东理工大学建立化学工程联合实验室;并与北京化工大学、中国航空工业总公司六四零所等多所院校、研究单位建立合作关系。与上海交通大学合作开发的上海市经济委员会重点攻关项目——高速挤出通讯电缆料的研制开发成功,具有较高的技术含量,填补国内空白。与浙江大学的合作,则是充分利用该校动力学实时检测装置,借助其雄厚的科研力量,建立聚合反应动力学模型,完成WS-800、WS-1000、WS-1300的缩短时间试验工作,聚合时间比原来平均缩短15%。

氯碱公司产学研一体化集中体现在对主要产品的应用、开发和研究上,提出主要产品必须"生产一代、储备一代、开发一代、准备一代"的思路。公司主要产品聚氯乙烯树脂,走过通用型、食品级阶段后,向医用卫生级、绿色建材方向发展。与高校合作研制开发的新型低ABS含量PVC/ABS合金材料、气相法白碳黑制备、氯化石蜡光引发连续反应、水相法氯化聚氯乙烯等产品,为公司提高产量、提升质量,减少环境污染,倡导绿色化工起到示范作用。

氯碱公司下属电化厂在氯碱技术中心、高等院校的密切配合下,将氯气干燥三塔流程改成四塔流程,大幅度降低瓶中含水和含氧,指标分别达到0.05‰,提高了装置的有效运转和生产产量,解决了困扰四氯化碳生产装置多年的技术难题。聚合釜搅拌改造项目主要是解决搅拌剪切力、提高比功率,改善悬浮法聚氯乙烯树脂颗粒分布,从本质上提高产品质量;该项目1992年立项,历经5年时间,委托浙江大学对127立方米釜的搅拌与聚合配方、流体参数等进行模拟测试,提出三叶后掠式搅拌改造方案,然后又委托中国化工装备总公司搅拌设备技术开发中心,对浙江大学方案中提出的搅拌轴系强度进行校核,经专家评审,确定具有可行性条件后,最终委托锦西化工机械厂进行加工制作。1998年1月,一台三叶后掠式搅拌在聚氯乙烯车间代替三层二叶平桨进行试用,试用结果表明,通过调整配方、搅拌功率和速度,使聚合效率、产品质量得到提高。1998年4月,延长"OC反应器"使用寿命项目参与"上海市第九次重点产品开发、生产技术难点攻关招标活动",在与多家高等院校、研究所接触交流的基础上,与上海材料研究所、中国航空工业总公司六四零所、上海交通大学、华东理工大学、上海特氟龙加工中心等进行合作研究洽谈,就防止"CC反应器"蛇管的腐蚀问题,从材质、涂层、焊接工艺等几个方面拟定各种试验方案并加以实施,在延缓"OC反应器"蛇管的腐蚀上取得一定的进展。

三、上海三爱富新材料股份有限公司

【与美国GORE公司合作】

美国GORE公司是一家专门从事有机氟聚合物的加工生产和应用开发的厂家,该公司有丰富的聚四氟乙烯加工技术,专长于聚四氟乙烯膨体产品的生产。该公司的高级研究员Begenbartb博士原是美国杜邦公司氟聚合物部的技术经理,曾经与上海市有机氟材料研究所在开发含氟聚合物新工艺方面进行过成功的合作。1991年5月13日,Begenbartb博士来信提出要与三爱富公司再度在开发新的含氟聚合物方面进行合作。5月25日,三爱富公司上报上海市科学技术委员会国际合作处,鉴于三爱富公司有原料和一定的合成技术,美方提出的一些项目又是公司打算要开发的新产品,而且,三爱富公司与Begenbartb博士已有长时间的友好合作基础,彼此之间的合作可以利用各自的合成和加工技术优势,开发出新一代的氟化学产品,为此,三爱富公司与美国GORE公司签订合作研究的协议。

1994年7月,三爱富公司和GORE公司共同建立合作实验室工作基本就绪,中外双方实验人员一起对引进501反应釜、配套控制仪器仪表及合作实验室仪表设备进行安装调试。

1995年12月,GORE合作实验室完成GORE公司下达的研究任务。B.W 300趋于定型,B.W 5000及医用全氟醚胶进行多种条件试验,特殊压缩比聚四氟乙烯能顺利挤出。聚四氟乙烯微粉放大聚合获得成功。

1996年2月1日,三爱富公司上报《GORE-3F合资企业项目建议书》。1996年2月14日,上海化工控股(集团)公司批复原则同意该建议书。双方于1998年3月3日成立上海三爱富戈尔有限公司,注册资金300万美元,三爱富公司以房屋、设备等出资占股份的40%。9月,开始运作,合资企业为GORE公司提供其加工需要的特殊聚合物。2001年7月31日,双方对1998年3月3日签订的合资合同的某些条款和条件做出修改,签订了合同修订本。双方决定增加130万美元注册资本,从而将注册资本增加至430万美元以满足公司对资本的需求。公司的生产和经营范围变更为研究、开发、检测、生产、销售超高分子量聚四氟乙烯玻璃浸渍布项目。

【开展基础性项目的研究合作】

2007年12月,三爱富公司技术中心与华东理工大学开展4项基础性项目的研究合作。这些项目的研究成果为相关产品的开发和能级提升提供许多指导性结论和基础数据。

【与上海市化工科学技术情报研究所战略合作】

2011年12月21日,三爱富公司与上海市化工科学技术情报研究所(简称"化工情报所")举行《战略合作框架协议》签约仪式,利用华谊集团数字图书馆这一信息平台,在信息收集、处理、研究、提供和服务方面,开辟合作渠道。化工情报所和三爱富公司双方分别确定合作对口部门,具体负责项目的实施,双方对2012年情报服务内容达成共识并签订服务合同。

四、上海华谊丙烯酸有限公司

【丙烯酸及酯新工艺】

丙烯酸的生产技术是整个丙烯酸及酯的核心技术中最核心的技术,特别是丙烯酸氧化技术科技含量高、难度大,是技术制高点,其核心技术包括氧化催化剂、反应器、混合器以及丙烯酸水溶液的提纯等关键之处。这些核心技术国外对中国是绝对严密封锁的,因此,突破丙烯酸氧化的核心技术,形成具有自主知识产权的丙烯酸生产技术,建造国产化的丙烯酸生产装置,就成为丙烯酸人科技创新的重中之重。

丙烯酸公司走产学研相结合的道路。在丙烯酸催化剂的研究开发上,公司与兰州化学工业公司化工研究院联合开发的丙烯酸氧化催化剂,通过工业化试验装置的验证,各项指标达到或超过国际先进水平,为丙烯酸氧化催化剂实现国产化打下坚实的基础。在丙烯酸生产工艺中,公司与华陆工程设计院联合开发一种适合丙烯酸生产的多层固定床管壳式反应器,在丙烯酸行业属首创技术,世界上也属先进。这两项技术一项申请国家发明专利,另一项获实用新型专利。运用自创的核心技术,丙烯酸公司仅用一年时间,投资1.15亿元建成一套完全国产化的年产3万吨的丙烯酸生产装置,且投料试运行一次成功,打通全流程,生产出合格产品;丙烯酸公司丙烯酸的产能由此达8万吨,比引进时增长166%。

五、上海涂料有限公司

2007年,涂料公司与复旦大学合作完成水性工业涂料开发并批量生产。

【上海市涂料研究所】

1991年,上海市涂料研究所进一步加强场所协作,在联合攻关中,逐步形成新产品试制,鉴定投产,推广运用"一条龙",全年列题46项,其中为公司企业服务22项,与3家企业签订6项技术转让合同和技术服务合同,另有6项成果通过技术鉴定。1992年,化工局研究所的体制改革有3种形式,上海市涂料研究所进入紧密层。

【上海市涂料研究所及上海造漆厂】

1986年9月9日,上海市人民政府在副市长李肇基主持下举行关于桑塔纳轿车零部件国产化工作会议。会议之后,成立上海市桑塔纳轿车横向国产化领导小组和上海市桑塔纳轿车横向国产化协调办公室。协作单位共同参与,涂料公司下属上海造漆厂引进技术与外方签订协议,上海市涂料研究所主要承担轿车用涂料系列产品的研究和开发,国内外文献调查总结等工作。上海市涂料研究所和上海造漆厂共同研制S-PVC防石击涂料、CPW-1汽车空腔防腐蜡、FD12-各色氨基醇酸轿车面漆、E154—各色丙烯酸轿车面漆和S—PVC-510稀释剂等5种产品,其中,S-PVC防石击涂料是一种具有良好性能的汽车用涂料,在国内引进轿车的生产线上实际使用,随着中国汽车工业的飞速发展,其用量成倍增加,能为国家创造大量利税,节约大量外汇,具有较大的经济效益和发展前途。PVC防石击涂料和空腔防腐蜡经攻关填补国内空白,该轿车涂料可替代进口;1992年4月,通过化工部技术鉴定并投入生产。1993年,S-PVC防石击涂料和FD12各色氨基醇酸汽车面漆均获1992年度上海市优秀新产品二等奖。

【上海化学试剂研究所】

上海化学试剂研究所(简称"试剂所")和中国科学院上海有机化学研究所(简称"中科院有机所")承担科研院所的责任,主要负责项目的成果转化,工艺的优化放大研究;试剂所又是一家企业,是产学研合作的主体,其与华东师范大学(简称"华东师大")、华东理工大学(简称"华东理工")、上海沪试环保试剂科技有限公司(简称"沪试公司")、上海试四赫维化工有限公司(简称"试四赫维公司")紧密合作,充分发挥产学研合作的技术平台作用。

表6-3-1　2003—2013年上海化学试剂研究所产学研合作情况表

序号	年份	产学研合作名称	合作单位
1	2003	新型手性试剂与含卤(F、Cl、Br)试剂的研制	华东师大、试剂所、沪试公司
2	2004	氟化试剂研制及产业化中试研究	华东师大、试剂所、中科院有机所、沪试公司、试四赫维公司
3	2005	新型药用配套系列特种试剂研制	试剂所、中科院有机所、华东师大、沪试公司、试四赫维公司
4	2006	新型杂环药用系列特种试剂研制	试剂所、中科院有机所、华东师大、沪试公司、试四赫维公司
5	2007	科研用高端含氮系列特种试剂的研制及应用开发	试剂所、试四赫维公司、中科院有机所、华东师大、沪试公司
6	2008	有毒有害分析测试用标准物质及配套试剂研制与开发	试剂所、华东师大、华东理工、沪试公司
7	2009	高端药用配套试剂系列研制及中试研究	试剂所、华东师大、华东理工、沪试公司
8	2010	科研用系列功能试剂及其核心中间体的研制	试剂所、华东师大、华东理工、沪试公司
9	2011	高端有机高纯试剂纯化技术研究及产品中试研究	试剂所、华东师大、华东理工、沪试公司
10	2012	新型类辣椒素类、噻唑啉酮类特种功能试剂的研制、中试及应用	试剂所、华东师大、华东理工、沪试公司
11	2013	氟代反应新型高效相转移催化剂的研制、中试及应用	试剂所、华东师大、华东理工、沪试公司

试剂所产学研合作项目成果:

(1) 高端药用配套试剂系列研制及中试研究项目:首次运用新的合成方法合成出三甲基硅重氮甲烷替代使用比较危险的重氮甲烷,合成出8种未见报道的新结构的β-氨基酸,为新型多肽药物的合成和筛选提供大量的"素材",填补国内生化试剂在这领域的空白。

(2) 科研用系列功能试剂及其核心中间体的研制项目:以天然L-氨基酸为底物,通过合适的消旋化和拆分试剂的筛选,实现天然L-氨基酸的对映体系列D-氨基酸的制备。首先研究天然L-氨基酸的快速消旋化,根据氨基酸的消旋化原理,设计、合成、筛选合适的消旋试剂,使L-氨基酸在拆分条件下(一般在中性条件)的快速消旋,进而利用该高效消旋试剂实现L-氨基酸在拆分过程中原位消旋,达到动态动力学拆分,该方法突破经典拆分收率低于50%的瓶颈,在此基础上形成动态拆分的核心技术,形成自主知识产权。

（3）有毒有害分析测试用标准物质及配套试剂研制与开发项目：该课题研发取代芳胺类以及联苯胺类等10种有潜在食品安全隐患、欧盟REACH法规以及致癌芳胺物的禁用令急需的标准样品试剂，一方面解决国内对此的需求；另一方面自行设计新合成方法也填补在合成方法上的空白。

（4）新型手性试剂与含卤（F、Cl、Br）试剂的研制项目：该课题研制的近10个手性试剂，为国内研究机构以及高校的新药物研究提供主要的中间体试剂，大大缩短其研究周期。

六、上海华谊聚合物有限公司

2013年9月，聚合物公司与大连理工大学合作，开展本体ABS小试合成及产品开发研究，获得有关本体ABS耐热改性的基础配方及其反应动力学数据，并将研究成果应用于3.8万吨/年本体ABS装置，成功开发维卡温度达104℃的耐热级牌号9831B。聚合物公司与上海应用技术学院合作，开展聚合釜流场和剪切场的模拟研究，该项目初步探索放大过程的相关效应，为3.8万吨/年装置聚合釜搅拌器的改造选型设计提供了理论参考。

七、上海天原（集团）有限公司

【高纯度二苯基硅二醇及高活性固化剂的研制与开发】

2009年7月27日，上海天原（集团）有限公司（简称"天原集团"）与上海应用技术大学签订《"高纯度二苯基硅二醇及高活性固化剂的研制与开发"合作项目合同》。该项目主要开发高纯度二苯基硅二醇和高活性固化剂，完成产品技术路线、制备配方及操作工艺，提供达标的小试产品及相关技术文本。

该项目完成既定目标，研发成果"二苯基硅二醇的提纯方法"获发明专利授权。

【甲基苯基环硅氧烷单体的制备技术开发】

2010年1月26日，天原集团与上海交通大学签订《"甲基苯基硅氧烷单体的制备"合作项目合同》。该项目主要开发高纯度甲基苯基硅氧烷单体制备的新工艺，提高甲基苯基硅氧烷单体的得率。

该项目完成既定目标，完成500毫升实验室规模工艺和操作条件开发，并制定相关工艺流程，合成的甲基苯基硅氧烷单体纯度≥99％，此研究成果作为天原集团技术储备。

【新材料复合树脂的研制和应用开发】

2011年1月1日，天原集团与华东师范大学签订《"新材料复合树脂的研制和应用开发"合作项目合同》。该项目主要研发新材料复合树脂新产品，技术形式为研制产品的技术路线、制备配方及操作工艺，技术要求为提供达标的中试产品及相关技术文本。

该项目完成既定目标，合成复合树脂基体性能、催化性能均达到要求；并在实验室装置研究成功的基础上进行中试生产，提供中试产品供用户使用。

【阳离子交换树脂环保化新技术的开发】

2013年6月28日，天原集团与上海应用技术大学签订《"阳离子交换树脂环保化新技术的开发"招标项目合同》。该项目为上海科技成果转化促进会、上海市教育发展基金会、上海市促进科技成果转化基金会资助的"联盟计划—难题招标专项"项目,由天原集团下属上海树脂厂有限公司提出"阳离子交换树脂环保化新技术的开发"难题,由上海应用技术大学(原上海应用技术学院)承接;上海树脂厂有限公司向上海应用技术大学提供相关生产工艺技术等条件和要求,上海应用技术大学经研发后提供具体方案、试验条件和相关资料。

该项目完成既定目标,研发成果"磺酸型强酸性阳离子交换树脂及其制备方法"和"一种强酸性阳离子交换树脂及其制备方法"获发明专利授权。

八、上海华谊集团投资有限公司

1999年2月,投资公司下属上海橡胶制品研究所与印度尼西亚DBA集团签署《长效避孕埋植剂制造技术转让合同》;作为是年全市唯一的纯技术出口项目得到上海市对外经济贸易委员会和上海市科学技术委员会的大力支持;自2001年起向印度尼西亚提供生产埋植剂所需的各种材料。2005年,又开发与之配套的注射器产品。

1986年,上海橡胶制品研究所与美国洛德公司合作成立"开姆洛克胶黏剂技术服务部"。1993年,该服务部撤销,成立中美合资上海洛德化学有限公司,投资比例为外方75%、中方25%,合资公司取得良好的经济效益,投资收益近100万美元。2006年,经协商,外方收购中方股权,合作终止。

第四章　科技成果和知识产权

第一节　科　技　成　果

一、上海吴泾化工有限公司

【甲醇精馏残液生物处理新工艺和甲醇精馏残液生化治理工艺】

上海吴泾化工总厂"甲醇精馏残液生物处理新工艺"项目,获首届上海科学技术博览会金奖、第六届全国发明展览会金奖、上海市1991年优秀发明选拔赛职务发明一等奖、1991年国家发明三等奖,单位被批准为国家级科技成果重点推广计划项目"甲醇精馏残液生物处理工艺"的依托单位。"甲醇精馏残液生化治理工艺"获1991年度上海市科技进步一等奖。

甲醇是化工农药、制药等行业的重要指标,但在生产过程中产生的精馏残液中仍含有微量高沸物等有机物质。甲醇对生物机体具有毒性,上海吴泾化工总厂是国内规模最大的甲醇生产厂家之一,产能12万吨/年,相应每天产生残液240吨。残液中甲醇含量为3 000毫克/升～4 500毫克/升,远超排放标准。

项目组加强同东华大学的技术交流与合作,通过改进工艺和设备调整,逐步克服各种技术难题;中试和大规模工程同步进行,同时完成,证明了工艺的先进性和合理性。

该项目在国内是首创,采用处理出水部分循环降低甲醇残液初始浓度;利用好氧、兼氧、厌氧微生物共生、互生,协同作用及连锁生物化学反应,使甲醇去除率达99.9%～99.99%,高于国际先进水平的去除率99%,使排放水中甲醇浓度低于0.5毫克/升。由于吴泾地区属黄浦江上游准水源保护区,所以该项废水治理项目被列为1990年上海市人民政府环保实事项目之一。

二、双钱集团股份有限公司

1997年,轮研所275/80R22.5、285/75R24.5等80、75系列低断面无内胎全钢丝子午线汽车轮胎系列产品获上海市优秀新产品一等奖,并列入国家经济贸易委员会导向性计划。295/80R22.5低断面无内胎全钢丝子午线载重汽车轮胎申报国家级重点新产品计划项目。

1998年,65系列轿车子午线轮胎获上海市优秀新产品二等奖;65系列轿车子午线轮胎申报上海市经济委员会1998年国家级重点新产品试产项目;60系列轿车子午线轮胎被选入1998年度国家重点新产品计划项目,得到国家重点新产品贷款贴息资格;60系列轿车子午线轮胎获上海市科技进步二等奖。

1999年,SM别克轿车配套胎215/70SR15通过上海市科学技术委员会的新产品鉴定,列入上海市中试产品计划项目,同时还获上海市第五届科技博览会金奖、上海市科技进步二等奖。其中轮胎整体结构优化设计理论及其推广应用获上海市科技进步一等奖;WYNSTAR轿车子午线轮胎系列通过"1998—2000年上海市重点产品质量振兴攻关计划项目"鉴定评审。

2003年,10.00R20、11.00R20系列全钢丝集装箱卡车子午胎获上海市优秀新产品一等奖;

8.25R20、215/75R17.5全钢丝载重子午胎获上海市优秀新产品三等奖。

2004年,10.00R20、11.00R20系列全钢丝集装箱卡车子午线轮胎获上海市科技进步二等奖;14.00R24、17.5R25、20.5R25、23.5R25等4个规格的全钢丝工程机械轮胎全部通过上海市经济委员会的新产品鉴定;4条手工刻制的低噪声轮胎参加上海市科技成果展。在2004年国际橡胶会议上,发表《低噪声轮胎的设计方法与应用研究》论文。

同时,"全钢丝工程子午线轮胎高新技术工业化生产项目"被列为上海市技术创新体系建设项目,得到政府给予的专项拨款补贴;"研究开发高性能低噪声低滚动阻力轻量化绿色载重子午线轮胎项目"和"子午线轮胎噪声、滚动阻力、六分力测试装备项目"被列为上海市科教兴市重大产业科技攻关项目和国家认定企业技术中心能力建设项目。

2005年,在科技成果方面,10.00R20、11.00R20系列全钢丝集装箱卡车子午线轮胎获上海市2004年度科技进步三等奖。全钢丝工程子午线轮胎获上海市科学技术奖励管理办公室颁发的新产品成果登记证书。

2007年,"全钢丝子午线工程机械轮胎项目"获上海市2007年度科技进步一等奖。同时被对外经济贸易委员会申报为"商务部、财政部2007年优化机电和高新技术进出口结构资金项目"。

2008年,"双钱集团技术中心建设高性能低噪声轮胎研发平台项目"申报国家发展与改革委员会的"2008年国家认定企业技术中心创新能力建设项目",并被列入国家发展与改革委员会下达的"提高自主创新能力及高技术产业发展项目"。

2010年,"超高耐磨性和耐撕裂性巨型全钢丝子午线矿山专用轮胎项目"申报上海市科学技术委员会"2010年度上海市科技兴贸项目计划",并被批准立项。"低滚动阻力卡客车轮胎295/75R2.5F105项目"申报上海市科学技术委员会组织的"2010年度上海市自主创新产品认定"。

2011年,无内胎低滚动阻力卡客车轮胎(11R2.5、11R24.5、295/75R2.5、285/75R24.5)被列入2011年国家重点新产品立项计划。

三、上海氯碱化工股份有限公司

【聚氯乙烯芯层发泡建筑下水管】

聚氯乙烯芯层发泡建筑下水管(简称"PSP管"),是20世纪80年代国际上发展起来的新一代塑料管材。这种管道是由三层聚氯乙烯材料共挤制成,内外表层为硬质聚氯乙烯材料,中间芯层是特殊配方的蜂窝状发泡塑料。从截断面可以看出管壁分为三层而不同于常见的实壁塑料,可以形象地称之为华夫饼干。只因它的芯层是微泡沫状,而使这种管道具备其他塑料管无可相比的优点。室内下水管道中的水流冲击声,是令人烦恼的噪音,芯层发泡管由于有泡沫层,能起到隔音效果,泡沫层又能阻止热量传递,芯层管具有保温效果,不仅可用于热水管,冷水管在冬天也无须保温防冻;泡沫制品因是轻质材料,与同规格中的实壁相比,发泡管要轻得多,便于搬运安装,所耗原材料也省。有人担心芯层管是否牢固,根据测试结果,芯层管的抗冲击能量是实壁管的2倍~4倍,其原理还是在于泡沫层,能起到缓冲外力和分散内应力。

PSP管经上海市工业情报信息中心计算机国际检索,达到国际先进水平。该产品于1996年6月通过上海市经济委员会组织的鉴定,并获1996年度上海市优秀职务发明二等奖。

【光引发连续化制备高品质氯化石蜡工业放大及技术集成】

氯化石蜡是由不同碳链长度的正构烷烃经氯化制得的含氯量为13%~73%的一类氯化衍生物的通称。主要用途为塑料及橡胶工业中的增塑剂和阻燃剂。

国内普遍采用间歇式热氯化法生产,而采用光引发连续化工艺生产的产品质量优、消耗低,成本低,且可以大规模工业化连续生产,质量稳定,产品档次得到提升,从而拓展该产品在高端技术领域的广泛使用。

氯碱公司自主研发光引发连续化生产工艺,建立可以工业化生产的光引发连续化氯代反应动力学数学模型和成套工艺技术软件包,并建设2万吨/年以上的52%氯化石蜡工业化装置,使生产能力达到大规模工业化;产品优质、低耗、低经济成本,在市场竞争中处于行业领先地位。

主要技术特点有:

(1) 采用全混连续紫外光照下低温反应,减少氯代过程中石蜡油的焦烧与结炭。

(2) 每台全混釜式反应器采用氯气与烷烃射流喷射混合、釜外强制循环冷却方法,防止底部原料烷烃烧料现象的发生,大大提高生产能力。

(3) 尾气处理系统,采用冷冻冷却与除雾捕沫工业技术,大幅降低尾气含油量。

(4) 使用该技术生产操作简单,生产控制稳定,产品质量达到优级品。

氯碱公司开发的氯化石蜡光引发连续化生产技术,可用于42%、45%、52%、60%等氯化石蜡的系列化工业生产。

【30万吨/年氯乙烯/聚氯乙烯生产工艺技术国产化开发】

2001年,氯碱公司承担"30万吨/年氯乙烯/聚氯乙烯生产工艺技术国产化开发"项目,分别被列为"国家技术创新项目"和"上海市引进技术吸收与创新年度计划项目"。

氯碱公司自主创新开发直接氯化多元催化技术、双效变压精制节能技术、二氯乙烷氯化和裂解节能技术、热水进料聚合技术、浆料汽提干燥技术和新型防粘釜技术;并实现中国聚氯乙烯生产装备的重大突破,自主开发设计建设第一台最大的具有新型内冷却技术的136立方米聚合釜。2004年,公司对技术优化集成,形成30万吨/年的氯乙烯/聚氯乙烯国产化生产工艺软件包。在开发过程中,发表16篇论文、申请17项专利技术。

国产化生产技术在氯碱公司装置上进行推广应用,大幅提高产能和产品质量,降低能耗和物耗,实现清洁生产。通过技术输出,也提升行业的技术水平;锦州化工公司、上海华胜化工有限公司等已建项目应用该技术实现装置正常生产,并取得良好的经济效益,其综合工艺消耗指标达到国外同类技术水平,产品质量与国外先进水平相当。

【20万吨/年二氯乙烷裂解新工艺开发及应用】

20世纪80年代,氯碱公司引进国外20万吨/年二氯乙烷裂解装置,该装置技术属于早期的裂解技术,一直存在着炉管结焦周期短、能耗高的问题,特别是能耗与国外先进生产技术有较大的差距。公司在20多年消化吸收的基础上,从2003年起进行自主开发20万吨/年二氯乙烷裂解新工艺。2005年,新工艺技术开发成功,并完成新工艺在生产装置上的应用。

【4万吨/年专用糊状聚氯乙烯成套技术开发】

20世纪80年代,氯碱公司从美国西方化学和日本三菱化成分别引进各为2万吨/年的糊状聚氯乙烯装置。两项工艺在当时具有工艺技术领先、生产指标先进和产品性能稳定等特点。

氯碱公司为实现专用糊状聚氯乙烯生产工艺技术国产化,自2005年起,立项开展该项目的研究工作,并自主创新开发了糊状聚氯乙烯聚合新工艺、新型乳胶蒸汽加热专用喷嘴、大粒径糊状聚氯乙烯种子制备技术及高端专用糊状聚氯乙烯系列化树脂生产技术。2007年,公司通过技术优化集成,形成4万吨/年专用糊状聚氯乙烯生产工艺软件包,建设4万吨/年专用糊状聚氯乙烯生产装置,并在行业中成功进行技术转让。在开发过程中发表5篇论文、申请10项专利技术。经化工情报所科技查新,该技术开发成果达到国际先进水平。经中国化学工业氯碱氯产品质量监督检验中心分析测试,自主开发的高端专用糊状聚氯乙烯产品质量与国外先进水平相当,在国内处于领先地位。国产化生产技术在氯碱公司装置上进行推广应用。

2010年,成套国产化技术实现向宁夏英力特特种树脂有限公司的技术输出,已建项目应用该技术实现装置正常生产,其综合工艺消耗指标达到国外同类技术水平,并取得良好经济效益,提升了行业的技术水平。山东济宁化工公司、南宁化工公司等引进该项目技术的生产装置也如期建设。通过技术输出,氯碱公司获技术转让费2 080万元。

成套生产工艺技术的开发成功,摆脱中国糊状聚氯乙烯生产技术对国外的依赖;高端专用糊状聚氯乙烯系列化树脂的产业化,填补国内该领域空白,打破国外产品的垄断。

【水相法氯化聚氯乙烯产业化关键技术研究及应用】

氯碱公司具有国内独有的10升—300升—7立方米—24立方米—30立方米—127立方米聚氯乙烯聚合开发放大体系,其中7立方米聚合装置是国内同行业中规模最大,控制最先进的中试装置;齐全的研发设备、测试仪器和产学研共建的实验室平台使氯化聚氯乙烯工艺开发有完整的硬件基础。

2007年,公司承担的"水相法氯化聚氯乙烯产业化关键技术研究及应用"项目被列为国家科技部"十一五"国家科技支撑计划。该项目对专用聚氯乙烯树脂合成技术、水相悬浮氯化技术、氯化聚氯乙烯树脂后加工配方等进行原创性研究。通过复合分散体系研发,引入特殊表面活性剂,改变聚合体系界面张力和VC成粒过程,提高颗粒内部孔隙,减少颗粒表面皮膜量,开发高疏松型多孔氯化专用聚氯乙烯树脂。通过自主创新设计氯化专用搅拌器,改善气液固三相传质及传热效果,分别在氯化前、中、后期调整氯化温度及配方,提高氯化效率,首创水相法三段氯化技术。利用NMR、XPS、SEM等先进仪器测试氯化聚氯乙烯树脂的链结构、表面氯含量、颗粒表面与内部形态、分子量分布等性能表征,确定影响氯化聚氯乙烯树脂及制品性能的主要因素及控制手段;通过对热稳定体系、润滑体系、抗冲改性体系等方面的协同作用研究,开发氯化聚氯乙烯混料及制品技术。

2010年,氯碱公司通过技术优化集成,建成万吨级水相法氯化聚氯乙烯生产装置,并配套建设氯化专用聚氯乙烯树脂、氯化聚氯乙烯混料和后加工装置。该项目研发的氯化聚氯乙烯树脂及制品经国家权威机构检测,各项指标均达到国外同类产品水平。在开发过程中,制定4项企业标准,发表10篇论文、获4项专利授权。

该项目研发成功,实现高端氯化聚氯乙烯材料中国制造"零"的突破。

四、上海三爱富新材料股份有限公司

1991年年初,上海市有机氟材料研究所"七五"重点项目"氟塑料静电喷涂粉体涂料制备"通过化工部鉴定和验收，获上海市1991年度新产品奖三等奖。"氟硅苯撑"通过"七五"科技攻关验收。3月，"聚偏氟乙烯系列树脂合成及其应用"获上海市科技进步二等奖，产品已广泛用于化工防腐设备、电线、电缆和涂料中；作为功能材料，PVDF还成功地用于气象卫星，运载火箭、电子耳蜗和传感器等高科技领域。1991年年中，千吨级四氟乙烯工业技术应用于济南化工厂，阜新氟化学总厂千吨级装置建成，该成果获1991年上海市首届科技节博览会金质奖。

1992年6月，建成合成HCFC-141b和HCFC-142b全流程试验装置。

1993年12月1日，HFC-152a中试研究由化工局在川沙蔡路化工厂现场通过鉴定。该装置年产百吨级制冷用HFC-152a，其工艺在国内处于领先地位，工艺成熟，性能达到日本大金公司对该产品的技术要求，经上海航天电冰箱厂、上海交通大学等使用证明可替代CFC-12，符合电冰箱的制冷性能要求。是年，中低成型比分散聚四氟乙烯树脂（FR202A）通过聚合工艺创新和后处理工艺改进，使该国产树脂质量达到英国FluonCD-1树脂水平。

1994年8月，"氟塑料加工及应用技术开发项目"获1992年度轻工部科技进步一等奖、1993年度国家科技进步二等奖。

1997年11月，"羟基封端液体含氟苯撑硅橡胶"及"高温耐油室温硫化密封剂HM1001"获国家科学技术委员会技术发明二等奖。12月，"羟基封端液体含氟苯撑硅橡胶FE2821"获化工部科技进步二等奖，"羟基封端液体含氟苯撑硅橡胶FE2811"获化工部科技进步三等奖。

2001年，"氟橡胶2605"和"改性聚四氟乙烯浓缩分散液FR303A"分别获上海市新产品一等奖和三等奖，并均已投入产业化。

2003年1月27日，"悬浮法聚四氟乙烯粉末的连续制备工艺及其设备"获上海市科学技术进步一等奖。

2005—2007年，三爱富公司发明专利授权12项；市级以上鉴定验收、科技进步奖、高新技术成果转化项目认定、专利新产品认定、技术秘密认定、名牌产品及化工名优产品认定等17项；科技成果转化形成的高新技术产品收入3.84亿元。

2006—2010年，列入中华人民共和国国防科学技术工业委员会（简称"国防科工委"）"十一五"军品配套第一批研制项目的含氟烷基碘的制备及含氟表面活性剂、含氟特种涂料项目，创新点在于设计独特的反应系统，综合多种反应系统的优点；采用新的催化体系。相关技术获1项发明专利授权，名称为"全氟烷基碘调聚物的合成方法"。

2006年，"氟硅橡胶的稳定化研究"列入国防科工委2006年军品配套第一批研制项目。通过预聚—双螺杆反应挤出复合工艺，成功改善热硫化氟橡胶分子量分布的均匀性，实现氟硅生胶质量的稳定性，形成30吨/年热硫化橡胶的中试能力，成功研制出新型乙烯基封端的氟硅油，提高了热硫化氟硅橡胶的力学性能，建成5吨/年室温硫化氟硅橡胶的中试装置。该项目通过国防科工委验收，相关技术获1项发明专利授权，名称为"催化剂组合物和含氟硅聚合物的制备方法"。

2007年，"高性能悬浮聚四氟乙烯树脂的科技攻关及产业化项目"列入2007年上海市经济委员会技术创新（上海市引进技术的吸收与创新）项目计划。该项目建成1000吨/年生产装置，装置运行良好，产品质量稳定；于2009年12月通过上海市经济和信息化委员会验收，并获2010年上海市科委科技成果证书。相关技术获2项发明专利授权，名称分别为"输送喷嘴、使用该喷嘴的聚四氟乙烯细粒加工方法和设备"和"制备悬浮聚四氟乙烯树脂的破碎器、破碎装置和破碎方法"。相关产品悬浮聚四氟乙烯树脂FR105获2010年上海市重点新产品证书。

2008年，"FR205树脂工业化试验"研制成功，填补国内空白，产品接近美国杜邦公司6C牌号，能在市场中部分替代日本大金公司204、303和美国杜邦公司6C产品;相关技术获1项发明专利授权,名称为"改性聚四氟乙烯树脂的制备方法"。是年,为满足开发高端氟聚合物配套需要而研发"磺内酯工业化试验项目",三爱富公司采用合理的工艺流程和先进的生产控制技术,消除四氟磺内酯生产过程中的爆炸危险,制备出合格的四氟磺内酯;建成100吨/年磺内酯生产装置,产品纯度在99.9%以上。

2008年,"六氟环氧丙烷工业化试验项目"针对以往萃取精馏实验提纯六氟环氧丙烷存在的问题,对萃取精馏装置进行多次改进,解决反应过程中的通氧控制问题,完成氟代光气、三氟乙酰氟的收集等问题,通过实验优化工艺条件,建立满足中试生产的萃取精馏工艺参数,建成50吨/年六氟环氧丙烷中试规模,满足产业化要求;相关技术获1项发明专利授权、1项实用新型专利授权,发明专利名称为"六氟环氧丙烷制备工艺"、实用新型专利名称为"用于连续生产六氟环氧丙烷的设备"。

2008年,"全氟羧酸中间体合成中试技术和全氟羧酸单体合成中试技术"被作为国家"十一五"科技支撑计划重大项目之一"全氟离子膜工程技术研究"课题中的重要环节而立项。该项目不直接体现经济效益,是全氟离子膜项目中的配套子项目,全部产品经聚合后再做处理工作,以供全氟离子膜成膜使用。相关技术获1项发明专利授权,名称为"六氯二氟丙烷的制备方法"。

2008年,"线缆级氟化乙烯丙烯共聚物(FEP)工业化试验项目"的核心技术是研究第三单体的添加及添加量、釜内气相组成、乳化剂添加量、初始引发剂添加量、补加引发剂添加量和后反应时间等因素对FEP树脂的熔融指数和相应机械性能的影响,最终确定线缆挤出专用牌号FEP的基本配方,生产出合格树脂。三爱富公司在已开发的FEP树脂的基础上,进行线缆挤出专用牌号FEP的开发,产能达1 200吨/年。

2009年,高氟含量246氟橡胶完成试生产,产能达550吨/年;四丙氟橡胶完成生产及热处理工艺优化,生胶产能达50吨/年;完成高氟含量246氟橡胶产品FE2464G、四丙氟橡胶产品的企业标准制定。相关技术获3项发明专利授权,分别为"氟弹性体及其制备方法""一种氟弹性体的干燥方法和用于该干燥方法的干燥设备""四氟乙烯—丙烯含氟弹性体及其制备方法"。

2009年,"全氟羧酸树脂、全氟磺酰树脂的合成研究项目"主要研究磺酰树脂(S-R)、羧酸树脂(C-R)的合成工艺、后处理工艺优化。完成10升聚合釜羧酸树脂的合成实验,得到相应的最优工艺条件与配方。完成100升聚合釜磺酰树脂的合成,确定磺酰树脂的配方、工艺条件及后处理工艺,制备满足成膜要求的磺酰树脂,形成一条合成磺酰树脂的生产线。相关技术获2项发明专利授权,分别为"全氟磺酰树脂的制备方法""制备全氟磺酰树脂的方法"。

2009年,完成研发"全氟辛酸替代品开发优化齐聚法及齐聚物纯化工艺"。获得理想配方的PFOA替代品;明确PFOA替代品组成对含氟聚合物反应、聚合物性能及结构之间关联的影响;获得无PFOA污染的含氟聚合物(氟树脂、氟橡胶橡胶)的聚合工艺条件。该项目的成功具有打破技术垄断的积极意义,相关技术获1项发明专利授权,名称为"稳定的水性含氟聚合物分散乳液及其制备方法"。

2010年2月,"悬浮聚四氟乙烯树脂FR105"获上海市高新技术成果转化项目认定,项目等级为A级。同时,该产品获2010年度上海市重点新产品认定,入选2010年国家重点新产品计划。

2008—2011年,三爱富公司承担的国家、市级项目均获专利授权,在国家科技攻关、军品配套等方面作出贡献。其中,发明专利授权17项;市级以上验收、奖项、名牌、重点新产品科技成果等有20多项。2010年,公司高新技术产品收入为5.92亿元;国家级技术中心于2009年通过复评;申报的国家级技术中心建设项目于2011年获批复。

2012年10月30日,"1 000吨/年聚偏氟乙烯树脂工业化技术开发及产业化"项目获技术创新优秀成果特等奖;"精馏塔内部构件优化及推广"项目获技术创新优秀成果三等奖。

2009—2013年,"辐照交联乙烯—四氟乙烯绝缘材料的研制及应用研究项目"列入国防科工委关于大型飞机第二批材料研制与应用研究项目。辐照交联乙烯—四氟乙烯绝缘电线是通过电子束的辐照对乙烯—四氟乙烯交联改性,有着重量轻、电线外径小、辐照性能优越、耐开裂、耐溶剂、使用温度高六大优点,在航天航空领域、军事国防领域中的需求日益扩大。

五、上海华谊丙烯酸有限公司

【高性能丙烯酸催化剂研制及工业化应用】

丙烯酸公司的丙烯酸技术,于1994年由日本引进,但催化剂却始终采用进口催化剂。催化剂是丙烯酸生产工艺过程的核心。丙烯酸催化剂的开发包括两种不同类型的催化剂,一种为丙烯氧化制丙烯醛的一反催化剂,另一种为丙烯醛氧化制丙烯酸的二反催化剂。

丙烯酸催化剂项目组取得多项创新性研究成果,于2008年开发成功具有自主知识产权的高性能丙烯酸催化剂,并开始推广应用于丙烯酸工业生产装置。

截至2010年年底,该项研究成果在公司20万吨/年产能的4套工业装置上全面投用,其性能超过同期进口催化剂的水平。2013年,丙烯酸二段催化剂作为商品首次销往国内丙烯酸生产企业,在该公司6万吨/年产能的工业装置上投用,并得到用户的认可。

丙烯酸催化剂项目主要荣誉奖项有:2012年度上海市技术发明一等奖、2012年度第六届中国上海专利周上海市十大优秀专利产品奖、2012年度浦东新区发明创造大赛优秀发明奖。

【异丁烯氧化制备甲基丙烯酸催化剂研究】

甲基丙烯酸(MAA)是一种重要的有机化工原料,异丁烯氧化法制备MAA是国际上较为先进的MAA生产技术,催化剂研发难度较大,关键技术仅掌握在少数几家日本公司手中,对外实行技术垄断。

自2005年起进行项目研究,并在国内率先建成2 000吨/年的工业试验装置。通过对催化剂一次次的逐级放大、中试性能评价以及2 000吨/年装置的性能评价,最终解决催化剂活性、选择性、稳定性、制备重复性等关键技术难题。在2 000吨/年装置上,经过与国际先进、商品化的日本公司催化剂多次对标比较,自制催化剂生产每吨MAA耗异丁烯的单耗指标与日本催化剂相同,且自制催化剂更具有空速高、可回收再生的技术优势,具备工业化应用的条件。

【高新成果转化丙烯酸丁酯】

2013年1月29日,"HY-50丙烯酸丁酯"项目被上海市高新技术成果转化项目认定办公室认定为"上海市高新技术成果转化项目"。

六、上海涂料有限公司

1992年,涂料公司涂料专用搅拌釜优化研究,获化学工业部科技进步二等奖。
1993年,涂料专用搅拌釜优化研究和系列化产品设计,获上海市科技进步三等奖。

2008年2月25日，涂料公司HPW-苯甲腈产品被评为上海市高新技术成果转化项目。4月，HPW-苯甲腈被认定为2008年第一批上海市高新技术成果转化项目。7月29日，涂料公司新型功能性工业涂料研制和产业化项目通过验收；公司自2006年起，先后完成氟碳卷材涂料，导电型卷材涂料，高性能聚氨酯卷材涂料，自洁型卷材涂料的开发和产业化；应用于宝钢卷材线取得经济效益；完成波音飞机专用特种涂料研制，取得国家适航处认证证书，成为国内首家获证书的企业。

2009年4月，涂料公司"光明"牌市政工程长效防腐涂装材料获"上海市重点新产品"证书。

【上海市涂料研究所】

AE88-1易拉罐内壁涂料 "AE88-1易拉罐内壁涂料"是上海市经济委员会下达的新产品开发项目。该涂料采用接枝共聚法合成的水分散型丙烯酸改性环氧涂料，使涂料从溶剂型转向水分散型。具有优异的物理机械性能和抗化学性能（耐沸水1小时无变化、耐乙醇24小时无变化、耐1%盐酸24小时无变化）。该涂料无毒，符合美国FDA标准，达到GB11677-89卫生标准。它在上海饮料制罐厂生产流水线上使用，涂罐质量达GB9106-88技术标准，可替代进口涂料实现易拉罐内涂料国产化，还可替代饮料罐、药膏罐等的溶剂型内涂料，也可用于铝材、马口铁等金属表面，对改善环境污染、防止火灾危险具有重要意义。

1991年7月24日，该涂料通过化工局鉴定。10月，获上海市科技成果证书。

PC-891钢琴用气干型不饱和聚酯涂料 1989年，在上海科学技术开发交流中心主持和组织下，"PC-891钢琴用气干型不饱和聚酯涂料"及涂装工艺由上海市涂料研究所和上海市钢琴公司研究所（以上海市涂料研究所为主）共同研制。1991年，"PC-891钢琴涂料"研制成功，并通过技术鉴定，进行生产和实际运用。新研制的"PC-891钢琴涂料"解决空气阻聚问题，可在空气氧存在下固化成膜，涂层表面不发黏，是一种新型的高装饰性涂料，主要用于涂饰钢琴、家具、客车车辆等高级木器。该涂料及涂装工艺填补国内空白，使喷涂型钢琴涂料实现国产化。

1991年5月，该涂料通过化工局和上海市第二轻工业局的技术鉴定。10月，获上海市科技成果证书。

6803水性环氧工业地坪涂料 "6803水性环氧工业地坪涂料"是"七五"国家科技攻关项目。该涂料由环氧树脂复合型改性聚酰胺及其他辅助材料以水为稀释剂配制而成，是一种高级工业地坪涂料。该涂料保持环氧树脂优良性能，对混凝土、金属等底材具有强固的附着力，涂膜坚硬、耐磨耐油以及耐一般的酸、碱、盐。该涂料不含有机溶剂，没有燃烧、爆炸等危险，亦可在湿面施工。该涂料可广泛用于工厂车间地坪，停车场，飞机跑道，船舶甲板以及隧道内墙底层等起到防水防滑等作用。

轿车用系列涂料 上海市涂料研究所和上海造漆厂共同研制出S-PVC防石击涂料、CPW-1汽车空腔防腐蜡、FD12-各色氨基醇酸轿车面漆、E154-各色丙烯酸轿车面漆和S-PVC-510稀释剂5种产品。

1992年4月15日，通过化学工业部鉴定，获科学技术成果鉴定证书。

1993年2月，S-PVC防石击涂料和FD12-各色氨基醇酸轿车面漆均获1992年上海市优秀新产品二等奖。

DA50分散防沉多功能助剂 "DA50分散防沉多功能助剂"系"七五"国家科技攻关项目，主要解决涂料工业制漆及贮存过程中发生的颜料分散、颜料沉降结块和复色漆的分色问题，在学习、验证有关涂料助剂理论的基础上，根据国情开展合成研究和应用试验，研制成功由聚羧酸和多官能胺组成的电中性盐,并提出涂料助剂的分散速度比较试验方法,该助剂不仅具有分散、防沉、防分色功能,还兼有一定的缓蚀、触变和防霉特性,经扩试后向全国各油漆厂送样进行应用试验,显示良好的效果。该项目达到"七五"国家科技攻关合同中所规定的各项技术指标,完成攻关任务。

1992年4月15日,通过化学工业部鉴定,获科学技术成果鉴定证书。

车灯底面漆 "车灯底面漆"是上海市重点攻关项目,用于引进的桑塔纳轿车国产化配套前大灯,即用于车灯反射镜真空镀铝层的耐高温底漆及面漆,要求车灯在高温下(80℃、96小时)其反射镜光亮度基本不变,还要求耐低温(-40℃)、耐酸、碱、盐等。该项目经过3年研制,不断改进涂料配方及施工工艺,于1991年年底通过技术鉴定。该项目的科研成果得以产业化,1992年桑塔纳车前大灯已由使用法国Hella公司产品改为使用国内产品,用量十几万个,经济效益明显,节省大量外汇,增益产值80万元,税利20万元。

HS-26高固体铅笔底漆 "HS-26高固体铅笔底漆"采用合成树脂替代传统的硝化棉,并提高高固体含量(≥65%),克服硝基铅笔存在的遮盖力差的问题。涂装一道高固体铅笔底漆、其遮盖力相当于硝基铅笔漆涂两道效果,达到日本RISSIN公司水平。实样铅笔的漆样已作为传统铅笔底漆的更新换代产品。

1992年9月,该底漆通过福州市经济委员会和化工局技术鉴定。

SSTL7650、STL7470核电安全壳内设备用脂肪族聚氨酯涂料 "STL7650和STL7470的核电安全壳内设施防护涂料"除需满足一般常规性能外,还应满足耐辐射、去污、耐去污剂腐蚀、LOCA实验等要求,研发使用后证明"STL7470聚氨酯底漆、STL7650脂肪族聚氨酯面漆涂层"能满足PC-300工程中的设备及设施使用要求。

1995年5月26日,该涂料通过化工局鉴定,获科学技术成果鉴定证书。

潜艇排烟管防腐蚀保护层 随着国民经济的发展和国防事业的发展,耐高温防腐蚀涂料的应用越来越广,尤其以金属材料的管道、烟道、以及某些具有一定腐蚀性气体且有高温的管道接口处、外壁耐高温等处用的较多。

1995年5月10日,化工情报所鉴定"潜艇排烟管防腐蚀保护层"总体水平属于国际先进。

重防腐蚀涂料 "重防腐蚀涂料"主要是攻克潜艇压载水舱、机舱底部及非水密部分的防腐蚀问题,由化工部、中船总公司、海军装备修理部联合招标下达。自1990年起,开展研制工作,经过5年的实验室研制和实船试验表明,各项性能达到和部分超过攻关指标要求。

1996年3月5日,该涂料通过化学工业部军工办公室的鉴定,获科学技术成果鉴定证书。

HDI缩二脲的合成 "HDI缩二脲"是以国产1,6-己二异氰酸酯(HDI)和一种新的水前体为原料合成的脂肪族聚氨酯涂料用固化剂。该产品色浅,游离单体含量低于1%,制成漆膜具有优异的保光、保色、光亮、丰满、耐磨、耐化学性,与德国Bayer公司产品Desmodur-N75无明显差异。能满足高品位高档次的室外装饰保护涂料的需要。

1995年11月28日,该涂料通过化学工业部的鉴定,获科学技术成果鉴定证书。

6532-H环氧聚酰胺涂料 为解决航天器饮用水箱内壁涂层问题,航天医学工程研究所委托上海市涂料研究所开展饮用水箱内壁涂层研制及涂复技术研究,双方于1997年1月签订《科技协作项目合同书》。

研制的"6532-H环氧聚酰胺涂料"属于实际无毒涂料,用于生活饮用水水池、水舱、水箱管材及管料等;材质符合《生活饮用水输配水设备及防护材料卫生安全评价规范》(2001)要求;通过航天医学工程研究所的验收,运用于中国神舟五号航天水箱的内表面。

2003年10月16日,收到航天员杨利伟的感谢信;获中华人民共和国卫生部国产涉及饮用水卫生安全产品卫生许可批件。

MDI型聚氨酯涂料 "MDI型聚氨酯涂料"是上海市科学技术发展基金项目,编号为981211-51,主要技术内容为以MDI(二苯基甲烷二异氰酸酯)单体为原料合成聚氨酯固化剂,再与选用的含羟基树脂配合,制成SP871聚氨酯涂料。该涂料经过扩大试验,应用于电镀件罩光涂层;涂料经上海市涂料颜料质量监督检验站测试,达到项目计划任务书规定的要求,完成预定的研制任务。

2000年3月3日,该涂料通过上海市科学技术委员会鉴定,取得科学技术成果鉴定证书。

MDI系列单体在涂料中应用开发研究 "MDI系列单体在涂料中应用开发研究"属"九五"国家重点科技攻关计划专题,主要研究内容是以MDI单体为原料研究开发MDI型聚氨酯涂料。涉及的MDI单体主要有纯MDI、MDI混合体、聚MDI(即PAPI),经过3年多的研究开发,合成多种MDI型预聚物和含羟基树脂,制成SP871、SP872等品种的聚氨酯涂料,全面完成"九五"攻关任务。

2001年1月20日,该涂料通过国家石油和化工局科技办公室的鉴定,获科技技术鉴定证书。

防火隔热系列涂料 1996年8月—2001年10月,上海市涂料研究所承担化工部军工办公室、中国船舶总公司物资公司和海军装备修理部的国家重点科研项目"防火隔热系列涂料",主要有下列三种:

(1)钢结构防火隔热涂料。研制难燃性无溶剂低黏度聚酯作为成膜物质,辅以脂肪族异氰酸酯三聚体为交联剂,再加其他防火添加剂(如反应性阻燃剂、发泡剂、脱水成炭剂、防火增强填料等)制备的防火涂料具有稳定性好、耐油、水性优、吸潮性小、发泡效果佳、理化性及施工性均较理想等特点。2001年6月6日,防火隔热涂料试样经国家防火建筑材料质量监督检验中心检测,得到检测结果为:产品质量合格。

(2)非金属结构防火隔热涂料(饰面型防火涂料)。与钢结构防火涂料不同之处在于非金属材料一般硬度不高,它要求其表面涂料具有一定的柔性,所以在合成树脂时,将二官能团的比例超过三官能团的一定值,取得柔性较好的涂膜。2001年4月10日,饰面涂料经国家防火建筑材料质量监督检验中心检测,得到检测结果为:该产品质量一级合格。

(3)防火腻子(阻燃腻子)。研究工作考虑到腻子的特点:好刮易磨,故采用无机黏结剂与有机树脂互串网络的结构展开研究。如单独用无机连接料或有机树脂连接料配制的腻子不是打磨性不好,就是理化性不够,用该法不仅解决了刮磨问题,同时解决了高耐氧指数极限的难点,最终配方确定实测氧指数高达80。2001年3月28日,防火腻子经上海市消防产品质量监督检验站检测,检验结果为:炭化。

2001年10月,中国石油和化工协会军工办、海军装备部器材部、国家经贸委军工办、中船重工集团公司军品部等单位的专家至上海市涂料研究所对"防火隔热系列涂料"进行验收,予以通过。

大型国产航空飞机配套蒙皮涂料 随着航空事业的发展,上海市涂料研究所研发的飞机蒙皮底面漆(STL7770)、防腐蚀底漆(STL777-1)、保护性面漆(STL-7770-2)、底面漆系统(STL-7770-3),技术含量高,适用领域广。其产品性能完全满足波音公司的各项技术指标。

2008—2009年期间,沈阳道联航空科技有限公司使用上海市涂料研究所生产的STL7770系列国产航空飞机配套蒙皮涂料产品,用于波音737-200/300、757-200等型号飞机桌作面、口盖等修补涂料,该产品无论光泽,丰满度,流平性及漆膜缔合性能都可与进口飞机蒙皮涂料相媲美,施工性能优良。

2013年6月26日,该涂料获中国民用航空局民用航空用化学产品生产设计/生产批准函。8月1日,由上海市涂料研究所承接,上海造漆厂生产,涂料公司技术中心技术加持的"上涂牌"航空涂料在舟山完成首次对公务飞机的整机喷涂,实现航空涂料商业化"零"的突破。

【上海铬黄颜料厂】

2008年11月,上海铬黄颜料厂"铬黄颜料节能新工艺的研发"获上海市重点产品质量振兴公关成果二等奖。

【上海开林造漆厂】

1989年4月,防腐蚀配套涂料(702环氧富锌、842花样防锈漆、环氧面漆)通过鉴定,产品质量达国内先进水平。1992年,"800系列各色超厚膜型工业地坪涂料"获上海市科技进步三等奖。2005年2月,"S43-3脂肪族聚氨酯可复涂面漆"被认定为2004年上海高新技术成果转化项目。2007年3月,"光明"牌防火涂料研发取得突破,"B60-32室内超薄型钢结构防火漆"耐火极限达2小时,比国家标准高出一倍,通过国家防火建筑材料质量检验中心检验,并获公安部消防产品合格认可证书。2009年2月27日,"大型市政工程长效防腐涂装材料关键技术的开发与应用"获上海市科技进步三等奖。2012年,"船舶压载舱涂料"获中国船级社认可。

【上海染料研究所有限公司】

2010年2月9日,上海染料研究所有限公司通过AIB食品安全标准管理体系审核,为"狮头"牌食品添加剂着色剂走向国际高端市场创造条件,该管理体系是欧美发达国家在烘焙行业实施的标准体系,比ISO9000、HACCP等体系更细致、更严格。2011年2月,上海染料研究所有限公司被商务部认定为"中华老字号企业",该公司以食品添加剂"狮头"牌使用色素生产为主,是中国规模最大,世界第二的食品添加剂和着色剂生产龙头企业。

2010年12月,上海染料研究所有限公司食品添加剂"柠檬黄HP"获国家重点新产品奖。

【上海试四赫维化工有限公司】

2005年11月,上海试四赫维化工有限公司研发的"防霉剂10,10—氧联吩吡"被认定为2005年上海市高新成果转化项目。

【上海一品颜料有限公司】

1991年7月,上海市新产品"氧化铁红130NS"通过鉴定,质量达国内先进水平。1996年,"130级5605浅色建筑用新型着色剂"获1996年度上海市优秀新产品项目建筑用新型着色剂荣誉。2005年11月,"医药用氧化铁颜料"被认定为2005年上海市高新成果转化项目。2009年2月27日,"痕量重金属氧化铁颜料关键技术的开发和应用"获上海市科技进步三等奖。

【上海造漆厂】

"S-PVC防石击涂料""FD-18各色氨基醇酸轿车面漆"均获1992年度上海市优秀新产品奖。"FD12各色氨基醇酸轿车面漆"获1993年上海市科技进步三等奖。"FE-金属闪光漆""FE-罩光清漆"均获1995年上海市科技进步奖。

【上海化学试剂研究所有限公司】

2012年10月,试剂所公司研制的高纯氯化钯新产品成功投产,贵金属氯化钯主要用于石化行业等,市场前景广阔。2013年8月,试剂所公司成功试制出叶菌唑戊酮小样工艺路线、产品成本和技术为国内最先进。2013年12月,试剂所公司立项研发重点新产品氮丙啶交联剂(上海华谊集团技术研究院参与课题研发);经过2年的科研攻关,产品研发成功,填补国内生产空白。

【上海振华造漆厂】

2006年3月,经过3个月上百次实验和检测,上海振华造漆厂和宝钢联合试制出"飞虎"牌特殊彩钢板,16种颜色渐变组合设计,为北京首都国际机场三号航站楼涂装。3月23日,"聚氨酯卷材配套涂料"获2005年上海市科技进步三等奖。6月,"CH-1型高速耐候预涂卷材涂料(面漆、背面漆、底漆)"入选2005年度上海市高新技术成果转化项目"百佳"。2006年9月,CHFT9000系列氟碳卷材涂料成功应用于宝钢彩涂机组线上,该涂料采用美国ATOFINA化学公司授权使用的KY—NAR500(r)PVDF树脂制成,品质优越,具有20年抵抗雨水、湿气以及紫外线辐射等耐候性能。2007年1月,经宝钢、马鞍山钢铁股份有限公司等企业采用聚偏氟乙烯树脂及不含重金属配方的环保型"飞虎"牌新型氟碳卷材涂料在高速涂装机组长期的应用测试,产品技术指标达到国外同类水平。

七、上海华谊集团投资有限公司

【上海市塑料研究所】

2000年,上海市塑料研究所启动用于飞机液压、气动系统的聚四氟乙烯软管组件性能提升项目。经过图纸转化和设计阶段、以某规格高压为突破口的初级阶段、中低压稳定且高压有提升的徘徊阶段以及装配工艺进一步改进的提高阶段,2005年12月,高压软管组件产品完成鉴定。研制的导电内管尺寸精度提升;在铜丝增强方面,预成型圈径节距的控制精度提高、应力突变点减少;采用全新装配工艺,使高压软管组件的质量有突破性飞跃。

2005年1月,"航空氟塑料软管可靠性增长项目"获中国人民解放军空军三等奖。9月,"某型飞机用聚四氟乙烯软管组件研制项目"获中国人民解放军总装备部军队科技进步三等奖。

【上海市合成树脂研究所】

上海市合成树脂研究所(简称"合成树脂所")拥有多项填补国内空白的聚酰亚胺塑料研究成果。其中,为某机型燃油调节器配套的YS13SF湿法工艺石墨聚四氟乙烯填充聚酰亚胺塑料具有优异的力学性能以及耐高低温性、耐磨性、尺寸稳定性等综合性能;YS330聚酰亚胺塑料是一种综合性能优异的特种工程材料,适用于制造飞机发动机中的抗磨衬套、密封垫片等零部件,在高温下具有强度高、摩擦系数低、膨胀系数小、自润滑性能好等特点;YS10-021耐高温聚酰亚胺模塑料机械性能优良,具有自润滑的特点,高温下的耐热老化性优异,被应用于飞机发动机静止叶片的衬套,在发动机减重等方面起到重要作用。

2001年12月,"FWS-10和WS-9工程配套聚酰亚胺材料项目"和"玻璃纤维增强聚酰亚胺模塑料项目"分别获中华人民共和国国防科学技术工业委员会颁发的国防科学技术奖二等奖和三等奖。2005年6月,"YS-23可熔性聚酰亚胺模塑粉模压塑料项目"获中华人民共和国科学技术部、中华人民共和国商务部、中华人民共和国国家质量监督检验检疫总局、国家环境保护总局联合颁发的国家重点新产品证书。

2013年12月26日，因在聚酰亚胺衬套保供工作中表现突出，合成树脂所受到国家国防科技工业局通报表扬。

【上海橡胶制品研究所】

1991年，上海橡胶制品研究所启动由国家计划生育委员会资助的上海市科学技术发展项目"长效避孕埋植剂"（2根型）。在上海医科大学妇产科医院、上海市计划生育科学研究所的协作下，一条年产1万套埋植剂（2根/套）的手工生产流水线被建立起来，并制订合理的工艺流程。临床1000例观察一年的结果表明：无妊娠发生，续用率为94.4%，与国内临床使用的某型（6根）的续用率相似，但放置和取出较6根的方便。采用的硅橡胶原料立足国内，价格远低于进口，便于推广。1994年11月，长效避孕埋植剂中试及扩大应用研究获上海市科技成果证书。12月，长效避孕埋植剂中的药芯左旋炔诺孕酮硅胶棒获国家新药证书。1997年12月，长效避孕埋植剂研究（2根型）获国家科技进步三等奖。

1997年，上海橡胶制品研究所与军方签订研制协议；1998年，启动研制；2001年，提供样品并装机测试；2002年，进行中试。JD系列有机硅自粘带在军用飞机上起到保护信号电缆的作用，其中JD-70的耐热、绝缘性能超过美国军用标准所规定值的300%；JD-71的耐火保护性能优异，能在火焰中保护线缆5分钟。2004年12月，"JD-70"获中国石油和化学工业协会科技进步奖二等奖；2006年，"JD系列有机硅自粘带"被国防科技工业办公室鉴定为国防科学技术成果。

【上海华谊集团装备工程有限公司】

2009年6月—2011年12月，上海华谊集团装备工程有限公司（简称"装备工程公司"）参与2009年度上海市第一批高新技术产业化重点项目计划中的2项。其一为"煤基多联产精细化工生产的关键设备——大型列管式催化氧化反应器"；该项目采用自主技术研制，可生产出多种精细化工产品，技术含量高、制造难度大，完全替代进口，获2项专利。其二为"用于IGCC多联产中的节能环保型合成气大型净化装置"，包括横式翅片管冷却器和贫油冷却装置；该项目采用国产化技术设计制造，是煤化工中合成气净化处理的关键设备，具有体积小、能耗低、效率高、无污染的优点；投入使用后，合成气处理效率成倍提高，设备体积大幅缩小，每年至少可节约240万吨水，解决漏油造成的环境污染难题，是中国煤化工过程设备研制的重大突破，填补国内空白；其核心技术获多项专利。

2009年7月—2012年3月，装备工程公司完成上海市科学技术委员会科研计划项目"特种金属材料设备技术与制造技术服务平台"的子课题（2009版）。装备工程公司与各项目参与单位联合攻关，在特种材料性能测试、加工工艺技术，以及特种材料装备设计与加工等方面取得一系列成果，获9项专利授权，装备工程公司拥有其中4项。

2012年10月，装备工程公司通过研发攻关，取得"煤化工高效节水环保型热交换处理装置优化研究"科研成果，获2项专利授权；运用该成果可降低生产成本，省却清垢和清洗，提高使用寿命，避免锈蚀和蚀裂引起的泄漏，保护环境，节能减排（减少耗水量约250吨/小时、耗电量20%～40%）。

表6-4-1 1985—2013年若干年份华谊集团重大科技成果获奖情况表

序号	年份	国家级成果名称	化工部级成果名称	上海市级成果名称	奖项	主要完成单位	主要完成者
1	1985	聚四氟乙烯及其共聚物			国家科技进步二等奖	上海市有机氟材料研究所	沈新章、陈新康、段仲绵、费植煌
2		氟碳系列橡胶的开发和应用			国家科技进步三等奖	上海市有机氟材料研究所、化工部晨光化工研究院	周绍生、刘伯南、叶名逊、金显明
3		偏三甲苯丙烯烷基化/空气气相氧化制苯均四酸二酐			国家科技进步三等奖	上海焦化厂	
4		高压法甲醇合成采用铜触媒			国家科技进步二等奖	上海吴泾化工厂	萧任坚、南登峰、吴省凡、王恭俊、郭熙宁
5		室内抗冲击型硬聚氯乙烯排水管系统			国家科技进步三等奖		
6		4吨/年氟硅橡胶中试			国家科技进步三等奖	上海市有机氟材料研究所	黄德良、林进煜、林兆祥、段冠枝、叶名迹
7	1987	香皂连续煮皂生产线			国家科技进步二等奖	上海制皂厂	吕也博、张金铍、范苋、程还杰、董庆京等
8				长效船底胶防锈防污漆	上海市重大科技成果奖、科技进步一等奖		
9				离子交换膜法氢氧化钠（32%）		上海氯碱化工股份有限公司	
10	1991		中低压缩比分散四氟乙烯（PTFEDE-241）			上海市有机氟材料研究所	
11				中低压缩比分散四氟乙烯（PTFEDE-241）		上海市有机氟材料研究所	

(续表)

序号	年份	国家级成果名称	化工部级成果名称	上海市级成果名称	奖项	主要完成单位	主要完成者
12				视网膜脱离手术用甲基硅油		上海树脂厂	
13	1991			电渗析法制备四甲基氢氧化铵项目		上海树脂厂	
14				钢丝增强F6软管系列产品		上海市塑料研究所	
15		6803水性环氧工业地坪涂料				上海市涂料研究所	
16			千吨级四氟乙烯生产技术			上海市有机氟材料研究所	
17			氟塑料加工及应用技术开发			上海市有机氟材料研究所	
18				甲醇精馏残液生化处理装置	上海市科技进步一等奖	上海吴泾化工厂 中国纺织大学	
19	1992		离子膜法烧碱PVDF全塑阀门			上海市塑料研究所	
20			氟塑料加工及应用技术开发项目			上海市塑料研究所	
21			微波专用膜交纤维增强聚四氟乙烯覆铜箔版			上海市塑料研究所	
22			氟塑料软管满足直九飞机放油管配套器材需要			上海市塑料研究所	
23			聚四氟乙烯膨体成型技术			上海市塑料研究所	

〔续表〕

序号	年份	国家级成果名称	化工部级成果名称	上海市级成果名称	奖 项	主要完成单位	主要完成者
24		千吨级四氟乙烯生产技术			国家科技进步一等奖	上海市有机氟材料研究所	滕名广、严建中等
25	1993	氟塑料加工及应用技术开发				上海市有机氟材料研究所	
26				甲基硅树脂		上海树脂厂	
27				高交换容量强碱性苯乙烯系阴离子交换树脂717H、711H		上海树脂厂	
28		氟塑料加工及应用技术			国家科技进步二等奖	上海市有机氟材料研究所	李明武、罗尧等
29		三联供技术				上海焦化总厂	
30	1994			管理兴科技		上海焦化总厂	
31				719强碱性苯乙烯系季胺Ⅱ型阴离子交换树脂、732HV强酸性苯乙烯系阳离子交换树脂		上海树脂厂	
32				化油器型燃油管路总成		上海胜德塑料厂	
33	1995	导电胶和片状银粉				上海市合成树脂研究所	
34				电气绝缘用均衡双轴定向聚酯(PET)薄膜		上海化工厂有限公司	
35	1996			新丁艺牛产绿表隆		亚太农用化学(集团)公司、余风农约	
36				汽车(ZA,ZB同步带)		上海胶带股份有限公司	
37				C30-Z型金属阴极电解槽		上海天原化工厂	

[续表]

序号	年份	国家级成果名称	化工部级成果名称	上海市级成果名称	奖 项	主要完成单位	主要完成者
38	1996			混合法聚氯乙烯树脂(WP67SFL、WP62GP)		上海氯碱化工股份有限公司	
39				P-930单组分车底密封胶		上海造漆厂	
40			年产2万吨复极式离子膜法烧碱国产化装置		国家科技进步二等奖	上海市塑料研究所	
41				微生物法生产丙烯酰胺		化工部上海生物化工研究中心、浙江桐庐农药厂、江苏南天集团如皋化肥厂	沈黄初、张国凡、韩建生等
42				275/80R22.5、285/75R24.5等80,75系列低断面无内胎全钢子午线汽车轮胎		上海轮胎橡胶(集团)股份有限公司	张惠康、高岚、李宏杰
43	1997			耐候预涂卷材涂料(CH671环氧底漆、CH380背面漆、CH310面漆)		上海振华造漆厂	吴克俭、吴锐娟、朱秉中等
44				高纯度β-紫罗兰酮定向合成新工艺		上海市化工高等专科学校	陆庆宁、顾建生、田钦等
45				α-羟基-β,β-二甲基-γ-丁内酯		上海勤工化工厂	张洪升、张庆钧、邵象戎等
46				聚氯乙烯芯层发泡管		上海(氯碱)百士高塑胶有限公司	冯志清、俞颢、郑敏等
47				食品包装用聚氯乙烯树脂WS-1000'S		上海氯碱化工股份有限公司聚氯乙烯厂	俞辛樵、吴文钧、顾水林等
48				130及5605浅色建筑用新型着色剂		上海氧化铁颜料厂	秦泽荣、王丹英、张平等
49				95%腐霉利原药及50%腐霉利可湿性粉剂		上海联合化工	周多芬、郑留清、李欣荣等

[续表]

序号	年份	国家级成果名称	化工部级成果名称	上海市级成果名称	奖　项	主要完成单位	主要完成者
50				60系列轿车子午线轮胎		上海轮胎橡胶(集团)股份有限公司轮胎研究所	陈弘、陈建珍、冯平等
51	1998			食品包装用聚氯乙烯树脂WS-800S,WS-1300S		上海氯碱化工股份有限公司	俞辛樵、刘春华、吴文雄等
52				二苯基硅橡胶(中试研究)		上海树脂厂有限公司	章基凯、林忠、周水爵等
53				191-5耐候型丙烯酸外墙涂料		上海造漆厂	陈培庆、樊春世、钟增红等
54				轮胎整体结构优化设计理论及其应用推广		上海轮胎橡胶(集团)股份有限公司轮胎研究所	隆有明、钱端璧、岳春辰等
55	1999			年产20吨吡虫啉农药中间试验		上海市农药研究所 上海东风农药厂	程志明、汪鹤翔、李振民等
56				对磺酰氨基苯肼盐酸盐		上海化学试剂研究所有限公司	杜明显、许步瀛、肖俊才等
57				高性能长碳链工程尼龙PDDA-180中试研究	上海市科技进步一等奖	上海赛璐化工股份有限公司	戴军、金惠明、任进科等
58				颗粒状活性黑系列产品		上海染料化工八厂	苏鹤祥、丁素亭、章杰等
59	2001			应用级聚氯乙烯树脂M-1000		上海氯碱化工股份有限公司	俞辛樵、高卫平、盛锡龙等
60				SM型还原染料		上海染料研究所有限公司	黄讠斤丰、黄秀南、孙端忠等
61				苯代三聚氰胺新工艺开发		上海大化工厂	朱杏宝、雍武刚、沈勤等
62		8R19.5全钢子午线载重轮胎				双钱集团股份有限公司	

（续表）

序号	年份	国家级成果名称	化工部级成果名称	上海市级成果名称	奖项	主要完成单位	主要完成者
63				禁用染料和环保型染料研究与环保型染料开发		上海三泰染料化工厂、上海大可染料有限公司、上海染料公司染化十厂	章杰、谈满生、杨王琪等
64	2002			丙烯酸丁酯新工艺技术的开发应用	上海市科技进步一等奖	上海高桥石化丙烯酸厂	邵敬铭、马建学、郑相潮等
65				悬浮法聚四氟乙烯粉末的连续制备工艺及设备	上海市科技进步一等奖	上海三爱富新材料股份有限公司	刘家禹、张伟华、胡国泰等
66				高速耐候卷材涂料		上海涂料有限公司	
67				丙烯酸羟丙/乙酯生产工艺技术的创新		上海高桥石化丙烯酸厂	
68				S43-31脂肪族聚氨酯可复涂面漆		上海涂料有限公司	
69	2003			万吨级丙烯酸新技术的研究开发	上海市科技进步一等奖	上海高桥石化丙烯酸厂	邵敬铭、马建学等
70				优质氧化铁颜料生产新工艺的开发		上海一品颜料有限公司	
71				HP-苯甲腈新工艺开发		上海南大化工厂	
72				高效水煤浆气化技术工程开发与研究		上海焦化有限公司	
73		聚合级冰醋酸				上海吴泾化工有限公司	
74	2004	丙烯酸及酯新工艺生产关键技术			国家科技进步二等奖	上海华谊丙烯酸有限公司	邵敬铭、马建学、张璋等
75				国产化20万吨/年醋酸低压羰基合成工艺技术	上海市科技进步一等奖	上海吴泾化工有限公司	伍登熙、曹智龙、张培璋等

[续表]

序号	年份	国家级成果名称	化工部级成果名称	上海市级成果名称	奖 项	主要完成单位	主要完成者
76	2004			高级轿车用功能型防护材料技术研究与开发		上海依多科化工有限公司	石庆红、蒋清华、徐争勇等
77				10-11.00R20系列全钢丝集装箱卡车子午线轮胎		双钱集团股份有限公司	隆有明、钱瑞璧、王文浩等
78				耐高温智能卡集材料及制造技术		上海达凯塑胶有限公司	
79				年产10万吨乙酸乙酯新型成套技术	上海市科技进步一等奖	上海吴泾化工有限公司	齐峻等
80				聚氨酯卷材配套涂料		上海涂料有限公司	
81	2005			聚偏氟乙烯树脂FR921		上海三爱富新材料股份有限公司	
82				第二代智能居民身份证专用PETG卡基材料		上海达凯塑胶有限公司	
83		丙烯酸酯				上海华谊丙烯酸有限公司	
84		高纯度醋酸乙酯				上海吴泾化工有限公司	
85		歼十飞机(配套软管组件)			国家科技进步特等奖	上海市塑料研究所	
86	2006			低回缩硅烷交联聚乙烯绝缘材料及制造技术的研究开发		上海新上化高分子材料有限公司	
87				高温高压导电型聚四氟乙烯软管材料研究及制造技术开发		上海市塑料研究所	
88				长效避孕埋植缓释材料研究及应用技术开发		上海橡胶制品研究所	

[续表]

序号	年份	国家级成果名称	化工部级成果名称	上海市级成果名称	奖项	主要完成单位	主要完成者
89	2006			光引发连续制备高品质氯化石蜡工业方法及技术集成		上海氯碱化工股份有限公司	
90		煤基多联产产品系列				上海焦化有限公司	
91		双钱牌全钢丝子午线工程轮胎				双钱集团股份有限公司	
92				全钢丝子午线工程机械轮胎	上海市科技进步一等奖	双钱集团股份有限公司	苏红斌、包静萍、蒋琦、王文浩等
93	2007			1 000吨/年氟橡胶工业化关键技术开发与应用		上海三爱富新材料股份有限公司	江建安、刘伯南、王民隆等
94				30万吨/年氯乙烯-聚氯乙烯生产工艺技术国产化开发		上海氯碱化工股份有限公司	张祖钧、俞辛樵、杨振奎等
95	2008			煤基合成气制羰基化专用一氧化碳新工艺技术		上海焦化有限公司	孟庆军、朱建宁、应于舟等
96				痕量重金属氧化铁颜料关键技术的开发和应用		上海一品颜料有限公司	王丹英、高福君、徐俊等
97				大型市政工程长效防腐涂装材料关键技术的开发与应用		上海涂料有限公司	胡敏、许莉莉、杜伟娜等
98	2009			丙烯酸自主创新技术及推广	上海市科技进步一等奖	上海华谊丙烯酸有限公司	
99				高性能聚酰亚胺材料产业化		上海合成树脂研究所	
100				1 000吨/年聚偏氟乙烯树脂工业化技术开发及产业化		上海三爱富新材料股份有限公司	

第六篇　科学技术

〔续表〕

序号	年份	国家级成果名称	化工部级成果名称	上海市级成果名称	奖　项	主要完成单位	主要完成者
101				20万吨/年二氯乙烷裂解新工艺开发及应用		上海氯碱化工股份有限公司	
102	2009	双钱牌巨型全钢丝胎				双钱集团股份有限公司	
103		PVDF				上海三爱富新材料股份有限公司	
104	2011			高效节能环保无内胎卡客车轮胎		双钱集团股份有限公司	
105				4万吨/年专用糊状聚氯乙烯成套技术		上海氯碱化工股份有限公司	陈江、张钧钧、唐亮等
106	2012		无内胎低滚动阻力卡车轮胎		石化联合会科技进步一等奖	双钱集团股份有限公司	蒋琦、苏红斌、许晓晶等
107	2013			新型高空速高收率丙烯氧化制丙烯酸催化剂的研制及工业化应用	上海市技术发明一等奖	上海华谊丙烯酸有限公司	李雪梅、庄岩、邵敬铭等
108				空间级高苯基硅橡胶连续生产技术		上海树脂厂有限公司	陈少彪、王立伟、张涛等

第二节　知　识　产　权

一、上海吴泾化工有限公司

【国产化 20 万吨/年醋酸低压羰基合成工艺技术】

吴泾公司的醋酸低压羰基合成工艺技术，通过对引进技术的消化吸收、技术创新和实践探索，于 2004 年成功开发反应催化剂体系、反应热平衡、精馏设备的扩能、净化系统的工艺改进以及优质产品的开发等技术壁垒，形成具有自主知识产权的整套 20 万吨/年醋酸生产工艺技术。该技术申请 8 项国家专利。

【年产 10 万吨乙酸乙酯新型成套技术】

从 2002 年起，吴泾公司在原有多套年产千吨级乙酸乙酯生产的基础上，通过多年科技攻关和技术创新工作，开发出新型成套技术和国产化生产装置。采用自身的科研开发成果和工艺软件包，将装置产能提高到 10 万吨/年，成为是年国内单套规模最大的酯化法装置，产品质量达到美国 ASTM D 4614-95(2000 年确认)标准，初步形成自主知识产权体系。该技术获 9 项国家发明专利。

二、双钱集团股份有限公司

1995 年，组织完成"提高尼龙胎帘线利用率，并改善其性能"技术成果鉴定工作。该项研究从提高载重斜交胎骨架材料尼龙帘线的强力利用率出发，对现有轮胎结构进行改进，它提出影响轮胎耐久性的主要因素是轮胎圈部刚度而不是帘线的强度，该项理论既降低轮胎的生产成本，又提高轮胎质量，具有推广应用价值。1999 年，向上海市专利局申请实用新型专利；经化工部科技司、北京橡胶院、上海市科学技术委员会、化工局、轮胎使用单位等专家评审鉴定，获实用新型专利证书。

2002 年，"轮胎外观检验装置""轮胎胎侧、子口打孔装置""返回胎面分割装置""一种利用轮胎硫化胶囊的测厚装置"4 项获实用新型专利证书。

2005 年，在知识产权专利方面，轮研所申请专利 13 项，其中发明专利 2 项、实用新型专利 5 项、外观设计专利 3 项、软件著作权专利 3 项；全钢子午线工程轮胎获上海市专利新产品项目。2006 年，轮研所申请专利 12 项，其中发明专利 5 项、实用新型专利 2 项、外观设计专利 4 项，计算机软件专利 1 项。2007 年，轮研所申请专利 10 项，其中实用新型专利 2 项、外观设计专利 5 项、计算机软件专利 3 项；获华谊集团技术秘密 2 项；研发的全钢丝子午线工程机械轮胎 14.00R24 等 4 个规格获上海市经济委员会、市财政局、市知识产权局联合颁发的 2006 年度上海市专利新产品证书。

2008 年，获知识产权 15 项，其中发明专利 1 项、外观设计专利 12 项、技术秘密 2 项。有 7 项外观设计专利获澳大利亚注册证书。

2009 年，"一种平移式硫化机""一种子午线轮胎成型方法""轮胎刻花机""轮胎断面磨抛机"4 项获发明专利；REM8、REM9 等 12 项轮胎花纹外观设计专利获授权证书。

2010 年，获专利 16 项，其中外观设计专利 8 项：轮胎(RSD2)、轮胎(RC1)、轮胎(RC2)、轮胎(RC3)、轮胎(RC4)、轮胎(DC1)、轮胎(RT601)、轮胎(RT607)；实用新型专利 6 项：轮胎周向划线装置、一种密炼机下顶栓结构、一种工程胎成型鼓装卸装置、一种阀门单人安装装置、一种工程胎缠绕机的胎面压轮、一种密炼机碳黑回收再利用系统；计算机软件专利2项：轮胎轮廓变形显示软件（STCDD）V1.0、胎侧字体非列图辅助设计软件（LTSL）V3.0。轮胎胎侧参数化字体（PFTS）、RT606不等节距花纹降噪优化（RT606 UPPONR）、利用差示扫描量热仪（DSC）法评价不溶性硫磺的热稳定性、复合橡胶在轮胎中的应用技术4项获技术秘密证书。

2011年，知识产权中获专利版权证书16项、知识产权证书8项、技术秘密证书5项。

2013年，获知识产权24项，其中发明专利2项、实用新型专利6项。

三、上海氯碱化工股份有限公司

氯碱公司国家级技术中心是公司技术创新的主要部门，负责公司新产品新工艺新技术的开发。从2000年起开始专利申请工作，截至2013年年底，申请专利133项，其中发明专利97项、授权37项。截至2013年年底，氯碱公司有技术秘密26项，有8项科技成果先后获上海市科技进步二、三等奖。

1996年6月，聚氯乙烯芯层发泡建筑下水管开发项目通过上海市经济委员会组织的鉴定，并获1996年度上海市优秀职务发明二等奖。

2001年，承担"30万吨/年氯乙烯/聚氯乙烯生产工艺技术国产化开发"项目，并得到国家和上海市政府大力支持，项目分别被列为国家技术创新项目和上海市引进技术的吸收与创新年度计划项目。2004年，形成30万吨/年的氯乙烯/聚氯乙烯国产化生产工艺软件包。在开发此项目过程中，发表论文16篇、申请专利技术17项。

2006年，光引发连续化制备高品质氯化石蜡工业化项目形成达国际先进水平的自主知识产权，申请发明专利2项、实用新型专利2项。

2007年，形成4万吨/年专用糊状聚氯乙烯生产工艺软件包，建设4万吨/年专用糊状聚氯乙烯生产装置；在开发此项目过程中，发表论文5篇、申请专利技术10项。2010年，该成套国产化技术实现向宁夏英力特特种树脂有限公司的技术输出，已建项目应用该技术实现装置正常生产、综合工艺消耗指标达到国外同类技术水平。

2010年，建成万吨级水相法氯化聚氯乙烯生产装置，并配套建设氯化专用聚氯乙烯树脂、氯化聚氯乙烯混料和后加工装置。在开发此项目过程中，制定4项企业标准，发表论文10篇、获4项专利授权。

四、上海三爱富新材料股份有限公司

1993年12月，上海市有机氟材料研究所、上海三爱富新材料股份有限公司为保护该所及公司所属单位的知识产权，鼓励发明创造，调整员工在研究开发及其他工作中做出的发明创造和其他智力劳动成果同该公司及其所属单位发生的利益关系，制定《上海市有机氟材料研究所 上海三爱富新材料股份有限公司保护知识产权的规定》。

2006年12月，"1 000吨/年氟橡胶工业性试验"相关的一系列产品，获上海市专利新产品证书。

2010年，三爱富公司获上海市专利培育企业。

2013年11月21日，国家知识产权局和世界知识产权组织共同在北京主办第十五届中国专利奖颁奖大会；三爱富公司的"一种含氟聚合物水性分散乳液及其制备方法"获中国专利优秀奖。

五、上海华谊丙烯酸有限公司

【高性能丙烯酸催化剂研制及工业化应用】

2008年,丙烯酸催化剂项目组开发成功具有自主知识产权的高性能丙烯酸催化剂,并开始推广应用于丙烯酸工业生产装置。该项目申请15项发明专利,其中5项获专利授权。

2012年,"高性能丙烯酸催化剂"获第六届中国上海专利周上海市十大优秀专利产品奖。

【异丁烯氧化制备甲基丙烯酸催化剂研究】

自2005年起进行项目研究,并在国内率先建成2 000吨/年的工业试验装置。通过对催化剂一次次的逐级放大、中试性能评价以及2 000吨/年装置的性能评价,最终解决催化剂活性、选择性、稳定性、制备重复性等关键技术难题。在2 000吨/年装置上,经过与国际先进、商品化的日本公司催化剂多次对标比较,自制催化剂生产每吨甲基丙烯酸(MAA)耗异丁烯的单耗指标与日本催化剂相同,且自制催化剂更具有空速高、可回收再生的技术优势。表明自主研发的催化剂在技术指标上已处于国际先进水平,具备工业化应用的条件。

该项目的研究成果申请中国发明专利17项,其中获9项授权;申请国外发明专利14项,其中获8项授权。

【丙烯酸及酯新工艺】

丙烯酸公司积极走产学研相结合的道路,开发出达到或超过国际先进水平的丙烯酸氧化催化剂及一种适合丙烯酸生产的多层固定床管壳式反应器,这两项技术一项申请国家发明专利,另一项获实用新型专利。

六、上海涂料有限公司

【上海市涂料研究所】

2006年12月,上海市涂料研究所研发的STL7770飞机蒙皮涂料获中国民航总局颁发的适航证,成为中国第一家获此证书的涂料企业,填补国内空白。STL7770新一代飞机蒙皮涂料,技术含量更高、适用领域广,其产品性能完全满足波音公司的64项技术指标,能与同类型的进口产品媲美,其核心技术——高固体低黏度聚酯树脂申请发明专利。

截至2013年年底,该研究所获19项专利授权。

【上海南大化工厂】

2006年10月,上海南大化工厂生产的苯代三聚氰胺通过上海市科学技术委员会验收,该产品经上海涂料颜料质量监督检验站监测符合日本产品标准;"苯代三聚氰胺生产方法"获国家专利。

【上海开林造漆厂】

2011年1月,上海开林造漆厂申请的"可在生锈钢结构表面施工的环氧重防腐涂料及制备方法"获国家知识产权局的发明专利证书。该发明专利可在除锈等级不高的钢结构表面涂装,具有良好的耐化学产品性和防腐蚀性,工艺方法简便,节约能源,成本低。

七、上海华谊聚合物有限公司

【制备高抗冲ABS聚合物混合体的连续本体聚合物工艺】
发明使用连续搅拌槽式反应器进行橡胶接枝反应和橡胶相转变,使产品本体ABS树脂具有优异的抗冲击性。2004年12月27日,该项目获专利授权。

【高抗冲高耐热共混ABS树脂的制备方法】
该共混ABS树脂的制备方法简单,成本低,适宜于工业化生产。2005年6月10日,该项目获专利授权。

【ABS树脂的本体聚合生产工艺以及静态混合器的用途】
该静态混合反应器应用到ABS树脂的本体聚合中,大大降低能耗,避免聚合物堵塞反应器的现象,从而不会产生反复停车的现象,实现连续化生产,生产转化率高达80%~90%,明显减少投资和生产成本。2011年9月16日,该项目获专利授权。

八、上海天原(集团)有限公司

【上海天原集团胜德塑料有限公司专利】
2011年,上海天原集团胜德塑料有限公司(简称"胜德公司")申请3项实用新型专利,专利名称分别为:保险杠组件、线缆包覆结构、一种车用轮拱内衬罩;独家转让许可1项发明专利,专利名称为:高光泽纳米硫酸钡增强聚丙烯树脂组合物。

2012年,胜德公司申请1项实用新型专利,专利名称为:汽车空调出风口;授权3项实用新型专利,专利名称分别为:保险杠组件、线缆包覆结构、一种车用轮拱内衬罩;独家转让许可1项发明专利,专利名称为:一种低气味、低挥发份聚丙烯复合材料。

2013年,胜德公司申请1项发明专利、8项实用新型专利;授权7项实用新型专利。

【上海天原集团树脂厂有限公司专利】
2010年9月8日,环氧树脂固化剂及其制备方法获专利授权;12月22日,一种制备高黏度苯基甲基乙烯基硅橡胶的生产工艺获专利授权。

2012年5月2日,单分散性聚苯乙烯白球的制备方法获专利授权。

2013年6月19日,可室温固化的单组分水性聚氨酯/丙烯酸酯复合树脂及其制备方法获专利授权;7月3日,用于制备硅脂的捏合装置获专利授权;7月31日,二苯基硅二醇的提纯方法获专利授权。

九、上海华谊集团投资有限公司

截至2013年年底,上海市塑料研究所取得发明专利13项,实用新型专利9项。

截至 2013 年年底,上海市合成树脂研究所取得发明专利 35 项。

截至 2013 年年底,上海橡胶制品研究所取得发明专利 7 项,实用新型专利 10 项。

十、上海华谊集团技术研究院

从 2005 年揭牌成立到 2006 年 8 月注册,上海华谊集团技术研究院(简称"技术研究院")各技术平台依托华谊集团各企业开展相关研发工作,化工新材料挂靠在上海市合成树脂研究所、精细化工挂靠在上海化学试剂研究所、化工模拟与优化挂靠在上海工程化学设计院,各技术平台申请专利的专利权人属各依托单位。从注册起,因技术研究院为华谊集团的分支机构,技术研究院所申请专利的专利权人均属于华谊集团。

2008 年,专利申请 11 项,获 7 项专利授权;2009 年,专利申请 8 项,获 18 项专利授权;2010 年,申请专利 15 项,获 7 项专利授权;2011 年,专利申请 13 项,获 13 项专利授权;2012 年,申请发明专利 11 项,获 7 项发明专利授权;2013 年,申请专利 13 项,获 8 项专利授权。

表6-4-2 2000—2013年华谊集团获国家专利授权情况表

序号	年份	焦化公司 发明	焦化公司 实用新型	吴泾公司 发明	吴泾公司 实用新型	双钱集团 发明	双钱集团 外观设计	双钱集团 实用新型	氯碱公司 发明	氯碱公司 实用新型	三爱富公司 发明	三爱富公司 实用新型	丙烯酸公司 发明	丙烯酸公司 实用新型	涂料公司 发明	涂料公司 外观设计	涂料公司 实用新型	制皂公司 发明	制皂公司 外观设计	天原集团 发明	天原集团 实用新型	投资公司 发明	投资公司 外观设计	投资公司 实用新型	工程公司 发明	工程公司 实用新型	技术研究院 发明	合计
1	2000	—	—	—	—	—	—	—	—	—	—	—	1	—	—	—	—	—	—	—	—	—	—	—	—	—	—	1
2	2001	—	—	—	—	—	—	—	2	—	2	—	3	—	4	—	—	—	—	—	—	5	—	—	—	—	—	16
3	2002	2	—	2	—	1	—	—	6	—	1	—	3	—	5	—	—	1	—	1	—	2	—	—	1	—	—	23
4	2003	10	—	5	—	—	—	—	2	—	3	—	2	—	5	—	—	—	—	—	—	2	—	—	—	—	—	29
5	2004	15	—	5	—	2	—	—	3	—	4	—	7	—	9	—	—	1	—	1	—	5	—	—	—	—	—	52
6	2005	17	—	6	—	3	—	—	3	—	5	—	7	—	6	—	—	—	—	—	—	4	—	—	—	—	—	51
7	2006	22	—	1	—	4	—	—	6	—	5	—	12	—	15	1	—	1	1	2	—	9	—	—	1	1	—	82
8	2007	11	1	2	—	1	12	—	2	—	5	—	19	—	33	—	1	4	1	1	—	9	—	—	1	—	—	92
9	2008	18	2	2	—	2	6	—	4	6	4	—	16	1	20	2	3	3	4	1	3	9	4	5	—	1	7	114
10	2009	24	7	2	1	9	8	4	3	3	6	—	8	1	14	7	4	2	7	2	2	13	3	5	1	1	18	126
11	2010	14	4	—	—	2	20	3	3	5	4	1	8	—	9	1	2	2	—	3	—	6	2	2	—	—	7	103
12	2011	16	4	—	—	8	32	3	1	3	6	—	6	—	3	—	1	1	—	1	—	7	—	8	2	—	13	111
13	2012	6	—	—	—	9	16	2	1	2	5	2	10	—	—	2	1	—	—	1	2	3	5	7	3	—	7	98
14	2013	6	—	—	—	—	—	32	—	—	9	1	5	—	—	—	—	9	13	1	8	8	14	6	—	—	8	120
	合计	161	18	23	1	41	94	42	36	22	59	4	107	2	123	13	12	14	13	11	13	89	14	33	10	3	60	1018

第六篇 科学技术

第七篇
工程项目

概　　述

上海市化学工业局(简称"化工局")和上海华谊(集团)公司(简称"华谊集团")重点项目建设，主要内容是固定资产投资在3 000万元以上项目，分为新建项目和扩产改造项目。另依据华谊集团产品分类，各分成煤化工、轮胎橡胶、氯碱及氟化工、精细化工和其他五大板块项目。

进入20世纪90年代，化工局和华谊集团对重大项目建设更加重视，加快推进。从1994年上海焦化总厂"三联供"日产煤气130万立方米工程、上海吴泾化工总厂醋酸工程和3万吨/年丙烯酸及酯(包括配套设施)工程等被列为上海市重大工程开始，到1998年上海化学工业区(简称"上海化工区")进入建设阶段；从1999年上海市政府将上海化工区列为市级工业区开始，到2001年一期工程总投资1 500亿元的上海化工区举行开工仪式；从2002年上海市城市规划管理局同意《吴泾工业区总体规划》，确认华谊集团吴泾基地为上海市清洁能源和新材料化工基地开始，到2004年华谊集团精细化工基地在上海化工区奠基；从2005年上海轮胎橡胶(集团)如皋有限公司50万条/年全钢丝载重子午胎一期项目建成投产、华谊集团安徽化工园区在安徽省巢湖市无为县二坝经济技术开发区奠基，到2007年上海吴泾化工有限公司(简称"吴泾公司")10万吨/年乙酸乙酯装置一次投料成功，并产出合格产品；从2011年双钱集团股份有限公司1 500万条/年高性能半钢丝子午线轮胎项目在安徽华谊生态产业园开工建设开始，到2013年华谊集团精细化工板块的重点项目——10万吨/年氧化铁新型着色剂材料项目在江苏宜兴经济开发区启动。1991—2013年，华谊集团始终加强对重点项目的管理，召开重点项目专题推进会议，组织联合攻关，加快推进项目建设。

2008年3月，华谊集团为加强建设项目的全过程管理，设立工程管理部，其职责是审批项目开工报告，招投标过程的监督与指导，施工过程的安全管理、质量控制、进度控制、投资控制等管理与协调工作，组织项目中间交工及工程收尾，督促、检查及协调项目工程结算工作，组织合格供应商和承建商的平台搭建工作。

2009年，华谊集团强化项目审查。以华谊安徽基地项目基础设计审查为重点，形成集团对基础设计、初步设计进行审查的管理模式。通过聘请业内外专家集中进行评审，优化建设方案。通过评审，华谊安徽基地项目一期工程中的甲醇、醋酸两个项目投资下降超过3.65亿元，定员精简到328人，人均劳动生产率超过1 200万元，并进一步突出核心业务，强化专业化管理，将物流、公用工程、后勤等非核心业务实施外包，提高项目竞争力。同时，以项目建设的必要性、可行性及项目在同行业中的竞争力为重点，加大项目前期的审查和论证力度。完成上海氯碱化工股份有限公司"1万吨/年水相法氯化聚氯乙烯产业化"等6个项目的项建书审查；完成上海试四赫维化工有限公司"华谊试剂精细化工孵化基地"等7个项目的可行性报告审查；完成上海华谊丙烯酸有限公司"6万吨/年丙烯酸及下游配套装置技术改造"等6个项目的初步设计审查。有15个项目列入中央投资重点产业振兴和技术改造专项支持项目备选库，其中"产品结构调整多联产""6万吨/年丙烯酸及下游配套装置技术改造""20万吨/年本体ABS工厂一期(3.8万吨/年)""巨型全钢丝工程子午线轮胎"4个项目获总额超过1亿元的国家专项资金支持，上海市政府按1∶1的比例落实配套支持资金。有20个项目进入上海市节能专项支持项目库，获2 500万元左右的资金支持。有2个项目通过评审,获1 000万元左右的资金支持。有5个项目申报上海市总集成总承包专项引导资金支持,获1 050万元专项资金支持。

在加快推进重点项目建设过程中,华谊集团建立合格施工承包商和合格供应商资质管理体系,制定"合格施工承包商管理制度",确定28家单位为合格施工承包商,35家单位为合格供应商。完善项目现场管理考核、项目月报、项目资金管理等制度,强化工程的"安全、质量、进度、资金"控制。

第一章 新建项目

第一节 煤化工项目

一、"三联供"一期工程

由国务院批准的中国第一套联产城市煤气、化工产品和供热发电的"三联供"煤气化一期工程，在20世纪80年代中期开始筹备，经过可行性研究和前期准备。1991年3月14日，上海焦化总厂（简称"焦化厂"）"三联供"煤气化工程指挥部成立；1991年7月9日，焦化厂"三联供"一期第一阶段工程可行性研究报告的批复经报请国务院批准，建设产能为城市煤气100万立方米/日，甲酸2万吨/年。

焦化厂"三联供"项目一期工程第一阶段建设用地经上海市政府批准，焦化厂动迁安置上海县曹行乡车沟村畜牧场在龙吴路西车沟路北范围，使用上海县曹行乡车沟村第五生产队耕地1 802平方米，第七生产队耕地1 189平方米，合计用地2 991平方米。

1991年10月22日，化工局关于将"三联供"一期二阶段的甲醇产品与一期一阶段的甲酸产品互换的紧急请示，焦化厂"三联供"项目一期工程规模为煤气100万立方米/日，甲醇10万吨/年，醋酸纤维素1.5万吨/年。"三联供"项目一期工程增加一个甲酸产品，工程分成两段，第一阶段先上煤气100万立方米/日、甲酸2万吨/年；第二阶段甲醇10万吨/年，醋酸纤维素1.5万吨/年。变更后的"三联供"项目，总用汇额度仍保持3 400万美元。

1991年12月13日，上海市计划委员会关于委托评估上海焦化总厂70万立方米/日城市煤气及20万吨/年甲醇项目的函：为加快上海城市煤气化的步伐，在上海焦化总厂"三联供"一期一阶段工程的基础上，将原二阶段工程提前实施，即再增产城市煤气70万立方米/日，联产化工原料甲醇20万吨/年。

1992年1月16日，上海市计划委员会关于上海焦化总厂70万立方米/日城市煤气项目及20万吨/年甲醇项目（九四专项）设计任务书的批复：在总体安排上应按上海市建设委员会《关于上海焦化总厂"三联供"工程一期二阶段方案实施的函》所附的附件中上海市领导的有关批示决定办理。70万立方米/日城市煤气项目，列入上海市"九四"专项。在设计布局时与"三联供"一期一阶段工程紧密结合，100万立方米/日煤气的供气时间不因扩建70万立方米/日城市煤气而受影响；所采用的ΦMU-GAS汽化炉，总体按8套设计，在实施中先建1套，在取得成熟的经验后再实施其余7套。70万立方米/日煤气供气时间必须确保，不能因U-GAS炉试验而受影响。

20万吨/年甲醇项目，其中10万吨/年甲醇为"三联供"一期一阶段中2万吨/年甲酸项目；因受市场变化所作的调整（国家计委在审批"三联供"项目时同意根据市场变化作调整），另10万吨/年甲醇项目是为适应市场需要及考虑合理经济规模新增加的"九四"项目，在设计布局时合并在一起执行。项目总投资核定为2亿元（不包括由一期一阶段承担的5 000万元），其中外汇1 000万美元。资金来源为：外汇1 000万美元向中国建设银行上海市分行申请出口信贷，国内配套资金14 670万元由上海市城市建设基金会提供贷款解决。

1992年3月2日,开工建设,打下第一根桩。1992年5月12日,经上海市规划局规划许可,在吴泾地区龙吴路东、西两侧,征用上海县曹行乡东沟村土地15 872平方米,调拨卡博特化工有限公司带征土地4 645平方米,周拨关港港区带征土地46 955平方米,调拨"三联供"一期工程第一阶段征地时的带征土地18 334平方米,合计用地85 806平方米(其中城市规划道路用地22 616平方米)。

1992年7月1日,"三联供"一期工程主体项目空气分离装置和3.5千伏变电站开锤打桩,进入土建施工阶段;9月23日,"三联供"工程指挥部召开第一次扩大会议,国务院重大办、化工部、机电部、上海市政府各委、办、局以及设计、施工和设备制造等82家单位的130名代表与会共商工程建设。

1993年12月16日,五号焦炉建成投产,成功推出第一炉红焦。1994年12月29日,"三联供"煤气化一期工程"日增40万立方米城市煤气项目"建成,完成日产170万立方米城市煤气的任务。参加工程建设的6个主要设计单位和40多个土建、安装单位的3 000多名建设者共同完成116 628平方米建筑面积,打桩1万多根,安装调试设备12 804台,电气仪表14 929台,铺设管道100多公里、电缆97.5公里,耗用水泥7万吨,使用钢材3.9万吨。

"三联供"工程由上海化工工程总公司、上海市机械设备成套局、中国空分设备公司总承包;上海化工设计院、化学工业部第一、第八设计院进行总设计;上海市第七建筑工程公司、上海化工安装公司、中国化学工程第四建设公司等13家单位负责土建施工;上海市建设工程招标咨询公司为主要监理单位。

"三联供"一期工程引进美国等先进的煤气化技术,4台(套)国内最大的德士古炉中,其中有1台为上海吴泾化工总厂(简称"吴泾厂")10万吨醋酸项目配套,单台耗煤20.24吨;其中一部分用于合成甲醇,一部分用于吴泾厂生产醋酸,一部分经净化回收后用于城市煤气掺混。4套大型空分装置,全部由DCS集散控制系统控制。

1994年9月13日,德士古装置高低压配电室受电成功;11月上旬,第二煤气厂德士古车间清洗、吹扫管道;12月5日下午3时整,1号德士古气化炉准时点火烘炉;12月20日,2号气化炉点火烘炉;1995年1月4日,1号炉烘炉结束,与理论温度曲线吻合,符合设计要求。

1995年1月15日,煤浆制备系统的调试工作开始;2月下旬,德士古装置进入联动试运行,工艺流程全部打通;至3月中旬,装置具备运行条件。

1995年5月22日,1号气化炉第二次点火试运行;从5月9日第一次试运行到7月1日掺混成功,用时42天。

"三联供"一期工程项目静态投资16.76亿元,动态投资20.38亿元(其中外汇7 569万美元),建设规模为日产城市煤气170万立方米和年产20万吨甲醇。工程被列入"八五"期间上海市实现城市煤气化的重点实事项目,同时被列入1995年度上海市重点工业项目。

1995年年底,国内规模最大、技术最先进的年产20万吨甲醇装置建成,生产出甲醇产品达到美国ASTM标准A级的。1996年8月,全国首套每小时生产7 200立方米一氧化碳装置投产成功。至1997年,有3套大型空分装置达产,实现长周期同时运行。

1998年5月14日,上海焦化有限公司(简称"焦化公司")"三联供"煤气化工程通过环保、工业卫生、消防、劳动保护等专业验收,项目的安全与环保设施符合要求。1998年12月15日,焦化公司"三联供"煤气化一期工程,通过国家竣工验收。

二、10万吨/年醋酸

1982年,吴泾厂开始争取引进英国石油化工公司低压羰基合成法生产醋酸的技术。1986年,该项目列入上海市基建计划。1988年,上海市市长朱镕基批示:赞成引进技术,搞好这个项目。

吴泾厂年产10万吨醋酸装置由国家计划委员会批准建设,是中国第一套引进英国石油化工公司的专利技术,采用世界上最先进的低压羰基合成法技术生产醋酸,是全国生产规模最大、技术最先进、产品质量最优的醋酸生产装置。被列为1994年至1996年的上海市重大工程。年产10万吨醋酸项目由英国约翰布朗工程公司、化工部第六设计院、上海吴泾化工总厂设计院进行设计,上海市工业设备安装公司为安装总承包单位,上海化工建筑公司、浙江象山二建、江西临川建筑工程公司负责施工。

1994年8月16日,该项目打下第一根桩。1996年10月22日,项目建成投产,各项技术指标和产品质量均达到国际先进水平。该项目成为上海市工业项目中唯一获市级文明工地的工程,总投资10.8亿元。

1996年5月29日,为醋酸工程配套的一氧化碳装置首次打通全流程。1996年8月25日,装置投料产出优质醋酸产品,并通过英国BP公司专家考核和确认,项目的安全与环保设施符合要求。为醋酸工程配套提供原料气的一氧化碳分离装置,由上海太平洋化工(集团)公司(简称"太平洋公司")采用德国林德公司气体分离技术,坚持引进和国产相结合,自行设计与制造,并在焦化厂建成。该装置以煤为原料,从德士古原料气中分离出纯度为98%以上、每小时产气7 200立方米的一氧化碳,作为醋酸的原料气。此举为发展中国家以煤为原料的碳一化工开拓新路。

表7-1-1 1996—2001年吴泾公司醋酸产量及产能情况表

年 份	1996	1997	1998	1999	2000	2001
产量(万吨/年)	1.12	7.66	9.66	10.07	11.23	11.6
产能(万吨/年)	—	9.72	10.57	11.29	11.46	12.15

三、4万吨/年苯酐一期工程

建设内容:主要包括粗制苯酐、苯酐精制、结片包装、锅炉给水装置一节邻二甲苯中间灌区、空压站、车间变配电室、透平、鼓风机房、循环水和消防水系统、二级脱盐水装置、总体管廊等。

建设布局:工程建于闵行区双柏路485号,占地面积3 574平方米。

年产4万吨苯酐一期工程由化学工业部第六设计院负责设计,中国化学工程第三建设公司负责施工,上海焦化工程建设监理有限公司负责监理。

工程项目规范办理"三同时"及其他各单项竣工验收手续,项目的安全与环保设施符合要求。经工艺查定,产品质量达到国标优级品,各项技术经济指标均达到设计要求,并获上海市高新技术成果转化项目认定证书。

2002年8月,该项目批准初步设计。2003年4月,桩基开工。2004年8月,投料试运行一次成功。项目总投资1.51亿元。

表7-1-2　2004—2009年焦化公司苯酐产品产量情况表

年　份	2004	2005	2006	2007	2008	2009
产量(吨/年)	12 854	42 827	42 978	40 391	41 167	49 347

四、4万吨/年苯酐二期工程

建设内容：主要包括年产4万吨苯酐装置、苯酐精制装置以及鼓风机房、空压站、变配电、脱盐水站、冷却水循环系统、中间储罐区、仓库、冷冻站等辅助设施。

建设布局：苯酐二期工程建于闵行区双柏路485号焦化公司下属上海京华化工厂内，占地面积约1.54万平方米。

年产4万吨苯酐二期工程由焦化公司负责管理；上海焦化设计院负责编制项目建议书，华陆工程科技有限责任公司负责工程设计；中船勘察设计研究院负责工程勘察；中国化学工程第三建设公司上海分公司负责工程施工及安装；上海焦化工程建设监理有限公司负责工程监理。

2008年8月，该项目打下第一根桩；11月17日，土建施工。2009年11月26日，项目竣工并交付使用，项目的安全与环保设施符合要求。项目总投资22 158万元。

表7-1-3　2010—2013年焦化公司苯酐二期装置物耗和能耗设计值与生产实际值对比情况表

序号	名称	规格	单位	可行性研究值	生产实际值 2010年	2011年	2012年	2013年
1	苯酐产量	GB/T15336 一级品	万吨	4.00	4.01	2.67	0.70	3.82
2	邻二甲苯	SH/T1613.1-95	公斤/吨	928.00	937.42	940.19	954.25	934
3	包装袋	500公斤	万个	8.00	8.01	3.34	2.40	7.64
4	供水	2级除盐水	吨/吨	2.40	2.46	2.50	2.92	2.66
5	供电		千瓦小时/吨	308.40	353.92	651.63	1 122.48	386.63
6	供汽	4兆帕330℃	吨/吨	-2.00	-1.49	-1.48	-1.00	-0.76

五、60万吨/年甲醇

2007年3月14日，上海焦化有限公司技术经济委员会会议讨论《安徽无为110万吨/年焦炭、50万吨/年甲醇工程及60万吨/年甲醇工程可行性研究报告》。根据《关于委托巢湖市建委核发安徽无为焦炭联产甲醇项目选址意见书的函同意建设项目选址意见》，为加快上海华谊安徽化工园区项目建设，巢湖市政府成立上海华谊安徽化工园区项目建设协调领导组。

2009年9月11日，华谊集团批复同意上海焦化有限公司安徽无为焦炭联产甲醇工程一期年产60万吨甲醇项目基础设计。

建设内容：建设60万吨/年甲醇等生产装置；铁路专用线、煤储料仓、成品罐、生产给水系统、消防系统；码头、锅炉、循环水、变配电站等公用工程及配套设施。

建设布局：项目建于安徽省巢湖市无为县境内的无为经济开发区。总体划分为3个区，由东向西依次为A区、B区和C区，总用地面积184.04万平方米。A区面积52.58万平方米，包含铁路专用线、煤储料仓、成品罐、生产给水系统、消防系统及预留用地；B区面积47.59万平方米，布置生产装置及预留用地；C区面积83.87万平方米，主要为生产管理及预留用地，还有码头、锅炉、循环水、变配电站等公用工程及配套设施。

年产60万吨甲醇项目由安徽华谊化工有限公司（简称"安徽华谊公司"）负责建设；华陆工程科技有限公司负责设计；上海华谊工程有限公司分包；上海化工工程监理有限公司、上海金申工程建设监理有限公司负责监理；中国化学工程第三建设集团有限公司、中国石化集团第十建设公司、上海市安装工程有限公司、中国华电工程有限公司、上海浦高地基基础工程有限公司负责施工。

2008年3月14日，该项目进行现场平整、吹砂；10月16日，桩基开工。2011年12月，完成中间交接。2012年4月27日，全流程打通生产出合格甲醇。项目总投资29.59亿元。

项目"三同时"由安徽省环境保护厅、长江航运公安局芜湖分局水上消防支队、安徽省安全生产监督管理局进行验收。项目的安全与环保设施符合要求。

六、30万吨/年醋酸乙酯

2009年年初，华谊集团批复同意《安徽华谊化工有限公司年产30万吨醋酸乙酯项目可行性研究报告》。

建设内容：主要包含30万吨/年醋酸乙酯装置和醋酸乙酯罐区，3台220吨/小时循环流化床锅炉，其他辅助设施及公用工程；操作时间8 000小时/年。

项目布局：项目建于安徽省巢湖市无为县经济开发区内，总占地面积100 800平方米，建筑面积10 390平方米。

安徽华谊年产30万吨醋酸乙酯项目由安徽华谊公司进行建设；上海工程化学设计院有限公司进行设计；上海化工工程监理有限公司进行监理；上海市安装工程有限公司进行施工。

醋酸乙酯采用吴泾公司研发改进的醋酸乙醇酯化法工艺。主要原材料醋酸由安徽华谊精化有限公司50万吨/年醋酸装置提供，乙醇由市场采购。

项目"三同时"由芜湖市环境保护局、无为县公安消防大队、芜湖市安全生产监督管理局进行验收。项目的安全与环保设施符合要求。

2010年4月6日，该项目桩基开工。2011年11月20日，完成中间交接。2012年7月16日，投入生产。项目总投资5.82亿元。

七、50万吨/年醋酸

2009年年初，华谊集团批复同意安徽华谊精化有限公司年产50万吨醋酸项目可行性研究报告。

一氧化碳装置采用深冷分离工艺，醋酸装置采用吴泾公司开发的甲醇低压羰基合成工艺，合成气和甲醇由安徽华谊公司60万吨/年甲醇装置提供。

建设内容：主要包含2.7万立方米/小时一氧化碳装置，50万吨/年醋酸装置，其他辅助设施及公用工程。

项目布局：项目建于安徽省巢湖市无为县经济开发区内，总占地面积为11 543平方米，建筑面积5 100平方米。

安徽华谊年产50万吨醋酸项目由安徽华谊公司负责建设，上海工程化学设计院有限公司负责设计，上海化工工程监理有限公司负责监理，上海市安装工程有限公司、上海浦高地基基础工程有限公司负责施工。

项目"三同时"由芜湖市环境保护局、无为县公安消防大队、芜湖市安全生产监督管理局进行验收。项目的安全与环保设施符合要求。

2010年4月16日，该项目桩基开工；7月31日，主体工程开工。2011年9月7日，项目完成中间交接。2012年7月10日，项目投入生产。项目总投资8.03亿元。

八、产品结构调整多联产

焦化公司承担的2009年度国家重点产业振兴和技术改造项目"产品结构调整多联产项目"经上海市经济和信息化委员会（简称"上海市经信委"）备案，项目总投资110 090万元，其中固定资产投资106 164万元。上海市经信委和上海市财政局《关于下达2009年重点技术改造专项资金计划（国家重点技术改造地方配套专项）的通知》，安排中央预算内投资4 000万元和上海市配套专项资金4 000万元。

建设内容：项目新增2台德士古气化炉（一开一备四喷嘴气化炉）；1套水煤浆制备系统、1台一氧化碳变换炉，1套低温甲醇洗系统；1套一氧化碳膜分离装置；配套增加循环水系统、制冷系统、供电系统、储煤筒仓3个、WSA硫回收制硫装置、火炬、备煤除尘装置等；主要工业气体供给上海化工区、吴泾公司及现有甲醇装置生产化工产品；空分装置改由上海宝闵工业气体有限公司建设；取消醋酐生产线装置。

项目布局：建在上海市闵行区龙吴路4280号焦化公司厂区内。

产品结构调整多联产项目由焦化公司建设，中船勘察设计研究院有限公司负责勘查，上海工程化学设计院有限公司、中国天臣工程有限公司负责设计，施工单位为上海天德建设发展有限公司（醋酐装置桩基）、中国化学工程第六建设有限公司（酸性气体回收装置）、上海浦高地基基础工程有限公司（产品结构调整多联产项目桩基）、上海市安装工程有限公司（酸性气体脱涂、机柜间、净化、循环水站变电站、冷冻及压缩）、中国石化集团第十建设公司（气体标段）、浙江宝业建设集团有限公司（原料贮运标段），监理单位为上海化工工程监理有限公司。

2011年4月28日，该项目开工建设。2013年11月27日，项目建成，投入试生产。2015年8月28日，项目竣工验收，并通过规划、消防、环保、安全生产、职业卫生和档案等单项验收。项目的安全与环保设施符合要求。项目建设投资95 939万元，政府专项补贴8 000万元。

第二节　轮胎橡胶项目

一、扩建30万条/年钢丝子午线载重轮胎

1986年，上海大中华橡胶厂决定将炼胶车间迁往近郊闵行地区，征地13.73万平方米，计划投

资2 998万元,建筑面积3.46万平方米。1988年,引进美国费尔斯通技术和设备,投资35 985万元。项目建设被列为上海市重点工程。

建设内容：建设安装引进美国费尔斯通技术和设备装置、炼胶车间以及综合楼等生产生活辅助设施。

项目布局：项目建于上海闵行区剑川路。在闵行毗邻炼胶车间征地14.2万平方米建造30万条/年钢丝子午线载重轮胎生产厂房,建筑面积10.4万平方米。同已建的炼胶车间组合,构成自成系统的闵行分厂。

项目建设单位为上海大中华橡胶厂,设计单位为化工部北京橡胶工业研究设计院,施工单位为上海化工工程建设联合公司和中国建筑第四工程局第三建筑工程公司等。

1989年4—11月,该项目为前期准备阶段。1989年11月—1991年4月,主厂房土建施工阶段,完成主厂房土建并陆续交付安装。1990年7月—1991年9月,安装工程施工阶段,进行工艺设备、管道、电器和仪表的安装,完成工程施工。1991年9—12月,为试生产阶段,主车间投料试生产;9月23日,产出第一条轮胎;12月底,生产5 613条轮胎。1992年7月,开始大批量生产,是年,生产169 370条轮胎。

该项目完成22个单体,建筑面积102 169.67平方米;经相关政府部门检测及审核,职业卫生、劳动、安全、环保等符合要求,通过验收。项目主要环保措施为在项目建设同时对老厂炼胶车间炭黑除尘系统进行改造;从德国引进密炼机自动操作系统,从根本上解决炭黑污染问题;对锅炉房进行烟尘治理,增加湿法闭路装置。

1993年12月18日,该项目通过竣工验收。项目总投资35 985万元(内含外汇8 708万美元)。

二、扩建140万条/年子午线轿车轮胎

"扩建140万条/年子午线轿车轮胎项目"是上海轮胎橡胶(集团)公司自1990年6月成立后,第一个投资兴建且规模最大的技术改造和扩建生产项目。从1987年开始,由上海正泰橡胶厂着手项目前期工作,1987年9月10日,提出项目建议书。1988年1月10日,委托化工部桂林橡胶工业设计研究院编制可行性报告。1989年12月15日,可行性研究报告批复。1990年11月12日,对工程的总体方案进行定向标,根据专家评议意见对中标方案进行优化;11月19日,委托桂林橡胶工业设计研究院(简称桂林设计院)承担项目(一期工程)的工程设计工作。1991年1月初,完成项目的初步设计;1月26日,初步设计批复。

建设规模：一期工程年产140万条轮胎全部生产纤维胎体,钢丝带束层无内胎结构的子午线轿车胎,以185/70SR13产品为代表规格,单层多跨预应力钢筋混凝土框架结构厂房。

项目布局：项目建于上海市闵行区剑川路。以年产240万条规模进行总图布置和土地征用,厂区面积26.7万平方米,带征道路用地1.67万平方米;厂内建筑面积8.08万平方米,其中子午线车间59 914平方米;厂外建筑面积8 078.92平方米(炼胶车间、锅炉房在载重轮胎厂扩建)。一期工程锅炉房及炼胶车间在载重轮胎厂的锅炉房及炼胶车间预留发展一侧进行扩建。

该项目由桂林设计院承担全部设计,设计范围是按照上级有关部门批准并征购的建设用地范围,进行240万条/年轮胎规模的总图设计以及一期工程(140万条/年轮胎)的工艺、土建、公用工程、生活设施、厂区总平面、竖向、管线、道路和围墙的设计,包括在载重轮胎厂扩建的炼胶车间及锅炉房;主厂房进口钢结构厂房系统由美国西可(CECO)公司设计;辅房内装修由金山石化建筑设计

院负责设计;厂区北侧剑川路段和厂区南侧碧溪路段由闵行工务所负责设计;主厂房内非标设备、轮胎货架,运输小车由公司装备室自行设计。

生产设备选择更为先进可靠的机型,子午胎车间引进三复合、双复合胎面、胎侧挤出联动线,薄皮压延机,钢丝带束压出系统,钢丝圈缠绕机组,纵裁机,生产喷涂机,一次法成型机,二段成型机,卧式裁断机,均衡试验机,耐久性试验机,X光机等国际先进水平生产设备和测试设备,以及消防喷淋,报警系统,BB-370密炼机(包括上下辅机)等1 125台(组),其中引进设备337台(组)、国产设备788台(组)。工艺流程从东向西,水平布置。

1992年1—7月,为该项目前期准备阶段,完成征地,动迁,吸收征地工等;8月,土建施工。1993年1月10日,主厂房进口轻钢结构首次吊装;2月,完成主厂房基础;10月,完成除主厂房外的所有一期工程土建单项和道路施工;12月,主厂房土建完工。自1993年5月起,主厂房内公用工程管线设备和工艺设备陆续交叉施工;7月,总降压站通电一次成功;8月1日,公用工程车间安装调试结束;12月10日,项目建成,并产出第一条合格轮胎。1994年,进入试生产阶段,全年生产轮胎45万条,产能达140万条/年设计要求。

1991年12月30日,该项目启动,打下第一根地基处理桩。1995年9月,项目竣工验收;其中1992年8月1日项目动工兴建至1993年12月10日基本建成并产出轮胎,实际建设工期为16个月。项目总投资73 743.36万元。

该项目属上海正泰橡胶厂扩建240万条/年子午线轮胎车间一期工程,它既无炼胶工段,也无锅炉房建设[由上海轮胎橡胶(集团)有限公司下属炼胶厂和载重轮胎厂分别供胶和供汽],所以无粉尘和锅炉烟气污染。

三、50万条/年子午线轮胎

建设内容:建设产能50万条/年载重子午线轮胎。

项目投资单位为上海轮胎橡胶(集团)股份有限公司、上海轮胎橡胶(集团)如皋投资有限公司、香港恒升投资有限公司3家公司;北京橡院兴业化工工程有限公司为主要设计单位,上海化工工程监理有限公司为主要监理单位,上海沪港建设咨询有限公司、上海四海造价咨询有限公司为主要审价单位,江苏建兴建工集团有限公司为主要施工单位。

建设周期:2004年3月—2005年6月。

2005年8月29日,该项目投入试生产。2005年10月26日,项目通过竣工验收。项目总投资49 960.53万元。

配套建设日处理800吨的污水处理装置,锅炉采用水膜除尘脱硫,工艺废气采用布袋除尘。

2005年11月15日,如皋市安全生产监督管理局根据公司《50万条/年高性能全钢丝载重子午线轮胎项目劳动安全卫生验收的申请》和南通安康安全评价事务有限公司《安全验收评价报告》,组织专家组对该项目试生产现场及有关安全生产资料进行验收。

2005年8月23日及2006年5月10日,如皋市公安消防大队分别签发该项目消防专项验收合格意见书。

2006年9月,南通市环保局通过上海轮胎橡胶(集团)如皋有限公司50万条/年高性能全钢载重子午线轮胎项目的环保验收。

四、250万条/年全钢丝子午线轮胎工程

2007年6月7日,上海轮胎橡胶(集团)股份有限公司、重庆渝富资产经营管理有限公司和上海双钱轮胎销售有限公司在重庆市双桥区合资设立双钱集团(重庆)轮胎有限公司(简称"重庆轮胎公司"),注册资本4亿元。是年,在重庆双桥区投资119 776.6万元,建设实施250万条/年全钢丝子午线轮胎工程项目。

建设内容:建设产能120万条/年全钢丝子午线载重轮胎,同时具备250万条/年全钢丝子午线载重轮胎生产厂房及相应的公用工程等配套设施。

项目布局:项目建于重庆市双桥区内。

中国化学工业桂林工程公司为该项目主要设计单位,重庆赛迪工程咨询有限公司为主要监理单位,上海沪港建设咨询有限公司、上海四海造价咨询有限公司为主要审价单位,江苏建兴建工集团有限公司、南通三建集团有限公司等为主要施工单位。

自2007年9月起建设,2009年9月完成项目建设。项目总投资130 989.6万元。

2009年9月4日,重庆市双桥区公安消防支队对项目单体验收,并通过消防验收。2009年11月20日,重庆市双桥区安全生产监督管理局通过危险化学品存储装置项目安全设施竣工验收。该项目污染物排放总量控制指标为:化学需氧量为27.15吨/年、氨氮为1.9吨/年、二氧化硫为545.7吨/年、烟尘为66.8吨/年。2010年6月12日,重庆市环境保护局原则同意该项目的竣工环境保护验收核准。

五、1 500万条/年高性能半钢丝子午线轮胎

2011年11月,由华谊集团、双钱集团股份有限公司(简称"双钱集团")、米其林财务公司和米其林(中国)投资有限公司,在安徽省芜湖市无为经济开发区,共同投资组建双钱集团(安徽)回力轮胎有限公司(简称"安徽轮胎公司")。由安徽轮胎公司投资290 876万元,建设1 500万条/年高性能半钢丝子午线轮胎项目,其中第一阶段为600万条/年半钢丝子午线轮胎。

项目布局:项目建于安徽省芜湖市无为经济开发区。

2011年4月13日,该项目第一阶段开始建设。2012年3月28日,第一条轮胎下线。2012年4月25日,经芜湖市环保局批复同意,投入试生产。废水污染防治与控制主要为胎面冷却槽循环水系统(直接冷却)排污水及生活污水,排放量为120立方米/吨,通过污水管网进入芜湖麦王水务有限公司污水处理站处理。2012年8月16日,一期600万条/年项目通过华谊集团中间交接验收。2012年9月14日,回力轮胎实现销售。

2013年12月31日,该项目完成财务审计。项目总投资138 885.58万元。项目建设完成后,半钢子午线轿车轮胎产能600万条/年。

第三节 氯碱及氟化工项目

一、上海烧碱及聚氯乙烯(华胜一期)

上海烧碱及聚氯乙烯项目(华胜一期)是国家发展计划委员会上报国务院批准建设的。2002

年3月11日,《上海化学工业区烧碱/氯乙烯/聚氯乙烯项目可行性研究报告》经国务院批准。2004年7月28日,上海化学工业区管理委员会批准上海烧碱及聚氯乙烯项目一期工程初步设计。

建设内容:新建36万吨/年烧碱装置,36万吨/年氧氯化装置以及相应的储运设施。

项目布局:上海烧碱及聚氯乙烯项目(华胜一期)工程建于上海化工区C1、C2地块上,总占地面积281 439平方米,建筑面积44 227平方米。

项目由上海工程化学设计院有限公司负责设计,上海华谊集团建设有限公司、上海市安装工程有限公司、中国核工业华兴建设公司承担施工和安装,上海申峰工程建设监理有限公司、上海化工工程监理有限公司、上海协同工程监理造价咨询有限公司负责工程监理。该工程在上海化学工业区建设工程安全质量监督站监督下,工程质量达到一次合格。

2004年2月28日,该项目进行罐区打桩;3月2日,上海天原集团华胜化工有限公司(简称"华胜公司")一期工程聚氯乙烯项目在上海化工区破土动工,举行开工典礼。华胜公司由上海天原(集团)有限公司(简称"天原集团")、上海氯碱化工股份有限公司(简称"氯碱公司")和焦化公司共同出资组建,它是上海化工区内投资建设大型化工装置的唯一一家国有企业。2006年5月,项目建成。

华胜一期工程(包括一套36万吨/年烧碱装置及一套36万吨/年二氯乙烷的氧氯化装置)投资额为18.5亿元;该项目分别引进日本氯工程公司的烧碱装置技术设备、美国西方化工公司和法国Tcchnip公司的氧氯化装置工艺包技术等。

实物工作量:36万吨/年烧碱(包括一次盐水、二次盐水、整流、电解、淡盐水处理、硫酸根脱除、氯气处理、氢气处理、氯气液化汽化、碱蒸发、盐酸及废水处理、含碱循环水等单元),36万吨/年二氯乙烷,36万吨/年氧氯化装置以及相应的储运设施(包括2个1万立方米和2个5 000立方米二氯乙烷储罐、5个1万立方米和2个5 000立方米烧碱储罐、4个700立方米盐酸储罐、储盐场和汽车装卸区)和辅助公用工程,以及2个3 000立方米氯乙烯球罐。

2006年6月19日,烧碱装置投料试运行一次成功。2006年8月17日,二氯乙烷装置投料试车一次成功,并投入试生产。在装置性能满负荷的考核中,装置性能和指标均达到设计要求。烧碱与聚氯乙烯项目是上海化工区90万吨/年乙烯工程的重要配套项目,既能满足下游巴斯夫二苯基甲烷二异氰酸酯(MDI)/甲苯二异氰酸酯(TDI)项目对氯气的需求,同时还可吸收利用MDI/TDI装置副产物氯化氢,实现项目间原料、产品的互换互供,降低生产成本,在"产品项目一体化"中起纽带作用。

2010年12月6日,该项目通过竣工验收,项目的安全与环保设施符合要求。项目总投资169 598.02万元。

二、1万吨/年水相法氯化聚氯乙烯产业化

1万吨/年水相法氯化聚氯乙烯产业化项目是华谊集团批准建设的。

建设内容:新建1万吨/年氯化聚氯乙烯生产装置,包括配料单元、氯化反应单元、干燥单元、包装单元等。

项目布局:项目建于氯碱公司电化厂原23型隔膜电解车间厂房区域,占地面积7 031平方米。

项目由上海工程化学设计院有限公司设计,上海广厦(集团)有限公司承担土建施工,中国南海工程有限公司承担安装施工,上海申峰工程建筑监理有限公司负责工程监理,上海市闵行区建设工程安全质量监督站核验工程质量达到一次合格。

2010年9月，该项目开工。2011年6月15日，项目完成中间交接，施工周期10个月。

完成实物工程量：项目建设使用混凝土3 933立方米，制作钢结构97吨，安装工艺设备117台，敷设工艺管道7 800米（涉及碳钢管、不锈钢管、氯化聚氯乙烯塑料管、钢衬四氟管等），保温220立方米，电缆53 750米。

2011年9月5日，1万吨/年氯化聚氯乙烯生产装置投入试生产。建设周期12个月。2015年9月14—17日，进行72小时生产性能考核，考核结论为：在设备完好的条件下达到设计产能。

2017年1月7日，该项目通过竣工验收。项目的安全与环保设施符合要求。项目固定资产投资4 823.28万元。

三、1 000吨/年聚四氟乙烯

2005年10月，上海三爱富新材料股份有限公司（简称"三爱富公司"）在常熟市新材料产业园成立上海三爱富新材料股份有限公司常熟四氟分厂（简称"常熟四氟分厂"）。常熟四氟分厂在2006年建成3 500吨/年的四氟乙烯单体（TFE）生产装置，主要为美国杜邦公司配套。为充分发挥该装置的综合效益，在采用公司自主知识产权的聚四氟乙烯生产技术的基础上于2008年立项，利用富裕的四氟乙烯单体配套建设1 000吨/年聚四氟乙烯项目，项目利用原装置的产能，降低成本，提高公司在市场上的竞争力。

建设内容：建设1 000吨/年聚四氟乙烯聚合后处理及配套公用系统，产品产能为1 000吨/年聚四氟乙烯。

项目布局：项目建于常熟市东北郊的常熟新材料产业园区内杜邦西路地块（常熟四氟分厂内），厂区周围5公里范围内没有人口集中居住区以及学校、医院等社会公众集中区域。

2008年5月，完成项目桩基招标，常熟建工建设集团有限公司中标，承包项目的桩基工作；6月，完成监理招标，上海化工监理有限公司负责该项目监理。上海工程化学设计院有限公司负责设计工作，并于2008年6月底完成初步设计，7月完成施工图设计；9月28日，委托常熟市招标代理公司采取邀标方式进行项目的土建、安装招标。2009年1月，中国南海工程有限公司中标，承包项目的土建、安装工作。

2008年9月，该项目桩基工程完工；是年，由于金融危机的影响，暂停建设。2009年9月底，恢复该项目建设。2010年9月1日，项目建成，投入试生产。项目的安全与环保设施符合要求。项目固定资产投资2 946.98万元。

四、3 000吨/年四氟丙烯（一期）

常熟三爱富中昊化工新材料有限公司（简称"常熟中昊公司"）是全球第一家工业化生产四氟丙烯的企业。3 000吨/年四氟丙烯项目由美国杜邦公司提供制冷剂新技术，是常熟中昊公司和美国杜邦公司合作建设的重点工程。

建设内容：新建3 000吨/年四氟丙烯生产装置及配套的公用工程与辅助设施。装置产能及规模是3 000吨/年四氟丙烯（HFO-1234yf），副产品为3 000吨/年40%氢氟酸。主要原料为六氟丙烯5 100吨/年，氢气212万标准立方米/年，全部由企业自供。

项目布局：装置建于常熟中昊公司内，位于江苏省常熟市新材料产业园，占地面积17 078平方米,新增建筑面积 11 177 平方米。

项目由上海工程化学设计院有限公司负责设计,上海化工工程监理有限公司负责现场监理,由常熟建工建设集团有限公司中标成为项目承包单位。

2010 年 8 月底,完成初步设计工作;9 月,进行土建工程的招标,最终由常熟建工建设集团有限公司中标成为项目承包单位;10 月,获土建工程施工许可证。

2010 年 8 月,该项目开始桩基工程;10 月 21 日,开始土建上部结构施工。2011 年 2 月,项目完成施工图设计。2011 年 4 月 12 日,项目开始钢结构安装,第一台设备安装就位;8 月,项目中间交接。项目涉及设备 419 台(套),其中进口设备 10 台;主要设备有氢化反应器、脱氟反应器、反应预热器等。项目的安全与环保设施符合要求。项目总投资 19 042.24 万元。

五、含氟聚合物

三爱富公司由于原有四氟乙烯装置受到上海市规划、厂区空间结构、配套条件的限制,公司"十二五"规划四氟乙烯装置战略转移,决定新建含氟聚合物项目。

建设内容:主要新建 1.1 万吨/年四氟乙烯单体生产装置、1.08 万吨/年聚四氟乙烯生产装置。改造原 3 500 吨/年四氟乙烯单体生产装置,使其产能扩大到 5 500 吨/年;改造 DCS 系统(分布式控制系统)等。同时配套建设循环水系统、冷冻站、10 千伏变电所、仓库、废盐酸罐区、门卫、消防站、残液焚烧及废水处理等公用工程和辅助设施。采用三爱富公司自有技术。项目主要设备包括:蒸汽过热炉、反应器、急冷器、1 号脱轻塔、聚合釜、凝聚器、烘箱、F22 原料球罐和焚烧炉等,主要设备采用国产。

项目布局:项目建于江苏常熟新材料产业园,紧邻原四氟分厂,项目新征用地 33 270 平方米,新增建筑面积 17 777 平方米。

项目由上海工程化学设计院有限公司设计,上海华谊建设有限公司承担土建安装施工总承包,上海化工工程监理有限公司负责现场监理。

2012 年 3 月,该项目开始桩基工程;12 月 8 日,土建施工。2013 年 6 月 15 日,四氟乙烯装置 1 层～4 层土建交付安装;8 月 5 日,钢结构安装;9 月 15 日,四氟乙烯装置 5 层～10 层、屋面陆续交付安装。2013 年 7 月 15 日,聚合及后处理装置土建交付安装;7 月 20 日,第一台设备就位。2014 年 5 月 18 日,项目中间交接。2015 年 3 月 24 日,项目建成投入试生产。项目总投资 30 099.46 万元。

六、1 000 吨/年聚偏氟乙烯和 100 吨/年六氟丙酮

三爱富公司在上海化工区建立新氟化学品基地,重点发展高附加值含精细化学品的聚合物。

1 000 吨/年聚偏氟乙烯和 100 吨/年六氟丙酮生产装置项目是三爱富公司在上海化工区(漕泾分厂)投资新建的项目。2004 年年内,完成项目一期建设规划;12 月 18 日,进行奠基仪式。

建设内容:建设六氟丙酮、偏氟乙烯、聚偏氟乙烯装置各一套以及公用工程、仓库、办公楼和门卫等建设。

项目布局:装置建于上海化工区 D4 地块内,总占地面积 48 002.4 平方米,新建建筑面积 17 748 平方米;其中六氟丙酮项目占地 1.44 万平方米,新建建筑面积 5 324 平方米。六氟丙酮装置

3 240平方米,偏氟乙烯装置3 100平方米,聚偏氟乙烯装置3 240平方米,仓库3 318平方米,公用工程2 790平方米,办公楼及门卫2 060平方米。

该项目由上海工程化工设计院有限公司承担项目设计,上海第七建筑有限公司负责土建工程,中国化学工程第十四建设公司负责设备安装工程。

2005年8月,该项目开工建设。2006年9月,项目建成;9月22日,1 500吨/年偏氟乙烯装置投产;10月4日,1 000吨/年聚偏氟乙烯装置投产,产品质量合格,装置运行情况稳定。

2009年4月14日,该项目通过验收,项目的安全与环保设施符合要求。项目总投资17 461万元(其中六氟丙酮项目5 823万元)。

该项目填补国内锂电池用聚偏氟乙烯树脂及涂料用聚偏氟乙烯树脂的空白,具有经济和社会效益。

七、20万吨/年本体ABS工厂一期(3.8万吨/年)

2002年9月,本体聚合公司建成一套500吨/年本体聚合ABS工业试验装置;10月,投料试运行。2006年7月,华谊集团为推进本体ABS树脂生产技术产业化,本体聚合公司改制为华谊集团的全资子公司上海华谊聚合物有限公司(简称"聚合物公司"),在上海化工区D4地块投资建设20万吨/年本体ABS工厂;10月,本体ABS树脂生产技术项目被认定为上海市高新技术成果转化项目。2007年3月,其核心技术获国家发明专利,采用这一自主技术生产的通用级、板材级和合金用体ABS树脂获国内外用户认可。

2008年8月27日,聚合物公司20万吨/年本体ABS工厂一期(3.8万吨/年)项目"土地选址"获上海市规划局审核批复;10月14日,"土地预审"获上海市土地管理局审核批复。

2008年10月15日,《聚合物公司20万吨/年本体ABS工厂一期(3.8万吨/年)项目环境评价报告》获上海市环保局审核批复。该项目选址符合上海化工区的产业发展规划及环境保护要求,按照该《报告》提出的对策意见,落实环境保护措施,可有效地控制项目建设对环境的污染,做到达标排放。

2009年1月6日,上海化学工业区管理委员会对《上海华谊聚合物有限公司20万吨/年本体ABS工厂一期(3.8万吨/年)项目可研报告》予以备案。20万吨/年本体ABS工厂,一期工程生产规模为3.8万吨/年,二期工程生产规模16.2万吨/年。一期总投资49 739万元,总用地面积150 810平方米,总建筑面积19 828平方米。主要由生产区、成品仓储区、公用工程设施区和厂前区组成。5月26日,20万吨/年本体ABS工厂一期(3.8万吨/年)项目列为华谊集团新材料重大产业化项目。该项目还被列入2009年第二批新增中央预算内投资计划,中央安排该项目预算内投资为2 100万元。10月15日,上海化学工业区管理委员会批复同意聚合物公司20万吨/年本体ABS项目一期工程初步设计。

建设内容:主要包括ABS生产装置、加热炉装置、成品包装和共混装置、罐区、危险品仓库、橡胶库以及配套的总降站、配电站、空压站、消防水站、综合大楼和门卫等设施。工程建筑面积17 445平方米,一期用地的建筑密度为20%,建筑系数为35%,绿化率为20%。

项目布局:装置建于上海化工区D4-3地块;东临楚华路,南临北银河路,北临普工路,西侧为上海涂料有限公司顺酐项目;总占地面积150 810平方米,新建建筑面积17 445平方米,厂区实际用地面积83 010平方米,其余为预留用地。

工程勘察由上海量通岩土勘察工程有限公司承担,工程设计由上海工程化学设计院有限公司承担,土建、安装工程监理由上海协同工程建设咨询监理有限公司承担,桩基工程施工由江西省地质工程总公司承担,土建、安装工程施工均由上海安装工程有限公司承担。

2009年12月28日,该项目在上海化工区开工打桩。2010年5月26日,聚合物公司在上海化工区升旗挂牌,并举行20万吨/年本体ABS工厂一期工程土建及管网工程开工仪式。10月29日,该项目ABS生产装置结构封顶。2011年5月18日,项目中间交接签字仪式举行;8月23日,装置投料试运行一次成功,打通整个工艺流程;8月24日下午14时40分,第一包ABS成品料诞生。项目总投资43 266.89万元(含外汇279.52万美元)。

第四节 精细化工项目

一、3万吨/年丙烯酸及酯

3万吨/年丙烯酸及酯项目(包括配套设施)是上海久事公司(简称"久事公司")和上海高桥石油化工有限公司(简称"高化公司")合资项目,属"九四专项"。1988年年初,高化公司、久事公司和上海投资信托公司同意合资兴建3万吨/年丙烯酸及酯项目。3月5日,高化公司、久事公司与上海信托投资公司3家签订关于委托高化公司"全权负责共同投资兴建3万吨/年丙烯酸及酯工程项目的前期工作"的合约。

1988年12月,项目分别获上海市计划委员会和市经济委员会批准。

1991年3月,经中国政府和日本政府批准,引进3万吨/年丙烯酸及酯生产装置和引进氧化催化剂及备品件合同生效;8月,上海市投资信托公司退出合作。

1991年8月13日,上海市经济委员会同意久事公司与高化公司合资建立"上海高桥石化丙烯酸厂",地理位置在上海高桥石油化工区内。装置生产2.05万吨/年酯化级丙烯酸、9 500吨/年精丙烯酸、1.2万吨/年丙烯酸甲酯、3 000吨/年丙烯酸乙酯、7 500吨/年丙烯酸丁酯、7 500吨/年丙烯酸辛酯。装置的工艺采用丙烯在催化剂作用下直接气相氧化反应,生成丙烯酸。丙烯酸与各种醇类进行酯化反应,产生相应的丙烯酸酯类。

1991年10月30日,上海市建设委员会批复同意总图布置。是年底,上海高桥石化丙烯酸厂等建组成立,开始筹建工作。

1992年1月27日,高化公司向上海市建设委员会呈报《关于组织对3万吨/年丙烯酸酯及配套设施初步设计审查的请示》;2月25日,上海市建设委员会批复,同意高化公司设计院编制的初步设计方案;4月,上海市重大工程建设办公室将上海高桥石化丙烯酸厂3万吨/年丙烯酸、3万吨/年丙烯酸酯及配套设施项目列入1992年上海市重大工程建设项目。

1992年6月13日,上海市土地管理局批准临时使用行南公路南图示范围高南乡高丙村黄家头生产队耕地14 014平方米,并同意临时使用国有土地12 755平方米;合计临时使用土地26 769平方米,使用期限至1994年5月31日止。

建设内容:生产装置包括氧化、提纯、轻酯、重酯4个生产单元,以及中央控制室、装置办公室、变配电站、冷冻机组、原料和中间产品储存设施、产品储存和装桶设施、丙烯和燃料气储存设施、废气废物处理等15个单元。丙烯酸及酯装置以及配套设施项目系统配套设施含水、电、汽、气的供应,污水处理、消防安全、机修、电修、仪修、仓库以及行政管理等40个单元。

项目布局：装置建于高化公司工业区内；西邻高化公司化工二厂围墙，东至浦东3号公路，南至4号路，北至6号路。厂区装置及厂前区用地17.3万平方米（不含厂区围墙外绿化带），其中生产区用地14.7万平方米，厂前区用地2.5万平方米。项目征地29.26万平方米，其中厂区征地24.94万平方米，6.14万平方米土地属城市规划道路用地，征用后作拓路使用。另外昆山丁、辛醇中转储运装卸设施征地6 000平方米。厂区按功能分区布置，厂区中间的高化路（原为浦东城市1号规划路），将厂区分为东西两区，纬三路又将东西区划分为南北两部分。东区南部为生产区，东区北面为供水设施（循环水场和软化水、除氧水、除氯水设施）。厂前区在东区顶端靠近浦东北路（3号路）。西区南部为醇原料罐区、丙烯及燃料气储存设施、污水处理设施、雨水调节池及化学品仓库。西区北部为空压站、消防泵房、机、电、仪和设备器材仓库及汽车运输设施。

3万吨/年丙烯酸及酯项目的初步设计由高化公司设计院完成，并得到上海市建设委员会的批准。3万吨/年丙烯酸及酯项目的基础设计由日本日挥株式会社承包，总体设计、生产装置的设计以及施工图设计由高化公司设计院承担。系统配套设施中的高化公司化工二厂码头改建、江水取水泵房、江水净化扩建设施设计由上海市政设计院承担，厂总变电站的设计由上海电力设计院承担，电信通信系统由上海邮电设计院承担；在施工图设计中生产装置的部分配管、设备及仪表由吉林化工设计院承担完成；系统配套设施中的循环水场、污水处理场、化学品仓库、综合办公楼、食堂、倒班宿舍、厂行政区车库和自行车棚等9个单元的设计由上海工程化工设计院承担完成，其余均由高化公司设计院承担完成。

生产装置和配套区的厂房、设备基础和构筑物等由上海第三建筑工程公司承建施工，装置的附属设施由金山石油化工建筑公司承建施工，厂区内的部分管架和围墙由高南工程公司施工，总体道路等由绍兴县市政工程公司施工，生活设施部分由中建五局二公司施工。其他参加施工的还有川沙县建筑安装工程公司、上海市工业设备安装公司、化工部第三建筑安装公司、浙江水电基础建筑工程公司、上海港务工程公司、兴化市建筑安装工程公司、上海申力建筑装饰安装技术工程公司等。

1992年5月30日，该项目主装置试打下第一根桩；7月，土建开工。1993年9月，安装工程开工；是年，设备就位完成。1994年7月，完成中间交接；8月，中日双方举行建成竣工仪式，签订机械安装证书；9月29日，项目建成，投入试生产；10月28日，举行开工典礼，第一批经分析合格的丙烯酸乙酯产品装桶出厂。

"三废"处理设施按"三同时"原则，与项目同时设计、同时施工、同时使用。污水处理设计规模为40立方米/小时，雨水调节池处理规模为315立方米/小时。生产装置和配套设施中的安全设施均按"三同时"的原则，同时设计、同时施工、同时投入使用。

1992—1994年，该项目被列入上海市重大工程项目。1993—1994年，该项目被列入上海市重点骨干项目之一。

丙烯酸及酯工程总投资122 055.12万元。

二、2万吨/年脂肪醇

2005年3月，上海中远化工有限公司（简称"中远公司"）在吸收德国汉高（Hekel）公司和美国保洁（P&G）公司的技术基础上，结合自身生产技术和生产工艺情况，新建2万吨/年脂肪醇项目。自2005年5月起，该项目经历立项、可行性研究、"三同时"、初步设计、施工图设计等阶段。

建设内容：新建2万吨/年天然脂肪醇装置建设项目一套，由加氢、蒸馏、甲脂等主体装置组成。

项目布局：项目建于上海市宝山区铁力路1号，总占地面积为2.74万平方米，建筑面积9600平方米。绿化面积8850平方米，绿化率37.3%。

2005年12月17日，该项目进行第一根桩压桩。2006年8月25日，完成土建和甲酯、加氢、蒸馏三大框架封顶。2006年9月，设备进入安装阶段；12月，进入管道安装。2007年4月，进行联动试运行；8月9日，投入试生产；8月底，打通工艺流程，试生产一次成功。项目总投资13110.42万元。

三、5万吨/年顺酐工程

2006年，原顺酐产品生产企业根据市政规划面临搬迁，为使有技术、有市场和有效益的顺酐产品不从市场上消失，通过搬迁进一步实施技术创新，扩大生产规模，以技术进步带动产品发展。同时，根据华谊集团的发展战略，以及华谊集团精细化工事业部与焦化公司达成的战略合作协议，在上海化工区内新建5万吨/年顺酐生产装置。

建设内容：项目分为两期，其中一期建设2万吨/年顺酐生产装置工程(含5万吨/年公用工程设施和总体设施)，二期建设3万吨/年顺酐生产装置工程。一期建设建筑面积10662平方米，分为主生产装置、综合办公楼、冷冻、成型车间、成品仓库、室外总体(原料罐区、消防水池、循环水池、事故池、室外管线、总体分项)、公用工程(循环水泵房、鼓风机房、空压制氮站、控制室及MCC、辅助设施楼、消防等)的相关土建、设备、管道、电气、仪表、给排水、暖通、消防、装饰与装修、屋面等工作。

项目布局：项目建于金山区联合路D4-2地块(三爱富公司南面，西面紧靠联合路，南面紧靠银河路)，该项目占地面积为10.97万平方米(其中预留5.15万平方米)。

项目建设单位为上海涂料有限公司，天津市化二设计院负责设计；上海地矿工程勘察有限公司负责勘察；上海华谊集团建设有限公司负责施工；上海化工工程监理有限公司负责监理。

顺酐生产装置采用的是苯法固定床工艺路线，以苯和空气为原料，在催化剂的作用下经反应生成顺酐的混合物，经冷凝和吸收精制冷冻切片得到成品。该装置采用集散控制系统DCS对全装置进行控制和检测，整个装置区设置中央控制室。与工艺操作密切相关的工艺参数及重要的控制参数，全部在中央控制室集中显示和控制。

项目配套设施，利用上海化工区现有污水处理装置，项目污水排入该污水处理装置；工业水、生活水由上海化工区市政管网引入；该装置使用的天然气从相邻三爱富公司引入。

2007年8月，该项目打桩开工；12月，土建施工、地下管线铺设和围墙施工。2008年4月，现场开始吊装氧化反应器、精馏塔、精馏釜等关键设备，进入安装阶段；4月底，综合楼等主要建筑物结构封顶；10月30日，变电站受送电成功；11月28日，完成现场施工，项目进行中间交接。

一期项目总投资22632万元。项目建成后，受产品和原料价格偏离可行性研究预期等因素影响，顺酐项目未投入生产运行。

第五节 其他项目

一、吴泾化工区至上海化工区长输管道工程

吴泾化工区至上海化工区长输管道工程(简称"漕吴管线")是经上海市发展计划委员会、上海

市发展和改革委员会分别批复同意,分别于2002年9月和2004年建设的项目。华谊集团通过两根长输管道使上海化工区与吴泾化工区的清洁能源及新材料基地有机互联,其中一根把吴泾公司、焦化公司的合成气作为原料送往上海化工区供德国拜耳公司生产聚碳酸酯;另一根把上海化工区赛科公司90万吨/年乙烯装置产出的乙烯送往氯碱公司生产医用级的聚氯乙烯新材料,利用两地的资源优势,实现两大化工区产品链和原材料互补,从而真正实现上海化工区的整体可持续发展。

建设内容:合成气管总长53.5公里(其中长输段43公里,吴泾段4.5公里,化工区段6公里);乙烯管总长48.5公里(其中长输段43公里,吴泾段3公里,化工区段2.5公里)。中间阀室建筑面积:93平方米;还有光缆2根、长输管线阴极保护系统、三桩等。

建设布局:长输管道工程从吴泾化工区至上海化工区,途径闵行、奉贤、金山区。

项目建设单位为上海华鸿管廊有限公司,项目由上海工程化学设计院有限公司负责工程EPCM管理和设计;上海申峰工程建设监理有限公司负责施工质量等控制;上海华谊集团建设有限公司负责施工。

2002年9月,启动该项目前期工作。2003年5月,完成可行性研究报告;6月起,开始施工图设计工作;7月18日,项目施工。2005年9月10日,完成长输段施工;12月28日,完成其他施工工作。

2005年9月10日—10月30日,对长输段和乙烯管全线进行全面检查;11月2日,乙烯输送投入试运行;11月4日,装置接受乙烯用于生产,达到试生产的要求。项目投资总额为38 492万元。

二、烧碱及聚氯乙烯配套专用码头工程

华胜公司烧碱及聚氯乙烯配套专用码头工程项目(简称"华胜专用码头一期")是上海化学工业区管理委员会批准建设的。上海化学工业区管理委员会分别在2004年8月5日、2004年12月9日、2005年2月5日批复同意该工程的《建设请示书》《可行性研究报告》《初步设计》。2005年3月31日,上海市港口管理局发函核准码头岸线使用范围内的水域工程布置。

建设内容:新建一座年吞吐量165万吨专用码头(一座2万吨级码头以及引桥、转运站、消防控制室、变电所等辅助设施)。

工程布局:项目建于化工区C1地块南侧海域及C1地块西侧。

项目由中交第三航务工程勘察设计院负责设计,中港第三航务工程局承担施工,上海国际港口工程咨询有限公司、上海海科工程监理所负责工程监理,上海港建设工程安全质量监督站、上海化学工业区建设工程安全质量监督站负责质量监督。

完成实物工程量:码头工程,建设长280米,宽29米~39米的码头一座;引桥廊道工程,建设长665米的引桥一座,以及总长1 260米的皮带机廊道;土建工程,建设变电所、转运站、控制室、消防水池及泵站等8家单位土建工程;设备及管道安装工程,主要配备600吨/小时的桥式抓斗卸船机2部。

2005年3月18日,该项目开工。2006年4月10日,项目完工;5月8日起,投入试生产。2007年7月18日,项目建成,交付生产使用。项目总投资25 401万元。

2007年7月18日,该项目通过竣工验收,上海市港口管理局颁发《港口工程竣工验收证书》。

三、绿色环保电池

2003年,因世博会场馆建设需要,上海制皂(集团)有限公司将原上海白象天鹅电池有限公司

上海市黄浦区局门路550号生产场所迁往上海市普陀区古浪路1518号,利用上海油墨厂原有场地1.63平方米,投资3450万元,建造用于生产LR6、LR03、R6P无汞绿色环保电池的新厂区。

建设内容:建设5个单体组成无汞绿色环保电池。

项目布局:新厂区建于上海市普陀区古浪路1518号,总建筑面积15 230平方米。

项目建设分4个阶段:2003年9月—2004年4月,为前期准备阶段。2004年4月—2005年4月,为主厂房土建施工阶段,完成主厂房土建,陆续交付安装。2005年3月—2005年7月,为设备安装阶段,进行工艺设备、管道、电器、仪表安装,工程建成。2005年7月—2005年12月,为试生产阶段,其中7月1日生产出第一节电池。2005年12月起,开始大批量生产;是年,生产电池5 000万节,并出口到非洲等地。

项目职业卫生、劳动、安全、环保等均符合要求。2005年12月18日,该项目通过竣工验收。项目总投资3 415万元。

四、烟台汽车零部件(一期)

建设内容:天原集团烟台天原胜德材料科技有限公司新建73万套/年汽车零部件生产线,新建5 160平方米的厂房、5 197平方米仓库及其他配套公用工程和辅助设施。加工原料2 103吨/年,汽车零部件73万套/年,其中汽车轮罩8.6万套/年,汽车内饰件52.9万套/年,导轨件11.5万套/年。

项目布局:项目建于山东省烟台市高新技术产业园区福山园区,新建建筑面积12 277平方米。

项目设计单位为上海机电设计研究院有限公司,施工单位由烟台市城西建筑装饰有限公司承担。

项目工艺是将原材料进行配料并注塑成型的物理过程,技术为自有。项目新增主要设备为1 600吨注塑机3台,2 800吨注塑机1台,W753机械手1台,W773机械手1台。主要原料为聚丙烯和毛毡,均通过市场采购。

2011年9月,该项目开工建设。2012年4月21日,从项目建设转入设备调试阶段。5月,项目建成并中间交接。6月1日,进入试生产阶段,经过2个月的运行,设备运转正常;在对装置性能满负荷的考核中,装置性能和产能指标均超过设计要求,达到设计能力的182%。2012年7月22日,举行开业典礼。项目总投资5 993.67万元。

项目所在区域排水实行雨、污分流制污水排放,实行纳管排放;设备选用高效率、低噪声的设备;采用减振、隔声等措施,降低设备噪声对外界环境的影响。

五、拜耳硝酸储运

2012年12月,拜耳硝酸储运项目是拜耳公司二苯基甲烷二异氰酸酯(MDI)/甲苯二异氰酸酯(TDI)联合装置扩产项目的储运配套设施立项。2013年1月8日,华谊集团同意上海华谊天原化工物流有限公司(简称"天原化工物流公司")硝酸储运项目初步设计。

该项目的硝酸储罐为拜耳公司生产装置的平衡罐,接受来自拜耳公司硝酸储罐(或孚宝码头)的硝酸,用泵将储罐内的硝酸输送到拜耳储罐或孚宝码头装船;硝酸输送均采用管道。

建设内容:项目新建1个1.2万立方米拱顶硝酸储罐及相关配套辅助设施。硝酸储存量为

1.7万吨;储运量为0万吨/年～8万吨/年。

项目布局:项目建于上海化工区D2地块,项目用地3 333平方米,新建建筑面积627平方米。

天原化工物流公司对硝酸储运项目实行勘察、设计、施工一体化招标,由中交第三航务工程勘察;上海华谊工程有限公司和上海华谊集团建设有限公司共同组建的联合体中标总承包;项目建设单位是上海华谊天原化工物流有限公司;项目设计单位是上海华谊工程有限公司;主要施工单位是上海华谊建设有限公司;工程监理单位是上海化工工程监理有限公司。

主要设备:该项目6台设备,其中动设备3台,静设备3台。主要包括硝酸储罐1个,硝酸输送泵2台,尾气水喷淋塔2台,尾气处理循环泵1台。

2013年2月,该项目启动;7月,投入试生产,在对装置性能满负荷的考核中,装置的储运能力和输送能力达到设计要求,完全满足拜耳公司输送要求;8月2日,硝酸储罐投入运行。项目固定资产投资5 321.43万元。

硝酸储罐呼吸气经收集、二级碱洗一级还原脱硝(95%去除效率)后达到《大气污染物综合排放标准》;二级后经15米高排气筒排放,其中氨达到《恶臭污染物排放标准》;甲基丙烯酸甲酯、己二胺、乙二醇、苯酚、己二腈、甲醇、甲苯二异氰酸酯及二苯基甲烷二异氰酸酯等储罐呼吸气经收集后送热氧化炉处理达到《大气污染物综合排放标准》。

表7-1-4 1991—2013年华谊集团投资3 000万以上工程及其他基建项目情况表

序号	项目单位	项目名称	性质	总投资（万元）	立项日期	开工日期	竣工日期	投产日期	项目所在地	备注
1	上海氯碱总厂	3万吨/年粒料（含1万吨/年混合料）	基建	5 220	1991年10月18日	1993年3月	1995年7月	1995年7月	吴泾氯碱总厂	
2	上海硫酸厂	一车间投产、改革工艺，调整产品结构，提高效益	基建	9 700	1995年12月14日	1994年1月	1994年4月	1994年6月	交通路2213号	
3	上海焦化总厂	6号焦炉	基建	4 581	1996年4月3日	1997年12月28日	1999年7月13日	—	上海焦化总厂	
4	上海焦化总厂	6号焦炉煤气回收及公用工程	基建	4 733	1996年4月10日	1998年12月	1999年11月30日	1999年11月30日	上海焦化总厂	
5	上海橡胶制品有限公司	汽车胶管（三期）	基建	4 400	1997年6月28日	2000年1月21日	2000年11月2日		真南路1550号	
6	上海太平洋化工（集团）有限公司吴泾化工总厂	3 000立方米/小时一氧化碳变压吸附	基建	1 990	1997年7月16日	1998年12月	1999年11月30日		吴泾化工总厂	
7	上海橡胶制品有限公司	汽车胶管三期工程	基建	4 515.63	1998年3月28日		1999年11月30日	1999年11月30日	真南路1550号	
8	上海树脂厂有限公司	环氧树脂"三废"迁建治理	基建	4 988	1998年5月28日	—	2003年7月	—	嘉朱公路3288号	
9	上海树脂厂有限公司	阳离子交换树脂"三废"迁建治理	基建	4 814	1998年5月28日	—	2005年1月	—	嘉朱公路3288号	
10	上海化工机械二厂	鞍座木锭	基建	6 000	1998年6月22日	1998年6月	2000年8月	2000年10月	广元西路300号	
11	上海染料化工五厂	"三废"迁建治理	基建	3 150	1998年7月20日	1996年4月	—	1996年9月	真南路1670号	
12	上海高桥石化丙烯酸厂	6 000吨/年丙烯酸装置关键设备扩产改造	基建	4 109	2001年1月	2001年8月	2002年1月17日	2002年1月30日	上海浦东	

(续表)

序号	项目单位	项目名称	性质	总投资（万元）	立项日期	开工日期	竣工日期	投产日期	项目所在地	备注
13	上海华谊丙烯酸有限公司	废物处理配套	基建	4 415	2003年6月3日	2003年6月18日	2004年6月18日	2004年7月4日	上海浦东	
14	上海焦化有限公司	5号、6号干熄焦节能环保	基建	16 150.65	2005年1月	2005年1月21日	2006年6月5日	2012年8月	闵行区龙吴路4280号	
15	上海华谊天原化工物流有限公司	聚碳酸酯产品包装线	基建	3 922	2005年2月28日	2005年10月	2006年6月	2006年6月	上海金山二工区（和展路155号）	
16	上海吴泾化工有限公司	75吨/小时循环流化床锅炉	基建	14 146.62	2005年5月13日	2007年4月17日	2007年11月	—	龙吴路4600号	
17	上海远大过氧化物有限公司	4万吨/年(27.5%)过氧化氢	基建	4 200.38	2005年6月18日	2005年10月30日	2006年2月16日	—	铁力路1号	
18	上海焦化有限公司	干熄焦节能环保	基建	4 416	2005年8月30日	2005年3月16日	—	2006年6月5日	闵行区龙吴路4280号	
9	上海华谊集团装备工程有限公司	奉贤生产基地重型化工装备	基建	9 615.29	2005年12月26日	2006年2月16日	2007年5月30日	2007年8月	上海奉贤区苍工路1188号	
20	上海达凯塑胶有限公司	高新技术成果转化	基建	3 693	2006年6月14日	2006年4月28日	2007年10月31日	2007年10月31日	江东路1992弄358号	
21	上海吴泾化工有限公司	75吨/时循环流化床锅炉	基建	15 025	2006年9月27日	2008年6月12日	2008年11月	—	龙吴路4600号	
22	宜兴华谊着色科技有限公司	年产10万吨新型着色材料	基建	42 232	2007年5月6日	2014年1月29日	2015年9月30日	2017年12月30日	江苏宜兴经济开发区	
23	上海太平洋化工(集团)淮安元明粉有限公司	制硝废水治理工程	基建	3 948	2007年7月24日	2007年6月21日	—	2009年3月	江苏省淮安市赵集镇	
24	华谊生物技术有限公司	中试及产业化基地新建工程（一期）	基建	19 506.34	2007年7月2日	2008年6月12日	—	—	上海浦东新区	

〔续表〕

序号	项目单位	项目名称	性质	总投资（万元）	立项日期	开工日期	竣工日期	投产日期	项目所在地	备注
25	上海华谊天原化工物流有限公司	漕泾仓库二期工程	基建	3 575.98	2008年4月14日	2008年8月	2009年3日	2009年4日	上海化工区	
26	上海吴泾化工股份有限公司	5号罐区建设	基建	4 823	2010年4月26日	2006年7月5日	2010年3月16日	2007年8日	龙吴路4600号	
27	上海氯碱化工股份有限公司	化工液体储运（低温乙烯储罐）	基建	8 985.44	2012年8月22日	2014年4月	2015年10月30日中间交接	—	上海化工区C2	
28	实业公司	永达国际汽车广场项目（一区奥迪4S店）	基建	9 652.2	2013年3月8日	2012年7月18日	2014年2月27日	2013年4月1日	长江西路1001号	

表7-1-5　1991—2013年华谊集团投资3 000万元以上合资项目情况表

序号	项目单位	项目名称	性质	总投资（万元）	立项日期	开工日期	竣工日期	投产日期	项目所在地	备注
1	上海化工机械一厂	合资上海卡莱—沃克不锈钢设备制造有限公司	合资	4 800	1997年8月14日	1999年4月	1999年6月	1999年7月	封沃翔黄支路	
2	上海塑料工业有限公司	合资经营上海罗门哈斯化工有限公司	合资	$1 880	1997年12月31日	1998年6月	1999年8月	1999年12月	青浦工业园区	
3	上海中远化工有限公司	合资上海爱生比益化工有限公司	合资	$450	1998年1月22日	1998年3月	—	1998年3月	呼兰路210弄198号	
4	上海远大过氧化物有限公司	2万吨/年(27.5%)过氧化物工程	合资	$5 715	1998年11月16日	1999年1月18日	1999年5月30日	1999年6月15日	铁力路1号	

(续表)

序号	项目单位	项目名称	性质	总投资（万元）	立项日期	开工日期	竣工日期	投产日期	项目所在地	备注
5	上海焦化有限公司	合资上海林德二氧化碳有限公司	合资	5 911	1998年12月21日	—	—	2000年11月6日	闵行区双柏路28号	
6	卡博特化工有限公司	二期工程	合资	24 795	1998年12月25日	1997年10月	1999年1月14日	—	闵行区双柏路15号	
7	上海吴泾化工有限公司	合资经营上海经奇高分子材料有限公司	合资	$1 805.85	2002年8月1日	2003年10月	—	2004年5月	闵行区龙吴路4600号	
8	上海卡博特化工有限公司	5万吨/年新技术碳黑三期	合资	$8 986.80	2002年9月4日	2003年1月14日	2004年2月4日	—	闵行区双柏路15号	
9	上海中远化工有限责任公司	合成气分离	合资	3 900	2002年10月21日	2003年1月11日	2003年10月12日	2003年10月	铁力路1号	
10	上海华林工业气体有限公司		合资	17 698	2005年5月8日	—	—	—	化学工业区F3	
11	上海涂料有限公司	合资上海藤仓化成涂料有限公司	合资	4 286	2007年7月9日	2011年5月	2012年8月	2012年8月	奉贤区柘林镇	
12	卡博特化工（天津）有限公司	炭黑二期工程（TJ-3,4）及能源中心（EC-2）	合资	53 913	2008年5月6日	2007年7月19日	—	2009年10月23日	天津市（汉沽）瑶山路1号	

第二章　扩产改造项目

第一节　煤化工项目

一、10万吨/年醋酸装置改造

吴泾公司的10万吨/年醋酸装置于1996年10月引进建造,为使装置平稳运行并充分挖掘其潜能,2001年5月,公司对装置进行扩产改造,并建立"10万吨/年醋酸装置改造项目"工程。

项目由吴泾公司建设,上海吴泾化工总厂设计院负责设计,上海焦化监理建设工程有限公司负责监理,上海市安装工程有限公司负责总承包。

2001年5月,吴泾公司成立醋酸扩产项目和技术开发2个小组。2002年9月,又对醋酸扩产项目领导小组和技术开发小组进行优化组合。2001年起,吴泾公司组织攻关组解决设备改造等10余项重大课题,在企业各方的共同努力下,醋酸装置负荷能力不断提高。2001年国庆前夕,装置负荷达到120%。2002年,达到145%。2003年年底,装置产能提高到20万吨/年。2005年,产能达25万吨/年。项目总投资6635万元。

二、一氧化碳联产甲醇工程

焦化公司"醋酸配套一氧化碳联产甲醇工程"项目,于2005年4月经上海市经济委员会同意备案。2005年8月,华谊集团批准项目初步设计。

建设内容:项目新建一套44.3万吨/年甲醇和18332万标准立方米/年一氧化碳装置及配套公用工程。主要建设德士古煤气化装置4套,其中包括备煤、煤浆制备、气化和后处理;一氧化碳及甲醇制备系统一套,包括变换、热回收、脱硫脱碳、硫回收、焦化气转化、合成、精馏、成品储运等;3万标准立方米/小时空分装置2套。

生产规模:一氧化碳18332万标准立方米/年,甲醇44.3万吨/年,净化气9294标准立方米/小时以及相应的副产品。

项目布局:项目建于焦化公司内,位于上海闵行区龙吴路4280号,拆除部分老房子和利用部分空地,总占地面积约12.16万平方米。

工程由中船勘查研究院负责勘查;华陆工程科技有限责任公司负责总设计;中国化学工程第三建设公司负责气化装置施工总承包,上海市安装工程有限公司负责甲醇装置施工总承包;上海焦化工程建设监理有限公司(更名为上海化工工程监理有限公司)负责工程监理。

2005年7月,该项目开工建设。2008年7月,项目建成;7月3日,投料试运行。2014年4月,通过竣工验收,在对装置性能满负荷的考核中,装置性能和负荷指标达到设计要求。项目总投资21.14亿元。

项目按照初步设计批准内容进行建设实施,按"三同时"计划完成项目建设内容。项目安全和环保设施符合要求,工程质量合格,符合编著规定的要求。

表 7-2-1　2009—2013年焦化公司主要产品产量完成情况表

年份 \ 产品	甲醇（吨）	一氧化碳（万立方米）
2009	480 978	20 102
2010	584 845	24 464
2011	620 770	26 323
2012	528 917	21 555
2013	758 894	23 056

第二节　轮胎橡胶项目

一、扩建全钢丝子午线载重轮胎（二期）

1992年10月16日，上海市经济委员会批复同意上海轮胎橡胶（集团）股份有限公司扩建全钢丝子午线载重轮胎（二期）项目建议书（含可行性研究报告）。1993年，上海市建设委员会《关于上海轮胎橡胶（集团）股份有限公司扩建全钢丝子午线载重轮胎（二期）项目（九四专项）实施方案》的批复同意项目建设。

建设内容：在已建厂房基础上再扩建30万条/年全钢丝子午线载重胎，以达到60万条/年全钢丝子午线轮胎的产能。项目建设完成后的轮胎全部用于出口。同时为满足产品达到出口要求，对部分国内不能生产的关键设备（包括测试设备）由国外引进。

项目布局：项目建于载重轮胎厂内。

项目由化工部北京橡胶工业研究设计院负责设计，项目参建的施工单位包括上海化工工程建设联合公司、中国建筑第四工程局第三建筑工程公司、上海工业设备安装公司、爱艺建筑装饰配套工程有限公司、上海英德工程有限公司、上海市自来水公司、绍兴市政工程公司、上海科联市政、上海宝昌船舶附件厂等。

项目是上海大中华橡胶厂30万条/年轮胎项目续建工程。项目部分利用原30万条/年轮胎项目的公用工程和厂房、设备。1994年年底，部分引进设备安装完成并投入使用，国产设备完成安装、调试和试生产。1995年年底，项目达产达标，生产轮胎62万条，产值7.1亿元，达到项目生产纲领所规定的设计能力。

二期项目试生产顺利进行，形成生产能力，生产出设计文件所规定的产品，公用工程运行稳定，试生产情况良好。

1996年5月28日，该项目通过上海市卫生防疫站竣工验收；6月3日，劳动保护设施通过上海市劳动局审核验收；6月25日，项目档案通过上海市档案局验收；7月30日，项目消防设施通过上海市消防局验收；8月30日，项目通过竣工验收委员会验收。项目总投资23 490.68万元。

二、子午线轮胎技术改造（双加）

子午线轮胎是轮胎行业的更新换代产品。发达国家子午线轮胎占轮胎总产量75%以上，欧洲达98%,但中国1993年子午胎产量仅497万条,约占轮胎总产量的10%。

1993年,上海轮胎橡胶(集团)股份有限公司子午线轮胎产量173.6万条,占全国子午线轮胎产量的35%。为扩大子午胎生产,公司于1994年9月完成"子午线轮胎技术改造(双加)项目可行性报告",采用引进的先进技术,并在原有基础上进行改造和创新。1995年3月30日,(双加)项目由国家经济贸易委员会批准立项。1996年3月28日,国家经济贸易委员会批准可行性研究报告。1996年9月18日,上海市建设委员会和化工部建设协调司联合批准初步设计。1998年3月16日,上海市建设委员会调整项目概算。

建设内容:项目引进先进密炼机组、钢丝、纤维帘布压机组等关键生产设备及X光检验机、耐久试验机、均匀试验机等检测设备,改造成型车间和硫化车间,并配套成品库。改造后,全钢丝载重子午线轮胎由60万条/年增至100万条/年,半钢丝轻卡、乘用子午线轮胎由140万条/年增至300万条/年。

项目布局:改造项目于载重轮胎厂及乘用轮胎厂内。项目土建面积1 248平方米。

项目设计单位由化工部北京橡胶研究设计院承担,中国建筑第四工程局第三建筑工程公司为主要参建单位。

1996年9月,该项目开工建设,边建设边投产。1997年12月31日,项目建成。1998年4月,项目通过验收。(双加)项目总投资78 217.28万元。

(双加)项目新增产能200万条/年,其中载重子午线轮胎40万条/年,轿车子午线轮胎160万条/年。1997年年底,经考核达到项目设计能力,产品的主要性能指标达到欧洲经济委员会(ECE)标准。

(双加)项目的安全、工业卫生、环境保护与消防等设施齐全,安全设施和工业卫生严格按"三同时"要求,职业安全卫生、劳动保护设施符合国家规定标准,经上海市劳动局、卫生防疫站、环保、消防等专业部门测定,符合国家标准,验收合格。

三、炼胶厂产品结构调整技术改造

2000年4月,上海市经济委员会同意《上海市经济委员会关于上海轮胎橡胶(集团)股份有限公司炼胶厂产品结构调整技术改造项目》建设。项目产能为180万条/年斜交轮胎。

项目布局:项目建于上海市闵行区沪闵路1441号原炼胶厂内。

项目主要设计单位为上海化工设计院,主要施工单位为上海华谊集团建设有限公司,监理单位为上海化工工程技术咨询监理公司。

2000年6月25日,举行开工仪式,该项目打下第一根桩。2001年5月12日,产出第一条符合工艺标准的轮胎。2002年,初步形成180万条/年产能,全年产量50万条。项目总投资20 359.77万元。

四、汽车工业全钢丝子午载重胎配套技术改造

2002年9月,汽车工业全钢丝子午载重胎配套技术改造项目经上海市经济委员会批准立项。2003年1月,华谊集团批准初扩设计,项目概算总额为19 484.77万元(其中包括外汇470万美元)。

建设内容：主要新建子午胎车间（建筑面积734平方米）、新建水泵房（建筑面积797.09平方米）、改建硫化机车间（建筑面积7 610平方米），增添相关工艺设备，达到全钢子午线轮胎新增产能30万条/年。

项目布局：项目建于上海市闵行区剑川路2613号载重轮胎分厂内。

项目设计单位为北京橡院兴业化工工程有限公司（原北京橡胶工业研究设计院），项目总承包单位为上海华谊集团建设有限公司，项目监理单位为上海化工工程监理有限公司。土建及安装工程造价经上海沪港建设咨询有限公司等事务所审价确认。

2003年2月，该项目开工建设。2004年2月，项目建成。项目总投资1 902.97万元。

2003年12月30日，项目安全设施通过上海市安全生产监督管理局竣工验收。2004年1月16日，上海市消防局批复项目消防设施合格；2月23日，项目通过上海市建设工程安全质量监督总站竣工验收；4月5日，项目环保设施通过上海市环境保护局的验收。

五、增产60万条/年新型全钢丝子午线轮胎技术改造

2003年9月13日，上海市经济委员会同意上海轮胎橡胶（集团）股份有限公司增产60万条/年新型全钢丝子午线载重轮胎技术改造项目建设。

建设内容：项目新增60万条/年新型全钢丝子午线载重轮胎。增添德国、日本三复合胎面生产线1套，美国钢丝圈缠绕生产线1套，德、美等静平衡试验机1台、三鼓成型机9台、液压硫化机30台、制氮及回收装置各1套、配套硫化模具60副、最终检验线1条、双工位耐久性试验机4台等设备。

项目布局：项目建于载重轮胎分厂内。

项目设计单位为北京橡院兴业化工工程有限公司。

2004年12月14日，上海市环境保护局同意该项目进行试生产。2005年10月10日，项目环保设施通过上海市环境保护局的验收；10月18日，项目档案通过上海市档案局验收。项目总投资21 518.94万元。

六、高性能全钢子午胎填平补齐

2004年4月，上海市经济委员会和华谊集团同意上海轮胎橡胶（集团）股份有限公司高性能全钢子午胎填平补齐项目建设。

建设内容：项目新建成品仓库，面积3.8万平方米；增加10万条/年全钢子午线工业胎；新增工程胎3万条/年、高性能子午胎7万条/年。

项目布局：项目建于载重轮胎分厂内。

项目设计单位为北京橡院兴业化工工程有限公司，主要施工单位为上海金宝建筑工程有限公司等，监理单位为上海化工工程监理有限公司。

2005年3月，该项目开工建设。2006年6月，项目建成。项目总投资9 652.2万元。

2006年2月21日，该项目消防设施通过上海市闵行区公安局消防支队验收；3月29日，上海市环境保护局同意项目进行试生产；10月27日，项目通过上海市卫生局验收；12月30日，项目环保设施通过上海市环境保护局的验收。2008年5月23日，项目通过竣工验收。

七、新增 25 万条/年全钢丝子午胎

2005 年 7 月，华谊集团同意关于上海轮胎橡胶（集团）股份有限公司新增 25 万条/年全钢丝子午胎项目建设。

建设内容：项目主要新添国产设备：90 度裁断机 1 套、钢丝压延冷喂料挤出机 2 台、轮胎一次法成型机 2 套、硫化机 11 台、三鼓成型机工艺改造 11 台、门尼黏度仪 1 台；对部分压出线喷淋系统改造，内衬层电器系统改造、新硫化机传送带系统完善、公用工程设备若干套；新添引进测试设备：硫变仪 1 台（中国台湾）、强度试验机 1 台（美国）。通过以上建设，达到全钢丝载重轮胎新增产能 25 万条/年。

建设布局：项目建于载重轮胎分厂内。

2005 年 7 月，该项目开工建设。2006 年 6 月，项目建成。项目总投资 7 983.44 万元。

八、巨型全钢丝工程子午线轮胎技术改造

2009 年 5 月 4 日，双钱集团巨型全钢丝工程子午线轮胎技术改造项目由上海市经济委员会备案；8 月 10 日，上海市经信委批复项目资金申请报告。2009 年 11 月 6 日，国家发展和改革委员会下达资金计划。2012 年 10 月 18 日，上海市经信委批复项目总投资调整到 43 687 万元。

根据《上海市经济信息化委　市财政局〈关于下达上海市 2009 年重点技术改造项目专项资金计划（国家重点技术改造地方配套专项）〉的通知》有关精神，该项目获中央财政资金 2 000 万元，上海市地方配套资金 2 000 万元，其中上海市地方配套资金于 2010 年 2 月 5 日到达该项目资金专户；中央财政资金 2 000 万元于 2013 年 9 月 22 日到达该项目资金专户。项目建设其余资金为企业自筹解决。

建设内容：主要是为巨型全钢丝工程子午线轮胎生产配置相关工艺设备 54 台，产能规模为 7 000 条/年巨型全钢丝子午线轮胎。

项目布局：项目建于双钱集团载重轮胎分公司内。

项目设计单位为中国化学工业桂林工程公司，上海华谊集团建设有限公司、上海海怡建设集团有限公司、上海普宏建设集团有限公司、东豪迈机械科技股份有限公司、软控股份有限公司、天津赛象科技股份有限公司等单位参与项目建设，监理单位为上海化工工程监理有限公司和上海机电工业工程监理有限公司。

2009 年 4 月，该项目开工建设。2013 年 7 月，项目建成，包括已完成动力站的土建及安装工程，并通过质量竣工验收；相关工艺设备全部安装调试完成，并开始生产部分巨型载重工程胎。2013 年 7 月 3 日，投入试生产。2014 年 8 月 28 日，该项目通过竣工验收。项目总投资 40 796.81 万元。

项目环保、消防、职业卫生、规划、档案、质监备案等各单项验收工作全部完成。

通过巨型全钢丝工程子午线轮胎技术改造项目，研制开发出 2700R49、3700R57、3600R51、3300R51、45/65R45、4000R57 六种巨型载重工程胎规格。截至 2013 年年底，生产巨型工程胎 2700R49 规格轮胎 190 条。

九、50万条/年高性能全钢丝载重子午线轮胎(二期)

建设内容：项目在利用原上海轮胎橡胶(集团)如皋有限公司一期项目的土建和公用工程设施基础上,增添必要的工艺设备,以达到新增50万条/年载重子午线轮胎的产能。

项目布局：项目建在江苏省如皋市上海轮胎橡胶(集团)如皋有限公司内。

项目主要设计单位为北京橡院兴业化工工程有限公司,主要监理单位是上海化工工程监理有限公司,主要施工单位为江苏建兴建工集团有限公司、南通三建集团有限公司、南通六建建设集团有限公司、上海海怡建设发展有限公司等单位。

2005年7月,该项目开工建设。2006年9月,项目建成;10月8日,投入试生产;11月6日,通过竣工验收。项目总投资30 867.49万元。

2005年11月5日、2006年4月8日和5月10日,如皋市公安消防大队分别对项目中的主要消防工程签发消防专项验收合格意见书。2006年10月8日,项目通过江苏省环境保护厅验收;10月10日,项目通过如皋市安全生产监督管理局验收。

十、新增10万条/年全钢丝工程子午线轮胎(三期)

2006年7月8日,上海轮胎橡胶(集团)如皋有限公司新增10万条/年全钢丝工程子午线轮胎和炼胶车间技术改造项目(三期)开工建设。

建设内容：项目利用原有的上海轮胎橡胶(集团)如皋有限公司一期、二期厂房及公用工程,同时新增炼胶车间,增添一些工艺设备,达到新增10万条/年全钢工程子午线轮胎产能。

项目布局：项目建于江苏省如皋市上海轮胎橡胶(集团)如皋有限公司内。

昊华工程有限公司是项目主要设计单位,上海化工工程监理有限公司是主要监理单位,江苏建兴建工集团有限公司、南通三建集团有限公司、南通六建建设集团有限公司、上海海怡建设发展有限公司、无锡市恒星电气设备有限公司、上海华谊集团建设有限公司等施工单位参与该项目建设。

2007年7月8日,该项目通过如皋安全生产监督管理局验收;8月6日,经江苏省环境保护局核准,项目投入试生产,试生产期为3个月;8月20日,如皋市公安消防大队签发消防专项验收合格意见书;10月16日,项目通过竣工验收。2008年4月10日,项目环保设施通过南通市环保局的验收。项目总投资额60 088.79万元。

十一、新增70万条/年全钢丝子午线轮胎技术改造

建设内容：上海轮胎橡胶(集团)如皋有限公司新增70万条/年全钢丝子午线轮胎技术改造项目,主要是利用原有的厂房建筑以及公用工程配套能力,在原有的厂房中增添相关的工艺设备,达到新增70万条/年全钢丝子午线轮胎产能。

项目布局：项目建于江苏省如皋市上海轮胎橡胶(集团)如皋有限公司内。

项目主要设计单位为昊华工程有限公司以及中国化学工业桂林工程公司,主要监理单位为上海化工工程监理有限公司,江苏建兴建工集团有限公司、南通三建集团有限公司、南通六建建设集团有

限公司、上海海怡建设发展有限公司、苏州鑫昊钢结构工程有限公司等施工单位参与项目建设。

2007年10月，该项目开工建设。2008年10月，项目建成；12月25日，项目通过竣工验收。项目总投资35 701.19万元。

2008年11月11日，如皋市环境保护局核准该项目污染防治措施达到环评审批要求。2009年1月7日，如皋市公安消防大队签发消防验收合格意见书；4月23日，如皋市环保局组织市环境监察大队及所属中队、市环境监测站及江苏省如皋经济开发区管委会对该项目进行环保竣工验收，同意该项目通过验收。

十二、30万条/年高性能全钢丝载重子午线轮胎技术改造

建设内容：双钱集团（江苏）轮胎有限公司（简称"江苏轮胎公司"）年产30万条高性能全钢丝载重子午线轮胎技术改造项目主要是利用原有的厂房及公用工程设施，增添部分工艺设备，达到新增30万条/年高性能全钢丝载重子午线轮胎产能。

项目布局：项目建于江苏省如皋市双钱集团（江苏）轮胎有限公司内。

设计单位为昊华工程有限公司，监理单位为上海化工工程监理有限公司，主要施工单位为江苏建兴建工集团有限公司、江苏南通三建集团有限公司、上海海怡建设发展有限公司等。主要设备采购商为天津赛象科技股份有限公司、福建华橡自控技术股份有限公司、桂林橡胶机械厂、上海橡胶机械一厂有限公司等。

2010年4月25日，该项目开工建设。2012年4月30日，土建工程竣工并交付使用；8月29日，项目投入试生产；12月31日，项目通过竣工验收。项目总投资6948.05万元。

2012年11月20日，项目环保设施通过如皋市环保局验收。2013年12月31日，如皋市公安消防大队签发消防验收合格意见书。

十三、50万条/年高性能全钢丝子午线载重轮胎技术改造

双钱集团（重庆）轮胎有限公司在原有一期项目的基础上，于2011年开始建设新增年产50万条高性能全钢丝子午线载重轮胎项目。

建设内容：在原有年产120万条高性能全钢丝子午线载重轮胎基础上递增50万条的产能。

项目布局：项目建于双钱集团（重庆）轮胎有限公司内。

项目主要设计单位为中国化学工业桂林工程有限公司，主要监理单位为重庆赛迪工程咨询有限公司，重庆文虎建筑工程有限公司、上海金宝建筑工程有限公司、上海海怡建设（集团）有限公司、上海华谊集团建设有限公司、青岛软控机电工程有限公司、桂林橡胶机械厂、福建华橡自控技术股份有限公司、天津赛象科技股份有限公司等参与项目建设。项目工程审价单位为上海沪港建设咨询有限公司及上海四海建设工程造价咨询监理有限公司。

2011年6月，该项目开工建设。2012年5月，项目建成；6月，项目投入试生产；10月，产品质量及设备状况均已达到要求，实现在原有年产120万条高性能全钢丝子午线载重轮胎基础上递增50万条的产能目标。项目总投资22 334.02万元。

2013年12月9日，项目通过重庆市大足区公安消防支队的消防验收。2014年4月2日，项目环保设施通过重庆市环境保护局的竣工验收。

十四、30万条/年高性能全钢丝子午线载重轮胎技术改造

建设内容：项目利用双钱集团（重庆）轮胎有限公司原有厂房及公用工程设施配置，在原有生产厂房中增添相关的工艺设备，达到新增30万条/年高性能全钢丝子午线载重轮胎的产能。

项目布局：项目建于双钱集团（重庆）轮胎有限公司内。

该项目主要设计单位为中国化学工业桂林工程有限公司，重庆正东建筑安装工程有限公司、上海海怡建设（集团）有限公司、上海华谊集团建设有限公司等单位参与项目建设。

2012年7月8日，该项目第一台设备开始安装。2013年6月，主要工艺设备安装和调试结束；6月19—22日，项目生产装置进行运行能力测试，实现在原有年产170万条高性能全钢丝子午线载重轮胎基础上新增30万条的产能目标；7月26日，项目完成中间交接。项目总投资11 289.49万元。

十五、双钱轮胎历年项目投入运行情况

1993—2013年，江苏轮胎公司产品产量及质量合格率、安徽轮胎公司主要产品产量、重庆轮胎公司主要经济指标、双钱载重轮胎分公司产品产量等情况见下表：

表 7-2-2 2005—2013 年江苏轮胎公司产品产量及质量合格率统计情况表

序号	年份	产量						合格率	
		硫化产量（条）		合格品（条）		废副品（条）		全钢胎（%）	工程胎（%）
		全钢胎	工程胎	全钢胎	工程胎	全钢胎	工程胎		
1	2005	185 383	1 480	183 588		1 795		99.03	
2	2006	730 212	36 597	724 927	35 621	5 285	976	99.28	97.33
3	2007	1 271 978	32 721	1 264 289	32 377	7 689	344	99.40	98.95
4	2008	1 751 391	26 659	1 741 991	26 405	9 400	254	99.46	99.05
5	2009	2 225 293	19 655	2 215 865	19 532	9 248	123	99.58	99.37
6	2010	2 393 852	25 225	2 385 072	25 077	8 780	148	99.63	99.41
7	2011	2 455 858	48 215	2 447 786	47 860	8 072	355	99.67	99.26
8	2012	2 480 453	55 729	2 473 165	55 369	7 288	360	99.71	99.35
9	2013	2 339 972	47 924	2 332 733	47 474	7 239	450	99.69	99.06

表 7-2-3 2012—2013 年安徽轮胎公司主要产品产量情况表

序号	主要产品	2012 年产量（万条）	2013 年产量（万条）	比上年增长（%）
1	155/65R13 73T R29	1.39	4.46	220.86
2	165/70R13 79T R699	6.13	35.32	476.18
3	165/70R14 81T R699	1.83	10.90	495.63

〔续表〕

序号	主 要 产 品	2012年产量(万条)	2013年产量(万条)	比上年增长(%)
4	175/65R14 82T R699	1.00	4.06	306.00
5	175/70R14 84T R29	1.58	4.38	177.22
6	LT 185R14C 102/100Q CR18	0.01	3.69	36 800.00
7	185/60R14 82H R29	3.76	4.35	15.69
8	185/60R14 82H R699	5.52	14.91	170.11
9	185/65R15 88H R29	0.80	3.02	277.50
10	195/60R14 86H R29	2.56	4.56	78.13
11	195/60R14 86H R699	0.14	10.73	7 564.29
12	195/60R15 88H R29	3.16	3.37	6.64
13	205/55R16 91V R30	0.91	8.28	809.89

表7-2-4 2008—2013年重庆轮胎公司主要经济指标情况表

年份	产量(万条)	产值(亿元)	销售收入(亿元)	利润(亿元)	利税总额(亿元)
2008	—	—	—	−0.16	−0.16
2009	21.15	2.22	2.00	−0.66	−0.63
2010	97.90	11.65	12.16	−0.58	−0.50
2011	117.79	15.59	16.56	−0.56	−1.12
2012	144.32	20.27	18.57	0.51	1.27
2013	162.65	21.53	18.34	0.75	1.51

表7-2-5 1993—2013年双钱载重轮胎分公司产品产量统计情况表

年 份	产量(万条)	产值(亿元)	销售量(万条)	备 注
1993	37.51	—	—	
1994	45.50	5.20	—	
1995	62.50	6.77	—	
1996	58.58	6.96	—	
1997	73.50	8.26	—	
1998	82.00	9.59		1—11月统计
1999	90.51	11.07		1—11月统计
2000	93.85	11.19		
2001	106.50	12.30	113.18	
2002	140.59	16.50	—	

〔续表〕

年　份	产量(万条)	产值(亿元)	销售量(万条)	备　注
2003	153.14	18.19	151.77	1—11月统计
2004	203.00	21.31	203.00	1—11月统计
2005	227.76	24.40	222.51	1—11月统计
2007	257.62	—	255.10	1—11月统计
2008	225.13	—	—	1—10月统计
2009	255.00	—	—	
2010	226.45	—	—	1—10月统计
2011	261.89	—	—	
2012	221.04	—	—	
2013	179.96	—	—	

第三节　氯碱及氟化工项目

一、3万吨/年聚氯乙烯粒料(含1万吨/年混合料)

1992年12月20日,上海市化工局同意上海氯碱总厂建设3万吨/年聚氯乙烯粒料(含1万吨/年混合料)项目。

建设内容：3万吨/年多品种聚氯乙烯装置,包括2万吨/年聚氯乙烯粒料4条生产线和1万吨/年聚氯乙烯粉料2条生产线。

项目布局：项目建于景东路以东,北大道以南、中大道以北范围内；征拔土地面积2.8万平方米,建筑面积14 557平方米。

项目由上海工程化学设计院负责设计,上海陆海化学工程公司负责施工与安装。

1993年3月23日,该项目动工。1995年7月,项目建成,其中2万吨/年聚氯乙烯粒料4条生产线于1994年7月建成,投入试生产；1万吨/年聚氯乙烯粉料2条生产线于1995年7月建成,投入试生产。1997年12月,项目通过竣工验收。项目总投资7 690.59万元。

二、10万吨/年离子膜烧碱技术改造(吴泾)

1995年12月27日,上海化工控股(集团)公司(简称"化工控股公司")批复同意氯碱公司上报的"10万吨/年离子膜烧碱技术改造项目"项目建议书(含可行性研究报告)。1996年10月31日,化工控股公司批准项目的初步设计。

建设内容：在氯碱公司电化厂10万吨/年金属阳极隔膜碱的基础上进行技术改造,完成10万吨/年离子膜烧碱技术改造项目,使原有的装置达到年产10万吨离子膜烧碱(F2)的设计能力,F2型电解槽使用日本旭硝子的技术。

项目布局：项目建于上海市徐汇区龙吴路4800号氯碱公司电化厂区内。项目占地面积18 275

平方米,建筑面积 11 397 平方米。

项目主要工程量:道路 2 800 平方米,界区内铺张面 1 200 平方米;安装各类化工设备 253 台(其中进口设备 156 台)、安装电器设备 163 台(其中进口设备 18 台)、高低压开关屏 73 台、DCS 控制中心系统柜 19 台、化工仪表 662 台(其中进口仪表 588 台);一次显示仪表 930 台;安装各类动力、控制电缆 59 630 米(其中高压电缆 6 200 米)、各类工艺管道 30 835 米、控制信号电缆 90 950 米。

项目由上海工程化学设计院负责设计、上海化工建筑公司承担施工、上海化工安装公司承担安装、上海化工工程技术咨询监理公司负责工程监理。

1996 年 11 月 20 日,该项目开始土建施工。1997 年 12 月 29 日,项目投料试生产一次成功,产出第一批合格产品。1999 年 6 月 30 日,项目通过竣工验收。项目总投资 33 906 万元。

三、10 万吨/年聚氯乙烯技术改造

1995 年 11 月 5 日,化二局分别批复同意氯碱公司上报的《氧氯化反应器技术改造项目建议书》(含《可行性研究报告》)、《二氯乙烷分离技术改造项目建议书》(含《可行性研究报告》)、《精制单元技术改造项目建议书》(含《可行性研究报告》)、《聚合系统技术改造项目建议书》(含《可行性研究报告》)、《汽提系统技术改造项目建议书》(含《可行性研究报告》)、《离心系统技术改造项目建议书》(含《可行性研究报告》)、《干燥系统技术改造项目建议书》(含《可行性研究报告》)。上述项目的初步设计分别在 1996 年 7 月 10 日、10 月 3 日、10 月 21 日和 10 月 24 日获化工控股公司批准。

建设内容:在原来 20 万吨/年聚氯乙烯及 20 万吨/年氯乙烯项目的各装置、单元基础上通过技术改造,实现增产 10 万吨/年聚氯乙烯的目标。

项目布局:项目建于上海市闵行区龙吴路 4747 号氯碱公司聚氯乙烯厂区的西面,紧靠原生产装置,西至虹梅南路,相配套水、电、气装置在原各装置的基础上扩建。项目占地面积 9 955 平方米。

项目主要工程量:生产外管 4 650 米,工艺设备 510 台(套),仪表设备 978 台(套),电气设备 156 台(套)。

项目由上海工程化学设计院负责设计、中国化学工程第六建设公司承担施工和安装、上海申峰工程建设监理有限公司负责工程监理。

1996 年 9 月 28 日,该项目开工打桩。1998 年 3 月 11 日,项目建成,并投料试运行。2002 年 1 月 17 日,项目通过验收。项目总投资 64 168.82 万元。

四、5 万吨/年离子膜烧碱技术改造

2001 年 3 月 7 日,上海市经济委员会分别批复同意氯碱公司上报的氯碱公司电化厂液氯、盐水及配套系统改造项目建议书(含可行性研究报告)和 F2 型离子膜装置技术改造项目建议书(含可行性研究报告);8 月 27 日,华谊集团批准项目的初步设计。

建设内容:在氯碱公司电化厂 10 万吨/年离子膜烧碱项目的基础上填平补齐,进行技术改造,完善 1997 年完成的 10 万吨/年离子膜烧碱项目,使原有的装置达到年产 15 万吨/年离子膜烧碱的设计能力。

项目布局:项目建于上海市闵行区龙吴路 4800 号氯碱公司电化厂区内。结合原装置进行布置:28 台(套)电解槽在电化厂现 F2 电解厂房内、3 套滤波装置在原滤波厂房内、2 套澄清桶在盐水

车间、2套盐泥压滤装置在原压滤厂房北侧、2套氯气冷凝机组在原冷凝机组东侧、1套开利冷水机组在液氯包装厂房东侧。项目占地面积近3 000平方米,总建筑面积360平方米。

项目主要工程量:设备总数120台(套),其中引进设备30台(套)、工艺设备56台(套)、仪表设备36台(套)、电气设备28台(套)。

项目由上海工程化学设计院负责设计(F2型电解槽使用日本旭硝子的技术),上海华谊集团建设有限公司承担施工和安装,上海申峰工程建设监理有限公司负责工程监理,上海市建设工程质量监督总站对项目的各个单元工程进行质量评定。

2001年5月,该项目桩基施工;8月,项目土建施工。2002年4月,项目建成,完成中间交接;5月9日,投料试运行;12月13日,项目通过验收。项目总投资9 011.89万元。

五、7万吨/年聚氯乙烯专用树脂技术改造

氯碱公司新增7万吨/年聚氯乙烯专用树脂技术改造项目是第四批国债专项资金项目。2000年9月,由国家经济贸易委员会、国家发展计划委员会计划立项。2002年2月27日,国家经济贸易委员会批准项目的可行性研究报告。2002年4月26日,上海市经济委员会批准项目的初步设计。

建设内容:氯乙烯装置新增10万吨/年(其中商品3万吨/年)、聚氯乙烯装置新增7万吨/年。

项目布局:项目建于上海市闵行区龙吴路4747号氯碱公司电化厂聚氯乙烯厂内。新增24个单体建筑,总建筑面积为10 942平方米。

氯乙烯装置主要工程量有:(1)直接氯化系统:反应器采用规整填料,尾气送回收装置,进行二次氯化,回收原料乙烯。(2)氧氯化系统:采用贫氧法工艺,降低循环气中的氧含量。(3)EDC系统:增设原料EDC的脱水装置。(4)自控:采用DCS控制系统。

聚氯乙烯装置主要工程量有:(1)聚合系统:引进日本专利技术、不增加聚合釜,采用热水加料等措施,提高釜的生产强度增产。(2)汽提系统:引进日本专利技术,改造原汽提塔和新建一套汽提系统。(3)离心干燥和包装系统:配套新增装置,引进离心机等部分关键设备。(4)自控:改造和新建DCS系统。

项目由上海工程化工设计院有限公司负责设计,上海华谊集团建设有限公司、中国化学工程第四建设公司、上海工业设备安装有限公司承担施工和安装,上海申峰工程建设监理有限公司负责工程监理,上海市建筑业管理办公室对项目工程进行验收。

2002年5月8日,该项目开工建设。2005年6月30日,项目建成。2009年12月21日,项目通过竣工验收。项目总投资71 261.31万元。

六、4万吨/年糊状聚氯乙烯技术改造

2005年4月5日,华谊集团批复同意氯碱公司上报的《"4万吨/年聚氯乙烯糊树脂技术改造项目"项目建议书》。2006年1月18日,华谊集团批复同意氯碱公司上报的该项目可行性研究报告;3月27日,上海化学工业区管理委员会批复同意该项目的初步设计。

建设内容:新增一套4万吨/年聚氯乙烯糊树脂生产装置,扩建循环水、冷冻水、外管廊、一级废水处理等公用和环保设施;改建或搬迁助剂冷库、化学品库、辅助原料仓库、浴室、酸碱槽等生产生活设施;拆除锅炉房、干煤棚、灰场等设施。

项目布局：项目建于上海化工区州工路358号上海化工区B3地块原上海天原化工有限公司内。用地面积约8.6万平方米，总建筑面积3.88万平方米，新增建筑面积1.42万平方米。

项目主要工程量：安装各种设备421台，安装完成工艺管道72 820英寸。

项目由上海工程化学设计院有限公司负责设计，上海广厦（集团）有限公司、中国化学工程第十四建设公司、上海欣鼎安装工程有限公司、浙江中设集团建设有限公司、上海兆泾机械设备有限公司、上海国立化工有限公司负责施工和安装，上海申峰工程建设监理有限公司负责监理。上海化学工业区建设工程质量监督站负责工程监督。

2006年1月10日，该项目开工建设。2007年3月15日，项目完成中间交接；4月26日，装置建成。项目总投资19 987万元。

七、15万吨/年烧碱技术改造（华胜二期）

2006年10月20日，华谊集团批复同意《关于上报"关于上海天原集团华胜化工有限公司15万吨/年烧碱技术改造项目建议书"的请示》。2007年4月20日，华谊集团批准该项目的可行性研究报告；9月24日，上海化学工业区管理委员会批准该项目的可行性研究报告；11月8日，上海化学工业区管理委员会批准该项目初步设计。

建设内容：建设一条设计能力15万吨/年，最大能力18万吨/年的烧碱生产线。

项目布局：项目建于上海化工区C1-1-1和C2-1地块上的华胜公司一期预留用地内。项目占地面积28.14，建筑面积11 107平方米，新建筑面积10 744平方米。

项目主要工作量：一次和二次盐水单元、电解整流单元、淡盐水脱氯单元、氯气处理和氯气液化单元、氢气处理和压缩单元、碱蒸发以及盐酸处理等生产单元，另外包括220千伏总降站、烧碱变电所、循环水站、计量站以及厂区和厂间的管道等配套设施。

项目工艺部分由上海工程化学设计院有限公司负责设计，上海市第五建筑有限公司、东方建设集团有限公司、上海华谊集团建设有限公司、上海市安装工程有限公司承担施工和安装，上海申峰工程建设监理有限公司和上海协同工程监理造价咨询有限公司负责工程监理。220千伏总降站工程由上海电力设计院有限公司总承包，上海市电力工程建设监理有限公司负责工程监理。上海化学工业区建设工程质量监督站负责工程监督。

2007年6月28日，该项目开工建设。2008年10月，项目建成。2009年3月18日，装置投入试生产，在对装置性能满负荷的考核中，装置性能和指标均达到设计要求。2011年9月20日，项目通过竣工验收。项目总投资52 174.56万元。

八、16万吨/年氯三次循环利用技术改造（华胜三期）

2010年1月27日，华谊集团批复同意《关于上海氯碱化工股份有限公司16万吨/年氯三次循环利用技术改造项目可行性研究报告的请示》。2010年7月15日和2010年9月10日，华谊集团和上海化学工业区管理委员会分别批准该项目初步设计。该项目申请到国家关于重点产业振兴和技术改造（第三批）专项资金4 800万元和市级资金配套额度4 800万元。

建设内容：扩建一套18万吨/年离子膜烧碱装置，扩建一套36万吨/年二氯乙烷装置

项目布局：项目建于上海化工区C2和C1-1-3地块华胜公司预留用地内。总占地面积9.5

万平方米,建筑面积15 933平方米。

项目主要工程量:桩基施工53 838米,钢筋绑扎4 470吨,砼浇筑2.78万立方米,钢结构制作1 812吨,工艺及辅助设备安装522台,仪表设备安装1 494台/套,电气设备安装288台/套,地下管道9 171米/达因,地上管道207 333米/达因,动力控制电缆232 114米。

项目工艺部分由上海工程化学设计院有限公司负责设计,上海华谊集团建设有限公司、上海市安装工程有限公司、上海广厦(集团)有限公司承担施工与安装,上海申峰工程建设监理有限公司、上海协同工程监理造价咨询有限公司和上海市电力工程建设监理有限公司负责工程监理。上海化学工业区建设工程质量监督站负责工程监督。

2011年2月,该项目开工建设。2012年1月5日,完成中间交接;4月23日,烧碱通电运行;5月18日,对离子膜电解槽进行72小时性能考核,初期性能指标达到技术附件要求;5月24日,二氯乙烷装置进行72小时考核,工艺指标达到设计要求。2015年3月6日,项目通过竣工验收。项目总投资81 151万元。

九、1 000吨/年氟橡胶

1999年年初,由上海市经济委员会科技处向国家经济贸易委员会技术装备司上报1 000吨/年氟橡胶工业化试验项目;8月,国家经济贸易委员会技术装备司将该项目列为1999年国家重点技术创新项目。2000年1月,上海市经济委员会与三爱富公司签订《项目合同书》。

该项目分国家技术创新计划1 000吨/年氟橡胶工业性试验项目和上海市技术改造项目1 000吨/年氟橡胶配套单体及公用工程技术改造项目两部分。第一部分1 000吨/年氟橡胶工业性试验项目由国家经济贸易委员会办公厅于1999年6月批准和通知,项目投资4 000万元,项目以1 000吨/年氟橡胶工业试验装置和以氟橡胶加工应用研究为主的技术开发大楼为主体,配以少量水、电、气及公用工程。第二部分1 000吨/年氟橡胶配套单体及公用工程技术改造项目投资5 000万元,该项目以800吨/年偏氟乙烯生产装置和600吨/年六氟丙烯生产装置为主体工程,配以部分公用工程及"二废"处理建设。

1999年12月,完成1 000吨/年氟橡胶工业性试验项目可行性研究报告,由上海工程化学设计院编制。2000年2月16日,华谊集团批复同意。

2000年4月,完成1 000吨/年氟橡胶工业性试验项目初步设计。

2000年1—12月,完成六氟丙烯多管串联和分段加热的裂解反应试验装置建设、条件试验和优化工艺参数处理。通过实际物料运行试验,证实反应器的可行性和易放大的优点,获得可供施工图设计的全套技术参数。

1999年9月—2000年12月,完成用HCFC-142b在多管串联和分段加热工业化裂解反应器内一步法热裂解脱氯化氢制偏氟乙烯单体的工业化试验,获得可供施工图设计的全套技术参数。

1999年9月—2002年12月,完成改善低温性能氟橡胶材料研究,研制成功的耐低温性能好的氟橡胶FEM2401-360除具有较好的耐低温性外,还兼具良好的耐溶剂性,通过国家经贸委军品配套处组织的专家验收,产品成功用于神舟五号飞船的发射,获中国载人航天工程办公室颁发的奖状。

2000年12月,完成1 000吨/年氟橡胶工业性试验项目施工(图)设计。

建设内容:主要包括600吨/年六氟丙烯制造装置,800吨/年偏氟乙烯制造装置,1 000吨/年氟橡胶制造装置配建的科学技术开发大楼,以及相关的公用工程。

项目布局:项目建于三爱富公司内。

项目由上海工程化学设计院负责设计,上海化工工程监理有限公司承担监理,上海市建七公司、中国化工建设总公司第四化建公司负责土建和设备安装。

2001年1—6月,该项目完成施工前期准备,包括审图、施工许可证、招投标、设备采购和定制等。2001年7月—2002年6月,完成主体工程和配套公用工程的土建施工和设备安装。2001年6月—2002年12月,进行六氟丙烯副产品八氟异丁烯甲醇吸收液综合利用(氧化法)制六氟丙酮的试验,确定生产流程。2002年8月,完成试运行前准备;8月26日,投料试运行。2002年9月—2003年5月,投入试生产,完成部分工艺、设备和配套公用工程的整改。

"1 000吨/年氟橡胶工业性试验项目"和"1 000吨/年氟橡胶配套单体及公用工程技术改造项目"总投资11 580.01万元。

1 000吨/年氟橡胶工业生产装置,不仅生产氟橡胶,还为另一化工新材料聚偏氟乙烯提供优质单体。氟橡胶成为三爱富公司的主要支柱产品之一。

十、5 000吨/年聚四氟乙烯装置技术改造和公用工程改造

5 000吨/年聚四氟乙烯装置技术改造和聚四氟乙烯公用工程改造项目是在原三爱富公司氟厂生产装置内进行技术改造和扩建项目。改建后的生产装置所需的公用工程配套改造由三爱富公司根据氟厂的现有情况和天原集团电化厂的配套能力进行改造。

2002年9月30日,三爱富公司向华谊集团请示"聚四氟乙烯装置技术改造项目";11月20日,华谊集团批复同意四氟乙烯从2 500吨/年扩大至5 500吨/年、聚四氟乙烯从2 300吨/年扩大至5 000吨/年。

2003年3月,完成《聚四氟乙烯装置技术改造项目可行性研究报告》;4月18日,三爱富公司请示上报《可行性研究报告》;4月25日,华谊集团批复同意。

2003年7月底,三爱富公司氟厂停产;8月25日,该项目开工建设;10月8日,项目建成;12月18日,投料生产。2004年10月5日,项目通过环保验收。2005年7月,项目通过竣工验收。

项目改造后生产装置分为四氟乙烯装置和聚四氟乙烯装置。四氟乙烯装置裂解部分产能5 500吨/年(原有2 500吨/年保留),精馏部分产能5 500吨/年(原有2 500吨/年拆除);聚四氟乙烯装置5 000吨/年(原有2 300吨/年保留)。

产品为聚四氟乙烯悬浮中粒度2 700吨/年(包括原有1 120吨/年);聚四氟乙烯F级细料600吨/年(包括原有400吨/年);聚四氟乙烯E级细料400吨/年;聚四氟乙烯造粒料300吨/年;聚四氟乙烯预烧结料500吨/年(包括原有300吨/年);聚四氟乙烯高压分散树脂300吨/年(包括原有300吨/年);聚四氟乙烯低压分散乳液200吨/年(包括原有180吨/年)。合计为5 000吨/年。

建设内容:在原有2 500吨/年四氟乙烯裂解基础上,利用原F22生产厂房(拆除原有的F22生产装置)扩建3 000吨/年四氟乙烯裂解;利用原F22生产厂房扩建5 500吨/年四氟乙烯精馏装置,改扩建后形成5 500吨/年四氟乙烯产能。在原有2 300吨/年聚合后处理装置基础上,改扩建2 700吨/年聚四氟乙烯生产装置,改扩建后形成5 000吨/年聚四氟乙烯产能。

项目布局:项目建于氯碱公司电化厂内,工厂道路与电化厂整体相通,公用工程系统除冷冻、循环水以外均依托氯碱公司电化厂。该项目属技术改造项目,新增建筑面积1 051平方米。

四氟乙烯单体系统工程和公用工程由上海工程化学设计院负责设计,由中国化学工程第十一建设公司、上海通强设备安装有限公司、浙江嵊州建筑公司第十分公司等承担施工任务。聚合、后处理系统工程由三爱富公司设计室负责设计,由上海实事华工工程技术有限公司、上海巨鼎机电设备安装有限公司、上海陆海化学工程有限公司和苏州华晨洁净空调技术有限公司等等承担施工任务。上海环亚工程技术咨询监理公司承担项目施工监理。

2003年1月27日,该项目成立工程项目指挥部;3月24日,土建施工;7月26日,氟化学品停产,项目进入设备安装施工阶段;11月10日,安装工程结束,具备单机试运行条件;11月30日,完成中间交接;12月18日,投料试生产;12月20日,产出第一批合格产品。

工程建设安装投资2 138.83万元,新增设备投资4 282.09万元,待摊投资1 939.36万元,工程新增投资财务决算金额8 360.23万元。

2003年12月,产出FR10、FR104、FR202、FR103和FR 301产品76.38吨,并对原始数据进行进一步摸索和整合,产能日趋正常。2004年,5 000吨/年聚四氟乙烯装置在产能、单耗、环保、安全上均达到设计要求,设备运行正常,聚四氟乙烯产量5 069吨,产能达到设计能力的101.4%,产品合格率100%。生产装置技术改造、公用工程改造及进口设备总投资7 669万元。

第四节 精细化工项目

一、6万吨/年丙烯酸改建

2004年1月2日,《6万吨/年丙烯酸改建项目(包括丙烯酸氧化反应器改造和丙烯酸配套设施改造)可行性研究报告》获上海市经济委员会批复同意。

该项目工程建设实际发生的资金32 245.79万元。

建设内容:主要装置为丙烯氧化制丙烯酸单元,丙烯酸提纯单元。主要设备为反应器3台、塔4台、压缩机2台、混合器3台、换热器28台、贮槽17台、机泵62台、其他设备14台(套),设备总数为133台(套)。氧化反应器框架、氧化框架为3层钢筋砼框架,提纯框架为4层钢筋砼框架,DCS控制室利用老厂房。

项目布局:项目建于上海华谊丙烯酸有限公司(简称"丙烯酸公司")原丙烯酸丁酯装置内。

项目设计于2005年5月由上海工程化学设计院有限公司中标承担,项目的勘察单位由上海岩土工程勘察设计研究院(甲级资质)承担,项目的施工单位由上海华谊集团建设有限公司(施工总承包一级资质)、中国化学工程第三建设公司、上海浦高建筑安装工程公司、上海协安建筑安装工程公司、上海东方电力安装工程公司、第一海洋地质工程公司、中国化学工程第六建设公司、上海浦东申益综合经营服务部等承担,项目的监理单位由上海化工工程监理有限公司(甲级资质)承担,项目的审价单位由上海审建工程造价咨询有限公司(甲级资质)承担。

2004年9月30日,该项目开工建设。2005年2月15日,项目完成桩基工程;6月15日,项目主框架砼梁、柱施工完成;12月28日,项目反应器、塔等设备安装。2006年3月1日,单机试运行;3月28日,完成装置中间交接;4月17日,项目投料生产。2007年10月22日,该项目通过竣工验收。

2006年12月25日,该项目(丙烯酸氧化反应器、丙烯酸提纯精制装置、丙烯酸废水废气处理装置、丙烯酸配套设施)的环境保护设施通过上海市环境保护局竣工验收;12月27日,上海市消防局批复:该工程符合国家相关规范、地方标准和消防局审核要求。2007年9月19日,该项目安全设施通过上海市安全生产监督管理局竣工验收。

2007年,该项目完工后,丙烯酸实际产能6.55万吨/年、丙烯酸丁酯实际产能6.36万吨/年。

二、3万吨/年乙二醛

上海华谊集团上硫化工有限公司(原上海硫酸厂)与复旦大学共同组建"上硫复旦有机催化工程研究中心",进行产学研联合攻关,开发以改性的电解银为催化剂,由乙二醇常压气相催化氧化合成后制得规格40%低色度乙二醛。1997年,建设1 200吨/年中试装置,中试产品质量达到国外同类产品的先进水平,完成新产品技术鉴定。1998年,扩增5 000吨/年生产装置;2000年,又将5 000吨/年生产装置扩产至1万吨/年;2002年,再建造一套1万吨/年生产装置,产能约2万余吨/年。

2004年7月,上海硫酸厂整体改制为上海华谊集团上硫化工有限公司(简称"上硫公司"),通过产品结构调整,决定建设一套乙二醛生产装置(当时世界单套产能最大装置为德国巴斯夫2.5万吨/年生产装置)满足市场需求。2005年4月20日,上硫公司向华谊集团上报《关于乙二醛项目建议书》;5月18日,华谊集团批复同意。

建设内容:建设一套3万吨/年40%低酸度乙二醛生产装置。

项目布局:项目装置建于原上海硫酸厂1995年硫磺制酸改造后停用的硫铁矿预处理工场内。装置布局以南北道路为轴线,东面布置主厂厂房、风机房、吸收塔和中间贮库等设施,西面布置控制室、变电站、循环水池及绿花等。辅助设施利用上硫公司原有设施为主,新建建筑面积1 856平方米。

项目由上海工程化学设计院有限公司设计,上海华谊集团建设有限公司承包建设工程施工和设备安装,上海化工工程监理有限公司、上海申峰工程建设监理有限公司负责工程项目监理。

2006年3月,该项目开工建设;9月16日,设备、管道、电气、仪表等安装完成;9月25日,投入试生产。2007年3月,投入生产。通过考核及专业单位测试,各项技术经济指标达设计要求,质量达国外同类产品。项目总投资5 061.83万元。

三、6万吨/年丙烯酸及下游配套装置技术改造

2008年4月10日,上海市经济委员会同意上海华谊丙烯酸有限公司6万吨/年丙烯酸及下游配套装置技术改造项目备案。

建设内容:建设一套6万吨/年丙烯酸生产装置、4 500吨/年丙烯酸羟基酯生产装置和2万吨/年高吸水性树脂(SAP)生产装置,并对相应的变配电和DCS控制系统进行改扩建,增加8 000立方米冷却循环水系统。

项目布局:项目建于上海市浦东北路2031号丙烯酸公司内。

项目设计于2008年3月13日由上海工程化学设计院有限公司中标承担,项目监理于2009年4月27日由上海化工工程监理有限公司中标承担,项目施工于2009年4月28日由上海华谊集团建设有限公司中标承担。

2008年2月15日,该项目完成桩基工程。2009年3月24日,现场第一台设备(C5230精制塔)进行吊装;6月7日,第一氧化反应器R5101吊装和第二氧化反应器R5102吊装;9月10日,项目完

成中间交接；10月3日，投料试生产；10月6日，投料生产，产出合格产品。

2009年10月10日，该项目工程消防通过上海市消防局竣工验收。2010年3月16日，项目安全设施通过上海市安全生产监督管理局竣工验收；3月26日，项目通过上海市卫生局竣工验收；5月25日，项目环保设施通过上海市环境保护局竣工验收。项目总投资30 460.3万元。

四、华谊试剂精细化工孵化基地

2008年下半年，为满足美国杜邦公司需求，上海试四赫维化工有限公司（简称"试四赫维公司"）全资子公司——上海试四化学品有限公司（简称"试四公司"）借用上海华原化工有限公司（简称"华原公司"）的厂房，新建QCC64产品、KC190产品和DBC80产品的中试规模生产装置；是年年底，分别试产成功。2010年，月产36吨LK190产品和年产600吨LDB80产品大生产装置建成投产。2012年，试四公司抓紧建设公司生产基地，LK190产品、LDB80产品和YQC64产品大生产装置建成投产成功后，产品规模生产的效益凸显。

建设规模：300吨/年QCC64产品、300吨/年KC190产品、600吨/年DBC80产品及冷冻机房、废水处理装置等部分公用工程设施。建设周期为2008年9月—2011年12月。

建设地点：金山第二工业区B4、B5地块（华原公司），占地面积48 721.5平方米，总租赁厂房16 672平方米。

一期实验型装置建设总投资2 200万元。租用华原公司1 800平方米厂房，建设QCC64产品、KC190产品和DBC80产品等3套实验装置。2008年9月，开工建设；12月，投入生产。

二期装置建设总投资6 500万元。租用华原公司5 000平方米厂房，建设300吨/年KC-190产品和600吨/年DBC-80产品等2套装置。2009年6月，开工建设。2010年2月和6月，先后投入生产。

三期装置建设总投资4 200万元。建设并租用华原公司5 000平方米厂房；建设1套300吨/年QCC-64产品装置。2011年5月，开工建设。2012年1月，项目建成；2月，投料试运行。

四期危化品调整配套建设（即金山项目）总投资为3 600万元。租用华原公司工程塑料厂房约3 000平方米，启动公司宝山区部分危险化学品搬迁。2012年1月10日—10月30日，在金山第二工业区上海华谊精细化工基地，启动5 000平方米厂房基建与配套设施建设；宝山区公司的QCC64、KC190、DBC80、WSP56装置分步有序迁入金山基地；同时启动金山新的5 000平方米厂房项目建设申报和其他厂房租赁手续。

第五节 其 他 项 目

一、码头扩建工程（华胜码头二期）

2009年9月14日，华谊集团批复同意《氯碱公司（上海化工区）码头扩建工程（华胜专用码头二期）项目的可行性研究报告》；11月2日，上海市发展和改革委员会（简称"上海市发改委"）批复核准该项目申请报告；11月30日，上海化学工业区管理委员会转发上海市发改委的批复。2010年5月18日和7月16日，上海市交通运输和港口管理局和华谊集团分别批复同意该项目的初步设计。

建设内容：码头扩建部分新增设计通过能力为550万吨/年（已投运的3号、5号、7号、8号泊位通过能力为257.7万吨/年,不含4号和6号泊位)。

项目布局:该项目位于杭州湾北岸上海化工区内。扩建码头布置在已建码头西侧水域,即沿已建码头前沿线向西延伸498米。

项目主要实物工程量:(1)水工工程:扩建长度498米,内、外两侧靠船(外侧布置1个3万吨级和1个2万吨级液体化工泊位,内侧布置4个3000吨级化工泊位)码头1座。(2)土建工程:扩建长662米、宽9米引桥;2号消控楼建造、消防泵房及控制室加层与改造等。(3)安装工程:各类管道,含管道系统运行控制设备;配套建设管廊、装卸工艺设备、配电间、控制室及水手间等。(4)港池疏浚工程:码头内外侧泊位停泊水域及调头区,工程量607 167.8方。

项目由中交第三航务工程勘察设计院有限公司设计,中交第三航务工程局有限公司承担施工,上海海科工程监理所负责工程监理,上海港建设工程安全质量监督站负责工程质量监督和核验。

2010年10月15日,该项目开工建设。2012年5月31日,项目建成;6月12日,投入试运行。2013年12月30日,投入生产;12月30日,该项目通过上海市交通运输和港口管理局竣工验收。项目总投资31 297.94万元。

二、上海天原化工厂"三废"迁建治理工程

1995年10月26日,化二控股公司批复同意上海天原化工厂"三废"搬迁总体方案。

1998年7月3日和8月24日,上海市经济委员会和上海市计划委员会分别批复同意《上海天原化工厂"三废"搬迁项目建议书》。天原厂将该厂主要的生产装置10万吨/年离子膜烧碱装置撤迁至上海化工区,占地12.69万平方米,新建建筑面积2.27万平方米,项目投资59 731万元,其中外汇2 093万美元,于2000年底建成投产(项目未实施,该投资费用后来用于氯碱公司华胜化工厂的建设费用)。5 000吨/年钠法漂粉精装置迁入氯碱公司电化厂,占地面积3 400平方米,建筑面积5 000平方米,项目投资2 754万元,于2001年建成投产。1.3万吨/年糊状树脂和1万吨/年特种树脂装置迁至氯碱公司聚氯乙烯厂西侧沈家塘(后更改为迁至上海化工区),并将糊状树脂装置产能扩建到2万吨/年;占地面积5.46万平方米,新建建筑面积1.5万平方米,项目投资15 845万元,其中外汇165万美元;该项工程于2001年建成。上述3个迁建项目总投资为78 330万元,其中含外汇2 258万美元,2.35亿元由上海市和企业通过"三废"治理的优惠政策和工厂原址土地置换收益等筹措解决,其余5.48亿元由国家发展计划委员会在第二批国家预算内专项资金中安排落实。

1999年5月11日和2000年3月8日,上海市经济委员会分别批复同意上海天原化工厂《〈2万吨/年糊状聚氯乙烯装置"三废"搬迁建治理工程可行性研究报告〉的请示》《〈5 000吨/年漂粉精装置"三废"搬迁建治理工程可行性研究报告〉的请示》《〈2万吨/年特种聚氯乙烯装置"三废"搬迁建治理工程可行性研究报告〉的请示》。1999年6月21日,上海市建设委员会批复同意上海天原化工厂《糊状树脂装置"三废"迁建治理工程初步设计》《特种聚氯乙烯装置"三废"迁建治理工程初步设计》。1999年7月12日,华谊集团批复同意上海天原化工厂《漂粉精装置"三废"迁建治理工程初步设计》。

1999年6月30日,位于上海化工区的上海天原(集团)天原化工厂有限公司举行奠基仪式,标志着上海天原化工厂搬迁启动,该迁建工程,被列为2000年度上海市重大工程、实事项目,并且确定"总量控制、结构调整、技术先进、保护环境、注重效益"的迁建原则。2000年2月28日,上海天原

化工厂停产迁建;12月,该厂完成从天山路搬迁至上海化工区的任务。

建设内容:在上海化工区迁建2万吨/年糊状聚氯乙烯装置和2万吨/年特种聚氯乙烯装置,该聚氯乙烯装置不增加上海天原化工厂生产规模,不再生产普遍悬浮法聚氯乙烯产品,而生产有市场、有质量、有效益的糊状树脂、特种树脂产品;在技术上彻底摒弃电石法聚氯乙烯工艺路线,采用较先进的乙烯法工艺路线,使"三废"绝大部分消除在生产过程中。在氯碱公司电化厂迁建5 000吨/年漂粉精装置。

工程布局:2万吨/年糊状聚氯乙烯装置和2万吨/年特种聚氯乙烯装置位于上海化工区友谊路东侧,B3地块西南角,占地面积86 044平方米,建筑总面积27 183平方米。5 000吨/年漂粉精装置位于氯碱公司电化厂内,占地面积3 800平方米,建筑总面积4 035平方米。

项目由上海工程化学设计院设计,聚氯乙烯工程由上海建工(集团)总公司施工总承包、漂粉精工程由上海华谊集团建设有限公司施工总承包,上海化工工程技术咨询监理公司承担糊状聚氯乙烯生产装置及其他公用配套工程的施工监理、上海申峰工程建设监理有限公司承担特种聚氯乙烯生产装置的施工监理,漂粉精工程由上海申峰工程建设监理有限公司承担施工监理。工程经上海市质监站质量检查评定,聚氯乙烯工程和漂粉精工程合格率均为100%。

迁建至上海化工区的4万吨/年聚氯乙烯装置(2万吨/年糊状聚氯乙烯装置和2万吨/年特种聚氯乙烯),是上海化工区第一个开工建设的化工项目。1999年8月28日,开工打桩;10月28日,土建开工。2000年3月15日,开始设备安装;10月31日,完成中间交接;12月18日,项目建成,投入试生产;12月28日,产出首批合格的聚氯乙烯树脂。

迁建至吴泾地区的5 000吨/年漂粉精装置,1999年3月15日,开工打桩;8月15日,开始设备安装。2000年1月30日,建成投入试生产;3月10日,投入生产;11月30日,工程完成中间交接;12月18日,产出合格产品。

2001年5月和6月,分别对4万吨/年聚氯乙烯和5 000吨/年漂粉精装置组织生产达标考核,产品产量、质量、消耗达到设计指标要求。

表7-2-6 1991—2013年华谊集团投资3000万以上技术改造项目情况表

序号	项目单位	项目名称	性质	投资额（万元）	立项日期	开工日期	竣工日期	投产日期	项目所在地	备注
1	上海橡胶制品公司	桑车配套胶管，动密封件国产化技术改造	技术改造	15 474.50	1992年	1992年12月	1993年11月	1993年11月	上川路1500号	
2	上海化工厂	聚脂薄膜产品质量产量技术改造	技术改造	4 288	1992年7月25日	1993年8月	1994年9月	1994年9月	杨树浦路1578号	
3	上海华谊丙烯酸有限公司	增添氧化反应器关键建设备技术改造	技术改造	6 976	2003年6月3日	2003年6月18日	2004年6月18日	2004年7月4日	上海浦东	
4	上海焦化有限公司	一氧化碳增产改造	技术改造	3 064.88	2006年9月29日	2006年12月	2007年6月	—	闵行区龙吴路4280号	
5	上海华谊丙烯酸有限公司	6万吨/年丙烯酸丁酯和6 000吨/年丙烯醛技术改造	技术改造	4 800	2007年11月27日	2009年5月22日	2009年9月10日	2009年10月3日	上海浦东	
6	上海天原集团胜德塑料有限公司	通用全球采购技术改造	技术改造	3 918.10	2008年1月14日	2008年3月	2009年7月	2009年7月	上海吴泾龙吴路4747号	
7	上海太平洋化工（集团）有限公司吴泾化工总厂	大型合成氨改造国产化工程	技术改造	96 337	2001年	2003年1月	2004年4月29日	2004年4月5日	龙吴路4600号	
8	上海华谊集团华原化工有限公司	1.2万吨/年环保型涂料添加剂生产装置技术改造	技术改造	3 334	2011年4月19日	2011年8月9日	2012年6月28日	2013年7月15日	金山华通路200号	
9	淮安元明粉有限公司	能量系统优化	技术改造	8 922	2012年11月16日	2013年6月	—	—	江苏省淮安市赵集镇	

第三章　上海化工区前期建设

第一节　规　划　筹　备

20世纪70年代,化工局规划发展石油化工。

1975年9月,上海市化工局漕泾化工区筹建指挥部成立。位于上海市奉贤区柘林公路南边海滩(1977年4月缓建,是年撤销)。

自20世纪80年代以来,中国经济持续高速增长,石化产品市场需求增长很快。统计表明,1990—2000年,中国的乙烯消费量年均增长15.5%,合成树脂年均增长20.9%,合成纤维年均增长15.9%。

化工局通过沿长江出海口和杭州湾的一些滩涂和港口的考察,并与华东师范大学地理系和上海市经济委员会组织的专家分别在1987年、1993年作两个研究报告。1987—1988年,上海市计划委员会、上海市科学技术委员会(简称"上海市科委")组织专家对上海化工布局进行研究(上海市科委课题"上海化学工业合理布局研究"),在对杭州湾北岸的漕泾、星火、芦潮港进行比较后提出漕泾化工新基地的研究方案。1988年4月,完成研究课题,该课题还获"1987年度上海市科技进步三等奖"。1993年4月,上海市市长黄菊会见日本前首相海部俊树,海部俊树提出,日本是靠发展重化工带动经济腾飞的。黄菊要求上海市经济委员会组织专家进行"上海重化工(化学工业)发展战略研究"课题,课题研究结果是开辟化工新基地——漕泾基地;此课题研究结果也符合1984年制定的上海市城市发展总体规划的要求。

1994年10月,《上海重化工(化学工业部份)发展战略研究》完稿。

1994年12月7日,上海市化工局漕泾开发领导小组成立。

1994年12月,上海市规划局批复《上海浦东临海工业区(漕泾—柘林)控制性详细规划》,规划性质为以石油化工为主的综合性工业区。

1995年11月2日,上海天原化工厂与英国ICI公司在合资建设10万吨/年二苯基甲烷二异氰酸酯意向书上签字;是年年底,上海天原化工厂搬迁至漕泾立项。

1996年4月29日,化工控股公司抽调张培璋、吴省藩、顾振立等15人参加上海化工区建设,并成立以张培璋为组长的上海化工控股(集团)公司筹备组。

1996年5月30日,化工部部长顾秀莲视察漕泾并题词"开发漕泾　加快化学工业发展"。

1996年6月5日,上海市副市长华建敏在上海焦化总厂听取化工控股公司领导关于开发漕泾的总体思路,并作指示。

1996年6月13日,中国石油化工(集团)公司(简称"中国石化")、上海市政府和浙江省政府《关于申请建设上海石化60万吨/年乙烯工程报告》报国家计划委员会,确定"一个依托(上海石化)、三个带动(带动上海、浙江、高桥石化的发展)、四点布置(上海石化、上海漕泾、高桥石化和浙江白沙湾)"的原则。

1996年7月17日,上海市计划委员会主任韩正召开"开发临海工业区市长办公会议预备会";7月30日,华建敏副市长在化工设计院现场办公,提出"三个后墙不倒",即在漕泾建设化学工业基地事宜、9月份的围海造地工程开工、1998年4月完成围海造地工程。

1996年8月12日,上海市政府第54次常务会议通过在金山县、奉贤县交界处杭州湾北岸建立"上海化学工业区"的决定。在"漕泾—柘林"地区开发"以石油化工为主"的综合工业区,并定名为"上海化学工业区"。同时决定,由上海化工控股(集团)公司作为投资主体,负责上海化工区的开发建设。8月9日,上海化学工业区工程建设指挥部成立,并开始实施工业区围海造地工程,进入项目建设阶段。

1996年8月30日,上海化学工业区发展有限公司成立;9月25日,上海化学工业区开发领导小组成立暨第一次会议召开。领导小组下设领导小组办公室,办公室的日常事务由管理委员会负责。

上海化学工业区发展有限公司为上海化工区开发建设的责任主体。它是由中央企业和地方企业共同组建的多元投资企业,公司资本总额23.7亿元。6家股东单位分别是:中国石化上海石油化工股份有限公司(简称"上海石化")、上海化工控股(集团)公司、上海高桥石油化工有限公司、上海工业投资(集团)有限公司、上海久事公司、上海国际株式会社。上海化学工业区发展有限公司具体承担上海化工区的开发建设和基础设施的管理,承担招商引资和为落户于上海化工区内的企业、机构提供服务。

1997年6月10日,中共上海市委书记黄菊、市长徐匡迪等赴漕泾视察,并发表重要讲话。黄菊指出:"上海化学工业区的确定和建设是一件大事。一个特大型的工业城市和经济中心,必须要有一定规模的石油化工深加工产业支撑。上海一定要抓紧建设高精尖的、有生命力的、面向21世纪的石油深加工产业,使之成为上海经济发展新的增长点。希望大家高度重视化学工业区的开发建设,努力拼搏,把化学工业区的开发建设一步一步推向前进"。

1998年,上海化工区主体项目包括:属于65万吨乙烯项目的有3项,一是25万吨/年烧碱项目;二是上海烧碱及聚氯乙烯项目;三是20万吨/年苯酚丙酮项目。还有16万吨/年二苯基甲烷二异氰酸酯项目和13万吨/年甲苯二异氰酸酯项目。上海天原化工厂(简称"天原厂")搬迁分两步走:第一步先将2万吨/年糊状树脂和2万吨/年特种树脂生产搬迁到化二区,1999年6月开工建设,2000年建成,同时将漂粉精产品生产搬迁到位于吴泾的电化厂;第二步是在2001年开始建设25万吨/年烧碱项目,与MTC项目同步,天原厂原10万吨/年烧碱于2003年停产,原产能由电化厂填平补齐。聚氯乙烯项目,选择的合作伙伴为日本的旭硝子公司和伊藤忠公司。20万吨/年苯酚丙酮项目由原来与韩国锦湖集团合资改为上海宝钢、高桥石化和华谊集团三方合资建设。与主体项目密切相关的配套公用工程项目准备工作进展顺利,一是上海化工区热电联供项目和工业气体项目,其中热电联供工程项目包括蒸汽670吨,电19.2万千瓦,由上海化学工业区发展有限公司与上海申能股份有限公司、比利时动力集团公司联合筹建;二是工业气体工程项目,包括工艺空气9 500标准立方米/小时、仪表空气1.2万标准立方米/小时,由上海化学工业区发展有限公司与法国液化空气公司、美国普莱克斯气体公司联合筹建;三是上海化工区码头仓储项目,包括2.5万吨2个泊位、20万立方米仓储,这一工程由上海化学工业区发展有限公司与荷兰PATANK公司联合筹建。1999年10月12日,华谊集团和上海石化举行合作意向签字仪式,联合重组"上海化学工业区发展有限公司",共同开发建设上海化工区。上海市政府把注入上海化学工业区发展有限公司的土地使用权出让金9.46亿元中的6.46亿元划拨给华谊集团以增加出资额,余下的3亿元作为上海石化的出资。按照《意向书》第二条规定,甲、乙双方将以同样数量资金对上海化学工业区发展有限公司进行投资。由于华谊集团在上海化工区的投资额为2.62亿元,上海市政府将土地使用权出让金6.46亿元注入后,总投资达9.08亿元。上海石化在上海市政府注入土地使用权出让金3亿元后,投入现金资本6.08亿元达到股比1:1的要求。

1999年12月28日,中国石化上海石油化工股份有限公司、上海高桥石油化工有限公司和上海华谊(集团)公司、上海久事公司、上海工业投资(集团)有限公司共同签署《上海化学工业区发展有限公司增加股东扩大注册资本协议书》,重组后的上海化学工业区发展有限公司揭牌。它是由中央企业和地方企业共同组建的多元投资企业,公司为国有控股有限责任公司,注册资本23.7亿元,上海石化和华谊集团各出资注册资本的38.26%,为公司的最大股东,为上海化工区开发建设的责任主体。

上海化工区的开发建设始于1996年9月28日,是一个以"石油化工为主"的综合性工业区,它的开发建设是上海产业结构调整和环境整治的战略举措,它以外向型、高起点与跨世纪和"持续、快速、安全、健康"为发展目标,其开发建设与石油化工支柱产业发展、引进高新技术发展清洁工艺、土地资源综合利用、引进国外资本、当地工业经济发展相结合。

上海化工区的规划坚持"技术等级高、出口创汇高、经济效益高、'三废'污染少、物质消耗少、运输量小"为原则,大力发展石化深加工和后加工产品。与此同时,对其实行一次规划、分步实施,公用工程统一筹划,先行开发,反应性装置相对集中的合理布局,充分体现"科、工、贸、金融"相结合的综合功能。

上海化工区的平面布局呈三个层次、六条线系列,"三个层次"即:新围垦的滩涂地(滩涂前沿至"86堤")规划安排"重化工"项目,中间区域("86堤"至"68堤")规划精细化工和后加工项目,北端区域("68堤"至沪杭公路南侧)贸易、银行、海关、公司管理等机构、科研中心以及装备、检修等辅助机构。"六条线系列"即:石油化工系列产品,煤化工系列产品,天然气系列产品,精细化工系列产品,高附加值的综合性工业项目,经营、贸易、生活服务等配套系列。

上海化工区主要生产六大系列产品:石油化工深加工和天然气化工系列产品、光气衍生系列产品、精细化工产品、高分子材料加工产品、综合性深加工产品、高科技生物医药产品。

上海化工区一期工程(2000—2010年)先期开发16平方公里,区内总投资1 500亿元,其中,第一阶段到2005年,投资600亿~800亿元,建成三大系列产品,即石油化工深加工产品、异氰酸酯系列产品、聚碳酸酯系列产品;第二阶段到2010年,再投资700亿~900亿元。二期工程重点发展合成新材料、精细化工等石油化工项目。

上海化工区产品的开发生产流程采取垂直整合和"一体化"相结合的模式,吸收先进的生产技术,引进科学的管理方法,通过对区内产品项目、公用辅助、物流传输、环境保护和管理服务的整合,做到专业集成、投资集中、效益集约,建成国际一流以石油化工和天然气化工为基础、整体和谐、功能完备的石油化工及其深加工基地;其中五个"一体化"体征是:(1)由石脑油、乙烯等上游产品与异氰酸酯、聚碳酸酯等中游产品以及精细化工、合成材料等下游产品形成一个完整的产品链。(2)为区域内各化工装置配套的一体化公用工程。(3)为区域内各类企业服务的一体化基础设施。(4)海运、公路、铁路、河道一体化的物流配送体系。(5)化工产品生产区域内环保、生态、绿化和生活一体化协调。

上海化工区位于杭州湾北岸,规划面积29.4平方公里,是"十五"期间中国投资规模最大的工业项目之一,第一期项目总投资1 500亿元,是中国改革开放以来第一个以石油和精细化工为主的专业开发区。

表7-3-1　1996年上海化学工业区编制的规划及执行情况表

规划名称	背景	审批	备注
上海化学工业区开发规划纲要（1996年9月）	公司刚成立，即将开始围海造地	上海投资咨询公司组织专家评审通过（1997年2月）	在1996年11月、1997年12月和1999年1月做3次修改。1999年2月又对二期产品作细化
关于对上海化工区外围配套工程规划	公司获工程用地规划许可证	上海市规划委员会批复（1998年11月）	上海市政府承诺区外配套工程由政府出资建设
上海化工区总体规划（1999年4月）	上海市领导小组第三次会议要求		规划提出开发时序
上海化工区控制性详细规划		上海市规划局批复（1999年6月）	
上海化工区总图设计方案	上海化工区内市政建设即将开工	上海市规划局批复（2000年6月）	
上海化工区总体发展规划	上海市领导小组第五次会议要求	国家有关部委听取汇报（2001年3月）国家计委批复（2002年2月）	上海化工区的规划面积从23.4平方公里扩大到29.4平方公里
规划优化	上海市领导小组第六次会议要求	上海化学工业区管理委员会组织审议（2002年4月）	由Bayer、BECHTEL、ERM对总体规划进行优化咨询
上海化工区产业布局总体规划（2004年3月）	发展公司开始新一轮的围海造地，对新围6平方公里需做出安排		
创建循环经济工业示范园区		上海市发展与改革委员会、市经济委员会、市环保局文（2004年4月）	上海化工区初具规模，部分公用工程已竣工，主体项目开工
上海化工区西部发展区控制性详细规划	为开发西部，接纳炼化项目准备	上海市规划局批复（2006年9月）	

第二节　围海造地

1996年7月17日，上海市计划委员会主任韩正主持召开"开发临海工业区市长办公室会议预备会"，讨论在漕泾建设上海化学工业基地事宜。

1996年7月30日，"上海临海化工区市长办公会议"召开，出席会议的有上海市副市长华建敏、上海市政府副秘书长兼市计划委员会主任韩正、上海市建设委员会主任张惠民、上海市经济委员会副主任符卫国和各相关委办局的领导以及化工控股公司董事长俞德雄、总裁高均芳、漕泾工程筹备组组长张培璋、金山县副县长姚元熙、奉贤县副县长刘正贤等。华建敏副市长在会上指出："对上海生产力布局来说，漕泾一定要上去，我们考虑'九五'计划和2010年纲要时发现，上海经济东西热，南北冷，北面的崇明、南面的杭州湾，包括金山、奉贤，经济没有很好发展，这锅水没有烧热，更不要说烧开。为整个上海同步均衡的发展，漕泾这步棋一定要走好。从环保角度讲，临海化工区的开发是治理中心城区环境的重要战略性动作。在中心城区与居民楼犬牙交错的地方发展化工这条路不能再走下去。所以开发临海工业区是跨世纪的工程,是化工产业结构调整的战略部署,是上海生产力布局的重大战略性决策,也是上海整治环境的战略性转移。"

1996年8月13日,化工控股公司委托南京河海大学开展围堤断面模型试验、丁坝群防冲半体整体物理模型试验;8月22日,上海投资咨询公司召开"围海造地工程可行性研究报告专家评估会"。

上海化工区在设计前请南京水利学院的专家进行防浪墙的设计。大堤设计是用200年一遇的风力来校验的,其抗风能力达12级台风。大堤以两级消浪平台设计,第二级消浪平台高达6.75米,堤身高达9米。此外大堤设计的抗震能力达抵抗7级地震,以保证堤内投资万无一失。

1996年9月2日,化工控股公司《关于上海化工区围海造地项目的选址报告》:根据上海城市总体规划的要求,结合上海化学工业布局和产品结构的调整以及60万吨/年乙烯工程的布点,在杭州湾北岸漕泾至柘林一带建立上海化工区,整个上海化工区规划用地约20平方公里,其中围垦滩涂地西起金山县九二塘东丁堤头部,东至奉贤县南竹港水闸外河西侧。

1996年9月3日,化工控股公司《关于新建上海化工区其中围海造地工程要求议标的请示》:在漕泾至柘林20平方公里新建一个化工区,其中围海造地约10平方公里。为及早做好开工前期的一切准备工作,若按正常程序进行招标已无法确保1996年9月份开工,为此委托上海市化学化工学会技术咨询服务部(甲级)按议标方式确定招投标工作。该围海造地工程,围滩涂面积9.77平方公里,围堤总长度8 141米,吹填土813万立方米,总投资6.24亿元,其中工程部分3.5亿元。

1996年9月18日,围海造地工程决标会举行。

1996年9月16日,化工控股公司《关于上报上海化学工业区围海造地项目初步设计的请示》:上海化工区采用围海造地,顺堤布置在1米高程线上,计6.3公里,西起金山县漕泾九二塘东丁堤头部,东至奉贤县柘林南竹港水闸外河西侧。围堤全长8 017米,造地面积9.71平方公里。围海造地工程总投资72 371万元,其中工程费用40 636万元,其他费用20 076万元,预留费5 228万元,建设期贷款利息6 430万元。上海市工商银行贷款70%,其余自筹。

1996年9月26日,漕泾化工区围海造地工程试抛石,围海造地工程启动;9月28日,举行开工典礼,上海化工区工程建设围海造地工程第一块石块抛入大海。

1996年9月28日,化工控股公司《关于上海化学工业区围海造地工程堤线布置补充说明的报告》:1996年9月19日,上海港务局港政处邀请上海市有关委、办、局召开一次"围堤堤线走向与杭州湾北岸水域规划驳岸线之间关系"的协调会,会议要求水利设计院补充顺堤位置完全重合于驳岸规划线的方案进行比较。比较方案的东西侧堤位置与初步设计推荐方案相同。沿规划驳岸线滩地高程分布如下:-4米至-1米为850米,-1米至1米为5 400米。规划线方案与初步设计推荐方案相比,面积增加71万平方米,而投资增加25 127万元。增加面积的单位投资353.85元/平方米。

滩涂围垦,一般要求滩涂的海拔距吴淞标高3米以上,如果不足3米标高,就要采用种植芦苇等植物的方法进行促淤或者采用抛石方法来促淤,而且还得经过多年的落潮流沙来增淤,这样既可保证质量也可节约工程成本。金山"石化城"的低滩围垦造地,曾先后用10年时间,分6次完成;然而,上海化工区建设时间刻不容缓,一些传统的方法都不能采用在标高仅0米、部分地段距吴淞标高为-1.5米的海滩进行大面积的围海造地,此举在国内围垦史上属首创。

围海造地工程是上海化工区开发建设的首项工程和基础工程,也是1996年度上海市重大工程项目;1997年,继续被列为上海市重大工程项目。工程要求在1年半时间内,通过围海造地,新建一个10平方公里的人工半岛,与原有的荒滩联结在一起,围建成一个占地面积达20平方公里的上海化学工业最大的新基地。华谊集团采用工程投资包干的形式,将工程委托给上海市水利局承建。通过工程招标,上海市水利工程公司、宝冶特种工程公司、中国石化工程公司成立"集团军"负责施工;化工、宏波、东华3家监理公司负责工程监理。工程施工时间紧迫,工程量大,施工条件复杂,还要遭受台风、潮汛的侵袭。因施工需要,在施工期间需将原海塘浆砌石防浪墙的七处开口合龙,为确保施工期间的防汛安全,会同现场指挥部采取保护措施确保海塘的安全,做到万无一失。

1997年2月4日,宝冶特种工程公司施工队抢筑大堤6号龙口6.3公里长的挡潮大堤第一个龙口成功合龙;3月18日,围海造地大堤1、2、3号龙口成功合龙;4月底,完成主堤6米高程,确保工程的顺利进展。通过计算,光主堤工程用36 464吨水泥,1 696吨钢材,1 273立方米木材,497 256立方米土工布,523 302吨块石,72 681吨黄沙,219 147吨碎石。12月底,完成主堤9米高程,6米平台全线贯通,6米平台以下的栅栏板全部完成,围区内开始第二次吹泥,堤顶挡浪墙基础开始施工。

至1998年4月底,上海化工区围海造地工程完工。整个大堤长8.1公里,大堤前沿的护滩宽25米。作为机构保护工程的大堤斜坡有两级,第一级3.5米,由灌砌块石和水泥浇筑的栅栏板组成;第二级6米,由干砌块石和栅栏板组成。堤顶道路宽9.05米,可以由两辆汽车并驾齐驱。两道平台与两级斜坡和1.3米高的防汛墙起消浪护堤的作用。而近4万个翼型体则分3层整齐地排列在大堤前沿,成为守护大堤的重要排头兵;大堤的下面是设计者专门安排的72座丁坝。6月19日,主堤、隔堤等8个工程单位经上海市质监总站质量检验通过验收,从而转入主体建设项目的推进阶段。

表7-3-2 1998年上海化学工业区围海造地工程所用材料量情况表

序号	工程项目或名称	水泥(吨)	钢材(吨)	木材(立方米)	土工布(平方米)	块石(吨)	黄沙(吨)	碎石(吨)
1	临时排水口	476	24	14	—			
2	主堤工程	36 464	1 696	1 273	494 256	523 602	72 681	219 147
3	龙口加强				222 900	12 854		
4	堤顶道路	1 654	11	13			4 099	4 018
5	隔堤工程	2 184	15	17	78 282	55 573		
6	丁坝	—	—	—	311 522	102 175		
7	延伸段加固	1 193	187	53	4 666	2 108	2 533	7 172
	合计	41 971	1 933	1 370	1 114 626	696 312	84 726	314 671

表7-3-3 1998年上海化学工业区围海造地工程量情况表

序号	工程项目或名称	混凝土(立方米)	抛石(立方米)	砌石(立方米)	碎石(立方米)	吹填土(立方米)	充泥灌袋(立方米)	土工布(立方米)
1	围内吹填土	—	—	—	—	9 301 600	—	
2	临时排水口	1 258	198	929	339			
3	主堤工程	93 554	263 271	55 972	59 255	4 865 906	1 165 589	403 249

〔续表〕

序号	工程项目或名称	混凝土（立方米）	抛石（立方米）	砌石（立方米）	碎石（立方米）	吹填土（立方米）	充泥灌袋（立方米）	土工布（立方米）
4	龙口加强	—	—	—	—	—	—	171 460
5	堤顶道路	5 450	—	—	—	—	—	—
6	隔堤工程	7 197	—	25 986	10 547	—	157 445	66 341
7	丁坝	—	43 542	—	—	—	—	239 632
8	延伸段加固	3 133	1 306	—	—	—	—	—
	合计	110 502	306 921	84 193	70 141	14 167 506	132 334	880 682

第三节 前期建设概要

2001年1月6日，上海化工区一期工程在上海化工区举行开工仪式，中共中央政治局委员、国务院副总理吴邦国为上海化工区开工发来贺信；中共中央政治局委员、中共上海市委书记黄菊为上海化工区开工启动按钮，并与全国政协副主席陈锦华，国家发展计划委员会主任曾培炎，中共上海市委副书记、上海市市长徐匡迪，上海市人大常委会主任陈铁迪、上海市政协主席王力平等为上海化工区开工剪彩。开工仪式由中共上海市委常委、副市长蒋以任主持。市委常委、副市长韩正向德国拜耳公司投资项目颁发营业执照。中国石油化工股份有限公司总裁王基铭和德国拜耳公司代表在仪式上讲话。市委常委、市委秘书长宋仪侨出席开工仪式。

作为上海的一项跨世纪重大工程，上海化工区从1996年9月28日抛下围海造地第一块基石起，已发展形成6个系列的化工产品，即石油化工深加工和天然气化工系列产品、光气衍生系列产品、精细化工系列产品、高分子材料加工产品、综合性深加工项目和高科技生物医药产品。

上海化工区建设第一阶段，在2005年前投资600亿元，建成3个主体项目：由上海石化、中国石化和英美BP-Amoco公司合资建设的90万吨/年乙烯项目，总投资34亿美元，包括15个子项目，其中9个子项目2005年年中建成投产。由上海石化、高桥石化、华谊集团、天原集团、中国石化等与德国巴斯夫公司、美国亨斯曼公司合资建设的具有世界级规模的二苯基甲烷二异氰酸酯（MDI）、甲苯二异氰酸酯（TDI）生产装置，总投资10亿美元，年产16万吨MDI，13万吨TDI，2004年12月建成投产；与德国拜耳公司合资的聚碳酸酯项目及一揽子项目，总投资31亿美元，其中包括天原集团与德国拜耳公司合资建设的聚碳酸酯项目，总投资3.9亿美元，2003年建成投产；4万吨/年聚氯乙烯项目，总投资2亿元，2000年12月28日，建成投产。

同时，上海化工区还采取引进合资等办法，同步建设热电联供、工业气体、海运码头和仓储、供水和污水处理、市政配套、现代物流等一系列公用工程项目。

2001年5月28日，上海化工区自来水有限公司、物流有限公司揭牌成立；6月5日，与中国电信集团上海电信公司签订《上海化学工业区通信建设协议》；7月23日，上海化工区内市政基础设施（舒华路南端、联合路南端、天华路和神工路）提前完工，顺利通过验收；9月25日，7 000吨/日污水处理厂工程开工建设；10月18日，20吨/日自来水厂工程开工建设。

2001年11月23日，上海化学工业区管理委员会成立揭牌。上海化学工业区管理委员会是上海市人民政府派出机构，负责区内有关行政事务的归口管理工作。

第八篇
人力资源

概 述

上海华谊(集团)公司(简称"华谊集团")始终牢固树立"人力资源是第一资源"理念,坚持以人为本,实施人才强企战略,探索和创新人才工作机制,全面加强人才队伍建设,着力打造一支具有超前思维和战略眼光、适应国际国内市场竞争需要的政治素质高、职业化的经营管理者队伍;着力培育一支基础理论扎实、掌握世界科技发展动态、具有研发创新能力的技术学科带头人队伍;着力建立一批具有较高专业知识和较强实践能力、爱岗敬业、既能动脑、又能动手的高技能人才队伍,在人才发展、培养、选拔、任用、监督、管理等工作方面,积极探索、不断创新,努力营造有利于人才脱颖而出、健康成长、人尽其才的良好氛围。

提升管理理念,注重人才培养。通过运用人力资源规划、领导人员管理、专业技术人员管理、高技能人员管理、招聘及配置、培训与发展、绩效管理、薪酬福利管理等手段,做好人才培养工作。主要有:一是坚持党管干部原则,以"四好班子"建设为载体,重点突出市场应变能力、综合协调能力和解决经营管理难题能力的提升,加强领导人员队伍建设。坚持德才兼备、以德为先,坚持五湖四海、任人唯贤,坚持注重实绩、群众公认的选人用人标准,配齐配强与企业发展相适应的企业领导班子,加大竞争性选拔干部工作力度,逐步提高领导干部竞争性选拔的透明度和群众满意度;提高领导干部政治思想素质和业务水平,抓好领导干部政治素质、发展战略、职业资格、能力建设等方面培训,突出加强领导班子的思想建设、能力建设和作风建设;完善干部考核、评价和激励机制,以业绩导向为核心,把年度考核与任期考核相结合,短期激励与长期激励相结合,充分调动领导人员的积极性;通过干部上下交流、横向交流和党政交流等方式,提高干部应对复杂局面、解决实际问题的能力,丰富干部的工作阅历,激发干部的工作激情。重视年轻后备领导人员队伍选拔、培养和使用,把它作为一项紧迫的任务抓紧抓好,建立后备干部选拔培养使用的制度,有针对性、有计划地加强后备领导人员的党性修养、理论培训和实践锻炼。根据工作需要及其个人发展潜力确定培养方向,以提高后备领导人员综合能力为目标制订培养计划,落实培养措施,规范采取挂职锻炼、党性教育、职业生涯规划设计,加强对后备领导人员的市场运作能力、战略思考能力、分析判断能力和组织管理能力的培养。二是以增强核心竞争力为主线,重点突出专业化水平、解决专业技术问题能力和自主创新能力的提升,加强高层次专业技术人员队伍的建设。持续委托知名高校、知名专业培训机构及境外定向培养培训专业技术人员,开展知识更新工程,拓展国际视野,提高专业人员的专业素质、专业能力和综合能力;储备扩充专业技术人员,大量招聘高校毕业生,通过华谊博士后科研工作站招收高层次毕业生;不断探索高层次专业技术人才培养机制,把政治素质好、能刻苦钻研、积极进取、有良好的职业道德、事业心强并具有一定业务水平,有培养潜力的人员,作为企业技术带头人培养对象,落实具体带教措施,通过选拔首席人才、技术专家、科技明星、破格晋升高级职称,建立新型的用人机制,激发优秀专业技术人才的工作热情和创新创造能量;推出YHA人才培养战略,以"251"为目标培养骨干人才和梯队人才,为实施华谊集团发展战略,提升企业核心竞争力提供支撑。三是以提高技术工人的技能为核心,重点突出岗位操作能力、异常情况处理能力及总结创新能力的提升,加强高技能人才队伍的建设。依托上海化工教育培训中心、上海化工高级技术工人培训中心、上海市高技能人才培训基地,不断适应华谊集团产业结构调整、技术进步的需求,对各类技术工人和班组长进行岗位的应知应会培训,选送一批技术工人到高校定向培养提高化工基础理论水平,通过采用名师带高徒、技能比武等形式,提高岗位技能,加大中青年高级技能人才的培养,为产业结构调整培养一支专业技能较高、创新能力较强、职业道德良好、实践经验丰富的技术工人队伍。

强化人工成本管理,规范劳动用工工作。1991年起,开展劳动人事制度和内部分配制度改革;截至1995年年底,全面完成固定制职工和合同制职工签订《全员劳动合同》的相关工作。1991—1995年,贯彻按劳分配原则,企业实行不同形式的工效挂钩,股份制企业由董事会实现自控。1996年起,实行工资总量调控"工效一头总挂"(股份制企业仍执行原方案)。1999年起,根据华谊集团经济发展目标,实行全面预算要求,对人工成本进行全面控制,年初确定各子公司人工成本各项指标,每月对预算进行跟踪、分析和考核,华谊集团总体人事费用率和百元工资含量均控制在预算目标之内。2010年,按照"总量控制、结构调整、业内优先"的原则,对华谊集团人员的招聘实行管控,充分用足用好内部的人力资源,为集团范围内人员的柔性流动创造条件。

妥善安置富余员工,助力企业改革调整。在产业布局和产业结构调整过程中,对于各企业的富余人员,推进人员的市场配置和业内合理流动,创造就业岗位,拓宽员工再就业渠道,妥善安置一大批华谊集团内下岗待岗职工,依法解决和处理员工的劳动关系,为华谊集团在调整中发展、发展中调整的大局稳定提供支撑。

截至2013年年底,华谊集团员工21 685人,其中20岁以下的61人、21岁～35岁的6 447人、36岁～50岁的10 523人、51岁以上的4 654人。大专以上学历的9 621人(其中硕士以上774人)、高中中专技校8 184人、初中及以下3 880人。华谊集团有技术职称的员工5 685人,其中高级技术职称673人、中级技术职称2 665人、初级技术职称2 347人。华谊集团有技能等级的技术工人7 803人,其中高级技师174人、技师737人、高级工2 814人、中级工2 776人、初级工1 302人。

第一章 队伍结构

第一节 专业技术人员

一、文化结构

1991年,上海市化学工业局(简称"化工局")在岗专业技术人员有27 768人(其中初级以上专业技术职称的有15 229人),占在岗职工人数的19.49%。

1992—1993年,化工局大量招聘大中专学生,招聘近1 500名,在经过企业基层岗位锻炼后,进入专业技术岗位工作。

1995年,化工局在岗专业技术人员有23 568人(其中初级以上专业技术职称的有18 174人),占在岗职工人数的19.17%;1991—1995年,在岗专业技术人员人数总量下降,但占在岗职工人数的比例基本维持在18%～19.5%。

1996年,华谊集团在岗专业技术人员有20 545人(其中初级以上专业技术职称的有17 911人),其中研究生学历137人,大学本科学历3 780人,大专学历7 016人,中专学历6 067人,初高中学历3 545人。在岗专业技术人员占在岗职工人数比例达17.8%。

2000年,华谊集团实施人才战略,持续招聘应届大学生,加强对专业技术人员及高层次人才的培养,先后委托上海财经大学、复旦大学等院校举办会计专业和精细化工专业研究生课程进修班。2001年,委托浙江大学举办高分子专业研究生班。2006年,委托华东理工大学举办博士、硕士班。2008年,委托上海财经大学举办审计专业研究生班。

2005年,华谊集团在岗专业技术人员有7 983人(其中初级以上专业技术职称的有7 791人),在岗专业技术人员占在岗职工人数的比例达20.38%,其中研究生人数由2004年的117人增至191人。

2011年,华谊集团在岗专业技术人员有7 205人(其中初级以上专业技术职称的有6 133人),在岗专业技术人员占在岗职工人数比例达30%,其中研究生340人。

2013年,华谊集团拥有在岗专业技术人员7 286人(其中初级以上专业技术职称的有5 685人),占在岗职工人数的33.6%,其中研究生471人,占比在岗专业技术人员总数的9%。

二、年龄结构

1991—2013年,各企业在发展中调整,在调整中发展。在岗专业技术人员从1991年的27 768人逐年减少至2013年的7 286人,在岗专业技术人员占在岗职工人数的比例也逐年变化,但各年龄段人员占在岗专业技术人员的比例变化基本稳定,小于35岁人员约占25%,36岁～45岁人员约占35%,46岁～54岁人员约占30%,大于55岁人员约占10%。

三、专业结构

1991—2013年，化工局、上海化工控股（集团）公司（简称"化工控股公司"）和华谊集团始终对专业技术人员中的高层次人才加大培养力度。

1994年，对青年知识分子中的佼佼者，破格晋升高级职称。1995年，开设青年高级工程师的评审专场，选拔和培养一批高级工程师，使高级职称人员占专业技术人员的比例有所提升。1991年，在岗高级职称人员占在岗专业技术人员的比例为3.8%；截至2013年年底，在岗高级职称人员占在岗专业技术人员的比例上升至11.84%。

第二节　技能操作人员

一、文化结构

2005—2007年，在岗技术工人占华谊集团在岗职工的人员比例分别为49.27%、50.71%和51.2%。2009年和2010年，华谊集团进行人员结构调整，随着一般技能人员的分流，在岗技术工人占华谊集团在岗职工的人员比例为65.25%和60.36%。2011—2013年，随着新项目投入及人员补充，在岗技术工人占华谊集团在岗职工的人员比例平均在55%。

2005—2013年，华谊集团注重抓技术工人技术等级的晋升，还注重抓学历培训，在岗技术工人中的中级工以上人员，具有大专以上学历的比例逐年提高，由2005年的6%上升至2013年的24.8%；文化层次的提高，技术工人队伍素质也相应提高。

二、年龄结构

2005年，华谊集团在岗技术工人中35岁以下人员占26.29%，36岁～45岁的人员占40.72%，45岁以上人员占32.99%。2009年，在岗技术工人中35岁以下人员占21.52%，36岁～45岁的人员占37.52%，45岁以上人员占40.94%。2013年，在岗技术工人中35岁以下人员占21.57%，36岁～45岁的人员占42.95%，45岁以上人员占35.48%。

2005—2013年，除2009年和2010年外，其他年份的在岗技术工人年龄结构以哑铃状分布，呈现"梯队型"。

三、专业结构

华谊集团人力资源部会同工会，组织每两年一届的技术工人技术比武，对参加技术比武取得名列前茅名次的，直接晋升上一等级的技术等级。2005年，集团在岗高级技师65人，占在岗技术工人的比例为0.33%；在岗技师605人，占在岗技术工人的比例为3.13%。2013年，华谊集团在岗高级技师116人，占在岗技术工人的比例1.39%；在岗技师640人，占在岗技术工人的比例7.7%。

表 8-1-1　1991—2013 年华谊集团员工人数情况表　　　　单位：人

年　份	从业人员	全部职工	其　中			职工人数增减率(%)
			在岗职工	离岗职工	其他从业人员	
1991	154 345	150 761	142 469	8 292	11 876	—
1992	150 100	146 680	137 743	8 937	12 357	−2.70
1993	144 300	139 347	131 213	8 134	13 087	−5.00
1994	138 201	132 381	124 438	7 943	13 763	−5.00
1995	136 208	130 764	122 888	7 876	13 320	−1.20
1996	126 028	129 679	115 413	14 266	10 615	−0.80
1997	100 940	117 694	91 801	25 893	9 139	−9.20
1998	97 885	109 122	89 637	19 485	8 248	−7.30
1999	87 275	102 176	80 354	21 822	6 921	−6.40
2000	71 226	90 382	65 523	24 859	5 703	−11.50
2001	62 643	82 206	56 898	25 308	5 745	−9.00
2002	65 208	79 709	53 479	26 230	11 729	−3.00
2003	54 636	72 612	48 039	24 573	6 597	−8.90
2004	50 166	64 927	43 077	21 850	7 089	−10.60
2005	47 427	57 234	39 175	18 059	8 252	−11.80
2006	45 849	50 076	36 950	13 126	8 899	−12.50
2007	47 792	50 093	39 376	10 717	8 416	0
其中：外地	4 600	4 340	4 340	0	260	—
2008	45 156	46 018	37 381	8 637	7 775	−8.10
其中：外地	4 600	4 340	4 340	0	260	—
2009	39 739	41 077	34 618	6 459	5 121	−10.70
其中：外地	4 988	4 755	4 755	0	233	—
2010	31 951	31 134	26 033	5 101	5 918	−24.20
其中：外地	6 323	6 087	6 087	0	236	—
2011	29 775	27 998	24 017	3 981	5 758	−10.10
其中：外地	6 881	6 660	6 660	0	221	—
2012	29 398	26 418	24 748	1 670	4 650	−5.60
其中：外地	7 628	7 493	7 493	0	135	—
2013	25 758	23 027	21 685	1 342	4 073	−12.80
其中：外地	6 890	6 755	6 755	0	135	—

表 8-1-2　1991—2013年华谊集团在岗职工年龄结构情况表　　　　　　　　　　　　单位：人

年　份	合　计	20岁以下	21岁～35岁	36岁～50岁	51岁以上
1991	142 469	556	49 152	72 944	19 817
1992	137 743	565	46 282	71 626	19 270
1993	131 213	538	43 300	71 380	15 995
1994	124 438	510	39 820	68 939	15 169
1995	122 888	516	39 324	68 080	14 968
1996	115 413	473	37 071	63 939	13 930
1997	91 801	321	27 540	52 327	11 613
1998	89 637	323	26 891	51 093	11 330
1999	80 354	305	24 910	46 605	8 534
2000	65 523	275	19 329	40 624	5 294
2001	56 898	222	16 039	34 708	5 689
2002	53 479	181	14 361	32 810	6 127
2003	48 039	168	13 111	29 230	5 530
2004	43 077	262	11 543	26 043	5 229
2005	39 175	338	9 746	23 820	5 271
2006	36 950	611	8 978	21 779	5 582
2007	35 036	316	9 046	20 040	5 634
2008	35 036	316	9 046	20 040	5 634
2009	33 041	280	8 378	18 258	6 125
2010	25 346	158	6 823	13 192	5 173
2011	24 017	105	6 458	12 237	5 217
2012	22 426	138	6 303	11 209	4 776
2013	21 685	61	6 447	10 523	4 654

表 8-1-3　1991—2013年华谊集团在岗职工文化结构情况表　　　　　　　　　　　　单位：人

年　份	合　计	大专及以上	其中硕士及以上	高中中专技校	初中及以下
1991	142 469	18 806	230	66 106	57 557
1992	137 743	18 044	232	63 362	56 337
1993	131 213	17 451	235	59 177	54 585
1994	124 438	16 675	235	54 753	53 011
1995	122 888	16 836	237	54 071	51 982
1996	115 413	15 812	233	51 936	47 666
1997	91 801	12 944	215	40 392	38 465
1998	89 637	12 728	215	38 634	38 275

〔续表〕

年　份	合　计	大专及以上	其中硕士及以上	高中中专技校	初中及以下
1999	80 354	10 325	229	34 167	35 862
2000	65 523	10 145	220	27 860	27 518
2001	56 898	9 189	211	23 055	24 654
2002	53 479	9 381	256	21 751	22 347
2003	48 039	8 657	326	16 023	23 359
2004	43 077	8 747	379	17 861	16 469
2005	39 175	8 963	439	16 422	13 790
2006	36 950	9 147	439	15 053	12 750
2007	35 036	9 253	439	13 956	11 827
2008	33 041	9 276	472	14 558	9 207
2009	29 863	9 256	524	11 570	9 037
2010	25 346	9 328	562	9 863	6 155
2011	24 017	8 383	555	9 900	5 734
2012	22 426	9 235	595	8 580	4 611
2013	21 685	9 621	774	8 184	3 880

表 8 - 1 - 4　1991—2013 年华谊集团员工职称结构情况表　　　　　　　　　　　　　　　单位：人

年　份	合　计	高级技术职称	中级技术职称	初级技术职称
1991	15 229	1 096	4 021	10 112
1992	15 229	1 096	4 021	10 112
1993	16 476	1 027	4 504	10 945
1994	17 986	1 273	4 975	11 738
1995	18 174	1 268	5 203	11 703
1996	17 911	1 208	5 189	11 514
1997	17 408	1 230	5 803	10 375
1998	17 392	1 248	5 799	10 345
1999	14 752	1 031	5 587	8 134
2000	12 623	735	4 436	7 452
2001	12 145	711	4 165	7 269
2002	10 693	855	3 722	6 116
2003	10 347	825	3 675	5 847
2004	8 756	598	3 347	4 811
2005	7 791	602	3 172	4 062
2006	7 570	602	3 102	3 866

〔续表〕

年 份	合 计	高级技术职称	中级技术职称	初级技术职称
2007	7 227	601	3 113	3 513
2008	8 014	624	3 306	4 084
2009	8 086	877	3 525	3 684
2010	6 336	612	2 640	3 084
2011	6 133	687	2 693	2 753
2012	5 848	671	2 653	2 524
2013	5 685	673	2 665	2 347

表 8-1-5　1991—2013年华谊集团员工技能结构情况表　　　　　　　　　　单位：人

年 份	合 计	高级技师	技 师	高级工	中级工	初级工
1991	58 633	—	456	1 180	23 887	33 110
1992	60 345	—	421	1 750	24 742	33 391
1993	65 309	—	483	1 830	27 450	35 546
1994	68 366	—	609	2 021	28 372	37 303
1995	76 712	71	669	2 301	31 907	41 764
1996	78 654	74	722	2 407	32 145	43 306
1997	73 485	74	731	2 501	30 906	39 273
1998	71 397	73	736	2 520	30 772	37 296
1999	30 053	83	774	2 712	27 204	29 280
2000	41 126	79	770	2 938	19 807	16 532
2001	33 345	76	761	2 826	17 101	12 581
2002	28 456	83	752	3 571	14 607	9 443
2003	25 916	75	645	3 312	12 911	8 973
2004	20 882	72	612	3 681	10 284	6 233
2005	18 156	69	668	3 623	9 111	4 685
2006	17 064	63	719	3 795	8 773	3 709
2007	15 188	63	802	3 728	7 427	3 168
2008	13 922	50	804	3 609	6 487	2 972
2009	12 850	88	911	3 472	5 862	2 517
2010	10 358	99	882	3 155	4 463	1 759
2011	9 536	101	854	3 167	3 942	1 472
2012	8 611	151	753	2 978	3 240	1 489
2013	7 803	174	737	2 814	2 776	1 302

表 8-1-6 1991—2013 年华谊集团退休人员情况表

单位：人

年份	总人数	其中		年龄										
		男	女	59周岁以下		60—69周岁		70—79周岁		80—89周岁		90—99周岁		100周岁以上	
				男	女	男	女	男	女	男	女	男	女	男	女
1991	43 321	17 491	25 830	2 761	13 546	8 123	7 424	5 344	4 065	1 184	748	78	47	—	—
1992	44 674	18 105	26 569	2 859	13 933	8 409	7 636	5 532	4 181	1 226	770	81	48	—	—
1993	46 170	18 909	27 261	2 985	14 296	8 782	7 835	5 777	4 290	1 280	790	85	50	—	—
1994	47 877	19 806	28 071	3 127	14 721	9 199	8 068	6 051	4 418	1 341	813	89	51	—	—
1995	50 144	20 479	29 665	3 234	15 557	9 511	8 526	6 257	4 668	1 386	859	92	54	—	—
1996	52 629	21 199	31 430	3 346	16 482	9 845	9 034	6 477	4 946	1 435	911	95	57	—	—
1997	55 290	21 631	33 659	3 415	17 651	10 046	9 674	6 609	5 297	1 464	975	97	61	—	—
1998	59 422	30 325	29 097	4 787	15 290	14 018	8 363	9 265	4 579	2 053	843	136	53	—	1
1999	59 373	29 386	29 987	5 288	16 101	12 598	8 081	9 211	4 823	2 129	951	140	50	—	—
2000	62 374	30 117	32 257	6 361	17 951	11 890	8 118	9 418	5 127	2 317	992	131	68	—	1
2001	63 919	29 976	33 943	5 222	19 465	12 242	7 912	9 858	5 374	2 485	1 103	169	88	—	1
2002	69 739	31 343	38 396	5 214	21 574	11 974	8 368	11 014	6 836	2 934	1 500	205	117	2	1
2003	72 032	31 397	40 635	5 627	23 720	11 230	7 833	11 100	7 272	3 241	1 682	199	127	—	2
2004	74 104	32 214	41 890	5 819	24 557	11 366	7 932	11 547	7 423	3 243	1 849	239	127	—	—
2005	75 737	32 474	43 263	6 061	25 440	11 097	8 151	11 443	7 537	3 591	1 993	281	139	1	3
2006	72 703	31 890	40 813	6 992	23 924	10 493	7 984	10 412	7 045	3 690	2 195	301	163	2	2
2007	76 463	32 174	44 289	5 928	25 951	11 342	8 728	10 648	7 072	3 931	2 367	323	167	2	4
2008	77 214	32 634	44 580	5 256	25 103	12 173	9 478	10 485	7 046	4 293	2 721	425	229	2	3
2009	79 075	33 739	45 336	5 158	24 869	12 994	10 120	10 488	6 924	4 615	3 132	461	274	6	7
2010	79 116	34 197	44 919	4 868	23 312	13 805	11 015	10 136	6 816	4 902	3 479	479	292	7	5
2011	79 703	34 363	45 310	4 785	22 307	1 723	11 600	10 158	7 056	5 226	3 905	537	334	10	8
2012	79 542	34 482	45 060	5 037	21 305	14 045	12 390	9 289	6 737	5 484	4 242	619	378	8	8
2013	76 854	32 694	44 160	3 908	18 695	13 417	13 935	9 099	6 612	5 605	4 468	656	442	9	8

第二章 教育培训

第一节 学历教育

一、技校教育

1991年,化工局所属企业开办技工学校17所,招收初、高中毕业生,学制分别为3年、2年。

1996年1月30日,上海天原(集团)有限公司(简称"天原集团")成立,上海天原化工厂技校和上海氯碱总厂电化厂技校合并成立上海天原(集团)有限公司技工学校。7月16日,上海太平洋化工(集团)有限公司成立,上海吴泾化工总厂技校和上海焦化总厂技校合并成立上海太平洋化工(集团)有限公司(简称"太平洋公司")技工学校。上海化学试剂总厂技校、上海吴淞化工厂技校、上海染料化工厂技校、上海市染料工业公司技校及上海化工厂技校等成立上海市化学工业联合技工学校。

2001年,随着生产一线岗位对工人的学历要求提高及招收大中专毕业生补充到岗位,企业对技校生的需求减少,技工学校的招生数量不足,另外因企业调整的原因,部分技工学校停止运行。华谊集团根据上海市劳动局、上海市经济委员会《关于对经委系统技校调整的意见》精神,撤销技工学校的建制。

表8-2-1 2001年华谊集团撤销技工学校建制情况表

序号	技校名称	所属公司(或更名)	备注
1	上海化工机械一厂技校	上海化工装备有限公司	企业调整关闭
2	上海化工机械二厂技校	上海化工装备有限公司	企业调整关闭
3	上海江湾化工机械厂技校	上海化工装备有限公司	企业调整关闭
4	上海化学试剂总厂技校	化工联合技校	沪劳保技(2001)9号撤销
5	上海吴淞化工厂技校	化工联合技校	沪劳保技(2001)9号撤销
6	上海染料化工厂技校	化工联合技校	沪劳保技(2001)9号撤销
7	上海市染料工业公司技校	化工联合技校	沪劳保技(2001)9号撤销
8	上海化工厂技校	化工联合技校	沪劳保技(2001)9号撤销
9	上海天原化工厂技校	天原集团	沪劳保技(2001)9号撤销
10	上海氯碱总厂电化厂技校	天原集团	沪劳保技(2001)9号撤销
11	上海吴泾化工总厂技校	太平洋公司	沪劳保技(2001)9号撤销
12	上海焦化总厂技校	太平洋公司	沪劳保技(2001)9号撤销
13	上海农药厂技校		划归医药集团

〔续表〕

序号	技校名称	所属公司(或更名)	备注
14	上海正泰橡胶厂技校	上海轮胎橡胶(集团)股份有限公司	企业调整关闭
15	上海大中华橡胶厂技校	上海轮胎橡胶(集团)股份有限公司	企业调整关闭
16	上海溶剂厂技校		划归蓝星集团
17	上海涂料公司技校		沪劳保技(2001)9号撤销

二、中等职业教育

【上海华谊成人中等专业学校】

上海华谊成人中等专业学校是1984年由上海市政府事业单位编制委员会发文,认定化工局设立上海化工局职工财经中等专业学校,属事业编制,有30名教职工。当时招收化工局在职职工学习会计知识,并获取国家中专学历,学员以各单位人事部门推荐为主。1997年1月,更名为上海华谊成人中等专业学校。

1995年,上海市教育委员会(简称"上海市教委")作出动员全市180多所成人中专专业学校招生招收应届初中毕业生的决定。

上海华谊成人中专参加招生招收应届初中毕业生办学工作,分别开设财务会计、审计管理、办公自动化、企业管理以及传统的化工分析专业,后开设装潢艺术设计专业,还在全市中专学校中第4家开设环境艺术设计艺术类专业,最多时一年招200多名新生,并且利用化工职大浦东上海溶剂厂校区,开办全日制住宿生的中专班级,招收奉贤、崇明等郊县的学生。

2001年,上海市教委取消成人中专招收应届初中毕业生的计划。经上海教育考试院自学考试办公室论证,华谊成人中专被认可为全市艺术类中专美术设计(电脑美术设计、广告艺术设计、室内设计)专业的自学考试主考学校,负责专业的考核工作,由上海市教育考试院颁发国家认可的中专自学考试学历文凭。华谊成人中专又开始招生和办学,并接纳几所技工学校的学生来校考核中专学历,考核工作获上海教育考试院的认可。

1994—2008年,上海华谊成人中专,举办84个班,毕业生人数2531人。专业有:财务会计、企业管理、财务审计、办公自动化、化工工艺、会计电算化、化学分析、电子技术应用、装潢设计、环境艺术设计、电脑美术设计、药剂等,学制3年。学生通过参加上海市教育局组织的统一考试,达到分数线录取,录取新生名册报市教委审核;学生通过3年学习,成绩合格者,颁发上海市教委印制的毕业证书。

【上海涂料工业公司职工中等专业学校】

该校创建于1981年,前身是上海涂料工业公司联合学校;1984年,成立职工中专,更名为上海涂料工业公司职工中等专业学校。

学校隶属于上海涂料工业公司领导。培养在职职工获中专学历,进而成为企业的技术和管理人才。设置涂料工艺、企业管理、化工分析、化工工艺等专业;招收具有初、高中文化程度的在职职工;学制2.5年~3年;办学形式脱产或半脱产。

学校地址原在上海市宝山县南大路58号,后迁入上海市静安区常德路793号;建筑面积1599

平方米(与技校共用教室 8 间、办公室 6 间、阶梯教室 1 间、活动室 2 间等)。

学校初期有教职工 9 人,截至 2000 年年底,有教职工 31 人(包括技校),其中教师 22 人。1990 年年底教师中有高级讲师 1 人,讲师 7 人,一级教师 1 人,助理讲师 9 人。1990—2000 年,培养获中专学历的学员 180 人。

1996 年 9 月,化工控股公司重新组建上海化工教育培训中心(简称"教培中心"),将化工控股公司下属所有独立建制具有法人资格的学校,全部纳入教培中心的管理体系之中,称为"大中心"时期。"大中心"包括职前教育的上海市化学工业学校,还有上海涂料工业公司中专和技校、上海化工原料公司职工中专、上海化工联合技校。

2000 年,上海涂料工业公司中专取消财政拨款,由中共上海华谊(集团)公司委员会党校(简称"集团党校")负责管理。

2003 年 4 月 18 日,华谊集团撤销"教培中心"建制,上海信息技术学校(简称"信息学校")的党政隶属关系由上海化工教育培训中心变更为由上海华谊(集团)公司直接管理,包括原来化工局直属的 3 所成人学校、上海涂料工业公司中专和技校、上海化工联合技校等 6 所学校。

表 8-2-2 1991—1999 年上海涂料工业公司中专学历班毕业生情况表

年 份	班 级(个)	人 数	资 料 来 源
1991	4	117	
1992	3	51	
1993	1	28	
1994	1	24	
1995	4	102	教学资料
1996	6	103	
1997	1	31	
1998	1	43	
1999	1	59	
合 计	22	558	

说明:(1) 专业有:化工工艺、涂料与涂装、企业管理、化工分析、建筑装潢。
(2) 学制 2.5 年~3 年,学生通过参加上海市教育局组织的统一考试,达到分数线录取,录取新生名册报市教委审核。学生通过 3 年学习,成绩合格者颁发上海市教委印制的毕业证书。

三、高等教育

【上海化工高等专科学校】

沿革 上海化工高等专科学校创建于 1959 年,原名上海化学工业半工半读专科学校。建校时,化工局局长梅洛兼任校长。初期,校部设在化工局内,设无机化学、合成橡胶、抗菌素、塑料、石油炼制 5 个系,招收高中毕业生和少数在职职工 155 人;并在上海天原化工厂、上海合成橡胶研究所、上海第三制药厂、上海化工厂、上海炼油厂分散办学,由各厂总工程师蒋兰荪、陈焕新、许文思、郭钟福、朱古人等兼任副校长。1960 年,学校改名为上海化学工业专科学校。1961 年,学校迁入上海市徐汇区漕宝路120号,与1958年创办的上海市化学工业学校共处一个校址。1962年,上海医药工业专科学校并入上海化学工业专科学校,化工局局长余昕兼任校长,卢世鲁任副校长。1963年又复名为上海化学工业半工半读专科学校,学制改为4年。与之共处一地的上海市化学工业学校。建校初,由化工局副局长瓮远兼任校长。1959年,天山塑料学校并入该校。1962年,上海市化学工业学校由张业林任校长。1965年上海农业化工学校也并入该校,但仍保留上海农业化工学校校牌。鉴此,上海化学工业半工半读专科学校、上海市化学工业学校、上海农业化工学校3校并立。1971年,3校合并定名为上海化学工业专科学校。1974年,上海化学工业专科学校改为上海市化工"七二一"工人大学。1978年后,先后由薛永辉、董明柏、徐子成任校长。1992年4月,上海市化工"七二一"工人大学更名为上海化工高等专科学校。

2000年4月,上海轻工业高等专科学校、上海冶金高等专科学校、上海化工高等专科学校合并建立上海应用技术学院,同时撤销原3所学校的建制。上海应用技术学院系本科层次的普通高等学校,以实施本科教育为主,同时举办专科层次的高等职业教育。

学校校址位于上海市徐汇区漕宝路120号,原系上海市工会联合会干部学校(原名上海市总工会干部学校)旧址。学校占地面积113 390平方米,校舍建筑面积占79 879平方米。有教学大楼两幢,教室面积8 803平方米;实验大楼有4幢,面积11 956平方米;图书馆面积3 119平方米,藏书26.7万余册;体育馆面积1 442平方米;学生宿舍五幢,面积11 340平方米;学生公寓两幢,面积9 918平方米;学生食堂面积2 717平方米。还有400米跑道田径场和占地7 304平方米的室外篮球、网球场及游泳池和乒乓房。

学校专业 学校设有化学工程、精细化工、化工机械、自动化、财政经济、基础部和社会科学部等系,设有化工工艺、高分子材料加工、精细化工工艺、工业分析技术、环境保护、化工机械制造与维修、过程装备及控制技术、自动化仪表及应用、计算机应用于维护、工业企业经营管理、安全技术管理、金融、税务、经济信息管理与计算机应用14个专业和工业分析技术、自动化技术、商务管理、物业经营管理4个高职专业及工业外贸"双专科"。

1988年,学校开展合作教育办学模式试点,分别在两届学生中进行2个班级的试点,学制4年。1992年和1994年,学校以精细化工专业和化工机械专业为深化教学改革的试点。

教职工队伍 学校有一支教学经验丰富、学术水平较高的师资队伍,实习、实验设备较完善,能满足教学科研的需要。截至2000年年底,学校有教职工650人,其中专职教师204人(高级职称63人,中级职称163人),全日制学生2 519人。

办学理念 学校开展"勤奋、求实"的校风建设,把德育放在首位,培养德、智、体全面发展的人才。1985年,成立政治思想指导委员会,各系相应成立思想政治学生工作小组,并设政治辅导员。

学校实行教学、科研、生产相结合,以教学为主开展科研工作。先后组成无机化工、有机化工、水处理、测试中心、技术情报和化工装备6个研究室,还开展对外交流工作,正副校长先后3次赴英国、联邦德国等国家访问和考察;学校委派副教授、讲师等6人分赴美、日、英等国家进修;美国、英国、印度、联邦德国、新西兰等国家的教授和专家也来学校进行访问、讲课和学术交流。

学校科研成果 截至2000年年底,学校承担或参与协作组所取得的研究成果有20余项,其中HW型高压微量恒流泵获"上海市重大科研成果二等奖"、2DVT—20高精度计量泵获"上海市优秀新产品二等奖"、数字式温差温度计获国家专利授权。获上海市各种奖励的科研成果还有:医药中间体EPCP、碳酸钡、新型杀虫剂"灭多威"β-紫罗蓝酮、三氯甲碳酸酯等;自编教材和讲义、专著已出版的有53种。学校还出版《上海化学工业专科学校学报》《国外化工科技动态》两种刊物。1988

年,学校获上海市高教局、上海市体育运动委员会、上海市卫生局联合颁发的《体育 卫生双二十条》验收合格证书。1989年,学校获"上海市花园单位"称号。1990年,学校被评为上海市高校后勤系统先进单位。1986年、1987年、1989年、1990年,在上海市专科学校田径运动会上,4次获男女团体总分第一名。1989年,获国家教育委员会"全国高等学校油印讲义技改工作先进单位",是全国专科学校中唯一的获奖单位。1995年3月,中共上海市委、上海市人民政府授予学校"1993—1994年度上海市文明单位"称号。学校党委自1988年以来连续12年被化工局、化工控股公司和华谊集团评为先进党组织。

表8-2-3 1991—1999年上海化工高等专科学校毕业生和在校生人数情况表　　　单位:人

年　份	毕　业　生	在　校　生
1991	402	1 319
1992	451	1 288
1993	459	1 297
1994	305	1 473
1995	649	1 453
1996	389	1 684
1997	353	2 033
1998	607	2 142
1999	611	2 519
合　计	4 226	15 208

表8-2-4 1991—1999年上海化工高等专科学校教职工情况表　　　单位:人

年份	总计	专职教师	教辅人员	行政人员	工勤人员	科研人员	校工厂职工	附设机构人员
1991	741	245	95	105	99	24	129	44
1992	762	241	96	112	104	26	138	45
1993	766	233	111	100	125	38	131	28
1994	773	231	124	108	129	41	116	24
1995	729	210	118	104	128	38	110	21
1996	700	201	114	96	127	35	106	21
1997	670	193	106	97	121	30	104	19
1998	658	192	110	92	136	31	78	19
1999	650	204	75	90	140	32	80	29

【上海市化工职工大学高职教育】

1990年12月,上海市橡胶公司职工大学和上海市塑料公司职工大学合并组建上海市化工职工大学,下设橡胶分校;原2所学校的校名撤销,校部地址设在上海市静安区常德路793号,校长由秦柄权兼任,学校隶属于化工局领导,学校的目标是培养达到大专学历的专业技术人才。原上海市橡胶公司职工大学设置橡胶工艺、橡胶机械、工业自动化及橡胶质量管理等专业。原上海市塑料公司职工大学设置化工自动化及仪表和有机化工工艺等专业。招收学生对象主要是高中毕业的在职职工,学制全脱产3年,但基本教学为业余3年~4年。1994—1998年,上海市化工职工大学举办10个高职学历班,毕业生人数为359人。

1998年9月10日,撤销上海市化工职工大学建制。

【集团党校函授大专及本科学历教育】

中共上海市化学工业局委员会党校(简称"化工局党校")于1989年12月被批准作为函授学院辅导站,并于1990年和1991年以辅导站的名义及管理模式连续招收两届经济管理专业本科班60人。从招生工作到师资的配备及教学管理工作均由化工局党校的教师和管理人员承担。1992年后,因故暂时停招。2000年10月,集团党校提出重新设立"华谊党校辅导站";12月,中共中央党校(简称"中央党校")函授学院上海分院"华谊党校辅导站"恢复招生。2011年10月,中央党校函授学院下达的教学任务结束。

表8-2-5　1990—2009年若干年份集团党校学历班情况表　　　　单位:个

年份＼类别	研究生课程班	中共上海市委党校（本科）	中央党校函授（本科）	中央党校函授（大专）
1990—1991	—	—	60	—
1997	—	45	—	—
2001	67	160	24	41
2002	—	—	25	49
2003	—	—	24	47
2004	—	—	23	26
2005	—	—	33	47
2006	—	—	56	—
2007	—	—	255	—
2009	—	—	327	—
合　计	67	205	827	210
总　计	1 309			

说明:(1) 2001年,华谊集团复旦大学精细化工专业研究生课程进修班在常德路校区开班。

(2) 中共上海市委党校(本科)班:中共上海市委组织部与中共上海市委党校联合举办,由集团党校实施管理。专业:行政管理、经济管理,学制3年。培养目标:培养忠诚于马克思主义、高举邓小平理论伟大旗帜、坚持走由中国特色社会主义道路、德才兼备的、具有大专文化程度的党政干部和业务骨干人才。招生对象:招收党政机关、企事业单位的党政干部和业务骨干。报名人员必须具有高中或中专毕业文凭和2年以上工龄,坚持党的基本路线,品德端正,遵纪守法,身体健康。能长期坚持学习。招生办法:自愿报名,组织同意,统一考试,择优录取。报考者可购买指定的入学考试复习资料进行复习。录取方案经中共上海市委党校审核批准后,统一签发学员入学通知书。经济管理专业课程有:第一学期:马克思主义简明教程、法学概论、大学语文;第二学期:马克思主义经济学原理、邓小平理论简明教程、中共党史简编;第三学期:社会主义市场经济简明教程、政治学原理、社会保障概论;第四学期:执政党建设概论、现代管理学原理、公共市政学;第五学期:经济法简明教程、财政学、基础英语(一);第六学期:公共行政学、国家公务员制度概论、基础英语(二)。

第二节 继续教育

一、管理人员岗位培训

集团党校开展一系列的岗位培训。

培训内容：政治理论、形势政策、党群知识、法律知识、经营管理、企业文化、创造创新、岗位实务、现代科技、信息技术、技术技能、转岗培训等。

培训方式：根据需要，采用课堂授课、情景模拟、讨论辩论、实战训练、参观考察、拓展训练等。

培训对象：各类专业人员（宣传、纪检、法务、文秘、档案管理、信访人员、董监事、企业管理、合资企业中方高级代表、市场营销、组织人事、财务人员、技术人员）、技术工人、转岗人员、新入职员工等。

表8-2-6 1988—2013年集团党校各类人员教育培训情况表　　　　单位：人次

年份＼类别	培训总数	各类管理岗位培训	技术人员	财会继续教育	其他培训	老年大学
1988年—1994年8月	1 134	964	170	—	—	—
1994年9月—1996年10月	1 004	283	341	—	380	—
1996年11月—1998年12月	2 064	958	385	721	—	—
1999—2001年	5 554	118	484	4 952	—	—
2002—2004年	13 209	187	—	6 930	6 279	—
2005—2007年	13 196	760	4 400	6 374	—	—
2008年	2 912	38	533	2 379	—	—
2009年	5 752	232	4 221	1 300	—	—
2010年	8 462	—	2 650	2 002	3 668	142
2011年	7 724	341	5 484	1 988	—	252
2012年	12 993	8 035	2 643	1 909	—	406
2013年	11 778	3 273	4 388	1 895	1 929	293
合计	85 075	15 613	25 699	30 414	12 256	1 093

说明：集团党校开展各类管理岗位培训，主要以提高岗位技能为主，涉及培训类目繁多。

二、专业人员技能培训

集团党校专业技术人员培训特点：

（1）20世纪90年代初，对技术人员开展大规模的"增强创造创新能力意识"的培训。20世纪90年代后期，尤其是上海化工工程师基地在集团党校挂牌后，根据不同类型的技术人员设置有针对性培训科目。

（2）为拓宽专业技术人员视野、更好地运用新知识为生产和管理服务，开展"EXCEL数据高效管理及应用、Office 应用提高培训、电脑绘图 CAD"等培训。

（3）开展与专业技术人员密切相关的"知识产权管理与保护、专利及技术秘密保护的知识产权"等培训。

（4）为提高研发人员的安全意识，了解掌握华谊集团安全管理要求及安全防护等相关知识，确保科研工作正常、安全运行，开展"研发系统安全"等培训。

（5）开展为科技人员评定职称打基础的"科技论文写作"等专题培训。1991—2013 年，培训专业人员 25 699 人次，财会继续教育 30 414 人次。

集团党校作为上海市化工工程师研修基地，主要以华谊集团中、高级专业技术人员为对象，开发的培训项目具有专业性强，层次较高的特点。在华谊集团人力资源部的支持和工程师研修基地专业委员会指导下，已经形成化工工程师"三个层次知识（专业知识、系统知识和社会知识）、三类职业能力（专业能力、工具使用能力、沟通表达能力）、五大课程模块（专业课程模块、知识拓展模块、先进技术模块、项目实践模块、案例分析模块）、结合专业岗位"的立体式的职业继续教育模式。

三、大学生职前培训

集团党校从 2004 年起至 2013 年，对新入职华谊集团的大学生进行培训。

2009 年 8 月 10—21 日，2009 年度新入职华谊集团的大学生培训班在集团党校举办，为期 2 周，人数 151 人。其间在红顶度假村开展 3 天拓展培训，2 天赴吴泾化工区、漕泾化工区及双钱如皋公司参观学习。2009 年 11 月 27 日，召开新入职大学生优秀学员座谈会，17 名优秀学员代表出席；座谈会了解这些年轻新员工的工作状况、个人发展和思想状况等情况，分析华谊集团日趋严重的青年人才流失问题。

2012 年 8 月，2012 年新入职华谊集团的大学生培训班在红顶度假村举办。该次培训汇集华谊集团下属各级单位、各省市基地 254 名新进员工，其中硕士学历以上占 20%。

表 8-2-7　2004—2013 年集团党校培训新入职大学生情况表

年　份	进集团党校培训人数
2004	70
2005	144
2006	260
2007	373
2008	126
2009	151
2010	—
2011	102
2012	254
2013	239
合　计	1 332

四、工人技术等级工培训

【上海化工职业培训中心】

2001年10月，上海化工职业培训中心建立。主要为华谊集团及社会职工开展技术等级培训。职工技术等级培训的特点是：(1)送教到企业比较多，因为课程大多为应知应会，应会部分要在现场操作。(2)培训对象既有业内员工，也面向市场招生，华谊集团以外技术人员培训也有一定的量。

2001—2006年，培训项目有：维修电工(初、中级)、营销员(高级)、橡胶制品成型(初、中级)、计算机操作员(初级)、塑料挤出造粒成型工(初、中级)、有机合成工(初、中级、高级)、化学分析工(初、中级、高级)、房地产中介员(初、中级)、计算机操作员(中级)、办公应用软件操作员(中级)、装饰美工(初、中级)、营业经理(中级)、商品营业员(初级)、室内装饰设计、职业经纪人、物流师(三级)。

上海化工职业培训中心除举办各类等级工培训外，还分别为上海焦化有限公司(简称"焦化公司")、上海氯碱化工股份有限公司(简称"氯碱公司")、上海三爱富新材料股份有限公司(简称"三爱富公司")、上海吴泾化工有限公司(简称"吴泾公司")的员工专门开设"高级化操工""维修电工""无机反应工""压力容器""AUTOCAD""班组长"等培训班。为上海涂料有限公司(简称"涂料公司")、上海中远化工有限公司(简称"中远公司")、双钱集团(重庆)轮胎有限公司(简称"重庆轮胎公司")、双钱集团(如皋)轮胎有限公司(简称"如皋轮胎公司")、双钱集团载重轮胎分公司(简称"载重公司")等举办班组长岗位培训，培训内容主要有3个模块：《班组长自我管理》《班组长现场管理》《班组建设》以及班组长《执行力》《沟通力》和《创新力》的能力提升培训。还为上海天原(集团)公司上海树脂厂营销人员举办培训班等。上海化工职业培训中心举办的培训班体现两个特点：一是授课老师备课充分运用案例，图文并茂讲解生动。二是探索"应知应会"考试方法，应知即考核基本知识点，加深班组长对角色认知、现场管理和班组建设的理解；应会即运用所学知识，分析查找班组在现场管理中的问题，提出解决问题的方法措施。

上海化工职业培训中心精心策划华谊集团"金牌班组长精益生产管理实务"培训。该培训班参加的对象是获"华谊集团先进生产(工作)者、先进集体"称号的优秀班组长。

表8-2-8 2000—2012年上海化工职业培训中心各类等级工培训情况表

年　份	班　级　数	培 训 人 数
2000	4	170
2001	19	745
2002	30	1 005
2003	29	1 117
2004	49	2 100
2005	30	1 200
2006	48	2 480
2007	25	1 860
2008	28	1 061

〔续表〕

年　份	班 级 数	培 训 人 数
2009	57	4 421
2010	52	2 650
2011	51	2 787
2012	10	464
合　计	432	22 060

【上海化工高级技术工人培训中心】

上海化工高级技术工人培训中心是华谊集团决策、由信息学校出资于2004年2月20日成立的中、高级技术人才培训机构,位于上海市普陀区真南路1008号,开办资金10万元。2012年2月1日,新增开办资金90万元,合计100万元。办公场地150平方米,教学场地4 615.4平方米,实训场地1 972平方米,工位数520个,教师总数35人,其中专职教师20人。

上海化工高级技术工人培训中心的行政归属华谊集团领导,业务接受上海市劳动和社会保障局管理。

培训中心主体工作分三大块:(1)作为信息学校培训部,全面完成中专学生的职业技能培训和鉴定申报工作、校企合作工作。(2)作为华谊集团"高技能人才培养基地",组织实施华谊集团的技能竞赛工作、题库开发工作,开设职业技能鉴定培训班、各类上岗培训等工作。(3)作为民办非企业单位,服务于社会,注重对失业(协保)人员、业外的在职员工、其他社会劳动者、其他企业开展的职业技能鉴定培训。培训中心还依托信息学校各专业系部的师资、教室、实训设备设施,根据企业需求量身定制,开发完成企业各种层次和类型的培训任务。

培训采用基本业余形式,内容涉及化工、电工电子、商务、物流、数控机床、信息技术、珠宝等25个工种。培训中心努力开拓培训市场,全面整合信息学校校内实验实训教学资源,利用重点专业和实训场所的优势,培训工作稳步推进,培训规模逐年提高,形成培训中心的核心竞争力。截至2013年年底,培训人员10 159人次。

2006年,培训中心获上海市普陀区民办非企业单位"自律与诚信建设活动"先进单位。2007年,获中国成人教育协会企业教育专业委员会等20家行业教育协会联合颁发的"优秀培训机构"称号。培训中心还获2009—2011年度"民办职业培训机构办学质量和诚信等级A级单位"、2012年度普陀区职业培训机构优胜单位。

第三节　党员及干部培训

一、各类培训

【集团党校组织培训】

集团党校前期主要是培训化工局系统的机关和企事业单位处、科级党政干部及后备人员。培养目标:通过学习,能掌握和运用马克思主义的基本理论和方法,提高马克思主义水平和政治素质。办学形式：主要是政治轮训。1984年秋，根据中共中央关于实现党校教育正规化的决定，先后开设政工干部中专班，党政管理大专班，干部专修班和电大班等学历班次。自1987年起，根据党校的性质和任务的需要，办学形式从学历培训逐步转向岗位培训。

进入20世纪90年代后，党校指令性办班任务锐减。除运用扩大生源确保党校教学外，跳出"化工"和党校的局限面向社会、面向市场，拓宽办学渠道，搞活教学。尤其是几所学校合并后，利用资源整合优势，开展各级领导干部、基层党组织、青年后备干部、党务干部、工会干部、团委干部、一线党员、预备党员、入党积极分子、管理岗位、技术人员，技术工人等各种类型的教学培训。

表8-2-9 1991—2013年集团党校教育培训情况表

年　份	培训人数	年　份	培训人数
1991	2 247	2003	5 323
1992	1 237	2004	5 190
1993	1 547	2005	5 545
1994	2 100	2006	5 387
1995	2 154	2007	6 570
1996	4 200	2008	8 617
1997	4 278	2009	9 560
1998	6 300	2010	8 236
1999	4 500	2011	12 679
2000	5 075	2012	13 442
2001	5 444	2013	17 915
2002	3 673	合　计	141 219

集团党校根据中共上海华谊（集团）公司委员会（简称"华谊集团党委"）的工作要求，开展各级干部的培训工作。1991—2013年，主要开展中共十一届三中、六中全会精神学习轮训，中共十二大文件学习轮训，各级领导和各级干部的岗位轮训，中青年干部培训，邓小平理论的学习培训，领导干部的"三讲"学习轮训，"三个代表"重要思想轮训等。2005年，为配合华谊集团党委开展保持共产党员先进性教育活动和集团对基层党组织书记和党员培训。

表8-2-10 1988—2013年集团党校党建类培训情况表　　　　　　单位：人次

年份 \ 类别	领导干部（后备干部）	党支部书记、预备党员、党员积极分子	纪检政工类	高级政工师辅导班	外地各类思政研讨班
1988年—1994年8月	1 221	571	101	—	1 255
1994年9月—1996年10月	1 216	441	—	—	380
1996年11月—1998年12月	1 009	769	—	330	—

〔续表〕

年份 \ 类别	领导干部（后备干部）	党支部书记、预备党员、党员积极分子	纪检政工类	高级政工师辅导班	外地各类思政研讨班
1999—2001 年	118	296	189	1 256	—
2002—2004 年	420	1 581	—	793	—
2005—2007 年	2 188	6 419	—	896	—
2008 年	523	1 003			
2009 年	136	778			
2010 年	84	1 398	—	—	170
2011 年	130	675			
2012 年	40	2 137			
2013 年	156	1 210	199	—	—
合计	7 241	17 278	489	3 275	1 805

党建类总计：30 088

【领导干部及后备干部培训】

在干部队伍建设中，华谊集团党委贯彻落实《干部教育培训工作条例（试行）》和《上海市干部教育培训规划》的总体要求，坚持以人为本，大力实施"科教兴司"主战略和"人才强司"主方针，依托各级党校、有关高校和专业培训机构为培训基地，结合各个时期对领导干部能力、素质、岗位任职资格要求，从政治轮训、企业发展战略、职业资格、能力建设等方面，为领导干部和后备干部开展有针对性、全方位的培训，不断提升领导干部的个人素养和班子的整体素质。

各级领导班子成员和后备干部的培训工作 按照大规模培训干部、大力度搞好干部教育、大幅度提高干部素质的要求，组织领导干部学习贯彻党在各个时期的路线方针政策，发挥上级党校和局（集团）党校培训干部主阵地的作用。

（1）实施开展党的路线方针政策全面轮训。一方面按要求完成局级领导和局级后备干部参加中共上海市委党校的轮训任务。另一方面，贯彻改革开放以来党的路线方针政策，结合华谊集团班子建设需要和发展战略需要，组织好系统各级领导干部的轮训工作。

1991 年，化工局举办各级各类干部培训班 22 期，培训干部 6 021 名。

1992 年年底，化工局所属 48 个大中型企业的 297 名现职领导干部中，有 235 名完成国家经济委员会规定的岗位培训，还有 59 名中小企业领导干部参加岗位培训。

1994 年，组织 1 120 名领导干部参加"财税、金融、外贸和国有资产监督管理体制（四大体制改革）"和建立现代企业制度培训学习。

1995 年 3 季度起，组织 4 期厂处级干部学习邓小平同志中国特色理论纲要，开展增强"党的观念、群众观念、全局观念"三个观念的教育。

2001 年，开展有针对性的培训工作，组织企业领导人员参加中共上海市工业工作委员会党校（简称"市工业党校"）和集团党校举办的电子商务知识培训。举办 2 批 140 余人参加的企业领导人员基础知识和现代管理知识的培训班，通过考试获合格证书。

2002年,做好领导人员了解世界贸易组织(WTO)知识系列轮训。

2003—2005年,开展领导干部"三个代表"重要思想轮训,培训560人,完成应训人数的97%以上。其中华谊集团本部中层管理人员和二级子公司直属单位领导班子成员参训率达100%。

2008年3月,集团党校和集团党委宣传部联合组织企业领导人员开办"中共十七大精神"专题研修班。用2个月的时间举办4期培训班,有447名二、三级企业领导人员参加为期3天的集中辅导学习。

2008年起,依托集团党校开展"新提任领导人员集体谈心"培训。

2009年起,结合上海市国有资产管理监督委员会(简称"市国资委")"万名书记进党校"培训工程,结合学习实践活动,组织基层党组织书记开展队伍建设课题调研;针对存在的问题,提出强化能力素质培训的各项措施。是年起,组织二级单位党委书记参加中共上海市国有资产监督管理委员会委员会党校(简称"市国资委党校")"新上岗党委书记培训班""党委书记提高班""党委书记特色班"培训。2009—2010年,累计参训42人。

(2) 探索个性化和调训相结合的培训方式。结合华谊集团发展战略需要,开展适合各层次领导干部的专业知识培训。

2002年,华谊集团举办有54人参加的总工程师实务知识培训,从总工程师的主要职责、技术、安全环保、工艺、投资规划、信息等管理知识方面进行培训,使总工程师尤其是年轻的总工程师们的综合业务能力得到提高。

2003年,对领导人员、组织干部及人事工作者进行非化工类的化工知识培训。

2004年,对24家单位43名中外合资企业中方股权代表及经营者岗位培训。2012年,又组织25名外派管理干部参加第二期外派高管培训班。

2008年,集团安环部、宣传部和集团党校联合举办首期有华谊集团领导班子成员、华谊集团本部部分部门负责人和二级子公司党政主要领导44人参加的"HSE"培训。美国杜邦公司的"HSE"培训讲师以小组互动式的教学方式,对各级领导人员进行管理理念和安全责任等方面的培训,为在全系统贯彻推行"HSE"管理奠定基础。

2010年,选送4名高层管理人员参加中欧、上海交大高层论坛和高级管理课程培训。

2011年,选送2名华谊集团本部中层管理人员参加由上海经济管理干部学院和市国资委分别组织的海外专题业务培训。

2012年,按计划实施差别化的干部培训。组织"宏观经济形势趋势与分析""管理者的根本智慧""企业管理者形象""儒道禅与现代管理""数字会说话"等精品公开课,培训各级中高层管理人员1150余人次。其中组织28人参加华谊集团第1期厂长经理实务培训班,组织104人参加第1期法务干部培训班,组织49人参加第4期百名中层干部培训班(绿色轮胎板块)。是年,还组织37名财务总监和财务骨干参加华谊集团第3期财务总监班的培训,组织17名新闻发言人参加第2期新闻发言人培训班。

(3) 实施华谊集团领导干部的"五项能力"(提高正确判断发展趋势的能力、提高战略决策战略管理的能力、提高推动企业科技创新的能力、提高人力资源开发管理的能力、提高营造和谐稳定环境的能力)建设培训。结合华谊集团的干部队伍建设需要,以打造一支职业化、现代化、国际化的企业领导人员队伍和高级专业管理人才队伍为目标,着重从政治轮训、企业发展战略、职业资格、能力建设等方面,为领导干部提供各类培训。

2005年,通过对华谊集团下属16家子公司、17家三级公司及各岗位管理人员总计124人的培训需求分析,制定出《上海华谊(集团)公司领导干部"五项能力"建设的培训计划》。课程以企业的价值链管理为核心,设置人力资源管理、公司财务、生产运营、商法、市场营销等企业经营管理综合职能课程,并对不同岗位和专业的领导人员辅以系列专题课程,答疑解惑,融入管理实践,着力提升管理实务能力,培养核心理念,提高专业理论水平。是年,启动新一轮领导人员"五项能力"培训。内容分为两大部分:一是由全体领导人员参加的"共性模块"。二是以提升履行岗位职责为重点的"岗位专业模块"。

"共性模块"主要内容是:贯彻科学发展观,提高创新创造能力,为全面实现华谊"十一五"发展规划打好基础。2006年,完成260余位领导人员的"共性模块"和"高级财务管理"岗位模块培训。

2007年,全面实施以提升履行岗位职责为重点的"岗位专业模块"培训,举办"生产运营模块""市场营销模块""工会主席""纪委书记"等培训,有272人次参加。

截至2007年年底,"五项能力"累计培训达843人次。

高层次人才个性化培训

(1) 推荐高层次领导人员参加外语培训和境外培训。为适应经济全球化需要,提高领导人员参与国际交流的水平,采取个人自愿和岗位要求相结合的办法,选拔推荐领导人员参加不同等级的英语培训班和境外培训。2005年,选送4名高层次人才参加上海市干部教育中心举办的各类英语培训。还选送年轻后备人才参加境外管理知识培训,选送25人(2006年13人、2009年2人、2010年6人、2011年6人)赴中国香港参加工业企业高级管理培训班的学习。

(2) 运用"上海市干部在线学习城""双休日专题讲座"平台,为领导干部提供自助式的个性化培训。2005年,贯彻中共上海市委组织部的要求,解决领导干部的工学矛盾,组织华谊集团领导和华谊集团本部中层、二级单位的党政把手75人,参加上海市组织的"上海市干部在线学习城"的学习,上网注册率达100%;并通过每年度在线学习的考核,滚动补充在线学习人员,使之成为领导干部拓展学习的新方式。2006—2013年,组织200余名领导干部参加学习。2008年,利用好上海市干部培训中心举办的高层次"双休日专题讲座"资源,组织落实华谊集团领导班子及二级子公司领导班子成员参加"双休日专题讲座"。

(3) 与知名培训机构联手,开展华谊集团专项培训班。2008年,华谊集团与和国内知名培训咨询机构中国(海南)改革发展研究院开展战略合作。2009年,通过点名调训的形式,成功举办为期两周的华谊集团第1期中青年后备干部培训班,36名学员参加。

2010年1月25日—2月6日,为提高集团本部中层管理干部和子公司经营者的综合管理水平,增强企业的竞争能力,华谊集团举办第1期总经理培训班;培训内容涵盖现代企业规范化人力资源管理、公司经营中的法律风险规避、供应链管理、精益生产等。华谊集团本部和二级单位的行政正副职35人参加。

2010年6月11—20日,华谊集团举办工会主席培训班,培训内容有:关于党的全心全意依靠工人阶级理论、罗斯福新政对劳动关系采取重要措施的历史意义及作用、经济危机背景下的利益关系调整及其机制重建、劳动争议与群体性事件、法制社会中的领导角色等,二级单位工会正副主席及三级单位工会负责人38人参加。

2010年11月15—21日,华谊集团第2期中青年后备干部培训班举办,31人参加。

2011年9月23—30日,华谊集团第3期中青年后备干部培训班,32人参加。

实施职业化、资格化的高级专业队伍建设培训 为适应经营体制转换和现代企业制度建立与完善,提高企业高层管理人员和各级专业技术人员的履职能力,开展职业资格培训和岗位技能培训。

1991年,选送110名党委书记、厂长、"三总师"到上海市、局各级专业学校进行岗位业务培训。

1992年年底,化工局48个大中型企业的297名领导干部中,有235名参加国家经委组织的领导干部岗位培训,完成率达95%。为帮助基层领导干部提高认识,提高深化企业改革的能力,化工局举办有关《关贸总协定》的辅导讲座,组织劳动工资干部、财务干部就企业劳动制度改革,财务制度改革进行辅导培训。

1993年,选送42名企业领导干部参加厂长、书记、"三总师"任职资格培训班学习。选送12名企业领导干部参加高级经营管理研修班学习。根据《职称改革条例》要求,组织793人参加中、高级专业技术人员外语水平考试。

1994年,完成82名领导干部参加厂长、书记、"三总师"任职资格考试学习;有2.1万名专业技术人员参加各类培训及考试辅导班学习。

2001年,选送8人参加上海市国资委组织的监事培训,帮助他们提高履行监事职责的能力和水平。2002年,继续选送17名华谊集团及子公司的董事、监事、财务总监参加上海市组织的相关业务培训,并完成3名财务总监任职资格的申报认定。2004年,11名董事长、专职董事取得首批董事岗位资格证书;11名监事、财务总监参加岗位资格培训。2005年,对华谊集团二级子公司的董事、监事、资产管理、董事会秘书等人员进行岗位资格的培训,落实董事培训36人、监事培训4人(换证3人)。截至2006年年底,完成92名董、监事的岗位资格培训,完成28名财务总监任职资格培训,有10人获资格证书。

2004—2006年,有34人参加"高级职业经理人"培训,其中有14名二级子公司主要领导,8名二级公司副职,12名三级单位主要领导。截至2006年年底,华谊集团有48人参加市国资委举办的"高级职业经理人"岗位资格培训,有45人获中、高级资格证书。

工商管理知识普及教育 华谊集团每年组织新上岗领导班子成员和部分年轻中层管理人员参加上海市干部培训中心举办的工商管理知识培训。截至2006年年底,华谊集团有154人参加工商管理知识培训,其中2004年有31人参加培训、2005年有26人参加培训。

二、党支部书记、党员及入党积极分子培训

党支部书记、新任党支部书记、党支部委员、党小组长、党员、预备党员、入党积极分子、党员团支部书记等,总计培训17 273人次(不包含上门培训人次)。

党支部书记培训主要内容有:创造性地做好新时期党支部工作、管理心理学激励理论、沟通技巧、当前社会热点问题等。新上岗党支部书记培训主要内容有:加强和改进基层党组织建设、党支部书记工作实务操作、党员发展和管理、沟通技巧、当前社会热点问题等。预备党员和入党积极分子培训主要内容有:党的指导思想和理论创新、党的历史和性质、新形势新任务新要求、明确入党条件从思想上入党、学习贯彻党章、保持共产党员先进性、共产党员的权利和义务、参观中共"一大"会址和孙中山故居等。党员培训主要内容有:形势任务教育、华谊集团发展及永保党员先进性,发挥共产党员的先锋模范作用等。

培训采取情景模拟教学方式。首期"公推直选"党支部书记培训班引入"拓展训练"培训新形式。

第三章 用工与薪酬福利

第一节 劳动合同

一、全员劳动合同制

1991年年底起,化工局分批开展劳动人事制度和内部分配制度改革。

1992年,化工局成立推进改革领导小组,并进行劳动人事制度改革,实施企业全员劳动合同制、上岗合同制以及相应的企业内部机构改革。全局105家全民企业中84家开展此项工作;12月,有100家企业完成全员劳动合同或上岗合同签约,彻底改变企业的用工制度。是年,劳动制度的改革涉及职工12.9万人,其中签订《全员劳动合同》的有95 945人,签订《上岗合同》的有104 178人,10 857人因各种原因下岗。

1993年,化工局所属企业实施全员劳动合同制改革的企业达132家,其中国有企业79家、集体企业1家、股份制企业4家、"三产"企业8家、二配套企业40家。共有职工136 084人。

1994年,化工局实行全员劳动合同制改革的企业有101家,占企业总数的73%,实行劳动合同制的员工数达12.55万人,占员工总数的73%。

各级企业根据上海市政府文件《关于本市企业1995年年底前全面实行劳动合同制的若干意见》精神,均完成固定制职工、合同制职工签订《全员劳动合同》的相关工作,并报上海市劳动局备案。

二、协议解除劳动合同

1997年起,华谊集团所属各企业面临产业结构调整,根据《上海市劳动合同规定》《上海市劳动合同条例》《劳动合同法》等相关法律、政策和规定,华谊集团建立再就业服务中心,帮助各相关企业做好制订人员安置方案,落实专项资金及经济补偿金等工作。

截至2013年年底,华谊集团先后有橡胶、染料、装备、化肥、塑料、原料、试剂等行业进入调整和退出,有79 737人协议解除劳动合同,支付经济补偿金55.6亿元。

第二节 员工招聘

20世纪90年代初,化工局着眼于培养和造就跨世纪人才,大量招聘大中专毕业生。1992年和1993年,招聘近1 500名大中专毕业生,其中研究生20名,本科生550多名,大专生450多名,中专生450名,招聘的大学生充实到各企业中。

2000年,随着华谊集团产业结构和人员结构调整,各企业招聘大学生的数量有所减少,招聘大学生200名。

2001年,各企业加大对大学生的招聘力度,华谊集团人力资源部采用组织有关单位参加专场招聘会形式招聘应届大学毕业生;是年,招聘大学毕业生300名左右。

2010年3月,按照"总量控制、结构调整、业内优先"原则,对华谊集团人员的招聘实行管控,有招聘需求的企业必须向华谊集团上报招聘计划,经华谊集团批准后才能实施。对于上报的招聘计划,按照"先业内,后业外,尽可能业内调配"原则进行统筹安排,用足用好华谊集团内部的人力资源,为华谊集团范围内人员的柔性流动创造条件。

2012年,华谊集团制定并下发《集团校园招聘管理规定》,明确华谊集团校园招聘工作的工作流程、工作要求及薪资待遇。强调校园招聘工作必须遵循公平、公开、公正、择优录取原则,录用的应届毕业生中,国家985、211大学毕业和研究生毕业人数比例应符合华谊集团规定,所学专业应符合应聘岗位要求。是年,华谊集团分别赴华东理工大学、浙江大学、上海应用技术学院、合肥工业大学等召开招聘宣讲会;集团人力资源部负责准备集团宣传介绍材料(包括文字印刷材料和音像材料),各子公司、直管单位根据集团统一要求负责准备本单位的宣传介绍材料。各子公司、直管单位人力资源部负责收集求职毕业生材料,并组织资格审核、现场面试等工作,对意向应聘者进行专业面试、测评,安排拟录用应聘者体检等工作。对拟录用的应届毕业生,及时填写《集团下属单位招聘人员审批表》《拟录用应届毕业生情况登记表》等,经华谊集团主管领导审批同意方可办理录用手续。各子公司、直管单位拟录用应届毕业生中属国家985、211大学或研究生毕业的比例,原则上为:华谊集团下属事业单位和科研院所控制在60%以上,华谊集团下属服务平台公司控制在50%以上;华谊集团下属业务板块公司控制在40%以上。同时,各子公司、直管单位根据逐步与劳动力市场接轨的原则确定应届毕业生薪酬待遇;针对应届毕业生毕业院校的知名度、毕业生本人在校期间的学习成绩、获得的资格等,采用差别化薪酬标准。差别化薪酬标准按照一般高校毕业生薪酬系数为1,国家211、985大学毕业生薪酬系数不小于1.2,华谊集团确定的重点院校毕业生薪酬系数不小于1.5的原则确定;凡录用国家985工程院校应届毕业,且所学专业与华谊集团生产经营相关的,华谊集团给予1 000元/月/人的补贴,补贴期限为2年。是年,招聘应届大学毕业生300多名。

2013年,根据华谊集团"一体化"招聘要求,继续加大集中招聘力度,通过与第三方招聘网站——"智联"招聘网合作,建立华谊集团校园招聘和成熟人才招聘网页,集中岗位需要,发挥集团整体优势,招聘成熟人才和应届毕业生;通过集中校园宣介,统一实施校园招聘;通过整合业内岗位资源,建立华谊集团内部人才柔性流动机制;通过对招聘计划实施严格的审批控制程序,达到有效控制总量的预期目的。是年,实施533人的内外部招聘;促成业内125个岗位、354人的内部流动,为调整型企业的富余员工增加就业机会。

第三节　劳动报酬

一、工资薪酬

1991—1995年,为更好地贯彻按劳分配原则,完善多种分配形式,华谊集团各企业均实行不同形式的工效挂钩,主要有:(1)实行"二个低于"(工资总额增长幅度低于本企业经济效益增长幅度、职工平均实际收入增长幅度低于本企业劳动生产率增长幅度)挂钩;(2)实物量挂钩考核;(3)效益增长有困难,实行目标工资考核;(4)实行专项特定政策(建筑业);(5)实行减亏考核;(6)新增企业以计划增资。对于股份制企业,职工的工资总额水平由董事会根据"二个低于"精神,实现自我控制。

1996年起,华谊集团所属企业(股份制企业仍执行原方案)实行工资总量调控"工效一头总挂"(工资总额随经济效益挂钩浮动),工效挂钩基数,按上年人均实现税利基数核定,人均工资总额基数核定,工效挂钩浮动比例为1∶1,即人均实现税利比核定基数每增长(或下降)1%,人均工资总额比核定基数增长(或下降)。工效挂钩的推行,使企业的工资运行以自身利益为推动力,发挥市场导向作用,也为企业内部分配的搞活创造条件。

二、社会保险和住房公积金

【住房公积金】

1991年5月起,根据《上海市住房公积金暂行办法》规定,对在上海市工作,具有上海市城镇常住户口的国家机关、事业单位和企业的固定职工、劳动合同制工人缴纳公积金。1991—2013年,化工局、化工控股公司和华谊集团严格执行上海市公积金政策,保护职工的利益。

【社会保险】

1993年1月起,根据《上海市城镇职工养老保险制度改革实施方案》规定,对国家机关、企事业单位职工缴纳社会保险费;并随着国家和上海市社会保险制度的逐步完善,及时做出相应调整。

表8-3-1　1991—2013年华谊集团员工人均工资和劳动生产率情况表

年　份	年人均收入(元)		工资逐年增减率(%)	劳动生产率(万元)	生产率逐年增减率(%)
	全部职工	在岗职工			
1991	3 684	3 840	—	7	—
1992	4 060	4 220	10.2	7	0
1993	4 372	4 526	7.7	8	14.3
1994	5 810	5 870	32.9	10	25.0
1995	7 406	7 468	27.5	11	10.0
1996	9 306	9 388	25.7	17	54.5
1997	10 875	12 894	16.9	17	0.0
1998	11 951	14 015	9.9	15	−11.8
1999	12 991	15 401	8.7	17	13.3
2000	14 032	17 256	8.0	21	23.5
2001	15 108	19 708	7.7	24	14.3
2002	16 643	22 397	10.2	25	4.2
2003	19 820	24 970	19.1	38	52.0
2004	22 780	28 440	14.9	57	50.0
2005	25 450	30 680	11.7	60	5.3
2006	29 150	35 270	14.5	73	21.7
2007	34 211	40 080	17.4	89	21.9
2008	39 085	45 332	14.2	100	12.4
2009	42 195	49 832	8.0	96	−4.0
2010	50 074	57 260	18.7	136	41.7
2011	59 324	68 205	18.5	174	27.9
2012	71 700	77 700	20.9	196	12.6
2013	84 288	90 205	17.6	304	55.1

表8－3－2　1991—2013年华谊集团员工社会保险和公积金情况表

单位：元

年份	上年度全市平均工资	缴费基数(上限)	缴费基数(下限)	单位(%) 养老	医疗	失业	工伤	生育	公积金	单位社会保险(含公积金)合计	个人(%) 养老	医疗	失业	工伤	生育	公积金	个人社会保险(含公积金)合计	文件依据
1991	—	—	—	—	—	—	—	—	5	5.0	—	—	—	—	—	5	5	沪府发(1991)8号
1992	—	—	—	—	—	—	—	—	5	5.0	—	—	—	—	—	5	5	沪社保综(93)第27号
1993	356	712	214	25.5	—	—	—	—	5	30.5	3	—	—	—	—	5	8	沪社保综(94)10号
1994	471	934	280	25.5	—	—	—	—	5	30.5	3	—	—	—	—	5	8	沪社保综(95)8号
1995	617	1234	370	25.5	—	1	—	—	5	31.5	4	—	—	—	—	5	9	沪社保综(96)7号
1996	773	1546	464	25.5	5	1	—	—	5	36.0	4	—	—	—	—	5	9	沪社保综(97)4号
1997	889	1778	533	25.5	6	1	—	—	6	38.0	5	—	—	—	—	6	11	沪社保法(98)5号
1998	952	2856	571	25.5	6	2	—	—	6	39.0	5	—	—	—	—	6	12	沪劳保养(99)20号
1999	1005	3015	603	25.5	12	2	—	—	7	40.0	6	1	—	—	—	7	15	沪劳保养(2000)21号
2000	1179	3537	707	25.5	12	2	—	—	7	46.5	6	2	—	—	—	7	16	沪劳保养(2001)6号
2001	1285	3855	771	25.5	12	2	—	—	7	46.5	6	2	—	—	—	7	16	沪劳保基发(2002)3号/11号
2002	1480	4440	888	22.5	12	2	—	—	7	43.5	7	2	1	—	—	7	17	沪劳保基发(2003)6号/7号
2003	1623	4869	974	22.5	12	2	—	—	7	43.5	8	2	1	—	—	7	18	沪劳保基发(2004)10号/11号
2004	1847	5541	1108	22.0	12	2	0.5	—	7	44.0	8	2	1	—	—	7	18	沪劳保养(2005)7号
2005	2033	6099	1220	22.0	12	2	0.5	0.5	7	44.0	8	2	1	—	—	7	18	沪劳保基发(2006)7号
2006	2235	6705	1341	22.0	12	2	0.5	0.5	7	44.0	8	2	1	—	—	7	18	沪劳保基发(2007)9号
2007	2464	7392	1479	22.0	12	2	0.5	0.5	7	44.0	8	2	1	—	—	7	18	沪劳保基发(2008)10号
2008	2892	8676	1736	22.0	12	2	0.5	0.5	7	44.0	8	2	1	—	—	7	18	沪劳保基发(2009)12号
2009	3292	9876	1976	22.0	12	2	0.5	0.5	7	44.0	8	2	1	—	—	7	18	沪劳保基发(2009)12号
2010	3566	10698	2140	22.0	12	2	0.5	0.5	7	44.0	8	2	1	—	—	7	18	沪人社综发(2011)8号
2011	3896	11688	2238	22.0	12	2	0.5	0.5	7	44.0	8	2	1	—	—	7	18	沪人社综发(2012)15号
2012	4331	12993	2599	22.0	12	2	0.5	0.5	7	44.0	8	2	1	—	—	7	18	沪人社综发(2013)10号
2013	4692	14076	2816	22.0	12	2	0.5	0.5	7	44.0	8	2	1	—	—	7	18	沪人社综发[2014]11号

第四章 队伍建设

第一节 领导班子队伍建设

一、领导班子

【领导班子的思想作风建设】

化工局、化工控股公司和华谊集团党委加强领导班子的思想政治建设，坚持领导干部过双重组织生活会，坚持领导干部的党委中心组学习，坚持定期做好隶属单位领导班子的情况分析会，坚持联系并参加隶属直管单位党政班子民主生活会等制度。通过建立健全党委会的议事规则和"三重一大"决策程序，加强党委在经营决策的政治核心作用。

每年党委下文要求各级领导班子定期召开党政班子民主生活会，定期对本行业、本单位党员领导干部参加组织生活情况作一次认真分析，并按报告中提出的加强对党员领导干部参加组织生活管理的意见，制订切实的措施，搞好领导班子的思想作风建设。

2008年3月25日，华谊集团下发《关于进一步加强"四好"班子建设工作的实施意见》，以"四好班子"建设为载体，推动领导班子建设，对建设"政治素质好、经营业绩好、团结协作好、作风形象好"的"四好"领导班子工作进行全面部署。明确加强"四好"班子建设要坚持以科学理论武装党员干部的头脑，以着力优化领导人员的个体素质和领导班子的整体结构为目标，突出加强领导班子的思想建设、能力建设和作风建设，提出形成共识、深化创建、考核评价、评比表彰的具体工作要求，初步形成"四好"班子建设的考核评价体系。

【领导班子配备】

企业领导班子的任期制管理　1991—1992年年底，配合股份制试点，先后完成上海轮胎橡胶（集团）股份有限公司、上海氯碱化工股份有限公司、上海胶带股份有限公司、上海三爱富新材料股份有限公司4个股份制公司的班子配备。

1992年，组建上海太平洋化工（集团）公司、上海吴淞化工总厂、上海化工工程总公司、上海化工装备总厂、亚太农用化学公司、联合化工橡胶公司、上海化工实业总公司、上海橡胶制品公司8个领导班子。是年，贯彻《国营大中型企业转换经营机制条例》大胆放权、管少管好的精神，化工局制定《上海市化工局企事业单位领导干部任免权限及程序》，下放一批行政副职的任免权限，任免和管理的干部从578名减少至267名。是年，全系统任免干部235名，其中提拔102名，调动或交流25名，被免职的有10名。

1993年，各级党组织对党的工作运行机制进行积极的探索和研究，对部分单位党政主要领导实行"双向兼职"（书记兼行政副职、副书记兼行政副职）和"党政双肩挑"。是年，任免各级领导干部137名，其中提任29名，交流5名，免职降职15名。

1994年，在领导班子配备上，结合党组织换届、任期届满和厂长（经理、校长、所长）任期届满适时调整充实领导班子。是年，对27个局属单位行政领导作重新任命。

1995年,化工局党委对4个股份制公司中的3个股份公司,利用召开董事会的机会,实行董事长和总经理职务的分离,配备体外监事长。

每年结合任期制和班子建设需要,不断调整充实完善各级领导班子的配备工作,选拔年轻干部,不断优化班子结构。

探索企业经营者竞争上岗及择优录用工作 1993年,周波提任为上海氯碱化工股份有限公司总经理;1998年8月,在其任期届满时,氯碱公司以竞聘方式公开招聘总经理,经过资格审定、公开答辩、专家委员会综合评审、董事长提名、董事会表决等环节,周波再次担任氯碱公司总经理。1997年,通过经营者竞争上岗方式,完成上海吴淞化工总厂与上海化肥公司重组后经营班子的配备。2000年12月,完成三爱富公司总经理、副总经理公开招聘及竞争上岗工作。2009年,探索开展"领军人才、骨干人才、青年人才"培养模式。

【领导班子制度建设】

随着国有企业改革的不断深入,化工局、化工控股公司和华谊集团对所属企业在重组调整的同时,探索企业领导班子管理的新方式。

1993年,先后制定《上海市化工局企事业单位领导干部管理暂行办法》《化工局干部处同基层单位联系的制度》《领导干部分类考核的标准和办法》《上海市化工局因公出国出境的管理办法》(试行)。3月,结合贯彻《国营大中型企业转换经营机制条例》精神,制定《上海市化学工业局企事业单位领导干部任免权限及程序(试行)》。《任免权限及程序》从任免权限、任免或审批程序、任免或审批手续及有关规定三个方面规范化工局对下属单位的干部管理工作。

1996年5月,化工控股公司为规范干部管理工作,按照《党章》《企业法》《公司法》《中外合资经营企业法》《工会法》以及化工控股公司作为股东依法享有的选择经营者的权利,本着干部"管少、管好、管活"的原则,制定《上海化工控股(集团)公司企事业单位领导干部任免权限及程序》。该《任免权限及程序》从干部任用的原则、干部审批(审核)的范围、干部审批(审核)程序、各单位审批干部的程序及有关规定、附则5个方面规范化工控股公司对所属单位的干部管理工作,以适应公司制后完善法人治理结构,建立现代企业制度的需要。

1998年和2005年,分别修订完善《关于领导干部管理权限及任免程序的若干规定》。

2000年起,先后制定完善《领导干部回避制度》《干部培训制度》《关于企业领导干部选拔任用工作的暂行规定》《上海华谊(集团)公司子公司监事会主席 专职董事 体外监事和财务总监管理办法》《上海华谊(集团)公司经济责任审计工作联席会议实施办法》《关于委派人员兼职取酬的规定》《关于加强人员流动中的商业秘密保护及实施企业高管人员竞业限制的若干意见》《子公司党建督察员工作暂行办法》等制度。

2005年,探索党建督察员工作制度。为贯彻中共上海市委《关于进一步完善市管国有企业法人治理结构和加强企业党建督察的意见(试行)》的精神,华谊集团党委决定,在华谊集团依法管辖的国有独资及控股子公司实施委派党建督察员制度。2005年7月,任命首批11名领导担任华谊集团所属14家二级子公司的党建督察员,并制定《上海华谊(集团)公司党委所属管理子公司党建督察员工作暂行办法》,就工作内容、工作方式、工作制度、工作责任制定规范,为有效监管,依法监控提供操作依据。

2013年,修订完善《华谊集团领导干部选拔任用工作条例及相关流程制度》。在严格执行《关于领导干部管理权限及任免程序的若干规定》的基础上,按照中共上海市委第五巡视组巡视华谊集团过程中提出的领导干部选拔任用的整改意见,梳理和完善各类干部选拔任用工作条例及相关流程制度;并将民主推荐和民主测评程序纳入领导干部选拔工作流程,完善从干部酝酿、提名推荐,到征求纪委意见、民主测评、差额延伸考察、集体讨论决策、任职谈话和任前公示、实施专项申报、组织集体谈心等选拔任用程序。

【领导班子考核激励】

1992年,完成两年一次的化工局所属28家企事业单位党政领导干部的述职考评工作。

1994年,探索激励和约束相结合的领导干部管理新路子,制定《化工局企事业单位党政正职年度考核实施意见》。每两年对局属领导班子进行全面考核,围绕经济建设坚持每季度对困难企业领导进行分析工作。

1997年5月,华谊集团下发《关于实施〈经营者年薪制和奖励办法(试行)〉的通知》,并对部分单位试行经营者年薪制和奖励办法。

从2001年起,建立以全面预算为依据,以重点工作为补充的经营业绩考核评价指标体系,将业绩考核指标权重结构设定为:(考核指标+重点工作)×70%+预算指标×30%,并参考结合市场水平,调整经营者收入水平。

2002年,出台《上海华谊(集团)公司企业经营者薪酬体系及业绩考核实施办法(试行)》。2003—2005年,对该办法进行修订完善,印发《上海华谊(集团)公司企业经营者薪酬体系及考核办法》。

2003年,依照《企业国有资产监督管理暂行条例》《上海市国有资产营运机构产权代表业绩考核暂行办法》和《上海市国有资产营运机构产权代表薪酬分配暂行办法》等有关规定的精神,结合华谊集团实际,完善出台《上海华谊(集团)公司企业领导人员考核管理办法》,用任期制考核和年度考核代替原来的双年度大小考核交替进行的做法,实行突出以任期业绩和综合评价相结合全面考核。同时开展企业经营者薪酬分配、考核激励机制的实践和探索。

2008年,根据华谊集团本部改革的要求,结合华谊集团实际,先后制定完善《集团本部绩效考核管理办法》《子公司高级管理人员业绩考核办法(试行)》《集团干部"1+X+Y"考核体系》《集团二级子公司绩效管理办法细则》《集团子公司高级管理人员薪酬管理制度(试行)》及《集团子公司高级管理人员年度经营业绩考核办法(试行)》等一系列的制度和措施。

2011年,华谊集团董事会通过《上海华谊(集团)公司高级管理人员薪酬管理及经营业绩考核办法》,按照1+X+Y的结构要求,严格落实《上海华谊(集团)公司子公司高级管理人员薪酬管理制度(试行)》《上海华谊(集团)公司子公司高级管理人员年度经营业绩考核办法(试行)》。通过签订绩效考核责任书,明确各自的目标责任,重点突出安全、主营业务收入、利润、经营性现金净流量、费用控制等关键指标在绩效考核中的作用。

2013年,为贯彻落实中共上海市委、市政府《关于深化市管国有企业领导人员薪酬制度改革的意见》的精神,强化华谊集团各二级子公司经营者责任意识,反映二级子公司高级管理人员年度经营成果,实施"1+aX+bY"薪酬考核体系,即子公司高管薪酬收入中的固定部分与业绩无关;根据全面预算要求,确定年度考核指标,于年初签订目标任务书,次年上半年结合审计结果进行考核,并按照考核方案确定考核净利润等主要指标的超额完成情况;根据企业的规模和性质再确定任期考核、安全风险抵押专项考核等因素。总体模式为:基薪1+业绩考核薪aX+业绩奖励bY+不确定。为更加有效反映当季预算执行情况,起步探索实行"红黄绿灯"警示控制。每月主营业务收入和归母净利润累进加权预算完成进度90%（含）以上的为绿灯，70%（含）~90%的为黄灯，在70%以下的为红灯。

【中外合资企业中方领导干部管理】

1991年，按《中华人民共和国中外合资经营企业法实施条例》精神，坚持党管干部原则，制定《关于上海化工系统中外合资企业中方领导干部管理的暂行规定（试行）》。

1993年，修订印发《上海市化学工业局中外合资企业中方高级管理人员管理暂行办法》。是年，预审和审批新组建的32个中外合资企业领导班子。

1994年，对新组建的16个合资企业中方领导班子进行配备。

自1987年10月建立第一家三资企业以来，截至1995年年底，化工局批准成立的合资企业有62家，总投资5.39亿美元。因各种因素撤销和准备撤销的有11家，50家三资企业中已开业的有43家。按照干部管理权限，做好这些合资企业中方领导干部的委派、考核、培训和调任等工作。

二、后备领导干部

【建立后备干部队伍】

建立局、厂处级、基层单位三级后备队伍 1991年4月，化工局党委下发《关于进一步加强后备干部队伍建设的通知》《关于上海市化工局基层各级领导班子后备干部工作的暂行规定（试行）》，明确后备干部配置范围：凡局属企事业单位均应建立该单位领导班子的后备干部队伍。配备干部后备人选的领导岗位是：党组织正副书记、行政正副职、三总师、纪委书记、工会主席。选拔后备干部时要注意选拔德才兼备的非党干部和女干部，并保持一定比例。1992年年初，全局有局、处、企事业单位领导干部的后备干部队伍1092人。1993年年底，建立起3支100名后备干部队伍，即100名优秀企事业领导干部队伍，100名厂处级后备干部队伍，100名优秀青年后备领导干部队伍。

分类考核，建立各专业岗位后备干部队伍 化工局党委要求各基层单位建立培养优秀年轻干部的目标，为青年干部的成长提供舞台，实施"设计线路、跟踪培养、动态考核、优胜劣汰、小步快走、严格要求"的办法，不断加大年轻后备干部培养的力度。截至1998年年底，全系统建立起由557名党政干部、220名优秀年轻干部、28名优秀大学生、47名三总师后备干部、91名非党后备干部、74名工会后备干部组成的6支后备干部队伍。

2001年，华谊集团建立起高级经营管理人才，政工人才，高素质营销人才，工程项目谈判和工程项目管理人才，金融、会计、审计、资产运作人才，非党干部、妇女干部等后备人才队伍，共有618名后备干部。

抓青年人才，组建"七九式"后备干部队伍 2003年，围绕华谊集团战略发展目标，将眼光瞄准那些20世纪70年代出生、90年代毕业的优秀大学生，组织开展"七九式"后备干部的选拔培养。是年，建立起一支由116名优秀年轻大学生组成的"七九式"年轻后备干部队伍。由此，华谊集团的后备干部队伍有"百人后备"和"七九式后备"的"双百人工程"队伍，同时完善充实500名各类后备干部人才库的三级网络。

2005年，经调整后的"百人工程"队伍有126人、"七九式后备队伍"有103人。"百人工程"队伍的培养方向更加细化，有经营者（生产）、高级项目管理、高级营销管理、外向型高级经营管理、党政及党群复合型、高级技术管理、高级财务（资产、审计）和特殊专业的培养方向。

落实党管人才方针,探索"YHA"人才梯次培养模式　华谊集团在2012年的人才工作会议上,推出"YHA人才培养计划"。对于青年人才(Young Star)培育,华谊集团推行"Y"计划。按照华谊集团"1+2+3"青年职业发展意见,用6年~8年时间,对2 500名~3 000名高校应届毕业生入职华谊集团的青年进行职业发展规划和引导,为华谊集团发展提供人才蓄水池。对于骨干人才(High Performer)培养,华谊集团推行"H"计划。通过分类分层的培训和跟踪培养的办法,以"251"为目标培养骨干人才,即200名综合素质过硬的华谊集团中青年后备人才、500名具有一定管理能力的业务板块和服务平台中层骨干人才、1 000名精通所在岗位业务知识并能独当一面地开展工作的专业管理人才;大力培养高技能人才,选聘20名华谊集团首席技师,200名高级技师、1 000名技师。对于领军人才(Ace Leader)培养,华谊集团推行"A"计划。先后选送优秀年轻干部17人参加中共上海市委组织部、中共上海市国资委委员会组织的培训,13名到跨国公司和中外合资企业进行实训。此外,华谊集团定期会有A类人才被中共上海市委组织部选派赴跨国企业总部实训。

【后备干部选拔培养使用的制度规范】

1994年年底,再次出台《关于进一步加强领导班子建设　大胆选拔优秀年轻干部的若干意见》。1995年,对化工局下属171家党组织的班子结构、战斗力状况做出分析;对1 054名现职领导干部的年龄结构、文化结构、专业情况做出分析;对855名后备干部现状做出分析;对7 085名20世纪80年代毕业的大专以上毕业生做出分析。制定《上海化工系统"212"育人工程》,即通过抓现职领导干部素质和能力的提高,培养和选拔20名高级管理人才;通过抓培养和选拔优秀年轻干部,3年内培养100名35岁左右的优秀年轻干部;通过抓专业人才的培养和引进,3年内培养和引进200名各类紧缺人才;使厂级领导班子的年龄结构比例达到3∶4∶3(即40岁以下占30%,41岁~50岁占40%,51岁以上占30%)。1998年,建立重点培养的"百人后备干部队伍"。

2003年,对原有的后备干部队伍建设制度再次修订,印发《关于进一步规范后备领导人员队伍建设的制度》,按照跟踪考核、动态管理的原则,各单位根据对后备领导人员的考核情况,不断地充实、调整,使各单位后备领导人员队伍始终保持充足数量、较高素质和合理结构,不断完善建立科学规范的企业后备领导人员工作长效机制。

【培养后备干部的途径】

在后备领导人员的培养中,按照"缺什么补什么"的原则,根据工作需要及其个人发展潜力确定培养方向,制订培养计划,落实培养措施,以提高后备领导人员适应现代企业要求的综合能力为目标,加强对后备领导人员的市场运作能力、战略思考能力、分析判断能力和组织管理能力的培养。

提高后备领导人员的思想政治素质　根据需要,选送局级年轻后备干部进中共上海市委党校进行为期3个月的轮训;选送年轻后备干部到中共上海市工业委员会党校、市国资委党校参加为期1个月的中青年干部轮训班学习;同时针对各个时期要求,组织年轻后备干部进集团党校进行专题轮训。

2001—2002年,利用暑期组织年轻后备干部到集团党校进行财务、精细化工等研究生课程的轮训;2003年,组织挂职锻炼及其他后备干部共33人参加思想政治工作轮训。

提高后备领导人员国际化、现代化、市场化能力和水平　加强中国特色社会主义理论及现代科技、法律、法规、历史知识和相关业务知识培训。使年轻后备领导人员真正做到讲政治、善学习、懂专业、会管理、能干事、重修养。通过选送高层次人才参加英语培训、境外培训、工商管理知识培训,培养后备领导人员国际化的战略眼光。

2002年,推荐岳群、陈耀等2名年轻后备干部参加中共上海市委组织部举办的领导干部外语培训,之后派到英国进行为期半年的国际化培训。

增强后备领导人员实际工作的才干和组织能力 通过挂职、参与重点项目建设和艰苦岗位锻炼等多种途径,使后备人才在实践中经受锻炼。

1998—2002年,先后选送黄岱列、李军和戴文涛3名后备干部到上海宝钢集团有限公司、中国石化上海石油化工股份有限公司、上海通用汽车有限公司等特大型企业进行挂职锻炼。

1996年,选送陈健等14人到天原集团等单位挂职锻炼。

2000年,选拔1名年轻干部顾立立到西藏日喀则地区进行为期3年的挂职锻炼,并做好后续跟踪了解、关心支持工作。

2001年起,分期分批抽调年轻领导人员在华谊集团内上下或横向挂职。2001—2002年抽调7名基层年轻后备干部到华谊集团本部挂职,华谊集团本部到基层挂职1人;抽调5人到华谊漕泾工程指挥部挂职,参与项目谈判或其他前期工作。

2002年,选拔13名年轻干部参加理论培训和挂职锻炼。其中,选派秦健参加中共上海市委党校第24期中青年干部理论培训班学习;选派应于舟、章长明等2名年轻干部到市工业党校参加政治理论的培训;选送5名基层的年轻干部到中共上海市工业委员会党校参加理论培训。是年起,把部分外资企业的中方高级管理岗位作为年轻后备干部培养的实训基地。

2003年,从新建立的"七九式百人工程"队伍中,开展新一轮的挂职锻炼。第一批从6家单位抽调17名优秀年轻后备干部,分别安排到华谊集团内部上市公司、发展型企业和部分困难企业等11家单位任总经理助理、董事长助理或总工程师助理等岗位,进行为期半年的挂职锻炼实习。

2005年年底,实施华谊集团第3批年轻后备人才18个人的挂职锻炼工作,他们分别来自华谊集团所属9家基层单位不同层次的管理岗位,有搞技术、营销、人力资源工作的,也有搞工会和共青团工作的,其中1970年以后出生的有12人,平均年龄为33岁,中共党员12人;他们被安排到11家子公司挂职,挂职岗位有8个岗位类别,分别为:总经理助理9人,党委书记助理2人,技术中心和设计院负责人助理3人,生产、营销和人力资源经理助理3人,财务总监助理1人。

后备干部职业生涯设计 从2002年起,坚持优选、优育的管理方法,不断加强华谊集团"百人工程"队伍和"七九"式后备干部队伍建设。2003年,下发《关于做好华谊"新百人工程"重点对象职业生涯设计工作的通知》,全面实施青年后备人才的职业生涯设计,以制定和实施适合个性特点的"职业培养计划",促成青年人才尽快成长,加大中青年干部上岗和挂职锻炼的力度。

2010年,继续调整充实后备干部队伍,建立各层次后备干部胜任力模型,制订职业生涯规划和接班计划。

【后备干部上岗锻炼】

结合企业改制改革,班子换届调整,加大向企业的党政领导岗位、技术管理岗位和关键重要岗位输送年轻干部的力度,既优化班子结构,又让年轻干部在不同单位和不同岗位进行实践锻炼,增长才干。

1991年,选送5名后备干部去中共上海市委党校学习,有2名已担任局级大型企业的厂长书记。是年,化工局还先后向中共上海市委推荐输送5人担任局级领导干部,全年提拔7名局级干部,比1990年提拔的4人多3人。

1992年,为中共上海市工业工作委员会输送10名优秀中青年(后备)干部、4名优秀企业领导干部、4名优秀青年干部、3名可培养青年干部。

1994年,充实调整后备干部队伍和"三个百人"工程的名单,初步建立"两个把手"后备人选,35岁以下年轻干部从原来的2.4%上升到8%～9%。其中4家股份制企业班子均配备一名35岁以下的年轻干部。

1995年,总结培养选拔优秀年轻干部。其中有氯碱公司年仅33岁的周波出任公司总经理,上海胶鞋公司破格选用20世纪80年代的大专毕业生张玉明为总工程师,上海化工厂将上海市"三学女状元"孙宏斌推上高分子研究所所长助理岗位等的典型事例。

2002年,调整充实一批年富力强的同志进入各级班子,调整、充实、交流企业领导人员38人,其中提任22名,同时注重使用一批年纪轻、学历层次高、综合素质好的有一定实践经验的人提拔到领导岗位上,1960年以后出生的中青年后备干部有9人进入子公司和直属单位的领导班子。

第二节　专业技术人员队伍建设

按照"科教兴司、人才强司"主方针,华谊集团不断探索对高层次专业技术人员的培养机制,先后制定《全面贯彻"三个代表"重要思想　努力建设华谊高素质的专业技术人才队伍》《关于建立企业后备技术带头人队伍制度的通知》《关于对博士人才加强管理的意见》《关于开展首席人才聘任工作的意见》《关于开展"内部访问学者"工作的意见》等制度,拓宽培养途径,建设一支素质优良、结构合理、具有较强创新能力的专业技术人才队伍。

一、开展各类专业知识培训

20世纪90年代,大规模对专业技术人员开展创造创新能力及社会主义市场经济知识的培训;举办科技英语班,提升专业技术人员的英语水平,为查阅学术资料打下基础;专业技术人员普遍参加一次轮训。开展专业技术人员"知识更新工程"和紧缺人才的培训;集中举办"工程模拟仿真""项目管理""市场营销""人力资源""知识产权""基础化工理论"等培训班。举办由中科院院士等专家主讲的"21世纪生物化工学术报告会""中国建立世界级二苯基甲烷二异氰酸酯(MDI)项目装置的管理"等专题学术报告,拓宽技术人员的知识面。

依托上海化工工程师研修基地,根据行业的特点和需要,对中高级专业技术人员开展有针对性的专业研修和培训。组织化工节能减排新技术、实验室特种设备安全防护、华谊标准数据库的使用和标准管理工作、军工配套保密制度、过程强化技术、创新知识等21门专业技术研修课程的继续教育;开办一系列研修班和讲座,如:"模拟仿真"工程师研修班、"橡胶材料"工程师研修班、"化工安全生产"工程师研修班、"聚合物"工程师研修班;"绿色化学发展沿革"讲座、"化工企业可持续发展与清洁生产"讲座、"合成燃料技术进展"讲座等。开设过程强化设备、化工专用实验技术、液相色谱应用技术、催化剂制备技术及分析、高分子材料与功能材料、组合分离过程强化技术、化工仪器类型及维护、均匀设计方法及应用等20多门专业线条培训科目。形成化工工程师三个层次知识(专业知识、系统知识和社会知识)、三类职业能力(专业能力、工具使用能力、沟通表达能力)、五大课程模块(专业课程模块,知识拓展模块,先进技术模块,项目实践模块,案例分析模块)的培训课程,还以化学工程及相关专业为主要研修方向,为高级工程师开设ASPEN软件课程,采取授课培训、学术报告、专题讲座、研讨会等形式,不断完善培训课程,促进专业技术人员的知识更新。

二、委托高校专业机构定向培养

【委托知名高校定向培养各专业的硕士和博士研究生】

(1) 2000年,委托复旦大学举办精细化工专业研究生课程进修班、上海财经大学举办会计专业研究生课程进修班。在华谊集团子公司招收2个班,招收对象是具有本科学士学位毕业后工作3年以上,或大专工作毕业5年以上的在岗专业技术人员,研究生课程进修班学制2年。复旦大学精细化工专业研究生课程进修班有31名学员,上海财经大学会计专业研究生课程进修班有41名学员。

(2) 2002年4月—2004年3月,委托浙江大学举办化学工程专业的"仿真和优化方向"工程硕士班,学制2年。上课地点在集团党校,毕业论文答辩在浙江大学,毕业设计的课题均来自各企业,华谊集团所属子公司的28人参加学习,并拿到工程硕士学位。

(3) 2006年9月,与华东理工大学携手合作,对从事企业经营管理、专业技术工作,学历在大学本科和硕士以上的在职后备领导人员和专业技术人员,开展学历学位培训。通过入学考试,18人就读博士班,75人就读相关专业的工程硕士班。

(4) 2008年4月23日,华谊集团从培养和造就一批精通审计业务的高层次审计人才角度出发,委托上海财经大学举办研究生课程进修班,来自华谊集团子公司的54名学员参加为期2年的研修班。50名学员获上海财经大学颁发的"审计管理"研究生课程进修结业证书。

(5) 2008年,华谊集团在开办审计研修班的基础上,实施与西安交大联合开展MPACC(审计方向)专业学位联合培养项目,27名员工参加西安交通大学会计硕士(MPACC)的考试;2013年9月,参加全国研究生入学考试;2014年3月起,入学攻读会计硕士学位。

【与国内知名培训咨询机构合作培养一批项目经理】

华谊集团与中国(海南)改革发展研究院进行战略合作。通过点名调训的形式,举办项目经理培训班。

2013年4月8—20日及2013年10月10—24日,连续举办两期项目经理培训班,华谊集团五大业务板块的主要二级公司的分管领导及部门经理75人参加培训,华谊集团领导专程赶到海口为学员们进行精彩授课,73人获"上海华谊集团业主项目经理"资格证书。

【培养具有国际眼界的专业技术人员】

华谊集团加强与上海国际基金交流会、上海市引智办和中国国际人才交流协会的合作。从2001年起,选送优秀专业技术人员赴中国香港参加香港理工大学举办的"中国工业企业高级人才"培训班,累计约有200人参加培训。2003年和2004年,分别组团赴法国、加拿大进行现代人力资源管理培训,学习先进管理经验。2013年,拓展海外培训方式,6人赴德国参加清洁生产培训班,1人赴加拿大参加"企业内部审计监督体系建设及海外并购的风险控制"的培训。

三、建立高层次专业技术人才培养机制

【建立博士后科研工作站】

1998年4月,成立上海华谊(集团)公司博士后科研工作站,是继上海宝钢集团有限公司、中国

石化上海石油化工股份有限公司之后,较早成立的企业博士后科研工作站之一。

华谊集团博士后科研工作站发挥高等院校、科研院所的人才与科研优势,实行产、学、研相结合,与上海市流动站单位建立良好关系,联合培养企业博士后。工作站主要以华谊集团发展规划为指导、以科学发展观统领全局、以产业化为目标,整合资源、借助外脑,全面提升技术创新能力,持续为博士后提供科研项目,项目具有科技研究的前瞻性和工业应用的实用性。

华谊集团博士后科研工作站注重博士后开题、中期考核、出站等各环节制度建设。工作站择优聘请高等院校的著名学者以及具有丰富实践经验仍在一线工作的企业技术带头人担任博士后指导教师。在站博士后承担的课题,多数是化工行业内的前沿课题,研究项目涉及能源化工、化学工程与环境、先进材料、精细化工等专业领域。其中有3个课题获上海市博士后基金资助。博士后主持和参与研究省部级项目11项,其中作为项目负责人的有5项;发表论文19篇;申请发明专利25篇,其中9篇获授权。

华谊集团博士后科研工作站制定博士后管理办法,完善和充实培养机制,加大对外学术交流,并为在站的博士后研究人员提供研发经费和生活经费,为博士后开展科研工作提供良好的环境。

1998—2013年,华谊集团博士后科研工作站招收18名博士后研究人员:葛剑敏(同济大学)、张永明(上海交大)、高光涛(上海交大)、李俊岭(清华大学)、鲁文质(华东理工)、李雪梅(复旦大学)、陶志峰(复旦大学)、唐建远(同济大学)、杨旭石(复旦大学)、廖湘州(复旦大学)、孙朝阳(华东理工)、于小芳(复旦大学)、徐烨(复旦大学)、卞卿卿(华东理工)、朱晓亮(华东理工)、李慧(复旦大学)、孙帆(华东理工)、祝然(华东理工)。

华谊集团注重博士后的职业发展,根据发展战略,提供符合条件的优秀博士后出站后在华谊集团内工作的机会。截至2013年年底,出站考核为优秀的博士后,有10人留在华谊集团工作,其中7人已成为科研骨干。

【注重高级专业技术职务的晋升】

破格晋升 1995年,在上海市职称改革政策的允许下,化工控股公司为促进优秀青年人才脱颖而出,开展破格晋升高级工程师的尝试,将一些在生产一线,技术水平高、业务能力强,确有真才实学的优秀青年人才破格评聘到高级岗位上来;评审中,改变单位写材料推荐,评委看材料评审的单一选拔模式,采用公开面试和定性定量相结合的评审办法,注重评审对象在工程师任职期间取得的成果及在生产科技活动中的应用价值,更注重业绩能力、潜在能力和可发展前景的综合评价。是年,有37名工程师破格晋升为高级工程师,充实高级工程师队伍。

青年高工评审专场 2006年,华谊集团加大青年高级工程师的评审力度,开设华谊集团青年高级工程师评审专场,对已拥有工程师资格的人员进行一次梳理,重点推荐一批在科研开发和生产一线中取得一定工作业绩、德才兼备的青年工程技术人员参加青年高级工程师评审专场的评审。华谊集团成立2个专业评审组,所有申报人员均参加专业组面试,面试内容为工作中的创新点及亮点、工作中解决的难题和即兴英语口语;通过面谈交流,评委专家进一步了解申报人员的基础理论水平、工作业绩、业务能力;挑选出在专业组面试表现突出人员,为他们提供展示才华的舞台,在高级工程师评委会议上与全体评委见面,汇报工作业绩和解决的技术问题。华谊集团青年高级工程师专场评审,经过3个半月的推荐、选拔、面试答辩、专业组讨论、评委会评审,在上报评委会评审的47人中,有42人通过评审具备高级工程师的任职资格。

【后备技术学科带头人培养】

2003年,经各单位推荐和专家审定,确定一批后备技术带头人。后备技术带头人被推荐的对象是政治素质好、能刻苦钻研、积极进取、有良好的职业道德、事业心强、并具有一定业务水平,有培养潜力的40岁以下的科技人员。华谊集团根据每个人的具体情况,分别制订针对性较强的培养培训计划,聘请高校教授和系统内的教授级高级工程师作为指导老师,并落实具体带教措施。

表8-4-1 2003年华谊集团第一批后备技术带头人与带教导师情况表

导师单位	姓　名	带教对象	导师单位	姓　名	带教对象
华东理工	戴迎春	王勤获	工程技术大学	徐子成	马建学
复旦大学	邵正中	袁茂全	复旦大学	高　滋	张春雷
华东理工	高晋生	应于舟	复旦大学	江　明	吴存雷
同济大学	余卓平	钱瑞瑾	复旦大学	府寿宽	俞剑峰
华东理工	房鼎业	曹智龙	有机所	吴毓林	乐一鸣
华东理工	韩哲文	粟小理	有机所	任伟生	詹家荣

培养时间为2003年9月—2006年8月。后备技术带头人和指导老师充分沟通后制订出一份3年的培养计划:以自学为主,带教老师定期指导为辅;学习时间基本业余,每周安排一定的时间脱产学习,加强专业基础理论知识的学习,同时根据所从事的专业工作和今后专业发展方向,有针对性的增加相关专业知识的学习,拓宽知识面;优先提供国外学习进修和参加学术交流的机会;3年培养期结束后,由专家对后备华谊技术带头人进行学习知识的答辩和考试。

2006年3月起,华谊集团每月举行一场学术报告会(每场2位同志主讲),培养对象精心准备(3月为袁茂全,4月为张春雷和詹家荣,5月为粟小理和应于舟,6月为乐一鸣和马建学,7月为俞剑峰和吴存雷,8月为曹智龙和钱瑞瑾)与专业技术人员分享学习成果,华谊集团组织专家对培养对象的学习、论文撰写和发表、项目实施和完成、专利申请、成果获奖等情况进行综合评估和考评,12名后备技术带头人通过考核。

为形成后备技术带头人的梯队建设,华谊集团各二级子公司也建立起137名企业级后备技术带头人的队伍,华谊集团人力资源部进行实时跟踪。

2007年,根据《集团建立企业后备技术带头人队伍制度》要求,华谊集团筛选并确定36人为第二批后备技术带头人。

【开展内部访问学者活动】

为推进人力资源"一体化",发挥业内人力资源作用,形成人才开发合力,促进华谊集团发展,在华谊集团内企业间开展"内部访问学者"工作。

"内部访问学者"对象是具有较为坚实的理论基础和专业知识,有较强的独立从事科研工作的能力,并具有一定的实践经验的优秀科研人;访问学者可以到对方企业学技术、学管理、学科研开发思路和科研方法;也可以由派出单位的访问学者带课题去对方单位完成科研任务,或参与对方的课题研究;也可以双方以项目为载体,共同研究开发。

首批试点的上海华谊丙烯酸有限公司（简称"丙烯酸公司"）、氯碱公司和焦化公司就与派出和接受的"内部访问学者"签署协议。"内部访问学者"访问时间一般为3个月到半年，采用松散型形式。为推进创新人才培养途径的工作，华谊集团对保密事宜、知识产权归属等做出明确的规定，并就加强"内部访问学者"工作的管理和考核提出意见，并制订相应的操作规程。

【首席人才和技术专家及科技明星的选拔】

首席人才 2006年12月，集团实行首席人才聘任制，首席聘任制在华谊集团各个专业领域实行，包括工程技术、财务审计、资产运作、经济管理和高技能技术工人等各方面。首席人才产生采用本人报名、组织推荐与同行专家评审相结合的办法；首席人才必须德才兼备，在重大工程建设项目、重点科研开发项目、财务审计、资产运作、经济管理和工艺操作流程及生产过程中业绩拔尖；首席人才岗位应是各类岗位中的最高岗位。被聘任为首席的人才，给予享受相应的待遇，所给待遇可以超过本单位中、高级管理人员。经各子公司认真酝酿、选拔推荐，华谊集团评审，聘任蒋永昶等12人为上海华谊（集团）公司首批首席人才。

表8-4-2 2006年华谊集团首批首席人才情况表

单位名称	姓名	首席岗位名称
上海氯碱化工股份有限公司	蒋日昶	首席电工
上海氯碱化工股份有限公司	沈元升	首席电工
上海吴泾化工有限公司	叶维贤	首席醋酸装置技师
上海吴泾化工有限公司	王云霄	首席醋酸装置钳工维修技师
上海焦化有限公司	范永福	在线仪表首席工程师
上海焦化有限公司	汪峻	分析仪器维修首席技师
上海焦化有限公司	何毅力	深冷气体分离装置大型运转设备首席检修师
上海焦化有限公司	汪徐峰	首席DCS控制系统工程师
上海焦化有限公司	胡海燕	首席特种材料焊接工艺工程师
上海涂料有限公司	邹沪光	首席顺酐装置技师
上海轮胎橡胶（集团）股份有限公司	陈伟彬	首席口型制作工
上海轮胎橡胶（集团）股份有限公司	郑敏刚	首席钢丝压延操作主手

技术专家 为培养和造就一批技术带头人，华谊集团评选并聘任"生产技术、科研开发人才技术专家"。技术专家分为华谊集团技术专家、华谊集团高级技术专家、华谊集团首席技术专家3个等级。技术专家的评选坚持公开公正、竞争择优、注重创新、突出实绩的原则，是从华谊集团各业务板块公司、服务平台公司、技术研究院直接从事生产技术、科研开发的人才中评选产生。技术专家每3年评选一次，评选通过后，由华谊集团命名并颁发聘书，聘期为3年。技术专家的选聘，注重技术创新能力和工作实绩，注重职业操守，直接从事生产技术、科研开发工作，为华谊集团和所在单位做出较大贡献；在同行中具有一定的影响力，具有高级工程师及以上专业技术职务资格，且取得相关专业博士学位并在相关领域工作5年以上，或取得相关专业硕士学位并在相关领域工作年限8年以上，或

取得相关专业学士学位并在相关领域工作10年以上,获市级以上科技进步奖,并做出重要贡献;主持或参加过"华谊集团级"重大科研、工程或技改项目,取得明显的经济和社会效益,具有较强科研水平和解决实际问题能力,掌握相关领域核心技术,并在行业内处于领先地位,有较强的团队引领能力和后备技术人才培养能力。2012年12月,华谊集团聘任的技术专家是:庄岩、苏红斌、应于舟、蒋琦。

科技明星 2000年,华谊集团首届科技大会召开,会议大力宣传为技术创新做出贡献的优秀专业技术人员,表彰奖励有特殊贡献的专业技术人员,其中有技术创新标兵、科技功臣等,先后有近百名专业技术人员获华谊集团荣誉。

【"YHA"人才培养战略】

2012年12月,华谊集团召开人才工作会议,推出"YHA人才培养计划"。会议颁布华谊集团首席技师选拔和管理、技术专家评选和管理、员工多通道职业发展、校园招聘、培训管理等多项政策和制度。提出培育青年人才的"Y"计划,实现骨干人才培养"251"目标的"H"计划和打造领军人才的"A"计划。

第三节　技能等级人员队伍建设

一、开展各类技术岗位培训

依托上海化工教育培训中心、上海化工高级技术工人培训中心、上海市高技能人才培训基地,持续不断地为各企业提供各类工人技术岗位的应知应会培训。培训的工种有:化学分析工(初级、中级、高级)、维修电工(初级、中级)、有机合成工(初级、中级、高级)、橡胶制品成型(初级、中级)、塑料挤出造粒成型工(初级、中级)、高级化工操作工、高级化工检修电工、无机反应工及班组长培训等。截至2013年年底,华谊集团在岗技术工人8 293人,其中高级技师115人、技师640人。

二、开展技能登高活动

华谊集团、化学工会和团委坚持两年一次组织开展华谊集团技术比武。

2008年,参加全国DCS技能大赛,有1名选手获"金奖",1名选手获"银奖",2名选手获"铜奖"。另有2人获上海市职业技能比赛多媒体制作二等奖。

2011年,参加全国石油和化工行业协会的化学分析、集散控制系统(DCS)、化工仪表等技能大赛,3支代表队均获"三等奖",2名选手获"全国行业协会技术能手"称号。

2013年,承办第六届全国化工行业职业技能竞赛活动,参加化学检验工工种的两支队伍同获"一等奖",参加化工总控工的队伍获"二等奖",1名选手获"全国技术能手"称号,9名选手获"全国石化行业技术能手"称号。

三、提升高技能人才素质

【抓基础提升文化素质】

2005年,华谊集团委托上海应用技术学院举办化工工艺(学制3年)大专班,华谊集团所属一线操作岗位的56人,通过入学考试参加学习,学习课程有：无机与分析化学、有机化学、物理化学、实验化学、化工原理、化工机械与设备、化工工艺学、有机合成单元反应、反应工程、分离工程、化工热力学、环境与安全工程、化工仪表等。

【"带高徒"提升技能等级】

华谊集团制定《关于开展名师带高徒活动意见》,选择具有精湛技艺又有较深专业理论知识的各类名师或具备一技之长的技术能手作为师傅,选择具有专业基础知识、一定技术等级又有发展潜力的技术工人作为徒弟,在生产岗位上以"名师带徒"的方式带教,提升一线操作员工的技能等级。有150对高级技师、技师和青年技术工人签订协议书,结对进行"名师带徒"带教,带教结束后,有100余名技术工人的技术等级晋升到技师。

【拓展合作提升理念】

2007年,与荷兰VAPRO公司合作,引入欧洲的安全、质量和环保理念,共同开发HSEQ培训项目,将欧洲在安全、环保和质量管理方面的通用标准推广到华谊集团的一线生产岗位,培训一线技术工人。是年,培训11名企业培训师和120名一线技术工人。

【强培训提升管理技能】

2012年,华谊集团出资组织基层班组长的集中培训班,310名班组长获上海市总工会颁发的班组长证书。针对技能人员取证后的理论不足,举办由75名技师和高级技师参加的为期10天的继续教育。

【首席技师选拔】

2012年12月,华谊集团制定《集团公司首席技师选拔管理办法》。华谊集团在各二级单位选拔的首席技师基础上,选拔和聘任在行业内表现突出、在职业领域中的技术技能带头人作为华谊集团的首席技师。是年,华谊集团聘任的首席技师是：王家根、朱杰、刘广耀、李君、吴珍妮、郑敏刚、黄红雄。华谊集团在技术工人中开展评选"2001—2003年度技术工人明星""2004—2005年度技术工人明星"活动,有20名技术工人明星在华谊集团第二届、第三届科技大会上受表彰。

第五章 人员分流与再就业

第一节 减员分流

1997年3月28日,根据国家和上海市产业结构调整及再就业政策,上海华谊(集团)公司化工再就业服务中心成立。华谊集团成立以董事长、总裁为组长,工会主席为副组长,各子公司(总厂)主管领导、各部门负责人组成的再就业工作领导小组;并成立以总裁为主任,各部门负责人组成的化工再就业服务中心管理委员会,领导和协调华谊集团再就业工作。华谊集团"化工再就业服务中心"办公场地设在上海市长宁区东诸安浜路165弄35号,占地面积近400平方米,拥有1个劳务洽谈大厅,3个培训教室,3间办公室。在上海市各控股(集团)公司中,华谊集团"化工再就业服务中心"的劳动力市场招用工信息首家实现全市电脑联网。

华谊集团再就业工程启动后,通过组织落实,制度保证来规范"化工再就业服务中心"的操作和正常运转:一是形成较为完整的文件体系,根据上海市政府及有关部门的政策精神,先后制定符合华谊集团实际的22个文件和一系列附件图表组成的文件体系。二是明确管理委员会的议事规则,重大问题由华谊集团"化工再就业服务中心"管理委员会讨论决定。三是组成"化工再就业服务中心""化工再就业服务分中心"和工作站的三级工作网络。"化工再就业服务中心"的运作,按照"稳进快出、量出为入"的原则,严格把好进口关,进中心的企业重点是破产和困难企业,工作的重点是解决"出口"问题,拓展就业渠道。

华谊集团先后制定一系列再就业工程的具体规定,如《上海华谊(集团)公司再就业服务中心实施细则》《上海华谊(集团)公司再就业服务中心对托管人员进行管理的暂行办法》等,从政策上帮助各企业减轻负担,指导职工转岗再就业,妥善安置一大批下岗待岗职工,加快职工进入劳动力市场的步伐,促进全行业经营机制的转变,部分减轻企业遗留的历史负担,为华谊集团的调整和发展创造条件。

截至1997年6月底,"化工再就业服务中心"先后成立医药、塑料、染料、胶鞋、装备、太平洋、化工原料、上海硫酸厂、上海溶剂、建设、轮胎代管等公司(行业)、直属企业的18个分中心和147个工作站。

"化工再就业服务中心"成立后,坚持与用工单位签订劳务协议,通过明确双方的权利和义务来建立合作关系。坚持与所有劳务输出员工按《上海市劳动合同条例》的要求签订"劳动合同"和"劳务合同",既稳定劳务合作关系,又保证职工合同期内的劳动权利,维护职工的合法权益。坚持以优质和周密的跟踪服务管理,使再就业人员"体面就业,稳定就业"。"化工再就业服务中心"还致力于职介所劳务输出平台的建设,为化工职介所提供大量的用工岗位,为下岗待岗人员集中管理工作提供配套服务。

截至1997年12月底,华谊集团员工进入"化工再就业服务中心"有22 962人,分流人数为18 241人,分流率达79.4%。上海市下达指标为60%,华谊集团超指标15.9%;其中减去劳务输出等3 662人,实际退出"化工再就业服务中心"人数为14 579人,退出比例64.1%,上海市下达指标为50%,超指标14.4%。

表 8-5-1　1997年华谊集团员工退出"化工再就业服务中心"人数情况表

序 号	渠 道	人 数	退出人数占比（％）
1	市场招聘录用	2 780	19
2	自谋出路	1 622	11
3	协议保留劳动关系（简称"协保"）	2 988	20
4	提前退休	3 362	23
5	承诺提前退休	1 512	10
6	死亡或正常退休	2 304	16
7	丧失劳动能力转回企业	11	—
合 计		14 579	—

1998年5月，华谊集团制定《关于进一步做好托管人员分流出中心的工作意见》，提出做好托管人员分流出"化工再就业服务中心"的工作意见，把托管人员分流出"化工再就业服务中心"的途径分为开拓性分流、激励性分流、推荐性分流和政策性分流四大类；通过发展主营、调整生产布局、主辅业分离等举措，理顺和规范劳动关系，增加劳动岗位，吸纳安置"化工再就业服务中心"的托管人员、拓宽就业渠道，确保华谊集团再就业工作稳步推进。

1997—2000年，华谊集团通过市场就业、协保，退出就业岗位三大途径开展工作，减员60 379人。其中通过市场职介就业9 861人、自谋出路9 946人、签约协保16 757人、停薪留职1 580人、企业退养1 139人、提前退休和承诺退休11 338人、丧劳682人、退休等9 076人。

2002年，组织1 101人次参加各种技能培训班，提供就业岗位1 776个。组织3 338人参加各类应聘，组建非正规劳动组织17家，申办劳务企业14家，增加就业岗位288个。

2003年，华谊集团成立企业调整平台——上海华谊集团企业发展有限公司（简称"企发公司"），承担华谊集团企业调整、清理及人员分流等工作。围绕华谊集团再就业工程提出的工作目标，企发公司采取措施，稳妥开展"化工再就业服务中心"托管人员的分流安置工作。

是年，华谊集团减员7 097人，新增就业岗位4 202个，从业外拓展就业岗位2 500个，组织3 200名下岗员工职介应聘，落实635名下岗员工再就业。新认定劳动服务企业12家，安置失业协保人员791名。组织833名下岗员工进行再就业培训，为2 128名员工进行职业技能鉴定。

2004年，华谊集团减员7 685人。5月，按照"集中管理、收支分离"的目标要求，华谊集团人力资源部对下属国有企业调整中离岗人员的集中管理问题，制定《关于离岗人员集中管理的实施意见》。《实施意见》明确工作目标、范围和对象、形式和步骤、管理职责、资金来源和支付标准、综合管理等内容；并要求用1年～2年的时间，实现由企发公司对华谊集团内国有调整企业的下岗待岗人员进行集中管理，通过劳动力市场实施再就业。

2005年，华谊集团减员7 693人。

2007年，做好离岗员工管理和再就业工作，制定信访、稳定工作流程，形成调整接盘工作标准化管理体系。是年，华谊集团有23 279名非在岗员工纳入集中管理；开发、采集、提供就业岗位1 698个，组织职介应聘1 035人次，应聘录用616人。

2008年，重点针对中远公司、上海化工厂有限公司的调整，组织由业内外200多家单位参加的两场专场招聘会,提供岗位1 637个。是年,提供业内外岗位6 360个,职介2 278人次,面试1 817人,录用上岗1 356人。

2009年,华谊集团关停调整企业201家,投入调整及员工安置资金4.54亿元,减员4 941人。是年,提供再就业岗位6 878个,提供职介服务1 874人次,面试1 839人次,录用上岗1 042人次。

2010年,华谊集团减员9 873人,提供业内外各类岗位2 000余个,提供各类职介服务1 104人次,录用上岗767人次。对于期望自主创业的员工,坚持按政策许可的最高限度给予补偿。

2011年,华谊集团关停调整企业80家,减员15 011人。下拨协议解除劳动合同费用2.76亿元,提供各类岗位5 000个,职介服务1 230人次,其中由企发公司安置的员工602人。在对调整企业人员实施集中管理过程中,重点关注特殊群体,为122名离岗的"老工伤"人员办理统筹管理手续,切实解决员工的后顾之忧。为平稳推进人员分流工作提供有力支撑。

2012年,华谊集团减员1 580人。在企业改革调整过程中,帮助有就业意向的员工实现再就业,提供业内外岗位2 577个、各类职介服务757人次。

2013年,华谊集团减员3 391人。华谊集团联合上海市总工会和社区,组织举办多场业内外招聘会,提供各类岗位3 839个,为员工再就业创造条件。

第二节 疏导维稳

从20世纪90年代中期起,随着企业的改制和发展,大批职工下岗或转岗,离开原来的企业。职工的"铁饭碗"被打破,切身利益受到冲击,产生各种思想问题,华谊集团及时开展疏导维稳工作。

1997年3月23日,华谊集团成立化工再就业服务中心,开展再就业工程。化工再就业服务中心成立的第一年,就制定"职介公司对协保人员实现优先序列""酌情放宽协保人员在企业就医待遇""中心与企业共同承担一项就业技能培训费用"等政策,解除协保人员的部分后顾之忧。接着,结合下岗待岗人员的具体情况,开展谈心和家访活动,有针对性地做好政策宣传工作。化工再就业服务中心的18个分中心在开展工作中,对下岗待岗人员的过激行为做到骂不还口、打不还手,用政策和温情安抚他们。

2003年8月,企发公司成立后,先后托管数家华谊集团原二级公司,进行破产等调整工作。本着对职工利益、改革发展、社会稳定负责的态度,企发公司稳妥推进企业调整中的人员分流安置工作。一是防患于未然,做好排摸、预案制定工作。二是对涉及劳动争议、历史遗留问题等疑难问题,召开有律师参加的劳动争议调解会,为化解矛盾提供政策及法律依据。企发公司对下岗待岗人员不只是在劝他们离岗时百般做工作,在他们离开企业后仍然给予适度关心。

劳动密集型特征相对突出的胶鞋公司和橡胶制品公司在破产前夕,分别成立上海帮尔劳服公司和上海保尔劳服公司,主要承担对下岗待岗和退休职工集中管理工作。作为华谊集团调整平台的企发公司先后吸纳有管理对象2.2万余人、离岗职工2 400余人的这两个劳服公司。为管理和服务好这些下岗待岗职工,企发公司成立区域工作站,就近为下岗待岗职工服务,推出包括职介、培训、政策咨询、创业指导、保险理赔、开具各类证明、财务报销、办理退休和各种能力鉴定等在内的十项服务措施,有力有效开展疏导维稳工作。在职介过程中,工作人员多方联系,广泛收集信息,一听到哪些岗位需要人,马上想方设法通知适合岗位的下岗待岗职工,白天联系不上就晚上联系,电话联系不上就上门通知。在办理退休和各种能力鉴定方面,企发公司更是想尽办法满足职工的需求,提供及时专业的服务。

第三节 帮困送暖

1994年6月13日,上海化工职工救急济难基金会成立。化工局副局长张培璋任名誉理事长、上海市化学工会主席陈惠莹任理事长、化学工会副主席王素芳和化工局财务处长张亚曼任副理事长。该基金会由化工局拨款50万元、化学工会拨款50万元、各级工会集资60万元,合计金额160万元。

1994—1996年,化工局、化工控股公司和华谊集团建立三级[局(集团)、公司、基层]帮困基金组织,增强帮困送暖的实力,筹集帮困基金2 000余万元。

多措并举制定帮困工作制度及办法,解决离岗职工的实际困难。通过开展"资金帮""就业帮""培训帮""创业帮""医疗帮""助学帮""节日帮""地区帮"等,解决离岗职工的家庭困难。

一、资金帮

1994年,对包括离岗职工在内的特困职工60人给予帮困补助,补助金额1.71万元。对全系统患重病、绝症、下岗待岗特困职工以及企业拖欠职工医疗费情况进行书面调查,并建立特困职工档案,对重点职工重点帮。

1995年,元旦春节期间,化工局党政领导分多路对困难企业、特困职工和特困退休老人进行登门慰问,上海化工职工救急济难基金会、上海化工职工解困基金会和上海市化学工会(简称"化学工会")拨出41万余元用于帮困送温暖,慰问补助30个困难企业、50个特困职工家庭和21位特困老人。

二、就业帮

1995年,为200多人次提供就业机会,以保障职工的基本生活。1996年,通过化工系统建立纵横向"再就业"工作网络,及时了解离岗职工的情况,传递用工信息,开展职业介绍工作;通过与上海市总工会(各区总工会)、上海市妇联(各区妇联)职介所联网,组成一个横向工作网络,从社会上获得用工信息,拓宽"再就业"信息渠道。是年,为828名下岗职工安排就业。

是年,开展特困人员的调查摸底并落实解困措施。华谊集团及各企业通过"四上四下"调查,并通过所在区、街道、居委会的核对,排摸出华谊集团内65个企业中589名特困职工,其中丧失劳动能力的487名,家庭困难急需再就业的102名。

1997年,化学工会配合行政制订下发《化工系统在实施人员分流推进再就业工作中做好工会工作的若干意见》,各级工会在实施人员分流推进再就业过程中"发出声音、走好程序、架起桥梁、扶助贫困"。是年,安排619名下岗待岗职工重新上岗,其中女职工278名。

2000年,华谊集团相关部门深入到调整力度大、分流任务重的企业,宣传再就业政策,指导再就业工作,为下岗待岗职工提供技能培训和就业信息。是年,1 082名下岗待岗职工得到技能培训,1 168名下岗待岗职工实现再就业。

2002年，华谊集团化工再就业服务中心先后为60余名下岗待岗职工提供职介服务，有16人被上海市救护中心录用为担架员，为3人争取到上海市"4050"项目。6月29日，华谊集团在焦化公司举办专场招聘会，百联、良友、仪电和电气4个集团也率领旗下企业在招聘会现场设摊招聘，为华谊集团15家企业的分流员工提供319个岗位。

三、培训帮

1996年，建立206名"三最"（生活最困难、就业愿望最迫切、自身条件差转岗困难最大）职工档案和100名定向帮困职工档案。华谊集团出资5万元成立上海市女职工周末学校化工分校，为下岗待岗职工，特别是女职工提供转岗培训服务。是年，开办电脑班、营业员、营销员和蜡艺操作培训班，培训下岗待岗职工213人。

1998年，双钱集团对二、三线人员进行减员分流，分流1235人次，分流率达88%。为提高下岗人员的再就业能力，开办各类技能培训班12个，参加人员达110人次，先后有35人次职工通过招聘重新上岗或自谋出路寻找到新的工作岗位。

2000年，华谊集团为1082名下岗待岗职工开展技能培训。

四、创业帮

2000年，华谊集团与化学工会共同出资建立化工职工创业基金，帮助和扶持非正规就业组织。12月底，创业基金达近百万元。华谊集团召开再就业工作表彰会，表彰一批开发岗位促进就业的好厂长、再就业优秀职介员和自强不息再就业个人。

2003年，袁志刚等6人被上海市总工会授予"上海市百强生产自救带头人"光荣称号。华谊集团组织拍摄《走出企业、走向创业》再就业专题电视片，在《上海华谊》报上连续刊登再就业带头人的先进事迹，以身边人事迹宣传引导自主创业。是年，帮助517名职工重新就业。

2004年9月，华谊集团人力资源部制定《关于进一步做好促进就业工作的若干意见》《关于构建职介　信息网络　加强就业指导工作的实施办法》《关于就业培训经费补贴和援助的实施办法》和《关于调整企业实施人员分流工作程序的暂行规定》4个文件。各基层单位落实促进就业工作责任，创造就业岗位；设立促进就业工作专项资金，鼓励广开就业门路；推进企业改制，依法处理职工的劳动关系；构建职介、信息网络，加强就业指导工作；加大就业培训力度，提升职工市场就业能力。是年，职业介绍1575人次，成功564人次。

五、助学帮

2005年，开展"手牵手传递爱心"——助学帮困主题活动。精心组织《托起希望的太阳——上海华谊（集团）公司帮困送温暖爱心捐赠　结对助学　征文集》首发仪式，天原集团等7家企业捐赠140万元，华谊集团党政领导率先垂范，每人与困难职工子女结对助学；组织7位困难职工子女与上海市级机关党组织结对助学，组织32位困难职工子女与中共上海市委党校、市公安局文化分局、市消防局、市老干部局、上海国家会计学院、市国资委等机关党支部结对助学；组织17位困难职工子女与华谊集团本部党委所属支部结对助学；牵线帮助24位困难职工子女与丙烯酸公司等5家单位结对助学。秋季开学前,化学工会组织"华谊职工子女看华谊"活动;召开"金秋助学座谈会",华谊集团领导向出席座谈会的29位困难职工子女赠送书包、书籍等学习用品,还分别向各自的结对对象赠送助学金。是年,有1610位困难职工子女得到66.64万余元的助学帮困金,有616位困难职工子女与各级党政工领导和党组织结对助学。

六、地区帮

2006年,华谊集团近30人次的困难职工得到社区的"助困、助医、助学"等救助,100多人次得到职业介绍资助。配合杨浦区殷行、大桥、控江等街道工会还对区域内的400多名华谊集团下岗待岗职工进行全方位的摸底调查。华谊集团构建帮困救助长效机制,制定《化工职工救急济难基金会章程》和《化工职工救急济难基金会基金使用办法》。是年,对各类帮困对象重新进行调整,做到"该帮的一个不漏"。

是年,企发公司通过化工职介所、社企联手等渠道为下岗待岗职工及家属职介254人,面试119人,录用上岗38人。是年,华谊集团特困下岗待岗职工在属地殷行街道帮助下获10个公益性岗位,实现再就业。

七、医疗帮

2007年,华谊集团继续做好帮困送温暖工作。以三大节日为重点,做到"主动帮、全覆盖、不遗漏、求实效",上海化工职工救急济难基金会筹集22.86万元资金,对216名特困职工和13个困难行业(企业)实施慰问救助,对300名患大病职工发放帮困金。是年,华谊集团有18612人(次)职工得到不同程度的帮困,帮困金额达7908593元,上门探望7550人(次),有各级领导1894人次参加送温暖活动。开展"一日捐"献爱心活动,有28513名职工参与献爱心,捐款893064元。

八、节日帮

2008年,华谊集团党政工举行华谊集团元旦春节送温暖活动。华谊集团党政分别向上海化工职工救急济难基金会、上海化工退休职工解困基金会捐赠100万元和50万元帮困款。上海化工职工救急济难基金会向部分困难行业工会下拨帮困送温暖活动启动资金32.6万元,并向部分外来务工人员赠送御寒滑雪衫。是年,华谊集团领导分11路走访慰问30多户困难老劳模和职工(退休职工)家庭。是年,送温暖总人数达17514人次,金额达693.02万元,走访困难职工家庭达5277户。

2011年,华谊集团内开展募集帮困基金活动,27家子公司、直管单位捐资2012万元,充实华谊集团帮困资金。是年,帮扶困难职工11181人次,帮扶金额达675.91万元;1048人次的各级领导干部走访慰问困难职工家庭5251户,建立困难职工档案2095户。

第四节　拓宽再就业渠道

华谊集团成立化工再就业服务中心后,加强再就业政策宣传,开展劳动力市场建设,拓宽再就业渠道；以提高职工就业技能为重点，以市场需求为导向，将技能培训同行业生产布局调整、开拓就业新岗位紧密衔接，帮助职工重新上岗。

1999年7月，根据上海市再就业领导小组办公室的有关规定，华谊集团组建上海华谊劳务服务有限公司（简称"华谊劳务公司"）。华谊劳务公司主要职责：一是为进化工再就业服务中心期满仍滞留的人员退出中心提供通道；二是为华谊集团的离岗职工提供就业帮助。

华谊劳务公司不断开发新的岗位资源，为华谊集团调整工作提供就业平台的配套服务。如胶鞋行业的破产；上海天原化工厂、上海大中华橡胶厂、上海正泰橡胶厂等的搬迁；上海浦东化工厂、上海大孚橡胶厂和上海嘉定化肥厂的关停；上海涂料机械厂的人员分流；上海化学试剂有限公司、上海染料有限公司、上海化工厂的调整以及上海助剂厂的"2010上海世博会"动迁等项目，华谊劳务公司适时提供就业服务，为调整工作提供帮助。

1999—2001年，滞留在华谊集团化工再就业服务中心的职工近万名。华谊劳务公司开辟岗位资源，将他们输送到各大超市等社会单位和业内企业，既解决下岗待岗职工的生存问题，也保证社会和企业的稳定。为有序有效推进再就业工作，华谊劳务公司建立胶鞋、染料、化原等分公司；还先后与上海图书馆、上海交银企业管理服务有限公司、上海市北燃气销售有限公司、上海邮政物业管理有限公司、上海市医疗急救中心、中共上海市委党校干部教育信息中心等社会用人单位以及上海焦化有限公司桃浦分公司等业内用人单位30余家企事业单位建立劳务合作关系。华谊劳务公司在努力开拓社会就业资源的同时，也为社会上的协保人员就业提供帮助。

2000年7月，上海帮尔劳动服务有限公司成立。2006年6月，变更为上海华谊企发劳动服务有限公司（简称"企发劳服公司"）。2005—2008年，华谊集团旗下的上海化工劳动服务有限公司、上海保尔劳动服务有限公司、上海普昊劳动服务有限公司、上海华谊集团华原化工有限公司先后划归上海华谊企发劳动服务有限公司管理。

2003年，随着华谊集团加速调整的步伐，企发公司管辖的上海化工职业介绍所（简称"化工职业介绍所"）成立。一是为配合华谊集团企业调整人员分流提供职介服务；二是为企发劳服公司定位人员提供职介服务。本着"就业是民生之本，岗位是稳定之源"理念，化工职业介绍所在与华谊集团所属企业保持岗位信息沟通基础上，先后同上海市总工会职介所等30多家职介单位建立长期合作关系，使大量岗位资源得到共享，为华谊集团企业调整分流人员源源不断地输送岗位。在企发公司的重视和支持下，化工职业介绍所开发计算机招应聘配对系统，提高职介工作效率。此外，化工职业介绍所根据行业特殊性，上门求职的大多是调整企业的职工和家属，职业指导员"一把钥匙开一把锁"，面对下岗待岗职工开展职业指导和职业介绍，根据每个人的具体情况制订面试方案，消除求职人员的心理障碍，提高自信心。化工职业介绍所始终同华谊劳务公司紧密配合，不仅帮助下岗待岗职工本人就业，还为职工家属提供就业机会。"帮助一个人，安定一个家"，体现出该介绍所的服务宗旨。

表8-5-2 2003—2013年华谊集团职介数据情况表

年　份	提供就业岗位（个）	职介服务（人）	参加面试（人）	录用数（人）
2003—2008	16 035	11 557	10 221	5 622
2009	7 172	1 916	1 839	1 067

〔续表〕

年　份	提供就业岗位(个)	职介服务(人)	参加面试(人)	录用数(人)
2010	7 912	1 754	1 440	926
2011	5 184	1 257	986	323
2012	5 139	1 003	645	325
2013	6 774	781	489	213
合　计	48 216	18 268	15 620	8 476

第九篇
党群组织

概　　述

中共上海华谊(集团)公司委员会(简称"华谊集团党委")在中共上海市委、中共上海市工业工作委员会和中共上海市国有资产监督管理委员会委员会(简称"市国资委党委")领导下开展各项工作。华谊集团党委带领各级党组织贯彻落实党的历届全会和市党代会精神,围绕改革发展大局和经济建设中心,重引领鼓劲,在营造氛围中提振精神;重知行合一,在教育实践活动中转变作风;重搭建平台,在创先争优中激发动力;重队伍建设,在培养培训中积蓄后劲;重基础巩固,在加强管理中体现优势;重预防监督,在模式转变中反腐倡廉;重关心帮扶,在办好实事中温暖人心;重关口前移,在化解矛盾中确保稳定。1991—2013年,华谊集团党委制定《上海华谊(集团)公司关于领导干部管理权限及任免程序的若干规定》《关于加强基层党组织管理的若干意见》等制度,确保党组织工作的规范化;实施党代表常任制和党支部换届改选"公推直选",体现党组织工作的民主性和群众性;开展"争当敬业创业模范,争当关心群众模范""攻坚创新、奉献华谊""我是党员我奉献、立足岗位当先锋"等党内主题活动,发挥党员的先锋模范作用;组织"学中国特色社会主义理论、学党章""万名党员进党校""党支部书记创新和拓展能力、后备党组织书记、新上岗党支部书记及内训师"等培训和教育活动,提升党员队伍素质。截至2013年年底,华谊集团党委所属基层党组织429个,其中基层党委47个,基层党总支25个,基层党支部357个,党员总数6 120名;华谊集团党委领导下的党务部门和纪检组织有:纪委、党委办公室(宣传部)、党委组织部(统战部)、老干部部、武装部。

各级纪委履行"保证、监督、教育、惩处"四项职能,坚持把反腐倡廉要求融入企业的文化建设和经济运行机制建设;加强制度建设和党风廉政责任制的执行力度,加强领导干部作风建设和廉洁自律教育,加强专项监审和重点领域管控,加强纪检干部队伍建设,整体推进党风廉政建设和反腐倡廉工作。

老干部工作坚持围绕让党组织放心、让老干部满意的工作目标,政治上尊重老干部、思想上关心老干部、生活上照顾老干部。建立老干部工作责任制,定期讨论老干部工作,定期向老干部通报企业发展情况,并就重大问题听取老干部意见。组织老干部开展"讲党性、树形象、展风采"等文化主题活动,促进老干部党支部建设和思想政治建设。截至2013年年底,华谊集团有离休干部326人,其中男性246人,女性80人;抗日战争前期参加工作的有31人,抗日战争后期参加工作的有69人,解放战争时期参加工作的有226人;平均年龄84.6岁。

在华谊集团党委的领导下,各级工会组织聚焦党政中心任务和工作目标,结合工会工作实际,从凝心聚力、促进发展、服务职工、自身建设四方面推进工作。一是开展形势任务教育,发挥工会宣传渠道作用、平台引领作用和目标导向作用,筑牢员工共同奋斗的思想基础。二是推进主题立功竞赛,培育员工安全文化,关爱劳模先进,激发员工参与发展的劳动热情。三是构建和谐劳动关系,加强民主管理,维护员工合法权益。四是加强工会组织建设,开展"职工之家"的创建和各类有益活动,推进工会女职工目标管理,规范工会财务管理和经费审查工作。截至2013年年底,上海市化学工会(简称"化学工会")所属基层工会组织93个,工会会员23 344人。

华谊集团各级共青团组织在华谊集团党委的领导下,坚持"贴近实际、贴近青年、贴近基层"的原则,围绕"服务青年成才成长"和"服务企业发展"工作重点,开展形势任务宣传教育活动;组织各类团内先进评选活动,树立青年典型,激励青年岗位建功;深化"号、手"活动,强化"三基"工作,发挥基层团组织单元管理作用,搭建青年成才舞台;完善组织建制,推进团的自身建设,营造良好的青年文化氛围。截至2013年年底,华谊集团所属基层共青团组织144个,共青团员2 042人,青年人数近9 000人。

华谊集团各级党组织不断加强对民主党派和各群众团体的领导,按照统一战线"长期共存、互相监督、肝胆相照、荣辱与共"的基本方针,制定制度,落实责任,并通过"三参与"(参与决策、参与管理、参与监督)举措,形成和巩固"大统战"格局,促进民主党派的自身建设。截至2013年年底,华谊集团民主党派成员260人,分属中国民主建国会(简称"民建")、中国民主同盟(简称"民盟")、中国国民党革命委员会(简称"民革")、中国民主促进会(简称"民进")、中国农工民主党(简称"农工")、九三学社(简称"九三")、中国致公党(简称"致公")7个党派;其中245名人员分属民建上海华谊(集团)公司委员会、民盟上海市化工系统总支部委员会、九三上海化工支社和致公上海华谊(集团)支部。

第一章 中国共产党

第一节 局（集团）党委

一、组织沿革

1957年4月26日，成立上海市化学工业局（简称"化工局"），化工局设立党组，化工局党组隶属中共上海市委工业工作部领导。1960年9月，撤销化工局党组，建立中共上海市化学工业局委员会（简称"化工局党委"）。1972年6月，召开上海市化学工业局党员代表大会，选举产生中共上海市化学工业局委员会。自1983年5月起，化工局党委隶属中共上海市工业工作委员会领导。1995年12月，撤销上海市化学工业局建制，组建上海化工控股（集团）公司（原隶属政府管理机构改制为企业性经济实体），上海化工控股（集团）公司（简称"化工控股公司"）仍为党委建制；12月25日，中共上海市委决定，俞德雄任中共上海化工控股（集团）公司委员会书记。1996年10月，成立上海华谊（集团）公司（简称"华谊集团"），中共上海化工控股（集团）公司委员会（简称"化工控股公司党委"）撤销，组建中共上海华谊（集团）公司委员会，华谊集团党委隶属中共上海市工业工作委员会领导；10月6日，中共上海市委决定，俞德雄任中共上海华谊（集团）公司委员会书记。2003年7月，华谊集团党委隶属中共上海市国有资产管理办公室委员会（后更名为中共上海市国有资产监督管理委员会委员会）领导。化工局、化工控股公司和华谊集团改制和重组的党委主要领导均由中共上海市委任命。2008年6月，华谊集团召开第一次党员代表大会，选举产生第一届党委和纪委领导班子。

二、机构与岗位设置

1991年，化工局党委下设党委办公室、党委干部处、党委组织处、党委宣传处、党委老干部处、党委统战处等部门，领导纪律检查委员会、工会和共青团组织；化工局党委对所属企事业单位党组织实行统一领导、分级［局、公司（行业、总厂）］管理。1995年，化工控股公司党委领导下的党务部门延续化工局的设置，职能部门由相应的处室改为部室。2002年，华谊集团党委领导下的党务部门和纪检组织有：党委办公室（设党办副主任、党委秘书、机要、保密和信访等岗位），党委组织部、党委统战部和人力资源部合署办公（设专职组织员、基层党建管理、党外代表人士及民族侨台管理等岗位），党委宣传部（设企业文化与精神文明建设管理、《上海华谊》报常务副主编、编辑与发行管理和精神文明建设管理等岗位），党委老干部部（下设生活福利、机关老干部管理和综合调研、组织宣传等岗位），纪委（设案件审理室主任、案件检查室主任、纪委办公室主任、案件审理管理、案件检查管理、信访管理及宣传教育综合管理等岗位），本部党委（下设本部党委工会管理岗位）。2005年，党委办公室和党委宣传部合署办公，并成立华谊集团信访室。2009年，华谊集团机构进行调整，华谊集团党委领导下的党务部门和纪检组织有：党委办公室（宣传部）（设党委办公室主任、宣传部部长、信访办主任、机要管理、党务督办、编辑与发行管理、采编与制作管理、企业文化与精神文明建设等岗位），党委组织部（设组织部部长、组织部副部长和组织统战等岗位），党委老干部部（设老干部部部长、本部离退休干部综合管理等岗位),武装部(由安环部相关人员兼),纪委(设纪委副书记、案件检查室主任、纪委办公室主任、案件审理室主任、案件检查、信访及案件审理和宣传教育等岗位)。

第二节　华谊集团党代会

一、党代会

【中国共产党上海华谊(集团)公司第一次代表大会】

2008年6月11—12日,中国共产党上海华谊(集团)公司第一次代表大会在上海吴泾化工有限公司俱乐部召开。出席会议代表198名,列席代表43名,特邀代表20名。

华谊集团第一次党代会,是集团改制重组12年来的第一次。中共上海市委组织部副部长冯小敏;中共上海市国资委委员会书记、上海市国资委主任杨国雄,中共上海市国资委委员会副书记史丽雯到会祝贺并讲话。

金明达代表华谊集团党委作题为《解放思想　开拓创新　凝心聚力　为实现华谊集团又好又快发展而奋斗》工作报告。大会审议通过华谊集团党委工作报告、纪委工作报告,党费收缴、使用和管理情况的报告、党员代表大会代表任期制暂行条例和大会决议。大会选举产生华谊集团第一届党委和纪委领导班子,华谊集团第一届党委领导班子由刘训峰、肖文高、金明达、秦健、聂少犁、黄岱列、黄德亨7人组成;华谊集团纪律检查委员会由孙昌明、肖文高、沈德蒂、张虎、聂少犁5人组成。

在华谊集团党委一届一次全体会议上,金明达当选为党委书记,刘训峰、秦健当选为党委副书记;在华谊集团纪委一届一次全体会议上,聂少犁当选为纪委书记,孙昌明当选为纪委副书记。

【中国共产党上海华谊(集团)公司一届二次代表大会】

2009年3月2日,中国共产党上海华谊(集团)公司一届二次代表大会在上海吴泾化工有限公司俱乐部召开。出席会议的代表197名,列席代表8名。

金明达代表华谊集团党委作《统一思想　坚定信心　发挥优势确保实现集团"四个不停步"工作目标》工作报告。刘训峰代表华谊集团行政作《坚定信心　夯实基础　紧跟市场　强化管理　练好内功　提升企业核心竞争力和抗风险能力》工作报告。大会书面审议华谊集团纪委《以科学发展观为统领　扎实推进党风廉政建设》工作报告。大会审议通过《中国共产党上海华谊(集团)公司代表大会代表任期制实施办法(试行)》和《关于中国共产党上海华谊(集团)公司代表大会代表增免的决定》。

大会向华谊集团8 000名党员发出《倡议书》,号召各级党组织和党员在应对金融危机、推进企业发展、促进改革调整中,发挥共产党员的先锋模范作用。会议收到32份党代会代表提交的书面提案与建议,并组织对32项提案和建议给予书面回复。

【中国共产党上海华谊(集团)公司一届三次代表大会】

2010年3月12日,中国共产党上海华谊(集团)公司一届三次代表大会在上海吴泾化工有限公司俱乐部召开。出席会议的代表194名,列席代表25名。

金明达代表华谊集团党委作《发挥政治优势　成功办好世博　确保一方平安　凝心聚力实现

华谊集团全年奋斗目标》工作报告。刘训峰代表华谊集团行政通报集团的经济工作情况。大会书面审议华谊集团纪委《加强制度建设　推进反腐倡廉　为实现"四个确保"目标提供坚实的保证》工作报告和《中国共产党上海华谊(集团)公司委员会关于党费收缴、使用和管理情况的报告》。大会审议通过《中国共产党上海华谊(集团)公司代表大会代表任期制暂行条例》修改的说明。基层党组织、党支部、党员在大会上进行工作交流。

大会向华谊集团党代会代表颁发"入党纪念贺卡"，全体党代会代表参加"世博先锋行动"承诺签名活动和"迎接世博、美化企业、绿化家园、优化环境"植树活动。

【中国共产党上海华谊(集团)公司一届四次代表大会】

2011年3月11日，中国共产党上海华谊(集团)公司一届四次代表大会在上海吴泾化工有限公司俱乐部召开。出席会议的代表196名，列席代表37名。

金明达代表华谊集团党委作《创先争优做模范　改革攻坚当先锋　为集团转型发展实现全年目标而努力奋斗》工作报告。刘训峰代表华谊集团行政通报集团的经济工作情况。大会书面审议华谊集团纪委《围绕中心　服务大局　进一步扎实推进党风廉政建设和反腐倡廉工作》工作报告和《中国共产党上海华谊(集团)公司委员会关于党费收缴、使用和管理情况的报告》。

大会组织华谊集团首场"讲党史、知党情"——《曲折辉煌90年》专题报告会。组织党代表开展"绿化企业、美化环境"植树活动。

大会首次组织全体党代表对华谊集团党委工作进行评议，评价"好"与"较好"的比例为96.87%。

【中国共产党上海华谊(集团)公司一届五次代表大会】

2012年4月10日，中国共产党上海华谊(集团)公司一届五次代表大会在上海吴泾化工有限公司俱乐部召开。出席会议的代表190名，列席代表31名。

金明达代表华谊集团党委作《加强基层党建　实现优势转化　推进改革发展　以优异成绩迎接党的十八大胜利召开》工作报告。刘训峰代表华谊集团行政通报集团的经济工作情况。大会书面审议华谊集团纪委《预防在先　关口前移　扎实推进集团党风廉政建设和反腐倡廉工作》工作报告和《中国共产党上海华谊(集团))公司委员会关于党费收缴、使用和管理情况的报告》。

大会通过选举，增补陈耀为中共上海华谊(集团)公司第一届委员会委员。

大会选举金明达、刘训峰、李君、丁奋为出席中共上海市第十次党代会的代表。

全体党代表对华谊集团党委工作进行评议，评价"好"与"较好"的比例为98.1%。

【中国共产党上海华谊(集团)公司一届六次代表大会】

2013年3月15日，中国共产党上海华谊(集团)公司一届五次代表大会在上海吴泾化工有限公司俱乐部召开。出席会议的代表172名，列席代表32名。

金明达代表华谊集团党委作《发挥优势　脚踏实地推进科学发展　坚定自信　凝心聚力实现宏伟蓝图》工作报告。刘训峰代表华谊集团行政通报集团的经济工作情况。大会书面审议华谊集团纪委《以党的十八大精神为指导　深入推进反腐倡廉建设　为集团改革发展整合稳定各项工作保驾护航》工作报告和《中国共产党上海华谊(集团))公司委员会关于党费收缴、使用和管理情况的报告》。

大会分"党的建设、科技创新、调整改革、化工服务、和谐民生"5个专题进行小组讨论交流。全体党代表对华谊集团党委工作进行评议，评价"好"与"较好"的比例为99.4%。

二、全国党代会和上海市党代会代表

【全国党代会代表】

2012年,在中国共产党上海市第十次代表大会上,李君当选为出席中国共产党第十八次全国代表大会的代表。

【上海市党代会代表】

1992年,上海化工系统白德麒、庄安敏、刘运樟、刘敏敏、江智涌、杜孟镛、吴明、宋壮飞、张培璋、季佐民、赵桂新、徐正宝、符卫国、章基凯14人出席中国共产党上海市第六次代表大会。

1997年9月30日,中国共产党上海华谊(集团)公司代表会议召开;通过选举,汤慧、孙宏斌、杜孟镛、吴锐娟、张耀祥、周波、俞德雄、顾建生、高均芳、龚幼中、虞国卫11人当选为出席中国共产党上海市第七次代表大会的代表。

2002年4月2日,中国共产党上海华谊(集团)公司代表会议召开;通过选举,毛玉兰、邱建立、张培璋、周波、周兆镰、胡公明、俞德雄、秦健、鲁惠英9人当选为出席中国共产党上海市第八次代表大会的代表。

2007年4月26日,中国共产党上海华谊(集团)公司代表会议召开;通过选举,张培璋、金明达、粟小理3人当选为出席中国共产党上海市第九次代表大会的代表。

2012年4月10日,在中国共产党上海华谊(集团)公司一届五次代表大会上,通过选举,金明达、刘训峰、李君、丁奋4人当选为出席中国共产党上海市第十次代表大会的代表。

第三节 组 织 工 作

一、党建制度建设

1991年,化工局党委下发《关于基层单位领导班子民主生活会的规定》。强调要抓好三项工作:一是建立和加强上下联系制度。二是规范民主生活会的程序,抓会前准备,确定议题,会后整改。三是强调质量,避免将民主生活会开成工作讨论会。

1993年,化工局党委下发《关于加强基层党组织管理的若干意见》和《关于加强党员管理的若干意见》,对基层党组织的设立(升格)和撤销、基层党组织的改选、基层党组织报告工作、坚持党委集体领导、开展创先争优活动、党员领导干部民主生活会、对党员教育管理和发展及党费收缴等方面制定规范。

1995年,化工局党委制定下发《局党政班子集体领导制度和议事规则的规定》,要求各基层单位制定或完善本单位党政重大问题议事规则。

1996年,化工控股公司党委制定一系列制度规范工作。一是制定《上海化工控股(集团)公司企事业单位领导干部任免权限及程序》和《华谊(集团)公司干部任用选拔条例》。二是为规范基层党组织的实质,制定《关于严格基层党组织设置的若干意见》。三是从抓党建工作重心要下移这一指导思想出发,制定《关于进一步加强基层党支部建设 落实"纲要"的意见》。四是在总结基层党组织换届改选工作中出现的对任期不清、操作不规范的问题,制定《关于做好基层党组织换届改选的意见》。五是在抓党建工作的薄弱点上,从思想、组织、制度"三落实"着手,制定《关于加强三资企业党建工作的意见》。

1997年,华谊集团党委制定《关于领导干部报告个人重大事项的规定》《建立同领导干部谈话制度》《经营者年薪制和奖励办法(试行)》等制度。

1998年,华谊集团党委制定《上海华谊(集团)公司关于领导干部管理权限及任免程序的若干规定》;为抓好领导干部理论学习,制定《领导干部述学报告制度》。

2000年,华谊集团党委制定《上海华谊(集团)公司发展党员工作责任制》,进一步明确各级党员干部的工作职责。

2006年,华谊集团党委制定《关于民主评议党员工作的实施意见》《关于实施发展党员工作公示制的意见》《党支部"三会一课"制度》。

2011年3月,按照中共中央办公厅印发《关于党的基层组织实行党务公开的意见》和《市国资委党委对党务公开试点单位的工作要求》,华谊集团党委确定向党组织党员报告工作和接受评议,完善党代表任期制,推行基层党组织"公推直选",落实发展党员"公示制、票决制"等党务公开的主要内容,形成党务公开工作机制。

二、党内主题活动建设

【主题教育活动】

1991—1992年,化工局党委通过以轮训为主的集中教育方式,对党员开展"三基教育"(基本思想、基本理论、基本知识),169个基层党组织的党员完成教育任务。1993年,以"上海市基层党支部建设纲要"为指导,开展以"领导班子坚强、党员队伍过硬、思想工作有效、保证监督有力、基础工作扎实"为标准的党支部"达标创先"活动;是年,化工局各基层单位普遍开展以"双增双节,为企业献计献策,争取做一名复合型党员"的主题活动,发挥党员的先锋模范作用。1995年,把开展"凝聚力工程"作为完成各项工作目标的一个抓手,在领导干部中开展"让人民高兴,使人民放心"的活动,在党员中开展"争当敬业创业模范,争当关心群众模范"的活动。

1996年,为展示化工系统标兵党员的时代风采,推进学习先进活动的深入开展,化工控股公司党委组织部和宣传部摄制电视演讲片《时代风采》,各基层党组织把它作为党员组织生活的内容,认真组织党员干部和党员观看学习。

2000年,华谊集团党委开展"攻坚创新、奉献华谊"主题活动,党员领导干部和广大党员把实践党的宗旨与本职工作紧密结合起来,在岗位上建功立业。2003年,开展学习贯彻"三个代表"重要思想,"树组工干部形象"集中学习教育活动,加强组工干部队伍建设,促进组工工作的创新和发展。2005年,围绕"高兴、放心、凝聚、覆盖"主题,并结合基层单位工作实际,组织党员开展主题实践日活动,以党组织或党员的名义,切实做好几件实实在在的好事。2008年3月,下发《关于以推进HSE管理体系建设和落实"八大禁令"为重点 继续深入开展党内主题活动的实施意见》,坚持"全面、全员、全方位、全覆盖"工作目标,大力开展HSE管理体系学习、宣传、培训和体系建设,在引领发展、服务经济,促进集团科学发展、和谐发展中,发挥党组织的政治优势、组织优势和党员的先锋模范作用。2009年3月,制定《关于开展学习实践科学发展观 确保"四个不停步"党内主题实践活动的实施意见》,各级党组织围绕"发展速度不停步、安全环保不停步、改革调整不停步、和谐稳定不停步",搭建53个实践平台,发挥党组织的政治优势、组织优势,发动党员、带领员工攻坚克难,推进科技创新、节能降耗、精细化管理和国资国企改革。2010年,在2010上海世博会召开期间,开展办好"世博"、做好表率、"我是党员我奉献、立足岗位当先锋"主题实践活动;华谊集团6 827名党员、673名入党积极分子在上海市"世博先锋行动"网上签名承诺,3.3万名在岗员工开展安全承诺活动,500多个基层党组织、5 000多人次党团员参与"平安世博"志愿者行动,确保华谊集团未发生一起重大安全事故、重大火灾事故、重大环境事故、内部治安及群体集访事件。2010年5月,围绕"我是党员我奉献、立足岗位当先锋"主题,华谊集团党建主题活动首推"千分行动",通过总分1 000分108项的考核内容("四好"班子队伍建设、装备"安稳长满优"及经济运行质量、和谐企业建设等),推进主题活动的立项、细化落实和量化考核,实现党建工作的表单化。2011年,组织523家基层党组织以"我的入党故事"为主要内容过专题组织生活会,并开展征文活动;广大党员踊跃参与,讲述自己的入党故事和心路历程,撰写出1 000多篇"我的入党故事"征文,精选70余篇编入"我的入党故事"专辑;组织3 000多名党员参加上海市党史知识网上竞赛活动;各基层党组织组织党员学习《中国共产党党章》《苦难辉煌》等党史读本,开展"讲党史、知党情"教育培训活动,举办"辉煌90年"系列报告会;是年,华谊集团"党建网"开通,纪念建党90周年丛书"华谊党建实录""我的入党故事""说出我的感动"首发。2013年,以"创新转型显优势、聚焦发展作表率"为主题,以加强基层组织建设为重点,以"组织有活力,党员起作用,群众得实惠"为目标,着重在建立党组织晋位升级长效机制、健全党支部创先争优工作制度、创新组织生活方式、增强党员教育针对性和有效性、加强劳务派遣工的党员发展管理工作等方面加以改进提高。

【帮扶救助慰问】

华谊集团各级党组织坚持在"元旦春节"期间对困难党组织、老党员、生病住院党员、生活困难党员和工作在基层维稳一线的党务干部进行帮扶慰问。

2000—2002年,帮困慰问金额37.89万元,慰问困难企业17个,慰问困难党员1 657人次。2008—2013年,帮困慰问金额368.74万元,其中华谊集团党委下拨党费93万元,基层单位党费(其他)258.94万元;慰问基层党组织97家,慰问党员5 077人,结对帮扶助学对象370对。

中共上海市委组织部在2007年和2010年,分别下发《关于中心城区与市委各大口工作党委与远郊区县及经济薄弱村开展结对帮扶活动的实施意见》《关于深化城乡党组织结对帮扶活动　努力构建城乡统筹基层党建格局的实施意见》文件,组织开展"帮扶经济薄弱村"工作。在2007—2009年第一轮帮扶活动中,华谊集团所属双钱集团股份有限公司(简称"双钱集团")、上海焦化有限公司(简称"焦化公司")、上海吴泾化工有限公司(简称"吴泾公司")、上海华谊天原化工物流有限公司(简称"天原化工物流公司")分别资助奉贤区柘林镇八桥村、崇明向化镇六效港渔业村、庙镇万安村、竖新镇仙桥村道路修建、防涝排灌工程项目等97万余元,并开展党建联建、帮扶就业、销售农产品等活动。在2010—2012年第二轮帮扶活动中,华谊集团所属双钱集团、上海华谊丙烯酸有限公司(简称"丙烯酸公司")、焦化公司、吴泾公司、天原化工物流公司、上海氯碱化工股份有限公司(简称"氯碱公司")华胜化工厂、上海造漆厂7家单位分别与奉贤、崇明、闵行、浦东、金山等区县乡镇结对、签约,帮助"结对方"提升自身发展能力,加强与帮扶单位党组织之间的共建活动,形成智力共建、文化共建、思想共建,帮扶金额59万元。2013年9月,新一轮农村综合帮扶和党组织城乡结对工作启动,按照中共上海市委、市政府提出的"地域相邻、产业相近、能力相当"原则,华谊集团对口帮扶金山区金山卫镇,华谊集团所属上海天原(集团)有限公司(简称"天原集团")、上海三爱富新材料股份有限公司(简称"三爱富公司")、上海涂料有限公司(简称"涂料公司")、丙烯酸公司、上海华谊集团投资有限公司(简称"投资公司")分别与金山区金山卫镇的卫通村、横浦村、八一村、八字村、塔港村结对签约;氯碱公司华胜化工厂与金山区漕泾镇的海渔村结对签约;双钱集团与崇明庙镇万安村结对;上海华谊聚合物有限公司与奉贤柘林镇营房村结对,确保"参与单位不减少、结对范围不缩小、帮扶力度不减弱"帮扶要求,体现华谊集团的社会责任。

2008年,"5·12"四川汶川大地震发生后,华谊集团党员伸出援手救助地震灾区,6 722名党员自愿缴纳"特殊党费"127.5万元,其中331名党员缴纳1 000元以上"特殊党费"。

三、基层组织建设

【基础工作】

1991年,化工局所有基层党支部全部选配党支部书记。

1994年,化工局所属氯碱公司党委召开党代会,率先试行党代表常任制,从制度上保障党员的民主权利,使企业重大问题决策更具有民主性、群众性、科学性。

2010年,华谊集团正常经营企业的支部改选实施"公推直选",有条件的基层党总支、党委推进"公推直选"工作。

2011年,根据中共上海市委组织部要求,华谊集团党委落实"党员到居住地党组织报到"工作,5 875名党员到居住地报到。是年,完成《华谊党建实录》编印,全书有探索实践、创先争优、支部建设、党建实例4个篇章,收录各级党组织55篇关于改进加强、创新实践基层党建工作的经验材料,总计约17万字,集中展示华谊集团党建工作的创新特色。

2012年2月,华谊集团党委印发《关于党组织生活"5+4+3"指导意见》(简称"《意见》"),《意见》明确"集团规定5次,基层党委指定4次,党支部自选3次"的"5+4+3"党组织生活方式。其中"5次规定动作"包括形势任务教育、制订党员承诺计划、学习心得交流、群众工作交流、党群共建交流等;"4次指定动作"由基层党委结合企业实际创造性地实施,并报华谊集团组织部备案;"3次自选动作"由基层党支部在实践中创造,上级党组织适时总结经验,组织交流推广。

【组织换届变更】

1991年,上海市合成树脂研究所、上海天原化工厂、上海吴淞化工厂及上海硫酸厂4家党组织划归化工局党委领导;上海市有机氟材料研究所党委等72家党组织完成换届选举,其中党委单位26家。

1992年,中共上海氯碱总厂委员会更名为中共上海氯碱化工股份有限公司委员会,中共上海胶带总厂委员会更名为中共上海胶带股份有限公司委员会;上海钢丝厂党总支和上海赛璐珞厂党总支升格为党委;组建上海橡胶制品公司党委;上海市化学工业供销公司党委等69家党组织完成换届改选。其中党委单位30家,总支支部单位39家。

1993年,中共上海焦化有限公司委员会等63家基层党组织完成换届选举。

1994年,撤销中共上海化学原料工业行业工作委员会;撤销中共上海橡胶行业工作委员会;撤销中共上海塑料工业联合公司(行业)委员会,组建中共上海塑料工业联合公司委员会;组建上海市化学工业局教育培训中心党委。中共上海化工厂委员会等73家党组织完成换届选举。

1995年,中共上海吴淞化工厂委员会完成第一届委员会选举。中共上海天原化工厂委员会等28家党组织完成换届选举。

1996年,组建化工建设总公司等3家单位的党组织,完成化工职防所等49家党组织换届选举。

1997年12月,上海化工专科学校党组织划归上海工程技术大学党委领导。完成胶带公司等6家党组织换届选举。

1998年5月,上海化学工业供销公司党组织划归上海华谊(集团)公司党委;上海化工实业总公司党组织关系划归中共上海化学工业区发展有限公司委员会。是年,52家党组织完成换届选举。

1999年,上海化工联合橡胶公司和上海化工联社成员单位的党组织划归上海化工联社党委;上海化工原料公司、上海桃浦化工厂、上海彭浦化工厂、上海向阳化工厂、上海昌火化工厂、上海泡化碱厂、上海胶体化工厂、上海硅胶厂、上海精细化工研究所、上海荧光材料厂10家党组织划归上海华原精细化工有限公司党委。建立中共上海化工劳动服务有限公司支部委员会。中共上海市化工职业病防治院委员会完成换届选举。

2000年,上海化工工程总公司党组织划归上海化学工业区发展有限公司党委。是年,38家党组织完成换届选举。

2001年,上海制皂(集团)有限公司党组织划归上海轮胎橡胶(集团)股份有限公司党委;上海胶带股份有限公司党组织划归三九企业集团党委。中共上海中远化工有限公司委员会完成第一届委员会选举;中共上海市有机氟材料研究所委员会暨中共上海三爱富新材料股份有限公司委员会和中共上海市合成树脂研究所委员会完成换届选举。

2002年,中共上海塑料工业有限公司委员会和中共上海华向橡胶制品有限公司委员会完成第一届委员会选举。中共上海涂料有限公司委员会等5家党组织完成换届选举。

2003年,组建上海华谊集团企业发展有限公司党支部。上海三爱思试剂有限公司、上海试四赫维有限公司党组织委托上海化学试剂有限公司党委管理。中共上海轮胎橡胶(集团)股份有限公司委员会、上海太平洋生物高科技有限公司、上海信息技术学校3家党组织完成换届选举。撤销中共上海胶鞋公司委员会、纪律检查委员会的党组织和纪委建制。

2004年,上海华谊集团企业发展有限公司党支部升格为党委。上海化工劳动服务有限公司、上海帮尔劳动服务有限公司等单位党组织划归上海华谊集团企业发展有限公司党委;上海染料化工八厂、上海大可染料有限公司、上海染料化工销售有限公司、上海染料化工厂、上海华亨化工厂、上海华元实业总公司和上海染料研究所有限公司党组织划归上海涂料有限公司党委。中共上海华谊丙烯酸有限公司委员会、中共上海华谊集团化工实业公司总支部委员会、中共上海化工教育培训中心委员会暨中共上海华谊(集团)公司委员会党校(简称"集团党校")和中共上海市环境保护监测站支部委员会4家党组织完成换届选举。

2005年,上海染料有限公司、上海硫酸厂党组织划归上海华谊集团企业发展有限公司党委。中共上海中远化工有限公司委员会、中共上海华谊集团上硫化工有限公司委员会、中共上海市化工科学技术情报研究所支部委员会3家党组织完成换届选举。

2006年,上海市化工职业病防治院党组织划归中共上海市安全生产监督管理局委员会。上海工程化学设计院有限公司党组织划归上海华谊(集团)公司党委;上海氯碱化工房产开发经营有限公司党支部划归上海华谊集团化工实业公司党总支;上海普昊劳动服务有限公司和上海保尔劳动服务有限公司党组织划归上海华谊集团企业发展有限公司党委。是年,上海吴泾化工有限公司党委等10家党组织完成换届选举。

2007年,中共上海氯碱化工股份有限公司委员会、中共双钱集团股份有限公司委员会、中共上海回力鞋业有限公司委员会和中共上海市化工环境保护监测站支部委员会4家党组织完成换届选举。

2008年,上海尔华杰机电装备制造有限公司党总支划归上海华谊集团化工实业有限公司党委;上海华谊本部聚合技术开发有限公司党支部更名为中共上海华谊聚合物有限公司支部委员会;撤销沙特阿拉伯丙烯酸项目党支部。是年,238家党组织完成换届选举,其中"公推直选"党组织书记的有33家。

2009年,组建上海天原(集团)有限公司党委、上海华谊集团投资有限公司党委、上海华谊集团技术研究院党支部。上海回力鞋业有限公司、上海橡胶制品研究所、上海化工工程监理有限公司、上海太平洋生物高科技有限公司、上海化学工业压力容器检验有限公司、上海新上化高分子材料有限公司、上海尔华杰机电装备制造有限公司、上海华谊微电子材料有限公司、上海杜邦农化有限公司、上海联恒异氰酸酯有限公司、上海市塑料研究所、上海华谊集团国际贸易有限公司12家单位党组织划归上海华谊集团投资有限公司党委；上海化工供销有限公司党组织划归上海天原(集团)有限公司党委；上海华向橡胶制品有限公司党组织划归上海华谊(集团)公司党委。上海试四赫维化工有限公司党委、上海华谊集团企业发展公司党委及上海化工教育培训中心党委3家党组织完成换届选举。

2010年，上海三爱思试剂有限公司党组织划归上海华谊集团投资有限公司党委；上海化工装备有限公司党组织划归上海华谊集团企业发展有限公司党委；上海化学试剂研究所党组织划归上海华谊集团技术研究院党总支。中共上海工程化学设计院有限公司总支部委员会升格为中共上海工程化学设计院有限公司委员会；中共上海华谊集团技术研究院支部委员会升格为中共上海华谊集团技术研究院总支部委员会，管理权限归属中共上海华谊(集团)公司委员会。上海信息技术学校党委完成换届选举。

2011年，组建上海华谊信息技术公司党支部。上海华向橡胶制品有限公司党组织划归上海华谊集团企业发展有限公司党委；上海市合成树脂研究所党组织划归上海华谊集团投资有限公司党委；上海中远化工有限公司党组织划归上海华谊集团化工实业有限公司党委。上海华谊(集团)公司本部党委和上海市合成树脂研究所党委完成换届选举。

2012年，上海华谊集团建设有限公司党组织调整至上海市安装工程有限公司党委管理；上海三爱思试剂有限公司党总支和上海化学试剂研究所党支部划归上海涂料有限公司党委；上海华谊集团装备工程有限公司党组织划归上海工程化学设计院有限公司党委。中共上海工程化学设计院有限公司委员会更名为中共上海华谊工程有限公司委员会。中共上海氯碱化工股份有限公司委员会等10家党组织完成换届选举。

2013年，上海华太投资发展有限公司党组织划归上海华谊集团投资有限公司党委。上海华谊集团企业发展有限公司和上海华谊聚合物有限公司党委完成换届选举。

表9-1-1 2013年华谊集团基层党组织情况表　　　　　　　　　　　　单位：家

项　目	党的基层组织数	企　业				事业单位
		总　计	国有经济控制	集体经济控制	非公有经济控制	
总　计	429	414	392	8	14	15
党　委	47	45	44	1	—	2
总支部	25	25	24	—	1	—
支　部	357	344	324	7	13	13

【获市级先进】

1991年，化工局党委组织处被中共上海市委组织部评为"团结群众迎挑战，振兴上海作表率"主题活动优秀组织者。

2001年6月，氯碱公司党委和吴泾公司党委被评为上海市"学理论、学党章"先进集体，韩健和李金生被评为上海市"学理论、学党章"先进个人。

2009年6月，焦化公司技术中心党支部、双钱集团载重轮胎分公司压出工区党支部、吴泾公司醋酸装置区党支部、上海达凯塑胶有限公司党支部、上海化工科技情报所党支部被命名为上海市国有资产监督管理委员会(简称"市国资委")系统"党支部建设示范点"。是年,上海杜邦农化党支部被评为上海市"两新"企业"五好"基层党组织。

2010年9月,双钱集团党委和丙烯酸公司党委被授予上海市"创先争优,世博先锋行动""五好"基层党组织称号;钟明等6位党员被授予上海市"创先争优,世博先锋行动""王带头"共产党员称号。11月,焦化公司、吴泾公司、华谊集团本部、上海华谊集团企业发展有限公司(简称"企发公司")4家党委被市国资委党委授予"世博先锋行动"先进党组织;陈耀等8人被授予"世博先锋行动"优秀共产党员;张秀凤被授予"世博先锋行动"优秀组织者。

2012年9月,肖文高被上海市组织系统评为"讲党性、重品行、作表率"先进个人。

1991—2013年,氯碱公司党委被评为上海市先进基层党组织、瞿懋昌被评为上海市优秀党员、张瑞岳和李培芬被评为上海市优秀党务工作者。上海硫酸厂党委等3家党组织被评为上海市工业系统先进基层党组织、张和进等3人被评为上海市工业系统优秀党员;张瑞岳和王雄英被评为上海市工业系统优秀党务工作者。上海华谊集团企业发展有限公司党委等18家党组织被评为市国资委系统先进基层党组织、李鹤荣等19人被评为市国资委系统优秀共产党员、徐正宝等6人被评为市国资委系统优秀党务工作者。2013年,上海华谊丙烯酸有限公司党委获市国资委系统"红旗党组织"称号。

四、党员队伍建设

【党员教育】

化工局、化工控股公司和华谊集团党委注重加强对党员的教育工作,除坚持"三会一课"为主的日常学习教育外,还开展以培训为主的集中教育,组织"党内大讨论,党的理论知识竞赛,电化教育及红色之旅"等活动,坚持开展党员民主评议工作,注重教育的针对性。

1990年,开展党员"三基"教育,化工局1.9万名党员接受"以党支部建设为核心的基层建设,以岗位责任制为中心的基础工作,以岗位练兵为主要内容的基本功训练"的基本教育。1991年,党员"三基"教育工作全部完成。

1995—1997年,根据中共十四届四中全会精神要求,开展"双学"(学中国特色社会主义理论、学党章)活动;各级党组织分别组织党员开展轮训,超过半数以上的党员通过各种形式接受一次比较系统的思想理论教育。

1999年,开展新一轮"双学"(学邓小平理论、学党章)活动,党员轮训的重点突出党性、理想和组织纪律教育。

2006—2008年,开展"万名党员进党校"培训活动,3年累计有6 773人次的党员参加以"科学发展观、华谊集团发展战略、党员先进性、心理健康与职业发展、创新意识与能力、团队建设"为主要内容的培训,党员参与率为95.73%。

2010—2012年,以党的历史、中国特色社会主义理论体系和社会主义核心价值观教育为重点,通过集团党校和各企业联合培训方式,开展"党员三年教育"培训计划,3年培训党员1 560名。

2013年,举办4期学习贯彻中共十八大精神专题培训班,华谊集团领导干部和基层党组织书记524人次参加培训。

1998—2013年,通过"模拟操作、视频演示、点评纠错"等教学方法,以"党务工作者、入党积极分子、预备党员、党小组长、优秀党员"等为主要对象,举办"党支部书记创新和拓展能力、后备党组织书记、新上岗党支部书记及内训师"等培训和研修班,提升党员干部的工作能力和理论水平。选送 14 名二、三级单位党组织书记参加由中共上海市国资委党校举办的党组织书记培训班。1991—2013 年,培训党员干部近 6 500 人次。

【发展党员】

化工局、化工控股公司和华谊集团党委按照"坚持标准、保证质量、改善结构、慎重发展"的发展党员工作方针,注重在基层工作一线、高知识群体、优秀青年中发展党员,全面落实共青团"推优"制度、发展党员"公示制""票决制",加强对入党积极分子思想上入党的教育。1991—2013 年,发展新党员 10 730 名。

表 9-1-2　1991—2013 年华谊集团发展党员情况表　　　单位:人

年度	发展新党员情况				年龄			学历					
	总数	男		女		35岁及以下	35岁~59岁	60岁以上	研究生	本科	专科	中专	高中及中技	初中以下
		数量	比例(%)	数量	比例(%)									
1991	809	614	75.90	195	24.10	364	443	2		204	112	188	305	
1992	833	646	77.55	187	22.45	361	470	2		247	109	211	266	
1993	708	526	74.29	182	25.71	276	428	4		191	123	179	215	
1994	783	597	76.25	186	23.75	321	460	2		235	113	205	230	
1995	844	631	74.76	213	25.24	380	463	1		294	130	198	222	
1996	900	674	74.89	226	25.07	441	458	1		311	141	215	233	
1997	863	613	71.31	250	28.69	450	413	—		305	127	209	222	
1998	813	560	68.88	253	31.12	427	386	—	3	342	117	167	184	
1999	734	497	67.71	237	32.29	381	351	2	4	315	123	166	126	
2000	422	285	67.54	137	32.46	199	222	1	1	147	80	112	82	
2001	354	218	61.58	136	38.42	186	167	1	2	38	94	49	99	
2002	321	223	69.47	98	30.53	174	147	—	2	28	79	68	97	
2003	318	207	65.09	111	34.91	171	147	—	1	53	96	52	86	30
2004	263	186	70.72	77	29.28	137	126	—	1	33	89	42	66	32
2005	218	149	68.35	69	31.65	112	106	—	1	33	69	37	55	23
2006	250	156	62.40	94	37.60	138	112	—	3	47	76	42	70	12
2007	226	159	70.35	67	29.65	126	100	—	2	50	79	26	49	20
2008	198	133	67.17	65	32.83	102	96	—	1	61	59	24	43	10
2009	181	125	69.00	56	30.90	102	79	—	5	60	56	20	33	7
2010	170	117	68.80	53	31.20	104	66	—	4	55	46	21	26	18
2011	190	136	71.60	54	28.40	108	82	—	5	55	60	19	40	11
2012	172	118	68.60	54	31.40	103	69	—	3	58	51	20	30	10
2013	160	122	76.30	38	23.80	118	42	—	6	65	55	11	15	8

表9-1-3　1991—2013年华谊集团党员队伍情况表

单位：人

年度	党员数(人)			性别				年龄					在职职工			离退休	其他	学历					
	总数	其中		男		女		35岁以下	35~45岁	46~54岁	55~59岁	60岁以上	工人	管理及专业技术人员				研究生	本科	专科	中专	高中及中技	初中以下
		党员	预备党员	数量	比例(%)	数量	比例(%)																
1991	19 808	18 947	861	16 032	80.94	3 776	19.06	3 470	6 805	4 701	2 434	2 398	5 301	11 568	2 855	84		5 528		2 145	3 361	8 774
1992	19 980	19 077	903	16 114	80.65	3 866	19.35	3 317	7 042	4 693	2 358	2 570	5 449	11 132	3 017	382		5 644		2 221	3 495	8 620
1993	19 921	19 136	785	16 057	80.60	3 864	19.40	2 993	7 143	4 995	2 190	2 600	5 273	11 380	3 101	167		5 710		2 428	3 583	8 200
1994	19 414	18 563	851	15 620	80.46	3 794	19.54	2 644	7 110	5 367	1 867	2 426	5 030	11 245	2 767	372		5 987		2 512	3 455	7 460
1995	19 181	18 231	950	15 453	80.56	3 728	19.44	2 590	6 766	5 725	1 697	2 403	5 119	11 194	2 731	137		6 114		2 529	3 493	7 045
1996	18 925	17 951	974	15 259	80.63	3 666	19.37	2 591	6 441	6 171	1 512	2 210	5 226	10 903	2 460	336		6 130		2 572	3 522	6 701
1997	18 051	17 089	962	14 508	80.37	3 542	19.62	2 634	5 918	6 203	1 287	2 008	5 133	10 337	2 376	162		5 976		2 455	3 441	6 178
1998	17 251	16 414	837	13 975	81.01	3 276	18.99	2 636	5 788	6 016	952	1 859	4 662	9 334	2 420	835	120		5 825	2 305	3 379	5 622
1999	16 389	15 612	777	13 364	81.54	3 025	18.46	2 451	5 691	5 892	801	1 554	4 544	8 883	1 994	968	120		5 602	2 227	3 301	5 139
2000	13 570	13 040	530	11 218	82.67	2 352	17.33	2 009	4 588	5 258	631	1 084	4 046	7 100	1 439	985	69		4 394	1 931	2 788	4 388
2001	14 804	14 399	405	12 193	82.36	2 611	17.64	2 166	4 606	5 532	1 089	1 411	3 998	7 131	1 681	1 993	113		1 259	3 843	2 037	3 005
2002	13 410	13 072	338	11 104	82.80	2 306	17.20	1 999	3 862	5 206	1 186	1 157	3 625	6 584	1 322	1 879	128	1 192	3 563	1 807	2 738	3 982
2003	12 280	11 930	350	10 179	82.89	2 101	17.11	1 925	3 270	4 884	1 247	954	3 287	6 082	1 510	1 401	128	1 197	3 363	1 635	2 517	3 440
2004	11 212	10 901	311	9 244	82.45	1 968	17.55	1 722	2 919	4 350	1 305	916	2 982	5 718	1 386	1 126	157	1 210	3 170	1 454	2 277	2 944
2005	9 415	9 144	271	7 707	81.86	1 708	18.14	1 548	2 600	3 376	1 118	773	2 713	5 273	923	506	178	1 191	2 747	1 167	1 952	2 180
2006	8 979	8 698	281	7 300	81.30	1 679	18.70	1 461	2 426	3 204	1 124	764	2 622	5 036	885	436	186	1 277	2 625	1 070	1 875	1 946
2007	8 497	8 256	241	6 859	80.72	1 638	19.28	1 458	2 356	2 946	1 024	713	2 524	4 797	830	346	236	1 389	2 542	894	1 782	1 654
2008	8 181	7 970	211	6 569	80.30	1 612	19.70	1 427	2 180	2 896	971	707	2 395	4 680	829	277	277	1 506	2 472	801	1 667	1 458
2009	7 559	7 372	187	5 990	79.24	1 569	20.76	1 372	1 989	2 605	926	667	2 188	4 393	754	224	298	1 547	2 330	758	1 416	1 210
2010	7 036	6 864	172	5 345	77.87	1 519	22.13	1 301	1 802	2 342	904	687	1 889	4 171	752	183	313	1 689	2 254	610	1 177	993
2011	6 534	6 339	195	5 078	77.72	1 456	22.28	1 262	1 729	2 098	840	605	1 752	4 017	602	163	302	1 689	2 081	545	1 093	824
2012	6 123	5 941	182	4 673	76.32	1 450	23.68	1 252	1 673	1 874	796	528	1 593	3 801	515	175	332	1 712	1 923	467	1 019	670
2013	6 120	5 944	176	4 611	75.34	1 509	24.66	1 406	1 636	1 721	837	520	1 548	3 864	539	167	395	1 818	1 918	443	957	589

第四节　思想政治工作

一、宣传工作

【形势任务宣传教育活动】

1991—1995年,化工局党委组织党员干部及职工学习《邓小平文选》一、二、三卷与《邓小平同志建设有中国特色社会主义理论学习纲要》,学习江泽民"七一"讲话和中央工作会议精神等内容,增强职工的政治意识和大局意识,提高职工的理论水平和综合素质。各级党组织通过中心组学习、举办培训班、组织专题讨论会、开展宣讲活动等形式,教育引导干部和群众不断解放思想、转变观念。

1996年,化工控股公司党委下发《关于认真学习宣传和贯彻党的十四届六中全会精神的意见》,各级党委认真组织学习贯彻六中全会精神,在把物质文明建设搞得更好的同时,把学习、宣传、贯彻好决议和讲话精神,当作一项重要政治任务加以落实。

1997年,华谊集团党委开展"增强危机意识,努力开拓奋进"形势和任务宣传教育活动,使全体员工认清国内外政治经济的形势给华谊集团带来的影响,认清同行业和周边地区快速发展的势头对上海化工形成的挑战,认清企业在自身发展过程中的差距、问题和不足,真正树立加快企业发展的责任感和紧迫感。

1998年,华谊集团党委开展以"增强危机感意识,努力开拓奋进"为主题的形势和任务宣传教育活动。通过《上海华谊》报,专题出版4万多字的两期形势和任务的宣传材料,并连续跟踪报道形势任务教育开展情况;召开宣传工作会议,把形势任务教育落实到班组;组织2次工作交流会,由领导干部交流宣传教育活动的做法与体会,举行"发展高科技、建设新高地"专题讨论会,研究面临的新机遇和新挑战;通过党政工通力合作,员工教育面达90%以上。

1999年,华谊集团党委开展"形势与责任"教育活动,下发"形势与责任"教育计划,并召开宣传工作会议;是年,编辑发行题为《解放思想　开拓创新　艰苦奋斗　扎实工作》的教育参考资料,在《上海华谊》报上开辟"谈形势明责任"大家谈专栏,组织各类人员参与讨论,报道各单位开展宣传教育活动的工作动态和特色做法。

2004年,华谊集团党委开展"明确战略目标、立足岗位贡献"形势任务宣传教育活动。重点宣传中共十六大、中共十六届三中全会和中央经济工作会议精神,宣传中共上海市委八届四次全会精神。通过形式多样、有针对性的宣传方式(企业报、简报、广播、宣传栏、调查问卷和讨论会等),通过领导干部深入职工、深入一线的带头宣讲,通过班组学习、党员组织生活等载体,达到"三知晓"(让90%以上的在岗职工知晓华谊的战略目标,知晓华谊的发展目标,知晓本单位全年的经营目标)的目的。

2005年,华谊集团党委开展"认清新形势、推进新发展"形势任务宣传教育活动。2006年,华谊集团党委开展"迎接新挑战、加快新发展"形势任务宣传教育活动。宣传集团"十五"期间取得的成果和"十一五"期间的总体思路、基本原则。开展宣传教育活动的职工参与率达90%以上。

2007年,华谊集团党委开展"全面落实自觉践行科学发展观,努力构建和谐华谊,实现华谊又好又快发展"形势任务宣传教育活动。

2008年,华谊集团党委形势任务宣传教育活动主题是"贯彻中共十七大精神,推进'和谐华谊'

建设,实现又好又快发展"。宣传教育活动注重抓好"六个结合":与集团颁发的"安全生产八大禁令"宣传教育活动相结合,与培育集团企业文化相结合,与创建文明单位相结合,与员工素质工程相结合,与"华谊职工看华谊"活动相结合,与有关节庆活动相结合,使新一轮形势任务宣传教育活动取得实效。

2009年,华谊集团党委部署开展"深入践行科学发展观,建设'和谐华谊',同舟共济迎接国际金融危机挑战"的宣传教育活动,企业参与率100%,覆盖员工(在岗)95%以上。集团党员发挥"我是党员是面旗""我是党员做榜样"的表率作用来感召引领群众,以创造"一流工作技能""一流岗位业绩"的模范行为来激励群众。

2010年,华谊集团党委形势任务宣传教育活动主题为"迎世博、促发展、调结构、保稳定",动员员工认清形势、坚定信心、逆势奋进,为华谊集团实现年度目标奠定思想基础,营造良好氛围。

2011年,华谊集团党委形势任务宣传教育活动以"创新强管理、改革促发展"为主题,重点宣传中共十七届五中全会、中央经济工作会议和中共上海市委九届十四次全会等重要会议精神,以及"十一五"企业发展成效和"十二五"规划的主要内容。各子公司、直属单位、集团本部做到100%开展形势任务宣传教育活动,95%以上的在岗员工通过宣传教育活动知晓集团和本单位的年度目标、主要任务和工作要求等基本内容。

2012年,华谊集团党委开展主题为"稳中求进、改革创新"的形势任务宣传教育活动。活动坚持全员化发动、全方位落实、全过程推进、全覆盖实施;100%的二级子公司、直管单位开展形势任务宣传教育活动,95%以上在岗员工知晓基本内容和情况。3月,华谊集团党委宣传部联合本部党委、本部工会在集团本部员工中开展"形势任务宣传教育自测问卷竞答"活动,员工参与率100%。

2013年,华谊集团党委以"增强忧患意识,勇于攻坚克难"为主题开展形势任务宣传教育活动。

【教育实践活动】

1997年5月,华谊集团党委根据中共十四届六中全会《决议》精神和中共上海市委部署,开展"讲学习、讲政治、讲正气"的党性党风教育(简称"三讲"),举办两期厂(处)级领导干部"三讲"培训班。1998年11月—1999年12月,华谊集团党委以各公司、直属单位党政领导班子成员和领导干部为主体对象,开展以"坚定信心、负重前进"为主题的"讲学习、讲政治、讲正气"宣传教育活动;"三讲"宣传教育活动主要采取专题学习班、中心组学习专题讨论、领导班子民主生活会、调研活动、个人自学等教育形式,并通过宣传教育思想发动、调查研究找准问题、集中学习对照检查、整改建章立制4个阶段进行实施。

2005年,根据中共中央《关于在全党开展以实践"三个代表"重要思想为主要内容的保持共产党员先进性教育活动的意见》,华谊集团党委组织开展党员先进性教育活动。1月29日,集团党委召开保持共产党员先进性教育活动动员大会,张培璋作动员报告,中共上海市国资委委员会副书记马新生和中共上海市国资委委员会督导组组长倪志华出席会议并讲话。华谊集团党委成立保持共产党员先进性教育活动领导小组和领导小组办公室,领导小组组长:张培璋,副组长:周波、王强、聂少黎和陈惠莹。教育活动分动员学习、分析评议、整改提高三个阶段。第一阶段重点抓广度、抓高度,第二阶段重点抓深度、抓尺度,第三阶段重点抓力度、抓满意度。华谊集团本部列为第一批先进性教育活动开展单位,15个党支部、170名党员集中参加上半年度的党员先进性教育活动。通过半年的党员先进性教育活动,集团领导班子和本部党委各党支部、各部门集中整改88个需整改的问题。6月13日,集团党委对开展党员先进性教育活动进行无记名"满意度测评",测评结果满意和基本满意率为99.06%。6月20日,第二批党员先进性教育活动启动,参加第二批先进性教育活动的各子公司、直属单位基层党组织697个,其中党委单位68家,总支部单位42家,党支部单位587家,参加第二批先进性教育活动的在册党员9347名;11月17日,华谊集团召开第二批先进性教育活动总结大会,肯定华谊第二批先进性教育活动取得党员教育"全覆盖"、主题实践"结对子"、心系群众"办实事"的初步成效。

2009年3—8月,按照中央、中共上海市委、市国资委党委的统一部署和要求,华谊集团党委组织开展深入学习实践科学发展观活动。3月17日,学习实践科学发展观活动动员大会在上海吴泾化工有限公司举行,金明达作动员报告,市国资委党委第一指导检查组组长肖义家出席会议并讲话。华谊集团所属23家子公司和直属单位的603家党组织、7800多名党员参加学习实践科学发展观活动。学习实践科学发展观活动包含学习调研、分析检查、整改落实三个阶段。华谊集团开展专题教育和培训、专题调研、专题讨论、领导班子专题民主生活会、考察等活动171次,召开各类座谈会310个,征求意见1140人次。围绕查找出的99个方面的突出问题,确定758项整改措施。经过群众代表的测评,华谊集团开展深入学习实践活动的总体满意率为99.16%。12月15日,华谊集团下发《关于组织开展学习实践活动"回头看"的通知》,组织各单位在年底之前认真开展整改落实"回头看"工作,根据整改落实方案提出的目标任务形成自查报告,党委办公室检查整改情况,推进学习实践活动后续整改工作的落实,形成促进科学发展的长效机制。

2010年6月,按照中央《关于在党的基层组织和党员中深入开展创先争优活动的意见》和中共上海市委组织部、市国资委党委《关于在国有企业开展争创"四强"党组织 争做"四优"共产党员活动的通知》要求,华谊集团党委开展争创"四强"基层党组织、争当"四好"领导班子、争做"四优"共产党员活动;成立创先争优活动领导小组和领导小组办公室,领导小组组长:金明达,副组长:刘训峰、秦健。创先争优活动通过全面动员部署、有效实施推进、强化考核评价和大力宣传表彰四个阶段开展。2011年2月,根据中共上海市委、市国资委党委创先争优活动领导小组关于开展领导干部点评创先争优工作的要求,华谊集团党委结合年度总结考核、组织生活会、民主评议党员、为群众办实事办好事、加强党组织和党员队伍建设、党群共建等工作,开展领导干部公开点评创先争优工作,集团基层党组织参与点评率为100%。2012年2月,华谊集团党委开展"围绕四个促进,创一流业绩,为党旗增辉"创先争优主题活动,着力在基层党组织换届改选、减少党员空白班组、寻找"失联"党员、加强党支部书记培训等方面下功夫,将相关考核纳入集团的基层建设、基础工作和基本功训练之中;截至5月,华谊集团完成学习实践科学发展观活动期间尚未完成的整改任务37个,解决影响制约科学发展突出问题57个,化解945件矛盾纠纷,处理234起信访积案,解决108个群众反映强烈的突出问题,党组织与党员与群众结成帮扶对子624对,为群众办实事好事432件,落实帮扶资金181.97万元,有1967名党员参加志愿服务活动,领导干部建立创先争优联系点192个,建立123个创先争优长效机制。

2013年7月31日,华谊集团党委成立党的群众路线教育实践活动领导小组和领导小组办公室,领导小组组长:刘训峰,副组长:秦健、陈耀。8月,市国资委"党的群众路线教育教育实践活动"第三督导组进驻华谊集团,对集团开展党的群众路线教育教育实践活动进行全程督导。8月15日,华谊集团党委在信息学校召开党的群众路线教育实践活动动员大会,刘训峰作动员部署,市国资委第三督导组组长仇伟国讲话,会议由秦健主持;集团党政班子成员、在职党员等140人出席会议,其中88人对集团领导班子和个人作风建设进行评议。11月,华谊集团党委召开党的群众路线教育实践活动专题民主生活会,在认真分析集团发展现状的基础上,梳理出"执行政治纪律"等13

个方面40条整改措施的巡视反馈意见,并确定具体责任领导和责任部门,明确整改时限和工作要求,认真抓好落实。

【特色工作】

1997年,华谊集团党委以香港回归祖国为契机,开展"洗雪百年国耻,喜迎香港回归""庆祝香港回归,共创美好未来"等爱国主义宣传教育活动。4月起,华谊集团开展"六个一"活动:举办"香港回归祖国"专题报告会、进行一次爱国主义主题教育、组织"知我香港、爱我中华"知识竞赛活动、举办一次主题歌会、收看一次电视实况转播、开辟一个宣传栏。

2008年11月,纪念"上海华谊化工50周年和吴泾基地开发建设50周年"座谈会在吴泾公司职工俱乐部召开。中共上海市委副书记、市长韩正,中国企业联合会会长陈锦华分别发来贺信。第十届全国人大常委会副委员长顾秀莲,上海市政协原主席蒋以任,中国石油和化学工业协会名誉会长谭竹洲,中国核石油和化学工业协会会长李勇武,重庆市常务副市长黄奇帆,上海市政府副秘书长周波等出席会议。反映华谊化工50年发展历程的专题片《中流击水》首映,《五十春秋 瞬间撷英》电子相册同时首发。是月,纪念改革开放30周年专题报告会在焦化公司举行,华谊集团各部门、各子公司围绕深化集团国资国企改革和推进企业技术创新等主题内容交流发言,为做强做优华谊化工、实现可持续科学发展建言献策。

2010年,按照华谊集团党委的部署和要求,宣传部以《上海华谊》报、《华谊论坛》杂志、集团局域网等载体,集中、深入、持久地宣传报道集团企业、党组织和干部职工为精彩世博服务、为平安世博保驾、为成功世博出力的情况。至年底,《上海华谊》报以消息、通讯、图片、言论、专稿等形式,刊发各类文稿百余篇,其中的"老装置退休"图片报道,在上海国资企业思想政治工作研究会企业报刊网"世博"新闻奖评审中,获图片类优秀奖。

2012年11月,华谊集团党委中心组举行学习报告会,特邀中共十八大代表、丙烯酸公司李君传达中共十八大精神。12月,华谊集团在焦化公司举行两级党委中心组学习中共十八大精神宣讲会,邀请市宣讲团成员、同济大学教授、生态与环保资深专家诸大建作《"五位一体"总布局》专题报告。

【获得荣誉】

上海硫酸厂和上海轮胎橡胶(集团)股份有限公司大中华橡胶厂获1994—1995年度全国化工思想政治工作优秀企业;吴纪正和李秀珍获"1994—1995年度全国化工优秀思想政治工作者"称号。

2009年,在首届中国石油和化学工业企业文化促进大会上,华谊集团获中国石油和化学工业企业文化建设示范单位称号;金明达获企业文化建设示范单位领军人物;焦化公司、吴泾公司、氯碱公司、丙烯酸公司、涂料公司、三爱富公司6家企业被评为中国石油和化学工业企业文化建设先进单位。

2010年7月,在上海市思想政治工作研究会第十一次会员大会上,华谊集团获"上海市思想政治工作先进集体"称号;杨雄伟获"上海市思想政治工作先进个人"称号。

2011年,华谊集团及所属焦化公司、吴泾公司、双钱集团、氯碱公司、丙烯酸公司、涂料公司、集团党校、上海华谊集团化工实业有限公司(简称"实业公司")8家单位获2006—2011年度"中国石油和化学工业党建及思想政治工作优秀单位"称号。刁梓辉、方广清、秦健、王健、徐贵发、王晓礼、王锦淮、顾群、俞丽萍、孙伟敏、张瑞岳、沈伟星、郑源淼、胡公明、胡永康、赵以革、赵洪蓉17人获2006—2011年度"中国石油和化学工业优秀思想政治工作者"称号。

2012年9月，华谊集团及所属涂料公司、丙烯酸公司、三爱富公司、双钱集团、吴泾公司、焦化公司、氯碱公司8家单位获"全国石油和化学工业新闻宣传先进单位"称号。

2013年，在《2013年度中国石油化工丙烯酸杯论文》评选中，华谊集团获优秀组织奖；杨雄伟、韩英撰写的《国有企业党组织加强党的队伍纯洁性建设的研究》和丙烯酸公司瞿红撰写的《加强企业人才队伍建设的探索与思考》获论文一等奖。

二、精神文明

【制度建设】

1991年，化工局制定"文明单位、文明班组、文明职工"的评比标准和市级文明单位例会制度，从内容上、方法上、运行机制上对精神文明建设进行制度固化。

2004年4月，华谊集团重新修订《上海华谊(集团)公司文明单位考核标准》，对基层单位申报文明单位规定具体条件。

2006年3月，根据上海市文明委关于《上海市文明单位创建管理规定》文件精神，结合华谊集团实际，修订下发《关于华谊集团公司文明单位考核标准的通知》。

2009年9月，华谊集团制定文明单位考核细则(初稿)，使考核具有可操作性。考核项目分别为思想教育、组织领导经营目标、企业管理、安全环保、群众活动、文化建设、普法教育、环境卫生、爱心活动10个大类38项考核内容，采用分值(总分100分)的方法，同时明确"一票否决"指标和特色(加分)指标。

【创建工作】

1980年，化工局宣传处牵头开展创建文明单位、文明班组和文明岗活动。1991—2013年，化工局、化工控股公司和华谊集团推进所属企业参与上海市文明单位创建工作，坚持开展"上海华谊(集团)公司文明单位"和"上海华谊(集团)公司精神文明建设成果"评选活动。

1991—2013年，上海市精神文明建设委员会开展12次(第6届～第17届)"上海市文明单位"的创建评选活动，化工局、化工控股公司和华谊集团在年度创建活动中，注重结合实际，突出重点。1991—1992年度，突出抓"细胞"，把加强班组建设作为重点，对职工的思想道德教育以"五爱"(爱祖国、爱人民、爱劳动、爱科学、爱社会主义)为主要内容。1993—1994年，在化工系统中推广"抓规范、抓环境、抓窗口"的做法。1997—1998年，推进以"管理与创新"为主题的"创文明、塑形象"活动，夯实精神文明创建工作的基础。2001—2002年，在紧贴实际、紧贴职工，围绕改革发展稳定大局，围绕管理创新、工作创新和科技创新，围绕职工整体素质提高，围绕开掘"降一达零"内涵，提升企业经济运行质量，突出本单位创建特色等方面下功夫。2003—2004年，在抓落实、求质量上狠下功夫，体现"七个有"，即有目标、有规划、有制度、有分工、有载体、有检查、有考核，使新一轮文明单位创建工作与华谊实现"世界先进、中国著名"化工企业集团的发展战略相融合、相促进。2005—2006年，在体现创新、体现特色上下功夫，采取富有个性特点的"自选动作"，并以"世博"文明行动为抓手，引导动员职工投入"与文明同行，做可爱上海人"主题实践活动，把文明单位创建工作与提高企业综合管理水平、提高职工整体素质互为融合、互为推动。2007—2008年，在创建工作中突出重点、体现个性、注重质量、深化内涵,重在长效、狠抓落实,力求实效、提升水平。2011—2012年,按照员工责任、经济与服务责任、诚信责任、社区责任和环保责任五个方面,首次编制《上海市文明单位社会责任报告》。2013—2014年,着重做好六方面工作:领导重视,放入议事日程;融入管理,形成群众参与;责任关怀,举行专题发布;深入原始台账,夯实基础工作;文化建设,突显企业特色;弘扬品牌,展示企业形象。

2005年,丙烯酸公司坚持物质文明建设和精神文明建设两手抓,各项工作全面协调发展、精神文明建设成效突出,获"第一批全国文明单位"称号。2011年,丙烯酸公司再次获"第三批全国文明单位"称号。

1991—2013年,上海华谊丙烯酸有限公司、上海华谊能源化工有限公司、双钱集团股份有限公司、上海天原(集团)有限公司、上海华谊集团企业发展有限公司、上海白象天鹅电池有限公司、上海试四赫维化工有限公司、上海新光化工有限公司、双钱集团股份有限公司双钱载重轮胎分公司、上海华谊天原化工物流有限公司、上海涂料有限公司、上海市涂料研究所、上海华谊工程有限公司、上海染料研究所有限公司、上海三爱富新材料股份有限公司、上海华谊集团装备工程有限公司、上海市化工环境保护监测站、上海市化工科学技术情报研究所、中共上海华谊(集团)公司委员会党校、上海信息技术学校、上海氯碱化工股份有限公司、上海轮胎橡胶(集团)有限公司、上海三爱思试剂有限公司、上海华谊集团化工实业有限公司、上海市塑料研究所、上海回力鞋业有限公司等企业被命名为"上海市文明单位"。

【中途管理工作】

2004年4月,华谊集团党委宣传部下发《关于开展创建文明工作中途管理活动的通知》,按照"分级管理,严格把关"原则,注重在企业文化培育、科技创新体系构建、"三高一流"队伍建设三个方面有新的特色、特点和特征;加强企业基础管理、现场管理,特别是设备管理和安全管理开展工作。华谊集团文明办组织开展文明单位中途检查工作,检查对象为创建工作较突出和新申报创建市文明单位的企业,检查以《集团文明单位考核细则》为依据。检查结果显示,《集团文明单位考核细则》的推行有较好基础,华谊集团文明单位创建工作情况良好。

表9-1-4 1991—2013年华谊集团下属企业被命名为上海市文明单位情况表

序号	单位	年度 1995—1996	1997—1998	2003—2004	2007—2008	2009—2010	2011—2012	备注
1	双钱集团股份有限公司						√	
2	上海轮胎橡胶(集团)股份有限公司载重轮胎厂	√	√	√		√	√	
3	上海轮胎橡胶(集团)股份有限公司大中华橡胶厂	√	√					
4	上海轮胎橡胶(集团)股份有限公司正泰橡胶厂	√	√	√				
5	上海牡丹油墨有限公司			√				
6	上海白象天鹅电池有限公司						√	

〔续表〕

序号	单位 \ 年度	1995—1996	1997—1998	2003—2004	2007—2008	2009—2010	2011—2012	备注
7	上海天原(集团)有限公司					✓	✓	
8	上海华谊天原化工物流有限公司					✓	✓	
9	上海天原(集团)有限公司天原化工厂	✓	✓					
10	上海焦化有限公司		✓		✓	✓	✓	
11	上海京华化工厂有限公司		✓					
12	上海氯碱化工股份有限公司	✓	✓	✓	✓	✓	✓	
13	上海橡胶制品研究所			✓	✓	✓	✓	
14	上海合成树脂研究所	✓	✓		✓	✓	✓	
15	上海回力鞋业总厂	✓	✓					
16	上海华谊丙烯酸有限公司			✓	✓	✓	✓	2005年和2011年被评为全国文明单位
17	上海涂料有限公司					✓	✓	
18	上海振华造漆厂	✓	✓	✓				
19	上海开林造漆厂		✓	✓				
20	上海造漆厂	✓	✓					
21	上海一品颜料有限公司						✓	
22	上海市涂料研究所		✓	✓	✓	✓	✓	
23	上海染料化工厂	✓		✓	✓			
24	上海染料研究所有限公司			✓	✓	✓	✓	
25	上海华谊集团上硫化工有限公司			✓				
26	上海试四赫维化工有限公司			✓		✓		
27	上海化学试剂研究所有限公司				✓			
28	上海三爱思试剂有限公司			✓				
29	上海三爱富新材料股份有限公司		✓	✓		✓	✓	
30	上海吴泾化工有限公司	✓	✓					
31	上海华谊工程有限公司						✓	
32	上海华谊集团装备工程有限公司					✓	✓	
33	上海华谊集团化工实业有限公司				✓	✓	✓	
34	上海中远化工有限公司氧气厂		✓	✓	✓			

〔续表〕

序号	单位	1995—1996	1997—1998	2003—2004	2007—2008	2009—2010	2011—2012	备注
35	上海华谊集团企业发展有限公司				√	√	√	
36	上海新华化工厂		√					
37	中共上海华谊(集团)公司委员会党校		√	√	√	√	√	
38	上海信息技术学校			√	√	√	√	
39	上海市化工科学技术情报研究所				√	√	√	
40	上海市化工环境保护监测站						√	
41	上海化工厂有限公司	√	√					
42	上海市化学工业学校	√						
43	上海化工设计院		√					
44	上海硫酸厂	√	√		√			
45	上海太平洋化工(集团)有限公司溶剂厂	√						
46	上海活性炭厂有限公司			√				
47	上海吴淞化工总厂吴淞化肥厂	√	√					
48	上海橡胶总厂	√	√					
49	上海橡胶制品一厂	√	√					
50	上海炼胶厂		√					
51	上海试剂一厂		√					
52	上海化工机械一厂	√	√					
53	上海江湾化工机械厂		√					
54	上海南汇化工厂	√						
55	上海赛璐璐厂	√	√					
56	上海南汇化工厂		√					
57	上海青浦化工厂有限公司		√					
58	上海装潢装饰分公司(原磁带厂)		√					
59	上海新光化工厂(上海新光化工有限公司)		√			√	√	
60	上海虹光化工厂			√				
61	化专、化校		√					
62	上海胶带公司输送带厂		√					
63	上海乘用轮胎厂		√					

三、法制教育

【"二五"普法教育】

1992年,化工局实施《法制宣传教育第二个五年规划的意见》,完成30%的职工脱产轮训的教育指标。"二五"普法化工局应学法总人数为48 401人,完成总人数46 995人。

表9-1-5 1995年化工局"二五"普法教育情况表

党政机关干部			
局 级 以 上		县 处 级 干 部	
应学法(人)	已完成(人)	应学法(人)	已完成(人)
2	2	7	7
企事业单位人员			
处级以上干部		一般干部与职工	
应学法(人)	已完成(人)	应学法(人)	已完成(人)
373	359	47 583	46 686
在 校 学 生		其 他	
中专、职技校学生		法制宣传队伍情况	开展依法治理单位数
应学法(人)	已完成(人)	法制宣传员(人)	工厂
820	753	246	44

【"三五"普法教育】

1996年8月,成立化工控股公司法制宣传教育领导小组与工作小组,崔志仁任领导小组组长。12月,华谊集团党委宣传部、办公室下发《关于在化工系统开展法制宣传教育第三个五年规划》的通知,明确普法目标,普法对象、内容要求,方法步骤及组织领导。各基层单位根据实际成立以主要领导负责、党委宣传部门和法制工作部门及有关部门共同参加的法制教育领导机构与工作班子,从规划、组织、措施、制度、经费上保证"三五"普法工作的进行。华谊集团把各基层单位的法制宣传教育情况作为党建和评选文明单位、社会治安综合治理先进单位的考核内容,作为经营管理人员的上岗必要条件之一,作为评选各类先进的内容。是年,华谊集团宣传部与上海医药(集团)总公司宣传部结合化工、医药行业的特点和职工的思想实际,联合编写《实现两个根本转变和职工"三五"普法补充读本》,把《行政诉讼法》《行政处罚法》《公司法》《劳动法》《国家赔偿法》《保险法》及《破产法》等作为职工"三五"普法的内容,并以上海太平洋化工(集团)公司和上海吴淞化工总厂为"三五"普法教育试点单位。1998年7月,华谊集团下发《关于在领导干部中开展"三五"法制宣传教育的通知》,在全系统领导干部中开展"三五"法制宣传教育。是年,华谊集团组织4 000多名职工参加上海"百万市民法律知识竞赛"活动,巩固"三五"普法的成果,合格率为95.3%,并获工业系统"百万市民法律知识竞赛活动"优秀组织奖。2000年7月,华谊集团对"三五"普法教育工作进行总结,全系统应培训职工75 347名,实际完成75 102名,普法面为99.66%。

【"四五"普法教育】

2001年,华谊集团成立由集团党委副书记和副总裁任组长的"四五"普法依法治理工作领导小组,建立法制宣传教育办公室,制定《华谊集团开展法制宣传教育第四个五年规划》。

2001—2005年,华谊集团宣传部下发华谊集团各年度"四五"普法行动计划,明确集团参加"四五"普法的重点对象为各子公司、厂级以上领导干部、企业经营管理者、企业各部门、各分支机构主要负责人、企业法律顾问及集团本部全体职工,并对普法的学习要求、学习内容作具体要求。举办"依法治企""WTO知识""民主管理"及"知识产权"等内容的法律培训班。2006年4月,华谊集团表彰"四五"法制宣传教育先进集体和个人,吴泾公司等10个先进集体、邱惠兴等24名先进个人获表彰。

【"五五"普法教育】

2006年8月,华谊集团成立"五五"普法领导小组,王强任领导小组组长,秦健、聂少犁、陈惠莹任副组长,领导小组下设办公室。

2006—2010年,华谊集团"五五普法"工作通过《上海华谊》报、《华谊论坛》杂志解读新出台的法律法规,报道集团和相关单位普法动态,在安全环保、维稳工作、内控制度、应对欧盟REACH法规、合格施工承包商等方面开展一系列法宣工作。

顾春林和杨雄伟被评为2006—2010年度上海市法制宣传教育工作先进个人。

【"六五"普法教育】

2011年,华谊集团成立"六五"普法领导小组,秦健任领导小组组长,黄德亨、李军,黄岱列任领导小组副组长,领导小组下设办公室。

2011—2013年,华谊集团"六五"普法领导小组办公室下发《关于在市国资委系统开展法制宣传教育的第六个五年规划的通知》。华谊集团通过举办"强化安全环保""职工合法权益"等内容的法律法规培训班和组织职工参加"诚信守法依法经营"法律知识网络竞赛等活动,提升职工的法律素养和经营管理素质;通过开展反腐倡廉宣传教育,促进廉政法制文化建设。在上海市首届法制宣传教育产品博览会上,华谊集团选送的《安全无语手册》《安全漫画和安全关注》《安全格言》《环保宣传画册》等作品,吴泾公司"二五"普法期间举办的模拟法庭和法律知识竞赛、焦化公司派送的环保袋等活动产品被上海市法宣办选中并展出。

第五节 纪 律 检 查

一、机构设置

1979年6月,成立中共上海市化学工业局纪律检查委员会(简称"化工局纪委")。1988年11月,建立上海市化学工业局监察室,与化工局纪委合署办公。1989年4月,化工局纪委内设纪律检查室、案件审理室、办公室。1995年12月,撤销上海市化学工业局建制,组建企业性经济实体"上海化工控股(集团)公司",纪委保持原内设机构。1996年10月,组建"上海华谊(集团)公司",纪委保持原内设机构。2001年6月,上海华谊(集团)公司本部机构调整,纪委与监察和审计合署办公,建立监审部,纪委保持原内设机构。

二、纪检工作

【制度建设】

1992年,化工局转发化学工业部《化工系统效能监察暂行规定》的通知。6月,化工局纪委、监察室制定《上海化工系统纪检　监察信息员工作条例》,明确信息内容、时效和质量等工作要求。

1996年,化工控股公司纪委、监察室先后制定《特邀办案员管理办法》,明确特邀办案员协助控股(集团)公司纪委、监察室查处违纪违规案件等主要任务和聘任条件;下发《上海化工控股(集团)公司纪检监察部门案件管理工作暂行办法》,对信访受理、线索处置、立案查办等工作程序做出规范化要求;制定《关于基层领导干部在住房方面保持廉洁的规定》,明确执行标准和审批程序。是年,化学工会、化工控股公司监察室联合下发《关于贯彻落实〈国有企业实行业务招待费使用情况向职代会报告制度的规定〉的实施办法》。

2009年和2011年,华谊集团党委、纪委先后制定《关于干部任职前人力资源部听取纪委意见个人重大事项专项申报和任职后开展谈心教育的实施办法(试行)》和《领导人员报告个人有关事项的实施办法》,加强对领导人员的监督管理。

2012—2013年,华谊集团纪委、监审部制定《关于对上交礼金礼品礼券购物卡和收缴物品管理的办法》《上海华谊(集团)公司纪检信访工作管理办法》《集团纪委　监审部案件审理小组　案件检查小组及审计小组人员管理办法》《上海华谊(集团)公司党风廉政建设责任制实施办法》《上海华谊(集团)公司纪委案件审理工作管理办法》《上海华谊(集团)公司纪检监审工作信息管理规定》《上海华谊(集团)公司纪委　监审部行文管理办法》《上海华谊(集团)公司案件检查工作实施办法》等制度。

【党风廉政建设】

1991年,下发《关于对党员进行党纪条规教育的意见》,组织基层单位结合正反两面典型开展党纪教育;印发有理论、有实例、有要求的8个党纪条规的教材,并制作以8个条规为内容的录像片《方圆》,在化工局组织播放。

1992年,运用正反典型事例,进行廉洁勤政教育和遵纪守法教育。召开化工局党政工团领导干部参加的案例剖析会,进行廉洁奉公教育。由局纪委、监察室剖析近2年发生的领导干部违法违纪案件,分析违法违纪行为给企业生产建设所带来的严重后果,指出各级干部应该从中吸取的教训。举办廉政勤政展览,进行廉政勤政教育。10月,发动全局各公司、各直属单位纪检、监察部门筹办《党风廉政建设汇展》,先后在杨浦(上海化工厂)、徐汇(上海大中华橡胶厂)、吴泾(上海吴泾化工总厂)3个地点展出,各单位相继组织7400余名干部前往观看。

1993年,贯彻落实《中共上海市纪委、市委组织部、市委宣传部决定在全市范围内"开展高举党风廉政旗帜宣传教育活动"的通知》精神和中共上海市工业纪委、化工局党委的部署,一是向全系统转发文件并提出四条贯彻意见;二是将1300本《工业系统积极进取　廉洁奉公企业领导干部先进事迹汇编》发放至全系统各党支部,并召开化工局党政干部大会,邀请工业系统演讲员演讲本系统廉洁勤政先进事迹;三是组织各级纪检监察部门,对前两年受到党纪处分的32名党员,进行跟踪回访教育。

1994年,在各级领导干部中开展严格遵守廉洁自律的有关规定教育,在认真执行廉洁自律两个"五条规定"的基础上,严格执行中央纪委五次全会作出的4条补充规定,以及中共上海市工业工作委员会提出的6条要求。各级领导班子要在上半年召开一次专题民主生活会,对照廉洁自律的规定和要求,进行自查自纠。

1995年,组织化工局领导干部开展"提倡事业第一,甘作奉献精神,反对拜金主义;提倡廉洁从政,勤政为民的精神,反对利己主义;提倡励精图治,艰苦奋斗的精神,反对享乐主义"的"三提倡,三反对"教育和"过好名位关、权力关、金钱关、色情关、人情关"的"五个关"教育。

1996年,在化工系统开展"严格党的纪律,维护和坚持民主集中制主题教育活动",组织各基层单位党政工团主要负责人进行3次集中教育。各级领导干部普遍进行自我教育,即自己学习、自己对照、自觉整改。还组织党风廉政知识测试,全局应参加测试的干部1 126人,实际参加的有1 081人,参加率为96%,成绩优良的占91.2%。

1997年,组织开展"讲学习、讲政治、讲正气"和"廉洁勤政、艰苦创业、拒腐防变"为内容的集中教育。是年,中共中央先后颁布《中国共产党纪律处分条例(试行)》(简称"《条例》")和《中国共产党党员领导干部廉洁从政若干准则(试行)》(简称"《廉政准则》")后,华谊集团党委、纪委下发通知,要求各级党组织,学习贯彻《廉政准则》和《条例》要与"讲学习、讲政治、讲正气"为主要内容的党性党风教育活动相结合,围绕《廉政准则》,认真抓好领导干部廉洁自律工作;要求各级领导班子认真对照《廉政准则》,找出自身存在的问题或薄弱环节,切实加以改进。

1998年,组织开展"牢记党的宗旨,接受人民监督"主题教育;讲学习,讲政治,讲正气"三讲"教育;学习新刑法、《廉政准则》、《条例》,中共中央、国务院《关于厉行节约制止奢侈浪费行为的若干规定》、《中国共产党党内监督条例》等有关文件的法规教育;防止国有资产流失、防止奢侈浪费、防止干部违法违纪的"三防"工程教育。

1999年,组织开展邓小平反腐倡廉理论学习教育,发放《邓小平论党风廉政建设和反腐败》至处级以上领导干部,公司本部主管以上干部和子公司领导干部人手一册。组织基层单位播放《法不容情》《百变之门》警示片,对干部、党员以及重要岗位人员进行经济工作纪律教育,组织放映176场次,有11 227人次观看。推进以党风廉政责任人为责任主体的"三岗教育",华谊集团有133名科以上干部接受上岗前教育,912名科以上干部接受岗中教育,17名科级干部接受退休离岗前教育。

2004年,组织全系统学习贯彻《中国共产党党内监督条例》和《中国共产党纪律处分条例》。抓好"宣传发动、学习辅导、组织测试、对照自查、制度调研、总结检查"六个环节。为检验两个条例学习教育成效,集团纪委出91道测试题,下发各单位组织测试。有各级领导干部229人参加,参测率为97.4%。

2005年,华谊集团把学习贯彻《建立健全教育 制度 监督并重的惩治和预防腐败体系实施纲要》和《国有企业领导人员廉洁从业若干规定(试行)》,作为党风廉政教育重要内容纳入党员先进性教育活动之中。

2006年,按照华谊集团党委的部署,集团纪委专门下发《关于结合"学党章 守党章"主题教育活动进一步推进党风廉政教育的意见》,要求各级纪委在活动中注重"四个结合"(即主题教育要与先进性教育活动中涌现的先进典型的学习教育相结合,自觉遵守党风廉政建设的各项规定;与"八荣八耻"和领导人员廉洁从业的学习教育相结合,牢固树立"六观三德";与警示教育相结合,维护党章党纪的权威性和严肃性;与推进企业内控监管建设相结合,扎实推进源头治理),推进党风廉政教育和反腐倡廉源头治理各项工作。

2007年,华谊集团党委在全系统组织党员干部开展"廉洁自律、诚信敬业"专题警示教育。8月3日,集团党委召开全系统警示教育活动动员大会,并邀请上海市监督委员会和徐汇区反贪局的领导,结合反腐斗争形势及上海市社保资金案,为各子公司、直属单位党政干部作警示教育辅导报告。是年,华谊集团纪委还组织一次专题警示教育辅导报告。警示教育纳入干部系列教育共性板块内容。

2008年,组织贯彻落实"七个不准"专题学习教育。华谊集团党委召开贯彻落实"七个不准"专项工作会议,在全系统进行动员和部署,明确专项工作学习宣传、自查自纠、整改总结三个阶段的主要任务和具体要求。全系统在学习教育阶段,召开各级党政班子专题学习会79次,组织中心组学习89次,参加学习教育(包括学习辅导报告会)的领导干部1850人次;在宣传方式上,利用企业报刊宣传37次、网络宣传42次、宣传栏35次,有11家二级单位组织辅导讲座。

2009年,华谊集团党委专题部署贯彻落实《国有企业领导人员廉洁从业有关规定》等中央三项法规文件要求,并举行由华谊集团纪委汇编的《国有企业领导人员廉洁从业有关规定学习材料》和《集团资产损失责任追究实施办法》及其相关制度两本材料发放仪式,发至二级单位党政主要领导。

华谊集团纪委会同人力资源部、集团党校举办第一期"践行科学发展观,讲党性、重品行、作表率,集体谈心活动",金明达、刘训峰、聂少犁分别向2008年以来到集团本部中层和二级单位领导岗位履行新职的57人进行集体谈心。

以范宪、周国强涉嫌违纪违法案为例,在集团系统干部中进行警示教育。组织领导干部观看《贪欲之害(三)——蛀虫》。华谊集团纪委与徐汇区人民检察院联合,摄制一部以石伟庭等人违法案件为主要内容的警示教育片《沉沦》,并组织各单位观看。

2010年,按照中共上海市纪委、市国资委党委有关企业党委主要领导要上反腐倡廉党课的要求,华谊集团党委组织召开领导干部党风廉政教育大会,金明达围绕贯彻落实《国有企业领导人员廉洁从业若干规定》《中国共产党党员领导干部廉洁从政若干规定》,结合集团改革调整发展和反腐倡廉工作的实际,作一次主题鲜明、重点突出、任务明确的报告。华谊集团纪委组织集团所属二、三级单位领导干部进行《国有企业领导人员廉洁从业若干规定》学习测试,测试参加率为100%。

2011年和2012年,华谊集团纪委以贯彻落实《中国共产党党员领导干部廉洁从政若干规定》《国有企业领导人员廉洁从业若干规定》为重点,着力强化领导干部廉洁从业教育。针对信访、审计中发现的问题,针对领导干部廉洁从业方面出现的苗头性、倾向性情况,坚持把监督干部同信任干部、保护干部、激励干部相统一,本着早发现、早提醒、早纠正,加强对领导人员的提醒教育,提出加强管理的有10家单位,进行提醒谈话、诫勉谈话的有4人。监审部门针对审计和飞行检查中发现的问题,对当事的8家单位主要领导进行约见谈话。

2013年,严格落实中央八项规定精神。根据市国资委纪委落实《关于中办国办、市纪委有关禁止用公款宴请或互相宴请要求》紧急电话通知精神,结合华谊集团实际,集团党委指导纪委及时下发贯彻落实《意见》。规定:单位与单位之间、下级单位与上级单位之间、企业或部门横向之间,严禁用公款进行宴请活动,以及违规收送礼金、礼品、购物卡。严格控制企业内部年会等活动,确因需要举办的,应坚持勤俭、从简安排。在从事正常经营商务活动中,应本着勤俭节约原则,控制接待规格,压缩减少陪同人员。是年,华谊集团党委首次以视频会议形式召开全系统加强党风廉政建设干部大会,开展领导人员廉洁从业教育。

【专项工作】

1993年,化工局纪委、监察室对局处室办"三产"、各类收费、临时工兼职、公费出国旅游等问题开展调查和清理。经调查清理:局机关办的13个经济实体中,有11个与局机关脱钩;8名兼职处级干部中,有5位脱钩,另3位暂时兼职,但不取酬;6项未经批准的收费项目中,有2项取消、1项暂停、3项待市有关部门统一处理。

1996年,按照中共上海市委、市纪委的统一部署,开展国有企业领导干部廉洁自律工作。重点抓好领导干部在住房方面的以权谋私和兼职取酬、收受礼金、折扣、中介费等问题,抓好收入申报、礼品登记上交和业务招待费使用情况向职代会报告三项规定的落实。经过学习教育、自查自纠和上级检查、召开专题民主生活会和完善制度建设四个阶段;12月,该项工作基本结束。参加企业廉洁自律工作的公司(总厂)和基层单位有173个,列为企业廉洁自律工作对象的领导干部1315人。由于各级党政领导重视,组织领导有力,基本做到"六个落实":领导力量落实;工作计划落实;思想发动落实;学习时间、内容落实;调查研究落实;谈话谈心落实。

1998年,华谊集团在全系统开展构建廉洁勤政"三防"(防止国有资产流失、防止奢侈浪费、防止干部违法违纪)工程活动。3月,成立上海华谊(集团)公司构建廉洁勤政"三防"工程领导小组;8月,组织对下属企业进行检查评比。

是年,为贯彻中央关于厉行节约制止奢侈浪费的八项规定,按照中共上海市纪委关于做好清理通讯工具工作的要求,华谊集团在着手对化工系统的公费购买移动电话进行清理的基础上,制定《关于集团本部公费配置移动电话及电话费限额报销的规定》,下属25个子公司根据集团的要求,分别制定相应制度,对使用通讯工具的范围、作价转私、付费标准、通话费限额报销、日常管理办法等做出明确规定。

2005年,华谊集团在全系统组织开展清理"小金库"工作并下发通知,明确清理范围、重点和工作要求。4月,全系统25个子公司作自查明示;5月,华谊集团纪委、监审部组织专项检查;9月,为把清理"小金库"工作做得更彻底,华谊集团又延长1个月,要求各单位再次组织自查清理。通过2次清理,13家单位的15个"小金库",全部予以整改。

2008年,按照中共上海市纪委《关于集中开展贯彻落实"七个不准"专项工作的通知》精神和市国资委党委贯彻《通知》的实施意见,华谊集团党委、集团纪委制订集团《实施方案》;3月28日,华谊集团党委在党委成员中作传达和学习;4月15日,华谊集团党委召开贯彻落实"七个不准"专项工作会议,在全系统进行动员和部署,要求各级领导干部通过填写表格形式,对照"七个不准"逐条检查、逐点明示,并按照集团延伸的4条(即是否仍有账外资金及小金库的情况;是否有指使财务人员提供虚假财务报告获取荣誉或奖励的情况;按照集团《领导干部及有关人员收入申报规定》,有否漏报;按照集团《领导人员报告个人有关事项的实施办法》,有否漏报事项)对照检查,必须明示。做好个人2项调查登记,即:领导人员兼职情况登记和领导人员持股、投资情况登记。6月底前,华谊集团领导班子11名干部(含1名助理),二级子公司、直属单位和集团部室215名领导干部,认真填写对照检查表格。华谊集团领导班子和22个二级子公司、直属单位领导班子,分别召开专题对照会,并以书面报告形式,逐条检查、逐点明示。华谊集团领导班子成员分别参加基层各自对口单位的专题对照会。

2009年,开展产权交易后国资收回情况的专项检查工作。通过检查,2004年以来,华谊集团内国有产权转让项目有65项,其中上海市产权交易所挂牌交易60项,外地协议转让3项,减资2项,产权转让金额8.6亿元。通过检查,对集团《关于规范企业改制工作的若干规定》《关于企业资产评估管理规定》《企业改制及一般股权变动财务审计管理规定》及《关于企业改制履行民主程序切实维护职工合法权益的若干规定(试行)》4项制度进行补充和完善,并对尚未收回的转让款693.04万元,加紧做好收回工作。

2010年,开展领导人员投资入股清理专项工作。华谊集团领导班子成员和中层管理人员无投资入股(范宪除外);二级子公司、直属单位及以下领导班子成员、管理人员有投资入股的合计19

人,分别入股6个下属企业,原始入股金额114.7万元。根据不同情况,由各子公司、直属单位负责制定退出方案上报华谊集团,按相关程序做好退出工作。

是年年底,华谊集团成立"小金库"专项治理工作领导小组,华谊集团纪委协调财务、审计、资产等部门抓好组织实施,明确专项治理的范围、内容、方法和步骤。

2011年,华谊集团"小金库"专项治理工作全面铺开。5月19日,华谊集团召开各子公司、直属单位行政负责人、纪委书记、财务负责人及负责填写"小金库"治理报表人员会议。全系统202家企事业单位全部开展复查,复查面为100%。进行逐级签订承诺书,明确承诺内容、责任追究的规定。华谊集团组织对下属单位的督导抽查,对抽查工作中发现的问题,下发整改通知书,要求有关单位在规定时间内落实整改。

是年,按照市国资委部署《关于做好违规收送礼金礼券购物卡专项治理工作自查自纠阶段相关工作的通知》,组织开展专项整治违规收送礼金礼券购物卡工作,收到上交购物卡(券)价值14.72万元。

2012年,华谊集团根据市国资委《关于开展市国资委系统企业对外投资参股情况专项检查工作的通知》要求,召开资产、财务、投规、对外合作、监审等有关部门负责人会议,讨论部署组织开展企业对外投资参股情况专项检查工作。7月24日,华谊集团专项检查领导小组对各单位上报的《国有参股企业情况调查表》进行审核。通过核对,有漏报参股企业3家,新发现非上市公司法人投资参股企业9家,要求全部列入专项检查范围,企业行政领导要签字确认。通过专项检查,有45家对外投资参股企业按计划退出。

2013年,华谊集团纪委贯彻落实中共上海市纪委《关于在全市纪检监察系统开展会员卡专项清退活动的通知》精神和市国资委纪委做好工作落实的要求,开展会员卡专项清退活动。据统计,华谊集团应填报会员卡清退情况的164人;实际填报164人,其中局级1人、处级22人、科级59人、科级以下82人。持有或清退人数为零。每个纪检监审人员均在本人报告表上签名;各二级单位纪委书记均在单位汇总表上签名。

【查处案件】

1991年1—11月,查处各类违纪案件161件,构成犯罪移送检察机关立案的贪污受贿案98件,涉及厂处级干部20人、党员55人。查获贪污受贿及非法所得款80余万元,查获被挪用公款300余万元,追回经济损失100余万元。

1992年,立案查处各类违法违纪案件65件,其中贪污5起、受贿40起、其他20起;移送司法机关的36起,其中贪污受贿万元以上的17起,追缴赃款赃物35.8余万元。

1993年,立案查处违法违纪案件30起,移送司法机关的贪污受贿案件23起。审查处理违纪党员22名,其中开除党籍9人,留党察看2人,撤销党内职务1人,党内严重警告5人,党内警告5人;给予各种政纪处分21人。

1995年1月—1996年12月,查处贪污受贿等违法违纪案件90件,其中移送检察机关追究刑事责任的63起。违法违纪人员中,涉及党员38人,厂处级干部18人,受党纪处分34人,政纪处分22人。

1997年1月—1998年12月,查处各类违法违纪案件60件,涉及党员49人。加上前几年被法院判决后处理的,共52人,其中开除党籍19人,留党察看3人,党内严重警告6人,党内警告12人,给予行政开除公职4人。

1999—2003年,办理违反党纪案件93件,其中开除党籍58人,留党察看12人,党内严重警告7人,党内警告14人,免于处分2人。

2003—2007年，查处违法违纪案件58起。给予党纪处分35人，其中开除党籍25人，党内严重警告的6人，党内警告的4人；涉及公司、厂级领导干部有14人；受到政纪处分的29人，其中涉及公司、厂级领导干部有2人。受到司法处理的34人，其中涉及公司、厂级领导干部有10人。挽回企业经济损失4 480余万元。

2008年1月—2013年12月，立案查处违法违纪案件23起，涉案28人（其中党员23人）；被司法机关判处实刑的11人、缓刑的12人、行政拘留的3人、免于刑事处罚的2人。依照《中国共产党纪律处分条例》，给予党纪处分的有21人，其中开除党籍18人，留党察看1人，撤销党内职务1人，党内警告1人。

范宪、陈洁案判决以后，在华谊集团党政的领导下，集团纪委紧紧依靠中共上海市纪委、市国资委纪委的支持，加大对涉案资产的追缴工作，于2011年把范宪、陈洁案中4.4亿元净资产收回国有，归入华谊集团。

【效能监察】

根据化工部的要求，化工局自1991年年初起，对效能监察工作进行探索和实践；1991年年初，化工局纪委、监察室选择监察力量比较强、单位领导重视的7家单位作为试点，摸索开展效能监察的方法和途径。1992年年初，召开由39个大中型企业纪检监察部门领导出席的监察工作会议，推广试点单位的经验。是年年底，有68个大中型企业开展效能监察工作。截至1993年年底，全系统开展效能监察的单位有96个，占应开展单位的82.7%（应开展总数116个），其中有4个是科研事业单位。

1991—1995年，先后完成效能监察课题436项。其中属于生产管理范畴的36项，属于财务管理范畴的83项（包括应收账款清欠），属于物资管理范畴的135项（包括报损资产处理），属于基本建设管理范畴的69项，属于第三产业管理范畴的27项，属于其他管理范畴的86项。先后为企业避免或挽回损失15 487.2万元；提出堵塞漏洞、改进管理的建议799条，指导建立和完善规章制度633项。

1996年，选题93项，立项64项，提出改进管理建议54条，指导建立或修订规章制度60项。挽回经济损失80.23万元，避免损失或增加效益5 212.08万元，清欠2年以上应收账款4 643.9万元，完成报损资产处理4 549.67万元。

1997年，选题78项，立项55项。指导、协助有关部门建立或修订规章制度78项。挽回或避免经济损失5 002万元，增加或创造效益5 323.2万元，清欠2年以上应收账款1 754.4万元。

1999年，开展以应收账款清欠为重点的专项效能监察。围绕企业降本增效、购销比价管理、工程项目创"双优"等方面，选题立项122项，完成109项。纪检监察组织提出改进管理建议11条，查堵管理漏洞106处；指导、协助有关部门建立或完善各项规章制度214项。为企业增创效益714.39万元，追回2年以上应收账款1.23亿元；购销比价节约1.78亿元。加强工程项目管理节约2 895.40万元。

2008—2013年，选题立项256项，会同有关职能部门查堵管理漏洞883处，建立和完善规章制度817项（条），为企业增加和创造经济效益40 085余万元。

2012年4月，华谊集团召开效能监察工作会议，总结1991年以来集团组织开展效能监察工作取得的成果。1991—2013年，基层单位先后有240个项目获华谊集团效能监察优秀成果奖。其中29个项目分别被化工部、石油化工监察局、中国监察学会化工分会评为效能监察十佳成果，59个项目被评为效能监察优秀成果。

三、纪检干部队伍

1996年,建立纪检监察特邀办案员队伍充实查案力量。针对化工系统一方面在查办案件中出现举报多,线索多,案件多的势头;另一方面由于受企业经济体制改革的影响,纪检监察干部出现减少的趋势。为解决矛盾,华谊集团纪委从基层纪检、监察、审计、保卫等部门中选择10名干部组建系统特邀办案员队伍。1997年4月,聘请第二批特邀办案员5人,分别为每个人办理人身意外伤害保险,颁发聘书;既保证集团纪委在办案过程中能及时抽调力量突破案件,又解决办案人员的后顾之忧,还发挥联合办案、交叉办案的优势。1998年,对特邀办案员队伍进行调整充实。

1997年5月,建立华谊集团纪委案件审理小组。案件审理小组由集团和基层单位的纪检、监察干部5人组成,按照"事实清楚、证据确凿、定性准确、处理恰当、手续完备、程序合法"24字方针,审理小组的主要职责是:受华谊集团纪委委托,审理基层单位上报的疑难案件、审理室管辖的案件和集团纪委领导交办的案件;参加案件审理室组织的党纪条规和法律法规学习;宣传案件审理工作的方针、政策;协助案件审理室对基层单位的案件质量进行检查和督促整改。

2001年,华谊集团纪委、监察室将1996年以来组织开展研讨活动而征得的46篇优秀论文(其中宣传教育方面5篇,监督制约方面7篇,廉洁自律方面6篇,效能监察方面13篇,执纪办案方面7篇)汇编成《扬清》一书,集中展示化工系统广大纪检监察干部,围绕改革、发展、稳定大局,联系本单位实际探索实践的主要成果。

1991—2013年,华谊集团纪委为加强纪检队伍建设,提高纪检干部的政治素质和业务能力,举办执纪办案业务、信息信访、工程项目风险管理、案件检查、案件审理、信息与论文写作、效能监察立项与实施等各类实务培训班;组织开展纪检监察工作专题研讨和论文纂写活动,在中国监察学会化工分会优秀纪检监察论文评选活动中,有13篇论文分别获一、二、三等奖。

第六节 保 密 工 作

一、机构职能

化工局、化工控股公司和华谊集团保密工作委员会的主要工作职责是利用各种形式,有重点、分层次地开展针对性的保密宣传教育,做好经济、科技领域和计算机信息系统的安全保密工作,加强对国家秘密文件的管理等。

1991年,化工局党委办公室负责保密工作委员会日常工作。1995年12月,化工局改制,重组后的上海化工控股(集团)公司保密工作委员会对保密工作委员会成员和保密组织机构进行调整和充实,增加发展部、资产部、财务部的经理为保密工作委员会成员,并明确保密工作委员会副主任由负责科技经济工作的副总裁担任。1996年10月,上海华谊(集团)公司保密工作委员会根据形势任务、人事变动等情况及时做好调整充实保密工作委员会成员及有关小组的工作;华谊集团保密工作委员会下设技术和知识产权工作小组、涉外经济工作小组、信息管理工作小组和国家安全小组;保密委员会办公室归口集团党委办公室。

二、制度建设

1996—2003年,先后转发《中共上海市委保密委员会办公室 上海市国家保密局关于加强对涉密人员流动管理的暂行规定》《化学工业部涉外工作保密规定》《化学工业工作中国家秘密及其密级具体范围的规定》《化学工业科学技术保密规定》及《关于在机构改革中做好国家秘密载体保密管理工作的通知》等化学工业部和中共上海市委相关文件精神,各基层单位认真做好涉密文件、资料、软盘的清理、归档工作,新组建的单位切实做好接收并入单位原有国家秘密载体的管理工作。

1998年1月,印发"保密工作责任制情况调查登记表",明确保密工作范围和领导责任制,从建制上加强保密管理,从保密措施上落实到位。是年,依据化工部已颁布的有关规定修订《保密工作岗位责任制及保密管理规定》《涉外活动保密工作实施细则》和《商业秘密保护规定》,加强对保密工作的管理,确定国家秘密和商业秘密的界线,完善保密规章制度。2005年,集中修订华谊集团保密工作各项制度,包括《华谊集团公司保密工作制度》《华谊集团公司党委办公室机要文件收阅制度》《华谊集团公司党委办公室机要文件收阅制度》《华谊集团公司党委办公室督办制度》《华谊集团公司党委办公室印章使用管理规定》《华谊集团公司党委办公室会议管理制度》《华谊集团公司党委办公室办文规定》等。

三、主要工作

【保密宣传教育工作】

自1994年起,化工局、化工控股公司和华谊集团保密工作委员会坚持每两个月一次召开保密工作例会制度,并通过《政工情况》和《信息与动态》两个简报,对有关保密知识和工作经验进行介绍。

2010年3月,华谊集团下发《保密技术防范常识》《保密知识手册》等学习资料,要求各基层单位自觉遵守各项保密规定。4月,为确保2010上海世博会期间保密安全,对严守国家保密纪律、确保经济信息安全等工作全面部署。9月,华谊集团下发《关于切实加强保密工作的紧急通知》,落实信息保密审查责任,全力抓好2010上海世博会期间的保密工作和企业保密工作。10月,邀请上海市保密局查办处林予同在集团党委中心组学习(扩大)会议上就贯彻落实新修订的《中华人民共和国保守国家秘密法》作专题辅导报告。11月,在集团党校举办学习宣传贯彻新修订的《中华人民共和国保守国家秘密法》报告会,特邀上海市保密局虞培林作专题主讲,各基层单位保密委员会成员、涉密计算机主要负责人、机要干部及军工资质保密企业相关人员出席会议。

【经济与科技领域的保密工作】

1995年,国家科委《科学技术保密规定》颁布后,化工局保密工作委员会及时组织有关人员学习。是年,根据《对外经济合作提供资料保密暂行规定》,对氯碱公司、上海染料有限公司、上海市有机氟材料研究所、上海焦化总厂、上海吴泾化工总厂等单位进行保密工作检查;检查没有发现一起失泄密事件。上海天原化工厂、上海市合成树脂研究所、上海化学试剂总厂等单位还通过法律形式与重要技术岗位的工作人员和离退休职工签订《保密协议》。

1996年,化工控股公司在接到化工部有关《重新确定化工国家秘密范围及其密级的规定》后,及时召开"重新确定密级"工作会议,是年年底,上海化学试剂总厂、三爱富公司、上海焦化总厂、上海市合成树脂研究所、上海涂料研究所、上海大孚橡胶总厂、上海溶剂厂等10多家单位完成"重新确定密级"工作。是年,配合上海市国家保密局对三爱富公司和上海农药厂进行调查,召开化工系统科技院所和部分重点单位保密干部会议,会后上海天原化工厂、上海市合成树脂研究所、上海吴泾化工总厂等9家单位法人代表与60名岗位涉密人员签订保密协议。

【信息技术防范和管理工作】

2002—2003年,华谊集团先后完成对华谊集团团委门户网站、化学工会信息网站等重要网站的保密审查。

2007年7月,华谊集团保密委员会牵头组织对所属二级子公司和直属单位进行信息保密安全专项检查,强化信息保密安全意识,规范信息保密安全管理,分析网络与信息系统面临的风险,评估网络与信息系统的安全状况;成立信息保密安全检查组,秦健任组长,小组成员由集团保密委员会信息管理专业工作组组员及外聘专家组成。

2011年3—5月,华谊集团保密委员会、党委办公室、科技部联合部署对各子公司及军工配套资质企业保密工作的自查和互查工作,对照《市专项保密检查方案》目录表,对"密码电报""涉密文件信息资料""保密电话""网络管理"等内容逐项检查。

2012年8月,华谊集团党委办公室下发《关于切实加强中共十八大筹备和召开期间保密工作的通知》,全面启动华谊集团迎接中共十八大专项保密检查,各基层单位对照保密工作责任制、计算机网络管理信息发布保密审查和预警应急处置能力等内容开展自查,确保保密工作无隐患、无漏洞、无盲区;10月,华谊集团开展网络清理检查工作,对文件制发、计算机网络使用、信息公开等情况逐项检查,确保在中共十八大筹备和召开期间不发生失泄密事件。

【机要文件管理工作】

2010年,华谊集团各单位严格执行登记收发和处置、保管的工作程序,收发机要信件430封、机要文件520份、机密资料350份、中央及中共上海市委密级文件1.33万余份。收回和处置2009年密级文件15 407份。

2011年3月,华谊集团党委办公室下发《关于进一步加强国家秘密载体印制保密管理的通知》,对各基层单位"秘密载体印制过程的保密管理"作出规定,严禁在不符合保密要求的打字复印店、图片店违规印制涉密文件资料,确保国家秘密载体安全;组织开展为期半个月的"国家秘密载体印制保密管理"检查工作。

2013年2月6日、28日和9月17日,华谊集团党委办公室先后3次对集团本部保密废纸进行集中回收,并由专人送往市保密局指定地点予以销毁,整理袋均附上保密委员会制作的"保密废纸处置"标签。

【重点保密项目专项管理工作】

1992年,化工局保密委员会对照化工部《保密范围》文件,完成对1977年7月编写的《技术鉴定证书——103甲基嵌段室温硫化硅橡胶》、1968年5月编写的《氟硅橡胶小试验总结讨论会纪要》两个国家密级文件的解密。2005年5月,华谊集团保密委员会对吴泾公司醋酸项目开展申请密级工作,集团科技部与吴泾公司按照申请密级要求,就醋酸项目申请密级的相关资料进行整理后上报上海市科学技术委员会。

2003年10月,华谊集团开展企业申报二、三级军工保密资格审查认证工作。截至2005年5月底,华谊集团所属企业中申报二级军工生产资质的企业有5家,申报三级军工生产资质的企业有10家。2008年,2家申报军工配套生产三级资质的企业通过上海市军工处和市科学技术委员会的复查验收。

【获得荣誉】

张经怡被评为1996年度全国科技系统保密工作先进个人。

2003年12月,华谊集团保密工作委员会获评"上海市保密工作先进集体"。

第七节 老干部工作

一、机构职能

老干部工作的主要职责是在华谊集团党委领导下,贯彻落实中央、中共上海市委老干部工作的方针政策,负责实施集团内老干部管理服务工作的指导、协调、督促和检查;推进离休干部党支部建设和老干部工作者队伍自身建设;管理下属事业单位"上海化工老干部活动室";确保老干部政治与生活"两项待遇"的落实等。

1979—1984年,上海市化学工业局离休干部工作由干部处管理,干部处设老干部科。1985年,化工局建立老干部工作委员会,负责协调化工系统离休老干部工作,老干部工作委员会由化工局党委、行政分管老干部工作的书记、局长和离休老干部代表分别担任正、副主任,化工局有关处室负责人担任委员。1985年5月,上海市化学工业局党委下设老干部处;化工局所属各子公司和直属单位均相继于1985年起建立老干部工作部门和配备专、兼职老干部工作人员。1996年2月,化工局老干部处改为上海化工控股(集团)公司老干部处;6月,上海化工控股(集团)公司老干部处改为上海化工控股(集团)公司老干部部;11月,上海化工控股(集团)公司老干部部改为上海华谊(集团)公司老干部部。2004年7月,华谊集团在华谊企业发展有限公司内组建以安置、服务、管理调整企业离休干部,落实政治与生活"两项待遇"为主要职责的"离休干部管理服务中心",打破原单位界限,区域化管理开展老干部工作。

1986年5月,在上海市黄浦区宁波路27号设立上海市化学工业局老干部活动室(面积500平方米);1989年,在上海市徐汇区宛平南路336号设立上海市化学工业局老干部活动室分部(面积150平方米),有关子公司和直属单位设立老干部活动室7个(面积466平方米);1994年,上海市化学工业局老干部活动室搬迁至上海市虹口区武进路440号(面积约600平方米);1997年7月,上海市化学工业局老干部活动室更名为上海化工老干部活动室。2003年5月,上海化工老干部活动室搬迁至上海市卢湾区陕西南路345号四楼(面积约800平方米)。

截至2013年年底,华谊集团有离休干部326人,其中男性246人,女性80人;抗日战争前期参加工作的有31人,抗日战争后期参加工作的有69人,解放战争时期参加工作的有226人;原副局级3人、享受副局级22人、参照副局级享受三项待遇5人、参照副局级享受医疗待遇39人,原正处级6人,原副处级8人,享受处级128人,科级及一般干部85人。平均年龄84.6岁。

截至2013年年底,华谊集团专职老干部工作人员有20人,兼职老干部工作人员有13人。

二、主要工作

【建立完善制度】

1991年,化工局党委制定老干部部门工作职责,明确老干部部门应负责实施老干部管理服务工作的"指导、协调、督促、检查"、确保老干部政治与生活"两项待遇"落实等10项工作内容。

为贯彻中共上海市委组织部、市委老干部局制定的《上海老干部工作领导责任制的通知》精神,1998年7月,华谊集团组织部和老干部部制定《上海华谊(集团)公司(化工块)老干部工作领导责任制实施细则》,要求各子公司、总厂、直属单位党委贯彻执行,并列入各级党政领导干部考核和单位党建工作考核内容。2003年,制定《华谊集团离休干部丧事办理事宜》。2012年,制定《上海华谊集团老干部帮困资金使用办法(暂行)》,落实老干部"双高期"的关心关怀工作。

【离休干部上收划转】

1999年5月,隶属上海化学工业局设计院的5名离休干部关系划归上海寰球工程公司(中石油下属国企)管理。7月,由于化工部所属的上海化工研究院改为属地管理,原先委托化工局管理的老干部工作改由上海市工业党委直接管理,上海化工研究院46名离休干部隶属关系划归至市工业党委管理。

2000年8月,因原上海化工高等专科学校改为上海教育局直接管理,上海化工高等专科学校11名离休干部隶属关系划归至市教育局党委管理。

2004年7月,上海胶鞋公司32名(其中大中华橡胶二厂2名、大中华橡胶三厂4名、大中华橡胶五厂10名、上海义生橡胶厂3名、上海胶鞋六厂8名、上海胶鞋七厂5名)离休干部首批整体划归上海华谊集团企业发展有限公司离休干部管理服务中心管理。10月,上海硫酸厂离休干部整体划归上海华谊集团企业发展有限公司离休干部管理服务中心管理。

2005年3月,上海化工供销有限公司2名离休干部和染料化工八厂(含销售公司)6名离休干部划归上海华谊集团企业发展有限公司离休干部管理服务中心管理。6月,上海染料化工有限公司本部及下属上海染料化工三厂、上海染料化工九厂、上海染料化工十厂、上海染料化工十二厂、上海染料机械厂和上海化工制桶厂26名离休干部整体划归上海华谊集团企业发展有限公司离休干部管理服务中心管理。12月,上海华向橡胶制品有限公司离休干部整体划归上海华谊集团企业发展有限公司离休干部管理服务中心管理。

2006年6月,根据上级关于稳妥做好市国有企业在深化改革中离休干部管理工作,对市属国有破产企业离休干部隶属关系划归区、县管理的指示精神,原上海中远化工有限公司下属浦东化工厂、南汇化工厂、松江化肥厂等九家破产小化肥厂管理的24名离休干部(居住郊区),划归浦东、松江、奉贤、崇明、南汇、青浦、金山、闵行、嘉定、长宁、普陀11个区县地区管理。6月,上海溶剂厂被北京蓝星集团上海蓝星聚甲醛有限公司整体收购,上海溶剂厂32名离休干部隶属关系随纺织局离休干部划归居住地管理。11月,华谊集团直属的上海化工职业病防治院整建制划归上海市安全生产监督管理局管理,由于上级机构变更,上海化工职业病防治院管理的24名离休干部隶属关系划归至上海市安全生产监督管理局管理。

2007年3月,上海大可染料有限公司和上海华亨化工厂老干部管理服务工作划归上海华谊集团企业发展有限公司离休干部管理服务中心管理。8月,华谊集团所属上海轮胎橡胶股份有限公司(破产企业)20名离休干部、上海化学试剂有限公司29名离休干部、上海化工厂有限公司13名离休干部、上海三九科技发展股份有限公司(原上海胶带股份有限公司)12名离休干部划归徐汇、长宁、普陀、杨浦等11个区管理。11月,原属上海华谊(集团)公司的上海乳胶厂由中国昊华(南方)桂林橡胶责任有限公司托管,隶属该厂的5名离休干部关系划归所属管理单位。

2008年6月,上海华谊集团华原化工有限公司41名离休干部整体划归上海华谊集团企业发展有限公司离休干部管理服务中心管理。9月,上海化工装备有限公司34名离休干部整体划归上海华谊集团企业发展有限公司离休干部管理服务中心管理。

2010年5月,鉴于上海建工集团安装公司进行开放性重组、合资合作的实际,上海华谊集团建设有限公司10名离休干部整体划归上海华谊企业发展有限公司离休干部管理服务中心管理。

2013年3月,上海华谊集团化工实业有限公司下属上海华谊租赁管理有限公司离休干部1名划归上海华谊集团企业发展有限公司离休干部管理服务中心管理。

【政治与生活待遇】

1991—2013年,华谊集团能确保老干部参加中共上海市委和有关方面的会议,及时向老干部传达中央和中共上海市委有关精神,组织老干部参加政治学习和党的组织生活,阅读党内文件,参加本单位的重要会议和重大活动,保证老干部的政治待遇不变。

2010年8月,在纪念中国抗日战争胜利65周年之际,华谊集团领导班子成员分九路走访慰问集团的抗战老战士,并对部分生活困难的抗日老战士给予一次性补助。是月,华谊集团老干部部编印《华谊集团老干部生活服务指南》,该《指南》分"服务项目""常用政策""相关涉老文件"3个部分,以方便老干部查阅。8月17日,华谊集团老干部部召集老干部居住地街道60余名老干部工作者召开"社企老干部工作联谊会",为63名孤老、独居、生活不能自理或患重病等有特殊困难的老干部落实所在居委会的联系人,一对一予以照顾。9月1日,华谊集团党委在青松城百花厅举办"华谊老干部纪念抗战胜利65周年大型座谈会",集团老干部部会同宣传部编辑出版一期彩色《上海华谊报》纪念特刊,推出集团129名抗日战士英雄谱。

2011年7—8月,华谊集团党委和离休干部所属党组织分10路对400余名离休干部进行大走访,其中包括异地北京、山东、江苏的7名离休干部。8月下旬,华谊集团党委根据"老干部就近学习、就近参加活动、就近得到照顾、就近发挥作用"要求,与22个街道签订《关于社企联手推进特困老干部定点帮扶工作协议》,为184名高龄、纯老家庭、身体不好的"二类特困"离休干部建立定点帮扶联系网。

2012年6月5日,华谊集团党委与徐汇区枫林街道在该社区共同建立华谊集团第一个老干部社区学习点。6月7日,华谊集团又与长宁区仙霞街道在该社区共同设立华谊集团第二个老干部社区学习点。

截至2013年年底,华谊集团老干部部与300多个老干部居住地的15个区、105个街道、镇、社区的党组织联手,共同进行幸福养老工作的探索和实践;与23个街道、社区签订《联手服务老干部协议》;落实21名孤老、丧偶独居老干部居住地社区志愿者结对帮扶。

【文化建设活动】

2006年9月,为纪念中国共产党成立85周年和中国工农红军长征胜利70周年,华谊集团老干部部编撰华谊离休干部纪念画册《党的好儿女》。

2008年是中国改革开放30周年,也是华谊化工发展和吴泾基地建立50周年"双庆"。各老干部支部开展以"高举旗帜、支持改革、老有所为、共创和谐"为主题的专题讨论会;各子公司老干部部门组织"三看"参观活动,参观洋山深水港和杭州湾大桥等;各单位分别举办体现主题的迎春座谈会和敬老座谈会;重组华谊集团老干部合唱队,参加纪念改革开放30周年和华谊化工50周年的华谊集团职工歌咏大会;集团老领导、各单位老干部代表在吴泾公司参加庆祝华谊化工、吴泾基地50周年的"双庆"座谈会。"5·12"汶川大地震后,华谊集团老干部有545人次向单位和居住地缴纳"特殊党费"和捐款23.5万余元;其中缴纳"特殊党费"1 000元以上的有29人;张耀祥缴纳5 000元"特殊党费"、2 000元地区捐款;长期躺在病榻上的90岁老红军陈奇缴纳1万元"特殊党费"。

2009年5—8月,华谊集团举办老干部庆祝中华人民共和国成立60周年、上海解放60周年、迎接"2010上海世博会"系列纪念活动。其间,组织部分老干部参观烈士陵园和淞沪抗战纪念馆并举行祭扫悼念活动;举办《歌颂伟大祖国作品展》展览和作品评选活动;出版离休干部工作先进事迹专刊;走访慰问老红军及老红军遗属、因病长期不能参加活动或家庭困难的老干部169名,慰问金额3.7万元;为每一位离休干部发放"中华人民共和国成立60周年纪念章";9月29日,召开华谊集团老干部"庆祝中华人民共和国60周年、上海解放60周年、迎世博"大型庆祝会议,253名老干部、各级领导及老干部工作者参会。

2010年10月,华谊集团开展"老干部与世博同行'五个一'活动"。(1)组织159名老干部参观世博会。(2)各老干部支部召开一次"我与世博同行"专题组织生活会。(3)组织系统322名老干部向玉树灾区捐款近9.8万元。(4)评选表彰26名离休干部"好儿女"。(5)举办以"珍爱和平、精彩世博、共创和谐"为主题的征文、摄影和书画作品展活动。

2011年5—9月,华谊集团以纪念建党90周年为契机,开展以"讲党性、树形象、展风采"为主题的"八个一"活动。(1)召开"谈谈我的入党故事"专题组织生活会。(2)征集"红色记忆"作品。(3)发放特殊纪念品庆祝党的生日和个人的入党"政治生日"。(4)组织老干部参加"党在我心中"红歌会。(5)组织老干部学党史、知党情、坚定理想信念不动摇。(6)领导带队全面走访慰问系统离退休老干部。(7)组织纪念建党90周年活动。(8)编印记录集团老干部们风采的《党旗飘扬引我行》专辑。

2012年5月,华谊集团离休干部鞠国栋、陈树华、宋兴浩、郑绍先等提供的24件作品在中共上海市委老干部局"回眸三十年,展示新风采"活动成果展中展出。12月,为纪念《中共中央关于建立老干部退休制度的决定》颁布30周年,华谊集团党委编辑、印制《回眸——华谊老干部工作30周年》纪念册,纪念册记载老干部工作30年来规范发展和创新的历程,展示华谊集团老干部在创先争优中的风采。

2013年4月,华谊集团组织天原集团、氯碱公司老干部参加黄浦区域联合体老干部学习中共十八大精神知识问答活动;组织企发公司、双钱集团的老干部参加上海市老干部学习中共十八大精神知识竞赛,并获"青松奖"和"百花奖"。10月,华谊集团老干部在上海市老干部文化艺术节上表演文艺节目,并展示摄影、书法和绘画作品;郑绍先创作的中国画《江山秋色》获"上海市老干部艺术节书画作品二等奖",谷中创作的诗《追梦》被收入上海市老干部文化艺术节《老干部诗集》,华谊集团老干部合唱团以一曲《娄山关》获"唱响中国梦,展示新风采"老干部合唱专场比赛二等奖。

【获得荣誉】
中共上海市委组织部、中共上海市委老干部局先后开展评选"上海市离休干部、老干部工作先进集体、先进个人"和"上海市先进离退休干部党支部和离退休干部先进个人"活动

1994年10月,上海天原化工厂离休干部党支部被评为离休干部先进集体、张耀祥和顾玮被评为离休干部先进个人、上海市化学工业局党委老干部处被评为老干部工作先进集体、马蒋荣被评为老干部工作先进个人。

1996年9月，上海吴泾化工总厂党委组织部老干部科被评为上海市老干部工作先进集体、陈云娣被评为上海市老干部工作先进个人。

1998年10月，上海天原化工厂离休干部党支部被评为离休干部先进集体；张耀祥、顾玮被评为离休干部先进个人；上海华谊（集团）老干部部被评为老干部工作先进集体；吴万才被评为老干部工作先进个人。

2001年6月，上海涂料有限公司离休干部党支部被评为离休干部先进集体；张耀祥、张少琴被评为离休干部先进个人；上海华谊（集团）公司老干部部被评为老干部工作先进集体；张志祥被评为老干部工作先进个人。

2004年6月，上海华谊（集团）公司吴泾化工有限公司离休干部党支部被评为先进离休干部党支部；张耀祥被评为老干部先进个人。

2009年9月，上海华谊集团企业发展有限公司离休干部第三党支部被评为先进离退休干部党支部；张耀祥、郝希庆被评为离退休干部先进个人。

中共上海市工业工作委员会、上海市经济委员会开展评选"上海市工业系统离休干部、老干部工作先进集体、先进个人"活动

1994年12月，上海吴泾化工总厂离休干部党支部获"离休干部先进集体"荣誉；张耀祥、顾玮、马金龙、杨培娟获"离休干部先进个人"荣誉；上海市化学工业局老干部处和上海吴泾化工总厂组织部老干部科获"老干部先进集体"荣誉；马蒋荣、吴万才、张雅萍、张和进获"老干部工作先进个人"荣誉；沈祖耀、李庆财、李瑾芳、赵仁林获"离休干部先进个人"荣誉；上海化工原料公司老干部科和上海硫酸厂组织人事科获"老干部工作先进集体"荣誉；许文存、吴文莽、马佩芬、徐成官获"老干部工作先进个人"荣誉。

1998年9月，上海天原化工厂离休干部党支部和上海乳胶厂离休干部党支部获"离休干部先进集体"荣誉；张耀祥、顾玮、李群、赵明获"离休干部先进个人"荣誉；上海华谊（集团）公司老干部部和上海溶剂厂组织人事部获"老干部工作先进集体"荣誉；张觉明、吴万才、毛桂珍、徐成官、张志祥获"老干部工作先进个人"荣誉；上海焦化有限公司离休党支部获"离休干部先进集体"荣誉；常家麒、唐盛武获"离休干部先进个人"荣誉；上海轮胎橡胶（集团）股份有限公司老干部科获"老干部工作先进集体"荣誉；吴为智、葛士明获"老干部工作先进个人"荣誉。

中共上海市委组织部、上海市人力资源和社会保障局、中共上海市委老干部局、上海市公务员局开展评选"上海市老干部工作先进集体、上海市先进老干部工作者"活动

2011年12月，上海华谊（集团）公司党委老干部部被评为上海市老干部工作先进集体；殷云松被评为上海市先进老干部工作者。

第八节　统　战　工　作

一、机构职能

1991—2013年，化工局、化工控股公司和华谊集团党委按照统一战线"长期共存、互相监督、肝胆相照、荣辱与共"的基本方针，制定制度，落实分管统战工作的责任领导，形成层层有人抓、事事有人管的统战工作网络。坚持每年召开2次专题统战工作会议,每个支部确定1名支委负责统战工作,明确统战对象为:党外知识分子干部,民主党派成员,无党派知名人士,企业党外人士中的各级人大、政协的代表和委员,归国华侨,中国台湾同胞和少数民族代表人士等。

截至2013年年底,华谊集团有统战对象261人,其中民主党派成员111人,侨联、工商联等118人,党外知识分子13人,党外领导干部7人,党外全国人大代表1人、市人大代表2人、区人大代表1人,党外市政协委员2人(含常委1人)、区政协委员3人,其他3人。

【统战管理机构】

化工局统战工作最初归入干部处,设兼管干部1人。1980年7月21日,建立化工局统战处。1984年8月,撤销该处建制,统战工作归入党委办公室。1985年7月,恢复统战处建制;化工局所属公司及各基层单位统战工作基本归入组织人事部门。1988年9月,化工局169家单位全部配备专职或兼职统战干部。1989年,化工局党委发文,要求各基层党组织明确一位领导分管统战工作,健全和稳定统战干部队伍。1991年,化工局所属公司级统战科8个,直属单位统战科5个,专职统战干部5名。1995年,化工局党委明确各大企业、大单位在不增加人员编制的情况下设置统战机构;是年,全系统需要建立统战机构的单位全部完成建立,保证统战工作的有效开展。2009年2月,撤销华谊集团党委统战部,党委统战部工作职能归入党委组织部。

【其他群众组织】

1959年,化工局工商联基层工作组成立。1991年,化工局工商联基层工作组更名为上海市工商联化工局工作委员会,隶属上海市工商联和化工局党委领导。

上海化工海外联谊会(简称"化工海联会")是由化工局中与海外有密切关系的职工和企业、华侨、外籍华人、港澳台同胞和国际友人自愿组织的,以"联谊交友,传播信息,扩大化工经贸"为宗旨的群众性团体,成立于1989年1月30日。1991年,化工海联会依法向上海市民政局申请登记,10月18日获批;化工海联会的管理归口统战处,首届会长沈祖耀,第二届会长俞德雄(因工作调动,1991年11月由沈培达担任),两届名誉会长均为刘运樟和符卫国,秘书长由副会长邱觉新兼任。2010年12月23日,召开第五届化工海联会换届大会。

1990年8月30日,上海市化学工业局台湾事务办公室成立。

1992年6月26日,由归侨、侨眷自愿组成的群众性组织上海市化工局侨联成立。1996年,上海市化工局侨联更名为上海华谊(集团)公司归国华侨联合会(简称"华谊侨联")。华谊集团第一次归侨、侨眷代表大会于1997年9月23日在上海染料有限公司三楼多功能会议室召开,出席会议的代表77人;华谊侨联委员会委员由谭国辉、李成德、王文渊等22人组成(其中归侨13人、侨眷8人、港眷属1人),林育新当选为主席,李成德、张慎当选为副主席,邱觉新被聘请为顾问。

各基层单位也从实际出发建立各种联谊会和侨联小组、台联小组。这些组织的建立基本形成党委领导、行政支持、工团参与、部门协调、纵向到底、横向到边的统战工作网络。

二、主要工作

【制度建设】

1991年7月,化工局对1990年5月制定的《上海市化工系统统一战线工作试行条例》进行修订，明确化工局纪委、工会、团委及各有关处室的任务与规范。

1995年12月，化工局党委印发《1996年化工系统统战工作意见》，强调以"加强民主党派组织建设和充分发挥非党知识分子的作用"作为工作重点。

1996年11月，华谊集团党委制定《上海华谊（集团）公司企业统战工作制度》；是月，制定《关于培养 选拔 安排 使用党外干部工作的意见》，明确"政治安排的党外后备干部""民主党派组织领导成员后备人选""党外企业经营管理人员后备干部"等人员的具体工作要求；12月，制定《上海华谊（集团）公司"统战帮困基金"工作条例》。

1997年3月，华谊集团统战部和人事部共同制定《关于化工系统部分下岗 待工统战人士再就业的有关规定》，对部分下岗待工统战代表人士按照"根据特点，适当照顾"的统战政策和"照顾同盟者物质利益"的基本原则，把统战人士纳入企业优先再就业的对象。

1998年3月，中央统战部确定华谊集团为企业统战工作试点单位，华谊集团党委制定《上海华谊（集团）公司党委关于'社会主义市场经济条件下加强和改进企业统战工作'试点实施方案》，明确"形成网络、健全制度、围绕中心、广交朋友、坚持探索"的五项标准。

1999年10月，华谊集团组织部、统战部贯彻中共上海市工业工作委员会和中共上海市委组织部、统战部的有关精神，制定《关于劝说部分党外代表人士留在党外工作的实施办法（暂行）》。

【宣传教育及主题活动】

1991年，举办政策、形势专题报告会；1992年，开展演讲宣传近百名统战代表人士先进事迹的"寻找身边闪光点"活动；1995年，举办统战方针政策系列讲座；1996年，开展统一战线"法宝"意识教育；1997年，开展"爱国主义教育"；1998年，组织中共十五大精神与统战工作大讨论；2000年，开展统战意识教育；2012年，为少数民族职工举办专题讲座等。

1992—1993年，开展"献良策、解难题、比贡献"活动，统战对象提合理化建议2401条，产生经济效益5210万元。1995—1997年，以党外知识分子为主体，开展以"牵线搭桥、献计献策、岗位创优和安定团结"为主要内容的"同舟共济在化工"主题活动，3年内，实施并完成主题项目83个，获经济效益2254.4万元。

华谊集团各级统战部门维护统战人士合法权益，按照《上海华谊（集团）公司"统战帮困基金"工作条例》，落实好统战对象的帮困工作；截至2013年年底，华谊集团帮困慰问统战人士、侨联对象、"两航"人员等322人次，慰问金额15.16万元。

1991—2013年，统战部门协助民盟、民建、九三、致公等党派组织和华谊侨联、化工海联会等社团组织坚持开展春节团拜、迎元宵和寿诞祝贺等活动。

【党外干部培养使用】

1992—1994年，部分基层单位采用"助理制"和"特约科技咨询员"制度培养青年知识分子，解决知识分子发挥特长与享受待遇的矛盾。

1997年，华谊集团统战部向各党派组织推荐26名较优秀的党外知识分子作为发展对象；是年，有14名对象被吸纳。

1998年8月，华谊集团党委下发《关于落实"5983"计划 切实加强党外代表人士队伍建设的意见》，《意见》明确自1999年起的3年内，集团各级党委及组织（干部）、统战部门要坚持实施关于培养、选拔、使用党外干部的"5983"计划，即：选配50多名党外行政领导干部，培养90多名党外后备干部,确定80多名党外重点人士,推荐30多名参与政治安排的人士。

2008年12月,华谊集团做好党外代表性人士确认、谈话及上报工作;培养举荐4名无党派人士;宣传报道全国人大代表王霞等党外代表人士的事迹,提高其社会知名度和影响力。

【全国与市级会议代表】

1992年11月,党外人士汪道彰、周鸣高、李念政、张应葆和黄绪正被推荐为上海市政协第八届委员。

2000年6月5—7日,上海市第八次归侨侨眷代表大会召开,林育新、李成德、张慎、张文贤出席会议。

2008年1月24—31日,在上海市政协十一届一次会议和上海市十三届人大一次会议上,民盟会员常清当选为上海市政协第十一届常务委员,党外人士王霞当选为第十一届全国人大代表。是月,民盟会员刘清和党外人士薛建民当选为上海市十三届人大代表。

2012年12月26日,民盟会员常清和刘清被推荐为政协第十二届委员会委员。2013年1月31日,常清当选为上海市政协第十二届常务委员。

2013年1月27日—2月2日,在上海市十四届人大一次会议上,党外人士王霞当选为第十二届全国人大代表。是月,党外人士李雪梅和薛建民当选为上海市第十四届人大代表。

【获得荣誉】

1992—1993年,化工局统战处被评为"上海市对台宣传先进集体"。

1996年,中共上海市化学工业局委员会统战处被国务院表彰为1995年度全国民族团结进步模范集体。9月,陈钦智获上海市"侨界教师烛光奖"。是年,上海华谊(集团)公司党委统战部被评为1996年度统战信息工作先进集体,吴幼甫被评为1996年度上海市对台宣传工作先进个人,吴一峰被评为1996年度上海市对台对外宣传优秀通讯员。

1997年6月,上海华谊(集团)公司焦化总厂侨联联络组被上海市归国华侨联合会评为上海市侨联先进联络组;林育新、陆广中、周光启等3人获"上海市侨联先进个人"称号,朱克麟等获"爱国奉献奖"。2009年8月,李成德获2009年国务院侨办和中国侨联评选的"全国归侨侨眷先进个人"称号。2010年5月,上海市第十届归侨侨眷代表大会授予华谊侨联"上海市侨联系统先进基层组织"称号。

1999年11月24日,华谊集团党委获国务院颁发的"全国民族团结进步模范单位"奖牌。

2000年,中共上海市委宣传部开展"2000年度上海统一战线为两个文明建设服务先进集体和先进个人"评选活动,民建化工工委会被评为先进集体,付新华被评为先进个人。

【其他工作】

1996—1998年,华谊集团聘请10名统战人士为党风廉政建设特约监督员。

1997年,海外统战工作主要是巩固和发展与新移民的联系,与化工海联会有直接联系的新移民51人,分布在美国、加拿大、澳大利亚、日本、新西兰等国家以及澳门地区。

第九节 信 访 工 作

一、机构职能

1991年,化工局设立信访部门。2002年12月,华谊集团设立信访室,隶属集团党委办公室;华谊集团所属二级公司相应设立信访接待办公室和接待员。截至2013年，华谊集团和各基层单位有专兼职信访干部约30人。

华谊集团党委坚持对基层单位主要领导开展维稳责任签约和目标责任考核工作，制定来信来访接待流程、处理结果反馈等信访工作制度，从程序上不断完善和规范"初信初访"办理机制；对重点矛盾纠纷，落实领导包案制；对重大信访案件，明确"一把手"亲自协调。集团党委信访部门坚持开展信访维稳干部综合能力培训、信访理论研讨和表彰先进等活动，参与调整企业的风险分析评估和职工分流安置方案的制定，提高稳定风险评估工作质量。

2010年，华谊集团党委办公室编制印发《群体性突发事件应急预案》，作为华谊集团处置群体性突发事件应急准备和响应的主要依据。为确保应急力量，集团党委办公室专门成立由30名成员组成的反恐维稳应急小分队，统一着装、专业配备，在紧急、重大事项或重大突发事件发生时，第一时间请示报告并快速赶赴事发地点进行应急处理。

二、主要工作

【化解群(重)访情况】

1995年6月，上海天原化工厂的"跑氯"事件、上海树荣橡胶制品公司的女职工"绝食"事件等在化工局和各基层单位党委的共同努力下得到化解。

1996年9月25日，上海致冷剂厂部分职工因职工安置问题未明确、对安置托盘单位和安置方案有意见，造成职工思想不稳定、情绪激烈，劝阻无效，动用一辆十吨卡车和一辆面包车，近80余人集体上访上海市政府。经耐心细致的解释疏导，问题得到化解。

1996年10月28日，巴斯夫染料有限公司16名职工到上海市政府集体上访，要求该公司履行在签订劳动合同时提出的"只要不违反巴斯夫公司所有规章制度，工作做足5年是有保证的"口头承诺，且要求签订无固定期限劳动合同。经疏导后，是日中午11时，来访人平稳离开上海市政府接待室。

2004年5月24日，地处青浦区朱家角镇的上海天原集团胜德有限公司（简称"胜德公司"）青浦汽塑分厂（简称"汽塑分厂"）的唯一进出厂门被马路斜对面的新江化工股份公司（简称"新江公司"）的部分职工封堵。新江公司与汽塑分厂是毫不相干的两个企业，但由于新江公司前身是胜德公司（改制前为上海胜德塑料厂）的分厂——胜德塑料厂碳酸钙分厂；1998年4月，改制为新江化工合作公司；2002年，又再次改制为新江化工股份公司，其资产关系和劳动关系与胜德公司已划清；2002年10月和2003年8月，其党组织关系和工会组织关系也均转入当地组织和政府。由于该公司经营不善，职工有5个月未领到工资。新江公司部分职工希望改变现状，希望胜德公司一并解决他们认为当年转制中存在的问题而封堵汽塑分厂厂门。后经市国资委秘书长蒋苏平、市国资委信访室、市政府广场办、青浦区信访办、朱家角镇政府和华谊集团信访室、天原集团等多方共同努力，晚上6时多，20多名职工经反复劝解后离去。12月，华谊集团对该公司职工1998年4月之前"身份转变"的补偿费用给予全部落实，并和青浦区形成"一揽子"解决此项问题的办法，群访事件得到化解。

2012年，焦化公司所属的工程公司发生30多名职工到焦化公司集访，焦化公司领导到现场接待，倾听职工诉求，主动与职工交流沟通，得到上访职工的理解，及时化解矛盾。上海华向橡胶制品有限公司（简称"华向公司"）发生多起征地退休职工集访，要求解决征地补贴费、企业改制费，最多时聚集达100人之多，华向公司领导接待来访，耐心疏导，家访谈心，化解持续半年之久的集访矛盾。

【获得荣誉】

1991年,化工局信访科被评为化工部1991年度信访工作先进集体。

1996年,化工控股公司和上海硫酸厂被评为全国化工信访工作先进集体;陈伟杰、桂成钢、尚振学、奚莉娅、徐海明被评为全国化工信访先进工作者。

2006—2007年,华谊集团信访室被评为上海信访工作先进集体。

2004—2005年、2008—2009年和2010—2011年,华谊集团信访室被评为上海市文明信访室。

【来信来访】

1991年,化工局的信访总量1528人/件/次、来访数463人次、来信数1065件;2013年,华谊集团的信访总量为506人/件/次、来访数258人次、集访数13批、来信数248件。

表9-1-6 1991—2013年若干年份华谊集团信访情况表

年份\项目	信访总量(人/件/次)	来访数(人次)	集访数(批)	来信数(件)
1991	1 528	463	—	1 065
1995	1 249	511	10	728
1996	1 028	471	13	587
1997	1 267	548	11	514
1998	1 420	920	20	500
2006	1 350	785	15	565
2007	1 282	750	15	532
2008	1 435	853	7	582
2009	1 366	778	16	588
2010	1 321	726	11	595
2011	768	356	9	412
2012	476	354	7	122
2013	506	258	13	248

第二章　民主党派与工商联

第一节　组　　织

一、概况

1957年,上海市化学工业局成立以后,"九三""民建"先后建立独立支部。1986—1987年,化工局新建5个民主党派组织,其中以化工局为单位建立组织的有:民建化工局工作委员会、九三学社化工局支社、中国致公党化工局支部和上海市工商联化工局工作委员会。

截至2013年年底,华谊集团有民主党派成员261人,分属民建、民盟、民革、民进、农工、九三、致公7个党派;其中245名人员分属民主建国会上海华谊(集团)公司委员会、民主同盟上海市化工系统总支部委员会、九三学社上海化工支社和中国致公党上海华谊(集团)支部。

二、民主党派组织

【民主建国会上海华谊(集团)公司委员会】

1987年4月,民建化工局工作委员会成立,郑善忠任民建上海市化学工业局第一届工作委员会主任、朱克麟和张应葆任副主任。1991年1月换届,郑善忠(至1996年11月)、朱克麟(1996年11月增补)任民建上海市化学工业局第二届工作委员会主任,朱克麟(至1996年11月)、张立葆任副主任。1996年12月换届,张应葆任民建上海化工第三届工作委员会主任、赵祖义任副主任,聘请郑善忠、朱克麟为顾问。1991—1996年,发展会员31名,转出华东理工大学会员9人,会员总数156名,新会员基本上都有大专以上文化学历,中级以上专业职称,其中21人具有高级职称或企业中层以上行政职务。1997年7月25日,张应葆当选中国民主建国会上海市第九届委员会委员。2001年8月换届,张应葆(至2004年1月)、张先裕(2004年10月增补)任民建上海化工第四届工作委员会主任,赵祖义(2004年1月)、曹丹、张先裕(2004年1月增补,主持工作至2004年10月)任副主任。2006年8月换届,张先裕(至2010年9月)、虞钟华(2010年9月增补)任民建上海化工第五届工作委员会主任,曹丹(至2010年9月)、虞钟华(2008年1月增补,至2010年9月)、王丹英和姚新(两人同为2010年9月增补)任副主任。2009年,华谊集团支持民主党派组织建设,向民建推荐发展新成员16人。2011年4月,民建上海华谊(集团)公司委员会成立,虞钟华(至2012年12月)、姚新(2012年12月增补)任民建上海华谊(集团)公司第一届委员会主任,姚新(至2012年12月)、王丹英、杨谷涌(2012年12月增补)任副主任。

2011—2013年,按照发展民建会员的标准和要求,发展新会员9名。截至2013年年底,民建华谊委员会有会员55人。

【民主同盟上海市化工系统总支部委员会】

1998年6月,中国民主同盟上海市委员会发文,民盟上海化工研究院支部更名为民盟上海化工系统支部委员会。8月,范小伦任民盟上海化工系统支部委员会主任委员,万曙华任常务副主任委员。2008年1月,常清当选为市政协第十一届常务委员;是月,刘清当选为华谊集团出席上海市十三届人大的代表。2010年8月,民盟上海市化工系统总支部委员会成立大会在上海工程化工设计院召开,总支部委员会由常清任主任委员、陈珏和李宁任副主任委员。2010年12月,常清被补选为民盟上海市第十三届委员会常务委员。2005—2010年,发展"高学历、高职称"新成员9人。2012年12月,常清和刘清被推荐为上海市政协第十二届委员会委员。2013年1月,在上海市政协十二届一次会议上,常清当选为市政协第十二届常务委员。

截至2013年年底,民盟化工支部有会员107人。

【九三学社上海化工支社】

1957年4月,化工局系统的九三学社成员从上海市重工业局九三支社中分出,成立九三学社上海市化工局直属小组,成员不足10人,隶属九三学社上海分社。1987年1月,直属小组改为九三学社上海市化工局直属支社,成员18人。1990年,支社社员24人,其中高级职称14人,占58%。1993年11月,九三学社化工支社第三届支委会换届改选,陆迎庚当选主任委员。1996年12月,九三学社上海市化工支社换届改选会议在民主党派大楼九三学社会议室召开,沈宝山当选为九三学社化工支社第四届支委会主任委员,马玉瑾当选为副主任委员,陆迎庚为顾问。1993—1996年,九三学社发展新社员2人。2009年,华谊集团支持民主党派组织建设,向九三学社推荐发展新成员2人。2011年11月,九三学社上海化工支社委员会换届改选,唐蕾当选为九三学社化工支社第七届委员会主任委员,刘佳当选为副主任委员,会议还选举出席九三学社上海市第十一次代表大会的代表。

截至2013年年底,九三学社化工支社社员45人。

【中国致公党上海华谊(集团)支部】

1984年9月,中国致公党化工局支部成立,成员6人,设主任委员1人。1987年第一次改选,1990年第二次改选,党员数增至27人。2009年,华谊集团支持民主党派组织建设,向致公党推荐发展新成员1人。2011年9月,中国致公党上海华谊(集团)支部第七次党员大会在华谊集团21楼会议中心召开,大会选举产生第七届中国致公党上海市华谊(集团)支部委员会,吴存雷当选主任委员。2011年11月,发展新成员1人。

截至2013年年底,致公党华谊支部成员38人。

三、工商联组织

1959年下半年,成立上海市工商联化工局基层工作组,成员10余人,组织学习活动与民建直属支部合并,隶属上海市工商联和化工局党委领导。1979年9月,上海市工商联宣布恢复基层活动,重建上海市工商联化工局基层工作组。1991年年初,化工局工商联基层工作组易名为上海市工商联化工局工作委员会。

第二节 重大活动

一、概况

自1989年《中共中央关于坚持和完善中国共产党领导的多党合作和政治协商制度的意见》发

布后,化工局、化工控股公司和华谊集团坚持民主党派工作"季度例会"制度,向党派负责人通报情况,听取意见;各基层单位也相应建立"座谈会制度"。民主党派人士团结各自成员,开展四方面工作:一是认清形势,明确民主党派的历史责任和时代要求,提高民主党派成员觉悟,增强凝聚力。二是参政议政,民主党派成员以提案等形式反映社情民意,促进政府在决策中的民主化、科学化。三是知情出力,献计献策,发挥民主党派成员文化层次高、专业科技人才多的优势。四是民主监督,本着荣辱与共、同舟共济的精神,向腐败倾向和有损企业健康发展的种种症结斗争。

二、民主党派组织重大活动

【民主建国会上海华谊(集团)公司委员会】

1991—1992年,民建化工工委会组织会员响应国务院提出的"全国开展质量品种效益年"活动,开展"出主意、办实事、作贡献"活动;为会员所在行业、所在企业,搞好技术改革、经营管理、产品开发;为增产节约、增收节支,提供有效的服务;提出45条建议,取得4076万元的经济效益。

1992年,民建化工工委会被民建中央评为全国先进集体。1995年,民建化工工委会被民建上海市委评为上海市先进集体。2000年12月,在纪念中国民主建国会成立55周年大会上,张应葆获"民建全国优秀会员"称号。2010年9月,在民建上海市委召开的《调研建言》创刊100期评选表彰会上,民建化工工委会获"先进组织"称号。2012年,杨文红积极参与社会公益活动,被授予"民建上海社会服务先进个人"。

1995年,民建上海市委决定以上海民建全体会员的名义,在革命圣地延安捐建一座小学,以办实事来纪念民建成立50周年;民建化工工委会积极响应,认真组织,收到捐款23570元,其中个人捐款13870元,单位捐款9700元。

1996年,张应葆针对上海市农药研究开发中心建设中的困难,提出"大力发展农药研究的高新技术,促进农业发展"的意见,并对农药研究开发中心的领导班子建设、规划地块、研究资金等问题提出建议;提案得到国家科学技术委员会、上海市科学技术委员会的重视;11月,国家农药创制中心上海基地挂牌成立,并成为上海新一轮科技体制改革的试点单位。

2011—2013年,民建化工工委会参政议政,反映社情民意,内容有为华谊集团献计献策的,也有民建上海市委有关部门要求的各类征文等,提交的提案议案71篇,在各类刊物上登载15篇。

【民主同盟上海市化工系统总支部委员会】

2007—2010年,民盟化工系统支部在主题学习教育活动中,开展"政治交接学习教育活动"、举办"学习实践科学发展观活动"专题报告会、邀请盟内专家作"宜居城市,世博理念"专题演讲。

2009年5月—2010年12月,民盟化工系统支部、交运支部及申康委员会联合发起"民盟关怀建设者心系2010上海世博会"系列志愿服务活动,化工支部的民盟会员积极参加公益活动,为城市建设者们奉献爱心,开展各类志愿活动15次,该志愿服务团队还被民盟上海市委评为服务世博先进集体。2012年10月,民盟上海市委成立"民盟上海市委志愿者服务总队",民盟化工总支有49名民盟会员报名参加;11月,当获悉贵州山区小孩缺少《新华字典》辅助教材后,民盟化工总支成员向周围朋友收集或到新华书店购买《新华字典》参与爱心捐助活动;11月24日,李纫华等11名民盟会员参加由民盟上海市委、志愿者义诊工作团、中国建筑第八工程局有限公司联合组织的"盟内医务人员赴中建八局青浦新城和浦东新区民乐两处保障房项目工地为农民工提供免费健康体检和医疗咨询服务"的义工活动。

【九三学社上海市委直属化工支社】

1991—2013年,九三学社化工支社组织社员学习中国共产党的方针政策,通过各种平台和载体反映情况,提出建议,参政议政;发挥社员科技文化优势,开展献计献策和咨询服务工作。

1993年,马玉瑾被评为九三学社上海市委先进个人。

【中国致公党上海华谊(集团)支部】

致公党华谊支部加强自身建设,组织学习中国共产党的发展历史和奋斗目标,带领支部成员围绕华谊集团中心工作,立足本职,勤奋工作;根据致公党成员归侨、侨眷多的特点,积极开展海外联谊工作,适时介绍国内情况,传递和增进侨胞爱国爱乡之情。

2010年4月,开展"为玉树地震募捐活动",27人捐款,捐款额3 390元。7月,致公党华谊支部推荐黄晓燕为2009—2010年度致公党上海市委组织建设年先进个人。2011年11月,致公党华谊支部参与毕节地区助学活动。

三、上海市工商联化工局工作委员会重大活动

工商联化工局工作委员会协助政府牵线搭桥搞好外向型工作,为搞活国有大中型企业做好经济调研工作,开展关心慰问老会员活动。

表9-2-1　2013年华谊集团民主党派组织情况表

序号	党派组织名称	组织成立时间	该届换届时间	党派负责人职务	姓名	单位及职务	党派人数
1	民主建国会上海华谊(集团)公司委员会	1959年(1987年为直属支部)	2011年4月	主委	姚　新	双钱集团股份有限公司供应链管理部副总监	55
				副主委	王丹英	上海一品颜料有限公司总工程师	
				副主委	杨谷湧	上海市合成树脂研究所	
2	民主同盟上海市化工系统总支部委员会	1984年	2010年8月	主委	常　清	上海华谊(集团)公司财务总监	107
				副主委	李　宁	上海华谊(集团)公司财务部总经理	
3	九三学社上海化工支社	1957年(1987年前为直属小组)	2011年11月	主委	唐　蕾	上海三爱富新材料股份有限公司监察审计部经理	45
				副主委	刘　佳	上海信息技术学校讲师	
4	中国致公党上海华谊(集团)支部	1987年	2011年9月	主委	吴存雷	上海市合成树脂研究所技术中心副主任	38

第三章 工　　会

第一节　组织沿革

1987年10月,根据上海市总工会的有关精神,上海市化学工业局工会更名为上海市化学工会。

1991年年初,上海市化学工会辖有轮胎橡胶(集团)股份有限公司工会、氯碱化工股份有限公司工会、胶带公司联合工会、太平洋化工(集团)公司工会、化工原料联合公司工会、染料公司工会、塑料工业联合公司工会、涂料公司工会、胶鞋公司工会、化学试剂总厂工会、亚太农用化学(集团)公司工会、吴淞化工总厂工会、化工工程总公司工会(筹)等17个公司工会,所属基层工会连同直属单位、三资企业工会有166个,会员14.5万人。

1995年12月16日,中共上海市委、市政府同意撤销上海市化学工业局,组建上海化工控股(集团)公司。上海市化学工会仍沿用原名称。

1996年10月29日,上海市总工会根据中共上海市委、上海市人民政府同意上海化工控股(集团)公司和上海市医药管理局联合重组成立上海华谊(集团)公司的情况,同意建立上海华谊(集团)公司工会,并明确上海华谊(集团)公司工会和上海市化学工会为两块牌子一套班子。

截至2013年年底,上海市化学工会辖有23个子公司(直属)工会,93个基层工会组织,工会会员23 344人。工作机构设办公室、组织宣传部、权益保障部和经济工作部。

第二节　工会代表大会

一、历届工代会

【上海市化学工会第三次代表大会】

1993年3月27—29日,上海市化学工会第三次代表大会在市政协化工俱乐部召开,出席代表300名,列席代表55名,特邀代表83名。大会通过题为《认真贯彻党的十四大精神　全心全意依靠工人阶级　充分发挥工会组织在上海化工建设中的作用》的工作报告。选举产生33名第三届工会委员会委员,9名经费审查委员会委员,选举出席上海市工会第九次代表大会代表30名。

1993年3月30日,在三届一次全体委员会会议上,陈惠莹当选为工会主席,王素芳、司徒国基当选为工会副主席。

【上海市化学工会第四次代表大会】

1998年3月29—31日,上海市化学工会第四次代表大会在吴泾化工总厂召开,出席代表320名,列席代表72名。大会通过题为《深入贯彻党的十五大精神　认真落实工会工作总思路　在实现上海化工跨世纪目标中　充分发挥工人阶级主力军作用》的工作报告。选举产生33名第四届工会委员会委员,9名经费审查委员会委员。选举出席上海市工会第十次代表大会代表24名。

1998年3月31日,在四届一次全体委员会会议上,选举产生常委9名,陈惠莹当选为工会主席,胡公明、沈德蒂当选为工会副主席。

【上海市化学工会第五次代表大会】

2003年4月10—11日,上海市化学工会第五次代表大会在光大会展中心和教育会堂召开,出席代表150名,列席代表50名。大会通过题为《贯彻"三个代表"重要思想 依法履行工会基本职能 在上海化工新一轮发展中开创工会工作新局面》的工作报告。选举产生33名第五届工会委员会委员,9名经费审查委员会委员。选举出席上海市工会第十一次代表大会代表15名。

2003年4月11日,在五届一次全体委员会会议上,选举产生常委9名、陈惠莹当选为工会主席,司徒国基、沈德蒂和储征宇当选为工会副主席。

【上海市化学工会第六次代表大会】

2008年5月7—8日,上海市化学工会第六次代表大会在吴泾公司召开,出席代表130名,列席代表50名。大会通过题为《聚焦华谊发展 强化工会职能 提升创新活力 引领职工为建设具有国际竞争力的化工企业集团建功立业》的工作报告。选举产生33名第六届工会委员会委员,9名经费审查委员会委员。

2008年5月8日,在六届一次全体委员会会议上,选举产生常委9名,黄岱列当选为工会主席,沈德蒂当选为工会副主席。

【上海市化学工会第七次代表大会】

2013年5月14日,上海市化学工会第七次代表大会在中共上海市国资委党校召开,出席代表150名,列席代表48名,特邀代表58名。大会通过题为《凝心聚力共谋发展 服务职工构建和谐 为全面实现上海华谊集团发展战略而努力奋斗》的工作报告。选举产生19名第七届工会委员会委员,7名经费审查委员会委员。

2013年5月14日,在七届一次全体委员会会议上,黄岱列当选为工会主席,汪耀华、李爱敏当选为工会副主席。

二、全国工代会和上海市工代会代表

1993年10月 中国工会第十二次全国代表大会代表2名(邀请代表1名)

陈金凤　　上海胶鞋六厂退管会主任(特邀)
陈惠莹　　上海市化学工会
郑助实　　亚太农用化学(集团)公司联合化工厂

1998年10月 中国工会第十三次全国代表大会代表2名

陈惠莹　　上海市化学工会
戴　军　　上海赛璐珞厂

2003年10月 中国工会第十四次全国代表大会代表1名

储征宇　　上海市化学工会

2008年10月　中国工会第十五次全国代表大会代表 1 名
黄岱列　　　上海市化学工会

2013年10月　中国工会第十六次全国代表大会代表 1 名
黄岱列　　　上海市化学工会

1993年　　上海市工会第九次代表大会代表 30 名

卫剑荣	王开电	王征粹	王素芳	王鲁谊	成妙英
乔兆华	许黎明	李华久	李　炎	邱痒埔	邱新奎
沈勇华	沈振忻	张素青	张祥勋	张雪英	陆文伟
陈邦益	陈惠宝	陈鹤林	季宏干	郑助实	胡公明
桂荣春	黄云鹤	黄　鸰	章明光	缪　玲	魏光爱

1998年　　上海市工会第十次代表大会代表 24 名

马明翔	毛黎明	司徒国基	吕红扣	庄安敏	许黎明
杜志强	吴正杰	沈勇华	张月宝	张　俊	张俞生
陈惠莹	季宏干	胡公明	姜佑宏	郭佩华	谈业茂
龚幼中	章明光	揭元萍	储征宇	戴　军	魏光爱

2003年　　上海市工会第十一次代表大会代表 15 名

杨忠元	吴志敏	吴林芳	汪耀华	沈继清	沈德蒂
张凤一	张　俊	张俞生	陈惠莹	袁国芳	谈业茂
黄　焱	储征宇	戴　军			

2008年　　上海市工会第十二次代表大会代表 8 名

| 汪耀华 | 张俞生 | 张爱民 | 时来荣 | 金　海 | 赵丽娟 |
| 俞兆钧 | 黄岱列 | | | | |

2013年　　上海市工会第十三次代表大会代表 5 名

| 王家根 | 何凤萍 | 张雪莲 | 胡毓心 | 黄岱列 |

三、全国工会和上海市总工会委员会委员

2013年　　中华全国总工会第十六届执行委员会委员 1 名
黄岱列　　　上海市化学工会

1991年　　中国石油化工医药工会第二届委员会委员、常委 1 名
陈惠莹　　　上海市化学工会

1996 年　中国石油化工医药工会第三届委员会委员、常委 1 名
陈惠莹　　　　上海市化学工会

2003 年　中国能源化学工会一届委员会委员、常委 1 名
陈惠莹　　　　上海市化学工会

2008 年　中国能源化学工会二届委员会委员、常委 1 名
黄岱列　　　　上海市化学工会

2013 年　中国能源化学工会三届委员会委员、常委 1 名
黄岱列　　　　上海市化学工会

1993 年 8 月　上海市总工会第九届委员会委员 3 名
陆文伟　　　　上海轮胎橡胶(集团)股份有限公司
陈惠莹　　　　上海市化学工会
管霭慈　　　　太平洋化工(集团)公司上海溶剂厂

1998 年 6 月　上海市总工会第十届委员会委员 1 名
陈惠莹　　　　上海市化学工会

2003 年 6 月　上海市总工会第十一届委员会委员 1 名
陈惠莹　　　　上海市化学工会

2008 年　上海市总工会第十二届委员会委员 1 名
黄岱列　　　　上海市化学工会

2013 年　上海市总工会第十三届委员会委员 1 名
黄岱列　　　　上海市化学工会

第三节　工　会　工　作

一、群众生产

1991 年，化学工会以"当主人、比贡献"为主题，提出一年内在双增双节活动中创造效益 2 600 万元的目标，组织"最佳项目、最佳效益、最佳个人、最佳组织者"合理化建议"四佳"评选活动。组织 38 个基层工会参加市总工会等组织的"百家利税大户创收""百家耗能大户降耗""百种消费品质量"竞赛。广泛开展工人技术业务操作比武，106 家单位组织 353 个工种的技术比武、岗位练兵活动，有 15 418 名工人参加。做好工会的劳动保护工作，将原劳动保护组织更名为化学工会劳动保护监督检查委员会。

1993年，化学工会发出通知，开展"双增双节"劳动竞赛，劳动竞赛形式有近50种。全系统职工提出合理化建议28 531条，其中采纳8 473条，实施2 666条，创造经济效益4 600万元。开展以"爱本岗、学技术、抓质量"为主题的技术练兵、操作比武活动，有73个基层工会开展技术练兵、操作比武活动，有17 587名职工参加。

1994年，化学工会开展以"希望在化工"为主题的社会主义劳动竞赛，组织"最佳效益杯""奋勇拼搏杯""重点工程立功竞赛杯""三学优胜杯""行业优胜杯""化工绿十字杯"六项杯赛。举办化工分析等6个项目的应知应会比赛，全系统各基层开展操作技术比赛的项目有87个，直接参赛职工1.7万多人。

1995年，化学工会下发《关于开展"为化工再创新业"主题劳动竞赛的通知》。在全系统开展"三有百品"劳动竞赛和"合理化建议金点子奖"评选活动。组团参加上海市合理化建议和技术成果展示会，展示上海化工5年来的技术进步成果，化学工会获优秀组织者奖。

1996年，化学工会开展"为化工再创新业"主题竞赛活动。会同化工控股公司行政和团委在全系统组织开展高级化学分析、高级化工检修电焊和中级计算机操作等工种的比赛。有5人参加"全国化工职工技能大赛"，获团体二等奖，其中1人获"全国化工技术能手"称号、3人获"全国化工优秀分析工"称号、1人获"全国化工优秀电焊工"称号。在1996年的技术比武活动中，基层组织的各类比赛工种多达70余种，参赛2万多人次。

1997年，化学工会组织开展以"为华谊创业增辉"为主题的"三有百品"重点工程、重点产品立功竞赛活动、合理化建议"金点子"奖活动。组织工会劳动保护干部对16个从事化工生产和经营的工会"三产"、技协实体进行安全检查，促进工会企事业的安全管理工作。

2000年，化学工会开展以"重点产品、重点工程、专项活动"为核心的三题劳动竞赛活动。有22名个人和8个集体分别被上海市政府授予2000年上海市重点实事工程立功竞赛先进个人和集体。女职工双文明立功竞赛获上海市"工业新高地杯赛"女职工优胜杯奖。

2003年，化学工会坚持以"跨入新世纪、铸造新辉煌"为主题，围绕党委"降一达零"目标开展主题劳动竞赛活动，以"主导产品双增双节""科技创新""应收账款清欠""安全环保事故达零"等"七杯"为竞赛核心内容。采取一厂一策、一赛一案的原则，分别与14家子公司、直属单位签订竞赛协议书，形成点面结合、上下互动、分层管理的契约化竞赛体系。全系统参赛职工23 548人次，重点考核工程项目和"主导产品双增双节"等"七杯赛"达到年初设定的目标。

2004年，主题立功竞赛主要抓住"科技创新""重点三有产品""重点工程""安全环保事故达零"等八杯竞赛，全系统参加主题立功竞赛活动19 715人（次）；收到合理化建议4 627条，实施798条，创经济效益676.53万元。

2006年，化学工会与华谊集团人力资源部、团委及有关部室组织高级化工检修钳工、高级化工维修仪表工、中级计算机多媒体制作员、高级化工总控工（DCS）操作（灰领）、高级中式烹调师和多媒体财务分析6项比赛项目。全系统参赛职工3 951人，有72%的参赛选手从中级工晋升为高级工。

2007年，化学工会开展"当好主力军、建功'十一五'、建设和谐华谊"主题立功竞赛。以"八杯"和"八小"为抓手，根据一厂一策的原则，分别与15家子公司、直属单位签订竞赛协议书。根据各赛区特点，进行分类指导。加强对华谊集团"一号工程"的协调、指导、检查和节点考核，促进"一号工程"中的"吴泾醋酸项目"实现又好又快建设的竞赛目标，"焦化联产甲醇项目"也达到竞赛节点的考核要求。

2009年，牵头组织华谊集团重大建设工程、重要科技创新项目、重点企业调整任务等9个项目开展"三重"主题立功竞赛。建立"三重"竞赛办公室，设立竞赛分级管理责任体系，制定个性化的项目竞赛方案，与9个重点项目单位签订竞赛协议书。组织开展"万名员工安全知识大培训"，参加培训人数26 871名，考试合格率为100%。开展"万名员工岗位技能大练兵"活动，组织岗位技能大练兵的开幕式、初赛和决赛活动，有13 725名职工参与100余个项目的比武练兵活动。

2010年，化学工会通过"我要安全——万名员工安全环保万里行"活动，收到职工创作的安全格言1万余条，安全关注图片1 500余幅，安全宣传画130余张，安全合理化建议3 000余条，有56位职工代表参加集团组织的安全演讲比赛。

2011年，化学工会加强企业安全文化建设，把工会劳动保护工作落到实处。征集安全关注照片3 386张、作业安全观察卡21 949张、安全巡检卡1 905张。根据上级布置，组织"2011年全国化工职业健康安全知识电视大奖赛"——华谊集团选拔赛，煤化工、绿色轮胎、新材料、精细化工等板块的氯碱、吴泾焦化联队、双钱、三爱富、丙烯酸、涂料公司6支代表队参加选拔赛，各基层工会组织职工观摩选拔赛，接受化工职业安全知识的教育。

2013年，化学工会配合华谊集团行政承办全国第六届石油和化工行业职业技能竞赛化学检验工决赛赛事，组织2支参赛队参加全国石化行业化学检验工的比赛，均获一等奖，化工总控工决赛获二等奖，氯碱公司职工张翠芳获"全国技术能手"称号。会同华谊集团行政制定"整治低老坏（低标准、老毛病、坏习惯），强化高新好（高水平、新标准、好习惯），管理上台阶"为主题的"万名员工安全环保万里行"系列活动的方案。开展安康杯竞赛活动、安全合理化活动、安全关注活动、重大危险源（关键装置）安全示范活动、"七想七不干、低头捡黄金"排查隐患避免事故活动、消防专职技能和员工消防技能竞赛活动六大项目；参赛单位完成安全双卡298 184张，发现安全问题39 557个，整改39 529个，重大危险源示范装置达标7个，收到安全关注1 395张，提出安全合理化建议3 029条，采纳2 907条，收到"七想七不干、低头见黄金"建议971条，实施奖励11万元。

二、民主管理

1991年，化学工会围绕落实党的全心全意依靠工人阶级办好企业，调动广大化工职工积极性的专题开展一系列的调查研究。3月，成立化工局劳动争议调解工作指导办公室，并制定工作规划；5月11日，同化工局行政举行联席会议，就化工系统基层企业奖金、津贴分配、基层领导干部住房分配、企业职工奖惩条例等方面的问题，向局党政领导通报情况，局行政领导在肯定工会参政议政的同时，提出解决问题的意见；联席会议后，化学工会和局行政联合向基层下发会议纪要，为基层工会更好地在企业中发挥参政议政作用提供指导意见。截至12月底，全系统有102个全民所有制企业建立劳动争议调解委员会，占应组建单位总数的80.3%；基层单位340人参加由上海市总工会、市劳动局联办的劳动争议调解仲裁培训班。是年，化学工会法律顾问处接待职工咨询58人次，受理案件11件，还多次下厂为基层职工提供法律咨询。

1994年，化学工会会同化工局行政制定贯彻《劳动法》的实施意见，并下发至各基层单位。举办3次《劳动法》知识讲座，使大家加深对《劳动法》的理解。全系统有20%以上的职工参加全国统一下发的竞赛试卷，参赛人数3万人。化学工会会同化工局行政组织有23个代表队参加的《劳动法》知识竞赛，并选拔优秀选手代表化工局参加上海市复赛。

1995年，化学工会分两期举办有200余名党政正职领导参加的《劳动法》培训班，增强企业主要领导贯彻执行《劳动法》，依法治厂的意识。

1996年，化学工会在围绕突出维护职工合法权益的职能，加强民主管理方面作探索。（1）抓建章立规，努力保障各级工会依法源头参与维护。制定《在深化企业改革和推行现代企业制度过程中加强民主管理的若干意见》，并与化工控股公司联合发文至各基层单位；会同化工控股公司监察室联合制定《关于落实〈国有企业实行业务招待费用使用情况向职代会报告制度的规定〉的实施办法》，据统计，化工系统有87%的单位建立报告制度；推广化工原料公司"养老保险金""住房公积金"交纳情况向职代会报告的做法，制定《化工系统所属企事业职工"养老保险金""住房公积金"交纳情况向职代会报告的制度》，并会同行政联合发文；制定《关于企业在实施破产过程中做好工会工作的若干意见》，使破产企业工会在具体工作中有章可循。（2）抓平等协商机制的建立和《集体合同》的签订。化学工会同化工控股公司人事部专题举办《集体合同》知识培训班，有34家单位的工会主席和行政领导参加培训学习；对试点单位进行分类指导，帮助试点单位做好《集体合同》文本的审查工作和前期准备工作。

1998年1月16日，华谊集团与化学工会进行第三次民主协商，对协商的6个议题及在深化改革中的7个热点问题达成共识。3月，华谊集团和化学工会共同下发《上海华谊（集团）公司与上海市化学工会第三次民主协商会议纪要》。

2002年，化学工会在华谊集团党政和纪委的支持下，牵头召开厂务公开推进大会，适时提出在全系统基层企业建立职工代表巡视制度的建议，联合下发《关于建立上海化工系统职工代表巡视制度的若干意见》。是年，按计划完成职工代表新一轮培训工作。

2003年，化学工会坚持职工代表大会制度，推进基层民主政治建设。化工系统有117家国有控股企业或集体企业建立职代会（职工大会）制度，有91家企业坚持实行"四金"和业务招待费向职代会报告制度；实行职代会制度的企业100%都开展民主评议企业领导干部的活动。全系统基本完成新一轮职工代表培训任务。

2005年6月13日，华谊集团、化学工会下发《上海华谊（集团）公司集体合同》。该《集体合同》经化学工会与华谊集团行政第九次民主协商会协商通过，并报上海市劳动和社会保障局和上海市总工会备案，是华谊集团首份《集体合同》。

2007年，化学工会与华谊集团开展第十次民主协商，签订华谊集团第二份《集体合同》和首份《女职工特殊利益专项集体合同》。是年，签订《集体合同》的单位有73家，全系统通过不同形式开展工资集体协商的子公司及基层企业有29家。

2011年，化学工会与华谊集团行政签订《集体合同》（第三期）及《女职工权益保护专项集体合同》。与党政联合下发《关于企业建立劳动安全卫生标准执行情况向职代会报告制度的实施意见》。并与党政沟通，出台"员工中夜班津贴制度"，为一线职工增加收入。借力《上海市职工代表大会条例》（简称"《条例》"）实施的契机，组织基层单位开展《条例》培训工作，有8 336名职工参加培训（其中党政干部475名、工会干部689名、职工代表2 013名、其他人员5 159名）。

2013年，化学工会推进以职代会厂务公开为内容的企业民主管理，丙烯酸公司被评为上海市厂务公开民主管理先进单位。

三、宣传教育

1991年，化学工会会同化工局团委于"七一"前夕举办"颂歌献给党"七月歌会，有18个公司（总厂)组队参加,参赛职工2 000多人。是年,调整充实化工局艺术协会,对艺术协会会员进行重新登记,为正常开展职工艺协活动打下组织基础。

1994年,化学工会开展以"希望在化工"为主题的宣传教育活动,为振奋化工职工精神发挥作用。会同化工局行政成功地组织首届职工田径运动会,23个公司(总厂)1 440名运动员参加田径运动会。组团参加上海市第六届运动会,90名运动员参加9个大项的比赛。化学工会还举办第二届化工文化艺术节。

1997年,化学工会会同上海医药(集团)公司工会联合举办华谊职工艺术展览;与华谊集团党委宣传部、统战部及团委联合举办"迎回归"系列活动:组织"迎回归"知识竞赛、"迎香港回归抒祖国情怀"主题演唱会等。组织发动广大职工参加上海市总工会组织的十万职工"迎八运"社区服务日活动,近30支志愿者队伍1 500余人次到社区服务。

2003年5月,化学工会举办以"新华谊、新发展"为主题的华谊职工迎春文艺演出活动和以"华谊——绿色化工"为主题的书法、摄影、美术、集邮展览。

2006年,化学工会组织动员广大职工参加华谊集团开发建设上海化学工业区和改制揭牌十周年"双庆"系列活动。化学工会除举办华谊职工技能大赛外,还参与举办群众性的庆祝系列活动:一是举办华谊职工艺术展,256人570件美术、书法、摄影、集邮和手工艺品参展,3 000多人次观摩。二是组织举办有1 300多人次参与演唱的群众歌会。三是参与举办有29个品牌参赛的"品牌的故事"演讲比赛。四是举办有2 000余名基层干部、职工和退休职工等参加的"华谊职工看华谊"活动。

2008年年初,化学工会组织举办《华谊职工迎春音乐会》。是年,以华谊化工成立五十周年和吴泾化工基地成立五十周年为契机,举办以"与世博同行,展华谊风采"为主题的上海华谊职工艺术展。11月15日,在上海马戏城举行全系统纪念上海华谊化工50周年职工歌咏大会,30家单位19支歌队,1 200余名干部职工参与歌咏大会。

2009年,化学工会组建"职工文体爱好者联合会",举办化工劳模先进精神研讨会,举行"集团各界人士纪念建国60周年爱国歌曲大家唱"大型歌会。

2010年,化学工会实施上海职工"迎世博"行动计划,开展"和谐企业、平安世博十承诺"宣传教育活动。联手华谊集团行政部门组织推出"我要安全——万名员工安全环保万里行"活动。在上海图书馆举办"与世博同行"职工摄影大赛,有26家二级子公司、直属单位(包括集团本部)的465位职工,选送1 534件作品,474件作品参展。是年,组建华谊职工合唱团,参加一系列的演出,展示职工合唱团的风采,赢得好评。

2011年,化学工会先后组织"光辉的历程——华谊集团纪念中国共产党成立90周年"职工歌咏大会。举办建党九十周年华谊职工集邮展览系列活动,通过50部集邮作品展示和纪念座谈会等,展示、宣传华谊职工的风采。组织开展华谊集团职工运动会,1 600名职工参加田径、第九套广播操、足球射门、消防四大类27个项目的比赛。

2012年,化学工会举办华谊职工文艺荟萃展演、华谊职工文化艺术汇报演出和"在灿烂的阳光下——纪念建党91周年"职工文艺演出。组织华谊职工合唱团赴安徽华谊产业园区,到食堂、操作室、施工现场和码头等一线岗位为职工慰问演出。组织职工书画艺术展"华谊——我心中的美",14家子公司159名职工创作的331件美术、书法艺术作品,反映了华谊职工工作之余的艺术追求,华谊集团职工群众近3 000人次参观。

2013年,化学工会组织华谊职工合唱团参加上海市劳动最光荣合唱比赛,获第五名。

四、职工保障

1991年,化学工会加强对困难职工的关心,在春节和高温期间,化学工会拨出1.75万元,分别对7个亏损企业、小型企业的部分生活困难职工和一线艰苦岗位的职工进行补助和慰问。化学工会领导一年内两次到化工局职防所,对化工系统的全体伤病职工和医护人员进行慰问,并拨款2万元,用于改善伤病员们的文化娱乐设施。是年,有12 765名化工职工参加疗休养。

1993年,化学工会对全系统的职工下岗、职工医疗费改革情况进行全面调查,对企业落实职工生活保障政策的情况进行监督。是年,有11 078名职工赴各疗养点进行疗休养。

1994年春节前夕,化学工会出资10多万元对15家困难企业以及426名特困职工进行慰问补助。6月13日,上海化工职工救急济难基金会成立。该基金会由化工局行政拨款50万元,化学工会拨款50万元,各级工会集资60万元,共计160万元;副局长张培璋任名誉理事长、化学工会主席陈惠莹任理事长、化学工会副主席王素芳和化工局财务处长张亚曼任副理事长。

1997年,化学工会制定下发《化工系统在实施人员分流推进再就业工作中做好工会工作的若干意见》,要求各级工会在实施人员分流推进再就业过程中"发出声音、走好程序、架起桥梁、扶助贫困"。是年年初,化学工会组织发动献爱心"一日捐"活动,收到捐款70余万元,充实三级工会的职工救急济难基金。化学工会还努力做好补充养老保障计划推进工作,动员基层职工参加上海市总工会保障互助会,截至12月底,增加参保单位39个,参保人数2.3万余人,参保金额351.1万元。

2000年,化学工会会同华谊集团行政联合召开再就业工作表彰会,表彰一批开发岗位促进就业的好厂长、再就业优秀职介员和自强不息再就业个人。在全系统开展"一日捐"活动,募集捐款93.6万余元,分别用于充实三级工会救急济难基金和直接帮困。

2001年,各级工会推进和落实企业建立补充医疗保险基金。截至12月底,化工系统43家单位建立补充医疗保险基金,基金总额208万元。

2002年,化学工会与华谊集团行政举行第七次民主协商会议,提出建立企业内部补充医疗保险的建议,得到华谊集团领导的认同和支持,有73 306名职工参加《特种重病团体互助医疗保障计划》,参保率95%。是年,化工职工救急济难基金会发放各类帮困款62.17万元,直接帮困职工770余人次。是年,全系统有42 212名职工参加"一日捐"活动,捐款80.97万元,充实了各级帮困基金。

2003年,化工职工救急济难基金会合计下发各类帮困救助金额60.84万元,争取到上海市总工会等各类帮困款(含卡、物)合计21.82万元。全系统38 331名职工献爱心投身"一日捐"活动,捐款73.3万元。

2004年,化学工会推进帮困工作的经常化、制度化和规范化建设。化工职工救急济难基金会拨出70.26万元作为帮困专用资金,对900人(次)特困职工实施慰问救助。化学工会组织开展以"托起明日的太阳"为主旨的"爱心助我成长"征文活动,收到困难职工子女79篇征文稿件并编辑成册,其中部分作品被《华谊报》专版刊登。

2005年,化学工会开展"手牵手传递爱心"——助学帮困主题活动。精心组织"托起希望的太阳"——上海华谊(集团)公司帮困送温暖爱心捐赠、结对助学、征文集首发仪式,天原集团等7家企业当场捐赠140万元,华谊集团党政领导每人对口与业内困难职工子女结对助学,是年,在组织7位困难职工子女与上海市级机关党组织结对助学的基础上,又先后组织32位困难职工子女与中共上海市委党校、市公安局文化分局、市消防局、市老干部局、上海国家会计学院、市国资委等市级机关党支部结对助学,组织17位困难职工子女与华谊集团本部党委所属支部结对助学,牵线帮助24

位困难职工子女与丙烯酸公司等5家业内单位结对助学。秋季开学前,化学工会组织"华谊职工子女看华谊"活动,召开金秋助学座谈会,华谊集团领导向出席座谈会的29位困难职工子女赠送书包、书籍等学习用品,还分别向结对对象赠送助学金。是年,化学工会组织各级工会开展"一日捐""义赠义卖"和"姐妹帮姐妹"等活动,全系统有30 966名职工献爱心投身"一日捐"活动,捐款705 017元。

2007年,化学工会以三大节日为重点,做到"主动帮、全覆盖、不遗漏、求实效",化工职工救急济难基金会筹集22.86万元资金,对216名特困职工和13个困难行业(企业)实施慰问救助,对300名患大病职工发放帮困金。

2008年5月12日,四川汶川县发生8级强烈地震,化学工会迅速组织职工开展抗震救灾献爱心活动,30 115位职工参加抗震救灾捐款,捐款总额265.6万元。全行业有25 639人参加"一日捐",捐款金额76.1万元。在元旦春节送温暖活动中,化学工会关爱一批不回家过年、坚守岗位的外来务工人员,在农民工集中的焦化、轮胎、吴泾、建设等公司开展送医药箱、送医疗帮困卡、送年夜饭活动。

2010年,化学工会继续在"六个帮"(建立基金重点帮、优势企业出资帮、领导带头结对帮、互助互济合力帮、落实政策依法帮、条块结合联手帮)的基础上,集中华谊集团内外帮扶资源,突出帮扶重点,加大帮扶力度,做好帮困送温暖工作。通过节假日安排集团领导走访慰问特困职工、定向帮助困难职工、资助困难行业、救助困难职工子女和大病帮扶困难职工等形式,帮扶3 720名困难职工,帮困金额138.48万元。是年,全系统各级工会建立困难职工档案2 571份,帮扶困难职工12 164人次,帮困总金额619.83万元。华谊集团有21 032名职工参加由各级工会组织的"一日捐"献爱心活动,募集金额82.39万元。化学工会还通过职工生活设施调研,推动基层工会落实一把澡、一顿饭和一方便的"三个一"工程,切实为职工办实事。

2011年,化学工会开展募集帮困基金活动,27家子公司、直管单位捐资2 012万元充实华谊集团帮困资金。

2012年,化学工会为推进改善职工工作餐现状,对华谊集团所属20个子公司、直属单位的基层企业职工工作餐现状开展专题调研工作,撰写职工工作餐调研报告,并就改善提高职工工作餐提出四大项八小项的建议。对实施"走出去"战略的安徽华谊化工产业园区职工生活状况开展专题调研,提出对"走出去"企业职工生活设施进行建设的建议。是年,化学工会为22家二级子公司、直管企业下发行业帮困金105万元。组织开展"一日捐"活动,12 988名职工参加"献爱心"活动,捐款80.86万元。化学工会聚焦改善职工生活设施、作业环境,推进"三个一"活动。华谊集团19家子公司、直管单位"三个一"活动立项165项,计划投入资金2 050万元,截至12月底,完成156项,占立项计划的95%,投入资金1 889.5万元,占计划投入的92%。

2013年,化学工会开展"制定一个送温暖活动方案、召开一次送温暖专题会议、落实一个送温暖配套专项资金、组织一次一日捐活动、开展一项走访慰问活动、关爱一批'元旦春节'期间坚守岗位的职工"的"六个一"活动。

五、女职工工作

1992年,化学工会在全系统女职工中开展"学先进、比贡献,为八五建功立业"的巾帼建功活动。全系统评出局级"三八红旗手"100名,"三八红旗集体"20个。

1996年3月5日,上海化工控股(集团)公司和上海市化学工会女职工委员会在上海胶带股份有限公司白玉兰厅召开"为化工再创新业作贡献"——"三八"庆祝会。会上,上海市女职工周末学校化工分校成立。化学工会给上海市女职工周末学校化工分校资助5万元办学基金。

1997年,化学工会女职工委员会以建会10周年为契机,组织开展一系列活动:出版一份《化学工会女职工委员会成立十周年专题宣传报》,举办一次由17家公司和总厂展出的女职工工作十年成果版面展,编写一本《化工巾帼风采录——十年成果展》书刊,表彰化工系统"三八红旗手(集体)",组织"颂巾帼、展才华"演讲会,召开女职工技术促进交流会,开展女职工双文明立功竞赛等。

2004年,化学工会组织上海染料公司、上海塑料公司等10多家困难企业的650名女职工参加市总工会公惠医院的免费妇科体检。

2006年,化学工会女职工委员会参加上海市总工会"百个巾帼集体与单亲困难女职工结对"活动。天原集团工会女职工委员会等通过开展"六一"大手牵小手、义赠义卖等形式,深化"姐妹帮姐妹"活动。是年,组织安排310名困难企业的女职工、女劳务工进行妇科免费体检,受到基层女职工的欢迎。

2007年,化学工会女职委在开展女职工组织状况和签订专项合同情况调研的基础上,下发《关于进一步推进女职工权益保护专项集体合同工作的意见》。

2008年,化学工会女职委通过举办女工干部培训班,开设推动科学发展全面建设小康、劳动合同法释义、企业文化的三维思考、女性情绪管理与压力释放等课程,举办形势任务教育讲座等,为进一步推进化学工会女职工工作夯实基础。

2011年,化学工会以纪念"三八"妇女节101周年为契机,开展"三个一"活动(一套宣传版、一个表彰活动、一次先进考察),宣传表彰女职工的先进事迹。

2013年,化学工会以女职工目标管理为抓手,从组织建设、权益维护、建功立业、实事项目和特色工作五个方面引导基层女职工组织深入开展女职工建功立业活动。

六、自身建设

1991年,化学工会制定《化工系统关于深入开展建设职工之家和组织争创先进职工之家竞赛活动的意见》,提出竞赛的实施办法和化工系统先进职工之家考评细则。

1992年2月,化学工会下发《关于表彰1991年度化工系统先进"职工之家"、优秀工会小组、优秀工会工作者、优秀工会积极分子的决定》,表彰36个基层工会为"职工之家",92个工会小组为"优秀工会小组",其中10个为"标杆工会小组",35人为"优秀工会工作者",612人为"优秀工会积极分子"。

1993年,中华全国总工会授予上海市化学工会"全国工会基层工作先进单位"称号。

1994年,化学工会提出《关于加强化工系统三资企业工会组建工作的意见》,并由化工局党委批转至各三资企业党组织;是年,化工系统三资企业工会的组建率为82.5%。

1995年,化学工会在全系统开展建设职工之家争先创模活动。化学工会再次被评为全国基层工作先进单位,上海硫酸厂工会等3个基层工会被评为上海市模范职工之家,3个职工小家被评为上海市模范职工小家,上海氯碱化工股份有限公司销供部材料一组还被评为全国模范职工小家,5个工会小组被评为全国化工系统模范职工小家,有9人被评为上海市优秀工会工作者,16人被评为上海市优秀工会积极分子。

1997年4月,化学工会下发《关于上海市化学工会工作机构设置和各部室负责人的聘任决定》,化学工会工作机构由原两部一室改为四部二室,即组织部、宣教部、基层工作部、经济事业部、办公室、调研室。修订《上海化工系统基层工会组织工作若干规定》,着重增加在转制改制过程中加强工会组织建设和理顺新建、撤销、合并、兼并、破产等企业工会关系的内容。根据新的规定,化学工会对44个基层工会进行"撤并、更名和改组"工作,并总结归纳跨省、市兼并企业理顺工会关系的四项原则:即组织关系属地原则、工会工作双重领导原则、干部管理协商一致原则、经费解缴原渠道原则,为加强新体制下的工会工作进行探索。

2000年,化学工会组织推荐部分基层工会参加上海市模范职工之家、模范职工小家和全国石化系统工会先进评比工作。上海振华造漆厂、上海申联劳伦茨公司工会被评为上海市模范职工之家,上海塑料公司和上海硫酸厂工会被评为全国石油化工系统先进集体,上海轮胎橡胶(集团)股份有限公司、焦化公司、天原集团的3个班组被评为模范职工小家,有6名工会干部被评为全国石油化工系统和上海市优秀工会工作者,1名行政领导被评为"心系职工的好领导"。

2004年,化学工会下发《上海市化学工会关于依法组织劳务工加入工会组织的实施意见》,从劳务工入会、会籍管理、隶属关系等方面提出要求。是年,通过上下努力,吸纳1 400名劳务工加入工会组织。3月15日,化学工会网站开通;11月中旬,链接到上海市总工会网站,扩大化学工会在社会上的影响。

2006年4月,化学工会下发《关于表彰2005年度上海化工系统先进职工之家等各类先进的决定》,表彰化工系统先进职工之家24个,先进职工小家47个,优秀工会工作者25名,优秀工会积极分子186名。

2007年1月19日,中国能源化学工会下发《关于表彰全国能源化学系统先进工会和优秀工会干部的决定》,化学工会等3家工会组织获"先进工会"称号,虞钰惠等8人获"优秀工会干部"称号。化学工会财务工作被评为全国工会财务先进单位。

2009年2月12日,化学工会下发《上海市化学工会会议制度》《上海市化学工会工作人员联系基层制度》2个制度。注重发挥常委会下设的自身建设委员会、经济工作委员会和权益保障委员会3个专门委员会的作用。

2010年1月,化学工会下发《关于表彰2008—2009年度上海市化学工会先进职工之家等各类先进的决定》,表彰先进职工之家26家,先进职工小家51个,优秀工会工作者26名,优秀工会积极分子131名。丙烯酸公司工会获"全国模范职工之家"称号。

2013年,化学工会"工会组织、会员信息数据库""化学工会办公系统自动化"和"工会工作网站"开通上线,通过信息化提高工会工作的质量和效率。

第四节　职工技协和"三产"

一、沿革

化工职工技术协作从1984年开始筹备,1985年2月,成为上海市职工技术协作委员会团体会员。1986年12月,成立第一届上海化工技术协作委员会。1989年3月,更名为上海化工职工技术协会。截至1990年年底,上海化工职工技术协会(简称"化工职工技协")有基层技协组织156个,技协会员9 094名。工会"三产"从1988年起步到1990年年底,有22家,从业人员828名。

二、主要工作

1991年,化工职工技协以企业经济工作为职工技协的主战场,有77项技协成果参加上海市职工技协和市经济委员会举办的职工技协参与企业产品结构调整展示会。是年,工会举办的"三产"有新的发展,基层工会成立30个"三产"经济实体,解决企业富余劳动力近1000人。

1992年10月,化工系统工会建立职工技协组织167个,拥有会员10 139名,其中高级工程师336名,工程师1 324名,助理工程师1 133名,能工巧匠4 683名,各级技协管理人员2 663人。职工技协各级组织开发156项新产品,其中有62项转给行政投入正常生产。化学工会的职工技协创办第一个科技性经济实体——上海化工职工技术开发应用服务部。

1993年,化学工会"三产"企业数从1992年的51个发展到119个,营业额11 903万元,上缴税金213万元。化学工会成立工会经济事业工作委员会,对"三产"、职工技协、技协经济实体等工会企事业工作实行统一管理。

1995年,化学工会组团参加上海科技节"职工发明与专利展览会"。

1996年,化学工会企事业营业收入3.17亿元,利税1 312万元,工会企事业用于为企业排忧解难的费用近400万元,投入到各级职工帮困基金会的费用321万元。截至12月底,全系统有工会技协组织142家,技协实体33家,工会"三产"101家。

1998年9月7日,化学工会下发《关于调整上海市化学工会经济事业工作委员会组成人员的决定》,陈惠莹任主任,沈德蒂任副主任,薛文海任秘书长,杨春妹任副秘书长,委员22人。8月31日,化学工会下发《关于聘任化学工会所属企事业负责人的决定》,聘任侯妙发为上海化工俱乐部主任,徐翔为上海化工俱乐部副主任,王有福为上海华福经济技术发展总公司总经理,成妙英为上海化工职工经济技术实业公司总经理(兼)。

1999—2000年,化学工会将工会企事业发展的成果回报给企业、职工和工运事业,经对90家工会经济实体不完全统计:安排从业人员916名,其中吸纳企业分流人员799名,支付职工工资等费用1 025万元,回报各级工会及重点用于为企业排忧解难和为困难职工"送温暖"款200万元。

2002年,化学工会制定下发《关于规范化工系统工会企事业转改制工作的若干意见》,指导华兴科贸公司下属企业、申博化工有限公司等基层企事业进行转制、改制;撰写《关于工会企事业转改制工作的若干思考》的论文,获上海市总工会"三产"、技协办论文一等奖。

2003年,化学工会系统43家职工技协,承接各种项目221个,实现合同收入372.21万元,取得较好的收益。涂料公司等基层职工技协的3个项目被上海市职工技协评为优秀成果奖,范永福等5名技协会员被上海市职工技协评为技术能手或技术明星,一些技协成果在上海市职工技协成立20周年成果展上受到关注和好评。

2007年,化学工会指导基层工会深入开展群众性科技创新活动,参与上海市第二届职工科技节有关创新项目的上报评选工作,焦化、氯碱和三爱富等公司各有一项职工创新项目被上海市总工会评为"金点子奖",化学工会被评为优秀组织奖。化学工会指导有关基层工会清理一些工会企事业组织,做好税务注销和工商歇业工作。

2008年,化学工会完成和理顺化工职工技协东海基地化工楼经营管理工作归入上海汇智会务中心的工作。指导和配合基层工会清理工会企事业,3家企业工会的职工技协完成办理歇业手续,3家工会"三产"企业启动改制为民资企业,化学工会参股上海申博化工有限公司的股份也全部转让后退出该企业。化学工会职工技协被评为"上海市职工技协管理工作一等奖"。

第四章 共青团

第一节 局(集团)团委

1957年,在建立上海市化学工业局的同时,成立共青团上海市化学工业局委员会,隶属上海市化学工业局党委领导。1995年12月,上海市化学工业局改制为上海化工控股(集团)公司,1996年6月,共青团上海市化学工业局委员会更名为共青团上海化工控股(集团)公司委员会,隶属中共上海化工控股(集团)公司委员会领导。1996年10月,上海化工控股(集团)公司与上海市医药管理局重组为上海华谊(集团)公司,共青团上海化工控股(集团)公司委员会更名为共青团上海华谊(集团)公司委员会,隶属中共上海华谊(集团)公司委员会领导。

1991—2013年,共青团上海市化学工业局委员会、共青团上海化工控股(集团)公司委员会、共青团上海华谊(集团)公司委员会先后由黄岱列、黄炯炯、谢峰、金健、肖文高、孙喆浩、黎凡任团委书记。

截至2013年年底,华谊集团团委所属二级单位团委、直属团支部(总支)20个,各级团支部144个,共青团员2 042人,其中上海市外属地化团组织共青团员近1 500人,集团青年人数近9 000人。

第二节 团代会

一、共青团上海市化学工业局第二次代表大会

1991年3月30日—4月1日,共青团上海市化学工业局第二次代表大会召开。大会代表300名,列席代表50名。大会审议通过题为《高举共产主义旗帜　跟党前进　率领7万化工青年　再立新功》的工作报告。杨大年等24人当选为共青团上海市化学工业局第二届委员会委员、陈强等9人当选为常务委员,黄岱列当选为书记。

1996年6月,团委班子调整,黄炯炯任书记。

二、共青团上海化工控股(集团)公司团代表会议

1996年7月30日,共青团上海化工控股(集团)公司团代表会议在上海染料化工有限公司多功能会议厅召开,会议的主要任务是选举产生新一届上海化工控股(集团)公司团委领导班子。会议代表70名(实到68名),25人当选为共青团上海化工控股(集团)公司委员会委员,黄炯炯当选为团委书记、谢峰当选为团委副书记。

1999年1月,团委班子调整,谢峰任书记。

三、共青团上海华谊(集团)公司第一次代表大会

2002年4月25—26日,共青团上海华谊(集团)公司第一次代表大会在上海科学会堂召开。大

会应到代表200名(实到代表199名)。大会审议通过题为《坚定信念　奋发有为　锐意进取　团结和带领广大青年在华谊集团"十五"发展中再立新功》的工作报告。王振宇等17人当选为共青团上海华谊(集团)公司第一届委员会委员,朱海蓉等7人当选为常务委员,金健当选为书记。

2005年3月,团委班子调整,肖文高任书记。

四、共青团上海华谊(集团)公司第二次代表大会

2007年12月24—25日,共青团上海华谊(集团)公司第二次代表大会召开。大会代表182名(实到代表174名)。大会审议通过题为《高举中国特色社会主义伟大旗帜　立足青年　求实创新　团结带领团员青年为华谊又好又快发展贡献青春和力量》的工作报告。廖达海等17人当选为共青团上海华谊(集团)公司第二届委员会委员,苏叶等7人当选为常务委员,孙喆浩当选为书记。

五、共青团上海华谊(集团)公司第三次代表大会

2012年12月20日,共青团上海华谊(集团)公司第三次代表大会召开,大会应到代表150名(实到代表149名)。大会审议通过题为《认真学习贯彻党的十八大精神　团结带领团员青年为实现华谊科学发展努力奋斗》的工作报告。吴翠萍等15人当选为共青团上海华谊(集团)公司第三届委员会委员,黄捷等7人当选为常务委员,黎凡当选为书记。

第三节　基层团组织

一、制度建设

1991年2月,化工局团委制定印发《上海市化工局团员教育评议(注册)制度》。1992年3月,制定印发《化工系统共青团干部管理暂行规定》和《建立团组织向党组织推荐优秀青年入党　组织定期讨论反馈制度》。

1996年,化工控股公司团委制定印发《上海化工控股(集团)公司推荐优秀青年做党的发展对象工作条例》,修订出台《上海化工控股(集团)公司青年岗位能手评定奖励规则(暂行)》,进一步完善活动的保障机制。

1997年,华谊集团团委制定印发《上海华谊(集团)公司青年文明岗"先锋岗"管理(暂行)规定》。2001年,制定印发《上海华谊(集团)公司团委开展团内培训工作的实施细则(试行)》。2002年5月,制定印发《上海华谊(集团)公司团委关于加强和改进团干部作风建设的若干意见》,并将团干部作风建设的情况列入年度工作考核和团干部协管内容;7月,制定印发《关于进一步加强和改进上海华谊(集团)公司共青团工作职责的若干意见》。2004年,制定印发《上海华谊(集团)公司新长征突击手(队)评选表彰工作的规定(暂行)》。

二、队伍建设

1990年第4季度,开展团员教育评议活动的试点工作。1991年,团员教育评议工作在化工局

各级团组织中全面铺开,团员参评率为90%,其中95%的团员被评为"合格团员"。团员教育评议活动作为制度一年一次在团员中固定开展。

1992年,聘请杨雄伟等10人为化工局团校业余讲师。化工局团校在"理论指导、实践运用;务实创新、服务基层;育人荐才,开拓前进"的办学方针指导下,对团干部开展"团组织理论实践知识"的短期专业培训。

1998年,华谊集团团委、集团组织部联合印发《关于选派优秀团干部到华谊公司挂职的通知》,拓宽团组织选才的视野和育人途径。

2002年,华谊集团团委通过论坛、研讨会等形式,开展"华谊发展青年责无旁贷"及"21世纪的华谊需要怎样的青年"等主题教育活动,引导团员青年树立正确的世界观、人生观、价值观,坚定"爱党、爱国、爱企业"的理想信念,培育"自信、自立、自强、自勤"的思想作风。

2010年7月,华谊集团团委与组织部共同举办后备党组织书记培训班,基层团组织40余名党员团干部参加培训,团干部的领导力、执行力和沟通力得到提升。

1991—2013年,华谊集团团委利用华谊党校和共建学校两大资源,对团员青年开展"党的理论、形势任务、共青团基层组织建设、青年热点问题分析、共青团活动的组织和策划、专项现代文化知识"等培训活动,提高团员青年的理论基础、工作技能和文化素质。

三、组织建设

【基础工作】

1991年2月,上海轮胎橡胶(集团)公司团委等21个团组织确定为化工局团的基层整体化建设试点单位。8月,由共青团上海市闵行区委员会属地领导的上海氯碱总厂、上海吴泾化工总厂、上海焦化总厂、上海染料化工厂团组织领导关系划归共青团上海市化学工业局委员会。

1992年8月,化工局团委召开团代表会议,增补曾璇等8人为共青团上海市化学工业局第二届委员会委员,增补王伟等3人为共青团上海市化学工业局第二届委员会常务委员。2002年,充实和健全华谊集团团委领导班子,增补朱佩毅、金海2人为共青团上海华谊(集团)公司委员会第一届委员会常务委员。2006年1月19日,华谊集团团委在上海化工老干部活动室召开团代表会议,增补孙喆浩、汪青海、张锐、骆弘、廖达海5人为共青团上海华谊(集团)公司第一届委员会委员;2月14日,在集团本部召开华谊集团团委全委会,增补张锐、骆弘、廖达海3人为共青团上海华谊(集团)公司第一届委员会常务委员。2011年2月25日,华谊集团团委在焦化公司召开团代表会议,增补王佳庆、吴翠萍、吴毅林、黎凡、潘璇5人为共青团上海华谊(集团)公司第二届委员会委员。

【获得荣誉】

1991—2013年,45名团员青年获市、工业系统的先进表彰。其中周波获"上海杰出青年"称号,叶晓峰等2人获"上海市优秀青年"称号,钱志刚等3人获上海市"五四"青年奖章,庄岩等15人获"上海市青年岗位能手"称号,王伟等13人获"上海市新长征突击手"称号,戎春兰等2人获"上海市优秀青年突击队队员"称号,李忠民等2人获"上海市优秀团员"称号,陈强等4人获"上海市优秀团干部"称号,周良获上海青年志愿者行动"优秀青年志愿者"称号,穆肖斌和钱晔分别获"学李斌十佳标兵"和"学李斌先进青年标兵"称号。

在先进集体的评选中,上海焦化有限公司碳一分公司德士古中控室获"2010年度全国青年安全生产示范岗"称号。华谊集团团委12次获"上海青工工作先进团组织"称号,并在2004年度获"上海青工系统先进团组织标兵"称号。焦化公司团委等4家单位的团组织先后6个年度获"上海市五四红旗团组织"称号。天原集团团委等12家单位的团组织先后8个年度获"上海市五四特色团组织"称号。丙烯酸公司高吸水性树脂(SAP)项目攻关组青年团队和双钱集团股份有限公司双钱载重轮胎分公司炼胶工区青年装备保证小组获上海市青年"五四"奖章集体。上海太平洋化工(集团)公司焦化总厂煤气厂生产管理科煤气压送工段获"上海市共青团号青年集体"称号。上海吴淞化工总厂电石厂6号炉纵向集体岗等3个岗位获"上海市青年文明岗"称号。双钱集团双钱载重分公司成型工区甲班等4个团队被命名为"上海市新长征突击队"。上海涂料有限公司水性涂料与助剂项目组等3个团队被命名为"上海市优秀青年突击队"。双钱载重轮胎分公司压出工区5号压出线等77个团队获"上海市青年文明号(共青团号)"称号。

【上海市团代会】

1993年年初,上海市化工局团委召开团的代表会议,李建伟、匡俊、李文红、李剑豪、张洪兴、陈强、周婉萍、俞灏、赵燕萍、顾金荣、黄岱列、储征宇12人当选为出席共青团上海市第十次代表大会的代表。

2003年3月,华谊集团团委召开上海华谊(集团)公司第一届委员会全委(扩大)会议,王志刚、朱海容、肖文高、苏叶、宋涛、金健6人当选为出席共青团上海市第十二次代表大会的代表。

2008年2月,华谊集团团委召开团的代表会议,许晓晶、孙喆浩、廖达海3人当选为出席共青团上海市第十三次代表大会的代表。孙喆浩当选为共青团上海市第十三届委员会候补委员。

2013年1月,华谊集团团委在焦化公司召开团的代表会议,出席会议代表115名,郭晓伟、程双、黎凡3人当选为出席共青团上海市第十四次代表大会的代表。黎凡当选为共青团上海市第十四届委员会候补委员。

表9-4-1 1991—2013年若干年份华谊集团基层团组织和团员情况表

序号	年份	团员数	35岁以下青年(人)	基层团委(个)	基层团支部(总支)
1	1991	16 600	79 318	66	1 030
2	1993	14 171	66 347	72	943
3	1996	13 284	46 017	64	802
4	2001	6 509	20 907	39	371
5	2005	4 535	11 873	20	255
6	2008	2 956	6 686	21	219
7	2011	1 832	3 949	24	157
8	2013	1 970	3 795	20	144

第四节 共青团重大活动

一、文化教育

1991年,化工局团委结合建党70周年,组织开展"党育我成长,我跟党前进"系列教育活动,举办民族歌曲卡拉 OK 青年演唱会、"在党旗、国旗下成长"演讲比赛等活动。

1999年,华谊集团团委结合"五四"运动80周年,开展"百名团员青年祭扫烈士陵园""优秀青年与老干部座谈"等活动,举办以"爱国、成才、奉献"为主题的演讲会,召开主题为"弘扬五四精神、昂首迈向新世纪"的表彰大会暨文艺汇演,并通过《上海华谊》和《团内简报》展示华谊青年的风采。

2002年8月,华谊集团团委举办首届青年文化节,100多位团员青年参加文化节的各项比赛活动;文化节以"青春做伴、健康为伍;增进交流,共同提高"为宗旨,设有多媒体制作大赛、青年英语口语大赛、游泳比赛、野外拓展活动、乒乓球比赛等九大项活动。2002—2010年,举办"我与青春同行"等五届青年文化节。

2005年9月,华谊集团团委开展以学习实践"三个代表"重要思想为主要内容的"增强共青团员意识"主题教育活动;以学习实践"三个代表"重要思想为主线,以"永远跟党走"为主题,以建设一个有凝聚力的共青团组织为目标;通过宣传动员、学习教育和总结提高三个阶段进行(2005年9月—2006年1月),集团团委成立"增强团员意识主题教育活动推进小组",明确各级团委书记为第一责任人,建立集团开展团员意识主题教育活动督导和联系人制度,为分层分类推进工作提供保障。基层各级团组织通过思想发动、组织准备和调查研究,制定符合实际的教育活动方案,使团员意识主题教育活动体现出有效性、时代性和创造性。

2011年3—4月,华谊集团团委开展"学党史、知党情、跟党走"活动,纪念建党90周年,集团近600名团员青年参加活动。活动通过专题报告会、观看建党90周年献礼影片、参加打浦桥社区党史知识竞赛等形式。

2012年2月,开展"团员青年岗位奉献""举团旗、跟党走""青春与华谊同行"为主题的建团90周年纪念活动,活动包括:"共青团亮身份""学团史、知团情、举团旗、跟党走"主题教育,"我的共青团"专题组织生活会,团中央旧址参观学习,"我的微发现"主题摄影展,红色图片展,"我的青春我的团"主题征文,"金点子"征集活动,向上海市第十次党代会建言活动,"唱响青春——上海青年文化巡演"活动等,团员青年踊跃参与。活动期间,收到金点子1 656条,征文117篇,摄影作品600幅。

1991—2013年,华谊集团团委坚持多年开展"红色之旅"活动,先后组织团员青年赴革命圣地延安、湘鄂川革命根据地、广西桂林八路军办事处旧址,以及重庆"渣滓洞"等地开展参观教育活动。

二、岗位建功

1995年,化工局团委确定31家基层单位为"青年岗位能手活动"试点单位。1996年,化工控股公司团委提出青年岗位能手活动的推进计划和具体目标,确定以安全生产、提高青工岗位排障能力作为岗位训练的主题。1996—2013年,华谊集团青年岗位能手活动组委会坚持开展集团"青年岗位能手"评选活动,对在本职岗位上技能精湛、贡献突出的何春华等一批"青年岗位能手标兵"和范文杰等一批"青年岗位能手"予以表彰。

1996—2013年,华谊集团团委加大团员青年参与企业科技创新的工作力度,深化青年"五小"(小建议、小发明、小创造、小改革、小窍门)科技创新活动,与人力资源部和科技部共同开展集团"青年科技登高"主题系列活动,形成科技人才、科技兴业、科技创业的良好氛围。评选出袁茂全《绿的建材专用聚氯乙烯树脂研制开发》等一批具有较高科研水平、较大经济价值和较强市场潜力的青年科技成果,表彰和宣传上海焦化有限公司烯烃氢甲酰化项目组等一批在企业经济建设中建功立业、作出突出贡献的优秀青年科技团队和张智勇等一批青年科技明星。

2008—2013年,华谊集团团委引导和激励团员青年投身集团改革发展,坚持开展青年文明岗(先锋岗)创建活动,夯实青年文明岗的工作基础,提升创建工作水平,发挥团的主题活动在企业改革发展中的作用。上海焦化有限公司新碳一分公司中控室等216个岗位被评为华谊集团青年文明岗(先锋岗)。

华谊集团团委开展"新长征突击手(队)"评选活动,丁莉等一大批优秀青年获华谊集团"新长征突击手"称号,上海焦化有限公司动力分公司电作业区团支部等一大批优秀青年集体获华谊集团"新长征突击队"称号。

三、青年推优

1998年,华谊集团团委制定下发《开展"导师带徒"活动的实施办法》,对"导师带徒"活动的具体管理办法、工作、规程等作严格规定。是年,集团有41家单位开展此项活动,结对数348对。

2006年,华谊集团团委开展"青年职业生涯导航"活动,编制《华谊青年职业生涯导航手册》,制定相关管理办法。实施过程主要是通过与导航对象的互动沟通,明确导航对象的职业发展方向,对导航对象进行模拟职业生涯设计。通过推荐培训、举荐挂职等方式进行过程管理;通过开展党员民主评议和团员教育评议等活动,对导航手册的内容进行检查考核。是年,重点记录和跟踪100名优秀青年的成长情况。

四、技能比武

华谊集团团委会同集团行政和化学工会共同开展华谊集团职工职业技能大赛。

2006年,举办"中级计算机多媒体制作员比赛"。

2007年,举办"职工职业技能大赛",大赛首次组织化学分析、DCS操作的技师比级比赛,26个子公司、直管单位246名选手经过基层单位的层层选拔进入决赛,24名"华谊集团技术能手"脱颖而出,90名参赛选手获国家劳动部门颁发的技师和相应晋级资格证书。

2009年6—12月,举办"迎世博、强素质、万名员工岗位技能大练兵活动"英语口语大赛,通过预赛、复活赛、复赛层层选拔,12名选手晋级决赛,并以自由辩论及角色扮演的方式展开角逐;通过为期半年的系列活动,青年们提高了英语口语能力,增强了业务素质。

五、志愿者

2007年,焦化公司团委在吴泾镇开展签名发放环保袋活动,提倡绿色生活理念,拒绝白色垃圾污染,宣传焦化公司"绿色化工,造福人民"的企业宗旨,2 000人参与签名活动。

2008年,华谊集团团委组织团员青年参加1998希望工程百万青年志愿者对募大行动,活动募集金额2.9万元,全部上交希望工程办公室支持社会公益事业。

2010年4月,华谊集团团委响应共青团中央和共青团上海市委号召,动员团员奉献爱心,开展"每人捐赠一瓶饮用水"活动,募集的11 060元款项全部捐赠给中国西南地区特大旱灾灾区人民。

2008—2013年，华谊集团团委先后开展"3·5学雷锋""12·5我志愿""青春世博——学雷锋、展风采"和"快乐志愿、随手公益"等活动，青年志愿者们有的在街头协助维持交通秩序、文明引导行人；有的以自己一技之长，为社区居民提供服务；有的在企业清运垃圾，为整治企业环境出力；有的到敬老院、福利院以及老人家中，看望孤老与缺少关爱的孩童；有的在打捞黄浦江垃圾，保护上海的母亲河。华谊集团青年传承了"奉献、友爱、互助、进步"的志愿服务精神。

第十篇
企业文化

概　　述

　　自20世纪90年代起,上海市化学工业局(简称"化工局")、上海化工控股(集团)公司(简称"化工控股公司")和上海华谊(集团)公司(简称"华谊集团")各企业注重开展企业文化建设,并与企业精神文明建设和经营管理工作有效结合,不断加强培育、丰富和完善,经历理论传播、实践探索和推广深化三个发展阶段。特别是华谊集团成立后,在企业文化建设上逐步形成"以价值导向为核心,追求实效,服务发展"的理念;形成"绿色化工,使城市更精彩,让生活更美好"的价值追求,"开放、创新、自信、实干"的企业精神;勾勒出清晰的企业愿景:把华谊集团建设成为具有较强国际竞争力的化工企业集团,跻身世界化工50强,逐步实现"全球化华谊"的美丽梦想(简称"华谊梦")。

　　20世纪80年代中期,化工局的一些单位开展局部的、探索性的企业文化活动。1986年,上海溶剂厂提出"建设以倡导优秀文化为核心内容的对人的管理科学,加强企业精神文明建设,努力在职工中初步形成新的企业文化"的目标;1987年,编写和发布《上海溶剂厂绿皮书》,提出"培养高尚,变革超越,鄙视守阵平庸,勇于实践奋斗,耻于清淡观望"的企业精神。此举在上海工业系统中引起反响,并对当时企业的生产经营管理和凝聚职工群众起到积极的推动作用。

　　化工控股公司成立后,把企业文化建设纳入创建文明单位要求中,组织开展"创文明,塑形象"活动。80%以上的单位开始注重提炼企业精神,抓职工的行为规范,抓企业的对外窗口建设;上海天原化工厂、上海溶剂厂、上海吴泾化工厂等单位还积极参加上海市工业系统开展的"最佳企业形象"评选活动,以产品形象、经营形象、管理形象、文明形象、发展形象、员工形象、精神动力等内容来展示企业文化建设成果。

　　华谊集团成立后,企业文化建设进入全面发展阶段,一些优势企业和发展型企业形成比较全面的企业文化发展框架,并努力培育和形成有本企业特点的企业文化。1995年,上海氯碱化工股份有限公司(简称"氯碱化工")着手建立企业文化的理念识别系统(MI)、行为识别系统(BI)和视觉识别系统(VI);上海轮胎橡胶(集团)公司载重轮胎厂分别用SOP(标准化操作控制)、《员工手册》来规范员工制造过程中及日常工作中的行为。

　　进入21世纪,华谊集团全力打造与现代经济和企业发展相适应的企业文化,强调华谊集团的发展要"与生态环境相容、与上海产业导向和化工行业发展趋势相符、与所在地区经济发展相联、与上海国际大都市形象相称"的"四相"原则;强化"一体化发展、集团化模式、企业化管理、信息化手段、市场化运行"的"五化"理念;实施"点(以上海为总部经济)、线(以长江流域为辐射)、面(以全国资源大省为生产基地)"结合的"走出去"战略;形成文化引领决策的运作模式。2009年11月,华谊集团在首届中国石油和化学工业企业文化促进会上,被命名为首批"中国石油和化学工业企业文化建设示范单位"。华谊集团始终以"绿色化工"为引领,最早的是"末端治理"经济,后来是"循环经济",直到"绿色经济"。其战略发展内容也是从"123456"到"1358"。

　　1991—2013年,化工局、化工控股公司和华谊集团结合化工生产的特点,在企业文化建设中特别推进"以人为本"的安全文化建设。把安全工作、安全生产、安全管理的"三不伤害"理念上升到企业管理"本质安全"的文化高度,营造安全生产良好的企业氛围。

　　1991—2013年,化工局、化工控股公司和华谊集团,在企业文化建设上重点推进品牌文化建设。一是制定品牌战略。将品牌文化与企业管理、运营模式紧密结合,提高企业运营效率和赢利能力,增强核心竞争力。二是建设品牌文化。以"一体化"理念,逐步统一规范各企业的名称、标识等视觉识别系统,形成"一个华谊"品牌和旗下"品牌群"的良好效应。三是品牌宣传推介。充分发挥产品的品牌优势,加大与国内外著名企业的战略合作,将产品成系列地进行推广,在扩大销售的同时提高企业的知名度和影响力。四是品牌意识教育。在《上海华谊报》推出"回力""双钱""飞虎""一品"等品牌的宣传专版,并举行"品牌的故事"演讲比赛,在《华谊论坛》杂志上开设"品牌故事"栏目,生动讲述品牌故事,扩大品牌的影响力。五是传承品牌历史。通过年鉴编纂、开设品牌培训课程、盘活传统品牌等形式,弘扬和塑造品牌形象。2013年年底,华谊集团有中国驰名商标3个、中华老字号11个、中国名牌6个(根据《中国名牌产品管理办法》规定,名牌标志2012年期满,"中国名牌产品"标志走入历史)、上海名牌20个、上海著名商标15个、江苏省名牌1个、江苏省著名商标1个。

在企业文化建设中,各级企业始终注重发挥企业文化建设在发展新时期的作用,在推进创新文化建设上下功夫、做文章、求深化,突出"重在实践"和"凝心聚力",倡导科学发展;并通过《华谊论坛》杂志及其承办的中国化工思想政治工作研究会会刊《中化探索》和《华谊集团年鉴》、企业报、局域网等媒体广泛开展宣传教育工作,引导员工深化对企业愿景及其基本内涵、重要意义和为之奋斗的责任与要求的认识;通过各级干部带头宣讲企业愿景,引导员工坚定实现"华谊梦"的信心;通过舆论、榜样与事业激励,使干部员工充满激情与梦想,形成同心共筑"华谊梦"的合力。

第一章 精 神 文 明

第一节 企 业 精 神

一、上海华谊(集团)公司

【企业精神】
开放、创新、自信、实干,与自然亲无间,化境为臻。

【诠释】
华谊集团化工生产,为城市和生活铸造精彩。华谊集团化工发展之路,也是不断完善,亲近自然的历程。可持续发展才是化工企业成长的源动力;开放、创新、自信、实干,将演绎出"化境为臻"。

【沿革】
2005年6月20日,上海华谊(集团)公司下发《关于开展凝炼华谊企业精神大讨论的通知》,分别召开座谈会,开展凝炼华谊集团企业精神和进一步推进企业文化建设有关工作的探讨研究,提出华谊集团企业精神及诠释的初步草稿,做好凝炼具有中国特色、时代特征、华谊特点的企业精神,推动华谊集团的企业文化建设。

2007年,华谊集团经历改制重组后的10年发展,形成具有自身特点的企业精神:背水一战的勇气、卧薪尝胆的骨气、埋头苦干的憨气和开拓创新的灵气。在这种精神的激励和深化改革、扩大开放的大背景下,华谊集团从调整中发展到发展中调整、从战术调整到战略升级,开始实现从投资拉动到科技推动、从资源推动到创新驱动的转变,基本改变华谊集团所属企业"布局分散、工艺落后、污染严重、效益低下"的面貌。

2010年,形成"开放、创新、自信、实干,与自然亲无间,化境为臻(万化、境界、作为、至臻)"的企业精神。

二、上海华谊(集团)公司下属企业

华谊集团下属企业结合各自企业实际,凝炼具有各企业特点的企业精神,推动企业的文化建设。

表 10-1-1 2013 年华谊集团下属企业的"企业精神"情况表

序号	下属企业		企业精神
1	化工制造企业	上海焦化有限公司	爱焦化、干焦化、献身焦化的主人翁精神;艰苦创业、顾全大局的实干精神;勇于进取、不断攀登的开拓精神
2		上海吴泾化工有限公司	敬业守法 求实创新

〔续表〕

序号	下属企业		企业精神
3	化工制造企业	双钱集团股份有限公司	诚信 责任 争先
4		上海氯碱化工股份有限公司	自我加压 勇创一流
5		上海三爱富新材料股份有限公司	人本科技 持续创新
6		上海华谊丙烯酸有限公司	诚实守信 团结拼搏
7		上海涂料有限公司 上海造漆厂	"眼睛"向内,严管理,争行业一流 "眼睛"向外,拓市场,创油漆名牌
8		上海市涂料研究所	团结、协调、务实、创新
9		上海振华造漆厂	飞虎就是超越
10		上海染料研究所有限公司	精诚团结、精益求精
11		上海一品颜料有限公司	守信、尽职、创新
12		上海华谊(集团)化工联社	团队精神,奋发向上精神,求真务实精神
13	化工服务企业	上海天原(集团)有限公司	开放 责任 诚信 实干 包容
14		上海天原集团胜德塑料有限公司	敬业致胜、言商重德
15		上海华谊天原化工物流有限公司	1%的可能,100%的努力
16		上海树脂厂有限公司	兴业安邦、急难有我
17		上海化工供销公司	高效、奉献、诚信、和谐
18		上海华谊工程有限公司	恒志 求索 感恩
19		上海华谊集团化工实业有限公司	创新,超越自我
20		上海华谊集团企业发展有限公司	真诚服务至永远
21		上海市化工环境保护监测站	选择并坚持!超越自我、追求精湛
22	科研教育单位	上海市化工科学技术情报研究所	业精于"情"、和谐创新
23		中共上海华谊(集团)公司委员会党校	和谐、汇众、精业、兴华
24		上海信息技术学校	奔马精神

第二节 经营理念

一、上海华谊(集团)公司

【企业经营理念】
一个华谊、双核驱动、全国业务、海外发展。

【诠释】
"一个华谊":将地处上海的集团打造成"决策中心、投资中心、研发中心、营销中心、管理中心"

的总部经济。"双核驱动"：化工制造业和化工服务业。"全国业务"：在上海发展精细化工、高新材料产业和生产服务业；煤基多联产产业和轮胎产业等的生产基地向"有资源、有市场、有效益"地区布局，拓展发展空间，形成全国业务。

【沿革】

2002年下半年，华谊集团开展为时半年的"对接世博会发展要求"的大讨论，集思广益、集纳智慧，以文化自觉为引领，形成"绿色化工，使城市更精彩、让生活更美好"的发展理念。根据2010上海世博会"城市让生活更美好"的主题，华谊集团的化工产业逐渐形成"123456"为主要内容的发展思路：

实现一个目标　建成"世界先进、中国著名"化工企业集团，跻身世界化工50强行列，实现"百年华谊"又好又快发展。

确立二个观念　"绿色化工，使城市更精彩，让生活更美好"；全面、协调、可持续发展，使社会放心，让百姓高兴。

贯彻三大要求　三个坚定不移：坚定不移地将上海化工区作为华谊新一轮发展的主战场；坚定不移地将华谊吴泾化工基地建成清洁能源、新材料研发基地和循环经济产业化示范基地；坚定不移地"走出去"，将资源富足地区作为华谊化工生产基地，推进"大市场、大物流、大基地"战略的实施。

"3+1"布局，以上海为点，以长江为线，以全国为面，形成战略发展基地，逐步走出国门，建设本质安全、资源节约、环境友好的华谊"绿色化工"。

"3+1+1"核心业务，煤基多联产产品及清洁能源产品制造，高分子材料及轮胎橡塑产品制造，精细化学品制造+化工品物流及化工工程服务+生物医药及生物化学品制造。

坚持"四相"原则　华谊化工发展要与生态环境相容，与上海产业发展导向和化工行业发展趋势相符，与所在地区经济发展相联，与上海国际大都市形象相称。

倡导"五化"理念　一体化发展，集团化模式，企业化管理，信息化手段，市场化运作。

形成"六保"体系　"以人为本"的企业文化支撑保证体系；科技创新与技术进步支撑保证体系；人才、资金、物流、信息支撑保证体系；内控协调支撑保证体系；适应社会主义市场经济要求的运行机制支撑保证体系；法律法治支撑保证体系。

2008年6月，华谊集团第一届党代表大会上进一步明确并阐述"1358"发展战略：

一大愿景　到2010年，形成吴泾基地高端升级、化工区集聚发展、吴淞基地战略转型，安徽无为煤基多联产精细化工基地一期基本建成，三大主业突出、规划布局合理、企业可持续赢利能力增强的发展格局，根本改变企业面貌；到2015年，实现营业收入600亿元、利润总额30亿元，成为具有较强国际竞争力的化工企业集团，跻身世界化工50强；在此基础上，继续朝着建设"世界先进、中国著名"化工企业集团的方向努力奋斗，为"百年华谊"发展奠定扎实的基础。

三级中心　华谊集团本部成为决策中心、子公司成为利润中心、三级企业成为成本中心。

五项举措　发展创新，改革调整，整合增值，多元投资，人力资源。

八个平台　形成"煤基多联产化工、绿色轮胎、氯碱及化工新材料、精细化学品"四个产业类平台，形成"化工物流及服务贸易、工程总承包、地产开发及房屋租赁、对外投资管理"四个服务类平台。

2012年，华谊集团提出"一个华谊、双核驱动、全国业务、海外发展"的发展理念，践行时任中共上海市委书记韩正要求的"高端发展、创新发展、跨市发展、一体化发展"的战略原则。

二、上海华谊(集团)公司下属企业

华谊集团下属企业围绕华谊集团"一个华谊、双核驱动、全国业务、海外发展"的经营理念,结合各自企业实际,形成具有各企业特点的企业经营理念。

表 10－1－2　2013年华谊集团下属企业的"企业经营理念"情况表

序号	下属企业		企业经营理念
1	化工制造企业	上海焦化有限公司	发展循环经济,打造绿色化工,坚持以人为本,贯彻以信立企
2		上海吴泾化工有限公司	诚信服务、创造价值
3		双钱集团股份有限公司	开拓进取、创造卓越、共同发展
4		上海氯碱化工股份有限公司	专业化,科技创新;职业化,卓越管理;制度化,持续发展;国际化,和谐共赢
5		上海三爱富新材料股份有限公司	为用户创造价值,为股东创造利润,为员工创造机会,为社会创造效益
6		上海华谊丙烯酸有限公司	排除一切干扰,集中全员智慧,聚精会神搞建设,一心一意谋发展
7		上海涂料有限公司	上海造漆厂	诚信为本、服务至上
8			上海市涂料研究所	市场为导向、科研为中心、服务为宗旨、努力成为公司的技术支撑
9			上海振华造漆厂	飞虎就是超越
10			上海染料研究所有限公司	科技与世界水平同步、产品与生态环境相容、人才与公司发展相进、效益与优势企业媲美
11			上海于林造漆厂	点滴诚信、多赢合作、持续创新、竭诚服务
12			上海一品颜料有限公司	致力于颜料的专有技术、提供颜料的专业服务
13	化工服务企业	上海天原(集团)有限公司	专业化,科技创新;职业化,卓越管理;制度化,持续发展;国际化,和谐共赢
14		上海华谊集团投资有限公司	以加强资产管理为核心,以拓展增值服务为手段,以促进科学发展为目标,进一步抓基础,促发展,确保实现国有资产保值增值,彰显投资公司平台功能
15		上海华谊工程有限公司	员工　服务　利润
16		上海华谊集团化工实业有限公司	精诚,铸就品牌
17		上海华谊集团企业发展有限公司	以未来思考今天
18		上海华谊信息技术有限公司	利用先进的自动化技术、智能化技术和信息化技术,以及积累的行业专有技术,为煤化工、氯碱化工、氟化工、石油化工、综合化工等企业提供全面的信息系统集成解决方案和工程实施;为基础化工、能源化工企业提供自动化集成解决方案和工程实施;为华谊集团和相关化工企业的效益提升提供信息化增效应用解决方案和工程实施

〔续表〕

序号	下属企业		企业经营理念
19	化工服务企业	上海市化工环境保护监测站	提供有价值和创造力的服务体系;不断追求技术和社会服务意识的自我革新;以全社会行业化的标准来推动自身的发展;作为专业的员工应在自己所处的领域为环保事业多作贡献;为员工创造更多具有挑战性和创造性的空间
20	科研教育单位	中共上海华谊(集团)公司委员会党校	服务华谊、面向社会、做强两翼、多元发展

第三节 核心价值观

一、上海华谊(集团)公司

【企业核心价值观】

创业、创新、创造——艰苦奋斗、勤于实践、立足大局、勇于奉献。

【诠释】

创业,是华谊人白手起家的活力,也是骨子里顽强拼搏的意志和品格。

创新,是华谊人开创事业的动力,也是脑海里蕴含探求的智慧和能量。

创造,是华谊人满足需求的能力,也是手掌里勤奋劳作的本领和功夫。

【沿革】

1958年起,化工局部署企业创业,率先在上海城市的东南边吴泾小镇进行创业,围绕"为农业发展提供国产优质化肥"的大局要求,建成国内第一套12万吨的合成氨生产装置。1991年起,化工局遵循"让城市居民甩掉80万只煤球炉"的发展要求,果断实施"三联供"工程,揽下上海城市煤气供应的半壁江山,成为上海城市煤气生产的主力军。1996年起,化工控股公司按照"一个特大型的城市必须要有石化产业作为支柱"的部署,毅然挺进杭州湾,开拓、开垦、开发上海化工区,并以上海天原化工厂为龙头,第一个在荒地上建厂投产。进入21世纪以来,华谊集团按照"先进制造业"和"现代服务业"的科学定位,实施"走出去"战略,优化整合市场资源、技术资源、原材料资源、人力资源,加大组织结构、产业结构、产品结构调整力度,转变经济增长方式,推进开放合作共赢,将基础化工原料、橡塑制品、化学试剂、化工设备等十几大类近万种产品,整合为能源化工、绿色轮胎、先进材料、精细化工、化工服务五大核心业务,形成以总部经济,基地经济为主要特征的适合市场经济要求的经济发展新模式。

20世纪60—70年代的规模发展,上海化工基本形成门类比较齐全、经济规模扩大、适应国家需要、拥有领先技术的化学品制造体系;20世纪80—90年代的快速发展,化工企业增添动力持续增长、行业结构调整发挥优势、开放合作共赢取得成效、基地形成规模实力增强;特别是2000年后,华谊集团培育企业创新文化,以上海华谊丙烯酸有限公司(简称"丙烯酸公司")氧化催化技术为突破形成新的竞争能力、以吴泾化工羰基合成技术为创新形成醋酸产品快速发展、以双钱集团股份有限公司(简称"双钱集团")集成技术研发为重点生产巨型轮胎行销欧美市场、以上海氯碱化工股份有限公司系列技术开发为深化制造绿色聚氯乙烯、以上海焦化有限公司(简称"焦化公司")煤的综合利用为主导实现醋酐等产品新的增长点,汇成华谊集团持续发展的动力。2005年后,华谊集团加大科技创新力度,2007年列为中国制造业研发费用投入100强中的第21位,并先后获上百个国家级和省市级的高新产品等创新奖项。2013年,华谊集团创新产品工业总产值超过经济总量的1/4。

华谊集团企业创业、创新的过程,形成创造的结果。为社会创造财富、为员工创造岗位。2008年,华谊集团的经济总量为1998年的3倍;2011年,实现工业总产值436.8亿元,比2005年增长53.8%;至2013年,连续5年居中国化学品制造规模的前列。

二、上海华谊(集团)公司下属企业

华谊集团下属企业根据华谊集团"创业、创新、创造——艰苦奋斗、勤于实践、立足大局、勇于奉献"的企业核心价值观,结合各自企业实际,提炼出各企业的核心价值观。

表10-1-3 2013年华谊集团下属企业的"企业核心价值观"情况表

序号	下属企业		企业核心价值观
1	化工制造企业	上海焦化有限公司	举绿色化工、造福人民之旗帜,集50年人才技术之优势,聚50年企业文化之积淀,行引领中国煤化工发展之使命与责任,将上海焦化打造成中国煤化工行业的排头兵
2		上海吴泾化工有限公司	超越自我,做大醋酸
3		双钱集团股份有限公司	开放、融合、和谐
4		上海氯碱化工股份有限公司	蕴志兴华 家与国永
5		上海三爱富新材料股份有限公司	人本科技 持续创新
6		上海华谊丙烯酸有限公司	世上没有救世主,只有自己救自己
7	上海涂料有限公司	上海三林造漆厂	顾客至上、团结协作
8		上海市涂料研究所	效为根、人为本、尽职责、达标准
9		上海振华造漆厂	顾客至上、团队协作、诚信、创新、持续改进
10		上海染料研究所有限公司	为客户创造价值、为企业赢得发展、为世界增添色彩
13	化工服务企业	上海天原(集团)有限公司	蕴志兴华 家与国永
14		上海天原集团胜德塑料有限公司	以客户为中心,以奋斗者为本,精益创新,持正而行
15		上海华谊天原化工物流有限公司	行业争第一,国内创知名
16		上海树脂厂有限公司	国家利益高于一切;学习借鉴,创新发展;生产绿色环保产品
17		上海化工供销公司	共同发展,分享成果
18		上海华谊工程有限公司	协力 创新 高效
19		上海华谊集团化工实业有限公司	营造,和谐共生

〔续表〕

序号	下属企业		企业核心价值观
20	化工服务企业	上海华谊集团企业发展有限公司	一体化运作的大局观、勇挑重担的创业观、服务职工的荣誉观
21		上海华谊信息技术有限公司	助力客户价值提升、提供员工发展平台
22	科研教育单位	上海市化工科学技术情报研究所	人为本、质为根、尽职责、提效率
24		上海信息技术学校	让学生有更好的发展,让员工有更好的生活

第四节 文化格言

一、城市让生活更美好,化工使城市更绿色

大讨论:2002年7月,上海市被定为2010年世博会举办地。2002年下半年,华谊集团在全体员工中开展为时半年的"对接世博会发展要求"大讨论,以承接2010年世博会"城市让生活更美好"为主题,集思广益,集纳智慧,文化引领,形成"绿色化工,使城市更精彩、让生活更美好"的发展理念。绿色化工,使华谊集团又一次迈向"创业、创新、创造"的担当之路。

大调整:在"绿色化工,使城市更精彩、让生活更美好"发展理念的统领下,华谊集团确定四项调整原则,即"与生态环境相容,与上海产业发展导向和化工行业发展趋势相符,与所在地区经济发展相联,与上海国际大都市形象相称"。坚持"给客户创造价值,给股东带来回报,给员工提供舞台"的价值追求,启动布局调整、产业调整、企业调整、人员调整。一是布局调整。实施点线面"三位一体"的战略布局,彻底改变各区县到处开花的发展格局。"点",即以上海为中心;"线",即以长江沿岸为线;"面",即以全国资源地为面。二是产业调整。有所为,有所不为,着力对产业布局进行调整。先后退出胶鞋行业、力车胎行业、化肥行业、染料行业、塑料行业、试剂行业,聚焦"五大"核心业务。三是企业调整。历史上华谊集团曾有1200多家具有法人资质的企事业单位。企业层级数多,效益低下,不少企业严重亏损,成为效益的"出血点",经过整合,华谊集团企业总数控制在150家左右。四是人员调整。华谊集团成立时员工近13万人,至2013年年底,约有员工2万多人。

大签约:华谊集团每年的工作开局就是落实"四个第一"。每年下发的第一份文件是加强和实施安全生产和管理的文件,每年工作开局的第一个工作日召开的是安全委员会全体委员会议,每年签订的第一项《考核责任书》是集团与各子公司党政主要领导签订《安全生产责任书》,每年做出的第一个承诺是华谊集团每一位在岗员工履约HSE承诺书。自2008年起,华谊集团每年与各子公司、直管单位签订《安全环保工作责任书》,华谊集团所属企业从业人员与各自企业签订《安全生产责任承诺书》,责任书签约完成率100%。

二、一个华谊,全国业务

这是华谊集团发展的战略举措,也是管理思路。华谊集团在明确"集团为决策中心、子公司为利益中心、三级企业为成本中心"的定位下,提出集团整体化、全面化、一体化要求,对外都是"一个

华谊",即一个名称、一个LOGO、一个集团品牌;围绕"走出去"战略,在全国拓展业务。

三、让HSE管理文化成为华谊人的自觉行为

华谊集团坚持"安全第一、以人为本"的HSE理念,从抓"安全生产八大禁令"到推行安全管理风险抵押,从启动领导干部带头定点对口联系重要生产装置到实现每位员工HSE的责任承诺,从实施对企业主要领导安全管理诫勉谈话到开展万名员工"我要安全、我能安全、我会安全"的技术练兵活动,从强化1067条"三基"工作检查到落实"双卡(安全巡检卡、安全作业观察卡)"制度,从举行"安全在我心中"演讲到发动职工投身"安全关注""征集格言",华谊集团HSE文化建设形成氛围。

四、"三基"要"三常,三对"持续改进

"三基"工作指的是基层建设、基础工作、基本功训练,它是20世纪60年代初由大庆油田总结出来并在石油行业发展推广的基层管理经验。"三常"是指"常规、常效、常态"三个原则。"三对"是指"对标、对照、对口"三个方法。进入21世纪,华谊集团大力推进"三基"工作,并建立和完善"三基"工作检查标准和评价细则,建成较为完整的"三基"工作标准化体系,为增强企业竞争力奠定基础。

五、关爱员工,和谐华谊

华谊集团适应城市发展要求,不断调整产业、企业结构,员工总数从13万人减少到2013年的2万多人。华谊集团在推进改革发展中,坚持以人为本,善待员工,始终做到"竞聘上岗、转岗培训、业内就业、鼓励创业"。对员工实现"三个承诺":不让1名员工因经济困难过不下去、不让1名患病职工因付不起医药费而看不走病、不让1名困难职工子女因缴不起学费而辍学。建立健全帮困送暖长效机制。华谊集团形成"和谐华谊"的氛围,把"职工高兴也是生产力"的理念落到实处。

第二章　企业形象识别

第一节　企业视觉识别

一、上海华谊(集团)公司

【华谊集团司标(第一版)】

1997年2月14日,华谊集团第一届董事会第一次会议上确定司标图案。

司标图案:

司标说明:

(1)司标主体构架为六边形体,象征化工和医药产品分子式中常用的苯环融为坚实稳固的统一图案。(2)图案中红色箭头突破框格,象征集团不断开拓创新,寓意集团不断蓬勃向上,红色意为充满激情,开拓前进。(3)上海华谊(集团)公司英文缩写为SHY,即SHANGHAI HUA YI (GROUP) COMPANY。

【华谊集团司标(第二版)】

1998年,集中体现华谊集团企业形象及整个VIS系统核心的集团标志由沪港合资金马有限公司创意设计。

司标图案:

司标说明:集团标志图形的创意灵感来自中国民间剪纸,以设释"内涵的民族化,外形的国际化"。

图案理念。5个携手并肩的"人",即是对集团下属的5大支柱企业的明显写照,也设释企业内部及向外发展与生命的必备理念与条件——"合作、携手共进",以彰显其凝聚力。同时,亦是对集团现在及将来的多行业、多结构的企业形态的准确表达。

标志图形的另一创意灵感源自"朝阳"或"地球",图形组合也就构成"太阳与人、地球与人"这一极具内涵的画面,表达企业在立足化工、医药、生物工程等行业拓展的同时,关注自然、生命,关注环境保护的强烈的社会责任感。

【华谊集团司标（第三版）】

2004年，华谊集团在整个集团中全面推广使用华谊商号、司标。同时对华谊集团视觉形象系统做适当的调整及增补，并对集团形象在下属企业中的应用范畴及方式做出相应的规定，以适应推广的需求。修整后的华谊集团视觉形象形成系统的增补分册及标准电子文档，并在集团及下属企业中应用。

司标图案：

司标说明：华谊集团标志图案由剪纸化的五个携手并肩的"人""朝阳"或"地球"及"HUAYI"英文标准字组合而成。标志图案独特，显示科技创新永远是华谊集团的主题。

华谊集团人手拉手这一图案，对内象征一体化理念和团队精神，对外表达与国际国内具有共同价值取向的企业集团结成战略伙伴联手发展的意愿，并突出集团的诚信精神。

标准色系的内涵：[华谊集团深蓝（C100，M80，Y0，K0）、华谊集团橘红（C0，M70，Y100，K0）、华谊集团黑色（C0，M0，Y0，K100）]，是致力于发展清洁能源、绿色化工、保护生态环境。

五人象征着集团"煤基多联产、绿色轮胎、氯碱及化工新材料、精细化学品"四个产业平台和"化工物流及服务贸易、工程总承包、地产开发及房屋租赁、对外投资管理"服务经济平台，其内涵是集团在发展中的"合作、携手共进"，彰显凝聚力和团队精神。

剪纸形状突出华谊集团人的个性，同时对中华民族气质的兼收并蓄。

太阳为初升的朝阳，展示华谊集团旺盛的生命力和蓬勃向上发展的气势；地球代表华谊集团人拥有丰硕的物质、精神财富。

太阳、地球和人的有机组合，构成"人与自然"的和谐发展，这是华谊集团坚持全面、协调、可持续发展战略思想的具体体现。

HUAYI，英文标准字的工整字体反映华谊集团人求实的风格、严谨的工作态度，显示华谊集团对承诺的保证是可靠的。

粗黑色字体的选用暗示华谊集团厚实的经济基础、强大的经济实力，以及建设具有较强国际竞争力化工企业集团的坚强信心。

华谊集团标志图案所表达的精神是：以华谊集团人的气质，致力于科技创新，致力于发展清洁能源，致力于保护生态环境；用华谊集团人的诚信，同行结成战略联盟，真诚合作、携手共进；用华谊集团人的决心，继续积累财富，争创世界先进、中国著名的化工企业集团。

【标志标识】

标志标识的应用　2004年，修整后的华谊集团视觉形象及在其下属企业中应用规则形成系统的增补分册及标准电子文档，并在集团及下属企业中广泛应用，其中包括：

办公事务类用品。华谊集团标志与标准字组合应用到其所有下属企业的名片、信封、信纸手提袋中。该类用品有：华谊集团名片、华谊集团信笺、华谊集团信封、华谊集团手提袋、华谊集团胸卡等。

环境展示类用品。华谊集团标志应用到其所有下属企业的会议会场布置、展览会布置、广告牌、幻灯投影演示中。该类用品有：华谊集团会议背景墙（会议会场布置中凡有企业司旗、吊旗、桌面旗出现的地方必须有华谊集团的司旗、吊旗、桌面旗出现；展览会布置中凡有企业形象出现的地方，如：背景墙、灯箱、展板、吊旗等必须有华谊集团的标志出现）；华谊集团投影演示模板；华谊集团户外广告塔；华谊集团户外广告路牌等。

交通工具类。华谊集团标志应用到在其所有下属企业的交通工具车身形象中，该类包括华谊集团大客车车身形象等。

商号及司标的使用 经过2004年的运行，华谊集团商号、司标在整个集团的应用工作取得一定的进展和成效，特别是子公司名称的变更工作。2005年，集团发布关于推广使用华谊集团商号、司标的实施规定；该规定的指导思想是以统一规范使用华谊集团商号、司标为重点，以集团企业文化统领和兼容子公司企业文化为方针，努力把华谊集团建成"世界一流、中国著名"化工企业集团。

华谊集团所属全资子公司在公司行业名称前冠以"华谊集团"字样，例如：上海华谊集团化工实业有限公司（简称"实业公司"）。对华谊集团非主导性企业不更名，但须在企业名称前右上方以小一号字体注明"华谊集团"字样。将上海天原（集团）有限公司（简称"天原集团"）更名为上海华谊天原（集团）有限公司，因为天原公司本身是集团公司，在其名称中不可同时出现两个集团字样，但为表明资产纽带关系，故采用两个商号。

华谊集团控股子公司，在征求其他股东意见的基础上再完成相应工作。非上市公司中，企业名称有行业名而无商号名的，在行业名称前冠以"华谊集团"字样，如上海涂料有限公司（简称"涂料公司"）更名为上海华谊集团涂料有限公司；企业名称中既有商号名又有行业名的，在其商号前冠以"华谊集团"字样，如上海吴泾化工有限公司（简称"吴泾公司"）更名为上海华谊集团吴泾化工有限公司。而上市公司如上海轮胎橡胶（集团）股份公司（简称"上轮公司"）、上海三爱富新材料股份有限公司（简称"三爱富公司"）、氯碱公司，考虑到上市公司的特殊性，暂不强求更名。

已冠名"华谊集团"字样的公司如上海华谊（集团）化工联社（但"集团"二字不加括弧）不须再改名。

华谊集团非控股的参股公司如上海医药（集团）公司、上海化工区发展有限公司等，一般不强求以"华谊集团"冠名。但也按国际通常惯例，做好华谊集团商号司标的使用工作。

对于新设立的公司，凡由华谊集团投资设立的全资子公司、控股子公司、参股公司在其设立时，均按上述规定注册企业名称。而凡有华谊集团投资设立的分公司及分支机构，其注册名称为："上海华谊（集团）公司XX分公司"或"上海华谊（集团）公司X办事处（指挥部）"。

华谊集团于2005年上半年完成对天原、焦化、吴泾、丙烯酸、涂料、中远、华原、华向、回力、华谊生物、生物技术等子公司的更名和集团所属非主导企业的名称调整工作。试剂、上化、装备、建设、供销等子公司，企业更名工作在其实施体制改革的同时同步进行。2005年6月底前，基本完成对华谊集团及子公司主要经营场所的集团司标应用工作，如生产基地、大门口、主要经营者办公室等。

二、化工制造企业

【上海焦化有限公司】

焦化公司司标。煤化工综合利用的开发是焦化公司通向光明未来的必由之路，该司标为焦化公司的未来组合出一个希望和成功的五彩光环。

司标图案：

司标说明：C——苯的分子结构，象征煤化工的综合利用开发。

c——碳元素符号，表明煤是焦化公司的主要原料。

σ——曲颈瓶，象征煤化学科研事业。

SJ——为"上焦"两字汉语拼写缩写，其形状又像一支火炬，象征着焦化事业的兴旺发达。

标志标识。2008年，焦化公司完成办公楼的Ⅵ视觉标识导引系统建设，即每个办公室规范醒目的名称以及各楼层总表的VI导引等视觉标识。办公楼VI视觉标识导引系统体现出50年历史的大型煤化工企业的规范性，焦化公司倡导的企业文化CIS工作，注重的是VI视觉识别的全面应用，做到了企业全覆盖，所有的室内标识牌都有上海焦化LOGO标识的展现，让员工在不同场合体验VI视觉的感染力，时刻感受焦化公司的企业氛围，视觉的感染让员工真正认同焦化公司的企业文化。

【双钱集团股份有限公司】

双钱集团司标（第一版） 1991年1月上旬，在《解放日报》《文汇报》《新民晚报》上刊登向社会公开征集公司司标启事，至1月31日征稿截止期（以邮戳为准）收到投稿信件2 050封，作品4 427件，经公司司标评选委员会评选，上海三友实业社毛巾厂苏强荣设计的司标图案入选。

司标图案：

司标说明：司标图案运用黑白对比形式，以简、明、快的几何图形，构成轮胎的基本形体，通过人们的联想，表达上海轮胎橡胶（集团）公司的涵义。

双钱集团司标（第二版） 2006年，公司党委与同济大学企业形象策划研究中心联合开展公司企业形象设计工作。2007年3月，公司推出集产品特征、企业商标、传统工艺、民族习俗于一体的，具有独创的自主知识产权的企业标志。

司标图案：

司标说明：以古汉钱及轮胎外形为设计主线，体现双钱深厚的文化底蕴和独特的中国特色。双钱标识外形和内涵与公司形象和理念相得益彰，从象征物上，古汉钱有"财源滚滚"之意，体现出公司致力于创造卓越的经济价值和社会价值的民族企业社会责任感；从外形上，左右两半相互依存的圆形，有广纳、包容、融合之意，呈现公司核心文化中的"开放、融合、和谐"的景象；从字音上，双钱与双全谐音，有"成双吉利，两全其美"之意，与公司经营观中的"共同发展"和人才观中的"价值统一"相符合，体现出公司立足大局，追求共赢的经营境界。

公司标识从整体上有如车轮般不断向前的动感，寓意着公司在"走出去"发展战略下，公司内部员工与外部公众共赴辉煌前程！

【上海氯碱化工股份有限公司】
氯碱公司司标
司标图案：

司标说明：上红下蓝，表示阳光与海洋；宽长根据间隙与司标相一致。图案由字母（上海SHANGHAI）、（氯LV）、（碱JIAN）首字母构成。图案中空白三角烧杯形状，表示公司化工行业特点。红、蓝色表示电解化工中电解槽正、负极。稳定的三角状寓意对立与统一的自然规律。

【上海三爱富新材料股份有限公司】
三爱富公司司标
司标图案：

司标说明：企业文化核心：氟文化。标准颜色：蓝色、白色。标准颜色色标：蓝色色标为（C－100、M－50、Y－0、K－O）。

三、化工服务企业

【上海天原（集团）有限公司】
天原集团司标　自2013年1月1日起，天原集团启用此公司标志。
司标图案：

司标说明：司标取形"天坛"，寓意1929年成立的"天"字号企业其悠久的历史，古朴、沉稳而大气，表达天原集团独特的历史文化底蕴；亦寓意天原集团经历80载，转型定位为华谊集团之现代服务业平台。LOGO环绕两个同心圆，寓意天原集团在华谊集团领导下；寓意天原集团从事的商流与物流，在华谊集团旗下同心同向，同心同德，同心同行，蓬勃发展，显示海纳百川，"天"下皆圆的气度与胸襟。

LOGO整体为华谊蓝，蓝色代表着创新、智慧、深邃、广阔，清新淡雅，富于装饰味道；蓝色也寓意着天原集团在上海现代服务业这一"蓝海"中大展宏图，服务华谊，服务全国；蓝色也寓意着一种持续创新精神，立志成为华谊集团生产性服务业的领军企业、上海市生产性服务业的示范企业。

天原集团下属企业司标

（1）上海华谊天原化工物流有限公司于2007年7月底征求公司司标方案，是年9月启用公司司标。

司标图案：

![上海华谊天原化工物流有限公司 SHANGHAI HUAYI TIANYUAN CHEMICAL LOGISTICS CO., LTD.]

司标说明：① TianYuan(TY)的艺术组合。② 整体效果：金徽蓝字，金色招胆，灿烂辉煌，象征着智慧与活力，蓝字象征着博大宽广的大海和天空，低调务实。③ "Y""两个半圆"具有动感，体现速度、动态、活力和发展。④ "T"正规刚毅，表示服务一丝不苟、按规矩做事。⑤ 司标整体体现物流公司规范、专业、速度和不断拓展进取的精神。

（2）上海化工供销有限公司司标图案：

司标说明：司标图案含义是上海化工供销有限公司英文名称"SHANGHAI CHEMICAL INDUSTRY SUPPLY & SALES CO., LTD."的缩写。

【上海华谊集团投资有限公司】

上海华谊集团投资有限公司（简称"投资公司"）下属企业司标

上海市塑料研究所所标图案：

所标说明：企业标志思路前卫，具现代感，象征性的图案图形活泼富有动感。"上海市塑料研究所"简称的汉语拼音字首的3个"S"意蕴其间，三个不同方向动势箭头寓意企业向多方向多方位发展，丰富的色彩喻示产品的多元化品种。颜色为黄色(C：0，M：40，Y：100，K：0)、红色(C：0，M：100，Y：100，K：0)、蓝色(C：90，M：50，Y：0，K：0)。所标中文全称由著名书法家、塑料研究所原职工周慧珺题写。字体有传统历史感，笔画平和可亲，有个性；经修饰保留原有神味。

【上海华谊工程有限公司】

上海华谊工程有限公司（简称"工程公司"）司标（第一版）　2009年2月，上海工程化学设计院有限公司发布新的VI标识。

司标图案：

SCEI 上海工程化学设计院有限公司
SHANGHAICHEM ENGINEERING INCORPORATION

司标说明：(1)"SCEI"为公司英文简称。(2)深青色是科学、智慧和力量的象征；色彩，体现公司业务特征的同时，也是公司追求人与自然相和谐的象征。(3)当时流行的Windows操作系统，以及包括OFFICE在内的各种常用软件中，深青色是其"标准色板"原色之一；这种通用选择，同国际通行的字体"Arial"一样，确保VI标准用色的日常便利。(4)整个司标体现简约风格。

工程公司司标（第二版）　2012年11月，为适应工程板块整合后更新的公司名称，上海华谊工程有限公司发布新的 VI 系统。

司标图案：

 上海华谊工程有限公司 Shanghai HuaYi Engineering Co., Ltd.

司标说明：(1)标志整体由两部分组成，上部图形为公司名"华谊"的拼音首字母"HY"演变而成，下部"HYEC"为"上海华谊工程有限公司"的英文全称"Shanghai HuaYi Engineering. Co; Ltd."的英文首字母缩写。(2)工程公司的主要客户来自国内外，涵盖全行业，"HY"图形运用流畅的跨越感弧形线条，寓意着公司跨涉领域宽广，走向全球化；弧形线条且具桥梁感，体现工程公司通过合作与交流，与海内外伙伴建立起持续的合作互惠关系。(3)在色彩运用上，司标采用充满亮度与饱和度的正橘色，以大气厚重的黑色配之，使司标形象更为鲜明，增加记忆度。司标整体构造平衡和谐，吻合工程公司是行业领军企业的定位。

工程公司下属企业司标 上海华谊集团装备工程有限公司于 2007 年 8 月 30 日确立企业司标。

司标图案：

司标说明：司标由一个"S"与两个"E"组成。变形"S"由三部分组成，上方土黄色三角意指总公司，中间象征企业实体，下三角为子公司从属关系。上下三角互相呼应，寓意着总公司与下属子公司密不可分的互存关系。加上三角形，本身具有较强的稳定性，传递着一种令人信服的信息。整个"S"的厚重、稳实体现化工装备企业的实力雄厚，旁边两个"E"的造型酷似化工装备的异型产品（容器加速接管线），符合企业的特性。

【上海华谊集团企业发展有限公司】

上海华谊集团企业发展有限公司（简称"企发公司"）司标

司标图案：

司标说明：标识的整体构图是"华谊企发"的拼音缩写。两根柱子是字母 H 的象形，中间的绿叶可分别视作字母 YOF 的象形。

标识的两根柱子分别代表着发展和调整，绿叶寓意着调整为发展服务，体现企发公司职工为华谊集团发展服务的奉献精神。

标识的设计是整体稳定，静中有动。生机盎然的绿叶，既蕴涵着绿色化工的无限生命力，又象征着企发公司开放向上的孜孜追求。

标识颜色：蓝[C100 H70]，是大海的颜色，寓意企发人勇挑重担，不惧风浪，和谐包容；绿[C100 Y100]，是生命的颜色，寓意企发公司拥抱青春，富有活力，充满希望。

【上海市化工环境保护监测站】

上海市化工环境保护监测站(简称"环保监测站")站标

站标图案：

站标说明：站标图案以绿色为主，是环保的标志色，也是绿色化工的象征。站标的圆形由抽象的音序"H"和"B"组成，译为"环保"的第一个拼音字母。圆形又代表地球，说明环保将成为全人类共同关注的焦点，另从整体上又是一个大"H"。一双向上托起的手，是由真人双手演变而来，非常形象。一方面代表将环保的重任肩负，另一方面可以看作是形象的"Y"字，与大"H"组成"华谊"的第一个拼音字母，代表环保监测站属于华谊集团的企业。手边的四个英文字母"SCEM"为"上海化工环境监测(shanghai chemical environment monitoring)"的英文第一个字母缩写，标志着化工环境保护监测站致力于化工行业监测。

四、科研教育单位

【上海市化工科学技术情报研究所】

上海市化工科学技术情报研究所(简称"化工情报所")所标　根据1993年7月2日《关于化工局科技情报所所标的介绍》文件最终确立的设计方案，沿用至今。

所标图案：

所标说明：(1)所标由英文缩写SCI三个字母组成。(2)基本图形为圆形。(3)SI组成图形与C的连接，利用S字母的一横，这一横表示横向，I表示纵向。图案表明化工情报所既是上海市化工局(华谊集团的前身)与下属企业单位联系的窗口，也是一个全方位发展的化工科技情报服务机构。

【上海信息技术学校】

上海信息技术学校(简称"信息学校")校标

校标图案：

校标说明：四根流畅的蓝色线条汇集并划出一个英文字母"e"，表示学校确立的信息技术应用为核心，覆盖现代资讯业、现代加工制造业、现代检验检测业和现代商务流通四个领域专业的发展定位；Shanghai Information Technology College——SITC四个红色英文缩写，凸显学校青春和活力。

第二节 商标品牌

一、上海华谊(集团)公司

1995年10月,化工局汇集化工系统各单位产品注册商标,登记入册,交化工局档案科储存,便于各基层单位营销部门和商标设计人员的业务参考。华谊集团拥有众多的著名品牌,如"上焦""吴泾""申峰""双钱""飞虎""回力""眼睛""光明""牡丹""一品""白象""牡丹Peony及图"等。

2004年,在《中国500最具价值品牌》中,华谊集团品牌排第123位,品牌价值45亿元。

2006年3月1日,华谊集团召开品牌建设专题会,突显品牌优势。集团品牌情况为:实际使用的商标82件,占拥有商标总数的42.3%,其中,年销售收入在5 000万元以上的商标31件。集团旗下名牌产品的销售收入110亿元左右,名牌产品集中在上轮公司、氯碱公司、吴泾公司、涂料公司、回力鞋业公司5家企业,著名商标也都集中在这些公司。

2006年9月11日,"双钱""申峰""白象""一品"4个品牌入选上海首批38个出口品牌。

2007年,华谊集团4个品牌5种产品获中国名牌称号,19个品牌31种产品获上海名牌称号。获中国名牌称号的企业、品牌和产品为:上海制皂(集团)有限公司(简称"制皂公司")"扇"牌肥皂、"蜂花"牌香皂;氯碱公司"申峰"牌悬浮聚氯乙烯、糊状162聚氯乙烯;双钱集团"双钱"牌全钢子午线轮胎;获上海名牌称号的企业、品牌和产品为:双钱集团"双钱"牌、"回力"牌轮胎;氯碱公司"申峰"牌聚氯乙烯树脂、烧碱系列;焦化公司"上焦"牌甲醇;吴泾公司"吴泾"牌工业冰乙酸、高纯度乙酸乙酯、工业硫酸;上海振华造漆厂"飞虎"牌聚酯型漆、卷材涂料、苯丙乳胶漆;上海一品颜料有限公司"一品"牌氧化铁颜料;上海开林造漆厂"光明"牌船舶漆、重防腐涂料;上海长风化工厂"畅飞"牌涂料催干剂、塑料稳定剂;上海造漆厂"眼睛"牌聚氨酯类漆、丙烯酸类漆、过氯乙烯类漆、硝基类漆;上海华元实业总公司"飞机"牌还原染料;上海华向橡胶制品有限公司"浦江"牌汽车胶管;上海牡丹油墨有限公司"牡丹"牌印刷油墨;上海硫酸厂有限公司"双流"牌乙二醛;上海新光化工有限公司"铁锚"牌胶黏剂;制皂公司"扇"牌洗衣皂、液体皂和"白丽"牌美容香皂;上海白象电池有限公司"白象"牌电池;上海回力鞋业有限公司"回力"牌运动鞋、保健运动鞋、休闲鞋。

2009年,华谊集团6个品牌7种产品获中国名牌称号,2个品牌4种产品获中国驰名商标称号,21个品牌35种产品获上海名牌称号,12个品牌21种产品获上海著名商标称号。获中国名牌称号的企业、品牌和产品为:制皂公司"扇"牌肥皂、"蜂花"牌香皂;氯碱公司"申峰"牌悬浮聚氯乙烯、糊状162聚氯乙烯;双钱集团"双钱"牌全钢子午线轮胎;三爱富公司"中昊"牌制冷剂HCFC-22;上海白象电池有限公司"白象"牌电池。获中国驰名商标称号的企业、品牌和产品为:双钱集团"双钱"牌全钢子午线轮胎、上海回力鞋业有限公司"回力"牌运动鞋、保健运动鞋、休闲鞋。获上海名牌称号的企业、品牌和产品为:双钱集团"双钱"牌、"回力"牌轮胎;氯碱公司"申峰"牌烧碱、聚氯乙烯树脂、烧碱系列;焦化公司"上焦"牌甲醇;吴泾公司"吴泾"牌工业冰乙酸、高纯度乙酸乙酯、工业硫酸;三爱富公司"三爱富"牌聚四氟乙烯;上海振华造漆厂"飞虎"牌聚酯型漆、卷材涂料、苯丙乳胶漆;上海一品颜料有限公司"一品"牌氧化铁颜料;上海开林造漆厂"光明"牌船舶漆、重防腐涂料;上海造漆厂"眼睛"牌聚氨酯类漆、丙烯酸类漆、过氯乙烯类漆、硝基类漆;上海华元实业总公司"飞机"牌还原染料；上海华向橡胶制品有限公司"浦江"牌汽车胶管；上海牡丹油墨有限公司"牡丹"牌印刷油墨；上海硫酸厂有限公司"双流"牌乙二醛；上海新光化工有限公司"铁锚"牌胶黏剂；制皂公司"扇"牌洗衣皂、液体皂和"白丽"牌美容香皂；上海白象电池有限公司"白象"牌电池；上海回力鞋业有限公司"回力"牌运动鞋、保健运动鞋、休闲鞋；华原公司"飞铃"牌乙烯利；上海长风化工厂"畅飞"牌涂料催干剂、塑料稳定剂。获上海著名商标称号的企业、品牌和产品为：双钱集团"双钱"牌、"回力"牌轮胎；吴泾公司"吴泾"牌工业冰乙酸、高纯度乙酸乙酯、工业硫酸；上海开林造漆厂"光明"牌船舶漆、重防腐涂料；上海振华造漆厂"飞虎"牌聚酯型漆、卷材涂料、苯丙乳胶漆；上海一品颜料有限公司"一品"牌氧化铁颜料；上海染料研究所"狮头"牌食品添加剂、着色剂；上海白象电池有限公司"白象"牌电池；上海牡丹油墨有限公司"牡丹"牌印刷油墨；制皂公司"扇"牌洗衣皂、液体皂和"白丽"牌美容香皂；上海回力鞋业有限公司"回力"牌运动鞋、保健运动鞋、休闲鞋。

2011年11月1日，华谊集团携新成果亮相国际工业博览会（简称"工博会"），以"绿色化工，律动城市"为主题参展，展区面积288平方米，以华谊集团煤基多联产、绿色轮胎、化工新材料、精细化工和生产性服务业五大核心业务为主线，运用多种手段展示华谊集团的新技术、新能源、新产品在相关行业领域及人们日常生活中的应用和贡献。

2012年9月21—24日，制皂公司"蜂花牌""扇牌""白象牌"，在上海展览中心东一馆举行的"2012中华老字号博览会"上参展，4天销售额超10万元。此次参展，制皂公司展出"蜂花"牌檀香皂系列、高级洁面皂系列，还全新推出"扇"牌厨卫家具清洁系列和功能洗衣皂产品系列。展会期间，上海有关新闻媒体还专门介绍"白象"牌新品电池应急灯的热销情况。

2012年11月6日，华谊集团以"绿色化工、为城市发展增添精彩，给人民生活带来美好"为主题，参展2012中国国际工业博览会，集中展现华谊集团加快业务转型和产业升级的成果。

2013年8月31日，《解放日报》"海派品牌创新巡展"首站展览在月星环球港拉开帷幕，华谊集团旗下两大民族品牌"回力""蜂花"与其他海派知名品牌一起，展示品牌故事、企业文化和创新产品。

二、化工制造企业

【上海焦化有限公司】

1998年，焦化公司注册"SJ"商标，注册商标的商品、服务为：沥青、焦炭、苯、硫铵、苯酚；液氧；液氢；液氮；甲醇、苯酐、发动机燃料化学添加剂；汽车燃料化学添加剂；汽油净化添加剂；防冻剂；油分离化学品；燃料节省剂；油净化化学品；吸油用合成材料；油类用化学添加剂；精甲醇、汽车燃料（含甲醇汽油）；甲醇（燃料）；发动机燃料非化学添加剂；汽车燃料非化学添加剂；焦炭；矿物燃料；煤；木炭（燃料）；挥发性混合燃料。

公司"SJ"牌甲醇获2007、2009、2011、2013年度上海市名牌产品，2013年度中国石油和化学工业联合会知名品牌产品；"SJ"牌苯酐获2011、2013、2015年度上海市名牌产品。

上海京华化工厂有限公司 "白石"商标诞生于上海解放初期，"白石"商标的碳酸钙、氧化锌、立德粉等产品久负盛名。2011年10月，上海京华化工厂注册商标"白石"，被中华人民共和国商务部认定为"中华老字号"。

白石牌

【上海吴泾化工有限公司】

自 1982 年《商标法》公布后，吴泾公司即申请注册"吴泾牌"商标，注册商标的商品及服务为：冰乙酸、乙酸乙酯。随着吴泾公司的不断发展，"吴泾牌"商标在化工行业中越来越受到关注。2008 年，"吴泾牌"商标通过上海市著名商标认定，并于 2011 年、2013 年分别通过复审认定。

【双钱集团股份有限公司】

品牌发展历史　截至 2013 年，双钱集团及控股子公司拥有 370 项注册商标专用权，其中 247 项国内注册商标，123 项国外注册商标。

"双钱"。1926 年 2 月，旅日侨商余芝卿出资，薛福基、吴哲生共同筹办，成立大中华橡胶厂。1928 年 10 月 30 日，大中华橡胶厂投产，当天生产"双钱"牌套鞋 80 双。1929 年 10 月 23 日，大中华橡胶厂"双钱"商标注册获准。1951 年 3 月 1 日，获国家工商行政管理局颁发的"双钱"商标注册证，注册人为大中华橡胶厂兴业股份有限公司。1958 年 3 月，"双钱"商标变更注册人为公私合营大中华橡胶厂。1966 年 5 月 15 日，"双钱"商标变更注册人为中国橡胶工业公司上海分公司。1966 年 12 月 2 日，公私合营大中华橡胶厂更名为"国营上海轮胎一厂"。1978 年 9 月 11 日，"双钱"商标变更注册人为上海轮胎一厂。1981 年 2 月 11 日，上海轮胎一厂恢复原厂名：上海大中华橡胶厂。1982 年 8 月 4 日，"双钱"商标变更注册人为上海大中华橡胶厂。1990 年 6 月 19 日，上海大中华橡胶厂与上海正泰橡胶厂联合组建的上海轮胎橡胶（集团）公司成立，上海大中华橡胶厂为公司核心层企业。1992 年 5 月 5 日，上海轮胎橡胶（集团）公司改制为股份有限公司。1995 年 1 月 9 日，"双钱"商标转让给上海轮胎橡胶（集团）股份有限公司所有。2005 年，"双钱"商标被认定为中国驰名商标。2007 年，被认定为中华老字号。2007 年 5 月 18 日，上海轮胎橡胶（集团）股份有限公司更名为双钱集团股份有限公司。

"回力"。1927 年 7 月，义昌橡皮制物厂创办。1930 年 2 月 18 日，义昌橡皮制物厂改组为正泰橡皮制物厂。1934 年，正泰橡皮制物厂改组为正泰信记橡胶厂。1935 年 4 月 4 日，"回力"牌商标注册。1937 年 1 月 1 日，正泰信记橡胶厂股份有限公司成立。1952 年 4 月 1 日，"回力"牌商标获中华人民共和国国家工商行政管理局颁发的商标注册证，注册人为上海正泰橡胶厂。1967 年 2 月 1 日，公私合营正泰橡胶厂改名为"国营上海轮胎二厂"。1981 年 2 月 20 日，上海市橡胶工业公司批复同意恢复"上海正泰橡胶厂"厂名。1990 年 6 月 19 日，上海正泰橡胶厂与上海大中华橡胶厂联合组建的上海轮胎橡胶（集团）公司成立，正泰橡胶厂为公司核心层企业。1992 年 5 月 5 日，上海轮胎橡胶（集团）公司改制为股份有限公司。1992 年 10 月 30 日，"回力"商标核准变更注册人为上海轮胎橡胶（集团）股份有限公司。2007 年 5 月 18 日，上海轮胎橡胶（集团）股份有限公司更名为双钱集团股份有限公司。2009 年 6 月 25 日，"回力"商标注册人名称变更为双钱集团股份有限公司。2012 年 12 月 31 日，"回力"商标被认定为中国驰名商标。

"蜂花檀香皂"。1928 年，蜂花檀香皂在原中央香皂厂出品。1957 年 5 月，转入五洲固本皂厂。1960 年 8 月，并入上海制皂厂继续生产。1967 年 5 月，内销蜂花檀香皂改名上海檀香皂，1976 年恢复原名。1973 年 9 月和 1979 年 5 月，在原有块重 81 克的基础上，25 克和 125 克的蜂花檀香皂先后投入生产。1979 年 10 月，"蜂花檀香皂"商标在国家工商行政管理总局注册并一直沿用。

"上海药皂"。上海药皂原名"利华卫生药皂"，是英商中国肥皂公司于 20 世纪 30 年代生产的产品。1952 年，由华东工业部中国肥皂公司接管生产；1955 年，该公司更名国营上海制皂厂，工厂国营后药皂继续生产;1956年,药皂名改为"上海药皂"。

"牡丹牌"。1958年年初,"牡丹牌"商标用于油墨产品上。1958年6月,注册成功并取得第27339号商标注册证,注册人为公盛油墨厂,是国内油墨行业中创建最早的商标之一。1966年始,国营上海油墨厂使用"牡丹牌"注册商标。1979年3月,上海油墨厂取得第100218号商标注册证,其后又在多个国家和地区取得商标注册证。

"白象牌"。始创于1921年,主要产品:电池。1925年2月,丁熊照与其他4人合股,集资800块银元,在上海方浜路永华里租赁两间房屋,雇佣6名工人,创设上海汇明电池厂。"白象牌"商标最早由当时的上海华明电池厂创出,是中国电池行业最早的品牌之一。1964年,"白象牌"商标随上海华明电池厂并入上海汇明电池厂。

品牌创建与管理

(1)双钱集团股份有限公司。拥有"双钱""回力""万家达""万世达""飞跃"等著名品牌。

2004年,上轮公司大力进行品牌建设和推介,推广STP市场营销理念,品牌竞争走产品细分化道路。"双钱"牌全钢子午线轮胎被国家质量监督检验检疫总局授予"中国名牌产品"。"双钱"品牌在"首届中国市场品牌战略论坛"上获中国市场品牌论坛组委会和《人民日报》社市场信息中心颁发的"中国全钢子午线轮胎市场畅销第一品牌"的荣誉证书和奖牌。是年,结合"双钱""回力"双双获"上海名牌""上海名商标"称号,在上海名牌商标宣传一条街——延安路高架立柱上发布首块市内户外广告。是年5月,上轮公司与上海人民广播电台联合完成"交通频率整点套播"节目,连续5个月每天6次进行滚动播出。在"双钱"品牌被评为"中国名牌产品"的同时,上轮公司参加了在中央电视台中国名牌5秒电视广告的宣传。

2005年9月,时长50多分钟的《"双钱"品牌故事》专题片在上海电视台王牌栏目"品牌故事"中播出。将"双钱"品牌的由来、创新、成长、发展较为完整地传达给社会公众。《"双钱"品牌故事》的播出将"双钱"品牌以及拥有"双钱"品牌的上轮公司推向新的高度。11月1日,上轮公司参加在美国举办的北美国际汽车展览会(SENA展览会),国内仅有双钱集团的两个轮胎新品参展。

2006年8月18日,世界知名品牌云集的"2006上海国际汽车材料与汽车制造设备展览会"在上海国际展览中心举行,上轮公司参展的"双钱"牌全钢载重子午胎新品获得好评。

2007年,双钱集团经国家工商总局批准,将受计划经济体制影响而命名的"地域+产品"的上海轮胎橡胶(集团)股份有限公司更名为"商号、商标、商品"名称相一致的双钱集团股份有限公司;在中国资本市场上,将"轮胎橡胶"更名为"双钱股份";"轮胎橡胶B股"更名为"双钱B股"。是年,双钱集团冠名赞助2007年上海国际田径黄金大奖赛。

2010年6月29日,双钱集团举行成立20周年庆祝大会。会上,上海市市长韩正对双钱集团的今后发展作重要指示;双钱集团公布第二款载重子午胎再次获美国环保总署认证的消息,并为"飞跃"新品轮胎揭幕。7月,双钱集团推出WYNSTAR(万世达)品牌全钢丝载重子午线轮胎系列产品。WYNSTAR(万世达)品牌秉承"中高档、全系列、差异化"的产品定位,以全新设计的花纹和优异的耐磨性,满足市场不同的需求。WYNSTAR(万世达)品牌拥有全新的销售通路,首批WYNSTAR(万世达)品牌经销商36家,零售网点900家。双钱集团设计推出能够"体现产品特征、蕴含品牌寓意、代表企业地位、展现传统文化、融合现代精神、面向大众消费"的"双钱财神",将企业理念、轮胎特征、传统工艺、民族文化、客户诉求有机地结合起来。9月15日,在上海国际化工展开幕仪式上,第十届全国人大常委会副委员长、中国石油和化学工业联合会名誉会长顾秀莲在刘训峰陪同下察看中国首家获美国环境保护署(EPA)认证的FE轮胎。

(2)上海制皂(集团)有限公司。以先进的大规模油脂制皂技术为依托("发动机"),稳固发展家居清洁和个人洗护基础产品的大众市场("一体"),积极进入工业及公共设施清洁服务和个性化个人护肤产品的细分市场("两翼"),推进企业快速发展。

竞争定位:成为国内日化行业中专注于研究、发展、完善油脂制皂技术和工艺,为顾客和市场提供专家服务的品牌制造商,不走综合型日化企业之路。

竞争战略:差异化产品做大做强,同质化产品细分市场。

低成本战略:"两头在沪,中间在外"走出去和持续的低成本战略。

品牌战略:制皂公司拥有一批几十年市场消费基础和知名度的老品牌,成为企业发展的核心竞争力重要部分。公司实施"老品牌、新产品"品牌战略,坚持实行"同质化产品细分市场,差异化产品强化优势"的竞争策略,打造和提升老字号品牌的核心竞争力。

品牌定位:关注消费市场的发展潮流,做足"皂"字概念,提倡天然、安全、健康、环保的洗护理念,品牌定位于"个人护理用品,家庭清洁护理用品,工业和公共设施清洁用品"三大品类体系发展方向。发挥品牌优势,将"蜂花""扇牌""上海香皂""上海药皂""白丽""固本""健医士"品牌精心运作,持续推出市场适销对路的新产品。

品牌荣誉称号

(1)中国名牌。2003年12月,在《人民日报》社市场信息中心开展的《中国市场产品质量用户满意度调查》活动中,双钱载重轮胎公司生产的"双钱"牌全钢丝子午线载重轮胎,获"中国轮胎市场产品质量用户满意最具竞争力第一品牌"。

2004年9月1日,"双钱"牌全钢子午线轮胎被国家质量检验检疫总局授予"中国名牌产品"。

2004年11月25日,在由国务院国有资产监督管理委员会经济研究中心、中国高科技产业化研究会、人民日报社市场信息中心等单位联合主办的"首届中国市场品牌战略论坛"上,上轮公司获"中国全钢子午线轮胎畅销第一品牌"荣誉证书和奖牌。

2005年7月2日,在人民日报社市场信息中心主办的"首届中国消费者(用户)喜爱品牌民意调查"新闻发布会上,"双钱"轮胎被全国30多个省、市、自治区消费者(用户)推选为"中国轮胎市场用户最满意购物首选第一品牌"。

2006年1月19日,在北京人民大会堂召开的第二届中国品牌影响力高峰论坛年会上,"双钱"牌轮胎被评为中国轮胎行业最具影响力第一品牌;上轮公司被评为中国品牌建设十大杰出企业。8月27日,第四届中国市场用户满意品牌高峰论坛年会在北京人民大会堂举行,上轮公司"双钱"牌轮胎获"中国轮胎市场自主创新用户满意第一品牌"称号。这是"双钱"品牌连续4次在"中国市场品牌用户满意度调查"中获此殊荣。

2007年1月,由中国品牌研究院首次举办的全国各省市"城市经济名片"遴选评定揭晓,"双钱"品牌被认定为"上海经济名片"。化工产业最终被遴选为上海十大标志性品牌的仅有"双钱""白猫"两个品牌。而上轮公司的"双钱"品牌,是华谊集团旗下唯一入选"上海经济名片"的品牌,在"上海十大标志性品牌"中排位第三。1月31日,"双钱轮胎"再次获"中国轮胎行业最具影响力第一品牌"称号,上轮公司获2006年度中国品牌建设十大杰出企业。6月,上轮公司的"双钱"商标,在中国品牌研究院公布的"中国最有价值商标500强"中,排名219位,价值10.82亿元。9月11日,双钱集团的"双钱"牌全钢子午线轮胎,制皂公司的"扇牌"肥皂和"蜂花"牌香皂获"中国名牌产品"称号。

2008年1月，上海市质量技术监督局和上海市名牌产品推荐委员会公布2007年度上海市名牌产品及获2007年度中国名牌产品的上海企业和产品。双钱集团的"双钱"牌全钢子午线轮胎和制皂公司的"扇牌"肥皂、"蜂花"牌香皂获"中国名牌产品"称号。1月20日，在第四届中国品牌影响力高峰论坛年会上，"双钱"品牌获"2007年度中国十大影响力品牌"称号。

2009年11月，双钱集团巨型全钢丝子午工程轮胎获"2009年中国国际工业博览会银奖"。

2012年，"双钱"牌全钢子午线轮胎被评为中国石油和化学工业知名品牌产品。

2013年，"双钱"牌全钢子午巨型工程机械轮胎获2013年度中国橡胶工业协会推荐品牌新产品。

（2）中国驰名商标。1992年11月10日，上轮公司注册商标"回力""双钱"被评为中国驰名商标。2005年12月，"双钱"牌轮胎被国家工商总局认定为中国驰名商标。2008年4月，上海油墨厂的"牡丹Peony及图"被国家行政管理总局认定为中国驰名商标。

（3）中华老字号。2006年12月19日，国家商务部"振兴老字号工程"，首批"中华老字号"认定，上轮公司的"双钱"牌获国家首批"中华老字号"认定。

（4）上海名牌。2000年1月，上海市名牌推荐委员会授予上轮公司"双钱""回力"牌汽车轮胎1995—1999年上海名牌产品五连冠。

2001年12月，上轮公司"双钱""回力"牌轮胎获"上海名牌产品"称号。是年，上轮公司获"上海市对外经济贸易委员会贡献奖"（铜奖），在2001年上海市企业进出口额前100名中排名第67位。

2005年1月，上轮公司"双钱""回力"牌汽车轮胎被列入2004年上海名牌产品100强。

2006年3月30日，上轮公司"双钱""回力"牌汽车轮胎被上海市名牌产品推荐委员会推荐为2005年上海名牌产品。12月，"双钱"牌汽车轮胎被上海市对外经济贸易委员会评为上海市出口名牌（2005—2006年）。

2008年1月，上海市质量技术监督局和上海市名牌产品推荐委员会公布2007年度上海市名牌产品及获2007年度中国名牌产品的上海企业和产品。"双钱""回力"牌轮胎，"扇牌"洗衣皂、液体皂，"白丽"牌美容香皂，"牡丹"牌油墨，"白象"牌电池等7个产品获"上海名牌产品"称号。

2008—2009年、2011年，"双钱""回力"轮胎获"上海名牌产品"称号。

2012年，"双钱""回力"轮胎获"上海橡胶名优产品"称号。12月，"双钱"轮胎获"上海市出口名牌（2010—2011年）"称号；"蜂花"牌香皂、"牡丹"牌油墨获"上海名牌产品"称号。

（5）上海著名商标。1992年11月10日，上轮公司注册商标"回力""双钱"被上海市工商局认定为上海市著名商标。

2004年3月，上轮公司的"双钱""回力"牌轮胎和制皂公司的"白象"牌电池、"牡丹"牌油墨等4个商标被认定为上海市著名商标。

2006年1月，在上海市商标协会、上海市著名商标认定委员会举办的"上海老商标重塑辉煌"活动中，上轮公司的"双钱"牌轮胎商标获"十大最具价值的上海老商标"，制皂公司的"白象"牌电池商标获"十大最具影响力的上海老商标"。

2007年1月，上轮公司的"双钱""回力"及制皂公司的"白象""牡丹"4个商标再次被认定为上海市著名商标，有效期为2007年1月至2009年12月。

2010年1月，"双钱""回力"商标再次被认定为上海市著名商标，有效期自2010年至2012年。"牡丹"牌再次被认定为上海市著名商标。

2013年,"双钱""回力"商标被认定为上海市著名商标。

部分著名品牌概况

（1）"双钱"。创立于1929年,"双钱"与双全谐音"成双吉利,两全其美",商标为两个古汉钱,极具中国特色。既与轮胎的外圆相符,又表达"财源滚滚"含义。图案左右两半相互依存,呈现团结协和景象,商标理念吻合现代营销的追求"双赢"。

（2）"回力"。创立于1935年,英文谐音即WARRIOR,词义为勇士、战士、斗士,商标图案同样采用轮胎外形圆,内有弯弓射箭的勇士图案,以"回天之力"来体现轮胎的承重特性,赤膊勇士体现品牌个性是勇于克服困难,朴实无华,商标理念吻合现代营销的追求"诚信"。

（3）"蜂花檀香皂"。1928年,蜂花檀香皂在原中央香皂厂出品。1981—1983年,上海制皂厂研制投产的新产品有蜂花茉莉、玫瑰、人参和百花等系列香皂,宾馆旅游用小香皂等;2008—2010年,对蜂花檀香皂进行产品研发升级,先后开发蜂花高级檀香皂（工艺木盒）、蜂花草本高级洁面皂系列及蜂花高级沐浴露系列产品。

（4）"上海药皂"。上海药皂最早生产于20世纪30年代。2008—2010年,制皂公司对上海药皂进行产品研发升级,先后开发上海高级透明药皂、上海药皂健康洗手液、上海药皂健康内衣洗系列产品。2013年,研发上海药皂草本系列。

（5）"牡丹"。创立于1958年年初,"牡丹"牌商标用于油墨产品,是国内油墨行业中创建最早的商标之一。2003—2013年,"牡丹"牌油墨获上海市科学技术委员会颁发的高新技术企业认定书。2008年,"牡丹牌"快干亮光胶版油墨获上海市高新技术认定办公室颁发的上海市高新技术成果转化项目证书。

（6）"白象"。创立于1922年,上海白象天鹅电池公司是上海具有出口自主权的企业之一。各类电池的年产量在5亿节左右。其中78%为出口产品,产品远销西非、东非、美国、加拿大、日本等多个国家和地区。

【上海氯碱化工股份有限公司】

品牌发展历史

主要产品"电化"牌"申峰"牌烧碱系列、"申峰"牌聚氯乙烯系列,均为上海市名牌产品,并获"中国石油和化学工业知名品牌产品"称号,氯碱公司还被评为"上海出口名牌企业"。

品牌创建

1994年,"电化"牌烧碱被评为上海名牌产品。

1996—2002年,"电化"牌烧碱连续7年被评为上海名牌产品。

2004年,"电化"牌烧碱被评为上海名牌产品、上海名牌产品100强。

2005年，"电化"牌烧碱被评为上海名牌产品。"申峰"牌烧碱系列被国家质量监督检验检疫总局评为中国名牌产品。

2006年12月，国家质检总局公布2006年国家免检产品及企业名单，氯碱公司"申峰"牌烧碱系列产品登榜。

2006年和2010年，氯碱公司获"上海市出口名牌企业"称号。

2007年，"申峰"牌悬浮聚氯乙烯和糊用聚氯乙烯被国家质量监督检验检疫总局评为中国名牌产品。

2010年和2013年，"申峰"牌烧碱和聚氯乙烯又连续被中国石油和化学工业联合会评为中国石油和化学工业知名品牌产品。

2013年4月，氯碱公司入选国家工信部2013年工业品牌培育试点企业名单。上海市14家入选企业中，11家为消费品品牌企业，氯碱公司等3家为装备、化工类品牌企业。

1995—2013年，"申峰"牌聚氯乙烯系列连续18年被上海市名牌推荐委员会评为上海名牌产品。

1996—2013年"申峰"牌烧碱系列连续17年被上海市名牌推荐委员会评为上海名牌产品。

【上海三爱富新材料股份有限公司】

1996年，三爱富公司注册"3F"商标，注册商标的商品及服务为：涂在织物上的防污化学品、制冷剂、合成树脂塑料、灭火混合剂、灭火合成物、防火制剂、皮革表面处理用化学品、工业用黏合剂、液态橡胶、液体橡胶、生橡胶或半成品橡胶、合成橡胶、橡皮圈、垫片(密封垫)、密封橡皮圈、硬橡胶(硫化的)、人造树脂(半成品)、合成树脂(半成品)、绝缘涂料、橡胶或塑料制(填充或衬垫用)包装材料。

2006年、2008年、2010年、2012年，"3F"品牌的聚四氟乙烯树脂连续被上海市名牌推荐委员会授予"上海名牌产品"称号。

2013年1月，"3F"商标获"上海市著名商标"称号。

常熟三爱富中昊化工新材料有限公司

2003年5月，注册"中昊"商标。注册商标的商品及服务为：制冷剂、化学冷凝剂、清洗剂。

2006年9月，"中昊"牌HCFC-22制冷剂获"中国名牌产品"称号。

2012年5月，"中昊"牌商标被江苏省工商管理局认定为江苏省著名商标。

常熟三爱富氟化工有限公司

2013年，注册"冰峰牌"商标，注册商标的商品及服务为：制冷剂。

【上海华谊丙烯酸有限公司】

商标名称："亚星"牌。

始创于1997年。

主要产品：丙烯酸及酯类。

主要荣誉：上海市著名商标、上海化工名优产品。

商标以"亚星"开头字母"Y""X"以及亚星中英文字母组合而成，寓意为"亚洲之星，冉冉升起"。

【上海涂料有限公司】

2009年，涂料公司获"涂料工业1959—2009年'精彩50年'推动中国涂料科技进步十大杰出民族企业"荣誉称号。2011年8月，美国《涂料世界》杂志公布《2011年全球顶级涂料企业排行榜》，涂料公司首次跻身全球顶级涂料企业50强。

上海振华造漆厂

商标名称："飞虎"牌。

始创于1916年。

主要产品：油漆。

主要荣誉：中华老字号、上海名牌产品、上海市著名商标。

1916年的中秋佳节，民族实业家邵晋卿集资600两白银在上海创办振华实业公司（上海振华造漆厂前身）。2年后，在潭子湾路上建起新厂房，产品打出自己的商标，那就是中国涂料界诞生的第一个商标——"飞虎"。

1920年，振华实业公司请人绘制带有翅膀的老虎商标形象。

1922年，"飞虎"首次飞出国门，获"新加坡展览会最优等奖"。1926年，再次在巴拿马斐城获"万国博览会"金质奖章。

1928年秋，振华实业公司火灾重建，厂方请国画大师张善子画飞虎图案，成为中国第一幅国画商标。

20世纪50年代起，上海振华造漆厂先后开发成功八大类、数百个品种的产品，其中醇酸、氨基、环氧等十多项产品先后获国家和原化工部、上海市颁发的科技成果奖项。"飞虎"牌系列工业漆还运用于神舟航天飞行器，受到国家嘉奖。

2011年2月22日，上海市商务委员会根据国家商务部公布认定的第二批保护与促进的中华老字号名录，印发《第二批保护与促进的中华老字号名录（上海市）》，上海振华造漆厂"飞虎"油漆品牌在此国家颁布的"中华老字号"认定名录中的序列号是91。

上海市涂料研究所

商标名称："上涂牌"。

注册时间：1985年4月；续展注册时间至2025年4月。

2011年2月，上海市涂料研究所"上涂牌"获2010年"上海市装备制造业与高新技术产业自主创新品牌"称号。

上海市涂料研究所长期以"创造可靠技术、制造放心产品、打造上涂品牌"为经营方针，不断推进技术创新和提高产品质量。

上海开林造漆厂

商标名称："光明"牌。

始创于1915年。

主要产品：船舶漆、重防腐涂料与特种涂料。

主要荣誉：中华老字号、上海名牌产品、上海市著名商标。

"中华第一家"涂料企业开林颜料油漆厂诞生于1915年，由阮霭南、周

元泰两人在上海宝山路合伙创办,生产厚白漆和白铅粉。

20世纪50年代,上海开林造漆厂先后有12家小企业并入,汇聚"双斧""长城""光明"等商标。

1949年后,上海开林造漆厂决定用"光明"牌作为企业的产品商标,并向上海市工商局递交注册申请,编号为"五五八七"。当时整个图案是一把长长的火炬,背景有太阳的衬托,火炬柄上有飘逸的红色彩带,两旁是对称的五角星和麦穗。

从中国"二五计划"起,上海开林造漆厂在"光明"牌商标图案上进行修改,取消背景图案以及旁边的五角星和麦穗,增加一只紧握火炬的手臂。

2005年起,上海开林造漆厂"光明"牌船舶漆、重防腐涂料连续被评为上海市名牌产品;2006年起,"光明"牌商标连续被评为上海市著名商标。2006年11月,"光明"牌船舶漆、重防腐涂料被舟山市工商局认定为舟山市知名商品。2009年,"光明"牌商标被国家商务部认定为中华老字号。

上海造漆厂

商标名称:"眼睛牌"。

始创于1932年。

主要产品:油漆。

主要荣誉:中华老字号、上海名牌产品、上海名牌辉煌之星。

1932年,俄罗斯人鲍乐庭创建敖利马化学品公司(上海造漆厂的前身),成为中国最早的生产高档油漆的厂家之一。随着历史的变迁,经历亚美化学品股份有限公司、天一造漆厂股份有限公司到上海造漆厂的名称更替。

从20世纪40年代起,"眼睛牌"有防腐漆、木器漆、军用漆等全国领先产品,产品远销中国香港地区和埃及、越南等国家,在行业内拥有较高的知名度。

"眼睛牌"油漆还用于长征二号、秦山核电站、上海浦东国际机场、上海大剧院、国际会议中心、金龙客车、日本名古屋松月楼、中国香港碧丽阁、新加坡ANCMG等。

上海染料研究所有限公司

商标名称:"狮头"牌。

始创于1916年。

主要产品:食用色素及食品添加剂。

主要荣誉:中华老字号、上海名牌产品、上海市著名商标。

1946年,袁明恒购买德国染料工业技术资料,上海市中山北路创建上海宏兴染料厂(上海染料研究所有限公司的前身),并给产品商标起名为"兽王"。

中华人民共和国成立后,企业决定将"兽王"商标更名为"狮头",但图案没变,仍是那头昂首威猛的狮子。

20世纪50年代,该企业被国家选定为"食用色素唯一定点生产企业"。

2011年2月,上海染料研究所有限公司被商务部认定为中华老字号企业。

上海染料研究所有限公司以"狮头"牌食用色素生产为主,是中国规模最大、世界第二生产食品添加剂和着色剂的龙头企业。

上海一品颜料有限公司

商标名称:"一品"牌。

始创于1931年。

主要产品:颜料。

主要荣誉：中华老字号、上海名牌产品、上海市著名商标。

1931年，由苏联人纽约在上海市虹口区榆林路84弄5号创办中国维新油漆颜料厂。1938年8月，该企业转让给赵一尘，生产低档油漆、干墙粉、红丹等。

2010年，在具备符合中国药典、美国药典技术指标的生产技术工艺路线基础上，公司研究出符合欧洲E172标准的生产工艺路线，使产品中的重金属含量符合欧盟标准要求。

2013年，公司开发出符合欧盟E172标准的化妆品着色剂，并打入欧洲市场，产品应用于丝芙兰彩妆系列，并获欧莱雅供应商认可。

上海华元实业总公司

商标名称："飞机"牌。

始创于1936年。

主要产品：纺织染料。

主要荣誉：中华老字号、上海名牌产品、上海市著名商标。

"飞机"牌是中国最具影响力的还原染料品牌之一。

1936年3月，上海爱国实业家吴光汉在上海闸北公兴桥附近的柳营河畔创办上海华元染料化工厂，"华元"含义："华"即中国，"元"在汉语里代表第一，同时也指元色（黑色）染料，它的意义就是中国第一的元色染料。

1945年，吴光汉以美国"B29"飞机为原型，设计出"飞机"牌商标。1956年1月，吴光汉又把"飞机"牌商标的外形由美式飞机更改为苏联米格型飞机。"飞机"牌商标由上海华元实业总公司继承并沿用。

上海新光化工厂

商标名称："铁锚"牌。

始创于1965年。

主要产品：胶黏剂、密封剂。

主要荣誉：上海名牌产品。

上海新光化工厂从1965年起从事胶黏剂、密封剂的生产和研究，是国内最早生产胶黏剂、密封剂的专业厂。

产品有聚氨酯类胶黏剂、改性酚醛树脂类胶黏剂、丙烯酸酯类厌氧胶、a-氰基丙烯酸酯瞬干胶、等十大类近百个品种。产品广泛应用于机电、交通、建筑、轻纺、石油化工、航天航空等领域，在全国建有50多个经销点。

上海长风化工厂

商标名称："长风"牌。

始创于1960年。

主要产品：涂料催干剂、塑料稳定剂。

主要荣誉：上海名牌产品。

上海新华树脂厂

商标名称："叶子"牌。

始创于1935年。

主要产品：合成树脂等。

主要荣誉：全国树脂行业著名品牌。

1935年，英商太古洋行在平凉路2200号建造的油漆厂，定名为"英商永光油漆股份有限公司"。1973年，更名为上海新华树脂厂，隶属于当时的化工局下属上海涂料工业公司。该厂是当年全国唯一一家专业生产合成树脂的企业。

1986年，上海新华树脂厂注册"叶子"牌商标，成为全国树脂行业的著名品牌。

三、化工服务企业

【上海天原（集团）有限公司】

上海天原集团胜德塑料有限公司 胜德公司1921年成立，2000年，在国家工商行政管理局商标局注册使用"胜德"牌商标，核定使用商品第11类水暖装置用管子零件（包括汽门、水门、水嘴、三通、四通、接头、管子箍、补心），注册有效期限2000年12月14日至2010年12月13日。2010年8月9日，对该商标号续展注册。

上海树脂厂有限公司 树脂公司"绿宝"商标起源于1956年公私合营完成后。六角形代表苯环，意指有机精细有机产品。"绿宝"，指绿色环保产品，是化工产品中的钻石。背景绿色，强调绿色环保。

1980年，上海树脂厂注册"绿宝"商标。"绿宝"商标覆盖阳离子交换树脂、阴离子交换树脂、离子生产中间体等所有产品；覆盖环氧树脂、环氧固化剂、环氧稀释剂等所有产品；覆盖有机硅树脂、有机硅硅油、有机硅橡胶等所有产品。2013年，树脂公司注册并使用在有机硅树脂、环氧树脂、离子交换树脂商品上的"绿宝"商标被认定为上海市著名商标。

上海树脂厂是中国最早研发、生产"离子交换树脂、环氧树脂、有机硅"三大产品的企业。2003年，"绿宝"牌环氧树脂、阳离子交换树脂、甲基乙烯基硅橡胶、甲基硅油被评为2002年度上海名牌产品。此后，"绿宝"牌产品连续9年被评为上海名牌产品；还获"化学工业部优质产品、上海市优质产品、上海化工名优产品"等称号。

【上海华谊集团投资有限公司】

截至2013年，投资公司及下属子公司有注册商标102个，涉及化学原料、橡胶制品、广告销售、鞋类、服装、包袋等多方面及全球多个国家。

上海回力鞋业有限公司

（1）品牌发展历史。"回力"商标由杭州美专毕业的袁树森设计，"回力"商标的图形由中文"回力"、英文"WARRIOR"及弯弓搭箭的武士人像等组合而成。商标取材于民间流传的"后羿射日"寓言故事。"回力"商标图形中的"WARRIOR"又为战士、勇士，中文谐音"回力"，表示"回天有力""回力无穷"，寓意着中华民族工业要以勇士的精神奋发有为。

（2）品牌创建与管理。1927年7月，刘永康、石芝珊合伙开办上海义昌橡皮物品制造厂（上海回力鞋业有限公司的前身），生产"八吉"牌胶鞋，后改组为正泰橡胶厂。1934年，该厂生产"回力"牌球鞋。1935年，"回力"商标注册。

回力公司在国内外已注册商标80个，其中国内注册商标有62个，其他地区和国家注册商标有

18个,主要使用的有3个。

（3）著名品牌。1993年5月8日,"回力"牌出口系列鞋获世界贸易领导者俱乐部颁发的"第21届国际质量银质奖",这是中国制鞋行业首次获国际大奖。

1997年起,"回力"商标被连续认定为上海市著名商标。

1999年1月,"回力"商标被认定为中国驰名商标。

2009年12月,回力鞋业公司被2010上海世博会特许产品经营办公室授权为"中国2010年上海世博会特许零售商"。2010年1月,该公司启动2010上海世博会项目,"回力"品牌运动鞋、休闲鞋进入2010上海世博会全国特许销售网络和其他特许渠道。

2011年2月,上海市商务委员会公布,回力鞋业公司被国家商务部认定为第二批"中华老字号"企业;6月16日,回力鞋业公司出席南宁颁奖大会,"回力"品牌获2011中国元素"十大时尚品牌"称号。

上海市合成树脂研究所 拥有的注册商标有:电达、安芬、SR、伏达、FIMIDE、雷泰、RATEM、WINFOAM、威福、ADBEST、安得宝、MPPO等16个,注册类别涉及化学原料、橡胶制品、广告销售及设计研究等多方面。

上海橡胶制品研究所 拥有的注册商标有:世界橡胶工业、贝斯达和双象3个,注册类别涉及办公品、橡胶制品、医疗器械、医药及化学原料等多方面。

上海市塑料研究所 拥有的注册商标图形有:SSS、三思等3个,注册类别涉及绳网袋篷、橡胶制品、设计研究等多方面。

表10-2-1　1991—2013年华谊集团主要产品及商标情况表

序号	商标图案	商标名称	企业名称	产品名称	始创时间	中国名牌	上海名牌	中国驰名商标	上海著名商标	中华老字号
1		双钱牌	双钱集团股份有限公司	全钢子午线轮胎	1929年		*	*	*	2006
2		回力牌	双钱集团股份有限公司	汽车轮胎	1935年		*		*	
3		申峰牌	上海氯碱化工股份有限公司	烧碱	1992年	*	*			
				聚氯乙烯			*			
4		吴泾牌	上海吴泾化工有限公司	醋酸、醋酸乙酯、硫酸	—	*	*		*	
5		SJ牌	上海焦化有限公司	甲醇、苯酐、焦炭	—		*			
6		中昊牌	江苏常熟三爱富中昊化工新材料有限公司	制冷剂HCFC-22	1998年	*	江苏省名牌		江苏省著名商标	
7		三爱富牌	上海三爱富新材料股份有限公司	聚四氟乙烯	1992年		*		*	

(续表)

序号	商标图案	商标名称	企业名称	产品名称	始创时间	中国名牌	上海名牌	中国驰名商标	上海著名商标	中华老字号
8		光明牌	上海开林造漆厂	船舶漆、重防腐涂料	1915年		*		*	2011
9		长城牌	上海开林造漆厂	绝缘漆、美术漆、耐高温涂料	1915年					
10		眼睛牌	上海造漆厂	硝基类漆、丙烯酸类漆、聚氨酯类漆、过氯乙烯类漆	1999年5月		*			2011
11		飞虎牌	上海振华造漆厂	聚醋型漆、苯丙乳胶漆、卷材涂料	1916年		*			2011
12		上涂牌	上海市涂料研究所	涂料油漆	1985年4月30日					
13		一品牌	上海一品颜料有限公司	氧化铁颜料	1931年		*		*	2011
14		狮头牌	上海染料研究所有限公司	食品添加剂、着色剂	1946年				*	2011

〔续表〕

序号	商标图案	商标名称	企业名称	产品名称	始创时间	中国名牌	上海名牌	中国驰名商标	上海著名商标	中华老字号
15		畅飞牌	上海长风化工厂	涂料催干剂、塑料稳定剂	1960年		*			
16		飞机牌	上海华元实业总公司	还原染料	1936年		*			2006
17		飞铃牌	上海华谊集团华原化工有限公司	乙烯利	1970年		*			
18		白象牌	上海白象天鹅电池有限公司	碱性电池	1922年	*	*		*	2011
19		天鹅牌	上海白象天鹅电池有限公司	电池	1963年		*			
20		牡丹牌	上海牡丹油墨有限公司	印刷油墨	1958年		*	*	*	2011

（续表）

序号	商标图案	商标名称	企业名称	产品名称	始创时间	中国名牌	上海名牌	中国驰名商标	上海著名商标	中华老字号
21		扇牌		洗衣皂、洗衣液	1958年	*	*		*	
22		蜂花牌	上海制皂有限公司	檀香皂	1928年	*			*	
23		上海牌		功能香皂	1959年					
24		白丽牌		香皂	1989年					
25		回力牌	上海回力鞋业有限公司	运动鞋、保健运动鞋、休闲鞋	1935年		*		*	2011
26		铁锚牌	上海新光化工有限公司	胶黏剂	1965年		*	*	*	
27		尔华杰	上海尔华杰机电装备制造有限公司	冷却风机、板式换热器	2008年2月21日		*	*		
28		白石牌	上海京华化工厂有限公司	氧化锌系列、碳酸锌、硼酸锌、磷酸锌、炉甘石粉等	1951年					2011

[续表]

序号	商标图案	商标名称	企业名称	产品名称	始创时间	中国名牌	上海名牌	中国驰名商标	上海著名商标	中华老字号
29		华睿牌	上海华谊聚合物有限公司	本体ABS	2011年					
30		上试牌	上海试四赫维化工有限公司	偶氮引发剂系列、化学试剂	1985年					
31		亚星牌	上海华谊丙烯酸有限公司	丙烯酸及酯	1997年9月14日					
32		贝斯达		黏合剂、工业黏合剂、半成品橡胶、隔离纸	1996年10月21日					
33		双象	上海橡胶制品研究所	各类橡胶制品	1996年10月21日					
34		世界橡胶工业		报纸、杂志	2004年10月8日					

(续表)

序号	商标图案	商标名称	企业名称	产品名称	始创时间	中国名牌	上海名牌	中国驰名商标	上海著名商标	中华老字号
35		雷泰	上海市合成树脂研究所	聚酰亚胺模塑料醚酐	2003年					
36		安芬		双酚A二酐	2003年					
37		上试牌	上海化学试剂研究所有限公司	偶氮引发剂系列、化学试剂	—					
38		凌云牌	上海南大化工厂	合成树脂及部分化工原料	1983年					
39		叶子牌	上海新华树脂厂	醇酸树脂、氨基树脂、环氧树脂、不饱和聚酯树脂、酚醛树脂、丙烯酸树脂、聚氨酯树脂和氨基绝缘漆	1986年					
40		胜德牌	上海天原集团胜德塑料有限公司	胜德塑料	1921年					
41		绿宝牌	上海树脂厂有限公司	离子交换树脂	1980年					

第十篇　企业文化

[续表]

序号	商标图案	商标名称	企业名称	产品名称	始创时间	中国名牌	上海名牌	中国驰名商标	上海著名商标	中华老字号
42		三思牌	上海市塑料研究所	质量检测、材料测试等	2005年2月14日					
43		三思牌	上海市塑料研究所	塑料管、板、杆、过滤材料等	2005年3月28日					
44		三爱思牌	上海三爱思试剂有限公司	化学试剂（非医用或兽医用）、试纸、石蕊试纸、非医用或非兽医用生物制剂。	1998年					
45		飞天牌	上海敦煌化工厂	氧化亚铜、促进剂	1983年1月30日					

第三章 报刊及其他媒体

第一节 集团报纸(含企业)

一、《上海华谊》报

《上海华谊》报前身系《华谊报》,后改为《上海华谊报》。2006年,更名为《上海华谊》,但仍以报纸形式出版,拥有上海市内部资料准印证(B)192号。

《华谊报》从1997年3月开始筹备,4月10日出版试刊第1期,6月10日出版试刊第2期,6月25日出版试刊第3期。1997年7月10日,出版创刊号,为第1期。《华谊报》每月出版2期,逢10日、25日为出版日。《华谊报》由上海华谊(集团)公司、上海市化学工会共同主办。

《华谊报》的办报指导思想是:大力宣传党的基本理论、基本路线与基本方针,大力宣传华谊集团两个文明建设的实践经验和成果,大力宣传全系统员工的新思想、新风尚、新情操,坚持用科学的理论武装人,以正确的舆论引导人,以高尚的精神塑造人,以优秀的作品鼓舞人。

《华谊报》的办报方针是:面向一线、面向实际;为华谊集团两个文明建设服务,为培育华谊集团的"四有"员工队伍服务;内增凝聚力,外塑新形象。

《华谊报》办报的总体要求是:成为华谊集团的喉舌,沟通上下的桥梁,两个文明的窗口,有效发挥"知情、明理、导向、激励、育人"的作用,鼓舞和激励"上海华谊人"以崭新的姿态跨入21世纪。《华谊报》为"四开四版"的半月报形式出版,一版为要闻版、二版为经济新闻、三版为综合新闻、四版为"华谊文化"副刊。

2008年11月,在上海企业报九届中国记者节暨上海企业报表彰会上,《上海华谊》报被评为优秀企业报。

2009年9月25日,《上海华谊》报结合业内企业报资源的优化整合,实施创办以来的首次改版试行。改版之后的《上海华谊》报,由原来的半月刊变为周刊,固定为每周五出版。同时以"企业专版"的形式直接兼容《吴泾化工》报、《三爱富》报、《上海涂料》报、《中远化工》报、《新试剂》报5家业内企业报,并在报头、版面定位、版式等方面有全新变化。

在上海市记协企工委组织的2009年上海市优秀企业报评比活动中,《上海华谊》报首次跻身"最佳"行列,获"2008—2009年度上海市最佳企业报"称号。

2010年,《上海华谊》报在年内以新模式运行,一版要闻版为华谊集团新闻,其他开辟"企业专版",涂料公司、吴泾公司、丙烯酸公司、三爱富公司、天原集团、实业公司、企发公司、双钱集团、焦化公司、中远公司10家单位轮流刊发专版,由各单位专人策划、编辑,再由华谊集团党委宣传部集中拼版、校对。

2010年,《上海华谊》报蝉联"上海市最佳企业报"。

2011年,《上海华谊》报获2011年度上海市最佳企业报,实现市最佳企业报"三连冠"。

2013年,《上海华谊》报出版48期,(其中3期扩版为八版),出版特刊4期(其中彩色特刊3期),分别为"安全生产月"特刊、"老干部学习"特刊、"退管工作"特刊和"教育实践活动"特刊。

二、《上海焦化》报

《上海焦化》报创刊于1987年2月10日;1992年10月30日,上海太平洋化工(集团)公司成立,《上海焦化》报改名为《焦化周刊》;1994年7月15日,更名为《焦化报》;1996年11月4日,改名为《焦化通讯》;1997年6月26日,上海焦化总厂改制为上海焦化有限公司,恢复《上海焦化报》报名;1998年1月5日,按上海新闻出版局统一规定,《上海焦化报》改名为《上海焦化》。

2013年,《上海焦化》报出版50期,为四开四版,6号字体,报纸一、四版彩印,周报,每星期一出版,实行采编合一。《上海焦化》报一版为要闻版,栏目设置:上焦论坛、热点追踪、记者调查、观察与思考、上情下达、专访等;二版为经济版,栏目设置:群言堂、观察与思考、记者调查、生产风云录、班组生活、经验交流、技术创新等;三版为综合新闻,栏目设置:纵横谈、群英谱、春风飞燕、凡人小事、企业文化、廉政建设、班组建设、飘扬的团旗等;四版为综合副刊版,分为文艺副刊(刊名为《海天片羽》)、生活副刊(刊名为《生活百科》)、经济副刊(刊名为《经济纵横》),依次轮流编辑。

历年大事:

1987年3月5日,上海市原市长汪道涵到上海焦化厂视察,为《上海焦化》报题写报名。

1988年8月10日,《上海焦化》报从大5号字体改为小5号字体。

1989年4月30日,《上海焦化》报从传统的铅字排印,改为电脑照相排版印刷。

1992年3月12日,《上海焦化》报从10天1期的旬报,改为7天1期的周报。4月9日,获上海市新闻出版局颁发的"市内部报刊准印证沪(报)字第87号"。

1999年1月18日,上海太平洋化工(集团)有限公司与上海焦化有限公司复合,出版《太平洋化工、上海焦化联合刊》,准印证改为"上海市连续内部资料(B)第0123号"。

2006年1月4日,《上海焦化》出版彩色版。

三、《吴泾化工》报

《吴泾化工》报,1985年创刊,周报,四开二版,小5号字体。《吴泾化工》报一版为要闻版,以华谊集团重大消息、企业主要新闻和尝试报道为主要内容,特色栏目"七日谈",以短评的形式,引导企业舆论,凝聚员工共识。二版为综合版,以报道生产经营消息为主,辅以党建工作、企业文化、健康卫生和专业知识等内容,特色栏目"一周生产经营",传递生产资讯、分析市场态势、总结经营得失。

按照华谊集团内部报业"一体化"的要求,《吴泾化工》报2009年9月停刊,出版1376期。停刊后的《吴泾化工》报,在《上海华谊》报上以企业专版的形式每半月一个版面报道吴泾公司的内容。

四、《双钱股份》报

《双钱股份》报,四开四版,小5号字体,半月报,上海内部报刊准印证(B)第120号。版面设置:一版为要闻版,二版为经济管理版,三版为党群工作版,四版为副刊。至2013年12月25日,《双钱股份》报出刊第82期总第829期。

《上海轮胎报》是由《双钱报》和《回力报》于1992年12月合并而来。《双钱报》创刊于1987年5

月,原由大中华橡胶联合公司和上海大中华橡胶厂联合主办;《回力报》创刊于1987年10月,原由上海回力橡胶联营公司和上海正泰橡胶厂联合主办。两报在宣传党的方针政策、传播信息、促进生产、介绍知识、提供服务等方面发挥积极作用,成为在行业内外具有一定影响力的报刊。在上海大中华橡胶厂和上海正泰橡胶厂联合成立上海轮胎橡胶(集团)公司之后,两报也随之合并。合并后的《上海轮胎报》由上海轮胎橡胶(集团)公司主办,为四开四版周报,每期发行1万份,发行范围除该公司和上海橡胶企业外,还遍及国内20多个省市的有关单位。报社由中共上海轮胎橡胶(集团)公司委员会管理,下设编辑部、采访部、通联部和总编办公室。《上海轮胎报》从立足企业,体现橡胶行业特点出发,开辟20多个常设栏目:第一版有"橡胶林""群英谱""纵横谈"等;第二版有"市场信息""国际橡胶动态""新品苑""经营者访谈录"等;第三版有"企业之声""情法之间""竞技场""群言堂""各抒己见"等;第四版有"企业文化漫谈""橡胶史话""艺术乐园"等。

1998年2月13日,《上海轮胎报》更名为《橡胶世界》报。

2003年10月28日,上轮公司与制皂公司新的企业报——《轮胎与制皂》报创刊。《轮胎与制皂》报是将上轮公司的《橡胶世界》报与制皂公司的《上海制皂》报合并,进行资源整合,业务流程重组,发挥整体优势的一张新的报纸。

2010年6月29日,《双钱股份》报创刊,《轮胎与制皂》报更名为《双钱股份》报。

五、《蜂花报》

《蜂花报》创刊于1987年9月20日。1998年5月10日,上海制皂(集团)有限公司成立,《蜂花报》改版为《上海制皂》报,其间出版发行《蜂花报》273期。2003年10月28日,《上海制皂》报与《橡胶世界》合并为《轮胎与制皂》报,其间出版发行《上海制皂》报102期。

《蜂花报》设编委会和编辑部,编辑部隶属宣传科。《蜂花报》,四开四版,半月刊,5号字体,四个版面分别为:要闻版、生产版、生活版、副刊版。《蜂花报》四个版面2.2万字,每期发行4 000份。

1995年9月20日,全国轻工记者协会第八届年会增补《蜂花报》为常务理事单位。

在企业报办报评比中,《蜂花报》曾5次获民间评选全国最佳企业报和十佳企业报的前6名(其中1次第二名,1次第三名,1次第五名);6次获轻工部、上海市和上海轻工好版面一、二、三等奖,18篇稿件获部、市好稿评选一、二、三等奖。

六、《上海氯碱》报

《上海氯碱》报由氯碱公司主办,上海市连续性内部资料准印证(B)0090号。《上海氯碱》报,四开四版,5号字,周报,每周四出版,办报人员2人,实行采编合一。《上海氯碱》报一版为要闻版,栏目设置:今日谈、专访、新闻分析等;二版为新闻专版;三版为综合版,栏目设置:经纬谈、小人物大舞台、来自一线、班组建设、团的建设等;四版为副刊版,刊名为《俞塘春秋》。

1987年7月17日,《氯碱总厂厂讯》创刊;出版第1期时,由当时总厂宣教处主办,为油印八开小报。在创刊号上,中共上海氯碱化工总厂委员会原书记、厂长周冠明发表《建厂育人 促进基建 生产双丰收》的创刊词。

1988年11月30日,《氯碱总厂厂讯》出版第50期起易名为《氯碱厂讯》。

1990年1月4日,《氯碱厂讯》更名为《氯碱报》。由于当时人员、设备等诸多客观条件的限制,

《氯碱报》以复印形式,八开二版,以周报定期出版。3月9日,上海市领导朱镕基、吴邦国等来上海氯碱化工总厂参加义务植树;根据编辑部要求,朱镕基委托中共上海市委副秘书长萧卡题写《氯碱报》名。4月14日,《氯碱报》首次出版四开四版样张报纸,并启用萧卡题词;报纸由上海科技情报研究所印刷厂铅印。

1991年5月17日,《氯碱报》编委会第一次会议决定,自1991年7月1日起,出版《氯碱报》,成立编辑委员会和《氯碱报》社;会议还确定报社办报宗旨及其任务。

1992年3月,《氯碱报》社向上海市新闻出版局申请内部报纸准印证。3月25日,经新闻出版局批准,核发上海市内部报纸准印证第0090号,报国家新闻出版署备案。

自1994年起,每年有数篇新闻作品被上海市、化工记协评为好新闻。1995—1998年,《氯碱报》连续4年被化工记协华东分会评为优秀企业报。

1996年1月30日,上海天原(集团)有限公司成立。1997年12月3日,在原《氯碱报》基础上,编辑出版《新天原》报;自1998年2月19日起,《新天原》报出试刊12期。

2009年2月24日,《新天原》报更名为《上海氯碱》报。

七、《三爱富信息》

2013年,三爱富公司的《三爱富信息》,每周一刊,有四版:一版为公司大事、新闻,二版为综合新闻,三版为专版,四版为副刊。

上海市有机氟材料研究所的《新人新事》于1989年创刊。1991年1月6日,《新人新事》更名为《氟研周刊》,总第245期。1992年5月,上海市有机氟材料研究所改制为三爱富公司上市后,更名为《3F周报》。2001年10月31日,《3F周报》更名为《三爱富周报》,总第810期。2004年1月1日,《三爱富周报》更名为《三爱富》,总第918期。2009年10月15日,《三爱富》更名为《三爱富信息》,总第1204期。2010年1月7日,《三爱富信息》更名为《三爱富信息》,总第1216期。

八、《上海涂料》报

1994年12月10日,《涂料时报》试刊,试刊3期。

1995年3月30日,《涂料时报》创刊,每月1期、每期四版,6号字体。一版为公司要闻,二版为经济纵横,三版为精神文明,四版为文化园地。每逢公司推出重要工作,编辑出版专刊。报头由上海市文联原主席夏征农题写。

1998年1月起,《涂料时报》改月报为半月报(10日、25日)。

1999年10月25日,《涂料时报》获上海新闻出版局核发的内部资料准印证,编号(B)第208号,并更名为《上海涂料》报。

2009年11月,《上海涂料》报停刊。

《上海涂料》报多次获"上海市优秀企业报"称号及"中国企业内部报刊一等奖"等奖项。

九、《华谊企发》报

2006年1月18日,简报型的《华谊企发》报出版第1期,4号字,每月编辑出版1期,不定期出版专刊。11月23日，《华谊企发》报从第14期起改版，八开对张，小5号字，第一版是大事要闻版，第二版是调整经营版，第三版是党建思政版，第四版是企业文化版。截至2013年年底，《华谊企发》报出版122期（包括专版）。《华谊企发》报既做纸质版，又做电子版；纸质版是黑白的，电子版是彩色的。《华谊企发》报除打印发到基层单位外，还通过电子信箱发到华谊集团本部领导和部门员工、集团下属企业有关人员等，每期发放数量约200份。

十、《中远化工报》

《中远化工报》为上海中远化工有限公司主办的企业报。1988年8月，上海吴淞化工厂的企业报《淞化报》创刊。1993年1月，上海吴淞化工总厂成立，《淞化报》更名为《吴淞化工报》。1997年6月，上海吴淞化工总厂与上海化肥联合公司联合改制为上海中远化工有限公司，《吴淞化工报》更名为《中远化工报》。

《中远化工报》为四开四版，小5号字，半月报。版面设置有：企业要闻、综合新闻、企业纵横、彩虹副刊等，实行采编合一。

由于企业调整转型和大部分企业关停，《中远化工报》出版周期随企业发展变化由最初的半月刊调整为旬刊，后又调整为半月刊、月刊。2009年5月，《中远化工报》停刊。自1993年1月至停刊出版568期。

《中远化工报》在1996年、1997年、1998年被中国化工新闻工作者协会（记协）华东分会评为"先进企业报"。

十一、《联社简报》

《联社简报》是上海华谊（集团）化工联社范围内公开发行的一份电子报，于2012年7月1日出版发行。《联社简报》聚焦化工联社动态，及时、全面地向党员群众开展形势任务宣传，搭建起党员群众与领导班子之间的桥梁，推进党务公开、厂务公开。

《联社简报》主办者为化工联社党委，编辑部设在基层工作部。《联社简报》版面设有刊首语、联社短评、新闻全方位、企业交流、廉政建设、学习专栏、翰墨书香等专栏，5号字体，版面从6页扩展到26页。

第二节　集团刊物（含企业）

一、《华谊论坛》

《华谊论坛》杂志由上海华谊职工思想政治工作研究会、中共上海华谊（集团）公司委员会党校、上海化工工运理论研究会主办，双月刊，双月20日出版，每期16开48页，5号字，《华谊论坛》的前身为《化工政研》《华谊党群论坛》，2003年改名为《华谊论坛》，由华谊集团职工思想政治工作研究会主办。2011年改版为季刊，每期16开，48页～56页不等，5号字。在内容上，全面反映华谊集团改革、发展和稳定的各项工作。

《华谊论坛》杂志的主要栏目有：刊首要言、领导讲话、本刊特稿、特约专稿、思政工作、干部学苑、本刊专论、企业党建、党风廉政、工作研究、成果展示、管理经纬、企业文化、工会工作、青年之声、企业战略、论文选登、创新天地、和谐稳定、多元视角、经验交流、培训之窗、思想火花、开卷有益信息摘编等。

2013年，《华谊论坛》全年4期，30多万字，发表文章83篇。另外，出版编印的《2012年华谊社会责任关怀》也属于《华谊论坛》的范畴。《华谊论坛》刊物全面反映华谊集团"双核驱动，发展转型"中的战略部署、"一体化"管理等，重点对"走出去"企业发展风貌、集团业内的品牌建设以及集团参加第一批党的群众路线教育实践活动的关键节点和进程进行了集中宣传报道。

二、《中化探索》

《中化探索》杂志，上海市内部资料准印证(K)第0112号，是由中国化工职工思想政治工作研究会和上海华谊(集团)公司共同主办的内刊，系中国化工职工思想政治工作研究会的会刊。该刊之前由湖北省武汉市化工局参与协办，1998年改由华谊集团主办，刊物名称由《探索》更名为《中化探索》，并获上海市内部资料准印证，为双月刊，16开48页，逢双月出版。刊物宣传中国化工职工思想研究会会员单位在思想政治工作、企业文化、职工学习生活方面好的经验和做法，起到交流和借鉴的作用。

2009年，《中化探索》杂志首次参加"科赛杯"全国企业报刊新闻奖的评选活动，获"最佳报刊奖"。

三、《世界橡胶工业》

《世界橡胶工业》杂志，中国标准连续出版物号CN31-1740/TQ，上海华谊(集团)公司主管，上海橡胶制品研究所主办，月刊，大16开64页。期刊定位：国内外公开发行，面向各大院校、专业科研机构、橡胶企业中的工程技术人员、市场开发及销售人员、企业管理人员，报道国内外的橡胶加工技术现状、世界橡胶工业领域最新科技成果、世界橡胶工业发展趋势，以及各国橡胶研发机构的最新科技论文。

1960年，《世界橡胶工业》杂志与上海橡胶制品研究所同时诞生，原名《橡胶译丛》，以翻译和介绍国外先进的橡胶加工技术和科研成果为特色，由上海橡胶制品研究所负责编辑业务，上海科学技术情报研究所编译馆(现为上海科学技术文献出版社有限公司)为出版单位。1988年，上海橡胶制品研究所成为《橡胶译丛》的出版单位。1998年，《橡胶译丛》更名为《世界橡胶工业》。2004年，《世界橡胶工业》由双月刊改版为月刊。

四、《中国胶黏剂》

《中国胶黏剂》杂志，中国标准连续出版物号CN31-1601/TQ，上海华谊(集团)公司主管，上海市合成树脂研究所、中国胶黏剂工业协会、全国黏合剂信息站主办，月刊，大16开60页，国内外公开发行。

读者定位：从事胶黏剂工作的科研、生产、销售、情报人员以及大专院校相关专业的师生。内容定位：主要涉及胶黏剂及密封胶的科研、生产、应用、发展、市场、产品性能与分析鉴定、粘接技术、管理等,包括专论与综述、论文、成果报告、信息交流、资料介绍等。栏目设置:科研报告、研制与应用、专题与综述、专利介绍、信息和读者园地等。

五、《有机氟工业》

《有机氟工业》杂志由上海华谊(集团)公司主管,上海市有机氟材料研究所、化学工业(全国)有机氟化工工程技术中心、中国氟硅有机材料工业协会(氟)主办,季刊,大16开64页,国内外公开发行,国内统一刊号:CN31-1631/TQ。

《有机氟工业》的前身为《含氟材料》,是由上海合成橡胶研究所、上海化工特种材料技术情报站于20世纪70年代初出版的内部资料。1981年,上海合成橡胶研究所更名为上海市有机氟材料研究所,《含氟材料》由上海市有机氟材料研究所情报所出版。1987年,《含氟材料》经原化工部二局批准,主办单位更名为上海市有机氟材料研究所、化工部有机氟材料技术开发中心、中国氟硅有机材料工业协会有机氟专业委员会三家主办,由上海市有机氟材料研究所情报所出版,为有机氟专业委员会会刊。经《含氟材料》编委会二届一次会议决定,《含氟材料》从1990年第一期起改名为《有机氟工业》。1992年,《有机氟工业》获国内统一刊号:CN31-1631/TQ。2015年,《有机氟工业》通过国家新闻出版广电总局首批学术期刊认定。

《有机氟工业》主要报道国内外有机氟基础原料、氟精细化化学品、有机氟高分子材料等的科学研究、开发成果与进展、生产、加工、应用、安全环保、"三废"利用、经营管理、体制改革、技术改造等方面的新技术、新经验及技术讲座、企业动态和市场信息、专利文摘等。供领导机关、科研设计、大专院校、工厂企业等单位的管理干部、工程技术人员阅读参考。主要栏目:科学研究与技术开发、专论与综述、分析与测试、加工与应用、安全与环保。

六、《化工装备技术》

《化工装备技术》杂志创刊于1980年,由上海华谊(集团)公司主管、上海市化工科学技术情报研究所主办,双月刊,大16开64页,5号字,国内外公开发行。

《化工装备技术》宗旨:"促进化工装备技术的提高,致力于科学技术成果的转化,沟通科研教学之间的交流,适应社会经济发展之需要"。主要栏目有:传热、蒸发、干燥、造粒、粉碎与分级、过滤与分离、混合、精馏、吸附、压力容器、化工机泵、化工材料及防腐蚀、化工仪器及自动化、计算机应用等。读者对象为:化工、石化、制药、轻工、食品、冶金和机械等行业包括高等院校、科研设计院所和工厂等单位的教学、科研、工程技术人员和管理人员。

2013年,《化工装备技术》出版6期,发表科技类文章115篇、信息类文章51篇,约70万字。

《化工装备技术》杂志大事记:

2002年,56页变更为64页。

2008年,版面由小16开变更为大16开;封面也进行专业设计,提升整体效果。

2010年8月,《化工装备技术》双月刊的主办单位由上海市化工装备研究所变更为上海市化工科学技术情报研究所。

2012年,成立《化工装备技术》杂志理事会。

七、《上海涂料》

《上海涂料》杂志前身为《涂料技术国外技术报道》,上海华谊(集团)公司主管,上海涂料有限公司、上海涂料研究所主办,月刊,大16开56页、5号字,国内外公开发行。

《上海涂料》是以报道涂料涂装新技术、新成果以及新应用成就为主要任务的专业性技术刊物。它围绕企业的技术进步,反映涂料领域的最新科技进展,跟踪世界涂料工业的最新动向,注重内容的知识性、可读性。面向从事涂料及相关领域的科研、生产、营销、管理的各层次人员,以综合性、专业性、信息性和实用性为特色,设有探索研究、专论综述、测试分析、本刊专访、信息荟萃等栏目。

《涂料技术国外技术报道》:

1956—1962年,不定期在行业内自行发行。

1963—1979年,季刊,行业内自行发行。

《上海涂料》:

1980—1989年,季刊,行业内自行发行。

1989—1998年,季刊,上海市内部期刊准印证沪期字第0192号。

1999—2000年,季刊,国科发财字第492号,公开发行。

2000—2004年,双月刊,上海市科学技术委员会沪科第025号。

2002年,改版为国际标准大16开,通过邮局发行。

2005—2013年,月刊,上海市科学技术委员会沪科第187号。

《上海涂料》1992年被评为1990—1991年度"上海市优秀科技期刊";2002年获"第五届全国石油和化工期刊"优秀期刊三等奖;2006年获"第六届全国石油和化工期刊"优秀期刊二等奖。

八、《油墨通讯》

《油墨通讯》为月刊,于2005年恢复创办,由上海牡丹油墨有限公司和中国日用化工协会油墨分会共同主办,每年12期,年均70余万字、900多条信息。

《油墨通讯》本着"构建信息平台,加强技术交流,服务企业发展"的理念,专门针对国内油墨企业的特点和需求,发布国内外油墨科技信息和市场信息,作为行业内部交流资料,为从事油墨制造的专业人员提供参考和研究。

九、《上海化工》

《上海化工》杂志创刊于1972年,大16开56页、5号字,国内外公开发行,是中国石化行业中颇具知名度的大型综合性化工科技月刊。杂志由上海华谊(集团)公司主管,上海市化工科学技术情报研究所、上海市化工行业协会联合主办,一直坚持以报道国内外化工行业的科技学术成果、市场动态信息为办刊宗旨,以"上海特色、化工前沿、服务读者、国际接轨"为办刊特色。

《上海化工》杂志既报道上海石化、上海高桥等大化工行业的技术进展,又宣传橡胶、塑料、涂料、染料、农药、化肥、化学试剂、化工原料、化工装备、日化、医药中间体等行业的技术进步。栏目设置:环境保护、技术进步、综述、工作研究、情报调研等。

2013年,《上海化工》出版12期,发表科技类文章108篇、信息类文章406篇,约120万字。

《上海化工》杂志大事记:

1988年,被评为化工部优秀刊物,获化工部科技情报成果二等奖。

1989年1月,由内部发行刊物转为公开发行刊物,16开,双月刊。

1990—1991年,被评为上海市优秀自然科学技术期刊。

1991年,获第一届上海市优秀科技期刊三等奖。

1992年,被评为上海市优秀自然科学技术期刊;是年,被美国化学会批准为CA摘录期刊。

1996年,获第二届上海市优秀科技期刊二等奖。

1997年,被评为上海市优秀期刊。12月,《东南化工信息》报并入《上海化工》杂志,1998年第1期起,《上海化工》杂志由双月刊变更为半月刊,由16开转变为大16开。

1998年,成立《上海化工》杂志(中国)理事会。

2001年,上海市化工科学技术情报研究所和上海市化工行业协会成为《上海化工》杂志的联合主办单位。

2002年,获第五届全国石油和化工行业优秀期刊评比一等奖,被评为第三届华东地区优秀期刊。

2006年,获第六届全国石油和化工行业优秀期刊(地方技术类)评比一等奖。

第三节　集团影视中心

华谊影视中心以专题片形式集中宣传华谊集团的主旋律,坚持"一体化""新颖化""多样化"和"市场化",体现时代特征、华谊特色、企业特点;尝试把影视与网络结合起来,形成宣传思想工作的辐射力、渗透力。

截至2003年11月底,华谊影视中心完成104项次工作任务,围绕重大活动、领导来访、综合整治、重点工作、干部教育培训等内容及时进行跟踪拍摄,发挥影视宣传作用。

华谊影视中心拍摄制作公益性宣传片有:华谊集团形象专题片《璀璨华谊耀东方》、抗击"非典型性肺炎"宣传片《SARS华谊在行动》及华谊集团党建工作专题片《党旗飘扬》等。拍摄制作创收性专题片有:反映华谊集团再就业的专题片《涅槃之路》、抗击"非典型性肺炎"产品宣传片《远大消毒液》、介绍涂料公司专题片《缤纷世界》等。此外,还拍摄设计华谊集团简介、华谊集团产品目录、华谊集团招商项目目录及上海华谊国际贸易有限公司简介等。

在拍摄华谊集团形象专题片《璀璨华谊耀东方》和制作华谊简介过程中,华谊影视分中心提供相关素材,显示出华谊集团影视方面的整体能力。

第四节　集团年鉴

2009年12月22日,华谊集团成立上海华谊(集团)公司年鉴编纂委员会,并实施年鉴编印工作。《华谊集团年鉴》(简称"《年鉴》")由《华谊集团年鉴》编纂委员会主持编纂,集团所属部门和单位负责供稿,《华谊集团年鉴》编纂委员会办公室负责编纂工作,《华谊集团年鉴》编纂委员会审定出版。

《年鉴》设特载、专文、总述、大事记、董事会、八大平台、五大基地、企业文化、行政工作、党群工作、二级单位、人物·先进、附录等栏目。采用栏目—分目—条目三级结构层次,以单页设置标示为栏目,以黑体字显示分目,以方括号标出条目。

《年鉴》记述体例采用记、述、图、表、录等形式,文风力求严谨、朴实、简洁、通畅。除特载、专文外,其他均采用记述体,大部分栏目之首设"综述",各分目之首设"概况",并基本固定记述要素,以便记述各事项的总体情况。条目为主要的信息载体和基本的撰稿形式,一事一条记述,大部分为动态的标题,以便于凸显条目的信息价值和年度特色。

《年鉴》对有些事件、资料出现的交叉、重复现象,在分清主次和互相协调的基础上,采取不同视角、详略互见等记述,为读者提供更为全面而翔实的资料。《年鉴》中的统计资料,由华谊集团相关责任部门提供。有少量数据,由于部门之间统计口径不尽一致,引用的数值也不尽相同,故以统计部门提供的数据为准。《年鉴》同时配有电子版光盘,便于收藏和检索。

《年鉴》自2010年起,每年编纂出版一卷,2010—2013年,出版5卷。考虑到《年鉴》内容的延续性,又鉴于2008年国家和华谊集团大事、要事多,故上溯2008年,单独编纂出版《华谊集团年鉴(2009)》。该卷还特设1991—2007年的"增补"部分,以与《上海化学工业志》的下限和该卷2008年内容的上限衔接,并附录1991—2007年华谊集团(包括化工局、化工控股公司)领导名录、1991—2007年华谊集团总产值和销售收入一览表、华谊集团在2001—2008年中国企业500强排名情况一览表、华谊集团下属企业在1991—2008年上海企业(前100位)排名情况一览表,简明扼要地反映出华谊集团改革发展的历史轨迹。《华谊集团年鉴(2009)》共计90余万字,其中1991—2007年增补部分15万字、图片104幅。

第十一篇
人 物

概 述

　　人物篇中收录的人物分为三个类别：一是人物传略（生不入传）。主要收录的对上海华谊（集团）公司（含上海市化学工业局、上海化工控股（集团）公司）的开创、发展有重大贡献的已故学者、专家、行家、企业家、全国劳模和领导干部等10人，按卒年先后排列，简要叙述生平事迹。二是人物简介（重要或著名人物）。主要收录对上海华谊（集团）公司（含上海市化学工业局、上海化工控股（集团）公司）的开创、发展有重大贡献的学者、专家、行家、企业家和领导干部以及全国劳动模范等以及对上海化学工业的发展有重大贡献，在技术开发、创造发明方面有重大成果、有建树的，在行业中德高望重的领导干部、专家、出席全国党代表大会、人民代表大会和工会代表大会的代表（按生年排列）等26人。在人物传略和人物简介中的领导干部，是担任集团正职的领导干部，包括1991—2013年由于组织调动在集团领导班子岗位上离开集团后担任国家副部长级以上的领导干部。三是人物表（分为三个类别）：省部级劳动模范（先进工作者）、全国五一劳动奖章，正高级职称人员，享受政府特殊津贴人员等416人。

第一章 人物传略

余 昕（1912年1月—1982年12月） 江西永新人，大学肄业。1933年1月加入中国共产党。中国共产党上海市第一届、第二届、第三届代表大会代表。上海市第二届、第四届、第五届人民代表大会代表。

1937年下半年，任上海大夏大学中共地下党支部书记，领导群众做救亡工作。1938年1月，先后任中共江西省青年服务团总支书记、中共南昌市委书记、中共赣西南特委常委兼宣传部长等职。1941年年初，作为中国共产党的七大江西代表，到延安马列学院学习、中共中央高级党校学习。1947年年初，先后任鲁中行署教育科科长、山东省济宁市教育局局长等职。中华人民共和国成立后，先后任济宁市长，中共上海华东开关厂委员会书记，中共上海市重工业局委员会副书记，上海市第二重工业局和上海市化学工业局局长、党组书记，中共上海市第二重工业局委员会和中共上海市化学工业局委员会书记。"文化大革命"后，任中共上海市机电二局委员会书记。

1955年4月，上海市第二重工业局成立，任中共上海市第二重工业局委员会副书记、上海市第二重工业局局长，制定对私营工厂进行社会主义改造的全面规划，使所管辖的化工原料等13个行业，实现社会主义改造。1957年后，历任上海市化学工业局副局长、局长、党组书记，中共上海市化学工业局委员会书记；在中共上海市委领导下，对化学工业有计划地进行老企业改造。在第一个五年计划中，先后改造和改建12个老厂。积极部署吴泾、高桥、桃浦和吴淞等化工区域的建设，使化学工业布局不合理的状况初步得到改善，为化学工业发展打下基础。重视总结生产建设、科研管理方面的经验，使科研、技术紧密地和生产相结合，并将科研成果用于生产，取得显著的成绩。十分重视化学工业的规划工作，1952年，向上海市人民委员会以及化工部党组专题汇报发展上海化学工业的意见，得到化工部党组和上海市政府的支持，批准实施上海市第二个五年计划内以化工为主的发展规划。重视专业干部的锻炼成长，将有真才实学的干部，派到第一线锻炼，培养出一批具有一定专业知识和熟悉生产管理的干部。

主持上海市化学工业局工作10多年，把毕生的主要精力贡献给化学工业。在即将离开人世的时候还惦念着党的事业，临终嘱咐把遗体献给医学科学，作为对党的最后一次贡献。

俞 谦（1917年9月—1997年3月） 曾用名俞德馨，江苏泗洪人。1938年10月参加革命，1939年7月加入中国共产党。

1938年10月，投身到中国共产党领导的皖东北军政干校学习，不久分配到五河县抗日宣传队（政工队）工作。1939年3月，先后任第五游击司令部六团政治处宣传干事、淮河支队政治处指导员、总干事，新四军六支队四中队独立团三营教导员。1940年9月，任中共泗阳县川城区委书记、淮海干校政治指导员、淮海剧社指导员、淮涟中学政治主任、中共涟水县委负责人、中共淮涟中心县委秘书、淮阴中学（干校）指导部主任、中共淮阴中学总支书记。1945年7月，先到中共苏北区委员会党校学习，后随新四军第三师北上，在中共山东滨南地委任宣传部科长、东海县宣传部长，到中共华东局委员会党校学习。1947年12月，随华东局部队南下任中队指导员、中共山东昌维益临县委副书记和组织部长。1949年6月，先后任中共上海市新泾区委书记、中共杨思区委书记、中共邑庙区委组织部长、中共水上区委副书记、中共蓬莱区委书记、中共山东峄山钢铁厂委员会书记、中共上海市徐汇区委书记。1964年5月—1966年12月，任中共上海市化学工业局委员会副书记、政治部主任。1966年12月，"文化大革命"时期被下放劳动、病休，其中1970年3月—1970年9月，任上海市化学工业局核心小组负责人之一，之后病休在家。1977年1月，调任中共上海医药公司委员会书记；10月，任上海市化学工业局政工口负责人、中共上海市化学工业局委员会副书记兼政治部主任。1978年7月—1983年9月，任中共上海市化学工业局委员会书记兼上海市化学工业局局长。1983年9月，任中共上海市化学工业局委员会顾问。1983年12月，离职休养。

抗日战争时期，积极宣传党的抗日统一战线，坚持在皖东北抗日，保卫家乡；在敌伪统治区周围，做宣传教育群众工作，建立民兵武装和党的秘密组织，发展壮大党的抗日根据地。1940年6月，奉命率一个连到泗阳盱眙交界的滩地渡口完成一次迎接和保卫从淮南新四军江北指挥部到淮北视察工作的中国共产党领导人刘少奇的任务。解放战争时期，在农村发动群众开展反奸、诉苦、双减、土改等运动。工作中积极创造点滴好经验，得到地委、县委的重视和表扬。上海解放后，在领导新泾、杨思二区的"土改""民改""三反五反"运动中，为社会稳定和政权巩固操劳，取得显著成效。后又较好地完成城市社会主义改造和党的各项任务。1962年2月，出席有7 000人参加的中央工作会议。1964年5月，调上海市化学工业局工作。"文化大革命"期间，被下放劳动，生病在家休养。1978年4月，恢复工作。在治理被"文化大革命"时期破坏的企业、在平反冤假错案、在落实干部政策、重新安排使用干部等方面，与局党政班子成员一起做了大量的工作，得到干部群众的好评；特别是为搞好上海市化学工业局领导班子的新老交替，推荐优秀干部担任新的领导班子成员，使新老班子得以顺利交接。在化工系统工作20年，为上海化工事业的发展作出积极的贡献。

梅　洛（1918年10月—2006年11月）　浙江鄞县人。1936年9月参加革命，1937年2月加入中国共产党。

1949—1953年，上海市政治协商委员会第一届、第二届、第三届委员。1954年、1956年、1958年，上海市第二届、第三届人民代表大会代表，中国共产党上海市第一届、第二届代表大会代表。

在上海长期从事中共地下党工作，领导店职员运动。1935年，参加上海世界语者协会，中国无产者世界语联盟。1936年9月，参加上海沪东国难教育社，积极投入抗日救亡运动。1937年，任中共上海百货业委员会书记。1939年，任中共江苏省职员运动委员会委员；1948年，任中共江苏省职员运动委员会书记。1948年，任中共上海市地下市委委员。上海解放后，任中共上海沪中区委书记、中共黄浦区委书记，后调任上海市委财经工作委员会秘书长，地方工业处副处长、处长，地方工业局局长，第一轻工业局局长等职。1957年4月，上海市化学工业局成立，任局长兼党组书记。1960年6月，调北京工作，历任国家经济委员会物资总局（物资部）化工材料局局长，综合管理局局长，科技、教育司司长等职务。1983年12月，离职休养后，任国家物资部咨询委员会副主任、中国陶行知研究会理事。

作为上海市化学工业局的第一任局长，积极开拓新的技术科研领域，部署新建、迁建、扩建一批基本化工原料厂，参与吴泾、桃浦、高桥三个化工区的规划，发展硫酸、烧碱、电石、总溶剂、化肥、农药等产品，理顺行业线条。为开拓煤化工产业，同上海市煤气公司商洽，建议新建一座大型炼焦制气厂，为上海增加煤气产量以满足工业和民用需要。1957年9月，《上海市新建90万吨炼焦制气厂方案》制定实施，作为中共上海市委任命的6人专门委员会负责人之一，建成上海炼焦制气厂（上海焦化有限公司前身）。集中一批技术人员，应用一些大厂的基础和力量，建立一批研究所和中心试验室,在油漆、染料、合成树脂、塑料等行业开展科学研究,并积极主张从工人中培养技术人员。建立创办化工专科学校,并兼任校长;在几个大厂开办各类学校,在培养技术人员方面作出努力。

曹维屏(1917年1月—2013年1月) 原名曹清亮,河北平山人。第二次国内革命战争时期参加革命,中共党员。

1935年8月—1942年3月,先后任村党支部书记、平山县南治关卡卡长、常略中队队长、孟家庄区大队部教导员、中共获鹿县人民武装委员会主任。1942年4月—1945年8月,先后任获鹿县人民武装部代理部长、获鹿县二区区长、获鹿县委社会部长兼公安科长、中共获鹿县委书记。1945年8月,任中共晋察冀四分区地委社会部部长。1949年10月,任石家庄市公安处副处长。1950年10月—1960年10月,先后任开滦煤矿公安处处长、唐山市公安局副局长、中共开滦煤矿委员会副书记、煤炭部人事司副司长、中共煤炭部煤矿设计总院委员会书记兼煤炭部煤矿设计总院院长。1960年11月—1966年12月,先后任华东局燃料重工业局副局长、中共华东局工交委员会委员兼公交政治部办公室主任。1967年1月—1970年2月,被下放劳动。1970年2月—1975年2月,先后任上海市化学工业局委员会党的核心小组组长,上海市化学工业局革命委员会召集人(代)、副主任,中共上海市化学工业局委员会副书记。1975年2月—1983年11月,先后任中共上海市物资局委员会副书记、上海市物资局副局长。1983年12月,离职休养。

在中国共产党的领导下,经历二次革命、抗日战争和解放战争的考验,始终战斗在地方武装斗争的最前沿;身经百战,先后参加五台山战役、滹沱河战役、百团大战、晋察冀边区反对军阀阎锡山的斗争、正太战役;发动并参与边区减租减息、土地改革、反特反奸斗争,出色地完成党交给的艰巨任务,为人民解放事业作出积极贡献。全国解放后,积极投身建设新中国的伟大事业,先后在公安系统、煤矿物资、化工系统等重工业战线担任司局级领导职务。"文化大革命"期间,当遭受到不公正待遇,被隔离审查和下放到"五七"干校劳动时,仍然坚守党的理想信念;恢复工作后,在日常繁忙的工作中,坚持深入到生产一线,了解掌握第一手资料,克服种种困难,抓生产、抓管理,为单位积累大量基础性资料。之后,在中共上海市物资局委员会副书记、上海市物资局副局长的岗位上,始终与党中央保持一致,以身作则,勤奋工作,为上海的物资供应、储存事业和人才队伍培养作出应有的贡献。

谭竹洲(1936年1月—2013年4月) 山东平度人,大专学历,高级工程师。1952年参加工作,1954年12月加入中国共产党。

中国共产党第十二次全国代表大会代表,中国人民政治协商会议第九届、第十届全国委员会委员。

1952年,考入大连染料厂练习生班学习。1955年,选调北京化工学校塑料专业学习,在校学习期间任班长、学习委员。1956年年初,毕业后被派往苏联莫斯科区卡尔巴里特厂实习,实习期间任党支部委员。1957年,回国后由化工部调上海化工厂工作;5月,任上海化工厂二分厂技术员、副厂长。1960年3月,任上海市有机化学工业公司技术科副科长、科长。1965年8月,任上海市塑料工业公司副经理。1969年12月,调任上海有机化学工业公司经理、中共上海有机化学工业公司委员会副书记、上海有机化学工业公司总工程师。1979年1月—1983年12月,任上海市化学工业局副总工程师、副局长、局长。1983年12月,调任化学工业部党组成员、副部长。1996年7月,任中国昊华化工(集团)总公司董事长。2001年2月,任中国石油和化学工业协会会长。

担任化学工业部副部长后,由于熟悉化工业务,专业知识扎实,负责化工生产、经营及军工等工作。在国家有关部门支持下,建立化肥、农药淡季储备资金制度,帮助企业解决诸多实际困难。在化工行业中,全面推进质量管理和企业管理,不断加大对行业的指导力度;关心行业技术进步,支持企业技术创新;高度重视中国化学工业的国际交流与合作,领导多项国外关键技术的引进和重大引进项目的建设等工作;高度重视国防化工事业;积极推进行业国有企业的改革和发展。2001年,负责筹建中国石油和化学工业协会。

在化工系统工作期间,主要进行酚醛树脂和酚醛塑料的试验和管理工作,主持技术管理和军工科研生产管理工作,多次组织公司内塑料、染料、涂料三大行业的发展规划执行工作,分管技术、科研,以及国防化工产品的科研开发和生产组织等一系列相关管理工作,被业界誉为石油化工领域的权威专家。还担任过中国饲料工业协会常务副会长、中国石油和化学工业协会名誉会长、中国化工企业文化建设协会会长、中国石油和化工行业建设项目管理专业委员会名誉主任、中国农药工业协会终身名誉理事长等职。

郭佩华(1957年4月—2016年11月) 女,浙江海宁人,高中文化程度,高级工。1975年5月参加工作。

1993年,被评为上海市劳动模范;1995年,被评为全国劳动模范。

正泰橡胶厂四车间硫化女工,在岗位上艰苦磨练14年,练出一手过硬的操作技术,形成独特的子午胎硫化操作法,是全国轮胎行业内著名的操作明星和质量能手,为中国子午线轿车胎发展作出贡献。

1993—1995年,个人产品质量合格率从原来就领先的99.78%上升至99.94%,总结摸索出的"看、听、查、摸"操作口诀和"三牢"操作法在全工段推广后,整个硫化工段的产品质量指标平均达99.34%,少出副次品1400条。带教的7个徒弟的产品质量在1993—1995年间均达99.80%。还对多年来形成的科学、实用的操作法不断增添新内容,使产品质量指标不断提升,在全国同行业始终处于领先水平。

刘运樟(1933年5月—2017年10月) 湖南辰溪人,大专学历,高级政工师。1951年1月参加工作,1957年2月加入中国共产党。

中国共产党上海市第五次、第六次代表大会代表。1954年,在中国人民解放军38军112师防化连立三等功一次。1960年,在中国人民解放军38军司令部被评为"五好军官"。1961—1963年,通令嘉奖一次。1965年,参加中国第二次核试验,立三等功一次。1979年,被评为上海市环保工作先进个人。

1950年,就读上海市师范附中。1951年1月,参加军委防化学兵军事干部学校学习。1953年2月,在中国人民解放军陆军112师司令部作战科任见习化学参谋、中国人民志愿军体育教员训练队学员、防化连排长、代理副连长。1956年7月,任中国人民解放军38军司令部防化处参谋、副处长。1970年8月—1973年5月,参加地方三结合工作,任河北省化工局副局长。1978年3月,转业到上海,先后任上海市化学工业局科技组负责人之一、局技术处副处长。1983年9月—1994年9月,任中共上海市化学工业局委员会书记。

1951年1月,参加军委防化学兵军事干部学校学习,之后成为中国人民解放军志愿军战士,在112师司令部作战科任见习化学参谋,深入敌人投放军用毒剂和细菌武器受污染地区和中毒地段收集样品,及时查明毒剂种类和浓度,通知部队采取防护措施,避免战士受到伤害。1965年,由沈阳军区选派参加中国第二颗原子弹实战试验,负责辐射计量监测和辐射侦查工作,由于工作出色立三等功;之后参加编写试验资料和教材工作,总结出部队防原子、防化学、防细菌的"三防"训练经验,在北京军区各部队作介绍推广,并多次受到部队奖励和嘉奖。1978年4月,从部队转业到上海市化学工业局任生产技术处副处长,主要负责化工"三废"处理等环保管理工作。1983年,任中共上海市化学工业局委员会书记,工作作风严谨,具有很强的事业心;在抓党建工作中,深入一线,了解情况,带领班子成员抓好队伍建设,培养一批年轻干部,为上海华谊(集团)公司(简称"华谊集团")的发展打下扎实的基础。

余 琳(1919年2月—2018年2月) 曾用名燕红,山东泰安人,大专肄业。1937年12月参加工作,1937年12月加入中国共产党。

上海市第七届、第八届人民代表大会代表。1951年,被中国人民解放军38军114师记三等功。1953年1月,获朝鲜政府授予的"自由独立勋章"。1957年,获国家二级独立自由勋章和二级解放勋章。1960年,被授予正师级大校军衔。

1933年7月—1935年9月,在家乡务农。1935年10月—1936年7月,参加韩复榘手枪旅侦察队。1936年8月—1937年12月,参加抗日后援会、抗日自卫团。1938年1月—1941年12月,参加徂徕山抗日武装起义,先后任战士、抗日游击队第四支队宣传队队员、中共四支队政治处书记、政治处宣传队队长、政治处宣传室宣传干事、二营五连政治指导员、一旅三团一营政治指导员、营长等职。1941年12月—1944年4月,先后任山东抗大一分校上干队学员、一分校八队队长、三队队长。1944年4月—1945年12月,任山东军区教导团一大队大队长。1946年1月—1950年9月,先后任东北抗日民主联军七纵队55团副团长兼参谋长、中国人民解放军一纵队三师八团代政委、三师后勤部政委,中国人民解放军38军114师341团政委、114师政治部副主任、主任。1950年10月—1957年10月,任中国人民志愿军38军112师政委。1957年10月—1959年12月,为中国人民解放军政治学院速成系学员。1959年12月—1964年4月,任中国人民解放军38军112师政委、38军政治部副主任。1964年4月—1966年7月,任华东局财贸政治部副主任。1966年7月至1972年5月,到华东局五七干校和上海无线电四厂劳动。1972年6月—1977年4月,任中共上海第一钢铁厂委员会委员、政治部主任。1977年4月—1978年7月,任上海市化学工业局革命委员会书记兼主任、上海市化学工业局局长。1978年7月—1984年5月,任上海市国防工业办公室主任、党组书记兼政治部主任;1979年1月—1984年5月,兼任中共上海市委人民武装委员会副主任。1984年5月—1992年12月,任中共上海市顾问委员会委员。1992年12月,离职休养。

青少年时期受父亲无神论思想影响,从小阅读进步书刊,接受先进思想。抗日战争初期,积极参加抗日救亡活动,加入党领导的抗日组织;凭借文艺特长,参加农村剧团义演革命进步宣传剧目。1937年,与家兄等人一起参加抗日武装起义;从一名战士成长为军队干部,在抗日前线组织部队英勇善战,有力歼敌。解放战争时期,从东北解放沈阳到南下参加平津战役、渡江战役、衡宝战役及远征滇南的战斗中,屡建功勋。中华人民共和国建立初期,带领部队在祖国西南边陲及湘西执行剿匪任务,平定匪患。抗美援朝时期,奉命进朝,经受极其艰苦的战争环境考验;及时掌握部队思想动态,下连队、上前线做鼓舞动员工作。1964年,转业到上海华东局财贸部担任领导工作后,政治坚定,勤奋学习,虚心钻研,加强调查研究,努力适应新的工作环境,主动深入基层、农村指导开展工作,取得很好的工作效果,得到人民群众的好评。"文化大革命"期间,被下放劳动。粉碎"四人帮"

后,坚决执行党的十一届三中全会以来的路线方针政策,坚持拨乱反正,深入基层,调查研究,按照党中央和中共上海市委的工作部署,发挥领导班子一班人的作用,大胆工作,坚持"两手抓",完成各项工作任务和工作目标。在担任上海市国防工业办公室主任、党组书记时,为落实中共上海市委关于解决安徽小三线调整的决策,跑遍皖南所有的企业和工厂,研究并提出方案,最终依靠全市的力量,妥善解决上海后方小三线企业的调整和8万多名小三线职工回迁上海工作生活等诸多问题,工作成果得到中共上海市委、市政府领导的肯定。1984年,退居二线,任上海市顾问委员会委员,继续为上海的改革、发展和稳定献计献策,积极培养年轻干部成长,协助做好传帮带工作。离休后,编著《不朽的人们》和《鸿孟春秋》诗文集,以革命经历教育后代;热心公益事业,给烈士子女、困难职工、优秀教师、灾区人民等捐款,给山东老家捐资建办希望小学,捐款近100万元;积极支持社区文明建设,经常给社区书写诗文,得到社区基层党组织的好评;先进事迹多次在报刊、上海电视台长青藤栏目刊播;多次被中共上海市委老干部局、中共上海市经济与信息化工作委员会等授予优秀共产党员称号。1994年12月,享受副部长级医疗待遇。

陈　林（1924年5月—不详）　江苏江都人。1939年11月参加工作,中共党员。

1939年11月—1944年9月,任新四军苏皖特务团青年干事、苏中一师机要员、中共华中局委员会党校干事。1944年9月—1949年4月,在新四军浙东纵队一纵五旅、鲁中医院、中国人民解放军华东野战军十五院中队工作。1949年4月—1951年1月,任山东、苏南军区卫生部第一军医院后勤股副股长、股长。1951年1月—1954年10月,任上海军医大学政治部干事、副科长、军委总后勤天津卫生材料厂监委。1954年10月—1965年12月,先后任中共上海第一钢铁厂委员会组织员、副书记、书记。1965年12月—1971年9月,任中共上海第二钢铁厂委员会书记。1971年9月—1977年1月,任中共上海市化学工业局委员会党的核心小组组长、书记,上海市化学工业局革命委员会主任。1977年1月—1982年4月,受审查、生病休养。1982年4月,离职休养。

胡　菲（1916年8月—不详）　曾用名胡鹏翼,安徽桐城人,初中文化程度。1938年10月参加工作,1939年5月加入中国共产党。

1926年1月—1929年6月,在家读私塾,之后在家种田。1932年9月,被土匪抓去当兵5个月;1933年2月,因受陷害坐牢于庆江、桐城安庆监牢;抗日战争爆发后,于1937年10月由监狱到国民革命军20军133师当二等兵。1938年10月,参加新四军,在新四军四支队游击队当战士、班长。1939年4月,任新四军五支队八团班长、文书,新四军五支队八团党小组长,党支部书记。1940年6月,任淮南独立团政治处特派干事、淮南独立团政治处党支部委员。1941年2月—1941年4月,在新四军江口指挥部军法处学习,任新四军江口指挥部军法处党支部委员。1941年4月,任淮南联防政治部锄奸科审讯股长、淮南联防政治部锄奸科党支部委员。1941年6月,任淮南独立团特派员、淮南独立团党支部委员。1944年1月—1945年2月,淮南洛东支队学员、任淮南洛东支队党支部委员。1945年2月,淮南洛东分区政治部锄奸科科员、任淮南洛东分区政治部锄奸科党支部委员。1945年8月,任淮南独立团保纪股长、淮南独立团党支部委员。1946年10月,任中国人民解放军西北野战军六纵队十八师保卫科副科长、正科长、党支部委员。1947年4月—1947年10月,在中国人民解放军西北野战军六纵队后方医院休养。1947年10月,任中共淮南军区南下政治部民运、组织科长。1948年4月,任皖西军区二分区湖西独立团政治主任、团副政委。1949年1月,任中共皖北庐江县委副书记。1949年12月—1950年7月,革大一队学员。1950年7月—1952年10

月,任革大组织科副科长、科长。1952年10月—1961年11月,先后任上海自行车厂厂长、上海自行车公司经理、上海市闸北区副区长、上海市经计委驻安徽工作组组长。1961年11月—1968年1月,任上海市化学工业局副局长。1968年1月—1969年11月,任上海市化学工业局革命委员会召集人。1969年11月—1970年12月,任中共上海市化学工业局委员会党的核心小组组长,上海市化学工业局革命委员会召集人。1970年12月—1983年11月,中共大屯煤矿工程指挥部委员会副书记、大屯煤矿工程指挥部副指挥、中共大屯煤矿工程指挥部纪委书记。1983年11月,离职休养。

第二章 人物简介

戴庆顺(1938年4月—) 江苏江都人,高中文化程度,高级技师。1988年11月加入中国共产党。

1993年,被评为上海市劳动模范、全国化学工业部劳动模范。1995年,被评为全国劳动模范。

1960年10月,进入上海吴淞化工厂制氧车间工作,先后任车间值班长、技术员、车间副主任、空分高级技师。几十年在空分岗位上工作,善于观察,动手能力强,不断总结经验,解决生产过程中大量的疑难杂症,成为中国制氧行业的技革能手和开车行家。1990年,参加上海氯碱总厂三套制氧装置施工任务,创造性地运用"适度分段冷却法",确保装置开车一次成功;随后,又严格制定操作规程和强调运转记录,确保装置出氧正常,受到上海氯碱总厂建设指挥部嘉奖。

符卫国(1938年11月—) 上海人,大专学历,高级工程师。1957年10月参加工作,1973年4月加入中国共产党。

中国共产党上海市第六次代表大会代表。上海市科学技术协会第五届常务理事。上海市化学化工学会第四届、第五届理事长。1978年,被评为上海市先进科技工作者,获国务院颁发的"技术革新三等奖"及"1978年全国科学大会重大技术革新奖"。1987年,当选中国化工学会第34届理事。

1957年10月,进入上海天山化工厂工作,先后任车间工人、技术科干部。1960年9月—1963年9月,在上海化工专科学校基本有机合成专业学习。1963年9月,毕业后到上海天原化工厂工作;1984年5月,先后任技术员、工艺员、车间副主任、技术副厂长、厂长、中共上海天原化工厂委员会副书记等职务,其中1978年9月—1979年1月,在中共上海市委整党整风工作队驻上海硫酸厂工作队任队长。1980年3月—1981年1月,被组织选送到北京语言学院出国留学生语言准备部英语系学习。1982年6月—1983年7月,获美国政府汉弗莱奖学金(中国第一位),先后赴美国斯坦福大学、波士顿大学经济管理专业研究生学习。1984年5月,任上海市化学工业局规划处处长。1984年10月—1986年9月,任上海30万吨乙烯吴泾工程指挥部总指挥兼上海吴泾化工联合公司副总经理。1986年9月,任上海市化学工业局副局长(主持工作),其中1987年4月—1988年4月,兼任上海氯碱总厂厂长。1988年11月,任中共上海市化学工业局委员会副书记、上海市化学工业局局长。1993年5月—1995年2月,任上海市经济工作委员会副主任兼上海市化学工业局局长、中共上海市化学工业局委员会副书记。1995年2月,调任上海市经济工作委员会副主任。1996年6月—10月,任上海化工控股(集团)公司监事会主席。

章 杰(1940年8月—) 浙江杭州人,研究生学历,国家级专家、教授级高工。1975年4月加入中国共产党。

1985年,被评为上海市有突出贡献的中青年技术人员。1992年,享受政府特殊津贴。1993年,被评为全国化学工业部劳动模范。1995年,被评为全国劳动模范。

1967年起,先后在上海市有机化工公司、上海市染料公司、上海市染料农药工业公司、上海染料有限公司等工作,其中1980年,被组织选入国家经济委员会出国培训班学习,后被派遣至瑞士联邦高等工业大学留学和研究，师从国际著名染料界权威 HZOLLINGER 教授。1984 年 1 月起，先后任上海市染料农药公司副总工程师、总工程师。1992 年 9 月，任上海染料工业公司总工程师。1995 年 6 月，任上海染料公司副总经理、总工程师。

参与并组织行业技术人员参加"六五""七五""八五"国家重点科技攻关项目和上海市一条龙攻关等，先后开发出 200 多种新产品和 12 项新工艺和新技术，攻克 10 项技术难题，填补国家 17 项空白，多次获国家级、部市级科技进步二、三等奖，上海市新产品一等奖和国家重点科技攻关项目成果奖，特别是 1983 年在瑞士留学期间，获 4 项新发现，发展染料领域的复配理论，在国内外产生很大影响，使中国染料行业进入国际先进行列，受到联合国工业发展署的表彰。1993 年，在赴中东处理"银河号"事件中，由于旗帜鲜明，处理科学，出色地完成任务，受到国务院表彰。工作期间，先后撰写 200 多篇论文，发表在国内外专业会议和杂志上。1996 年后，先后从事"禁止和限制纺织化学品（包括染料、有机料、助剂和中间体）的研究""环保型纺织化学品的研究与开发""染料核心技术的开发和创造""纺织化学品制造中'三废'治理技术研究与产业化""活性染料新品种与新剂型的开发""染料商品化技术的研究与开发"以及"染料和助剂的应用技术研究与技术应用服务"等研究项目，均取得显著的成绩，获 2000 年度和 2002 年度上海市科技进步一等奖、2002 年度上海市环保局科技进步奖；其间发表近 100 篇论文，获国家和市级优秀论文约 20 次；出版《禁用染料和环保型染料》《2008—2009 年中国纺织工业技术进步研究报告》2 本专著。曾先后任中国染料学会理事长、副理事长，华东理工大学兼职教授，专业委员会顾问以及上海涂料染料行业多个市级以上协会顾问等，上海市科学技术委员会及经济委员会等科学技术项目与科学技术评委等。2009 年 2 月，被聘任为《上海染料》期刊主编。

黎干生（1941 年 2 月—　） 江西清江人，大学学历，高级工程师、高级经济师。1963 年 8 月参加工作，1981 年 12 月加入中国共产党。

中国共产党上海市第七次代表大会代表。1999 年 4 月，被评为中国建设职工思想政治工作研究会优秀工作者。2000 年，被上海市总工会评为"心系职工好领导"。

1963 年 8 月，江西工学院电机系工业企业电气化与自动化专业毕业后进入第二机械工业部第一设计院任技术员；1969 年 12 月，任第二机械工业部第四设计研究院工程师；1980 年 11 月—1982 年 5 月，借调第二机械工业部 728 工程研究设计院任工程师。1982 年 5 月，参加核工业部整党联络组，任研究室副主任兼党支部书记；1985 年 9 月起，任中共核工业部上海 728 研究设计院委员会组织处处长、副书记、代理书记、书记。1988 年 8 月，任上海市建设委员会组织的公交调研组成员；1988 年 11 月，任上海公共交通总公司总经理兼中共上海公共交通总公司委员会副书记；1989 年 4 月，任上海经济区公共交通协会理事长。1989 年 9 月，任上海机电工程学会常务理事。1992 年，任中国土木工程学会城市公共交通学会常务副理事长兼秘书长；1993 年，任中国城市公共交通协会副理事长；1995 年，任上海交通运输协会常务理事。1997 年，任中国建设职工政研会园林分会副会长、会长。1996 年 10 月—2001 年 1 月，任中共上海市园林管理局（上海市绿化管理局前身）委员会书记。2001 年 1 月—2004 年 7 月，任上海华谊（集团）公司监事会主席。

郑助实（1942 年 1 月—　） 广东普宁人，大学学历，高级工程师。1968 年 9 月参加工作，1985 年 10 月加入中国民主建国会。

中国工会第十二次全国代表大会代表。1987 年和 1989 年被评为上海市劳动模范。

1961年9月—1968年9月,在广州中山大学化学系学习,大学毕业后进入上海联合化工厂工作,在异丙胺车间实习;1969年8月,任上海联合化工厂异丙胺车间工艺员、车间副主任;1991年2月,任上海联合化工厂副总工程师;1992年9月起,任上海亚太农用化学(集团)公司联合化工厂总工程师。

俞德雄(1943年4月—) 江苏吴县人,大学学历,工学硕士学位,高级工程师。1964年9月参加工作,1974年12月加入中国共产党。

中国共产党上海市第七次、第八次代表大会代表,上海市第十二届人民代表大会代表。上海市化学化工学会第六届理事长。1985年,被评为上海市优秀党务工作者、上海市劳动模范。

1964年9月,毕业于上海同济大学应用化学专业,组织分配至建工部中国建筑科学研究院任技术员。1976年5月,调任上海胜德塑料厂技术股股长。1982年7月,任中共上海塑料工业公司纪委副书记。1984年6月,任中共上海溶剂厂委员会书记。1985年12月,任中共上海市化学工业局纪委书记、中共上海市化学工业局委员会委员;1989年4月,任上海市化学工业局副局长、中共上海市化学工业局委员会委员。1991年11月,调任中共上海市医药管理局委员会书记。1994年9月,任中共上海市化学工业局委员会书记;1995年2月,兼任上海市化学工业局局长;1995年12月,任中共上海化工控股(集团)公司委员会书记、上海化工控股(集团)公司董事长;1996年10月,任中共上海华谊(集团)公司委员会书记、上海华谊(集团)公司董事长。2002年1月—2008年2月,任上海市第十二届人大常委会财经委副主任委员。

高均芳(1944年8月—) 江苏南通人,大学学历,教授级高级工程师。1968年7月参加工作,1965年12月加入中国共产党。

中国共产党上海市第七次、第八次代表大会代表,上海市第十二届人民代表大会代表。1980年和1989年,被评为江西南昌市劳动模范。1984年、1986年、1987年和1989年,被评为江西省优秀厂长;1984年和1988年,被评为江西省优秀企业家。1989年,被评为化工部全国化工环保优秀厂长。1995年,被评为全国化工优秀企业家。

1962年9月—1968年7月,在上海复旦大学物理系学习;1968年7月,大学毕业后在中国人民解放军6548部队锻炼。1970年5月,进入化工部锦西化工总厂从事技术工作。1977年7月,在江西氨厂先后任技术员、工段长、工程师、车间副主任和厂长。1990年11月,作为技术干部引进到上海,任上海吴泾化工总厂副厂长、厂长。1991年10月—1992年2月,在中共上海市委党校中青干部培训班学习。1992年8月,任上海太平洋化工(集团)公司副总经理兼上海吴泾化工总厂厂长。1995年12月,先后任上海化工控股(集团)公司和上海华谊(集团)公司总裁、中共上海化工控股(集团)公司委员会和上海华谊(集团)公司委员会副书记;兼任上海医药(集团)总公司副董事、中共上海医药(集团)总公司委员会副书记。1998年11月,调任上海医药(集团)总公司、上海医药(集团)有限公司总裁,中共上海医药(集团)总公司委员会、中共上海医药(集团)有限公司委员会副书记,上海医药(集团)总公司、上海医药(集团)有限公司董事;先后兼任上海赛金生物有限公司董事长、上海津村制药有限公司董事长、上海雷允上药业公司董事长、上海市医药集团中央研究院院长。2006年,任上海医药行业协会顾问。

张培璋(1945年1月—) 浙江海宁人,大学学历,教授级高级工程师。1968年9月参加工作,1979年6月加入中国共产党。

中国共产党上海市第八次、第九次代表大会代表,上海市第十二届人民代表大会代表,中国科学技术协会第八次、第九次代表大会代表,上海市第一届、第二届新材料协会理事长,上海市第七届、第八届、第九届化学化工学会理事长。1984年,被评为上海市优秀厂长(经理);1989年,被评为全国化学工业部劳动模范;1991年,被中组部评为优秀领导干部。

1962年9月—1968年9月,在上海科技大学有机化学专业学习。1968年9月,参加工作后到浙江乔司农场劳动。1970年7月,调上海焦化厂工作;至1983年2月,先后任该厂回收车间操作工、技术员、技术革新小组组长、车间副主任,其中1981年7月—1982年7月,在北京集中学习后赴意大利财团,在第20期技术管理人员进修班学习;1983年2月,任上海焦化厂副厂长;1984年6月,任上海焦化总厂厂长;1990年5月,兼任中共上海焦化总厂委员会副书记。1991年7月,任上海市化学工业局副局长。1992年8月,兼任中共上海太平洋化工(集团)公司委员会书记、上海太平洋化工(集团)公司总经理;1995年7月,任中共上海太平洋化工(集团)公司委员会书记、上海太平洋化工(集团)公司总经理。1996年4月,任上海漕泾工程筹备组组长。1996年7月,兼任上海华谊(集团)公司董事。1996年9月,任上海化学工业区发展有限公司总经理;1998年7月,兼任中共上海化学工业区发展有限公司委员会书记。1999年7月,任中共上海华谊(集团)公司委员会委员;1999年8月—2000年7月,任上海华谊(集团)公司副总裁、中共上海华谊(集团)公司委员会委员兼任中共上海化学工业区发展有限公司委员会书记、上海化学工业区发展有限公司总经理;2000年7月,任中共上海华谊(集团)公司委员会副书记、上海华谊(集团)公司总裁;2002年8月—2007年9月,任中共上海华谊(集团)公司委员会书记、上海华谊(集团)公司董事长兼任上海化学工业发展有限公司副董事长。

陈惠莹(1946年7月—　)　上海人,大专学历,高级政工师。1965年9月参加工作,1974年12月加入中国共产党。

中国工会第十二次、第十三次全国代表大会代表。1991年6月,当选中国石油化工医药工会委员、常委;2003年,当选中国能源化学工会一届全委会委员、常委,上海市总工会第九届委员,上海市政协第九届、第十届委员。1995年,被评为上海市首届女职工知音;1996年,被评为全国先进女职工之友;1998年,被评为全国工会优秀工作者;2005年,被评为全国工会工作积极分子。

1965年9月,进入上海赛璐珞厂一车间工作,任生产组长;1976年5月,任上海赛璐珞厂一车间负责人;1978年2月,任上海赛璐珞厂副厂长;1981年1月,任中共上海赛璐珞厂总支副书记。1982年3月,借调至上海塑料工业公司企业整顿领导小组任蹲点组负责人。1984年2月,任中共上海塑料工业公司委员会书记助理。1984年4月,调任上海市化学工会副主席;1993年3月,任上海市化学工会主席。

魏光爱(1946年10月—　)　女,回族,湖北沔阳人,大专学历,高级政工师。1968年7月参加工作,1966年3月加入中国共产党。

第八届、第九届全国人民代表大会代表。1991年1月,被评为上海市重点工程实事立功竞赛优秀工作者;1993年3月,被评为上海市三八红旗手、全国先进女职工作者;1994年5月,被评为全国石化医药系统优秀工会干部。

1968年8月,进入上海试剂一厂从事工业促进工作。1973年7月,任共青团上海化学工业原料公司委员会书记;1979年3月,调任上海化学工业原料公司教育科负责人、副科长。1981年9月—1983年9月,上海交通大学工业管理工程系企业管理专业学习。1983年9月,任上海市化学工业局调查组组长。1984年3月,任中共上海化学工业原料公司委员会书记助理。1985年7月,任中共上海桃浦化工厂总支书记。1986年1月,任上海化学工业原料公司整党办副主任。1986年12月,任上海市化学工业局基层工作处组织科负责人。1987年12月,任上海氯碱总厂工会主席;1992年7月,任上海氯碱化工股份有限公司工会主席、董事;1996年12月起,兼上海天原(集团)有限公司工会主席、董事。

程志强(1949年11月—) 上海人,大专学历,高级经济师。1969年3月参加工作,1985年8月加入中国共产党。

中国共产党上海市第六次代表大会代表,上海市第十届人民代表大会代表,上海市第十一届政协委员。

1969年3月,在金山县枫围公社工作;1974年10月,调任金山县五金交电批发部副主任;1976年12月,任金山县商业局、供销社办事员、计划统计员;1984年7月,任金山县供销社副主任,审计局党组书记、副局长、局长,其中1983年9月至1986年7月,在上海电大商业企业管理专业学习;1990年2月,任中共金山县委副书记、金山县副县长(主持工作)、金山县县长,其中1991年9月—1992年2月,在中共上海市委党校第2期中青年干部培训班学习。1995年4月—1997年7月,在华东师范大学哲学系决策管理专业在职研究生进修班学习;1997年4月,任上海市审计局党组书记、副局长;2003年7月,任中共上海市纪委副书记。2010年5月—2013年5月,任上海华谊(集团)公司监事会主席、水产集团监事会主席。

金明达(1950年8月—) 安徽休宁人,在职研究生学历,高级经济师。1968年10月参加工作,1973年2月加入中国共产党。

中国共产党上海市第九次、第十次代表大会代表,上海市第十一届、第十二届人民代表大会代表,上海市第十一届政协委员、经济委员会副主任。中国石油和化学工业联合会第三届副会长,上海市化工行业协会第四届理事会会长。1995年,被评为全国机械工业部劳动模范;1994—1995年度和1996—1997年度,被评为上海市优秀企业经营者;1996年和1998年,被评为上海市职工信赖的好厂长(经理);1999年,被评为全国优秀质量管理推进者;2009年,被评为中国石油和化学工业企业文化建设示范单位领军人物。

1968年10月,上海锅炉厂工人,共青团上海锅炉厂委员会副书记。1974年10月,任上海锅炉厂辅机车间党支部副书记兼上海锅炉厂辅机车间副主任。1980年5月,任上海电站辅机厂生产计划科副科长,其间1981年9月—1983年9月,在上海交通大学机电分校工程专业学习。1983年9月,任中共上海电站辅机厂委员会副书记、上海电站辅机厂副厂长。1985年8月,任中共上海电站辅机厂委员会书记,上海电站辅机厂副厂长、厂长;其间1995年5月—1996年4月,被选派到英国诺丁汉大学,在中英高级商务管理班学习。1996年6月,调任上海锅炉厂有限公司总经理兼中共上海锅炉厂有限公司委员会副书记,其间1994年9月—1997年7月,在上海大学(夜大)管理工程专业学习。1999年9月,任上海电气(集团)总公司副总裁、中共上海电气(集团)总公司委员会委员。2003年4月—2005年11月,任上海电气(集团)总公司副总裁、中共上海电气(集团)总公司委员会委员兼上海电气集团股份有限公司副总裁、中共上海电气集团股份有限公司委员会委员、中共上海机电股份有限公司委员会书记、上海机电股份有限公司总经理。2005年11月,调任中共上海华谊(集团)公司委员会副书记、上海华谊(集团)公司总裁;2007年9月,任中共上海华谊(集团)公司委员会书记、上海华谊(集团)公司董事长;2013年6月,任上海华谊(集团)公司顾问。

崔志仁(1950年8月—) 江苏无锡人,在职研究生学历,高级经济师。1968年9月参加工作,1973年3月加入中国共产党。

上海市第十二届人民代表大会代表。上海工程咨询行业协会第一届、第二届、第三届副会长。1992年,被评为全国优秀质量管理工作者;1994年,被评为化工部优秀企业家;1994年4月,被评为全国化学工业部劳动模范。

1968年9月,进入上海天原化工厂机修车间当工人。1973年4月,任上海天原化工厂机动科科员。1978年7月,任上海天原化工厂宣传科科员、副科长,上海天原化工厂氯气车间党支部书记、主任。1982年9月—1984年7月,在复旦大学工业经济干部专修班学习。1984年7月,任中共上海天原化工厂委员会书记。1985年9月—1987年7月,在复旦大学工业经济研究生班学习并任党支部书记。1987年7月,任上海天原化工厂副厂长、厂长,中共上海天原化工厂委员会副书记。1995年8月,任中共上海市化学工业局委员会副书记。1995年12月,先后任中共上海化工控股(集团)公司委员会副书记、上海化工控股(集团)公司副董事长,中共上海华谊(集团)公司委员会副书记、上海华谊(集团)公司副董事长兼上海太平洋(集团)有限公司董事长。1998年11月—2000年7月,任中共上海华谊(集团)公司委员会副书记、上海华谊(集团)公司总裁。2000年7月,调任中共上海机械设备成套(集团)有限公司委员会副书记、上海机械设备成套(集团)有限公司总裁。2005年8月,调任上海广电集团有限公司监事会主席、党建督查员。2009年8月,调任光明食品集团、锦江国际集团监事会主席。

张兴淮(1950年10月—) 江苏镇江人,在职研究生学历,工程师。1969年3月参加工作,1976年7月加入中国共产党。

上海市总工会第十一次代表大会代表、上海市总工会第十一届委员,上海市第八届人民代表大会代表,上海市第十一届、第十二届政协委员。

1969年3月起,先后在黑龙江逊克县插队、干岔子公社兴隆大队任革命委员会副主任、党支部书记,县大平台水电站工程筑路指挥部任副总指挥。1978年4月,任卢湾区打浦桥街道集体事业组组长。1979年3月,任卢湾区长江机修厂党支部书记。1981年8月,任中共卢湾区打浦桥街道工业公司总支副书记、打浦桥街道宣传组副组长、打浦桥街道办事处主任,其中1980年7月—1984年3月,在卢湾区业余大学电子自动化专业学习。1988年12月,任卢湾区总工会主席、党组书记,其中1991年9月—1992年1月,在中共上海市委党校第2期中青年干部培训班学习。1993年5月,任卢湾区副区长,其中1994年7月—1995年7月,在复旦大学高级经济师管理班学习。1995年7月—1996年2月,赴美国西弗吉尼亚州立大学进修。1996年4月,任上海市总工会副主席,其中1996—2005年,任上海市职工技术协会会长。1997年9月—2000年7月,在上海大学经济管理学院管理工程专业研究生学习。2005年7月—2008年5月,任上海华谊(集团)公司监事会主席、党建督察员。

徐叔平(1958年12月—) 上海人,在职大专学历,技师。1977年7月参加工作,1994年3

月加入中国共产党。

1997年,被评为上海市劳动模范;1999年,获全国"五一"劳动奖章;2000年,被评为全国劳动模范。

1989年11月,任上海氯碱化工股份有限公司电化厂液氯工段工段长,在抓安全竞赛、安全教育的同时,坚持用单月教育、双月考核的方法抓职工技术教育,率先通过高级工和化工操作技师的考核,并总结提炼推广"一看、二听、三查"操作法,使液氯工段连续10年安全无事故;工作中善于琢磨,想方设法自己动手维护好设备和检修任务。液氯工段里有4台全进口的关键设备"约克机",每年都请外国专家检修1次~2次,每台次需花费用约15万元,为降低检修成本,组织人员细心观察、精心调节,特别在外方检修时目测心记,积累大量数据;从1996年起,"约克机"的检修就由液氯工段配合机修进行,每年节约外汇资金60余万元。

黄岱列(1959年10月—) 上海人,在职大学学历,高级经济师、高级政工师。1976年4月参加工作,1985年6月加入中国共产党。

上海市总工会第十二届、第十三届委员会委员,上海市第十一届、第十二届人民代表大会代表,中国工会第十五次、第十六次全国代表大会代表,中华全国总工会第十六届执行委员会委员,中国能源化学工会第二届、第三届全委会委员、常委。1998年,被评为上海市新长征突击手。

1976年4月,进入上海吴淞化工厂五车间工作。1983年11月,任共青团上海化学工业原料公司委员会副书记。1985年9月—1987年8月,在中国青年政治学院大专班学习。1987年8月,在中共上海市化学工业局委员会党校(局团校)工作。1990年1月,任共青团上海市化学工业局委员会副书记、书记。1994年8月,调任中共上海胶带股份有限公司委员会副书记,其中1994年9月—1997年6月,在上海大学管理工程专业学习。1997年5月,任上海胶带股份有限公司总经理、中共上海胶带股份有限公司委员会副书记。2001年3月,任上海中远化工有限公司常务副总经理。2003年7月,任上海华谊集团企业发展有限公司总经理、中共上海华谊集团企业发展有限公司委员会副书记、上海华谊集团企业发展有限公司执行董事,其中2004年2月,兼任上海华谊(集团)公司企业调整部经理。2008年4月,任上海市化学工会主席。

戴 军(1960年6月—) 女,江苏江都人,大专学历,教授级高级工程师。1977年10月参加工作,中国民主建国会成员。

中国工会第十三次全国代表大会代表。1990年,获"上海市巾帼奖";1991年和1995年,被评为上海市劳动模范。

1977年10月,进入上海赛璐珞厂做分析工工作,其中1982年9月—1985年7月,在上海市化学工业局塑料公司职工大学学习。1985年9月,任上海赛璐珞厂七车间主任、开发部副主任。1996年2月,任上海赛璐珞厂总工办副总工程师兼开发部主任。1997年2月,任上海赛璐珞厂总工程师。

鲁惠英(1961年4月—) 女,浙江绍兴人,高中文化程度。1981年参加工作。

1998年,获全国"五一"劳动奖章;2000年,被评为全国劳动模范。

1981年,技校毕业后进入上海轮胎橡胶(集团)股份有限公司大中华橡胶厂工作,是该厂硫化车间的双模硫化操作工;在轮胎硫化生产的岗位上,十几年如一日,辛勤工作、不懈追求,不断掌握硫化新技术,磨练出一手过硬的操作本领,攻克一个个技术难关,形成自己独特的操作法并在企业得到推广,成为厂部命名的"标准操作示范员";在产品质量上,各项生产指标刷新和赶超全国同行业记录,是全国轮胎行业中的质量能手;此外,还积极承担带好徒弟的责任,为中国斜交轮胎的发展作出贡献。

周　波(1962年6月—)　上海人,在职研究生学历,工商管理硕士,高级工程师。1984年7月参加工作,1995年4月加入中国共产党。

1980年9月—1984年7月,在中国纺织大学自动化仪表专业学习。1984年7月,在上海电化厂设计室任仪表设计员,共青团吴泾化工联合公司委员会委员。1985年8月起,先后任上海氯碱总厂聚氯乙烯厂技术员、仪表车间副主任、聚氯乙烯厂厂长助理、副厂长,闵行区青联副主席,其中1993年9月—1994年6月,在上海交大与德国康斯坦茨大学合办的"第十期企业高级管理研究班"学习,其间获中欧工商管理学院硕士学位。1994年9月起,先后任上海氯碱化工股份有限公司总经理助理、总经理、董事;1996年1月,兼任上海天原(集团)有限公司总经理。2000年7月,任上海华谊(集团)公司副总裁兼上海氯碱化工股份有限公司董事长。2002年9月,任上海华谊(集团)公司总裁、中共上海华谊(集团)公司委员会副书记兼上海氯碱化工股份有限公司董事长。

2005年6月起,任上海市对外经济贸易委员会(上海市外国投资工作委员会)主任、党组书记,上海市人民政府副秘书长等职。2008年2月,任上海市人民政府副秘书长兼上海市发展和改革委员会主任、党组书记。2013年2月,任上海市人民政府副市长兼上海市发展和改革委员会主任、党组书记。2013年3月,任上海市人民政府副市长,上海市临港地区开发建设管理委员会主任,上海市长兴岛开发建设管理委员会主任,上海市张江高新技术产业开发区管理委员会主任。

储征宇(1963年5月—)　江苏宜兴人,在职研究生学历,高级政工师。1983年9月参加工作,1986年5月加入中国共产党。

中国工会第十四次全国代表大会代表。1994年,被评为上海市新长征突击手。2002年11月,被评为全国能源化工系统优秀工会工作者。

1983年9月起,任共青团上海正泰橡胶厂委员会四车间总支书记。1988年,任共青团上海正泰橡胶厂委员会干事、副书记、书记,1991年7月,在上海大学财务会计专业学习并毕业。1992年5月,任共青团上海轮胎橡胶(集团)股份有限公司委员会副书记、书记。1996年7月,任中共上海轮胎橡胶(集团)股份有限公司炼胶厂委员会书记、纪委书记,上海轮胎橡胶(集团)股份有限公司副厂长。1997年12月,任上海轮胎橡胶(集团)股份有限公司工会主席,其中1998年3月,参加中共上海市委党校第15期中青年干部培训班。2001年7月,中共上海市委党校党政管理本科毕业。2002年,中共中央党校在职研究生班毕业。2003年4月,任上海市化学工会副主席兼工会经审委员会主任。2008年4月,任中共上海华谊集团企业发展有限公司委员会副书记,上海华谊集团企业发展有限公司执行董事、总经理。2011年11月,任中共双钱集团股份有限公司委员会书记、双钱集团股份有限公司副总经理。

王　霞(1964年6月—)　女,蒙古族,辽宁彰武人,大学学历,工学学士学位,教授级高级工程师。1985年8月参加工作。

第十一届、第十二届全国人民代表大会代表。被评为2001—2003年度上海市劳动模范,

2001—2002年度上海市三八红旗手;2005年,被评为全国劳动模范。

1985年7月,从华南理工大学化工机械与设备专业毕业;8月,进入建设部煤气热力研究设计院从事设计工作。1994年11月,作为引进人才进入上海焦化有限公司工作,先后任设计院设计员、设备室副主任。1999年10月,任上海焦化有限公司发展部副经理、经理,2000年9月—2002年9月,在财经大学会计专业研究生课程进修班学习。2004年6月—2005年5月,任上海焦化有限公司总经理助理兼发展部经理。2005年5月—2008年1月,任上海焦化有限公司副总经理。2008年1月至6月,调任上海华谊(集团)公司总裁助理兼投资规划部经理、上海焦化有限公司副总经理、上海工程化学设计院有限公司董事长。2008年6月—2009年5月,任上海华谊(集团)公司总裁助理兼投资规划部经理、上海工程化学设计院有限公司董事长。2009年5月起,任上海华谊(集团)公司副总裁兼上海工程化学设计院有限公司董事长、上海华谊丙烯酸有限公司董事长。

刘训峰(1965年5月—) 安徽含山人,研究生学历,工学硕士学位,管理学博士学位,教授级高级工程师。1989年7月参加工作,1985年10月加入中国共产党。

中国共产党上海市第十次代表大会代表,上海市第十三届、第十四届人民代表大会代表。上海市新材料协会第三届会长。2009年,获国家安全生产监督管理总局颁发的"安全生产科技成果三等奖";2011年,被评为第七届中国品牌建设十大杰出经理人;2012年,被评为上海市工商业领军人物。

1982年9月—1989年7月,就读于华东化工学院化学工程系化学工程专业(本科)、华东化工学院化学工程系反应工程专业(研究生)。1989年7月,研究生毕业后,任上海石油化工总厂芳烃厂二甲苯车间工艺员、助理工程师。1992年7月,任上海石油化工总厂芳烃厂加氢裂化车间工艺员、工程师,其间1992年5—7月,在上海市经济管理干部学院第3期中青年干部岗位任职资格培训班学习。1995年2月—1995年5月,在中国石化管理干部学院第8期中青年干部岗位任职资格培训班学习。1995年5月,任上海石化股份有限公司炼化部芳烃厂副总工程师,炼化部乙烯厂副总工程师。1996年10月,任上海石油化工股份有限公司投资工程管理部副主任,1997年3—7月,在中共上海市委党校第13期中青班学习。1997年8月,任上海石油化工股份有限公司总经理助理、副总经理。2003年11月,调任上海化学工业区发展有限公司副总经理。2007年9月,调任中共上海华谊(集团)公司委员会副书记、上海华谊(集团)公司总裁。2008年5月起,兼任上海化学工业区发展有限公司副董事长,2004年3月—2010年3月,在西安交通大学管理科学与工程专业研究生学习,并获管理学博士学位。2013年7月起,任中共上海华谊(集团)公司委员会书记、上海华谊(集团)公司董事长,上海化学工业区发展有限公司副董事长。

秦 健(1967年11月—) 江苏无锡人,在职研究生学历,工商管理硕士学位,高级政工师。1990年7月参加工作,1988年4月加入中国共产党。

中国共产党上海市第八次代表大会代表。

1986年7月—1990年7月,就读于上海机械学院系统工程专业,获工学学士学位,大学毕业后进入上海化工厂工作,在该厂车间调度室任实习生。1992年5月,任上海化工厂管理部科员、共青团上海化工厂委员会副书记、书记。1995年9月,任上海化工厂厂长助理。1996年2月起,先后任上海化工厂有限公司副总经理、总经理、执行董事、中共上海化工厂有限公司委员会副书记,1997年9月—2000年6月,在上海财经大学通恒工商管理学院工商管理专业研究生学习,获工商管理硕士学位。2002年9月,调任上海太平洋生物高科技有限公司总经理、中共上海太平洋生物高科技有限公司支部书记、上海太平洋生物高科技有限公司副董事长,2002年9月—2003年3月,兼任中共上海化工厂有限公司委员会副书记、上海化工厂有限公司总经理和执行董事。2004年6月,任上海太平洋生物高科技有限公司董事长、总经理兼中共上海太平洋生物高科技有限公司支部书记,其中2003年10月—2004年7月,兼任上海华谊生物有限公司总经理。2004年11月—2013年11月,先后任上海华谊(集团)公司副总裁、中共上海华谊(集团)公司委员会副书记、上海华谊(集团)公司总裁。2013年11月,调任中共上海市松江区委副书记、代区长。

顾卫忠(1970年6月—) 江苏南通人,研究生学历,硕士学位,高级工程师。1992年7月参加工作,1998年5月加入中国共产党。

被评为2004—2006年度上海市劳动模范;2010年,被评为全国劳动模范。

1992年,大学毕业后进入上海焦化有限公司工作,任上海焦化有限公司第二炼气厂甲醇车间安全员兼工艺员。1996年10月,任上海焦化有限公司甲醇车间主任助理、副主任、甲醇作业区作业长。2000年12月,任上海焦化有限公司碳一分公司副主任工程师兼生产办主管、主任工程师。2004年10月,任上海焦化有限公司1号工程指挥部工程筹建组成员。2005年10月,任上海焦化有限公司副总工程师。2009年3月,任上海焦化有限公司副总经理。

在担任"45万吨/年甲醇"重大建设项目筹建组负责人时,精心组织相关人员对初步设计进行审定、修正和优化,协调解决工程技术难题,为工程项目节约近1/3的投资;在"安徽华谊煤基多联产基地"项目的工程建设中,着力优化工艺配置,最终将工程概算下降近10亿元;在"苯酐二期"项目建设中,在安全、质量、费用控制等方面严格把关,提前2个月机械竣工、一次开车成功,成为企业新的经济增长点。

李 君(1973年5月—) 女,上海人,在职大专学历,高级技师。2005年7月加入中国共产党。

中国共产党第十八次全国代表大会代表。被评为2004—2006年度上海市劳动模范;2006年,被评为上海市质量标兵;2010年,被评为全国劳动模范;2012年,被评为上海市争先创优优秀共产党员。

1992年9月,从上海农药厂技校毕业进入上海高桥石化丙烯酸厂工作,先后在该厂MAA车间、丙二车间任操作工。2008年10月,任中共上海华谊丙烯酸有限公司委员会丙一、丙二车间联合党支部副书记。2009年12月,任中共上海华谊丙烯酸有限公司委员会丙烯酸车间党支部副书记、上海华谊丙烯酸有限公司丙烯酸车间副主任。

在车间操作岗位上工作20多年,从一名普通的操作工成长为名牌操作手,被大家称为"金牌师姐",其突显的工作特点是:善于思考,勤学苦练,各种操作数据、操作方法和工艺流程熟记于心;仔细操作,把各种问题消灭在萌芽状态,没有一次违规操作、失误操作造成意外事故;细观察、勤积累,在多年工作经验积累的基础上,纂写几千字的《我的操作心得》,被命名为《李君操作法》,在公司中推广学习。2011年7月,上海华谊丙烯酸有限公司成立"李君技师工作室",带教的10多个徒弟,大多数取得高级工证书。

贺小琴(1979年9月—) 女,重庆人,在职大学学历,高级技师。1998年9月参加工作,

2003年7月加入中国共产党。

2009年,被评为重庆市劳动模范;2010年,被评为全国劳动模范。

2007年10月,应聘进入双钱集团(重庆)轮胎有限公司,先后任双钱集团(重庆)轮胎有限公司质保部生产过程检验助理主管、生产过程检验主管、质量保证部副部长、技术质保部高级经理,兼任双钱集团(重庆)轮胎有限公司工会委员、工会女职工委员会主任。凭着一股钻劲和苦练,成为现场检验的"多面手",总结出检验工"三查二勤"工作法(查交接班记录、查生产计划、查生产现场;勤走、勤观察),并细化为加强循环检查,确保设备正常;仔细核对数据,确保部件无差错;密切关注操作,确保工艺执行的"三步曲";经验被推广后,不仅提高检验工作效率,而且现场工艺控制力度得到强化,为打造精品轮胎提供了保证。在日常工作中,克服各种困难,带领5名组员包下相当于16个人的工作量;尤其在工艺调试期,每天连续工作十几个小时,为加快工艺调试和产能提升作出贡献。

第三章 人物表

第一节 先进人物

表11-3-1 全国劳动模范获得者情况表

序号	嘉奖年份	姓 名	性别	政治面貌	出生年月	所 属 单 位
1	1995	戴庆顺	男	中共党员	1938年4月23日	上海吴淞化工总厂氧气厂
2	1995	郭佩华	女	群众	1957年4月8日	上海轮胎橡胶(集团)股份有限公司正泰橡胶厂
3	1995	章 杰	男	中共党员	1940年8月14日	上海染料公司
4	2000	鲁惠英	女	中共党员	1961年4月1日	上海轮胎橡胶(集团)股份有限公司
5	2000	徐叔平	男	中共党员	1958年12月16日	上海氯碱化工股份有限公司
6	2005	王 霞	女	群众	1964年6月27日	上海焦化有限公司
7	2010	顾卫忠	男	中共党员	1970年6月3日	上海焦化有限公司
8	2010	李 君	女	中共党员	1973年5月3日	上海华谊丙烯酸有限公司
9	2010	贺小琴	女	中共党员	1979年9月7日	双钱集团(重庆)轮胎有限公司

表11-3-2 全国五一劳动奖章获得者情况表

序号	嘉奖年份	姓 名	性别	政治面貌	出生年月	所 属 单 位
1	1991	徐惠芬	女	中共党员	1953年11月	上海金属丝网二厂
2	1991	李秉芳	男	中共党员	1939年10月22日	上海胜德塑料厂
3	1992	沈能哲	男	中共党员	1941年5月16日	上海染料化工三厂
4	1993	何乙平	男	中共党员	1945年9月24日	上海氯碱化工股份有限公司
5	1996	龚幼中	男	中共党员	1956年4月14日	上海太平洋化工(集团)公司吴泾化工总厂
6	1997	金丽芳	女	中共党员	1963年12月24日	上海轮胎橡胶(集团)股份有限公司双钱载重轮胎厂
7	1998	鲁惠英	女	中共党员	1961年4月1日	上海轮胎橡胶(集团)股份有限公司大中华橡胶厂
8	1999	徐叔平	男	中共党员	1958年12月16日	上海氯碱化工股份有限公司电化厂
9	2002	周兆鏮	女	中共党员	1960年9月8日	上海工程化学设计院有限公司
10	2002	孙海全	男	中共党员	1946年9月17日	上海医药工业有限公司
11	2003	伍登熙	男	中共党员	1945年2月17日	上海华谊(集团)公司

〔续表〕

序号	嘉奖年份	姓　名	性别	政治面貌	出生年月	所　属　单　位
12	2004	岳群	男	中共党员	1966年10月	上海氯碱化工股份有限公司
13	2006	包静萍	女	中共党员	1964年7月	上海轮胎橡胶(集团)股份有限公司双钱载重轮胎公司
14	2006	金红权	男	中共党员	1973年2月21日	上海焦化有限公司
15	2007	赵裕凤	女	2016年10月开除党籍	1957年9月21日	上海橡胶制品研究所(取消劳模称号)
16	2008	朱杰	男	中共党员	1955年3月17日	上海氯碱化工股份有限公司
17	2009	黄红雄	男	中共党员	1970年10月25日	双钱集团股份有限公司双钱载重轮胎分公司
18	2011	袁茂全	男	中共党员	1967年10月21日	上海氯碱化工股份有限公司
19	2012	罗明陨	男	中共党员	1979年9月24日	上海华谊丙烯酸有限公司
20	2013	郑敏刚	男	中共党员	1959年12月27日	双钱集团股份有限公司双钱载重轮胎分公司

表11-3-3　全国化学工业劳动模范、先进生产(工作)者情况表

序号	嘉奖年份	姓　名	性别	政治面貌	出生年月	所　属　单　位
1	1993	崔志仁	男	中共党员	1950年8月9日	上海天原化工厂
2	1993	夏期杨	男	中共党员	1940年7月19日	上海天原化工厂
3	1993	刘祖荣	男	中共党员	1947年10月8日	上海焦化总厂
4	1993	葛美丽	女	中共党员	1960年12月20日	上海正泰橡胶厂
5	1993	徐俊霞	女	群众	1963年2月16日	上海大中华橡胶厂
6	1993	戴庆顺	男	中共党员	1938年4月23日	上海吴淞化工总厂
7	1993	周智新	男	中共党员	1944年1月16日	上海吴淞化工总厂
8	1993	章杰	男	中共党员	1940年8月14日	上海染料公司
9	1993	秦黄根	男	中共党员	1948年5月26日	上海振华造漆厂
10	1993	张祖奎	男	中共党员	1943年9月7日	上海胜德塑料厂青浦分厂
11	1993	季宏干	男	中共党员	1955年3月3日	上海化工机械二厂
12	1993	张厥生	男	中共党员	1946年9月13日	上海化工机泵厂
13	1993	徐海涛	不详	不详	不详	上海崇明化肥厂

表11-3-4　全国机械工业劳动模范获得者情况表

序号	嘉奖年份	姓　名	性别	政治面貌	出生年月	所　属　单　位
1	1995年	金明达	男	中共党员	1950年8月	上海电站辅机厂

表11-3-5 全国石油和化学工业劳动模范、先进工作者情况表

序号	嘉奖年份	姓名	性别	政治面貌	出生年月	所属单位
1	2008	江秋霞	女	中共党员	1948年8月21日	上海华谊(集团)公司
2	2008	李世杰	男	中共党员	1961年12月4日	上海氯碱化工股份有限公司
3	2008	孔秋明	男	中共党员	1959年9月28日	上海焦化有限公司
4	2008	曹智龙	男	中共党员	1960年7月11日	上海吴泾化工有限公司
5	2008	王建民	男	中共党员	1964年11月14日	双钱集团股份有限公司
6	2008	王丹英	女	民主党派	1963年10月5日	上海涂料有限公司
7	2008	罗明陨	男	中共党员	1970年9月24日	上海华谊丙烯酸有限公司
8	2008	盛晓东	男	中共党员	1961年2月5日	上海信息技术学校
9	2013	王家根	男	中共党员	1963年10月23日	上海氯碱化工股份有限公司
10	2013	周仪	女	中共党员	1965年11月16日	双钱集团股份有限公司
11	2013	徐甫	男	中共党员	1967年11月4日	上海天原(集团)有限公司
12	2013	庄岩	男	中共党员	1977年5月23日	上海华谊丙烯酸有限公司
13	2013	叶维贤	男	中共党员	1966年4月18日	上海华谊工程有限公司
14	2013	程建国	男	中共党员	1962年12月29日	常熟三爱富中昊化工新材料有限公司
15	2013	沈雪忠	男	中共党员	1962年4月29日	常熟三爱富中昊化工新材料有限公司

表11-3-6 全国能源化学系统五一劳动奖章获得者情况表

序号	嘉奖年份	姓名	性别	政治面貌	出生年月	所属单位
1	2013	石太平	男	中共党员	1982年9月18日	双钱集团股份有限公司
2	2013	吴良泉	男	中共党员	1965年5月5日	上海焦化有限公司

表11-3-7 全国轻工行业先进工作者情况表

序号	嘉奖年份	姓名	性别	政治面貌	出生年月	所属单位
1	2007	周卫钢	男	中共党员	1960年10月	上海华谊(集团)化工联社

表11-3-8 上海市劳动模范获得者情况表

序号	嘉奖年份	姓名	性别	政治面貌	出生年月	所属单位
1	1991	龚幼中	男	中共党员	1956年4月14日	上海吴泾化工总厂
2	1991	徐根发	男	中共党员	1940年6月30日	上海焦化总厂
3	1991	何乙平	男	中共党员	1945年9月24日	上海氯碱总厂电化厂

〔续表〕

序号	嘉奖年份	姓　名	性别	政治面貌	出生年月	所　属　单　位
4	1991	邱庠埔	男	中共党员	1943年7月17日	上海天原化工厂
5	1991	傅述初	男	中共党员	1940年6月1日	上海天原化工厂
6	1991	谢其敏	男	中共党员	1933年9月30日	上海大中华橡胶厂
7	1991	黄楚荣	男	中共党员	1931年11月8日	上海正泰橡胶厂
8	1991	夏锡林	男	中共党员	1933年5月29日	上海胶鞋六厂
9	1991	王绩兮	女	中共党员	1938年3月12日	上海彭浦化工厂
10	1991	沈能哲	男	中共党员	1941年5月16日	上海染料化工二厂
11	1991	谢家麟	男	中共党员	1935年7月15日	上海染料化工九厂
12	1991	戴　军	女	民主党派	1960年6月	上海赛璐珞厂
13	1991	赵桂新	男	中共党员	1962年8月1日	上海化工机械二厂
14	1991	季宏干	男	中共党员	1955年3月3日	上海化工机械二厂
15	1991	张兆泉	男	中共党员	1947年9月16日	上海化工安装公司
16	1991	姜英波	男	中共党员	1925年5月	上海开林造漆厂
17	1993	郭佩华	女	群众	1957年4月8日	上海正泰橡胶厂
18	1993	徐俊霞	女	群众	1963年2月16日	上海大中华橡胶厂
19	1993	钱新群	男	中共党员	1951年7月23日	上海大中华橡胶厂
20	1993	季宏干	男	中共党员	1955年3月3日	上海化工机械二厂
21	1993	龚幼中	男	中共党员	1956年4月14日	上海吴泾化工总厂合成氨二厂
22	1993	戴庆顺	男	中共党员	1938年4月23日	上海吴淞化工总厂
23	1993	夏期扬	男	中共党员	1940年7月19日	上海天原化工厂
24	1993	金　山	男	群众	1944年8月16日	上海天原化工厂
25	1993	陆忠兴	男	群众	1940年10月	上海氯碱化工股份有限公司电化厂
26	1993	谢家麟	男	中共党员	1935年7月15日	上海染料化工九厂
27	1993	徐德元	男	群众	1957年6月17日	上海钢丝厂
28	1993	邱广培	男	中共党员	1943年2月6日	上海太平洋化工(集团)公司焦化总厂
29	1993	朱炤男	男	中共党员	1940年8月3日	上海化工厂
30	1995	郭佩华	女	中共党员	1957年4月8日	上海轮胎橡胶(集团)股份有限公司正泰橡胶厂
31	1995	缪秀兰	女	中共党员	1959年1月7日	上海轮胎橡胶(集团)股份有限公司大中华橡胶厂
32	1995	金丽芳	女	中共党员	1963年12月24日	上海轮胎橡胶(集团)股份有限公司炼胶厂
33	1995	陆新平	男	中共党员	1965年12月	上海轮胎橡胶(集团)股份有限公司东海橡胶厂

〔续表〕

序号	嘉奖年份	姓名	性别	政治面貌	出生年月	所属单位
34	1995	龚幼中	男	中共党员	1936年4月14日	上海太平洋化工(集团)公司吴泾化工总厂
35	1995	夏期扬	男	中共党员	1940年7月19日	上海天原化工厂
36	1995	许荣根	男	中共党员	1955年12月18日	上海染料化工厂
37	1995	隆有明	男	中共党员	1943年9月10日	上海轮胎橡胶(集团)股份有限公司
38	1995	吴锐娟	女	中共党员	1939年2月4日	上海涂料有限公司上海振华造漆厂
39	1995	任奋超	男	中共党员	1940年4月6日	上海涂料有限公司上海造漆厂
40	1995	刘明耀	男	中共党员	1945年12月10日	上海太平洋化工(集团)公司焦化总厂
41	1995	李志云	男	中共党员	1937年7月1日	上海天原化工厂
42	1995	戴军	女	民主党派	1960年6月	上海赛璐珞厂
43	1995	蒋永明	男	中共党员	1938年10月9日	上海氯碱化工股份有限公司
44	1995	汤慧	女	中共党员	1945年9月24日	上海吴淞化工总厂吴淞化肥厂
45	1995	周伟达	男	中共党员	1949年9月26日	上海三爱富新材料股份有限公司
46	1997	林建华	男	中共党员	1952年8月15日	上海化学试剂有限公司上海试剂四厂
47	1997	邱建立	男	中共党员	1951年11月19日	上海硫酸厂
48	1997	薛鸿林	男	中共党员	1950年1月	上海化工厂有限公司
49	1997	顾维良	男	中共党员	1945年9月16日	上海轮胎橡胶(集团)股份有限公司
50	1997	何晓栋	男	群众	1944年10月8日	上海天原(集团)有限公司
51	1997	何荣荣	男	中共党员	1953年3月	上海胶带股份有限公司
52	1997	林宝春	男	中共党员	1940年1月16日	上海天原(集团)有限公司上海天原化工厂
53	1997	鲁惠英	女	中共党员	1961年4月1日	上海轮胎橡胶(集团)股份有限公司大中华橡胶厂
54	1997	陈汉桎	男	中共党员	1949年7月17日	上海焦化有限公司
55	1997	徐叔平	男	中共党员	1958年12月16日	上海天原(集团)有限公司
56	1997	徐秀凤	女	中共党员	1952年3月24日	上海橡胶制品有限公司上海橡胶制品一厂
57	1997	蒋爱琴	女	中共党员	1958年9月5日	上海回力鞋业总厂
58	1997	郭旻	男	中共党员	1970年7月30日	上海焦化有限公司
59	1997	张军华	男	中共党员	1961年10月6日	上海轮胎橡胶(集团)股份有限公司正泰橡胶厂
60	1997	胡维廷	男	中共党员	1944年5月21日	上海中远化工有限公司
61	1998—2000	赵持恒	男	中共党员	1944年10月27日	上海焦化有限公司

〔续表〕

序号	嘉奖年份	姓名	性别	政治面貌	出生年月	所属单位
62	1998—2000	周大民	男	中共党员	1941年8月14日	上海氯碱化工股份有限公司
63	1998—2000	吴锐娟	女	中共党员	1939年2月4日	上海涂料有限公司上海振华造漆厂
64	1998—2000	岳群	男	中共党员	1966年1月1日	上海氯碱化工股份有限公司电化厂
65	1998—2000	陈建华	男	民建	1964年11月	上海硫酸厂
66	1998—2000	张大生	男	群众	1947年1月	上海华谊集团建设有限公司化安实业公司
67	1998—2000	赵裕凤	女	2016年10月开除党籍	1957年9月21日	上海橡胶制品研究所（取消劳模称号）
68	1998—2000	姚长根	男	中共党员	1943年9月23日	上海吴泾化工有限公司醋酸分厂
69	1998—2000	郑敏刚	男	中共党员	1959年12月27日	上海轮胎橡胶(集团)股份有限公司载重轮胎厂
70	1998—2000	苏美芳	女	中共党员	1956年2月10日	上海长风化工厂
71	1998—2000	诸玉华	男	群众	1955年10月6日	上海轮胎橡胶(集团)股份有限公司炼胶厂
72	1998—2000	周兆鎌	女	中共党员	1960年9月8日	上海工程化学设计院
73	1998—2000	李金生	男	中共党员	1950年11月20日	上海焦化有限公司炼焦分公司
74	2001—2003	王霞	女	群众	1964年6月27日	上海焦化有限公司
75	2001—2003	王朋	男	中共党员	1944年5月3日	上海氯碱化工股份有限公司
76	2001—2003	包静萍	女	中共党员	1964年7月	上海轮胎橡胶(集团)股份有限公司双钱载重轮胎公司
77	2001—2003	薛鸿林	男	中共党员	1950年1月	上海化工厂有限公司
78	2001—2003	范永福	男	中共党员	1947年11月12日	上海焦化有限公司
79	2001—2003	杨伟民	男	中共党员	1960年10月	上海硫酸厂
80	2001—2003	邵敬铭	男	中共党员	1946年6月22日	上海华谊丙烯酸有限公司
81	2001—2003	曹虎文	男	中共党员	1950年12月19日	上海吴泾化工有限公司
82	2001—2003	俞剑峰	男	中共党员	1967年10月25日	上海涂料有限公司
83	2001—2003	仇贵生	男	中共党员	1955年2月11日	上海氯碱化工股份有限公司
84	2001—2003	金红权	男	中共党员	1973年2月21日	上海焦化有限公司
85	2001—2003	粟小理	女	中共党员	1965年11月1日	上海三爱富新材料股份有限公司
86	2004—2006	胡永康	男	2018年1月开除党籍	1955年9月23日	上海吴泾化工有限公司（取消劳模称号）
87	2004—2006	盛锡龙	男	中共党员	1954年1月14日	上海氯碱化工股份有限公司
88	2004—2006	朱杰	男	中共党员	1955年3月17日	上海氯碱化工股份有限公司
89	2004—2006	李君	女	中共党员	1973年5月3日	上海华谊丙烯酸有限公司

〔续表〕

序号	嘉奖年份	姓名	性别	政治面貌	出生年月	所属单位
90	2004—2006	张爱民	男	中共党员	1970年5月28日	上海焦化有限公司
91	2004—2006	顾卫忠	男	中共党员	1970年6月3日	上海焦化有限公司
92	2004—2006	纪云	女	中共党员	1980年10月6日	上海三爱富新材料股份有限公司
93	2004—2006	陈伟彬	男	群众	1977年3月	上海轮胎橡胶(集团)股份有限公司双钱载重轮胎公司
94	2004—2006	张士忠	男	中共党员	1956年7月22日	上海信息技术学校
95	2004—2006	陈培新	男	中共党员	1956年9月6日	上海华谊聚合物有限公司
96	2004—2006	陈大胜	男	中共党员	1971年10月5日	上海华谊(集团)公司
97	2004—2006	黄红雄	男	中共党员	1970年10月25日	上海轮胎橡胶(集团)股份有限公司双钱载重轮胎公司
98	2007—2009	常毅	男	中共党员	1957年5月24日	双钱集团(重庆)轮胎有限公司
99	2007—2009	黄红雄	男	中共党员	1970年10月25日	双钱集团股份有限公司双钱载重轮胎分公司
100	2007—2009	范昌海	男	中共党员	1976年12月	上海华谊丙烯酸有限公司
101	2007—2009	高珉	男	中共党员	1973年2月6日	上海焦化有限公司新碳一分公司
102	2007—2009	李峻岭	男	中共党员	1972年4月15日	上海焦化有限公司技术中心
103	2007—2009	吕强	男	中共党员	1956年1月31日	上海华谊集团企业发展有限公司
104	2007—2009	钱广集	男	中共党员	1968年11月20日	上海华谊天原化工物流有限公司
105	2007—2009	许长军	男	中共党员	1975年11月11日	上海华谊聚合物有限公司
106	2007—2009	许莉莉	女	中共党员	1960年12月21日	上海涂料有限公司技术中心
107	2007—2009	袁茂全	男	中共党员	1967年10月21日	上海氯碱化工股份有限公司技术中心
108	2007—2009	朱公萍	女	中共党员	1955年11月20日	上海吴泾化工有限公司

表11-3-9 华谊集团员工获重庆市劳动模范情况表

序号	嘉奖年份	姓名	性别	政治面貌	出生年月	所属单位
1	2009	贺小琴	女	中共党员	1979年9月7日	双钱集团(重庆)轮胎有限公司
2	2012	胡源	男	中共党员	1979年9月	双钱集团(重庆)轮胎有限公司

第11-3-10 华谊集团员工获新疆维吾尔自治区劳动模范情况表

序号	嘉奖年份	姓名	性别	政治面貌	出生年月	所属单位
1	2010	武立民	男	中共党员	1957年11月25日	双钱集团(新疆)昆仑轮胎有限公司

第二节 正高级技术职称人员

表11-3-11 上海市化学工业局、华谊集团正高级技术职称人员情况表

序号	单　位	姓　名	性　别	评　审　年
1	上海市化学工业局	张耀祥	男	1990—1995
2	上海市化学工业局	姚锡福	男	1990—1995
3	上海市化学工业局	奚翔云	男	1990—1995
4	上海市化学工业局	郭寿源	男	1990—1995
5	上海市化学工业局	蒋　华	女	1990—1995
6	上海市化学工业局	蒋兰荪	男	1990—1995
7	上海橡胶制品公司	邹　辛	男	1990—1995
8	上海染料公司	林传球	男	1990—1995
9	上海染料公司	洪家宝	男	1990—1995
10	上海市化工装备研究所	夏永祥	男	1990—1995
11	上海市农药研究所	徐义宽	男	1990—1995
12	上海化工原料公司	凌鼎钟	男	1990—1995
13	上海胜德塑料厂	丁　浩	男	1990—1995
14	上海试剂一厂	丁守常	男	1990—1995
15	上海氯碱总厂	王　勤	男	1990—1995
16	上海吴淞化工总厂	王书祯	男	1990—1995
17	上海染料化工厂	王征元	男	1990—1995
18	上海助剂厂	王治中	男	1990—1995
19	上海正泰橡胶厂	王洪士	男	1990—1995
20	上海吴泾化工总厂	王恭俊	男	1990—1995
21	上海市农药研究所	王能武	男	1990—1995
22	上海化工厂	王諟诠	男	1990—1995
23	上海吴淞化工总厂	王嘉振	男	1990—1995
24	上海正泰橡胶厂	尤启文	男	1990—1995
25	上海天原化工厂	毛希同	男	1990—1995
26	上海化工设计院	方善杕	男	1990—1995
27	上海大中华橡胶厂	邓行文	男	1990—1995
28	上海焦化总厂	邓延寿	男	1990—1995
29	上海化工专科学校	卢世鲁	男	1990—1995
30	上海永和橡胶厂	叶仲若	男	1990—1995

〔续表〕

序 号	单 位	姓 名	性 别	评 审 年
31	上海染料研究所	叶惟勤	男	1990—1995
32	上海市有机氟材料研究所	冯允恭	男	1990—1995
33	上海化工厂	冯兴根	男	1990—1995
34	上海化工设计院	朱礼通	男	1990—1995
35	上海焦化总厂	朱宝康	男	1990—1995
36	上海延安油脂厂	朱培基	男	1990—1995
37	上海树脂厂	朱森茂	男	1990—1995
38	上海市化工装备研究所	朱曾用	男	1990—1995
39	上海铬黄颜料厂	朱骥良	男	1990—1995
40	上海中华化工厂	任 治	男	1990—1995
41	上海染料公司	华如春	男	1990—1995
42	上海天原化工厂	全增恺	男	1990—1995
43	上海化工设计院	庄 裘	男	1990—1995
44	上海吴泾化工总厂	刘仁孝	男	1990—1995
45	上海天原化工厂	刘佐祥	男	1990—1995
46	上海市合成树脂研究所	刘承俊	男	1990—1995
47	上海化学试剂总厂	汝立权	男	1990—1995
48	上海硫酸厂	孙师白	男	1990—1995
49	上海染料化工十厂	孙宏道	男	1990—1995
50	上海吴淞化工总厂	孙堃镕	男	1990—1995
51	上海氯碱总厂	孙增在	男	1990—1995
52	上海化工机械一厂	束耀生	男	1990—1995
53	上海市合成树脂研究所	李 俊	男	1990—1995
54	上海化工厂	杨天泽	男	1990—1995
55	上海吴泾化工总厂	吴文晶	男	1990—1995
56	上海氯碱总厂	吴正德	男	1990—1995
57	上海氯碱总厂	吴明先	男	1990—1995
58	上海吴泾化工厂	吴学范	男	1990—1995
59	上海化学试剂总厂	吴季洪	男	1990—1995
60	上海吴淞化工厂	吴均年	男	1990—1995
61	上海市化工局科技情报中心站	汪幼芝	男	1990—1995
62	上海化工设计院	沈 杰	男	1990—1995
63	上海化工厂	沈思约	男	1990—1995

〔续表〕

序 号	单　　位	姓　名	性　别	评　审　年
64	上海市农药研究所	沈寅初	男	1990—1995
65	上海染料化工三厂	沈能哲	男	1990—1995
66	上海市农药研究所	沈梅英	女	1990—1995
67	上海化工厂	沈善炫	男	1990—1995
68	上海胶鞋六厂	宋家麒	男	1990—1995
69	上海橡胶制品研究所	邵本延	男	1990—1995
70	上海中南橡胶厂	张丹秋	男	1990—1995
71	上海塑料工业联合公司	张华嵩	男	1990—1995
72	上海市合成树脂研究所	张怀明	男	1990—1995
73	上海天原化工厂	张远新	男	1990—1995
74	上海化工局计量所	张挹芝	女	1990—1995
75	上海化学试剂研究所	张毓铃	男	1990—1995
76	上海橡胶制品研究所	陆迎庚	男	1990—1995
77	上海化学试剂总厂	陆润生	男	1990—1995
78	上海化工厂	陆福臻	男	1990—1995
79	上海新亚医用橡胶厂	陆鸿渐	男	1990—1995
80	上海氯碱总厂	陈泽鼎	男	1990—1995
81	上海吴泾化工总厂	陈垂琨	男	1990—1995
82	上海市有机氟材料研究所	陈焕新	男	1990—1995
83	上海市有机氟材料研究所	林兆祥	男	1990—1995
84	上海市合成树脂研究所	林珍安	女	1990—1995
85	上海化工设计院	郁正容	男	1990—1995
86	上海化学试剂总厂	郏其庚	男	1990—1995
87	上海橡胶制品研究所	周鸣峦	男	1990—1995
88	上海正泰橡胶厂	周维銮	男	1990—1995
89	上海染料研究所	周镜潭	男	1990—1995
90	上海染料化工十二厂	周　康	男	1990—1995
91	上海氯碱总厂	金　还	男	1990—1995
92	上海树脂厂	郑善忠	男	1990—1995
93	上海新华树脂厂	经桴良	男	1990—1995
94	上海氯碱总厂	南登峰	男	1990—1995
95	上海染料化工五厂	赵全勋	男	1990—1995
96	上海氯碱总厂	胡兆炽	男	1990—1995

〔续表〕

序号	单位	姓名	性别	评审年
97	上海化工设计院	胡国城	男	1990—1995
98	上海吴泾化工总厂	柯荣炎	男	1990—1995
99	上海塑料工业联合公司	柏锦恢	男	1990—1995
100	上海开林造漆厂	姜英波	男	1990—1995
101	上海市涂料研究所	姜英涛	男	1990—1995
102	上海无机化工研究所	施庆和	男	1990—1995
103	上海大中华橡胶厂	施惠民	男	1990—1995
104	上海市农药研究所	施涵青	男	1990—1995
105	上海造漆厂	袁保厘	男	1990—1995
106	上海珊瑚化工厂	莫玉符	男	1990—1995
107	上海氯碱总厂	顾尧	男	1990—1995
108	上海桃浦化工厂	倪怀祖	男	1990—1995
109	上海染料化工三厂	徐文喜	男	1990—1995
110	上海市合成树脂研究所	徐步云	男	1990—1995
111	上海吴泾化工总厂	徐鸿基	男	1990—1995
112	上海氯碱总厂	奚正煌	男	1990—1995
113	上海市合成树脂研究所	殷宜初	男	1990—1995
114	上海塑料工业联合公司	高其进	男	1990—1995
115	上海天原化二厂	高曙峰	男	1990—1995
116	上海染料化二三厂	高黎明	男	1990—1995
117	上海市农药研究所	郭庆铭	男	1990—1995
118	上海氯碱总厂	郭基尧	男	1990—1995
119	上海市塑料研究所	郭钟福	男	1990—1995
120	上海氯碱总厂	凌培德	男	1990—1995
121	上海振华造漆厂	浦传济	男	1990—1995
122	上海天原化工厂	陶国奎	男	1990—1995
123	上海染料化工三厂	盛焕伦	男	1990—1995
124	上海化工设计院	梁其和	男	1990—1995
125	上海树脂厂	章基凯	男	1990—1995
126	上海天原化二厂	随松瑞	男	1990—1995
127	上海化工专科学校	董明柏	男	1990—1995
128	上海染料化二厂	蒋思荣	男	1990—1995
129	上海化学试剂总厂	童勤文	男	1990—1995

〔续表〕

序 号	单 位	姓 名	性 别	评 审 年
130	上海市化工局科技情报中心站	曾庆藻	男	1990—1995
131	上海市化工局科技情报中心站	曾英伦	男	1990—1995
132	上海涂料有限公司	虞兆年	男	1990—1995
133	上海染料化工七厂	蔡聿豹	男	1990—1995
134	上海化工设计院	廖嘉复	男	1990—1995
135	上海市塑料研究所	缪京媛	女	1990—1995
136	上海轮胎橡胶(集团)股份有限公司	隆有明	男	1997
137	上海轮胎橡胶(集团)股份有限公司	黄绪正	男	1997
138	上海轮胎橡胶(集团)股份有限公司	陈善祥	男	1997
139	上海轮胎橡胶(集团)股份有限公司	杨光大	男	1997
140	上海氯碱化工股份有限公司	蒋永明	男	1997
141	上海氯碱化工股份有限公司	张祖钧	男	1997
142	上海氯碱化工股份有限公司	周大民	男	1997
143	上海氯碱化工股份有限公司	司业光	男	1997
144	上海工程化学设计院	陈鹤龄	男	1997
145	上海工程化学设计院	杨振奎	男	1997
146	上海天原化工厂	李志云	女	1997
147	上海天原化工厂	许锡雄	男	1997
148	上海天原化工厂	郑石子	男	1997
149	上海三爱富新材料股份有限公司	江建安	男	1997
150	上海三爱富新材料股份有限公司	陈新康	男	1997
151	上海三爱富新材料股份有限公司	滕名广	男	1997
152	上海吴泾化工总厂	项成林	男	1997
153	上海吴泾化工总厂	张以民	男	1997
154	上海焦化有限公司	孙松良	男	1997
155	上海焦化有限公司	周维新	男	1997
156	上海市合成树脂研究所	徐子仁	男	1997
157	上海市合成树脂研究所	贺飞峰	男	1997
158	上海市合成树脂研究所	蔡贤钦	男	1997
159	上海东风农药厂	张家驹	男	1997
160	上海农药研究所	程志明	男	1997
161	上海农药研究所	秦裕基	男	1997
162	上海农药研究所	邓传铮	男	1997

〔续表〕

序号	单位	姓名	性别	评审年
163	上海华谊(集团)公司	张培璋	男	1997
164	上海华谊(集团)公司	徐子成	男	1997
165	上海华谊(集团)公司	高均芳	男	1997
166	上海华谊(集团)公司	贾楷	男	1997
167	不详	陈强华	男	1997
168	上海染料有限公司	章杰	男	1997
169	上海染料研究所	罗家椿	男	1997
170	上海化工设计院	杨仕昌	男	1997
171	上海化工设计院	张德厚	男	1997
172	上海涂料有限公司	汪道彰	男	1997
173	上海市涂料研究所	赵金榜	男	1997
174	上海化学试剂有限公司	惠绍梁	男	1997
175	上海化工装备研究所	陈文德	男	1997
176	上海化工装备公司	华天定	男	1997
177	上海化工厂	朱炤男	男	1997
178	上海化学工业区发展有限公司	朱平	女	1997
179	上海轮胎橡胶(集团)股份有限公司	冯致英	女	1999
180	上海轮胎橡胶(集团)股份有限公司	郭人和	男	1999
181	上海天原化二厂	林宝春	男	1999
182	上海氯碱化二股份有限公司	徐荣一	男	1999
183	上海氯碱化工股份有限公司	吴文雄	男	1999
184	上海氯碱化工股份有限公司	陆正华	男	1999
185	上海化学工业区发展有限公司	顾荣良	男	1999
186	上海焦化有限公司	项顺忠	男	1999
187	上海吴泾化工有限公司	吴云龙	男	1999
188	上海溶剂厂	韦建新	男	1999
189	上海溶剂厂	胡企中	男	1999
190	上海市合成树脂研究所	沈其龙	男	1999
191	上海市合成树脂研究所	张龙庆	男	1999
192	上海市合成树脂研究所	唐泉清	男	1999
193	上海橡胶制品四厂	张国钧	男	1999
194	上海化工设计院	宋世权	男	1999
195	上海化工设计院	徐柱亮	男	1999

（续表）

序　号	单　　　位	姓　名	性　别	评　审　年
196	上海化工设计院	赵秀芳	女	1999
197	上海化工设计院	胡一德	男	1999
198	上海化工设计院	谢长杰	男	1999
199	上海染料有限公司	张正富	男	1999
200	上海染料有限公司	由德安	男	1999
201	上海市塑料研究所	钱知勉	男	1999
202	上海吴淞化工总厂	沈颂周	男	1999
203	上海恒信化学试剂有限公司	黄道久	男	1999
204	上海华谊(集团)公司	伍登熙	男	1999
205	不详	薛鹰槐	男	1999
206	不详	金路适	男	1999
207	上海涤纶厂	朱芝培	男	1999
208	上海化工技术监督所	俞美玲	女	1999
209	上海轮胎橡胶(集团)股份有限公司	王登祥	男	2000
210	上海轮胎橡胶(集团)股份有限公司	韩兆炳	男	2000
211	不详	俞志恩	男	2000
212	上海三爱富新材料股份有限公司	刘伯南	男	2000
213	上海氯碱化工股份有限公司	龚渝明	男	2000
214	上海化工机械二厂	张焕武	男	2000
215	上海化工装备研究所	戴正兴	男	2000
216	上海太平洋高科技生物有限公司	楼一心	男	2000
217	上海三爱富新材料股份有限公司	刘家禹	男	2000
218	上海华谊(集团)公司	刘训峰	男	2001
219	上海华谊(集团)公司	魏建华	男	2001
220	上海氯碱化工股份有限公司	刘肇庆	男	2001
221	上海氯碱化工股份有限公司	缪惠流	男	2001
222	上海橡胶制品研究所	李法华	男	2001
223	上海市化工科学技术情报研究所	刘用华	男	2001
224	上海轮胎橡胶(集团)股份有限公司	钱瑞瑾	男	2004
225	上海焦化有限公司	赵持恒	男	2004
226	上海焦化有限公司	李光华	男	2004
227	上海市合成树脂研究所	吴建华	男	2004
228	上海氯碱化工股份有限公司	俞辛樵	男	2004

〔续表〕

序号	单位	姓名	性别	评审年
229	上海华谊丙烯酸有限公司	邵敬铭	男	2004
230	上海吴泾化工有限公司	曹智龙	男	2004
231	上海工程化学设计院有限公司	张诚中	男	2004
232	上海工程化学设计院有限公司	俞盛锷	男	2004
233	上海工程化学设计院有限公司	杨焕标	男	2004
234	上海氯碱化工股份有限公司	王 朋	男	2005
235	上海吴泾化工有限公司	章星华	男	2005
236	上海轮胎橡胶(集团)股份有限公司	顾 勤	女	2005
237	上海市合成树脂研究所	邱孜学	男	2005
238	上海工程化学设计院有限公司	王勤荻	男	2005
239	上海氯碱化工股份有限公司	袁茂全	男	2006
240	上海吴泾化工有限公司	陈奕健	女	2006
241	上海吴泾化工有限公司	陈大胜	男	2006
242	上海三爱富新材料股份有限公司	粟小理	女	2006
243	上海轮胎橡胶(集团)股份有限公司	陈振艺	男	2006
244	上海华谊丙烯酸有限公司	马建学	男	2006
245	上海华谊丙烯酸有限公司	张春雷	男	2006
246	上海涂料有限公司	俞剑峰	男	2006
247	上海化学试剂有限公司	顾小炎	男	2006
248	上海华向制品有限公司	杨中文	男	2006
249	上海华谊集团技术研究院	石正金	男	2007
250	上海工程化学设计院有限公司	徐竹君	女	2008
251	上海焦化有限公司	应于舟	男	2008
252	上海吴泾化工有限公司	刘 艳	女	2008
253	上海吴泾化工有限公司	李彩云	女	2008
254	上海一品颜料有限公司	王丹英	女	2008
255	上海染料研究所有限公司	乐一鸣	男	2008
256	上海华谊集团装备工程有限公司	蔡慈平	男	2008
257	上海华谊(集团)公司	黄德亨	男	2008
258	上海华谊(集团)公司	何扣宝	男	2008
259	上海华谊(集团)公司	王 霞	女	2010
260	上海焦化有限公司	孟庆军	男	2010
261	双钱集团股份有限公司	谢化顺	男	2010

〔续表〕

序号	单位	姓名	性别	评审年
262	上海化学试剂研究所	周重道	男	2010
263	上海华谊丙烯酸有限公司	刘书举	男	2010
264	上海焦化有限公司	周亚明	男	2010
265	上海华谊丙烯酸有限公司	蒋兆飞	男	2010
266	上海氯碱化工股份有限公司	岳群	男	2010
267	上海华谊集团技术研究院	揭元萍	女	2010
268	上海化学试剂研究所	詹家荣	男	2010
269	上海华谊集团技术研究院	唐勇	男	2010
270	上海华谊集团技术研究院	廖本仁	男	2010
271	上海华谊丙烯酸有限公司	褚小东	男	2010
272	上海华谊集团技术研究院	吴梓新	男	2012
273	上海华谊集团技术研究院	宁春利	男	2012
274	上海华谊工程有限公司	周一鸣	男	2012
275	上海焦化有限公司	吴良泉	男	2012
276	上海焦化有限公司	李俊岭	男	2012
277	双钱集团股份有限公司	蒋琦	男	2012

第三节　享受政府特殊津贴人员

表11-3-12　上海市化学工业局、华谊集团享受政府特殊津贴人员情况表

序号	单位	姓名	批准年份
1	上海市化学工业局	王箴	1991
2	上海市农药研究所	郭庆铭	1991
3	上海树脂厂	章基凯	1991
4	上海开林造漆厂	姜英波	1991
5	上海市农药研究所	沈寅初	1991
6	上海氯碱总厂	洪倩明	1991
7	上海大中华橡胶厂	隆有明	1991
8	上海化工机械一厂	华天定	1991
9	上海染料化工三厂	沈能哲	1991
10	上海溶剂厂	胡企中	1992
11	上海市化工职业病防治所	王莹	1992

〔续表〕

序号	单位	姓名	批准年份
12	上海京华化工厂	季佐民	1992
13	上海化工厂	朱焰南	1992
14	上海联合化工厂	张建寅	1992
15	上海市塑料研究所	徐明礼	1992
16	上海染料化工九厂	谢家麟	1992
17	上海化工设计院	郁正容	1992
18	上海市合成树脂研究所	李 葰	1992
19	上海市合成树脂研究所	唐泉清	1992
20	上海大中华橡胶厂	陈善祥	1992
21	上海氯碱总厂	吴文雄	1992
22	上海市有机氟材料研究所	江建安	1992
23	上海涂料公司	汪道彰	1992
24	上海市化学工业局	郭寿源	1992
25	上海吴泾化工总厂	吴文晶	1992
26	上海氯碱总厂	奚正煌	1992
27	上海市有机氟材料研究所	滕名广	1992
28	上海氯碱总厂	刘家禹	1992
29	上海轮胎橡胶(集团)公司	邹 辛	1992
30	上海涂料公司	虞兆年	1992
31	上海橡胶制品研究所	王 澍	1992
32	上海市有机氟材料研究所	陈新康	1992
33	上海天原化工厂	郑石子	1992
34	上海染料农药公司	章 杰	1992
35	上海市合成树脂研究所	徐子仁	1992
36	上海化工机械二厂	张焕武	1992
37	上海焦化总厂	孙松良	1992
38	上海市农药研究所	程志明	1992
39	上海市塑料研究所	刘国惠	1992
40	上海塑料工业联合公司	李祖德	1992
41	上海化工厂	顾南山	1992
42	上海义生橡胶厂	冒文珠	1992
43	上海市化学工业局	蒋兰荪	1993
44	上海市化学工业局	奚翔云	1993

(续表)

序　号	单　　位	姓　名	批准年份
45	上海市化工专科学校	董明柏	1993
46	上海市化工装备研究所	夏永祥	1993
47	上海塑料工业联合公司	张华嵩	1993
48	上海轮胎橡胶(集团)公司	杨光大	1993
49	上海氯碱总厂	陈泽鼎	1993
50	上海氯碱总厂	张祖钧	1993
51	上海吴泾化工总厂	萧任坚	1993
52	上海胶带股份有限公司	周孝庭	1993
53	上海市农药研究所	秦裕基	1993
54	上海染料化工九厂	张正富	1993
55	上海化工装备总厂	陆福泉	1993
56	上海吴淞化工总厂	沈颂周	1993
57	上海化工厂	冯兴根	1993
58	上海市合成树脂研究所	石安富	1993
59	上海市化学工业局	姚锡福	1993
60	上海市化工专科学校	徐子成	1993
61	上海化学试剂总厂	吴季洪	1993
62	上海市有机氟材料研究所	陈新康	1993
63	上海焦化总厂	周维新	1993
64	上海轮胎橡胶(集团)公司	冯致英	1993
65	上海氯碱总厂	吴兆松	1993
66	上海氯碱总厂	陆忠兴	1993
67	上海吴泾化工总厂	项成林	1993
68	上海亚太农药公司	朱荫阶	1993
69	上海东风化工厂	张家驹	1993
70	上海铬黄颜料厂	朱骥良	1993
71	上海天原化工厂	李慈音	1993
72	上海吴淞化工总厂	丁汉城	1993
73	上海化工设计院	刘宝中	1993
74	上海工程化学设计院	邬士忠	1993
75	上海制皂厂	袁鹤吟	1994
76	上海三爱富新材料股份有限公司	朱顺根	1994
77	上海吴泾化工总厂	张以民	1994

〔续表〕

序 号	单 位	姓 名	批 准 年 份
78	上海三爱富新材料股份有限公司	陈爱群	1995
79	上海三爱富新材料股份有限公司	刘伯南	1995
80	上海三爱富新材料股份有限公司	沈新璋	1997
81	上海华亨化工厂	李见心	1997
82	上海轮胎橡胶(集团)股份有限公司	陈建珍	1999
83	上海轮胎橡胶(集团)股份有限公司	陈 弘	2000
84	上海华谊(集团)公司	金明达	2000
85	上海轮胎橡胶(集团)股份有限公司	钱瑞瑾	2001
86	上海硫酸厂	陈建华	2002
87	上海赛璐珞厂	戴 军	2002
88	上海染料有限公司	俞剑峰	2003
89	上海华谊丙烯酸有限公司	邵敬铭	2003
90	上海华谊丙烯酸有限公司	马建学	2005
91	上海华谊(集团)公司	魏建华	2005
92	上海华谊(集团)公司	伍登熙	2006
93	上海吴泾化工有限公司	曹智龙	2008
94	上海吴泾化工有限公司	叶维贤	2010
95	上海焦化有限公司	孟庆军	2010
96	上海焦化有限公司	陈大胜	2012
97	双钱集团股份有限公司	黄红雄	2013

专 记

一、上海焦化有限公司成为全国首批"债转股"试点企业

20世纪90年代以来,国有企业不良债务和国有商业银行不良债权日益成为中国经济运行中的两大突出问题。银企债务重组问题成为经济改革理论和实践中的一个焦点。随着产业结构的不断调整,一批批不符合国家产业政策的企业纷纷关、停、并、转,因此形成了大量逾期、呆滞的不良政策性资产。在中国经济转型期累积形成的这些债权债务问题已经成为整个经济体制改革的拦路虎,银行的大量不良债权蕴含着巨大的金融风险。国有企业沉重的债务负担已严重地制约其改革和发展。如何解决国有企业的过度负债问题,已成为经济理论界关注的热点。

1999年9月22日,中国共产党第十五届中央委员会第四次全体会议通过的《中共中央关于国有企业改革和发展若干重大问题的决定》指出:"结合国有银行集中处理不良资产的改革,通过金融资产管理公司等方式,对一部分产品有市场、发展有前景,由于负债过重而陷入困境的重点国有企业实行'债转股',解决企业负债率过高的问题。实行'债转股'的企业,必须转换经营机制,实行规范的公司制改革,并经过金融资产管理公司独立评审。要按照市场经济的原则和有关规定规范操作,防止一哄而起和国有资产流失。"中国共产党十五届四中全会把实施"债转股"作为深化国企改革的一项重大举措,是十分及时和有意义的。于是"债转股"就应运而生。所谓"债转股",是指金融资产管理公司和国家开发银行作为投资主体,将有关商业银行的原有不良信贷资产转为金融资产管理公司对企业的股权,金融资产管理公司和国家开发银行作为企业的股东,依法行使股东的权利和履行相应的义务。1999年,为了推进银企债务重组,中国政府相继建立中国信达资产管理公司、中国东方资产管理公司、中国长城资产管理公司、中国华融资产管理公司4家国有资产管理公司。"债转股"开始全面推进。

上海焦化有限公司(简称"焦化公司")是上海市国有大型骨干企业,也是全市最大的煤气生产厂家,日产城市煤气320万立方米,占全市供气量的50%。国家"八五"期间,公司筹资建设"三联供"——供城市燃气、供化工产品、供热电的煤气化工程是当时国家重点建设项目,也是上海市政府为民造福的重大实事项目;从1992年开始建设到1994年年底,实现日产城市煤气170万立方米;1995年,产出符合英国ASTM标准AA级甲醇,达到预期设计能力。"三联供"投产后,使市区气化率从75%提高到90%。在项目建设过程中,由于缺少自有资金投入,建设资金只能从商业银行(建设银行、工商银行)贷款进行建设,背上了沉重的债务包袱。1997年6月,在上海市政府有关委办的指导下,上海市建设投资开发总公司将其投入建设"三联供"的贷款14.8亿元改为投资,企业实行了重组。但公司债务仍高达17亿元。

为使有良好市场和发展前景的焦化公司能够及时摆脱困境。根据中共中央、国务院《关于实施债权转股权若干问题的意见》(12号文件)精神,实施"债转股"的企业必须具备的条件是:一是产品品种适销对路,质量符合要求,有市场竞争力;二是工艺装备为国内、国际先进水平,生产符合环保要求;三是企业管理水平较高,债权债务清楚,财务行为规范;四是企业领导班子强,董事长、总经理善于经营管理;五是转换经营机制的方案符合现代企业制度的要求。1999年上半年,经国家经济贸易委员会(产业司)赴焦化公司现场调研、分析及判断后,认定焦化公司是一个典型案例,推荐列

入"债转股"实施企业名单。国家经贸委下发《关于印发债权转股权企业建议名单的通知》。同时根据中国人民银行关于债权转股权的有关规定,一是"债转股"企业选择由国家经贸委进行筛选;二是定价方面,相关政策规定金融资产管理公司收购银行不良贷款的价格按资产价值原值计算,由金融资产管理公司独立对"债转股"企业进行资产评估;三是企业"债转股"后,金融资产管理公司对企业进行重组,建立法人治理结构,进而从实质上改善企业绩效。各相关参与单位,经过3个月的共同努力,焦化公司被确定为全国第一批"债转股"试点企业。1999年9月6日,在虹桥宾馆举行焦化公司债权转股权签约仪式,上海市副市长蒋以任、上海市政府副秘书长黄奇帆、国家石油和化学工业局副局长谢钟毓、国家经济贸易委员会产业政策司司长欧新黔、中国建设银行副行长等有关领导出席签约仪式,上海市经济委员会副主任辜昌建主持签字仪式,由中国信达资产管理公司副总裁田国立、上海华谊(集团)公司(简称"华谊集团")董事长俞德雄和上海市城市建设投资开发总公司副总经理何大伟,分别代表各方共同签订《上海焦化有限公司债权转股权意向书》。自此焦化公司由原国家经济贸易委员会指导,主要债权人中国信达资产管理公司独立评审并牵头,进入全国第一批"债转股"实施企业。按照一是盘活商业银行不良资产,增加资产流动性,化解金融风险,二是实现"债转股"企业扭亏为盈,三是促进企业转换经营机制,建立现代企业制度的三项原则,经中国信达资产管理公司与华谊集团、上海市城市建设投资开发总公司两家原股东协商,并在资产评估、企业财务评价基础上,确定了焦化公司"债转股"的原则目标、转股金额、股权比例及管理架构等,达成一致意见,制定转股方案。即由中国信达资产管理公司对焦化公司从原建设银行借贷的10.45亿元贷款实施债权转股权,焦化公司向工商银行借贷的3.49亿元,也同步进行评估(但最终工商银行只有6 663万元进入股权)。2000年6月8日,中国信达资产管理公司、中国华融资产管理公司、上海华谊(集团)公司、上海市城市建设投资开发总公司4家投资股东,在海洋大厦举行签字仪式,共同签订《上海焦化有限公司"债转股"协议》。焦化公司"债转股"名单在随后的国家经济贸易委员会《关于同意中国石化集团公司等62户企业实施"债转股"的批复》(国经贸产业〔2000〕541号)中,成为全国首批"债转股"的试点企业,也是在上海第一个签订实施"债转股"协议的试点企业。

实施"债转股"后,焦化公司改善了资本结构,公司的负债率降到27%左右,仅每年减少利息支出就达1亿余元,负债率显著降低。自1999年焦化公司草签《"债转股"协议》后,公司连续取得盈利。2000年5月,产值比1999年同期增长15.4%,创历史最高水平;销售收入比1999年同期增长29%;产销率达103.1%,产品库存量下降;流动负债低于流动资产。

按照协议要求,焦化公司通过资产重组,于2002年5月重新组建由华谊集团、中国信达资产管理公司、中国华融资产管理公司和上海市城市建设投资开发总公司为股东的新的有限责任公司(上海焦化有限公司)。从此企业加快现代企业制度建设,完善法人治理结构,进一步促进经营机制转换,使企业走上良性循环的发展道路。对焦化公司而论,"债转股"的作用是在企业经营困难时,通过把债权转换为股权,减轻企业债务负担,发挥股权分担风险的特点,改善企业经营状况,推进公司全面发展,加快科技创新,完善适应市场环境的管理机制,为化工制造业的转型升级作出贡献。

二、上海高桥石化丙烯酸厂推动反倾销维权

上海华谊丙烯酸有限公司的前身是上海高桥石化丙烯酸厂,是专业生产丙烯酸及酯系列产品的厂家之一,生产设备和工艺达到国际先进水平。其主要产品丙烯酸、丙烯酸甲酯、丙烯酸乙酯、丙烯酸丁酯等均为重要的有机化工原料,在20世纪末和21世纪初国内丙烯酸酯的市场需求量每年以7%~10%递增。

2001年12月11日,中国加入世界贸易组织(WTO),成为该组织第143个成员。在中国加入WTO的前后,倾销与反倾销成为中国与外国之间贸易争端的突出问题。在国际贸易中,国外对中国产品的反倾销远多于中国对国外的反倾销。反倾销作为国际贸易中保护经济的常用手段,成为各国关注的焦点。

从上海高桥石化丙烯酸厂1994年建成投产后的第3年起,市场风云突变,国内丙烯酸酯的主要品种丙烯酸丁酯价格急剧下降,由1996年的1.6万元/吨降至1999年上半年最低只有7 000元/吨左右,由于价格低得离谱,国内丙烯酸酯产业在产销量上虽然保持上升态势,但销售收入不仅没有增加,反而连年下降。面对突如其来的市场变化,上海华谊丙烯酸有限公司一直在寻找原因。1997年3月25日,国务院颁布《中华人民共和国反倾销和反补贴条例》(简称"《条例》"),上海高桥石化丙烯酸厂组织有关人员认真学习《条例》,找到了市场波动的根源,正是国外厂商的倾销行为打压了中国国内丙烯酸酯的生产。所谓"倾销",是指一国产品以低于正常价格进入进口国市场,并使进口国已建立的产业受到实质性伤害或构成威胁,或实际上使进口国产业延迟建立。丙烯酸行业在20世纪90年代在中国是一个新兴的行业,中国在1984年、1992年、1994年分别花费巨资建成北京东方化工厂、吉林石化公司丙烯酸酯装置、上海高桥石化丙烯酸厂3个丙烯酸酯生产企业,到20世纪末合计生产能力为20万吨/年。属于幼稚产业,容易受外来倾销的冲击。

1996年以来,中国丙烯酸酯进口量迅速增长,同时其市场价格也相应地不断下跌。进口丙烯酸酯主要来自日本、美国和德国。根据中国海关统计,1996—1999年,日本、美国和德国向中国出口的丙烯酸酯的数量累计增长2.21倍。

由于国外公司的倾销使中国丙烯酸酯生产企业陷入了困境,市场被不公平挤占。1997—1999年,随着丙烯酸酯产品价格的一路走低,上海华谊丙烯酸有限公司连续3年亏损,累计1.44亿元,资产负债率升至近100%,已到了资不抵债的边缘。

1997年3月25日,中国政府颁发《中华人民共和国反倾销和反补贴条例》,为国内企业开展反倾销申诉提供了法律依据和法律保障。

1999年3月初,上海高桥石化丙烯酸厂(即上海华谊丙烯酸有限公司的前身)充分运用WTO游戏规则,主动牵头联合国内当时仅有的2家丙烯酸同行,即北京东方化工厂和吉林石化公司结成反倾销同盟,成立丙烯酸酯行业反倾销工作协调小组,毅然拿起反倾销武器抗击,进行反倾销诉讼,捍卫国家的利益。决定每家企业派一名代表全权负责本企业的反倾销工作,共同参与反倾销行动。3月28日,3家企业负责人在上海协商,鉴于反倾销给企业带来的效益要远高于律师费用,丙烯酸酯行业反倾销联盟统一思想,舍得花钱请中国最好的律师事务所代理。一致同意委托国内第一起

反倾销案代理人北京中环律师事务所为丙烯酸酯反倾销案的全权代理人（该所代理了当时为止国内的17起对国外产品反倾销案件中的12起,具有很强的实力）。同时积极寻求政府支持,3家企业的主要领导多次到原国家对外经济贸易部、原国家经济贸易委员会等部委反映产业状况,取得政府有关部门的支持。《中国化工报》也在1999年7月26日发布了有关丙烯酸酯产业反倾销的内参,引起了国家高层领导的重视。

  由于反倾销诉讼的对象是国际知名的跨国公司,要想打赢反倾销战,需要具备以下方面：第一,掌握相当程度的国际贸易和法律知识。上海华谊丙烯酸有限公司在学习运用反倾销的法律武器过程中,首要环节就是研究WTO的反倾销规则。上海华谊丙烯酸有限公司组织相关人员学习反倾销条例和国内有关案例,深入组织讨论和走访,进行专题研究和调研,形成相关的调研报告。公司通过组织对反倾销条例的学习,不仅统一了思想,坚定了信心,而且还制定出反倾销的行动方案。第二是建立反倾销组织。上海华谊丙烯酸有限公司在企业内部建立反倾销工作小组,小组成员选自善于学习和相对熟悉国际贸易法律的员工,同时还要了解市场营销业务,组成一个熟悉情况、反应敏捷、办事高效的诉讼班子。第三是善于建立反倾销战略联盟。《中国反倾销条例》规定,反倾销诉讼人的身份为代表国内产值总量50%以上的生产者。而当时国内仅有的3家丙烯酸酯生产企业,在市场上虽然是竞争对手,但在国内丙烯酸酯生产企业面临生死存亡之际,大家还是能够一致对外,统一行动,共同拿起反倾销武器。

  在丙烯酸酯反倾销联盟实施反倾销的过程中,由于反倾销的潜伏性和意外性,企业必须树立高度的自我保护意识,建立起反倾销的预警系统,紧紧盯住国际与国内两个市场的动向,深入调研和预测可能遭受倾销冲击的产业情况,制定相应的反倾销策略,才能化被动为主动。上海华谊丙烯酸有限公司建立起行之有效的预警方法,一方面通过海关监测系统统计进口产品的数量和海关公布的进出口统计资料,一旦出现丙烯酸酯数量剧增和价格的下滑,就对该产品给予特别关注。公司密切关注了丙烯酸酯产品的进口数量和价格变化情况,这类信息是判断进口产品是否存在倾销的首要依据。同时广泛搜集国内一些化工信息咨询公司提供的化工产品进出口数据,获得更全面、更详细的产品进出口情况。在搜集查找信息资料的工作中,工作小组成员分工合作,按照贸易方式、贸易国、产销国、海关、经营单位等多种方式,查询到了各种化工产品的进口数量和贸易额,这样就对监控的丙烯酸酯产品数量和进口价格进行有效跟踪,一旦发现部分产品进口情况异常,就可及时采取对策。另一方面,上海华谊丙烯酸有限公司反倾销工作小组还密切跟踪产品出口国的市场销售价格信息。这也是要求反倾销诉讼的企业必须对准备诉讼的产品在其国内的生产要素（如销售价格、生产成本、销售渠道等）及在第三国的销售价格等情况有充分的了解。它是判断是否构成倾销以及确定倾销幅度的主要依据。工作小组通过一些公开发表、出版的行业报纸,杂志,统计报告,年鉴,上市公司报表,互联网信息,以及驻外机构和使领馆的商贸机构、有关律师事务所、行业协会等渠道多管齐下,购买一些国外著名化工咨询公司的报告等,进行政策跟踪和数据综合分析滚动排摸,以有效掌握丙烯酸酯进口产品对国内丙烯酸酯生产企业造成冲击程度的信息,这类信息是判断损害的主要依据,主要包括：国内市场价格走势、企业销售额、盈利状况、市场份额、开工率和失业率等,进而全面而系统地积累起反倾销诉讼所需要的各种数据和资料。

  由于反倾销诉讼能够立案调查的关键是倾销的事实、对国内丙烯酸酯生产企业实质性损害的事实,以及两者因果关系等充分的证据,因此,搜集的信息必须经得起调查,能与有丰富经验的应诉方反驳。既有技术、经济各项指标的严格认定,又必须依据WTO规则和国内有关法律法规。无论是立案调查、还是裁决,均必须有充分的证据和法律依据。

通过多种渠道调查分析发现,自1996年以来,日本、美国和德国的丙烯酸酯向中国出口的价格明显低于其国内的正常价格。如:日本1998年出口到我国的丙烯酸酯类平均价格为836美元/吨,只是其国内平均价格1 657美元/吨的50.5%。美国1998年出口到中国的丙烯酸酯类平均价格为818美元/吨,只是其国内平均价格1 837美元/吨的44.5%。德国1998年出口到中国的丙烯酸酯类平均价格为854美元/吨,只是其国内平均价格1 282美元/吨的66.6%。此外,还掌握到日本、美国和德国向中国出口的丙烯酸酯的价格不仅大大低于其国内销售价格,而且低于同类产品在第三国的销售价格。

上海华谊丙烯酸有限公司和丙烯酸酯生产企业反倾销联盟通过各种渠道取得了国外产品在中国倾销的有力证据后。1999年8月,丙烯酸酯生产企业向原国家经济贸易委员会、原国家对外经济贸易部递交了反倾销调查的书面申请。1999年12月10日,原国家对外经济贸易部发布公告,决定对原产于日本、美国、德国的进口丙烯酸酯进行反倾销调查。

国家反倾销调查机关经过立案、论证、实地核查等程序,2000年11月23日起,对原产于日本、美国、德国的进口丙烯酸酯开始实施临时反倾销措施。

后又经过听证会、实地核查以及论证,最终原国家对外经济贸易部公告,自2000年11月23日起,中华人民共和国海关对原产于日本和美国进口到中国的丙烯酸酯开始征收31%~69%不等的反倾销税(德国企业因对华出口量不到当时中国进口量的3%而忽略不计),上述两国的丙烯酸酯已难以再在中国市场上保持低价竞争的优势。在对美国、日本和德国的进口丙烯酸酯开展反倾销调查并采取临时反倾销措施后,原产于这三个国家的进口丙烯酸酯合计数量开始减少,国内丙烯酸酯价格逐渐回升,并且在传统淡季的春节也保持旺销。2000年,丙烯酸丁酯价格最高曾上涨到1.4万元/吨左右;中国丙烯酸酯生产企业2000年的受损程度与以往相比有所减轻;2000年,销售收入比1999年增长51%,价格上升26%,税前利润增长428%,全行业全面扭亏为盈。同时,被控倾销的日本、美国、德国的丙烯酸酯在中国倾销的势头被遏制,进口数量明显下降甚至被迫退出中国市场。

这是中国第一次对欧盟国家动用反倾销的案例,也是中国第五个对外反倾销的成功案例。由于采取反倾销措施,国内丙烯酸酯生产企业得到了一定的保护。由此,上海华谊丙烯酸有限公司2000年实现利润近400万元,彻底扭转了连续3年亏损1.44亿元的局面,实现了国企解困的目标,同时反倾销给企业的发展创造了新的市场空间和发展机遇,公司抓住机遇进行了装置的挖潜改造和扩建,积极开拓国内市场,取得的效果显而易见。2001年,公司销售收入7.3亿元,比2000年增长24%;销售量9万吨,比2000年增长32%。

在对美国、日本、德国开展反倾销调查并采取反倾销措施的同时,2000年和2001年的中国海关统计数据显示,来自韩国LG化学公司及由日本东亚合成株式会社(美国、日本、德国等丙烯酸酯反倾销案的应诉方)和日本住友株式会社控股的新加坡公司、由日本触媒株式会社和日本东绵株式会社(两个公司均为美国、日本、德国等丙烯酸酯反倾销案的应诉方)控股的印度尼西亚公司和由德国巴斯夫公司(美国、日本、德国等丙烯酸酯反倾销案的应诉方)控股的马来西亚公司的进口丙烯酸酯数量剧增。这四个国家(即韩国、马来西亚、新加坡和印度尼西亚)丙烯酸酯对华出口数量占中国同类产品进口量的比例从1993年的13%上升到2001年9月份的58%;2000年,四国对华丙烯酸酯总出口数远比1999年上升32%,比1998年上升531%;2001年,上述四国对华丙烯酸酯出口数量继续大幅度提升,2001年1—9月的数量比2000年同期增长101%,而且还有愈演愈烈的趋势。

韩国、马来西亚、新加坡和印度尼西亚的丙烯酸酯生产商针对中国对美国、日本、德国丙烯酸酯采取反倾销措施之际乘虚而入,向中国大量低价出口丙烯酸酯,开始抢占中国市场,规避中国政府开展的反倾销调查,严重吞噬了中国对美国、日本、德国进口丙烯酸酯反倾销的成果。2001年以来,国内丙烯酸酯生产企业的产量、销售数量、销售收入、市场份额、产品销售价格、税前利润等指标都呈恶化趋势,再次出现严重亏损,生产经营状况日趋恶化,又遭受到新一轮的实质上的巨大损害。

为此国内丙烯酸酯产业又一次提出了对来自韩国、马来西亚、新加坡和印度尼西亚进口的丙烯酸酯开展反倾销调查。中国政府应国内丙烯酸酯企业的申请,国家对外贸易经济合作部于2001年10月10日发布立案公告,对原产于韩国、马来西亚、新加坡和印度尼西亚的进口丙烯酸酯进行反倾销立案调查。2003年,国家商务部经调查裁定,原产于韩国、马来西亚、新加坡和印度尼西亚的进口丙烯酸酯存在倾销和实质损害,同时倾销和实质损害之间存在因果关系。自2003年4月10日起,进口经营者在进口上述产品时,应依据终裁决定所确定的各公司的反倾销税率,向中国海关交纳2%～49%不等的反倾销税,实施期限为5年。

在国际贸易中,国内丙烯酸酯生产企业再次对不公平的倾销行为说"不"。这是中国政府第一次对同一产品两次进行反倾销调查,充分表明了中国政府利用国际通行规则合理保护国内产业的态度。

上海华谊丙烯酸有限公司运用国际通行惯例和规则,在国内丙烯酸酯产业受到国外倾销损害的情况下,联合国内同行两次对来自美国、日本、德国、韩国、马来西亚、新加坡和印度尼西亚的丙烯酸酯产品实行反倾销,成为中国对同一产品两次进行反倾销的第一个案例,也是中国第一次对欧盟国家动用反倾销的案例,是成功的"双一"案例。中国加入WTO以后,中国企业将面临越来越多的倾销和反倾销问题,敢于善于利用国际通行的惯例和规则,采用国际通行的合法手段,对国外企业不合理的挤占国内市场提出申诉,才能有效维护企业的利益。上海华谊丙烯酸有限公司不仅善于拿起反倾销武器,在维护企业正常经营贸易权益的实战中为中国企业提供经验;而且通过反倾销实战,增强了反倾销意识,提升了反倾销的能力,还建立起了密切跟踪丙烯酸及酯产品市场的反倾销长效机制。在2003年上海市企业管理现代化创新成果奖评选中,上海华谊丙烯酸有限公司"运用WTO规则完善反倾销机制与管理"课题获一等奖。在2004年第10届国家级企业管理现代化创新成果评选中,"企业反倾销机制的建立与运行"获创新成果一等奖。

三、上海回力鞋业有限公司打造"回力"品牌

"回力"品牌是中国最早的运动鞋品牌之一,"回力"球鞋是广大体育爱好者的美好记忆。中国女排第一次获世界冠军,就是穿着"回力"排球鞋。作为民族品牌代表之一的"回力"品牌,是具有80多年历史的民族品牌,名闻遐迩,影响广泛。

鞋类"回力"品牌最早的前身是1927年由业主刘永康、石芝珊等人集资开设的义昌橡皮制物厂,石芝珊任厂长,生产"八吉"牌套鞋;1930年,改组后更名为正泰信记橡皮制物厂;1934年,更名为正泰信记橡胶厂。

鞋类"回力"圆形图案商标,最早创立于1934年;是年10月7日,上海《申报》刊登由正泰信记橡胶厂发布的"回力"球鞋征求改名揭晓的大幅广告,标志着鞋类"回力"圆形图案商标的面世。1935年4月4日,该商标获注册。

20世纪30年代,胶鞋市场开始"分化",除了雨天穿的全胶鞋外,布胶鞋(跑鞋)也开始在大城市流行。为适应市场需求,正泰信记橡胶厂摸索改进企业生产经营管理的办法。1934年5月,派人专程到广州,礼聘清华大学经济系毕业、熟悉企业管理的薛铭三为正泰信记橡胶厂经理。薛铭三到厂后,一是主持设计"回力"圆形图案商标,二是首创胶鞋成型流水线作业法。在多方征集商标名称的过程中,浙江美术专科学校毕业的袁树森,其应征的商标图案"WARRIOR"(英文原意是战士、勇士、斗士)最终中标,薛铭三把"WARRIOR"译成中文谐音"回力",寓有"回天之力"的含义,喻指"能战胜困难的巨大力量"。由薛铭三题上中文"回力"两字,并以"回力"牌商标用在新开发投产的布面胶鞋(球鞋)上。由此,"回力"跑鞋风靡一时,在以后的数十年里,成为有广泛知晓度的民族品牌。

1949年,中华人民共和国成立后,"回力"圆形图案商标主要分成两脉发展。经过1956年公私合营和上海橡胶行业历次合并、改组、更名,到20世纪60年代鞋类"回力"圆形图案商标的使用者主要是上海胶鞋六厂和上海胶鞋七厂。1987年,时任上海胶鞋六厂党委书记、副厂长的韩正重视民族品牌"回力"的建设,开发出一系列高档皮质运动鞋、足球鞋、乒乓球鞋、排球鞋、羽毛球鞋、时装休闲鞋、新装牛仔鞋、配套学生鞋、特种功能鞋等产品。产品不仅在国内有很大市场,还远销日本、美国、波兰以及东南亚、中东、欧美等几十个国家和地区。1988年,"回力"牌胶鞋获"国家银质奖"。2004年,上海市市长韩正在接受央视《经济半小时》"上海积极探索制造业出路"专访时说:我曾经在回力牌球鞋的厂里面当过党委书记,那个时候中学生有一双这样的鞋,感觉好像很高兴。在谈到对"回力"品牌提出要求和期望时说到"品牌是什么?品牌后面是技术,品牌后面是知识产权,要想品牌站得住脚,就要不断提高你的知识含量",为回力公司的新一轮发展指明了方向。1993年5月8日,"回力"牌出口系列鞋获世界贸易领导者俱乐部颁发的"第21届国际质量银质奖",这是中国企业首获该奖项。1996年2月,上海胶鞋公司将所属主要骨干企业上海胶鞋六厂和上海胶鞋七厂合并组建上海回力鞋业总厂。

上海胶鞋公司是劳动密集型企业,虽然在历史上曾有过比较辉煌的业绩,但随着经济体制改革发展,上海生产要素成本逐渐提高,企业历史负担重,产品开发后劲不足,技术含量附加值低,企业缺乏竞争力,在外资和中国新兴品牌冲击下逐步陷入困局。1996年,胶鞋公司大部分企业陷入停

产和半停产的困境。公司党委书记王强落实"有所为有所不为"战略调整，提出"在有所不为中要有所为"，一方面抓下岗分流再就业，另一方面抓企业扭亏解困工作。促使企业的发展与上海市发展定位相一致，以解决国有老企业历史问题。在华谊集团的支持下，胶鞋公司原来7厂1所重组为以产品品牌命名的"回力"和"双钱"两个骨干企业。1997年起，"回力"持续被评为上海市著名商标；1999年，回力鞋业的"回力"商标被认定为中国驰名商标。

为进一步贯彻落实上海市政府提出的"有所为，有所不为"的战略方针，上海华谊（集团）公司及时调整上海胶鞋行业运作模式，2000年3月，上海胶鞋公司及所属上海回力鞋业总厂等实施破产。同年4月，转移商标保全，由华谊集团投资占比80%、经营者群体投资占比20%，组建以品牌运作模式为主的上海回力鞋业有限公司（简称"回力鞋业公司"），王强兼任该公司董事长。回力鞋业公司当年实现销售8 562万元，利润100万元。

回力鞋业公司成立后，启动品牌升级战略，全力挖掘企业品牌经典文化内涵，及时转变经济发展方式，学习国际知名品牌的管理方式，以品牌运作的经营模式，在市场经济的浪潮中负重前行。公司立足"以人为本、崇尚运动、促进健康"的产品开发理念，以技术创新为核心，在积极开发普及型、大众化运动休闲鞋系列产品的同时，着力研发具有较高技术含量的冷粘专业体育用鞋、户外健身运动鞋，改进工艺、提升质量、开发新产品，生产适销对路的产品，不断拓展市场。

在坚持"回力"体育品牌总定位的基础上，围绕"经典、时尚、专业"的品牌内涵主题，确立"时尚运动、健康运动、专业运动"（分别针对青年、中老年和专业消费群体）的产品结构定位方向，开发出广受时尚青年和各类消费群体欢迎的中、高端"回力"产品。2002年，"回力"牌足球鞋被中国质量协会等授予"市场信得过产品"，"回力"牌篮球运动鞋被中国橡胶协会胶鞋分会授予"全国胶鞋行业协会推荐产品"。

2006年年底，所有经营者持股退出，回力鞋业公司成为华谊集团全资子公司，回力鞋业公司由生产型企业转变为品牌运作的贸易型企业。同年，回力鞋业公司开始试行以授权经营方式拓展产品系列和品种，在全国布局形成数家紧密型的加工合作企业，快速丰富了"回力"产品线。

2008年，北京举办奥运会，回力鞋业公司抓住这个难得的历史机遇，大力挖掘"回力"这一民族老品牌的经典历史内涵，展示品牌新时尚风采。2010上海世博会期间，"回力"品牌获世博会特许生产商和零售商资格。在上海市政府大力推进品牌战略的大背景下，回力鞋业公司的发展广受社会各界的关注和支持，"回力"品牌在市场上的影响力明显提升。自2009年起，公司销售收入不断攀升；2013年，销售收入攀升至6.1亿元，利润达1 600万元。尤其是2010年春夏开始，"回力"鞋供不应求，长期处于缺货状态。"回力"鞋借势开出第一家旗舰店——上海平凉路旗舰店，该店一个月创下近170万元的销售收入。

2011年，"回力"运动鞋品牌被国家商务部认定为第二批"中华老字号"。

2012年6月，回力鞋业公司采取轻资产品牌运作，以"终端直供平台＋电商平台"的双轮驱动模式，使"回力"品牌再次走上高速发展道路。

回力鞋业公司是华谊集团坚持"有所为，有所不为"，在"有所不为中有所为"的成功案例。

附 录

关于上海市化学工业局机构改革方案的批复

沪委发〔1995〕417号

市工业工作党委、市经济委员会：

沪经办(1995)324号《关于上海市化学工业局机构改革方案的请示》收悉。现批复如下：

一、同意撤销上海市化学工业局建制，同时撤销中共上海市化学工业局委员会，组建上海化工控股(集团)公司，建立中共上海化工控股(集团)公司委员会。

上海化工控股(集团)公司党的工作归口市工业工作党委，业务工作归口市经委。

二、上海市化学工业局撤销后，在市经委内设立冶金化工办公室，该办公室对内是处的建制，对外增挂上海市冶化工办公室的牌子，承担原市化工局的行政管理职能。该办公室的人员编制由市编委另行核定。

三、上海化工控股(集团)公司为企业性质的经济实体，不定行政级别，可参照局级单位发放文件和通知参加有关会议。

四、为保证上海市化学工业局机构改革的顺利进行，市各有关部应予积极支持。

希望你们精心组织实施，做好思想政治工作和改制后工作，特别要处理好改革、发展与稳定的关系，保证各项工作不断不乱，以加快上海化学工业管理体制改革的步伐，适应建立社会主义市场经济运行机制的要求。

特此批复。

中共上海市委员会
上海市人民政府
1995年12月16日

关于同意上海化工控股(集团)公司和上海市医药管理局联合重组的批复

沪委发〔1996〕1368号

市工业工作党委、市经济委员会：

沪经企(1996)472号《上海市工业党委 上海市经委关于上海化工控股(集团)公司和上海市医药管理局联合重组的请示》收悉。现批复如下：

一、同意将上海化工控股(集团)公司的国有资产和上海市医药管理局及所属企业的全部国有资产联合重组，成立上海华谊(集团)公司，由市国有资产管理委员会授权经营；同时建立中共上海华谊(集团)公司委员会。上海华谊(集团)公司党的工作归口市工业工作党委，业务工作归口市经济委员会。上海化工控股(集团)公司和中共上海化工控股(集团)公司委员会予以撤销。

二、同意撤销上海市医药管理局和中共上海市医药管理局委员会，实行政企分开。

组建上海医药(集团)总公司，同时建立中共上海医药(集团)总公司委员会。上海医药(集团)总公司党的工作归口市工业工作党委，业务工作归口市经济委员会。上海医药(集团)总公司为企业性的经济实体，不定行政级别，可参照局级单位发给文件、通知参加有关会议。

组建新的上海市医药管理局，行政级别为正局级，归口市经济委员会，承担医药行业的行政管理职能同时建立中共上海市医药管理局党组，归口市工业工作党委。新组建的上海市医药管理局的人员编制由市编委另行核定。

希望你们在市各有关部门的积极支持下，精心组织实施，做好思想政治工作和联合重组后的善后工作，特别要处理好改革、发展与稳定的关系，保证各项工作不断不乱，以加快国有资产管理体制改革和建立现代企业制度的步伐，适应建立社会主义市场经济运行机制的要求。

特此批复。

中共上海市委员会
上海市人民政府
1996年10月4日

上海华谊(集团)公司章程

(1996年10月)

第一章 总 则

第一条 上海华谊(集团)公司〔以下简称(集团)公司〕是按照建立社会主义市场经济体制、率先建立现代企业制度的客观要求,为实现政企分开、政资分开,强化国有资产管理,加速行业优化、重组,形成规模经济,发挥整体优势,促进上海化工、医药振兴、发展。是经上海市人民政府批准,由上海化工控股(集团)公司与上海市医药管理局联合改制组建的。

第二条 (集团)公司名称:上海华谊(集团)公司
英文名称:Shanghai HuaYi (Group) Company
缩写为:SHGC

第三条 (集团)公司所在地:中国上海。
法定地址:上海市浦东南码头路200号。

第四条 (集团)公司是经上海市国有资产管理委员会授权的国有资产投资控股经营的法人实体。

第五条 (集团)公司国有资产经营的授权方是上海市国有资产管理委员会,(集团)公司经其授权成为授权范围内国有资产代表。依法享有法人财产权。

第六条 (集团)公司的宗旨:以其授权经营的国有资产对上海市国有资产管理委员会负责,承担国有资产的保值、增值责任。以资产为纽带,盘活资产存量,优化资本结构。实行产业战略转移。扩展外向型经济,实现上海化工医药超常规的快速发展,使(集团)公司成为面向国内、国际两个市场,具有较强竞争能力,能与国际跨国公司相抗衡的大集团。

第七条 上海华谊(集团)公司是华谊集团的母公司,集团成员单位依据产权关系分别为(集团)公司的全资子公司、控股子公司、参股公司。

第八条 经济性质:(集团)公司是一个自主经营、自负盈亏、自我约束、自我发展、国有独资性质的投资控股公司。依法在上海市工商行政管理局登记注册,独立享有民事权利,承担民事责任,是具有法人资格的国有独资有限责任公司。(集团)公司经上海市国有资产管理委员会授权,是授权范围内国有资产产权运营主体。

第九条 (集团)公司的经营活动,必须遵守和贯彻执行国家法律、法规和政策,依法纳税,接受国家政府部门的宏观调控、行业管理和监督检查。

第二章 注册资本及其来源

第十条 资本来源:上海市国有资产管理委员会授权经营的国有资产构成(集团)公司的总资本。

第十一条 (集团)公司注册资本40.66亿元人民币。

第三章　经营范围和方式

第十二条　(集团)公司经营范围：

主营：投资控股，兴办经济实体，从事化工医药产品及设备的制造和销售。

兼营：从事化工医药装备、工程安装、维修、承包服务等业务，经营各类"三产"业务。

第十三条　(集团)公司经营方式：

投资、融资、开发、贸易、信息、咨询服务、科研、设计、制造、销售、跨国经营。

第四章　领导体制和组织机构

第十四条　根据权力机构、决策机构、执行机构和监督机构各司其职、精干高效、相互制衡的原则，建立(集团)公司的领导体制和组织机构。

第十五条　(集团)公司建立董事会，监事会成员由国资委任免，任期三年。董事会设董事长一名，董事长为(集团)公司的法定代表人。副董事长一至二名。董事长、副董事长由市政府从董事会成员中指定。

第十六条　董事会会议由董事长召集和主持；董事长因特殊原因不能履行职务时，由董事长指定副董事长或其他董事召集和主持。

董事会会议每季召开一次。有三分之一以上董事提议可提前或拖后召开董事会会议。召开董事会会议应于十天以前书面通知全体董事，并告示主要议题。遇特殊情况，董事长可召开临时董事会会议。会议应有专门记录，对作出决定的事项，形成会议纪要，出席会议的董事应当在会议纪要上签名。会议纪要应印发给所有董事。

董事因特殊原因不能出席董事会会议，应于一天前向董事长请假或委托代理人出席会议。委托人应出具书面委托书。

第十七条　董事会履行以下职权：

1. 贯彻执行市国资委及政府有关部门的决议决定。
2. 审定(集团)公司的发展规划、战略及年度经营计划，重大项目进行投资决策。
3. 审定(集团)公司年度财务预算方案、决算方案。
4. 决定(集团)公司及其全资子公司的产权转让方案。
5. 决定(集团)公司的利润分配方案和弥补亏损方案。
6. 决定(集团)公司增加或减少注册资本的方案。
7. 决定全资子公司及事业单位合并、分立、变更(集团)公司形式、解散的方案。
8. 聘任或解聘(集团)公司总裁，根据总裁提名聘任或解聘副总裁、财务部负责人，决定其报酬事项。
9. 决定(集团)公司管理机构的设置，制定基本管理制度。
10. 决定全资子公司的资产经营方式。
11. 决定全资子公司董事会的组成成员，委派其董事长。决定向控股子公司、参股公司推荐董事会成员。

第十八条　董事会会议出席人数不得少于应出席董事的三分之二。所议事项作出决定，应有出席会议董事的半数以上通过，方为有效。董事会讨论重大事项，不能取得一致意见时，董事长应在协调基础上于一周后召开第二次会议。

第十九条 (集团)公司设总裁一人,副总裁若干人,副总裁受总裁领导,协助总裁分工管理(集团)公司的业务工作。(集团)公司设立若干职能部门,具体负责日常管理工作。

第二十条 总裁行使以下职权:

1. 组织实施董事会决议,并向董事会报告工作。
2. 负责(集团)公司日常经营管理事务。
3. 组织实施(集团)公司经营决策、年度计划、长远规划和重大投资项目方案。
4. 提出产权转让、投资收益分配、企业组织结构调资产经营方式变动的方案建议。
5. 拟定(集团)公司行政机构设置和调整方案。
6. 拟定基本管理制度,制订、修改和废除具体规章。
7. 提请聘任或解聘(集团)公司副总裁、财务负责人。
8. 聘任或解聘除应由董事会聘任或解聘以外的经营管理人员。
9. 推荐控股、参股的有限责任公司、股份有限公司董事会成员。
10. 行使董事会授予的其他职权。

第二十一条 (集团)公司实行监事会制度。监事会成员由国资委决定,监事会主席由市政府部门指派。董事、总裁及财务负责人不得兼任监事。

第二十二条 监事的任期每届为三年。监事任期届满,可以连聘连任,不得超过二届。

第二十三条 监事会行使下列职权:

1. 检查(集团)公司财务。
2. 对(集团)公司董事、总裁执行(集团)公司职务时违反法律、法规或公司章程的行为进行监督。
3. 当董事和总裁的行为损害(集团)公司利益时,要求董事或总裁予以纠正。
4. 提议召开临时董事会。
5. 到席董事会议。
6. 监事会会议有监事长召集。

第二十四条 根据《中国共产党章程》规定(集团)公司设立党委、纪委。

第二十五条 化学工会是(集团)公司的工会领导机构,(集团)公司实行民主管理。

第五章 资产经营和产权管理

第二十六条 (集团)公司依法经营授权范围内的国有资产实行统一领导、分级管理的资产经营体制。

1. 制定(集团)公司经营战略、发展规划和年度经营计划,对投资方向和重大投资项目进行决策。
2. 委派产权代表负责全资子公司,参与控股子公司的经营管理,或委派人员经股份有限公司股东大会选举进入董事会,并对(集团)公司的经营业绩进行考核、奖励。
3. 负责重要国有资产的处置(包括企业设投、分立、合并、终止、拍卖、转让、出租等)。
4. 决定或批准全资子公司的资产经营方式。
5. 负责国有资产投资收益分配。
6. 负责国有资产的运行监管。

第二十七条 产权管理形式。

1. 对于(集团)公司直接占用的国有资产,按照董事会决策,由总裁实施经营管理。
2. 对于具备法人地位、由(集团)公司拥有全部产权的全资子公司,由董事会委任产权代表,按照(集团)公司决策实施经营管理。
3. 对于(集团)公司拥有部分产权、具备独立法人地位的控股子公司和参股公司,(集团)公司委派人员经股份有限公司股东大会选举进入董事会,参与决策和经营管理。

第二十八条 (集团)公司董事长作为国有资产所有者的委托代表与市国有资产管理委员会签订国有资产保值增值责任书,接受市国有资产管理委员会的监管,并定期向市国有资产管理委员会报告集团经营和发展情况,报送资产报表。

第二十九条 (集团)公司实行以保值增值为主要内容的资产经营责任制。

第三十条 (集团)公司的资产经营等统一归口上报。

第三十一条 (集团)公司授权经营范围内的国有资产收益权在市国有资产管理委员会,(集团)公司根据市国有资产管理委员会的决定执行资产收益的职能和收益留成的使用。

第六章 企业组织结构

第三十二条 (集团)公司与全资、控股子公司是以资产为连接纽带的母子公司关系,(集团)公司是国有资产的投资主体。

第三十三条 子公司是自主经营、自负盈亏的法人,拥有法人财产权。(集团)公司根据发展需要,逐步对全资子公司按照现代企业制度的要求进行改组、改制、改造。

第七章 章程修改程序

第三十四条 当本章程不适合国家法律、法规和政策的规定,或是不适合(集团)公司发展时可以进行修改。章程修改需由(集团)公司董事会讨论通过,报市国资委批准,并报工商行政管理部门审核备案。

第八章 终止程序

第三十五条 当由于各种原因使(集团)公司终止营业时,由(集团)公司向市国资委提出书面申请,经市国资委批准,并由有关部门与(集团)公司共同成立清算组织,制订清算方案,负责对(集团)公司财产、债权债务依法进行全面清算。清算结束并报市国资委批准后,向原登记机关办理企业法人营业执照注销手续。

第九章 附 则

第三十六条 本章程由(集团)公司董事会负责解释。

第三十七条 本章程经董事会讨论通过,并报经上海市国有资产管理委员会批准后生效。

上海华谊(集团)公司董事会会议制度及议事规则

(2011年12月2日)

第一章 总 则

第一条 为了明确董事会的会议制度、议事方式和表决规则,确保董事会规范运作,根据《中华人民共和国公司法》《上海市市管国有企业董事会建设指导意见(试行)》《董事会试点企业治理指引》及《上海华谊(集团)公司章程》(以下简称《公司章程》)的规定,特制定本规则。

第二条 本规则为相关法律、法规、规范性文件和《公司章程》的补充规定,公司召开董事会会议除应遵守本规则的规定外,还应符合相关法律、法规、规范性文件的规定。

第二章 董事会会议的召集和通知

第三条 董事会会议分为定期会议和临时会议。董事会每年召开不少于四次的定期会议,每次定期会议应于会议召开10日以前书面通知全体董事,会议通知应包括会议召开的时间、地点、议程等,并提交审议的文件(议案)。

第四条 董事会会议的议题一般包括:
(一)审议和决定公司的发展战略和中长期发展规划;
(二)审议和决定公司的年度财务预算方案、财务决算方案,利润分配方案或弥补亏损方案;
(三)审议和决定公司的年度投资计划与重大项目投资方案;
(四)审议和决定年度担保计划,借贷或担保等重大融资方案以及重大资产处置方案;
(五)审议和决定公司基本管理制度;
(六)按照有关规定,审议和决定公司高级管理人员的聘任和解聘;
(七)审议和决定公司高级管理人员业绩考核和薪酬分配方案;
(八)审议决定其他重大事项。

第五条 董事会会议由董事长召集和主持;董事长因故不能召集和主持,可以委托其他董事召集和主持。

第六条 出资人、三分之一以上的董事、二分之一以上的外部董事,可以提议召开董事会临时会议。董事长应当自接到提议后十日内,召集和主持董事会临时会议。董事长亦可在其认为必要时决定召开董事会临时会议。

第七条 董事会会议应由过半数董事出席方可举行。

第八条 董事会定期会议应以现场召开为原则。在保障董事充分表达意见的前提下,董事会临时会议可以采取通讯方式进行,董事可就会议决议进行通讯表决。但审议涉及利润分配方案、重大项目、重大资产处置及重要人事任免等重大事项,不应采取通讯表决方式。

第九条 董事应亲自出席董事会会议,因故不能亲自出席的,可以委托其他董事出席,但必须向受托人出具有效的委托书,委托书上必须载明对于各项列入表决程序议案的明确意见或授权受托人行使表决权。

第十条　监事列席董事会会议。董事会会议其他列席人员由董事长指定。

第三章　董事会会议的议事和表决

第十一条　对于列入会议议程需要表决的议案,在进行表决前,董事应当认真阅读有关会议材料,在充分了解情况的基础上独立发表意见。

第十二条　董事会会议对所有列入议程的议案应当进行逐项表决。表决以记名方式进行,可以采取举手表决或填写表决票等书面方式表决。

第十三条　对董事会表决事项,每一董事有一票表决权。董事对提交董事会审议的议案可以表示同意、反对、弃权。表示反对、弃权的董事,应说明具体理由并记载于会议记录。

第十四条　董事会临时会议在保障董事充分表达意见的前提下,可以用传真、传签董事会决议等方式做出决议。

第十五条　董事会如以填写表决票的方式进行表决,表决票应至少包括如下内容:

（一）董事会届次、召开时间及地点;

（二）董事姓名;

（三）需审议表决的事项;

（四）投赞成、反对、弃权票的方式指示;

（五）其他需要记载的事项。

表决票应在表决之前由董事会秘书负责分发给出席会议的董事,并在表决完成后由董事会秘书负责收回。

第十六条　会议主持人根据表决结果决定董事会的决议是否通过。以现场方式召开会议的,应当在会上宣布表决结果。决议的表决结果载入会议记录。

第十七条　董事会作出决议,必须经全体董事的过半数通过。但审议公司增加或减少注册资本以及发行公司债券或其他证券的方案和公司合并、分立、变更公司形式、解散方案等事项时需经过全体董事三分之二以上同意方可通过。

第十八条　当三分之一以上董事或者两名以上外部董事认为提案资料不充分或者论证不明确时,会前可以书面形式联名提出缓开董事会会议或者缓议董事会会议所议提案,董事会应当采纳。

第四章　董事会会议记录及决议

第十九条　董事会秘书应当安排董事会办公室工作人员对董事会会议做好记录,会议记录应当包括以下内容:

（一）会议届次和召开的时间、地点、方式;

（二）会议主持人;

（三）董事出席和受托出席情况;

（四）会议审议的提案、每位董事对有关事项的发言要点和主要意见、对提案的表决意向;

（五）每项提案的表决方式和表决结果（说明具体的同意、反对、弃权票数）;

（六）与会董事认为应当记载的其他事项。

第二十条　若由于时间紧迫无法在会议结束后立即整理完毕会议记录,董事会秘书应负责在会议结束后尽快整理完毕,并将会议记录以专人送达,或邮政特快专递方式送达与会的每位董事,提请审阅其自己的发言记录。每位董事应在收到会议记录后尽快对会议记录审阅修订,并在会议记录上签字。

第二十一条 董事会秘书应根据董事会审议结果,制作会议决议,与会董事应当在会议决议上签字。

第二十二条 董事会会议档案,包括会议通知和会议材料、会议签到簿、董事代为出席的授权委托书、会议录音资料、表决票、经与会董事签字确认的会议记录、决议等,由董事会秘书负责送交公司档案室保存。

第五章 议事规则的修改

第二十三条 有下列情形之一的,董事会应当及时修订本规则:

(一)国家有关法律、行政法规或规范性文件修改,或制定并颁布新的法律、行政法规或规范性文件后,本规则规定的事项与前述法律、行政法规或规范性文件的规定相抵触;

(二)《上海华谊(集团)公司章程》修改后,本规则规定的事项与《上海华谊(集团)公司章程》的规定相抵触。

第六章 附 则

第二十四条 本规则董事会审议通过,自通过之日起施行。

第二十五条 本规则由董事会负责解释。

上海华谊(集团)公司监事会章程

(2001年4月)

第一章 总 则

第一条 为规范和加强监事会工作,确保监事会依法履行监督职责,依据《中华人民共和国公司法》、国务院《国有企业监事会暂行条例》《上海市国有企业监事会暂行办法》等法律法规和《上海华谊(集团)公司章程》,制定本《章程》。

第二条 监事会根据《中华人民共和国公司法》的规定而设立,是企业法人治理结构的组成部分。监事会代表市国资委在本公司中行使出资人的监督职权。监事会对市国资委负责,向市国资委报告工作。

第三条 监事会按照及时性原则、有效性原则、过程监督原则、客观公正原则履行监督职责。监事会不干预、不替代公司的经营决策和经营管理活动。

第四条 监事会围绕市国资委的中心工作和本公司经济工作的重点开展各项监督活动。监事会以促进公司稳定、健康、可持续发展为宗旨。

第二章 组织结构

第五条 监事会由市人民政府委派的监事会主席、市国资委委派的专职监事和本公司职代会选举产生的职工监事组成。

第六条 监事会主席是监事会第一责任人,监事会实行主席领导下的分工负责制。监事按照监事会内部分工和工作计划,履行岗位职责,承担相应责任。

第七条 监事每届任期为三年。获得连续委派或者连续当选可以连任。

第八条 监事会设专职秘书1名,由监事会主席提名,监事会聘任。监事会秘书为监事会办公室负责人。

第三章 基本职责

第九条 监事会依法履行下列职责:

(一) 监督检查公司执行国家法律法规和方针政策的情况;监督检查公司董事会、总裁室遵守执行《公司章程》和贯彻落实市国资委工作部署的情况;

(二) 监督检查公司财务情况,查阅公司财务报告及会计资料,重点关注预算决算、投资贷款、资产质押、合同担保、关联交易、拆借资金、利润分配等情况,并对其真实性、合法性提出监督意见和建议;

(三) 监督检查公司国有资产安全和保值增值的情况,监控公司经济行为和资产质量,重点检查资产重组、企业改制、产权转让、红利收缴等事项,维护出资人的合法权益;

(四) 监督检查公司重要的经营管理活动和重大的投资融资活动,并对其潜在的问题和异常的情况进行监督评估,及时提出风险预警和防范建议。当发现存在危及国有资产安全、损害公司合法权益的严重问题时，监事会可以提请市国资委对公司进行稽查或审计；经与董事长协商同意，监事会可组织公司内部审计、监察人员，对所属子公司进行审计或检查；

（五）监督检查公司的内部控制制度、风险防范体系、产权监督网络的建设和运行情况，并对其健全性、有效性提出意见和建议；

（六）监督检查董事会决策程序和决议内容的合规合法性，以及董事会决议的执行情况；监督董事、高级管理人员履职行为和薪酬分配的情况，当董事、高级管理人员违反国家法律法规、公司章程和出资人规定、损害公司利益时，要求有关部门和当事人采取措施予以纠正，直至提出罢免的建议；

（七）监督检查职工各项保险基金的提取、缴纳，以及职工工资、劳动保护、社会保险、福利等制度的执行情况；

（八）监事列席董事会会议，并可对董事会决议事项提出质询或建议。监事会认为必要时，可提请董事长召开董事会会议。按照过程监督的要求，监事会可派员参加董事会专业委员会、党政班子联席会等经济工作会议，并要求有关部门及时、完整、准确地提供公司经济运行的数据和资料。监事会应及时和董事会、总裁室沟通工作情况，反馈监督信息，提出改进建议。对公司经济运行中存在的违规违纪问题，监事会可要求有关部门和人员予以整改，并将整改结果报告监事会；

（九）指导全资子公司、控股子公司监事会开展工作；

（十）履行国家法律法规和公司章程赋予的其他职责，承办市国资委交办的事项。

第四章 岗位职责

第十条 监事会主席岗位职责

监事会主席全面负责监事会工作，并承担领导责任。监事会主席的岗位职责主要有：

（一）主持监事会工作和会议，提出监事会的工作计划和工作总结，布置监事和秘书的工作，明确监督重点和关注事项，组织监事会开展各项监督活动；

（二）代表市国资委对董事会的决策程序和决议内容的合规合法性，以及是否符合市国资委的要求进行监督；对董事长、总裁及其他高级管理人员的经营管理业绩进行评价，并对履职行为和薪酬分配进行监督；

（三）代表监事会与董事长、总裁沟通工作情况、反馈监督信息，要求并督促对监事会提出的问题进行整改；

（四）代表监事会签署监事会决议、专项检查报告、专题调研报告和各类工作报告；

（五）代表监事会向市国资委及市政府有关部门报告工作。向市国资委报告公司经济运行中出现的重大经营风险、重大资产损失、重大司法诉讼、公司领导班子成员严重违规违法行为以及其他事项等；

（六）代表监事会对有关人员的奖惩、任免提出建议；

（七）行使市国资委和公司章程赋予的其他职责和职权。

第十一条 专职监事岗位职责

专职监事是具有财务、投资、管理等方面知识和特长的监督人员，是监事会主席的助手和参谋。专职监事的岗位职责主要有：

（一）监督检查公司财务活动情况。定期检查国资经营预算执行情况；定期查阅公司的财务报告和会计资料，以及相关的经营活动材料；专项检查公司经营活动中是否存在财务风险、是否存在

违纪违规情况;是否存在内控制度上的缺陷和漏洞及内控制度执行不力等情况;

（二）监督检查公司资产运作情况。检查公司在资产重组、资产处置或改制转制过程中,申报审批的程序是否符合规定;固有产权变更手续是否规范、合法、齐全;产权交易是否公开、公平、公正;产权出让收入是否按合同规定按时全额入账。检查本公司在控股公司、参股公司中应得的投资收益是否按股权比例及时足额收缴等情况;

（三）监督检查公司投资项目实施情况。检查投资项目是否按董事会决议组织实施,检查投资资金的使用情况;及时披露和揭示投资项目的潜在问题,提出风险预警和报告。与公司职能部门联手,对已经竣工投产的投资项目,进行跟踪检查;

（四）负责与总裁室分管领导和董事会专业委员会沟通工作情况,反馈监督信息,督促及时解决经济工作中发现的问题;

（五）协助监事会主席对董事会决策程序和决议内容的合规合法性进行监督,完成监事会主席交办的其他监督任务;

（六）专职监事完成专项监督任务后,应向监事会主席作口头汇报或提交专项检查报告,专项检查报告经监事会会议讨论后,由主席签发,上报市国资委。专职监事认为有必要时,也可以独立向市国资委报告公司经济运行中的重大问题。

第十二条　职工监事岗位职责

职工监事代表公司职工行使监督权利,与其他监事享有同等的权利,承担相应的义务。职工监事的岗位职责主要有:

（一）经常或定期深入职工群众,听取意见和建议。在监事会研究决定重大事项时,代表职工充分发表意见和建议;

（二）定期监督检查职工各项保险基金提取、缴纳,以及职工工资、劳动保护、社会保险、福利等制度的执行情况。监督检查公司民主管理方面的事项;

（三）负责与工会、职代会等部门的工作联系,及时向监事会主席汇报有关涉及国有资产安全和违法违规等方面的反映,以及损害职工合法权益的事项;

（四）参加监事会组织的各项监督活动和调研活动,完成监事会主席指派的其他工作;

（五）职工监事完成专项监督任务后,应向监事会主席作口头汇报或提交专项检查报告,专项检查报告经监事会会议讨论后,由主席签发,上报市国资委。职工监事有权向上级工会、有关部门和机构反映情况,提出要求或建议。

第十三条　监事会秘书岗位职责

监事会秘书是为了监事会更好地履行职责,开展各项监督活动而配备的工作人员。监事会秘书对监事会主席负责,其岗位职责,主要有:

（一）在监事会主席的领导和指示下,做好监事会的会务、文秘、信息、联络、档案等日常事务工作;

（二）负责与董事会办公室等部门的工作联系,收集公司经济运行中的信息资料,检查监事会提出的整改事项的落实情况;

（三）为监事履行职责做好各项服务工作;

（四）根据监事会布置,协助监事开展专项检查或调研活动;

（五）完成监事会交办的其他工作任务。

第五章 议事规则

第十四条 监事会议事主要采取会议形式。监事会会议主要有：

（一）定期会议。监事会定期会议分为年度会议和月度会议，年度会议每年召开两次，主要讨论审议监事会年度工作总结、年度工作计划、对董事会上年度工作的监督评价报告，以及学习研究上级对监事会工作的要求和重大的法律法规、政策导向等；月度会议每月召开一次，主要研究监事会当前工作和公司重大的经济事项。

（二）日常会议。监事会日常会议，一是需要对董事会决策程序和决议内容的合规合法性进行评价时召开；二是在监事会主席或三分之一（含二分之一）以上监事提议时召开。

（三）专题会议。监事会专题会议是研究专项监督事项而召开的会议，主要议题是：讨论研究专项检查或专题调研事项，以及审议给市国资委的相关报告；讨论审议需要市国资委进行专项审计或稽查的事项；讨论审议需要送交董事会、总裁室的书面意见和建议等。

第十五条 监事会议事结果采取会议记名表决并形成决议的形式，监事在表决时各有一票表决权，半数以上为通过。监事可在表决书上记载个人的不同意见。有不同意见的表决书随相关报告上报市国资委、市委组织部。

第十六条 监事会年度定期会议，一般在5天前将会议通知及会议材料送交各位监事；专题会议一般在2天前将会议通知及会议材料送交各位监事。监事会会议必须三分之二以上监事出席方能召开，会议由监事会主席主持。监事会主席因故不能出席，委托其他监事主持。监事因故不能参加，应向监事会主席请假，并委托其他监事行使表决权。

第十七条 监事会会议按照会议议题和需要，可通知董事长、总裁和其他有关人员列席，并可要求公司有关人员到会通报情况，说明事由，解答疑问，表述看法。

第六章 工作方式

第十八条 列席会议。监事按照内部分工列席公司各类经济工作会议，以了解知晓公司经济运行动态和重大事项决策、执行、结果的情况。

第十九条 查阅资料。公司有关部门应及时、完整地向监事会提供财务报告、董事会会议材料、党政联席会会议材料、各项规章制度等经济工作资料，以便于监事会掌握情况，开展监督工作。

第二十条 听取专题汇报。监事会可要求公司有关部门就财务、资产、经营管理等方面的情况作专题汇报，并可对危及国有资产安全和侵害国有资产权益的重大事项进行质询。

第二十一条 开展专项检查或专题调研。监事会按照市国资委布置的工作要求，结合本企业财务活动和资产运作等实际情况，开展专项监督检查或专题调查研究，并形成《专项检查报告》或《专题调研报告》。

第二十二条 采取其他监督形式。监事会可聘请社会中介机构对公司的异常情况进行审计，重大审计事项报市国资委同意后实施，费用由本公司承担。监事会可提议市国资委派出稽查人员，对公司可能存在的重大风险和重大疑点进行稽查。

第二十三条 根据工作需要，监事会可派员参与公司内审、监察部门对本部及所属全资子公司、控股子公司、参股子公司有关财务、资产等方面的审计或检查。

第二十四条 监事会按照当期监督、过程监督的要求，及时和董事会、总裁室和有关部门交换意见，提请公司需要关注的或纠正的事项，力求将问题解决在萌芽之中，防止造成严重后果。

第二十五条　指导全资子公司、控股子公司监事会开展工作。集团公司监事会以一定方式和渠道，与全资子公司、控股子公司监事会共同构建产权监督网络体系和风险防范体系，确保国有资产在集团公司各个层面上都能安全运行。

第二十六条　监事会要主动争取公司有关部门和单位的支持，对监事会参加的会议和活动所需要的材料、报告等事项，提前通知公司有关部门和单位做好准备。

第七章　报告制度

第二十七条　监事会按照及时、真实、客观、公正的原则向市国资委、市委组织部报告工作情况和监督情况。监事会报告形式主要有：

（一）基本情况报告。《基本情况报告》是新一届监事会成立后，通过对公司各方面情况的调查研究，有了一定的认识后，向上级部门反映公司基本情况和监事会今后监督重点的报告。《基本情况报告》在监事会主席到任后的半年之内上报。

（二）工作报告。监事会以《年度工作总结》《年度工作计划》《会议纪要》等形式向上级部门报告工作情况。监事会《年度工作总结》和《年度工作计划》一般在2月底之前报出。《会议纪要》一般在会后的一周内报出。

（三）监督评价报告。监事会以《对董事会年度工作监督评价报告》的形式，对董事会上年度的运作情况及公司经营管理的总体情况，提出监督评价意见及相关建议。《对董事会年度工作监督评价报告》在3月底之前报出。

（四）专项报告。监事会以《专项检查报告》或《专题调研报告》的形式，反映公司资金、资产等财务活动某一方面的情况。

（五）监事专报。监事会主席以《监事会主席专报》的形式，及时向上级报告公司经济运行中出现的重大经营风险、重大资产损失、重大司法诉讼以及董事、高级管理人员违反国家法律法规、公司章程和出资人规定，损害公司利益等重要事项。专职监事可以独立向市国资委提交报告，反映情况、陈述意见。职工监事可以向上级工会、有关部门和机构提交报告，反映情况，提出建议。

第二十八条　以监事会名义上报或送交的报告等文件，由监事会主席签发，在报送市国资委的同时，报送市委组织部。监事会主席因故不在本公司，可委托指定的专职监事签发。以监事个人名义上报或送交的材料，由报告人署名。

第二十九条　监事会所有报告文件由监事会秘书整理归档。以监事个人名义报送的材料，一式两份，其中一份交监事会秘书归档。对监事个人报送材料应当注意保密。

第八章　工作考核

第三十条　监事会主席的工作考核由市国资委负责。

第三十一条　专职监事、职工监事、秘书每年一月底之前，应向监事会主席提交个人上年度的工作小结，由监事会主席签署考核意见后送交有关部门，其中专职监事的考核意见送交市国资委董事监事管理中心；职工监事和秘书的考核意见送交公司党委。

第九章　附　则

第三十二条　本《工作条例》经监事会全体会议审议通过，并报市国资委同意后生效，解释权归监事会。本《工作条例》未尽事宜，凡《公司章程》有规定的，从其规定。

上海华谊(集团)公司技术创新体系建设纲要

(2004年7月16日)

第一条 为贯彻"科教兴司"发展主战略,健全和完善上海华谊(集团)公司(以下简称"华谊集团")的技术创新体系,全面完成华谊集团所确定的发展战略,实现华谊集团经济全面、协调、可持续发展,把上海华谊(集团)公司建设成为"世界一流、中国著名"的化工企业集团,特制订本纲要。

第二条 近年来,华谊集团坚持"科教兴司"的主战略,科技投入逐年增长,围绕华谊集团发展战略的一批重点科研开发项目取得进展,知识产权和专利的申请工作有了突破,基本建成了华谊集团技术创新体系框架,技术创新在华谊集团的产业升级、产品结构调整、提高综合竞争力等方面起到了很好的促进作用,为华谊集团的经济发展做出了贡献。但是,按照中央提出的"以人为本、全面、协调、可持续发展"的科学发展观的要求,技术创新仍是华谊集团目前实现其发展战略中一个薄弱环节。主要表现在:

1. 技术创新体系还不够完善,整体技术水平不高,集团的相关技术资源尚待整合;
2. 企业原创性技术成果不多,战略性结构调整的重大科研项目数量偏少,项目进展不快;
3. 竞争性情报体系尚在建立之中;
4. 技术队伍建设尚待加强,尤其缺乏一批一流的学科带头人;
5. 保证技术创新工作顺利开展的体制和机制建设有待完善。

因此,进一步健全和完善技术创新体系是华谊集团当前及今后相当长时期内的一项重要战略任务,对推进华谊集团的发展、提升华谊集团综合竞争力、实现华谊集团的奋斗目标具有积极、重要的意义。

第三条 以"三个代表"重要思想和科学发展观为指导,坚持"科教兴司"发展主战略和"人才强司"主方针,在整合现有技术资源的基础上,发挥华谊集团整体优势、统一规划、重点加强、建设"以人为本"有华谊集团特色的技术创新体系。

第四条 用5年左右的时间,建成与华谊集团发展相适应的体现华谊集团形象和实力的具有一流的专业人才队伍、一流的科研设施、一流的技术创新保障机制的技术创新体系。

第五条 华谊集团技术创新体系的任务是:

1. 通过开发原创性技术,对引进技术的二次创新和集成现有技术等多种途径,培育满足华谊集团发展战略需要的核心技术,提高集团的核心竞争能力。

2. 加快现有产品的技术进步,大力开展消除技术瓶颈、提高产品质量、降低消耗和开展安全、环保等方面的技术进步工作,尤其是实施以技术进步促进资源、能源节约型企业建设的方针,促进华谊集团全面、协调、可持续发展。

3. 发挥华谊集团的一体化优势,挖掘和整合现有技术资源,实现华谊集团范围内技术资源的优化配置和互补共享,通过开展产学研等多种形式的技术合作,有效集成社会科技资源。

4. 建设对内面向华谊集团下属企业、对外面向社会的,具有一流科研设施、一流技术人才队伍的技术研究平台。

5. 加强技术创新保证体系的建设和管理,通过制度和机制创新,营造以人为本的有利于技术创新的氛围和文化,确保科研人员顺利开展和完成技术创新工作。

第六条 华谊集团技术体系由技术开发系统、工程设计系统和竞争性信息情报系统三部分组成。

华谊集团技术开发系统：由华谊技术研究院、华谊的骨干企业技术中心和各企业的技术开发机构组成。

华谊集团工程技术设计系统：由华谊的各主要工程设计单位、华谊骨干企业设计部门和各企业的设计力量组成。

华谊集团技术情报信息系统：由华谊的化工情报所及华谊骨干企业的情报信息中心和各企业的情报信息室组成。

第七条 技术创新体系建设的主体是企业,企业经营者是技术创新体系建设的第一责任人。

企业经营者要围绕华谊集团发展战略和技术创新体系建设目标,结合本企业战略发展实际,负责制定企业技术创新体系建设目标和计划;企业总工程师(或技术负责人)负责组织实施技术创新工作;华谊集团委派的企业技术总监负责企业技术创新工作的监督和协调。

第八条 加强集团各层次的技术创新工作的管理,各级技术委员会要根据企业的发展战略,研究本行业技术发展方向、重大技术政策,制定各自技术发展战略;企业技术部门要组织制订切实可行的科研开发计划,并在实施中及时总结科研工作经验,表彰先进,奖励优秀成果,不断推进企业技术进步。

第九条 要以华谊集团发展战略所确定的核心产品和核心业务为重点,瞄准世界先进技术,通过自身努力和产学研合作,建设一批开放式的硬件软件一流的技术平台。

1. 碳一化工、羰基合成技术平台；
2. 氯化工及其衍生物技术平台；
3. 丙烯酸及其衍生物技术平台；
4. 氟化工技术平台；
5. 轮胎技术平台；
6. 涂料技术平台；
7. 多肽药物技术平台；
8. 精细化工技术平台；
9. 高分子材料技术平台；
10. 膜技术应用技术平台；
11. 化工过程模拟仿真技术平台；
12. 化学工程技术平台。

第十条 贯彻以信息化促进工业化的方针,重视信息化技术为代表的先进科研方法和手段的应用,运用信息化技术来加快研究开发、工程设计及成果产业化速度,提高企业的科研、生产、经营管理水平和提升企业的综合竞争能力。

第十一条 注意原创技术的研究,重视技术引进和技术引进的二次技术创新,加强对技术集成的工作力度,拓宽可供企业利用的技术来源,形成拥有自主知识产权的核心技术和专有技术。

第十二条 加快实施"人才强司"主方针,建设和造就一支有创新思维、在所从事的技术领域有深厚的造诣、能够提出研究方向和课题、有丰富的专业工作经验、具备良好的组织、协调能力以及结构合理的一流学科带头人队伍。

第十三条 重视高级技师为主的技术员工队伍的建设。提倡勤学苦练、锐意进取和岗位成才的敬业精神,营造优秀技术员工迅速成长的氛围,通过有计划培养与自学成材相结合,建设一支熟悉化工生产、精通工艺技术、DCS控制、装置检修、分析检测等化工高级技师队伍。

第十四条 进一步完善技术创新保证体系的建设,以确保从新设想的产生、小试、中试的技术研究、工程化开发、商业化生产和市场营销等技术创新全过程的有效进行。

第十五条 加强科研成果的产业化工作,努力促进技术成果产业化,管理创新、营销创新是技术创新的继续和技术成果转化的保证,要促使工程技术人员、管理人员和营销人员的有效协作,确保新产品迅速打开市场。

第十六条 推进企业研究开发和教育培训投入的制度化建设,建立、健全对技术创新持续财力投入并有效监管的机制,以增强企业的技术创新实力。

第十七条 完善分配激励机制:实行行政管理和技术系统人员双轨制的工资制度,加快推进技术要素参与分配,制订并执行科技贡献与收入挂钩的分配政策,制定技术开发工作绩效评价的有效方法,鼓励科研人员的工作积极性和创造性,把优秀技术骨干吸引到企业技术开发的第一线。

第十八条 制定企业知识产权战略,保护企业科研开发的成果,认真实施《专利法》和华谊集团专利奖励办法,保障职务发明中个人的合法权益。

第十九条 营造崇尚知识、尊重人才的企业技术创新氛围,创造一种勇于创新、敢为人先、容忍失败的宽松环境和创新文化,以优秀的企业文化来培养人、凝聚人、激励人。

第二十条 要形成党委领导、行政主抓、各方协调的技术创新体系建设的管理和运行机制,明确企业的经营者是技术创新体系建设第一责任人。

第二十一条 健全和完善技术创新体系建设是一项系统工程,是华谊发展战略的重要组成部分,企业要组织、动员广大员工积极参与企业的技术创新体系建设。

第二十二条 各企业要以创新的思维和求真务实的工作作风,进一步做好企业技术创新体系建设规划和细化工作,并认真组织实施。

上海华谊（集团）公司信息化工作管理办法（试行）

（2005年6月6日）

第一章　总　　则

第一条　为贯彻国家"以信息化带动工业化""走新型工业化道路"的发展战略，全面推进上海华谊(集团)公司(以下简称集团公司)的信息化建设，提升技术水平，增强市场应变能力，提高内部控制力和工作效率，进一步加强和规范信息化工作管理，提高信息系统建设和应用水平，特制定本办法。

第二条　集团公司的信息化工作要遵循"统一规划，统一标准，统一管理"原则，由集团信息中心统一归口管理。

一、统一规划。由集团信息中心牵头，根据集团公司发展战略，组织编制华谊集团信息化建设中长期规划，经集团公司审批后执行并在执行过程中滚动调整和完善。在集团公司信息化建设规划指导下，各二级单位单独编制相应的信息化建设规划。

二、统一标准。集团公司应建立统一完整的信息标准化体系。信息标准化体系包括信息代码标准、信息技术应用标准和信息管理标准三部分。信息标准的制定和维护由信息中心牵头组织，业务部门参加并积极配合。

三、统一管理。信息化规划、信息技术方案、信息化标准、项目投资、信息系统建设、信息系统运行和维护、信息整合共享和发布、信息安全、信息化队伍建设、信息技术培训等都要纳入统一管理范畴。

第三条　本办法中的信息技术项目，是指以计算机、网络及其他现代信息技术为主要手段的信息基础设施和应用系统建设项目。信息系统建设和管理是指集团公司范围以内的信息技术项目的建设和管理。

第二章　管 理 体 系

第四条　集团信息中心是集团公司信息化归口管理部门，全面负责集团公司的信息化管理工作；二级子公司根据实际情况也应设置相应的信息化管理部门(以下称信息部门)，业务上接受集团信息中心的管理与领导，同时负责对下属企业的业务管理。信息中心(信息部门)主要职责：组织编制信息化建设中长期规划和年度信息技术项目建议计划；组织项目可行性论证和立项；负责项目建设管理和技术支持；组织项目承接单位的资质审查、软件和硬件统一选型和配置；负责信息基础项目和研究性项目建设；指导下属企业信息化规划和建设；组织下属企业重大项目的技术审定和验收；负责对外信息技术项目合作、技术交流和培训。

第五条　各业务和职能部门是信息技术应用系统的使用单位，也是项目建设的牵头单位，与信息部门协同配合共同做好信息技术应用工作。各级业务部门有关职责：负责提出并确认应用项目的需求和建设目标；提出业务解决方案，确定业务流程和业务工作标准，审查应用数据；负责对牵头项目的管理,组织项目的实施、推广和应用;对应用系统正常运行和发挥效能提供业务上的支持、维护和管理。

第三章 规划和计划管理

第六条 规划管理。由集团信息中心牵头,结合集团公司战略规划,组织编制华谊集团信息化建设中长期规划,在充分征求本部有关部门和企业意见后,组织专家组评审,经集团公司审批后纳入华谊集团中长期发展规划。在执行过程中滚动调整和完善。在集团信息化建设中长期规划指导下,各企业应编制企业信息化建设规划,报集团信息中心审批通过后纳入本单位中长期发展规划。

第七条 计划管理。各企业应根据集团公司的总体部署和各企业信息化建设中长期规划编制企业的信息化建设年度计划,纳入企业年度预算计划并报集团信息中心备案,在执行过程中进行调整的,应事先报集团信息中心。集团信息中心根据集团信息化建设中长期规划和集团职能部门需求及企业年度计划,编制集团公司信息化建设年度建议计划,报集团公司审批通过后执行。

第四章 项目建设管理

第八条 企业信息化项目涉及面广,实施风险大,必须做好充分的可行性论证,制定详细的建设方案并报集团信息中心审查,确认可行后方可实施。

第九条 信息化项目建设应由业务部门牵头,信息部门组织,要控制好设计、实施、上线和验收等关键环节。项目牵头单位和信息部门要紧密配合做好项目建设管理工作。项目牵头单位提出应用系统需求,确定系统目标;优化业务功能和业务流程,提出业务解决方案;组织应用数据的采集、整理和审定;协助信息中心制订项目实施计划,组织项目实施、推广和应用。信息部门在技术上严格把关,确保方案的可操作性;控制项目建设质量、进度和成本;严把设计方案审查关,包括可行性研究报告、总体设计及初步设计、详细设计、测试方案等;组织技术谈判和商务谈判;协调解决项目实施中的技术问题;负责组织项目建设过程中的阶段验收,做好项目进度和质量监控,组织项目竣工验收。

第五章 标准化管理

第十条 信息标准化工作的建立和完善是一项长期、持续、艰巨而又十分重要的工作。信息标准的制定原则是:凡有国家标准的执行国家标准;没有国家标准的,执行华谊集团标准;国家标准和华谊标准覆盖不到的,由各企业自行制定,并报集团信息中心备案。集团公司新标准的制定,由信息中心会同有关业务部门进行;遇标准有矛盾时,下级单位要无条件执行上级单位标准,标准的转换工作由下级单位负责。

第六章 信息系统运行管理

第十一条 信息系统的运行管理包括对计算机、网络、数据库、应用系统、信息安全、机房及附属设备的运行管理。

第十二条 信息部门负责信息系统的基础设施如计算机、网络、数据库系统及机房的运行和维护管理,为应用系统的正常运行提供技术支持和服务。要制定并落实相关的运行管理制度。

第十三条 业务部门作为应用系统的业务管理者和使用者,负责业务流程、业务工作标准、数据维护、用户管理、数据使用安全及相关运行制度的制定和落实等工作。

第十四条　企业内部局域网由企业信息部门负责管理。集团与企业的网络互联由集团信息中心负责规划和建设，各企业信息部门要积极配合，服从总体规划，确保重要信息系统的安全互联。

第十五条　各单位要高度重视信息安全管理工作，加强信息安全管理，从管理和技术两个方面保证信息系统安全。加强对因特网和其他对外出口的安全管理和监控。对外网站信息由主管部门负责发布，网站建设及运行管理由信息部门负责。

第十六条　加强信息资源的管理。逐步加大对计算机系统和信息资源统一管理、合理调配的力度。各级信息部门和业务部门要加强外购信息资源、内部网站和应用系统中信息资源的统一管理，作好信息的整合，提高资源共享，防止重复建设，充分发挥各种信息资源的效用。

第十七条　加强软件资源的管理。各类软件的采购应由各级信息部门统一管理，各信息部门要结合业务实际需求按照实用、经济、先进的原则进行软件的采购，并遵守比价采购的有关规定。软件的选型方案应报集团信息中心审批，以便于软件资源的统一和信息的充分共享，防止增加软件互联互通的难度和成本。

第七章　队伍建设

第十八条　信息部门要整合好信息化建设队伍，加强各企业间的内部合作，提倡人力资源共享。

第十九条　信息部门要抓好技术交流和培训工作，做好技术储备，不断提高信息化管理队伍、建设队伍和应用队伍的水平。

第二十条　要与国内外有实力、先进的信息技术公司和院校开展多方面的技术交流与合作，跟踪国际先进技术，及时将先进的信息技术引入、应用到生产和经营管理过程中。

第二十一条　从事信息技术工作的人员流动性大，人才流失严重，要积极推进体制机制改革，使从事信息工作人员的收入较快地与社会劳动力市场价位接轨，同时为他们创造良好的工作环境和知识更新机会，加强思想政治工作，留住优秀骨干人才。

第八章　附　则

第二十二条　各单位可根据本办法，结合实际情况制定具体实施细则。

第二十三条　本办法自印发之日起执行。

第二十四条　本办法由集团公司信息中心负责解释。

上海华谊(集团)公司安全生产八大禁令(试行)

(2008年2月2日)

进一步加强华谊集团安全工作是贯彻党的十七大精神,落实科学发展观,建设资源节约型、环境友好型企业,实现循环经济、绿色化工的必然要求;也是检验华谊集团是否又好又快发展的重要内容。根据《中华人民共和国安全生产法》《中华人民共和国劳动合同法》《危险化学品安全管理条例》《上海市安全生产条例》《上海市危险化学品安全管理办法》,以及上海华谊(集团)公司安全监督管理规定,特制定并试行上海华谊(集团)公司安全生产禁令(以下简称《禁令》),以确保"零死亡、零伤害、零损失"安全目标的实现。

一、严禁在禁烟区内吸烟、在岗饮酒,违者予以解除劳动合同。

二、严禁高处作业不按规定系安全带、戴安全帽,违者予以解除劳动合同。

三、严禁无操作证从事电气、起重、电气焊作业,违者予以解除劳动合同。

四、严禁工作中无证或酒后驾驶机动车,违者予以解除劳动合同。

五、严禁违反操作规程进行动火作业,违者予以解除劳动合同。

六、严禁违反操作规程进入受限空间、临时用电作业、无操作证从事压力容器作业,违者给予行政处分并离岗培训;造成后果的,予以解除劳动合同。

七、严禁危险化学品装卸人员擅离岗位,违者给予行政处分并离岗培训;造成后果的,予以解除劳动合同。

八、严禁放射源、火工器材管理人员擅离岗位,违者给予行政处分并离岗培训;造成后果的,予以解除劳动合同。

员工违反上述《禁令》,造成人员伤亡及其他严重后果的,对所在企业的直接负责人、主要负责人按照华谊集团有关规定予以追究和处分。

本《禁令》以各企业履行民主程序并获职代会或全体职工大会审议通过之日起执行,解释权归各企业批准机构。华谊集团解释权归集团安全环保部。

上海华谊（集团）公司党风廉政建设责任制实施办法

(2008年3月5日)

加强和落实党风廉政建设责任制,是贯彻落实反腐倡廉工作的重要制度保证。上海华谊(集团)公司(以下简称集团公司)各级党组织和领导干部必须切实担负起抓好党风廉政建设工作的责任,全面贯彻落实党风廉政建设的各项任务,保证和促进集团公司经济建设和改革发展的顺利进行。根据中共中央和国务院《关于实行党风廉政建设责任制的规定》《中国共产党党内监督条例(试行)》《中国共产党纪律处分条例》以及中纪委关于加强党风廉政建设责任制的有关要求,特制定本实施办法。

一、总则

1. 实行党风廉政建设责任制,要以邓小平理论、"三个代表"重要思想为指导,深入贯彻落实科学发展观,坚持标本兼治、综合治理、惩防并举、注重预防的战略方针,结合本单位实际,认真贯彻执行党中央、国务院,市委、市政府,市国资委党委、国资委和上级纪委关于党风廉政建设的一系列工作部署和要求。

2. 实行党风廉政建设责任制,要坚持党委统一领导,党政齐抓共管,纪委组织协调,部门各负其责,依靠群众的支持和参与的领导体制和工作机制。

3. 实行党风廉政建设责任制,要坚持把党风廉政建设要求融入于企业管理人员思想、道德、作风建设,成为企业文化建设的重要组成部分,使各级管理人员敬业、诚信、遵纪守法;融入于企业经营管理全过程,成为企业经济运行机制的重要组成部分,使企业管理科学、控制严格、资产安全、运行有效。

4. 实行党风廉政建设责任制,要坚持谁主管,谁负责的原则。明确党委书记和行政主要领导是党风廉政建设责任制的第一责任人;明确党风廉政建设的职责,做到责任到人,层层落实,一级抓一级,一级对一级负责。

二、责任范围

1. 集团公司党委、行政对本系统党风廉政建设负全面领导责任;党政领导班子的主要负责人对党风廉政建设负总责,是第一责任人;党政领导班子其他成员根据工作分工,对责任范围内的党风廉政建设负直接领导责任。

2. 集团公司纪委、工会、团委对本组织的党风廉政建设负责。

3. 集团公司党政领导班子成员对本部分管职能部室区域的党风廉政建设负责。

4. 按照集团公司开展同领导干部谈话工作责任人责任网络,同步实施领导干部党风廉政教育责任网络。

5. 集团公司全资和控股子公司、直管单位党委、行政对本单位党风廉政建设工作负全面领导责任;党委、行政负责人是本单位党风廉政建设第一责任人。

三、责任内容

1. 加强责任范围内党风廉政建设,首先要加强领导班子自身建设,使领导班子成员能够以身作则、率先垂范,带好、抓好、管好队伍。

2. 贯彻落实上级关于党风廉政建设的部署和要求,认真组织实施,保证政令畅通、令行禁止。

3. 健全党风廉政建设责任制,建立相应的配套制度,对责任人的责任范围、责任内容、责任考核、责任追究等要作出明确规定,并组织落实。

4. 对责任范围内的党风廉政建设工作作出部署、组织实施、督促检查、抓好落实。定期分析责任范围内的党风廉政建设情况,总结经验教训,找出存在问题,提出对策措施。

5. 选拔任用重要干部,应事先征求同级纪委意见,并保证纪委有必要的时间履行相应程序。

6. 实行定时报告和即时报告制度。对责任范围内没有发生违纪违法行为的实行定期报告制度,每半年向上级党委和纪委报告;对责任范围内发生违纪违法行为的,应及时组织查处,重大问题必须即时向上级党委和纪委报告。

四、责任考核

(一)集团公司全资和控股子公司、直管单位党委、行政负责人作为第一责任人列入党风廉政责任制的考核。主要考核内容:

1. 遵守廉洁从业规定情况;

2. 本办法第三条所列内容。

(二)履行党风廉政建设责任制责任的情况纳入对领导班子和领导干部年度目标考核,并与绩效工资挂钩。

五、责任追究

(一)原则

1. 坚持实事求是,客观公正的原则。

2. 坚持谁主管,谁负责的原则。

3. 坚持"第一责任人"的原则。

(二)内容

由于没有健全党风廉政建设责任制或者执行不力,造成下列情况之一的应追究责任人责任:

1. 发生明令禁止的不正之风,造成恶劣影响的。

2. 发生严重腐败行为,造成企业重大损失的。

3. 发生违反党纪和国家法律法规的重大案件,造成严重后果的。

4. 发生瞒案不报、压案不办,妨碍案件查处,拒不接受上级纪检监审部门的正确意见和建议的。

(三)种类和形式

责任追究的种类有组织处理、政纪处分、党纪处分。

1. 组织处理:通报批评、调离、降职、引咎辞职、责令辞职、免职。

2. 政纪处分:警告、记过、记大过、撤职。

3. 党纪处分:警告、严重警告、撤销党内职务、留党察看。

以上责任追究的种类可以单独使用,也可以合并使用。

(四)程序

1. 集团公司纪检监察部门对涉及第五条第二款所列内容事宜,组织人员进行调查。

2. 集团公司纪检监察部门对需实施责任追究的第一责任人作出党纪、政纪、组织处理,或提出处理建议。

六、附则

1. 集团公司全资和控股子公司、直管单位根据本实施办法结合本单位实际建立和健全党风廉政建设责任制。

2. 本实施办法由集团公司纪检监察部门负责解释。

3. 本实施办法自发布之日起执行。原沪华谊委字(2005)34号《上海华谊(集团)公司党风廉政建设责任制实施办法》停止执行。

上海华谊(集团)公司关于开展同领导干部谈话的实施办法

(2008年3月5日)

各子公司、直管单位,集团公司各部室:

为进一步落实集团公司党委《关于建立同领导干部谈话制度的通知》和《关于转发公司纪委〈关于党风廉政责任人对责任对象开展谈话提醒教育的意见〉的通知》两个文件的精神,加强集团公司领导和公司本部各部室负责人与各子公司、直管单位党政负责人的思想沟通,开展好谈话工作,特制订本实施办法。

一、同领导干部谈话的职责分工

按照干部分级管理的原则,实行分工负责,建立同领导干部谈话的责任制。

1. 集团公司党委书记负责对以下领导干部谈话:
(1) 集团公司党委副书记;
(2) 集团公司纪委书记;
(3) 化学工会主席;
(4) 各子公司、直管单位党组织负责人;
(5) 分管的集团公司党委部室负责人。
必要时也可委托集团公司党委副书记实施谈话。

2. 集团公司董事长负责对以下领导干部谈话:
(1) 集团公司总裁;
(2) 集团公司副董事长;
(3) 集团公司财务总监;
(4) 集团公司董事(外为);
(5) 各子公司董事长、执行董事;
(6) 董事会秘书。
必要时也可委托集团公司副董事长实施谈话。

3. 集团公司总裁负责对以下领导干部谈话:
(1) 集团公司副总裁;
(2) 集团公司技术总监;
(3) 各子公司、直管单位的总经理(厂长、所长、主任、院长);
(4) 分管的集团公司行政部室负责人。
必要时也可委托集团公司副总裁实施谈话。

4. 集团公司党委副书记负责对以下领导干部谈话:
(1) 集团公司团委书记;
(2) 分管的集团公司政工部室负责人。

5. 集团公司副董事长负责对集团公司委派或推荐的专职董事和财务总监谈话。

6. 集团公司副总裁、技术总监负责分管的集团公司行政部室负责人谈话。

7. 集团公司纪委书记负责对以下领导干部谈话：

（1）集团公司纪委副书记；

（2）集团公司管理权限内新提任的领导干部。

8. 化学工会主席负责对化学工会副主席谈话。

9. 集团公司各部室负责人负责本部室副职谈话。

10. 党组织关系隶属集团公司本部党委的直管单位党政正职委托公司本部党委负责谈话（集团公司组织部、人力资源部派员参加）。

11. 凡子公司、直管单位党、政正职一人兼的，由集团公司党委书记负责谈话。

二、同领导干部谈话的时间和主要内容

谈话时间分为定期与不定期。

1. 定期谈话：每年一次，一般放在年度考核后的第一个月。主要内容是：反馈干部年度考核情况；廉洁自律教育；了解干部思想、工作、学习、生活等情况；主动听取干部对工作的意见和建议。

2. 不定期谈话：遇有下列情况时，必须及时同领导干部谈话：

1）工作调动、职务变动、退（离）休时；

2）受到表彰、奖励或批评时；

3）受到党政纪处分时；

4）工作和生活遇到较大的困难和挫折时；

5）除年度考核以外的各类日常考核、考察后，需通报情况，转达意见时；

6）遇到群众反映有关思想、道德、作风、廉洁自律等方面的一般问题，情节简单，不构成违纪，但需要本人作出说明、解释时；

7）反映的问题经初步核实，有轻微违纪行为，不需要追究党纪、政纪责任，但需要提醒诫勉时；

8）本人需要反映有关情况主动提出约谈时；

9）谈话责任人认为必须进行谈话的其他情况。

三、同领导干部谈话的方法

同领导干部谈话一般采取个别谈话的方式进行。

1. 定期谈话。组织、人力资源部负责提供各子公司、直管单位正职领导干部的考核情况，并以《谈话登记表》形式通知谈话责任人；集团公司本部党委负责提供本部各部门负责人（包括副职）的考核情况，并以《谈话登记表》形式通知谈话责任人。各谈话责任人根据要求安排时间谈话。谈话结束后，谈话责任人填写《谈话登记表》，分别退交组织、人力资源部或集团公司本部党委。

一年一次的年度考核定期谈话，应当填表、签名，如已填写年度考核表的，不必另行填写《谈话登记表》。

2. 不定期谈话。

（1）涉及第二条第二款中1）、2）、4）、5）须谈话时，组织人力资源部负责提供各子公司、直管单位正职领导干部的情况，并以《谈话登记表》形式通知谈话责任人；本部党委负责提供本部各部门负责人（包括副职）的情况，并以《谈话登记表》形式通知谈话责任人。各谈话责任人根据组织、人力资源部或集团公司本部党委提供的情况对谈话对象实施谈话。谈话结束后，谈话责任人填写《谈话登记表》，分别退交组织、人力资源部或集团公司本部党委，被谈话人可以不做记录和签名。

（2）涉及第二条第二款中3）、6）、7）须谈话时，由纪委负责提供各子公司、直管单位正职领导干部的情况；本部党委负责提供本部各部室负责人（包括副职）的情况，并以《谈话登记表》形式通知谈话责任人。谈话责任人根据纪委、本部党委提供的情况和内容，及时对谈话对象实施谈话。谈话结束后，谈话责任人填写《谈话登记表》，分别退交纪委或集团公司本部党委。谈话人和被谈话人都必须填写《谈话登记表》，并签名（遇到特殊情况，进行特殊处理），必要时被谈话人还应提供详细的书证材料。

（3）涉及第二条第二款中8）、9）须谈话时，由要求谈话人和谈话责任人自行约定，谈话责任人谈话后，要填写《谈话登记表》，并交组织人力资源部，被谈话人可以不做记录和签名。

3. 委托谈话。同领导干部谈话，原则上应当根据本《办法》的规定，按照职责分工进行。如遇到特殊情况，谈话责任人可以委托相应的人员实施谈话，但接受委托的谈话人在实施谈话以后必须将谈话情况向委托人报告。对涉及群众信访举报问题的谈话，可先委托纪委就信访举报反映的问题进行谈话核实，然后再由谈话责任人根据纪委核实的情况实施谈话。

4. 材料归档。涉及第二条第二款中3）、6）、7）谈话时形成的《谈话登记表》和被谈话人提供的书证材料由纪委负责归档；涉及其他条款谈话时形成的《谈话登记表》等材料，由组织人力资源部负责归档；集团公司本部党委将收到的《谈话登记表》等材料，于次年的4月份按涉及谈话的内容，交到组织人力资源部或纪委，由组织人力资源部和纪委分别归档。

四、同领导干部谈话的基本要求

同领导干部谈话要坚持政治性、思想性和原则性。要体现实事求是、平等待人、鼓励上进、防微杜渐的精神。

1. 实事求是，客观公正地予以评价。
2. 平等待人，相互沟通，增进了解。
3. 鼓励上进，调动一切积极因素。
4. 防微杜渐，把问题解决在萌芽之中。
5. 耐心细致，经常及时并解决问题。

五、纪委、组织人力资源部，集团公司本部党委要指定专人负责领导干部谈话工作的实施。

六、各子公司、直管单位党政领导，对所属单位及部门的领导干部的谈话，可参照本实施办法执行。

七、本办法自下发之日起实施。原沪华谊委字(2002)第3号《开展同领导干部谈话制度实施办法》和沪华谊委字(2005)第33号《关于实施〈上海华谊(集团)公司开展同领导干部谈话制度实施办法〉的补充意见》同时废止。

上海华谊(集团)公司重大财务事项报告工作规定

(2008年3月31日)

根据《中华人民共和国公司法》《2006年度本市国有企业重大财务事项报告工作意见》(沪国资委统〔2006〕173号)以及相关文件精神,为了规范会计核算,完善内部控制体系,加强企业风险控制,现就加强上海华谊(集团)公司(以下称"华谊集团")重大财务事项报告工作提出以下意见:

一、重大财务事项报告的范围

本意见所规定的重大财务事项报告范围为华谊集团及其所属的部分二级全资及控股子公司(包括部分直属事业单位及化工联社),以及上述二级子公司以下所有被投资的全资或控股产权关系的企业。

二、重大财务事项报告程序

1. 重大财务事项报告是指企业在年度经营活动中实际发生的重大财务事项均须向华谊集团预算报告、即时报告、季度汇总报告以及年终决算汇总报告。

2. 重大财务事项采取逐级收集汇总、逐级报告的程序。

各子公司将本企业范围内重大财务事项逐级收集汇总后,按照规定的报告时间和格式要求,统一报告华谊集团总裁办公室,由其转给各有关职能部门审理。华谊集团有关职能部门按照内部分工,定期将本部以及子公司发生的重大财务事项进行整理,最终汇总于华谊集团财务部。

3. 企业发生的重大财务事项,其审批权限、决策及处理程序等必须按照"华谊集团内控规范"的规定及其他有关规定办理。

三、重大财务事项的内容

重大财务事项是指企业在年度经营活动中实际发生的重大投资、融资、重大担保、重大资产采购(含固定资产、无形资产和流动资产等)、重大资产处置(含固定资产、无形资产处置,以及股权转让等)、重大诉讼仲裁及大额资金往来和大额关联交易。具体包括以下内容:

(一)重大投融资:包括股权投资、风险投资业务以及重大借款等投融资行为。

1. 股权投资是指子公司在报告期内所有股权投资,包括股权置换行为。

2. 风险投资是指子公司在报告期内从事的所有股票、基金、债券、外汇买卖、期货、委托理财以及委托贷款等对外投资业务。

3. 重大借款是指子公司在报告期内向金融机构的借款,导致公司资产负债率超过70%以上的所有借款项目(按照单户会计报表计算口径)。

4. 在报告期内发行公司债券以及增资扩股等融资行为。

(二)重大担保:指子公司在报告期内履行的及尚未履行完毕的担保合同,其单笔担保额超过本公司最近一个会计年度经审计的净资产10%的担保,或为资产负债率超过70%的担保对象提供的担保,或对外担保总额超过本公司最近一个会计年度经审计的净资产50%以上提供的任何担保。

对于未到期的担保合同,如有明显迹象表明有可能承担连带清偿责任或报告期内由本公司承担损失责任的对外担保,也应作为重大事项报告。

（三）重大资产采购：指在报告期内子公司重大购买、置换资产（如固定资产、无形资产等）行为，金额超过5 000万元（包括5 000万元，下同），或占本单位最近一个会计年度经审计的资产总额30%以上且金额不低于3 000万元。对同一或相关资产分次购买或支出的，以其累积数计算。

子公司如一次性采购经营性资产（如原材料）超过本公司预算或上年度销售成本50%以上的，也应作为重大资产采购事项报告。

（四）重大资产处置：包括重大资产出售、子公司改制资产处置、资产减值准备财务核销和股权转让等行为。

1. 重大资产出售是指报告期内子公司发生的重大资产（主要指无形资产、固定资产等）置换、转让及出售行为，且处置的资产账面净额（指扣除摊销或累计折旧后，不包括提取的相关减值准备）高于5 000万元，或占本单位最近一个会计年度经审计的资产总额30%以上且金额不低于3 000万元。

2. 改制资产处置是指子公司改制过程中所发生的所有资产处置情况。

3. 资产减值准备财务核销是指在报告期内，子公司经取得合法证据证明确实发生事实损失的资产，报华谊集团备案或核准后，对该项资产账面余额和相应的资产减值准备进行的财务核销。

4. 股权转让是指报告期内子公司发生的所有对外股权投资转让的行为。

（五）大额资金往来：指在报告期内子公司与外部单位、关联方（含未纳入合并范围的子公司）非经营性的债权、债务往来，且报告期内对同一单位的债权或债务往来累计发生额超过1亿元，或者报告期期末余额超过3 000万元的，都应作为重大事项报告。

（六）其他需要报告的内容：在报告期内发生的重大诉讼、仲裁事项，交易金额超过2 000万元的关联交易事项，以及公司的经营方针和经营范围的重大变化等。重大诉讼仲裁事项指：① 所有涉外经济案件；② 所有仲裁经济案件；③ 争议标的人民币200万元以上（含200万元）的诉讼案件；④ 因出资、担保等原因可能致使华谊集团承担法律后果的案件；⑤ 业内经济纠纷需华谊集团调处的；⑥ 子公司认为应当报告的其他案件。

四、子公司重大财务事项报告时间与方式

1. 子公司应在年初企业财务预算报告中对年度中计划发生的重大财务事项进行报告，并在预算情况说明书内进行披露。

2. 各子公司对本企业范围内实际发生的重大财务事项（包括已在年度预算中安排的和未在年度预算中安排的）均应通过"即时报告"和"季度汇总报告"的方式向华谊集团报告。除了在重大财务事项发生时即时报告外，还应每一季度进行汇总，并在每季度终了当月的25日前报告华谊集团。

3. 各子公司应在财务决算报告中对本年度发生的重大财务事项进行详细披露和说明，对于预算外发生的重大投融资、重大资产采购、重大资产处置等重大财务事项必须对其发生原因进行说明。重大财务事项年度决算报告的格式按照年度财务决算的工作要求执行。

4. 子公司重大财务事项报告均应由企业法定代表人签发并加盖公章。重大财务事项采取"零报告"制度，即无论报告期内是否发生均应按规定时间及格式报告，没有发生相关事项的在报告表格中填写"无"。

注：

1. 本文提及的财务指标除特别注明外，均为按单户财务报表计算数额。

2. 重大财务事项报告内容未附表式的，均以文字形式报告。为简化工作，企业资产减值准备财务核销情况的报告，可根据"华谊集团企业资产减值准备财务核销工作实施意见"的具体要求报告。

关于加快推进 2008 年企业清理工作的指导意见

(2008 年 6 月 19 日)

各二级子公司、直管单位：

根据市国资委要求，为加快华谊集团主业发展，加速对外投资清理，针对当前企业清理工作中有关问题，对 2008 年度企业清理工作特制定如下指导意见：

1. 已工商吊销的参股企业，经过清理程序，提供清理报告，明确损失原因并进行相关责任认定，按规定办理核销手续，可核销长期投资损失，实行账销案存。

2. 已工商吊销的控股企业，经过清算程序，提供清算报告，因客观原因无法办理工商登记注销手续的，明确损失原因并进行相关责任认定，按规定办理核销手续，可核销长期投资损失，实行账销案存。

3. 视企业长期投资损失情况，上级单位在核销审计中，可组织内审或外审。

4. 在外省市工商注册的参股企业，可按当地工商管理部门有关要求办理退出手续。

5. 有特殊情况的参股企业，经二级公司同意，报集团公司批准后，可以经审计的净资产价格或协商价退出。

6. 大股东必须履行清算责任，经过清算程序，提供清算报告，主动办理税务、工商注销手续。

7. 对于注册资金已经到位，负债超过诉讼时效且不属于被执行人的企业，大股东应组织清算，办理工商注销手续。

8. 根据沪华谊字〔2003〕第 107 号文第十六条规定"由集团公司负责资产重组时的审计与资产评估"，对于列入 2008 年度企业清理范围内且账面股东权益在 500 万以下的企业，二级公司可自行在集团公司规定范围内选择委托审计、评估中介公司，并同时报集团公司有关部门备案，由集团公司有关部门负责做好审核工作。

9. 在年度经营目标考核中，企业清算形成的账面损失部分，经集团公司认定，不计入考核。

10. 建立快速协调机制，定期召开企业清理工作联席会，解决企业清理过程中的个性问题，并形成会议纪要。

本指导意见实施时间从 2008 年 6 月 20 日起至 2008 年 12 月 31 日止，并由华谊集团资产部负责解释。

附件：关于企业清理考核的认定标准

一、企业销户

（一）销户标准：

1. 提供销户证明单；
2. 完成财务销账。

（二）下列情形的企业，应进行企业销户：

根据《公司法》有关清算规定，股东必须履行清算责任，主动办理税务、工商注销手续。

1. 工商注销：股东主动组织清算，办理工商登记注销。

2. 企业合并：被合并企业办理工商登记注销。

3. 股权转让：股东依法转让股权，变更工商登记。

4. 股东减资：企业注册资本减资，股东退出投资。

5. 调整账务：工商未登记的长期投资，调整账务。

6. 企业破产：法院依法宣告企业破产。

7. 其他：经认可的其他企业销户。如参股企业吊销后，经清理后投资核销。

二、关闭歇业

（一）关闭歇业标准：

1. 停止一切经营活动。

2. 所有人员清退完毕。

3. 银行账户全部注销，确实无法注销的账户清空后停止进出。

4. 账册印章二级公司集中保管封存。

5. 提供股东清算报告，并明确工商无法注销原因；二级公司出具承诺书（财务总监签字并加盖公章）。

（二）下列因客观原因无法办理工商登记注销的控股企业，可实施关闭歇业：

1. 其他自然人股东配合困难的企业。

2. 其他股东下落不明、资料缺失（营业执照、公章、工商基本信息、财务账册全部或部分缺失）的企业。

3. 企业拥有房地产过户或变更困难的企业。

4. 税务注销有困难的企业。

5. 中外合资、中外合作企业合作期未到的企业。

6. 工商登记出资方为他人，实际由我方经营的企业。

三、视作完成

（一）视作完成标准：

因个别客观条件限制，但清理后基本达到关闭歇业要求。

（二）下列情形的企业，可视作完成：

1. 达到关闭歇业基本要求，只有定位人员的企业。

2. 达到关闭歇业基本要求，准备实施破产的企业。

3. 达到关闭歇业基本要求，等待动迁落实补偿而暂停清理的企业。

4. 经集团公司认可的其他特殊企业。

上海华谊(集团)公司投资管理规定

(2011年12月2日)

为进一步完善上海华谊(集团)公司(以下简称"集团公司")内控制度,规范集团公司的投资行为,提高决策效率,经集团公司第四届董事会第八次会议审议批准,对集团公司及下属企业(包括二级及以下企业)的投资审批权限及审批程序规定如下:

一、投资管理范围

本规定管理范围是指集团公司及下属企业固定资产投资及股权投资行为。

(1) 固定资产投资行为,包括新建项目、扩建项目、改建项目、技术改造项目以及迁建项目等;

(2) 股权投资行为,包括通过新设、增资、收购、兼并、中外合作等方式形成的股权投资等。

二、投资计算标准

(1) 固定资产投资

对于集团公司及下属全资、控股(包括相对控股)企业,投资计算标准是指不含流动资金的固定资产投资额;

对于集团公司参股企业,投资计算标准是以不含流动资金的固定资产投资额为基数,按集团公司所占股比进行计算所实际承担的投资额。

(2) 股权投资

集团公司及下属全资、控股及参股企业的股权投资,是指根据相关合同、章程的规定,集团公司方须承担的出资(或收购)金额。

一般情况下货币单位为人民币。

三、投资实行预算计划管理

集团公司每年年初制订年度投资预算计划提交董事会审批,投资预算计划年初制订一次,年中调整一次(如确需调整)。预算计划内的项目按照规定的程序进行审查决策。

四、下属企业固定资产投资的授权

下属企业的固定资产投资授权须在投资预算计划获得集团公司批准的前提下行使。集团公司下属上海焦化有限公司、上海吴泾化工有限公司、双钱集团股份有限公司、上海氯碱化工股份有限公司、上海三爱富新材料股份有限公司、上海华谊丙烯酸有限公司、上海涂料有限公司七家子公司纳入年度预算计划,并获集团批准的投资额在1000万元以下、其他下属子公司纳入年度预算计划,并获集团批准的投资额在500万元以下的固定资产投资项目,可不经集团公司审批,直接按其公司章程规定程序进行决策,并承担相应责任。下属企业授权范围内决策的投资项目,经其决策机构审核批准后,须报集团公司投资规划部备案。

下属企业授权限额以上的固定资产投资行为,待集团公司正式批准后方可按照其公司章程规定履行决策程序。

预算外的固定资产投资全部须经集团审批。

五、集团公司总裁办公会(党政联席会议)投资决策的授权

(1) 固定资产投资决策权限

集团公司总裁办公会会议(党政联席会议),经董事会授权对于集团公司及下属企业限额以上、1亿元以下(预算计划内),以及预算计划外的固定资产投资行为进行决策审批。

凡1亿元以上(含1亿元)的固定资产投资行为,应在提交集团公司总裁办公会会议(党政联席会议)讨论通过后,由集团公司董事会进行决策审批。

对于总额超过10亿元(含10亿元)的固定资产投资行为,应在提交集团公司总裁办公会会议(党政联席会议)讨论通过后,经董事会战略投资委员会审议,再提交集团公司董事会进行决策审批。

(2) 股权投资决策权限

集团公司及下属全资、控股、参股企业的所有股权投资行为均需获集团正式批准后方可按照其公司章程履行决策程序。

集团公司总裁办公会会议(党政联席会议),经董事会授权对集团公司及下属全资、控股及参股企业1亿元以下(不含1亿元)的股权投资进行决策审批。

凡1亿元以上(含1亿元)的股权投资行为,应在提交集团公司总裁办公会会议(党政联席会议)讨论通过后,由集团公司董事会进行决策审批。

对于总额超过10亿元(含10亿元)的股权投资行为,应在提交集团公司总裁办公会会议(党政联席会议)讨论通过后,经董事会战略投资委员会审议,再提交集团公司董事会进行决策审批。

本规定从集团董事会通过之日起执行,原沪华谊董字(2006)第15号《关于进一步加强华谊集团投资决策管理的通知》废止。

上海华谊(集团)公司及二级单位、直管单位全称简称一览表

(2013 年 12 月 31 日)

全　　称	简　　称
上海华谊(集团)公司	华谊集团或集团
双钱集团股份有限公司	双钱集团
上海天原(集团)有限公司	天原集团
上海焦化有限公司	焦化公司
上海氯碱化工股份有限公司	氯碱公司
上海华谊集团投资有限公司	投资公司
上海华谊丙烯酸有限公司	丙烯酸公司
上海涂料有限公司	涂料公司
上海三爱富新材料有限公司	三爱富公司
上海吴泾化工有限公司	吴泾公司
上海华谊工程有限公司	工程公司
上海华谊集团化工实业有限公司	实业公司
上海华谊信息技术有限公司	信息公司
上海华谊集团财务有限责任公司	财务公司
上海静安华谊小贷有限公司	小贷公司
上海华谊集团技术研究院	技术研究院
上海华谊聚合物有限公司	聚合物公司
上海华谊集团企业发展有限公司	企发公司
上海华谊(集团)化工联社	化工联社
中共上海华谊(集团)公司委员会党校	集团党校
上海化工教育培训中心	教培中心
上海信息技术学校	信息学校
上海市化工科学技术情报研究所	化工情报所
上海市化工环境保护监测站	环保监测站

说明：上海华谊(集团)公司简称"集团"，在唯一性情况下可使用。

索　引

说明：

一、本索引按主题词索引、人名索引和图表索引分类制作。

二、主题词索引和人名索引按主题词（或人名）首字的汉语拼音字母顺序排列（同音节按声调）；首字相同，按第二字音序排列，以此类推。图表索引按图表在正文出现的顺序排列。

三、索引标目后的阿拉伯数字表示该标目所在页码。同一标目在书中多次出现的，在标目后用不同的页码标引出处。

四、索引中单位或机构名称采用规范简称。

主题词索引

1,1,1-三氟三氯乙烷生产　253
10万吨/年乙酸乙酯新型成套技术项目　445
20万吨/年二氯乙烷裂解新工艺开发及应用　50,470
30万吨/年氯乙烯/聚氯乙烯生产工艺技术国产化开发　8,431,470,491
4万吨/年专用糊状聚氯乙烯成套技术开发　470
6532-H环氧聚酰胺涂料　476
6803水性环氧工业地坪涂料　475

A

ABS树脂的本体聚合生产工艺以及静态混合器的用途　493
AE88-1易拉罐内壁涂料　475
安全应急预案　345,361
氨基磺酸停产　241

B

帮扶救助慰问　609
宝山基地危险化学品企业调整　242
保密宣传教育工作　633
本体ABS　48,51,54,55,58,112,169,237,294,448,466,493,498,512,513
苯代三聚氰胺　6,37,51,112,184,189,457,492
苯酐　31,33,43,85,88,89,136,160,187,196,201,202,230,303,305,350,502,503,689,737
编制战略发展规划　292
丙烯酸-2-乙基己酯　173
丙烯酸丁酯　29,30,85,106,173,187,206,361,426,430,436,474,513,538,539,763,735
丙烯酸及酯新工艺　436,443,464,492
丙烯酸乙酯　106,173,187,192,513,514,763
丙烯酸装置改扩建　247

C

财务决算年报审计　302,303
查处案件　630
超高纯微电子化学品　36,242
车灯底面漆　476
成本管理　272,290,311,321,328,553
城市人工煤气　89,155
乘用子午胎生产基地　255,256
船舶涂料　108,174,239,435
创建工作　12,620,621,667
醋酸　7,8,19—25,35,39,42,43,45,46,49,52—54,59,64,72,84,85,91—93,119,129,130,142—144,152,154—157,178,187,191,193,196,197,201,202,207,215,219,220,227,228,254—256,277,285,293,309,350—352,394,426,427,430,433,437,442,445,458,459,490,498,500—502,504,505,523,590,612,634,653,676,677,744
醋酸及衍生物　156,228
醋酸乙酯　7,29,43,52,59,85,92,152,157,187,191,193,196,197,207,220,227,254—256,277,309,352,394,395,504

D

DA50分散防沉多功能助剂　475

大型国产航空飞机配套蒙皮涂料　477
"带高徒"提升技能等级　592
党风廉政建设　13,83,602,605,606,626—628,642,792—794
党外干部培养使用　641
党员教育　13,607,609,613,618
低酸度乙二醛　129,242,539
低温乙烯储运装置　237
地理位置　375—378,513
丁酯装置二期改扩建　247
对外合资合作的规模和效益　295
对外合资合作企业管理　295
对外合资合作项目选址用地管理　295

E

二氟一氯甲烷　169,192,199,200,211,253,454
二氟一氯乙烷　199,200,258,259
二氟乙烷　258,259,447
二氟乙烷、无水氟化氢、二氟一氯乙烷、三氟乙烷　258
"二五"普法教育　624

F

发展党员　13,608,614
防火隔热系列涂料　477
分散染料系列　178
氟材料　8,18,31,50,51,63,69,103,104,166,167,212,227,324,328,366,368,373,409—411,423,427,432,447,463,471,491,610,611,633,711,714,747,748,755,756
氟化工基地　51,104,105,226,253,257,258
氟里昂代用品　454,459
氟里昂代用品产业化项目　459
氟塑料树脂产品　453
氟橡胶　29,31,32,40,85,103,104,166,168,187,200,228,259,325,327,328,431,455,456,472,473,491,536,537
副产氢能源利用　236,352

G

概况　227,231,234,238,240,243,245,249,250,252,254,257,260,265,266,380,382,385,389,394,396,398,401,645,646,694,717
钢结构橡胶伸缩缝　163
钢丝子午线载重轮胎　7,17,22,30,31,37,62,73,97,162,231,232,251,318,505,506,508,524,526,529,530,692
高纯度二苯基硅二醇及高活性固化剂的研制与开发　466
高附加值可熔性氟树脂科技攻关及其产业化项目　460
高抗冲高耐热共混ABS树脂的制备方法　493
高浓度双氧水　229
高吸水性树脂　106,212,247,539,665
高新成果转化丙烯酸丁酯　474
高性能半钢丝子午线轮胎　53,54,255,256,294,498,508
高性能丙烯酸催化剂研制及工业化应用　436,474,492
高性能全钢丝子午线轮胎　251
高性能全钢丝子午线轮胎技改　232
高性能全钢载重子午线轮胎　162,249,507
铬黄颜料生产线及防锈颜料生产线　244
工程塑料　17,18,102,121—123,165,169,170,172,189,200,214,368,369,381—383,402,421,540
工程项目审计　303,318,319
工程总承包　5,68,126,127,153,219,220,226,368,674,681
工业化HFO-1234yf生产装置　253
工业气体、特种气体、氦气　242
工业涂料　42,174,239,464,475
工艺查定　283,284,305,310,320,502
股权调整　4,42,76,287,370
关停企业　355,376—379
管理特色　353,354,356
光引发高品质52%氯化石蜡　453
光引发连续化制备高品质氯化石蜡工业放大及技术集成　38,470
规划布局调整　381—383,387,393,395,397,399,401
硅改性聚酯卷材涂料　25,458
国产化20万吨/年醋酸低压羰基合成工艺技术　8,34,458,459,490
过氧化氢停产　186,241

H

HDI缩二脲的合成　476
HFC23分解　253
HS-26高固体铅笔底漆　476
合成氨　9,17,21,24,30,39,43,91—93,154,159—

161,197,227,242,283,309,349,351,361,396—398,
　　406,407,676,742
合成气分离　236
合成气及空气分离产品　156
合成樟脑剂等产品　238
后备干部上岗锻炼　585
后备干部选拔培养使用的制度规范　584
后备技术学科带头人培养　589
糊状聚氯乙烯及特种聚氯乙烯　234
糊状聚氯乙烯技改　129,236
华谊集团装备基地　35,236
华谊试剂精细化工孵化基地　239,294,498,540
化肥　3,4,9,19,23,27,43,72,73,84,91,93,132,
　　135,154,160,161,185,186,194,222,226,240,242,
　　286,342,349—351,362,364,367,375,376,395—
　　398,405—407,573,581,599,623,636,676,678,712,
　　715,722,724,740,743
化工企业　5—7,10,12,18,28,30,32,38,44,57,65,
　　66,86,118,136,137,226,240,254,364,366,375—
　　379,394,406,437,442,444,586,620,650,670,672,
　　674—676,681—683,724,785
化工设备　5,19,39,73,84,125,145,152,168,220,
　　226,369,374,388,407,533,676
化工物流　5,11,38,44,46,51,53,54,56—59,64,
　　68,117,118,152,190,218,226,234,235,237,239,
　　255,256,346,517,518,609,621,622,673,674,677,
　　681,684,687,745
化工信息　144,145,298,715,764
化解群(重)访情况　643
还原染料系列　178
环保三年行动　9,350,351
环保型染料分散蓝 SE-B 和分散蓝 SE-4GB(200%)
　　的研制　457
环保型涂料添加剂生产装置技术改造　60,239
环境保护　4,8,9,30,48,52,54,62,65,68,122,127,
　　140,141,180,238,272,277,327,341,343,346,354—
　　356,359,360,364,368,377,480,504,505,508,512,
　　525,526,528,529,538,540,546,564,611,621,623,
　　673,676,680,687,692,715,804
环境治理　187,227,351,353,379
环氧活性稀释剂 5750 和 5748 产品　458
会计电算化　290,291,562

混炼胶及橡胶制品　122,164
活性染料系列　178
获得荣誉　619,635,638,642,644,664
获市级先进　612

J

机要文件管理工作　634
基础工作　10,129,196,322,325,608,610,613,618,
　　621,664,679
基础化学品　5,69,84,152,159,226
集团党校函授大专及本科学历教育　566
集团党校组织培训　570
甲苯二异氰酸酯　29,193,234,235,241,421,509,
　　517,518,545,550
甲醇　7,19—21,23,27,32—35,40,42—46,48,49,
　　52,57,58,64,72,75,84,85,88,89,92,93,119,129,
　　136,143,144,152,154—156,159,168,179,181,186,
　　187,189,191,193,197,207,215,219,220,227—229,
　　231,236,254—256,277,289,305,309,346,350,361,
　　362,397,399,433,437,457,468,498,500,501,503—
　　505,518,523,524,537,653,638,689,737,761
甲醇精馏残液生物处理新工艺和甲醇精馏残液生化治
　　理工艺　468
甲基苯基环硅氧烷单体的制备技术开发　466
甲醛扩产　236
建立博士后科研工作站　587
建立后备干部队伍　583
建立完善制度　636
胶鞋　3,4,17,19,22,41,66,70,72,73,95,97,98,
　　133—135,164,222,247,248,267,284,313,364,369,
　　370,372,377,390,400—402,408,586,593,595,599,
　　611,636,649,650,678,699,742,748,767,768
焦化公司桃浦分公司危险化学品企业调整　244
焦炭　41,89,129,152,154,160,185,187,197,226,
　　306,349,353,503,689
轿车车门三角窗橡胶密封条　163
轿车用系列涂料　475
教育实践活动　64,602,617,618,708,713
节能降耗　282,283,300,320,442,608
金融工作　53,290
经济与科技领域的保密工作　633
经营业绩审计　303
精细化学品　5,6,13,68,104,105,152,168,179,

226,252,254,258,369,394,439,440,511,674,681
巨型全钢丝工程子午线轮胎技术改造 233,527
聚氯乙烯 6,17,21,23,24,26,28,31—36,40,43,62,72,84,85,100—102,125,127—129,142,143,152,158,165,166,170,181,187,192,194,198,200,202,210,211,220,227—229,234—236,257—259,276,277,283—285,303,319,322,342,351,356,370,372,377,408,427,430,435,451—453,458,462,469—471,491,508,509,516,532—534,541,542,545,550,666,677,688,694,695,735
聚氯乙烯及离子膜烧碱 258
聚氯乙烯芯层发泡建筑下水管 469,491
聚偏氟乙烯 6,8,33,35,38,48,50,104,129,167,187,199,227,234—236,258,259,283,324—326,329,358,427,430,432,447,448,456,460,472,474,479,511,512,537
聚全氟乙丙烯 30,104,167,200,227,456
聚四氟乙烯 8,22,30,38,58,66,72,85,103,104,128,167—169,172,187,199,211,228,324,326,327,358,408,420,427,432,447,448,453—455,463,472,473,479,510,511,537,538,688,695
聚四氟乙烯软管组件产品 121,172
聚碳酸酯 29,102,127,128,169,170,195,200,218,234,235,382,402,546,550
聚碳酸酯气流输送及包装线 218,235
聚酰亚胺层压板 171,172
聚酰亚胺单体 171
聚酰亚胺模塑料 171,479
卷材涂料 35,36,38,42,47,108,109,173,174,213,239,243,283,335,436,457,458,475,479,688,689
卷材系列涂装材料 57,59,239,278

K

开展内部访问学者活动 589
可交联半导电内外屏蔽生产线 246

L

来信来访 83,643,644
离休干部上收划转 636
离子膜烧碱 9,51,101,127,128,152,157,158,220,227,229,237,259,319,349,350,532,533,535,541
联营企业审计 303
两化融合 63,101,300
领导班子的思想作风建设 580

领导班子考核激励 582
领导班子配备 580
领导班子制度建设 581
领导干部及后备干部培训 572
硫酸 10,17,27,37,46,55—57,72,73,84,89,92,93,133,134,157,159,168,176,177,179,180,186,187,189,191,193,194,226,229,240,241,244,259,261,287,297,305,309,342,351,353,361,375,376,404,409,410,417—419,493,509,539,593,610,611,613,619,623,636,639,644,659,660,688,689,722,728,743,744,747,757
硫酸及硫酸铝 229
硫酸停产 241
六氟丙酮 33,38,129,168,169,234,457,511,512,537
"六五"普法教育 625
绿色建材（管材）专用聚氯乙烯树脂 451
绿色轮胎 4,5,50,68,152,226,450,451,573,654,674,676,681,689
氯化聚氯乙烯 8,56,69,166,211,229,294,427,430,453,462,471,491,498,509,510
氯及氯制品 100,101,157,158
氯碱及氯乙烯聚合物 228
氯三次循环利用技术改造 237,535

M

MDI系列单体在涂料中应用开发研究 477
MDI型聚氨酯涂料 477
码头新增管道及卸船设施 237
煤化工 6,36,38,42,46,47,52,57—59,73,154,196,207,215,226,227,254,255,257,259,277,287,300,480,498,546,654,675,677,682,683,722
煤基多联产 5,6,12,13,37,42—46,48,50,56,65,68,143,226,227,254,257,287,352,429,433,441,442,480,674,681,689,737
煤气化及联产 228

N

内控管理 13,290,311
年产10万吨乙酸乙酯新型成套技术 8,427,430,490
年全氯辛酸回收 259

O

OA系统 41,298,299

OEM 汽车涂料　232

P

PC-891 钢琴用气干型不饱和聚酯涂料　475
培养后备干部的途径　584
培养具有国际眼界的专业技术人员　587
偏二氯乙烯单体　453
偏氟乙烯、聚偏氟乙烯、氟橡胶、全氟辛酸　105,259
品牌建设　53,60,209,210,283,284,688,691,692,
　713,736

Q

其他弹性体　122,165
其他聚四氟乙烯改性材料和制品　121,172
其他群众组织　640
企业搬迁　89,348,355,358,387,395,400
企业核心价值观　676,677
企业会计工作　291
企业经营理念　673,675
企业精神　670,672
企业清理、重组、整合　285,286,364
汽车胶管　23,244,390,393,405,413,688,689
汽车零部件　260,261,517
汽车色漆　234,237
汽车硬塑件　169
迁建铬黄颜料生产线及防锈颜料生产线　244
潜艇排烟管防腐蚀保护层　476
强培训提升管理技能　592
清产工作　291
清洁能源　5,9,12,13,30,34,69,76,84,89,152,
　226,227,294,350,353,498,516,674,681
全氟辛酸　169,258,259,285,326,328,448,455,473
全氟辛酸铵回收　259
全氯辛酸　259
群体性事件应急处理　301

R

乳胶血压计袋、球　163

S

SSTL7650、STL7470 核电安全壳内设备用脂肪族聚氨
　酯涂料　476
三氟氯乙烯　105,253
三氟乙烷　258,259
"三五"普法教育　624
散热器胶管　164

桑塔纳轿车配套胶管、动密封件国产化技术改造　246
桑塔纳轿车配套硬塑件　246
上海飞虎建筑涂料有限公司生产车间搬迁　244
上海华谊成人中等专业学校　562
上海华谊永达国际汽车广场　242
上海化工厂可交联半导电内外屏蔽生产线　246
上海化工高等专科学校　18,27,563-565,636
上海化工高级技术工人培训中心　32,552,570,591
上海化工区码头扩建　58,237
上海化工职业培训中心　145,147,569
上海胶带总厂为桑塔纳轿车配套二期　246
上海染料化工五厂"三废"迁建　244
上海市化工职工大学高职教育　565
上海涂料工业公司职工中等专业学校　562
上海振华造漆厂"三废"迁建　244
烧碱　6,10,21,23,31-34,37,38,43,45,48,57,64,
　72,84,85,100,101,127-129,142,157-159,187,
　192,198,211,219,220,226,227,230,234,235,237,
　244,257,258,277,294,303,319,349,357,370,372,
　421,508,509,516,535,536,545,688,694,695,722
社会保险　578,781,782
生产车间搬迁　180,244,378
生产运行保障服务　220
胜德公司迁建及扩产　229
石拉乌素矿井及选煤厂　258,259
食品级二氧化碳　27,229
首席技师选拔　591,592
首席人才和技术专家及科技明星的选拔　590
数据监控　299
数字图书　145,146,299,429,463
双酚 AF　38,168,169
水相法氯化聚氯乙烯产业化关键技术研究及应
　用　471
水性聚羟基丙烯酸树脂　457
税务管理　291,334
顺酐装置　236,360,590
四氟丙醇　457
四氟乙烯　8,22,27,31,66,104,167,168,230,324,
　328,420,447,448,454-457,472-474,510,511,
　537,538
"四五"普法教育　625

T

羰基合成醋酐工艺　157,445

特色工作　619,659
统战管理机构　640
涂料助剂　50,175,176,475,476
拓展合作提升理念　592

W

外贸体制改革　295
危险化学品企业调整　233
委托知名高校定向培养各专业的硕士和博士研究生　587
文化建设活动　637
无水氟化氢　169,253,258,259
无水氟化氢生产　253
无水氟化氢装置　252
吴泾化工区至上海化工区长输管道　236,515
吴淞工业区集中供热一期A网工程　241
"五五"普法教育　625
武装工作　301

X

喜喜牌皮鞋底　164
橡胶型胶黏剂和胶黏带　122,165
消光聚氯乙烯专用树脂　452
硝酸　27,29,40,54,61,159,160,177,179,189,192,219,233,237,240,350,376,397,403,406,517,518
硝酸储运　118,193,218,237,517,518
销售收入与经济效益　380,382,386,391,394,397,399,401
效能监察　82,291,302,626,631,632
斜交轮胎产品结构调整技改　232
新材料　3—6,8,9,12,18,30,39,42,44,56,60,61,64,68,76,103—107,122,128,131,138,142,145,166—169,189,192,199,200,211,212,226,227,234,252,254,282,287,293,294,297,306,310,322—324,332,350—352,357,358,365,373,413,424,426,429,430,432—436,441—443,445—447,453,459,460,463,466,471,491,494,498,510—512,516,537,546,569,580,609,611,621,622,648,654,673—675,677,681,682,684,689,695,731,736,741,743—745,750,752,753,756,757,802,804
新材料复合树脂的研制和应用开发　466
新建漕泾中转仓储　239
新型着色材料　261
信息管理系统　10,25,140,273,297,346
信息化建设　54,137,296,298,321,788—790
信息技术防范和管理工作　634
信息技术合作　300
形势任务宣传教育活动　602,616,617
宣传教育及主题活动　641

Y

"YHA"人才培养战略　591
烟台汽车零部件　261,517
沿革　70,73,75,88,91,94,100,103,106,107,112,113,117,120,126,132,133,137—140,142,144,146,147,375—379,381,384,389,393,395,398,400,563,586,604,660,672,674,676
阳离子交换树脂环保化新技术的开发　466,467
氧化铁黄新型着色材料　457
一次成型带毛毡塑料轮罩　170,460
一氟二氯乙烷　252,253
一氟二氯乙烷工业性试验　253
一氧化碳　8,19,35,39,41,42,44—46,89,155,156,187,195,197,227,228,236,305,350,427,430,501,502,504,505,523,524
医药中间体　5,69,84,152,226,394,436,564,715
医用软制品专用M系列聚氯乙烯　451
医用软制品专用聚氯乙烯树脂M-1300产品　452
医用橡胶制品　122,165,368,390,393,413,422
异丁烯氧化制备甲基丙烯酸催化剂研究　474,492
异氰酸酯　21,29,121,175,193,195,234,235,279,405,421,422,476,477,509,517,518,544—546,550,586,612
应急联动　10,37,282,296,300,340,341,344—346
有机硅空间级高苯基硅橡胶连续生产技术项目　449
有机硅装置搬迁　229
与国内知名培训咨询机构合作培养一批项目经理　587
预算管理　81,82,272,275,287,288,321,322,334
元明粉　7,29,38,69,260,261,412

Z

债权转股权　26,286,364,367,761,762
政治与生活待遇　637
脂肪醇　186,240,242,349,397,407,436,514
直接投资合作企业股权与资产管理　315
职能部门　88,95,101,106,108,134,272,285,297,305—308,310—314,316—323,325—338,341,345,

352,354,355,357—360,604,631,775,782,788,789,798

制备高抗冲 ABS 聚合物混合体的连续本体聚合物工艺　493

制度建设　81—83,290,330,341,428,588,602,606,607,620,626,629,633,640,663,762

治安防范管理　301

中途管理工作　621

中外合资企业中方领导干部管理　583

重点保密项目专项管理工作　634

重点调整政策扶持　230

重点项目管理　293

重防腐涂料　108,110,174,213,246,336,492,688,689,696,697

主题教育活动　608,627,664,666

主要管理　81,282,285,287,288,292,294—296,300—302,305—308,310—313,316,319—323,325—337,353,354,356,358—360

主要技术开发　317

主要控股与合作投资管理　314

住房公积金　135,578,655

注重高级专业技术职务的晋升　588

抓基础提升文化素质　591

专项工作　628,629

专项审计　302—304,307,309,783

装置关停　9,39,45,51,93,167,348—350,357,360,398

着色材料　7,176,260,261

资金管理　139,288,289,294,298,321,329,334,499

资源型化工基地　257

子午线轿车轮胎　19,73,75,231,232,506,508

子午线轮胎技术改造　42,152,232,249,524—526,528,529

自动扶梯橡胶扶手带　163

组织换届变更　610

人名索引

C

曹维屏　723

陈惠莹　71,74,78,274,275,596,617,625,649—652,657,661,731

陈锦华　44,550,619

陈林　726

陈慕华　19

陈士能　23

陈至立　23,39,50

成思危　36

程志强　51,56,64,77,279,732

储征宇　650,651,665,735

崔志仁　25,71,74,76,77,274—276,624,733,740

D

戴军　26,367,413,650,651,734,742,743,757

戴庆顺　728,739,740,742

丁薛祥　39

董建华　51

杜鹰　46

F

符卫国　17,22,71,74,279,547,607,640,728

G

高均芳　21—23,74,76,77,274,275,547,607,730,751

龚学平　34

顾卫忠　737,739,745

顾秀莲　8,19—23,44,48,52,544,619,691

郭佩华　651,724,739,742

H

韩正　25,26,30,32,35,36,39,44,45,48,51,56,65,544,547,550,619,674,691,767

贺国强　17,21,22

贺小琴　50,737,739,745

胡菲　726

胡锦涛　39,40

胡延照　38,39

华建敏　21,22,544,547

黄岱列　57,78,275,585,605,625,650—652,662,665,734

黄菊　17—19,23,30,544,545,550

黄奇帆　25,26,39,43,44,51,619,762

黄跃金　26

回良玉　39

J

江泽民　18,46,616
蒋以任　20,21,23,26,29,30,44,388,550,619,762
金明达　12,34,39,40,42—48,51,52,54—56,58,60,62—64,76—78,274,275,277,278,605—607,618,619,628,732,740,757

K

卡斯特里奥特·穆乔　18
科尔　19
库热西·买合苏提　61

L

黎干生　28,77,279,346,729
李君　59,60,592,606,607,619,737,739,744
李克强　60
李鹏　19,20,388
李新元　65
李勇武　44,52,619
里兹尔·奥利里　21
刘训峰　39,40,42,43,47,52—66,76,77,275,277,278,284,429,605—607,618,628,691,736,752
刘云耕　54,62
刘运樟　71,607,640,724
鲁惠英　607,734,739,743
罗世谦　23

M

马正其　60
梅洛　563,722
孟建柱　23

Q

秦健　55,64,76—78,275,278,585,605,607,618,619,625,634,736

S

萨利赫·本·阿卜杜·拉赫曼·阿姆鲁　38
沈骏　40
沈晓明　43,59,62
施罗德　26,29
斯蒂芬·哈珀　48
孙志刚　50

T

谭竹洲　44,52,71,619,723

W

王鸿举　39
王金山　46
王霞　40,52,55—57,59,62,78,642,735,739,744,753
魏光爱　19,24,651,731
温家宝　36
翁铁慧　43
吴邦国　18,19,29,550,711

X

习近平　38,39
谢希德　17
徐匡迪　22—24,26,27,545,550
徐叔平　733,739,743

Y

严隽琪　32
杨定华　40
杨雄　40,59,65,619,620,625,664
殷一璀　32
余琳　725
余昕　564,721
俞德雄　20—23,28,34,71,74,76,77,274,276,547,604,607,640,730,762
俞谦　71,721
俞正声　40,41,56

Z

张德江　60
张国清　63
张培璋　17,22,27,28,30,32,71,76,77,274—277,346,544,547,596,607,617,657,730,750,751
张兴淮　34,77,279,733
章杰　728,739,740,751,755
赵铁锤　47
赵雯　51,63
郑助实　650,651,729
周波　25,28,30,34,44,45,62,76,77,274,276,581,586,607,617,619,664,735
朱镕基　25,26,29,502,711
朱晓明　39
邹家华　19,25
左焕琛　23

图表索引

表1-1-1　1983年8月—1995年12月上海市化学工业局党委、纪委负责人情况表　71

表1-1-2　1988年11月—1995年12月上海市化学工业局行政负责人情况表　71

表1-1-3　1983年8月—1995年12月上海市化学工会负责人情况表　71

表1-1-4　1995年12月—1996年10月上海化工控股(集团)公司党委、纪委负责人情况表　74

表1-1-5　1995年12月—1996年10月上海化工控股(集团)公司行政负责人情况表　74

表1-1-6　1995年12月—1996年10月上海市化学工会负责人情况表　74

表1-1-7　1996年10月—2013年9月上海华谊(集团)公司党委、纪委负责人情况表　76

表1-1-8　1996年10月—2014年1月上海华谊(集团)公司行政负责人情况表　77

表1-1-9　1996年10月—2013年9月上海市化学工会、上海华谊(集团)公司工会负责人情况表　78

图1-1-1　2013年上海华谊(集团)公司党群组织机构图　80

图1-1-2　2013年上海华谊(集团)公司组织机构图　80

表1-1-10　1991—2013年华谊集团主要经济指标情况表　85

表1-1-11　2002—2013年华谊集团及下属企业排名情况表　86

表1-3-1　1991—2013年工程公司获奖情况表　127

表2-1-1　2007—2013年华谊集团主要产品产量情况表　187

表2-2-1　2013年天原集团合展路仓储基地仓库情况表　190

表2-2-2　2013年天原集团上海化工区仓储基地仓库情况表　190

表2-2-3　2013年华谊集团下属主要企业在用特种设备情况表　195

表2-3-1　2007—2013年焦化公司大宗原料采购量情况表　196

表2-3-2　2007—2013年焦化公司大宗原料采购单价情况表　196

表2-3-3　2007—2013年双钱集团大宗原料采购量情况表　197

表2-3-4　2007—2013年双钱集团大宗原料采购单价情况表　197

表2-3-5　2009—2013年氯碱公司大宗原料采购量情况表　198

表2-3-6　2009—2013年氯碱公司大宗原料采购单价情况表　199

表2-3-7　2007—2013年三爱富公司大宗原料采购数量情况表　199

表2-3-8　2007—2013年三爱富公司大宗原料采购均价情况表　200

表2-3-9　2007—2013年胜德公司大宗原料采购量情况表　200

表2-3-10　2007—2013年胜德公司大宗原料采购单价情况表　201

表2-3-11　2007—2013年涂料公司大宗原料采购数量及单价情况表　202

表2-3-12　2007—2013年双钱集团主要材料及辅料用量情况表　203

表2-3-13　2005—2013年若干年份丙烯酸公司催化剂用量情况表　204

表2-3-14　2007—2013年涂料公司其他原料采购情况表　204

表3-1-1　2010—2013年华谊集团重点调整政策扶持项目情况表　230

表3-1-2　1995—2000年若干年份华谊集团迁建治理主要项目情况表　247

表3-2-1　2005—2013年双钱集团如皋(轮胎)有限公司产量和效益情况表　250

表3-2-2　2008—2013年双钱集团(重庆)轮胎有限公司产量和效益情况表　252

表3-2-3　2012—2013年双钱集团(安徽)回力轮胎有限公司主要产品产量情况表　256

表3-2-4　1994—2013年若干年份华谊集团跨市投资企业情况表　262

表3-3-1　1986—2013年若干年份华谊集团境外投资企业情况表　269

表 4-3-1　1997—2013 年若干年份双钱集团主要科研开发成果情况表　318

表 4-4-1　2006—2009 年华谊集团工业废水排放情况表　347

表 4-4-2　2006—2009 年华谊集团工业废气排放情况表　347

表 4-4-3　2006—2009 年华谊集团工业固体废弃物排放情况表　347

表 4-4-4　2009—2013 年若干年份氯碱公司关停装置情况表　357

表 4-4-5　1991—2013 年华谊集团重大安全事故（含人身伤亡）情况表　361

表 5-2-1　2000—2013 年华原公司经济指标情况表　380

表 5-2-2　2009—2013 年塑料公司企业清理情况表　383

表 5-2-3　1991—2013 年染料公司经济指标情况表　386

表 5-2-4　1992—2013 年染料公司 9 家搬迁企业情况表　387

表 5-2-5　2008—2011 年华向公司主要产品产量情况表　391

表 5-2-6　1991—2001 年上海橡胶制品有限公司经济指标情况表　391

表 5-2-7　2001—2011 年华向公司经济指标情况表　392

表 5-2-8　1991—2000 年试剂公司主要经济指标情况表　395

表 5-2-9　2001 年和 2005 年华谊集团小化肥企业整体退出及指标改善情况表　397

表 5-2-10　2013 年华谊集团合资合作企业情况表　422

表 6-2-1　1992—2011 年若干年份华谊集团市级高新技术企业情况表　442

表 6-3-1　2003—2013 年上海化学试剂研究所产学研合作情况表　465

表 6-4-1　1985—2013 年若干年份华谊集团重大科技成果获奖情况表　481

表 6-4-2　2000—2013 年华谊集团获国家专利授权情况表　495

表 7-1-1　1996—2001 年吴泾公司醋酸产量及产能情况表　502

表 7-1-2　2004—2009 年焦化公司苯酐产品产量情况表　503

表 7-1-3　2010—2013 年焦化公司苯酐二期装置物耗和能耗设计值与生产实际值对比情况表　503

表 7-1-4　1991—2013 年华谊集团投资 3 000 万以上工程及其他基建项目情况表　519

表 7-1-5　1991—2013 年华谊集团投资 3 000 万元以上合资项目情况表　521

表 7-2-1　2009—2013 年焦化公司主要产品产量完成情况表　524

表 7-2-2　2005—2013 年江苏轮胎公司产品产量及质量合格率统计情况表　530

表 7-2-3　2012—2013 年安徽轮胎公司主要产品产量情况表　530

表 7-2-4　2008—2013 年重庆轮胎公司主要经济指标情况表　531

表 7-2-5　1993—2013 年双钱载重轮胎分公司产品产量统计情况表　531

表 7-2-6　1991—2013 年华谊集团投资 3 000 万以上技术改造项目情况表　543

表 7-3-1　1996 年上海化学工业区编制的规划及执行情况表　547

表 7-3-2　1998 年上海化学工业区围海造地工程所用材料量情况表　549

表 7-3-3　1998 年上海化学工业区围海造地工程量情况表　549

表 8-1-1　1991—2013 年华谊集团员工人数情况表　556

表 8-1-2　1991—2013 年华谊集团在岗职工年龄结构情况表　557

表 8-1-3　1991—2013 年华谊集团在岗职工文化结构情况表　557

表 8-1-4　1991—2013 年华谊集团员工职称结构情况表　558

表 8-1-5　1991—2013 年华谊集团员工技能结构情况表　559

表 8-1-6　1991—2013 年华谊集团退休人员情况表　560

表 8-2-1　2001 年华谊集团撤销技工学校建制情况表　561

表 8-2-2　1991—1999 年上海涂料工业公司中专学历班毕业生情况表　563

表8-2-3　1991—1999年上海化工高等专科学校毕业生和在校生人数情况表　565

表8-2-4　1991—1999年上海化工高等专科学校教职工情况表　565

表8-2-5　1990—2009年若干年份集团党校学历班情况表　566

表8-2-6　1988—2013年集团党校各类人员教育培训情况表　567

表8-2-7　2004—2013年集团党校培训新入职大学生情况表　568

表8-2-8　2000—2012年上海化工职业培训中心各类等级工培训情况表　569

表8-2-9　1991—2013年集团党校教育培训情况表　571

表8-2-10　1988—2013年集团党校党建类培训情况表　571

表8-3-1　1991—2013年华谊集团员工人均工资和劳动生产率情况表　578

表8-3-2　1991—2013年华谊集团员工社会保险和公积金情况表　579

表8-4-1　2003年华谊集团第一批后备技术带头人与带教导师情况表　589

表8-4-2　2006年华谊集团首批首席人才情况表　590

表8-5-1　1997年华谊集团员工退出"化工再就业服务中心"人数情况表　594

表8-5-2　2003—2013年华谊集团职介数据情况表　599

表9-1-1　2013年华谊集团基层党组织情况表　612

表9-1-2　1991—2013年华谊集团发展党员情况表　614

表9-1-3　1991—2013年华谊集团党员队伍情况表　615

表9-1-4　1991—2013年华谊集团下属企业被命名为上海市文明单位情况表　621

表9-1-5　1995年化工局"二五"普法教育情况表　624

表9-1-6　1991—2013年若干年份华谊集团信访情况表　644

表9-2-1　2013年华谊集团民主党派组织名称情况表　648

表9-4-1　1991—2013年若干年份华谊集团基层团组织和团员情况表　665

表10-1-1　2013年华谊集团下属企业的"企业精神"情况表　672

表10-1-2　2013年华谊集团下属企业的"企业经营理念"情况表　675

表10-1-3　2013年华谊集团下属企业的"企业核心价值观"情况表　677

表10-2-1　1991—2013年华谊集团主要产品及商标情况表　701

表11-3-1　全国劳动模范获得者情况表　739

表11-3-2　全国五一劳动奖章获得者情况表　739

表11-3-3　全国化学工业劳动模范、先进生产（工作）者情况表　740

表11-3-4　全国机械工业劳动模范获得者情况表　740

表11-3-5　全国石油和化学工业劳动模范、先进工作者情况表　741

表11-3-6　全国能源化学系统五一劳动奖章获得者情况表　741

表11-3-7　全国轻工行业先进工作者情况表　741

表11-3-8　上海市劳动模范获得者情况表　741

表11-3-9　华谊集团员工获重庆市劳动模范情况表　745

第11-3-10　华谊集团员工获新疆维吾尔自治区劳动模范情况表　745

表11-3-11　上海市化学工业局、华谊集团正高级技术职称人员情况表　746

表11-3-12　上海市化学工业局、华谊集团享受政府特殊津贴人员情况表　754

编 后 记

上海华谊(集团)公司根据上海市地方志编纂委员会、上海市国有资产监督管理委员会的部署和要求,2012年5月成立《上海华谊(集团)公司志》编纂委员会,承担《上海华谊(集团)公司志》的编纂任务。于2014年5月12日召开《上海华谊(集团)公司志》编纂工作启动会议,在上海市地方志办公室和市国资委的指导下,在华谊集团和各基层单位党政领导的重视和支持下,抓好思想落实、组织落实、任务落实,成立上海华谊(集团)公司志编纂委员会下设办公室,抽调熟悉华谊集团发展历史和有工作经验以及工作责任心强的同志专兼职从事编纂工作,同时指导协调各基层单位组成参加修志工作参编小组,明确责任人和联络员,形成修志工作网络,建立一支拥有专兼职修志人员的修志队伍,在华谊集团党政领导的支持和领导下,在上海市地方志办公室和市国资委的关心和指导下,历时5年之久,数易其稿,众手成志。150余万字的《上海华谊(集团)公司志》在2019年6月完成总纂稿;经过上海市地方志办公室评议、审定和验收,于2020年8月交付出版社,拟于12月出版。

《上海华谊(集团)公司志》是一部专志。它比较全面、系统地记述了1991—2013年上海华谊(集团)公司的发展历史,反映上海华谊(集团)公司发展的基本特点。修志工作是一项艰苦、严谨的任务,在整个编纂过程中,坚持以马克思列宁主义、毛泽东思想、邓小平理论、"三个代表"重要思想、科学发展观、习近平新时代中国特色社会主义思想作为行动指南,努力为两个文明建设,为改革开放服务。经上下结合,制定和修订篇目,编制并印发《上海华谊(集团)公司志(1991—2013年)编纂工作文件资料汇编》,分解修志任务,组织修志人员培训,学习修志业务。广泛开展资料的搜集和资料卡片的制作工作。集团史志办公室举办5期修志工作业务专题培训学习,宣传修志业务,扩大影响。参加者达1000多人次,为广泛、全面、深入地搜集资料奠定基础。出版14期《史志工作简讯》,及时反映基层单位和总部部室修志工作进展情况,及时沟通交流修志工作经验。

2018年8月,华谊集团再次调整史志编纂委员会和办公室成员,9月召开再推进再落实再部署会议,明确《上海华谊(集团)公司志》编纂工作分五个阶段实施完成:第一阶段(2018年9—10月)为总体设计阶段。重申集团志编纂原则、基本任务和总体框架、组织架构、工作计划等。第二阶段(2018年10—11月)为资料准备阶段。集团总部部室和二级单位收集资料及制作资料电子卡片。第三阶段(2018年12月—2019年2月)为完成资料长编阶段。集团总部部室和二级单位完成资料长编并补充资料电子卡片。第四阶段(2019年3—4月)为志书初稿撰写阶段。集团总部部室和二级单位基本完成相应各章节初稿撰写,并继续补充资料。第五阶段(2019年4—6月)为分纂总纂阶段。集团史志办分纂人员完成分纂,并配合总纂进行全部志书的统稿合成。

为保证志稿质量,集团史志编委会明确分管领导和秘书长亲自指导撰写志稿工作,经常听取集团史志办公室的工作汇报,具体指导工作,协调工作部署,组织资源保障,明确工作节点,确保志书质量,保证后墙不倒。集团史志办公室也相应明确志书的总纂合拢和各分纂人员,建立联络员制度,分工联络基层单位。

在总体设计阶段,制订《上海华谊(集团)公司志》编纂实施方案和编纂工作节点目标计划,确定并重新编印《上海华谊(集团)公司志》框架目录、收集资料要求一览表、附表收集资料一览表、大事记界定范围和要求及编纂行文规范等。建立由集团总部部室负责人和基层单位分管领导及有关同志107人组成的编撰工作网络,同时建立一支拥有专兼职修志人员350多人的修志队伍,动员、组织各有关单位和业务部门参与搜集资料、制作资料卡片、编写资料长编和志稿撰写的人数达800多人。重建修志工作制度,形成基层单位内部、基层单位与集团史志办、集团史志办为部三层工作网络;搭建"志书在线编纂管理系统"互联网平台。至此,从工作制度、工作机构和操作平台三个层面建立起《华谊集团志》编纂工作的长效机制。

在资料准备和汇编、长编阶段,注重全过程系统规范和质量。为规范编纂工作,集团下发《华谊集团志编纂工作文件资料汇编》,明确《上海华谊(集团)公司志》框架目录内容、资料和附表资料收集的要求、大事界定范围及要求、编纂行文规范、资料电子卡片模板及示例等。同时,通过搭建"志书在线编纂管理系统",实现志书在线编纂管理信息化、一体化目标,"志书在线编纂管理系统"的使用,帮助编纂人员快速查找资料,整理资料,做到"一面写志稿,一面做资料导入"两条腿走路,既提高志书编纂效率,又规范志书编纂流程。同时注重抓好质量。一是在制作卡片阶段,为确保卡片质量,选择符合标准要求的卡片作为模版,在集团内普遍推广,得到编撰人员的欢迎;二是在长编编写阶段,组织基层单位相关人员进行专题培训,选择两个长编案例进行剖析,起到指导作用,同时又提高了集团史志办人员的分析、判断、编撰能力,进一步发挥好督导作用。在广泛搜集资料的基础上,集团史志办公室组织集团和基层单位上下联动,进行综合分析,初步合议审定,然后分解任务,落实责任,组织撰写志稿。各参编单位和部门制作资料卡片1.66万余张,资料长编1 000多篇,志稿500多份。各篇资料长编总字数约500万字。

在志稿编撰阶段,组织集团史志办人员对各分纂的初稿进行评析,审定分纂章节的内容,通过评析明确送审稿文字格式,对于交替部分进行分工,相关资料进行共享,对于框架目录中不合理的内容进行调整或补充,使编撰的志稿既"五要素"完整,又符合条理化、系统化和规范化。同时多方位听取意见补充完善志稿。2019年5月起,《上海华谊(集团)公司志》开始分纂并进行总纂合成。分纂在抓样板试写的基础上,组织研讨,取得共识,并对每份志稿,随写、随审、随改,上下结合逐份审定志稿。各基层单位的分管领导和修志人员,以严谨负责的态度,对志稿组织内部审定后正式上报,以保证志稿的完整性、可靠性和可信性。在志书初稿完成的基础上,2019年5月起,集团史志办制发《上海华谊(集团)公司志》(初稿)的电子文本,随后又印发2次书面文本,华谊集团内部评审组织集团各处室领导、保密委员会和集团老领导、各行业专家以及基层单位主要领导30余人对志稿进行内部评审,确保志稿的真实性、准确性和科学性。集团分管领导和史志办对评审意见逐条进行推敲、落实,并再次修改。对有重大变动和删改的志稿,再返回原撰稿人及初审部门征询意见,取得共识,使志稿内容有扎实可靠的基础。

《上海华谊(集团)公司志》的编纂体现了以下三个特点:

一是抓实效、促提高。《上海华谊(集团)公司志》编纂委员会定期听取修志工作汇报,研究解决修志工作的问题和困难;集团史志办通过工作例会、推进落实会、分组交流会、长编诊析会、志稿评析会等不断推进;史志办各联络员深入集团总部部室和基层单位帮助指导和解决他们在各阶段工作中的疑难问题;各基层单位的分管领导和修志人员,以严谨负责的态度做好制卡片、长编、写志稿等每一项工作。

二是抓进度、保落实。由于修志时间跨度长,编纂时间安排短,为此制订《华谊集团志编纂工作节点目标计划表》,把具体时间、工作节点、主要工作、具体内容、责任人、配合部门等一目了然地反映出来,各单位紧扣时间节点运用各种方法来提高工作效率,根据"时间轴"的概念进行总体条线的梳理，分别放置到对应的文件目录中进行标注，既避免重复又提高效率。集团总部史志工作小组，采用"边搜集资料、边整理长编、边撰写志稿"三管齐下的方法来推进编撰工作的进程，使编撰效率得到提高。

三是抓特点、多指导。在编纂工作推进中，把所有编撰单位按各自特有的情况分为任务特别重、难度特别大、人员特别少三类，分别给予特别关注、特别支持、特别指导。通过多沟通、多诊析、多督促，借用资源、相互借鉴、共享成果，帮助各单位按时间节点和保证质量完成编撰任务。一些单位突出重点，针对"企业调整"（关闭企业多达341家）的困难，抓好两头带中间，确保提供资料的质量。

2019年，《上海华谊（集团）公司志》编纂进入总纂阶段后，总述、各篇无题导言的撰写、修改，是总纂工作中一项重要工作，由于涉及面广，纵述历史不断线，从各个角度记述上海华谊（集团）公司发展的历史及其在国民经济和国防工业中的重要作用，因果彰明地勾勒上海华谊（集团）公司的发展脉络。因而，在各基层单位报送志稿的基础上，由分纂执笔编纂，总纂审核，报集团主管领导审定，力求准确、完整，保证志书的资料性和权威性。志书进入总纂合拢时，根据资料情况又一次调整和修订篇目，以加强志书结构的合理性和科学性。同时，为增强志书的时代感，反映改革开放的新变化，对部分条目的下限适当延长到搁笔之日，以增强志书的完整性与实用性。总纂、分纂合拢和编务人员，严格依据《上海市志（1978—2010年）编纂行文规范》和地方志编辑的业务规范进行编纂，使志书的结构更加严密，文字更加严谨，对入志的照片，进行预选、编排，使照片与志稿的文字内容彼此之间相互呼应，从不同侧面突出重点。

《上海华谊（集团）公司志》编纂策划方案和篇目框架目录按照《上海市级专志》各分志编纂的要求，由杨雄伟负责，祁崇元、郑源淼、陆建东、朱民伟、沈惠英共同执笔，经编纂委员会主要领导审定批准后，报上海市地方志办公室备案。各章节初写的文稿分别由各相关部门和单位落实具体责任人负责编写，并经相关领导审核后报集团史志办公室；顾群负责归类整理，提供给各分纂人员。集团构架篇由李元新、生产经营篇由朱海容、产业布局篇由陈寿春、集团管理篇由陈友新、改革调整篇由许立俊、科学技术篇由陈炅、工程项目篇由韩洪、人力资源篇由唐蓓、党群组织篇由殷洁伟、企业文化篇由孙健、人物篇由薛秋菊等分别按各篇顺序承担本志有关篇目资料初稿的甄别、筛选、合拢的分纂工作，总述由杨雄伟执笔。在志书的编写过程中，祁崇元及时给予指导和帮助，总纂由汪耀华负责、殷洁伟协助完成。

《上海华谊（集团）公司志》于2019年10月16日进行了市级评审。评审会后，《上海华谊（集团）公司志》编纂委员会高度重视专家评委的意见建议，责成集团史志办公室认真梳理评审意见，并归类整理。集团史志办公室为此专门组织编纂人员再次学习志书的编纂规范，逐条逐句逐字分析评审意见建议，实行统分结构原则，分解修改任务，明确修改要求和落实修改责任，主要从完善体例要素、调整篇目结构、补充删减内容、规范文字表述四个方面1000多处进行了认真修改，进一步概括提炼和浓缩了志稿。2020年1月底，完成《上海华谊（集团）公司志》评审稿的修改完善工作，形成《上海华谊（集团）公司志》审定稿。2020年3月，进行市级书面审定。根据审定意见，集团史志办公室再次组织认真修改，共修改1000多处，精心打磨志稿，形成《上海华谊（集团）公司志》验收稿。2020年6月，上海市地方志办公室通过验收。

《上海华谊（集团）公司志》得到业内外领导、专家、前辈及修志同仁的帮助和指正，使之成为上海市专志系列中一部资料翔实，可信、可用、可读的权威性志书，与广大职工及读者见面，服务当代、教育后代，成为社会主义精神文明建设和物质文明建设的宝贵财富。

编后记

《上海华谊(集团)公司志》的出版,得到了华谊集团历任董事长俞德雄、张培璋、金明达的特别指导与帮助,我们表示崇高敬意和衷心感谢!同时,对曾给予帮助指导的上海市地方志办公室和市国资委的同志表示由衷感谢!对参与修志的单位和同志以及专家和评委表示诚挚谢忱!

由于本志编纂的采集资料时间跨度较长、覆盖面广,加上大量的企业关停并转,佐证的历史档案资料也存有缺失,难以查找。因此,本志编纂难免有所疏漏之处,留有遗憾,敬请读者鉴谅。

《上海华谊(集团)公司志》编纂委员会
2020年8月

图书在版编目(CIP)数据

上海市级专志. 上海华谊(集团)公司志 / 上海市地方志编纂委员会编. — 上海：上海社会科学院出版社，2020

ISBN 978 - 7 - 5520 - 3322 - 9

Ⅰ.①上… Ⅱ.①上… Ⅲ.①上海—地方志②化学工业—工业企业—概况—上海 Ⅳ.①K295.1②F426.7

中国版本图书馆CIP数据核字(2020)第188209号

上海市级专志·上海华谊(集团)公司志

编　者：	上海市地方志编纂委员会
责任编辑：	熊　艳
封面设计：	严克勤
美术设计：	周清华
出版发行：	上海社会科学院出版社
	上海顺昌路622号　邮编200025
	电话总机 021 - 63315947　销售热线 021 - 53063735
	http://www.sassp.cn　E-mail:sassp@sassp.cn
排　版：	南京展望文化发展有限公司
印　刷：	上海中华商务联合印刷有限公司
开　本：	889毫米×1194毫米　1/16
印　张：	53.5
插　页：	34
字　数：	1567千字
版　次：	2020年12月第1版　2020年12月第1次印刷

ISBN 978 - 7 - 5520 - 3322 - 9/K·575　　　　定价：700.00元

版权所有　翻印必究